KB130554

Curt R. Bartol · Anne M. Bartol 공저 | 신상화 · 박희정 · 윤상연 · 이장한 공역

학지사

Introduction to Forensic Psychology: Research and Application, Fifth Edition
by Curt R. Bartol and Anne M. Bartol

역자 서문

범죄 수사와 더불어 재판, 교정 등 형사사법 전 분야에서 심리학적 지식의 활용 및 심리학자들의 직접적인 참여는 최근 법체계에서 필수적인 단계로 접어들었다고 해도 과언이 아니다. 범죄 심리, 프로파일링, 연쇄살인, 폴리그래프 등의 용어가 들어간 출판물, 영화, 드라마 및 언론 인터뷰, 시사 프로그램들에서 범죄 심리학자, 프로파일러들을 손쉽게 접할 수 있는 점도 이러한 경향이 반영된 결과들로, 이에 대한 관심은 나날이 높아지고 있다.

형사사법 단계에서의 심리학의 활용 및 관련 직업은 괄목할 만하게 증가하고 있으며, 심리학자들의 역할 또한 갈수록 확대되고 있다. 미국의 경우 미국 심리학회 41분과 'Psychology & Law'를 중심으로 법률 제도 및 형사사법기관들의 당면한 문제 해결에 심리학적 응용 및 연구 노력들이 이어지면서, 심리학은 이 분야에서 매우 중요한 학문으로 자리 잡았다. 국내 실정은 기대만큼 여건이 갖추어진 것은 아니나, 점차 늘어나는 전문가의 역할과 경험으로 인해 이 분야에 대한 사회적 기대 및 필요성은 지속적으로 증가하고 있다. 예를 들어, 국내의 경우 2000년대 중반 이후 경찰은 프로파일러, 피해자 전문요원, 학교전담 경찰관 등으로, 검찰은 폴리그래프, 진술분석 등 행동분석 전문가를 채용해 왔다. 이 외에도 교정기관들에서는 소속 직원들을 대상으로 범죄 심리사 과정 연수 교육을 실시하고 있다. 이러한 경향은 결국 형사사법 단계에서 심리학의 실무적 활용 필요성에 대한 사회적 공감대가 반영된 결과라 할 수 있다.

그럼에도 불구하고, 형사사법기관들에서 심리학의 활용 및 관련 직업에 대한 이해는 아직 충분하지 않다고 사료된다. 이는 부분적으로 법체계 안에서의 심리학자들과 심리학 전공자들이 어떤 구체적인 활동을 하고 있는지, 과연 심리학의 어떤 지식과 이론이 직접적으로 적용되고 있는지를 소개하는 문헌들이 부족한 점에 기인한다. 예를 들면, 청소년기 일탈 행동의 판단과 상습적 범죄자로의 발전에 대한 설명은 발달 심리학 연구 결과에 기반하며, 사이코패스 범죄자 여부 및 재범위험성의 평가는 임상 심리학 및 심리평가와 측정 등 다양한 하위 심리학 연구들이 융합적으로 적용되었음에도 불구하고 일반 대중뿐 아니라 심리학 전공자들조차 관련된 모든 내용을 범죄 심리학 분야에서 다루는 주제들로 잘못 이해하고 있는 경우가 많다.

엄밀히 말해서 이 책의 1장에 소개된 바와 같이 '범죄 심리학'은 범죄의 원인과 발달에 초점을 맞춰 범죄자뿐 아니라 범죄를 저지르지 않은 일반인, 청소년들의 일탈 행동 등을 총망라하는 개념으로 볼 수 있다. 하지만 법체계하에서의 심리학 활용의 목적은 비단 범죄 원인을 규명하는 활동뿐 아니라 범죄 수사 과정에서 목격자의 용의자 식별, 연쇄살인의 용의자 유형 분류, 재판 과정에서 피고인에 대한 심리학적 평가, 배심원 선정, 범죄 피해자, 재소자 등 다양한 맥락에서 심리학적 서비스를 제공하는 데 있다. 따라서 이 책의 내용은 과학적인 관점에서 심리학적 이론 및 지식을 법체계에 적용한 제반 심리학적 활동을 총망라한다고 볼 수 있다.

대학교, 대학원 및 경찰 등 실무 기관들에서 다년간의 강의를 진행해 온 역자들의 공통된 고민은 법과 관련된 심리학 연구 및 현장 적용의 오랜 역사, 그리고 관련 연구의 비약적 증가 추세에도 불구하고 이 분야를 포괄적이며 구체적으로 다루고 있는 교재들이 많지 않다는 점이었다. 이 책의 저자들 또한 이러한 고민에서 출발하여 민사재판 및 형사사법 단계에서 심리학의 역할 및 다양한 심리학 분야의 연구 결과들이 법제도하에 어떻게 적용되고 있으며 심리학자들이 이 분야에서 어떠한 활동을 펼치고 기여해 왔는지에 대해 초점을 맞추어 설명하고 있다. 저자들은 이 책이 미래 이 분야에서 활동할 학생들뿐 아니라 현재 형사사법 분야 종사자들의 심리학에 대한 기본 이해 및 실무적 적용에 대한 가이드라인이 될 것이라고 밝히고 있다.

원서 5판에서는 원서 2판의 역자이신 이장한 교수님과 함께 경찰 프로파일러, 폴리그래프 검사관, 치안정책연구소 범죄수사연구실 연구관이 공동 역자로 참여했다. 역자들은 법정 심리학 실무 전문가 활동뿐 아니라 대학교, 대학원, 형사사법기관들에서 강의를 진행하고 있으며, 한국심리학회 '범죄 심리사' 자격 관리, 경찰관 채용 면접위원 등으로 활동한 경력을 지니고 있다. 이러한 경험들이 이 책의 내용을 이해하고, 번역하는 데 많은 도움이 되었을 것으로 기대한다.

원서 2판 번역과 마찬가지로 이 책을 번역하면서 가장 고민이 되었던 점은 국내 법체계와 실정이 다른 외국의 법률 환경하에서의 심리학자들의 활동을 국내 독자에게 그대로 전달하는 점이었다. 그러나 국가마다 법체계와 제반 실정은 다를 수 있으나 법률 당사자인 인간 행동의 근원 및 관심은 동일하다는 점은 부정할 수 없는 사실이다. 독자 여러분 또한 이러한 취지에 따라 이 책에 소개된 내용을 이해한다면 더욱 큰 효용을 얻을 수 있으리라 생각한다. 또 다른 고민은 역서의 제목에 대한 것이었다. 이 책의 제목으로 사용된 '포렌식(forensic)'이라는 단어는 형사사법 단계에서 실체적 진실 규명을 목적으로 과학적 지식 및 방법을 적용시키는 모든 활동 영역을 의미한다. 따라서 단어 그대로 원용하는 전문가 협회가 있을 정도로 이 분야 전문가들에게는 익숙한 단어이나, 범죄 심리라는 용어를 제외하고 원서 제목 그대로 사용하기에는 일반 독자들에게는 다소 생소한 단어일 수 있어, 대중성에 부합한 현재의 제목을 선정하였다. 이에 대해 독자의 양해를 구한다.

이 책이 나오기까지 함께 번역하고, 토론해 주신 많은 학계 및 실무 동료들에게 감사의 마음을 전한다. 특히 전공서적 출판의 어려움에도 불구하고 이 책이 출판될 수 있도록 힘써 주신 학지사 김진환 사장님과 성심껏 교정 작업을 해 주신 편집부 관계자들께 감사드린다.

2021년 2월

역자 일동

저자 서문

이 책은 형사정책 및 사회복지 전공자들을 위한 법정 심리학 강의 주교재로 사용하기 위해 집필되었다. 그러나 법정 심리학에 대한 기본적인 이해가 요구되는 정신건강 전문가 및 일반인들에게도 이 책은 유용하게 활용될 수 있을 것이다. 일반적으로 법정 심리학은 범죄자 프로파일링, 범죄현장수사, 법정증언과 밀접한 관련이 있는 학문 분야로 여겨지고 있지만, 법정 심리학에서 다루는 내용은 매우 광범위하다. 실제로 법정 심리학은 관련 주제들의 다양성, 매우 광범위한 실무 응용 분야들, 급격한 성장 속도 등으로 인해 모든 내용을 정확히 파악하기는 어렵지만, 매력적인 분야임에는 틀림없다.

법정 심리학을 어떻게 정의할지, 누구를 법정 심리학자라 지칭할 수 있는지에 대한 논쟁들은 이 책 초판 발간 때부터 지금까지 활발히 계속되고 있다. 이 점에 대해서는 1장에서 논의되는데, 미국심리학회(American Psychological Association)의 "법정 심리학 전문가 지침(Specialty Guidelines for Forensic Psychology)" 채택, 법정 심리학자 인증 등을 포함해서 지난 25년간의 법정 심리학 분야의 발전 상황 등에 대해 소개된다. 이 책에서는 법정 심리학의 목적에 맞추어, 심리학적 지식과 연구 결과, 그리고 민사 및 형사사법시스템 응용 분야들을 광범위하게 다루고 있다. 법정 심리학자들은 임상 실무와 관련된 자문, 연구 활동에 관여할 수도 있고, 학술 연구자로 활동할 수도 있다. 즉, 법정 심리학자들은 매우 다양한 맥락에서 활동하고 있다. 법정 심리학자들의 공통점은 일정한 자격을 갖추고 법률 체계하에서 자문 활동을 수행한다는 점이다.

이 책은 법정 심리학의 다섯 가지 주요 하위 분야로 구성되어 있다. 각 분야는 일정 부분 중복될 수 있다. ① 경찰 및 수사 심리학, ② 심리학과 법이라고 불리는 법 심리학, ③ 범죄 심리학, ④ 피해자학과 피해자 서비스, ⑤ 교정 심리학(성인 및 청소년 범죄자 대상 교정 기관 및 지역사회 활동 포함). 이 중 피해자학과 피해자 서비스는 법정 심리학자들의 참여가 증가하기 시작한 최신 분야이다. 서문과 이 책 전체에 걸쳐 강조하고 싶은 점은 이 분야에서 활동하는 심리학자 모두가 법정 심리학자는 아니라는 점이다. 실제로 이 분야의 많은 심리학자가 스스로 법정 심리학자라고 생각하지 않고 있다.

이 책은 응용적인 측면, 특히 법과학 분야에서 이루어진 연구결과의 실제적 적용에 초점을 맞추고 있다. 이 책 전반에 걸쳐 피고인, 원고, 범죄자, 피해자 대상 서비스들을 포함한 민사 및 형사사법체계에 심리학적 지식, 개념, 원리의 적용이 강조되고 있다. 본문에 포함된 주제들은 대부분 법정 심리학자들과 심리학자들의 일상적 활동 내용들이다. 이러한 활동 내용들은 많은 부분 심리학자들 스스로, 혹은 동료 연구자들이 수행하고 있는 지속적인 연구 결과에 의존할 수밖에 없다. 예를 들어, 위험성 평가를 수행하는 법정 심리학자는 다양한 평가 도구의 타당성 및 신뢰성 평가 연구 결과들을 숙지할 필요가 있다. 전문가 증언 시에는 목격자 범인 식별 혹은 청소년 뇌 발달 등에 대한 최신 연구 결과들에 대한 풍부한 지식이 필요하다. 이외 관련 연구 주제로는 아동 양육권 평가, 다양한 맥락 조건하에서의 위험성 평가, 형사 피고인의 재판 능력 및 심신미약 평가, 학교 장면에서의 위협 평가, 범죄 피해자 상담 및 자문 서비스, 신임 경찰관 선발 및 부적격자 선별, 민사 재판 당사자들에 대한 다양한 평가 주제, 외상후 스트레스 장애(PTSD) 평가, 청소년들의 법적 권리 이해 평가 등을 들 수 있다.

독자들에게 법정 심리학과 관련된 다양한 직업을 소개하는 것 역시 이 책의 주요 목적 중 하나이다. 대학교에서 강의를 하면서, 학생들은 자신이 선택한 전공 혹은 좋아하는 교과목과 관련된 분야뿐만 아니라 스스로 기여할 수 있고, 도전 욕구를 자극할 수 있는 직업 기회를 발견하는 것이 최우선 관심사라는 점을 느껴왔다. 이러한 학생들의 관심에 부응하기 위해, 이 책에서는 다양한 법과학 실무 현장 사례들을 제공하고 있으며, 원서 3판과 4판에서는 학생들의 직업 선택 및 목표 실현에 도움을 주기 위해 이 분야 전문가들의 개인적 경험 및 견해를 담은 'My Perspective' 박스가 포함되어 있다. 학생들 중에서는 미래에 어떤 직업에 종사하고 싶은지 정확히 알지 못한 상태에서 대학 생활을 시작하고, 끝내는 경우가 있다. 이 책에 에세이를 기고한 많은 전문가가 지적하는 바와 같이 이러한 상황은 드문 일이 아니며, 이들은 공통적으로 학생들이 미래에 원하는 일을 하기 위해서는 대학 시절 동안 더욱 다양한 경험을 쌓고 학술적인 멘토를 구해야 하며, 새로운 가능성을 염두에 두고 인생을 즐길 수 있는 일들을 찾아야 한다고 조언하고 있다.

학생들은 포렌식(forensic)의 의미 및 하위 분야에 대한 정확한 이해가 부족한 상태에서 법과학 분야에 관심을 보이는 경우가 많다. 따라서 이 책은 일반적인 법과학 전반을 설명한 후 법정 심리학 전공 대학원 과정, 실습과정, 학술 기관 등을 소개하는 것에서부터 시작하고 있다. 법정 심리학자가 되기 위해서는 일반적으로 대학원 과정 및 박사 후 연구 과정을 거치며, 이 책에 소개된 전문가 에세이에서는 학생들이 지역사회에서 경험적 학습을 체험할 수 있는 대학생 및 대학원생 대상 인턴십의 가치를 강조하고 있다. 전문 분야에서 활동하는 심리학자가 되기 위한 길은 멀지만, 이러한 활동들은 매우 보람된 일이다.

이 책의 또 다른 목적 중 하나는 심리학적 서비스를 제공하는 심리학자와 연구 심리학자에게 일상 업무의 일환으로 자리 잡은 다문화적 관점을 강조하는 것이다. 성공적인 심리학적 서비스 제공을 위해서는 인종적, 문화적 민감성의 중요성을 고려할 수 있어야 한다는 점은 숙련된 많은 법정 심리학자가 공감하는 내용이다. 또한 법정 심리학자들은 고립주의적이며 단일문화 중심적 관점에서 발생할 수 있는 불평등한 결과들을 끊임없이 경계해야 한다는 점을 잘 알고 있다. 연구자들 또한 이러한 문화적 이슈들에 대해 주의를 기울일 필요가 있다. 특히 가족 관계를 포함해서, 우리 사회에서 변화하는 관계의 본질을 인식하는 것 또한 필수적이다.

심리학적 배경 지식이 부족한 독자들을 위해, 본문 핵심 용어들은 서체를 달리 하여 색 글씨로 표시하였다. 또한 이 책을 통해 법정 심리학을 공부하는 학생들의 충실한 내용 이해를 위해, 각 단원 맨 앞부분에 주요 학습 내용을 제시하였고, 단원 마지막 부분에 주요 개념을 정리하고, 단원 정리 등을 수록하였다. 더불어 방대한 참고문헌 목록을 통해 독자들은 이 책에서 다루는 주제들과 관련된 참고자료들을 더욱 쉽게 찾아볼 수 있다. 이 외에도 본문의 My Perspective와 Focus 박스에서는 진로 선택 및 법정 심리학 현안 이슈들에 대한 다양한 정보들을 제공하고 있다. 예를 들어, Focus 박스에서는 정신건강 법원, 지역사회 중심 경찰 활동, 목격자 식별, 아동 납치/유괴, 증오 범죄, 사형제도, 인신매매 등과 관련된 내용을 다루고 있으며, 강의 도중 토론 및 논의가 필요한 내용에 대한 토론 문제들이 제시되어 있다.

원서 5판의 새로운 내용

원서 5판에서는 동료 연구자들의 검토 및 조언을 반영, 일부 내용 및 구성이 바뀌었다. 기본적으로 원서 4판 개정 시 변경됐던 단원 구성을 원서 5판에서 유지하고 있다. 일부 주제들의 경우 다른 장들에서도 관련 내용을 찾아볼 수 있다. 예를 들어, 청소년 비행의 경우 이 책의 마지막 장뿐 아니라 청소년 범죄자 및 범죄 특성을 다루고 있는 다른 장들에서도 관련 내용이 소개되어 있다. 법정 심리학과 밀접한 관련이 있는 위험성 평가 또한 이 책 전반부 및 개별 장들에서 관련 내용이 반복적으로 다루어지고 있다.

다음은 원서 5판에서 새롭게 추가되거나 변화된 내용들이다.

–최신 통계, 연구 결과, 판례의 인용
–원서 4판 Focus 박스 내용 업데이트 및 새로운 Focus 박스
–목격자 식별 및 법정 심리학자의 자문 활동 관련 내용
–국외 추방 대상 불법 이민자 적격 평가, 이민자 지원 등 관련 이슈
–인신매매와 온라인 성적 가해자 내용
–폭력적인 비디오 게임과 사이버불링(cyberbullying) 관련 최신 연구 결과
–인지 면담, 정보 수집 등 대안적 경찰 면담 기법
–법정 심리학 분야에서 수사 심리학의 공헌 내용
–법정 신경심리학자의 중요 공헌 내용
–여성 범죄자 관련 내용
–경찰관 편견 등 다양한 형태의 편견 관련 내용
–다문화, 다민족 사회에서의 범죄 피해 관련 이슈들
–법률 제도와 관련된 청소년들의 뇌발달적 특성
–청소년을 위한 지역사회 기반 치료 접근법

이 책에 포함된 많은 주제는 본문을 통해 알 수 있는 내용보다 더욱 큰 관심을 가질 가치가 있는 주제들이다. 법과학 실무와 관련해서 민사 사건 관련 사안들은 이 책에서 중점적으로 다루고 있지 않다. 하지만 My Perspective 박스에 수록된 전문가 에세이를 통해 이러한 간극은 조금이나마 채워질 수 있을 것이다. 또한 본문에 소개된 판례들, 특히 대법원 판례들은 해당 사건 내용 전체에 대해 포괄적으로 설명하기보다는 법정 심리학적 관점에서 고려해야 할 주요 심리학적 개념 및 이슈들을 설명하는 데 중점을 두고 있다. 그럼에도 불구하고, 이 책에서 소개된 개괄적인 자료들이 독자 여러분의 관심 내용을 보다 심도 있게 탐구하는 데 조금이나마 도움이 되기를 희망한다. 법정 심리학에 대한 전반적인 이해와 매력적이고 흥미로운 직업 기회들을 알아 나가는 데 이 책은 유용하게 활용될 수 있을 것이다.

차례

Chapter 3 범죄 수사의 심리학 • 117

PART III 법 심리학 Legal Psychology

Chapter 4 자문과 증언 • 189

Chapter 5 형사 재판에서의 자문 • 239

Chapter 6 가족법과 기타 민사 소송 • 291

PART IV 범죄 심리학 Criminal Psychology

Chapter 7 비행 및 범죄 행동의 발달 • 347

Chapter 8 폭력과 협박의 심리학 • 411

Chapter 9 성범죄의 심리학 • 483

PART V 피해자학과 피해자 서비스 Victimology and Victim Services

Chapter 10 법정 심리학과 범죄 피해자 • 549

Chapter 11 가정 폭력, 학대 그리고 피해자 · 601

PART VI 교정 심리학 Correctional Psychology

Chapter 12 성인 환경에서의 교정 심리학 · 663

Chapter 13 청소년 교정 · 727

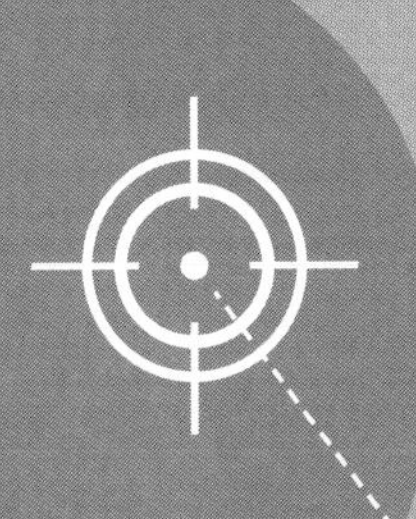

PART I

Introduction to Forensic Psychology Research and Application

법정 심리학 소개

Introduction to Forensic Psychology

Chapter 1

법정 심리학[1] 개관

주요 학습 내용

- 법정 심리학의 정의 및 역사적 발달 과정
- 법과학 관련 직업 분야
- 법과학과 법정 심리학의 차이
- 법정 심리학의 하위 분야
- 법정 심리학자가 되기 위한 교육과 훈련, 자격 요건
- 법정 심리학자의 역할 및 활동

2016년 12월 2일 자정 무렵, 미국 캘리포니아(California)주, 오클랜드(Oakland)에 위치한 창고에서 발생한 대형 화재로 약 30여 명의 사상자가 발생했다. 이 창고는 예술가들이 함께 작업하며 생활하던 장소로, 일명 '유령선(Ghost Ship)'이라 불리던 곳이었다. 미국 연방수사국(Federal Bureau of Investigation: FBI)의 조사 결과에 의하면 화재 발생 전 이곳에서 광란의 파티가 열리고 있었으나, 화재의 원인은 전기 배선 결함으로 방화 가능성은 없는 것으로 추정됐다. 그러나 해당 창고는 당국의 건축물 관련 법령들을 준수하지 않은 채 사용되고

1) 역자 주: 법정 심리학의 Forensic psychology에서 forensic은 주로 변사체 부검 시 법의학적 지식을 활용해 사망 원인에 대한 면밀한 조사 · 검토하는 절차를 의미하는 용어에서 유래되었으나, 최근에는 디지털 포렌식 등 범죄 증거물에 대한 과학적 분석을 의미하기도 한다. 마찬가지로 심리학적 절차와 지식을 활용하는 분야를 'forensic psychology'로 칭하며, 한국심리학회 법심리학회 분과에서는 이를 '법정 심리학'으로 지칭하고 있다. 이 책에서는 '포렌식'과 '법과학'이라는 용어를 문맥에 맞게 혼용할 것이며, 하위 분야의 경우 국내 법과학, 과학수사 분야에서 일반적으로 통용되는 용어들을 준용해 '법정-' '포렌식-' 등 일반적인 용어들을 문맥에 맞게 사용할 것이다.

있었다고 한다.

2013년 말 미국 내에서 소비재 마켓을 운영하는 대형 유통업체 타겟(Target)사에서 해킹 사고가 발생했다. 이 사고로 약 1억 1천만 명에서 7천만 명에 이르는 고객 신용카드 정보가 유출됐다. 수사 과정에 많은 법과학 전문가가 참여했으며, 이들은 해킹의 원인을 규명하기 위해 해당 고객 시스템의 방화벽 로그(firewall log), 웹 트래픽 로그(web traffic log), 이메일 송수신 정보들을 대상으로 디지털 포렌식을 진행했다.

2003년 지구로 귀환하는 도중 발생한 우주왕복선 컬럼비아(Colimbia)호 폭발, 2010년 미국 뉴욕 타임스퀘어(Time Square)에서 발생한 폭발 사건 등과 같은 대형 사건이 발생할 경우, 원인 규명을 위해 많은 과학자가 수사 과정에 참여한다. 마찬가지로, 사망자 3명 및 260명 이상의 사상자가 발생한 보스턴 마라톤 대회 폭탄 테러 현장에서도 과학자들은 폭발로 인한 화재 잔여물들 및 화재 현장에 대한 현장 조사를 진행하고 있다.

앞서 소개한 사례들에서 알 수 있듯이 법과학, 즉 포렌식(forensic)은 민형사상 법률에 저촉되거나, 잠재적인 관련이 있을 수 있는 모든 사건 · 사고에 적용된다. 사건 · 사고 현장에는 항상 법과학자(forensic scientist)들이 있고, 이들은 중요 범죄사건 수사 과정에 참여한다.

자연재난이 아닌 예상치 못한 대형 사건 · 사고가 발생하거나 원인 파악이 어려운 사건들이 발생한 경우 대부분 법과학자들이 필수적으로 조사 과정에 참여한다. 법과학자들은 해당 사건 · 사고에서 과실, 업무태만, 테러 가능성 등과 같은 인적 개입 여부를 규명하고, 그에 대한 법률적 책임 소재 여부를 평가하는 데 필요한 중요한 분석 정보를 수사관들에게 제공한다. 오클랜드(Oakland) 창고 화재조사 과정에 참여한 법과학자들은 발화 원인뿐 아니라 방화 가능성 평가 및 사체 신원 확인 과정에도 참여했다. 해킹(hacking) 사건 조사의 경우 법과학자들은 해킹 공격 과정에서 나타난 디지털 흔적 단서들을 수집해 해커들의 침입 방식을 규명하고, 추가적인 보안 피해 방지 방안을 도출한다.

법과학은 다양한 전문 분야를 아우르는 포괄적인 영역으로, 학생들이 매우 선호하는 분야이다. 심리학을 포함한 거의 모든 학문에 법과학과 관련된 전문 응용 분야가 있다. 하지만 대부분 법과학의 하위 영역에 어떠한 분야가 존재하는지 정확히 알지 못하며, '법과학자'로 불리는 이들 모두가 대체로 유사한 역할 및 활동을 한다고 잘못 생각하는 경우가 많다. 이러한 일반 대중 및 학생들의 오해는 이 책을 통해 어느 정도 바로잡을 수 있을 것이다. 법과학 하위 분야의 공통점은 법과 밀접한 관련이 있으며, 과학적 원리에 기초하고 있다는 점이다. 이 책에서는 법정 심리학(forensic psychology)을 핵심 주제로 다루고 있지만, 본격적으로 법정 심리학 주제를 다루기에 앞서 제반 법과학 하위 분야의 역할 및 활동을 이해하는 것은 '법정 심리학'과 기타 법과학 분야를 구분하고 정의하는 데 있어 매우 유익할 것이다.

법과학

법과학(forensic sciences)의 대표적인 하위 분야로는 법정 심리학(forensic psychology), 법공학(forensic engineering), 법언어학(forensic linguistics), 법해양학(forensic oceanography), 법의학(forensic medicine), 디지털 포렌식 수사(digital forensic investigation), 법간호학(forensic nursing), 법병리학(forensic pathology), 법인류학(forensic anthropology), 법고고학(forensic archeology) 등이 있다. 법언어학은 수사 및 재판 과정에서 증거물로 제출된 유서, 편지 등의 문법, 문장 구조, 철자, 어휘, 표현과 같은 글의 특징에 대한 언어적 분석을 통해 범인을 프로파일링하거나 작성자의 진위 여부를 확인 · 판단하는 분야이다(Black, 1990). 법인류학은 유골, 부폐된 시체 일부 및 시신 전체를 분석함으로써 사망자의 신원을 확인하는 분야이다. 법병리학은 의학의 한 분야로 법률적 의사결정을 위해 신체 질병이나 장애를 판단한다. 〈CSI〉, 〈본즈(Bones)〉, 〈NCIS〉 등과 같은 드라마 및 다양한 범죄 소설 속 등장인물로 나오는 법병리학자들은 죽음의 원인을 규명할 수 있는 단서를 찾기 위해 시체를 조사하는 역할을 수행한다. 법인류학자와 법병리학자는 대개 살인 사건 담당 형사들과 함께 사망자 신원을 확인하고, 변사자 시체로부터 살인 증거를 수집하며, 신원불상 변사자 유골에서 나이, 성별, 키, 혈족관계 등 기타 수사에 도움이 되는 특징들을 발견하기 위한 법과학적 분석 활동을 수행한다. 종합병원 응급실에서 근무하는 법간호학 전문 간호사들의 경우 성범죄 등 특정 범죄에 대한 전문적 증거 수집 훈련을 받은 사람들이다.

대부분의 법과학 연구소(forensic laboratory)는 국공립 혹은 정부 지원으로 민형사상 법적 분쟁 시 필요한 물리적 증거물들에 대한 감정을 수행하고 있다. 2014년 기준 미국 정부의 재정 지원을 받은 법과학 범죄 연구소는 409개 소이다(Bureau of Justice Statistics, 2016). 국가 지원 법과학 연구소에 소속된 법과학자들은 증거물 감정서를 작성하고 재판 과정에서 전문가 증언을 실시하며, 사설 법과학 연구소에서 근무하는 법과학자들은 대부분 정부기관과 계약을 맺고 법과학적 감정 서비스를 제공하거나 독립적인 법과학 관련 연구를 수행한다.

범죄 및 사건 · 사고 현장에서 채취한 잠재지문, 머리카락, 총기와 탄도, 폭발물과 화재 파편, 유독물질 및 각종 증거물을 감정하고, 감정 보고서를 제출하며, 재판 증인으로 출석하여 전문가 증언을 실시하는 것이 국공립 및 사설 법과학연구소에 소속된 법과학자들의 일반적인 활동이다. 일부 법과학 연구소 중에는 DNA 등 특정 증거물 분석을 전문적으로 수행하는 곳도 있다. 또한 범죄 현장에서 채취한 DNA 시료가 오염되거나 성범죄 피해자에게서 수집한 물리적 증거물(정액, 체액 등)을 적시에 처리하지 못한 일부 감정기관들의 실수 사례들이 언론에 보도되는 경우도 있다. 매우 긍정적인 사례로는 1982년 시카고(Chicago)에서 발생한 타이레놀 복용 일가족 사망 사건 해결에 결정적인 기여를 한 미국 식품의약국(Food and Drug Administration: FDA) 법과학 연구소의 감정 결과를 들 수 있다. 피해자는 출산 후 집으로 돌아온 산모와 12세 여아를 포함해 일가족 7명이었다. 해당 타이레놀은 총 6곳의 약국에서 판매되었는데, FDA 연구소에서는 화학적 분석을 통해 타이레놀에서 청산가리 성분을 발견했다. 이후 지문 식별 방법과 유사한 형태로 첨가된 청산가리 성분 제조업체와 유통업체를 추적하는 데 성공했지만(Stehlin, 1995), 아쉽게도 범인을 밝혀내지는 못했다. 하지만 이 사건을 계기로 일반 의약품 구매 방식이 변경되기에 이르렀다(Markel, 2014). 법과학적 조사 결과, 해당 타이레놀 제품은 약국에서 구매하고는 포장을 벗긴 후 청산가리 성분이 포함된 포장지로 재포장한 것으로 드러났다. 이 사건 이후 미국 FDA와 제약회사에서 인위적으로 포장이 불가능한 형태의 의약품 포장 방식을 도입함으로써 타이레놀 포장 훼손 여부를 소비자들이 직접 확인할 수 있게 됐다.

미국 뉴욕 무역센터 쌍둥이 빌딩, 미국 국방부 펜타곤 건물을 표적으로 한 2001년 9·11 테러 사건 이후 탄저균 공격 등 대량 살상용 화학 무기 공격에 대한 대중의 공포가 확산되면서 법화학적 검출 기법을 이용한 법과학 감정의 중요성은 날로 증가하고 있다. 테러 공격뿐 아니라 마약 밀매, 컴퓨터 범죄 및 문서위조, 사기를 포함한 다양한 화이트칼라(white-collar) 범죄에서도 법과학적 기법의 적용이 갈수록 중요해지고 있다.

법과학 연구소에는 민형사 사건에서 곤충과 관련된 사안을 전문적으로 분석하는 법곤충학자들도 있다. **법곤충학**(forensic entomology) 분야 또한 갈수록 그 중요성이 커지고 있는데, 예를 들어 건물 내 흰개미 발생 원인에 대한 법곤충학적 조사 결과는 부동산 문제, 해충 관리 및 집주인과 세입자 간 분쟁 등의 민사 사건 판결 시 중요한 증거 자료로 활용될 수 있다. 이 외에도 식품 오염 여부에 대한 수사 과정에도 법곤충학적 감정 결과는 유용하게 활용된다. 법곤충학자들은 곤충이 어디에서 발생했고(예: 창고 등), 언제부터 곤충이 생겼는지, 누군가 고의로 한 것인지 또는 자연스럽게 발생한 것인지 등을 평가한다. 세입자, 집주인 등의 단순 과실인지, 아니면 고의적으로 벌레가 생기게 했는지는 민사 분쟁 상황에서 법원이 쌍방 간 법적 책임을 판단하는 데 중요한 요인들이다.

변사 사건 수사 과정에서는 변사체의 사후 경과 시간, 사망 장소, 사망 당시 시체의 위치나 움직임 여부, 사망 원인을 평가할 때 법곤충학이 적용되고, 마약 제조 및 포장 장소 등을 추정할 때에도 마약에서 발견된 곤충의 종류 및 특성 정보들은 매우 유용한 정보로 활용된다. 또한 머리나 옷에 기생하는 벌레의 DNA를 분석해 개인 간 접촉 가능성을 확인할 수도 있다(Mumcuoglu, Gallili, Reshef, Brauner, & Grant, 2004).

문서 감정 또한 법과학 연구소에서 수행하는 주요 업무 중 하나이다. 문서감정관들은 서면 증거물의 작성자 혹은 문서의 진위 여부를 파악하기 위해 필체, 글꼴, 서명 및 문서의 수정, 불에 타거나 물에 젖어 손상된 종이, 잉크, 복사 과정, 필기도구, 쓰는 순서 등에 대한 분석을 진행한다. 이러한 과정을 통칭 **의심스러운 문서 감정 또는 분석**(questioned document examination or analysis)이라 한다. 수표의 서명, 협박 편지, 강도의 쪽지, 은행 관련 문서, 영수증, 유서, 투자 기록 서류, 세금 서류, 병원 기록 등이 의심스러운 문서에 해당될 수 있다(Morris, 2000). 문서 감정 결과는 사기, 살인, 자살, 성범죄, 협박, 폭발 사건 그리고 방화를 포함한 다양한 범죄 수사 과정에서 활용되고 있다. 필체 분석은 서명, 편지, 각종 신청서, 벽에 그린 낙서, 그림 등 그라피티의 서명 등을 분석하는 법과학적 분석을 의미한다. 포렌식 문서감정관(forensic document examiner: FDE)들은 공공 건물 및 기물들에 그려진 낙서 필체를 분석해 작성자에 대한 감정 견해를 제시하거나, 훼손된 문자 복원에 도움을 주고 있다. 인쇄물 등에 대해서는 문자 형태를 분석해 작성된 타자기 및 인쇄기 상표나 모델명을 구분하거나 작성된 키보드 종류, 인쇄한 프린터 종류, 해당 프린터 잉크의 종류를 분석해 달라는 의뢰도 받는다(Morris, 2000).

디지털 수사 분석(digital investigative analysis: DIA)은 디지털 증거물들을 대상으로 하는 법과학 분야이다. PC 하드 드라이브 및 메모리 오류로 인해 손상된 디지털 데이터는 대부분 복구할 수 있다. 정치인들 및 유명 인사들의 이메일 유출 사건들에서도 알 수 있듯이 스마트폰이나 온라인 음성 메일 시스템, 태블릿 PC, 개인용 PC 등에 저장된 이메일이나 문자 메시지가 삭제되었다 해도, 심지어 망치로 디지털 기기를 산산조각 낸 경우라도 디지털 자료들은 사이버 공간에서 영원히 없어지지 않는다. 일례로, 2015년 12월 캘리포니아주 샌버너디노(San Bernardino)에서 14명의 사망자가 발생한 테러 사건 발생 직후, 디지털 분석가들은 용의자 가내수색을 통해 확보한 디지털 기기에서 다음 범행을 계획한 증거를 확보했다. 모바일 기기의 급속한 증가로 인해 이메일 및 디지털 데이터들이 혼재되어 있지만, 포렌식 데이터 복구 전문가들은 모든 데이터를 복구하고 증거물을 찾아낼 수 있다. 디지털 수사 전문가들은 다양한 운영 체계의 디지털 매체들에 대한 압수, 수색, 분석 방법을 훈련받은 전문가들이다. 수사기관들에서는 아동 음란물 소지 용의자, 금융사기 의심자 사무실 수색 과정에서 압수수색 영장을 소지했더라도, 디지털 수사 분석 전문 교육을 받지 않은 경찰관들은 직접 컴퓨터 파일을 열어 보지 말라고 권고하고 있다. 디지털 포렌식 기술은 사기, 횡령, 성희롱, 아동 음란물, 악성코드 배포, 신원도용, 문서위조, 소프트웨어 불법 복제 등 저작권 침해, 마약 밀수, 돈세탁, 테러 조직 활동 등 다양한 수사 과정에 활용되고 있다.

2년 혹은 3년 주기로 새롭게 개발된 첨단 기술의 양이 2배 이상 증가하고 있으며, 최신 디지털 기기들 또한 출시되고 있기 때문에(Friedman, 2016), 디지털 증거 복구 역시 갈수록 어려워지고 있다. 오늘날 디지털 포렌식 전문가들은 "컴퓨터, 노트북, 모바일 기기(스마트폰, 태블릿 PC), GPS 네비게이션 기기, 차량용 컴퓨터 시스템, 사물인터넷(IoT) 기기 등 모든 종류의 디지털 기기들"을 대상으로 디지털 증거 조사를 실시하고 있다(Carroll, 2017, p. 25). 이 중 스마트폰 정밀 디지털 포렌식 의뢰 건수가 가장 많다. Ogden(2017)에 따르면, "개인 간 커뮤니케이션, 사회적 교류, 뱅킹, 쇼핑, 길찾기, 원격 시동, 건강 정보 확인, 가정용 감시 카메라 모니터링 등 거의 모든 일상생활에 모바일 기기가 활용되고 있기 때문에 디지털 기기들에는 엄청난 양의 정보가 들어 있다"(p. 11). 스마트폰 개인 정보 보안 기능 역시 지속적으로 발전하고 있기 때문에 수사관들의 디지털 증거 수집 및 판독 또한 갈수록 어려워지고 있다.

법과학 수사를 위해서는 화학, 생물학, 물리학 및 전자 기술을 포함한 다양한 분야에 대한 전문 지식 및 기술이 요구된다. 하지만 법과학적 분석 장면이 등장하는 TV, 영화, 소설 등의 대중매체들에서는 법과학 전문가들에게 요구되는 방대한 과학 지식 및 전문 기술들이 충분히 반영되어 있지 않다. 영화, 드라마에서는 법과학 전문가들을 최첨단 장비를 갖춘 연구소에서 근무하는 복잡한 분석 업무를 즐기는 매력적인 인물들로 묘사하고 있는데, 이는 실제와 상당 부분 다르다고 볼 수 있다. 많은 학생이 법과학 분야에 관심을 가지고 있지만, 그들 중 대부분은 법과학 전문가들의 역할 및 활동 사항 등에 대해 정확히 알지 못하며, 법과학 전문가가 되기 위해서는 어떤 공부를 해야 하고, 어떤 자격 요건이 필요한지에 대한 충분한 이해가 부족한 상태에서 막연히 법과학 분야로 진로를 결정하는 경우가 대부분이다.

특히 법정 심리학 분야는 다루는 내용 및 전문가 자격 요건이 다른 법과학 분야와 상이하다. 따라서 법정 심리학 전문가가 되기 위해서는 상당한 노력과 준비가 필요하다. 지금부터는 이와 관련된 내용들에 대해 살펴볼 것이다.

법정 심리학: 개관

법정 심리학(forensic psychology)은 최근까지도 통일된 개념으로 정의하기 어려운 학문 분야라 평가되고 있다. Otto와 Ogloff(2014)의 견해처럼, "40년 이상의 학문적 역사를 지니고 있으며, 최근 급속하게 발달하는 학문 분야임에도 불구하고 법정 심리학의 정의가 아직까지 통일되고 합의되지 않았다는 사실은 매우 놀라울 뿐이다"(p. 35). 또한 Brigham(1999)은 법원, 경찰 등 형사사법 기관들에 심리학 서비스를 제공하고 있는 심리학자들에게 "당신은 법정심리학자입니까?"라고 질문한다면 대부분이 자신을 법정 심리학자라고 부를 수 있는지 잘 모르겠다고 대답할 것이라고 한다. 덧붙여 이들 심리학자에게 "재판 과정에서 전문가 증언을 하신 적이 있지요?"라고 질문한 후 다시 한번 본인을 법정 심리학자라고 지칭할 수 있는지 질문한다면, 아마도 가장 정확한 답변은 '그때그때 다르다'일 것이다.

Otto와 Ogloff(2014), Brigham(1999)이 지적한 바처럼, 법정 심리학은 관심 영역 및 관련 주제를 포괄적으로 보느냐 혹은 구체적으로 보느냐에 따라 그 정의가 달라질 수 있다. 일부 문헌에서는 법정 심리학에 대해 형사사법 절차에 심리학적 지식을 적용하고 연구하는 학문으로 광범위하게 정의하는 반면, 다른 문헌들에서는 형사사법 절차상 심리학적 지식을 응용하고 활용하는 학문으로 한정하고 있는 경우도 있다. 과거 저자들은 법정 심리학을 다음과 같이 정의 내렸다(Bartol & Bartol, 1987).

> 법정 심리학이란 포괄적인 관점에서 볼 때, ① 법률과 직접적으로 관련된 인간 행동 양태를 연구하는 분야이고……, ② 형법 및 민법 영역 모두를 포함한 법 체계 내에서 전문적인 심리학 서비스를 제공하거나 자문 역할을 수행하는 실무 학문 분야이다(p. 3).

한편, Ronald Roesch(Brigham, 1999)는 "심리학자들 대부분은 법정 심리학을 형사사법기관들에서 임상적 평가를 수행하는 임상 심리학자들의 영역으로 간주하고 있다."(p. 279)라고 설명하며, 법정 심리학을 미시적으로 정의한 바 있다.

이와 같은 정의는 법정 심리학의 역할 및 연구 분야를 소위 '법정 임상 심리학(forensic clinical psychology)'이라 불리는 제한적인 영역으로 한정시킨 것으로 볼 수 있다. 하지만 경찰관 채용 및 스트레스 관리, 교정기관에서의 가석방 결정, 재소자 평가 등과 관련된 심리학자들의 역할은 법정 심리학 영역에서 제외되어 있다. 포괄적인 정의에서는 임상 심리학자뿐 아니라 사회, 발달, 상담, 인지, 실험, 산업 및 조직, 학교 심리학자 모두 법과 관련된 활동을 포함하고 있다. 이와 같은 형사사법기관들에서의 심리학자들의 활동에 대해 심리학자들 스스로 자신의 연구 및 활동 분야의 극히 일부분이라고 생각하고 있어 스스로 법정 심리학자라고 생각하지 않을 수 있다. 따라서 앞서 기술한 바와 같이 이들을 법정 심리학자라고 부를 수 있는지에 대해서는 Brigham처럼 상황에 따라 그때그때 다르다고 말하는 것이 보다 정확할 수 있다.

한편, DeMatteo, Marczyk, Krauss와 Burl(2009)은 "법정 심리학의 정의 및 범위에 대해서는 학자들 간에 상당한 이견이 존재한다. 법과 관련된 심리학 연구, 평가, 치료와 관련된 심리학자들의 역할 및 활동은 법정 심리학에 포함되지 않는 배타적 영역으로 간주하는 것이 적절하다."(p. 185)라고 주장했다. 더불어 미국심리학회(American Psychological Association: APA) 산하 미국법심리학회(American Psychology-Law Society: AP-LS)에서는 법체계 내에서 활동하는 임상가들뿐 아니라 관련 연구를 수행하는 연구자들의 역할 및 기여 또한 고려할 필요가 있으므로 법정 심리학에 대한 정의는 심리학자들의 제반 활동 분야를 포괄할 수 있도록 정의되어야 한다고 권고한바 있다. 따라서 미국심리학회의 **법정 심리학 전문 지침**(Specialty Guideline for Forensic Psychology)에서는 법정 심리학을 다음과 같이 포괄적으로 정의하고 있으며(American Psychological Association [APA], 2013c), 이 책에서는 미국심리학회(APA)의 지침에 따라 법정 심리학의 개념을 정의하고 그 하위 영역들에 대해 살펴볼 것이다.

> 법정 심리학이란 다양한 전공 분야(임상, 발달, 사회, 인지 등)의 심리학자들이 법적 이슈와 관련된 문제해결 과정에 필요한 과학적 · 기술적 · 전문적인 심리학 지식과 방법을 적용하는 실무 활동을 의미한다(p. 7).

포괄적 정의하에 법정 심리학은 법과학 실무 활동에 대한 전문적인 심리학 지식 활용 및 연구에 초점이 맞춰져 있다. 법과 관련된 심리학 응용 분야로는 개인의 생명, 재산 관련 사안에 대한 조사, 연구, 평가 및 변호인 조력, 자문, 전문가 법정 증언 등을 들 수 있다. 이 외에도 아동 양육권 평가, 경찰관 선발 및 교육, 교도소 재소자 및 교도관들에 대한 임상적 개입, 청소년 범죄자들에 대한 교화(치료), 범죄 예방, 지역사회 활동(사회적 개입), 피해자 상담 등 범죄학에서 정립된 이론과 연구들까지 법정 심리학에서 다루고 있다.

이 책에서는 법정 심리학에 대한 포괄적 이해를 위해 하위 분야를, ① 경찰 및 공공안전 심리학(police & public safety psychology), ② 법 심리학(legal psychology), ③ 범죄 및 비행 심리학(psychology of crime and delinquency), ④ 피해자학과 피해자 서비스(victimology and victim service), ⑤ 교정 심리학(correctional psychology)의 다섯 가지로 구분하고 있다. 이러한 구분은 법정 심리학 연구자들 사이에서 일반적으로 받아들여지는 분류 방식은 아니다. 법 관련 문제들에 심리학적 지식을 적용하는 방식은 학자들마다 차이가 있다(예: Melton, Petrila, Poythress, & Slobogin, 2007; Otto & Ogloff, 2014). 일부 심리학자는 법정 심리학과 교정 심리학(Magaletta et al., 2013) 혹은 법정 심리학과 경찰 및 공공안전 심리학(Brewster et al., 2016)을 별개 학문 영역으로 구분하여 전문화하고 있는데, 이 또한 독립적인 심리학 하위 연구 분야로 인정받고 있다.

법정 심리학에 대한 포괄적인 이해를 위해 5개 하위 분야로 구분했지만, 이 분야들은 서로 밀접하게 관련되어 있다. 공통점은 모든 분야가 연구와 응용 측면을 모두 지니고 있으며, 특정 분야에 전문화된 심리학자들 또한 타 분야에 대한 연구 및 개별 형사사법기관 종사자 훈련 및 자문 등 응용 서비스를 제공하기도 한다는 것이다. 지금부터는 법정 심리학의 역사적 배경에 대해 개괄적으로 설명한 후 개별 하위 분야들에 대해 더욱 상세하게 살펴볼 것이다.

법정 심리학의 역사

법정 심리학은 1970년대부터 급속하게 발전하기 시작했지만, 그 유래는 19세기 말로 거슬러 올라간다. 1893년 미국 컬럼비아 대학교의 McKeen Cattell 교수는 심리학 강의 수강자들에게 일주일 전 날씨에 대해 질문했다. 같은 날씨에 대해 답변 내용들은 서로 달랐는데, 잘못 기억하고 있는 응답자들조차 자신이 목격한 사실에 대해 강한 확신을 지니는 경향이 있었다. 이후 많은 심리학자가 수업 도중 강의실에 들어온 실험보조원이 교수와 마주친 후 강의실을 떠나는 식의 가상 실험을 연출한 후 학생들에게 교수와 실험보조원 간에 어떤 일이 있었는지를 질문하는 식의 유사 실험들을 실시했다. 최근에도 목격자 기억은 많은 법정 심리학자가 관심을 가지는 연구 주제로, 이 분야의 연구들은 현재도 활발히 진행되고 있다.

이 외에도 인지적 특성, 아동 발달, 이상 행동, 거짓말 탐지, 스트레스 등 법률적 이슈와 관련된 다양한 심리학적 연구들이 진행됐다. 1900년대 이후 심리학자들은 민사 재판에서 전문가 증언을 하게 됐고, 이후 형사 재판 과정에서도 전문가 증인으로 출두하기 시작했다. 오늘날 심리학자들의 전문가 법정 증언은 정식 절차로 도입됐다. 또한 이 시기 심리학자들은 소년법원에서의 자문 역할 및 청소년 및 성인 재소자 대상의 치료 서비스를 제공했으며, 제2차 세계대전 도중에는 Terman과 같은 심리학자들이 군인, 경찰관 대상의 지능 및 적성 검사를 개발하는 과정에 참여했으며, 1950년대에는 경찰관 선발 시 심리학적 자문을 제공하기에 이르렀다.

1960년대와 1970년대 심리학자들의 전문가 법정 증언이 급속하게 증가했는데, 어떤 경우에는 발달 과정에서의 개인차, 발달 심리학적 연구 결과 등을 토대로 법적 판단에 필요한 과학적 정보를 포함한 의견서를 법정에 제출하기도 했다. 이 외에도 변호사 대상 재판 준비 및 배심원 선정 관련 자문 또한 진행했고, 피고인 등 재판 당사자들의 범죄 위험성 평가 결과를 제출하는 경우도 있었다. 〈Focus 1-1〉에는 법정 심리학 분야에 대한 역사적 사건들

FOCUS 1-1 법정 심리학 분야의 역사적 사건

1893 컬럼비아 대학교 J. McKeen Cattell 교수가 목격자 증언에 대한 최초의 심리학 실험 실시

1903 독일의 Louis William Stern이 학술지 『증언 심리학에의 기여(Beiträge zur Psychologie der Aussage;Contributions to the Psychology of Testimony)』 창간

1906 George Frederick Arnold가 저서 『법적 증거와 법 해석에 대한 심리학 적용(Psychology Applied to Legal Evidence and Other Constructions of Law)』 발표

1908 하버드 대학교 심리학과 Hugo Münsterberg 교수가 최초의 법정 심리학 전공 서적 중 하나인 『증언대(On the Witness Stand)』 출간. Hugo Münsterberg 교수는 법정 심리학의 아버지로 불림

1908 오리건주 대법원에 상고된 Muller 대 오리건 주정부 재판에 사회과학 전문가의 의견이 첨부된 법정 의견서가 제출됨

1909 심리학자 Grace M. Fernald와 정신과 의사 William Healy가 청소년 범죄자 전문 병원 개설

1911 벨기에의 형사 재판에서 J. Varendonck가 심리학자 중 최초로 법정 증언을 함

1913 미국 교정시설(여성 전용 교도소)에서 심리학자 Eleanor Rowland가 최초의 심리 서비스 실시

1917 심리학자이자 변호사인 William Marston이 최초로 거짓말탐지검사기(polygraph) 개발. 그러나 Frye 대 U. S.(1923) 재판에서 거짓말탐지검사기가 과학계의 일반적 수용이 부족하다는 이유로 William Marston의 전문가 증언은 증거로 채택되지 않음

1917 미국에서 최초로 Louis Terman이 경찰관 선발 과정에 심리학적 검사 도구를 적용

1918 미국 뉴저지(New Jersey)주 교정국에서 최초로 심리학자들과 함께 재소자 분류 체계를 개발 · 적용. 뉴저지 주 교정국은 심리학자를 정식 직원으로 고용한 곳임

1921 미국 내 심리학자의 최초의 목격자 진술 관련 전문가 법정 증언이 이루어짐(State v. Driver, 1921)

1922 독일 뷔르츠부르크 대학교 심리학과 교수 Karl Marbe가 심리학자로서는 최초로 민사재판에서 전문가 법정 증언을 함

1922 William Marston이 아메리카 대학교(America University) 법 심리학(legal psychology) 교수로 임용됨. 이는 최초의 법정 심리학 전임 교수임

1924 위스콘신주 내 모든 교정기관에 최초로 재소자 입소 분류 및 가석방 심사 시 심리 검사를 도입함

1929 Donald Slesinger가 예일 대학교 로스쿨에 조교수로 임용됨. 그는 미국 내 로스쿨에 임용된 최초의 심리학자임

1931 Howard Burtt의 저서 『법 심리학(Legal Psychology)』 발간. 법과학 영역에서 심리학자가 발표한 최초의 전문 서적

1954 미국 대법원에서 Brown 대 교육위원회 간 소송에서 심리학자인 Kenneth와 Mamie Clark의 연구 결과를 인용한 획기적인 판

결을 내림

1961 Hans Toch가 범죄 심리에 대한 최초의 서적 중 하나인『법과 범죄 심리학(Legal and Criminal Psychology)』을 편집 · 발간

1962 워싱턴 D.C.(Washington, D.C.) 법원의 Jenkins 대 United States 항고심 사건에서 정신 질환에 대한 법적 판단에 있어 심리학자를 전문가 증인으로 인정

1964 범죄 행동에 대한 포괄적이고 검증된 이론을 집대성한 Hans J. Eysenck의 저서『범죄와 성격(Crime and Personality)』발간

1968 Martin Reiser가 LA 경찰청에서 미국 최초의 전종 경찰심리학자로 임명됨. 그는 경찰 심리학을 전문 직종으로 정립하는 데 기여함

1968 일리노이 대학(University of Illinois)에 박사학위 과정이 최초로 개설됨

1972 미국교정심리학협회(American Association for Correctional Psychology: AACP)와 Stanley Brodsky, Robert Levinson, Asher Pachi 등 심리학자들의 노력으로 교정 심리학이 전문 영역으로 인정됨

1973 네브래스카 대학교 링컨 캠퍼스(University of Nebraska-Lincoln)에 최초의 심리학과 법학의 학제 간 연계 전공 과정이 개설됨

1978 미국법정심리학 위원회에서 법정 심리학에 대한 전문가 인증 실시

1978 미국심리학회에서 워스콘신(Wisconsin) 주 교정국에서 실시되는 임상 전문가 인턴 과정을 승인함

1991 미국법정심리학회(American Academy of Forensic Psychology)와 미국심리학회 산하 41분과 미국법심리학회에서 '법정 심리학자를 위한 전문 지침(The Speciality Guidelines for Forensic Psychologists)' 제정

2001 미국심리학회에서 법정 심리학을 전문 분야로 인증

2006 법정 심리학자 전문 지침 개정 위원회에서 법정 심리학에 대한 정의를 실무 분야뿐 아니라 관련 연구를 포괄하는 정의로 개정할 것을 권고

2008 미국심리학회에서 법정 심리학을 전문 학문 분야로 재인증

2013『법정 심리학자를 위한 전문 지침(Speciality Guidelines for Forensic Psychologists)』발간. 이 지침서에서는 법정 심리학을 "과학적이고, 기술적이며, 전문적인 심리학 지식을 적용해 법률적 · 행정적 문제와 당사자 간의 계약과 관련된 문제 해결을 지원하는 심리학자들(임상, 발달, 사회, 인지 등 제반 심리학 전공을 포함)의 전문적인 실무 서비스"로 정의

2013 경찰 및 공공안전 심리학이 전문 학문 분야로 미국심리학회 인증을 받음

이 연대기 순으로 정리되어 있다.

1981년 Loh는 심리학과 법의 관계가 이미 성숙 국면에 접어들었다고 평가했는데, 1978년에 미국법정심리학위원회(American Board of Forensic Psychology)에서는 공식 자격 인증 업

무를 시작했으며(Otto & Heilbrun, 2002), 1991년에는 미국심리학회 산하 41분과로 미국법심리학회(AP-LS)가 공식 출범했다. 미국법심리학회에서는 1991년 미국심리학회에서 법정 심리학 지침(2013년 개정)을 공식적으로 채택하는 데 큰 기여를 했고, 법정 심리학은 미국심리학회에서 2001년 전문인증을 받고 2008년 재인증을 받았다. 2010년 Heilbrun와 Brooks는 법정 심리학이 심리학의 한 분야로서 충분히 발전했으며, "법과 관련된 전 분야에 있어 지금까지 발표된 법정 심리학 연구 결과들 및 응용 사례들을 살펴보면, 심리학 지식들이 제시할 수 있는 최선의 실무 방안이 무엇인지 알 수 있을 정도에 이르렀다."(p. 227)라고 봤다. 법정 심리학의 발전은 관련 연구소 및 실무 서비스 기관들의 발전, 전문서적 및 학술저널 수의 비약적 증가, 대학 및 대학원의 관련 전공 수의 증가, 실무자들을 위한 표준 업무 절차 확립 등을 통해서도 확인할 수 있다(DeMatteo et al., 2009; DeMatteo, Burl, Filone, & Heilbrun, 2016; Heilbrun & Brooks, 2010; Weiner & Otto, 2014).

법정 심리학의 현재

오늘날 법정 심리학자들은 매우 다양한 분야에서 활동하고 있다. 다음에 소개되는 내용들은 법정 심리학의 하위 분야별 실제 활동 사항들이다. 이는 법정 심리학자들의 주요 연구 분야라기보다는 대부분 관련 형사사법기관들의 의뢰를 받아 자문하는 내용들이다.

경찰 및 공공안전 심리학

- 경찰 인력 운영 및 근무 일정 계획 수립 지원
- 경찰, 소방, 야생동물 수렵 단속 등 다양한 법집행기관 구성원의 선발 절차 수립
- 다수의 사상자가 발생하는 인질 사건 등 중요 사건 전담 경찰관의 업무 적합성 평가
- 경찰의 정신장애자 대응 방법 훈련
- 총격 사건 후 경찰관 상담 및 사건 내용에 대한 심리학적 검토 보고서 제공
- 경찰 가족 지원 서비스 제공
- 경찰의 목격자 범인 식별의 신뢰성에 대한 연구 결과 제공
- 범죄 현장 조사를 통해 형사들의 범죄 수사 지원

법 심리학

- 아동 양육권 평가, 아동학대 등 위험성 평가를 위한 가정 방문
- 설문조사 및 기타 다양한 방법을 통해 변호사의 배심원 선정 지원
- 재판을 받을 수 있는지에 대한 피고인 능력 평가
- 무죄판결을 목적으로 정신이상을 주장하는 피고인들에 대한 전문가 증언
- 민사 재판에서의 치료 동의 혹은 치료 의지 평가
- 공격성과 폭력적인 비디오 게임의 관계에 대해 입법 위원회에서 증언
- 법원에서 치료 명령을 받은 사람들을 대상으로 한 심리치료
- 추방 명령을 받은 불법 이민자 대상 심리평가

범죄 및 비행 심리학

- 청소년 범죄 예방을 위한 개입 전략들의 효과 평가
- 정신병질(psychopathy) 발달 과정에 관한 연구
- 관련 정부기관들을 대상으로 스토킹 범죄 대응 관련 연구 정책 조언
- 교사, 교직원 대상 폭력 위험성 수준이 높은 학생 식별 방법 상담
- 자·타해 위험 정신질환자들 대상의 심리학적 위험성 평가 도구 개발
- 사법기관에 청소년 의사결정 과정에 대한 연구 결과 제공

피해자학과 피해자 서비스

- 범죄 목격자 혹은 피해자 평가
- 교통사고, 제조물 책임, 성차별 및 성희롱, 의료사고, 노동자들의 근로 배상 및 산업재해 등 상해 피해를 입은 피해자들에 대한 심리학적 평가
- 외상후 스트레스 장애(PTSD) 등 범죄 피해자들의 심리적 후유증에 대해 담당 공무원 및 관련 기관 종사자 대상의 교육·훈련 진행
- 해외난민 심사 시 이들의 박해, 고문 증거 수집을 위한 법과학적 평가
- 사망통지 담당자들을 대상으로 상담, 평가, 지원 서비스 제공
- 피해자 정신건강 및 지원 담당자 대상 다문화적 요소가 미치는 영향에 대한 교육

교정 심리학

- 재소자 정신건강 문제 평가, 치료 및 교화 프로그램 추천
- 가석방 심사 시 재소자 평가
- 청소년 및 성인 재소자들의 폭력 위험성 평가
- 청소년 및 성인 재소자들에게 적용되는 피해자-가해자 화해 조정 프로그램, 성범죄자 치료, 폭력 예방, 건강교육 프로그램 효과 평가
- 성폭력 가해자 평가
- 교도관 및 기타 교정기관 근무자 직무 적합성 평가 프로그램 개발
- 청소년, 성인 재소자 대상 정신건강 치료 프로그램 제공

법정 심리학자들의 역할을 임상적 활동으로 제한하거나 재판 과정에서의 활동들로 한정 지을 경우, 앞서 제시한 법정 심리학자들의 활동 영역은 상당 부분 축소될 수 있다. 법정 심리학자들은 관련 기관을 대상으로 심리학적 서비스를 제공하는 것 이외에도 대학교 강의, 배심원 의사결정, 목격자 증언, 각종 범죄 관련 사안에 대한 법률상 개인 권리 이해 등의 다양한 주제에 대한 연구 활동을 수행하고 있다.

법정 심리학자들의 역할 및 근무기관은 다음과 같다. 다만 법정 심리학자들의 역할 및 수행 업무가 이 내용에만 국한되는 것은 아니다.

- 개인 사무실 개소, 독립적인 법정 심리학자로 활동
- 가정법원, 마약법원, 정신건강법원
- 아동보호기관
- 피해자 서비스
- 가정법원 및 가정 폭력 프로그램
- 국가 혹은 사설 법정신건강기관
- 성범죄자 치료 프로그램
- 교정기관(연구 프로그램 포함)
- 연방, 주, 지역 형사사법기관(경찰 등)
- 국가 혹은 사설 연구조직
- 대학교(교육 및 연구 활동)
- 비행 청소년 치료 프로그램

- 법률지원센터(예: 이민자, 재소자, 정신질환자, 지적장애자 등)

이 책 각 장에는 다양한 분야의 법정 심리학 전문가들의 진로 선택 배경, 활동 내용 등을 소개하고 있다. 법정 심리학자들의 전문 분야 및 활동 경험들은 서로 다를 수 있지만, 자신의 전문 분야를 개척하고 자신만의 영역을 구축하기 위한 노력과 의지는 남달랐을 것이다.

급변하는 경제 상황은 법정 심리학계에도 많은 변화를 불러일으키고 있다. 우선 학생들은 대학교 및 대학원 석사 · 박사학위를 취득하지 못할 경우 취업이 어려울 것이라 걱정하고 있다. 이 책의 4판이 출간되었을 때에 비해 정부의 연구 지원금 및 공공기관 취업 기회가 변화된 것은 사실이다. 그에 따른 가장 중요한 문제 중 하나는 취약계층을 대상으로 하는 건강 및 사회복지 프로그램의 폐지 및 예산 삭감이다. 그러나 아직은 법정 심리학 분야의 직업적 기회에 대한 전망은 밝다고 볼 수 있다(Griffin, 2011). 확실한 점은 정부 예산 및 경제적 지원을 판가름하는 것은 결국 법정 심리학 서비스를 제공하는 전문가들의 책임감 있는 태도라고 볼 수 있다. 즉, 법정 심리학자들에 대한 경제적 지원 및 직업 기회는 관련 연구 결과 제시 및 객관적인 증거에 기반하고 있다. 예를 들어, 형사사법기관들에 치료 서비스를 제공하는 법정 심리학자들에게는 전문 치료 서비스의 효과성 검증 결과를 문서로 제출할 것을 요청하고 있다. 증거 기반 치료 서비스는 일반 의료 분야뿐 아니라 범죄자 교화 영역에서도 중요한 개념으로 자리 잡고 있다. 마찬가지로 증거 기반 실무 서비스 역시 법률 체계하에서 전문 서비스를 제공하는 법정 심리학 전문가들에게 매우 중요하다. 즉, 심리학자들은 높은 신뢰성과 타당성을 지닌 방법 및 도구를 활용해야 한다.

법정 심리학, 법정신의학, 법사회복지

정신건강 관련 전문가의 역할 중 일부는 정신의학자 혹은 사회복지 전문가들의 영역이다. 최근 들어 심리학자, 정신의학자, 사회복지 전문가들의 협업이 날로 증가하는 추세로서, 이들 간의 차이점이 무엇인지에 대한 정확한 이해가 필요하다.

흔히 사람들은 심리학자들, 특히 임상, 상담 혹은 법정 심리학자들과 정신의학자들을 혼동하는 경향이 있다. 최근 들어 두 직업 분야 간 경계가 갈수록 모호해져 가는 양상이 나타나는데, 임상 · 상담 · 법정 심리학자들 또한 정신의학자들과 마찬가지로 정서적 · 인지적 · 행동적 문제를 지닌 사람들에 대한 치료 훈련을 받으며, 심리학자들 또한 정신의학자들과 마찬가지로 법정 증언 및 변호사 자문 역할을 수행하고 있다.

정신의학자들은 정신장애, 중독 및 정서적 문제에 대한 예방, 진단, 치료를 전공한 의학 박사들이다. 대부분의 심리학자는 의학 관련 학위가 없지만, 일부 심리학자는 공중보건학 석사(Master's of Public Health) 등 관련 학위를 소지한 경우도 있다. 정신의학자와 심리학자의 가장 큰 차이점은 향정신성 약물(psychoactive drug)을 포함한 약물 처방 면허가 있느냐이다. 과거에는 심리학자들의 약물 처방이 허가되지 않았다. 하지만 2002년 미국 최초로 뉴멕시코(New Mexico) 주정부에서 적합한 훈련을 받은 심리학자들에게 정신장애 및 행동 문제 치료를 위한 약물 처방 면허를 부여하기 시작했다. 이후 2004년 루이지애나(Louisiana) 주정부에서 미국 내 두 번째로 심리학자들의 정신장애 치료 목적의 약물 처방이 합법화되었다. 이들 주정부에서는 약물 처방 면허를 취득한 심리학자들을 일명 '의학 심리학자(medical psychologists: MP)'라 부른다. 관련 훈련을 이수한 심리학자들의 약물 처방 권한을 합법화한 주정부들은 지속적으로 증가하고 있는데, 2014년 일리노이(Illinois) 주정부에서는 정신약리학(psychopharmacology) 훈련을 받은 심리학자들에게 약물 처방 권한을 부여하는 법률을 제정했으며, 아이오와(Iowa) 및 아이다호(Idaho) 주정부에서도 이와 유사한 법률을 각각 2016, 2017년에 통과시켰다. 이 외의 미국 내 다른 주정부에서도 심리학자의 약물 처방 허용 관련 법안이 주의회에 상정 · 계류 중이다. 그 밖에도 국방부, 미국 공중보건 서비스 기관, 미국 원주민 건강 서비스 기관들에 소속되어 관련 훈련을 이수한 심리학자들 또한 약물 처방 권한을 가지고 있다(APA, 2016a).

그러나 전통적으로 의학계에서는 약물의 남용, 치료 서비스의 질적 저하 등을 이유로 심리학자들의 약물 처방 허용에 반대해 왔다. 설문조사들에 나타난 여론은 의사 이외의 자격 있는 심리학자들에게 약물 처방 권한을 부여하는 것에 호의적인 반응을 보였지만, 임상 심리학자들 중에서도 약물 처방 권한 확대에 반대하는 경우도 있었다(예: Baird, 2007; Sammons, Gorney, Lianer, & Allen, 2009).

법원, 교도소, 경찰 등 다양한 법과학 수요 기관에서 근무하는 정신의학자들을 **법정신의학자**(forensic psychiatrist)라 부른다. 정신적 문제로 인한 심신미약 판단 시 정신 감정 및 전문가 증언이 필요할 경우에 대한 법정신의학자의 의학적 설명을 더욱 신뢰하는 법관의 성향상 심리학자보다는 법정신의학자의 재판 참여가 법관들 사이에서 더욱 선호되고 있다(Melton et al., 1997). 그러나 경찰 등 형사사법기관에 자문하거나 교도소에서 교정 활동을 할 경우에는 정신의학자보다는 심리학자가 참여하는 경우가 상대적으로 더욱 많다. 또한 법률적 맥락에서 뇌 기능의 문제를 평가, 자문하는 경우에도 형사 및 민사 재판 모두에서 법신경심리학자들이 관여하고 있다. 법과 관련된 심리학 연구 영역은 심리학자들의 전문 분야이나 정신의학자들 또한 관련 연구를 수행하기도 한다.

형사사법기관에서 심리학자, 정신의학자와 파트너로 협업하는 전문가로는 **법사회복지사**(forensic social worker)를 들 수 있다. 이들은 주로 범죄 피해자, 피해자 가족, 범죄자 대상으로 상담하는 업무 및 성범죄자 및 약물 중독자들을 치료 과정에 개입하는 역할을 수행하고 있다. 특히 교정기관에서 법사회복지사들은 치료 팀의 일원으로 활동하고 있으며, 이 외에도 아동 양육권, 자녀 친권 상실, 배우자 학대 및 폭력, 청소년 및 성인 대상 교정 단계에 참여하는 경우도 있다. 법사회복지는 법 관련 문제들에 사회복지 원칙들을 적용하는 분야이다. 전미 사회복지 기구(National Organization of Forensic Social Work: NOFSW)에서는 법과학적 측면에서 사회복지 관련 이슈들을 다루는『법사회복지 저널(Journal of Forensic Social Work)』을 발간 중이다. 법사회복지 분야의 종사자 대부분은 현장 실무 교육을 이수한 사회복지학 석사 학위자(master's degree in social work: MSW)들이다. 현재 미국 주정부들에서는 법사회복지사를 형사 사건 전문인력으로 인정하고 있지는 않으나, 민사 사건에서는 법정 증언을 요청하는 경우도 있다.

법과학은 다양한 학문 분야별 전문가들의 협업이 무엇보다 중요하다. 이 책에서는 이 중 심리학자의 역할에 대해 중점을 두고 있지만, 관련 정신건강 전문가의 공헌 및 역할의 중요성을 간과해서는 안된다.

윤리적 문제

법적 사안에 대한 법정 심리학자들의 역할 및 실무 활동이 갈수록 증가하면서, 현실적인 문제들과 더불어 윤리적 책임 문제 또한 지속적으로 제기되고 있다. 앞서 언급된 약물 처방 권한 또한 이러한 문제 중 하나로 볼 수 있다. 이 외에도 심리학자와 환자 간의 이중 관계, 이해 상충 상황, 편견, 비밀보장 이슈들, 처벌과 교화 선택 과정에서의 갈등의 윤리적 문제들에 직면해 있다(Day & Casey, 2009; Murrie & Boccaccini, 2015; Neal & Brodsky, 2016; Ward & Birgden, 2009; Weiner & Hess, 2014). 최근에 논란이 된 사안으로는 군대의 신문조사 과정 참여, 아동 보호 사건 권고 지침 작성, 사형 구형 사건에서의 위험성 평가 수행, 청소년 범죄자들에 대한 정신병질(psychopathic) 평가, 평가와 치료 사이에 적절한 경계선 확립 등의 문제 등을 들 수 있다. 이 외에도 법정 심리학자들은 불법 이민자들의 강제추방 및 범죄 피해 지원 문제 결정 과정에서 문화적 차이에 기반한 편견과 오해, 다양한 인종 및 민족 집단에 동일한 심리학적 방법 적용 시 초래될 수 있는 문제 등 다양한 윤리적 문제에 직면해 있다(Filone & King, 2015).

법정 심리학자 또한 다섯 가지 일반 원칙과 열 가지 기준으로 작성된 '**심리학자 윤리원칙과 행동강령**(Ethical Principles of Psychologists and Code of Conduct: EPPCC)'(APA, 2010a)을 준수해야 한다. 이 중 열 가지 기준은 심리학자들이 준수해야 하는 의무 규칙들이다. 이와 함께 미국심리학회에서 발간한 다양한 전문가 지침과 '법정 심리학 전문 지침'(APA, 2013c) 역시 준수해야 한다.

진로 및 직업 분야

1970년대 이후 일반 심리학 전공 분야들뿐 아니라 법정 심리학 관련 직업 분야가 비약적으로 확대됐다(Reed, Levant, Stout, Murphy, & Phelps, 2001; Packer & Borum, 2013). 기계 및 장비에 대한 공학적 설계 시 인간 요인에 대한 심리학적 지식의 응용에서부터 동물 행동 분야까지 심리학에서 다루는 주제들이 광범위하게 확대되어, 관련된 모든 분야에서 심리학적 지식과 방법이 활용되고 있다. 심리학자들은 "인사 선발과 훈련, 사용자 친화적 컴퓨터 소프트웨어 개발, 인재 및 자연재해 사건 · 사고, 피해자 대상 심리 서비스 지원, 연쇄살인범 프로파일링, 상품 판매 확대를 위한 효과적인 광고 전략 수립 등"의 다양한 분야에서 활동하고 있다(Ballie, 2001, p. 25).

2015년 기준 **미국심리학회** 전문가 회원 수는 77,550명에 달하며(APA, 2016b), 대학생과 고등학생, 교사, 국제 회원, 관련 학회 회원 등을 모두 포함할 경우 134,000명에 이른다. 이 중 여성 회원 비율은 76%이다. 미국에서 두 번째로 큰 심리학 단체인 **미국심리과학협회**(Association for Psychological Science: APS, www.psychologicalscience.org)는 워싱턴 D.C.에 본부를 둔 과학적 심리학 발전을 위해 설립된 비영리 단체로, 2016년 기준 약 26,000명의 심리학자가 참여해 심리과학, 응용, 교육 등의 전문 분야를 다루고 있다.

이 외에도 전 세계 국가, 미국 내 주정부, 특정 지역별로 심리학자들이 참여하는 다양한 전문가 단체가 운영되고 있다. 캐나다 심리학회(Canadian Psychological Association: CPA)의 경우 약 7,000여 명의 회원들이 활동하고 있으며, 이 중 교정, 경찰, 법원, 병원, 지역 정신건강 센터와 학교에서 형사사법 절차 및 법정 심리학 장면에서 활동하는 심리학자들을 형사사법 심리학(criminal justice psychology) 전문가로 분류한다. 영국심리학회(British Psychological Society: BPS)의 회원 및 가입자 수는 2012년 기준 49,678명이다.

교육과 훈련

미국 대학생들 사이에서 법정 심리학 과목에 대한 인기가 매우 높아, 최근 10년간 미국 대학들에서 법정 심리학 과목 개설이 증가하고 있다(DeMatteo et al., 2016). 영국과 캐나다 소재 대학들 또한 이와 유사한 경향을 보이고 있다(Helmus, Babchishin, Camilleri, & Olver, 2011). 그러나 학부생 대상의 법정 심리학, 심리학과 법 과목에서 특정 실무 분야와 관련된 전문적인 실무 강의를 진행하는 곳은 거의 없다.

심리학 학사학위는 심리학을 공부하는 기본적인 기초과정일 뿐 심리학자가 되기 위해서는 최소 석사학위 이상이 필요하다. 이 또한 많은 한계가 있어 심리학 전문가로 활동하기 위해서는 박사학위가 필요하다. 미국 내 일부 주정부에서는 적절한 임상 경험을 지닌 심리학 석사학위 소지자들에 대해 석사 수준 심리학자 혹은 심리학자 면허(Licensure as Psychological Associates: LPAs)를 발급하는 경우도 있다(MacKain, Tedeschi, Durham, & Goldman, 2002).

가장 대표적인 심리학 석사 전공 과정은 임상, 상담, 산업 및 조직 심리학 분야이다. 특히 대학원에서 학교, 산업, 조직 심리학 석사학위를 취득할 경우 대부분 전공과 관련된 전문 분야에 취업할 수 있다. 산업 실무 분야에서 다년간의 근무 경험이 있을 경우 시장조사 및 컨설팅 회사에 취업하기도 한다. 미국 내 일부 주정부에서는 심리학 석사학위 소지자들에게 정신건강 상담가, 결혼 및 가족 치료사, 심리치료사 면허 자격을 부여하는 경우도 있는데(MacKain et al., 2002), 심리학자라 하면 대부분 박사학위 소지자들이기 때문에 석사학위 소지자들을 심리학자라 칭하지는 않는다.

대학교, 대학원뿐 아니라 다양한 실무기관에서 인턴십 과정들이 운영되고 있다. 이 책에 수록된 법정 심리학 전문가들이 기고한 에세이들에는 대학 및 대학원 재학 시절 인턴 실습 경험들을 확인할 수 있다. 실무기관에서 운용 중인 인턴십 과정들은 대부분 박사급 실무 훈련을 지향하기 때문에 심리학 전문 분야에서 실습 과정은 훈련 강도가 매우 높으며, 훈련생들의 책임 또한 매우 크다.

전문적인 연구 활동은 대부분 대학원 혹은 박사후 연수 과정 시기부터 시작된다. 대학교 학부 과정에는 사회 심리학, 교육 심리학, 법정 심리학 혹은 인간 발달 등의 다양한 심리학 과목이 개설되고 있고, 대학원에서는 실험 심리학, 생물 심리학, 발달, 인지, 임상, 인지, 상담, 학교, 산업 및 조직 심리학 등의 더욱 세분화된 교과를 운영하고 있다. 이 중 대표적인 응용 심리학 과목으로는 인지, 상담, 학교, 산업 및 조직 심리학 분야를 들 수 있다. 최근 들어서는 법정 심리학 과목 또한 응용 및 전문 교과로 인정받고 있으며, 2013년부터는 경찰 및 공공안정 심리학 분야도 심리학 전문 교과목으로 인식되고 있다.

대학원 교육: 박사 과정

심리학 박사 지원자들이 가장 선호하는 전공 분야는 임상 심리학이다. 박사학위는 독립적인 심리학 전문가로 활동하기 위한 기본 자격이다(Michalski, Kohout, Wicherski, & Hart, 2011). 미국 내 심리학 전공 박사 졸업생 수는 연간 약 4,000명 수준이다(Anderson, 2010). Michalski, Kohout, Wicherski와 Hart가 실시한 2008~2009년 조사 결과에 따르면, 2009년 심리학 전공 박사학위를 취득한 심리학자들 중 72%가 학위 수여 직후 구직 활동부터 시작한다고 한다. 박사급 심리학자들 대부분은 학위 수여 후 3개월 이내 취업하는 것으로 나타났다.

심리학 전공 박사학위는 크게 철학 박사와 심리학 박사학위로 구분된다. 철학 박사(Doctor of Philosophy: Ph.D.)는 연구 기반 학위로 독창적인 연구 결과가 포함된 해당 학문 분야에 의미 있는 기여를 한 박사학위 논문을 제출한 이들에게 수여된다. 심리학 박사(Doctor of Psychology: Psy.D.)는 전문 연구보다는 실무 전문가나 임상 전문가들에게 수여하는 학위이다. 최초의 심리학 박사학위 프로그램은 1968년 일리노이(Illinois) 주립대학교에 개설됐다(Peterson, 1968). 철학 박사학위를 소지한 심리학자들은 심리학 박사학위자들의 제한된 연구 주제 및 연구 수행 능력의 부족을 들어 심리학 박사학위 과정에 대한 문제점들을 지적했지만, 최근에는 심리학 박사들 또한 전문가로 인정받고 있는 추세이다. 따라서 심리학 박사과정 진학에 관심을 보이는 학생들 또한 지속적으로 증가하고 있다. 심리학 박사 교육 과정에서는 특히 임상적 훈련을 강조하는 경향을 보이며, 철학 박사 교육 과정에서는 과학적 연구에 대한 이해와 참여를 강조하고 있다. 그러나 심리학 박사와 철학 박사의 경계는 모호하다. 철학 박사학위 과정에서도 병원 임상 실습을 받으며, 심리학 박사 과정 또한 논문 작성을 위한 연구 훈련을 받고 있다. 즉, 심리학 박사이든 철학 박사이든 그 종류와 상관없이 박사학위를 받기 위해서는 세부 전공 분야에 대한 충분한 이해와 인내가 요구되며, 박사학위는 그 자체로 고생을 감내할 만한 충분한 가치가 있다. 박사학위를 받기 위해서는 학부 졸업 후 전업 학생으로 약 4~6년의 시간이 소요된다. 실무 인턴 훈련 과정이 필요한 경우 박사학위 취득에 걸리는 기간은 더욱 길어질 수 있다. 법정 심리학에 관심을 가진 학생들은 법과학 관련 실무 경험을 쌓을 수 있는 법원 클리닉, 포렌식 전문 병원 및 심리평가 센터 등에서 인턴 활동을 할 수 있다. 박사학위 취득 전 법과학 실무를 경험할 수 있는 인턴십 프로그램들은 지속적으로 증가하는 추세이다(Krauss & Sales, 2014).

심리학자 면허

1977년 이후 미국 내 모든 주정부에는 심리학자들의 면허 관리 법령이 제정되어 있다. 캐나다 또한 1990년 심리학자들의 실무 활동을 규제하기 시작했다. 미국심리학회에서는 1987년 주정부별 심리학자 면허 규제 법령 표준화를 위한 기준을 작성했다(Tucillo, DeFilippis, Denny, & Dsurney, 2002). 면허 취득을 위한 필수 요건 중 하나는 박사학위 소지이다. 2012년 기준 미국 내 심리학자 면허 취득자 수는 106,500명이다. 또한 전문 심리학자들은 **심리학자 윤리원칙과 행동강령**(EPPCC)에 의거해 실무 활동 기준을 준수해야 할 윤리적 의무가 있다(APA, 2002, 2010a).

심리학 전문 영역별로 독자적인 연구 및 임상 실무 지침을 제정하기도 하는데, 앞서 제시한 법정 심리학자 전문 지침이 이에 해당된다. 실무 행동 기준과 지침 간에는 차이가 있는데, 기준(standards)은 심리학자들이 준수해야 하는 의무 사항으로 위배될 경우 강제적 절차가 따른다. 가령 행동강령에 명시된 기준을 위반할 경우, 미국심리학회 전문가행동강령위원회(Professional Conduct Board)나 주정부 산하 면허 위원회에 통보되어 인증 자격이 박탈될 수 있다. 지침은 권고 수준의 효력을 지닌다. 강제조항은 아니나 관련 지침 준수를 장려하고 있다. 지침의 경우 연구 활동뿐 아니라 임상 등 실무 현장에서 활동하는 심리학자들에게 매우 유용한 판단 기준이 되고 있다.

고용

박사학위를 취득한 신진 심리학자들의 취업 현황 조사 결과에 의하면, 75%가 고등교육기관이나 학교, 병원 등과 같은 서비스 기관에 고용되었으며, 나머지 25%는 대학에 취업하는 것으로 나타났다(Smith, 2002). 관련해서 유용한 참고 서적들로는 Morgan, Kuther와 Habben(2005)이 사회에 첫걸음을 내딛는 심리학자들의 보상과 도전이라는 주제로 저술한 저서, Kuther와 Morgan(2013)이 사회에서 심리학자들의 직업 분야에 대해 개관한 저서, Sternberg(2017)가 발간한 『심리학 직업 경로: 당신의 학위로 취업할 수 있는 곳(Career Paths in Psychology: Where Your Degree Can Take You)』 등을 들 수 있다.

미국심리학회 산하 미국법심리학회(AP-LS)에서 자체 진행한 설문조사(Griffin, 2011) 결과에 따르면, 법정 심리학자들의 경우 대부분 법률 관련 혹은 심리학 관련 기관들에서 다양하게 활동하는 경향이 있었는데, 45%가 아동 양육권 평가 혹은 위험성 평가 등을 독립적으로 수행하는 기관에 취업한 것으로 나타났다. 나머지 25%는 대학교, 12%는 병원 및 기타 서비스 기관, 10%는 정부기관에 취업했다. 한편, 많은 심리학자가 겸직을 하는 경우가 많은데, 예를 들어 대학교에서 근무하는 심리학자들 중 일부는 민간에 심리학적 서비스를 제공하는 직업을 겸직하고 있다. 최근 조사에 따르면 미국 내 법정 심리학자들의 평균 연봉은 88,000달러이며, 연봉 범위는 37,664~105,907달러 수준이다(Payscale.com, 2016). 다년간 법정 심리학 분야에서 성공적인 근무 경력을 지닌 심리학자들의 경우 연간 약 20~40만 달러의 수입을 올린다고 한다. 특히 변호사 자문이나 법정 전문가 증언을 수행하는 법정 심리학자들의 연봉이 상대적으로 높았다.

박사학위를 취득한 심리학자들은 이론, 연구 방법, 분석 실무 역량 등을 갖추었기 때문에 다양한 분야에 취업하고 있다. 과거에 심리학자들은 대부분 교수나 임상 현장에서의 치료 업무를 담당했지만, 최근에는 응용 과학자로서 자리매김하는 경우가 많다(Ballie, 2001, p. 25). 이 책에 나오는 〈My perspective〉 글상자에서는 응용 과학자로 입지를 굳힌 심리학자들이 소개되어 있다.

응용 전문 분야

심리학 전공 박사들은 분야별 전문가 인증을 받을 수 있다. 전문가 인증을 받기 위해서는 지식뿐 아니라 수년간의 실무 경험이 요구된다. 현재까지 미국심리학회에서는 15개 분야에 대한 전문가 인증을 실시하고 있다(〈표 1-1〉 참조). 〈표 1-1〉에서 볼 수 있는 것처럼 전문가 인증 분야별로 많은 영역의 지식과 기술이 중복되어 있다는 점을 확인할 수 있다. 이 중 독립적인 전문 분야로는 법정 심리학 분야를 들 수 있다. 또한 임상 아동 심리학, 가족 심리학, 임상 신경심리학 전문가들은 법정 심리학 분야에 충분히 기여할 수 있다. 즉, 심리학 내 개별 전문 전공 분야들이 각자 고유의 특성이 있고 학술지, 학회들이 독립적으로 존재하지만, 많은 부분에서 공통점이 존재한다.

모든 분야별 심리학자들이 당면한 문제점 중 하나는 다양한 문화적 배경, 인종, 민족 출신 사람들을 대상으로 심리학적 서비스를 제공해야 한다는 것이다. 물론 다양한 배경을 지닌 심리학자들 또한 증가하면서, 이러한 문제점은 점차 줄어들고는 있다. 2013년 기준 심리학 관련 직업 종사자 중 소수 인종 및 민족 출신은 15% 미만이나, 미국심리학회 직업 연구 센터에 따르면 2000년대에 접어들면서 심리학 관련 직업 종사자들 중 소수 인종 및 민족 출신의 비중은 8.9%에서 16.5%로 증가했다. 더불어 미국심리학회에서는 소수 민족 및 인종 집단 구성원들을 대상으로 하는 장학 협력 프로그램을 진행하고 있어, 사회적 다양성을 지원하고 진로 탐색 및 구직 등을 지원하고 있다. 요약하면, 심리학자들은 다양한 실무 분야에서 더욱 많은 라틴계, 아시아계, 미국 원주민, 중동계 고객을 마주치고 있을 뿐 아니라 심리학자들 역시 인종적·민족적 출신이 다양해졌다. 변화하는 사회 속에서 개인 간 다양성을 인정해야 하는데, 이러한 풍토를 반영한 지침들이 새롭게 개정되고 있다(APA, 2003b, 2012).

표 1-1 심리학 전문가 인증 분야 및 인증연도

1996년	임상 신경심리학
1996년	산업 및 조직 심리학
1997년	임상 건강 심리학
1998년	학교 심리학
1998년	임상 심리학
1998년	임상 아동 심리학
1998년	상담 심리학
1998년	정신분석학
2000년	행동 및 인지 심리학
2001년	법정 심리학
2002년	가족 심리학
2010년	직업 노인심리학
2013년	경찰 및 공공안전 심리학
2013년	수면 심리학
2015년	재활 심리학

심리학자들과 정신건강 전문가들이 직면한 또 다른 이슈는 이민자 문제이다. 미국에서 이민자들의 교육, 기술 수준의 불평등은 갈수록 심화되고 있다(APA, 2012). 예를 들어, 박사학위를 지닌 의사들 중 25%, 과학자들 중 47%가 이민자 출신이다. 또한 농업, 서비스업, 건설업 등에 종사하는 이민자들 역시 상당수 존재한다. 가령 농장 노동자들 중 75%가 이민자들이다(APA, 2012). 이민자들의 직업 유형, 직업적 위치 등과 상관없이, 전체적으로 불안, 우울, 자살사고 혹은 심각한 정신 질환을 경험하고 있는 경우가 많다. 또한 이들은 미국 사회에서 타당한 근거 없이 범죄 혐의를 받고, 선별적 기소 대상이 되기도 하며, 증오 범죄 피해자가 되거나, 어떤 경우에는 강제추방 위협에 직면하기도 한다. 이 외에도 모국에서 박해나 폭력 상황에 직면한 친구와 친척들의 안전을 걱정하는 이민자들 또한 상당수 존재한다. 이민자 대상의 심리평가, 치료 과정에 개입했던 심리학자들에 따르면, 아동 및 성인 이민자 집단 모두에서 외상후 스트레스 장애, 불안장애, 언어장벽, 이질적 문화에 대한 부적응 문제 등으로 괴로움을 겪는 경향이 나타나고 있다. 불법 이민자들은 다른 사람들에게 자신의 존재를 들킬 경우 국외추방을 당할 수 있다는 두려움에 가정 폭력, 성폭력, 인신매매 피해를 당하더라도 신고를 꺼리는 경우가 많다. 또한 정신건강 서비스를 받는 데 있어 문화적 · 사회적 장벽 역시 존재한다. 표준화된 심리학적 도구들 또한 이들 집단에 대한 평가 규준이 부족해서 신뢰도를 보장할 수 없다(APA, 2012). 이민자 출신이 아닌 심리학자들 또한 언론 보도와 정치적 이유로 인해 이민자들에 대한 부정적 세계관을 지닐 가능성 역시 존재한다(Bernak & Chi-Ying Chung, 2014). 관련된 내용은 다음 장들에서 다시 살펴볼 것이다.

전문 분야로서의 법정 심리학

교육 및 훈련 요건

법정 심리학을 포괄적으로 봐야 하느냐, 제한적으로 봐야 하느냐에 대한 논쟁에도 불구하고 캐나다, 미국, 영국, 호주 등 전 세계적으로 법정 심리학 전공을 개설하는 대학원들은 계속 늘어나고 있다. 2017년 현재 전 세계를 통틀어 약 80여 개의 대학교에서 석사 및 철학 박사(Ph.D.), 심리학 박사(Psy.D.) 과정을 운영하고 있다. 일부 대학원에서는 온라인 학위 과정을 개설한 곳도 있다. 미국, 캐나다 등 북미권 기준으로는 41개 교육기관에서 68개의 법정 심리학 프로그램이 운영되고 있으며, "임상 심리학 전공 과정에서 철학 박사학위 15개 과정, 심리학 박사학위 10개 과정을 운영 중이며, 이 외의 심리학 전공 분야에서 철학 박사 학위 15개 과정, 연계 학위 12개 과정 및 16개의 석사 과정" 등이 개설되어 있다(Burl, Shah, Foster, & DeMatteo, 2012, p. 49). (최근 미국 내 대학원 과정 목록은 〈표 1-2〉 참조).

또한 철학 박사와 법학 박사(J.D.) 학위 혹은 법학 석사(MLS)를 동시에 취득할 수 있는 연계 과정도 다수 운영되고 있다. 법정 심리학자들에게 있어 법학 학위가 필수적으로 요구되는 것은 아니지만, 심리학과 법학 모두에 흥미가 있는 학생들이라면 연계 과정이 좋은 선택지가 될 수 있다(연계 학위 과정의 효용성은 〈Focus 1-1〉 참조).

현장 실무 근무를 희망하는 학생들이라면 법정 심리학 학위만 고집할 필요는 없다. 임상 심리학, 상담 심리학, 형사정책 등 다양한 전공 과정에서 법정 심리학 관련 학술 연구 및 실무 실습 기회를 제공하는 대학원들도 있다. 심리학자들 중에서는 법심리 관련 진로를 희망하는 학생들에게 법정 심리학보다는 임상 심리학, 상담 심리학 등의 다른 전공 분야에 대한 공부가 더욱 유익할 것이라고 조언하는 경우도 있다. 즉, 법정 심리학 분야의 진로를 희망하는 학생들이 대학원 전공을 선택할 때는 관심 분야에 대한 지도교수 및 선배들이 있는지, 교과과정, 현장 실습 기회, 대학원이 위치한 지역 여건, 평판 등을 종합적으로 고려해 대학원 및 전공을 선택할 필요가 있다. 실제 법정 심리학 관련 직업군에는 다양한 분야의 전공자들이 근무하고 있다.

미국 내 심리학 대학원들의 경우 대부분 법 심리학이나 '심리학과 법'과 밀접한 관련이 있는 임상, 상담 및 사회 심리학 전공이 집중적으로 개설된 곳들이 많다. 영국에는 '수사심리학(investigative psychology)' 전공 대학원이 개설되어 있지만, 미국과 캐나다 소재 대학원들 중 경찰 심리학 학위 과정을 공식적으로 운영하는 곳은 없다. 하지만 최근 경찰 및 공공안전 심

표 1-2 미국, 캐나다의 법정 심리학/법 심리학 전공 개설 대학원 과정

철학 박사 과정 (Ph.D.)	University of Alabama, University of Arizona, University of California-Irvine, Drexel University, Fairleigh Dickinson University, Florida International University, Fordham University, John Jay College of Criminal Justice, University of Massachusetts-Lowell, University of Nevada-Reno, University of North Texas, University of Texas-El Paso, Nova Southeastern University, Palo Alto University, Sam Houston State University, Simon Fraser University, Texas A & M University, Texas Tech University, University of Wyoming, West Virginia University
심리학 박사 과정 (Psy.D.)	Nova Southeastern University, Pacific University School of Professional Psychology, Spalding University, Chicago School of Professional Psychology, William James College, Widener University
심리학 · 법학 연계학위 과정	Arizona State University, Cornell University, Drexel University, Palo Alto University, University of California-Irvine, University of Florida, University of Minnesota, University of Nebraska-Lincoln.
석사 과정 (Master's Degree)	America International College, Adler School of Professional Psychology, California State University, The Chicago School of Professional Psychology, College of Saint Elizabeth, Fairleigh Dickinson University, Holy Names University, John Jay College of Criminal Justice, Marymount University, Nova Southeastern University, Palo Alto University, Roger Williams University, The Sage Colleges, University of California-Irvine, University of Colorado-Colorado Springs, University of Denver, University of Houston-Victoria, University of Leicester, University of Nevada-Reno, University of North Dakota, William James College.

출처: 미국심리학회(APA) 41분과 미국법심리학회(American Psychology-Law Society) 강의, 훈련 및 진로 위원회(Teaching Training, and Careers Committee)에서 발표한 '법정 심리학 및 법 심리학 대학원 프로그램(2016-2017) 가이드' 자료 인용 · 재구성. 자료 업데이트: 덴버 대학교 심리학 박사 Apryl Alexander.

리학 분야가 미국심리학회에서 공식 인증하는 전문 분야로 등록되었기 때문에 향후 이 분야의 전공 학위 또한 다수의 대학원에 개설될 가능성이 크다. 이에 따라 경찰심리학단체협의회(Council of Organizations in Police Psychology: COPP)에서는 이미 교육 및 훈련 지침을 제정했다(Brewster et al., 2016). 세부 내용은 2장에 소개되어 있다. 캐나다의 경우 교정 심리학에 특화된 연구기관들이 많으며, 경험적 연구 방법론을 토대로 한 법과학 교육 프로그램이 활성화되어 있다. 하지만 미국 내 법과학 교육 프로그램들은 캐나다에 비해 상당한 실습 및 훈련이 요구되는 교정 분야에 대한 관심이 다소 미흡한 실정이다(Magaletta et al., 2013). 그러나

미국과 캐나다 소재 대학원들 모두에서는 대학원생 선발뿐 아니라 실무기관 및 대학원생들의 취업에 유익한 인턴십 기회 제공에 많은 노력을 기울이고 있다(Magaletta, Patry, Cermak, & McLearen, 2017; Olver, Preston, Camilleri, Helmus, & Starzomski, 2011). 또한 대학교, 대학원 석사 과정에서 심리학을 전공한 학생들이 형사정책학, 범죄학, 사회학, 사회복지학 박사 과정에 진학할 수도 있다. 이 분야에서 특히 유명한 대학은 뉴욕 주립대학교(State University of New York) 알바니(Albany) 캠퍼스, 신시내티 대학교(University of Cincinnati), 메릴랜드 대학교(University of Maryland) 등이다. 이들 전공에서 박사학위를 취득한 이들은 심리학자는 아니지만, 교수, 연구자, 실무 전문가로 각계각층에서 활발히 활동하면서, 법정 심리학 발전에 큰 기여를 하고 있다. 앞서 언급한 대학원들 중 일부에서는 심리학 전공 철학 박사(Ph.D.), 심리학 박사(Psy.D.) 과정을 운영하는 곳도 있다.

박사학위 소지 여부와는 별개로 일부 임상가는 법심리 전문가 자격을 받기도 한다. **전문가 자격**(diplomate)은 특정 분야에 전문 지식, 기술, 능력을 갖추고 있다는 공식 인증이라고 볼 수 있다. 법정 심리학 전문가 자격은 법정 심리학 실무 분야에서 최고 수준의 전문성을 지닌 심리학자로 인정받는 것을 의미하며, 이는 면허가 있는 심리학자들만이 취득할 수 있다.

미국 내 17개 주의 경우 전문가 면허나 주정부 인증을 취득한 법정 심리학자만이 재판 과정에서 성폭력 범죄자 평가 등과 같은 법과학 실무 활동을 하는 것을 허용하고 있다. 주정부 인증의 경우 2000년대 이후로 관련 법률이 통과됐다. 이는 곧 법정 심리학 실무 분야의 성장을 인정한 결과이며, 이와 관련해서 Heilbrun과 Brooks(2010)는 법정 심리학 전문가 인증 관련 현황을 요약 · 제시한 바 있다.

또 다른 형태의 전문가 인증으로 심리학 위원회 인증 자격을 들 수 있다. 위원회 인증 자격은 법정 심리학자들이 법원에서 전문가 증언을 할 때 자격 요건을 더욱 확실하게 증명한다. 미국 내 최상위 법정 심리학 전문가 인증 수여기관은 미국직업심리학위원회(American Board of Professional Psychology)이다. 이와 별개로 미국법정심리학위원회(American Board of Forensic Psychology)에서도 1978년부터 전문가 인증을 수여해 왔는데,최근 미국심리학전문가위원회와 통합되었다(Heilbrun & Brooks, 2010). 또 다른 인증기관으로는 미국대학법과학조사관협회(American College of Forensic Examiners) 소속 미국심리학전문가위원회(American Board of Psychological Specialists: ABPS)가 있다. 개별 인증 위원회별 인증 기준 및 자격 요건에는 큰 차이가 있다(Otto & Heilbrun, 2002). 학회 및 단체에서 수여하는 법정 심리학자 자격 인증에 대해 Heilbrun과 Brooks(2010)는 "미국법정심리학위원회의 전문가 인증 절차가 가장 엄격하다. 법정 심리학 전문가 인증을 받기 위해서는 자격 및 경력 심사, 필기 및 구술시험을 통과해야 한다."(p. 229)라고 한다.

MY PERSPECTIVE 1-1

법정 심리학 연계 훈련 과정의 장점

David DeMatteo, Ph.D.

법과학 전공을 희망하는 학생들에게 받는 가장 흔한 질문은 연계 학위 과정에 진학하는 것이 나은지, 아니면 단일 학위 과정에 진학하는 것이 나은지이다. 법학 박사(J.D.), 철학 박사(Ph.D.), 아니면 연계 학위 과정 중 어떤 과정을 선택하는 것이 좋을까 하는 문제에 대한 개인적 답변은 '상황에 따라 다르다'이다. 연계 과정 진학을 권할 것으로 기대했던 학생들은 의아해할 수도 있다. 현실적으로 연계 학위 과정이 모든 학생을 만족시키는 건 아니다. 연계 과정이 과연 올바른 선택인지 여부는 학생들의 생각에 따라 다를 수 있다. 연계학위 과정 선택에 대해 이야기하기 전에 내가 공동 학위 과정에 진학한 이유가 무엇인지, 법학 박사와 철학 박사 공동 학위를 가지고 할 수 있는 일들은 무엇인지, 어떤 장점들이 있는지에 대해 느낀 점들을 말해보겠다.

심리학 수업을 듣기 전, 대학교 1학년 때 나는 변호사가 되고 싶었다. 그러나 법률가가 되고 싶다는 오랜 희망에도 불구하고, 심리학이 지닌 유용성 및 다양한 응용 가능성에 매력을 느끼게 됐다. 심리학 연구 및 응용 작업들이 많은 사람에게 도움을 줄 수 있고, 사회에 기여할 수 있다는 점들이 무척 마음에 들었다. 대학 입학 후 몇 달이 지난 후부터 장래 직업에 대한 관심이 변호사에서 심리학 관련 직업으로 바뀌어, 결국은 심리학 전공을 선택하고 심리학 분야로 진로를 선택하기로 결심했다. 진로 선택을 위해 여러 번 전공을 바꾸는 이들도 많기 때문에 나는 운이 좋은 편이었다고 생각한다.

그러나 얼마 지나지 않아 나의 진정한 관심 분야는 심리학이나 법학이 아니라 그 교차점에 있다는 것을 깨달았다. 이러한 관심과 흥미가 더욱 발전하면서 법적 결정권자들과 정책 입안자들이 더욱 나은 정보에 입각해서 의사결정을 하는 데 도움이 되고, 변호사들과 법원이 재판 과정에서 최선의 판단을 내리는 데 도움이 되는 재판 당사자 및 범죄자 대상 평가 연구에 관심을 갖게 됐다. 변호사라는 직업은 이와 관련된 연구나 임상적 평가 업무를 진행하지 않기 때문에 심리학에 더욱 끌렸지만, 법을 배우고 싶다는 생각은 여전했다. 또한 심리학 분야에서 전문성을 갖기 위해서 법률가적 판단과 분석 기술을 적용하고 싶었다. 이러한 관심으로 심리학 박사(Ph.D.)와 법학 박사(J.D.)를 수여하는 MCP-하네만(Hahnemann) 대학교와 빌라노바(Villanova) 로스쿨 연계 학위 프로그램에 진학했다.

7년간의 학위 과정을 마치고 졸업하면서 직면한 고민은 나의 직업적 관심을 충족시키기 위해 두개의 학위를 어떻게 하면 의미 있게 활용할 수 있을까였다. 심리학과 관련된 법적 연구를 수행하고, 범죄자 및 소송 당사자(원고, 피고)들과 관련된 일들을 하고 싶다는 관심은 그대로였고, 추가적으로 강의와 자문 관련 일들을 해 보고 싶다는 생각이 들었다. 이와 같은 다양한 관심사를 충족시키는 직업을 갖고 싶었다. 많은 이가 익히 알고 있는 것처럼, 개인이 자신에게 적합한 직업을 갖기 위해서는 많은 시행착오와 반복이 있을 수밖에 없다. 즉, 여러분의 첫 번째 직업이 마지막 직업이 되지는 않는다. 일생을 거쳐 경험하는 직업들이 여러분의 진로에 대한 관심을 순차적으로 충족시켜 줄 것이다. 첫 직장은 펜실베이니아 대학교(University of Pennsylvania)와 협력 관계를 맺고 있었던 치료연구소(Treatment Research Institute)라는 비영리 기관이었다. 나는 이곳에서 연구원으로 일하면서 마약 정책 수립과 관련된 연구를 진행했다. 그곳에서 나는 마약 범죄와 관련된 범죄자들에 초점을 맞춰 초기 마약 중독자의 약물 남용 문제에 대한 개입 전략 개발, 약물 남용 연구 시 참여자 동의 등의 연구 윤리, 마약 범죄의 재판 효용성 문제 등에 대한 연구를 수행했다. 그러나 내 관심사 중 하나인 강의와 자문을 할 기회는 거의 없었다. 나는 임상적-법과학적 전문 지식을 활용할 수 있고, 학생들과 함께 일하고 싶다는 생각에 연구소를 사직하고 드렉셀 대학교(Drexel University) 심리학과 교수로 임용됐다.

지난 10년 동안 나는 두 개의 학위를 모두 잘 활용해 왔다. 대학교에서 근무하는 동안에는 정책과 실무에 영향을 미칠 수 있는 연구를 수행해 왔다. 대학원, 대학교 학부, 로스쿨 과정에서의 강의, 대학생 및 대학원생 지도, 청소년 및 성인 대상의 법과학적 정신건강 평가, 변호사, 법원 및 기타 관련 기관에 대한 자문, 학술지 편집위원 및 기타 다양한 위원회 활동, 연구 결과 발표 및 출판 등 다양한 일을 해 왔다. 또한 드렉셀 대학교 법학-심리학 공동 박사 학위 과정 책임자로서 법학과 심리학을 융합한 교육 프로그램 개발 및 다음 세대 전문가가 될 후학 양성에 힘써 왔다. 직업적 성취감과 만족감은 높지만 내 일상은 예측할 수 없는 일들로 가득 차 있다. 그날그날의 상황에 따라 나는 연구실에 있을 수도 있지만 강의실, 교도소, 법원 등의 다양한 장소에 있을 수도 있다. 새로운 교육과정을 설계하는 날도 있고, 책을 쓰거나 연구를 하거나 법과학 보고서를 작성할 때도 있다. 어떤 날에는 학생들과 마주 앉아 토론하기도 한다. 이러한 다양한 직업적 일상은 나를 더욱 즐겁게 한다.

연계 학위 과정이 좋은 선택인지에 대한 원래의 질문으로 돌아가기에 앞서, 내가 주로 듣고 있는 또 다른 질문, 즉 연계 학위 과정이 내 경력에 도움이 되었는지에 대해 답하자면, 나는 그렇다고 자신 있게 말할 수 있다. 내가 아는 바로는 연계 학위 과정 책임자 말고는 두 개 학위가 필요한 직업은 없다. 하지만 두 개의 학위가 있다는 것은 남들과는 다른 독창적 능력, 시장성, 다양한 직업 선택 가능성 등 많은 장점이 있다. 처음에는 법학 학위가 변호사들과의 소통이 필요하고 법률적 지식이 필요한 법과학적 평가 작업에 가장 도움이 되리라 생각했지만, 실제로는 연구에 더욱 많은 도움이 된다. 나는 형사사법 혹은 법률 관계자들과 많은 연구를 공동으로 진행하고 있다. 이들은 나의 법학 학위를 이러한 연구 수행 능력을 보증하는 일종의 신뢰 증표로 받아들이고 있다. 법학 박사와 심리학 박사 학위를 모두 가지고 있었기 때문에 미국심리학회 산하 법률문제위원회(Committee on Legal Issues: COLI)에 위촉될 수 있었다. 2011년 나는 이 위원회의 의장으로서 미국 대법원에 제출한 법정 전문가 소견서 초안을 작성하는 것을 도왔다. 이 소견서들은 대법원 판결 사건에 필요한 심리학적 연구들에 대한 내용이다. 이 중 두 건은 목격자 식별 내용의 신뢰성에 대한 것들이고, 한 건은 사형 판결의 위험성을 예측하는 데 초점을 맞추고 있다.

자, 이제 여러분이 심리학과 법학에 모두 관심이 있다면 연계 학위 과정을 선택하는 것이 좋은 생각인지 아닌지에 대한 원래의 질문으로 돌아가 보자. 연계 학위 과정에 대해 여러분이 고려해야 할 점은 '선택 가능한 연계 학위 프로그램의 수(현재 6~8개)' '장학금 수준' '학업 기간(보통 8~9년 소요)' '직업적 목표' 등이다. 이 중 직업적 목표에 대해 덧붙이자면, 학생 여러분은 장래 어떤 직업을 희망하고 있는지 스스로 질문해 본 후 두 개의 학위가 여러분이 목표로 하는 직업을 구하는 데 도움이 되는지에 대해 신중하게 생각해 볼 필요가 있다.

공동 학위를 받은 학생들 대부분은 법학이나 심리학 관련 분야에서 일하게 된다. 이들은 법학 학위의 직업 전문성을 강화시키는 데 활용하고 있다. 변호사를 예로 들면, 이들은 법학 학위는 필요하지만 심리학 박사 학위가 반드시 필요한 것은 아니다. 하지만 이들의 심리학적 지식은 법률가로서 가족법, 정신건강법, 소송 과정 등의 특정 직무를 수행하는 데 도움이 될 수 있다. 공동 학위를 가진 사람들 중 일부는 심리학 분야를 주된 전문 분야(학술, 연구, 법과학적 평가 등)로 하면서 법학 박사 학위는 이러한 일들을 수행하는 데 있어 전문성을 강화시키는 용도로 활용하기도 한다.

요컨대, 이 글을 읽고 있는 독자들 중 법적 판단에 조력할 수 있는 법률적 · 사회과학적 연구를 수행하는 과학자이자 실무자가 되는 것에 관심이 있는 사람이 있다면 공동 연계 학위 과정을 선택하기를 바란다. 변호사 자격을 가진 심리학자로서 더욱 정교하고 경험적인 정신건강 관련 법률과 정책 개발 과정에 참여하기를 원하거나, 형사법, 민사법, 가족법, 정신건강법 분야에서 법정 심리학 발전에 기여할 수 있는 임상가가 되길 희망한다면 연계 학위 과정에 진학하는 것이 적합하다. 연계 학위 과정은 길지만 보람 있는 여행이며, 분명한 목표를 지닌 분들에게는 학위 과정이 매우 유익할 것이다.

DeMatteo 박사는 현재 드렉셀 대학교 심리학과와 법학과 조교수이며, 법학 박사(J.D.)/심리학 박사(Ph.D.) 연계 학위 과정 책임자이다. 주요 연구 관심 분야는 정신병질, 법과학적 정신건강 평가, 약물 정책, 다이버전(diversion) 등이며, 법과학 평가 전문가로 일하고 있다. 미국심리학전문가위원회에서 법정 심리학 전문가 인증을 받았으며, 현재는 미국심리학회(APA) 산하 42분과 법심리학회 회장을 맡고 있다. 독서, 조깅, 여행은 물론 가족과 함께 시간 보내는 것을 좋아한다.

법정 심리학 연구 및 실무 분야

지금부터는 이 책에서 집중적으로 다루어질 다섯 가지 법정 심리학의 연구 및 실무 분야와 '가족 법정 심리학(family forensic psychology)' '법정 학교 심리학(forensic school psychology)'의 두 가지 관련 분야에 대해 소개하겠다. 분야별 심리학자들의 역할 및 활동 사항은 앞에서 다루었기 때문에 지금부터는 추가적인 세부 내용을 중심으로 살펴보겠다.

경찰 및 공공안전 심리학

경찰 및 공공안전 심리학(police and public safety psychology: PPSP)은 경찰 활동과 공공안전 분야에 대한 심리학적 원리와 임상적 기법들을 적용한 응용 및 연구 분야로(Bartol, 1996), 경찰 등 법집행기관 및 기타 공공안전기관, 종사자들이 보다 효과적이고 안전하게 맡은 바 임무를 수행하고, 사회적 기능 수행을 지원하는 것을 목적으로 한다. 법집행기관 및 공공안전기관 등에서 근무하는 심리학자들의 역할은 크게 네 가지이다. ① 측정 및 평가(예: 인력 선별 및 선발, 직무 적합성 평가, 특수 임무 수행 평가 등), ② 임상적 개입(예: 총격 사건, 순직 사건, 위장요원들의 스트레스 반응 등), ③ 작전 지원(예: 인질협상, 범죄 발생 분석 등), ④ 조직 진단 및 자문(예: 성평등, 윤리 및 소수집단 문제, 직무 스트레스, 경찰 부패 문제, 과도한 공권력 사용 문제 등).

경찰 심리학자들은 앞서 제시한 법정 심리학자의 역할 범위에서 벗어난 일들을 하기도 한다. 따라서 일부 경찰 심리학자는 자신을 법정 심리학자라고 생각하지 않는다. 미국심리학회에서는 경찰 및 공공안전 심리학을 독립적인 전문 심리학 영역으로 인정했지만, 이 책에서는 법정 심리학과 경찰 및 공공안전 심리학 영역이 일정 부분 중복되기 때문에 큰 틀에서 경찰 및 공공안전 심리학을 법정 심리학의 영역에 포함시켰다.

처음에는 경찰 심리학이라는 용어가 일반적으로 사용됐지만 점차 보안관, 어류와 야생동물 보호요원, 공항 보안요원, 출입국 관리요원, 법원 집행관, 경찰, 연방 및 주정부 요원, 군인, 민간 안전요원 관련 분야 등 다양한 영역에서 이루어지는 심리학적 서비스 분야를 다루기 시작하면서 경찰 및 공공안전 심리학으로 개칭됐다.

심리학자들이 경찰 실무에 관여하기 시작한 최초 시점은 Terman이 신입 경찰 지원자에 대한 심리검사를 시행한 1917년이다(Brewster et al., 2016). 인재 선발 과정에서 법정 심리학자들이 중요한 역할을 하면서 심리학과 경찰은 밀접한 관계를 유지한 적도 있지만, 다시금 정체기에 접어들어 발전과 후퇴를 거듭해 왔다. 경찰은 역사적으로 "관계가 끈끈하고, 군대에 준하며, 엄격하고…… 비혁신적인" 조직적 특성을 지녀 왔다(Scrivner, Corey, & Greene, 2014, p. 444). Scrivner, Corey와 Greene은 이에 "전통을 고수하는 기관들이 심리학적 서비스의 필요성에 대해 확신이 없었기 때문에 심리학자들은 이러한 법집행기관들의 문화를 개선하고 신뢰를 얻기 위해 노력해 왔다"라고 한다. 그러나 점차 법집행기관들의 전문성이 강화되고 심리학자들 또한 이들의 역할을 더욱 높게 평가하게 되면서 두 분야의 관계는 점차 상호 의존적인 관계로 접어들게 되었다. 즉, "심리학자들이 법집행 서비스 발전에 지대한 영향을 미쳤다는 점은 부인할 수 없는 사실이다"(Scrivner et al., 2014, p. 444).

심리학자들은 경찰 인력 선발 과정에서 지원자 심리평가, 직무 적합성 평가, 특수 임무 수행 평가, 인질 협상 및 공권력의 과도한 사용 상황 평가 등을 진행한다. 2016년 기준 미국 내 98.5%의 경찰관서에서 심리학자들이 경찰관에게 요구되는 채용 전 직무 적합성 평가를 실시하고 있다(Corey, 2017). 이 외에도 심리학자들은 범죄자 프로파일링, 심리 부검, 문서 감정, 목격자 증언, 법최면 등과 같은 수사 과정에도 참여하고 있다. 경찰에서는 심리학자들을 소위 '경찰 박사(cop docs)'라고 부르기도 한다. 규모가 큰 경찰관서에서는 전담 심리학자를 채용하기도 하고, 소규모 경찰관서들에서는 심리학자들에게 자문을 구하는 형식으로 심리학적 서비스를 받고 있다.

미국 내 경찰 심리학에 특화된 교육과정이 개설된 대학원은 없지만, 미국심리학회에서 경찰 및 공공안전 심리학 분야를 공식적인 전문 분야로 인정했기 때문에 머지않아 관련 학위 과정이 개설될 것이다. 경찰 심리학 분야의 진로를 희망하는 학생들이라면 경찰 출신이거나 경찰 심리학 분야의 경험이 풍부한 교수진이 있는 대학원에서 임상, 상담, 산업 및 조직 심리학 전공 심리학 박사학위 취득이 유리할 것이다. 또한 경찰 조직과 직접적인 관계가 있는 기관이나 대학원에서 박사 혹은 박사후 연수 과정을 진행하는 것을 추천한다. 미래 진로 여부와 관련 없이, 경찰 심리학 자체에 관심이 있다면 경찰 업무의 성격, 정책과 업무 절차, 경찰 문화에 익숙해질 필요가 있다. 이 부분에 대해서는 다음 장에서 더욱 상세하게 다루어질 것이다.

법 심리학

법 심리학(legal psychology)은 법 집행 과정에서 발생하는 다양한 심리학적 주제를 과학적으로 연구하는 분야이다. 관련 연구 주제들은 법원 단계에서 발생하는 사안들에 한정되지 않으며 법적 권리, 범죄의 책임성 유무(정신이상자들의 범죄 책임성 등), 치료감호, 배심원 선택, 배심원 및 사법 의사결정, 아동 양육권 결정, 가족법 관련 이슈들, 목격자의 용의자 식별, 판결 전 여론 추이가 재판 과정에 미치는 영향 등을 포괄한다. 따라서 이 책에서 다루어질 법 심리학 관련 내용들은 형사 및 민사 재판과 관련된 심리학적 연구와 응용 사례들을 포함하고 있다.

심리학 박사학위(Ph.D./Psy.D.)를 취득하거나 혹은 연계 학위 과정을 통해 법학 박사(J.D.)와 심리학 박사를 함께 취득하게 되면 연구를 하거나 실무자로 활동할 수 있다. 혹은 연구소 및 국가 기관 등에서 근무하게 된다. 대표적인 미국 내 국책기관으로는 연방사법센터(Federal Judicial Center), 국립주법원센터(National Center for State Courts), 연방경찰(FBI),

국립사법연구소(National Institute of Justice), 국립정신건강연구소(National Institute of Mental Health) 등이 있다.

학술 및 전문 문헌들에서 법 심리학, 심리학과 법, 법정 심리학 등의 용어가 혼용되는 것이 잘못된 것은 아니다. 이 책에서는 법 심리학을 법정 심리학의 하위 영역으로 분류하고 있지만, 이러한 분류 방식에 모든 연구자가 동의하는 것은 아니다. 법 심리학과 법정 심리학의 또 다른 하위 분야들(범죄 및 비행 심리학, 경찰 및 공공안전 심리학, 교정 심리학, 피해자학 등)과도 연구 및 실무 주제들이 상당 부분 중복될 수 있다. 예를 들어, 법 심리학 분야에서 활발하게 진행되고 있는 연구 주제 중 하나인 목격자 증언의 경우 경찰 수사관들에게 용의자 라인업(line-up) 절차나 목격자 진술 신뢰성 여부에 대해 자문해 주는 경찰 및 공공안전 심리학자들의 관심 분야라고 볼 수 있다. 이 책에서도 목격자 증언 관련 내용들은 경찰 수사 절차를 다룬 3장에서 소개하고 있다. 그러나 경찰 및 공공안전 심리학자보다 법 심리학자들이 이 분야 연구를 수행할 가능성이 더욱 높다. 이 외에도 재판 단계에서 심리학자들이 위험성 평가, 양육권, 보호조치 평가 등을 수행할 경우 법 심리학과 피해자학이 동시에 적용된다. 즉, 법정 심리학의 하위 분야는 서로 배타적이지 않고 실제로는 밀접한 관계가 있다고 볼 수 있다.

3장에서 다루어지는 내용 중 하나인 허위 자백(false confession) 역시 법 심리학 분야의 핵심 연구 주제 중 하나이다. 모두가 알고 있듯이, 용의자들은 때로 다양한 이유로 자신이 저지르지 않은 범죄를 자백하는 경향이 있다. 이들이 허위 자백을 하는 이유로는 수사 과정에서 느낀 두려움, 수사관들의 강압 · 협박, 진범을 보호하려는 의도, 자신의 결백을 믿어 주는 사람이 아무도 없다는 인식 혹은 자백을 통해서 유명해지고 싶은 욕구 등을 들 수 있다. 그러나 더욱 놀라운 것은 실제 범죄를 저지르지 않은 사람들이 허위 자백을 통해 실제 자신이 범죄를 저질렀다고 믿게 될 가능성이 존재한다는 점이다. 실제 관련 연구들에서는 수사관의 능숙한 조작이 이와 같은 허위 자백 가능성을 증가시킬 수 있다는 결과를 제시하고 있다(Kassin, 1997, 2008; Kassin, Goldstein, & Savitsky, 2003; Kassin & Kiechel, 1996; Loftus, 2004). 목격자 기억 및 허위 자백 분야의 저명한 학자 중 한 명인 Loftus는 이러한 현상에 대해 "결백한 사람들이 거짓 증거 앞에서 스스로 범죄를 저질렀다고 믿게 되는 데에는 그럴 만한 충분한 이유가 있다."(p. i)라고 밝혔다. 이처럼 특이한 현상들에 대한 연구를 주도하는 이들이 바로 법 심리학자들이다.

가족 법정 심리학

가정법원에서 발생하는 법적 사안들에 대해 심리학자들의 자문을 구하는 수요가 날로 증가하고 있기 때문에, **가족 법정 심리학**(family forensic psychology)은 앞으로 가장 유망한 전문 심리학 분야 중 하나라고 볼 수 있다. 가족 심리학은 이미 2002년 미국심리학회의 전문가 인증 분야에 포함되었다. 지난 20년간 우리 사회의 가족 체제는 급격한 변화를 보였다. 2000년에 발표된 미국 인구조사 결과는 동거, 한부모, 조부모 가족 형태의 증가와 더불어, 동성 부모와 자녀로 구성된 가족의 증가라는 특징을 보여 주고 있다(Grossman & Okun, 2003). 2007년 미국 질병통제예방센터(Centers for Disease Control and Prevention: CDC)에서는 미혼모들에 의한 신생아 출생률을 39.7%로 보고한 바 있는데, 2012년에는 이 수치가 전체 출생률의 절반 수준으로 증가했다(Adam & Brady, 2013). 동성 부부 가족의 합법화와 관련해서는 2013년 미국 대법원에서 법적 결혼 절차를 마친 동성 부부가 이성 부부와 동등한 연방정부의 혜택을 받을 자격이 있음을 판결했으며(United States v. Windsor, 2013), 또 다른 판례에서는 동성 결혼을 금지한 캘리포니아 주법원의 판결을 기각함으로써 동성 부부의 결혼을 법적으로 인정했다(Hollingsworth v. Perry, 2013). 최종적으로 미국 대법원의 2015년 Obergefell 대 Hodges 판결에서 동성 커플 또한 헌법상 결혼할 권리를 가진다는 기념비적인 판결을 내려 미국 전역으로 동성 결혼의 합법성을 확대시켰다.

이러한 사회적·법률적 변화는 가족의 형성, 유지, 해체에 영향을 미쳤고, 아동, 의료, 고용 혜택 및 노년의 삶을 결정하는 문제에 이르기까지 다양한 법적 이슈를 유발했다. 이에 따라 가족 법정 심리학자는 입양, 대안 가족 자녀 양육비, 양육권 문제 등 이혼 시 갈등 조정, 학대, 유산 조정 등 관련 노인법, 가업 승계, 법적 보호자, 청소년 범죄, 친부 확인, 출산과 유전 기술 및 부모 권리 박탈과 같은 다양한 문제에 대해 심리학적 서비스를 제공하고 있다. 이들은 교도소 면회, 석방 프로그램, 가족 구성원에 대한 법적 처벌의 영향 등 가족 구성과 역동에 대한 이해가 필요한 민사 및 형사 사건들에 관여하고 있다(Grossman & Okun, 2003, p. 166). 가족 법정 심리학의 주된 주제들인 자녀 양육권, 가정 폭력, 청소년 범죄자 평가 및 치료 등에 대해서는 이 책의 후반부에서 상세하게 다룰 것이다.

범죄 및 비행 심리학

범죄 및 비행 심리학(psychology of crime and delinquency)은 반사회적 행동의 유발, 발전 및 지속과 관련된 청소년과 성인 범죄자들의 행동 및 정신 과정을 연구하는 학문이다. 특히 개인의 사고, 신념, 가치 체계 및 불법적인 행동을 자행하는 사람들의 행동 수정 방안에 초점을 맞춘 인지 처리 과정이 연구되고 있다. 범죄 및 비행 심리학에서는 범죄자들의 일상적 경험 지각, 부호화, 처리, 기억 등의 서로 다른 학습 체계에 따라 범죄 행동은 달라질 수 있다고 가정하고 있다.

범죄 심리학(criminal psychology)은 범죄 혹은 반사회적 행동 감소를 위한 예방, 개입, 치료 전략을 평가하고 연구하는 학문이라고도 볼 수 있다. 범죄와 비행에 관한 연구들에서는 아동기에 학교 성적이 좋지 않을 경우, 교우 관계가 원만하지 못한 경우, 부모의 학대가 있는 경우, 폭력적이고 파괴적 행동이 통제되지 않는 학교 분위기 등에 의해 상습적인 폭력 행동이 유발된다고 보며(Crawford, 2002), 또래 등 동료 집단의 거부 경험이 종종 심각한 폭력적 가해 행동에 영향을 미친다고 보고 있다. 즉, "집단 소속감 및 개인적 소속감을 통해 얻는 직간접적 혜택을 통해 개인의 심리적 기능 중 많은 부분을 예측할 수 있다"는 관점이다(Benson, 2002, p. 25). 이러한 관점에 따르면 사람들은 따돌림당하거나 어울리지 못해 스스로 소외됐다고 느끼는 소속감 박탈 상황에서 사회적 고립 및 배제감을 경험하게 된다. 그리고 이러한 정서가 공격성, 폭력성 및 기타 부적응적 행동 등의 문제에 유의미한 영향을 미쳐, 혼란스럽고 충동적이며 부주의한 파괴적 행동을 보일 가능성이 증가한다. 따라서 학교 내 총기 사건 범죄자들의 경우 대부분 사회적 고립감과 거절을 경험했을 가능성이 존재한다.

이와 같은 폭력 행동들 및 전 생애에 걸친 범죄 행동들이 구조화된 예방 프로그램으로 억제될 수 있다는 점 또한 관련 연구들에서 발견된 점이다. 예를 들어, 듀크 대학교(Duke University), 펜실베이니아 주립대학교(Pennsylvania State University), 밴더빌트 대학교(Vanderbilt University), 워싱턴 대학교(University of Washington) 소속 연구자들이 개발한 학교폭력 예방 프로그램(Fast Track Prevention Program)은 청소년 범죄 감소에 상당한 효과를 보였다. 이러한 범죄 예방 프로그램들에 대해서는 '범죄와 비행'을 다루는 장에서 보다 상세하게 소개하겠다. 최근 들어 학교 문제를 주로 연구하는 응용 심리학자들에게 이와 같은 심리학적 서비스에 대한 요구가 날로 증가하고 있어 '범죄와 비행'은 학교 심리학 분야의 새로운 연구 및 실무 영역으로 자리매김하고 있다.

법정 학교 심리학

최근 가장 주목받고 있는 분야 중 하나는 심리학, 교육, 법률 시스템 간의 접점에 있는 **법정 학교 심리학**(forensic school psychology)이다. 이 분야에 종사하는 심리학자들은 자신들을 학교 심리학자 혹은 일반 심리학자로 여기는 경향이 있어 법정 학교 심리학자라 부르지 않는다. 앞의 〈표 1-1〉에서 제시된 것처럼 학교 심리학 분야는 미국심리학회에서 인증한 전문 영역이다. 만약 법률적 사안을 주로 다루는 학교 심리학자라면 그들을 법정 학교 심리학자라 생각할 수도 있다. 이들은 학생들을 기숙학교 프로그램에 배정하는 문제, 홈스쿨 교육이 초래하는 문제, 정학 · 퇴학 문제 등 다양한 학교 내 문제에 관여하고 있다. 이 외에도 학생들의 재능, 필요한 지적 · 정서적 · 발달적 요인들에 대한 다양한 평가 작업을 수행하고 있다.

청소년 범죄자 및 비행 청소년 대상 교정시설이나 소아 정신병원들에는 청소년들을 위한 효과적 교육 프로그램이 필요하다. 미국 내 일부 주에서는 이러한 교육 프로그램을 적용한 특수학교를 운용하고 있다(Crespi, 1990). 이들 특수학교에서 법정 학교 심리학자들의 역할은 매우 중요한데, 지역 내 공립 · 사립학교들은 교육이 주된 목적인 반면 청소년 · 아동 교정시설 및 정신병원의 일차 목적은 교정과 치료이며, 교육은 부차적인 목적이기 때문이다.

즉, 청소년 재활을 위해 교정기관 및 정신병원에서 근무하는 학교 심리학자들의 핵심 역할은 평가와 상담이다. 법정 학교 심리학자들은 주로 교정시설 내 정신 질환이 있는 범죄자 및 청소년 범죄자들을 대상으로 심리학적 서비스를 제공함과 더불어 공립 및 사립 학교에서 발생할 수 있는 법적 문제를 처리하는 데 관여한다. 예를 들어, 학교에서는 선생님에게 협박 편지를 보내 정학을 당한 학생의 잠재적 폭력 위험성 평가를 심리학자에게 요청할 수 있다.

또한, 1990년대 후반에 학교 총기 사건들이 연일 뉴스 헤드라인을 장식하면서 학교 장면에서 학교 심리학자들의 추가적인 상담 필요성 또한 제기됐다. 켄터키 웨스트 파두카(West Paducah, Kentucky), 아칸소 존즈보로(Jonesboro, Arkansas), 미시시피 펄(Pearl, Mississippi), 오레곤 스프링필드(Springfield, Oregon) 등 미주에서도 널리 알려지지 않은 지역들이 학교 폭력으로 인해 갑작스럽게 세간의 주목을 끌게 됐다. 이후로도 학생이 총을 소지하고 등교하거나 교장에게 총격을 가하는 사건들이 지속적으로 발생해 왔다.

2012년 12월에는 미국 코네티컷(Connecticut)주 뉴타운(New Town) 지역 학교에서 학생 20명과 성인 6명이 총기 난사로 사망한 끔찍한 사건이 발생했다. 기존 사건들의 경우 주로 학생이 교내에서 총을 쐈다면, 이 사건은 외부인이 교내에 침입해 총격을 가한 이례적인 형태로 보고되고 있다. 가장 유명한 사건으로는 1999년 4월 콜로라도(Colorado)주 리틀턴(Littleton) 소재 컬럼바인(Columbine) 고등학교에서 발생한 교내 총격 사건이다. 범죄자들은 덴버(Denver) 외곽 중산층 주거지에 거주하던 평범한 남학생 2명이었다. 이들은 학교에서 총기를 난사해 학생 12명, 교사 1명을 살해하고 20명의 학생에게 부상을 입힌 후 자살했다. 언론 보도 내용에 따르면 범인들은 고립된 교우 관계 속에서 친구들에게 따돌림을 당하게되면서부터 총기에 집착했다고 한다. 이 사건 발생 이전에도 교내 총기 난사 사건들이 간간이 발생했지만(1996~1999년간 최소 10여 건), 컬럼바인 고등학교 사건은 미국 전역의 학부모에게 상당한 충격과 우려를 안겨 주었다. 2012년 12월 코네티컷주 뉴타운 사건의 범인 또한 콜로라도 컬럼바인 고등학교 사건에 매료되었다고 언급했으며, 후속 사건들에서도 범인들은 콜로라도 사건에 직간접적인 영향을 받았다고 했다. 심지어 이후 발생한 사건의 범인들 중에서는 컬럼바인 고등학교 교장을 만나기 위해 콜로라도에 간 적이 있다는 사실 또한 보고되었다.

학교폭력에 대한 관심이 커지면서 잠재적 폭력 위험성 수준이 높은 학생들을 선별하는 과정에서 위험성 평가 도구의 사용이 일반화되었다. 가령 학교에서 교사나 친구에게 해를 가하겠다고 위협적인 언사를 하거나 협박 편지를 쓴 학생들을 대상으로 위험성 평가를 실시하고, 해당 학생의 폭력 위험성이 높다고 판단되면 학교나 지역사회 기관 등에서 상담치료를 받게 하거나 심지어는 퇴학 처분이 내려지기도 한다. 그런데 대부분 이러한 평가 업무는 학교 심리학자들이 담당한다. 더욱 자세한 내용은 8장에서 다시 소개될 것이다.

콜럼바인 고등학교 총기 난사 사건 및 교내에서 발생한 그 밖의 비극적인 사건들에 대해 언론은 직접적인 대안 마련을 촉구하면서 사안의 심각성을 부각시키고 있지만, 이러한 범죄들은 장기적인 안목으로 대응 방안을 마련하는 것이 무엇보다 중요하다. 콜럼바인 고등학교 총격 사건이 발생한 시기에 미국 내 청소년 범죄 건수는 감소하던 추세였고, 이후에도 청소년 범죄 발생률은 지속적인 하향세를 보였다. 그러나 얼마 지나지 않아 무기를 소지하고 학교에 온 학생이 1~2명의 학생을 위협하거나 총격을 가하는 사건들이 연이어 발생했다. 2014년 4월에는 펜실베이니아에서 16세 고등학생이 고교생 19명과 성인 1명에게 칼을 휘둘러 상해를 가하는 사건이 발생했다. 가해 학생은 4건의 살인미수와 21건의 가중폭행 혐의로 기소됐다. 그러나 언론 보도에서 특정 사건들을 강조하고 그 의미를 확대 해석할 때마다 사람들은 이와 같은 끔찍한 사건들이 실제보다 더욱 자주 발생하고 주변에 만연해 있다고 생각할 수 있다. 이런 현상을 **가용성 휴리스틱**[2]이라고 한다. 이와 같은 총격 및 칼부림 사건들은 분명 끔찍한 비극적인 사건들이지만, 이러한 유형의 사건들이 청소년 범죄 전체를 대표한다고 볼 수는 없다.

피해자학과 피해자 서비스

범죄 피해자 혹은 범죄 시도를 당했던 사람들이 경험하는 신체적 · 심리적 · 사회적 및 경제적 피해 및 범죄 위협에 직면하는 사람들에 대해 연구하는 학문을 **피해자학**(victimology)이라 한다. 직접 체험한 범죄 피해를 직접적이고 일차적인 피해라 하고, 피해자들의 가족, 친

2) 역자 주: 가용성 휴리스틱(availability heuristic)은 Amos Tversky와 Daniel Kahneman이 소개한 개념으로, 의사결정 과정에서 최근에 접했거나 빨리 떠오르는 정보들에 의존해 해당 사건이나 사례가 발생할 가능성이 더욱 크다고 여기는 인지적 경향성이다.

척, 친구 등 밀접한 관계에 있는 사람 및 특정 범죄 및 대형 사건 · 사고 현장에서 살아남은 생존자들의 범죄 피해는 간접적이고 이차적인 피해라고 한다(Karmen, 2013).

유괴, 교내 총기 난사, 성폭력 등의 끔찍한 범죄 피해를 입은 아동들의 경우 정상적인 발달이 저해될 수 있다. 또한 아동 범죄 피해자들의 피해 영향은 성인기 이후까지 전 생애에 걸쳐 정서적 · 인지적 문제를 초래한다(Boney-McCoy & Finkelhor, 1995). 폭행, 강도, 절도 범죄 피해를 당한 성인들에게서도 범죄 피해 효과가 나타나며, 부정적 효과는 장기간 지속될 수 있다(Norris & Kaniasty, 1994). 그럼에도 불구하고, 범죄 피해자들 중 심리치료 등 적절한 심리학적 서비스를 받는 경우는 극소수(2~7%)에 불과하다(Norris, Kaniasty, & Scheer, 1990). 피해자학이 전문적인 학문 분야로 인정된 지는 40년이 채 되지 않지만(Karmen, 2013), 다양한 문화적 배경 및 연령대의 범죄 피해자들을 고려한 평가, 치료 및 피해 영향 연구에 대한 필요성은 증대하고 있다. 이와 같은 피해자 연구 과정에서 심리학자들은 중요한 역할을 담당하고 있다. 피해자학 분야와 관련된 심리학적 연구 및 심리학자들의 활동에 대해서는 10, 11, 12장에서 더욱 자세히 다루겠다.

오늘날 피해자학 전공 및 관련 교육 과정이 많은 대학교에 개설되어 있다. 피해자학 전공 연구자를 희망하는 학생은 심리학, 형사정책학, 사회복지학, 사회학 박사학위를 취득하는 것이 유리하다. 이 분야의 실무 전문가로 일하고 싶은 학생은 임상 혹은 상담 심리학 박사학위나 사회복지학 석사학위를 취득하길 권한다. 이 밖에도 피해자 서비스(victim service) 관련 분야를 희망한다면 학위 과정 외에도 다양한 훈련 기회 및 직업 경로가 있다.

지난 30년간 피해자 서비스 분야는 급속하게 성장한 전문 직업 분야이다. 그러나 모든 관련 직종에서 범죄 피해자에게 직접적인 서비스를 제공하는 것은 아니다. 피해자 지원 법률의 제정, 피해자 서비스 재원 증대, 피해자 옹호를 위한 노력, 피해자학 분야의 활발한 연구 활동 등으로 피해자 문제에 대한 이해가 더욱 깊어졌다. 최근 몇 년 동안에는 성폭력, 가정폭력, 파트너 · 아동 · 노인 학대 범죄 피해자를 대상으로 하는 서비스가 두드러지게 증가했으며, 피해자에 대한 이해와 서비스 범위를 확대 적용한 법률들이 제정됐다. 그러나 피해자 지원 기금이 축소될 것이라는 우려 역시 존재한다.

교정 심리학

교정 심리학(correctional psychology)은 교정기관에서 이루어지는 심리학적 서비스와 관련된 내용들을 총망라하는 매우 광범위한 학문 분야이다. 법정 심리학 분야 중에서도 가장 활발한 연구 및 실무 활동이 이루어지는 분야로, 관련 직업들 또한 매우 다양하다. 교정 심리학 분야에서 일하는 심리학자들의 경우 경찰 및 공공안전 심리학자들과 마찬가지로 스스로를 법정 심리학자로 생각하지 않고 오직 교정 심리학자로 여기고 있다. 이들은 법정 심리학 전공 박사 과정이나 기타 교육 프로그램들이 교정 분야에 요구되는 책임의식을 제대로 반영하지 못하고 있다고 우려하고 있다. 최근 발표된 문헌에서도 "교정 심리학 분야를 선도하는 학자들 사이에서도…… 교정 실무와 심리학과 법 혹은 법과학 교육 내용 간에 상당한 괴리가 존재한다는 사실을 알고 있지만 이러한 차이는 무시되고 있다."라고 한다(Magaletta et al., 2013, p. 293). 이러한 비판은 법과학 프로그램에만 국한된 것은 아니며 일반적인 심리학 박사학위 과정에서도 마찬가지 상황이다. 이 점에 대해 Magaletta 등은 "대학원 과정에서 교정 서비스를 하나의 실무 영역이나 연구 분야로 어떻게 다루어야 하는지와 관련된 경험적 연구가 거의 이루어지지 않았다. 따라서 교정 현장에서 필요한 심리학적 서비스와 학술 연구 및 교육의 접점이 무엇인지 제대로 이해하기 어려운 실정이다".(p. 292)라고 지적하고 있다. 또한 Magaletta 등이 미국심리학회 인증 대학원 박사학위 과정 교육 책임자 170명을 대상으로 교정 훈련에 관해 조사한 결과에 따르면, 교정 분야에 관심을 가진 교수가 1명 이상 재직하는 대학원은 전체 1/3이었으며, 교정 교육 프로그램이나 관련 교과를 운영 중인 곳은 전체의 6%에 그쳤다. 이러한 결과는 법정 심리학 전공 박사 과정을 운영 중인 대학원 책임자들이 검토해 볼 필요가 있는 문제이다.

2015년 말 기준 미국 내 교도소 및 가석방·보호관찰 명령으로 감호처분을 받고 있는 사람들은 성인 기준 6,741,400명이다(Kaeble & Glaze, 2016). 2009년부터 미국 전체 인구가 감소 추세로 돌아선 이후로 교정기관 수용 인원 또한 감소 추세로 돌아섰지만, 감소율은 2013년 1.7%, 2010년 2%에 그쳐서 과거 대비 소폭 감소하는 경향을 보이고 있다. 수치상 미국 내 성인 37명 중 1명이 어떤 형태로든 교정기관의 관리를 받고 있다고 볼 수 있다. 미국 내 전체 범죄율이 지속적인 하락 추세를 보이기는 하나, 교정기관들에서 관리하는 인원은 범죄 발생률 하락 추세만큼 감소했다고 보기는 어렵다.

교도소 재소자, 지역사회 내 보호관찰자 모두 교정 서비스 대상이다. 교정 심리학자는 이들을 대상으로 심리평가, 위기개입, 약물중독 치료, 사회복귀 훈련 등을 진행하고 있다. 관련 연구들에서는 정신건강 치료 프로그램에 참여한 범죄자들이 사회 적응, 대처 능력 수준뿐 아니라 정신건강 기능 또한 향상된다는 결과를 제시하고 있다(Morgan et al., 2012). 이러한 맥락에서 심리학자, 정신건강 전문가들은 정신질환 재소자 치료에 많은 관심을 기울이고 있다. 더불어 민간 교도소 지원 문제 또한 심도 있게 검토되고 있는 사안 중 하나인데, 관련 연구들에서는 민간 교도소들의 교화 프로그램이 재범 억제에 별다른 영향을 미치지 않는다는 결과들을 제시하고 있다. 이들 내용에 대해서는 12장에서 구체적으로 다룰 것이다.

교정 분야에서 심리학자에 대한 기대가 점점 더 커지면서, 교정 심리학은 흥미로우면서도 도전적이고 보람된 분야로 인식되고 있다. 그러나 Magaletta 등(2013)은 충분한 심리학적 서비스를 제공할 만한 인력들이 아직은 부족하다고 한다. 이는 부분적으로 교정 분야에 특화된 박사급 인력의 부족, 전문 인력 양성을 위한 대학원 교육 과정의 부족 등에 기인한다고 볼 수 있다.

교정기관에 근무하지 않는 심리학자들 또한 교정 시스템이 재소자의 행동에 미치는 심리적 영향에 대한 연구를 진행하기도 한다. 대부분의 경우, 노인 및 정신질환자 등 특정 재소자 집단을 표본으로 공동생활, 고립, 재활 프로그램 등이 수감생활에 미치는 효과 등을 주제로 연구가 이루어지고 있다.

이 책의 마지막 장에서 다룰 청소년 교정 또한 심리학자의 중요한 역할이 기대되는 전문 분야이다. 청소년 범죄자 대상 교정 서비스의 목적은 갱생이다. 따라서 이들에 대한 정확한 평가와 효과적인 치료 전략 수립이 무엇보다 중요하다. 그러나 청소년 범죄자 대상 프로그램 대부분이 범죄 위험성 평가, 교도소 내 공동생활 및 고립이 미치는 영향, 약물 남용 치료 프로그램 등과 같이 성인 범죄자 대상 프로그램을 그대로 적용하고 있는 실정이다. 또한 청소년 성범죄자, 정신질환 및 지적장애 청소년 범죄자 등 특정 청소년 범죄자 집단에 특화된 교정 서비스 개발 · 운영 또한 심리학자들의 중요한 역할 중 하나이다.

교정시설 근무 심리학자가 교도관과 지나친 협력 관계를 맺는 것에 대해서는 비판의 소지가 있으며, 심리학자에게 재소자 관리감독 업무 지시가 내려지는 경우 심리학자로서의 윤리를 강력하게 위반할 소지도 존재한다. 사형수 대상의 잠재적 위험성 평가 또한 교정 심리학자의 업무 영역인데, 주로 변론을 맡은 변호사들이 의뢰인의 심각한 정신질환이나 지적장애를 이유로 형량을 감경해 달라는 요청을 하는 경우 법원에서는 정신건강 전문가들이나 교정 심리학자들에게 평가를 의뢰한다. 또한 성범죄 재소자의 석방 평가 시 재범 가능성 및 사회 복귀 후 정상적인 시민의 의무를 수행할 수 있는지 여부에 대한 평가도 심리학자들의 몫이다. 보다 구체적인 내용은 이후의 장들에서 다시 소개하겠다.

교정기관 소속 혹은 비상설 자문위원으로 활동하는 심리학자들은 미국교정협회(American Correctional Association: ACA)나 국제교정 및 법정심리학자협회(International Association for Correctional and Forensic Psychologists: IACFP)의 회원으로 가입되어 있다. 특히 IACFP에서는 교정시설에 수감된 성인, 청소년 범죄자, 지역사회 내 보호관찰 대상자들에 대한 심리 서비스 허용 기준 지침(Althouse, 2010)을 제공하고 있다. 이 지침에는 전문가 요건, 비밀보장 기준, 정신건강 검사, 전문직업 개발, 사전동의, 분리 · 격리 등 교정 분야에서 이루어지는 심리학적 서비스와 관련된 다양한 준수 원칙이 포함되어 있다.

요약 및 결론

과거 법정 심리학은 일부 심리학 및 법학 저서들에서나 찾아볼 수 있는 용어였다. 최근 들어 다양한 문헌 및 서적들에 법정 심리학 용어가 등장하고 있지만, 아직 이 분야에 대한 일관된 정의 및 설명이 충분치 못한 상황이다. 법정 심리학은 법 심리학(legal psychology), 심리학과 법(psychology and law) 등으로 불리기도 한다. 일부 심리학자는 법정 심리학을 법률 시스템, 특히 법원 및 재판 과정에 제공되는 임상적 실무 분야로 제한해 한정적인 학문 분야로 설명하고 있으나, 이러한 접근 방식은 그간 심리학자들의 연구 성과를 과소평가하는 것일 수 있다. 최근 개정된 법정 심리학 전문 지침(APA, 2013c) 및 저명한 법정 심리학자들의 저술들(예: DeMatteo et al., 2009; Heilbrun & Brooks, 2010)을 살펴보면, 연구자의 노력이 법정 심리학의 발전에 얼마나 중요한 역할을 해 왔는지에 대해 기술되어 있다. 법정 심리학은 실무 중심적 학문 분야로 법원 등 특정 실무기관에서 법정 심리학자로 활동하기 위해서는 면허 및 전문가 인증이 필요하며, 형사사법기관과 교류하지 않는 심리학자는 법정 심리학자로 보기 어렵다.

덧붙여 심리학적 서비스가 이루어지는 맥락적 상황을 고려하는 것 또한 매우 중요하다. 민사 및 형사 재판 상황으로만 법정 심리학의 적용을 한정할 경우 법집행기관, 교정기관, 피해자 등을 돕는 기능을 법정 심리학자들의 활동 분야에서 배제하는 셈이다. 또한 성범죄 예방 및 억제, 청소년 발달 및 의사결정 과정 등 범죄 및 비행 분야에 대한 활발한 심리학적 연구가 이루어지고 있다. 이러한 성과들이 법 체계에 적용이 가능한 만큼 범죄 및 비행 심리학 분야 또한 법정 심리학 영역에 포함시키는 것이 타당하다. 이 책에서 소개되고 있는 여러 전문가 에세이(My Perspective)에서 확인할 수 있는 것처럼, 범죄 및 비행 심리학 분야를 연구하는 심리학자들 또한 법원 전문가 증언 및 판사와 변호사 대상의 자문 활동을 활발히 펼치고 있다.

포괄적 정의 관점에서 볼 때 법정 심리학은 5개 분야로 구분되며, 분야별로 다양한 진로 기회가 있다. 대학교 및 대학원 교육 과정들에서는 법정 심리학 전공 분야에 대한 학생들의 희망 수요에 부응하여 다양한 실무 전문가 교육 프로그램 및 임상, 상담 및 발달 심리학 전공 등 관련 심리학 박사학위 과정을 운영하고 있다. 전문가로 활동하기 위해서는 관련 학회 및 협회의 지침을 준수해야 하며, 면허 취득, 공식 전문가 자격 인증을 취득해야 한다.

법정 심리학의 포괄적 활용 맥락에서 이 분야는 법 관련 연구 및 전문 서비스 제공에 관심을 지닌 심리학자들에게 더욱 많은 활동 기회를 제공하고 있다. 법정 심리학은 최근 급속히 발전하고 있는 전문 분야로서 이 책에 소개된 전문가들은 법정 심리학의 직업적 기회 및 활용이 많지 않던 시절부터 이 분야에 대한 연구를 진행해 온 이들이다. 2000년대 직후에도 법정 심리학 전문가들은 많지 않았고, 개별 심리학자들이 간헐적으로 법과학 관련 심리학적 서비스를 제공하거나 아동 양육권 평가 등 특정 분야에서만 활동하는 수준이었다(Otto & Heibrun, 2002). 그러나 Otto와 Heibrum의 예상처럼 이 분야는 비약적으로 성장하고 있으며, 이러한 성장세에 따라 법정 심리학 분야 전체의 경쟁력 강화를 위한 체계적 계획 수립이 필요한 상황이 되었다. 이러한 체계적 계획이 특히 필요한 분야는 대표적으로 법과학적 심리 검사 및 평가 영역을 들 수 있다. 이후 Heilbrun과 Brooks(2010) 또한 법정 심리학 분야의 지속적인 발전을 위해서는 학제 간 융합 연구의 활성화, 다문화에 대한 고려 및 협력, 법정 정신건강 평가 분야의 질적 향상, 과학과 실무의 실천적 통합, 지역 주민 등 고객들에 대한 더 큰 헌신 등이 필요하다는 점을 강조했다.

주요 개념

가용성 휴리스틱availability heuristic
가족 법정 심리학family forensic psychology
경찰 및 공공안전 심리학police and public safety psychology: PPSP
교정 심리학correctional psychology
디지털 수사 분석digital investigative analysis
미국심리과학협회Association for Psychological Science: APS
미국심리학회American Psychological Association: APA
범죄 및 비행 심리학psychology of crime and delinquency
법 심리학legal psychology
법곤충학forensic entomology
법사회복지사forensic social worker
법정신의학자forensic psychiatrist
법정 심리학forensic psychology
법정 심리학 전문 지침Specialty Guidelines for Forensic Psychology
법정 학교 심리학forensic school psychology
심리학자 윤리원칙과 행동강령Ethical Principles of Psychologists and Code of Conduct: EPPCC
의심스러운 문서 감정 또는 분석questioned document examination or analysis
전문가 자격diplomate
피해자학victimology

단원정리

1. 법정 심리학의 광의의 정의와 협의의 정의를 비교 · 설명하라.
2. 법정 심리학과 다른 법과학 학문을 비교 · 설명하라.
3. 1장에 제시된 법정 심리학의 다섯 가지 하위 분야를 구분하고, 각 분야별 법정 심리학들의 활동 사항을 설명하라.
4. 철학 박사(Ph.D.)와 심리학 박사(Psy.D.)의 차이를 설명하라.
5. 심리학-법학 연계 박사 과정의 장점과 단점은 무엇인가?
6. 법정 심리학 전문 서비스 분야에서 근무하는 심리학자들이 직면할 수 있는 윤리적 이슈에는 어떤 것들이 있는가? 네 가지 사례를 들어 설명하라.
7. 심리학자들의 약물 처방 권한이 의미하는 바는 무엇인가? 이러한 권한을 획득하기 위한 과정에서의 심리학자들의 노력 및 이에 반대하는 의견들에 대해 토론해 보자.

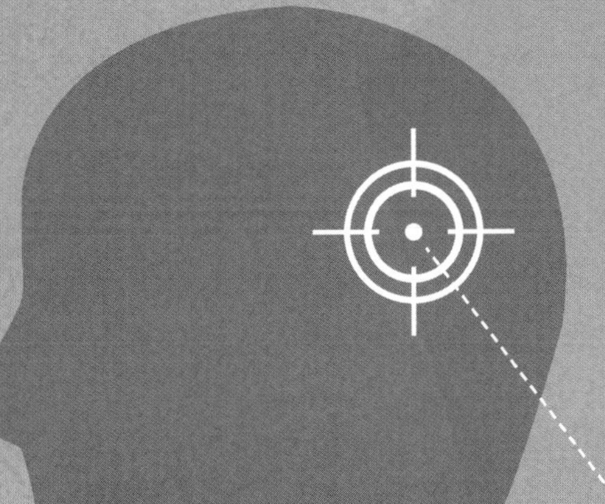

PART II

Introduction to Forensic Psychology Research and Application

경찰 및 수사 심리학

POLICE AND INVESTIGATIVE PSYCHOLOGY

Chapter 2

경찰 및 공공안전 심리학

주요 학습 내용

- 경찰 심리학자 직무 및 활동 사항
- 경찰 조직 문화 논의
- 경찰 지원자 평가를 위한 경찰 직무 분석과 타당성 평가 기준
- 형사사법기관 직무 유형별 지원자 평가용 심리평가 도구 및 개입 방법
- 경찰관 자살
- 인질 협상, 대량살상, 총격 사건 등의 중요 사건 경험 후 경찰관 스트레스 관리를 위한 심리학자 및 정신건강 전문가들의 역할
- 경찰의 편견 및 과잉 공권력 사용 관련 연구 문헌

2015년 미국 사우스 캐롤라이나(South Carolina)에서 한 경찰관이 차량 검문 중 무장하지 않은 시민에게 총격을 가하는 사건이 발생했다. 이 사건에 대한 첫 공판은 배심원들의 유무죄 의견 불일치로 종결되었으나, 이후 연방법원에서 피해자의 시민권 침해 사유로 유죄 판결을 받았다.

2016년 미국 전역에서 정부 정책에 항의하는 평화적 시민 행진 시위가 있었을 때 경찰관들은 침착하고 전문적인 방식으로 시위대에 대응했다. 일부 시위자가 폭력적인 행동을 보였을 때에도 경찰관들은 최대한 대응을 자제했지만, 일부 경찰관이 권력을 남용해 과도한 시위 진압 행동을 보였다.

2017년 한 경찰관은 형광봉으로 불타는 차량의 창문을 깨고, 갇혀 있던 여성 운전자를 구조했다. 또 다른 주에서는 비번인 경찰관이 계곡에서 한쪽 눈을 실명한 강아지를 구조했다.

2017년 미국 국경경비대원들은 불법 이민자 단속에 대한 대통령 행정명령 발효로 정부가 불법 이민자 체포를 독려하고 있다고 생각하게 했다. 같은 해 미국 전역의 경찰서 등지에서는 특정 인종 외국인을 대상으로 하는 선별적 불법 체류 조사를 거부하는 운동을 단행했다.

모든 국가에서 경찰은 가장 규모가 큰 정부 조직 중 하나로 다른 직업군들과 마찬가지로 개성이 넘치는 다양한 조직원으로 구성되어 있다. 범죄 피해 아동을 보호하고 사람들을 돕기 위해 경찰이 되려는 경우도 있고, 단지 졸업 후에 취업을 목적으로 경찰관이 되려고 하는 경우도 있다. 경찰 및 공공안전 심리학자가 되길 희망하는 학생들은 다양한 경찰 직무에 대한 이해뿐 아니라 경찰관 등 치안 전문가로 활동하고자 하는 사람들의 배경, 동기, 편견, 장단점 또한 충분히 숙지할 필요가 있다.

미국에는 법집행기관이 주정부 및 개별 지자체 소속 약 16,000개에 이르며, 산하 경찰관 수는 약 705,000명에 달한다(Reaves, 2012b). 이 중 약 477,000명이 약 12,000개의 지역 경찰관서에 근무하며, 189,000명은 3,012개의 보안관서에 근무한다(Burcham, 2016). 또한 미국 내 50개 주정부에 근무하는 주경찰관은 총 61,000명 정도이다(Reaves, 2012b). 연방정부 내에서 사법경찰권 및 소방 업무를 담당하는 연방요원의 수는 약 120,000명이다(Reaves, 2012a). 이 통계에는 지역 및 소수민족 담당 법집행기관들, 산림 및 수렵 감시관들의 수는 제외되어 있다. 미국 내 경찰 등 법 집행 인력 수는 연방정부, 주정부, 지자체들의 가용 예산 및 정책에 따라 가변적이다.

이 외에도 병원, 학교, 기업, 대형 쇼핑몰 등에서 무장 혹은 비무장 안전요원이 근무하고 있다. 안전요원들은 민간 경비업체 소속과 대학 등 공공재원으로 운영되는 캠퍼스 소속으로 구분되는데, 미국 내 모든 대학교, 공공 혹은 민간 시설에는 자체 안전부서를 운영하고 있다. 이들 중에는 직접적인 경찰권을 가진 무장요원이 배치된 곳도 있다. 미국 내 공립 대학교 중 무장한 캠퍼스 경찰관이 배치된 곳은 전체의 2/3에 달하는데, 이는 사립 대학교 대비 2배가량 높은 수치이다(Reaves, 2015). 다른 공공 및 민간 기관에서도 무장 안전요원이 근무하는 장면을 흔히 볼 수 있다.

지난 20년간 미국 내 경찰관 및 기타 법집행기관 근무요원들은 여성 인력 및 고학력자의 증가, 전문성 향상 등의 많은 변화가 있었다(Bureau of Justice, 2015). 동 기간에 관련 인력 수 또한 인구 증가율을 넘어설 정도로 확대되었으며(Reaves, 2012b), 은퇴자 및 권고사직 수 역시 지속적으로 증가했다. 가장 큰 변화는 경찰관 총격 사건, 공권력 남용 등의 경찰 폭력 사태, 급변하는 사회 분위기 등으로 인해 경찰과 국민 사이에 긴장이 증가했다는 점이다. 이와 같은 이슈들 모두는 형사사법기관에서 근무하는 심리학자들의 당면 과제라 할 수 있다.

경찰 및 공공안전 심리학(police and public safety psychology)은 법 집행 및 공공안전 활동들을 연구하고, 심리학적 지식과 임상적 기법들을 적용하는 학문 분야이다. 1장에서 언급한 것처럼, 과거에는 형사사법기관에서 심리학을 받아들이고 실무에 적용하는 것을 꺼리는 분위기가 있었으나, 이제 심리학은 다양한 경찰 직무 활동에 있어 필수적인 학문으로 자리매김했다. 따라서 수많은 경찰 및 공공안전 기관에 심리학자들이 근무하고 있으며, 일부 기관들에서 심리학자들을 비상근 자문형태로 고용하고 있다(Scrivner, Corey, & Greene, 2014).

경찰 심리학: 직업적 발전

경찰 등 법집행기관에서 언제부터 심리학을 활용해 왔는지는 정확치 않다. 확실한 점은 20세기 이후 경찰은 심리학자들의 도움을 받아 왔다는 점이다. 아마도 1917년 심리학자인 Terman이 경찰 지원자를 대상으로 지능검사를 실시한 것을 최초로 볼 수 있을 것이다. 즉, 초기 경찰 직무에 대한 심리학자의 지원은 경찰관 선발 과정에서 직무 적합성 판정을 위한 인지, 태도 검사의 개발 및 시행으로 시작됐다.

미국 경찰에서 심리학이 하나의 전문 분야로 인정받게 된 것은 1968년 LA 경찰국(LAPD)에 심리학자 Martin Reiser가 고용된 이후이다. Reiser(1982)는 미국 내 1호 '박사 경찰(cop doc)'로 불렸지만 자신의 회고록에서 근무 초기에 경찰과 잘 어울리지 못했다고 기록했다. 그러나 Reiser가 초기 경찰 심리학 분야에 엄청난 기여를 한 점은 분명하다. 그는 1970년대를 통틀어 이 분야에 대한 가장 많은 책을 집필했으며, 캘리포니아 직업 심리학 대학원(California School of Professional Psychology)과 협력해 LA 경찰국에 대학원생 대상 인턴 과정을 최초로 개설했다. 이후 1977년까지 미국에는 최소 6개 형사사법기관에 심리학자들이 고용되었다(Reese, 1986, 1987).

20세기에서 21세기 걸쳐, 경찰 등 법 집행 직무 분야별로 적합한 인재 선발 방법, 경찰 스트레스 대처, 경찰 문화, 경찰 부정부패, 경찰관 자살 및 대인관계 문제, 적법한 공권력 활용, 경찰에서 여성의 역할 등을 주제로 하는 많은 학술 논문과 전문 서적이 출판됐다. 대표적인 학자로는 Blau(1994), Kurke와 Scrivner(1995), Niederhoffer와 Niederhoffer(1977), Scrivner(1994), Toch(2002) 등을 들 수 있으며, 가장 최근에는 Toch(2012)와 Kitaeff(2011)가 서술한 경찰 업무의 심리학적 측면을 주제로 한 책들이 발간됐다.

더불어 최근 10년간 경찰 및 공공안전 심리학이 독립적인 직업 분야로 자리매김하기에 이르렀다. 2013년 7월 31일 미국심리학회에서 경찰 및 공공안전 심리학을 독립된 전문 분야로 공식적으로 인증한 것을 계기로 이 분야에 특화된 임상 심리학 박사학위 과정이 개설되기 시작했다. 일부 교육기관에서는 경찰 및 공공안전 심리학 분야 전공 희망자들을 위한 대학원 및 박사후 연수 과정 등을 개설했으며, 표준 교육 기준 마련 및 실무 연수 기회 확대를 위해 지속적인 노력을 기울이고 있다(Gallo & Halgin, 2011).

현재 미국 내에는 총 5개의 경찰 심리학 관련 학회가 있다. ① 국제경찰청장협회 산하 경찰 심리학 서비스 분과(Police Psychological Services Section of the International Association of Chiefs of Police: IACP-PPSS), ② 미국심리학회 산하 18분과인 경찰 및 공공안전 분과(Division 18 of the APA: Police and Public Safety Section), ③ 경찰 및 범죄심리학회(Society of Police and Criminal Psychology: SPCP), ④ 미국경찰 및 공공안전심리학회(American Academy of Police & Public Safety Psychology: AAPPSP), ⑤ 미국경찰 및 공공안전심리학위원회(American Board of Police & Public Safety Psychology: ABPP)(Corey, 2013). 캐나다에서 가장 규모가 큰 학회는 캐나다심리학회(Canadian Psychological Association: CPA) 산하 형사정책 심리학 분과(Criminal Justice Psychology Section)로, 분과 내에 경찰 심리학, 재판 심리학 등의 산하 학회들이 활동 중이다.

국제경찰청장협회 산하 경찰 심리학 서비스 분과(IACP-PPSS)에서는 경찰의 심리학적 서비스의 목적을 구체화하고, 개별 목적에 따라 경찰관 채용 단계에서의 심리학적 평가, 경찰관들의 심리학적 직무 적합성 평가, 경찰 초기 사건, 경찰관의 공적·사적 위기 상황에서의 동료의 정서적 지지 등 경찰 내 심리학적 서비스의 유형 및 개별 지침을 제정했다. 이 지침은 지난 27년간 네 차례 개정되었으며(Ben-Porath et al., 2011), 가장 최근 개정은 2014년에 이루어졌다(Steiner, 2017). 이 지침에 의거해 캐나다심리학회에서도 2013년 경찰관 채용 과정에서 심리평가를 수행하는 심리학자들에 대한 지침을 제정했다.

2011년 미국직업심리학위원회(American Board of Professional Psychology)에서는 경찰 및 공공안전 심리학 분야에서 활동하는 심리학자의 인증을 위해 미국경찰 및 공공안전심리위원회(ABPP)를 설치했다(Corey, Cuttler, Cox, & Brower, 2011). Scrivner, Corey와 Greene(2014)은 이를 "경찰 및 공공안전 심리학 분야의 가장 기념비적인 사건"(p. 447)이라 평가했다. 현재 미국에서는 약 60명의 경찰 및 공공안전 심리학자가 이 위원회의 인증을 받았다.

이 장에서는 경찰 및 공공안전 심리학자들의 활동 유형을 Aumiller와 Corey(2007)의 하위 실무 기준으로 구분하고 있다. 개별 하위 유형은 경찰 활동에 대한 심리학자의 ① 평가, ② 개입, ③ 작전 지원, ④ 조직 및 운영 컨설팅(4개 영역별 세부 활동 기준은 〈표 2-1〉 참조)으로 구성되어 있다. Aumiller와 Corey는 이들 네 가지 유형을 중심으로 경찰 업무와 관련된 심리학적 서비스와 심리학자의 활동을 50개 세부 항목으로 구체화시켰다. 이러한 분류 방

표 2-1 경찰 심리학자의 주요 활동 및 과제

평가	개입	작전 지원	조직 및 운영 컨설팅
• 직무 분석 • 지원자 심리평가 • 직무적합성 평가 • 특별임무팀 심리평가 • 중증 정신질환에 대한 긴급 상담	• 개인 치료 및 상담 • 집단, 커플, 가족 치료 및 상담 • 중요 사건 스트레스 초기 개입 및 보고 • 약물 남용과 음주 문제 치료	• 위기 및 인질 협상 • 경찰 교육 · 훈련 • 위협 요인 평가 • 범죄 활동 평가와 범죄자 프로파일링	• 법 집행 이슈 관련 연구 활동 • 조직 운영 진단 컨설팅 • 관리 진단 • 인사 기준 개발(개입)

식은 경찰 및 공공안전 심리학 관련 전문 간행물들에서 다루고 있는 '평가, 임상적 개입, 운영 지원, 조직 컨설팅' 유형 분류와 유사하다(Brewster et al., 2016).

경찰 및 공공안전 심리학에서의 법과학적 평가

"심리학적 평가는 경찰 및 공공안전 분야를 전문으로 하는 심리학자들의 핵심 경쟁력이다."(Corey & Borum, 2013, p. 246) 경찰 심리학 분야에서 이루어지는 가장 일반적인 평가 유형으로는 경찰 **선발 심리평가**와 재직자 직무 적합성 평가를 들 수 있다. 선발 과정에서 진행되는 심리평가는 지원자의 심리적 특성이 경찰 직무에 적합한지 여부를 평가한다. Cochrane, Tett와 Vandercreek(2003)이 실시한 미국 내 경찰관서 대상 조사에 따르면, 90% 이상에서 직원 선발 시 심리검사를 실시한다고 한다. 미국 내 최소 38개 주 이상에서 경찰관을 선발할 때 심리평가 전형을 의무화하고 있다. 따라서 매년 4,500명의 심리학자가 10만 명의 경찰 지원자를 평가하는 것으로 추산된다(Mitchell, 2017). 경찰관 **직무 적합성 평가**(fitness-for-duty evaluations: FFDEs)의 경우 배우자의 갑작스러운 사망, 인질로 사로잡힌 상황, 총격 사건에 연루된 경우처럼 사적 · 공적 스트레스 사건을 경험한 후 지속적인 경찰 직무 수행이 가능한지를 평가하는 절차이다.

Corey와 Borum(2013)에 따르면, 경찰관 대상 심리평가를 진행하는 경찰 심리학자들은 경찰 업무 및 경찰관에 대한 합리적이고 기본적인 이해 또한 필요하다. 따라서 심리평가 이전에 경찰 조직 문화 및 직무 분석을 통한 업무 이해가 경찰관 평가에 있어 매우 중요한 의미가 있다고 볼 수 있다.

경찰 조직 문화

경찰기관을 대상으로 최선의 심리학적 서비스를 제공하기 위해 경찰 심리학자들은 경찰관들의 규칙, 태도, 신념, 업무 상황 등 **경찰 조직 문화** 전반 및 경찰 업무 전반에 대한 깊은 이해가 필요하다. Woody(2005)는 유능한 경찰 심리학자가 되기 위한 필수 조건으로 조직 문화에 대한 이해와 인정을 꼽았다. 동시에 경찰 조직 문화가 공공 안전, 경찰 윤리, 경찰관의 정신적 · 신체적 · 행동적 건강을 해치지 않는 한 이를 적극적으로 수용할 필요가 있다고 경찰 심리학자의 자세에 대해 언급했다.

고유한 조직 문화 특성을 지니지 않은 직업군은 없다. 취업 후 새로운 조직에 들어가게 되면 그 조직에 융화되는 사회화 과정을 거치게 되고, 자연스럽게 조직 내 직업 문화를 습득하기 마련이다. Manning(1995)은 직업 문화를 "직무 상황별 업무 수행 원칙, 규칙 및 실천 요강들을 수행하고, 이에 대한 신념과 합리화를 일반화시키는 조직원의 사회화 과정"이라고 설명하고 있다. 이러한 정의 관점에서 볼 때, 경찰 등 법집행기관의 직업 문화는 다른 직업군과는 다소 구별되는 독특한 특성을 지니고 있다고 볼 수 있다. 경찰 직무는 언제나 적대적이며, 위험한 상황에 직면해 있으며, 대중을 상대로 공권력을 행사하는 특성을 지니고 있다(Paoline, 2003). 결과적으로 경찰관들은 통제, 권한, 결속, 고립을 특성으로 하는 독특한 조직 문화를 발전 · 유지시켜 왔다(Johnson, Todd, & Subramanian, 2005). Scrivner 등(2014)은 경찰 조직 문화에 대해 고도로 구조화되어 있고, 준군사적이고, 관료주의적이며, 상호 간의 유대감 수준이 높은 특성을 지니고 있다고 설명했다. 따라서 경찰 조직 문화에 부응하는 심리학적 서비스를 제공하기 위해서는 이와 같은 직업 특성에 수반되는 스트레스 요인들을 적절히 다루는 것이 무엇보다 중요하다(Paoline, 2003). 또한 경찰관의 경우 타 직업 종사자에 비해 조직 내 구성원 상호 간의 사회적 · 정서적 지지 및 보호에 의존하는 경향이 있다. 이러한 특성은 경찰력 행사의 적정성 판단, 수사 판단이 필요한 상황에서 더욱 두드러질 수 있다. 이러한 조직 문화 특성에 대해 경찰 심리학자들의 풍부한 이해가 무엇보다 중요하다(예: Kirschman, 2007; Kitaeff, 2011; Scrivner et al., 2014; Toch, 2012).

경찰 기관, 규모 및 조직에 따라 스타일, 가치, 목적, 임무는 다양하다고 볼 수 있다. 그러나 전문가들은 경찰 조직을 단일한 동질적 문화를 지니고 있다고 단정하는 경향이 있다(Paoline, 2003). 예를 들어, 미국의 경우 연방경찰과 주정부 산하 자치경찰의 조직 문화는 다르며, 경찰관 계급 및 담당 직무에 따른 조직 문화 또한 다르다고 볼 수 있다. 지역 치안을 담당하는 경찰기관과 행정 및 관리 · 감독 업무를 관장하는 기관, 부서의 직업 문화 역시 다르며, 경찰관 계급별로 담당 직무 및 역할이 구분되기 때문에 이에 따른 하위 문화 또한 존재한다. 경찰 간부들은 매뉴얼과 규정을 엄격히 적용하는 반면 실무직 경찰관들은 경찰 정책 및 직무 수행 절차를 유연하게 해석하고 적용하는 경향이 있다. 최근 여성 및 인종 · 문화적 소수집단 출신의 경찰관들이 증가하고 있는 것은 이러한 경찰 조직 형태 및 문화에 영향을 미치고 있다. 즉, "경찰 조직 구성의 변화로 인해 더욱 세분화된 하위 집단별 조직 문화가 생겨나고 있다. 또한 다양한 배경의 경찰관이 늘어남에 따라 전형적인 모범 경찰관의 이미지 또한 변화될 것이다"(Paoline, 2003, p. 208).

경찰 심리학자들 중에서는 수년간 경찰 업무를 경험한 현직 경찰관 출신도 있다(예: Fay, 2015). 그러나 대부분의 경찰 심리학자는 경찰 업무 경험이 없는 상태에서 경찰관 선발, 경찰관 자신 및 그 가족 대상 상담 및 심리치료 업무에 관여하기 시작한다. 그런데 이들 경찰 심리학자가 다양한 경찰 문화, 경찰 기관 및 직무에 대한 충분한 이해가 부족한 상태에서 심리학적 서비스를 진행할 경우, 제한적 성공을 거둘 수 밖에 없다. 경찰 등 법집행기관의 실무에 대한 직접적인 경험이 경찰 심리학자에게 필수적인 것은 아니나 순찰차 동승 등의 경찰 업무 체험은 조직 문화 및 업무 특성을 이해하는 데 큰 도움이 될 수 있다(Hatcher, Mohandie, Turner, & Gelles, 1998). 경찰 조직 문화 및 역할에 대해 친숙해진 후에는 '인질 · 위기 협상 과정' 등 다양한 경찰 업무에 대한 자문을 요청받게 된다. 예를 들어, "심리학자에 대한 인질/위기 협상 팀 합류 요청 여부는, ① 경찰과 심리학자 간 상호 존중 및 수용, ② 심리학자의 전문성에 대한 신뢰(행동 분석 및 중요 정보의 시의적절한 제시), ③ 현장 활동 능력 여부 등의 기준에 달려 있다고 볼 수 있다"(Hatcher et al., 1988, p. 462). 인질 · 위기협상 팀 구성원으로서의 경찰 심리학자의 역할에 대해서는 이 장의 후반부에서 구체적으로 다룰 것이다.

직무 분석

조직 구성원에 대한 심리평가 담당 심리학자들은 해당 직업 및 직무에 대한 충분한 이해가 필요하다. 경찰의 직무는 일반인들이 인식하는 것 이상으로 어렵고, 힘든 측면이 존재한다. 물론 다른 직업군의 직무 내용과 유사한 측면도 있지만, 업무 성격 및 환경에 따라 상당한 차이가 있다. 경찰관 지원자들의 직무 적합성을 평가할 경우 먼저 경찰의 직무 분야에 대한 충분한 이해가 필요할 것이며, 복직 신청 경찰관을 평가할 시에는 해당 경찰관의 복직 전 업무 수행 분야 및 희망 업무 특성에 대한 이해가 필요하다. **직무 분석**(job analysis)은 특정 직무가 언제, 어떤 목적 및 방식으로 이루어지는지에 대한 철저한 분석과 유형별 특성에 맞는 직무를 구분하는 활동이다. 경찰 심리학 관점에서 직무 분석이란 성공적인 공공안전 업무를 수행하는 데 필요한 기술, 능력, 지식, 심리 특성을 확인하는 일련의 절차로 정의할 수 있

사진 2-1 범죄 현장에서 경찰관이 피해 여성과 대화를 나누는 장면. 경찰관이 피해 여성을 안정시키면서 동시에 범죄 목격 사실에 대한 정보를 수집하고 있다. 출처: Jupiterimages/Thinkstock.

다. 특정 경찰기관을 대상으로 이루어진 직무 분석 결과서에는 조직 내 필수 기능, 계급 및 직무별 근무 조건, 공공안전 업무로 인한 스트레스 요인, 외상 경험에 대한 정상적 · 비정상적 적응 형태, 공공안전 회복 및 유지를 위한 연구 등과 관련된 요인들이 필수적으로 포함되어야 한다(Trompetter, 2011, p. 52).

경찰 직무에 대한 이해의 첫 단계는 경찰관들의 일상 업무를 숙지하는 것에서부터 시작된다. 과거에는 신임 경찰관의 채용 면접에서 경찰 직무 요건에 대한 전체적인 분석보다는 면접관의 직관과 육감에 의존하는 경향이 강했다. 직무 분석을 통해 경찰관들에게 필요한 심리 특성은 무엇인지에 대해 정확히 이해하지 못한 상태에서 평가를 진행할 경우, 경찰에 적합한 지원자 선별을 위해 어떤 종류의 심리검사를 수행해야 하는지, 결과는 어떻게 해석해야 하는지조차 결정하기 어려울 수밖에 없다(Aumiller & Corey, 2007).

또한 직무 분석은 성공적으로 업무를 수행하는 경찰관에게 필요한 특성을 확인하는 데도 요긴하게 활용될 수 있다. 가령 상식 수준, 적절한 의사결정 기술, 대인관계 능력, 판단력, 기억력, 관찰력, 구두 및 자필 의사소통 능력 등은 성공적인 업무 수행을 위한 경찰관의 자질이 될 수 있다(Spielberger, 1979; 범죄 피해자를 안정시키면서 범죄 정보를 수집하는 경찰관의 묘사는 [사진 2-1], [사진 2-2] 참조). 정직과 신뢰는 경찰관에게 필요한 덕목이며, 정서적 안정성과 스트레스 감내 능력 또한 성공적인 경찰 업무 수행을 위해 경찰관들이 갖추어야 할 요소이다(Detrick & Chibnall, 2006, 2013). 경찰기관의 특성에 따라 이러한 요인들의 중요도가 다를 수도 있지만, 이는 성공적인 경찰 직무 수행을 위해 경찰관이 필요로 하는 일반적인 심리 특성들이다.

경찰 채용 및 승진, 직무 적합성 평가, 특수 임무 대상자 선정 과정에 참여하는 경찰 심리학자의 경우, 관련 업무에 대한 효율적인 수행 방식 및 조건들에 대한 이해 또한 필요하다. 앞서 제시한 것처럼 일반적인 경찰관들이 갖추어야 할 심리 특성뿐 아니라 성범죄 피해자 담당 업무, 실종 아동 수색 업무, 인질 협상 업무 등 개별 경찰 직무 분야별로 요구되는 심리 특성이 무엇인지를 충분히 고려할 수 있어야 적합한 인력을 선별할 수 있다. 또한 부당한 이유로 경찰관 채용 시험에 불합격했거나 지원 업무에 부적격 판정을 받았다고 느끼는 경찰관들은 절차적 부적합 및 차별적인 평가였다는 이유를 들며, 불합격 결과에 불복할 수 있다. 따라서 평가 이전에 꼼꼼하게 세심한 직무 분석이 필요하며, 평가 기준 및 결과의 일관성이 유지되어야 한다.

사진 2-2 경찰관이 범죄 현장 목격자들의 진술을 청취하고 있다. 대중과의 침착하고 효과적인 상호작용은 성공적인 경찰 업무 수행을 위해 매우 중요하다. 출처: iStock/JayLazarin

직무 분석 방식 및 절차는 다양하나, 대부분의 경우 인터뷰 및 질문지를 사용하고, 필요 시 행동 관찰도 진행한다. 따라서 경찰 조직에서는 관련 연구 능력이 탁월한 심리학자에게 직무 분석을 의뢰하곤 한다. 직무 분석 과정에서 심리학자는 경찰관들을 대상으로 일상 업무에 대해 질문하고, 경찰 활동에 필요한 기술 및 훈련은 무엇인지, 경찰관의 어떤 자질, 성격, 지적 능력이 특정 업무 수행에 적합하고 더욱 책임감 있게 업무를 수행할 수 있게 해 주는지에 대해 조사한다. 심리학자는 수집된 정보들을 분석하여 상세 직무 기술서를 작성하는데, 기술서 내에는 해당 업무의 목적, 방법, 처리 형태 및 결과 등이 총망라되어 있다(McCormick, 1979; Siegel & Lane, 1987).

경찰관 채용 및 현직 경찰관 대상 심리평가

모든 법집행기관에는 지원자들에게 요구되는 심리 요건, 관련 법령, 규제, 자격 기준이 있다(Aumiller & Corey, 2007; Mitchell, 2017). 미국 주정부들은 경찰관 채용 시 심리평가를 의무화하고 있다. 이러한 심리평가(대부분 성격 평가 형태)를 통해 경찰관의 책임감, 윤리의식 및 정신적·정서적 결함 여부를 확인할 수 있다. 즉, 심각한 수준의 우울증, 편집증적 성향, 최소한의 자극 및 도발 상황에서 공격적 대응 성향을 보이는 지원자들은 경찰 직무 수행에 적합하지 않다고 판단할 수 있다. 심리평가 결과는 경찰 직무 수행 시 위험 행동을 할 가능성이 있고, 공공안전 업무에 부적합한 개인 및 대인관계 특성을 지닌 지원자를 선별하는 데 활용된다.

국제경찰청장협회(IACP) 경찰 심리 서비스 분과(2010)에서 제정한 채용 심리평가 담당 심리학자에 대한 지침에는 평가자 등 면접관 자격 요건, 면접관과 지원자 간 이해 상충 여부, 지원자 대상 사전 동의 양식, 심리학적 보고서 구성 요건, 심리평가 실시 방법 및 절차 등이 포함되어 있다.

경찰관 채용 심리평가 방식 및 기준은 경찰관서별로 상이하다. 1950년대까지 가장 많이 활용된 방식은 지능검사이다. 이 시절 경찰 등 법집행 기관에서는 최종 합격자 결정 시 지능검사 점수를 반영했다. 그러나 순찰 등과 같은 지역 경찰 업무 수행에 있어 지능검사가 효과적인 예측 도구인지에 대한 의문이 제기되면서, 채용 과정에서의 지능검사 결과의 반영은 적합하지 않다는 의견이 많아졌다. 심리학자들은 재판, 재소자 관리 및 평가, 교정 등 다양한 상황에서 지능검사 결과를 참조하고 있지만, 높은 지능 지수와 학력이 경찰 업무 수행과 특별한 연관이 없다는 점이 입증된 이래로(Henderson, 1979; Spielberger, Ward, & Spaulding, 1979) 경찰관 채용 선발 과정에서 지능검사는 활용되지 않고 있다. 그러나 의사소통 능력이 뛰어나거나 승진자 비율에서 대졸 이상의 학력을 지닌 경찰관들의 비중이 크며(Cole & Smith, 2001), 이들은 경찰 문화 개선에도 큰 영향을 미치는 것으로 나타났다(Paoline, 2003). 이에 따라 미국 내 대부분의 경찰기관에서는 지원자 학력 기준을 전문대학 이상으로 규정하고 있다.

경찰관 채용 과정에서 심리평가를 수행하는 심리학자의 경우 심리학, 정신의학 관련 인증 자격 및 전문가 인증을 취득하고 관련 심리평가 수행 경력이 풍부한 이들이어야 한다. 또한, 경찰 등 공공안전 분야에 대한 지식도 숙지하고 있어야 하며, 지원자들의 문화적 · 인종적 차이에 대한 이해 역시 필요하다. 문화적 배경이 다를 경우 동일한 질문이나 문제를 서로 다르게 해석할 수 있기에 평가 시 오답 처리 가능성이 있다. 따라서 모든 지원자를 동일한 기준으로 평가해서는 안 된다.

장애인 관련 법률

「**미국장애인법**(Americans with Disabilities Act: ADA)」은 신체적 · 정신적 장애를 지닌 사람들에 대한 차별을 금지하고 동등한 처우를 보장하는 포괄적 인권법이다. 이 법률에 따라 직원 규모가 15명 이상인 공공 및 민간 기관에서는 장애가 있는 직원이라도 정상적인 업무 수행 능력이 있다면 차별을 하는 것이 금지되어 있다. 또한 지원자 선발 과정에서도 정당한 기술 및 경험, 학력 등을 갖추고 있다면 채용 시 차별을 두어서는 안 된다고 규정되어 있다. 이러한 기준은 경찰 등 법집행 기관에서도 동일하게 적용된다. 따라서 경찰관 채용 및 승진 업무에 관여하는 경찰 심리학자들은 장애인 관련 법률의 내용뿐 아니라 관련 판례 동향 또한 숙지할 필요가 있다.

2000년 이후 미국 대법원 판례들에 따르면 장애인 법률에 의한 보호 대상 인원을 최초 법률 제정 시 1,350만 명에서 4,300만 명으로 추정하여 법률 적용 대상자 수를 확대했다(Rozalski, Katsiyannis, Ryan, Collins, & Stewart, 2010). 2008년 미국 의회에서는 장애인 보호 내용들을 추가한 장애인법 개정법안(Americans with Disabilities Act Amendments Act: ADAAA)을 통과시켰으며, 경찰 등 법집행기관 직원 선발 시 수집하는 개인 정보의 종류를 제한하는 「유전자정보차별금지법(Genetics Information Nondiscrimination Act: GINA)」을 제정하였다(Scrivner et al., 2014). 이들 법률은 법집행기관들뿐 아니라 민간 및 공공 기관의 직원을 채용할 시에도 적용되는 규정들로, 경찰 심리학자들은 이와 같은 법률의 변화 및 법 개정 내용, 관련 판례에 대한 충분한 이해가 필요하다.

취업자 개인의 권리 및 고용기관의 의무 관련 조항을 권장하는 평등고용기회위원회(Equal Employment Opportunity Commission: EEOC)에서는 채용 선발 전후 취업 대상자의 장애 유무 확인 시 조사 절차를 2단계로 구분하고 있다. 채용자를 결정하기 전 선발 단계에서는 지원자의 장애 유무와 관련된 모든 질문이 금지되어 있고, 단지 일반적 업무 수행과 관련된 질문만 할 수 있다. 합격자 선정 후 고용 계약 단계에서는 장애와 관련된 직접적인 질문 및 신체 및 심리 검사 결과를 요구할 수 있다. 만약 지원자가 필수적인 업무 수행 기능에 명백한 문제가 발견될 경우, 고용기관에서는 합리적 조정 과정을 거쳐 조건부 고용 계약을 체결하거나 합격을 철회할 수 있기 때문에, 최종 선발자를 대상으로 장애 유무 검사 및 장애 관련 질문을 허용하고 있다. 대민 업무를 수행하는 경찰 직무 특성상 장애인 관련 법률들은 지원자들에게 평등한 고용 기회를 제공하는 것 이상의 의미가 있다. 민원 접수, 목격자 인터뷰, 용의자 체포 및 유치, 긴급신고전화 운영, 응급 의료 서비스 제공 등 다양한 경찰 활동에서 대상자들의 장애 유무와 상관없는 합리적인 조치가 이루어져야 한다. 일례로, 휠체어를 타고 있는 용의자를 체포한 후 휠체어 없이 용의자만 경찰서로 이송했다는 이유로 담당 경찰관은 장애인법에 의거해 고소당하는 경우도 있었다. 당시 경찰관은 휠체어를 단지 이동을 위한 보조적 수단으로 여겼는데 그것은 잘못된 생각이다.

경찰 채용 후보자 적격자 · 부적격자 선별

경찰 채용 과정에서 적격자와 부적격자를 선별하는 것은 매우 어려운 작업이다. 경찰 심리학자들에게 가장 어려운 과제 중 하나는 경찰관 채용 후보자들 중 적격자를 가려내는 것보다 부적격자를 선별하는 일이다. 이 과정에서는 보통 성격 측정 결과가 활용된다. **부적격자 배제 절차**(screening-out procedures)는 경찰관 직무 집행에 적합하지 않은 부적격자를 채용 후보자 군에서 걸러내는 과정이다. 선별 배제는 경찰 심리학자들이 경찰 후보자 심사 시 가장 일반적으로 사용하는 절차이다(Varela, Boccaccini, Scogin, Stump, & Caputo, 2004). 반면에 **적격자 선별 절차**(screening-in procedures)에서는 1차 채용 단계를 통과한 지원자들의 적격성 순위를 매겨, 이 중 효율적 경찰 업무 수행에 적합한 역량을 지닌 지원자를 합격자로 결정한다. 즉, 경찰 업무 수행에 적합한 사람들에게 요구되는 특성, 습관, 태도가 존재한다는 가정하에 적격자 선별이 이루어진다고 볼 수 있다. 합격자 결정 기준 및 방법은 꾸준히 발전해 왔고 적격자 선별에 활용되는 평가 도구들 또한 존재하지만, 현재까지 지원자들의 적격성 순위 평가를 위한 타당성 있는 측정 도구는 아직 개발되지 않았다(Scrivner et al., 2014). 따라서 채용 과정에서 주로 성격 검사 도구를 활용하는 경찰 심리학자들은 적격자가 아니라 경찰 직무에 적합하지 않은 부적격자들을 선별하는 역할을 한다고 볼 수 있다(Varela, Boccaccini, Scogin, Stump, & Caputo, 2004). 가령, 일반 상식, 판단력, 스트레스 감수 능력 등이 부족할 경우 부적격 판정을 받을 수 있고 이 외에도 경찰 복무 규칙 준수 의지가 있는지, 위계적 명령 체계에 적응 가능한지, 경찰관으로서 기본 자질을 갖추었는지, 책임감 있고 안전한 직무 수행을 위한 정신력을 갖추었는지 여부 또한 부적격자 판단 기준이 될 수 있다.

경찰관 채용 과정에서 사용되는 심리검사 도구에 대해 논하기에 앞서, 심리검사 타당도에 대해 이해할 필요가 있다. 타당도(validity)는 '검사 혹은 측정 기준들이 평가 목적에 적합하게 구성되었는가'를 판별하는 기준이다. 검사 타당도 중 경찰관 선발 평가 도구와 관련하여 중요한 타당도는 동시 타당도, 예측 타당도, 안면 혹은 내용 타당도이다.

측정 도구에 의한 평가 결과가 피검자의 현재 수행 상태를 얼마나 적절하게 반영하고 있는지를 **동시 타당도**(concurrent validity)라 한다. 성격 평가는 인벤토리(inventory) 혹은 검사(test)로 이루어지는데 많은 성격 평가도구들이 검사보다는 인벤토리로 불린다. 인벤토리는 전형적으로 피검자의 행동, 관심, 태도를 평가하는 문항들로 이루어진 자기보고식 설문지 형태로 구성되어 있다. 반면에 검사(test)란 개인의 지식, 기술을 평가하기 위해 고안된 표준화된 질문 목록이다.

피검자의 현재 상태를 정확하게 평가할 수 있는 검사를 개발하기 위해서 혹은 기존 검사 도구의 동시 타당도를 확인하기 위해서 심리학자는 먼저 현직 경찰관들의 성격, 관심, 태도 특성들 중 뛰어난 업무 수행 능력을 예측할 수 있는 변수를 설정해야 한다. 이 과정에서는 다양한 경찰 직무 분야로 상사 및 동료들에게 유능하다는 평가를 받는 경찰관들을 대상으로 실시한 검사 결과를 토대로 성공적인 경찰관 특성 변수를 도출한다. 예를 들어, 상사 및 동료들로부터 업무 수행 능력이 뛰어난 유능한 경찰관으로 평가받는 집단과 그렇지 않은 집단을 대상으로 A척도 문항 검사를 실시한 결과, 두 집단의 응답 내용이 다를 경우 A척도는 현재 직무 수행 능력을 예측하는 평가 지표로 간주할 수 있다. 따라서 경찰 지원자들 중 A척도 점수가 유능한 현직 경찰관 집단과 유사할 경우, 이들이 경찰 직무 적격자로 판단될 수 있다.

이러한 방식의 한계는 경찰 직무가 적성에 맞지 않거나, 비위 행위 및 각종 사건 · 사고에 연루되어 중도 해직한 경찰관들의 심리 특성을 고려하지 않고 있다는 점이다. 이는 매우 심각한 문제점으로 볼 수 있는데, 연구 표본에 포함되어야 할 유의미한 집단에 대한 평가가 누락된 것이다. 경찰관 인력의 육성 및 유지에 소요되는 시간, 비용 절감 또한 채용 검사의 중요한 목적이기 때문에 중도 퇴사자의 특성을 고려하지 않는 것은 매우 치명적 한계라 할 수 있다.

예측 타당도(predictive validity)는 측정 속성 및 차원이 개인의 미래 수행 능력을 예측하는 정도를 의미한다. 예측 타당도가 높은 검사 도구를 사용할 경우 지원자가 향후 경찰 직무를 얼마나 성공적으로 수행할 수 있는지 여부를 판단할 수 있다. 예측 타당도는 동시 타당도에 비해 상대적으로 엄격하고, 객관적인 결과를 도출할 수 있다는 장점이 있다. 하지만 높은 수준의 예측 타당도를 확보하기 위해서는 종단 설계(longitudinal design)를 통해 장기간에 걸쳐 성공적인 경찰관의 직무 수행 능력을 관찰해야 하는 어려움이 있어 자주 활용되지는 않는다. 종단 연구 설계를 통해 성공적인 경찰 직무 수행 요인을 도출하기 위해서는 채용 전 검사 결과에서 나타난 경찰관의 특성 요인이 향후 경찰 업무 수행 중 피검자의 성공 요인들과 실패 요인들을 어떻게 예측하는지를 확인해야 한다. 만약 특정 시험 혹은 검사 결과가 성공적으로 업무를 수행하는 경찰관 집단과 그렇지 않은 집단을 구별할 수 있다면, 해당 시험 및 검사 도구는 높은 수준의 예측 타당도를 지니고 있기에 경찰 지원자들 중 적격자와 부적격자를 선별할 수 있는 강력한 평가 도구라 할 수 있다.

안면 혹은 내용 타당도(face/content validity)는 측정 문항들이 경찰 직무를 얼마나 잘 반영하고 있는지를 평가하는 기준이다. 즉, 사용된 검사 문항이 실제 측정하고자 하는 내용과 직접적인 관련성이 높을 경우 안면 타당도가 높은 것이다. 안면 타당도 결과는 실제 측정된 값이 아니라 피상적인 관찰에 의해 결정된다(VandenBos, 2007). 따라서 안면 타당도의 경험적 근거는 부족하나[1] 지원자들은 채용 시험 내용이 자신이 지원한 직무와 밀접한 관련이 있

1) 역자 주: 안면 타당도는 계량적 방식으로 검사 결과에 대한 집단 간 일치도를 보는 동시 타당도 및 동일 집단에 대한 반복 측정 결과를 통해 산정하는 예측 타당도처럼 타당도가 평가되지 않는다. 즉, 측정 문항의 내용적 적절성이 주관적 판단을 통해 이루어지기 때문에 안면 타당도 평가 결과는 경험적인(empirical) 근거가 부족하다고 볼 수 있다.

을 것이라고 믿고 있기 때문에 안면 타당도는 그 자체로 큰 의미가 있다. 특히, 경찰관 채용 시험 과정에서는 성격 및 심리 요인들뿐 아니라 법 집행 관련 문항들이 출제된다. 따라서 선발 측정 도구들에 직무와 관련된 법적 문제들이 적절히 반영되어야 하므로 경찰관 등 법 집행 기관 채용 시험에서 안면 타당도 확보는 매우 중요하다(Otto et al., 1998). 이러한 이유로 특히 판사, 변호사, 배심원들은 안면 타당도가 높은 시험 및 검사 결과를 더욱 신뢰하는 경향이 있다. 그러나 심리학자들은 예측 및 동시 타당도가 보장되지 않는 한, 어떤 내용을 측정하려고 하든 간에 안면 타당도가 높다는 점만으로 평가 결과의 신뢰성을 보장할 수는 없다는 점을 충분히 인식하고 있다.

요약하면, 예측 타당도가 높은 경찰관 채용 시험 및 검사 도구가 가장 정확하게 적격자와 부적격자를 선별할 수 있다. 그러나 성공적인 경찰 업무 수행을 예측할 수 있는 요인을 파악하기 어렵기 때문에 높은 수준의 예측 타당도를 지닌 검사 도구를 개발하는 것은 매우 어려운 작업이다. 시험 및 검사 결과의 신뢰도 확보를 위해 가장 쉬운 방법은 안면 타당도를 높이는 것인데, 심리학자가 아닌 일반인에게 명쾌하게 설명할 수 있으므로 안면 타당도는 가장 바람직한 형태의 타당도라 할 수 있다. 그러나 안면 타당도가 높다는 점만으로 해당 검사 도구를 신뢰할 수 있다거나 평가 결과가 정확하다고 말하기는 어렵다.

경찰관 선발 시 사용되는 심리검사

어떤 성격 검사 및 평가 도구가 경찰 지원자 및 현직 경찰관의 직무 적성 선별에 가장 유용한지는 아직 명확하지 않다. 경찰 등 법집행 기관 채용 과정에서 주로 사용되는 대표적인 성격검사 도구는 여섯 가지 정도이다(예: Cochrane, Tett, & Vandecreek, 2003).

- 미네소타 다면적 인성검사 개정판(Minnesota Multiphasic Personality Inventory-Revised: MMPI−2)
- 인발트 성격검사(Inwald Personality Inventory: IPI)
- 캘리포니아 심리검사(California Psychological Inventory: CPI)
- 성격평가검사(Personality Assessment Inventory: PAI)
- NEO 성격검사 개정판(NEO Personality Inventory-Revised: NEO PI−R)
- 16 성격요인 질문지(Sixteen Personality Factor Questionnaire-Fifth Edition: 16−PF)

이 외에도 MMPI-2 재구성판(MMPI−2−RF)도 사용되고 있다. 이 여섯 가지 성격검사 도구가 주로 사용된다고 해서 이 도구들이 최선의 평가 도구라고 볼 수는 없으며 지속적으로 사용될 가치가 있는지 여부 또한 판단하기 어렵다. 자체적으로 개발한 검사 도구를 활용하고 있는 경찰기관들도 존재한다(Scrivner et al., 2014). 최근 개발된 검사 도구로는 매트릭스-예측 통합 법집행기관 선발 평가(Matrix-Predictive Uniform Law Enforcement Selections Evaluation: M-PULSE; Davis & Rostow, 2008)가 있다. 그러나 경찰관 채용 과정에 사용되기 위해서는 새로 개발된 도구들에 대한 충분한 타당도 확보 및 실용성 검증 과정이 필요하다.

미네소타 다면적 인성검사 개정판(MMPI-2)

현재까지 경찰관 채용 과정에서 가장 많이 사용되고 있는 심리검사는 MMPI-2라 불리는 **미네소타 다면적 인성검사 개정판**(Ben-Porath, Corey, & Tarescavage, 2017)이다. MMPI-2는 MMPI의 개정판으로 정신병리적 특성 및 행동장애 유무에 대한 평가 목적으로 개발됐다. 문항 수가 많아 일부 경찰 지원자는 MMPI-2에 대해 "557 문항이나 돼! 이건 끝나지 않는 시험이야."라고 말하곤 한다. MMPI-2에 대해서는 최근 스트레스 감내 능력, 정서적 성숙도, 자기통제, 판단 등의 긍정적 성격 특성을 측정하기 위해 표준화 점수 보정 작업이 이루어졌다.

조사에 따르면, 미국 내 경찰관서 중 약 70%가 경찰관 선발 시 MMPI-2를 시행하는 것으로 집계됐다(Cochrane et al., 2003). 관련 연구들에서 이미 MMPI-2가 경찰 직무 수행 능력 예측 수준이 높다는 점이 입증됐기 때문에(Ben-Porath et al., 2017; Caillouet, Boccaccini, Varela, Davis, & Rostow, 2010; Detrick, Chibnall, & Rosso, 2001; Sellbom, Fischler, & Ben-Porath, 2007; P. A. Weiss, Vivian, Weiss, Davis, & Rostow, 2013), 채용 과정에서 지원자를 대상으로 MMPI-2를 활용하는 것은 매우 적절한 선택이라고 볼 수 있다. 그러나 MMPI-2 또한 전체 채용 절차 및 지원자 평가 과정에서 활용되는 하나의 도구일 뿐, 합격자 결정 과정에서는 개인 배경, 구술 면접 시험 결과, 과거 경력 등의 다양한 요소를 종합적으로 고려한다.

2008년에는 MMPI-2 문항 중 60%를 사용하는 **미네소타 다면적 인성검사 개정 재구성판**(MMPI-2-RF; Ben-Porath & Tellegen, 2008)이 출판됐지만, 이 검사를 MMPI-2 개정판으로 볼 수는 없다(Butcher, Hass, Greene, & Nelson, 2015). 이에 대해 Butcher 등(2015)은 "MMPI-2-RF를 MMPI-2의 신규 버전으로 간주할 수 없다고 한다. 기존 검사 문항을 사용하고는 있지만, 특화된 목적으로 새롭게 개발된, 타당도를 확보한 별개의 심리검사 도구로 봐야 한다."(p. 251)라고 했다.

MMPI-2가 네 가지 타당도 척도와 열 가지 임상 척도로 구성된 반면, MMPI-2-RF는 338문항의 51개 척도로 구성되어 있다. 예비 연구 결과에서는 경찰관 직무 수행 능력 예측에 있어 MMPI-2-RF가 다소 강력한 평가 도구라는 점이 나타났다(Sellbom et al., 2007; Tarescavage, Corey, & Ben-Porath, 2015, 2016). Ben-Porath 등(2017)은 MMPI-2-RF에 대해 MMPI-2의 강력한 검사 신뢰도를 지니고 있으면서 "다양한 직무 관련 변수와 평가 점수 간의 연관성을 총망라한 현대적인 검사 도구"(p. 69)라 평가했지만, 현재까지 심리학자들 사이에서 MMPI-2-RF에 비해 MMPI-2에 대한 선호도가 3배 이상 높은 것으로 알려져 있다(Butcher et al., 2015).

인발트 성격검사(IPI)

310개 문항과 26개의 척도(참-거짓 답변)로 구성된 **인발트 성격검사**(Inwald Personality Inventory: IPI)는 다양한 성격 특질 및 행동 패턴을 기반으로 경찰 및 법집행 기관 요원들의 직무 적합성 평가를 목적으로 고안됐다(Inwald, 1992). 이 검사는 직무 난이도, 약물 남용, 난폭운전, 근무태만(근무 중 무단이탈), 반사회적 행동 등과 같은 문제 행동들과 함께 긍정적 성격 특질을 측정하기 위한 목적에서 개발됐다. 피검자들이 자신의 부정적 정보를 노출하기 싫어하는 정도를 확인하기 위해 19개 문항으로 구성된 타당도 척도가 포함되어 있다(MMPI-2에도 유사한 척도 문항이 있다). 즉, IPI를 실시한 지원자의 타당도 척도 문항 응답 결과가 부정적으로 나타날 경우 평소와 다른 도덕적 인상을 주기 위해 의도적으로 응답했을 가능성이 있다. 만약 타당도 척도 점수에 문제가 있다면, 다른 척도 점수들도 응답자의 사회적 바람직성 경향에 영향을 받았다고 볼 수 있다.

IPI는 힐슨 개인 프로파일/성공 지수(Hilson Personnel Profile/Success Quotient)로 알려져 있기도 하다(Inwald & Brobst, 1988). 특정 상황에서는 MMPI-2에 비해 경찰 직무 수행 예측력이 다소 높으며, 안면 타당도가 높고, 다른 검사 도구들과 함께 사용될 경우 더욱 효과적이라는 장점이 있다. 조사에 따르면 채용 과정에서 IPI를 사용하는 미국 내 경찰관서 비율은 약 12%이다(Cochrane et al., 2003). Cochrane 등의 2003년 조사 결과 발표 전까지는 IPI 관련 사용 실태 연구는 거의 이루어지지 않아, 인벤토리 IPI 사용 비율을 확인할 수 없었다.

캘리포니아 심리검사(CPI)

캘리포니아 심리검사(California Psychological Inventory: CPI; Gough, 1987)는 대인 행동과 사회적 상호작용과 관련 성격 특질 평가를 위한 20개 척도, 462개의 참-거짓 문항으로 구성되어 있다(Murphy & Davidshofer, 1998). Version I으로 불리는 초기 버전의 문항수는 480개이다. 개발 목적은 다양한 대인관계 상황에서 나타나는 성인, 청소년의 행동 반응을 예측하기 위함이다. 경찰 및 기타 법집행 기관 지원자에 대한 척도별 규준 점수는 이 검사의 출판사(Consulting Psychologists Press, Inc.)를 통해 확인할 수 있다. 미국 내 경찰기관들 중 CPI를 채용 검사 도구로 채택한 비중은 약 25%이다(Cochrane et al., 2003).

일부 연구에서는 경찰 훈련 및 직무 수행 예측에 있어 CPI의 검사 신뢰도가 매우 높다고 한다. Topp과 Kardash(1986)는 경찰관 임용 전 훈련 과정에서 중도 포기한 교육생들에 비해 성공적으로 훈련을 마치고 경찰학교를 졸업한 교육생들의 CPI 결과를 비교했는데, 성공적으로 훈련 과정을 마친 교육생들에게서 외향적이고 안정적이며, 모험적이고 자신감이 있었으며, 통제수준 및 관대한 성향이 두드러졌다고 한다. 경찰관들의 직무 수행 능력 예측에 가장 효과적인 성격검사 도구를 확인하기 위해 심리검사 도구들의 타당도를 비교 분석한 Varela 등(2004)의 메타분석 결과에 따르면, MMPI−2, IPI에 비해 CPI의 경찰관 직무 수행 예측력이 상대적으로 높은 것으로 나타났다. Varela 등은 그 이유를 MMPI−2는 정신병리적 특성 측정을 목적으로 개발된 데 반해 CPI는 일반인들의 긍정적이고 희망적인 성격 특성을 측정하기 위해 고안되었기 때문이라고 추정했다. "정상적인 성격 특질 평가를 위해 개발된 CPI와 같은 성격 측정 도구들은 초기 채용 선발 과정에서 확인하지 못한 지원자들의 특성 정보들을 제시하기 때문에 채용 시 더욱 유용하게 활용될 수 있다. 가령 CPI 결과에서는 피검자들의 일관적인 대인 행동 성향을 확인할 수 있다. 대인관계 능력은 경찰의 직무 수행에 필수적으로 요구되는 특성이기 때문에…… CPI는 경찰관들의 직무 수행 특성을 예측하는 데 있어 매우 유용한 측정 도구이다."(Varela et al., 2004, p. 666)

성격평가검사

성격평가검사(Personality Assessment Inventory: PAI; Morey, 1991, 2007)는 총 334개 문항으로 4개의 타당성 척도, 11개의 임상 척도, 5개의 치료 척도, 2개의 대인관계 척도로 구성된 객관화된 지필 검사로, 중요 임상 변인 정보들을 포함한 성격 특성을 확인할 수 있다. 피검자들은 각 질문 문항에 대해 부합되는 정도를 4점 척도(1=매우 그렇다, 2=중간이다, 3=약간 그렇다, 4=전혀 그렇지 않다)로 응답한다. 개별 척도 점수를 조합해 피검자의 성격 특성을 평가하는데, 관련 연구들에서는 PAI가 특히 폭력, 자살, 공격, 약물 남용 등에 대한 예측력이 뛰어나 경찰관 채용 선발 시 유용하게 활용할 수 있는 합리적인 객관적 검사로 평가받고 있다. 그러나 대부분의 경우 교정기관에서 재소자들의 재범 위험성, 사고 및 폭력 가능성을 예측하는 데 주로 사용되고 있다(Gardner, Boccaccini, Bitting, & Edens, 2015; Reidy, Sorensen, & Davidson, 2016; Ruiz, Cox, Magyar, & Edens, 2014).

NEO 성격검사 개정판(NEO PI-R)

NEO 성격검사 개정판(NEO Personality Inventory Revised: NEO PI-R; Costa & McCrae, 1992; Detrick & Chibnall, 2013, 2017)은 '빅 파이브(Big Five)'라 불리는 5개 주요 성격 요인을 확인하기 위한 목적으로 개발됐다. 5개 성격 요인은 ① 경험에 대한 개방성(openness to experience), ② 성실성(conscientiousness), ③ 외향성(extraversion), ④ 친화성(agreeableness), ⑤ 정서적 안정성/신경성(emotional stability/neuroticism)이며, 각 요인별 영문 이니셜을 따서 OCEAN으로도 불린다.

NEO PI-R에서 측정하는 5요인 성격 모델은 지원자의 성격을 종합적으로 판단할 수 있는 타당성 높은 검사 도구를 원해 왔던 인사 담당자들에게 큰 환영을 받았지만, NEO PI-R에 대한 연구자들의 평가 견해는 다소 엇갈리고 있다. Barrick과 Mount(1991)는 메타연구를 통해 성격 5요인 중 '경험에 대한 개방성'을 제외한 나머지 4요인만이 유의미한 상관관계를 보였으며, 경찰관 집단에서는 중간 수준의 상관관계만 보인다는 점을 발견했다. 후속 연구에서 Barrick과 Mount(2005)는 '외향성' '친화성' '경험에 대한 개방성' 성격 요인만이 특정 직업군의 직무 수행 예측이 가능한 유의미한 성격 요인이라고 주장했다. 예를 들어, "업무의 상당 부분이 타인과 상호작용하는 일과 관련이 있고, 특히 상호작용이 타인에 대한 영향력 행사와 지위·권력 획득에 초점이 맞춰진 경우" 외향성 성격 요인이 직무 수행 능력과 상관이 높을 수 있다(Barrick & Mount, 2005, p. 360). 한편, Black(2000)은 뉴질랜드 경찰학교 훈련생들을 대상으로 NEO PI-R 개정판의 타당도 평가 연구를 진행했다. 경찰 훈련생들 중 피검자를 모집하여 NEO PI-R를 실시한 후 5개 성격 요인이 훈련 수행 성과를 얼마나 잘 예측했는지 분석한 결과, '성실성' '외향성' '신경성'과의 유의미한 상관관계가 나타났다. 이와 유사한 연구로는 미국 중서부 대도시 지역에 있는 경찰학교의 훈련생 수행 능력과 NEO PI-R과의 관계를 분석한 Dentrick, Chibnall과 Luebbert(2004)의 연구를 들 수 있다. 이 연구에서는 '신경성' 성격 요인을 구성하는 3개 척도 및 '성실성' 성격 요인을 구성하는 척도 중 1개 하위 척도 점수가 훈련 수행 능력과 밀접한 관계가 있다는 점이 발견되었다. 또한 훈련 수행 평가 기준 중 징계와 잦은 결석이 여러 척도와 복합적인 상관관계를 보였으며, 취약성 척도(vulnerability facet scale)의 경우 훈련 중도 포기 및 탈락 정도를 예측하는 유의미한 변수로 나타났다.

NEO PI-R이 경찰관 훈련생들의 수행 평가뿐만 아니라 현장 경찰관들의 직무 수행 능력을 평가하는 데 있어서도 예측력이 높은 심리평가 도구라는 연구 결과도 있다. Dentrick과 Chibnall(2006)은 NEO PI-R 자료에 기반한 신임 경찰관들의 성향을 평가한 연구를 통해, 우수한 신임 경찰관들은 "감정적 통제가 가능하고, 화를 참을 줄 알며, 높은 수준의 스트레스 감내 능력을 지녔고, 사회적 적극성 수준 또한 높다. 따라서 이들은 사회적 교환관계에 있어 타인의 동기와 계획을 준수하고, 양심적이면서 목표 지향적이고, 규율을 엄수하는" (p. 282) 성향을 지닌 사람들이라고 해석하고 있다. Dentrick과 Chibnall은 심리학자들이 법집행기관 채용 지원자 평가에서 자신들의 연구에서 나타난 성격 특질을 적용하는 것도 가능하다고 덧붙이고 있다. 최근 경찰관 지원자 집단에 초점을 맞춘 NEO PI-R 개정판 평가 규준 점수가 개발됐는데, 이는 채용 검사 과정에서 성공적인 경찰 직무 수행 가능성이 높은 긍정 성격 특질을 확인하는 데 매우 유용한 판단 지표로 활용될 수 있다(Detrick & Chinball, 2017).

16 성격요인 질문지(16-PF)

16 성격요인 질문지(Sixteen Personality Factor Questionnaire: 16-PF)는 성인 집단의 성격 특질을 측정하기 위해 고안된 심리검사 도구이다. 전체 질문지의 문항 수는 총 185개이며, 개별 문항은 3점 리커트 척도로 측정된다. 리커트 척도(Likert scale)란 문항의 질문 내용에 피검자들이 느끼는 반응 정도를 표시하는 것으로 '매우 동의한다'에서 '전혀 동의하지 않는다'까지의 7점 척도가 일반적으로 사용된다. 16-PF는 Rayment Catell(Murphy & Davidshofer, 1998에서 재인용)이 제시한 성격 차원에 기반한다. 이 질문지는 안정적인 정서 성향과 심각한 행동 문제 성향을 지닌 사람들을 구분하는 성격 차원들에 대한 요인 분석 결과를 토대로 만들어졌다. 16-PF는 많은 연구에서 높은 수준의 신뢰도와 타당도를 지닌 심리검사로 인정받고 있다(Butcher, Bubany, & Mason, 2013). 미국 내 경찰관 채용 시 16-PF 사용률은 약 19% 정도이다(Cochrane et al., 2003). 그러나 경찰의 직무 수행 정도에 대한 예측 타당도 수준에 대해서는 연구 결과가 충분치 않아 아직 확인되지 않고 있다.

직무 적합성 평가

유아의 시체, 테러 공격, 아동 성학대 및 인신매매 피해자, 비행기 추락사고, 자연재해 현장, 동료의 사망 등 참혹한 장면을 목격한 경찰관, 위기 대응 응급구조원, 소방관들에게는 부정적인 정서적 · 심리적 반응이 나타날 수 있다. 또한 수사 과정에서 친밀한 동료가 사망하거나, 무장하지 않은 용의자에게 총기를 발사한 경찰관은 개인적인 위기를 겪기도 한다. 일반 시민을 상대로 총기 위협 등 폭력적인 행동을 취하는 경우, 근무 중 급격한 기분 변화가 나타나는 경우, 자살 가능성에 대해 이야기하는 경우와 같이 원활한 경찰 직무 수행에 문제가 있다고 판단되는 모든 상황에서 해당 경찰관의 심리적 · 정신적 상태가 효율적인 업무 수행이 가능한지 여부에 대한 판단이 필요할 때 **직무 적합성 평가**(fitness-for-duty evaluation: FFDE)를 실시한다. 따라서 직무 적합성 평가는 경찰관 채용 단계에서 진행되는 심리평가에 비해 보다 다양한 측면을 광범위하게 평가할 필요가 있다.

경찰 등 법집행기관뿐 아니라 대기업, 연방기관, 대학교, 병원 및 기타 건강의료기관, 기타 인허가 담당 부서에서도 심리학자들에게 소속 임직원에 대한 직무 적합성 평가를 의뢰하기도 한다(Bresler, 2010). 직무 적합성 평가의 기본 목적은 "소속 임직원들이 담당 업무를 어느 정도 수준으로 수행 가능한지 혹은 불가능하지 여부를 확인하는 것이다"(Bresler, 2010, p. 1). 직무 적합성은 심리적 측면 및 신체적 측면으로 구분할 수 있는데, 신체적 손상 여부는 의사, 간호사, 기타 관련 전문가들의 영역이다. 이 장에서는 경찰 등 법집행기관 종사자들의 직무 적합성 평가를 중심으로 직무 수행에 영향을 미치는 신체적 손상이 아닌 심리적인 측면에 대해 다룰 것이다.

경찰관 직무 적합성 평가 요청, 명령 권한은 소속 기관장이나 부서장에게 있으며, 평가 수행자는 경찰 심리학자 혹은 관련 경험이 풍부하며 전문가 자격을 취득한 심리학자들이다. 경찰기관장은 소속 경찰관이 직무 수행에 부적합한 심각한 문제가 있다고 판단될 때 혹은 실제 문제 행동이 나타났을 때 직무 적합성 평가를 요청한다. Stone(1995)에 따르면 경찰관 직무 적합성 평가 의뢰 사유의 19%가 과도한 무력 사용 문제들이다. 이 외에도 개인적 혹은 직무 관련 스트레스로 인해 의뢰되는 경우도 있다. 일부 경찰기관에서는 경찰관의 문제 행동 여부와 관계없이 사상자가 발생한 총격 사건과 관련된 경찰관들은 의무적으로 직무 적합성 평가를 실시하고 있다. 심리학자들은 직무 적합성 평가뿐 아니라 경찰관들의 위기 회복을 위한 상담, 재교육, 치료와 같은 개인별 특성에 맞는 문제 해결 방안을 제시할 수 있어야 한다. 대부분의 경찰기관에서는 직무 수행에 문제가 있는 경찰관뿐 아니라 "소속 경찰관 모두가 직무 적합성 평가 단계에 이르지 않도록, 부하직원들의 위험 신호를 사전에 인식하고 초기 개입을 할 수 있도록" 각 기관별 **조기 개입 시스템**(early intervention system: EIS)을 운용 중이다(Scrivner et al., 2014, p. 450). 직무 적합성 평가는 경찰 심리학자에게 대상자 개인정보에 대한 비밀유지와 치료라는 윤리적 문제를 불러일으킬 수 있다. 심리학자의 윤리 기준 및 행동 강령에 따라 치료자와 치료 대상자의 이중 관계가 금지되어 있기 때문에 평가를 수행한 경찰 심리학자가 평가받은 경찰관을 치료할 수는 없다.

직무 적합성 평가 과정에서는 심리검사, 표준 임상 면담 등 다양한 방법이 사용된다. 또한 가능할 경우 평가 대상 경찰관의 주변 인물들을 대상으로 해당 경찰관에 대한 배경 정보를 수집할 필요가 있다. 평가는 반드시 사전 동의하에 이루어져야 하나, 평가 결과를 설명할 의무는 없다. 기본적으로 직무 적합성 평가의 주체 및 결과 열람 권한은 의뢰한 경찰

기관이다. 그러나 해당 경찰기관에서도 평가 대상자의 직무 수행을 저해하는 요인들(성격, 특성, 장애, 성향 등) 이외 직무와 관련이 없는 심리 정보를 수집할 권한은 없다(IACP Police Psychological Services Section, 2010). 일부 학자는 "심리학적 직무 적합성 평가에 대해서는 많은 논란이 있다. 평가 대상자 입장에서 피해 소지가 있고, 평가 결과로 인해 동료 경찰관이나 시민들 또한 위험에 처할 가능성도 있다. 직무 부적합 판정을 받은 경찰관이 불복할 경우에는 행정 중재 요청이나 소송에 휘말릴 가능성도 존재한다"라는 견해를 제시하고 있다(Mayer & Corey, 2015, pp. 110-111). 따라서, 직무 적합성 평가는 매우 민감한 평가 과정이다.

평가 보고서에는 사용한 심리검사 도구, 직무 적합성 판단 결과, 대상 경찰관의 직무 수행의 한계점 등이 기재되어 있다. 해당 보고서는 비공개 개인 인사 기록을 취급하는 담당 부서에 전달된다. 어떤 경우에는 정기적인 평가가 필요할 수도 있다. 국제경찰청장협회(IACP, 2010) 지침에는 직무 적합성 평가 결과 보고서에 필수적으로 포함되어야 할 항목들이 규정되어 있다. 여기에는 직무 수행 평가, 상훈 기록, 상사 및 동료 평가, 감찰 담당 부서 보고서, 채용 전 심리검사 결과, 민원 내용, 무력 사용 사건 내용, 해당 경찰관이 연루된 총격 사건, 민사소송 기록, 징계 기록, 사건 · 사고 기록, 의료 및 심리치료 기록, 그리고 심리 특성과 직무 적합성을 판단하는데 필요한 일체의 정보들이 포함된다. 심리평가 과정에서는 성격, 정신병리, 인지 능력 등이 필수적으로 포함되어야 하며, 타당성이 검증된 심리검사 도구만을 사용할 것을 권고하고 있다.

경찰 특수임무 부서 평가

경찰특공대, 전술팀, 위장요원, 마약수사반, 감찰 부서, 위기 · 인질협상 팀 등 특수 임무를 수행하는 경찰관들의 경우 직무에 대한 심리적 압박 감내 능력, 스트레스 상황에서의 이성적 판단 능력 여부를 필수적으로 평가한다. 이 경우 별도의 표준화된 심리평가 절차를 거치는데, 이를 특수임무 수행 경찰관용 심리평가(psychological evaluations for police special assignments: PEPSA)라 한다(Trompetter, 2017). 예를 들어, 임무 수행 능력이 탁월한 유능한 경찰특공대원은 "자제력이 있고, 양심적이며, 규칙을 준수하고, 협력적인" 태도 성향을 지니고 있다고 한다(Super, 1999, p. 422). 경찰 특수요원들은 주로 매우 위험한 사건 현장 수색, 용의자 체포, 인질 상황, 중무장 범죄자 대응, 테러 및 자살 현장, 시위 현장 등에 투입된다.

직무 위험성 수준 및 이에 따른 심리적 압박 수준이 높을 수 있기 때문에 특수 임무 담당 경찰관들의 위험 증후를 사전에 감별하기 위해 정기적인 평가가 이루어지고 있다. 그러나 경찰 특수임무 요원 선발 방식에 대한 타당성 검토 연구는 거의 이루어지지 않고 있다. Super(1999) 역시 "경찰 특수요원 선발 및 이들을 대상으로 한 심리평가에 대한 연구들이 이루어질 필요가 있다."(p. 422)라고 제안한 바 있다. 국립전술경찰협회(National Tactical Officers Association)에서는 국제경찰청장협회(2015a, 2015b)와 연계해 전술 경찰 표준 지침을 제정했지만, Super의 지적처럼 아직도 이 분야에 대한 충분한 연구가 이루어지지 않고 있다.

소결–경찰관 및 공공안전 요원 심리검사

다양한 평가 방식과 성격검사 도구가 경찰관 채용 및 승진자 결정에 활용되고 있다. 그러나 이들 방식 및 검사 도구 중 경찰의 직무 수행 능력 예측에 있어 높은 수준의 타당성을 인정받고 있는 검사는 일부에 불과하다. 경찰기관에서는 경찰관 채용 시 적격자와 부적격자 선별을 위해 자기보고식 심리검사 도구들을 사용하고 있다. MMPI–2와 MMPI–2–RF가 가장 많이 활용되고 있는 대표적인 심리검사 도구이다.

경찰관 선발 및 현직 경찰관 대상 직무 적합성 평가 방식에 대한 타당성 검토 연구는 꾸준히 증가하고 있으며, 일부 검사 도구는 선발 및 직무 적합성 평가 모두에서 우수한 평가를 받고 있다(Corey & Borum, 2013). "심리평가 과정에서 어떤 검사 도구를 사용하느냐와 관계없이 관련 분야의 연구들은 꾸준히 증가하고 있다. 경찰관 지원자 적합도 심리평가 분야의 경우 참고할 만한 연구 자료 및 문헌이 매우 풍부한 상황이다."(Scrivner, p. 449) 하지만 채용 시 진행된 심리 특성들이 실제 성공적인 직무 수행 능력과 어떤 관계가 있는지에 대해서는 더 많은 경험적 연구가 필요하다. 이와 관련하여 현재까지 가장 예측력이 높고 타당도 수준이 높은 심리검사로는 MMPI–2와 MMPI–2–RF을 들 수 있다. MMPI–2의 경우 과거 60년 동안의 광범위한 연구 결과들이 축적되어 있으며, MMPI–2–RF의 경우 경찰 선발 과정에서 특히 활용도가 높다는 연구 결과들이 제시된 바 있다.

경찰 심리학자는 서로 다른 민족, 성별 등 이질적 집단들에 대한 심리검사 적용 및 결과 해석과 관련된 연구 결과들을 충분히 숙지할 필요가 있다. 민족적 다양성의 경우 MMPI–2 및 기타 심리검사 평가 점수에 큰 영향을 미치지는 않으나, 경찰 심리학자들은 이 또한 고려할 수 있어야 한다. 가령 경찰 채용 과정에서 일부 민족 출신 지원자들은 타 민족에 비해 더욱 호의적인 인상을 주려는 경향이 강하게 나타날 소지가 있다. 1964년과 1991년에 통과된 미국「시민권법(Civil Rights Act)」에서는 인종, 피부색, 종교, 성별, 출신 국가에 따른 직장 내 차별을 금지하고 있다(Ben-Porath et al., 2017). 1991년에 개정된「시민권법」에서는 채용 시 인종, 피부색, 종교, 성별, 출신 국가에 따라 지원자들의 시험 결과 및 심리검사 결과를 다르게 해석 · 적용하는 것 또한 금지하고 있다. 이에 따라 경찰관 채용 과정에서도 시험 방식, 채점, 결과 해석 등 전 과정에서 관련 법률에 의거하여 공정한 절차 유지를 위해 노력을 기울이고 있다.

경찰관 채용 과정에 참여하는 심리학자들은 특히 심리검사에 대한 전문 지식 및 검사 실시 경험이 풍부해야 한다. 어떤 심리검사를 사용할지 결정할 때는 미국교육학연구학회(American Educational Research Association: AERA), 미국심리학회(APA), 국립교육측정위원회(National Council on Measurement in Education: MCME) 등이 참여하는 표준교육 및 심리검사개정공동위원회(Joint Committee for the Revision of the Standards for Educational and Psychological)에서 제정한 '표준 심리 및 교육 검사 기준(Standards for Psychological and Educational Testing)'을 준용해야 한다. 표준화 기준은 평가 목적별 심리검사 사용 기준을 명확하게 함과 동시에 윤리적인 검사 활용을 권장하기 위해 만들어졌다.

경찰기관별 담당 임무 · 직무 상황, 요구되는 행동 특성이 다르기 때문에 단일 심리검사 결과로 경찰의 직무 수행 능력을 평가할 때에는 철저하고 신중한 평가 설계 및 계획이 필요하다. 경찰 직무의 범위는 범죄 예방, 범죄 수사, 분쟁 개입, 국내 소요 사태 진압 등 매우 다양하기 때문에 소속 경찰기관별 경찰관의 책임 범위 또한 다양하다. 가령 지방 소도시에 근무하는 경찰관들은 초등학생 대상 안전예방 교육을 받고 바로 당일에 폭력 사건 현장에 투입되는 경우도 비일비재하다. 소규모 경찰서 소속 경찰관들은 직무 여건상 전문성 확보가 힘들기 때문에 객관적 성과 예측 기준 마련이 어려울 수 있다. 즉, 특정 업무 능력이 탁월한 경찰관들이 다른 업무 처리에는 능숙하지 못할 수 있는데, 가령 청소년 사건 처리는 능숙하나 성인 폭력 사건 처리는 힘들어하는 경찰관들이 있을 수 있다.

경찰 직무 활동 특성은 이질적이다. 따라서 경찰관 채용 선별 도구들은 다양한 직무 행동 특성들을 예측할 수 있어야 한다. 그러나 현실적으로 단일 심리검사에서 다양한 행동 특성을 예측하기는 어렵다. 이 외에도 경찰서 규모, 관할 지역별로 요구되는 직무 특성이 다를 수 있기 때문에 경찰기관에 따라 심리검사 도구가 유용한 경우도 있고 그렇지 않은 경우도 있다. 즉, 지방 중소도시나 시골 경찰관의 경우 대도시 근무 경찰관과는 다른 역량 및 직무 행동들이 요구될 수 있다.

직무 범위가 광범위한 법집행기관의 특성상 해당 조직 및 직무 특성에 부합하는 정교하고 엄격한 평가 방식의 도입을 위한 연구가 필요하다. 직무 수행 능력의 성공과 실패를 예측하는 변인이 무엇인지 결론을 내린 연구 문헌들 또한 찾아보기 어려운 실정이다. 즉, 기존 연구들에서는 과거의 연구 결과들을 종합해 복합적인 결론을 내리고 있기에, 어떤 도구가 유용하고 어떤 특성이 성공적인 직무 수행 능력을 훌륭히 예측하는지 판단하는 것은 현재로서는 불가능하다. 개별 경찰기관의 특성을 적절히 반영할 수 있고, 정신장애, 공격성, 반사회적 행동, 판단력 결여 등 경찰 직무 수행에 부적합한 모든 요인이 심리검사 결과를 통해 확인될 수 있어야만 경찰관 채용 과정에서 적격 및 부적격 여부를 확실하게 선별할 수 있을 것이다.

심리학적 개입

Aumiller와 Corey(2007)에 의하면 스트레스 관리, 충격 사건 등에 따른 외상후 스트레스 대응, 경찰관 자살 예방 등을 포함해 경찰관 개인, 동료, 가족, 조직 전체에 대한 다양한 심리학적 지원 또한 경찰 및 공공안전 심리학자들의 주요 역할이라고 한다.

스트레스 관리

경찰 스트레스 관리는 1970년대 중반부터 1980년대 초반까지 경찰 심리학자들의 주요 관심 주제였으며, 현재도 중요하게 고려되고 있는 사안이다. 경찰관의 심리적 · 신체적 건강 문제를 유발할 수 있는 스트레스는 경찰의 직무 수행 중 잘못된 판단 및 의사결정으로 연결될 수 있다. 따라서 경찰 심리학자들은 경찰관의 스트레스를 사전에 확인하고 해소시킬 수 있는 방안을 모색하는 데 있어 중요한 역할을 수행하고 있다. 스트레스 대응 및 관리에 있어 경찰이 기대하는 경찰 심리학자의 역할은 일반적인 심리학자들에게 기대되는 역할과는 다르기 때문에 경찰 스트레스의 어디에 초점을 맞추느냐가 무엇보다 중요하다. 따라서 경찰 심리학자들은 경찰관 스트레스 관리뿐 아니라 위기 개입 및 인질 협상 훈련, 가정 폭력 관련 워크숍, 약물 및 알코올 남용 치료 등 경찰관들과 관련된 다양한 분야에 심리학적인 개입을 실시하고 있다.

경찰관 자신과 그 가족뿐 아니라 학자들 또한 경찰이라는 직업이 타 직군에 비해 스트레스 수준이 높은 직업군이라는 점을 충분히 인식하고 있다. 이는 경찰관들의 높은 이혼률, 알코올 중독자 비율, 자살률, 기타 정서 및 건강 문제들을 통해서도 확인할 수 있다(Finn & Tomz, 1997). 건설 노동자, 광부, 스턴트맨, 소방관 등 타 직업군 종사자들은 자신들의 직무가 오히려 경찰관들보다 더 큰 신체적 위험에 노출되어 있다고 주장할 수도 있다. 그러나 다양한 수준의 폭력, 고통, 비극적인 사건들에 지속적으로 노출되어 있고, 교대근무가 일상화되어 있는 경찰 직무의 특성을 미루어 볼 때 다양한 스트레스 상황에 직접적으로 노출된 직업군은 경찰이 유일하다. 또한 최근 들어서는 경찰을 바라보는 시민들의 시각 및 민원 역시 중요한 경찰 스트레스로 작용하고 있다. 가령 시민들은 경찰관의 무기 사용 하나하나에 주목하고 있으며, 직무 수행 중 순간적인 판단의 오류는 자칫 경찰에 대한 국민의 신뢰를 잃어버리는 계기가 될 수 있다. 이 내용들에 대해서는 이 장 후반부의 경찰에 대한 편견 및 과도한 공권력 사용 부분에서 다시 다룰 것이다(〈Focus 2-1〉 퍼거슨 효과 관련 연구 참조).

Focus 2-1 퍼거슨 사건 전후: '퍼거슨 효과'가 실제 존재하는가

미국 미주리(Missouri)주 소재 소도시인 퍼거슨(Ferguson)시가 미국 전역의 뜨거운 관심을 받게 된 것은 Darren Wilson이라는 백인 경찰관이 비무장 상태의 18세 흑인 남성 Michal Brown을 상대로 총격을 가하는 사건이 발생하면서부터이다. 총을 쏜 경찰관인 Wilson은 Brown이 순찰차로 다가와 소지한 권총을 뺏으려 했다고 한다. 하지만 목격자 진술은 매우 다양했다. 어떤 목격자들은 Brown이 손을 들고 순찰차 쪽으로 다가갔다고 진술했고, 어떤 이들은 Brown이 경찰과 대치 상황이었다고 진술했다. 이 사건은 대법원 항소가 있기 전후 지역사회를 엄청난 혼란으로 몰고 갔다. 대법원 재판에서 배심원들은 경찰관에게 불기소 판정을 내렸다. 이는 미국 전역에서 법원 판결에 항의하는 평화적 시위는 물론, 차량 방화 및 벽돌 투척 등 폭력 시위의 도화선이 됐다.

소수 인종, 민족을 대상으로 한 경찰 대응이 사회 문제화된 것은 퍼거슨 사건이 처음은 아니다. 1991년 로스앤젤레스(Los Angeles)에서 경찰관에게 불법 폭행을 당한 Rodney King 사건에서는 경찰관의 폭행 장면이 비디오카메라에 그대로 찍혔다. 폭행에 가담한 경찰관 4명은 최초 무죄 선고를 받았지만, 이후 연방법원 판결에서는 그중 2명에게 인권침해 혐의를 적용해 유죄판결을 내렸다. 1999년에는 Amadou Diallo가 경찰관의 불심검문 요청을 받고 신분증이 든 지갑을 꺼내던 중 경찰의 총격에 의해 사망했다. 퍼거슨 사건 전에도 스태튼아일랜드(Staten Island), 볼티모어(Baltimore), 노스찰스턴(North Charleston), 클리브랜드(Cleveland) 등 다른 도시들에서도 경찰관의 인종차별과 관련된 민감한 사건들이 발생했다. 이 사건들은 소셜 미디어 및 방송을 통해 미국 전역에 보도됐다.

경찰관의 무력 사용에 대한 대중의 부정적 반응이 퍼거슨 효과(Ferguson effect)를 유발했다고 볼 수도 있다. 경찰관들은 직무 수행 과정이 카메라에 찍히거나 인종차별 혐의로 고발되는 것과 같은 대중의 비판과 그에 따른 조사를 받는 것에 극도로 예민하다. 이는 곧 경찰의 사기 저하, 직무 동기 감소, 공격적인 행동의 자제로 연결될 가능성이 높다. 즉, 소수집단에 대한 경찰 공권력 집행 시 오히려 문제에 휘말릴 것을 우려해 사소한 범죄를 눈감아 주는 결과를 불러일으킬 수도 있다. 2000년대 들어 전체 범죄 발생이 감소 추세로 돌아섰음에도 불구하고, 일부 도시에서는 오히려 폭력 범죄 발생이 증가하는 역효과가 발생했다. 하지만 이러한 범죄율의 변화가 퍼거슨 효과에 따른 것인지에 대한 경험적 근거는 없다. 범죄학자들 또한 경찰 사기가 저하되었다 해서 범죄율이 산발적으로 상승한다고 보기는 어렵다고 설명하고 있다(Wolfe & Nix, 2016).

Wolfe와 Nix는 소위 퍼거슨 효과와 관련해서, 만약 경찰에 대한 대중의 비판적 태도가 경찰의 지역사회 협력 등 대민 치안 활동에 영향을 미쳐 경찰이 소극적인 직무 활동을 할 것인가에 대해 의문을 가졌다. 이들은 퍼거슨 사건처럼 부정적인 경찰 관련 보도 및 소셜 미디어 정보가 확산될 경우, 경찰 법 집행의 합법성에 도전하는 사회적 풍토로 이어질 수 있다고 봤다. 이러한 상황은 일부 경찰관의 직무 동기를 저하시키고, 결과적으로 대민 치안 활동에 소극적 자세를 취하게 만들 가능성이 있다고 생각했다.

이러한 가설을 확인하기 위해 Wolf와 Nix는 미국 남동부 지역의 경찰관 567명을 대상으로 설문조사를 실시했다. 조사 결과, 경찰관들이 소수 집단과 관련된 부적절한 문제에 휘말릴 것을 두려워해 사소한 범죄를 눈감아 주는 경향은 발견되지 않았다. 조사에 참여한 경찰관들은 경찰에 대한 대중의 부정적 인식을 우려하고 있어, 부정적 여론이 경찰관의 직무 동기에 영향을 미칠 수 있다는 점을 확인해 주었다. 하지만 이들이 맡은 바 책무를 정상적으로 수행하지 않을 가능성은 극히 희박한 것으로 나타났다. 게다가 경찰관으로서 스스로에게 자신감을 가지고 있으며 지휘관이 공정하고 지지적으로 부하 경찰관들을 대하고 있다고 지각하는 경찰관들의 경우는 부정적인 여론에도 불구하고 지역사회 협력 활동에 더욱 적극적으로 참여할 의향이 있는 것으로 나타났다. 요약하면, 논쟁이 되는 경찰 관련 사건들이 경찰관 사기에 영향을 미칠 수 있다는 퍼거슨 효과는 존재한다고 볼 수 있다. 하지만 이 효과가 범죄 발생률에 영향을 미친다는 점은 공식적으로 확인되지 않았다. 퍼거슨 효과가 실제 존재한다 해도, 경찰 직무의 공정성과 합법성을 강조하며 단합하는 경찰관 동료 및 지휘관에 의해 이 효과는 상쇄될 수 있다.

토론 질문

1. 퍼거슨 효과에 대해 설명하고, 과연 이 효과가 논리적으로 성립될 수 있는지 여부에 대해 논의해 보자.
2. Michael Brown 사건 및 이와 유사한 사건들(Trayvon Martin, Eric Garner, Freddie Gray, Walter Scott, Tamir Rice 사건 등)은 흑인들에 대한 형사사법제도의 차별적 처우에 항거하는 사회 운동인 '흑인의 삶이 중요하다(Black Lives Matter)'를 촉발시켰다. 이에 대응해서 경찰관들을 지지하는 '경찰의 삶이 중요하다(Blue Lives Matter)' 운동도 시작됐다. 이들 사회 운동을 지지하고 그에 참여하는 것이 과연 합리적인 것인가? '경찰의 삶이 중요하다(Blue Lives Matter)'에 참여하는 사람들은 이 문제가 촉발된 핵심 원인을 놓치고 있다고 볼 수 있는가?
3. 경찰관이 자신의 권위에 대해 자신감을 지니고 있다는 것은 무슨 의미인가? 좋은 것인가, 아니면 나쁜 것인가?

조직 스트레스

조직 스트레스(organizational stress)란 경찰기관의 근무, 정책 및 행정 체계 등 조직적 문제로 인해 경찰관들이 경험하는 정서적 스트레스이다. 예를 들어, 낮은 급여 수준, 과도한 서류 작업, 충분한 훈련 부족, 비효율적 장비, 주말 근무, 교대근무, 비일관적 징계, 엄격한 규율, 제한된 승진 기회, 충분한 행정 지원의 결여, 부실한 관리감독 체계, 상사 및 동료들과의 관계 부족 등이 대표적인 조직 스트레스 요인이라 할 수 있다. 지방의 소규모 경찰관서에 근무하는 경찰관들은 특히 훈련 기회의 부족, 노후화된 경찰 장비, 구식 기술, 충분치 못한 지원 등이 스트레스 원인이 될 수 있다(Page & Jacobs, 2011). 반면, 규모가 큰 대도시 소재 경찰관서들에서는 특수 임무 수행, 순찰팀 혹은 교대근무조 간의 적대적 경쟁 관계 등이 스트레스 요인이 될 수 있다. 이 외에도 감찰 부서의 무분별한 조사 및 개입 또한 스트레스 요인 중 하나이다.

Vila와 Kenney(2002)의 연구에서는 과도한 교대근무가 경찰관들의 판단 오류를 불러일으키며, 이는 경찰 직무 환경에서 가장 큰 스트레스 요인이라는 점이 발견됐다. 야간 수당을 받기 위해 하루 14시간 이상 근무하는 경찰관들도 있는데, 이와 같은 과도한 초과 근무는 수면 및 식사 습관을 방해할 뿐 아니라 가정생활을 저해하는 결과를 초래한다. 또한 불규칙한 근무 시간으로 인해 가족 및 사회 활동에 참여하지 못함으로써 정상적인 사회적 지지 관계를 형성하는 데 실패하고 사회적으로 고립될 수도 있다. 또한 대규모 경찰기관들에서는 사내 정책, 부족한 상담 체계, 의사결정 과정에서의 소외, 행동 제약 등이 스트레스 요인으로 작용한다. 이와 같은 조직적 요인들은 경찰관들이 가장 흔하게 경험하는 스트레스 요인이라고 볼 수 있다(Bakker & Huven, 2006; Finn & Tomz, 1997).

직무 관련 스트레스

직무 관련 스트레스(task-related stress)는 말 그대로 경찰 업무 자체로 인해 발생하는 스트레스이다. 즉, 반복적인 경찰 근무 수행에 대한 만성적 태만, 공권력 사용이 요구되는 상황들에 대한 압박감, 타인을 보호해야 한다는 책임감, 경찰관 개인의 신중한 판단이 요구되는 상황들, 폭력적 · 도발적 · 비도덕적 사건 대상자와의 접촉, 중대한 의사결정, 잦은 사망자 목격, 고통을 호소하는 사람들과의 지속적인 접촉, 감정적 자제가 요구되는 직업 특성 등이 경찰직무 스트레스 요인에 해당된다. 인력이 부족한 지방 경찰관서에서는 즉각적인 지원이 없는 상태에서 이러한 상황을 한 명의 경찰관 혼자 처리해야 하는 경우가 허다하다.

경찰 직무 특성상 쌍방 폭행 사건, 개인 간 갈등, 각종 사건 · 사고 현장에서 감정적으로 격앙된 피해자들과 접촉하는 경우가 다반사이기 때문에(Bakker & Heuven, 2006), 경찰관들은 다양한 직무 상황에서 스스로 감정을 통제해야 하는 소위 '감정 노동(emotional labor)'을 하고 있다(Adams & Buck, 2010; Grandey, 2000). 이뿐 아니라 경찰관들은 자신들에 대한 사회적 기대와 규범에 부합하기 위해 직접적 감정 표현을 자제해야만 한다. 변호사, 의사, 의료계통 종사자들 역시 유사한 스트레스 상황에 직면해 있지만, 경찰관들에게 있어 직접적 감정 표현의 자제란 일상 업무의 한 부분이다. 즉 경찰관은 항상 국민들에게 중립적이고 굳건하며 통제된 태도를 보여야 하기 때문에 얼굴 표정부터 신체 표현 하나하나까지 신중을 기할 것을 요구받고 있다. 또한 사랑하는 가족의 죽음을 피해자 가족에게 전하는 것 또한 경찰관들의 역할이기 때문에 때로는 인간적인 반응을 보일 필요도 있다. 결국 경찰관들은 어떤 상황에서는 가장 인간적인 면모를 보여야 하고, 또 다른 상황에서는 극도로 감정 표현을 자제하는 냉철한 면모가 필요하기 때문에 직무 상황에 따라 태도를 순식간에 전환하는 기술을 터득할 것이 직업적으로 요구되고 있다(Bakker & Heuven, 2006). Grandey는 이와 같은 경찰관들의 감정 조절을 '표면 연기(surface acting)'라고 표현하고 있다. 표면 연기는 분노, 슬픔 등 실제 느끼는 정서 상태를 억누르고 경찰관에게 기대되는 감정 표현으로 가장하는 것을 의미한다. 일부 연구자에 의하면 경찰관들의 표면 연기는 결국 직무 상황에 대한 정서적 부조화 반응의 일종이라고 한다(Adams & Buck, 2010). 경찰관들의 정서적 부조화란 경찰관으로서의 감정 표현과 개인적으로 느끼는 감정 간의 불일치이다(Bakker & Heuven, 2006, p. 426). 정서적 부조화가 개인의 건강과 행복에 해로운 영향을 미친다는 사실은 이미 많은 연구 결과에 의해 입증된 사실이다(Heuven & Bakker, 2003).

마약 단속, 위장 근무 등과 같은 심리적 부담이 큰 업무들 또한 스트레스 유발에 큰 영향을 미칠 수 있다. 이 외에도 경찰관들은 자연재해이든 의도적 테러 사건이든 간에 공기나 혈액을 통한 유독 물질 노출 위험에 직면해 있기 때문에 이러한 상황들에 대해 극심한 공포를 느낄 수도 있다(Dowling, Moynihan, Genet, & Lewis, 2006). 최근에는 경제 상황에 따른 정부의 예산 절감과 재정적 불안정성이 경찰 고용 안정 및 직무 발전 기회를 저해할 수 있다는 점도 경찰관들에게 불안 요인으로 작용하고 있다.

경찰관들은 대민 업무를 수행하는 중에 사회복지사, 상담사, 일반 봉사자들과 협력하기도 하는데, 이때 발생할 수 있는 역할 갈등으로 인해 스트레스가 유발될 수 있다(Finn & Tomz, 1997). 정신질환자 조치 등 특별한 기술이나 전문 지식이 요구되는 상황이 갈수록 증가하고 있기 때문에 유관 전문가들과의 협력 및 갈등 역시 경찰관들에게 스트레스 요인으로 작용할 수 있다. 경찰과 시민들이 더욱 긴밀하게 협력해 지역사회 안전을 증진시키는 지역사회 중심 경찰 활동(community-oriented policing: COP)은 매우 바람직한 시도이지만, 경찰관들 입장에서는 이 또한 새로운 압박이 될 수 있다. 그러나 일부 지역사회 중심 경찰 활동 지지자들은 이러한 경찰의 시민 지향적인 치안 활동이 과거 '법과 질서'를 강조하는 경찰 중심 치안 활동보다 더욱 바람직하다고 보고 있다(〈Focus 2-2〉 참조). 지역사회 중심 경찰 활동에서는 범죄에 대한 직접적 대응뿐 아니라 시민들과 직접 접촉하는 대민 서비스 중심의 순찰 활동을 요구하고 있다. 공공안전이나 범죄를 등한시하는 것이 아니라 범죄를 예방하고 공공안전을 더욱 증진시키기 위해 시민들과의 협력 관계를 강조하는 활동이라고 볼 수 있다. 분명 지역사회 중심 경찰 활동은 많은 장점이 있지만, 일부 경찰관은 이와 같은 변화된 경찰 정책 및 치안 전략에 새롭게 적응하는 것이 쉽지만은 않다고 느끼고 있다.

FOCUS 2-2 지역사회 중심 vs. 법질서 유지 중심 경찰 활동: 공존할 수 있을까

경찰과 시민들이 지역사회 문제를 해결하기 위해 협력하는 지역사회 중심 경찰 활동(community-oriented policing: COP)은 일반 시민뿐 아니라 정치인, 학자, 경찰관들에게서 긍정적 평가를 받고 있다. 지역사회 중심 경찰 활동을 펼치기 위해서는 경찰관에게 주어진 합법적 공권력 중 일부를 포기해야 하기 때문에 모든 치안 문제에 대해 일률적으로 적용하기에는 현실적인 어려움이 따른다. 최선책은 경찰권을 유지하고 범죄 사건에 적극적으로 대응하면서도 보호와 봉사 대상인 국민들에게 더욱 큰 존경과 사랑을 받을 수 있는 방안을 모색하는 것이다.

2000년대 들어 경찰이 젊은 흑인 남성에게 총격을 가하는 세간의 이목을 끄는 사건들이 지속적으로 발생함에 따라 미국 법무부는 경찰의 차별적 행태에 대한 조사에 착수했다. 미국 법무부는 해당 사건이 발생한 볼티모어(Baltimore), 시카고(Chicago), 시애틀(Seattle), 퍼거슨(Ferguson) 등에서 경찰의 차별적 관행을 개선하기로 결정했다. 2017년 봄 신임 법무장관인 Jeff Sessions는 정부의 법질서 수호 기조에 맞춰 기존 경찰 활동들에 대한 전면 재검토 계획을 발표했다. 법질서 수호를 위한 치안 정책은 강력한 경찰력 행사, 경찰의 군대화 등 공권력 강화 의지를 반영한 것으로 검문검색 등을 강화한 잠재적 범죄 위험자들에 대한 경찰의 신체 수색권 등을 포함하고 있다. 검문검색(stop-and-frisk)이란 경찰이 순찰 중 특정인을 멈춰 세운 후 간단한 몸수색 및 질문을 하는 과정을 의미하며, 경찰의 군대화(militarization)란 결국 시민 및 민간 위원회 대표들의 치안 활동 참여를 축소하고, 경찰의 지휘명령과 통제 기능을 강화시킨다는 것을 의미한다.

2014년 말 주정부 및 지역 경찰관서의 군사 장비 확충에 대한 관리감독을 안건으로 개최된 미국 상원 위원회에 미국심리학회를 대표해서 심리학자인 Gwendolyn Keita가 경찰의 과도한 공권력 행사 시 발생할 수 있는 문제들에 대해 증언했다(Keita, 2014). Keita는 증언 과정에서 중요한 심리학적 연구 결과들을 인용했는데, 인용된 연구 결과들은 ① 인종적·민족적 편견을 줄이기 위한 효과적인 방법들, ② 지역 공동체와의 관계 개선, ③ 잠재적 폭력 사태 발생 가능성 감소와 집단 간 대립 상태 제거 등과 관련된 내용들이었다. 그녀는 경찰의 군대화가 특히 소수집단(민족, 인종 등)의 인구 비율이 높은 지역에서 더욱 두드러진다는 점을 지적하고, 이는 결국 경찰에 대한 지역사회의 공포 심화와 신뢰 감소로 이어질 수 있다고 주장했다.

다음은 Keita의 증언에 포함된 치안 서비스 관련 권고 사안이다.

- 전국 단위의 지역사회 중심 치안 활동 구현 및 경찰관들의 내재적 편견이 그들의 인식과 의사결정에 어떠한 영향을 미칠 수 있는지에 대한 교육 실시
- 군사 장비가 확충된 경찰 부서를 대상으로 지역사회 중심 치안 및 편견 없는 경찰 활동에 대한 필수 교육 실시
- 지역 사회 중심 경찰 활동을 위한 재정기금 확충
- 현재의 제한된 치안 자원을 바탕으로 한 지역사회 중심 경찰 활동 전략 개발 장려
- 경찰 총격 사건과 소수 민족/인종 대상 검문검색 시 발생한 전국 사건 자료 수집

토론 질문

1. 2014년 말 미국심리학회 소속 심리학자가 미국 상원 위원회에 권고한 내용들이 치안 활동에 실제 반영되었는가? 반영되거나 혹은 반영되지 않은 이유는 무엇인가?
2. 법질서 중심 치안과 지역사회 중심 치안 활동의 공존이 과연 가능한 것인가? 당신은 어떤 방식에 동의하는가?
3. 한정된 치안 자원으로 지역사회의 역할을 강화한 지역사회 중심 치안 활동에는 어떤 사례들이 있는가?

아마도 가장 스트레스가 큰 경찰 업무는 학교 총기 난사 사건이나 어린아이들이 낀 가족 인질 사건 등 급박하면서도 예측이 어려운 **강력 사건** 처리 업무들일 것이다. 이런 사건들에 직면한 경찰관들은 지각된 통제력이 약화될 수 있으며(Paton, 2006), 사망과 부상 위험에 직면해 있기 때문에 엄청난 스트레스를 경험할 수 있다. 경찰관들은 강력 사건 처리 전후나 처리 과정 중 극심한 혼란감, 지남력 상실, 가슴 통증, 식은땀, 심장박동 증가, 기억상실 등의 신체적·신경적·심리적 이상 증후를 경험할 수 있다. 사건 관련 사후 스트레스 증상은 사건이 마무리된 이후에도 길게는 몇 달에서 몇 주간 지속되기도 한다. 사건 처리 후에도 지속되는 스트레스 증상으로는 일상생활에서 안절부절못함, 만성 피로, 수면장애, 악몽, 짜증, 우울증, 집중력 결여, 약물 남용 등을 들 수 있다. 또한 경찰관들은 자신이 중요 사건에 대해 어떤 반응을 보였는지 궁금해할 수 있으며, 과연 자신의 심리적 반응이 적절한지, 평범한 것인지 궁금해할 수 있다(Trompetter, Corey, Schmidt, & Tracy, 2011). 모호하고 극도로 위험한 상황 속에서 사망에 이를 수 있는 각종 흉악 사건을 처리하는 경찰관들은 사건 직후 과연 자신이 적절한 행동을 했는지 아닌지 확신하지 못할 수도 있다(Trompetter et al., 2011).

관련 연구들에서는 심리적 외상이 나타났을 때 즉각적인 개입이 필요하다는 점을 공통적으로 제시하고 있다(Trompetter et al., 2011; Young, Fuller, & Riley, 2008). 특히 위기가 발생한 장소나 인근에서의 신속한 개입이 더욱 효과적이라고 한다(Everly, Flannery, Eyler, & Mitchell, 2001; Young et al., 2008). 심리학자들은 위기개입팀(crisis intervention teams: CITs)이라고 불리기도 하는 중요 사건 스트레스 관리(critical incident stress management: CISM) 팀의 일원으로 활동하거나 자문 역할을 수행하고 있다. 위기개입팀의 1차 목적은 매우 이례적인 위기 상황이나 비상사태로 인한 경찰관들의 업무 스트레스를 최소화하는 것이다. 중요 사건을 경험한 후 나타날 수 있는 외상후 스트레스 장애(PTSD) 예방에서 최초 증상에 대한 즉각적인 보고가 미치는 영향은 관련 문헌들에 자세히 소개되어 있다(Scrivner et al., 2014).

경찰기관들에서는 직무 스트레스 방지를 위해 노력하고 있다. 신임 경찰관 훈련 과정에서 스트레스 관리 교육을 실시함으로써 경찰관 개개인이 직무 상황에서 직면할 수 있는 스트레스 요인 및 외상성 장애 등에 대해 충분히 이해시키고, 스스로 관련 상황을 예견할 수 있도록 심리적 대응 능력을 강화하고 있다. 더 나아가 경험이 풍부한 경찰관들은 경찰 직무에 둔감해져서 벌금 부과 등 일상적인 직무 스트레스 상황에 습관적으로 반응하게 된다. 그러나 심리적 외상을 수반하는 극심한 스트레스 상황은 예견하기 어려울 정도로 갑작스럽게 발생한다. 높은 수준의 스트레스를 유발하는 사건들로는 동료의 자살, 사상자가 발생한 끔찍한 총격 사건, 경찰관 총격으로 인한 무고한 피해자의 사망, 아동 살해 등 강력 사건, 언론의 관심이 집중되는 사건, 대규모 사상자 발생 사건, 대형화재, 테러리스트들의 의한 폭발 사건, 지진, 태풍, 해일 등의 광범위한 자연재해를 예로 들 수 있다.

외재적 스트레스

외재적 스트레스(external stress)란 법원, 검찰, 형사사법 절차, 교정 시스템, 언론 혹은 대국민 인식 등으로 인해 경찰관들에게 나타나는 지속적인 심리적 고충을 의미한다. 강력 범죄사범 100명 중 43명이 불기소 처분을 받는 것으로 발표됐는데(Finn & Tomz, 1997), 일부 경찰관은 이로 인해 법원에 출두하는 것을 시간 낭비로 여기고, 법원 판결이 불공정하다고 느낄 때 좌절감을 경험할 수 있다.

시민들과 접촉하는 다양한 상황 또한 경찰관들에게 외재적 스트레스 요인으로 작용할 수 있다. 1991년 Rodney King 사건이 촬영·배포된 이래로 경찰이 범죄자 및 시민과 접촉하는 상황이 휴대폰 카메라, CCTV, 경찰이 착용한 카메라 등에 녹화되고 있다. 사우스캐롤라이나주 노스찰스턴에서 경찰관 Michael Slager는 검문검색을 위해 정차시킨 차량에 탑승 중이던 Walter Scott이 차량에서 하차해 도주하자 등 뒤에서 총격을 한 사건이 발생했다. 이 장면을 목격한 일반인이 촬영한 동영상이 인터넷에 유포됐다. 담당 경찰관인 Slager는 이 사건으로 기소됐으나 4일간의 배심원 심의 후에도 평결에 이르지 못해 2016년 12월 미결 사건으로 처리됐다. 이 사건은 2017년 5월 연방법원에서 경찰관 Slager의 인권침해 혐의가 인정되어 유죄가 선고됐다.

무력 사용뿐 아니라 순찰 활동 중 발생하는 인권침해 사실들에 대해서도 미국 당국의 조사가 진행 중이다. 이 또한 의심의 여지 없이 경찰관들에게 스트레스를 일으키는 요인들이다. 2001년 9 · 11 테러 사건 이후 뉴욕(New York) 경찰관들은 범죄 의심자들에 대한 공격적인 검문검색 활동을 펼쳐 왔는데, 이러한 경찰의 검문검색이 특정 인종 · 민족 등을 대상으로 집중되고 있다는 비판을 받았다. 관련 통계에 따르면, 뉴욕 경찰의 길거리 검문검색 빈도가 백인 이외의 흑인, 히스패닉 등에 집중되어 있으며, 이들을 대상으로 한 무력 사용 가능성 또한 높다. 뉴욕 경찰은 미국 법무부를 포함한 많은 인권단체가 제기한 소송에 휘말리면서 검문검색 활동을 축소시켰다.

개인적 스트레스

개인적 스트레스(personal stress) 요인으로는 부부 관계, 건강 문제, 중독, 동료 간 갈등, 우울 및 무력감, 차별, 성희롱, 낮은 성취감 등이 있다. 경찰관들 중에서는 자신의 업무 수행 능력, 조직 내 규율 위반 행위 등으로 고민하는 이들이 많으며, 경찰 업무 자체가 개인의 가정 및 사회 생활에 부정적인 영향을 미친다고 생각한다. 장기간 근무한 경찰관들은 스트레스가 심한 경찰 업무에 지속적으로 노출되면서 신체적 · 정신적 문제들에 더욱 취약한 특성을 보이고 있다(Gershon, Lin, & Li, 2002). 또한 남성 경찰관들에 비해 여성 경찰관들은 이러한 스트레스 상황에서 자살 시도나 우울증을 경험할 가능성이 더욱 크다(Violanti et al., 2009). 이는 성차에 따른 문제라기보다는 남성 중심적 경찰 문화로 인해 여성 경찰관들이 경험하는 증상일 가능성이 높다.

관련 문헌들에서는 경찰관들이 가정생활에 부적응하거나 이혼율이 높을 가능성을 제기하고 있지만, 이를 입증할 만한 객관적 연구 자료는 찾아보기 어렵다. 일부 연구에서는 오히려 경찰관의 이혼율이 전체 이혼율 평균과 비교해 보아 높지 않다는 점이 확인되었다(Borum & Philpot, 1993; Aamodt, 2008). 그러나 경찰관들의 스트레스로 인해 가족들 또한 고통받고 있음은 의심의 여지가 없다. 경찰관 배우자 479명을 대상으로 한 한 연구에서는 응답자의 77%가 배우자의 직업적 특성으로 인해 매우 높은 스트레스를 경험하고 있다고 보고됐다(Finn & Tomz, 1997). Finn과 Tomz의 연구에서 제시된 경찰관 배우자들이 경험하는 일반적 스트레스 요인들은 다음과 같다.

- 교대근무와 야근
- 배우자의 냉소적인 태도와 가정에서도 통제하려는 마음가짐, 부족한 감정 표현
- 배우자가 다치거나 죽을 수도 있다는 두려움
- 아이에 대한 경찰 배우자와 주변 사람들의 과도하게 높은 기대
- 부모의 직업 때문에 아이가 겪는 놀림, 따돌림 또는 괴롭힘
- 총이 집에 존재한다는 사실

앞서 제시된 경찰관 및 그 가족들의 심리적 스트레스 자료들만 보면, 경찰관 개인 및 가족들에 대한 심리 서비스 업무를 담당하는 경찰 심리학자, 심리상담가, 정신건강 자문요원들의 채용이 증가하는 것은 당연한 현상일 수 있다. 과거 Delprino와 Bahn(1988)은 자신들의 연구에 참여한 경찰기관 중 53%가 자체적으로 직무 스트레스 상담 서비스를 제공하고 있다고 했다. 이후 시간이 흐르면서 경찰 심리학자의 역할은 스트레스 상담뿐 아니라 경찰 직무와 관련된 다양한 활동 수행으로 변화되었다. 경찰 심리학자가 근무하는 경찰기관 중 약 1/3이 전문 워크숍 및 세미나를 개최하고 있으며, 경찰 배우자의 스트레스 문제를 해결하기 위해 창설된 단체들에서는 미국 전역에서 관련 서비스를 진행하고 있다. 어떤 경우에는 경찰관의 참여가 없는 상태에서 배우자, 가족 등을 대상으로 치료 및 집단 상담 서비스가 이루어지기도 한다(Trompetter, 2017).

경찰관들은 동료 상담 프로그램보다는 비경찰관인 정신건강 전문가에게 상담받는 것을 더욱 선호한다. 이는 부상에 대한 공포, 무력 사용에 대한 두려움 등 경찰 문화에서 용납되기 어려운 문제들을 다른 경찰관에게 털어놓는 것에 대한 저항감 때문일 수 있다. 반면, 경찰관들 중에는 임상 전문가들이 자신이 아닌 조직의 입장에서 일한다고 오해해서 그들을 신뢰하지 않는 경우도 있다. 따라서 경찰 심리학자가 경찰관들에게 신뢰와 인정을 얻기 위해서는 경찰관들처럼 이야기하고 행동하지 않도록 주의해야 할 것이다.

경찰관들 모두가 스트레스로 인해 상담 등 전문적인 도움이 필요한 것은 아니다. 그러나 경찰관들 대다수가 최소한 한 가지 이상의 높은 수준의 스트레스를 경험하고 있다는 점은 분명해 보인다. 만약 부상을 걱정한 적이 한 번도 없고, 근무 중 어린아이 시체를 보고도 충격을 받은 적이 없으며, 수면장애를 겪은 적도 없고, 부부 관계 등 대인관계에서 힘든 경험을 해 본 적이 한 번도 없는 경찰관이 있다면, 오히려 이들이 비전형적인 경찰관이라 할 수 있다.

총격 후 외상 반응

경찰관으로서 근무 중 총을 쏜다는 것 자체는 중대한 사건 경험이라 할 수 있다. 이때 나타날 수 있는 정서와 심리적 반응 패턴의 총체를 소위 **총격 후 외상 반응**(post-shooting traumatic reaction: PSTR)이라 한다. 외상 반응은 특히 경찰관이 쏜 총에 맞은 사람이 사망했을 경우 더욱 강하게 나타난다. 그러나 실제로는 근무 중 총기를 한 번도 사용하지 않은 채 은퇴하는 경찰관이 더욱 많다. 경찰관 총격에 의한 사망자 수는 미국 내 매년 350~400명 정도에 이르며, 부상자 수는 약 200명 수준이다(FBI, 2008). Laurence Miller(1995)가 조사한 결과에 따르면, 총기 발사 경험이 있는 경찰관 중 33%가 총격 이후 심리적 외상을 경험했으며, 70%는 7년 이내 경찰을 그만두었다. 비극적 사건을 경험한 후 가장 빈번하게 나타나는 심리 증상은 외상후 스트레스 장애(PTSD)이다. Brucia, Cordova와 Ruzek(2017)에 따르면, “경찰 직무 중 PTSD와 가장 관련성이 높은 사건들은 직무 수행 중 누군가의 사망, 동료 경찰관의 사망, 신체적 폭력”(p. 121) 등이다. 2015년 한해 동안 순직 경찰관 수는 총 86명으로 발표됐는데(FBI, 2016c), 이 중 범죄자에 의해 살해당한 경우가 41명, 사고로 사망한 경우는 45명으로 나타났다. 직무 수행 중 폭행피해를 당한 경찰관 수는 약 50,000명에 달한다. 이와 같은 중대 사건을 경험한 경찰관들 중 PTSD 발병률은 약 7~19%로 보고되고 있다(Brucia, Cordova, & Ruzek, 2017).

미국의 경우 연간 경찰관들에 의한 사망자 수와 경찰관 사망자 수의 비율은 약 4:1 수준으로 경찰관보다는 일반인의 사망자 수가 많다. 사고로 사망한 비율을 제외하면, 그 비율은 8:1까지 이른다. 흥미로운 점은 상습적인 폭력 범죄자들보다는 경미한 범죄를 저지른 이들이나 정신질환자, 청소년, 가내 소란자 등에서 경찰관 총기 발사에 의한 사망 비율이 더욱 높다는 것이다(Miller, 2015). 최근 발생 사건을 예로 들면, 어린 소년이 공원에서 장난감 총을 가지고 놀다가 경찰 총격에 의해 사망한 경우와 우울증 환자가 칼을 들고 집 밖으로 나와 경찰관에게 덤벼들던 중 총에 맞아 사망한 사건 등이 있다.

경찰 표준 운영 절차(standard operating procedure)에는 총격 사건 등의 중대 사건이 발생한 즉시 해당 경찰기관 내 심리지원 팀과 경찰 심리학자가 총기 사용 경찰관을 접촉하도록 명시되어 있다. 면담 시기는 관리책임자와 상의한 후 결정되는데, 대부분의 경찰관이 정신건강 서비스를 받기를 꺼리기 때문에 심리학자들은 이 점을 고려한 접근 방식을 취해야 한다. 일부 경찰관은 심리치료를 흡사 누구에게 세뇌당하거나, 어린아이 취급당하는 것으로 여기기도 한다(Miller, 1995). 즉, 심리학자의 ‘정신적인 도움’을 받을 경우 직무 수행 능력이 떨어지고, 비겁하며, 허약한 경찰관 이미지로 비춰질 수 있다는 인식이 저변에 깔려 있다.

최근 들어 심리학자의 지원에 대한 부정적인 인식은 상당 부분 개선됐다. 심리학자, 정신건강 전문가의 지원에 대한 냉소적 태도에도 불구하고, 총격 사건에 연루된 경찰관들은 바로 경찰 지원팀 및 심리학자의 지원을 받도록 되어 있다. 경찰 지원팀에는 대부분 동료들로부터 신망이 높고, 과거 총격 사건 경험이 있는 경찰관들이 소속되어 있다(Trompette et al., 2011). 이들 경찰 지원팀의 교육 및 훈련 과정에서도 심리학자들의 역할은 매우 중요하다(예: Kamena, Gentz, Hays, Bohl-Penrod, & Greene, 2011). 또한 상담 내용의 비밀보장, 사고 당시 행위에 대한 면책특권 등이 주어질 때 심리학자의 개입 효과가 가장 크다고 한다(Trompetter, Corey, Schmidt, & Tracy, 2011). 경찰관들 중 내부 지원팀보다는 정신건강 전문가들로부터 지원을 받는 것을 더욱 선호하는 이들도 있다. 그러나 효과를 극대화시키기 위해서는 경찰기관 내부 지원팀 및 심리학자, 정신건강 전문가의 지원을 병행하는 것이 좋다(〈Focus 2-3〉 참조).

Focus 2-3 소방관, 응급의료요원 및 기타 공공안전 분야 종사자

경찰관뿐 아니라 소방관, 응급의료요원, 구급대원, 수색구조대원 역시 공공안전 관련 종사자에 해당된다. 이들 모두가 공공안전 유지를 위해 노력하고 있으며, 이들은 다양한 이유로 법정 심리학자들과 접촉할 수 있다. 공공안전 분야 종사자들은 일상적으로 생명에 위협을 받을 수 있는 다양한 위기, 재난, 위험 상황에 노출되어 있다. 피해자들의 생명 구조 책임을 지고 있으며, 끔찍한 사건·사고 현장에서 희생자의 가족과 주변인들을 위로하는 역할 또한 수행하고 있다.

공공안전 직무들은 대개 정신적 외상, 충격, 비통한 감정 등을 수반하기 때문에 종종 외상후 스트레스 장애(PTSD), 우울증, 약물 및 알코올 질환 관련 증상이 나타날 수 있다(Kleim & Westphal, 2011). 관련 연구들에 따르면, 재난재해 및 사건·사고의 초기 대응을 담당하는 사람들 중 8~32% 정도가 중간 수준의 외상후 스트레스 징후를 보인다(Haugen, Evces, & Weiss, 2012).

PTSD와 우울증이 방치될 경우, 정상적인 업무 수행 능력을 심각하게 저해할 수 있다. 임상 및 경찰 심리학자들이 공공안전 관련 직종의 채용, 교육, 치료 과정에 관여하는 비율이 갈수록 증가하고 있으나 관련 연구들 대부분은 채용 및 선발 분야에 집중되어 있으며, 사건·사고 현장에 최초 출동하는 직무와 관련된 연구는 아직 많지 않다. 더욱이 정신적 외상과 비극적 장면에 지속적으로 노출되는 공공안전 종사자 대상 치료는 대부분 경찰관들에게 집중되어 있으며, 소방관, 응급대원 등 기타 공공안전 종사자들을 대상으로 한 사회적 지지 및 동료 집단의 지원은 충분치 않은 현실이다(Haugen et al., 2012; Kirby, Shakespeare-Finch, & Palk, 2011; Kleim & Westphal, 2011). "각종 사건·사고 현장에서 초동 대응을 담당하는 공공안전 직무 종사자들에 대한 지원 방안을 다룬 문헌들은 매우 부족한 현실이며, 일부 연구에서도 객관적 근거에 기반한 권고 방안 역시 찾아보기 어렵다."(Haugen et al., 2012, p. 370)

토론 질문

1. 미국 내 많은 지역에서 소방관, 응급의료요원 등은 시간제 혹은 자원봉사자로 일하고 있다. 신분 상태가 직무 문제에 어떠한 영향을 미칠 수 있는가?
2. 소방관과 경찰관들을 비교해 보자. 이 장에서 논의된 내용들은 양쪽 직업과 어느 정도 관련이 있는가?

총격 사건에 연루된 경찰관들에게는 사건 직후 최소 3일 이상의 휴가가 주어진다. 이 기간 중 경찰 심리학자와 면담하는 '중대 사건 스트레스 보고(critical incident stress debriefings: CISDs)'가 시행되는데, 이 면담은 사건 직후 24~72시간 이내 약 2~3시간 동안 개별 혹은 집단 면담 형태로 이루어진다(Miller, 1995). CISD 이후에도 개별적으로 상담을 받을 수도 있다. 그러나 이와 같은 의무적 조치가 PTSD 극복에 실효성이 떨어지며, 오히려 부정적 결과를 초래할 수 있다는 비판도 존재한다(Choe, 2005; McNally, Bryant, & Ehlers, 2003). 이와 관련해 Scrivner 등(2014)은 CISD의 부정적 효과를 입증할 연구 결과가 충분치 않다고 지적하며, 추가적인 연구가 필요하다고 주장했다.

경찰관 자살

미국 내에서 경찰은 자살률이 가장 높은 직업군 중 하나로 알려져 있다(Violanti, 1996). 그러나 경찰기관들에서는 자살 발생 자료를 연구자들에게 공개하기를 꺼리고 있어(O'Hara, Violanti, Levenson, & Clark, 2013), 공식적인 경찰관 자살률은 확인하기 어렵다. 경찰관 자살은 순직보다 두 배 이상 많으며(Violanti et al., 2009), 자살자 대부분은 직권남용 기록이 없는 젊은 순찰요원들이고, 비번 때 권총 자살을 하는 것으로 나타났다(Miller, 1995). 그러나 Aamodt와 Stalnaker(2001)는 연령대, 성별, 민족 및 인종 구성 측면에서 전체 자살자와 경찰 자살자를 비교한 결과, 일반적으로 알려진 내용들에 비해 경찰 자살률이 상대적으로 낮다고 했다. 이러한 결과는 후속 연구들에서도 일관적으로 나타나고 있다(Aamodt, Stalnaker, & Smith, 2011; O'Hara & Violand, 2009; O'Hara et al., 2013).

O'Hara, Violanti, Levenson과 Clark(2013)의 연구에 따르면, 2012년 기준 126건의 경찰관

자살 사건이 발생했는데, 이는 2008년과 2009년에 발표된 선행 연구에서 제시한 자살 수치보다 감소한 것이다. O'Hara 등의 연구에 제시된 2012년 경찰 자살자들의 특징은 15~19년 가량 근무 경력을 지닌 40~44세 경찰관들이 가장 높은 비중을 차지했다는 것인데, 소속 경찰기관에서는 자살자의 위험 증후를 사전에 포착하지 못했다고 한다. 일반적으로 경찰 자살자들 중 95% 이상이 자살 직전 정신적 고통의 징후를 외부에 거의 드러내지 않는 경향이 있다고 한다. O'Hara 등(2013)은 이러한 현상에 대해 "경찰에는 다른 조직과 구별되는 행동 강령과 하위 문화가 존재한다. 많은 경찰관이 자신들이 연약하다고 인식되는 것을 두려워하고 있기 때문에 심리적 고통의 징후를 밖으로 드러내서는 안 된다는 생각을 지니고 있다" (p. 35)라고 해석하고 있다.

경찰관 자살률은 전체 자살자 통계를 고려했을 때 높지는 않지만, 분명히 심각하고 충격적인 사안이다. 자살자들은 가족, 파트너, 상사, 친구, 그리고 근무하던 부서 내에 우울한 공허감만을 남긴 채 떠난다(Clark, White, & Violanti, 2012). 경찰관의 자살에는 아마도 중대 사건 처리에 대한 심리적 고통, 관계의 어려움, 감찰, 경제적 어려움, 좌절과 절망, 무기에 대한 손쉬운 접근 가능성 등이 원인으로 작용할 수 있다(Clark & White, 2017; Herdon, 2001). 이 중 가장 중요한 자살 원인은 배우자 혹은 가까운 직장 동료들과의 관계 문제이며, 그 다음은 법적 문제 및 내부 감찰 등이다(Aamodt & Stalnaker, 2001).

경찰관 자살률이 알려진 것보다 낮다면, 이는 엄격한 경찰관 채용 평가 절차, 스트레스 대처 교육 및 상담 기회의 증대, 경찰 교육, 훈련의 개선, 경찰 심리학자들의 서비스 확대 등을 이유로 들 수 있다. Conn과 Butterfield(2013)의 최근 연구에서는 젊은 경찰관들의 경우 약 80%가 상담 및 심리치료 등 정신건강과 관련된 서비스를 이용하는 것으로 나타났다. 이는 시간이 지나면서 정신건강과 관련된 경찰의 내부 인식이 점차 변화하고 있음을 시사한다.

작전 지원 임무

최근 경찰 심리학의 가장 큰 변화는 다양한 경찰 직무 분야에 활발히 개입하고 있다는 것이다(Dietz, 2000). 경찰기관들의 전문성 강화 노력으로 경찰관의 법적 책임 문제에 대한 적극적 대응, 직무 프로그램 평가, 경찰기관 간 갈등 조정, 인종차별 감소 훈련, 경찰 성과 향상 훈련 등 다양한 분야에서 심리학자의 자문 및 지원의 중요성이 날로 증대하고 있다(Scrivner et al., 2014). 이 외에도 경찰 심리학자들은 실제 사건 현장에 직접적으로 개입하는 경우도 많은데, 대표적인 분야로는 인질 사건, 위기협상, 범죄 수사, 위협 평가(threat assessments) 등을 들 수 있다. 범죄 수사와 관련해서는 3장에서, 위협 평가는 8장에서 구체적으로 설명할 것이니 이 장에서는 인질 사건 및 위기협상 시 경찰 심리학자의 역할에 대해 설명하겠다.

인질 사건

경찰 및 공공안전 심리학자들은 인질 사건(hostage-taking incident) 담당 경찰관 교육뿐 아니라 실제 사건 현장에 참여해 자문을 실시하고 있다. 범인(들)이 경제적 이익, 사회정치적 메시지 전달, 개인적 이익 등을 목적으로 피해자를 인질로 붙잡고 있는 경우를 인질 상황이라 한다. 대부분의 경우 인질범들은 일정 시한 내에 요구 사항이 받아들여지지 않으면 피해자를 살해하겠다고 위협한다. 주택 등의 사유지 혹은 빌딩 등의 공공 장소에 스스로 바리케이트를 치고 피해자를 위협하거나, 자해 위협을 하는 경우를 인질 사건에서의 대치 상황이라 한다. 대치 상황은 피해자가 존재하는 인질 상황 및 자해 및 폭파 위협을 하는 비인질 상황으로 구분된다. 납치와 유괴, 비행기 · 기차 · 버스 납치, 학교에서 학생들을 억류하는 행위, 이 외의 다양한 테러 행위 등이 인질 사건의 범주에 포함된다. 인질 사건 중 약 80%가 알고 지내던 인물과의 갈등에서 비롯된 원한, 분노 등에 의해 촉발되기 때문에 인질 사건은 '관계 기반형(relationship driven)' 범죄에 해당된다(Van Hasselt et al., 2005).

경찰 전문가들은 인질범을, ① 정치 활동가 또는 테러리스트, ② 범죄자, ③ 재소자, ④ 정신질환자 등으로 구분하고 있다(Fuselier, 1988; Fuselier & Noesner, 1990). 이 중 요구 사항들의 공개적 표명을 목적으로 인질을 억류하는 테러리스트들이 가장 처리하기 어려운 인질범 유형이다. 테러리스트의 요구는 대부분 인질 사건 발생 지역 관할 경찰기관의 권한 밖인 경우가 많아 대부분 FBI 연방수사관이 사건을 담당한다. Fuselier(1988, p. 176)는 정치적 목적을 지닌 테러리스트의 인질 사건 동기를 다음 네 가지로 구분하고 있다.

① 해당 국가가 자국민을 보호하지 못하는 무능한 정부라는 점을 대중에 인식시킴
② 인질극을 통해 테러 단체의 주장을 TV 방송 등을 통해 공개적으로 실시간 전파
③ 일련의 테러 인질 사건을 통해 자국민에 대한 정부의 과잉 규제 및 억압 유도
④ 테러 조직원들의 석방 요구

일반 범죄자 유형의 경우 강도, 가정 폭력 등을 저지르던 중 경찰에 포위된 상황에서 도주

를 위한 협상 목적으로 인질극을 벌인다. 재소자 유형의 경우는 교도소의 처우에 불만을 품고 교도관을 인질로 잡아 범행을 저지르는 경우가 대부분이다. 한편, 정신질환자들이 인질극을 벌이는 이유는 다양하나 주로 통제감 확보를 위한 목적으로 범행을 저지르는 경우가 많다. 연구들에서는 전체 인질 사건 중 약 50% 이상이 정신질환자에 의한 범행인 것으로 나타났다(Borum & Strentz, 1993; Grubb, 2010). 정신질환자 인질범이 많다는 점은 위기협상팀의 일원으로 심리학자가 꼭 필요하다는 점을 시사한다.

심리학자의 참여 여부와는 별개로 인질협상 사건은 경찰 전술팀에서 담당한다(Palarea, Gelles, & Rowe, 2012). 외부 지원이 없이 경찰 협상요원이 사건을 수습하는 경우도 많지만, 협상 노력에도 불구하고 평화적 해결이 불가능한 경우에는 경찰특공대가 인질 구출 및 인질범 제압을 위한 작전을 시도한다(Vecchi, Van Hasselt, & Romano, 2005).

Butler, Leitenberg와 Fuselier(1993)에 따르면, 인질 사건을 처리할 때 인질범에 대한 심리학자 평가 결과를 참조할 경우 인질의 사망 및 중상해 위험성이 눈에 띄게 감소할 수 있다. 경찰 발표에서도 심리학자가 참여한 인질 사건들의 경우 인질범의 투항으로 사건이 종결되는 사례가 많았고, 인질의 사망 및 중상해를 당한 사례들 또한 적은 것으로 나타났다. 즉, 심리학자가 참여한 인질 사건들에서 안전하게 인질이 구출되는 비중은 약 83%에 달해(Daniels, Royster, Vecchi, & Pshenishny, 2010; McMains & Mullins, 2013), 인질의 부상이나 사망 위험성을 최소화하면서 안전하게 사건을 해결하는 데 있어 심리학자의 역할은 매우 중요하다고 볼 수 있다.

위기협상

위기협상(crisis negotiation)은 인질협상과 유사하다고 볼 수 있으나, 보다 다양한 사건에 대해 협상을 시도한다는 점에서 더욱 포괄적인 개념이라고 할 수 있다. 모든 인질 사건을 위기 상황으로 볼 수 있지만, 모든 위기 상황에 인질이 있는 것은 아니다. 예를 들어, 투신자살 사건은 우울 증상이 있거나 정서적으로 매우 혼란스러운 사람이 자살을 시도하는 위기 상황이라 할 수 있다. 이때 자살 시도자와의 협상을 위해서는 공감, 이해 및 배려 등 매우 신중한 심리학적 기술이 필요하다. 따라서 인질 상황보다 위기 상황에 경찰 심리학자가 즉각적으로 투입되는 경우가 많다.

위기협상은 행동과학 및 심리학과 밀접한 관련이 있고, 심리학자의 지식, 기술, 훈련 방식은 위기협상 과정에 매우 적합한 전문 역량이라 할 수 있다(Palarea et al., 2012). 예를 들어, 다리나 고층 빌딩에서 투신하려는 자살 시도자를 막기 위해서는 전술적 대응보다는 지속적 대응이 더욱 유용하다. 물론 예외인 경우도 있지만, 자살 행동을 억제하기 위해 경찰 특공대를 출동시키지는 않는다. 심리학자는 위기협상팀 소속 경찰관들을 훈련시키는 역할을 수행할 뿐 아니라 합동으로 사건 현장에 투입되기도 한다. Andrew Young(2016)에 따르면, "최고의 협상가는 위기 상황에 처한 사람들을 이해하고 공감하려 노력한다. 대상자의 정서 표현을 적극적으로 수용하고, 신뢰 관계를 구축하며, 라포(rapport)를 형성함으로써 당면한 위기 상황에 대한 해결책을 제시하려 노력한다"(p. 310). 위기 상황에 직면한 이들은 대부분 마약이나 알코올에 의존적인 성향을 지닌 이들로, 스트레스 및 심리적 문제를 지닌 사람이다. 이들은 자살 충동을 느낄 수 있고, 극도로 감정적이면서 폭력적인 행동 태도를 보일 수 있다(Young, 2016).

Gellas와 Palarea(2011), Palarea, Gelles와 Rowe(2012)는 위기협상 과정의 전 단계에서 심리학자들이 매우 중요한 역할을 담당하고 있다고 했다. 위기협상은 크게 사건 전 · 중 · 후로 구분되는데, 사건 전 단계에서 심리학자들은 위기협상팀 인력을 선발하고, 적극적 경청, 설득 기법 등 위기협상과 관련된 심리학적 지식 및 방법들을 훈련시킨다. 이 외에도 위협 및 폭력 위험성 평가 전략들에 대한 교육을 진행한다. 사건 발생 시에는 심리학자들이 경찰 위기협상팀과 공동으로 협상 과정을 모니터링하고, 대상자의 행동 및 정서 상태에 대해 조언하며, 협상 전략을 수립하는 역할을 수행한다. 사건 종결 후에는 위기협상 팀원들의 스트레스 관리, 위기협상 사건 처리에 대한 사후 평가 등을 진행한다. 사후 개입은 성공적으로 위기협상이 진행된 경우뿐 아니라 해결되지 않은 경우에도 반드시 필요한 과정이다.

Palarea 등(2012)은 협상 과정에 참여한 심리학자가 사후 평가 시에도 개입한다면 평가 결과의 객관성을 확보하지 못할 수 있으므로 위기협상 과정에 참여한 심리학자가 사후 평가 및 위기협상팀 대상의 상담을 진행하는 것은 적절치 못하다고 지적하고 있다.

위기협상을 담당하는 심리학자들은 경찰 위기협상팀과 마찬가지로 장기간의 훈련이 필요하다. 훈련 내용에는 위기협상 실무뿐 아니라 작전 수행 훈련 또한 포함된다(M. G. Gelles & Palarea, 2011). 경험이 풍부한 경찰관들과 순찰차에 동승하거나 인질 및 위기상황에 노련한 경찰관들의 근무활동을 관찰하는 것과 같은 현장 교육 또한 필수적이다. "급박한 현장 상황이 주는 극도의 혼란스러움, 군대와 유사한 경찰 지휘 계통, 개인적인 위험 요소 등은 고도의 훈련을 받은 전문가라 해도 큰 충격으로 다가올 수 있다."(Hatcher et al., 1998, p. 463) 협상가들은 면담 및 경청 기술을 갖춰야 하며, 스트레스 인내 능력도 필요하다. 또한 다소 뻔뻔스러우면서도 편안한 면모를 보일 필요가 있다(Terestre, 2005). 게다가 24시간 언제라도 출동할 수 있어야 한다.

최근 몇 년간 인질범들의 문화적 다양성과 이에 따른 위기 상황 특성에 눈에 띄는 변화가 있어 왔다(Giebels & Noelanders, 2004). 따라서 위기 협상에 참여하고자 하는 심리학자들은 서로 다른 문화적 · 인종적 배경에 따른 개인의 이질적 특성에 대해 숙지할 필요가 있다(Gellas & Palarea, 2011). 심리학자들은 사회적 상호작용 과정에서 나타나는 문화적 차이에 대한 이해 및 연구 노력과 함께, 위기 상황에서 폭력적인 인물들은 문화적 배경에 따라 자신 및 타인에 대한 위해를 만류하는 협상가의 설득 시도에 상이한 반응을 보일 수 있으므로 이와 같은 반응 패턴들에 대한 충분한 이해가 필요하다(Giebels & Taylor, 2009). Giebels와 Taylor에 따르면 "개인의 문화적인 의사소통 방식에 대한 보다 정교한 이해는 경찰 협상요원이 문화적 차이를 고려한 세밀한 협상 전략을 수립하고 협상 대상자가 보이는 반응 방식을 보다 정확히 인식하는 데 도움이 될 것이다."(p. 5)라고 하였다. 위기 상황에서 대상자의 문화적 차이가 미치는 영향을 주제로 워크숍 및 교육 프로그램을 개발하는 것은 물론, 위기 협상 담당 경찰관을 훈련할 때에도 법정 심리학자들의 역할은 매우 중요하다.

상설 위기 · 인질 협상팀을 운용 중인 경찰기관들 중에서 정신건강 전문가의 고용 비중은 약 30~58%에 달하며, 이들 중 88%가 심리학자들이다(Butler et al., 1993; Hatcher et al., 1998). 이처럼 위기 · 인질 사건에서 심리학자의 지원을 받는 경우가 갈수록 증가하고 있다(Call, 2008; Van Hasselt et al., 2005; Scrivner et al, 2014).

자문 및 연구 활동

경찰 심리학자들은 경찰기관에 필수적인 "경찰관의 직무 수행 수준을 정확히 측정하고, 피드백 제시를 위한 조직의 방침, 절차이자 객관적 도구인 경찰 성과평가 시스템을 구축 · 운용하는 데 있어 매우 중요한 역할을 담당하고 있다"(Aumiller & Corey, 2007, p. 75). 경찰 조직의 성과 향상뿐 아니라 경찰관 개개인의 경력 개발 지원, 조직 홍보에 있어서도 지대한 공헌을 하고 있을 뿐만 아니라 경찰기관과 지역사회, 조직 내부 차원의 갈등 조정 과정에도 심리학자들이 관여하고 있다.

심리학자들은 효율적 경찰 조직 관리를 목적으로 개설된 경찰관 교육 프로그램에 참여하기도 한다(Aumiller & Corey, 2007). 최근 경찰 심리학자들의 역할이 조직 내 문제 해결, 위기 상황 대처 영역까지 확대되고 있는데, 일례로 최근 미국, 영국, 캐나다의 경찰기관에서는 목격자, 용의자 면담 교육 시 심리학자에게 강의를 요청하고 있다(Brewster et al., 2016; Eastwood, Snook, & Luther 출판 예정; 이 장의 〈My Perspective 2-1〉, 3장의 〈My Perspective 3-2〉 참조). 지금부터는 여성 경찰관, 민족적 배경이 따른 경찰관, 경찰의 과도한 무력 사용, 경찰의 부정부패 등 경찰 지휘관들이 관심을 가져야 할 사안들에 있어 심리학자의 역할 및 관련 연구 결과들을 살펴보겠다.

MY PERSPECTIVE 2-1

대학으로 가는 우회로

Kirk Luther, Ph.D.

고등학교를 졸업할 때까지 진로에 대한 확신이 없었다. 어설프나마 컴퓨터 조립이 한때 취미였기 때문에 대학교에서 정보기술(IT) 분야를 전공했다. 하지만 졸업 후 IT 직종이 맞지 않다는 생각이 들었다. 전공 분야를 좋아했고, 여전히 컴퓨터 작업이 재미있었지만, 평생 직업으로 선택할 만큼의 흥미는 생기지 않았다. 그래서 직장에 들어가기 전에 과연 나한테 맞는 직업은 무엇인지, 평생 할 수 있는 일이 무엇인지에 대해 생각할 수 있는 시간이 필요했다.

직업을 갖기 전 충분히 생각할 시간을 갖기 위해 청년들에게 리더십 경험과 전 세계를 여행할 수 있는 캐나다 세계 청년(Canada World Youth) 단체 자원봉사를 신청했다. 이 프로그램은 캐나다 청년과 파트너 국가 출신 청년을 1명씩 짝지어 캐나다에서 3개월, 파트너 국가에서 3개월 동안 자원봉사를 진행하는 프로그램이다. 내가 자원봉사를 한 국가는 케냐였다. 우리 조는 아프리카 케냐에서 홈스테이를 하면서 사회 정의 및 환경 보호 단체들에서 자원봉사를 했다. 이 자원봉사 프로그램에 참여함으로써 나는 향후 진로를 발견하고, 리더십을 키울 수 있었으며, 세상에 대해 더욱 많이 배울 수 있는 시간이 주어졌다. 자원봉사는 정말 내가 내린 최고의 결정이었다(나는 캐나다의 작은 도시에서 자랐으며, 외국에 나간 것은 이때가 처음이었다). 새로운 기술을 습득하고, 새로운 시각을 가지게 됐을 뿐 아니라 평생의 동반자인 아내를 만났다. 이건 정말 내 인생의 최고의 결정들이었다.

봉사 프로그램을 마친 후에도 정말 하고 싶은 일을 찾기 위해 여전히 고군분투했다. 머지않아 내가 하고 싶은 일은 사람들을 돕고, 변화를 이끄는 일이라는 것을 깨달았다. 인간 행동을 연구하고, 사람들을 도울 수 있는 학문인 임상 심리학을 공부하기로 결심하고, 뉴펀들랜드 메모리얼 대학교(Memorial University of Newfoundland) 심리학과에 입학했다. 동기생들에 비해 나이가 많아 걱정도 들었지만, 나의 판단을 믿고 열심히 해 보기로 했다.

학부 시절, 연구를 해 보고 싶은 상황에서 운이 좋게도 Brent Snook 교수님을 만나게 됐다. 교수님은 형사사법 분야와 관련된 인간 행동을 주제로 연구를 진행하고 계셨고, 특히 수사 면담 분야의 권위자셨다. 연구실에서 Snook 교수님은 실험 심리학에 대해 많은 말씀을 해 주셨다. 과거에는 실험 심리학을 들어 본 적도 없었고, 실험 심리학자가 어떤 일을 하는지에 대해서도 모르고 있었다.

하지만 이 분야가 매우 특별하다는 점을 알게 되는 데에는 많은 시간이 걸리지 않았다. 실험 심리학은 하루하루 스스로 답을 찾아 나가야 하는 도전적인 학문 분야이다. 일반적으로 실험 심리학자들은 이론 및 응용 과제 해결을 위한 연구 프로젝트들을 계획하고, 강의를 하며, 학생들을 지도하고, 논문을 발표한다. 또한 전 세계에서 개최되는 콘퍼런스에 참여해서 연구 결과를 학자와 실무자들에게 발표한다. 이 모든 것이 나에게 매력적으로 다가왔다. 운 좋게도 Snook 교수님께서 석사 · 박사 과정 지도교수를 맡아 주셨다(그분의 커피 심부름을 충실히 했기 때문이라고 생각한다).

박사 과정에서는 크게 두 가지 주제에 대한 연구를 진행했다. 첫 번째는 청소년, 성인의 법적 권리 보호에 관한 연구이다. 경찰이 누군가를 체포할 때는 용의자에게 묵비권 등과 같은 법적 권리를 고지하는데, 누구나 이와 같은 법적 권리를 누릴 자격이 있다. 하지만 대부분 자신의 법적 권리에 대해 제대로 인식하지 못하고 있었다(내가 진행한 연구에서 법적 권리에 대한 정확한 인식이 부족한 경우가 전체의 50%에 달했다). 나는 연구실 동료들과 함께 다양한 심리학 이론과 디지털 기술(IT 교육을 통합시킨)을 적용해 법적 권리에 대한 사람들의 이해를 향상시키는 방안에 대한 연구를 진행했다.

두 번째 연구 주제는 수사 면담이다. 목격자, 피해자, 용의자들과의 효과적인 면담 시행은 경찰관들에게 매우 중요하다. 연구자 관점에서 우리의 목표는 경험적 증거와 윤리적 방법에 기반한 효과적인 경찰 면담 방법을 개발하는 것이었다. 경찰관들과 함께 연구하면서 나는 매우 즐거웠고, 연구 결과를 경찰 실무에 접목시킬 수 있다는 점에 대해 매우 큰 보람을 느낄 수 있었다.

박사 과정을 마친 후 영국 랭커스터 대학교(Lancaster University)에서 종신 강사직에 지원했다(영국 대학의 종신 강사는 북미 지역 대학의 조교수에 해당한다). 나는 이 대학에서 협력 및 협상 분야의 전문가인 Paul Taylor 교수님과 함께 연구할 수 있는 행운을 얻었다. 나는 이곳 영국에서 나의 연구 주제인 법적 권리 이해와 수사 면담에 대한 연구를 계속해 나갈 예정이다.

나는 이제 막 경력을 시작하는 단계이다. 여러분에게 드리고 싶은 조언은 가능한 모든 기회를 잡으라는 것이다. 이것은 아무리 강조해도 지나치지 않다. 연구 공모전, 연구 지원금 신청, 초청 강연, 콘퍼런스 발표 등 가능한 모든 기회에 적극적으로 도전하는 것이 좋다. 활동 경험은 결국 중요한 실무 기술들을 향상시킬 수 있을 뿐 아니라 경쟁력 있는 이력을 만들어 가는 과정에서 매우 소중한 기회가 될 수 있다. 또한 여러분의 관심 분야에 적합한 교수님을 만나야 한다. Snook 교수님의 조언이 없었더라면 오늘의 나는 없었을지도 모른다. 가장 중요한 것은 향후 진로가 불분명하더라도 걱정하지 말라는 것이다. 우회해서 가는 길이 더 흥미진진할 수 있다.

Luther 박사는 영국 랭커스터 대학의 강사이다. 아내 Elizabeth와 아들 Noah와 함께 여행하는 것을 즐긴다. 또한 화창한 날씨의 영국에서 등산과 골프를 즐기고 있다(그에 따르면 잘하지는 못하지만……).

경찰관의 성별과 소수 민족

1970년대 이전에는 유색인종을 경찰관으로 채용하지 않았다(Cole & Smith, 2001). 여성 경찰관 또한 소수에 불과했으며, 여성 경찰관들의 담당 업무는 주로 여성 범죄자 체포나 아동 목격자 면담 등에 불과했다. 그러나 1980년대에 들어서면서 경찰관 구성과 여성 경찰관을 소수 제한적 업무에 배치하는 관행이 바뀌기 시작했다.

미국 내 약 50개 대도시에서 수행된 조사 결과에 따르면, 1983년부터 1992년 사이에 대략 29%의 경찰기관에서 흑인 경찰관 수가 50% 이상 증가했고, 히스패닉계 경찰관 역시 약 20% 증가한 것으로 나타났다(Cole & Smith, 2001). 다만 과거 유색인종 경찰관들의 비중이 너무 적었기 때문에 이 시기에 유색인종 경찰관의 고용이 유의미하게 증가했다고 보기는 어렵다. 그러나 미국 전역 경찰관들의 인종 및 출신 민족의 다양성이 눈에 띄게 향상된 것은 사실이다. 2013년에는 전체 경찰관 중 27%가 소수 민족 및 유색인종으로 구성되었는데, 이는 1987년 약 15%에 수준이었던 것에 비하면 상당히 증가한 것이라고 할 수 있다(Bureau of Justice Statistics, 2015). 최근 몇 년간 가장 큰 증가세를 보인 것은 히스패닉 및 라틴계 경찰관의 비중이다. 2008년에는 미국 연방정부 및 주정부 산하 법집행기관들에서 총기를 소지하고 범인을 체포하는 권한을 가진 공공안전 요원들 중 약 1/3(Reaves, 2012a), 지방 및 주정부 소속 경찰관들 중 약 1/4(Reaves, 2012b)이 유색인종이거나 소수 민족 출신이었다. 그러나 더욱 중요한 것은 경찰관들의 인종 · 민족 구성 비중이 지역사회의 인종 · 민족 비중을 반영하지 못하고 있다는 점이다.

전체적으로 보면, 소수 민족, 유색인종 경찰관 구성 비율에 비해 여성 경찰관의 비중은 더욱 적다. 2000년대에 들어서도 경찰관 중 11.5%만이 여성이며(FBI, 2016a), 1990년 대비 약 3% 증가했을 뿐이다. 경찰관 인력 규모가 큰 대규모 경찰서의 경우 여성 경찰관의 비중은 12.7%를 차지하며, 100명 이하의 경찰관이 근무하는 소규모 지역 경찰서의 경우에는 약 8.1%에 그치고 있다. 여성 경찰관의 비중은 1972년부터 1999년까지 매년 0.5%씩 증가했지만 이후에는 거의 변하지 않고 있다. 2000년대 접어들면서 10년 동안 미국 전역의 연방정부, 주정부, 지역 경찰기관을 통틀어 여성 경찰관의 비중은 전체의 15% 미만에 그치고 있다(Bergman, Walker, & Jean, 2016; Langton, 2010). 주요 대도시 경찰기관들 중 여성이 최고 지휘관인 곳에서는 여성 경찰관의 비중이 조금 높을 수도 있다. 한편, 연방정부 기관 내 체포 권한과 총기 사용을 허가받는 법집행요원 중 여성의 비중은 약 1/6 정도이다(Reaves, 2012a).

경찰 등 법집행기관에서 여성 인력 증가의 가장 큰 장벽은 경찰 업무의 많은 부분이 체력 및 신체적 능력이 요구되는 남성 지향적 직업이라는 인식 때문이다. 경찰 업무를 수행하는 데 필요한 신체적 능력 측면에서 여성들 또한 충분한 역량을 지니고 있음에도 불구하고 이러한 선입견은 사라지지 않고 있다. 오히려 여성 경찰관들은 남성 경찰관 수준의 효과적 치안 유지 능력을 지니고 있지만 과도한 공권력 사용으로 인한 사건 · 사고 발생 비중은 훨씬 작다고 한다(Bergman et al., 2016). 그럼에도 불구하고 여성 경찰관들에 대한 부정적 편견 및 이로 인한 여성 경찰관들의 높은 이직률 등은 경찰관을 희망하는 여성 인력들에게는 지원을 기피하는 부정적인 영향을 초래할 수 있다.

여성 경찰관에 대한 경찰 지휘부, 상사, 관리 책임자들의 전통적인 선입견에도 불구하고, 여성 경찰관들의 승진 및 관리직 진출이 조금씩 늘고 있다(Martin, 1989, 1992). 2000년대 초 여성 경찰관의 관리직 진출 비율은 4% 미만이었으나, 2010년 기준 미국 내 경찰기관의 여성 기관장 수는 232명으로 집계됐다(National Center for Women & Policing, 2012). 한편, Langton(2010)의 조사에서는 전체 14,000개 경찰기관에서 여성 기관장 219명이 근무하고 있다고 발표했다. 좀 더 긍정적인 변화로는 2013년 기준으로 워싱턴 D.C. 경찰청, 미국 공원안전 경찰, 미국 연방보안국, 비밀경호국, FBI 워싱턴 D.C. 지부, 암트랙(Amtrack) 철도 경찰국, 마약단속국의 7개 법집행기관의 최고 지휘관이 여성이었다. 2017년에는 Carla Provost가 미국 국경경비대 창설 이래 최초의 여성 국경경비대장으로 임명됐다. 최근 Provost는 여성 국경경비대원 채용을 더욱 늘릴 것이라고 발표했다.

Worden(1993)은 경찰관들 직무 태도에 있어 성차는 존재하지 않는다고 주장했다. “경찰관으로서의 역할 및 재량의 제한, 시민에 대한 긍정적 태도 수준, 동료에 대한 호의, 근무 조건 및 상사에 대한 불만 등에 있어 남성 경찰관뿐 아니라 여성 경찰관들도 유사한 수준의 양면적 태도를 지니고 있었다.”(p. 229) Worden은 이러한 유사성은 경찰관들의 성역할 차이를 뛰어넘는 ‘직업적 사회화(occupational socialization)’ 현상에 기인한다고 해석했다. 직업적 사회화란 특정 직업군에서 해당 직무에 대한 동일한 태도와 가치, 신념을 형성하는 것을 의미한다(Van Maanen, 1975). 앞서 경찰 직업 문화에 대해 설명한 내용들을 되짚어 보면, 이러한 결과는 여성들도 남성 중심의 경찰 문화에 충분히 적응했다는 것을 보여 준다.

Morris(1996)의 연구에서는 뉴욕경찰(NYPD)에 소속된 소수 민족 출신 경찰관과 여성 경찰관들이 동료로부터 충분한 사회적 · 심리적 지지를 받고 있었으며, 특히 여성 경찰관들이 직무 중 사회적 소통 능력 및 전문성 측면에서 뛰어난 것으로 나타났다. 다만 여성 경찰관들은 남성 경찰관에 비해 동료 간의 사회적 교류가 적었으며, 친밀한 인간관계를 유지하는 친구들은 대부분 경찰관이 아닌 일반인 친구였다는 점이 유일한 차이로 나타났다. 이는 여성 경찰관들이 남성 경찰관들에 비해 일과가 끝난 후 자녀, 가족과의 관계에 더욱 집중할 가능성이 높다는 점을 고려하면 그리 이상한 현상은 아니다. 더불어 여성 경찰관 역시 남성 중심적 경찰 직무 환경에서 고립감을 느끼고 있을 수 있기 때문에 결과적으로 가정생활이 사회 활동을 지지하는 가장 큰 동력이 될 수밖에 없다(Violanti et al., 2009).

미국뿐 아니라 전 세계적으로 남성 경찰관에 비해 여성 경찰관의 업무 스타일이 더 효과적일 수 있다는 연구 결과가 제시되어 있다(Bergman et al., 2016; Bureau of Justice Assistance, 2001). 예를 들어, 경찰 지휘관, 동료 경찰관뿐 아니라 시민들도 여성 경찰관들이 남성 경찰관에 비해 해결하기 어려운 폭력적인 상황들을 처리하는 데 있어 더욱 능숙하다고 여기고 있다(Balkin, 1988; Seklecki & Paynich, 2007; Weisheit & Mahan, 1988). 여성 경찰관들은 과도한 무력 사용 사건에 연루될 가능성 역시 상대적으로 작다(Bureau of Justice Assistance, 2001). 이외에도 남성 경찰관들은 경제적 보상에 동기화되는 경향이 큰 반면, 여성 경찰관들은 이타적이고 사회적 동기에 의해 직무를 수행하는 경향이 더 크다고 한다(Worden, 1993).

일반적으로 여성 경찰관들이 남성 경찰관들에 비해 의사소통 및 사회적 기술이 더욱 뛰어나며, 지역사회 중심 경찰 활동 모델을 증진시키는 데 필요한 협동과 신뢰 역량들 또한 월등한 것으로 알려져 있다(Bergman et al., 2016; Bureau of Justice Assistance, 2001). 남성 경찰관들 중에서도 이와 같이 역량이 뛰어난 이들이 존재하기 때문에 이러한 결과를 일반화하기는 어렵다. 다만 이는 남성과 여성 경찰관의 집단 차이에서 유추해 볼 수 있는 차이에 불과하다. 추가적인 연구들이 필요한 사안이긴 하지만, 여성 경찰관은 남성 경찰관에 비해 가정 폭력, 성폭력 범죄 등 여성 대상의 폭력 상황에 더욱 효과적인 대응이 가능하다. 일부 연구(예: Rabe-Hemp & Schuck, 2007)에서는 마약, 알코올 중독자들이 저지르는 가정 폭력 사건에서 여성 경찰관이 출동했을 경우 경찰관을 폭행할 위험성이 더 높다고 지적하기도 한다. 그러나 여성 경찰관의 증가는 경찰의 과도한 무력 사용 문제나 경찰에 대한 시민들의 불편 민원을 최소화하고, 지역사회 중심 경찰 활동들에서 효과적일 수 있다. 다만 이러한 효과를 얻기 위해서는 경찰 조직의 분위기 변화를 통해 경찰 내 성차별 및 성희롱 문제 역시 반드시 줄여 나가야 할 것이다.

경찰의 편견과 과도한 무력 사용

부정부패 경찰관들의 이야기는 영화나 드라마, 언론 매체 등에 자주 등장하는 소재이다. 특히 대중매체에서는 경찰관이 직무 수행 중 과도한 무력을 행사하는 장면을 여과없이 묘사하고 있다. 실제 사례도 찾아보기 어렵지 않은데, 인터넷 검색을 통해 시민을 상대로 한 경찰의 무력 사용 장면 동영상을 쉽게 찾을 수 있다. 2014년 여름, 길거리에서 불법 담배 판매상인 Eric Garner라는 흑인이 백인 경찰관에 의해 목졸려 사망했다. 그런데 가해 경찰관은 불기소 처리됐다. 경찰의 잔혹한 무력 사용에 대한 전국적인 시위 현장의 구호는 '숨을 쉴 수 없다'는 피해자 Garner의 마지막 한마디였다고 한다.

소수집단에 대한 경찰의 편견적 태도는 주된 사회 문제 중 하나이다. 편견은 최악의 경우 극단적 폭력을 불러올 수 있다. 인종에 대한 고정관념이 소수집단에 대한 문화적 편견으로 미국 사회에 뿌리박혀 있다면, 경찰관들도 예외일 수 없다(Kahn & McMahon, 2015). 선의가 있는 사람이라도 암묵적으로 이러한 편향된 사고를 갖고 있을 수 있다. 다만 편견 자체가 직접적으로 부정적 행동을 유발하는 것은 아니다. 따라서 우리 스스로 편견에 사로잡혀 있을 수 있다는 점을 인식하고 있다면, 편견을 줄이려는 노력들을 통해 부정적 행동을 자제할 수 있다. 불행하게도 그간의 연구들에서는 경찰관이 소수집단, 특히 흑인에 대해서 인종적 편견을 드러내고 있다는 점을 일관되게 지적해 왔다. 길거리 불심검문이나 고속도로에서 교통 위반으로 차량검문 대상이 되는 경우는 흑인들이 압도적으로 많다. 경찰은 백인보다 흑인 용의자에게 더욱 과도한 무력을 행사하는 경향이 있고(Hyland, Langton, & Davis, 2015), 동일한 범죄 혐의자라 해도 흑인이 백인에 비해 더욱 경찰의 무력 사용으로 사망하는 경우가 많다(Correll et al., 2007). 또한 백인 청소년에 비해 흑인 청소년이 더욱 성숙해 보이고, 범죄 가능성이 높다고 지각될 가능성 역시 존재한다(Goff, Jackson, DiLeone, Culotta, & DiTomasso, 2014). 2014년 클리블랜드(Cleveland)에서 경찰관이 발사한 총에 맞아 사망한 12세 흑인 소년 Tamir Rice는 총에 맞기 전 공원에서 장난감 총을 가지고 놀고 있었다. 일반 시민들로 구성된 배심원단은 해당 경찰관에게 불기소 판정을 내렸다(이후 2017년 해당 경찰관은 파면됐다. 그런데 파면이 결정된 것은 총격 사건 때문이 아니라 경찰 지원서를 허위로 작성한 사실이 드러났기 때문이었다). 이 소년이 흑인이 아니었더라도 경찰관은 총을 발사했을까? 경찰관 스스로 암묵적인 편견에 사로잡혀 있을 수 있다는 점을 인식할 수 있어야 하며, 직무수행 중 스스로 편견적 행동이 나올 가능성을 염두에 두고 있어야 한다. 이러한 인식과 태도는 교육을 통해 강화시킬 수 있다(경찰관 편견에 관한 연구의 개관은 〈Focus 2-4〉 참조).

경찰관의 무력 사용이 정당한 수준을 넘어설 때, 이는 **과도한 무력**(excessive force) 사용으로 볼 수 있다. 과도한 무력 사용은 경찰 개인의 불법적 행동일 뿐 아니라 법집행기관들의 악습으로 설명될 수 있다. 많은 사례에서 과도한 무력 사용은 이 두 가지를 모두 반영하고 있다.

1970년대 이전에 경찰은 무기 사용을 포함하여 무력 사용에 대한 폭넓은 재량권을 지니고 있었다(Blumberg, 1997). 경찰기관들에서는 경찰관의 무력 사용에 대한 구체적인 지침을 두고 있지 않았다.

Focus 2-4 인종 편견과 경찰 총기 사용 결정

직무 수행 중 경찰관이 총을 발사하는 경우는 생각보다 많지 않다. 이 점은 각종 문헌 및 통계 자료에서도 확인할 수 있다. "경찰이 근무 중 발포하는 경우는 드물지만, 총을 쏜 경찰관들은 대부분은 상당한 심리적 충격을 입을 수 있는 심각한 사건이다."(Miller, 2015, p. 107: 복수의 참고문헌에서 재인용) 총기 발포가 반드시 피해자의 사망을 초래하지는 않지만, 발포한 경찰관들은 경찰 당국의 후속 조사를 피할 수 없다. 사상자가 발생한 치명적인 사건들 대다수가 경찰관들의 정당한 법 집행 과정에서 발생한 일들로 판명되지만, 일부 사례에서는 경찰관이 구속되는 경우도 있다. 하지만 기소와 유죄 판결 모두에 해당되는 경우는 극히 드물다.

최근 몇 년간 언론에서는 흑인, 청소년 등 소수 집단을 대상으로 한 경찰관의 치명적 총격 사건에 큰 관심을 보여 왔다. Michael Brown, Walter Scott, Tarmir Rice 등이 경찰관에 의한 인종 편견의 상징으로 떠올랐다. 인종 편견은 사회 전반에 널리 퍼져 있다. 일부는 명백한 형태로 나타나는 경우도 있지만, 대부분의 경우 암묵적 형태로 존재한다. 1장에서 지적한 것처럼, 법정 심리학자들은 암묵적 편견에 영향을 받아서는 안된다. 편견이 차별적 행동으로 나타날 때 심각한 문제가 발생할 수 있다. 소수집단 구성원에게 총을 쏘는 행동을 포함해 경찰의 무력 결정이 편향적 태도에 기반한다고 볼 수 있을까? 많은 심리학자 및 범죄학자가 바로 이런 경찰 총기 발사 결정에 대한 연구를 수행해 왔다.

다음에 제시된 것은 주요 연구 결과들이다. 이 중 일부는 다소 모순된 결과로 보일 수도 있다.

- 경찰관의 인종, 출신 민족과 관계없이 치명적인 무력 사건에 연루될 가능성은 동일하다(McElvain & Kposowa, 2008).
- 지역사회의 범죄 발생 수준이 아닌 경찰 지휘관들의 개인적인 철학이 경찰 총기 사용의 결정 요인으로 작용한다(Fyfe, 1988; H. Lee & Vaughn, 2010).
- 암묵적 편견을 감소시키기 위한 효과적인 방법은 적절한 훈련과 경험이다(Correll et al., 2007; Sim, Correll, & Sadler, 2013).
- 모의 실험 실시 결과, 경찰관들은 대학생 집단을 포함한 지역사회 주민 표본 집단에 비해 총기 사용에 대한 편견적 태도가 덜하다는 사실이 입증됐다(Correll et al., 2007).
- 인종차별적 편견은 총기 사용 결정보다는 대응 시간(결정을 내리는 데 소요된 시간)에 더욱 영향을 받는다(Cox, Devine, Plant, & Schwartz, 2014).
- 백인보다는 흑인들을 대상으로 치명적인 무력이 사용되는 경우가 더욱 많다(Goff & Kahn, 2012).
- 용의자의 인종보다는 이웃 주민의 인종과 같은 맥락 요인들이 경찰의 의사결정에 더 영향을 미친다(Terrill & Reisig, 2003).
- 흑인, 라틴계 용의자들은 체포 과정 초기에 무력을 경험하지만, 백인 용의자들은 사후 무력을 경험하는 경우가 많다(Kahn, Steele, McMahon, & Stewart, 2017).

대체로 경찰관의 편견과 총기 사용과 관련된 연구에서는 공통된 결과를 제시하지 못하고 있다. 어떤 연구들에서는 다른 요인들이 통제되는 상황에서 전체적인 편견이 나타나지 않는 반면, 또 다른 연구들에서는 강한 인종적 선입견이 존재함을 시사하고 있다. 이와 같은 다양하고 이질적인 연구 결과들을 어떻게 해석할 수 있을까? 연구 조건 및 결과가 이질적이라 해도 관련 연구는 계속되어야 하지만, 분명한 점은 경찰관들의 의사결정 과정에서 인지적 통제 기능을 강화시키고 암묵적 편견이 존재할 수 있음을 인식시킬 수 있는 경찰 교육 · 훈련이 반드시 필요하다는 것이다(Kahn & McMahon, 2015).

토론 질문

1. 연구 결과들은 미국 경찰의 무력 사용이 흑인에게 더욱 집중되어 있다는 점을 제시하고 있다. 어떤 이유에서 이러한 현상이 발생하는지 토론해 보자.
2. 앞서 제시한 연구 결과들은 경찰의 편견적 태도에 대한 부분적인 발견에 불과하다. 최신 연구 결과들을 찾아 앞의 결과들과 유사한지 토론해 보자.
3. 실제로 경찰이 총기를 사용하는 경우는 대부분 "잡범, 정신이상 범죄자, 심각한 수준의 가정 폭력, 무모한 청소년 범죄 용의자"에 국한된다(Miller, 2015, p. 104). 대중매체에서 묘사된 경찰 총기 사용 상황과 얼마나 일치하는가? Miller의 주장이 옳다면, 이러한 상황이 총을 쏜 경찰관들에게는 어떤 영향을 미칠 수 있을까?
4. "어린 청소년들의 치기어린 자세 · 태도"에 대해 어떻게 생각하는가?

> 경찰은 총기 사용 사건들에 대해 무성의한 대응으로 일관했고, 관련 사건 기록들을 보존하지도 않았다. 이 주제에 대한 사회과학적 연구 또한 전무한 실정이었으며, 정부 역시 국가적 차원에서 경찰관이 직무 수행 중 저지른 사망 사건들을 평가하려는 시도조차 하지 않았다 (Blumberg, 1997, p. 507).

사망 사건을 포함해 경찰의 과잉 무력 사용 사례들을 찾는 것은 어렵지 않다. 그러나 이와 관련된 경험적 연구 결과는 전무하다. 그렇다면 현재 시점에서 경찰관들의 무력 사용은 얼마나 발생했으며, 어떤 상황에서 주로 발생하는가? 2006년 미국 법무부에서 발표한 자료에 따르면, 미국 내 경찰관의 무력 사용에 대한 민원 접수 건수는 26,556건이었다(Hickman, 2006). 그런데 이 중 약 8%가 해당 경찰관에 대한 징계 조치 사안이었고, 나머지는 경찰 당국에서 조치를 취할 만한 근거가 부족한 사건들이었다. 미국 법무부 산하 형사사법 연구소(National Institute of Justice; Adams et al., 1999)에서는 경찰관들의 무력 사용 사건들에서 조사된 내용을 다음과 같이 정리하고 있다.

- 경찰관들은 무력을 자주 사용하지 않는다.
- 경찰관들의 무력 사용은 움켜잡거나 밀어내거나 밀치는 것과 같은 낮은 수준이다.
- 전형적인 무력 사용 상황은 용의자 체포 및 저항 상황이다.

미국 형사사법통계국(Bureau of Justice Statistics)이 전 국민을 대상으로 경찰관과의 접촉 빈도를 조사한 결과, 10년(2002~2012년)간 경찰관과 1회 이상 대면 접촉한 16세 이상 미국 국민의 수는 연평균 4,400만 명인 것으로 나타났다. 이 중 1.6%가 경찰관으로부터 위협 혹은 경미한 수준의 무력을 경험했다고 한다. "위협 혹은 무력을 경험한 사람들 중 75%(경찰관 접촉 경험이 있는 사람들 중에서는 1.2%)가 경찰관이 과도한 무력을 사용한다고 지각한 것으로 나타났다."(Hyland et al., 2015, p. 1) 또한 다른 인종에 비해 상대적으로 흑인들 사이에서 무력 경험의 비중이 높았다(〈표 2-2〉 참조).

미국 형사사법통계국(BJS)에서 발표한 자료에서는 일반 국민과 경찰관의 접촉 경험을 차량 검문과 노상 검문의 두 가지 유형으로 구분했다. 흑인의 경우 백인, 히스패닉계에 비해, 노상 등 비차량 검문 상황에 경찰의 무력 사용을 경험한 비율이 상대적으로 높게 나타났다(흑인 14% 대비 백인, 히스패닉 각각 6.9%). 또한 범죄 수사 과정이 아닌 불심검문 과정에서 무력 사용이 더욱 빈번했다. 인구통계학적으로는 남성, 16~25세 연령대가 경찰 접촉 경험 및 무력 사용으로 인한 피해 경험이 더욱 많았다.

경찰 심리학자 Scrivner(1994)는 미국 형사사법연구소(NIJ)의 연구 지원으로 극단적인 무력 사용 경찰관들의 심리적 특성에 대한 연구를 진행했다. 경찰관 직무 적합성 평가를 담당하는 경찰 심리학자들은 이 보고서에 요약된 경찰관들의 행동 특성에 대해 잘 알고 있어야 할 것이다. Scrivner(1994)는 과도한 무력 사용으로 민원을 받거나 고발당할 가능성이 높은 경찰관의 유형을 다섯 가지로 구분했다.

표 2-2 미국 내 인종별 경찰관들의 위협 및 무력 사용 경험(2002~2011)

	대면 접촉 경험	위협 혹은 무력 사용	과도한 무력 사용
전체	43.9 백만	715,500(1.6%)	35,300(1.2%)
백인	32.9 백만	445,500(1.4%)	329,500(1.0%)
흑인	4.6 백만	159,100(3.5%)	128,400(2.8%)
히스패닉	4.4 백만	90,100(2.1%)	59,600(1.4%)

출처: Hyland et al. (2015).

① 공감 능력 부족, 자기애 및 반사회적 성향, 잦은 욕설을 하는 경찰관
② 과거 경찰 직무 수행 중 총기 발사를 경험한 경찰관
③ 신임 시절 감수성, 충동성, 인내력 부족으로 관심 대상자였던 경찰관
④ 도발 및 도전 상황에 특히 민감한, 지배적이고 고압적인 순찰 스타일을 지닌 경찰관
⑤ 별거, 이혼 등 개인사적 문제를 지녔거나 극도의 불안과 불안정한 직무 스타일로 인해 직무 해제를 당했던 경찰관

Scrivner(1994)의 연구는 개별 경찰관들의 심리학적 특성에 중점을 둔 것으로, 암묵적으로(또는 외현적으로) 과도한 무력 사용을 용인하는 경찰 조직 전체의 특성에 초점을 맞출 의도는 없었다. 예를 들어, 국민뿐 아니라 경찰관들의 폭력 사용 확률을 증가시킬 수 있는, 대립적이고 공격적인 정책을 옹호하는 경찰기관들 또한 있을 수 있다. Adams 등(1999)은 "경찰관의 과도한 무력 사용에 대한 인식과 태도는 무력 사용을 옹호하거나 혹은 전면 금지하는 경찰기관들의 특성과 밀접한 관련이 있다."(p. 11)고 말했다. 더 나아가 "고용 기준, 신입 훈련, 연수 프로그램, 현장요원의 감독, 징계 절차, 내부 문제, 윤리와 청렴을 다루는 전문화된 부서, 노동조합과 경찰시민위원회 등 다양한 조직 구성 요소가 경찰관들의 직권남용 등 위법 행위들에 영향을 미치는 것으로 보인다."(p. 11)라고 설명하고 있다.

즉, 유능한 경찰 심리학자라면 경찰 조직이 노골적으로 혹은 암묵적으로 경찰의 과도한 무력 사용을 촉진시키는 요인으로 작용한다는 점을 파악하고 있어야 한다. 특히 범죄율이 높은 지역의 경찰기관들에서는 경찰관의 공격적인 대응을 용인할 가능성이 크다. 용의자에게 최소한의 무력 사용만을 허용하는 경찰서가 있는 반면, 극단적이며 공격적인 무력 사용을 허용하는 경찰기관들도 있다.

그러나 직무 수행 중 과도한 무력을 사용하는 경찰관은 극히 일부에 불과하다. 다행히 과도한 무력 사용 문제뿐 아니라 다양한 형태의 부정적 문제를 보이는 경찰관을 사전에 확인하고, 상담 혹은 교육·훈련을 통해 문제 행동을 바로잡는 '**조기 경보 시스템**(early warning system)'을 운용하는 경찰기관들은 지속적으로 증가하고 있다(Walker, Alpert, & Kenny, 2001). 조기 경보 시스템은 데이터 기반 관리 시스템으로, ① 선택(selection), ② 개입(intervention), ③ 사후 개입 모니터링(post-intervention monitoring)의 3단계로 구성되어 있다(Bartol & Bartol, 2004). 관리 대상 경찰관 선정 기준은 경찰기관별로 다양하지만, 일반적으로 시민 민원, 민사소송 여부, 총기 발사 혹은 무력 사용, 무리한 추격전, 체포 불응 사건 등의 다양한 요소들을 복합적으로 고려하여 선정한다(Walker et al., 2001). 이 외에도 다양한 형태의 문제 경찰관 경보 시스템이 도입되는 추세이다(Scrivner et al., 2014). 이러한 경보 시스

템들의 효과에 대한 예비 연구들에서는 경찰 수행 기준을 높이고 경찰 서비스의 질을 향상시키기 위해서는 모든 경찰기관에 공통으로 적용될 경우 더욱 효과적일 것이라고 한다.

경찰 부정부패

경찰 부정부패(police corruption)는 공공의 신뢰를 저버리는 경찰의 모든 불법 행위를 의미한다. 뇌물 수수, 압류, 수사 중 취득한 마약 및 마약 자금의 유용, 증거 조작, 용의자를 풀어 주는 대가로 성관계 요구 등이 부정부패에 해당한다. 경찰 심리학자들은 경찰관 채용 시 부패 행위를 저지를 가능성이 큰 지원자들을 선별하는 데 도움이 될 수 있을까?

국방인사보안연구센터(Defense Personnel Security Research Center: PERSEREC)에서는 경찰관의 부정부패와 직권남용을 예측할 수 있는 성격 측정 도구들의 효과성에 대해 포괄적인 연구를 진행했다. 경찰기관에서 가장 일반적으로 사용되는 네 가지 성격검사(MMPI-2, IPI, 16-PF, CPI; 이들 도구에 대해서는 이 장 초반부 참조) 등을 적용해 69개 경찰서 소속 경찰관 878명을 대상으로 경찰관 청렴도 연구(Police Integrity Study)를 실시했다. 이 연구센터에서는 해당 경찰서에 비위 경찰관과 비위를 저지르지 않은 경찰관들을 균등한 비율로 선발해 달라고 요청했다. 따라서 전체 878명은 비위 경찰관 439명, 대조군으로 선정된 일반 경찰관 439명으로 구분됐다. 최초 신임 경찰관 선발 시 사용된 성격검사 도구의 경찰서별 비중은 MMPI-2(92.7%), CPI(41.0%), 16-PF (11.2%), IPI(11.0%) 순이었다(대부분의 경찰서에서 채용 및 선발 단계에서 복수의 성격검사 도구를 사용한다).

전반적으로 관련 연구들에서는 경찰관 선발 과정에서 실시한 성격검사 결과가 향후 부정부패나 직권남용 행위를 예측하는 데 있어 보통 수준의 영향력을 갖는다고 결론을 내리고 있다. 비위 행위에 가담한 경찰관들을 성공적으로 예측한 일부 성격검사 결과에서는 비위 경찰관들이 다음에 제시된 특성 중 적어도 한 가지 이상을 지니고 있을 가능성이 높다고 한다.

- 타인과 잘 어울리지 못함
- 경찰 재직 중 비위 및 문제 행동 전력
- 부적응, 미성숙, 무책임, 신뢰할 수 없는 특성 징후

국방인사보안연구센터의 연구 결과에서는 기본적으로 경찰 채용 전 측정된 성격 요인들은 경찰관의 비위 행위에 대해 가장 예측력이 높은 단일 요인으로 확인되지 않았다. 비위 행위는 경찰관으로 고용된 후 시작되며, 대개 경찰 경력 초기에 나타나는 경향이 있다.

다시 말하면, 현재 경찰기관에서 사용되고 있는 채용 전 심리검사 도구들 중 신임 경찰관들의 비위 행위를 예측할 정도로 신뢰도와 타당도를 지닌 척도 및 성격 차원을 제시하는 심리검사 도구는 존재하지 않는다(Boes, Chandler, & Timm, 2001). 경찰관들의 비위 행위에 대한 가장 강력한 예측 요인은 채용 후 비위 행위 전력이었다. 신임 경찰관 시절에 비위 전력이 있는 경찰관들이 향후 부정부패로 처벌받을 가능성이 가장 높은 것으로 나타났다. 연구 보고서에 제시된 또 다른 중요 발견은 경찰관들의 부정부패 행위 가담은 환경적 요인에 의해 결정된다는 것이다. 이는 결국 부정부패를 저지를 기회에 직면했을 때 이러한 행위가 암묵적으로 통용되거나 허용되는 경찰 하위 문화하에서는 비위 행위를 저지를 가능성이 증가할 수 있다는 점을 시사한다.

요약 및 결론

20세기에 접어들면서 심리학자들은 미국 내 다양한 경찰기관을 대상으로 자문을 실시해 왔다. 1960년대 후반에서 1970년대 초반까지 경찰 심리학은 공식적으로 응용 심리학 분야 중 하나로 인정 받지 못했다. 하지만 이후 급속하게 발전하여 현재는 이 분야를 경찰 및 공공안전 심리학이라 하며, 2013년 미국심리학회(APA)에서 전문 학문 분야로 공식 인증을 받았다. 관련 직종 분야에 특화된 전문 기관들과 연구 논문 및 저작물 등의 증가는 경찰 및 공공안전 심리학이 더욱 발전하고 있다는 사실을 보여 준다.

오늘날 경찰 심리학자는 경찰관 채용 과정, 승진 및 업무 수행 적합성 평가, 경찰 및 그 가족 대상의 상담 서비스, 경찰관 스트레스 관리 교육, 인질협상 훈련 지원 등 다양한 경찰 직무를 지원하고 있다. 이 외에도 교대근무 일정, 특수 작전 훈련, 프로그램 평가 및 경찰기관별 갈등 관리 등 경찰 행정과 관련된 다양한 분야에 대한 자문 역시 증가하고 있다. 이뿐만 아니라 경찰 직무와 관련된 심리학 연구들 또한 활발히 이루어지고 있다. 이러한 연구 주제들로는 경찰의 정신질환자 대응, 과도한 무력 사용, 스트레스 적응, 경찰 활동에서의 성별 차이, 위기 상황에 대한 대응, 인종 편견, 신문 조사, 경찰관 선발 시 사용되는 평가 도구의 신뢰도 및 타당도 등을 들 수 있다. 경찰 및 공공안전 심리학자들의 이와 같은 연구 결과는 경찰기관들의 실무적 관심을 끌기에 충분하다.

경찰 및 공공안전 심리학자들의 기본 임무는 경찰 지원자의 자질을 평가하고 선발하는 것이다. 미국 내 38개 주에서 경찰관 채용 시 심리평가를 수행하고 있을 정도로 대다수의 경찰기관에서는 채용 심리평가를 공통으로 운영하고 있다. 심리학자들은 경찰 직무 수행에 바람직한 특성을 확인하여 선정하거나 혹은 문제 행동들을 배제할 수 있도록 구성된 심리검사 도구들을 사용하여 대상자들을 평가한다. 물론 심리학자들은 검사 시행 및 평가에 앞서 변화무쌍한 경찰 조직의 문화 특성과 당면한 경찰직무 요구 사항들에 대해 충분히 숙지하고 있어야 한다. 가령 동정심, 위험 상황에서의 침착성 등은 모든 경찰관에게 공통적으로 요구되는 특성이나, 경찰 특수부대 등 특별 임무를 수행하는 경찰관에게 요구되는 자질은 다를 수 있다.

이 장에서는 가장 일반적으로 사용되는 경찰 채용 심리검사 도구들에 대해 살펴봤다. 그러나 이외에도 유용하게 활용될 수 있는 검사 도구도 존재한다. 중요한 것은 경찰기관에서 경찰관 채용 시 사용되는 심리검사 도구들은 경험적으로 검증된 것이어야 하며, 장애인 차별 금지 법률 요건 등에 부합해야 한다는 것이다. 전통적으로 채용 과정에서 지원자 선별은 경찰의 업무 수행에 부합하는 긍정적인 자질들을 확인하기보다는 문제 행동 혹은 개인의 병적인 측면을 발견하는 데 더욱 초점을 맞춰 왔다. 다행히, 최근 들어서는 경찰관들에게 필요한 직무 수행 능력을 구분할 목적으로 사용하는 검사 도구들이 지속적으로 개발되어 왔다. 물론 이 검사 도구들 역시 무엇보다 지속적인 타당화 작업을 거쳐야만 한다.

경찰은 스트레스가 가장 큰 직업군이다. 이 장에서는 조직, 외부, 직무 관련 및 개인적 스트레스 등 경찰관에게 발생할 수 있는 직업 스트레스 요인들을 다루었다. 경찰 심리학자들은 경찰 직무에 영향을 미치는 스트레스 요인들에 대한 연구들뿐 아니라 중대 사건 처리 시 발생할 수 있는 경찰 스트레스에 대한 치료, 교육 · 훈련 서비스 과정에 직접 참여하고 있다. 심각한 직무 스트레스를 유발할 수 있는 중대 사건 상황으로 인질협상 사건, 대량 사상자가 발생한 사건 · 사고, 경찰관 총격 사건 등을 들 수 있다. 이러한 상황에 대응하기 위해 심리학자들이 현장에 출동하는 경우도 있다. 정확한 원인이 판명되지 않은 스트레스가 최고조에 이르게 되면, 인간관계에서의 역기능 혹은 경찰관 자살 등의 심각한 위험을 불러일으킬 수 있다. 발표된 자료들에서는 경찰관 자살률이 일반인에 비해 높은 것은 아니지만, 경찰관의 자살은 경찰 조직에 엄청난 파장을 불러일으킬 수 있다.

비무장 흑인 용의자에게 총기를 사용한 사건들이 공개되어 사회적 파장을 불러일으키면서 경찰관의 인종 편견은 최근 몇 년간 엄청난 사회적 관심을 증대시킨 문제 중 하나가 되었다. 암묵적인 인종 편견은 일반인들에게도 존재하는 특성으로, 비단 경찰관들에게만 나타나는 것은 아니다. 그러나 공공안전 업무를 담당하는 경찰관들에게 있어 차별적 행동을 반영한 편견은 사회적으로 용인될 수 없다. 이 주제에 대해서는 상당한 연구가 이루어졌는데, 경찰관 개개인이 아닌 집단으로의 경찰은 다른 소수 민족, 인종 집단에 비해 흑인들을 더욱 가혹하게 취급한다는 결과를 제시하고 있다. 이러한 경찰의 편향적 행동은 노상 및 차량 검문, 체포 과정, 치명적인 무기 사용 현장을 포함해서 경찰관들의 무력 사용 장면에서 더욱 두드러진다는 점이 확인됐다. 그러나 연구들은 이러한 암묵적 편견에 따른 영향을 교육·훈련을 통해 일정 부분 감소시킬 수 있다고 제안하고 있다.

관련 연구들에서는 과도한 무력 행사로 인해 민원 제기를 받은 경험이 있는 경찰관들은 공감 및 동정심 부족, 자기애적 성향, 경찰 임용 초기의 문제 행동, 강압적 순찰 방식, 부부 문제 및 기타 관계 문제 등과 같은 성격 특성을 보일 가능성이 높다고 한다. 경찰기관들에서는 문제 행동의 징후를 보이는 경찰관들에게 동료 집단 지지 및 전문가 지원을 위한 조기 경보 시스템을 운영하고 있다.

경찰관들의 과도한 무력 사용과는 달리, 경찰관들의 비위 행위, 즉 부정부패는 최초 경찰관 채용 당시에 예견하기는 매우 힘든 행동이다. 관련 연구들에서는 경찰 부정부패가 특정 경찰관의 문제라기보다는 경찰 기관 및 조직의 환경적 요인과 관련되어 있다고 지적하고 있다. 심리학자들이 시행하는 측정 및 평가는 경찰 부정부패 혹은 비위 행위 유형을 중간 수준 정도로 예측할 수 있을 뿐이다.

주요 개념

16 성격요인 질문지16-PF

NEO 성격검사 개정판NEO Personality Inventory Revised: NEO PI-R

강력 사건critical incident

개인적 스트레스personal stress

경찰 조직 문화police culture

과도한 무력excessive force

동시 타당도concurrent validity

미국장애인법Americans with Disabilities Act: ADA

미네소타 다면적 인성검사 개정 재구성판MMPI-2-RF

미네소타 다면적 인성검사 개정판MMPI-2

부적격자 배제 절차screening-out procedure

적격자 선별 절차screening-in procedure

선발 심리평가preemployment psychological screening

성격평가검사personality assessment inventory

안면 혹은 내용 타당도face or content validity

예측 타당도predictive validity

외재적 스트레스external stress

인발트 성격검사 Inwald Personality Inventory: IPI

조기 개입 시스템early intervention system: EIS

조기 경보 시스템early warning system

조직 스트레스organizational stress

직무 관련 스트레스task-related stress

직무 분석job analysis

직무 적합성 평가fitness-for-duty evaluation: FFDE

총격 후 외상 반응post-shooting traumatic reaction: PSTR

캘리포니아 심리검사 California Psychological Inventory: CPI

단원 정리

1. 경찰 직무 분석이란 무엇인가?
2. 현재 경찰관 채용 과정에서 사용되는 여섯 가지 성격검사를 나열하고 이를 간략히 설명하라.
3. 경찰관들의 네 가지 스트레스 유형의 예를 설명하라.
4. 경찰관 지원자 평가 이외에 경찰 심리학자들이 시행하는 세 가지 평가 방식에 대해 기술하라.
5. 경찰관의 인종 편견 관련 연구 결과들의 발견을 최소 다섯 가지 이상 제시하라.
6. 총격 사건 이후 경찰관에게서 나타나는 공통적 심리 반응에 대해 설명하라.
7. Scrivner의 연구에서 과도한 무력 사용 경향을 보인 경찰관들의 다섯 가지 유형은 무엇인가?

Chapter 3

범죄 수사의 심리학

주요 학습 내용

- 범죄 수사 과정에서 활용되는 심리학적 방법
- 다섯 가지 프로파일링(profiling) 방식의 정의 및 차이
- 프로파일링의 역사, 방법, 한계 및 문제
- 허위 자백 사건들 및 유형
- 폴리그래프(polygraph) 기법 등을 통한 거짓 탐지의 심리학적 이슈
- 법최면 기법의 유용성 평가
- 목격자 식별 관련 연구 문헌 검토
- 라인업(line-up), 쇼업(show-up) 등 용의자 식별 방식의 심리학적 설명

유명 케이블 방송 쇼 프로그램에 경찰이 몇 달간 미궁에 빠져 있던 연쇄 강간 사건 수사를 위해 '자칭' 프로파일러에게 도움을 요청하는 내용이 방영됐다. 프로파일러는 범죄 현장 보고서들, 남겨진 증거물, 피해자들과의 경찰 면담 내용들을 빠르게 검토하고, 몇 시간 후 용의자의 예상 거주 지역, 나이, 다음 범행 가능 지역을 정확히 맞혔다. 이후 경찰은 용의자를 체포했고, 네 건의 강간 혐의로 유죄 판결을 받았다.

위 소개된 내용은 예능 방송 소재로 적합할지 몰라도 상당히 비현실적인 사례이다. 프로파일링, 행동 분석, 경찰에 대한 심리학적 지원 및 기타 다양한 용어로 불리고 있는 법정 심리학자들의 범죄 수사 지원 활동은 매우 복잡한 과정들로 이루어지며, 논쟁의 대상이 될 소지 또한 존재한다.

법정 심리학자들은 범죄 수사 영역에서 매우 다양한 연구 및 실무 활동을 진행하고 있다. 앞서 제시한 사례에서처럼 범죄 용의자가 어떤 사람인지를 추정하는 수사 과정에 직접 참여하기도 하며, 가해자가 특정 인물을 피해자로 선택했는지 등 용의자의 행동 특성을 분석해 경찰 수사를 지원하기도 한다. 그 밖에도 용의자 검거 후 수사 과정에서 사용되는 경찰 전략을 조언하기도 한다. 앞 장에서 경찰 교육, 신임 경찰관 선발, 스트레스 관리 등 경찰기관을 대상으로 하는 심리학자들 및 정신건강 전문가들의 활동에 초점을 맞췄다면, 이 장에서는 범죄 해결을 위해 경찰 및 법집행 기관에서 사용하는 다양한 방법과 관련된 심리학적 내용들을 다룬다. **수사 심리학**(investigative psychology)이라 불리는 과학적 연구 분야는 경찰 수사 과정에서 심리학 활용을 급속히 증가시키고 있다. 수사 심리학은 이 장에서 다루고 있는 모든 활동에 적용 가능한 용어이다.

수사 심리학

영국 리버풀 대학교(University of Liverpool) 부설 국제수사심리학연구센터(International Centre for Investigative Psychology) 책임자인 David Canter 교수와 동료들은 "심리학 분야의 풍부한 연구 성과들이 수사 심리학 분야를 충분히 견인할 수 있다는" 믿음하에(Alison & Canter, 1999, p. 9) 수사 심리학이라는 새로운 학문 분야를 제안했다. 기본적으로 수사 심리학은 범죄 행동과 수사 과정들을 이해하기 위해 고안된 새로운 과학적 접근법을 말한다(Taylor, Snook, Bennell, & Porter, 2015).

수사 심리학 분야의 연구들은 크게 세 가지 범주로 구분된다; ① 범죄자 행동 특성, ② 집단 범죄와 테러리즘의 사회 심리학, ③ 수사 의사결정의 인지 심리학(Taylor et al., 2015). 특히 이 장에서 중점을 두는 내용들은 프로파일링 기법을 통해 연구되는 범죄자 행동의 본질과 경찰 등 법집행기관에서 이루어지는 수사 과정이다. 중요한 점은 수사 심리학 분야의 연구 및 실무 활동이 연쇄 살인범, 연쇄 강간범 등에 대한 프로파일링 활동에만 국한되는 것이 아니며, 경찰이 수사하는 모든 범죄 유형뿐 아니라 경찰 수사 영역에서 다소 벗어나 보이는 보험사기, 악의적 화재, 탈세, 관세 및 소비세 위반 행위 및 심지어 테러 범죄 또한 대상으로 한다는 점이다(Canter & Youngs, 2009).

용의자 미검거 상태에서 진행되는 범죄 수사 과정에서 떠올릴 수 있는 심리학적 질문은 다음 세 가지로 특정할 수 있다(Canter & Alison, 2000); ① 가해자의 신원을 확인하거나 성공적으로 기소하는 데 도움이 될 수 있는 중요한 범죄 행동 특성은 무엇인가, ② 범죄자 신원 확인을 위해서는 범죄자의 어떤 특징을 추론해야 하는가, ③ 동일인이 저지른 또 다른 범죄가 있는가. 이 질문들은 아직 용의자가 누구인지 모르는 수사 초기 과정에 필요한 핵심적인 내용들을 담고 있다. 질문에 대한 답변은 대중과 언론에서 유행하는, 법정 심리학을 공부하는 학생들이라면 한 번쯤 관심을 가졌을 만한 프로파일링(profiling) 범죄 수사 기법과 관련된 것도 있고 그렇지 않은 것도 있다. 다양한 형태의 범죄 프로파일링 기법이 1971년 미국 FBI에 최초로 도입된 이래 경찰 등 공식 수사 업무를 수행하는 법집행기관들에서 큰 인기를 끌었다(Pinizzotto & Finkel, 1990). 그러나 Canter 교수는 가해자 프로파일링(offender profiling)이라는 용어 자체를 부정하고 있다. 그 이유는 심리학자들은 대중에 알려진 프로파일러들 이상의 분석과 연구를 진행할 역량을 지니고 있으며, 프로파일링에서 다루는 내용들이 수사 심리학적 내용들을 포괄하지 못한다고 판단했기 때문이다(〈My Perspective 3-1〉 참조).

실제로 오늘날 많은 예능 프로그램에서는 각기 다양한 형태로 프로파일링 관련 쇼 프로그램을 방영 중이며, 중요 사건이 발생할 때마다 프로파일러들이 방송에 출연하고 있다. 정교한 수사 기법을 동원해 용의자가 누구인지 알아내는 프로파일러들의 성공적인 활약상이 인기 TV 프로그램 및 영화에 등장하고 대중매체가 이에 열광하고 있지만, 현실은 영화 속에 그려지는 모습들과는 사뭇 다르다. 범죄자 프로파일링의 성공 사례 건수와 실패 사례 건수를 비교하면, 성공 사례는 우연에 가깝다고도 볼 수 있다. 그러나 이 장에서 다루어지는 바와 같이 지난 수십 년간 프로파일링 기법 중 일부는 점점 더 과학적인 근거를 기반으로 발전해 왔다. 누가 과연 전문적인 프로파일러인지 스스로를 프로파일러라 자처할 수 있는 기준은 없지만, 프로파일링보다 더욱 선호되는 용어인 행동분석 분야의 훈련 과정은 더욱 다양해지고 엄격해졌다. 다수의 심리학자와 연관 학문 분야 학자들이 범죄 수사 과정에서 다뤄지는 프로파일링에 대해 다소 회의적이기는 하나, 프로파일링이 범죄 해결에 아무런 가치가 없다고 노골적으로 평가해서는 안 될 것이다.

이 장의 초반부는 프로파일링에 초점을 맞춰 그 타당성 여부에 대한 연구 결과들을 제시하는 것으로 시작한다. 과연 프로파일링은 유용한 것인가, 성공적인 수사 기법이라 할 수 있는가, 실제 얼마나 정확한 예측력을 가지고 있는가, 프로파일링 기법 중 어떤 기법들이 더욱 과학적 · 실무적으로 적합한 것들이고, 대중매체들에서 관심을 가질 만한 '좋은 프로파일러'란 어떤 인물들인가. 이후 이 장의 후반부에서는 목격자와 용의자 인터뷰 및 신문 기법, 거짓말 탐지, 목격자 진술의 정확성 평가 등 범죄 수사 원리들에 심리학적 개념을 적용한, 어찌 보면 더욱 심리학과 밀접한 관련이 있는 주제들을 다룰 것이다. 범죄 수사 과정에 심리학적 원리를 적용한 연구 결과들이 경찰의 범죄 수사 해결을 조력할 수 있을 뿐 아니라 무고한 사람들을 범인으로 몰아가는 수사 오판을 최소화하는 데 큰 도움이 될 수 있을 것이다.

MY PERSPECTIVE 3-1

수사 심리학의 등장 배경

David Canter, Ph.D.

처음에는 중요치 않다고 여겨졌을지 모르지만, 일생을 통틀어 다시 생각해 보면 여러분과 여러분이 하는 일을 바꿀 수 있는 결정적인 사건들이 있다. 나에게 이런 일은 1986년에 일어났다. 나는 그때까지 경찰 수사와는 특별한 관련이 없던 평범한 심리학자였다. 어느 날 우연히 경찰에서 런던 인근에서 발생한 연쇄 강간살인 사건에 대해 자문 요청을 받게 됐고, 내가 작성한 분석 보고서들이 당시 수사에 많은 도움이 되었다고 담당 경찰을 통해 전해 들었다. 이 일을 계기로 수많은 사건 분석 의뢰가 들어왔고, 사건 데이터에 접근이 가능해지면서 범죄 사건에 대한 체계적 연구를 진행할 수 있게 되었다. 내가 수사 심리학(investigative psychology)이라고 명명한 학문 분야는 당시에 진행하던 범죄 행동 및 사건에 대한 다양한 기초 연구들에서 출발했다고 볼 수 있다.

연쇄 사건 해결 및 새로운 심리학 분야의 창시에 있어 나의 노력과 기여에 대해 돌이켜 생각해 보면, 당시 영국 내 경찰 수사가 비약적으로 변화하던 시기였던 동시에 나 자신이 직업적으로 끊임없이 발전을 추구하던 시기가 맞아떨어진 매우 운 좋은 상황이었다는 생각이 든다. 나는 고등학교 때는 과학을, 리버풀 대학교에 재학 중이던 학부 시절에는 전통적인 실험실 과학을 전공했지만, 예술에 대한 관심으로 실험실 밖에서 일어나는 심리학적 현상을 공부하고 싶었다. 이러한 관심으로 인해 건축과학 분야에서 개방적 사무실 설계가 근무 성과에 미치는 영향에 대한 연구로 박사학위를 받았다.

1968년 박사학위를 받고 글래스고(Glasgow)에 위치한 스트라스클라이드 대학(Strathclyde University) 건축학부 교수로 부임했다. 건축학부에 재직한 덕분에 초기 건축 심리학 분야의 발전에 이바지할 수 있었다. 이 분야는 추후 환경 심리학으로 더욱 알려지게 되었다. 그 당시 많은 학술 논문을 출판했고, 이 분야 최초의 학술지인 『환경 심리학회지(Journal of Environmental Psychology)』를 창간함으로써 새로운 학문 분야가 출현하는 활동 과정이 어떤지 알게 됐다.

더욱 큰 성공은 건축학 연구에 대한 성과를 인정받아 동경 빌딩 연구소(Tokyo Building Research Station)에서 연구비 지원을 받게 된 것이었다. 일본인들은 지진 위협으로 인해 건물의 대피 공간에 큰 관심을 가지고 있었다. 따라서 나는 지진 대피뿐 아니라 화재 및 기타 비상사태에 대비한 건물 설계가 매우 중요하다는 사실을 알게 되었다. 이러한 맥락에서 인간 행동을 이해하는 것은 매우 중요한 일이다. 결과적으로 1970년대 중반부터 10년간 빌딩 화재 상황에서 나타나는 인간 행동들과 관련된 연구를 수행했다. 당시 연구 진행을 위해 정책 담당자 및 경영진과의 상호작용이 필요했고, 이러한 프로젝트 경험은 나의 경력에 매우 중요한 영향을 미쳤다. 이후에도 각종 재난재해 사고 시 정부 조사 과정에 대한 증언 요청을 받았고, 주요 산업체들에 공장 위험 환경에서 발생할 수 있는 사고 감소 방안에 대해 자문해 주었다.

그러다 1986년 한 경찰 간부로부터 아직 미검

거 상태의 연쇄 살인범이 또 다른 범행을 저지르기 전에 수사에 도움을 달라는 요청을 받았다. 나는 학술 연구 경험뿐 아니라 실무 프로젝트 수행 경험이 풍부했기 때문에 연쇄 살인범 검거를 위한 경찰과의 수사 협조에 자신이 있었다. 이때의 경험을 바탕으로 쓴 책『범죄의 그림자(Criminal Shadows)』(Canter, 2000)가 수상하면서, 연구 프로젝트가 아닌 실무 컨설팅 업무에 본격적으로 도전하기 시작했다. 건축 학교에서 산업시설에서의 비상사태와 사고 상황에 대한 연구를 진행하면서 초점을 맞춰 왔던 일상생활 속에서의 사람들의 행동 패턴과 실제 발생하는 다양한 사건에 접근하는 연구법을 범죄 수사에 적용했다.

이러한 접근 방식은 이전에 심리학자들이 사용하던 일반적인 범죄자 연구 접근 방식과는 다른 것이라 할 수 있다. 범죄자들과 직접 접촉해 오던 심리학자들 대부분은 범죄자들을 자신들만의 독특하며 기괴한 방식으로 세상을 대하는 환자로 취급하는 임상적 접근 방식을 주로 사용해 왔다. 범죄의 심리학적 발생 원인이 다소 헤아리기 어렵고 독특할지 몰라도, 나는 범죄자들의 행동 과정을 실험실 밖에서 일어나는 다양한 일상 활동의 일부로 바라보았다.

처음으로 경찰 수사를 지원했던 런던 강간살인 범죄자 사건 분석 당시 경찰은 나에게 이 사건에 대한 구체적 정보들을 제공했다. 이후 분석 결과가 성공적으로 맞아떨어진 것으로 판명되자, 더 많은 경찰 기록에 접근할 수 있는 기회가 제공됐다. 자료들을 분석하면서 나는 범죄자들의 행동들에서 반복되는 패턴을 발견했고, 심리학적 지식과 방법론이 다양한 측면에서 범죄 수사에 활용될 수 있다는 사실을 깨달았다. 이 중에는 경찰의 데이터 수집 방법의 개선 또한 포함되어 있다. 즉, 수사 기록 문서들이 오류투성이라면 이러한 자료를 가지고 분석한 결과 또한 아무 쓸모가 없다. 경찰 데이터 개선 방안에서 시작된 일들은 경찰에서 수집하는 자료들의 조직화시키는 작업뿐 아니라 거짓 탐지, 허위 자백, 허위로 범죄자의 혐의를 조작하는 문제들까지로 확대됐다.

범죄 수사 과정에 심리학적 지식과 방법론을 적용하는 나의 시도들은 일종의 뛰어난 통찰력을 지닌 외로운 천재 심리학자의 도전이었다. 범죄 수사에서 맹활약을 펼쳤던 천재의 활약은 다른 어떤 실존 인물들보다 소설 속 셜록 홈즈가 기여한 바가 컸다. 그간 실무적 · 학문적으로 많은 기여를 해 왔던 과학적 심리학의 발전으로 체계적인 연구 방식은 이미 자리 잡고 있었다. 이와 같은 방법론은 범죄자에 대한 허구적 표현으로 미신적인 지위를 부여받은 '가해자 프로파일링(offender profiiling)'과는 매우 다른 개념이다. 가해자 프로파일링은 범죄 현장에서 수집한 세부 정보를 바탕으로 가해자들의 특성을 추론하는 특별한 스킬을 지니고 있다고 주장하는 FBI 프로파일러들의 분석 방식에 큰 영향을 받았다. 그들은 연쇄 살인범들에 대한 '체계적(organized)' 및 '비체계적(disorganized)'인 이분법적 유형론의 유용성을 주장했지만, 자신들이 사용하는 방법론을 어떻게 검증해야 하는지조차 알고 있지 못했다. 이후 이분법적 유형론은 객관적인 방법론이 아니라는 이유로 많은 비판을 받아 왔다.

범죄 행동을 토대로 범죄자의 특성을 추론해 나가는 FBI 프로파일러의 직관력은 분명 가치가 있다. 하지만 다양한 심리학 연구 분야의 핵심 목적인 관계 설정에 대한 이해 부족으로 근거가 미약한 부적절한 결론만을 도출할 뿐이다. 예를 들어, 범죄 행동이 기괴하거나 심리적 요소가 수반된 범죄 사건들에 프로파일링 방법이 적합하다는 FBI의 주장은 과학적 근거가 미약하다. 강도, 절도 등과 같은 일반적인 범죄들에서도 물건을 절취하는 방법에 따라 범죄자들의 특성은 다를 수 있다. 즉, 일반적인 범죄에서도 범죄자의 수법, 행동 방식은 그 사람에 대해 많은 것을 이야기해 준다. 개인의 행위와 특성 간의 관계짓기야말로 경험적이며, 타당한 추론을 발전시키기 위한 밑거름이다.

이러한 고민들로 인해 나는 범죄 수사에 심리학적 지식을 접목시킴으로써 실질적인 도움을 줄 수 있는 새로운 학문 분야가 필요하다고 생각했다. 건축가들이나 의사결정 책임자들과 함께 프로젝트를 해 왔던 경험으로 미루어 보아, 범죄 수사와 접목된 새로운 심리학 분야는 경찰 업무와 직접적인 관련성이 높아야 한다고 판단했다. 일차적으로 수사 정보와 추론 과정을 결합시킬 필요가 있었으며, 더욱 중요한 핵심은 심리학적 분석을 통해 도출된 가능성들이 수사관들의 의사결정에 실질적인 도움을 줄 수 있어야 한다는 것이었다. 새롭게 시작한 수사 심리학의 공식적인 연구 범위는 ① 정보 수집 및 평가, ② '범죄 행동-범죄자 특성 간 프로파일링 방정식(profiling equation)' 개념에 대한 추론 방식의 개발, ③ 수사관의 의사결정 지원 등이다. 다수의 전문 서적, 연구 논문뿐 아니라 석사 및 박사 과정에서의 연구 경험 모두가 새로운 심리학 분야를 창시하고 확립하는 데 매우 큰 도움이 되었다.

이 모든 것을 돌이켜 보면, 나는 단지 범죄 수사에 관심이 있던 심리학자가 아니라 넓은 의미에서 문제 해결을 위한 도구로 심리학을 범죄 수사 아이디어에 적용해 온 수사 심리학자였다. 위험한 산업 현장의 안전 향상을 위해 개방된 넓은 사무실에서의 사람들의 근무 방식, 빌딩 화재 상황에서의 행동 방식 등에 대한 연구들 모두가 현실 세계 맥락에서 발생할 수 있는 문제 해결 방법을 찾는 노력들이다. 이를 위해서는 사람들이 현재 하고 있는 일들, 즉 진행되고 있는 사안들에 대한 면밀한 검토가 필요했고, 나에게 있어 가장 자랑스러웠던 순간들은 그 안에서 의미를 찾아가는 시간들이었다. 즉, 범죄 수사와 관련해 내가 진행한 모든 수사 심리학적 연구들은 기존 심리학계의 틀에서 벗어난 도전이었으며, 심리학의 새로운 응용이었다고 생각한다.

Canter 박사는 현재 영국 리버풀 대학교(University of Liverpool) 명예교수이며, 허더스필드 대학교(University of Huddersfield) 부설 국제수사심리학센터(International Centre for Investigative Psychology) 책임자이다. 영국심리학회(British Psychological Society) 명예회원이자, 미국심리학회(American Psychological Association) 회원이고, 사회과학연구원(The Academy of Social Science)에서 발간하는 『현대 사회과학 저널(The Journal of Contemporary Social Science)』 편집위원이다. 현재도 응용 심리학 분야에서 다양한 저술 활동을 하는 동시에, 최근에는 작곡 전공 석사학위를 취득하고 박사 과정에서 현대 고전 문법을 적용한 작곡 활동을 하고 있다.

프로파일링

프로파일링(profiling)이란 다양한 수사 정보를 바탕으로 개인의 행동적 · 인지적 · 정서적, 인구통계학적 특성을 추정하는 기법이다. 대부분의 범죄 사건에서 프로파일링 기법은 미확인 용의자를 설명하기 위한 목적으로 사용되나, 확인된 인물을 대상으로 행동 패턴, 사고 형태, 정서적 특징들을 순서대로 기록하기 위해 사용되기도 한다. 프로파일링 관련 업무를 수행하는 전문가들은 프로파일러(profilers)보다는 행동 분석가(behavioral analysts)라고 불리는 것을 더욱 선호한다. 행동 분석이란 프로파일링에 비해 더욱 과학적인 활동을 수행한다는 의미를 내포하는데, 일부 정부기관에서는 프로파일러들보다 행동 분석가들을 더욱 신뢰하는 경향이 있다. 실제로 행동 분석가와 프로파일러는 유사한 훈련을 받았을 수도 있고 그렇지 않을 수도 있다. 분명한 점은 프로파일링이 과학적 영역으로 자리매김하기 위해 여전히 많은 연구자와 실무자가 부단히 노력하고 있다는 사실이다.

프로파일링은 크게 다섯 가지 하위 유형으로 구분할 수 있다; ① 범죄 현장 프로파일링(crime scene profiling),[1] ② 지리적 프로파일링(geographical profiling), ③ 용의자 기반 프로파일링(suspect-based profiling), ④ 심리학적 프로파일링(psychological profiling), ⑤ 모호한 사망 분석(equivocal death analysis).[2] 범죄 현장 프로파일링과 지리적 프로파일링의 경우 일부 중복되는 측면이 있지만, 프로파일링의 개별 하위 분야로 구분하는 것이 방법들 사이의 다양하고 복잡한 차이점을 이해하는 데 도움이 된다(Bartol & Bartol, 2013).

범죄 현장 프로파일링

범죄 현장 프로파일링(crime scene profiling)은 1970년대 초 미국 내에서 발생한 연쇄 살인 및 연쇄 강간 사건 수사를 지원하던 FBI에서 시작되었다(Homant & Kennedy, 1998). 이 시기 FBI에서는 버지니아 주 콴티코(Quantico, Virginia)에 FBI 요원 훈련을 위한 아카데미를 개설했고, 부설 행동과학부(Behaviroal Science Unit: BSU)를 설립했다. 현재 행동과학부는 행동

1) 역자 주: 범죄 현장 프로파일링(crime scene profiling)은 범죄자 프로파일링(criminal profiling), 가해자 프로파일링(offender profiling), 범죄 수사 분석(criminal investigative analysis)란 명칭으로 불리기도 한다.

2) 역자 주: 모호한 사망 분석(equivocal death analysis)은 심리학적 부검 또는 심리 부검(psychological autopsy)으로 불리기도 한다.

분석부(Behavioral Analysis Unit: BAU)로 명칭이 변경됐다. 그 이전에도 미국 경찰은 1950년대 뉴욕 미치광이 폭파범(New York's Mad Bomber) 사건, 1960년대 보스턴 교살범(Boston Strangler) 사건 등 수사에 난항을 겪던 사건들에 대해 행동과학자들의 자문을 받곤 했다(Bartol & Bartol, 2013; Greenburg, 2011). 이후 FBI 아카데미에 행동과학부가 설치되면서, 비로소 프로파일링이 미국 내 형사사법기관들의 정식 수사 과정의 일부로 자리 잡았다. 비슷한 시기에 영국에서도 프로파일링이 급속도로 발전했다. 영국 내 프로파일링은 수사심리학연구센터를 설립한 사회 심리학자 David Canter 박사가 주도한 연구 결과들을 토대로 한다. 앞서 언급한 바와 같이, Canter 박사는 FBI가 강조한 임상적 접근 방식을 탈피하려 했기 때문에 자신들의 연구와 경찰 수사 지원 활동을 '프로파일링'이라 부르는 것을 꺼렸다. 대신 Canter 박사는 범죄자의 행위를 조사하기 위해 데이터 기반 통계분석 방식에 초점을 맞췄다(〈My Perspective 3-1〉 참조). 오늘날에는 전 세계 여러 나라에서 범죄 현장 프로파일링 방식을 연구하고 경찰 수사 실무에 적용하고 있다(Goodwill, Lehmann, Beauregard, & Andrei, 2016).

임상적인 접근 방식이든, 통계적인 접근 방식이든 범죄 현장 프로파일링의 궁극적인 목적은 일련의 범죄를 저지른 미확인 용의자의 행동적 · 인지적 · 정서적 주요 특성과 그들의 일상생활(lifestyle) 방식, 인구통계학적 특성 등을 예측 · 기술하는 것을 목적으로 한다. 다시 말해, 범죄 현장의 특징들을 통해서 이러한 범죄 행동을 보일 가능성이 높은 일반적인 범죄자들의 특성과 연관 지을 수 있어야 하며, 이러한 프로파일링 분석 결과는 경찰 수사관들이 범죄 및 범죄자들에 대해 이해할 수 있도록 도움을 주어야 한다. 대부분의 사건에서 프로파일링 결과, 즉 프로파일링을 통해 묘사되는 범죄자 유형은 피해자, 목격자 진술 보고서뿐 아니라 사건 현장에서 수집된 증거 등 수집 가능한 모든 자료를 토대로 분석된다. 이러한 수사 정보들에 기초해서 프로파일러들은 범죄 용의자의 습관, 특징 분석은 물론 다음 범죄가 일어날 가능성이 높은 장소나 범죄 수법 예측을 위한 분석을 진행한다.

범죄 현장 프로파일링은 '연쇄 살인범의 사악한 마음'을 들여다보는 것이 아니라 범행 과정에서의 피해자 선정 및 처리 방식, 범죄 현장 혹은 피해자에게 나타난 법과학적 정보 등 범죄자 체포에 도움이 될 수 있는 정보들을 밝혀내는 데 주안점을 두고 있다. 사람들이 범죄 현장 프로파일링에 대해 지니고 있는 가장 일반적인 오해 중 하나는 프로파일러가 범죄자의 성격을 추정하거나 예측할 수 있다는 점이다(Rainbow & Gregory, 2011). 그러나 미확인 용의자의 성격을 결론짓거나 묘사하는 것은 그 자체로 분석의 신뢰도나 타당성이 결여되어 있으며, 잠재적인 용의자를 선별하는 경찰 수사 과정에 별다른 도움을 주지 못하는 경우가 많다. 예를 들어, 범인이 마조히즘(masochism)적 성향, 즉 피학대 성향을 지니고 있을 가능성이 높다는 조언은 경찰 수사에 별다른 도움을 주지 못한다. 오히려 마조히즘적 성향의 소유자들이 보이는 행동 특성들을 제시해 주는 것이 수사관에게 더욱 도움이 될 수 있다. 범죄 현장 프로파일링의 또 다른 오해로는 프로파일링이 과학적 절차와 방식을 토대로 이루어진다는 믿음이다. 이러한 대중의 오해는 특히 인기 범죄 수사 드라마인 〈CSI〉 시리즈 등을 시청하면서 생긴 것으로 볼 수 있다. 드라마나 영화들에 등장하는 프로파일러들을 보다 보면, 사람들은 그들이 경험론적인 연구와 심리학적 원리를 바탕으로 분석에서 예측에 이르는 방법론적 토대가 매우 과학적이라고 오해할 수 있다. 그러나 프로파일링은 최초 개발 및 발전 단계 모두에서 과학계의 일반적 승인을 받지 못하고 있으며, 그 과학적 위치조차 인정받지 못하고 있다(Kocsis, 2009; Rainbow & Gregory, 2011; Snook, Cullen, Bennell, Taylor, & Gendreau, 2008).

범죄 현장 프로파일링은 주로 사건 해결을 위한 단서가 부족하거나 잠재적 용의자 선별에 진전이 없는 경우 진행된다. 많은 경우 프로파일링 결과는 유사한 수법으로 범행을 저지른 과거 범죄자 자료의 수집과 수집된 자료의 질적 수준에 의해 좌우된다고 볼 수 있다. 가령 프로파일러가 강도범들의 대다수는 30세 이하이며, 주거지 기준 20마일 이내에서 범행을 저지르는 경향이 높다는 연구 결과를 신뢰할 경우, 이 결과는 용의자 수색을 위한 유용한 수사 단서로 활용될 수 있다. 또한 과거 수사 데이터들을 토대로 범인은 미혼 남성이며, 사건이 발생한 술집을 자주 드나들던 공격적인 성향을 지닌 노동자이거나, 범인이 여성이라면 숙련되지 않은 노동 직종에 종사하는 약물 중독자일 가능성이 높다는 프로파일링 결과를 도출할 수 있다. 또 다른 사건들에 대해서도 과거 유사 범죄 자료들을 토대로 가해자가 주변에 특별한 주목을 끌지 않는 중년의 독거인으로, 안정적인 직장과 수입을 가졌을 것이라는 추정도 가능하다. 이러한 추측성 설명 시에는 특히 프로파일러들이 사용한 단어 각각의 의미가 중요하다. 아무리 정교한 형태의 범죄 현장 프로파일링 결과라도 범인이 누구인지 직접적인 답을 제시할 수는 없지만, 누가 특정 범죄나 연쇄 범죄에 책임이 있는 인물인지에 대한 합리적 수사 가설을 설정하는 데 도움을 줄 수 있다. 즉, 프로파일링은 수사에 상당한 도움을 줄 수는 있지만, 용의자의 신원을 특정하는 것은 유능한 수사관들의 몫이다.

범죄 현장 프로파일링에 대한 일반적인 견해와는 달리, 프로파일링은 연쇄 살인 및 연쇄 성범죄만으로 분석 대상이 제한되지 않고, 제한되어서도 안 된다. 오히려 방화, 테러리스트들의 행동들, 빈집털이 절도, 상점 절도 및 강도, 인터넷 범죄, 컴퓨터 해킹, 금융 사기 혹은 횡령 등 화이트 범죄에 적용될 경우 잠재적으로 수사에 도움이 될 가능성이 크다는 주장도 제기되고 있다.

특히 동일인에 의해 연속적으로 발생하는 연쇄 사건 수사에서, 범인이 누구인지 불명확할 때 프로파일링을 시도하는 경우가 많다. 만약 프로파일링 결과가 정확하다면 많은 용의자 사이에서 잠재적인 범인을 추려내는 데 큰 도움이 되지만, 정확하지 않다면 수사에 혼선을 야기할 수 있다. 만약 도출된 프로파일이 수사에 도움이 된 경우라면, 소위 연관성 분석(linkage analysis) 결과가 연쇄 사건의 범인이 동일인이라는 점을 밝혀낸 것이다. 연관성 분석은 일련의 연쇄 사건에서 나타난 유사성을 바탕으로 동일인 여부를 규명하는 분석 방법이다(Woodhams, Bull, & Hollin, 2010). 그러나 일반적인 범죄 현장 프로파일링 기법과 마찬가지로 연관성 분석 또한 그 효용성 여부에 대해 찬반이 엇갈리는 상황이다(Risinger & Loop, 2002).

대중매체에 묘사된 프로파일러들의 이미지와 역할 등에서 알 수 있듯이, 프로파일링에 대한 엄청난 관심에도 불구하고 경찰 수사관 및 경찰 및 공공안전 심리학자들 사이에서 프로파일링 기법이 사용되는 경우는 생각보다 많지 않다. 경찰 심리학자들은 프로파일링 기법의 효용성에 대해 의문을 제기하고 있는데, Bartol(1996)이 실시한 조사에서 경찰 심리학자 중 70%가 프로파일링이 안정적인 기법이라고 생각하지 않으며, 기법 타당도 및 효용성에 대해 심각한 문제가 있다고 여기는 것으로 나타났다. Bartol의 조사 결과가 발표되고 10년 후 제시된, 심리학자 및 정신의학자들을 대상으로 실시된 Torres, Boccaccini와 Miller(2006)의 연구에서도 프로파일링 기법이 과학적인 신뢰도와 타당도가 확보되어 있다고 응답한 비율은 전체의 25% 미만인 것으로 나타났다.

흥미로운 점은 '범죄 현장 프로파일링'이 아닌 행동 분석, 수사 심리학, 범죄 수사 분석 등 다른 용어로 표현했을 때 프로파일링에 대해 더욱 수용적인 자세를 보인다는 점이다. Torres 등(2006)의 조사에서는 법과학 전문가들이 범죄 수사 분석(criminal investigative analysis)에 대해 평가해 달라는 질문을 받은 경우 '프로파일링'에 대해 평가해 달라는 질문을 받은 경우에 비해 해당 기법이 더욱 신뢰도 및 타당도가 높다고 응답하는 경향이 나타났다. 이러한 결과는 프로파일링을 더욱 과학적인 뉘앙스를 지니는 명칭으로 표현했을 때 응답자들이 더 호의적인 태도를 보인다는 점을 시사한다. 이러한 경향은 법원에서도 마찬가지였다(Cooley, 2012; Risinger & Loop, 2002). Torres 등은 "프로파일링 관련 업무를 수행하고 있는 전문가들 중 많은 이가 자신의 프로파일링 분석 내용에 대한 법정 증언에서 '프로파일링 결과'라는 명칭을 붙이지 않고 다른 명칭을 사용했을 때 증언 내용이 증거로 채택될 가능성이 더 높다는 인식을 지니고 있다."(p. 53)고 한다.

한편, 경찰 수사관들 중 대다수가 프로파일링에 대한 포괄적 정의 개념이 실무적으로 더욱 유용하다고 생각하는 경향이 있는 것으로 나타났다(Snook et al., 2008). 예를 들어, Jackson, van Koppen과 Herbrink(1993)가 네덜란드 경찰관들을 대상으로 실시한 조사에서는 조사 대상자 6명 중 5명이 범죄자 프로파일링이 어느 정도는 유용하다고 답변하였다. Copson(1995)의 조사에서는 영국 내 경찰관들 중 83%가 범죄자 프로파일링이 수사 과정에서 유용하게 활용되고 있다고 응답하였으며, 92%는 범죄자 프로파일링 지원을 다시 받을 의향이 있다고 답한 것으로 나타났다. 그러나 Pinizzotto(1984)의 이전 연구에서는 경찰관 조사 대상자 중 17%만이 프로파일링 결과가 유용하다고 응답한 바 있다. '프로파일링'이라는 용어 자체가 가지는 과학적 의미 여부와는 관계없이, 프로파일링의 효과에 대해서는 포괄적인 관점에서의 논쟁이 지속되고 있다. 따라서 프로파일링은 법정 심리학자들의 연구 관심과 노력이 더욱 필요한 분야라 할 수 있다. 즉, 프로파일링 절차와 방법의 신뢰성 및 타당성 수준에 대해 정확히 평가하고, 법집행기관의 범죄 수사 과정 및 관련 법과학 분야에 적용하기 위해서는 어떤 점들을 개선해 나가야 하는지에 대한 이해와 검토가 필요하다(〈표 3-1〉 참조).

표 3-1 프로파일링 유형별 개념 정의 및 주요 한계

유형	정의	한계
범죄 현장 프로파일링	범죄 현장 조사를 통해 가해자의 동기 혹은 특성 추론	타당도가 결여된 추정에 근거해 범죄 현장을 체계적(organized) 대 비체계적(disorganized) 유형으로 단순 구분; 몰입 편향(commitment bias) 등 수사관의 인지 편향 가능성; 범죄자들의 사건 현장, 위장 행동 등 해석에 취약(민감성이 떨어짐)
지리적 프로파일링	미확인 연쇄 범죄자들에게 의미 있는 관련 장소 분석; 범죄 다발 지역(hotspots) 분석	범죄자가 연쇄 범행을 저지른 영역에서 이탈(이동)했을 경우, 프로파일링 결과의 오류 가능성 상존; 범죄자의 심리적 안정 지역(comfort zone) 개념 이외의 심리 특징들에 대한 고려 부족
용의자 기반 프로파일링	과거 발생한 동종 사건의 범죄자 데이터를 체계적으로 수집해 현재 용의자 유형을 분석 · 확인	인종, 종교, 민족 특성 등 기반의 불법적 혹은 편향된 프로파일링 가정/전제 차용
심리학적 프로파일링	확인된 범죄 관련자(용의자 포함)의 세부 심리 특성에 대한 상세 기술; 위협 혹은 위험성 평가 방법 사용	신뢰도를 보장할 수 없는 자료들을 토대로 이루어지는 추측에 근거한 기술적 분석 결과만 제시; 위협 및 위험 평가 방식, 기타 평가 방식들에 대한 타당도 결여
심리 부검	사망 방식을 규명하기 위해 사망자의 심리 및 배경 특성에 대한 상세 분석 결과 제시	일반적으로 수용되는 객관적 분석 지침(가이드라인)의 부재. 법정 증거로 제출될 경우 인정되지 못하거나 반박의 여지가 있음

지리적 프로파일링과 범죄 지도

도시 내 특정 지역에 범죄가 집중되는 경향과 같은 범죄 발생의 지리적 패턴은 **지리적 프로파일링**(geographical profiling)과 **지리적 맵핑**(geographical mapping)의 두 가지 방식으로 분석된다. 지리적 프로파일링은 연쇄 범죄자의 공간적 이동이 집중되는 위치를 분석하는 과정이며, 지리적 맵핑은 특정 기간 내 발생한 모든 범죄의 발생 위치를 지도에 표시함으로써 범죄 발생의 공간적 패턴을 분석하는 방식이다. 중요한 점은 필요에 따라 이 두 가지 분석 절차를 통합해서 사용할 수 있다는 점이다. 어떤 의미에서 지리적 맵핑은 특정 범죄들이 다발적으로 집중되는 '핫스팟(hot spot)'을 확인하는 것이다. 지도상에서 범죄 다발 지역을 확인하는 방식은 19세기 초 유럽에서 유래되었으며, 20세기 초 미국에서 본격적으로 사용되기 시작했다. 〈NCIS〉 등과 같은 미드 범죄 수사물에서 볼 수 있듯이 '핫스팟' 분석을 기반으로 한 범죄 맵핑(crime mapping)은 오늘날 더욱 정교한 방식으로 활용되고 있다. 도심에 위치한 경찰관서들에서는 범죄의 지리적 분석을 담당하는 경찰관들을 훈련시키거나, 이 분야에 특화된 전문가들을 직접 고용 및 정기적인 자문을 받고 있다. 반면에 지리적 프로파일링은 범죄 발생의 공간적 패턴보다는 범죄자의 이동 행동에 초점을 맞추고 있다. 즉, 연쇄적으로 발생한 범죄 위치, 장소 특성 및 이들 위치 간의 관련성을 분석하여 신원이 확인되지 않은 연쇄 범죄자의 예상 근거지나 다음 범죄 위치, 장소 등을 예측하는 방식이 지리적 프로파일링이다(Guerette, 2002). 범죄 현장 프로파일러들이 용의자의 인구통계학적 · 동기적 · 심리적 특성들에 대한 가설을 수립하는 데 반해, 지리적 프로파일링을 담당하는 프로파일러들은 용의자의 현재 거주지, 범행 근거지 등에 대한 가설을 설정하고, 향후 범죄가 발생할 확률이 높은 지역 · 위치를 예상하여 다음 범죄 장소를 선정하는 역할을 한다. 지리적 프로파일링은 침입 절도, 차량 절도, 방화, 성범죄, 폭발물 테러, 은행 강도, 아동 유괴, 살인 등 연쇄적으로 발생하는 범죄를 대상으로 하며, 범인이 혼자 혹은 한두명의 공범과 함께 범죄를 저지른다는 전제를 기반으로 한다.

지리적 프로파일링은 심리학과 관련성이 적다고 여겨질 수 있다. 그러나 근거지에서 멀리 떨어진 곳에서 범행을 저지르려는 심리적 욕구와 범죄자들의 안정 지역(comfort zone) 개념 등을 고려하면 심리학적 원리들과 밀접한 관계가 있다. 지리적 프로파일링과 심리학적 개념을 연결시킨 좋은 예로는 Rossmo(1997)가 제안한 '사냥 패턴(hunting pattern)' 이론이 있다. Rossomo는 방대한 범죄자 데이터베이스를 토대로 범죄자들은 특정한 이동 패턴을 보이며, 주로 범행을 저지르는 지역과 관련된 심리적 안정 지역을 형성하는 경향이 나타나는 점을 확인했다. 이러한 발견을 토대로 Rossomo는 범죄의 지리적 표적화(Criminal

Geographic Targeting: CGT)라 명명한 분석 프로그램을 개발했다. CGT 프로그램에서는 공간적 통계 확률을 기반으로 범죄자들의 주된 활용 영역을 표시하는 지형도를 산출할 수 있다. 분석 결과를 토대로 용의자의 예상 근거지나 주 활동 지역을 추정할 수 있다. Rossomo의 이론은 특히 연쇄 성범죄나 연쇄 강도 등 폭력적인 행동을 보이는 연쇄 범죄자들에게 더욱 적합하다.

Rossomo(1997)에 의하면, 지리적 프로파일링은 범죄자 혹은 범죄 현장 프로파일링과 통합해서 사용할 경우 그 효과를 극대화할 수 있다고 권고하고 있다. 또한 지리적 프로파일링은 직접적으로 범죄 해결에 기여할 수도 있지만, 범죄 위험 지역에 대한 순찰, 모니터링 등 다양한 치안 활동 전략을 수립하는 데도 활용할 수 있다고 한다.

용의자 기반 프로파일링

범죄 현장 프로파일링 및 지리적 프로파일링이 미검거 사건을 대상으로 분석이 이루어진다면, **용의자 기반 프로파일링**(suspect-based profiling)은 검거된 범죄자들의 행동, 성격, 인지, 인구통계학적 데이터에 대한 체계적 수집 과정에서부터 시작된다. 예를 들어, 마약 밀매, 폭탄 테러, 비행기 납치 범죄를 저지를 가능성이 높은 사람들의 심리학적 특징들을 요약한 용의자 기반 프로파일은 과거 유사 범죄를 저지른 사람들의 특성들을 바탕으로 도출된다. 즉, 용의자 기반 프로파일링의 최종 결과에는 다양한 범죄자 집단의 특성들이 구체적으로 기술되어 있어야 한다. "예를 들어, 특정 시간대에, 특정한 종류의 차량을, 특정한 속도로 이동하는 차량이 있고 운전자 외양 또한 특정한 모습을 하고 있을 경우, 그는 마약을 배달하는 범죄자 집단 유형과 유사하기 때문에 이러한 차량을 발견할 경우에는 검문을 실시해야 한다."(Homant & Kennedy, 1998, p. 325) 여기서 특정한 모습을 지닌 외양은 의심스러운 행동, 연령대, 옷차림 등을 의미하는데, 이러한 외양적 특징은 특정 범죄자 유형의 일반적 형태일 수도 있지만 특정 인종, 민족 집단의 일반적 특성일 수도 있다.

용의자 기반 프로파일링 중에서 가장 널리 알려져 있으면서도 논쟁의 여지가 있는 유형이 **인종 프로파일링**(race profiling)이다. 인종 프로파일링은 범죄 혐의가 의심되는 사람들의 행동이나 범죄 행위에 연루되었다는 구체적인 사실 정보들을 고려하지 않고 대상자의 출신 국가, 인종, 민족 정보들만을 토대로 범죄 혐의를 두는 경찰 행위를 의미한다(Ramirez, McDevitt, & Farrell, 2000, p. 53). 이러한 프로파일링 방식은 법률적으로 허용되지 않는다. 미국 법원에서는 단지 대상자가 흑인이나 히스패닉계라는 이유만으로 이루어지는 경찰 활동을 위법 행위로 판결한 바 있다. 2장에서 언급된 것처럼 2013년 미국 연방 대법원 판례에서는 의심스러운 범죄 위험 행동에 기반하지 않고 특정 인종이나 민족 출신자들을 대상으로 실시한 검문검색 정책을 위헌이라고 판결한 바 있다. 이 판례 이후 미국에서는 시민단체, 시민, 공무원, 법원 등에서는 경찰 검문검색 활동의 헌법 위배 가능성에 대해서 철저한 감시 활동이 이루어지고 있다.

21세기 들어 미국에서는 멕시코와 국경을 인접한 주정부들뿐만 아니라 미국 전역에서 불법 체류 문제가 중요한 정치적 이슈로 떠올랐다. 이 문제는 ① 국경 지역을 통해 유입되는 마약 밀매, ② 체류 허가를 받지 않은 상태에서의 불법 체류자 문제 등을 촉발했다. 이민자 문제가 미국 내 높은 실업률 및 마약 밀매의 원인으로 지목되면서, 단기 비자로 입국한 불법 체류자들에 대한 강력한 단속 정책이 이어졌다. 결국 마약 밀매가 가장 큰 화두이긴 하지만, 국경을 넘어 미국으로 입국하는 사람들 모두를 마약 밀매상으로 볼 수는 없다. 이들 중 대부분은 보다 나은 삶의 방식을 찾아 나선 사람들일 뿐으로, 무비자 상태에서 국경을 넘은 사람들 대다수가 정권의 폭압을 피해 떠나온 정치적 난민들이거나 극심한 자연재해를 피해 안전한 나라를 찾아 조국을 떠난 사람들이다(10장의 〈Focus 10−1〉 참조).

민족 · 인종 프로파일링은 마약 밀매자들이나 불법 이민자 식별뿐 아니라 특정 종교를 믿는 사람들, 특히 이슬람 교도들 식별을 위한 목적으로까지 확대되었다. 2001년 11월 9 · 11 테러 이후 2013년 보스턴 마라톤 폭탄 테러, 2015년 샌버너디노(San Bernardino) 공격까지 테러 공격이 지속적으로 발생하면서, 테러리스트들의 프로파일에 부합하는 인종, 민족, 종교를 지닌 사람들에 대한 경찰의 보안 감시 및 출입국 시 보안 검색 및 입국 심사가 더욱 엄격해졌다. 여행객들의 신발, 속옷, 가방 속에서 폭발 장치들이 발견되면서, 미국 교통안전국(Transportation Security Administration: TSA)에서는 2010년부터 미국 내 모든 공항에서 항공기 탑승객들을 대상으로 전신 스캔 및 몸수색을 실시했다. 항공기 승객을 대상으로 한 전신 스캔에 대한 불만이 폭주하면서 인권 침해에 대한 법적 고발로 이어지자, 전신 스캔을 거부하는 사람들의 경우에는 정밀 수색을 실시하는 방식으로 변경됐다. 보안 검색 절차에 대한 비판론자들은 이러한 인권 침해적 보안 검색 절차가 특히 중동계 탑승객들에게 더욱 심하게 적용될 가능성이 높다고 보고 있다. 실제로 자생적 여성 테러리스트를 의미하는 소위 '지하드 제인(Jihad Jane)'이라 불리는 Richard Reeve와 Colleen LaRose 등은 신발에 폭발물을 설치해서 반입한 것으로 유명한데, 이들은 특별히 강화된 보안 검색을 받는 중동계 출신이 아니었다. 즉, TSA가 규정한 테러 위험인물 프로파일에 부합하지 않는다. 이 두 여성 테러리스트는 테러 혐의로 유죄를 선고받고, 현재 연방 교도소에 수감되어 있다.

2001년 이후 미국 TSA 소속 공항 보안요원들은 테러리스트 혹은 파괴적인 폭력 행동 위험성이 높은 인물을 선별하기 위해 의심스러운 행동과 얼굴 표정을 식별하는 훈련을 받고 있다(Bradshaw, 2008). 승객 프로파일링 훈련은 부분적으로 심리학자인 Ekman(2009)의 연구 결과 및 보스턴 로건(Logan) 국제공항에 2002년 시범 도입된 보안 프로그램 성과를 바탕으로 한다(Bradshaw, 2008). 그러나 Ekman이 개발한 식별 방식은 개발자 자신조차도 의심스러운 얼굴 표정으로 탐지된 사람들 10명 중 9명이 아무 혐의가 없었다는 점을 인정할 정도로 오류가 많은 선별 방식이다. 위험인물 선별 적중률은 인권 자유 단체들의 관심의 대상이다. "많은 여행객이 획일적인 보안 검색 절차에 주눅이 들거나, 비행기 탑승에 대한 두려움을 갖고 있다는 이유만으로, 혹은 불법은 아니지만 성인 잡지와 같은 드러내고 싶지 않은 부끄러운 물건을 소지하고 있다는 이유만으로 집중 보안 검색 대상이 될 수도 있다." (Bradshaw, 2008, p. 10) 기만 탐지와 관련된 구체적인 연구 결과들에 대해서는 이 장의 후반부에서 다시 살펴보겠다.

심리학적 프로파일링

심리학적 프로파일링(psychological profiling)은 이미 확인된 개인의 범죄 위험성 혹은 위협 상황에 노출될 가능성에 대해 다양한 정보를 수집 · 분석하는 과정을 의미한다. 특정 개인, 집단, 조직 등을 상대로 협박 편지를 발송하는 신원 미확인 범죄자를 대상으로도 심리학적 프로파일링이 실시될 수 있다. 불상의 협박 용의자 대상 프로파일링에서는 그들의 향후 실제적 위협 행동 가능성을 평가한다.

일반적으로 심리학적 프로파일링 과정에서는 위협 평가(threat assessment)와 위험성 평가(risk assessment)가 진행된다. 위협 평가는 위협 행동이 실제로 나타날 가능성이 있는지 여부를, 위험성 평가는 특정 개인의 자 · 타해 위험성을 평가하는 방법을 의미한다. 두 가지 평가 방식 모두 생활환경 및 개인력(personal history) 확인, 관찰, 인터뷰 등 다양한 평가 방식들이 사용된다. 여기서 중요한 것은 두 가지 평가 방식 모두 관련 연구가 충분히 이루어졌다는 것인데, 법정 심리학자들은 범죄 수사 이외의 목적으로도 다양한 형사사법 절차에서 위협 및 위험성 평가를 이미 수행하고 있다. 이는 법정 심리학자들의 주된 역할 중 하나로서 다음 장에서 더욱 상세하게 다루어질 것이다. 범죄 수사 이외 영역에서 진행되는 위협 평가는 8장에서 다시 논의될 것이다.

심리학적 프로파일링은 범죄 수사 목적으로 유용하지만 배우자 학대범, 아동 성범죄자, 방화범, 스토커 등 특정 범죄 집단의 프로파일을 도출할 시에도 활용되고 있다. 특히 임상심리학을 바탕으로 범죄자를 연구하는 심리학자들의 경우에는 이와 같은 프로파일 분석에 더욱 많은 노력을 기울이고 있다. 수사관들은 특정 용의자가 스토커 유형 프로파일이나 성범죄자 유형 프로파일에 부합하는지 여부를 판단할 때 심리학적 프로파일을 사용한다. 이와 같은 특정 범죄자 유형에 대한 심리학적 프로파일은 수사 과정에서 유용하게 활용될 수 있는 반면, 수사관의 판단을 편향시킬 가능성 역시 존재하기 때문에 수사 과정에 적용할 때에는 세심한 주의를 기울일 필요가 있다. 스토킹, 성범죄, 가정 폭력 등 세부 범죄 유형을 다루는 이후의 장들에서 심리학적 프로파일 유형에 대해서 더 구체적으로 살펴보도록 하겠다.

마지막으로, 심리학적 프로파일링은 임상적으로 다방면에서 활용되고 있음에 주목할 필요가 있다. 정신건강 분야 전문 심리학자들이나 정신과 의사들은 사회적으로 널리 알려진 인사들에 대해 직접 인터뷰 및 수집 가능한 모든 정보를 토대로 이들의 심리학적 프로파일 유형을 추정한 결과 보고서를 작성하기도 한다. 그러나 사회적 인물들에 대한 심리학적 프로파일링 과정에서 직접 인터뷰가 진행되는 경우는 거의 드물다. 정보기관 및 군에서는 이미 오랜 기간 동안 심리학적 프로파일링을 시행한 역사를 가지고 있다(Ault & Reese, 1980; Omestad, 1994). 이들 기관에서는 아돌프 히틀러, 오사마 빈 라덴, 국제적인 지도자들, 미국 대통령, 기타 정치인 등의 다양한 인물에 대한 프로파일을 분석하고 있다. 이와 같은 심리학적 프로파일들은 분명 흥미로운 내용을 담고 있으나 과학적 타당성이 결여되어 있다.

심리 부검

심리 부검(psychological autopsy)은 사망자가 죽음에 이르기 전의 정신 상태를 평가하는 방법이다. 예를 들어, 사망자의 부모, 가족, 친구 등은 사랑하는 사람의 죽음이 자살인지, 아니면 약물 과다 복용 등 기타 우발적 원인에 의한 것인지 알고 싶어하기 때문에 사망의 원인이 무엇인지 확인하는 것은 매우 중요하다. 또한 간혹 자살로 여겨지는 죽음이 타살로 밝혀지는 경우도 있다.

심리 부검은 원래 사망 사건 처리를 담당하는 경찰, 검시관 등이 그 원인이 모호하거나 불확실한 사망 사건의 원인을 규명하기 위한 방법으로 개발되었다(Shneidman, 1994). 최초의 심리 부검은 LA 자살예방센터(LA Suicide Prevention Center)의 센터장인 Edwin S. Shneidman이 당시 비정상적으로 발생하던, 사망 원인을 설명하기 어려운 모호한 죽음들에 대해 LA 검시청 소속 검시관인 Theodore J. Murphy에게 자문을 구하면서부터 시작됐다. 심리 부검이라는 용어를 처음 사용한 인물도 Shneidman이다.

사망자에 대한 심리 분석은 **재구성적 심리평가**(reconstructive psychological evaluation: RPE) 또는 **모호한 사망 분석**(equivocal death analysis: EDA)(Poythress, Otto, Dames, & Starr, 1993)이라 불리기도 하나, 가장 일반적인 명칭이 심리 부검이다(Brent, 1989; Ebert, 1987; Selkin,

1987). 모호한 사망 분석(EDA) 혹은 모호한 사망 심리 부검(equivocal death psychological autopsy: EDPA)은 범죄 현장에서 증거물을 수집하고, 그 외의 사건 자료에 직접적으로 접근이 가능한 경찰, 특히 FBI 등 법집행요원들이 사용하는 수사 방법이다(Canter, 1999; Poythress et al., 1993). 또한 심리 부검 결과는 국가 치안 · 안전뿐 아니라 보험료 지급 여부를 결정하는 데 있어 중요할 수 있다(Ebert, 1987). 가령, 심리 부검을 통해 자살의 원인이 불법적인 기밀 정보 누설에 기인한다는 점이 밝혀진 경우가 이러한 예에 해당된다(Ritchie & Gelles, 2002).

모호한 사망(equivocal death)이란 죽음의 원인이 불명확한 경우를 의미하는데, 일반적으로 모든 사망 사건 중 5~20%에 해당된다고 알려져 있다(Schneidman, 1981; Young, 1992). 변사 사건 수사에서 죽음의 방식, 방법은 매우 중요한 의미를 지닌다. 본질적으로 "죽음의 방식이란 사망에 이르게 된 특별한 환경이나 조건을 의미한다"(La Fon, 2008, p. 420). 죽음의 방식은 일반적으로 자연사, 사고사, 자살, 살인, 불명확한 사망의 다섯 가지로 구분된다(La Fon, 2008).

심리 부검의 주된 목적 중 하나는 주로 자살 사건에서 자살에 이르게 된 심리 상태는 무엇인지, 왜 이 시점에 자살을 했는지에 대해 합리적 판단을 하기 위함이다. 이와 관련해서 La Fon(2008)은 심리 부검의 형태가 자살 심리 부검(suicide psychological autopsy: SPA)과 모호한 사망 심리 부검(EDPA)의 두 유형으로 구분된다고 한다. 자살 심리 부검(SPA)의 목적은 목격자 증언 등으로 자살이 명백한 변사 사건에서 자살의 원인으로 작용한 정신적 · 사회적 요인들을 이해하고 밝혀내는 것이다. 반면에 모호한 사망 사건을 대상으로 진행되는 심리 부검(EDPA)은 자 · 타살 여부를 구분하기 위해 발생한 변사 사건의 사망 방식 및 죽음의 형태를 분명히 확인하고, 사인을 규명하는 것을 목적으로 한다. 한편, 사인은 분명하나 사망 방식이 불명확한 경우도 있다(Young, 1992). 예를 들어, 고공 낙하 중 지상에 추락하여 사인이 다발성 손상인 경우, 수사관은 사망에 이르게 된 이유가 낙하산 오작동인지(사고사), 사망자가 일부러 오작동되는 낙하산을 선택한 건지(자살), 아니면 누군가 사망자의 낙하산에 손상을 가한 것인지(살인), 낙하 중 갑작스러운 심장마비가 온 것인지(자연사) 등을 확인해야 한다.

많은 경우에 심리 부검은 보험금 지급 여부를 결정하기 위해 실시된다. 일부 보험사에서는 자살자에 대해서도 사망 보험금을 지급하는 데 반해, 지급하지 않는 보험사도 있다. 결과적으로 사망에 이르게 된 방식이 불확실한 경우 보험회사에서는 불필요한 보험금 지급으로 인한 손실을 최소화하기 위해 법정 심리학자를 고용해 사망의 형태가 자살에 의한 것인지, 아니면 기타 사유에 의한 것인지에 대한 심리 부검을 실시할 수 있다. 미국 내 민사 및 형사 재판 과정에서는 죽음에 이르기 전 사망자의 생각, 감정을 이해하기 위한 심리평가 결과 자료가 제출되고 있다(Canter, 1999). 최근 들어서는 특정 약물이 성인 및 청소년의 자살 사고에 영향을 미치는지 여부에 대한 제약회사 대상 손해배상 소송이 이어지고 있다. 미국 식품의약청(FDA)에서는 미국 내 시판 의약품 중 최소 130여 개가 자살 사고 및 행동을 유발할 수 있다고 보고한 바 있다(Lavigne, McCarthy, Chapman, Petrilla, & Knox, 2012). 그러나 이 사실만으로 법원에서 특정 의약품이 자살의 직접적인 원인으로 작용한다고 인정한다는 것은 아니다. 그럼에도 불구하고 심리 부검 결과를 통해서 제약회사를 상대로 소송을 제기한 원고들 중 일부는 승소했거나 손해보상에 대한 합의를 이룬 것으로 알려져 있다.

미국 육군, 해군, 공군 등 모든 군의 부대 내 사망 사건이나 외부에서 소속 군인이 사망한 모든 변사 사건에서 심리 부검이 실시된다(La Fon, 2008). 군인 사망 사건에 대한 심리 부검은 민간 법정 심리학자나 군 소속 법정 심리학자가 담당하고, 이들은 모호한 사망 사건이나 자살 의심 사건 모두에 대한 분석을 진행한다. 군인의 경우 사망 원인과 관계없이 사망 보상금을 받을 수 있다. 이라크 및 아프가니스탄 전쟁의 참전 군인들의 자살률이 상대적으로 높다고 보고되고 있는데, 이에 따라 정신건강 전문가, 군 지휘관 및 정치인들은 현역 및 퇴역 군인들을 대상으로 하는 치료 프로그램을 포함해 더 많은 정책적 지원이 필요하다는 점이 제기되고 있다.

법률적인 판단을 위해서는 자살의 원인을 재구성함으로써 부분적으로나마 자살자 주변 인물이나 특정 조직의 법률적 과실 유무를 평가하기 위한 목적으로 심리 부검이 시행되기도 한다. 국회의사당 계단에서 총기 자살을 한 경찰관의 경우를 예로 들어 설명하면, 사망한 경찰관이 자살을 통해 주변인들에게 어떤 메시지를 전하려 했는지는 불분명하지만, 사망한 경찰관의 유가족은 소속 경찰관서를 대상으로 사망자의 스트레스 관리 태만이나 정서적 문제 발생 당시 초기 탐지 · 개입 절차가 이루어지지 않은 점을 들어 정신적 · 경제적 손해 보상을 청구할 수도 있다. 이 경우 유족 측 변호사는 정신건강 전문가에게 자살 전 피해자의 정신 상태에 대한 재구성 평가를 의뢰한다. 이 외에도 유가족이 자살 귀책 사유를 자살자가 다니던 직장에 있다고 판단해 민사 소송을 제기할 경우에도 심리 부검이 실시된다. 이때에는 자살의 원인이 직장 내 괴롭힘 혹은 직업과 관련된 사건 · 사고와 관련성이 있는지에 대해 평가한다. 만약 이와 같은 문제가 있었다면 해당 기업은 사전 문제 예방을 위한 정책이나 절차가 충분치 않았다는 이유로 해당 자살 사건에 대한 귀책 사유가 인정될 수 있다. 심리 부검을 실시하는 또 다른 이유는 자살 예측 및 예방을 위한 연구 자료를 수집하기 위해서이다(Young, 1992). 관련 연구들에서는 자살자 대다수가 주변인(최소 1명 이상)에게 자살 의향을 드러낸다고 하며, 많은 경우 자살자들은 유서를 남긴다고 한다. 또한 심리 부검은 자살 생존자들의 치료에 도움을 줄 수도 있다(Ebert, 1987; Henry & Greenfield, 2009).

심리 부검 결과의 신뢰도와 타당도 향상을 위한 노력은 상당 부분 진전을 보이고는 있지만, 아직도 이 부분에 대해 많은 연구가 필요하다. 심지어 심리 부검을 실시하는 심리학자들 조차 평가 결과의 신뢰도, 타당도 문제에 대해 의구심을 드러내는 경우도 있다(Sinder, Hane, & Berman, 2006). 그러나 자살 징후를 규명하는 데 있어 심리 부검의 효과를 지지하는 연구 결과도 있다(Portzky, Audenaert, & van Heeringen, 2009). 심리 부검 결과의 질적 우수성은 평가자의 지식, 경험, 전문 교육 이수, 임상적 감각 등에 의해 좌우될 수밖에 없다(J. L. Knoll, 2008). "사망자의 심리 특성을 재구성하는 평가자들은 사망 시점의 정신 상태나 의심스러운 행동들에 대해 단정적인 결론을 내려서는 안 된다. 심리 재구성에 의해 도출된 추론 및 결론들은 관련 사실에 입각한 추정이거나 이론적 설명에 불과하다."(Poythress et al., 1993, p. 12)

프로파일링의 문제점

당대 연구자들은 프로파일링, 특히 범죄 현장 프로파일링의 문제점들에 대해 비판해왔다(Alison, Bennell, Ormerod, & Mokors, 2002; Alison & Canter, 1999; Goodwill et al., 2016; Snook et al., 2008; Taylor et al., 2015). 첫 번째 주요 문제는 다양한 상황에서 인간 행동이 일관되게 나타난다는 가정 및 범행 방식이나 범죄 현장 증거들이 범인의 심리 특성을 반영한 프로파일링의 기본 가정이다. 두 번째 문제는 범죄 현장에서 수집한 단서들이 특정 범죄자 집단의 사고 패턴 및 심리 특성들을 반영한다고 믿는 프로파일러들의 판단 경향이다. 지금부터는 앞의 〈표 3-1〉에서 제시한 프로파일링 기법 별 한계점들에 대해 더욱 상세하게 검토해 보겠다.

범죄 현장 프로파일링의 한계

Alison, Bennell, Ormerod와 Mokros(2002)는 프로파일링의 한계를 지적하면서 범죄 현장 정보를 토대로 범죄자 프로파일을 분석하는 많은 프로파일러가 범죄 발생의 상황적 조건과 프로파일링 분석 절차의 정확성, 타당성을 간과한 채 성격 이론만을 토대로 근거 없는 결론을 도출하고 있다고 주장했다. 프로파일러들은 범죄의 퍼즐을 맞추기 위해 과학적 지식과 방법보다는 자신들만의 특별한 경험과 지식, 즉 직감에 의존하는 경향이 있다.

직감, 직관, 예감 등의 비과학적인 방법에 의존한 프로파일러들의 판단 및 프로파일링 결과는 사법 시스템 관점에서 볼 때 매우 위험한 상황을 초래할 수 있다. 결과적으로 미국, 영국, 캐나다, 호주 법원에서는 프로파일링 결과에 대한 과학적 증거 허용을 판단할 때 매우 엄격한 기준을 적용하고 있다(Bosco, Zappalà, & Santtila, 2010 참조). 예를 들어, 영국 법원에서는 프로파일링 분석 결과가 과학적 증거로서 신뢰성 및 타당성이 결여되어 있다고 보기 때문에 법정에서 프로파일러들의 전문가 증언을 허용한 사례는 극히 드물다(Gregory, 2005). 미국 법정의 경우 전문가 증인으로 나선 프로파일러들의 자격, 증언 내용의 과학적 신뢰성 및 타당성에 따라 증거 능력 및 가치가 허용되는 경우는 매우 다양하다(Bartol & Bartol, 2013; George, 2008; Risinger & Loop, 2002).

프로파일러들이 저지르는 공통적인 실수 중 하나는 범죄 행동에 영향을 미치는 상황적 요인을 고려치 않는다는 점이다. 상황적 요인이란 부분적으로 피해자 요소 및 가해자가 유발한 모든 범행 특성을 의미한다. "연구자들이 피해자 관련 요인을 고려치 않을 경우 사건의 본질을 놓치는 우를 범할 수 있다."(Jenkins, 1993, p. 462) 프로파일링 분석에서의 피해자 요소에 대한 고려가 피해자들을 비난하려는 것은 아니다. 초점은 범죄자의 피해자 선택 과정에 있다. 범죄자 프로파일링 과정에서 피해자학(victimology)을 고려하지 않을 경우 용의자 프로파일 작성 시 실수를 범할 수 있고, 궁극적으로 실패한 프로파일링 결과를 도출할 수 있다. 이 점에 대해 Jenkins는 "가해자와 피해자는 많은 공통 요인을 공유하고 있으며, 상호 의존적인 생태학적 관계 특성을 지니고 있다. 그러나 프로파일러들은 피해자 특성 조사를 등한시하고 있다."(p. 463)라고 강조했다. 한편, Cromwell, Olson과 Avary(1991)는 절도 범죄 연구에서 피해자들의 일상 활동 특성이 절도의 침입 대상 선정, 침입 수법, 범행 소요 시간(피해자 집에 머무르는 시간 등) 결정에 중대한 영향을 미친다는 점을 발견했다. Cromwell 등에 따르면, 대부분의 절도 사건은 피해 대상, 가해자, 상황 조건 등이 범죄자 입장에서 적절하게 조화를 이루는 조건에서 발생하는 경향이 있다.

프로파일링은 궁극적으로 인간 행동은 시간과 장소의 변화에도 일관적이라는 '**시간-전이 일관성**(trans-temporal consistency)'과 '**상황-전이 일관성**(trans-situational consistency)' 가정에 기초한다. 본질적으로 프로파일링은 범죄 현장에서 확인된 사실들을 바탕으로 유능한 수사관들에게 용의자의 성격 특질, 습관, 심지어는 사고 과정을 추정할 수 있는 단서를 제공하며, 더 나아가 범죄 현장에서 드러난 용의자의 핵심 성격 요인들은 다음 범죄를 포함한 또 다른 상황들에서도 일반화시킬 수 있다고 가정하고 있다.

서로 다른 상황에서 일관적으로 나타나는 개인 행동을 예측하는 문제는 논란이 되는 사안이다. 행동 일관성에 대한 초기 연구자들(예: Mischel, 1968; Mischel & Peake, 1982)은 상황에 따라 인간 행동은 비일관적인 패턴으로 나타나며, 행동 성향 혹은 성격 특질의 안정성은 입증되지 않은 개념이라고 주장했다. Merry와 Harsent(2000)의 연구는 절도 등과 같은 대부분의 범죄 행동이 상황 변화의 역학에 따라 변한다는 설득력 있는 예를 보여 준다. 결과적으로 범죄 현장에서 범인의 활동 패턴은 사건별로 서로 다르게 나타날 수 있다. 따라서 동일 범죄자의 행동들이 서로 다른 범죄 상황에서 비일관적으로 나타날 가능성이 있으며, 시간 변화에 따른 행동 일관성은 안정된 패턴을 보일 수 있다. 사람들은 일생을 통틀어 유사한 상황에서는 유사한 반응을 보일 가능성이 크지만, 상황이 변할 경우 행동 역시 변하기 쉽다. 즉, 특정 맥락 조건에 강화를 받은 범죄자들은 앞서 경험한 조건과 유사한 상황에서 동일한 범죄 행동을 보일 가능성이 크다. 가령 상습 절도범들의 경우 과거 범죄 경험을 토대로 보상 가치가 크다고 지각되는 상황에 직면할 경우 절도 가능성이 증가한다. 따라서 지각된 상황이 동일할 경우 시간을 초월한 행동 일관성이 나타날 수 있다. 반면에 오랫동안 함께 범죄를 저질러 왔던 공범이 사망하거나 혹은 나이가 들어 신체적 · 정신적으로 노쇠해진 경우와 같이 범죄자들이 처한 조건이 급격하게 변화되었을 경우, 범행 가능성은 감소할 수 있다.

더불어 자신의 범행 패턴이 범죄 실행에 큰 도움이 되지 않는다고 여기는 범죄자들은 행동을 바꾸는 경향이 있다. 강간범, 절도범, 방화범, 살인범, 아동 성범죄자들은 반복 범행을 통해 어느 정도 범행에 능숙해지면 범행 수법(modus operandi: MO)을 바꾼다. 알코올 및 약물 남용, 생활 습관과 라이프 스타일의 변화, 정신 상태의 악화 등으로 인해서도 범행 수법은 변화될 수 있고, 발달 및 정신적 성숙 수준의 변화가 있을 경우에도 범행 수법은 변할 수 있다. 이러한 범죄자들의 발달상의 문제는 특히 뇌 기능과 관련이 있는 경우가 많다.

범행 수법이란 범죄 성공을 위해 범죄자들이 사용하는 행동 및 절차로, 반복적인 범죄 경험을 통해 습득한 일련의 행동 패턴을 뜻한다. 그러나 범행 수법은 변화될 수 있다. 예를 들어, 절도범들은 범죄 목표를 달성하기 위해 범행 절차 및 기술을 계속해서 바꾸며, 연쇄 살인범들의 경우에도 범행을 지속할수록 피해자 선택 행동이 더욱 대담해지는 경향이 있다. 일반적으로 가장 효율적인 범행 방식을 찾을 때까지 범죄자들의 범행 수법은 계속해서 변화되기 때문에 일련의 범죄 사건들 간의 관련성 여부를 조사하는 수사관이 개별 범죄에서 나타나는 범행 수법에 너무 많은 의미를 부여할 경우 중대한 오류를 범할 수 있다.

또한, 범죄자들의 지적 능력이 부족하다는 편견에 사로잡힌 수사관들의 경우 수사 과정에서 치명적 실수를 저지를 수 있다. 범죄자들 중에서는 다양한 자료를 공부하면서 범행 수법을 발전시키는 이들도 있다. “전문 분야 학술지, 대학교 수업 내용, 교과서, 도서관에서 열람할 수 있는 각종 교육 자료, 인터넷 정보들은 범죄자들이 범행 수법을 발전시키는 데 유용한 지식들을 제공할 수 있다. 방화범들이 Kirk의 『화재 수사(Fire Investigation)』를 읽을 수도 있고, 강간범들은 강간 범죄 수사, 살인범들은 살인 범죄 수사의 실무 교재들을 탐독할 수도 있다. 또한 은행 강도들이 보안 잡지를 구독할 수도 있다."(Turvey, 2002, p. 232) 범죄자들은 자신들의 범행 내용에 대한 언론 보도 내용을 보고 범행 방식을 바꾸기도 한다. 일례로, 방화범들이 의용소방대원으로 일하거나, 심지어는 화재 수사관으로 근무하면서 자신들의 범행 수법을 완성하기도 한다.

이상의 내용은 정확한 평가와 예측을 위해서는 범죄자 개인에 대한 평가뿐 아니라 예측하려는 범죄 행동들이 발생하는 정신적, 사회적 환경에 대한 평가 또한 고려해야 한다는 점을 강조하고 있다. 만약 프로파일링 분석에서 정확한 행동 맥락을 고려치 않는다면 그 결과는 실망스러울 수밖에 없다.

용의자 기반 프로파일링의 한계

용의자 기반 프로파일링은 특정 유형의 범죄자들의 데이터에 기반한 예측 결과를 일반화한다는 점에서 보편적 접근을 취한다고 볼 수 있다. **보편적 접근**(nomothetic approach)이란 수많은 사람으로부터 수집한 데이터를 정리하는 조사 과정을 거쳐 일반적인 원칙, 관계 및 패턴을 찾아가는 과정을 의미한다. 연구 심리학(research psychology)은 개별적 범위에서 벗어나 넓고 보편적인 접근 방식을 취한다. 반대로 사례 연구와 같이 특정 개인에 대한 심층 연구를 강조하는 방식이 **개별적 접근**(idiographic approach)이다. 유명인의 전기나 개인의 대처 행동 사례 연구 등이 개별적 접근의 예이다.

일부 프로파일러는 분석 과정에서 보편적 접근보다는 개별적 접근을 취함으로써 범죄자들의 중요 특성을 간과하는 경향이 있다. 특히 보편적 접근에서 상황 변수들이 강조되는 경우 이러한 경향이 두드러진다. 예를 들어, 대용량 범죄 데이터 분석 결과에서 과거 특정 지역에서 발생한 절도 사건들이 주로 늦은 오후 시간대에 집중되었다는 점이 밝혀졌다 해도, 다년간 범죄자 연구 경험이 풍부한 임상가의 경우 이른 아침 시간대 범행을 저지른 4명의 절도범 면담 결과를 바탕으로 절도 범죄는 주로 이른 아침 시간대에 발생한다고 추론할 수 있다. 다양한 조건의 범죄자들에게서 수집된 데이터 기반 예측 결과가 더 정확하다는 점이 다수의 연구 결과를 통해 이미 확인되었지만, 프로파일러들과 직접 환자들을 상대하는 임상가들은 개별적 접근을 주로 선호한다. 통계적 확률 및 데이터에 기반한 **계리적 예측**(actuarial prediction)은 개인의 일생에서 발생 가능한 일들을 예측하는 방법이다. 이에 비해 **임상적 예측**(clinical prediction)은 주관적 경험에 근거한 예측 방법이다.

심리 부검의 한계

앞서 설명한 바와 같이 심리 부검 결과는 체계적인 연구를 통한 표준화된 절차 및 단계가 결여되어 있다는 단점이 있다. 따라서 심리 부검을 통해 도출된 결론들은 이미 알려진 내용들에 대한 추정 사실에 치우쳐 있다. 또한 심리 부검 결과의 신뢰도 및 타당도를 확립하기 위해서는 상당한 양의 체계적인 연구가 필요하다. 그러나 이 분야의 연구자들 또한 표준화된 절차를 제안하고 있기 때문에 심리 부검은 상당 부분 이러한 한계점들이 개선되고 있다.

심리학적 프로파일링의 한계

심리학적 프로파일링 또한 다른 프로파일링 방식들과 동일한 한계를 지니고 있다. 하지만 심리학적 프로파일링은 지난 25년간 상당한 진전이 있었다(Hanson, 2005, 2009). 다음 장들에서 다루어지겠지만 위험성 및 위협 평가 도구들에 대해서는 이미 많은 연구가 이루어졌으며, 평가 도구들 대부분이 임상적 예측보다 통계적 예측에 기반하기 때문에 전문가 견해들에 비해 예측 정확도가 높다(Hanson, 2009). 그럼에도 불구하고 가장 가치 있는 접근 방식은 임상가의 판단과 통계적 예측이 결합된 형태이다. 구조화된 전문가 판단이라 일컬어지는 구조화된 임상적 판단은 숙련된 임상가가 관련 지침들을 토대로 진행하는 경험적 판단 과정이라 할 수 있다. 이 주제에 대해서는 다음 장에서 다시 설명하겠다.

전반적 한계

앞서 언급한 한계점들 이외에 최근 연구들에서는 프로파일링 보고서의 결론 및 예측 내용이 상당부분 모호하고, 검증이 불가능하다는 점을 지적해 왔다(Alison, Smith, Eastman, & Rainbow, 2003; Alison, Smith, & Morgan, 2003). 다시 말해, 프로파일링 보고서에 기재된 모호한 내용들은 다양한 해석을 가능케 한다. 예를 들어, '범인은 외톨이이다' 혹은 '규칙적으로 교회에 나간다'는 어떤 의미인가?

이에 대해 수사관들은 프로파일링 보고서에 기술된 모호한 정보들과 범죄 사건이나 용의자에 대한 주관적 편견을 결합시켜 용의자의 프로파일을 창의적으로 해석하는 경향이 있다. 즉, 수사관들은 자신들의 생각에 부합하지 않는 결론은 무시하고, 수사관들이 지각하는 '용의자상에 부합하는' 프로파일들만 취사 선택할 가능성이 있다.

> 만약 수사 과정에서 용의자가 확인된 경우라면, 수사관들은 해당 용의자가 범인으로 적합하지 않다는 정보들은 무시하는 한편 범인임을 지지하는 정보들은 과도하게 받아들 수 있다. 또한 자신들이 지지하는 정보들이 해당 용의자뿐 아니라 다른 사람들에게도 해당될 수 있다는 점 또한 인정하지 않으려 할 수 있다(Alison, Smith, & Morgan, 2003, p. 193).

자신의 견해를 확증하는 정보들에 대한 강한 선호를 **확증 편향**(confirmation bias)이라 한다. "일단 확증 편향이 작동하면 개인적 신념과 관점들을 확증하는 정보들만을 받아들이는 폐쇄적인 인지 체계에 사로잡힌다. 가끔씩 다른 정보들에도 주목하지만, 이는 빠르게 거짓 정보로 부정된다."(Baron & Byrne, 2000, p. 8) 요컨대, 확증 편향은 용의자 등 우리 견해를 지지하는 정보에만 주목하고 기억하는 경향이다. 확증 편향은 프로파일링 결과에 대한 수사관들의 주관적 해석뿐 아니라 프로파일링 분석 과정에서도 발생할 수 있다.

프로파일링 방법들은 분명 많은 결함이 있지만, 적절히 활용될 경우 수사 과정에 유용하게 적용될 수 있다. 범죄자 프로파일링에 대해 비판적 태도를 지닌 일부 연구자의 우려에도 불구하고, 프로파일링 실무에 종사하는 심리학자들은 이러한 비판에 강하게 반박하고 있다(예: Dern, Dern, Horn, & Horn, 2009). 만약 프로파일러들이 사람과 상황 그리고 피해자의 영향력을 고려한 상호관계를 설명한다면, 과학으로서의 프로파일링은 범죄자를 더욱 정확하게 그려 내고 수사 과정에 유용하게 활용될 수 있을 것이다. 따라서, 프로파일러들은 특질 이론, 성격 이론들에만 너무 의존하지 말고, 인간 행동에 대한 최근의 심리학적 이론 및 연구들에 더욱 관심을 가질 필요가 있다. 또한 범죄 행동이 모든 상황에서 일관적이라는 가정을 벗어나 특정 상황들과 결합되는 특정 행동에 대한 조건 확률을 찾아야 한다. 이 모든 것은 결국 과학적 연구 결과에 기초해야 할 것이다.

경찰 면담과 심문 조사

범죄 사실 확인을 위한 목격자, 기타 참고인 조사는 경찰 수사의 기본이다. 범죄 혐의점이 있는 용의자 및 구속 피의자들을 대상으로 한 문답은 혐의를 제기하고 구체화하는 입증 과정으로, 이러한 활동을 심문(interrogation)이라 한다. 그러나 용의점이 확인되기 전에 먼저 간략한 면담 과정을 거치고 나면, 추후 면담은 심문 조사로 변한다. 심문 조사 단계에 이르게 되면 대상자들은 자신의 법적 권리를 고지받게 된다.

심문의 1차 목적은 용의자에게 자백을 받거나 유죄 입증을 위한 정보를 획득하는 것이

표 3-2 **주요 심문 기법 유형과 사례**

기법 범주	기법 사례
라포 및 관계 형성	친절, 존중 표시
맥락 조종	작은 규모의 조사실에서 심문 진행
정서 자극	스트레스 수준이 높은 용의자 심문
대립과 경쟁	비협조 시 나타날 수 있는 결과들로 용의자 위협
긴밀한 협조	용의자와의 협상
증거 제시	범행 증거를 제시하며 엄포와 미끼 제시

다. 범죄 사건의 약 80%는 용의자의 자백으로 해결된다(O'Connor & Maher, 2009). 대부분의 심문 조사는 용의자에게 불리한 증거가 있을 때 개시된다. 일단 심문 조사가 시작되면, 최소 64%는 유죄 입증 증거를 획득하는 데 성공한다(Blair, 2005; Leo, 1996).

수사 경험이 풍부한 노련한 경찰 수사관들은 대상자의 성격이나 스타일에 맞춰 다양한 심문 방법과 기법을 사용한다. 최근 연구 결과에서는 경찰관들이 사용하는 심문 기법은 여섯 가지 유형으로 구분되며, 경찰관들의 심문 스타일은 71개로 구분된다고 한다(Kelly, Miller, Redlich, & Kleinman, 2013; 〈표 3-2〉 참조). 그러나 미국 전역의 경찰 아카데미에서는 대부분 지배적 면담 방식, 즉 **리드 기법**(Reid method)만을 교육시키고 있다(Inbau, Reid, Buckley, & Jayne, 2004, 2013). 조사 결과에서도 미국 내 경찰 수사관의 절반가량이 리드 기법 훈련을 받은 것으로 나타났다(Cleary & Warner, 2016; Kostelnik & Reppucci, 2009). 법적으로나 기법적으로나 유용한 심문 방식들은 심리학적 원리와 개념들을 적용하고 있다. 분명한 점은 법 심리학 관련 연구를 진행하는 심리학자들에 비해 경찰 심리학자들이 경찰 심문 기법 관련 연구를 수행할 가능성은 낮다는 것이다(예: Crozier, Strange, & Loftus, 2017; Kassin et al., 2010; Rogers et al., 2009; Rogers et al., 2010). 그러나 경찰 심리학자들은 면담 및 심문 방법에 관해 경찰관들을 대상으로 자문하고, 강사로 활동하고 있다. 또한 경찰 심리학자들은 면담 및 심문 과정에서의 위험성과 근거 없는 과장된 믿음들에 대해서도 숙지할 필요가 있다.

추궁형 접근 vs. 정보 수집형 접근

경찰 심문 방식은 미국 경찰에서 주로 사용되는 **추궁형 접근**(accusational approach)과 영국에서 개발된 **정보 수집형 접근**(informational gathering approach)으로 구분된다(Evans et al., 2013; Meissner, Redlich, Bhatt, & Brandon, 2012). 전형적인 추궁형 심문 기법이 앞서 언급된 리드 기법이다. 리드 기법은 비난성, 추궁형 어조가 주로 사용된다는 점에서 비판을 받아왔다(Kassin et al., 2010; King & Snook, 2009). "미국 경찰에서 사용되는 심문 방법들의 경우 기본적으로 피조사자가 유죄라는 가정하에 조사자와 피조사자 간 대립적 구도로 진행되기 때문에 무고한 사람을 위험에 빠뜨릴 수도 있다."(Kassin et al., 2010, p. 27)

정보수집보다는 자백 획득을 목적으로 하는 리드 기법은 기본적으로 심문 조사 과정에서 대결적 양상을 보인다. 설사 단순 참고인 조사 과정이나 비대면 대화가 필요한 상황에서도 이러한 특성이 나타날 수 있다. 따라서 리드 기법에서는 조사자들에게 피조사자에 대한 심리적 통제 상황의 유지, 심리적인 조종, '예-아니요' 이분법적 답변이 요구되는 폐쇄형 질문을 던지도록 한다. 리드 기법은 일반적으로, ① 격리와 고립(custody and isolation), ② 대립(confrontation), ③ 최소화(minimization) 단계를 거친다. 격리 및 고립 단계에서 용의자는 작은 조사실에 구금되어, 혼자 남겨진 상태에서 경찰의 구금과 심문 조사에 대한 불안, 스트레스 등을 경험하도록 방치된다. 작은 조사실 안에 혼자 앉아 있는 용의자를 반투명 유리 바깥에서 지켜보는 형사와, 형사가 들어와 자신에게 질문을 던지기를 기다리며 긴장해 있는 용의자의 모습이 격리와 고립 단계의 일반적 양상이다. 대립 단계에서 조사자는 용의자의 범죄 혐의를 강하게 단정하고 비난하며, 실제 혹은 허구의 증거 자료를 제시하며, 용의자가 자신의 혐의를 부인하지 못하게 유도한다. 최소화는 심문 조사 과정 중 언제든 적용할 수 있다. 이 단계에서는 용의자의 범행에 대해 도덕적으로 이해할 수 있고, 누구라도 비슷한 상황에서는 똑같은 행동을 할 수 있다고 말하며, 공감을 표하는 '동정적' 조사관을 참여시킨다. 최소화 단계는 자백할 경우 조금은 관대한 처벌을 받을 수도 있다는 용의자들의 심리를 이용하는 과정이다.

Inbau 등(2013)의 경찰 심문과 면담 매뉴얼에서는 추궁형 조사 방식의 효용성을 강하게 옹호하고 있다(분명 이들의 매뉴얼에는 인터뷰 기법에 관한 내용도 수록되어 있다). "결과적으로 심문 절차는 부인하는 용의자들의 불안감을 증가시키고, 그들을 절망적인 상태로 유도하며, 자백할 경우 자신에게 일어날 결과들을 최소화시키기 위해 고안되었다."(Kassin & Gudjonsson, 2004, p. 43) 물론 추궁형 심문 조사를 통해 자백을 받는 경우도 있지만, 허위 자백 가능성도 존재한다. 또한 리드 기법과 같은 대결적 심문 조사 방식이 아동 및 청소년 범죄 용의자들에게 쓰일 수도 있는데, 아동이나 청소년 등 특정 연령 집단들은 경찰의 강압적 조사 방식에 더 취약한 특성을 보일 수도 있다(Cleary, 2017; Cleary & Warner, 2016; Reppucci, Meyer, & Kostelnik, 2010).

반면, 유럽, 캐나다의 경찰은 대립적 '심문' 방법보다는 수사 면담 방법을 상대적으로 선호한다. 피조사자가 유죄라고 여겨지더라도 이들은 대립적 행동을 피한다. 이들의 수사 면담 혹은 심문의 목적은 범죄정보 수집이다(Beune, Giebels, & Taylor, 2010; Bull & Milne, 2004). 즉, 자백을 목적으로 하는 추궁형 조사 방식과는 달리 피해자 기만 전략들을 사용하지 않고, 개방형 질문 및 비공식적인 사적 대화 방식을 통해 범죄 사실에 대해 피조사자가 알고 있는 내용들을 최대한 확인하기 위한 목적으로 개발되었다. 따라서 경찰이 실제 가지고 있지 않은 증거들을 이미 확보하고 있다고 용의자에게 말하는 소위 '미끼 질문'의 사용은 금지되어 있다. 이런 식의 질문들은 잘못된 정보를 이끌어내는 효과가 있다(Luke, Crozier, & Strange, 2017). 비대립적인 정보 수집형 조사 기법들은 피면담자 스스로 자신이 알고 있는 내용들을 솔직히 말할 수 있도록 설득하기 위한 방법들로 합리적 논쟁과 친절함을 강조한다. 앞서 리드 기법의 경우에도 일정 부분 이와 같은 방법들도 활용되고 있다. 예를 들어, 리드 기법에서도 초기에는 '면담'으로 시작해서, 피조사자를 용의자로 간주할 수 있는 수준의 충분한 정보가 도출될 경우 '심문' 단계로 넘어간다. 앞서 제시한 두 가지 접근을 다룬 연구 결과들이 많지는 않지만, 그중 Evnas 등(2013)은 추궁형보다 정보 수집형 접근 방법을 사용할 때 범죄 사실과 더욱 관련성이 높고 활용성이 높은 유용한 정보를 수집하는 것이 가능하다는 점을 발견했다. Meissner 등(2012)을 비롯한 일부 연구자는 정보 수집형 접근이 허위 자백을 방지하는 데 더 효과적이라는 견해를 밝힌 바 있다.

1990년대 초 영국에서 개발된 'PEACE 모델'은 대표적인 정보 수집형 접근 방법으로, 주로 유럽, 캐나다, 호주, 뉴질랜드 및 일부 미국 경찰에서 사용되고 있다(Starr, 2013). PEACE는 계획과 준비(Planning and Preparation), 도입과 설명(Engage and Explain), 진술 청취(Account), 종결(Closure), 평가(Evaluation)를 의미하는 각 단계의 첫 번째 철자로 이루어진 약어이다. Starr에 의하면, "2001년까지 잉글랜드와 웨일즈 지역 내 모든 경찰관은 PEACE 모델에 대한 기본 교육을 받아 왔다"(p. 48). Cleary와 Warner(2016)는 "PEACE 모델은 추궁형 조사 방법의 성공적인 대안으로 볼 수 있으며…… 점차 많은 나라에 확산되고 있다."(p. 271)라고 평가했다.

PEACE 모델을 사용하는 조사자들은 자백 획득이 아니라 정보와 증거 수집을 목적으로 하기 때문에 피면담자들에게서 나타나는 불안의 징후 등 비언어적 행동 단서에 초점을 맞추지 않는다. 흥미롭게도 PEACE 모델에서는 없는 증거를 있는 것처럼 엄포를 놓거나 암시적인 질문들을 제시하는 것이 허용되지 않는다. 이 점이 바로 리드 기법과 가장 다른 점이다.

PEACE 모델에서는 면담자들에게 피면담자와 라포 관계를 형성하고, 개방형 질문을 사용하며, 쟁점이 되는 모순점 규명을 위해 전략적으로 증거를 사용할 것을 권고하고 있다(Swanner, Meissner, Atkinson, & Dianiska, 2016, p. 296). 관련 연구들에서는 PEACE 모델 및 이와 유사한 정보 수집형 접근들이 협조적인 피조사자 및 거부적인 피조사자 모두에게서 유용한 정보를 이끌어 내는 데 가장 효과적인 방법이라고 한다(Swanner et al., 2016).

휴민트 심문

과거 20여 년 동안, 엄청난 양의 법과학적(forensic) 심문 조사 및 면담 방법에 대한 연구들이 진행되었다. 그러나 최근에는 군 정보기관들의 면담 및 심문 조사 혹은 **휴민트 심문**(HUManINTelligence interrogation) 방법들과 관련된 심리학적 요인에 대한 관심이 증가하고 있다. 이러한 기류는 일정 부분 미국 관타나모(Guantanamo) 포로 수용소, 이라크, 아프가니스탄 등지에서 자행되는 심문 관행(Evans, Meissner, Brandon, Russano, & Kleinman, 2010) 및 전 세계적인 테러 위협 상황에 기인한다(Granhag, Vrij, & Meissner, 2014). 다만, 2009년과 2015년 미국심리학회(APA)에서 맹렬히 비난한 논쟁적인 심문 방법들에 대해서는 이 책에서 다루지 않겠다.

휴민트 심문 방법과 일반 법집행기관들에서 수행하는 법과학적 심문 방법에는 중요한 차이가 있다. 법과학적 심문 방법들의 경우 범죄 용의자의 과거 행동들에서 유죄 입증을 위한 증거를 찾고 이를 형사재판 증거로 제출하는 데에 목적이 있다. 그러나 소위 "휴민트 심문 방법들의 경우 국가 안보, 더 나아가 국가적 이익을 위해 과거, 현재, 미래를 기준으로 발생한, 발생하고 있는 그리고 발생 가능한, 신뢰 수준 높은 정보를 수집하는 데 그 목적이 있다"(Evans et al., 2014, p. 867). 다시 말해, 법과학적 심문은 범죄의 책임이 누구에게 있는지를 규명하는 데 목적이 있는 데 반해, 휴민트 심문은 국가 안보를 목적으로 테러리스트들의 활동들을 포함해 범죄 억제에 필요한 정보와 지식을 획득하는 데 목적이 있다.

두 번째 주요 차이점은 법과학적 심문이 1~2명의 조사자에 의해 이루어지는 데 반해, 휴민트 심문에서는 조사관(심문관), 통역관, 분석관 등이 포함된 팀제 조사 방식을 취한다는 점이다(Russano, Narchet, & Kleinman, 2014). 통역관은 심문 과정에서 조사자와 피조사자 간 의사소통을 촉진하고, 관계를 구축하는 역할을 담당한다. 조사자와 피조사자 간에 문화적 배경 차이가 있을 경우, 통역관은 단순히 언어를 통역하는 역할뿐 아니라 서로 다른 문화 차이를 연결하는 가교 역할을 수행함으로써 조사자와 피조사자 간의 관계 형성에 도움을 준다. 분석관은 피조사자 관련 핵심 정보를 분석하여 조사관을 준비시키고 심문을 통해 도출된 정보가 지니는 명확한 의미를 조사자가 이해할 수 있도록 돕는 역할을 한다. 어떤 의미에서 볼 때 분석관은 '사실 검증자(fact checker)'로 볼 수 있다. 경험이 풍부한 조사관들의 경우 유능한 통역관과 분석관들이 휴민트 심문 과정에 없어서는 안 될 필수 인력이라는 사실을 인식하고 있다.

세 번째 차이점으로 휴민트 심문 방식은 국제 규약에 의해 통제받고 있다. 예를 들어, 2009년 당시 오바마 미국 대통령은 모든 종류의 휴민트 심문들의 경우 제노바 협약에 명시된 규정들을 준수해야 한다고 선언한 바 있다(Evans et al., 2014). 이는 곧 심문 과정에서 그 어떠한 고문 방식도 금지된다는 점을 의미한다.

휴민트 심문 경력이 풍부한 조사관들 대다수가 심문 과정에서 대립적 접근보다는 라포 및 관계 구축이 믿을 만한 정보를 획득하는 데 더욱 효과적이라고 여기고 있다(Brandon, 2014; Russano et al., 2014). 법과학적 혹은 휴민트 면담 혹은 심문 과정에서 피조사자들을 존중하고 인도적으로 처우하면 보다 성공적으로 믿을 만한 정보들을 획득할 수 있다는 점은 이 분야를 연구하는 학자들이 공통적으로 동의하는 부분이다(Brandon, 2014). 추궁적이고 대립적인 구도의 심문 방법들의 경우 허위 증거를 제시하거나 있지도 않은 증거로 피조사자들을 압박하는 방법들은 더욱 큰 문제를 야기할 가능성이 크다(Evans et al., 2014).

협조적인 피면담자들 및 심지어 범죄 용의자들에게 믿을 만한 정보를 도출할 수 있는 또 다른 접근 방식으로는 **인지 인터뷰**(cognitive interview)가 있다(Fisher & Geiselman, 1992; Rivard, Fisher, Robertson, & Mueller, 2014). 인지 인터뷰란 목격자, 제보자, 피해자 혹은 용의자들로부터 보다 정확한 정보를 이끌어 내기 위해 기억 회복 및 의사소통 기법을 활용하는 것이다. 인지 인터뷰에 대해서는 이 장 후반부의 목격자 진술 부분에서 구체적으로 설명하겠다. 그러나 인지 인터뷰는 목격자 진술뿐 아니라 법과학적 심문이나 기밀 정보 수집 과정에서도 유용한 가치를 인정받고 있다(Swanner et al., 2016).

요약하면, 대립적인 형태의 리드 기법이나 이와 유사한 형태의 심문 조사 기법들은 경찰 수사 과정에서 활발히 사용되고 있다. 따라서 이와 같은 심문 관행이 완전히 사라질 가능성은 미미하다. 또한 많은 경찰관이 자신들의 면담 및 심문 방법을 쉽사리 바꾸려 하지 않는 경향이 있다. 더 나아가 미국 연방 법원을 포함한 법정에서도 극단적 형태의 가혹 행위가 나타나지 않는 한 현행 경찰 심문 방법에 지지적인 태도를 보여 왔다. 그럼에도 불구하고 향후 더욱 많은 정보 수집형 면담 및 심문 방법들이 소개되고, 추궁형 심문 전략을 통해 도출된 자백의 문제점들을 입증할 수 있는 많은 증거가 축적될 경우 이러한 경찰 면담 및 심문 관행 역시 변화할 것으로 예상된다.

미국 연방 대법원에서는 용의자 자백 획득을 위한 경찰의 권한을 포괄적 수준에서 인정해 왔다(Leo, 1996). 경찰 심문 전 용의자 묵비권 및 변호인 조력권에 대한 기본 권리를 인정한 Miranda 대 Arizona(1966) 판결에도 불구하고, 여전히 많은 범죄 용의자가 자신들의 권리를 제대로 이해하고 있지 못하며, 때로는 권리를 포기하는 경우도 있다. 법원은 경찰이 존재하지 않는 목격자 증언이나 증거물들을 이미 확보한 척하며, 피조사자를 압박하는 관행 역시 허용하고 있다. 이러한 경찰 질문들을 소위 '미끼 질문(bait question)'이라 하는데, PEACE 모델에 의거한 수사 면담 과정에서는 미끼 질문의 사용이 허용되지 않는다. 관련 연구에서는 이와 같은 미끼 질문의 사용을 일종의 심리적 강압이라 하며(Kassin et al., 2010), 이는 때때로 배심원들이 증거에 반응하는 사고 과정에도 영향을 미칠 수 있다(Luke, Crozier, & Strange, 2017). 그렇다면 어디까지가 피의자를 기만하는 것이고, 어디까지가 실체적 법적 판단을 위해 정당화될 수 있는가? 즉, 경찰은 어느 선까지 미끼 질문을 활용할 수 있는가? 이 문제에 대한 법원의 판단은 여전히 진행형이다. 예를 들어, 뉴욕 항소법원에서는 심문 단계에서 경찰의 허위 정보 사용에 대한 판결에서 경찰의 질문 내용들이 그 선을 넘었다고 판결한 바 있다(〈Focus 3-1〉 참조). 이 사건에서 경찰은 범죄 용의자에게 피해 아동이 실제로는 사망했음에도 불구하고 여전히 살아있다고 말했다고 한다. 이에 따라 용의자는 자신이 피해 아동을 폭행했다고 자백했는데, 항소심에서 변호사는 용의자의 자백이 경찰에 의해 심리적으로 강요된 것이라고 주장했다. 피고인 측 변호사는 강압에 의한 자백에 대해 심리학 전문가 증인을 요청했는데, 이는 법정에서 기각됐다.

자백이 법적 증거로 채택되기 위해서는 피의자의 자발적이고 자유로운 진술이어야 하며, 강압적인 자백이어서는 안 된다. 즉, 개인의 권리 포기는 자발적이어야 하고, 자백을 포기함으로써 자신에게 어떤 일이 닥칠지, 자백하는 과정에서 자신의 권리는 무엇인지에 대해 정확히 인지하고 있는 상태에서 조사가 이루어져야 한다. 변호사가 동석하지 않는 심문조사는 피조사자의 동의(동의 각서에 서명 날인)하에 이루어지고 있으나, 이 경우에도 잠재적인 심리적 강압이 일어날 가능성은 존재한다. 따라서 법정 심리학자들은 피의자들이 미란다(Miranda) 원칙의 중요성을 진정으로 이해하고 있는지 연구해 왔다. 발달 및 법 심리학 분야 연구들(예: Grisso, 1981, 1998; Rogers, Harrison, Shuman, Sewell, & Hazelwood, 2007; Rogers et al., 2009, 2010)에서는 청소년, 정신장애자, 지적장애자 등을 포함한 많은 사람이 미국 내에서 일상적으로 행해지는 미란다 원칙의 중요성을 이해하는 데 어려움을 겪고 있다는 결과를 제시하고 있다. 캐나다에서 진행된 연구들에서도 이와 유사한 결과가 나타났다(Eastwood & Snook, 2010; Eastwood, Snook, Luther, & Freedman, 2016). 미란다 원칙 등 범죄 용의자, 피의자 인권과 관련된 법적 권리 내용들에서는 자문, 자격, 권한, 심문 등 용의자들에게 친숙하지 않은 단어들이 전형적으로 사용되며, 이 과정에서 변호사가 왜 필요한지 등 변호사의 역할이 이해되지 않는 경우도 있다(경찰의 심문 기법 훈련과 피의자 권리 관련 연구에 대한 논의는 〈My Perspective 3-2〉 참조).

FOCUS 3-1 심리적 강압: 사례 연구

2009년 Adrian Thomas는 생후 4개월 된 아들을 살해한 혐의로 25년형을 선고받았다. 키가 크고 몸집이 큰 Thomas는 미숙아로 태어난 아들을 매트리스에 강하게 내동댕이쳤다고 자백했다. 하지만 뉴욕(New York)주 항소법원에서는 Thomas가 심리적인 압박 상황에서 강압적으로 자백했으므로 피고인의 헌법적 권리가 침해당하여 자백이 유효하지 않다고 판결했다(Thomas v. New York, 2014).

경찰 조사 도중 Thomas는 아들이 심각한 뇌손상을 입었다는 사실은 알고 있었지만, 아이가 뇌사 판정을 받았다는 사실을 몰랐다. 전체 심문 조사 시간은 총 9시간 30분이었는데, 약 2시간 정도 조사를 받은 후 Thomas는 자살을 시도했다. 이후 병원으로 이송되었고, 15시간이 지난 후 다시 조사가 재개됐다.

조사를 담당한 형사들은 자백을 이끌어 내기 위해 다양한 조사 기법을 사용했다. 아이를 해쳤다고 자백하지 않으면 아내까지 체포하겠다고 위협하였으며, 아이는 아직 살아 있으니 아들을 던졌다고 자백하면 사고로 볼 수 있기 때문에 범죄 혐의로 기소되지 않을 것이라고 말했다. 또한 아이가 뇌손상을 입을 당시의 상황을 정확히 이야기해야 아이를 적절히 치료할 수 있을 것이라고도 말했다고 한다. "아이를 살리고 싶냐, 아니면 아이가 오늘 밤 죽기 원하냐?"라고 묻기도 했다. 결국 Thomas는 일주일 동안 아이를 최소 3번 이상 내동댕이쳤다고 시인했으며, 경찰이 제공한 클립을 구부리며 아이에게 심각한 손상을 줄 만한 충분한 위력을 가지고 있다는 점 역시 증명했다고 한다. 항소심에서는 이러한 경찰의 심문 조사 방법이 비자발적 자백을 유도하는 심리적 강압 행위에 해당된다고 판단했다.

항소심 주심 판사인 Jonathan Lippman은 경찰 기록이 용의자의 허위 진술 내용으로 가득 차 있으며, Thomas는 이미 심리적으로 제압당했을 수 있다고 지적했다. 설사 실제로 아이를 내던졌다고 해도, 이는 유효하지 않은 자백으로 볼 수 있다는 것이다.

본문에서 언급한 바와 같이, 미국 법원에서는 경찰이 용의자 자백을 얻기 위해 용의자를 오도하고, 거짓된 사실로 진술을 유도하는 것이 부분적으로 허용되나, 자백 강요는 허용되지 않는다. 심리적 속임수와 관련해서 수용 가능한 경찰의 기만적 조사 전략과 강압적 조사 전략 사이의 경계는 모호할 수 있다. 자백과 관련된 과거 판례들과 마찬가지로 뉴욕 항소법원에서도 이 사건에 대한 즉각적이며, 강력한 위법 판결을 내리지는 않았다. 단지 경찰이 용의자를 오도하는 극단적인 속임수를 사용했다고 결론지었으며, 이를 피고인의 권리 침해 행위로 판단했다. 법원은 자백 증거를 배제한 후 재심을 진행하라고 원심 파기 명령을 내렸다.

항소법원 명령에 따라 진행된 두 번째 공판에서 피고인 Thomas의 자백은 증거로 제출되지 않았다. 검사가 의학적인 내용들을 증거 자료로 제출했지만, 피고인 측 변호사는 소아신경외과 전문의를 증인으로 신청했다. 증인은 영아 뇌에서 발생한 부종과 출혈은 신생아들에게 흔하게 나타날 수 있는 현상이라고 증언했다. 전문가 견해에 따르면 아이의 직접적인 사인은 아빠가 던진 것이 아니라 치명적인 바이러스 감염이었다. Thomas는 결국 무죄 판결을 받았다.

토론 질문

1. 자백 획득을 위해 경찰이 용의자를 기만하는 것이 허용될 수 있는가? 허용된다면, 어느 정도 선까지 기만 전략을 사용할 수 있을 것이라 생각하는가? 허용되지 않는다면, 그렇게 생각하는 이유는 무엇인가?
2. 앞선 사건의 경우 사례 연구에서 소개되지 않은 추가 사실들이 존재하지만 제시된 내용들만을 볼 때 경찰이 사용한 심문 전략들(질문 내용) 중 허용될 수 없다고 여겨지는 것들은 어떤 것들인가?

MY PERSPECTIVE 3-2

법정 심리학: 현실 세계의 질문에 대답하기 위한 연구

Joseph Eastwood, Ph.D.

뉴브런즈윅 대학교(University of New Brunswick) 3학년 때 나는 우연히 심리학과 게시판에서 법정 심리학 연구 그룹에 관심이 있는 학생들을 모집한다는 Brent Snook 교수님의 메모를 읽었다. 법정 심리학의 개념과 연구 그룹이 어떤 일을 하는지 정확히 알지 못했지만, 나는 Snook 교수님께 연구 그룹에 관심이 있다는 이메일을 보냈다. 그리고 나머지는 그들이 말하는 것처럼 내 인생의 또 다른 역사가 되었다.

대학 졸업 직후 아내인 Joanna와 나는 모든 물건들을 10년을 함께한 구형 토요타에 싣고, Snook 교수가 있는 뉴펀들랜드 메모리얼 대학(Memorial University in Newfoundland)으로 향했다. 그곳에서 Snook 교수님의 지도 아래 6년간 실험 사회 심리학 석사 및 박사 과정을 마쳤으며, 이후 2013년부터 2년간 캐나다 퀘벡(Quebec)주 비숍 대학(Bisshop's University)에서 강사 생활을 한 후 온타리오 공과대학(Ontario Institute of Technology) 법정 심리학 프로그램 담당 조교수로 임용됐다.

이 책을 읽는 독자들은 법정 심리학 분야에 관심이 있거나 전공을 희망하는 분들일 것으로 생각한다. 그리고 나 역시 종종 스스로에게 많은 학문 분야 중에서 왜 하필 법정 심리학 전공을 선택했는지 자문하곤 한다. 내 대답은 법정 심리학 연구의 매력은 인간 행동에 대해 매혹적이고 적절한 질문을 할 수 있고, 그에 대해 체계적인 답변 방법을 가르쳐 준다는 것이다. 예를 들어, 나의 박사 논문 주제는 '사람들은 경찰관에게 질문을 받을 때 자신의 법적 권리를 이해하고 있는가?'라는 간단한 질문에서 시작했고, 연구 결과 그 답은 '성인과 청소년들을 대상으로 한 일련의 연구 결과, 그렇지 않다'는 것이다(Eastwood & Snook, 2010; Freedman, Eastwood, Snook, & Luther, 2014). 이러한 발견은 개인의 법적 권리에 대한 표현 방식과 구조를 변경하거나 경찰관이 법적 권리를 고지하는 방식을 변경함으로써 피조사자의 심문 권리 및 그에 대한 이해를 증진시킬 수 있는, 그럼으로써 개인 스스로 인권 보호 능력을 증진시킬 수 있는 방안 수립에 대한 연구로 이어졌다(Eastwood & Snook, 2012; Eastwood, Snook, Luther, & Freedman, 2016).

심문 조사 시 법적 권리에 대한 개인의 이해를 평가하는 것과 함께 나의 또 다른 연구 주제는 ① 범죄 수사 과정에서 알리바이가 어떻게 형성되고, 평가되는지와 ② 피조사자 및 피면담자들의 기억 촉진을 위한 도구에는 어떤 것들이 있는지이다. 예를 들어, 알리바이에 대한 나의 최근 연구들에서는 이러한 연구 질문에 대한 답을 찾기 위해 '알리바이가 사실인지 판단할 때 사람들은 어떤 요소들을 고려하는지' 확인하고자 했다. 지금까지의 결과들에 의하면, 용의자와 특별한 관계가 없는 사람들의 증언이 뒷받침될 때 알리바이에 대한 신빙성이 증가하는 것으로 나타났다. 이는 용의자 이외에 확증할 만한 증언이 없는 경우 실제 무고한 용의자의 알리바이가 부정되는 결과를 초래할 수 있다(Eastwood, Snook, Au, 2016).

최근에 나는 동료들과 함께 피면담자의 회상 정보량 증가 여부를 확인하기 위해 단순히 경험 내용을 언어적으로 회상하는 경우와 경험 사건을 묘사(종이에 경험 사건을 그려 나가는 방식 등)하는 경우를 비교 측정하는 연구들을 수행했다(Eastwood, Snook, & Luther, 2018). 연구 결과, 묘사 과정을 통해 피면담자들은 기존의 수사 면담 접근 방식에 비해 실질적인 정보들을 더욱 많이 생성하는 것으로 나타났다. 따라서 사건 경험에 대한 묘사는 범죄 피해자 혹은 목격자 대상 경찰 면담 조사에 있어 효율적인 방법으로 사용될 수 있을 것이다.

학술 연구 활동뿐 아니라, 나는 캐나다 전역에서 경찰관들을 대상으로 과학적 수사 면담 기법 교육을 실시하고 있다. 가장 최근에는 더럼 경찰서(Durham Regional Police Service) 소속 경찰관들을 대상으로 피해자, 목격자, 용의자 면담 기법 교육 · 훈련 프로그램 개발 및 강의를 진행했다. 경찰관 대상 실무 교육 경험은 내가 추구하는 현실 실무 기반 연구에 있어 많은 연구 질문을 설정하는 데 큰 도움을 준다. 결국 실무 교육에서 경찰관들에게 얻은 아이디어를 통해 체계적인 심리학 연구들을 수행하고, 나의 연구 결과를 통해 교육 내용들을 보완함으로써 형사사법 관련 실무를 개선해 나가는 데 연구 결과들을 통합하고 있다. 이것이 바로 내가 하고 있는 일의 가장 만족스러운 부분이다. 이는 오로지 유능한 경찰관들과의 만남과 상호작용을 통해서만 가능한 일들이다.

법정 심리학 분야에 관심을 가진 분들에게 내가 할 수 있는 최대의 조언은 인간 행동에 대한 호기심과 함께 심리과학이 인간 행동을 이해하는 데 큰 도움을 줄 수 있다는 매력에 빠지라는 것이다. 이 책은 사법제도 내에서 사람들의 생각과 행동 방식에 대한 새로운 통찰로 가득 차 있다. 이러한 통찰력들은 관련된 연구 질문들을 고민하고, 이에 대한 해답을 찾아 나가는 법정 심리학자들의 노력으로 인해 존재한다. 이 책을 읽는 분들 역시 언젠가는 이와 같은 지식의 총체에 기여할 수 있기를 희망한다.

이 점에 있어 Snook 교수님이 나의 학문 경험

에 미친 영향을 다시 한번 강조하고 싶다. 심리학적 연구에 대한 Snook 교수님의 열정, 경찰 수사 실무에 관한 연구 결과를 적용해 온 노력, 그리고 자신보다는 제자들의 성공을 우선시하는 의지는 학자로서 나에게 더욱 많은 영감을 불러일으키고 동기를 부여해 준다. 현재까지 나의 성공, 앞으로의 성공 모두 교수님에게서 받은 멘토링의 직접적인 결과라 할 수 있다. 법정 심리학 공부를 시작하려는 분들 혹은 과정을 거의 마치신 분들 모두 이 매력적인 학문 분야에 대해 나만큼 자신의 시간을 즐기고 있다고 나는 믿고 있다.

Eastwood 박사는 현재 온타리오 공대에 재직 중이다. 그는 현재 캐나다 오타와(Oshawa)에서 아내 Joanna와 어린 세 자녀 Chole, Alex, Lyla와 함께 생활하고 있다. 그는 여가 시간에 스포츠 경기를 관림하거나, 일곱 형제자매와 종교 토론을 하면서 시간을 보내고 있다.

청소년 심문

법정 및 발달 심리학자들에 의하면 청소년들의 생물학적 · 인지적 · 심리적 기능이 성인과는 근본적인 차이가 있다는 점은 확인된 사실 중 하나임에도 불구하고(Cleary, 2017), 청소년 대상 경찰 심문 조사 과정에서도 성인 범죄자들과 동일한 면담 및 심문 방법이 사용되고 있다(Cleary & Warner, 2016; Feld, 2013; Meyer & Reppucci, 2007; Reppucci, Meyer, & Kostelnik, 2010). Cleary에 따르면, "법적 개입 여부와 관련 없이, 모든 청소년이 사춘기 동안 경험하는 발달상의 변화들이 결국 심문 조사실 내에서의 청소년들의 지각, 행동, 의사결정 등에 잠재적으로 강력한 영향을 미칠 수 있다"(p. 119). 청소년들은 경찰 심문 조사 과정에서 경험할 수 있는 압박과 스트레스에 취약하며, 미란다 원칙 등에 의해 보호되는 개인 권리 보호 내용들을 정확히 이해하지 못하는 경우가 많다.

신경발달학적 연구들에 따르면, 인간의 뇌 기능 발달은 20대 중반까지 진행된다. 즉, 청소년기 뇌 기능은 아직 미성숙한 상태로, 경찰 조사관들은 이러한 청소년들의 신경심리학적 특성을 고려해 청소년 범죄 용의자에게 어떤 심문 방법들이 적합한지 고려할 필요가 있다. 연구자들은 이러한 문제들을 극복하기 위해서는 먼저 경찰 조사 상황에 직면한 청소년들이 자신의 법적 권리에 대해 충분히 이해할 필요가 있다고 판단했으며(Eastwood et al., 2016), 성인 및 청소년들의 법적 권리 이해를 측정하기 위한 도구를 개발했다(Rogers et al., 2007, 2009, 2010).

또한 신경학적 · 심리사회적 미성숙 상태에 있는 청소년들이 허위 자백을 하는 경향이 높다는 실증적인 근거들이 제시된 바 있다(Steinberg, 2014a). 청소년들은 특히 심문 중 '최소화

(minimization)'의 함정에 빠질 가능성이 높은데, '최소화'란 예를 들어 '내가 당신 입장이었어도 같은 행동을 했을 것이다'라는 조사관의 말을 통해 용의자가 지각하는 범죄 혐의의 중요성을 축소시키는 전략이다. 이 예에서 청소년들은 조사관이 관대한 사람이라고 여기고, 조사관에 협조하고 범행을 시인할 경우 풀려날 수 있다는 믿음을 갖게 된다. 이와 관련된 중요한 사례로는 1989년 뉴욕 센트럴 파크(Central Park)에서 조깅하던 20대 여성을 강간폭행한 사건을 들 수 있다. 용의자로 체포된 5명의 10대 청소년 중 1명은 11년, 나머지 4명은 7년간의 교도소 복역 후에야 무죄 사실이 밝혀져 석방됐다. 재판 당시 피고인 측 변호사들은 청소년 용의자들이 경찰의 강압적인 심문 조사에 의해 허위 자백했다고 주장했지만, 이는 받아들여지지 않았다. 13년 후 이미 복역 중이던 진범이 교도소에서 자신의 범행 사실을 자백했고, 진범의 DNA와 피해자에게서 채취된 DNA가 일치한 것으로 나타나면서 복역 중이던 5명의 청소년이 무죄로 석방됐다.

Cleary(2017)는 Laurence Steinberg의 연구 결과를 인용해 경찰 심문 과정에서 나타나는 보상 민감성(reward sensitivity), 자기조절(self-regulation) 능력, 미래 지향성(future orientation)의 세 가지 요인이 성인 및 청소년들의 차이를 이해할 수 있는 중요 요인임을 발견했다. 즉, 청소년들은 성인들에 비해 심문 및 수사 면담 과정에서 주어지는 즉각적인 보상에 더욱 민감하게 반응하는 경향이 있다. 청소년들은 자신에게 유리하며, 긍정적인 결과를 주는 것들에 더욱 쉽게 주목하며, 이를 얻기 위해 즉각적으로 위험을 감수하는 경향이 있다. 경찰 조사를 받는 길고 괴로운 시간 동안 집으로 돌아갈 수 있다는 조사관의 말은 즉각적인 보상으로 여겨질 수 있으며, 이는 청소년들에게 강력한 유인 요인이 될 수 있다. Drizin과 Leo(2004)의 연구에서도 '집으로 돌려보내 주겠다'는 말이 청소년 범죄 용의자들의 허위 자백을 유도하는 가장 큰 요인임이 발견된 바 있다. 자기조절 혹은 자기통제능력이 부족한 점 또한 경찰 심문 조사 과정에서 결백을 주장하는 대신 집에 갈 수 있다는 말을 즉각적으로 수용하게 만드는 또 다른 요인으로 작용한다. 미래 지향성을 고려하지 않는 것도 유죄 인정이라는 결과를 고려하지 않고 단지 빨리 집으로 돌아가는 것을 선호하는 청소년들의 특성을 설명해 준다. 즉, 청소년들은 "자신들의 행위로 인한 장기적인 결과보다는 단기적인 손익에 근시안적으로 초점을 맞추는 경향이 있다"(Kassin, Perillo, Appleby, & Kukucka, 2015, p. 253). 대체로 청소년기 발달 과정에서 보상 민감성 요인은 '장기적으로 적합한 행동을 고려하고 눈앞에 있는 부적절한 행동은 억제하는' 능력을 약화시키는 데 영향을 미칠 수 있다(Casey & Caudle, 2013).

허위 자백

미드 〈렉티파이(Rectify)〉는 18세 때 어린 소녀를 살해한 혐의로 사형선고를 받고 19년을 복역한 후 DNA 감정을 통해 무죄로 석방된 인물의 이야기를 묘사하고 있다. 드라마에서는 석방된 주인공이 자신의 억울한 인생에 대처하고, 새로운 인간관계를 형성하며, 가족과의 관계를 회복하기 위해 고군분투하고, 다시금 찾아온 자유에 적응하는 과정을 그리고 있다. 이 드라마에서는 사형수로 복역 중인 주인공의 과거 회상 장면을 중간중간 삽입하여 전체적인 줄거리를 이어 나가면서 시청자들로 하여금 '주인공은 왜 자신이 하지 않은 일을 자백했을까?'라는 의구심을 자아낸다.

분명 이 드라마는 허구이다. 그러나 전혀 비현실적인 이야기는 아니다. 최근 들어 과거 유죄 판결을 받은 사건들을 대상으로 DNA 재감정을 실시하면서, 불법적이거나 강요에 의한 허위 자백으로 억울한 옥살이를 한 사례들이 밝혀지고 있다(Kassin et al., 2007; Kassin et al., 2015). 허위 자백(false confession)이란 용의자가 자신이 저지르지 않은 "범죄 행위를 인정하는 것"으로, 대개 자신이 하지 않은 범죄 사건에 대해 어떻게, 왜 범행을 저질렀는지에 대한 설명들이 수반된다(Kassin et al., 2010, p. 5). 무고한 사람들이 유죄를 받은 사건들 중 DNA 감정을 통해 무죄 판결을 받은 사례들 및 기타 세간의 이목을 주목시키는 억울한 사건들이 보고되면서, 경찰 면담, 심문 조사 방법 및 전략에 대한 철저한 검토 필요성이 증가하고 있다(DeClue & Rogers, 2012). 최근 조사에 의하면, DNA 감정을 통해 잘못된 유죄 평결을 받은 사건들 중 16~25% 정도만이 용의자 허위 자백에 의한 것인 반면(Garrett, 2011; Kassin et al., 2015; O'Connor & Maher, 2009), 대다수가 부정확한 목격자 증언과 관련이 있다고 보고되었다(목격자가 자신을 범인으로 지목했다는 말을 들은 후 용의자들이 허위 자백을 하는 경우가 많기 때문에 정확하지 않은 목격자 증언 또한 허위 자백의 중요한 요인으로 볼 수 있다). 목격자에 의한 용의자 식별은 이 장 후반부에서 구체적으로 다루겠다.

DNA 증거에 의해 혐의를 벗은 사람들 중 많은 이가 범행을 결코 자백하지 않았으며, 이들은 체포당한 순간부터 자신들의 결백을 주장해 왔다[억울한 유죄 판결로 교도소에 수감된 수형자들을 위한 옹호 및 연구 단체인 이노센스 프로젝트(Innocence Project)의 업적은 〈Focus 3-2〉 참조]. DNA 감정으로 무죄 판정을 받은 많은 사람의 이야기 속에는 자신들이 왜 허위 자백을 했는지가 포함되어 있다. "억울한 옥살이를 한 사람들은 경찰 조사 시 인지 장애가 있는 사람들을 포함해서 성인 및 아동들을 대상으로 한 모욕적인 심문 과정에서 경험했던 끔찍했던 심리적 압박 상황에 대해서 증언하고 있다. 이들 중 일부는 신체적 학대가 있었다고 이야기하는 경우도 있다."(Kassin et al., 2007, p. 382) 이들의 증언들과 기타 세간의 이목을 끄는 무죄 판정 사건들로 인해 잘못된 유죄 판결을 사전에 방지하는 데 있어 심리학자들의 역할이 강조되고 있다(Kassin et al., 2010). Kassin(2008)은 현행 형사사법 체계하에서는 자백에 대한 무지와 무비판적인 수용이 자리 잡고 있다고 주장한 바 있다. 그는 이와 같은 무지와 무조건적인 수용은 자백에 대한 다섯 가지 근거 없는 믿음에 기인한다는 점을 발견했는데, 첫째, 합법적이고 비강압적인 심문 조사 과정에서 결백한 사람들이 자백하는 경우는 없다(불가능하다). 둘째, 경찰 수사관들은 거짓을 말하는 사람과 진실을 말하는 사람을 구별해 낼 수 있다는 확신을 지니고 있어, 결과적으로 자신들이 누구를 심문 대상으로 삼아야 하는지 구분할 수 있는 능력을 지녔다고 믿고 있다. 셋째, 경찰관들은 직관과 확증을 기반으로 허위 자백과 진실한 자백의 차이를 구분할 수 있다. 넷째, 심문 조사를 받는 사람들은 묵비권 및 변호인 조력권 등 헌법에 명시된 법적 권리로 보호된다. 다섯째, 만약 피의자의 자백이 강요되었거나 불법적 경찰 조사에 따른 것이라면, 일심 재판에서 잘못된 자백이 인정되었다 해도 항소심을 통해 바로잡을 수 있다. 기억해야 할 것은 Kassin이 이 다섯 가지를 사실이 아닌 믿음일 뿐이라는 점을 강조했다는 것이다.

FOCUS 3-2 이노센스 프로젝트

이제 교도소 재소자들 중 일부는 부당한 유죄 판결을 받고 복역 중이라는 사실이 분명해졌다. 이노센스 프로젝트(Innocence Project)는 억울한 옥살이를 하는 재소자들을 석방하고, 관련된 형사사법 제도를 개선할 목적으로 설립된 비영리 단체이다. 저지르지도 않은 범죄 사실로 인해 교도소에 투옥된 이들은 부분적으로 허위 자백이나 경찰의 불합리한 유죄 진술에 의해 유죄 판결을 받았지만, 이들 대부분은 체포 당시부터 일관되게 자신의 무죄를 주장해 왔다.

이노센스 프로젝트는 1992년 예시바 대학(Yeshiva University) 로스쿨에 재직 중이던 Barry Scheck, Peter Neufel과 Benjamin Cardozo의 주도하에 설립되었다. 이 프로젝트에서는 범죄 현장에서 수집된 DNA 감정을 통해 진범 여부를 확인하는 방법을 주로 사용했는데, 이를 통해 2017년까지 미국에서 재소자 350명이 무죄 판결을 받았다. 이들 중 최소 18명이 이미 사형 판결을 받은 상태였다.

이노센스 프로젝트의 웹사이트(www.innocence project.org)에서는 뒤집힌 유죄 판결 중 70%가 목격자들의 용의자 오식별에 기인한 것으로 기재되어 있다. 이들 사건에서 판사와 배심원들은 판결 과정에서 목격자의 증언에 무게를 두고 있었다. 이 외에도 잘못된 법과학적 증거 해석, 충분한 변호인 조력의 부족, 정부의 위법 행위, 허위 자백, 정보원의 증언 등도 무고한 사람들에게 유죄 판결을 내리게 만든 요인으로 나타났다. 다섯 아이의 아버지인 Daniel Gristwood는 15시간 동안 경찰 심문 조사를 받았고, 34시간 동안 잠을 자지 못한 상태에서 경찰에 허위 자백을 했다. 그 결과, 아내 살해 혐의로 10년을 복역한 후에서야 무죄로 석방됐다(Norris & Redlich, 2010). 이 사건의 진범은 이후 밝혀졌다. 뉴욕 센트럴 파크에서 조깅 중이던 20대 여성에 대한 강간폭행 혐의로 체포된 5명의 청소년들 또한 감옥에서 수년 동안 복역한 후에야 진범이 밝혀졌다. 정신장애를 앓고 있던 한 남자 또한 16세 소녀 살인 사건에서 자신이 죽였다고 하면 경찰의 진범 색출을 도울 수 있을 것이라는 생각에 허위 자백을 했다. 본문에서 설명된 바와 같이 정신장애자들은 일반인들에 비해 허위 자백 가능성이 높다.

그렇다면 억울한 옥살이 이후 무죄 판결을 받은 사람들에게는 어떤 일이 발생할까? 그 대답은 분명치 않다. 이들 중에서는 성공적으로 자신의 인생을 되찾은 경우도 있고, 그렇지 않은 경우도 있다. 또한 미국 내 모든 주정부에서 억울한 복역 기간에 대한 경제적 보상이 이루어지는 것도 아니다. 이와 관련해서 Norris와 Redlich(2010)는 워싱턴 D.C. 연방정부 및 27개 주정부에서만 사후 보상금을 제공하고 있어, 무죄 판결을 받은 250명 중 60%만이 경제적 보상을 받았다고 한다.

토론 질문

1. 이노센스 프로젝트 웹사이트를 방문해 가장 최근에 무죄 판결을 받은 사례 두 가지를 검토한 후 토론해 보자.
2. 부당하게 유죄 판결을 받고 복역했던 사람들은 그들이 복역한 시간만큼 보상을 받아야 하는가? 만약 동의한다면, 가장 적절한 보상 형태는 무엇인가?
3. 허위 자백 방지를 위해 법정 심리학자들의 역할은 무엇인가(혹은 어떤 역할을 수행하고 있는가)?

미국 내에서 잘못된 경찰 조사에 의한 허위 자백 비율이나, 이로 인해 억울하게 유죄 판결을 받은 사건에 대한 정확한 통계 자료는 발표되지 않았다(Kassin et al., 2010; Leo & Ofshe, 1998). 하지만 분명한 사실은 관련 연구 결과들을 통해 무고한 사람들이 저지르지도 않은 자신의 범행을 자백할 가능성이 존재한다는 것이다. 앞서 언급한 바와 같이 유죄 판결을 받은 사건들 대다수가 용의자 심문과 자백을 통해 획득한 증거가 아닌 목격자 증언이나 현장 증거물을 통해 범죄가 입증되었다는 점을 분명히 이해할 필요가 있다.

그럼에도 불구하고 용의자 자백은 재판 과정에서 유죄를 입증하는 강력한 증거로 간주되고 있다. 자백은 모든 관련 범행 증거보다 우선시되고, 피의자가 유죄 판결로 이어질 가능성을 증가시킨다(Leo & Ofshe, 1998). 따라서 우리는 수사관에 의해 강요된 자백뿐 아니라 허위 자백에 대해 특히 주목할 필요가 있다. Leo와 Ofshe에 따르면 미국 경찰들은 심문 조사나 허위 자백에 대해 충분한 교육을 받지 못하고 있다. "자백 유도를 피하는 방법, 허위 자백 기제에 대한 이해, 허위 자백의 형태나 특징들을 구분하는 방법들에 대해 교육·훈련을 받은 경찰들은 거의 없다."(p. 437) 바로 이 부분이 경찰 심리학자들이 기여할 수 있는 중요한 교육 서비스 분야이다. 최근 들어 이 분야에 대한 심리학자들의 경찰관 대상 교육 프로그램 개발이 지속적으로 증가하고 있다(DeClue & Rogers, 2012; Lassiter & Meissner, 2010; Malloy, Shulman, & Cauffinan, 2014). 또한 심리학자들은 허위 자백에 영향을 미치는 요인들에 대한 연구를 활발히 진행하고 있다(Meissner et al., 2012; Redlich, 2010).

대부분의 미국 경찰관들은 신임 경찰관 교육 과정에서 면담과 심문에 대해 개략적인 교육을 받고 있다. 더욱 전문적인 교육은 형사 혹은 심문 전문가 양성 교육 과정에서 이루어진다. 하지만 경찰 수사관들은 자신들이 거짓말하는 사람을 구별해 낼 수 있는 능력을 지니고 있다고 확신하는 경향이 있다. 이러한 자신감은 경찰 직무 수행 경험 및 기만 탐지 정확성을 높일 수 있다고 주장하는 경찰 훈련 프로그램들에서 비롯됐다고 볼 수 있다(Kassin et al., 2007). 일부 경찰 훈련 프로그램들에서는 훈련 이수자들의 기만 탐지 정확도가 85%에 이른다고 주장하고 있으나, 관련 연구 결과들에서는 경찰 훈련 프로그램들이 신뢰할만한 수준으로 기만 탐지 능력을 향상시키지 못한다는 점을 지적하고 있다. 대다수의 연구 결과들에서 훈련을 받은 경찰 수사관들 및 관련 전문가들의 기만 탐지 능력은 우연 수준 이상으로 소폭 향상됐을 뿐이라고 한다.

용의자 심문 조사는 일반적으로 경찰 수사관이 해당 용의자를 수사한 후 상당한 수준의 범죄 혐의가 있다고 여겨질 때 진행된다. 많은 사례로 미루어 보아, 수사관들은 피조사자에 대해 강한 유죄 심증을 갖고 심문 조사를 시작하며, 따라서 대부분의 경우 예상되는 용의자의 진술 거부나 저항을 허물어트릴 수 있는 심문 기법들이 의도적으로 사용되는 경우가 많다.

자백을 하는 범죄 용의자들 대부분이 실제 범죄를 저지른 이들로, 허위 자백 비중은 그리 높지 않다. 유럽에서는 재소자의 12%만이 허위 자백을 한 것으로 보고되고 있으며(Gudjonsson, 2003), 북미 지역에서는 약 5% 정도가 경찰 심문 과정에서 자신이 저지르지 않은 범죄를 자백하는 것으로 추정되고 있다(Kassin, 2008). 그러나 일부 전문가는 허위 자백의 비중이 확인된 경우보다 높을 것으로 예상하고 있다(O'Connor & Masher, 2009). 그렇다면 그들은 왜 자신들이 저지르지도 않은 사실들에 대해 자백하는 것일까? 이 점에 대해서는 적은 형량을 받기 위해, 다른 사람을 보호하기 위해, 정신적인 문제로 인해, 범죄를 인정함으로써 사회적으로 주목받는 유명인이 되기 위해, 심문 과정에서 경험한 극도의 정신적 피로감으로 인해, 수사관들이 자신의 말을 믿지 않을 것이라는 생각으로 인해, 그리고 일부의 경우 수사관의 자백 설득 과정에서 저지르지도 않은 범죄 사실을 자신이 저질렀다고 믿게 되는 심리적 기제로 인해 허위 자백을 하는 것으로 다양하게 해석할 수 있다.

관련 연구 문헌을 종합적으로 검토한 Kassin과 Wrightsman(1985)은 **허위 자백**의 유형을 세 가지로 구분하고 있다. ① 자발적 유형, ② 강요된 복종형, ③ 강요된 내면화형이 그것이다. 첫 번째, **자발적 허위 자백**(voluntary false confession)은 경찰에 의한 외부적 압력 없이 스스로 자신의 죄를 인정하는 유형이다. Kassin(1997)이 제시한 자발적 허위 자백 유형으로 가장 유명한 사례로는 대서양 횡단 비행에 성공한 Charles Lindbergh의 생후 20개월 된 아기 납치 사건을 들 수 있다. 이 사건은 미국 역사상 가장 유명한 아동유괴 사건 중 하나로, 1932년 3월 1일 아기가 유괴된 후 범인은 몸값을 요구했고, 이후 아기는 사망한 상태로 발견됐다. 이 사건에서 200명이 넘는 사람들이 자신이 Lindbergh의 아이를 유괴한 범인이라고 자백한 것으로 전해지고 있다. 이후 Bruno Richard Hauptmann이 범인으로 체포된 후, 유죄 판결을 받고 사형당했지만, 과연 그가 진범인지에 대한 의심은 몇 년 동안 지속됐다. 앞서 Kassin이 제기한 허위 자백의 기제 중 많은 경우가 사회적 인정이나 명성을 얻기 위한 노력 때문이라는 점을 이 사건을 통해 확인할 수 있다.

강요된 복종형과 강요된 내재화형은 그 명칭에서 알 수 있듯이 경찰 혹은 때로는 다른 외부인의 압력에 의해 허위 자백을 하는 경우이다. 관련 연구들에서는 스트레스 유발 상황에서 능숙한 조종, 기만, 암시적 심문 기법에 의해 자백이 유도될 가능성 또한 존재한다고 한다(Gudjonsson, 1992; Kassin, 1997). 정신장애 혹은 지적장애가 있는 사람들은 심문 과정에서 더욱 많은 질문을 받을 수 있다. 이러한 심문 조사 경험이 이들을 더욱 혼란스럽게 한다는 점은 이미 확인된 사실 중 하나이다(Redlich, Kulich, & Steadman, 2011). 이들은 또한 장애가 없는 사람들보다 허위 자백할 가능성이 더 크다(Redlich, Summers, & Hoover, 2010). 심문 조사와 같은 스트레스 상황에서는 심지어 무고한 사람들도 자신이 범죄를 저질렀다고 믿게 될 수 있다. Kassin은 강요된 허위 자백 중 상당수가 Kelman(1958)이 최초로 제시한, 복종과 내면화 기제에 기인한다고 설명하고 있다. 복종(compliance)은 개인적인 신념이나 태도가 아닌 사회적 규범에 순응하여 행동을 변화시키는 것을 의미한다. 이는 타인에게 유화적인 태도를 취하거나 혹은 사회적 압력의 감소 및 타인에 의한 위협 상황에서 벗어나기 위한 행동 기제이다. 반면에 내면화(internalization)는 특정한 이슈나 관점들을 진심으로 믿게 되는 것으로 개인적인 사고 혹은 신념의 변화를 의미한다.

Kassin(1997)은 특히 수면 박탈 상황과 같은 강도 높은 장기간의 심문 조사 과정에서 발생할 가능성이 높은 허위 자백을 **강요된 복종형 허위 자백**(coerced-compliant false confessions)이라고 결론지었다. 용의자들은 자신들이 무고하다는 사실을 인지하고 있으면서도 더 이상의 심리적 · 신체적 불편을 피하기 위해 범행을 시인하게 된다. 센트럴 파크 강간폭행 혐의를 인정한 5명의 청소년 중 일부는 부모의 설득, 몇 시간 후에는 집으로 돌아갈 수 있다는 기대 등 때문에 자백했다고 한다. 이 사건의 다른 용의자는 자신의 범행을 목격한 사람이 있고 자신의 지문이 범행 현장에서 발견됐다며 이미 결정적인 증거를 확보했다는 경찰의 말에 따라 자백했다고 한다. 이들 사례는 내면화 과정을 거치지 않은 외부 압력에 의한 복종이 이루어진 경우이다.

반면, **강요된 내면화형 허위 자백**(coerced-internalized false confessions)의 경우 주로 심문 조사 과정에서 극도로 지쳤거나, 혼란스러운 감정을 경험했거나, 심리적으로 취약한 상태에서 자신들이 실제로 범행을 저질렀다고 믿게 되는 경우에 나타난다(Kassin, 1997; Kassin & Kiechel, 1996). 이는 내면화된 신념이 결국 복종으로 발전한 형태라고 볼 수 있다. 때로는 자백에 대한 압박이 경찰관들이 아닌 가족, 친구, 동료, 종교인 등에 의해 이루어질 수 있다. 이들은 죄를 인정하고 용서를 구하게 되면 기분이 나아질 것이라는 말로 무고한 용의자들에게 은연중에 범행을 시인하라는 압력을 줄 수 있다(McCann, 1988).

요약

DNA 증거로 이미 유죄 판결을 받고 복역 중이던 재소자들의 결백이 드러났다는 사실은 그들을 대상으로 진행되었던 형사사법 절차에 심각한 문제가 있었음을 보여 준다. 변호사 조력의 부족, 목격자의 오인 등 다양한 원인이 있겠지만, 이 장에서는 경찰 심문 과정에 기인한 허위 자백에 초점을 맞춰 이러한 문제를 다루었다. 반대로 진범의 자백 역시 조사 절차상 불법 요인이 있었다면 인권 침해 소지가 있다고 볼 수 있어 무죄 판결을 받을 수도 있다. 따라서 법집행기관 종사자들은 항상 적법한 조사 절차를 준수해야 한다. 또한 자백 획득 과정에서 경찰의 신체적 · 심리적 강압이 있어서는 안 된다. 그러나 실질적으로 심문 조사 과정에서 심리적 강압이 어떠한 형태로 나타나는지, 어떤 형태를 심리적 강압으로 볼 것인지는 매우 어려운 문제이다.

Meissner, Hartwig과 Russano(2010)는 경찰의 심문 조사 방법 개선 내용을 담은 매뉴얼 및 교육 · 훈련 프로그램이 충분치 않기 때문에, 보다 효과적이며 대안적인 심문 및 면담 프로그램 개발 필요성을 강조한 바 있다. 경찰 심리학자들 및 관련 분야 연구자들은 체계적 접근 방식을 통해 실체적 진실을 규명할 수 있는 심문 조사 기법에 대한 지속적인 연구가 필요하며(Meissner, Russano, & Narchet, 2010), 경찰 실무자들과의 적극적인 협력으로 학술과 실무가 통합된 조사 기법을 개발해 나아가야 할 것이다. 이와 같은 통합적 접근은 앞서 소개한 PEACE 모델 사례에서도 알 수 있듯이 영국 및 캐나다에서 매우 성공적이었다는 점이 이미 입증되었다(Bull & Soukara, 2010 참조).

Meissner와 Lassiter(2010)는 다음과 같이 경찰 심문 조사 기법 개선을 위한 다섯 가지 권고안을 제안하고 있다.

① 모든 심문 조사 과정을 가급적 영상 녹화 방식으로 기록할 것
② 허위 자백을 유도할 수 있는 '심리적 조작' 기법을 심문 과정에서 사용하지 말 것
③ 심문 조사실에서 청소년, 지적장애자 등 심리적으로 취약한 피조사자에 대한 보호 조치를 취할 것
④ 심문 조사 전 미란다 권리 고지, 피조사자의 권리 포기 확인 절차를 준수할 것
⑤ 경찰 수사관을 대상으로 허위 자백 유발 요인들에 대한 교육 · 훈련을 실시할 것

경찰 심문 조사 전에 이들 권고안에 따라 예방적 조치를 취하는 것은 경찰 수사에 대한 공공 신뢰도 향상과 동시에 심문 조사나 인터뷰 과정에서 획득한 자백 증거가 법정 증거로 허용될 가능성을 증가시킬 수 있을 것이다.

기만 탐지

대중매체를 통해 수사관들이 목격자, 용의자의 말이나 비언어적 행동들을 통해 거짓 유무를 구별하는 장면을 쉽게 볼 수 있다. 언론에 보도된 프로파일링과 마찬가지로, 이러한 대중매체에 방영되는 내용들이 현실과 일치한다고 보기는 어렵다. 법정 심리학자들은 비언어적 행동을 해석하는 데에는 특별한 주의가 필요하다고 조언하고 있다. 면담 과정에서 나타나는 용의자, 목격자의 일부 행동의 경우 진술 내용이 거짓이라는 점을 암시하는 경우도 있으나, 실제 거짓 유무를 확인할 수 있는 방법은 없다. 입술을 핥는 행동은 목이 마르거나 긴장했다는 것 이상의 의미가 없을 수 있으며, 경찰관에게 질문을 받는 상황이나 조사 과정에서 긴장하는 것은 흔히 있을 수 있는 일들이다.

기만(deception)이란 상대방을 속일 목적으로 진실이나 정보를 의도적으로 숨기거나, 관련 없는 다른 내용들을 이야기하여 사실을 왜곡하는 행위를 의미한다. 기만 행동 탐지 능력 혹은 방법들은 경찰 조사 과정에서 매우 중요한 의미가 있다. 전 세계적으로 테러 공격 위협이 가중되는 상황에서 "국경 경계 지역, 보안 검문소, 공항, 버스 터미널, 기차역, 대형 쇼핑센터, 스포츠 경기장 등 대중 밀집 공공 장소들에서 특히 기만 탐지(detection of deception)의 중요성은 날로 커지고 있다"(Vrij & Granhag, 2014, p. 936).

기만 혹은 거짓말 탐지는 형사사법기관들의 정보 수집 활동에서부터 사기 범죄 용의자 대상 심문 조사 과정까지 전 수사 영역을 통틀어 매우 중요하게 활용되고 있는 응용 심리학 연구 분야이다. 그러나 최근까지 제시된 연구 성과들은 아직 이와 같은 실무적 요구를 충족할 만한 수준은 아니다. 관련 연구들에서 나타난 기만 탐지 기법들의 정확성은 우연적 발견 수준을 겨우 넘는 54~57% 수준에 머물고 있다(Logue, Book, Frosina, Huizinga, & Amos, 2015). 또한 심리학자, 경찰관 등의 기만 탐지 정확성은 일반인들에 비해 높지 않으며(Gongola, Scurich, & Quas, 2017), 일반인 집단에서도 성인 및 아동들의 기만 행동 탐지 능력 간에 유의미한 차이가 없다고 한다(Gongola et al., 2017). 심지어 아이들의 나이조차 별 영향을 미치지 않는다.

기만 탐지의 세 가지 기본 요소로는, ① 정서(emotion), ② 행동 통제(behavioral control), ③ 인지 부하(cognitive load)를 들 수 있다(Vrij, 2008; Vrij, Granhag, & Mann, 2010; Zhang, Frumkin, Stedmon, & Lawson, 2013). 이 중 오랜 시간 동안 기만이나 속임수를 판별할 수 있는 가장 좋은 지표는 정서로 여겨져 왔다. 거짓말이란 전통적으로 두 가지 정서, 즉 죄의식 혹은 들통 날 것에 대한 공포가 연합된 행동으로 알려져 왔다(Vrij et al., 2010). 가령, 거짓말하는 사람들은 어떤 특정 질문을 받을 때 긴장되고 불안한 감정을 느끼게 되는데, 눈 맞춤 회피, 과도한 눈 깜박임, 과다한 땀 흘림, 얼굴을 만지거나 문지르는 행동, 악수 혹은 다리를 꼬는 행동, 손톱 물어뜯기 등이 죄책감 및 공포 감정을 나타내는 신체적 · 정서적 징후로 볼 수 있다. 그러나 최근 연구들에서는 이러한 행동 패턴들을 신뢰할 말한 거짓 단서로서 보기는 어렵다는 결과들이 제시되고 있다. 예를 들어, 일부 연구에서는 거짓말하는 사람이 진실을 말하는 사람들보다 고의적으로 눈을 마주치는 경향이 높다는 점이 발견되어, 눈 맞춤 감소가 거짓말 판별에 있어 신뢰할 만한 행동 징후로 보기 어렵다는 주장이 제기되고 있다(Mann el al., 2013). 더 중요한 점은 전문가든 일반인이든지 간에 정서 기반 단서들을 활용해 거짓말 여부를 평가하는 경우는 극히 드물다는 사실이다(van Koppen, 2012).

정서 기반 단서들을 포착할 수 없는 경우에는 언어적 혹은 비언어적 행동들을 통해 거짓말 유무를 판별할 수 있다고 여겨졌지만(Vrij, Akehurst, & Knight, 2006), 이 또한 명확하지 않다.

거짓말하는 사람들의 특성을 연구한 Vrij 등(2010)은 거짓말을 확인하는 데 실패하는 이유 중 하나는 사람들이 기만 행동의 복잡성에 대한 충분한 이해가 부족하기 때문이라고 한다. Vrji는 능숙한 거짓말쟁이들에게는 거짓말 감별을 어렵게 하는 18가지 특성이 존재한다고 한다. 이러한 특성들에서는 죄책감 및 공포감의 결여, 자신감, 뛰어난 연기력 등이 포함된다. 또한 관련 연구들에서 거짓말을 잘하는 사람들은 행동뿐 아니라 자신들의 답변에 대한 상대방의 반응을 지속적으로 확인하는 특성이 발견됐다(Burgoon, Biair, & Strom, 2008; Vrij et al., 2010; Zhang et al., 2013). 즉, 거짓말을 능숙하게 잘하는 사람들은 자신들이 어떤 행동을 보였을 때 상대방이 자신의 거짓말을 알아차리는지 여부를 잘 파악한다. 따라서, 이들은 상대에게 쉽게 포착되는 비언어적 단서의 유형에 대해 알고 있기 때문에 불안감이나 죄책감을 드러낼 수 있는 신체적 행동을 드러내지 않으려고 집중하는 경향이 있다. 요약하면, 최근 연구들에서는 감정이나 비언어적 단서들이 기만 행동 탐지 지표로 적합하지 않다고 결론짓는 추세이다.

Vrij와 Granhag(2007, 2012)는 비언어적 단서보다는 언어적 단서가 거짓말 탐지에 더욱 효과적일 수 있다고 한다. 즉, 거짓말하는 상대의 언어적 패턴에 집중하면서, 답변 방식을 분석, 이를 변화시키는 것이 거짓말 유무 확인에 더욱 효과적일 수 있다. 거짓말하는 사람들은 진실 정보를 억제한 상태에서 허위 정보를 지속적으로 재구성하고 자신의 거짓말을 기억하는 방식의 인지 처리 과정을 보이는데, 이 경우 상당한 수준의 인지적 노력이 필요하다(Carrión, Keenan, & Sebanz, 2010; Vrij et al., 2008; Vrij, Granhag, Mann, & Leal, 2011). 따라서 질문에 대한 답변 시 인지적 작업량을 증가시키는 질문을 사용해 상대방의 **인지 부하**(cognitive load)를 유발할 수 있어야 한다. 또한 거짓을 말하는 사람들은 진실을 말하는 사람들에 비해 구체적 이야기 구성에 어려움을 느껴 가능한 이야기를 단순화시키려 노력하는 경향이 있다(Granhag & Strömwall, 2002). 인지 부하를 극대화시키기 위한 방법으로는 예상치 못한 질문을 던지거나, 경험한 사실들에 대해 구체적 답변을 요구하거나(Lancaster, Vrij, Hope, & Waller, 2013), 시간적인 역순으로 이야기하도록 요구하는 방식 등을 들 수 있다(Vrij & Granhag, 2012). 특정 사실들을 시간적인 역순으로 이야기하는 것은 인지 부하를 유발시키기 때문에 거짓말을 체계적으로 구조화하기 어렵게 만든다. 이와 같은 언어적 접근 방법을 **인지적 거짓말 탐지**(cognitive lie detection) 방법이라 한다(Vrij, Fisher, & Blank, 2017).

Vrij 등은 최근 인지적 거짓말 탐지 방식이 기존 방식에 비해 정확하다는 점을 확인한 연구 결과를 발표했다. 이 연구에서는 정서 기반 비언어적 단서에 대해 진실 탐지(57%), 거짓 탐지(47%), 전체 탐지(56%)의 순서로 정확도를 보인 데 반해, 인지적 거짓말 탐지는 각각 67%, 67%, 71% 수준으로 상대적으로 높은 정확도를 보였다(Vrij et al., 2017). 이는 인지적 거짓말 탐지 방식이 사용된 경우, 진실과 거짓을 말하는 사람을 구분하는 분류 정확도 수준이 증가할 수 있음을 시사한다.

폴리그래프

흔히 '거짓말 탐지기(lie detector)'라고 불리는 폴리그래프(polygraph)는 진실을 탐지하는 과학적인 방법으로 알려져 있다. 폴리그래프를 통해 실제 거짓말이나 속임수를 탐지할 수는 없지만, 심장박동, 혈압, 호흡, 피부전기전도 반응을 측정하여 죄책감, 수치심, 불안 등을 수반하는 정신생리적 반응을 평가할 수 있다. 사람은 누군가를 속이려고 시도할 때에 신체적 혹은 생리적인 반응이 나타난다. 이러한 반응은 정교한 장치로 측정되고 훈련된 폴리그래프 조사관들에 의해 밝혀질 수 있다. 유능한 조사관들은 생리 반응을 측정할 때 피조사자들의 행동 패턴을 관찰해 진실 혹은 거짓 징후를 포착하기도 한다. 폴리그래프 기계가 말초신경계의 생리적 반응을 정확히 측정할 수 있다는 점에는 의심의 여지가 없지만, 실제 거짓말 유무를 정확히 탐지할 수 있는지는 또 다른 문제이다. 이 분야의 최고 연구자 중 한 명인 William Iacono(2008) 역시 "거짓말을 할 때 나타나는 독특한 생리 반응은 존재하지 않는다."(p. 1295)라고 지적한 바 있다.

최초로 거짓말 탐지기를 개발한 사람은 Willam Marston으로 원더우먼 만화 캐릭터를 만든 사람으로도 유명하다. 과거 미국에서는 Marston의 폴리그래프 그리고 이와 유사한 기계들이 범죄 수사 과정에 거의 독점적으로 사용됐다. Iacono와 Patrick(2014)에 의하면, 폴리그래프 장비 도입 초기에는 범행 입증을 위한 증거가 부족한 경우 거의 모든 상황에서 폴리그래프 검사가 이루어졌다. 그러나 범죄 용의자들이 수사기관의 유죄 추정을 거부할 권리를 인식하게 되고 시민 운동가들 또한 폴리그래프 검사의 타당성에 대해 의문을 제기하면서부터 폴리그래프 활용이 점차 감소하게 되었다. 이에 더해, 1988년 피고용인 폴리그래프 규제 법률(Employee Polygraph Protection Act)이 제정되면서, 기업 등 민간 부문에서 폴리그래프 사용이 엄격히 제한되기 시작했다. 이 법률이 제정되면서 직원들을 대상으로 한 주기적인 폴리그래프 검사 및 신규 직원 채용 시 관행적으로 실시되던 폴리그래프 검사가 사라졌다(Iacono & Patrick, 1999). 그러나 정보기관의 수사 활동 및 무죄 입증을 위해 범죄 용의자가 자발적으로 동의하는 경우에는 여전히 폴리그래프 검사가 실시되고 있다.

폴리그래프 검사의 문제점 중 하나로는 배심원 판단에 영향을 미칠 수 있다는 점을 들 수 있다(Iacono & Patrick, 2014). 물론 일부 연구에서는 이를 반박하고 있지만(Myers, Latter, & Abdollahi-Arena, 2006), 폴리그래프 검사를 통해 피고인이 거짓말하고 있다는 결과가 법정에 제출될 경우 배심원들의 유죄 심증이 증가할 가능성이 있다. 이에 따라 형사 재판에서는 배심원 판단에 과도한 영향을 줄 수 있다는 점을 들어 폴리그래프 검사관들의 법정 증언을 받아들이지 않고 있다. 예를 들어, 미국 법원 판례에서는 거짓말 탐지 증거 허용 여부에 대해 다음과 같이 판결한 바 있다(United States v. Alexander, 1975).

> 이 특수한 형태의 과학적 증거 제출과 관련해서 폴리그래프 검사관들의 질문에 진실 혹은

> 거짓 반응을 보였는지에 대한 법정 증언은 그것이 결정적인 중요 요소가 아닐지라도 판결의 방향을 결정하는 데 중대한 영향을 미칠 수 있다. 오늘날 법정에 배석하는 배심원들의 교육 수준 및 지적 능력 수준이 상당히 증가하였고, 적절한 교양 수준을 갖추었지만, 폴리그래프 검사관들의 증언은 유의미한 영향을 미칠 가능성이 여전히 존재하는 것으로 보인다(p. 168).

그러나 폴리그래프 증거가 형사 공판 및 기타 재판 과정에서 증거로 허용된 판례들도 일부 존재한다. 기본적으로 피고인이 폴리그래프 검사를 강요받지 않을 권리가 법적으로 인정되면서부터(United States v. Piccinonna, 1989), 피고인은 폴리그래프 검사를 거부할 수 있다. 그러나 "피고인이 폴리그래프 검사에서 진실이 나올 경우 기소를 취하하며, 거짓말이 나올 경우 결과를 증거로 제출할 수 있다는 검사와의 사전 협약이 된 경우에 한해" 증거 능력을 허용하고 있다(Myers et al., 2006, p. 509). 현재 미국 주정부 중 절반이 이 규정을 채택하고 있다. 또 다른 경우, 피고인 측 변호사가 피고인이 거짓말을 하고 있지 않다는 점을 증명할 필요가 있을 때 검사 측 주장에 대한 반박 자료로 폴리그래프 검사를 요청할 수 있다. 이 경우 판사는 폴리그래프 검사 결과의 증거 허용 여부를 결정하기 위해 사전 심리를 진행한다. 흥미롭게도, 특정 상황을 제외하고는 폴리그래프 결과의 증거 능력을 인정하고 있지 않지만 실제로는 폴리그래프 결과가 배심원 평결에 그다지 설득력 있는 증거로 작용하지 않는다는 점이 최근 연구들에서 발견됐다.

대부분 폴리그래프 검사는 정부기관 및 핵 에너지 등 특정 전략 산업 기관들의 인력 선발 과정에 활용되고 있다. 최근 들어 테러리즘 및 국가 안보에 대한 우려가 증가하면서, 정부는 피고용인 폴리그래프 규제 법률(Employee Polygraph Protection Act)의 면제 범위를 확대하는 추세이다(Iacono & Patrick, 2014). 현재 국방부, 에너지부, 국토안보부, 재무부 등 총 24개 미국 연방기관들에서 직원을 선발할 때 폴리그래프 검사를 실시하고 있다. 폴리그래프 검사가 가장 많이 활용되는 기관은 미국 내 정보기관들이며(Krapohl, 2002), 경찰 등 형사 사법기관, 정부 내 보안요원들 선발 과정에서도 폴리그래프 검사는 지속적으로 실시되고 있다. 20년 전, Meesig과 Horvath(1995)는 미국 내 대규모 경찰기관의 경우 약 99%, 소규모 경찰관서의 경우는 약 95%가 경찰관 채용 절차에서 폴리그래프 검사를 필수적으로 실시하고 있다고 보고했다. 경찰관 선발 과정에서 폴리그래프 검사의 활용은 최근에도 이루어지고 있다.

미국에서 활동하는 폴리그래프 검사관들은 심리학을 전공하지 않았거나, 관련 자격증 및 공인 교육 과정을 이수하지 못한 경우가 많다. Iacono와 Patrick(2014)은 법정 심리학자들이 폴리그래프 자격을 소지하고 있을 가능성은 희박하다며, 실제 대부분의 폴리그래프 검사관은 심리학 지식에 정통하지 않은 관련 분야 실무자들인 경우가 많다고 했다.

폴리그래프 연구

많은 연구자가 폴리그래프 검사 절차 및 결과 정확성에 대해 지속적인 의문을 제기해 왔다. 폴리그래프 검사관들은 검사 결과의 정확도를 92%~100% 수준으로 주장하고 있으나(Bartol & Bartol, 2004), 심리학자들은 실무자들이 제시하는 정확도 통계의 오류뿐 아니라 정확도 측정 방식, 절차, 정확도 결정 기준들이 그 어떤 연구 보고서에도 공식적으로 제시되지 않았다는 점을 들어, 폴리그래프 검사의 정확도에 강한 의문을 제기해 왔다. 심리학자들이 실시한 실험실 연구 및 통제 조건 연구들에서는 폴리그래프 검사를 통한 진실과 거짓 분류 정확도를 약 70~80% 수준으로 보고하고 있으며(Krapohl, 2002; Vrij & Fisher, 2016), 훈련받은 폴리그래프 검사관들이 시행할 경우 정확도는 다소 증가할 수 있다고 한다. 또한 실험실 연구 결과들에서는 사람이 거짓말 여부를 평가하는 것에 비해 컴퓨터 프로그램을 이용한 폴리그래프 검사 결과의 정확도가 다소 증가한 것으로 보고되었다(Kircher & Raskin, 2002). 더불어 전문 연구자가 아닌 폴리그래프 실무 조사관들이 수행한 연구 결과들도 논란이 되고 있다(National Research Council, 2003).

진실과 거짓을 구분하는 과정에서 폴리그래프 검사의 정확도는 매우 복잡한 이슈이다.

> 폴리그래프 검사 결과의 정확성에 대해 잠정적인 결론을 내리기 이전에, 어떤 기법이 사용되었는지, 실험 표본의 모집단 특성의 문제, 파악해야 할 문제들은 무엇인지, 조사 맥락, 거짓을 확인하려는 것인지 또는 진실을 확인하려는 것인지, 검사관의 훈련 정도, 폴리그래프 데이터 이외에 거짓 탐지를 위해 검사관이 어떤 단서들을 사용하는지, 피검사자가 피해자인지 혹은 용의자인지 등 관련된 모든 요인이 신중하게 고려될 필요가 있다(Bartol & Bartol, 2004, p. 285).

폴리그래프 검사관들이 사용하는 기법들 중 일부는 다수의 연구를 통해 타당성이 검증되고 있다. 가장 많이 쓰이는 기법은 비교 질문 검사(comparison question test)라고도 불리는 **통제 질문 기법**(control question technique: CQT)이다. Iacono(2009, p. 229)에 따르면, "실무에 종사하는 거의 모든 폴리그래프 검사관은 CQT를 오류가 없는 완벽한 기법이라고 주장하고 있으나", 전문 연구자들은 대체로 CQT에 부정적인 태도를 보이고 있다(Iacono & Patrick, 2014). CQT는 통제 질문 혹은 진실 질문(조사관이 이미 알고 있는 확인 가능한 내용)과 범죄 사실 관련 질문을 비교하는 방식이다. 생리 반응이 통제 질문과 범죄 관련 질문에서 다르게 나타날 경우 거짓말로 의심된다. 실제 CQT는 앞서 설명한 것보다 훨씬 복잡하지만, 핵심은 질문 유형별 생리 반응을 비교하는 것이며, 그 결과는 훈련받은 폴리그래프 검사관들만이 해석할 수 있다. 그러나 CQT 비판론자들은 폴리그래프 검사관들이 수행한 연구 결과와 독립적인 실험 연구 결과가 다르다는 점을 들어 기법의 신뢰도와 타당도가 충분히 확립되지 않았다고 주장하고 있다.

연구자들이 긍정적으로 평가하는 기법은 폴리그래프 전문가인 Lykken(1959)이 개발한 **유죄지식검사**(guilty knowledge test: GKT)이다. 이 검사는 미국 내에서 보편적으로 사용되는 것은 아니나, GKT가 사용되는 나라들에서는 연구자들에 의해 그 타당성을 인정받고 있다(Ben-Shakhar, 2002; Iacono & Patrick, 2014). GKT를 사용하기 위해서는 폴리그래프 검사관이(다른 사람은 모르고) 피조사자만이 아는 범죄 사실을 사전에 알고 있어야 한다. 이는 무고한 사람들의 경우 범인만이 아는 사실을 질문할 경우 생리 반응이 나타나지 않을 것이라는 가정에 기초하며, GKT 자체의 목적은 거짓이 아닌 범죄 혐의가 없는 무고한 사람을 판별하는 데 있기 때문이다(Iacono, 2009). 그러나 범인만이 아는 사실을 폴리그래프 검사관이 아는 것 자체가 어렵기 때문에 실무에서 실용적으로 사용되기 어려운 부분이 존재한다. 연구 결과들에서는 GKT가 정확도가 높다는 결과를 일관되게 제시하고 있으나, 폴리그래프 실무자 교육 과정에서는 현실적인 기법 사용의 어려움으로 인해 GKT에 대한 교육이 이루어지지 않고 대부분 CQT에 대한 교육을 실시하고 있다.

최근 들어 성범죄 감시 및 치료 과정에서도 폴리그래프 검사의 사용이 증가하는 추세이다(Grubin, 2002, 2008; Iacono & Patrick, 2014). 성범죄 기록이나 범죄자들이 작성한 보고서들보다는 폴리그래프 검사를 통해서 범죄자들의 과거 인생력, 성적 관심, 범죄 행동에 대해 더 정확하고 풍부한 정보들을 수집할 수 있기 때문에 특정 표적 집단에 대한 더욱 효과적인 치료 전략을 수립하는 것이 가능하다(Grubin, 2008). 일부 정신건강 전문가 및 형사사법 전문가도 폴리그래프 검사가 성범죄자의 행동을 모니터링하고 예방 목적을 달성하는 데 유용하게 활용될 수 있다고 여기고 있다. 미국에서 실시된 조사에 따르면, 2002년 기준 지역사회에 거주하는 성범죄자들 중 70%가 폴리그래프 검사를 받은 것으로 나타났다(McGrath, Cumming, & Burchard, 2003). 영국에서는 2007년 보호관찰 명령을 받은 성범죄자를 대상으로 하는 폴리그래프 검사 의무 시행 법안이 통과됐다(Ben-Shakhar, 2008; Grubin, 2008).

그러나 성범죄자들에 대한 폴리그래프 검사 시행에 대해 우려의 목소리도 존재한다. 이러한 비판은 Grubin(2008)이 지적한 것처럼, ① 폴리그래프 검사 방식에 대한 우려, ② 절차상 과학적 타당성의 부족, ③ 윤리적 문제 등으로 요약된다. Ben-Shakhar(2008) 역시 성범죄자들에 대한 폴리그래프 검사 실시는 과학적 문제뿐 아니라 많은 부분 그 신뢰성을 장담할 수 없다는 점이 더욱 큰 문제로 볼 수 있다고 지직했다. 다만 일부 법과학 임상가는 여전히 성범죄자에 대한 치료 및 관리에 폴리그래프 검사 활용의 유용성이 매우 크다고 보고 있다.

법최면

기만 탐지, 폴리그래프 등과 비교해서 수사 정보 획득을 위해 최면 기법이 사용되는 경우는 많지 않다. 수사 과정에서 법최면(forensic hypnosis)은 주로 피해자들을 대상으로 한다. 예를 들어, 폭행 피해자가 가해자의 외양을 기억하지 못할 경우, 최면을 통해 피해자의 기억 회복을 증진시켜 용의자 식별에 도움을 줄 수 있다. 그러나 법최면은 적절한 훈련 및 인증 자격증을 소지한 전문가들만 사용할 수 있는 수사 기법이다.

정신건강 및 법과학 분야에 종사하는 최면 전문가들은 피최면자들이 최면을 통해 감각, 지각, 사고, 행동의 특별한 변화를 경험할 수 있다고 한다. 최면 상태로 들어가기 위해서는 편안함, 평온함, 행복감에 대한 암시와 같은 최면 유도 절차를 거치게 된다. 최면 유도 과정에서 피최면자는 편안한 의자에 앉거나 누워서, 촛불 등 특정 표적에 집중한 상태에서 즐거운 상상이나 행복했던 경험을 떠올리라는 최면가의 목소리만 듣게 된다. 이때 최면가는 피최면자들에게 마치 수면 상태에 들어간 것처럼 편안한 상태를 유지하라는 반복적인 암시를 준다. 최면에 유도된 피최면자들 대부분은 신체적 · 심리적으로 매우 편안한 상태를 경험하게 된다.

최면 민감성과 반응에는 개인차가 존재한다. "최면이 유도되지 않는 사람들도 있고, 최면에 잘 걸리는 사람들도 있다. 평균적으로 대부분의 사람은 중간 수준으로 최면에 유도된다."(Scheflin, 2014, p. 661) 최면에 걸리는 능력은 지속적이고 안정적인 특질로 여겨지며, 일생 중 아동기 후기 동안에 정점에 달하고 그 후에 점점 쇠퇴한다(Spiegel & Spiegel, 1987). 최면 유도를 위한 중요 요소로는, ① 최면가에 대한 피최면자의 신뢰, ② 피최면자의 협조 동기 및 노력, ③ 최면가에 대한 인식 및 태도, ④ 최면의 맥락과 이유(예: 오락거리인지, 중요한 정보를 수집하는 것인지) 등을 들 수 있다. 최면 능력에 대한 신뢰, 동기 및 강력한 믿음을 가진 사람들이 범죄 수사 과정에서 최면 유도를 받을 경우는 대부분이 최면에 걸리지만, 최면에 걸렸다고 해서 그것이 사건 관련 기억을 정확하게 떠올린다는 것을 의미하지는 않는다. 최면가의 지시에 복종하는 행동들 중에서 어떤 행동이 최면에 유도된 행동인지는 암시 상태에서의 피최면자의 지각, 기억, 기분 상태에 대한 변화에 따라 달라질 수 있다(Orne, Whitehouse, Dinges, & Orne, 1988).

최면에 대한 오해와 두려움은 피최면자의 최면 유도 능력을 방해하는 요소이다. 책, 영화 혹은 TV 등 대중매체에서 묘사된 것과 달리, 최면에 유도된 상태에서 자신의 행동을 통제하지 못하는 것은 아니다. 피최면자는 자신이 누구인지, 어디에 있는지 등 자기인식 능력을 지니고 있으며, 일시적인 건망증이 없는 한 최면 유도 상태에서 경험한 모든 사실들을 지각한다. 일반적으로 최면 상태에서 경험한 내용 및 반응들은 최면에 유도되지 않은 비최면 상태에서도 나타날 수 있다(Braffman & Krisch, 1999). 그러나 최면은 분명 피암시성(suggestibility)을 증진시키는데, "피암시성이야말로 최면을 특징지을 수 있는 요소이며, 최면 상태란 피암시성이 극대화된 경우를 의미한다"(Braffman & Krisch, 1999, p. 578). "피암시성의 극대화는 피해자와 목격자의 기억 정보 수집에 부정적인 영향을 미칠 수 있다. 최면 상태에서는 기억 내용에 대해 극적인 생생함을 경험하기 때문에 환상을 실제로 받아들일 수 있고 기억 내용이 진짜라는 강한 확신을 가질 수 있다."(Orne et al., 1988, p. 25) 이와 같은 유도된 확신감은 가령 잠깐 스쳐 지나가며 관찰한 용의자를 실제보다 더 정확하게 기억하는 것과 같은 느낌을 불러일으킬 수 있다.

최면은 오랜 기간 동안 다양한 방식으로 사용되어 왔다. 청중 한 명을 무대로 불러 자신의 의도와는 다르게 우스꽝스러운 행동을 하게 만드는 식의 무대 최면, 체중 감량이나 금연을 위해 행해지는 치료 최면, 마취나 진통을 위한 의료 최면, 피해자 및 목격자의 기억 증진을 위한 법최면 등 최면의 형태는 그 목적에 따라 다양하다. 실무 전문가들은 평소에 떠오르지 않았던 기억이 최면 상태에서 회복되었다는 임상가들의 주장이나 일화적 사례들을 바탕으로 최면이 억압된 성학대 기억과 같은 오랜 시간 잊고 지낸 무의식적 기억들을 의식 수준으로 끌어올릴 수 있다고 믿고 있다(억압된 기억과 관련된 내용은 11장에 구체적으로 설명되어 있다). 최면을 통해 기억을 되살리거나 고양시키는 것을 **최면적 기억증진**(hypnotic hyperamnesia)이라고 하며, 자유연상법(free association), 환상 및 회상 기법 등과 같은 최면 이외의 방법으로 기억 회복 및 증진을 유도하는 것을 **비최면적 기억증진**(nonhypnotic hyperamnesia)이라고 한다.

최면이 오랜 역사를 지니고 있음에도 불구하고 최면의 작동 방식 및 최면 반응 민감성 수준에 개인차가 있는 이유는 현재까지 정확히 밝혀지지 않았다. 분명한 사실은 최면은 정상적인 수면 상태 혹은 몽유병과 유사한 현상이 아니며, 최면을 통해 급격한 신체 변화가 유발되는 것은 아니라는 점이다.

최면상태 이론

최면 효과의 메커니즘을 설명하는 이론은 크게 두 가지로 구분된다. 첫째, **최면상태 이론**(hypnotic trance theory)은 Ernst Hilgard(1986)에 의해 발전된 이론으로, 최면을 피암시성이 극대화되고 신체적 경험 변화를 야기하는 특별한 의식 상태로 빠져든 것이라고 설명한다. 즉, 최면 상태에서는 평상시 의식 상태에서 할 수 없었던 것들을 할 수 있게 되는데, 예를 들어 최면에 빠진 사람들은 어린 시절로 되돌아가 오랜 시간 억압되어 있던 사건들을 다시 기억하거나 그와 관련된 행동들을 보일 수 있다. 최면가들은 최면 상태에 들어선 피최면자들에게 "아무런 고통 없이, 당신은 평소에 할 수 없었던 일들을 할 수 있습니다."라고 지시한다. 최면상태 이론에서는 최면에 유도된 사람들은 오감 능력이 극대화되어 기억이 증진된다고 설명하고 있다. 또한 최면 상태에 더 깊이 빠져들수록 보다 강렬하고 상세하며 생생한 장면들을 경험한다고 한다. 그러나 최면상태 이론을 뒷받침하는 연구 결과들의 부족으로 이 이론은 검증되지 않았으며, 설득력이 떨어지는 이론으로 평가받고 있다.

인지 행동적 관점

인지 행동적 관점(cognitive-behavioral viewpoint)은 최면 작동 메커니즘을 설명하는 두 번째 이론적 접근으로, 최면 상태는 특별한 의식 상태가 아니며, 실제로 의식이 변형되는 것이 아니라 피최면자의 최면에 대한 태도, 동기, 기대가 반영된 결과라고 설명하고 있다. 즉, 최면에 호의적인 태도를 가지고 최면에 걸리려는 동기 수준이 높은 사람들은 최면에 걸린 것이 아니라 최면가의 암시에 따라 일종의 최면 상태에서 대한 역할 연기를 수행한다는 것이다. 예를 들어, 최면가가 감정 이완 상태에 빠지고 있다고 암시를 걸면, 이들은 편안한 느낌을 얻으려 노력할 것이고, 아마도 실제 이완된 감정을 느낄 가능성이 크다. 또한 최면가가 무언가를 오랫동안 응시하고 있으라고 지시한 후 점점 눈물이 날 것이라고 암시를 걸면, 실제로 눈물이 날 수도 있다.

인지 행동적 관점을 지지하는 Barber 등(1974)은 최면에 잘 걸리는 사람은 최면에 대해 긍정적인 태도, 동기, 기대를 가지고 있을 뿐 아니라 최면가의 지시에 따라 상상하고 생각하는 능력이 풍부한 이들이라고 설명하고 있다. Barber는 피최면자들은 매혹적인 영화를 보는 사람과 유사하며, 마치 스크린에 등장하는 배우처럼 강렬하게 느끼고 행동하는 이들이라고 한다. 이런 점에서 최면에 걸린 사람들은 자신들의 마음속에서 만들어진 이미지에 매료당한 것으로 볼 수 있다.

20세기 세계 최고의 최면 권위자인 Orne(1970; Orne, Dinges, & Orne, 1984) 역시 인지행동 이론과 유사한 관점으로, 대부분의 최면 현상은 역할 연기의 일종이라는 견해를 제시했다. 따라서 피최면가들은 진짜 최면이 걸린 사람들처럼 생각하고 행동할 가능성이 높다고 했다. Orne은 최면의 전제 조건은 최면가의 암시를 무비판적으로 받아들이려는 일종의 최면가와 피최면자의 상호 계약으로, 결국 최면에 걸릴지 여부는 최면에 걸린 사람의 역할을 하려는 피최면자의 의지가 중요하다고 보고 있다(Orne et al., 1988, p. 23). 최면에 걸린 사람들은 일시적으로 현실 감각을 잃고, 비판적 사고 능력이 정지된 상태에서 맹목적으로 최면가의 지시에 집중하려 할 것이다. Orne은 최면을 "환상과 현실이 평화롭게 공존하는" 피최면자에 대해 "최면 논리(trance logic)"가 작동된 상태라고 설명했다(Kihlstrom, 2001, p. 754). Orne의 연구에서는 최면을 반복 시행할 때 피최면자는 최면가가 의도하는 대로 말하는 경우가 많았고, 따라서 부정확한 회상 내용이 많다는 점이 발견됐다. 이는 곧 피최면자들이 최면가의 유도, 암시 및 왜곡 질문에 취약하다는 점을 의미한다. 만약 경찰 조사관이 최면을 맹목적으로 신뢰하는 사람이라면, 조사 과정에서 확인되지 않은 내용들을 무심코 언급할 가능성이 높다. 최면에 걸린 목격자, 피해자들은 경찰 조사관의 기대에 부응하기 위해 조사관이 암시한 내용들에 맞춰 주관적 생각이나 환상에 쉽게 빠져들 수 있다. 이와 같은 암시 조건하에서, 피최면자들은 최면가와 마찬가지로 최면의 힘이나 정확성을 확신하면서 점점 더 최면에 빠져들기 시작한다. 최면 상태가 지속될수록 점점 상상 속에서 재구성된 기억이 정확하다는 확신을 갖게 될 수 있다.

법과학에서의 최면

최면 권위자인 Orne은 소위 '언덕 위의 교살자'로 알려진 연쇄 살인범 Kenneth Bianchi 사건에서 전문가 증언을 한 것으로 유명해졌다. Bianchi는 1970년대 후반 LA 근교에서 소녀와 성인 여성들을 살해한 연쇄 살인범이다. 체포된 후 법정에서 Bianchi는 자신이 범행을 저지른 것이 아니며, 최면에 걸린 상태에서 또 다른 자아인 'Steve Walker'가 살인을 저질렀다고 주장했다. 그의 변호사는 정신이상에 의한 무죄 판결을 유도하기 위해 Bianchi는 다중인격장애 환자로 형사적 책임 능력이 없다고 변론했다. 그러나 Bianchi가 최면에 걸린 척하며 다른 인격을 연기하고 있다는 Orne의 증언이 받아들여지면서 결국 Bianchi는 자신의 범행을 시인했고, 공범인 Angelo Buono에 대해 증언하는 조건으로 가석방 없는 무기징역형을 선고받았다. 법최면에 대한 Orne의 비판적인 평가는 미국 내 30개 주의 대법원 판결뿐 아니라 연방 대법원 판결에도 영향을 미쳤다. 이후 Orne은 법최면 지침서를 발표했는데, 이는

FBI의 공식 업무 지침으로 채택됐다(Kihlstrom, 2001).

법최면은 기본적으로 인간 기억이 마치 비디오테이프와 유사하다는 가정하에 최소 몇 시간에서 몇 년 전까지의 과거에 겪은 사건 기억을 회상하게 할 때 사용되는 방법이다. 비디오테이프처럼 기억을 재생할 수 있다는 것은 결국 경험한 사건의 구체적인 내용들이 완전하게 저장되며, 적절한 재생 절차를 거치면 회상이 가능하다고 보기 때문이다. 그러나 이와 같은 법최면의 가정 및 전제를 지지하는 연구 결과는 거의 없다(Bartol & Bartol, 2004). 인간의 지각과 기억 능력은 허점이 많고, 또 다른 기억들에 간섭받을 수 있기 때문에 부정확하거나 왜곡될 수 있다. 이처럼 취약한 지각과 기억이 강력한 최면 암시 단서들과 연합될 경우, 정확하지 않은 기억이 회상될 가능성이 매우 크다. 특히 최면 피암시성 수준이 높은 사람들일수록 회상 내용이 가변적이며, 조종되었을 가능성이 크기 때문에(Haber & Haber, 2000), 최면에 유도된 후에는 연상 질문들에 매우 취약할 수 있다(Kebbell & Wagstaff, 1998). 피암시성이 높은 조사자들에게 암시적 질문을 던지는 것이 얼마나 위험한 것인지에 대한 정확한 이해가 부족하거나 적절한 법최면 훈련을 받지 못한 수사관들의 경우 부정확한 진술을 받을 가능성이 크다. 이러한 최면 상태에서의 왜곡된 진술은 특히 피최면자가 최면 상태에서 정확하지 않은 기억의 간극을 메우기 위해 무엇인가를 꾸며내거나 지어낼 때 더욱 많이 나타날 수 있다(Orne et al., 1988).

법최면의 한계에도 불구하고, 최근 연구들에서는 수사 단계에서 법최면의 활용에 긍정적인 태도를 보이고 있다. Scheflin(2014)은 최면 수사를 통해 범죄 해결에 기여한 사례가 상당수 존재하며, Wagstaff(2008)는 어떤 상황들에는 최면이 기억 증진에 큰 도움을 줄 수 있다고 주장하고 있다. Webster와 Hammon(2011)은 개인적으로 의미가 있는, 특히 중요한 사건들에서는 최면을 통해 기억 회상 능력이 향상될 가능성이 존재하지만 동시에 잘못된 기억과 오정보를 증가시킬 가능성 또한 상존한다고 한다.

따라서 법정 심리학자들은 최면과 관련된 다양한 연구 결과를 숙지할 필요가 있다. 피조사자에 대한 긴장 이완, 수사관 개입 요령 및 목격자와 피해자가 자신의 기억 내용을 자유롭게 이야기하게 만드는 자유회상 등 일부 최면 기법은 수사 면담이나 심문 조사 과정에서 유용하게 활용될 수 있지만, 위험을 초래할 가능성 또한 존재한다는 사실을 알고 있어야 한다. 따라서 "수사 목적으로 최면이 사용될 경우 관련 지침을 엄격히 준수해야 한다"(Scheflin, Spiegel, & Spiegel, 1999, p. 491). 전문가들이 지적한 바와 같이 "최면은 정확한 기억들을 혼란스럽게 하며, 증가된 기억 양은 정확한 기억의 양만큼 혹은 그 이상의 부정확한 기억들을 포함한다는 주장에 이의를 제기하는 사람은 거의 없다"(Lynn, Boycheva, Deming, Lilienfeld, & Hallquist, 2009, p. 94). 게다가 최면은 정확한 기억뿐만 아니라 부정확한 기억들에 대한 확신을 강화시킬 수 있다(Lynn et al., 2009). 수사 및 재판 과정에서 정확하지 않은 기억을 확신하는 목격자의 진술로 인해 잘못된 유죄 판결이 날 수 있다는 점을 명심할 필요가 있다.

요약하면, 법최면은 수사 과정에서 적절히 활용될 때 유용한 도구가 될 수 있으나, 그것이 수사의 지름길이나 대체 방법이 될 수 없다(Scheflin, 2014; Scheflin et al., 1999). 최면 관련 문헌 및 연구 자료들을 광범위하게 검토한 Wagstaff(2008)는 최면에 대해서는 많은 오해가 있지만, 법최면 수사를 전적으로 금지해서는 안 된다고 결론 내렸다. 실제로 명상, 긴장 이완, 눈 맞춤 등 최면 유도 과정에 사용되는 일부 기법은 범죄 수사 과정에서 의미 있는 정보를 이끌어 내는 데 유용하게 활용될 수 있다. 예를 들어, 끔찍한 외상 경험을 떠올려야 하는 상황에서 신체적 · 정신적 어려움을 최소화하기 위해서는 최면 기법 중 긴장 이완이나 집중 상태 유도 방법 등이 효과적일 수 있다.

목격자 증거

목격자 인터뷰는 범죄 발생 전 · 중 · 후에 목격자가 관찰한 용의자의 인상, 신체적 특징 등을 확인하기 위한 목적으로 진행되는 일상적 경찰 활동 중 하나이다. 목격자 인터뷰는 관찰 대상에 대한 정확한 재인과 회상이 요구되기 때문에 사건 발생 초기 단계에 주로 이루어지며, 이때 목격자는 진술에 대한 압박을 받을 수 있다.

목격자들에 의한 용의자 확인 작업은 사건 발생 초기 빠른 시간 내에 진행되며, 이때 수사관들은 수사 대상자 확보를 위해 목격자들에게 용의 대상자들의 사진을 보여 주거나, 구두 진술을 받는다. 어떤 경우에는 수사관들은 정확한 용의자 신원 혹은 인상착의를 확인하기 위해 동종 전과자들의 사진을 발췌해 용의자에게 확인을 부탁한다. 만약 유력한 용의자가 있거나 용의자를 실제 검거해서 구금 중인 경우에는 목격자들을 대상으로 범인 식별용 상반신 사진(mug shot) 혹은 복수의 사진을 배열한 사진첩을 보여 주며, 목격한 인물과 가장 유사한 사람을 선정하는 절차를 거친다.

목격자 진술

실제로 범인을 목격했다면, 목격자 진술(eyewitness testimony)은 가장 강력한 증거 중 하나이다. 법원(특히 배심원들)은 DNA, 지문, 혈액형 등 물리적 증거물 등과 모순되는 목격자 진술이라도 이를 액면 그대로 받아들이는 경향이 강하다. "판사들이 오랜 기간 동안 목격자 증거를 범죄 입증 증거로 받아들인 만큼, 배심원들에게도 매우 영향력 있는 증거에 해당된다."(Semmler, Brewer, & Douglass, 2012, p. 185)

목격자 지각과 기억은 실험 심리학 분야의 주요 연구 주제 중 하나로 법정 심리학 분야와도 밀접한 관련이 있다. 지난 100년간 기억에 관한 연구들에서는 과거 사건에 대한 기억과 회상은 간섭 요인들에 취약한 특성이 있기에 신뢰하기 어렵다는 결과들을 일관되게 제시해 왔다. 범죄 사건에 대한 목격자 진술과 관련해서 Frenda, Nichols와 Loftus(2011)는 "목격자가 진술하는 용의자의 얼굴 형상 및 특정 단어들이 실제 목격한 내용과 다르게 왜곡될 수 있다는 점은 지난 30년 동안 연구자들에 의해 일관되게 증명된 사실이다."(pp. 20-21)라고 썼다. 지금도 연구자들은 기억 향상 방법뿐 아니라 기억의 한계에 대한 새로운 패러다임을 찾기 위해 꾸준히 노력하고 있다(예: Luke, Crozier, & Strange, 2017; Strange & Takarangi, 2012; Strange 박사의 기억 연구에 대한 글은 4장의 〈My Perspective 4-1〉 참조).

Simons와 Chabris(2011)의 두 차례에 걸친 연구에서는 참여자 중 약 40%가 목격한 사실을 확신하는 단 한 명의 목격 진술만으로도 해당 범죄자의 유죄를 인정하기에 충분하다고 판단하는 경향이 발견됐다. 이에 대해 연구자들은 "대중적 믿음과 과학적 연구 결과가 불일치한다는 점은 사람들이 심리적 특성과 정신 상태를 평가할 때 직관과 상식에 의존할 경향성이 크다는 사실을 확인시켜 주는 것이다."(p. 6)라고 결론지었다. 법률적 지식이 일반인에 비해 풍부한 법학 전공 대학생 대상 연구에서도 목격자 기억의 왜곡 요인에 대해 충분한 지식을 지니고 있지 않다는 점이 발견됐다(Wise & Safer, 2010). 이는 배심원뿐 아니라 법원 관계자들 역시 목격자 기억에 대한 오해가 있을 수 있다는 점을 시사하는 결과이다. 한편, Loftus(2013)의 연구에서는 잠재적인 배심원 후보들이 심리학적 연구 결과들과는 상반된 믿음을 지니고 있다는 점이 나타났다. 흥미로운 사실은 미국 내 변호사들의 경우는 검사나 재판 관계자들보다 상대적으로 목격자 기억에 대해 더욱 정확하고 풍부한 지식을 지니고 있다는 점이다(Magnussen & Melinder, 2012; Wise, Pawlenko, Meyer, & Safer, 2007; Wise, Pawlenko, Safer, & Meyer, 2009).

최근까지 진행된 목격자 기억 연구들에 대해 Loftus(2013)는 "최근 연구들에서는 더 이상 목격자 진술 정확성에 영향을 미치는 요인들을 고려하지 않고 단지 일반인, 특히 배심원들이 목격자 기억에 미치는 영향 요인들을 인식하고 있는지에만 초점을 맞추고 있다."(p. 557)라고 평가했다.

이 외에도 목격자 관련 연구들에서는 암시적인 연상 질문과 용의자 식별 절차(예: 라인업)가 목격자 진술에 중요한 영향을 미칠 수 있다고 한다(Wells & Loftus, 2013). 많은 경우에 목격자들은 그들이 보고 들은 내용들에 대해 매우 부정확하게 진술하는 경향이 있다. "한 번도 일어나지 않은 사건에 대한 기억이 실제 사건에 대한 기억과 쉽게 혼동되며, 용의자를 오식별한 목격자와 정확하게 식별한 목격자들을 구별하는 것 역시 쉽지 않다."(Wells & Loftus, 2013, p. 627) 더욱 우려스러운 것은 경찰관, 법원, 검사 등은 목격자에 대한 심리학적 연구 결과들을 실무 판단에 적용하기를 꺼린다는 점이다. 가령 경찰관들은 목격자 진술 청취 과정에서 암시적이고, 연상적인 질문들을 많이 사용하는데, 이는 결국 경찰관들이 정확한 목격 정보 수집을 위한 목격자 대상 인터뷰 방법을 숙지하지 못하고 있다는 점을 방증한다.

그러나 목격자들의 잘못된 진술로 억울하게 유죄 판결을 받는 사람들이 DNA 검사를 통해 무죄를 인정받으면서 목격자 연구에 대한 인식 변화가 생겼다(Loftus, 2013). 법원 역시 피고인이 수락할 경우 형사 사건 재판에서 목격자 연구 전문가들의 법정 증언을 점차 허용하는 추세이다(〈Focus 3-3〉 참조).

Focus 3-3 목격자의 용의자 식별: 버지니아주 정부 법원 판결 (Payne v. Commonwealth, 2016)

Deante Payne은 두 건의 강도 및 범행 시 불법 무기 사용 혐의로 유죄 판결을 받았다. 유죄 판결의 유일한 증거는 피해자 진술뿐이었다. 피해자는 노트북 구매 예약 후 남자 두 명에 의해 아파트 세탁실로 끌려갔다. 한 명은 총을 들고 있었고, 다른 한 명은 칼을 들고 피해자 옆에 서 있었다. Payne은 총기 소지 혐의로 검찰에 기소됐으나, 범행에 연루된 사실 자체를 부인했으며, 총을 들고 있던 사람은 자신이 아닌 또 다른 사람일 것이라고 주장했다(경찰은 제3의 인물을 면담했는데, 한 형사가 제3의 인물이 Payne과 닮은 사람이라는 이메일을 받았다고 말했다. 하지만 이메일은 증거로 채택되지 않았다).

소송 비용에 여유가 없었던 Payne 측 변호사들은 목격자 진술 신뢰성에 대한 전문가 증인 요청을 위해 사전 심리 시 법원에 재정 지원을 요구했지만, 판사는 이를 기각했다. 이후 변호사는 이 사건이 배심원단으로 넘어가기 전에 피해자가 범인을 목격한 상황에서 경험한 스트레스 및 세탁실의 조도가 용의자 식별에 미치는 영향 등을 고려할 것을 배심원단에게 설명해 달라고 요청했으나, 판사는 그러한 말을 하는 것 자체가 배심원단에게 혼동을 줄 수 있다는 점을 들어 이 또한 기각했다.

앞서 설명한 바와 같이, 목격자 진술은 분명히 잘못될 수 있다. 하지만 그렇다고 해서 목격자가 틀렸다는 것은 아니다. 직접적인 범죄 피해자를 포함해 목격자의 진술을 신뢰할 수도 있고, 목격자 스스로가 자신이 정확하다고 생각할 수 있지만, 목격자 진술이 항상 정확한 것은 아니다. 많은 심리학 연구 결과가 이 점을 분명히 하고 있다.

Payne은 9년형을 선고 받았다. 변호사들은 항소심에서 패소한 후 버지니아(Virginia)주 대법원에 재항소했다. Payne을 대신해 미국심리학회에서는 1심 재판 과정에서 목격자 진술 평가 시 고려해야 할 점들이 배심원단에게 고지되었어야 한다는 의견서를 버지니아주 대법원에 제출했다. 의견서에는 목격자 진술에 대한 그간의 심리학 연구 결과들이 신뢰할 수준의 내용이라고 적혀 있었다. 2016년 12월 버지니아주 대법원은 하급심 판결에 오류가 없다는 확정판결을 내렸다.

토론 질문

1. Payne 대 Commonwealth of Virginia 사건은 미국 연방 대법원에 항소됐다. 하지만 이 글에서는 대법원 판결 내용을 알 수 없다. 대법원이 이 사건을 어떻게 판단해야 하는지 토론해 보자.
2. 1심 재판의 사전 심리 과정에서 판사는 배심원들에게 범인 목격 상황에서의 조도 및 스트레스가 식별 정확도에 미치는 영향을 고려할 것을 언급해 달라는 변호인 측 요청이 배심원들에게 혼란을 줄 수 있다는 사유로 기각했다. 이 판단은 타당한가?
3. Payne은 전문가 증인 비용을 지불할 만한 경제적 여유가 없었다. 앞서 제시한 내용들 및 이 장에 실린 자료들을 근거로 할 때, 만약 전문가 증인을 고용했다면 재판 결과가 달라질 수 있었을까?

인지 인터뷰

인지 인터뷰(cognitive interview: CI)는 피해자, 목격자들에게서 정확한 사건 관련 정보를 끌어내기 위해 개발된 보다 향상된 인터뷰 기법이다. 경찰관들은 일반적으로 지배적으로 대화를 주도하며, 피면담자에게 종속적으로 답변을 유도하는 비인지 인터뷰 방식을 주로 사용하는 경향이 있다. 또한 경찰관들은 사전 질문 목록을 구성하고 이를 바탕으로 단답형 혹은 이분형 답변이 요구되는 구체적 질문들을 사용하며(Fisher & Geiselman, 2010), 종종 유인 혹은 암시적인 후속 질문을 하기 위해 인터뷰 흐름을 끊는 경우도 있다. 많은 경우에 경찰관들은 해당 사건의 수사에 필요한 서면 체크리스트를 작성한 후 해당 내용들을 중심으로 질문하곤 한다.

가능한 한 많은 사건 관련 정보를 확보하기 위해 인지 인터뷰에서는 전형적인 경찰 인터뷰와는 상당히 다른 접근법을 사용한다. 예를 들어, 목격자가 주도적으로 목격 사실들에 대해 최대한 많은 이야기를 하도록 장려한다. 인지 인터뷰를 실시하는 수사관들은 단계적으로 자연스럽고 능숙하게 목격자(피해자) 진술을 유도한다(Fister & Geiselman, 2010). 인터뷰 초기에는 먼저 라포를 형성한 후 목격 당시의 정서 상태를 상세히 진술하도록 유도한다. 이후 최대한 목격자가 경험한 원래 기억을 끌어내기 위해 네 가지 재인(retrieval) 방법을 사용한다. 첫 번째는 개방형 질문의 사용이다. 이때 진술을 중단시키지 않는 것이 중요하다. 두 번째는 눈을 감은 상태에서 목격한 내용에 대한 반복 회상을 요청한다. 인지 인터뷰 관련 연구들에서는 눈감기가 피면담자의 집중력 향상 및 정확한 기억 회상에 효과적이라고 한다(Vrij, Mann, Jundi, Hillman, & Hope, 2014). Vrij 등에 따르면, "눈감기는 폐쇄적인 면담 조건을 탈피해 피면담자를 인지적으로 자유롭게 하며, 기억 향상의 효과도 있다"(p. 861). 세 번째는 진술 내용 전체를 역순으로 이야기하도록 하는 것이다. 역순으로 이야기하기는 생략된 기억 내용을 바로잡을 뿐 아니라 사건 기억을 향상시키는 데도 도움이 된다. 마지막 방법은 타인의 관점으로 목격 내용을 이야기하는 것이다(Memon, Meissner, & Fraser, 2010).

Fisher와 Geiselman(2010)에 따르면, 인지 인터뷰 기법은 미국, 영국, 독일, 오스트레일리아 등 많은 국가에서 목격자 기억 향상에 효과적이라는 것이 입증됐다고 한다. 이는 다양한 문화권 및 목격자 유형(연령대별, 인지장애 여부별), 사건 발생 특성(범죄, 사고, 일상 활동 등) 등 다양한 상황에서 인지 인터뷰 기법이 더욱 효과적일 수 있다는 점을 의미한다.

얼굴 식별

법원, 특히 형사 재판에서는 피고인에게 불리하거나 혹은 유리한 결정적인 목격자 기억 진술 내용을 중요 증거로 간주하고 있다. 그러나 지금까지 발표된 연구 결과들에서는 친숙하지 않은 얼굴 모양에 대한 회상 과정은 상당히 복잡하면서 오류가 많다는 점이 밝혀졌다(Bartol & Bartol, 2004). 또한 얼굴 형태에 따라 재인 효과가 상당히 다를 수 있는데, 정확한 원인은 아직 밝혀지지 않았지만 사람들은 특이한 얼굴을 평범한 얼굴에 비해 더욱 쉽게 재인하는 경향이 있다(Chiroro & Valentine, 1995; Cohen & Carr, 1975; MacLin & Malpass, 2001). 평범한 얼굴에 비해 매력적이거나 혹은 매력적이지 않은 인상을 주는 얼굴의 재인율이 상대적으로 높으며(Shepherd & Ellis, 1973), 장시간 얼굴을 목격했을 경우 시간이 경과한 후에도 해당 얼굴에 대한 재인 가능성은 높다고 한다(MacLin, MacLin, & Malpass, 2001). 다만 매력도 평가는 주관적 판단이 개입될 여지가 있어, 앞서 제시한 연구 결과들은 다소 실효성이 떨어진다고 볼 수 있다.

목격자나 피해자의 진술을 바탕으로 컴퓨터 프로그램 혹은 화가가 직접 용의자의 얼굴을 그리는 것을 **몽타주**(facial composite, montage)라고 한다. 몽타주의 정확성과 관련된 연구들에서는 오히려 몽타주 작성이 용의자 얼굴에 대한 기억 및 식별(identification) 정확성을 감소시킬 가능성이 크다고 한다(Topp-Manriquez, McQuiston, & Malpass, 2016).

무의식적 전이

범죄 용의자 식별 과정에서 목격자들은 다른 장소, 다른 시간에서 봤던 전혀 상관없는 사람을 범죄자로 지목하는 경우가 있다. 이를 **무의식적 전이**(unconscious transference)라 한다. 이러한 현상은 다른 상황에서 본 사람을 특정 상황에서 본 사람으로 기억하거나, 목격 상황과 다른 상황을 혼동하는 경우에 주로 발생한다. 여기서 무의식이란 용어를 사용한 이유는 회상 과제에 직면했을 때 목격자가 자신이 혼동하고 있다는 사실 자체를 인식하지 못하기 때문이다. 편의점 강도 사건을 예로 들면, 목격자들 대부분은 범인의 얼굴 일부분만을 목격하기 마련이다. 그러나 수사 과정에서는 용의자의 얼굴 전체를 봤다고 진술할 수 있다. 이는 이후 수사관이 제시한 사진이나 다른 용의자 얼굴을 보고 동일인으로 착각하는 경우로 볼 수 있다. 무의식적 전이는 선행 경험과 후행 경험이 혼합되는 경우 나타날 수 있는 기억의 가변적이고 불완전한 특성이다(Loftus, 1979). 앞서 언급한 바와 같이, 인간의 기억은 관찰 장면들이 정확히 저장된 비디오테이프나 스마트폰 카메라와는 다르다. 즉, 개인의 인지적 신념이나 세계관에 따라 기억은 끊임없이 수정되고 변화한다. 대부분의 심리학자는 "과거를 이해하는 데 있어 기억이 위험한 도구"라는 점에 동의하고 있다(Turtle & Want, 2008, p. 1245).

무의식적 전이 현상에 따르면, 레스토랑에서 발생한 강도 용의자를 목격한 사람의 직업이 편의점 종업원일 경우 자주 접촉했던 편의점 단골손님들 중 강도 용의자와 유사한 인상착의를 가진 사람을 범인이라고 오인할 수 있다. 그러나 무의식적 전이는 자주 조우하며, 잘 아는 얼굴보다는 과거에 무심코 스쳐 지나간 사람들의 얼굴을 떠올릴 때 나타나는 경우가 많다. 따라서 단골손님처럼 특정 상황에서 반복적으로 마주치는 익숙한 인물에 대해 무의식 전이 기억이 촉발될 가능성은 희박하다.

자기 인종 편향

사람들은 일반적으로 자신이 속한 인종, 민족 구성원의 얼굴을 더 잘 식별한다. 이는 얼굴 인식과 관련된 다양한 연구에서 이미 검증된 현상으로(Bartol & Bartol, 2015), **자기 인종 편향**(own-race bias: ORB), 자기 인종 효과(own-race effect) 혹은 인종 간 효과(cross-race effect)로 불린다. 다양한 문화권 및 국가에서 진행된 연구들에서도 자기 인종 편향은 일관적으로 나타나는 보편적인 현상이다(Hugenberg, Young, Bernstein, & Sacco, 2010; Meissner & Brigham, 2001; Sporer, 2001). 자기 인종 편향은 용의자의 얼굴을 식별하거나 목격자가 범인을 오인 식별하는 허위 신고(false alarm)를 유발하는 요인 중 하나이다. 용의자 목격 오인 신고는 지속적으로 발생하고 있으나, 거기에 인종적 태도나 편견이 작용한다는 점은 전혀 고려되지 않고 있다(Meissner & Brigham, 2001). 목격자의 자기 인종 편향의 영향으로 인해 억울한 유색인종 용의자가 유죄 판결을 받고 복역 중 DNA 검사로 무죄 판결을 받는 사례들은 매우 우려스러운 경우라 할 수 있다(Innocence Project, 2014).

자기 인종 편향이 발생하는 이유는 매우 다양하지만, 가장 대표적인 이유로 **차별적 경험 가설**(differential experience hypothesis)을 들 수 있다. 이 가설에서는 사람들이 자신과 같은 인종 집단 구성원들과 더욱 잦은 접촉을 하고 친밀감 수준 또한 높기 때문에 같은 인종 구성원을 구별하는 차이 인식 수준이 더욱 높을 것이라고 가정한다. 또한 자신과 다른 인종일 경우에도 접촉 빈도가 높고 긍정적인 경험을 공유하고 있다면 얼굴 차이 식별 능력이 발달한다고 한다(MacLin & Malpass, 2001; Yarmey, 1979). 따라서 친밀한 관계에 있는 사람들 중 타 인종 구성원이 있다면, 그 인종 구성원에 대한 얼굴 식별을 더 잘할 수 있을 것이다. 한편, 서로 다른 인종의 얼굴이라 해도 얼굴 친숙도 훈련을 통해 자기 인종 효과를 유의미하게 감소시킬 수 있다는 연구 결과들도 제시되고 있다(Hancock & Rhodes, 2008; Sangrigoli, Pallier, Argenti, Ventureyra, & de Schonen, 2005; Tanaka & Pierce, 2009). 다만, 목격자들에게 이와 같은 훈련을 실시하는 경우는 없다.

요약하면, 사람들은 친숙하지 않은 얼굴이나 타 인종 얼굴 인식을 어려워하는 경향이 있다. 이는 목격자 증언에 의해 유죄 판결을 받았지만 이후 DNA 검사를 통해 무죄로 판결된 사건들의 경우 목격자 증언의 오류가 있었을 수 있다는 점을 입증하는 증거라고 볼 수 있다.

용의자 식별 방법

재판 전 수사 과정에서 이루어지는 용의자 식별 방법이 개인의 편견과 선입견에 취약하다는 점은 이미 밝혀진 사실이다. 연구자들은 목격자가 자신이 지목한 인물을 진범이라고 강하게 확신하거나, 자신의 목격 기억이 정확하다고 지나치게 믿는 경향이 강하다고 한다. 이는 경찰 수사 시 이루어지는 용의자 식별 방법들이 영향을 미친 결과인데, 이 중 가장 많이 연구되고 있는 주제가 용의자 라인업(line-up)이다.

용의자 라인업

진범 유무를 확인하기 위해 구속 수감 중인 용의자 2~5명을 일렬로 세워 놓고 목격자 혹은 피해자가 용의자를 지목하는 절차를 **동시 라인업**(simultaneous line-up)이라 하며([사진 3-1] 참조), 용의자들을 한 명씩 순서대로 목격자에게 보여 주면서 진범을 지목하는 절차를 **순차 라인업**(sequential line-up)이라 한다. 그렇다면 이 중 어떤 절차가 용의자 식별 정확도가 더 높다고 할 수 있을까? 용의자 라인업 관련 연구 결과들을 검토한 Moreland와 Clark(2016)는 과거 연구들에서는 순차 라인업이 동시 라인업보다 식별 정확도가 높다는 결과가 상대적으로 많았다는 점을 발견했다. 그러나 2012년 이후 발표된 연구들에서는 동시 라인업의 용의자 식별 정확도가 더욱 높다는 결과가 제시되고 있다(예: Dobolyi & Dodson, 2013; Mickes, Flowe, & Wixted, 2012). 동시 라인업과 순차 라인업 중 어떤 용의자 식별 방법이 더 정확한지에 대해서는 현재까지 결론이 내려지지 않고 있다. 수사 과정에서는 주로 용의자 사진을 동시에 보여 주거나 순서대로 보여 주면서 목격자들에게 어떤 인물이 맞는지 식별하는 방법이 일반적으로 사용되고 있다. 이 중 심리학자들이 추천하는 방법은 순차적으로 용의자 사진을 제시하는 것으로, 수사 과정에서도 목격자에게 사진을 보여 줄 때는 순차적으로 용의자 사진을 제시하는 방식이 점점 더 일반화되고 있다(Police Executive Research Forum [PEFR], 2013). 경찰 자체 보고서에 따르면 용의자 식별 과정에서 사용되는 방법은 사진 라인업 혹은 배열된 사진첩 제시(94.1%), 쇼업(show-up)(61.8%), 몽타주 스케치(35.5%), 머그샷(mugshot) 책자(28.8%), 라이브 라인업(live line-up)(21.4%) 순이라고 한다(PERF, 2013). 하지만 어떤 방식이라도 진범 유무를 식별하는 데 있어 목격자 기억 오류 및 자기 인종 편향은 작용할 수 있다.

사진 3-1 한 여성이 자신이 목격한 용의자를 지목하고 있다. 목격자는 자신이 범인이라고 생각하는 인물의 번호를 지목함으로써 용의자를 식별한다.

출처: ©istock.com/Richleggs.

특히 심리학자들은 라이브 라인업 방식이 오식별 가능성이 높다는 점에 주목하고 있다. 실제 용의자들을 보고 범인을 지목하는 라이브 라인업 방식의 경우 구성방식, 진행 경찰관의 행동 및 부연설명 내용 등에 목격자들은 영향을 받을 수 있다. 이와 관련해서 법원은 암시적 형태의 라인업 방식들에 대한 별도의 판결 원칙을 두고 있지 않다. 목격자 진술과 관련해서 법원에서는 목격자가 얼마나 확신에 찬 진술을 하고 있는지(목격자 확신 수준), 범죄 발생과 용의자 식별 시점 간에 얼마나 시간이 흘렀는지(경과 시간), 범인에 대한 목격자 진술이 얼마나 일관적인지(목격자 진술의 일관성) 등만을 고려해 유무죄 판결을 내리고 있다. 미국 법원은 수사 과정에서 이루어진 용의자 식별 방법과 관련하여 증거 허용이 불가능한 수준의 절차적 오류를 지닌 경우가 많지 않다고 판단하고 있다.

라이브 라인업 절차에서는 용의자 인상착의에 대한 목격자 사전 진술 내용과 유사한 용의자들을 제시해야 한다. 즉, 목격자가 진술한 용의자의 연령대, 신장, 인종, 머리 모양, 수염 형태 등을 고려해 이와 유사한 외모의 용의자들을 라인업 군에 포함시켜야 한다. 따라서 라인업 시행 전 용의자들은 목격자가 자신을 알아보지 못하도록 외모를 바꾸려 들 수 있다(Culter, Penrod, & Martens, 1987). 목격자가 범인이 검정 곱슬머리에 턱수염이 있고 신장이 약 185cm 정도라고 기억하는 경우, 라인업상 180cm 이상인 용의자가 단 한 명뿐이라면 해당 라인업 구성은 확실히 편향되었다고 볼 수 있다. 이와 같은 라인업 구성은 용의자 **구성 편향**(composite bias)의 한 예이다.

몰입 편향(commitment bias)은 용의자 라인업 과정에서 발생하는 또 다른 오류 유형 중 하나이다. 이는 일단 특정 용의자를 지목하게 되면, 설사 잘못 지목했다 해도 이후에도 동일한 용의자를 지목할 가능성이 증가한다는 것이다. 특히 목격자들이 수사관의 기대에 부응하려는 욕구 수준이 높거나 수사관이 이미 특정 용의자에 대해 유죄 증거를 확보했다고 생각할 경우 몰입 편향이 발생할 가능성이 높다. 이 때문에 일단 특정 용의자를 지목한 목격자들은 이후 라인업 절차에서 동일 용의자가 범인이라는 확신이 더욱 증가할 수 있다. 즉, 목격자가 용의자를 범인으로 지목하는 순간마다 자신이 지목한 용의자가 진범이라는 확신은 더욱 커질 수 있다.

라인업 과정에서 담당 수사관의 말, 행동, 태도 등도 목격자 및 피해자들의 용의자 식별 판단에 영향을 미칠 수 있다. 가령 수사관의 미세한 고개 끄덕임 및 "확실한가요?"라는 말 등은 해당 수사관이 목격자나 피해자들의 선택 결과에 대한 찬성 혹은 반대 의사를 전달한 것으로 해석될 수 있다. 심리학자들은 이와 같은 수사관의 영향을 최소화하기 위해서는 라인업에 참여하는 용의자들의 신원을 알지 못하는 경찰관이 라인업 절차를 수행해야 한다고 조언하고 있다(예: Steblay, Dysart, & Wells, 2011; Wells, 1993). 이러한 접근 방식을 **이중 블라인드 라인업**(double-blind line-up)이라 한다. 이처럼 용의자 라인업을 시행하는 경찰관이 용의자들의 신원을 모를 경우, 목격자나 피해자가 용의자를 지목할 때 미묘한 단서를 줄 수 없을 것이다.

가장 논란이 많은 용의자 제시 방식은 "단 한 명의 용의자만을 목격자에게 보여 주고 진범 여부를 평가하게 하는" **쇼업**(show-up) 절차이다(Wells, 2001, p. 795). 미국 법정에서 용의자 쇼업 절차는 범죄 발생 직후나 라인업 구성이 불가능한 상황에서만 예외로 인정받고 있다. 예를 들어, 판례에 의하면 범죄 피해자가 중상을 입고 병원에 입원해 거동이 어려운 경우 경찰이 확보한 용의자를 피해자에게 데리고 가서 진범 유무를 식별한 경우가 증거로 허용된 바 있다(Stovall v. Denno, 1967). 그러나 이는 예외적인 경우에 불과하다. 일반적으로 사용되는 쇼업 방식은 수사 과정에서 피해자가 경찰 차량에 동승해 길거리에서 서성거리는 우범자들 중 범죄 용의자 여부를 지목하게 하는 방식, 목격자 인터뷰 과정에서 특정 용의자에 대한 조사 장면을 보여 주며 진범 유무를 식별해 달라는 방식 등을 들 수 있다. 경찰이 목격자 집 창문 밖에서 수갑을 채운 용의자를 식별해 달라고 요청한 사건에 대한 미국 대법원 증거 심리 재판에서 배심원 9명 중 8명이 식별 절차가 부적절하다고 판결한 사례도 있다(Perry v. New Hampshire, 2012). 앞서 제시한 바와 같이 경찰 보고서(PERF, 2013)에서는 미국 경찰에서 가장 일반적으로 사용되는 용의자 식별 절차를 쇼업 방식으로 보고하고 있다. 관련 연구들에서는 쇼업 방식이 라인업 방식에 비해 용의자 오지목 가능성이 높다고 보고 있다(Wells, 2001). 즉, 라인업 절차에서 용의자를 잘못 지목했다 해도 오지목된 인물 역시 라인업 용의자들 중 한 명이며, 순차 라인업 절차에서도 목격자들은 이후 제시되는 용의자들 중에서도 범인이 있을 수 있다는 가능성에 대해 충분히 생각할 기회가 있다. 그러나 쇼업 상황에서는 맞고 틀리고를 결정하는 단 한 번의 선택 기회만이 주어질 뿐이다. 구속 수감 중인 용의자를 대상으로 순차 및 동시 라인업 절차를 거친 후 최종 지목된 용의자의 진범 유무를 반복 확인하기 위한 목적으로 쇼업 절차가 사용되는 경우도 있다. 이 경우 쇼업 절차는 용의자 식별 결과를 더욱 정확히 하기 위한 합리적 방법으로 볼 수 있지만, 이 과정에서도 확증 편향은 발생할 수 있다. 즉, 이미 목격자 혹은 피해자는 특정 용의자를 범인으로 지목한 상태이며, 이후 이를 번복할 가능성은 희박하다. 재미있는 사실은 앞서 제시한 Perry 대 New Hampshire(2012) 판례에서 아파트 창문에서 수갑을 찬 용의자를 자신이 목격한 범인이 맞다고 지목한 목격자는 이후 용의자 사진첩 제시 과정에서 해당 용의자를 지목하지 못했음에도 불구하고 최초의 용의자 지목이 법적 증거로 인정되었다는 점이다.

2001년 미국법심리학회(American Psychology-Law Society: AP-LS)에서는 용의자 라인업 절차에 대한 이해 및 개선 방안 등을 총망라한 『경찰 라인업(Police Line-up)』 백서를 발간했다(Wells, 2001). 이 백서에는 용의자 인권 보호를 위해서는 라인업 및 사진 선별 시 절차적 타당성 확보의 필요성에 기초한 네 가지 중심 사항을 권고하고 있다(Wells et al., 1998 참조). 첫째, 용의자 라인업 혹은 사진첩 구성 담당 경찰관은 제시된 인물 중 범죄 혐의를 받고 있는 용의자가 누구인지 알고 있어야 한다. 그러나 식별 절차 전반에 대한 관리 혹은 수행 경찰관은 용의자를 알아서는 안 된다. 또한 이 사실을 목격자들에게도 전달해야 한다. 첫 번째 권고는 목격자가 라인업 절차를 수행하는 경찰관으로부터 특정 용의자를 암시하는 미묘한 단서나 정보를 얻지 못하게 하는 데 목적이 있다. 이를 **이중 블라인드 라인업**이라 하는데, 이 방식에서는 목격자와 라인업 절차 수행 경찰관 모두 진짜 용의자가 누구인지 모른다. 둘째, 목격자는 수사관이 제시한 용의자 사진첩이나 라인업 절차에서 목격한 용의자가 없을 경우 없다고 분명히 말할 수 있어야 한다. 대부분의 경우 목격자들은 용의자를 지목해야 한다는 압박을 느낄 수 있다. 이러한 압박감에서 자유로워지기 위해서는 용의자가 없다고 생각할 경우 자유롭게 없다고 말할 수 있어야 한다. 셋째, 목격자 사전 진술에 부합하는 용의자가 단 한 명이어서는 안 된다. 이는 곧 라인업에 제시된 용의자군 중 홀로 두드러진 특징을 지닌 인물이 참여해서는 안 된다는 의미와 연결된다. 넷째, 용의자 식별에 참여한 목격자들로부터 왜 용의자라고 생각하는지에 대한 명확한 진술을 받아야 한다. 중요한 점은 목격자의 진술 전 단계에서 경찰이 식별 결과에 대해 어떠한 피드백을 주어서는 안 된다는 것이다. 이는 목격자들은 용의자 식별 직후 혹은 식별 과정에서 경찰의 의도적이거나 부적절한 커뮤니케이션에 민감하게 반응할 수 있기 때문이다. 미국심리학회에서 발간된『경찰 라인업』백서 내용들은 목격자 식별 업무를 담당하는 경찰관 등 법집행기관 종사자들을 위한 정부 지침 내용을 보완한 것이다(Reno, 1999).

이상의 권고안이 발표된 이후 많은 법정 심리학자, 법학자, 재소자 변호 단체 등에서 경찰 라인업 절차의 개선을 주장해 왔다. 경찰에서는 순차 라인업 방식이 선호되고 있지만, 목격자들은 순차적으로 제시되는 인물들 중에서 자신이 목격한 인물과 가장 부합하는 인물이 있을 것이라고 기대할 수 있기 때문에 오식별 가능성이 존재한다(Clark, 2012). 이에 따라 경찰에서는 최소 1회 이상 용의자 사진첩 혹은 순차 라인업 절차를 반복 시행하고 있다. 그러나 일부 연구에서는 반복 용의자 식별 절차도 세심한 주의를 기울일 필요가 있다고 제안하고 있다. 이는 2회 이상 용의자들을 관찰하는 절차 역시 무고한 용의자를 위험에 빠뜨릴 수 있는 식별 오류 가능성이 존재하기 때문이다(Horry, Memon, Wright, & Milne, 2012; Steblay, Dietrich, Ryan, Raczynski, & James, 2011).

순차 라인업 방식의 정확성이 높다고 주장하는 연구자들은 동시 라인업이든 순차 라인업이든 간에 이중 블라인드 절차가 용의자 오식별을 최소화하고 결백한 용의자를 보호하는 가장 효과적인 방법이라고 주장하고 있다. 앞서 기술한 바와 같이, 라인업 절차를 수행하는 담당 경찰관이 용의자들의 신원을 모를 경우, 그만큼 목격자에게 미묘한 단서를 제공할 가능성은 줄어든다. 미국 내 두 개 주정부(뉴저지, 노스캐롤라이나)와 일부 주정부 소속 경찰청(예: 위스콘신주 메디슨, 매사추세츠주 보스턴, 버지니아주 버지니아 비치) 등에서는 이중 블라인드 절차를 라인업 표준 절차로 규정하고 있다(Innocence Project, 2010). 용의자 사진 선별 및 라인업 절차를 활용 중인 미국 내 경찰기관의 2/3가 순차적 제시 절차를 사용하고 있으나(PERF, 2013),

대부분 이중 블라인드 방식을 적용하고 있지 않다. 이는 해당 범죄 수사 과정에 참여하는 경찰관들이 이미 용의자를 알고 있는 경우가 대부분이기 때문이다. 흥미로운 점은 경찰 인력 500명 이상의 대규모 경찰기관에서는 목격자 식별에 대한 공식 지침이 있지만, 현재까지 대부분의 경찰기관에는 목격자 식별 방법에 대한 공식 지침을 수립하지 않고 있다(PERF, 2013).

요약 및 결론

범죄 수사와 관련된 학문적 연구 성과들 및 실무 적용 측면에서 심리학은 유용성을 인정받고 있다. 특히 범죄와 가해자 특성을 확인하는 부분에 심리학적 지식의 적용이 활발히 이루어지고 있다. 이러한 경향은 미국 FBI의 행동과학부(Behavioral Scinece Unit)와 영국 심리학자 David Canter 교수가 주창한 수사 심리학(investigative psychology)에서 유래됐다. 프로파일링(profiling)은 범죄 수사와 관련된 주요 심리학적 연구 주제로 알려져 있지만, 실제 범죄 해결 과정에 참여하는 심리학자들은 스스로를 프로파일러(profiler)라고 생각하지 않는다. 이 장에서는 프로파일링을 범죄 현장 프로파일링(범죄자 혹은 가해자 프로파일링), 용의자 기반 프로파일링, 지리적 프로파일링, 심리학적 프로파일링, 심리 부검의 5개 하위 분야로 구분하고 있지만, 연구자들은 엄격하게 이들 용어를 구분하고 있지 않고 있다. 또한, 프로파일링은 범죄 수사 이외의 분야에서도 사용될 수 있다. 대표적인 하위 분야가 심리 부검과 심리학적 프로파일링이다.

범죄 현장 프로파일링(crime scene profiling)은 대중매체의 가장 큰 관심을 받고 있는 분야이나, 법정 심리학자들이 주로 활동하는 분야는 아니다. 범죄 현장 프로파일링 결과의 정확도가 높다면, 가해자의 특성에 대한 통계적 확률까지 제공할 수 있을 것이다. 그러나 대부분의 경우 일반인의 인식 수준을 벗어나지고 못하고 있다. 즉, 범죄 수사 과정에 참여하는 법정 심리학자들은 스스로 행동 분석가로 불리는 것을 원하지 않지만, 과학적 접근 방식을 취하는 프로파일링 방법에는 큰 관심을 지니고 있다. 이 점이 '수사 심리학'이라는 새로운 학문 분야가 탄생한 이유이다.

용의자 기반 프로파일링(suspect-based profiling)은 인종, 민족, 종교 등 유사 범죄자들의 공통적인 특성을 기반으로 개별 사건 용의자를 추정하기 때문에 논란의 여지가 있다. 이러한 특성들만으로 용의자를 선정한다면 이는 불법 행위에 해당할 수 있다.

지리적 프로파일링(geographical profiling)은 특정 지역, 장소에서의 범죄 발생 가능성 및 용의자 근거지 추정을 위해 공간적 범죄 발생 특성을 분석하는 방법이다. 지리적 프로파일링은 주로 시공간적으로 일정한 범죄 패턴을 보이는 연쇄 범죄 분석 과정에 사용되는 과학적 분석 방법이다. 특히 지리적 프로파일링은 범죄자 프로파일링과 결합해서 활용될 때 그 효과가 극대화될 수 있다.

심리학적 프로파일링(psychological profiling)은 이미 확인된 인물(들)의 특성을 설명하는 데 초점을 맞추고 있다. 분석 대상자는 범죄 관련자 및 관련이 없는 사람들을 모두 포함한다. 심리학적 프로파일은 수사 보고서, 심리학적 평가 결과, 대상자 혹은 주변인 대상 면담 결과 등 매우 광범위한 자료들을 기초로 작성된다. 그러나 심리평가 자료들만을 토대로 단순하게 작성되는 경우도 있다. 정신건강 전문가들은 미국 대통령에서부터 악명 높은 연쇄 살인범까지 다양한 인물들에 대한 심리학적 프로파일을 분석 · 발표해 왔다. 사람들은 이러한 프로파일 분석 결과를 흥미롭게 읽지만, 이러한 결과가 공식적인 업무에 적용된 사례는 거의 없다.

심리 부검(psychological autopsy)은 사망 원인이 불명확하거나 모호한 경우에 행해지는 분석 절차로 '재구성적 심리평가'로도 불린다. 심리 부검을 시행하는 심리학자들은 죽음에 이르게 된 사망자의 행동과 사고 과정에 대한 재구성을 시도한다. 대부분의 경우 자살이 분명해 보이나 의문점이 남는 경우 이루어진다. 하지만 아직까지 표준 분석 절차가 확립되지 못했으며, 그 타당성 역시 검증되지 않았다.

객관적인 프로파일링 분석이 이루어지기 어려운 이유는 인간 행동의 많은 부분이 다양한 상황에서 일관적으로 나타날 수 없기 때문이다. 개인의 역동적 위험 요인, 특히 급격한 기분 변화와 약물 효과와 같은 급성 요소들이 일관성 결여의 원인으로 작용한다. 게다가 범죄 현장의 증거들이 범죄자들의 특정 심리 특성들과 반드시 일치한다고 보기도 어렵다. 이러한 한계들을 고려해 신중하게 프로파일링 분석을 시도하는 프로파일러도 있지만, 근거가 미약한 비합리적 추정에 의존하는 프로파일러도 있다. 비합리적 프로파일링 추정 결과 중 일부는 시대에 뒤떨어진 과거 성격 이론에만 지나치게 의존하고 있다. 요약하면, 대중에게 있어 프로파일링은 매우 매력적인 전문 수사 기법으로 보일지 모르나, 과학적 연구를 통해 충분한 예측 타당도를 확보하기 전까지는 매우 조심스럽게 접근할 필요가 있다.

또한 심리학자들은 면담과 심문 조사, 기만 탐지, 폴리그래프, 법최면, 인종 인식, 목격자 식별, 라인업 등 다양한 영역에 대한 연구 활동 및 실무 자문을 실시하고 있다. 법정 심리학자들은 경찰의 목격자와 용의자 대상 면담 및 심문 조사 방법에 문제가 있다고 주장하고 있다. 예를 들어, 청소년들뿐 아니라 성인들 역시 법률적 권리를 제대로 이해하지 못한 상태에서 경찰의 강압적 조사 과정에서 범행을 자백하는 경향이 있으며, 자신이 저지르지 않은 범죄를 자백하는 경우도 있다. 심리학자들은 미국 내 법집행기관에서 시작된 지배적인 심문 조사 방식을 비판하며, 강압 및 허위 자백 가능성을 줄이기 위해서는 조사 과정에서 대립적인 질문의 사용을 지양할 것을 권고하고 있다. 캐나다, 영국, 호주 등 서구권 국가들의 연구자들 및 관련 실무 분야 종사자들은 경찰 면담자와 피면담자 간의 상호작용을 강조하며, 강압적 질문보다는 경험한 내용을 서술식으로 풀어 이야기하는 효율적 면담 기법을 사용할 것을 강조해 왔다. 대표적인 대안적 면담 및 조사 기법으로는 PEACE 모델, 휴민트 심문 조사 기법, 인지 인터뷰 등을 들 수 있다.

또한 경찰관들 및 일반인들의 기만 탐지 능력 또한 심리학적 연구 분야 중 하나이다. 비언어적 행동보다는 다른 유형의 행동을 탐지하는 방식들이 더욱 효과적이라는 연구 결과들이 제시되면서, 경찰 수사관들은 용의자의 안절부절못하는 행동에 초점을 맞추기보다는 특정일에 있었던 일들에 대해 역순으로 이야기하는 방식 등을 사용해 용의자들의 인지적 과부하를 유도하는 방법들을 사용하고 있다. 또한 일부 심리학자는 피면담자에게 개방형 답변을 유도하는 것이 정보의 양 및 정확성 확보에 도움이 된다고 제안하고 있다.

거짓말 탐지 기법인 폴리그래프는 범죄 수사뿐 아니라 다양한 민간 영역에서 활용되고 있다. 폴리그래프 결과는 증거 능력이 인정되지 않기 때문에 범죄 수사 과정보다는 법집행기관 요원 채용 · 선발 과정에 주로 사용되고 있다. 수사 과정에서는 대상자가 동의할 경우에 한하여 폴리그래프를 실시할 수 있다. 폴리그래프 검사관들이 가장 많이 사용하는 것은 통제질문기법(CQT)이나, 이는 타당성이 결여되어 있다고 평가되고 있다. 반대로 연구자들이 선호하는 것은 유죄지식검사(GKT)이나, 이는 폴리그래프 검사관들이 범죄와 관련된 구체적인 정보들을 숙지하고 검사에 임해야 하기 때문에 실무 적용에 한계가 있다. 폴리그래프 검사 결과의 증거 능력은 인정되지 않으나, 일부 법원에서는 무죄를 주장하는 피고인의 주장을 입증하는 증거로 활용되는 경우도 있다. 또한 폴리그래프 검사는 정보기관에서 활용되기도 하고, 가석방 혹은 보호관찰 중인 범죄자, 특히 성범죄자를 관리할 목적으로 사용되기도 한다. 이 장에서 논의된 다른 기법들처럼, 폴리그래프 역시 현재까지 검사의 신뢰도와 타당도를 인정받지 못하고 있다. 그럼에도 불구하고, 일부 연구자는 제한된 상황 및 목적하에 전문 훈련을 받은 검사관들이 폴리그래프 검사를 시행할 경우 긍정적인 효과를 거둘 수 있다고 제언하고 있다.

이 장의 마지막 부분에는 법최면, 목격자 식별, 경찰의 용의자 라인업 구성 등이 소개되었다. 최면은 논란의 여지가 많은 수사 기법인데, 특히 범죄 피해자들에게 충격적인 외상 사건에 대한 억압된 기억을 유도할 경우 더욱 문제가 될 수 있다. 법최면은 목격자의 기억 회상을 증진할 목적으로 주로 사용되고 있다. 법최면에 대한 과학적 근거는 여전히 미약하나, 이 분야는 과거 수십 년에 걸친 관련 연구들을 통해 조금씩 발전해 나가고 있다.

기억의 오류 가능성 및 기억의 오류가 과거 사건의 기억에 미치는 영향은 실험 심리학 연구들에서 일관되게 확인된 사실이다. 연구자들은 충격적인 사건을 목격한 사람들이 신뢰할 만한 진술을 하는 경우도 있지만, 그렇지 않은 경우도 많다는 점을 다수의 사례에 근거하여 제시하고 있다. 동일 사건을 목격한 복수의 목격자가 서로 다른 내용의 진술을 하면서도 자신들의 기억 내용이 서로 정확하다고 주장하는 경우도 있을 수 있다. 이로 인해 목격자 회상 오류로 인한 허위 자백 및 잘못된 유죄 판결 사건들이 지속적으로 발생하고 있다. 이 분야에 대한 많은 연구 결과가 발표되면서 법원에서도 목격자 기억의 오류 가능성에 대한 심리학적 설명을 받아들이기 시작했고, 경찰에서도 목격자 식별 과정에서 발생할 수 있는 오지목 문제를 극복하기 위해서 담당 수사관들을 대상으로 효과적인 면담 기법 훈련을 진행하고 있다.

최근 몇 년간 경찰의 용의자 라인업 구성 및 절차 개선의 필요성을 제기하는 데 있어 심리학자들이 중요한 역할을 해 왔다. 그러나 여전히 명확하게 결론을 내리지 못한 경우도 있다. 예를 들어, 초기 연구들에서는 동시 라인업보다는 순차 라인업이 용의자 식별에 더 효과적이라는 견해가 지배적이었지만, 최근 연구들에서는 상반된 결과를 제시하고 있어 어떤 방식이 더욱 바람직한지는 아직 분명하지 않은 상태이다. 대안적으로 연구자들은 목격자와 용의자 라인업을 진행하는 경찰관 모두 용의자의 신원을 모르는 상태에서 실시하는 이중 블라인드 라인업을 적용할 것을 강력하게 권고하고 있다. 일부 연구에서 제시된 목격자 식별 절차에 대한 개선점들이 경찰 등 법집행기관 지침에 공식적으로 적용되는 추세이나, 아직 이를 준수하지 않는 경찰기관들 또한 상당수이다.

주요 개념

강요된 내면화형 허위 자백 coerced-internalized false confession
강요된 복종형 허위 자백 coerced-compliant false confession
개별적 접근 idiographic approach
구성 편향 composition bias
계리적 예측 actuarial predictions
동시 라인업 simultaneous line-up
리드 기법 Reid method
모호한 사망 분석 equivocal death analysis: EDA
몰입 편향 commitment bias
몽타주 facial composite, montage
무의식적 전이 unconscious transference

범죄 수사 분석criminal investigative analysis
범죄 현장 프로파일링crime scene profiling
범행 수법modus operandi: MO
보편적 접근nomothetic approach
비최면적 기억증진non-hypnotic hypermnesia
상황 전이 일관성trans-situational consistency
쇼업show-up
수사 심리학investigative psychology
순차 라인업sequential line-up
시간 전이 일관성trans-temporal consistency
심리 부검psychological autopsy
심리학적 프로파일링psychological profiling
연관성 분석linkage analysis
용의자 기반 프로파일링suspect-based profiling
유죄지식검사guilty knowledge test: GKT
이중 블라인드 라인업double-blind line-up
인종 프로파일링racial profiling
인지 인터뷰cognitive interview: CI
인지 행동적 관점cognitive-behavioral viewpoint
인지적 거짓말 탐지cognitive lie detection
인지 부하cognitive load
임상적 예측clinical prediction
자기 인종 편향own-race bias: ORB
자발적 허위 자백voluntary false confession
재구성적 심리평가reconstructive psychological evaluation: RPE
정보 수집형 접근information-gathering approach
지리적 맵핑geographical mapping
지리적 프로파일링geographical profiling
차별적 경험 가설differential experience hypothesis
최면적 기억증진hypnotic hypermnesia
최면상태 이론hypnotic trance theory
추궁형 접근accusatorial approach
통제 질문 기법control question technique: CQT
허위 자백false confessions
확증 편향confirmation bias
휴민트 심문HUMINT(HUManINTelligence) interrogation

단원정리

1. 수사 심리학에서 제시하는 범죄 수사 과정에서의 세 가지 핵심 질문은 무엇인가?
2. 다섯 가지 프로파일링 유형에 대해 설명하라.
3. 지리적 프로파일링과 지리적 맵핑의 차이는 무엇인가?
4. 허위 자백의 세 가지 유형에 대해 설명하라.
5. 경찰 수사 면담 및 심문 절차 개선에 대한 심리학자들의 견해는 무엇인가?
6. 기만 연구 결과들을 볼 때, 수사관들이 상대방의 기만을 가장 잘 탐지할 수 있는 방안은 무엇인가?
7. 폴리그래프와 법최면에 관한 연구 결과 다섯 가지를 제시하라.
8. 목격자 식별에 대한 연구 결과 다섯 가지를 제시하라.
9. 목격자 식별의 정확도를 향상시키기 위해 용의자 라인업과 사진첩 관련 『경찰 라인업』 백서에서 권고하는 있는 내용은 무엇인가?

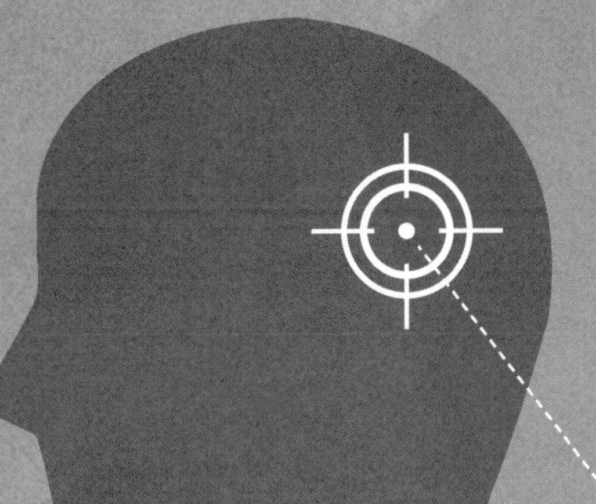

PART III

Introduction to Forensic Psychology Research and Application

법 심리학

LEGAL PSYCHOLOGY

Chapter 4

자문과 증언

주요 학습 내용

- 법원 체계
- 재판 절차
- 전문가 증언
- 과학적 증거 인정 기준
- 법정 위험성 평가
- 경고 의무 및 보호 의무
- 전문가 증인: 기밀성과 최종 이슈 증언

검사는 법정 증인으로 출두한 심리학자에게 증언의 대가로 피고인 측에서 얼마를 받았는지 물었다. 심리학자의 답변을 듣고 난 후 검사는 다시 한번 질문했다.

"너무 많은 대가를 받지 않나요, 박사님?"

심리학자는 잠시 머뭇거린 후 조금 앞으로 몸을 기울이며 조용하고 확신에 찬 목소리로 대답했다.

"전혀요. 이 평가에 투자한 시간을 생각한다면 적절한 금액인 걸요." (Brodsky, 2012, p. 138)

심리학자가 법정에 서는 장면은 낯설지 않다. 증인석에서 증언하기도 하고, 흔치 않지만 재판 컨설턴트로서 변호사나 검사 측에 서기도 한다. 직접 법원에 출두하지 않는 경우에도, 전문가 의견서를 제출하는 등 다양한 역할을 수행하고 있다. 예를 들어, 형사 사건의 선고 심리 과정에서 법관은 심리학자가 작성한 범죄자 심리평가나 물질남용 치료 효과에 대한 보고서를 요구할 수 있다.

실제 변호사들은 소송 절차 초기에 정보를 수집하고 공판 전략을 준비하면서, 심리학자에게 선서증언을 요청하곤 한다. **선서증언**(deposition)이란 잠재적 증인(증인으로 채택되지는 않았지만 해당 재판에 대한 정보를 가지고 있는)이 법원 이외의 다른 장소에서 증언을 할 경우, 재판기록원이 참석한 상태에서 선서를 하고 상대측 변호사 입회하에 증언하는 절차를 말한다. 예를 들어, 고용차별 소송의 원고가 선임한 변호사는 승진 시험을 관리하고 평가한 심리학자에게 선서증언을 요청할 수 있다. 또한 형사 사건에서 판사가 판결을 내릴 때 범죄자의 정신 상태에 대해 상세하게 작성된 심리평가 보고서를 참조할 수 있다.

심리학자가 법원에 출두하기까지 많은 우여곡절이 있었다. 1960년대까지는 유일하게 정신과 의사들만이 다수의 법원에서 정신건강 전문가로 인정받았다. 법원에서 심리학자를 인정한 경우에도 심리학자의 임무를 지능검사 혹은 성격검사의 결과 보고 등 특정 분야에 제한하는 경향이 있었다. 형사법원은 특히 피고인의 범죄에 대한 책임이나 정신 상태가 불확실할 때 비의학 전문가의 증언을 채택하는 것을 꺼렸다. 그 이유는 정신장애가 질병으로 여겨졌고 이로 인해 의학 학위를 가진 전문가인 정신과 의사가 담당하는 것이 적합하다고 보았기 때문이다. 따라서 몇몇 경우를 제외하고는 대부분의 법원에서 정신장애는 심리학자가 아닌 정신과 의사 소관이었다.

그러나 1962년 Jenkins 대 U.S. 소송에서 연방 항소법원은 의학 학위가 없다는 이유로 심리학자가 정신장애에 대해 전문가적 증언을 하는 것을 무조건 거부할 수 없다는 판결을 내렸다. 또한 Jenkins가 성폭력을 저지른 것은 정신이상에 따른 것이므로 유죄가 될 수 없다고 주장했다. 공판 판사는 Jenkins가 범행 당시 자신의 행동을 책임질 수 있는 정신 상태가 아니었다는 심리학자의 증언을 허용했다. 그러나 그 후 같은 판사가 "심리학자는 정신장애나 정신적 결함에 관해 의학적 소견을 제시할 수 있는 권한이 없다."라며 배심원에게 심리학자의 증언을 무시하라고 요구했다. Jenkins는 유죄 판결을 받았지만 판사가 배심원에게 내린 지시로 인해 자신이 공정한 재판을 받을 권리를 침해당했다고 주장하며 항소했다. 연방 항소법원은 정식 자격증을 소지한 심리학자는 정신장애 이슈에 대해 합법적인 증언을 제공할 수 있다는 판결을 내리며 심리학자를 지지했다. Jenkins 사건 후에 심리학자는 점차적으로 정신장애와 관련된 이슈뿐만 아니라 자신의 연구 분야와 관련된 폭넓은 범위의 이슈에 대해서도 증언하기 시작했다. 그 결과, 심리학자들은 공판 전 여론이 배심원에게 미치는 영향, 기억, 목격자 식별, 고정관념, 광고가 소비자에게 미치는 영향 등 다양한 주제들에 대해 검증한 결과를 자료로 제공했다.

이 장에서는 법원 환경에서 실무를 담당하는 심리학자에 대한 다양한 사례뿐만 아니라 재판 절차와 관련된 업무 현장의 이면을 보여 줄 것이다. 우리 대부분은 개인적인 경험이나 미디어를 통해 이미 법원의 형태에 익숙해져 있지만 법원의 구성 체계와 소송의 진행 단계에 관해서는 다소 지식이 부족하다. 따라서 이 장에서는 법원 구조의 개관에서 시작하여 형사와 민사 법원에 대해서도 다룰 것이다.

법원 구조와 관할권

미국에서 연방법원과 주법원은 상호 독립적으로 존재하며, 때로는 같은 지역에 위치하기도 한다. 즉, 대부분의 대도시에는 주법원 혹은 지방법원이 있고, 그 건물에서 멀지 않은 곳에 연방법원이 위치한다. 이러한 **이중 법원 시스템**(dual-court system)은 하나의 국가로서 미국의 통일성을 나타내는 한편, 50개 주 각각의 자치권을 인정하는 것이다. 연방법원은 미국 헌법과 의회법을 해석하여 적용하고, 주 간에 발생하는 분쟁 또는 다른 주에 거주하는 시민 간의 분쟁을 해결하며, 파산, 저작권, 특허권과 같은 전문적인 문제들을 담당한다. 연방정부 형법을 위반하여 고소당한 사람의 경우도 연방법원에서 처리한다.

연방법원과 주의 모든 법원은 미국 헌법 혹은 다양한 주정부 헌법하에 설립되거나 주 입법기관이나 의회의 필요에 따라 설립된다. 연방 시스템에서는 헌법 제3조에 따라 임명된 일부 판사는 종신직이 부여되며, 특별한 사유가 없다면 매우 이상적인 지위를 얻게 된다. 헌법 제1조에 따라 임명된 입법법원 판사는 종신직이 아니다. 제1조에 의한 판사의 대표적인 예는 전국 58개 이민법원에서 근무하는 300명가량의 판사이다. 이민 관련 문제 중에서도 이 법원은 국토안보부에서 이민법을 위반한 사람이나 망명을 원하는 사람의 추방이나 체류 여부를 결정하는 중요한 역할을 한다.

최근까지도 현직 대통령이 지명한 헌법 제3조 판사의 임명 확정이 정치적인 지연으로 인해 연방 판사 자리가 공석인 경우가 많이 있었다(Bartol & Bartol, 2015). 공석으로 인해 오늘날 많은 연방법원의 업무량이 과도하다는 점은 잘 알려져 있다. 예를 들어, 2017년 4월 기준 연방법원에는 126개의 공석이 있다. 2016년에 안토닌 스칼리아(Antonin Scalia) 법무부 장관의 사망으로 2015년과 2016년에 발생한 미국 대법원의 공석은 중요한 정치적 문제가 되었다. 공화당이 지배하는 미 상원에서 당시 대통령이었던 버락 오바마가 제안한 후보를 거부하는 바람에 대법원은 2017년 4월까지 9인이 아닌 8인 대법관으로 운영되기도 했다. 두 정당이 극단적으로 대립하던 끝에 트럼프 대통령 취임 이후 닐 고서치(Neil Gorsuch) 대법관이 확정되었다. 고서치 판사를 확정하기 위해 상원은 단순 과반수 투표로 미국 대법원 판사를 확정할 수 있도록 규칙을 변경했다. 투표 결과는 54 대 45였다.

헌법이나 입법부의 법률은 해당 법원의 관할권을 명시한다. 법에 명시된 것처럼, 모든 법원은 **주제별 관할권**(subject-matter jurisdiction)과 **지리적 관할권**(geographical jurisdiction)을 갖는다. 예를 들어, 가정법원은 한 주의 자치구(county) 내에서(지리적 관할권) 이혼, 양육권, 입양, 비행 문제(주제별 관할권)에 대한 권한을 가진다. 다수의 법원은 **제한적 관할권**(limited jurisdiction)만 가지고 있기 때문에 사소한 분쟁을 해결하거나 중요한 소송의 예비 안건을 처리한다. 이와 대조적으로, **일반 관할권**(general jurisdiction)을 가진 법원은 민·형사상의 단순한 또는 복잡한 소송에 대해 폭넓은 권한을 갖는다. **상고 관할권**(appellate jurisdiction)은 하급법원의 결정에 대해 항소 공판을 할 수 있는 법원의 권한을 말한다.

법원의 물리적 구조, 전문 용어, 개인의 역할과 직함은 종종 혼동을 일으키기도 한다. 어떤 법원 소송 절차는 밤 10시에 시청 지하실에서 진행되기도 하고, 다른 소송 절차는 벨벳 커튼으로 둘러싸인 곳에서 근엄하게 진행되기도 한다. 오늘날 점점 많은 법원 소송 절차가 폐쇄회로 텔레비전(CCTV)을 통해 방영되고 있다. 예를 들어, 교도소에 구금된 피고는 보석금 삭감 심리를 하려면 판사 앞에 출두해야 한다. 그러나 피고는 교도소에 있고 판사는 멀리 떨어진 법원에 있는 상황이라면 판사는 CCTV를 통해 보석금을 삭감하고 피고가 석방되기 위한 조건을 통지할 수 있다.

연방법원 체계는 각기 분리된 두 개의 공판법원 수준과 두 개의 항소법원 수준으로 구성된다(〈표 4-1〉 참조). 공판법원 수준에는 제한적 관할권(예: 치안판사 법원, 파산법원)과 일반 관할권(미국 지방법원)이 속한다. 항소법원 수준에는 여러 지역의 순회재판소와 최후 수단인 연방 대법원이 있다.

대조적으로 주법원의 구조는 다소 복잡하다. 서로 다른 주의 주법원 체계가 동일한 경우는 없기 때문에, 미국에는 50개 각 주의 법원 체계와 연방법원 체계를 포함하여 51개의 서로 다른 법원 체계가 있다. 그러나 이들 간에는 공통적인 특징이 존재한다. 연방법원 체계처

표 4-1 연방법원 체계의 구조

최고 항소법원
미국 대법원
중급 항소법원
미국 항소법원
12개의 지역순회 항소법원
1개의 연방순회 항소법원
공판법원
미국 지방법원
94개의 관할법원
미국 파산법원
미국 국제무역법원
연방정부 제소법원
사법부 이외의 연방법원과 기타 기관(예: 이민법원)
군사법원(사실심 및 상소)
퇴역군인 상소법원
미국 조세법원
연방 행정법원
종족법원

럼 모든 주는 제한적 관할권과 일반 관할권으로 분리되는 공판법원과 항소법원을 갖는다. 가장 낮은 수준의 법원은 가벼운 민사 및 형사 문제를 다루며 치안판사가 감독한다. 이 수준에는 즉결재판소, 야간법원, 시법원(city court)과 같은 지방법원이 포함되고, 제한적 관할 법원이기 때문에 일반적으로 주요한 민사 재판이나 중죄 재판은 수행할 수 없다.

사진 4-1 마약 법정을 주재하는 판사가 피고에게 발언하고 있다.
출처: Daniel Acker/Bloomberg via Getty Images.

다음 수준으로는 '사법부의 사역마(workhorse of the average judiciary)'로 불렸던 지방법원(country court)이 있다(Abraham, 1998, p. 155). 지방법원은 다양한 범위의 민사 및 형사 소송을 처리하는 일반 관할권 법원이다. 모든 주에는 최고 항소법원인 고등법원이 있지만, 중급 항소법원은 모든 주에 있지 않다. 또한 주에 따라 특별한 문제만을 처리하는 다양한 **특별법원**(specialized court)을 두는 경우가 종종 있다. 가정법원, 약물법원, 정신건강법원, 퇴역군인법원, 가정폭력법원은 모두 특별법원에 해당한다. 가장 최근에는 지방에 인접한 대형 도시지역에는 소녀법원이 설립되고 있는데, 성매매 혐의로 체포되거나 성적 목적의 인신매매 산업의 피해자가 될 우려가 있는 소녀나 젊은 여성을 상담하고 지원하는 취지로 운영된다. 심리학자는 특별법원에서 다루는 사건의 특성 때문에 이 법원에 특별한 흥미를 갖는다. 가장 대표적인 예가 정신건강법원이다(〈Focus 4-1〉 참조).

연방과 주 체계는 사건이 주법원에서 연방법원으로 이송될 때 교체된다. 연방법원과 주법원은 다양한 방식으로 연관될 수 있지만, 가장 흔한 경우는 개인이 주법원에 제기한 모든 항소에서 졌을 때이다. 만약 연방법원이 이러한 사건에 의문을 갖게 된다면, 그 소송은 연방정부하의 법원에서 열릴 것이다. 최근 사례는 Obergefell 대 Hodges(2015)로, 동성 결혼 금지가 14차 수정헌법의 적법 절차 및 평등 원칙 조항을 위반했다고 선언한 판결이다. 연방대법원은 재심 사건의 수락 여부에 대한 실질적인 무제한의 재량을 가지며, 매년 법원에 제출된 7,000건의 요청 중 약 80건을 심리한다. 일반적으로 재판부는 심리 없이 문서만 검토하는 사건을 50건 더 선정한다. 심리를 하는 경우에는 일반적으로 헌법 또는 연방법을 다루며, 특히 연방 항소법원이 다른 결론을 내린 경우에 선택된다.

FOCUS 4-1 정신건강 및 기타 문제 해결을 위한 법원

정신장애를 가진 개인이 저지르는 범죄(일반적으로 경미한 범죄)를 다루는 곳이 정신건강법원이다. 이 중 심각한 범죄들은 언론의 관심을 끌지만, 일반적인 범죄들은 그렇지 않다. 무단침입, 강도, 공공장소에서의 주취, 좀도둑질(상점절도), 단순폭행(밀기, 때리기 등)이 주로 정신장애자들이 저지르는 범죄들이다.

정신건강법원마다 운영 방식은 다르지만, 대부분 정신건강 임상의 개인 또는 팀의 즉각적인 검진 후 주심판사에게 치료 권고를 한다. 이와 같은 특별법원에 가기 위해서는 피고인 또는 후견인의 동의가 필요할 수 있다. 대부분의 경우 기존의 전통적인 교도소에 수용되지 않아도 된다는 점이 특별법원에 가는 주요 동기가 된다. 일부 정신건강법원은 형사 범죄의 유죄를 인정한 후에만 피고를 수용한다. 이 경우 판사는 정신건강 치료를 보호관찰 조건으로 명령하고 치료의 진행을 감독한다. 이상적으로, 법원과 관련된 심리학자 또는 기타 정신건강 전문가는 판사와 협력하여 치료 과정 동안 개인의 변화를 관찰한다.

정신건강법원이 처음 등장했을 때, 관계자들은 다양한 우려를 표명했다(Hasselbrack, 2001; Goldkamp & Irons-Guynn, 2000; Steadman, Davidson, & Brown, 2001). 임상가가 내려야 할 의사결정에 대해 판사가 너무 많은 권한을 행사하며, 정신건강 전문가가 종합적인 평가를 수행할 시간이 충분하지 않았으며, 권고된 치료를 제공할 수 있는 자원이 부족하다는 한계가 있다. 그러나 아마도 최근 몇 년 동안 초기의 우려들이 일부 완화되면서 정신건강법원은 좋은 평가를 받고 있다(Heilbrun et al., 2012; Luskin, 2013).

때때로 언론이 정신건강법원 운영의 변화를 촉발시키고 있다는 점은 매우 흥미롭게 받아들여지고 있다. 예를 들어, 플로리다(Florida)주 브로워드(Broward) 카운티의 취재 기자들은 정신건강법원에 1,200건 이상 되는 사건이 적체됐다는 점을 발견했으며, 일반법원의 경우 심리에 평균 6개월을 기다리는 반면 정신건강법원 피고인들은 평균적으로 3년을 기다려 심리를 받는다는 사실을 발견했다. 결과적으로 피고의 신속한 선별과 심각한 정신질환자 치료 방식이 개선되면서 이러한 절차는 빠르게 바뀌었다(Mental Health Court, 2017).

정신건강법원 및 기타 문제 해결 법원(예: 약물법원, 가정폭력법원)은 적절한 자금 지원을 포함하여 수많은 도전에 계속 직면하고 있으며 지속적인 연구 관심이 필요하다. 정신건강법원과 마찬가지로, 약물법원은 많은 평가 연구와 메타분석을 하여 긍정적인 평가를 받았지만(Hiller et al., 2010), 평가가 혼재되어 있는 경우도 꽤 있다(Morgan et al., 2016; Shannon, Jones, Perkins, Newell, & Neal, 2016). 본문에 언급된 소녀법원 및 퇴역군인법원과 같은 새로운 문제 해결 법원에 관한 연구뿐만 아니라 그 효과 평가를 위해서는 지속적인 연구가 필요한 것이 분명하다.

토론 질문

1. 정신장애자, 약물 남용자 또는 범죄를 저지른 퇴역군인과 같은 특정 집단을 전문으로 하는 법원의 장점과 단점은 무엇인가?
2. 일부 집단은 다른 집단보다 특별법원 운영이 더 당연하거나 더 필요할까? 본인의 주장을 밝히고 이를 뒷받침할 연구를 인용하라.

민사 및 형사 법원

민사법원과 형사법원은 공판 소송 유형에서 차이가 있다. 규모가 큰 법원에는 민사 소송과 형사 소송을 위한 법정을 따로 마련한다. 그러나 작은 지역사회 내 법원의 경우에는 동일한 법정이 하루는 형사 소송 절차를 위해 운영되고 다음 하루는 민사 소송 절차를 위해 운영되며, 동일한 판사가 모든 소송 절차를 총괄한다.

민사 소송과 형사 소송의 차이는 소송을 제기한 사람과 소송의 목적이 본질적으로 분쟁 해결을 위한 것인지 혹은 처벌을 위한 것인지에 기초한다. 민사 소송에서는 둘 혹은 그 이상의 소송 당사자가 분쟁의 해결점을 찾기 위해 사법 체계를 이용한다. 민사 소송에서 가장 흔히 볼 수 있는 장면은 원고가 개인적으로 손해를 입었다고 주장하며 피고에게서 해결책이나 보상을 요구하는 것이다. 민사 소송 내 해결책은 주로 보호명령(개인에게서 일정 거리를 유지하라는 명령 같은), 손해배상(금전 보상), 혹은 피해를 입은 사람을 위한 법원의 명령(혹은 어떤 행동을 멈추기 위한 명령)의 형태이다. 민사 소송은 보통 개인이나 기관 간에 발생하지만 가끔 정부도 관련될 수 있다. 예를 들면, 어떤 주가 주 내 차별금지법을 어기고 차별적 고용 행위를 저질렀을 것으로 추정되는 고용인에 대해 민사 소송을 제기하는 경우이다. 반면, 형사 소송은 사회가 중요하게 여기는 규칙을 위반한 경우에 형사법원이 독점적으로 처리하는 공식적인 처벌 부과 과정을 의미하고, 정부를 대표하여 검찰이 개인에게 소송을 제기하는 것을 말한다.

때로는 민사 소송과 형사 소송 간의 경계가 불명확한 경우도 있다. 한 예로, 청소년이 범죄를 저질러 기소되었다면 대부분의 주에서 해당 청소년은 형사법원보다는 민사법원에 더 가까운 소년법원이나 가정법원에 송치된다. 소년법원은 덜 형식적이고 보통 대중에게 공개되지 않는다. 그러나 변호사를 선임할 권리, 고소인과 증인에 맞서고 반대심문을 할 권리 등을 갖는다는 측면에서 형사 소송 절차와 비슷하다.

개인 간 혹은 기관 간의 분쟁, 계약 위반, 명예훼손이나 이혼 소송은 명백한 민사 소송이다. 그러나 어떤 소송은 민사와 형사 처분을 모두 받을 수 있다. 예를 들어, 멕시코만 연안 해상 기름 유출 사건은 11명의 노동자의 생명이 희생되는 등 현재까지 미국 역사상 최악의 환경 재난으로 인식되고 있다. 주요 은행 및 신용카드 회사는 민사 및 형사 고발을 동시에 당하기도 한다. 더욱이 범죄 혐의로 기소된 경우에도 피해자의 가족은 피의자에 대해 민사 법원에 소송을 제기하기도 한다. 종종 인용되는 사례 중 악명 높은 O. J. Simpson 사건에서 Simpson은 Nicole Brown Simpson과 Ronald Goldman 살인 사건에 대해 유죄 판결을 받지는 않았지만(1995년), 나중에 민사 소송에서 피해자의 사망에 책임이 있는 것으로 밝혀졌다.

Simpson은 나중에 다른 범죄인 무장강도로 유죄 판결을 받고 9년을 감옥에서 보냈다. 그는 2017년 7월 가석방 선고를 받은 다음 그해 10월에 석방되었다.

언론에 보도되는 내용들과는 다르게 법정까지 오는 소송의 대부분이 민사 소송이고, 형사 소송보다 민사 소송이 더 복잡한 경우가 많다. 민사 분쟁은 잔뜩 밀려 있고, 합의 절차는 대부분 시간이 걸린다. 게다가 민사법원은 가족 간에 발생하는 분쟁, 안락사와 그 외 의학적 결정이 필요한 사건 등 매우 개인적인 문제를 포함하는, 정서적으로 매우 고통스러운 문제를 다룬다.

재판 절차

재판 절차는 여러 단계로 구성된다. 세간의 이목을 끌거나 복잡한 소송의 경우에는 그 과정이 매우 길어질 수 있는데, 특히 민사 소송은 종결되는 데 수년이 걸리기도 한다. 1990년대에는 담배와 석면 소송 사건으로 인해 법원의 업무가 거의 마비될 지경이었다. 그러나 비교적 단순한 소송도 지연될 수 있다. 소송의 지연은 다양한 방식으로 관련 당사자 모두에게 문제를 일으킨다. 예를 들면, 형사 소송의 경우 증거가 훼손될 가능성이 있고, 범죄 피해자뿐만 아니라 가해자의 일상 역시 일시적으로 중단된다. 또한 보석금을 내지 못한 가해자는 교도소에 수감될 수 있다. 민사 소송의 경우에는 피고와 원고 모두 법원 소송 절차가 끝날 때까지 일상 생활을 보류해야 한다. 반면, 소송이 지연되면 당사자 간 합의가 촉진되고, 수사 확대의 기회 및 무고한 가해자의 혐의를 없애 줄 수 있는 새로운 증인 확보의 기회가 생기기도 한다.

민사 및 형사 소송은 다음의 4단계로 나뉜다. ① 사전 심리(pretrial), ② 재판(trial), ③ 처분(disposition), ④ 항소(appeals). 각 단계에서 법원 출두와 심리가 있을 수 있고, 실제로 심리학자가 기여한 많은 사례가 있다. 이후의 논의에서는 법정 심리학자의 출두를 포함하여 각 단계의 소송 절차에 대해 강조할 것이다. 소송의 종류에 대해 별도의 언급이 없는 경우 민사 소송과 형사 소송 둘 다에 해당된다는 것을 의미하며, 여기서는 미국 법정의 전형적인 과정을 기준으로 설명하겠지만, 소송 절차와 용어는 관할권에 따라 다를 수 있다.

사전 심리 단계

경찰이 수색 혹은 용의자 체포영장 신청을 위해 판사 또는 치안판사(magistrate, 약식 재판 권한을 가진 법관)와 접촉하는 수사 초기 단계에서부터 법원은 형사 사건에 관여한다. 그러나 대부분의 체포와 수색은 영장을 필요로 하지 않는다. 예를 들어, 경찰이 범죄를 저지르고 있는 현장을 목격한 경우 현행범 체포를 위해 영장을 필요로 하지 않으며, 법원은 다양한 경우에 사람, 주거, 소지품에 대한 영장 없는 수색을 허용하고 있다(예: 적법한 체포 도중, 긴급 상황, 증거 훼손 방지를 위한 경우). 그러나 경찰은 영장 없이 개인의 휴대전화를 수색할 수 없으며(Riley v. California, 2014), 사전 영장 없이 차량에 GPS 추적 장치를 설치할 수도 없다(U.S. v. Jones, 2012). 2017~2018년 진행된 Carpenter 대 U.S. 사건에서, 법원은 수사관이 영장 없이 통신사와 같은 제3자로부터 휴대전화 기록을 요청할 수 있는지 여부를 판단했다. 법원에서 형사 사건에 대한 법원의 최초 접촉은 일반적으로 최초 법정 출두이거나 기소사실인부절차에서 이루어진다. 그러나 연방정부 체계와 일부 주에서 검사는 반드시 소송 초기에 대배심으로부터 기소장을 발부받아야 한다. **대배심**(grand jury)이란 검사가 제공한 증거를 살펴보고 해당 증거가 개인을 기소(공식적인 고소)할 증거로 충분한지 아닌지를 결정하는 시민 집단을 말한다. 대배심은 거의 대중의 관심을 끌지 않지만, 경찰 총격 사건과 같은 논란의 여지가 있는 사건에서 대배심이 개인을 기소하지 않기로 결정하면 상황은 달라진다.

구금된 개인은 일반적으로 24시간 내에 구금을 위한 법적 근거가 있는지 여부를 확인하기 위해 판사나 치안판사 앞에 출두해야 한다. **최초 법정 출두**(initial appearance) 시 판사나 치안판사는 개인이 기소된 범죄를 저질렀다고 믿을 수 있는 개연성 있는 이유 등 개인을 붙잡아 둘 만한 법적 근거가 있는지 확인해야 한다. 교도소 구금은 극단적인 스트레스 사건이 될 수 있기 때문에 수감자는 정신장애나 심리적 위기를 증명할 증거를 찾기 위해 검사를 받는다. 대부분 교도관이나 사회복지사가 기본적인 검사를 하지만 수감자가 주요한 정신적 위기를 보일 때는 자문 역할을 수행하는 심리학자나 정신과 의사가 검사를 한다. 일부 대형 교도소에는 심리학자와 정신과 의사, 그 외 정신건강 전문가들이 근무하고 있지만, 일반 교도소는 이들을 계약직으로 채용하거나 필요할 때에만 고용한다. 앞서 언급한 것처럼, 미국 내 대부분의 지역사회는 명백한 정신건강 문제를 가진 일부 용의자가 형사법원에서 재판받는 것을 피할 수 있도록 정신건강법원을 설치했다. 마찬가지로, 명백한 약물 중독 문제나 가정폭력 사건으로 체포된 사람은 약물법원이나 가정폭력법원에 보내질 것이다.

심리적 실무와 관련된 사전 심리의 다음 단계는 **기소사실인부절차**(arraignment)로, 이는 기소장을 읽어 주는 공개 소송 절차를 말한다. 법원 심리에서 재판장은 피고인에게 혐의를 인정하는 경우 자문을 받을 권리가 있다는 것을 알려 주고 죄를 인정하는지 여부를 묻는다. 이 단계에서 경범죄 혹은 다양한 중죄로 기소된 개인이 유죄를 인정하고 즉각 벌금 혹은 처벌을 받아들이는 것이 드문 일은 아니다. 어떤 피고인은 자신의 혐의에 대해 이의를 제기하지는 않지만 자신의 유죄를 인정하는 것은 아니라는 불항쟁 답변(nolo contendere)을 한다. 형법에 따라 불항쟁 답변은 유죄 인정 답변과 동일한 효과를 갖기 때문에 유죄로 기록된다.

1990년대 이래, 법정 심리학자와 정신과 의사는 유죄 인정에 대한 개인의 능력과 관련된 이슈에 상당히 집중해 왔다(Grisso, 2003; Melton, Perila, Poythress, & Slobogin). 이는 매우 중요한 문제가 될 수 있다. 왜냐하면 약 90~95%의 형사 피고인이 기소사실인부절차에서 유죄를 인정하거나 처음에 무죄를 주장하다가도 재판 전날에는 자신의 유죄를 인정하기 때문이다(Neubauer, 2002; Redlich, Bibas, Edkins, & Madon, 2017). 법정 심리학과 관련성이 높은 다른 종류의 항변은 정신이상을 이유로 하는 무죄(not guilty by reason of insanity: NGRI) 항변이다. 이것은 사실상 정신이상이 방어 도구로 사용될 가능성을 동반한 무죄항변이다. 정신이상에 의한 무죄항변을 받아들였을 때 법정 심리학자나 정신과 의사는 일반적으로 피고인에 대한 검사를 의뢰받고, 정신이상 항변이 지지될 수 있는지 여부를 결정한다. 형사 책임(criminal responsibility: CR) 혹은 범행 당시의 정신 상태(mental state at the time of the offense: MSO)로 불리는 평가는 일반적으로 피고인 측 변호사가 요구하거나 처리한다. 피고인이 법정에 설 능력이 있는지 없는지를 결정하기 위한 조사는 피고인 측 변호사, 검사, 판사의 요구에 따라 실시된다. 형사 책임과 능력 검사에 대해서는 5장에서 자세히 다룰 것이다.

무죄항변은 재판 절차를 바꿀 수 있다. 목격자, 체포한 경찰 그리고 다른 당사자가 증거를 제시하는 동안 한 번 혹은 그 이상의 공판이 열린다. 사전 심리(pretrial) 절차 동안 다양한 결정이 내려지는데, 여기에는 증거가 충분한지, 공판 전 언론의 과도한 관심 때문에 재판이 연기되어야 하는지, 아동이 소년법원으로 이동되어야 하는지, 피고인이 법정에 설 능력이 있는지, 혹은 피고인의 혐의 때문에 보석금이 거부되어야 하는지와 같은 문제들도 포함된다.

청소년과 성인 형사 사건의 사전 심리 단계가 진행되는 동안 다양한 영역에서 법정 심리학자가 요구된다. 청소년 사건이 형사법원에 기소되어야 할지 아니면 소년법원에 기소되어야 할지 판사가 결정을 내려야 하는 경우, 심리학자는 청소년의 발달 수준과 재활 능력을 평가하고 보고서(혹은 증언)를 제출한다. 앞서 말했듯이, 심리학자는 피고인의 정신건강 상태가 의심스러울 때 언제든 검사를 수행한다. 피고인이 다음번 법정에 설 능력이 없다고 판단되면, 법정 심리학자는 피고인의 능력을 회복시킬 수 있는 치료에 관여할 수도 있다. 피고인이 다음 법정 출두까지 보석으로 풀려난 경우라면 지역사회에 미칠 수 있는 잠재적 위험성을 평가해야 한다.

민사 소송의 사전 심리 절차는 형사 소송에서의 절차와 비슷하지만 차이점도 많다. 소송을 제기한 사람은 원고가 되고, 소송을 당한 사람은 피고가 된다. 원고 측 변호인은 피고의 협의와 원하는 보상에 대한 개괄적인 개요를 진술한다. 피고에게는 원고의 진술을 듣고 반박할 수 있는 일정한 시간이 주어진다. 형사 소송의 경우에는 양측 간 다양한 합의가 이루어질 수 있고, 합의를 시도하기 위해 판사와 함께 공판 전 회의를 한다. 반면, 민사 소송의 경우 법정 심리학자는 주로 배후에서 활동하며, 어느 쪽에서든지 변호인이 소송을 준비하는 과정에서 자문 역할을 한다. 예를 들어, 목숨을 잃을 뻔한 사고로 상당한 뇌손상을 입은 직원이 위험한 근무 조건을 이유로 고용주를 고소했을 경우 신경심리학자는 원고에게 다양한 검사를 실시할 수 있다.

증거개시 절차(discovery process)는 민사 및 형사 소송의 사전 심리 절차에서 중요한 요소다. 증거개시 절차는 소송을 준비하는 양측에게 입수 가능한 정보를 서로 제출하도록 요구한다. 제출해야 할 정보의 정확한 유형은 법률에 규정되어 있다. 그러나 미국 대법원 판례인 Brady 대 Maryland(1963) 사건에서 확립된 헌법적 요구 사항은 검찰이 피고의 무죄를 입증할(또는 결백 입증을 도울) 정보를 변호인에게 제공해야 한다는 것이다. 불행히도, 많은 관할권에서 일화 증거(anecdote evidence)와 판례법으로 인해 Brady 판결이 다른 방식으로 해석되기도 하고, 법적 의무임에도 존중받지 못하는 경우가 종종 있다. 예를 들면, 모든 주와 연방 정부에서는 검사에게 변호사가 피고인의 혐의(분명한 유죄 또는 책임)를 해명할 수 있는 정보를 알려주도록 요구한다. 피고인의 변호인이 의뢰인의 죄를 입증할 증거를 검사에게 알려줄 의무는 없다. 그러나 피고인의 정신 상태(예: 정신이상이나 강박)에 근거하여 변호하고자 할 경우에는 법원의 명령을 받은 심리평가 내용을 검사와 공유하라는 요구를 받게 된다.

증거 개시의 한 절차로 이 장의 초반에 언급한 선서증언이 요구된다. 선서증언은 법정 기록의 한 부분이며, 기록된 정보는 공판 중 다시 나올 수 있다. 잠재적 증인이 법원 서기가 있는 곳에서 선서를 하고 질문을 받는 것을 떠올려 보라. 법정 심리학자는 서기가 잘못 기록할 경우를 대비하여 선서증언의 속기(transcript)를 매우 신중하게 검토해야 한다(Otto, Kay, & Hess, 2014).

재판 단계

재판(trial)은 민사 소송과 형사 소송에서 비슷한 패턴을 따른다. 판사에 의해서만 진행되는 **판사 재판/법정 재판**(bench trial/court trial)과 상반되는 배심 재판에서는 배심원 위원회가 그 지역사회를 대표할 수 있는 배심원을 선택하는 것이 재판의 첫 번째 단계가 된다. 특정 재판을 위해 위원회가 배심원을 선택하는 절차에는 변호사에게 자문 역할을 하는 법정 심리학자가 참여할 수 있다. 모든 배심 재판에서 배심원은 변호인이나 재판장의 질문을 받는다. 예비심문 선서(voir dire)라 불리는 이 과정은 배심원의 편향을 최소화하고 객관적인 배심원을 선정하기 위해 실시된다. 대부분의 주에서는 잠재적 배심원의 배경이나 태도에 관해 광범위한 질문을 허용하지 않는다(Lieberman, 2011). 또한 예비심문 선서에서 변호사는 재판에 동정심을 느낄 것으로 예상되는 배심원을 선택할 수 있다. 배심원 컨설턴트는 공개 기록이나 배심원을 알고 있는 사람과의 면담을 통해 배심원에 대한 정보를 수집하고, 변호사는 수집된 정보를 이용하여 배심원에게 제시할 질문을 만들 수 있다. 또한 컨설턴트는 피고인이나 검사 자리에 앉아서 질문에 대한 잠재적 배심원의 비언어적 행동이나 반응을 토대로 (재판의 결과를) 추론할 수 있다. 이런 추론은 해당 자문위원으로 고용된 변호사에게 전달될 것이며, 변호사는 배심원에서 해당 개인을 제외할지 여부를 결정한다.

변호사가 배심원 후보를 제외시키는 방법에는 두 가지가 있다. 하나는 이유 없는 기피(전단적 기피, peremptory challenge)로, 이유를 대지 않고도 배심원 후보를 제외시키는 방법이다. 본인의 직감이나 컨설턴트의 추천을 근거로 변호사는 해당 개인이 자신에게 수용적일지 아닐지를 결정한다. 미국 대법원은 이러한 기피에 대해 몇 가지 제한을 두었는데, 인종이나 성별을 이유로 이유없는 기피를 해서는 안 된다고 규정하고 있다(Batson v. Kentucky, 1986; J. E. B. v. Alabama, 1994). 예를 들어, 변호사는 여성들이 자신의 의뢰인에게 동정적이지 않을 것이라는 생각이 든다고 해서 배심원단에서 모든 여성을 제외시킬 수 없다. 만약 재판장이 보기에 이런 일이 의심된다면, 판사는 이유 없는 기피가 차별적으로 사용되지 않았다는 것을 확인하기 위해 변호사를 통해 배심원 배제의 정당한 사유를 반드시 알아봐야 한다. 이 문제에 관한 가장 최근의 미국 대법원 사건인 Foster 대 Chatman 판례(2016)에서, 법원은 6 대 2로 배심원 선정 과정에서 차별을 피하는 것이 중요하다는 점을 확인했다. Foster는 살인 혐의로 유죄 판결을 받고 사형을 선고받았다. 그러나 배심원 선발에 앞서 검찰은 잠재적인 배심원 명단을 작성하여 흑인에 대해 인종을 분명히 강조했고, 결국 이유없는 기피, 즉 전단적 기피를 통해 목표로 삼은 흑인 4명을 성공적으로 제외했다. 기록에는 또 검찰이 다른 이유를 들어 어떻게 기피를 정당화려고 준비했는지에 대해 지적하고 있다. 그러나 법원은 그 이유가 설득력이 없음을 밝혀냈다. 하급법원은 Foster의 주장을 기각했지만, 대법원은 이 사건을 주법원으로 돌려보내 다시 판결하도록 하였다.

두 번째 방법은 이유 있는 기피(challenge for cause)이다. 이 경우에는 개인이 배심원에서 제외되어야 하는 구체적인 이유가 있다. 예를 들어, 배심원 후보가 피고 또는 원고와 일정한 관계가 있는 경우 혹은 소송과 밀접하게 관련된 중요 사안의 이해 당사자인 경우이다. 해당 소송에 이미 강한 의견을 가지고 있는 배심원 후보 역시 이를 이유로 배심원에서 제외될 수 있다.

증거 제시와 증인 반대심문 동안 소송 컨설턴트 역할을 하는 법정 심리학자는 배심원 선발 과정에서처럼 계속해서 피고나 원고 옆에 앉아 있게 된다. 그런 경우가 아니더라도 법정 심리학자는 소송을 준비하는 동안 증인 준비를 포함하여 배후에서 변호사를 도울 수 있다. 재판 동안 심리학자의 가장 뚜렷한 역할은 전문 증인의 역할이다. 이와 같은 주제는 다음 내용에서 더 자세히 다루고자 한다.

처분 단계

형사 소송에서 판사나 배심원이 무죄라는 판결을 내리면 소송이 끝난 후 피고인은 자유의 몸이 된다. 그러나 유죄 판결을 받을 경우 수감 여부와 기간을 결정해야 하고, 사형을 선고받았을 경우 사형을 집행할지, 아니면 종신형을 집행할지 결정해야 한다.

선고 시 판사는 유죄 판결을 받은 범죄자에게 중독자에 대한 약물 남용 치료 또는 성범죄자에 대한 심리치료와 같은 치료를 받도록 명령할 수 있다. 형을 선고하는 데 있어 법정 심리학자의 역할은 대단히 중요하다. 법정 심리학자는 피고가 치료를 잘 받을 수 있을지 평가한다. 또한 곧 다룰 주제인 폭력적인 행동의 위험성에 대해서도 평가하도록 요청받는다.

민사 소송에서는 원고가 승소하는 경우, 피고 또는 피항소인(피상고인)이 부담할 방법을 특정하여 판결한다. 해결 방법을 결정할 때, 판사와 배심원은 종종 원고가 겪을 수 있는 심리적 피해와 관련된 증언을 고려한다. 업무상 재해, 성희롱 또는 하자 있는 제품으로 인한 피해를 포함하는 몇 가지 사례에서처럼 이런 경우는 드물지 않다. 소년법원의 경우 민사 소송 절차에서 '선고'를 내리기도 하는데, 소년법원에서는 이를 **처분**(disposition)이라고 한다. 이 과정에서 심리학자는 해당 청소년에게 적합한 재활 전략 유형에 대해 의견을 제시한다.

많은 흉악 범죄 소송의 경우, 형벌을 내리는 판사는 **판결 전 조사**(presentence investigation: PSI) 보고서를 받는다. 이는 형사사법제도(criminal justice system)의 대리인(일반적으로 보호관찰관)이나 사기업이 준비하는 문서이다. 판결 전 조사는 범죄자의 가족력, 근무 경력, 교육 수준, 물질남용, 범죄력, 의료 요구, 정신병력과 그 외 정보를 포함하는 사회력을 제공한다. 판결 전 조사 보고서는 피해자가 해당 범죄의 결과로 받은 신체적·정서적 고통을 요약한 영향력 있는 피해자의 진술을 포함한다. 범죄자나 피해자를 조사한 심리학자는 판결 전 조사에 첨부될 보고서를 제출한다. 심리학자가 수집한 정보는 판결 전 조사 자체에 포함될 수 있지만, 심리검사의 결과를 공개할 때는 주의를 기울여야 한다.

항소 단계

재판과 처분 단계까지 진행이 된 후에도 소송이 종결되지 않는 경우가 있다. 재판에서 패소한 피고인은 유죄 판결 혹은 불리한 재판 결과에 대해 항소(appeal)하는 것과 같은 다양한 대안을 활용할 수 있다. 유죄 판결을 받은 개인은 사전 심리나 재판 단계에서 발생한 오류 혹은 불충분한 변호 등 여러 가지를 근거로 항소할 수 있다. 범행 사실에 비해 형벌이 과하다고 생각되거나 혹은 선고 공판에서 오류가 있었던 경우에도 항소할 수 있지만, 대부분의 항소는 실패로 끝난다. 대략 8명 중 1명만이 형사 사건의 항소에서 승소한다(Neubauer, 2002). 그러나 '승소'가 바로 유죄 판결을 받았던 개인이 풀려나는 것을 의미하지는 않는다. 항소법원이 유죄 판결을 받은 범죄자의 항소에 승소 판결을 내리는 경우, 대개 재판을 다시 하거나 하급법원에 재심리를 명하게 된다.

검사는 무죄 판결에는 항소할 수 없지만(이것은 헌법의 일사부재리의 원칙을 침해하는 것이다), 처벌이 너무 가볍다고 여겨질 때는 항소할 수 있다. 그러나 이것은 매우 드문 일이다. 사형 선고에 대해서는 적어도 한 번은 항소하도록 법에 규정되어 있다. 첫 번째 항소가 성공적이지 않은 경우, 사형에 반대하는 국선변호인과 단체는 종종 처형 순간까지 항소할 근거를 찾기도 한다. 항소의 근거에는 선고의 불법성만 포함되는 것은 아니다. 여기에는 새로운 증거, 사형수의 정신 상태 또는 사형 방식이 포함될 수 있다.

오늘날 사형제도를 가진 주에서 항소하는 일반적인 영역 중 하나는 죄수의 사형 집행에 사용되는 치명적인 약물 주입 프로토콜이다. 흥미롭게도, 절차에 사용되는 일반 약품을 제조하는 일부 회사가 사형 절차에 이용할 목적으로 판매하는 것을 꺼렸기 때문에 약품을 쉽게 구할 수 없게 되었다. 2017년 아칸소(Akanso)주는 약물 공급이 끊기기 전에 서둘러 8명의 사형수에 대해 연이은 사형 집행을 시도했으며, 실제로 2주 동안 4명이 처형되었다. 사형 반대자들은 일반적으로 세 가지 약물 프로토콜에서 첫 번째 투여되는 약물 중 하나인 미다졸람(Midazolam)이 제8차 수정헌법을 위반하여 감각을 충분히 둔화시키지 않은 상태에서 잔인하고 특수한 처벌을 초래한다고 주장했다. 2014년 오클라호마(Oklahoma)주에 널리 퍼진 긴급 사형 집행, 플로리다(Florida), 오하이오(Ohio), 애리조나(Arizona)에 있는 다른 미다졸람 관련 사형 집행에 자극을 받아 일부 판사는 사형 집행을 계속하기도 했지만, 오하이오주에서는 주지사인 John Kasich가 적절한 약물 프로토콜이 발견될 때까지 예정된 사형 집행을 연기하기도 했다. 그러나 2015년 미국 대법원은 오클라호마주의 약물 프로토콜이 헌법을 위반하지 않았다고 판단했다(Glossip v. Gross, 2015).

민사 사건의 항소에서는 주로 피고가 판사나 배심원단이 내린 지급 판결에 대해 다툰다.

배심원의 지급 판결은 보상적이거나 징벌적이다. 보상적 손해배상은 원고가 겪은 실제 피해에 근거를 둔 반면, 징벌적 손해배상은 책임자에게 추가적인 처벌을 내리기 위한 것이다. 피고들은 종종 큰 금액의 피해 배상액—특히 징벌적 손해 배상액—에 대해서 항소를 하며, 일부 판사는 금액을 삭감해 주기도 했다. 법 심리학자들은 배심원들이 어떻게 배상액 삭감에 이르게 되었는지, 그리고 나중에 삭감된 과도한 배상액을 결정하게 된 요인에 대한 연구에 깊숙이 관여하고 있다. 그러나 흥미롭게도 연구 결과에 따르면 "전반적으로 배심원은 책임과 손해를 결정하는 일을 상대적으로 잘 수행한다"(Robbennolt, Groscup, & Penrod, 2014, p. 468). 이 문제에 관한 많은 연구를 인용하여 Robbennolt 등은 징벌적 손해배상이 "그다지 검토되지 않은 채 부과되지도 않으며, 일반적으로 금액이 크지도 않고, 부과된 금액이 징수되는 일도 별로 없다."(p. 471)고 밝혔다. 또한 민사 판결은 집행하기 어려운 것으로 악명이 높은데, 피고가 따르지 않을 때 원고는 반드시 부가적인 법적 조치를 취해야 한다. "고된 소송 절차는 보상금을 수령할 때의 오랜 고역과 마찬가지로 시작에 불과하다는 것을 알게 될 것이다."(Neubauer, 1997, p. 331)

법정 심리학자가 항소 단계에서 하는 일은 거의 없는 편이지만, 항소 결과에는 중대한 영향을 미칠 수 있다. 실제 몇몇 사건에서는 소송의 초기 단계 동안 심리학자의 역할에 대해 의문이 제기되었다. 예를 들어, 1980년에 아동 성학대로 유죄 판결을 받은 다수의 피고인이 항소했는데, 피해를 주장하는 개인의 증언에 심리학자가 지나치게 영향을 주었다는 것이 그 이유였다. 다른 사건에서는 정신건강 전문가가 제시한 의심스러운 자격 증명이나 증언 때문에 유죄 판결이 뒤집히고 개인이 새로운 재판을 받기도 했다. 법정 심리학자는 **법정 조언자 의견서**(amicus curiae briefs)를 통해서도 항소 단계에 관여한다. 법정 조언자 의견서는 직접 재판에 사용되지는 않지만, 판결과 이해관계가 있거나 항소법원에서 필요로 하는 연구 지식을 가진 개인이 작성한 문서이다(Saks, 1993). 이 의견서는 일반적으로 소속 구성원을 대신하여 단체가 제출한다. 예를 들어, 미국심리학회(American Psychological Association: APA)에서는 강제 입원명령, 동성애, 전문 자격증, 성폭력 사건에서의 아동 증언, 고용차별의 영향과 같은 주제에 대한 다수의 의견서를 주와 연방 항소법원에 제출한 바 있다(이전 장에서 설명한 것처럼 목격자 증언이 필요한 경우에 종종 의견서를 제출한다. 〈Focus 4-2〉에는 해당 주제에 대한 또 다른 법정 조언자 의견서에 관한 정보가 포함되어 있다).

물론 항소법원이 항상 사회과학적 증거에 중점을 두고 판결을 내리는 것은 아니다. 항소법원이 그러한 증거를 신중하게 평가하는 것처럼 보이는 경우에도 추가 설명이 필요할 수 있다. Atkins 대 Virginia(2002) 소송에서 APA의 보고서는 더 설득력이 있었다. 이는 발달장애인의 사형과 관련된 사건으로 법정 조언자 의견서 작성자는 지적장애가 있는 개인의 의사

Focus 4-2 Perry 대 New Hampshire 판결: 목격자 식별에 중점을 둔 사례

목격자 식별은 지난 한 세기 동안 심리학자들의 관심을 끌어 왔던 주제이다. 1970년대 이후 이 주제에 대한 연구들에서는 목격자 식별을 매우 조심스럽게 봐야 한다는 점을 일관적으로 제시하고 있다. 목격자가 자신이 옳다고 믿고 있는 사실이, 실제로 사실일 수도 있지만, 관찰과 기억 사실에 영향을 미치는 요인은 너무 많다.

Brian Perry는 주차 차량 강도로 유죄 판결을 받은 후 수감되었다. 아파트 주민들을 대상으로 탐문하기 시작했을 때, 아파트 창문을 통해 주차된 차량에서 무언가를 꺼내는 남자를 목격했던 한 여성이 경찰차 옆에서 경찰관들과 함께 있던 Perry를 아파트 창문을 통해 관찰한 끝에 식별해 냈다. 그러나 그 여성은 나중에 나열된 용의자 사진들 중에서 그를 가려낼 수 없었다. 실패로 그쳤지만, Perry의 변호사들은 불필요한 암시와 적법 절차의 권리 위반을 들어 첫 번째 식별을 판단에서 제외해야 한다고 주장했다. 검찰측 변호사들은 경찰이 지나치게 암시적인 식별 절차—증인은 단지 창문 밖을 내다보고 Perry가 경찰관과 함께 서 있는 것을 보고 그를 도둑으로 지적했다—를 조장하지 않았다고 주장했다. 식별 결과가 증거로 허용되어 Perry는 유죄 판결을 받았다.

사건이 미국 대법원에 제소되자(Perry가 다시 주법원 항소에서 패소한 후), 그의 변호사들은 경찰이 부당한 암시적 식별 절차를 거치지 않았더라도 목격자 증언 자체가 매우 신뢰할 수 없기 때문에 사전 심리 절차에서 고려되었어야 한다고 주장했다.

미국심리학회는 목격자 증언에 관한 오랜 연구 성과를 요약한 법정 조언자 의견서를 제출했다. 그 서류는 경찰이 사용한 절차와 상관없이 그러한 증언의 정확성에 영향을 줄 수 있는 여러 가지 요소를 설명했다. 다시 말해, 경찰이 식별에 영향을 미치지 않더라도 다른 요인들이 작용할 수 있다. 여기에는 관찰과 식별 사이의 시간 경과, 증인이 겪는 스트레스 수준, 노출 기간, 증인과 가해자 사이의 거리, 무기의 존재, 증인과 가해자의 인종 등이 포함된다.

이 사건을 판단할 때, 미국 대법원은 경찰이 부당한 암시 절차를 만들려는 노력이 없었으므로 하급법원이 식별 결과를 허용한 부분에 있어 실수가 없었다는 취지로 8 대 1로 판결했다. 그러나 대법원은 타당성이 의심스러워 목격자 증언에 과도한 무게를 두지 않도록 판사가 배심원들에게 경고할 수 있었음을 분명히 하였다.

토론 질문

1. 이 사례는 최근의 법정 조언자 의견서를 설명하기 위해 사용되었다. 이 사례가 또한 미국 대법원이 항상 사회과학 연구에 따라 판결하는 것은 아님을 설명하기도 하는가? 신중하게 고려하여 답을 설명하라.
2. 제출된 의견서는 목격자 증언의 정확성에 영향을 줄 수 있는 여러 가지 요인을 간략하게 설명했다. 앞서 설명한 사실을 고려할 때 이러한 요인 중 어느 것이 증인의 식별에 영향을 주었을까? 당신은 다른 사실에 대해서는 무엇을 알고 싶은가?

결정 능력을 고려할 때 이런 개인에게 사형 선고를 내리는 것은 일반적인 도리에 어긋나는 것이라고 주장했다. 대법원은 6 대 3으로 IQ가 70보다 낮고 일상생활을 스스로 할 수 없는 발달장애인은 사형 선고를 받을 수 없다는 점에 동의했다. 그러나 법원은 이러한 장애가 어떻게 평가될 것인지를 명확하게 밝히지 않았으며 그 결정을 주에 맡겼다. 2014년 대법원은 이 문제를 Hall 대 Florida 판례에서 재심하고 2017년에도 Moore 대 Texas 판례에서 다시 검토했다.

Atkins 사건 전후에 일부 사형 국가는 특정 IQ 절단점(예: 70)을 채택했다. 해당 IQ 수준에 도달한 경우 점수가 절단점보다 1~2점만 높아도 사형 집행이 가능한 것으로 간주했다. 예를 들어, 플로리다주에서는 지적장애를 판단하기 위한 임계치를 70으로 정했다. 해당 주의 법에 따라 지적장애가 있거나 사형당하지 말아야 할 추가적인 증거 제시를 허락받기 전에 IQ 검사에서 70점 이하의 점수를 받아야 한다. Freddie Lee Hall은 1978년 살인 혐의로 유죄 판결을 받았으며 그 이후로 플로리다에서 약 35년 동안 사형수로 지냈다. 그는 IQ 검사에서 적게는 60점, 많게는 80점을 받았으며, 법원과 검사를 하는 심리학자 모두에게 정신지체('지적장애'라는 용어가 선호되기는 하지만 많은 전문 문헌과 법령에서 이 용어를 계속 사용하고 있다)인 것으로 묘사되었다. 플로리다주의 기준으로 점수가 법정 기준점보다 높았기 때문에 Hall은 여전히 사형수로 머물러 있다.

이 사건(Hall v. Florida, 2014)이 미국 대법원에 제소되었을 때, 현대의 전문적인 기준을 반영하여 법정 조언자 의견서에서는 IQ 테스트 결과를 신중하게 해석해야 하고 70이라는 엄격한 절단점이 부적절하다고 강조했다. 또한 수감자가 지적장애인인지 판단할 때 시험 점수 이외의 다른 요소도 고려해야 한다고 언급했다. 미국 대법원은 이 주장 이외에도 다른 주장들을 수용하여 5 대 4로 주정부에 패소 판결을 내렸다. Kennedy 판사에 의해 작성된 다수 의견에서, 법원은 플로리다 법이 미국 헌법의 제8 및 제14 수정안을 위반했다고 판단했다. 흥미롭게도, Samuel Alito 판사에 의해 작성된 의견에서는 미국정신의학회(American Psychiatric Association), 미국심리학회, 지적장애인을 옹호하는 다른 단체 등 전문 기구에 대해 너무 많은 관심을 기울인 것과 관련하여 다수 의견을 비판했다.

이 두 가지 사건, 즉 Atkins 대 Virginia 사건과 Hall 대 Florida 사건에서 지적장애를 판단하기 위한 기준이 법원에 수용될 수 있는지 여부는 여전히 명확하지 않다. Moore 대 Texas 사건(2017)에서 법원은 5 대 3으로 텍사스가 사용하는 시스템이 충분하지 않다고 판결했다(자세한 내용은 12장의 〈Focus 12-4〉 참조. 이 장에서 인용한 주요 사례 목록은 뒤의 〈표 4-4〉 참조).

이 장, 그리고 이어지는 두 장에서 우리는 심리학자가 민사와 형사 법원에서 하는 특정 업무에 대해 주로 논의할 것이다. 우선 이 장에서 우리는 재판 컨설턴트의 재판 준비와 재판 과정 동안 재판 컨설턴트로서의 역할 그리고 전문가 증인으로서의 역할을 살펴볼 것이다.

위험성 평가

법정 심리학자는 특정 개인이 당사자 혹은 사회에 '위험'이 될 수 있는지를 예측해 달라는 요청을 자주 받는다. 현대 심리학에서 이 업무 분야는 **위험성 평가**(risk assessment)로 불리며, 가장 흔한 경우는 폭력 위험성 평가이다(Douglas, Harr, Groscup, & Litwack, 2014). 위험성 평가는 종종 "사회적 규범을 위반했거나 기괴한 행동을 보이는 개인, 특히 위협적이거나 예측할 수 없는 것처럼 보이는" 개인을 평가하는 데 사용된다(Hanson, 2009, p. 172). 이 장의 맥락에서 사법 절차 초반을 포함하여 법원이 용의자를 구금하거나 보석으로 석방할지를 결정하는 등 사법 절차의 여러 지점에서 위험성 평가가 이루어질 수 있다. 판사가 감금과 보호관찰 중에서 선택하는 경우와 같은 판결 단계에서도 평가가 진행될 수 있다. 위험성 평가는 사형을 집행하는 최소 두 개의 주에서 매우 중요한데, 이 지역들에서는 선고자가 대상이 되는 개인의 '위험성(dangerousness)'을 반드시 고려하여야 한다.

폭력 위험성 평가는 이후의 많은 장과도 관련이 있다. 따라서 폭력 위험성 평가를 받는 대상자는 몇 가지 법적 맥락과 상황에 따라 차이가 있다(Douglas et al., 2014; Hanson, 2005, 2009; Skeem & Monahan, 2011). 예를 들어, 형사 및 소년 사법 체계에서 위험성 평가 결과는 앞서 언급한 바와 같이 종종 보석금 및 선고에 관한 법원의 결정에서 중요한 역할을 한다. 위험성은 또한 누가 정신병원에 가야 하는지 또는 자신의 의지에 반하여 다른 제한된 환경에 있어야 하는지를 결정하는 데 고려할 사항이다. 이때 다른 사람뿐만 아니라 자기 자신에 대한 위험성도 중요한 고려 사항이다. Skeem과 Monahan은 "직장 폭력과 폭력적인 테러에 대한 위험성 평가 또한 점차 일반화되고 있다."(p. 38)라고 지적했다. 마지막으로, 위험성 평가는 교정기관에서 주기적으로 수행되며, 이 과정에서는 개인이 시설에서 자신이나 타인에게 위험성이 있는지 여부에 초점을 맞추게 된다. 가석방 위원회는 종종 수감자가 석방될 경우 재범 가능성을 알고 싶어 하며, 보호관찰관은 재범 가능성을 판단하기 위해 위험성 평가를 사용한다(Ricks, Louden, & Kennedy, 2016).

폭력을 예측할 수 있을까

심리학자나 임상가는 위험성을 예측하는 것에 어느 정도의 자신감을 갖고 있을까? 20세기 말, 소년법원과 형사법원 증언에 참여한 임상가는 그들이 위험성을 예측할 수 있다고 주저 없이 말해 왔다. 한 심리학자는 "10점 척도에서 10이 가장 위험한 상태를 나타낸다면 피고인은 11점인 사람이다."라고 말하는 것을 즐겼다. 다른 심리학자는 "청소년 자신의 안녕을 위해 그를 감금해야만 하고, 만약 그가 시설에 수용되지 않는다면 더 많은 범죄를 저지를 것이다."라고 말했다. 이런 종류의 예측은 개인이 보석 기각, 판결 혹은 구금에 이의를 제기하는 사건(Barefoot v. Estelle, 1983)에서 인용되었다. 대부분의 경우, 법원은 임상가의 위험성 예측을 허용함과 동시에 예측을 하는 과정에서 오류를 범하기 쉽다는 것 또한 인정한다. 예를 들어, 소년 사건 중 하나인 Schall 대 Martin 사건(1984)에서 미국 대법원은 행동 예측은 불완전하고 오류가 많지만 그럼에도 불구하고 위험성 예측의 필요성을 인정하였다. 이는 비행 행동을 저지른 청소년 관련 사건으로, 해당 청소년이 자유로워지면 불법적인 행동을 할 위험성이 매우 클 것으로 예측되었기 때문에 그는 결국 심리가 이루어지기 전까지 구금되어 있었다.

오늘날 많은 법정 심리학자는 위험성 예측의 불완전성에 대해 조심스럽게 지적한다. 비록 이와 같은 예측이 법원과 기타 시설에서 제공하는 서비스 결정에 중요한 부분을 차지한다는 것을 인정하더라도, 결론을 내리는 데 있어 조심스러운 입장을 취한다. 폭력 예측 상황에서 많은 사람은 현재의 위험성 예측(prediction of dangerousness)보다는 위험성 평가(risk assessment) 혹은 잠재적 위험성 평가(assessment of dangerousness potential)라는 용어를 선호한다. 위험 혹은 잠재적이라는 단어는 평가에 있어서 중요한 의미를 갖는데, 심리학자가 법원 혹은 특정 기관에 대해 어떤 개인이 부적절하게 행동할 가능성에 대한 진술을 제공하기 때문이다. 가능성 평가는 임상적 판단 혹은 개인의 배경에 내재한 특정 '예측 변인'에 기초한다. 예를 들면, 과거의 폭력적 행동, 사회적 지지 체계의 부족, 알코올 혹은 다른 약물 중독 그리고 심각한 정신장애 모두 개인이 다시 폭력적으로 변할 가능성이 높다는 것을 나타내는 좋은 지표이다(Monahan, 1996).

또한 Borum, Fein, Vossekuil과 Berglund(1999)는 위험이 변할 수 없는 성격 특성으로 간주되지는 않는다고 지적했다. 더 정교한 위험 평가 모델은 위험이 상황과 환경에 따라 크게 달라지고, 계속해서 변화할 수 있으며, 확률의 연속체에 따라 달라지는 것으로 간주한다. 인생의 한 시점에 잠재적으로 위험한 것으로 여겨지는 사람은 자신이나 타인에게 지속적으로 위협이 되도록 만들 정도의 삶의 변화를 경험하지는 않았을 것이다.

임상적 및 계리적 예측

임상적 및 계리적(actuarial) 위험성 평가의 상대적 이점에 관한 오랜 논쟁이 지속되어 왔다(Douglas & Ogloff, 2003; McEwan, Pathé, & Ogloff, 2011; McGowan, Horn, & Mellott, 2011; Melton et al., 2007). 임상 경험 및 전문적 판단에 의존하는, 임상 평가에 기초한 폭력의 예측은 계리적 평가와 비교할 때 잘 활용되지 않았다. 50년이 넘는 기간 동안 다수의 사례에서 측정 가능하고 유효한 위험 요소에 의존하는 통계 모델은 임상적 판단이나 전문적인 의견보다 뛰어났다(Hanson, 2005, 2009; Meehl, 1954). 초기 연구는 거의 예외 없이 임상적 예측에 비해 계리적 예측의 사용을 지지했다. 그러나 계리적 방법에는 단점이 있었는데, 이는 평가에 임상적 판단의 일부 측면을 유지하고자 했던 정신건강 전문가들에 의해서 종종 지적되어 온 것이다. Heilbrun, Marczyk과 DeMatteo(2002)는 계리적 도구에 대한 우려를 다음과 같이 요약하였다.

- 다루고 있는 사건의 일부 요인에만 초점을 맞추어 개인의 특수성과 관련된 주요 요인이 무시될 수 있다(예: 최근의 법적 혹은 의학적 문제).
- 인구통계학적 요인, 범죄력과 같이 상대적 통계 변인에 우선적으로 초점을 맞추는 수동적인 예측이다.
- 인종 혹은 성별과 같이 법적 상황에서 받아들일 수 없는 위험 요소를 포함하기도 하고, 타당성은 검증되지 않았지만 논리적으로 인지되는 위험 요소(폭력의 위협 같은)를 무시하기도 한다.
- 특정 시기에 특정 인구 집단을 대상으로 결과를 예측해 왔기 때문에 다른 맥락으로 일반화하기 어렵다.
- 폭력 위험성에 대해 제한된 정의를 하고, 폭력의 속성과 기간, 심각성과 빈도 혹은 발생 속도를 설명하지 못한다(p. 478).

Heilbrun 등(2002)은 임상가 스스로가 심리측정 이론에 대해 충분히 교육받은 경우를 제외하고는 대부분 계리적 도구를 남용하거나 반대로 거의 사용하지 않는 경향이 있다고 덧붙였다. 그들은 위험성 평가 도구의 가치를 인정하지만 법정 심리학자가 위험성 평가에서 임상적 판단의 역할을 축소시키지 않도록 주의를 주고 있다. 그럼에도 불구하고(임상적 판단과 같은) "판단 기반 접근방식(judgment-based approach)의 문제는 본질적으로 추측에 기초하고 있다는 점이다"(p. 478).

그러나 오늘날 많은 임상가는 이러한 계리적 측정이 수년간의 경험과 훈련을 통해 개발된 건전하고 임상적인 판단과 균형을 이루어야 한다고 설득력 있게 주장한다. 또한 지난 10년간 수행된 다수의 메타분석을 포함한 최근의 위험 평가 연구를 검토한 후 Douglas 등(2014)은 계리적 자료의 우수성에 대한 오랜 가정에 의문을 제기한다. 일부 상황에서는 구조화된 임상 판단, 더 일반적인 용어로는 **구조화된 전문 판단**(structured professional judgment: SPJ)이 더 나은 대안일 수 있음을 지적한다. 구조화된 전문 판단 접근법을 사용하는 임상가는 일반적으로 특정 상황에서 특정 개인의 폭력 위험성에 대한 종합적인 임상적 평가를 수행하기 위해 다양한 지침을 준수한다(Douglas et al., 2014). 이 지침은 중요한 정보의 수집, 위험 요인 존재의 확인, 이들의 관련성 평가 및 대상자가 폭력적이거나 그렇지 않은 것으로 평가되는 상황 시나리오의 개발을 포함한다. Douglas 등이 언급했듯이, "평가자들은 피평가자가 어떤 종류의 폭력을, 어떤 동기로, 어떤 희생자에게, 어떤 결과를 낳고, 몇 번이나 저지를지 고려해야 한다"(p. 415). 이것은 임상적 판단이 본질적으로 불확실하다는 앞의 언급에 어느 정도 무게를 실어 준다. 구조화된 전문 판단 중심의 임상가는 또한 잠재적 폭력을 예방하기 위한 관리 계획을 수립하고 추천하며 평가를 요청한 사람에게 이를 전달한다. 그러나 계리적 접근 방식을 주로 사용하는 임상가는 그러한 권고를 하지는 않는다.

동적 및 정적 위험 요인

위험성 평가에서 중요한 개념은 동적 위험 요인과 정적 위험 요인이다(Andrews & Bonta, 1998; Andrews, Bonta, & Hoge, 1990; Beech & Craig, 2012; McGrath & Thompson, 2012). 위험 요인은 반사회적 행동과 관련되거나 예측하는 것으로 여겨지는 다양한 수준의 개별 특성이다. **동적 위험 요인**(dynamic risk factor)은 시간과 상황에 따라 변하는 것들이다. 예를 들어, 약물 남용과 여성에 대한 부정적인 태도는 반사회적 행동이 시작되는 나이와 같은 정적 위험 요인과 달리 변화 가능성이 있다. **정적 위험 요인**(static risk factor)은 잠재적인 문제와 관련이 있는 것으로 확인된 개인의 역사적 요인이다. 요컨대, 동적 요인은 변할 수 있지만 정적 요인은 변할 수 없다. 구조화된 전문 판단을 지지하는 연구자들은 계리적 위험성 평가 도구가 정적 요인에 더 초점을 맞추고 동적 요인을 포함하지 않는 반면, 구조화된 전문 판단은 평가자가 동적 요인을 고려하도록 권장한다고 말한다. "구조화된 전문 판단 모델은 임상가가 위험 요인을 재평가하는 빈도와 위험 평가를 위험 관리에 연계하는 방법을 결정하는 데 도움이 된다."(Douglas et al., 2014, p. 397)

동적 요인은 안정적인 것과 갑작스러운 것으로 세분된다(Hanson & Harris, 2000; 예는 〈표

표 4-2 정적 및 동적 위험 요인의 예시

동적 위험 요인 (시간 및 상황에 따라 변화)	• 안정적인 동적 요인 (느리게 변화) • 태도 • 일탈적인 또래	• 갑작스런 동적 요인 • 기분의 기복 • 분노 • 알코올이나 약물의 효과
정적 위험 요인 (개인특성으로 녹아듦-변화하지 않음)	• 조발 비행 • 가족 배경의 범죄성 • 특정 아동 진단[예: 품행 장애(CD)] • 신경학적인 문제[예: 외상적 뇌손상(TBI)] • 폭력 이력	

4-2〉 참조). **만성 동적 요인**(stable dynamic factor)은 변화가 가능은 하지만 일반적으로 느리게 변하며 조금이라도 변하는 데 몇 달 또는 몇 년이 걸리기도 한다. 예를 들어, 폭력적인 음란물에 대한 태도나 일탈적인 동료와의 오랜 관계에 대해 생각해 보라. 반면에 **급성 동적 요인**(acute dynamic factor)은 기분 변화, 정서적 각성, 알코올 또는 기타 약물 유발 효과로 인해 급격히 변화한다(수일, 몇 시간, 몇 분 이내). Hanson과 Harris는 분노, 주관적 고통과 같은 급성 동적 요인이 여성에 대한 성범죄자의 태도와 같은 보다 만성적인 동적 요인보다 성범죄자가 재범을 저지르는 경향을 더 잘 예측할 수 있음을 발견했다. 그럼에도 불구하고 두 요인 모두 미래의 범죄 예측뿐만 아니라 성범죄자의 치료에서도 제거해야 할 위험 요인이다.

위험성 평가 도구

위험성 평가는 다양한 평가를 관리하도록, 그리고 해당 개인의 행동적·정서적 및 인지적 특징에 대한 포괄적인 평가를 수행하도록 훈련받아 온 심리학자 또는 기타 정신건강 전문가에 의해서 수행되어야 한다. 오늘날 위험성 평가 업무 분야에 종사하는 심리학자는 많은 도구를 사용할 수 있으며, 연구 문헌에는 현재 이를 평가하는 수많은 연구가 포함되어 있다(예: Churcher, Mills, & Forth, 2016; Douglas et al., 2014; Quinsey, Harris, Rice, & Cormier, 2006; Viljoen, Shaffer, Gray, & Douglas, 2017). 평가를 수행하는 전문가들 중 일부는 이러한 목적으로 활용 가능한 도구를 사용하지 않을 수 있지만, 평가 결과에 대해 의문이 제기되는 상황에서는 평가자가 비판받을 수 있다. 그러나 평가자는 그들이 선택한 도구가 연구 문헌에서 경험적으로 지지되는지 확인할 필요가 있다.

이 도구는 전형적으로 대상 인구(예: 폭력적인 범죄자, 가석방된 범죄자, 구금 중인 청소년 또는 정신병원의 환자)의 다수 집단에 속한 개인에 대한 정보를 수집하여 설계된다. 해당 집단의 자료를 바탕으로 연구자는 우려되는 행동과 관련된 핵심 변인(예: 반사회적 행동의 시작 연령, 폭력 행사 이력)을 가려낸다. 그런 다음 현재 생활이나 배경에 포함된 변인의 수로 점수를 매기고, 일부 요인에 대해서는 다른 요인보다 가중치를 둔다. 특정 위험성 평가 도구에서 절단점 이상의 점수를 받은 개인은 가해 위험이 높은 것으로 평가된다.

앞서 언급한 것처럼 경험적 문헌에서는, 특히 임상 자료가 구조화되지 않은 경우 인간 행동의 예측에서 임상적 자료에 비해 계리적 또는 통계 자료의 우수성을 일관되게 지지해 왔다. 이러한 맥락에서, 구조화되지 않았다는 것은 임상가가 평가 시 연구 기반 지침을 사용하지 않고 개인 경험에 크게 의존한다는 것을 의미한다. 일부 연구에 따르면 구조화되지 않은 임상적 판단에 의존하는 심리학자들은 개인의 폭력적 행동 예측에서 세 번 중 두 번은 잘못된 판단을 내렸다(Vitacco, Erickson, Kurus, & Apple, 2012). 그러나 계리적 도구 역시 완벽하지 않으며, 일부 법정 심리학자는 정적 요인에 크게 의존하고 전문적인 판단을 충분히 활용하지 않았다. 결과적으로 임상적 판단을 일부 포함하는 도구가 개발되었다. 위험성 평가는 이제 하나의 연속선상에서 이루어지는데, 한쪽 끝에는 전혀 구조화되지 않은 임상 판단이 있고 다른 쪽 끝에는 완전히 구조화된 평가가 있다. 그리고 그 사이에는 부분적으로 구조화된 평가 도구가 있다(Skeem & Monahan, 2011; 계리적 도구와 구조화된 전문 판단 도구의 대표적인 목록은 〈표 4-3〉 참조).

요약하면, 법정 심리학자들은 다양한 유형의 위험성 평가 도구, 강점 및 약점에 대해 진행 중인 논의 및 연구 문헌에 주의를 기울일 필요가 있다. 사실상 모든 연구가 구조화되지 않은 임상적 판단을 지지하지 않고 있다. 반면, 구조화된 전문 판단에 대한 지지자는 점점 증가하고 있다. Douglas 등(2014)은 이전의 의견과 달리 "구조화된 전문 판단 모델과 같은 구조적 맥락에서 도출되는 이상, 위험의 임상적 판단은 계리적 폭력 예측과 비교했을 때 더 정확하다."(p. 426)라고 주장한다. 그들은 이를 "발견의 해방(liberating finding)"(p. 426)이라고 부르며, 이 덕분에 다음 사항들에 대한 임상가의 판단 방법 등 위험성 평가 연구가 보다 광범위하게 발전할 수 있다고 평가했다. 예를 들어, 주어진 사례에서 어떤 위험 요인이 가장 관련성이 높은지, 동적 요인이 시간이 지남에 따라 어떻게 변할 수 있는지, 보호 요인의 역할(예: 개인의 회복탄력성, 가족의 지지)이 무엇인지, 성별, 인종 및 민족적 배경에 상관 없이 위험 요인을 동일하게 적용할 수 있는지 등이다.

위험성 평가(특히 폭력 위험 평가)는 법정 심리학에서 연구가 활발하고 실습도 많은 활동이다. 전문 문헌에서는 평가 양식에 대한 논쟁이 끊이지 않는다. 이는 법정 심리학자가 법

표 4-3 대표적인 폭력 위험 평가 도구와 적용 대상

평가 도구	적용 대상	개발자
계리적 도구		
COVR(Classification of Violence Risk)	지역사회에 석방된 정신과 환자	Monahan et al. (2005)
J-SORRAT-II(Juvenile Sexual Offense Recidivism Risk AssessmentTool-II)	소년 성범죄자	Epperson, Ralston, Fowers, DeWitt, & Gore (2006)
LS/CMI(Level of Service/Case Management Inventory)	성인 범죄자	Andrews, Bonta, & Wormith (2004a)
LSI-R(Level of Service Inventory-Revised)	성인 범죄자	Andrews & Bonta (1995)
ODARA(Ontario Domestic Assault Risk Assessment)	가정 폭력 기록이 있는 성인 남성	Hilton et al. (2004)
SORAG(Sex Offender Risk Appraisal Guide)	성범죄자	Quinsey et al. (2006)
Static-99	성인 남성 성범죄자	Hanson & Thornton (1999)
VRAG(Violence Risk Appraisal Guide)	성인 남성 범죄자, 법정 환자	Harris, Rice, & Quinsey (1993)
구조화된 전문 판단(SPJ)		
ERASOR(Estimate of Risk of Adolescent Sexual Offense Recidivism, Version 2.0)	성폭력 전력이 있는 청소년	Worling & Curwen (2001)
HCR-20 Version 2(Historical-Clinical-Risk Management-20)	성인 남성 및 여성	Webster, Douglas, Eaves, & Hart (1997)
SARA(Spousal Assault Risk Assessment Guide)	현재 또는 과거에 친밀한 파트너가 있는 남성 또는 여성	Kropp, Hart, Webster, & Eaves (1998)
SAVRY(Structured Assessment of Violence Risk in Youth)	청소년	Borum, Bartel, & Forth (2006)
SVR-20(Sexual Violence Risk-20)	성폭력 전력이 있는 성인 남성	Beer, Hart, Kropp, & Webster (1997)

정 자문 과정에서 매우 보편적으로 수행하는 업무 영역이므로 이 장에서 소개한다. 그러나 이 주제는 여러 가지 맥락에서 발생하고, 민사 및 형사 상황 모두에서 나타난다. 이러한 다

양한 맥락과 관련해서는 이후의 장에서 다시 살펴볼 것이다.

재판 및 소송 상담

심리학자는 재판 절차에서 주요 참여자 중 특히 변호사와 자주 상담한다. 재판 전과 재판 중에 심리학자가 수행해야 할 업무는 끊이지 않으며, 보수 또한 상당히 높다. 사회학자, 경제학자, 정치학자와 같은 다른 분야의 전문가도 재판 컨설팅을 할 수 있으나, 대부분의 재판 컨설턴트는 심리학자이다(Strier, 1999). 그들은 법정 분야에서 일하는 현실에도 불구하고 스스로를 반드시 법정 심리학자라고 생각하는 것은 아니다. 재판 컨설턴트는 종종 대도시에 본사를 둔 전국적인 대형 로펌과 관련되어 있다. 다수의 재판 컨설턴트는 변호사이기도 하다.

재판 또는 배심원 컨설턴트는 종종 산업 심리학 또는 사회 심리학적인 배경을 가지고 있지만, 그것이 필수 요건은 아니다. 그들의 주 활동 분야는 재판 소송 절차 동안 변호사를 보조하는 것과 배심원을 선정하는 것 두 가지이다. 최근에는 다양한 재판 준비 과정에서 증인 준비와 특별한 재판 전략을 결정하는 등 변호사를 돕는 경우가 점점 더 많아지고 있다(Boccaccini, 2002; Myers & Arena, 2001). 예를 들어, 변호사가 외상후 스트레스 장애의 영향에 대해 증언해 줄 정신건강 전문가의 유형을 궁금해할 때, 재판 컨설턴트로서 심리학자는 이에 대해 제안하는 역할을 한다. 심리학자는 이러한 전문가들이 재판을 준비하도록 돕거나 정신건강 전문가가 제공한 임상 보고서를 변호사가 이해하도록 돕기도 한다. 또한 배심원이 정해진 이후에 컨설턴트는 기존의 배심원 연구 결과를 변호사에게 알려 준다. 한 유명한 재판 컨설턴트 회사는 변호사가 배심원을 설득하는 데 성공한 사례를 홍보한다.

앞서 언급한 것처럼, 민사 및 형사 소송의 대부분(보통 90%)은 재판에 들어가기 전 교섭이나 협상을 통해 해결되고, 실제로 재판까지 가는 경우는 거의 없다. 재판까지 가는 사건은 흔히 세간의 이목을 끄는 사건이며, 피고는(형사와 민사 모두에서) 원하는 판결이 나오지 않을 경우 막대한 손해를 입을 수 있다. 형사 소송의 경우, 결백 주장에도 불구하고 수집된 증거로 인해 피고인이 범죄자로 몰릴 때 재판으로 가게 된다. 이러한 경우의 대부분은 사형이나 장기 복역을 선고받을 가능성이 크다. 민사 소송의 경우, 보통 아동 양육권 소송이나 유언장 소송과 같이 감정적인 상황에서 한쪽 또는 양쪽 모두 타협을 원하지 않는 상황일 때 재판까지 가는 경우가 많다. 또한 피고인 기업에 책임이 있어 엄청난 돈을 잃거나 회사가 해체될 수도 있는 최악의 경우에도 재판까지 가게 된다. 멕시코만 기름 유출 사고로 영국국영석유회사(British Petroleum Co., PLC)와 핼리버튼(Haliburton)사에 대해 강도 높은 소송을 한 것이 대표적인 사례이다. 다른 사례는 제조물 책임 소송에 관한 것이다. 앞서 언급된 바와 같이, 연구 결과에서는 과도한 배상이 일반적이지 않다고 하지만 이 사례에서 원고는 큰 배상을 선고받았다(Robbennolt et al., 2014). 이와 같이 재판의 위험 부담이 큰 경우, 피고는(가끔은 검사도) 배심원 선정과 기타 재판 준비에서 도움을 받을 전문가를 고용하고자 하고, 그에 대해 상당한 비용을 지불하는 것을 당연하게 생각하게 되었다.

과학적 배심원 선정

2016년 한 주요 네트워크에서 TV 쇼 〈불(Bull)〉을 방영했는데, 제목과 같은 이름의 주인공은 재판 컨설턴트였다. 그가 다니는 로펌에는 변호사, 심리학자, 신경학자 및 전직 형사를 포함한 다양한 조력자가 자신들을 고용한 소송 당사자를 위해 협력하여 대부분 성공적인 결과를 이끌어 낸다. 다수의 실제 재판 컨설턴트가 이 쇼를 비판하면서 자신들의 일상을 현실적으로 표현하지 못했다거나 자신들이 하는 일은 성공이 보장되지 않는다는 점을 지적하였다. 주인공은 종종 변호사가 자신에게 유리한 판단을 할 배심원을 선정하는 데도 개입했다.

많은 경우 주인공이 하는 일은 '직감(gut feeling)'에 기댄 것이었지만, 그 로펌은 **과학적 배심원 선정**(scientific jury selection: SJS) 기법을 일부 사용했다. 과학적 배심원 선정은 사회과학 기술을 응용하여 해당 사건에 호의를 가진 것으로 보이는 배심원을 찾는 과정이다. 이 과정은 곧 있을 소송 사안과 관련하여 배심원이 해당 지역사회를 대표하는 관점을 가졌는지를 보기 위한 태도검사 과정을 포함한다. 유해 쓰레기를 불법 투기하여 고소된 기업을 대변하는 피고 측 변호사는 해당 지역사회 구성원의 기업 범죄에 관한 일반적인 인식을 알고 싶어 할 것이다. 이와 같은 인식에는 해당 기업에 호의적인 개인, 호의적이지 않은 개인, 대기업을 고소한 원고에게 호의를 갖는 개인의 인구통계학적 특성에 대한 것이 포함될 수 있다. 재판 컨설턴트는 설문조사, 표적 집단(focus group) 구성, 지역사회 구성원 면담 혹은 다른 연구 전략을 채택하여 누가 자신의 의뢰인에게 유리한 배심원이 될 수 있을지 예측하는 것을 돕는다. 재판 전 단계에서 변호사는 언론의 관심이 의뢰인의 소송에 불리하게 작용할 가능성에 대해 걱정할 수 있다. 과학적 배심원 선정은 시간과 비용이 많이 소요되는 과정이다. 여기에 참여한 재판 컨설턴트는 종종 설문조사를 실시하고, 전문가 집단을 구성하며, 지역사회 구성원을 인터뷰하고, 다른 연구 전략을 사용하여 누가 자신들의 고객에게 유리한 배심원이 될지 예측하려고 노력한다.

재판 전 단계에서 변호사는 고객의 사건에 편견을 줄 수 있는 방송의 영향에 대해서도 우려한다. 따라서 재판 컨설턴트는 지역사회에 대한 설문조사를 수행하고 관할 이전(재판지 변경)을 뒷받침할 수 있는 부정적 방송의 증거를 수집하도록 요청받을 수 있다. 재판 과정에서 컨설턴트는 때때로 **그림자 배심원**(shadow jury)을 활용하기도 한다. 그림자 배심원은 인구통계학적 특성 및 예상되는 태도에서 실제 배심원과 유사한 사람들의 집단이다. 그림자 배심원은 정기적으로 소송의 다양한 측면에 어떻게 반응하고 있는지 확인하기 위해 상담을 받는다. 재판이 끝나면 컨설턴트는 인터뷰에 동의한 경우에 한해 배심원과 재판 후 인터뷰를 실시한다. 이를 통해 배심원의 의사결정뿐만 아니라 재판 자체에서 변호사가 사용한 전략의 효과에 대한 통찰을 얻을 수 있다.

흥미롭게도, 과학적 배심원 선정 기술에 대해 잘 알고 있는 컨설턴트는 모든 주요 재판에 활용되는 것으로 보인다(Lieberman, 2011). 대형 재판의 예로는 유명한 형사 사건, 또는 기업과 약자 신분의 개인이 대립하는 사건처럼 과도한 방송을 유도하는 재판을 들 수 있다. 생명형을 선고하는 경우를 예외로 하더라도, 대부분의 형사 재판은 피고인이 알려진 공인이거나 2013년 4월 보스턴 마라톤 폭탄 테러와 같이 특히 심각한 범죄인 경우를 제외하고는 재판 컨설턴트가 참여하는 일이 별로 없다.

과학적 배심원 선정 기술과 관련된 재판의 경우, 어떤 기술이 사용되고 있는지가 명확하지 않다. 즉, 연구자들은 그림자 배심원이나 인터뷰 또는 몇몇 경우에는 여러 가지 다른 방법의 조합과는 상반된 설문조사의 사용 범위를 검증하지 않았다. 보스턴 마라톤 사건에서 국방부는 해당 도시 내외의 지역사회로부터 배심원이 무선할당으로 선정되지 않았다는 것을 보여 주기 위해 지리적 연구를 의뢰했다. 이 연구에 기초하여 그들은 재판을 다른 지역으로 이전해야 한다고 주장했지만 성공하지는 못했다. 피고인은 결국 유죄 판결로 사형 선고를 받았다.

어떤 경우든 과학적 배심원 선정 과정의 복잡성은 확실히 고객의 자원에 달려 있다. 과학적 배심원 선정을 사용할 때 '성공'을 결정하는 요인도 불분명하다. 사건의 사실 관계, 변호사의 수행 방식, 배심원의 구성, 공판 판사의 지휘 또는 증거의 질에 있어 재판이 동일한 경우는 없기 때문에, 과학적 배심원 선정이 주어진 재판의 결과에 결정적인 요인이었다고 결론을 내리는 것은 불가능하다. 배심원에 관한 연구의 역사를 통해 제시된 증거의 강도가 그들의 결정에 영향을 미치는 주요 변수라는 것을 보여 주고 있음을 인식해야 한다.

증인 준비

재판 컨설턴트는 변호사가 증인을 준비하거나 증거를 제시할 때, 그리고 배심원을 설득할 때 효과적인 전략을 채택하도록 돕는다(Myers & Arena, 2001). 양측의 변호사는 재판을 준비하는 동안 재판에 참석할 증인과 자주 만난다. 사전 미팅은 앞으로 해야 할 증언의 검토와 토의, 증언 내용이나 증언 시 태도 등을 조정하기 위해 이루어진다(Boccaccini, 2002, p. 161). 법정 출두에 익숙하지 않은 증인의 경우, 변호사(혹은 종종 재판 컨설턴트)와의 사전 미팅은 증언과 관련된 '예기치 않은 일'을 피하거나 증인이 느낄지도 모르는 법정과 관련된 스트레스를 줄이기 위해 필요한 절차이다. 변호사는 증인의 증언 내용과 더불어 증언을 어떻게 발표할지에 대하여 고심한다. 증인 준비(witness preparation)에서는 재판 컨설턴트와 함께 증인이 자신감 있고 설득력 있게 증언할 수 있도록 가르친다. Finkelman(2010)은 "증인 준비는 사실적인 상황을 바꾸려는 시도가 아니라 발표 기술을 가르치는 데 제한되어야 한다는 윤리적 요구가 있다."(p. 14)라고 강조했다. 전문가 증인으로 나서는 심리학자 역시 지도를 받는 것이 도움이 될 수 있다.

변호사나 재판 컨설턴트가 증인의 희미한 기억을 되살리는 데 영향을 미칠 수 있기 때문에, 증인 준비 과정은 논란이 되기도 한다. 처음에는 확신이 없었던 증인도 경찰이 자신이 식별한 범인을 인정하는 것처럼 보이면 자신의 증언에 대해 확신을 가질 수 있다. 마찬가지로 증인 준비 동안의 사전 연습은 자신의 증언에 대한 자신감을 향상시킬 것이다. 증인의 증언에 관한 연구에서는 배심원이 또박또박 말하고 자신감 있어 보이는 증인을 더 신뢰한다고 보고했다(Penrod & Cutler, 1995).

변호사나 재판 컨설턴트의 암시적인 질문은 증인이 처음에 기억하지 못했던 것을 생각해 내도록 한다. "증인 준비 과정 동안 사건에 대한 증인의 기억이 왜곡될 때 객관적으로는 거짓이지만 주관적으로는 사실인 증언이 만들어질 수 있는데, 증인은 이를 모르고 허위 증언 또는 오해의 소지가 있는 증언을 할 수 있다."(Boccaccini, 2002, p. 166) 실제로 증인 준비를 하더라도 증인의 기억 자체는 3장에서 강조한 바와 같이 매우 부정확할 수 있다. 그럼에도 불구하고 증인은 여전히 형사 및 민사 소송의 핵심 증거로 여겨지고 있다. 그러나 법정 분야에서 점차 확장되고 있는 심리학 연구들은 사법제도가 증인의 증언에 대한 추측을 신중히 검토해야 한다고 권고한다. 앞서 언급한 바와 같이, 심리학적 연구들은 목격자 주장의 확신과는 무관하게 목격자 질문과 증언을 통해 얻은 증거가 종종 부정확하고 오해로 가득하다는 것을 강력하게 암시하고 있다(Loftus, 2013; Strange & Takarangi, 2012, 2015; 기억 연구와 목격자 식별의 오류에 관해서는 Strange 박사의 〈My Perspective 4-1〉 참조).

MY PERSPECTIVE 4-1

기억: 애매하고, 오류투성이고, 매혹적인

Deryn Strange, Ph.D.

나는 박사 과정 동안 공부, 실험 설계, 데이터 수집 및 글쓰기… 끝없는 글쓰기를 기억한다. 그러나 나는 박사 과정을 밟겠다는 결정을 내린 기억이 없다. 그리고 그것 때문에 나는 즐겁다. 그것은 내가 경력을 쌓기 위해 사용한 기억 실패의 한 예이다.

내가 기억하는 것은 대학교 3학년 수업 시간이다. 목격자 기억 오류, 허위 자백 및 오기억이라는 주제가 계속 흥미로워졌다. 처음으로 나는 더 많은 것을 배우도록 동기 부여를 받았다. 나는 항상 수업 자료를 미리 읽어 가곤 했지만 한 주제에 대해서만큼은 수업 자료만으로 너무 놀라웠기 때문에 다른 논문을 찾아보지 않았다. 나는 항상 필요한 연구기회를 찾아다녔지만, 우리가 이미 알고 있는 것에 기여하고 싶었기 때문에 더이상 다른 연구 기회를 알아보지 않았다. 교수님에게 실험실에서 도움이 필요한지 물어보는 것은 얼마나 신경을 건드리는 일인가! 내가 도움이 될 수 있을까? 그러나 나는 그 일을 결국 하고 말았으며 뉴질랜드의 웰링턴 빅토리아 대학교(Victoria University of Wellington)의 Maryanne Garry 박사 실험실에 합류했다. 6년 후, 나는 그녀의 실험실에서 박사 학위를 받았다. 오타고 대학교(Otago University)에서 박사후 과정을 밟은 후, 나는 뉴욕의 존제이(John Jay) 형사사법대학 조교수직 임용을 위해 지구 반대편으로 이사했다. 나는 여전히 존제이에 있으며 지금은 종신직 부교수이다.

넓은 의미로 나는 애교 수준(특별히 우유를 사러 갔다가 잊어버림)부터 재난 수준(범죄자의 얼굴을 잘못 기억해서 무고한 사람이 감옥에 감)까지 다양한 결과의 기억 실패를 연구한다. 존제이에서 시작한 이후 내 연구는 사법 체계에서 외상성 기억 왜곡 및 기억 왜곡의 원인과 결과에 중점을 두었다.

기억은 외상후 스트레스 장애(PTSD)의 진단에 없어서는 안 될 역할을 한다. 사람들은 플래시백(flash-back, 회상), 침습적인 기억을 경험하며 종종 그 사건에 대해 '불완전한' 기억이 있다고 불평한다. 그러나 사람들이 치명적인 외상성 사건에 대해서 얼마나 정확하게 기억하는지, 그리고 이후의 심리적 부적응에서 (부)정확성의 역할이 무엇인지에 관한 연구주제가 경험적 관심을 받기 시작했다. 예를 들어, RPG 게임에서 군인이 친구를 죽은 채로 내버려 둔 채 전투를 계속했을 때, 그 세부 사항을 얼마나 정확하게 기억할까? 연구에서 확인되는 이러한 차이는 몇 가지 이유로 실용적이고 이론적으로도 중요하다. PTSD에 대한 현재 진단 기준에서는 외상 후 개인의 증상 반응이 해당 외상(그리고 모든 기질적 성향)에 직접 기인한다고 가정한다. 따라서 진단은 사건에 대한 개인의 보고(그들의 기억)에 의존한다. 그러나 외상성 사건에 대한 사람들의 기억은 평범한 사건에 대한 기억과 마찬가지로 쉽게 왜곡된다. 실제로 현장 및 실험실 연구의 증거는 외상성 기억 왜곡에 대한 특정 패턴을 보여 준다.

Melanie Takarangi 박사[호주 플린티스(Flinders) 대학교]와 나는 학생들과 함께 두 가지 중요한 질문에 답함으로써 연구들에 빠진 부분을 메우기 위해 노력했다. 우리는 어떻게 그리고 왜 외상을 잘못 기억할까? 우리는 유사 외상(analogue trauma)에 대한 기억 왜곡을 확실하게 보여 주는 패러다임을 개발했다. 사람들은 심각한 자동차 사고에 대한 매우 감정적인 영상을 본다. 필름은 장면 사이에 짧은 검은색 구분 화면이 있는 연속된 짧은 부분 장면으로 나타난다. 바꿔 놓은 부분은 필름의 일부 중요한 내용이 빠져 있다는 것이다. 여기서 중요한 내용은 외상성 장면(부모에게 비명을 지르는 아이) 또는 비외상성(구조 헬리콥터 도착)이며, 다음 날 사람들에게 일련의 장면들을 보여 주고 그들이 전날 해당 장면을 보았는지 여부를 선택하도록 한다. 실험은 내가 여기서 설명할 수 있는 것보다 더 복잡하지만, 결론은 사람들이 실제로는 없던 장면의 26% 또는 그들이 실제로 봤던 것보다 13.5초(7%) 더 본 것으로 잘못 기억했으며, 덜 외상적인 장면에 비해 외상적인 장면을 잘못 기억할 가능성이 크다는 것이다. 또한 기억의 '섬광'을 보고한—영상에서 '재생' 장면을 보는—사람들이 더 많은 오기억을 보고한 것으로 나타났다. 따라서 우리는 기억 왜곡이 외상에 대한 사람들의 반응에 중요한 역할을 할 수 있다는 예비 증거를 가지고 있었다(Strange & Takarangi, 2012). 지난 몇 년 동안 우리는 다양한 접근 방식으로 추론에 대한 증거를 추가했다(Strange & Takarangi, 2015; Takarangi, Strange, & Lindsay, 2014).

지금까지 Melanie와 나는 17개의 경험적 논문을 공동 작업했으며 더 많은 정보 취득원을 보유하고 있다. 대학원생들에게 중요한 조언을 하자면, 자신과 함께 일할 훌륭한 공동 작업자를 찾아라. 훨씬 더 효과적이면서 훨씬 더 즐거울 것이다. Melanie와 나는 서로의 기술을 보완한다. 우리는 일하는 방식이 비슷한데, 이는 장기적이고 성공적인 협업에 중요하다. 가장 중요한 것은 각자가 동반자로서 즐기는 것이다. 우리는 신발 쇼핑, 맨해튼(Manhattan) 주변 산책 및 바로사밸리(Barossa Valley)에서 와인을 시음하면서 실험적인 설계를 하곤 했다. 우리는 하와이 해변과 환상적인 식당에서 (연구를 위한) 보조금 신청을 했다. 우리는 데이터 패턴에 대한 가장 기발한 의견을 교환하고, 말이 안 되는 상황을 이해하기 위해서 기꺼이 상대방의 조언을 구한다. 이 방식은 매우 효과적이며, 결론적으로 내 조언은 당신이 자신의 Melanie를 찾으라는 것이다.

두 번째 연구 주제는 법률 시스템에서의 기억 왜곡에 중점을 둔다. 기억 오류가 실제로 엄청난 결과를 초래할 수 있는 상황은 너무 많다. 이러한 주제들 중 다수는 저명한 심리학과 법학 연구자들에 의해 수십 년 동안 연구되어 왔다. 예를 들어, 우리는 왜 사람들이 무고한 사람을 범죄의 가해자로 잘못 인식할 수 있는지와 허위 자백에 어떤 요인이 영향을 미칠 수 있는지에 대해 많이 알고 있다. 내 학생들과 나는 심리학과 법학에서 잘 알려지지 않은 신흥 분야 중 일부에 대해 알리바이, 법정에서의 자료 평가 실패, 유도 질문의 영향, 사람들이 보디캠(body camera) 영상을 기억하고 해석하는 방법에 중점을 두었다.

예를 들어, 우리가 열쇠를 어디에 두었는지 잊어버리거나 집으로 가는 길에 시장에서 우유를 집어 올리게 하는 것과 동일한 인지적 과정 때문에 무고한 사람이 경찰관, 검사 및 배심원에게 유죄를 선고받을 수 있다. 주말이라고 혼동하거나 약속한 날짜를 착각하는 것과 같은 간단한 기억 오류로도 심각한 결과를 초래할 수 있다. 정상적으로 시작된 기억 오류도 전체 법적 절차에 걸쳐 계단식 영향을 미칠 수 있다. 조사 과정 변경, 용의자에게 유죄를 인정할 가능성 증가, 배심원이 피고인을 보는 관점에 부정적인 영향을 미쳐 무고한 사람이 유죄 판결을 받을 수 있다. 이러한 종류의 오류를 시험하고 방지하기 위해 알리바이를 조사할 때 조사관이 사용할 수 있는 다양한 접근 방식을 연구하고 있다(Crozier, Strange, & Loftus, 2017).

다른 연구에서, 우리는 유도(미끼) 질문의 영향을 조사했는데, 이것은 실재 여부가 불확실한, 유죄를 입증하는 듯한 증거를 설명하기 위해 가설적으로 표현된 질문이다. 경찰은 종종 이 접근법을 사용한다. 예를 들어, 그들은 "당신은 범죄에 관여하지 않았다고 말하는데…… 우리가 살인 도구에서 당신의 지문을 찾게 된 이유가 있나?"라고 질문할 수 있다. 실제로는 경찰에게 용의자의 지문은 물론 살인 무기도 없을 수 있다. 그러나 질문은 '미끼'로 고안되었기 때문에 피의자가 자신의 진술을 바꾸어 자신의 지문이 왜 총에 나타날 수도 있는지 설명을 하도록 만든다. 이 기술은 용의자가 미끼를 낚아채면 유죄일 가능성이 있다고 가르친다. 우리의 관심은 유도 질문을 사용하는 경우 기억에 미치는 부작용이다. 이 유도 질문이 배심원, 심문자 및 용의자에게 가상의 증거가 존재한다고 믿게 하여 사건 수사를 변화시키고 무고한 사람들을 잘못된 유죄 판결의 위험에 처하게 할 수 있을까? 모의 배심원들은 분명히 혼란스러워하고 유도 질문이 무엇인지, 왜 그것이 사용되는지 명시적으로 배운 경우에도 가상의 증거가 실제로 존재한다고 생각한다(Luke, Crozier & Strange, 2017). 이러한 오류가 질문을 하는 사람들(심문자)과 질문에 대답하는 사람들(의심받는 사람)에게까지 확장되는지 여부가 우리의 현재 작업의 초점이다.

요약하자면, 나의 작업은 다양하지만 내가 조사하는 모든 질문은 '기억 왜곡'이라는 범주 아래에 있다. 나는 동시에 다양한 프로젝트를 진행하는 것이 중요하다는 것을 배웠다. 항상 집중해야 할 또 하나의 연구 정보 경로가 계속 작동한다. 최종 조언으로 무엇을 알려 주면 좋을까? 폭넓게 읽고, 회의에서 좁은 관심 영역에서 벗어나 대화를 나누고, 관심 있는 사람들과 대화하라. 연구 아이디어는 어디에나 있다.

앞서 언급했듯이 Strange 박사는 맨해튼의 존 제이(John Jay) 형사사법대학 심리학 부교수이다. 그녀는 현재 기억 및 인지에 관한 응용연구협회(Society for Applied Research in Memory and Cognition)의 회장으로 재직하며 정기적으로 전문가 증인으로서 증언을 하고 있다. 그녀는 와인을 좋아한다.

예비심문 선서

재판이 진행되는 동안 재판 컨설턴트는 여러 가지 과제를 수행한다. 재판의 첫 번째 단계는 배심원을 선택하는 것인데, 이는 기술적인 용어로 예비심문 선서(voir dire)라고 한다. 이 절차는 선입견이 없는 배심원을 선별하기 위해 배심원 후보에게 질문을 하는 것이다. 이 과정에서 재판 컨설턴트가 하는 사전 심리조사는 변호사가 자기 측에 동정적이지 않을 것 같은 배심원을 제외시키고 동정적일 것 같은 배심원을 선택할 때 사용된다. 컨설턴트는 변호사에게 적절한 예비심문 질문을 제안하고, 배심원 후보의 반응이나 비언어적 행동에 기초해 배심원 후보를 결정한다(Strier, 1999).

한 가지 중요한 측면은 잠재적 배심원이 피고가 속한 인종, 민족, 종교 또는 성별 집단에 대해 편향을 가질 수 있는지에 대한 문제이다. 예비심문 선서 동안 그러한 편향이 감지될 가능성은 얼마나 될까? 배심원은 그러한 편향을 버리고 증거만을 근거로 사건을 판단할 수 있을까? 배심원실에서 편향적 발언이 나온다면 편향 없는 배심원에 의해 공정한 재판을 받을 피고의 헌법적 보장은 위협받는다. 실제로 2017년에 미국 대법원은 편견 없는 배심원 선정의 중요성을 강조하는 결정을 내렸다(Pena-Rodriguez v. Colorado, 2017). Pena-Rodriguez는 두 명의 십 대 소녀를 추행하려 했다는 성희롱 혐의로 기소되었다. 배심원 심의 과정에서 전직 법집행관으로 묘사된 한 배심원은 피고인이 멕시코인이며, 그들은 자신이 원하는 것을 갖고야 마는 경향이 있기 때문에 범죄를 저지른 것이 명백하다고 주장했다. 그 배심원은 또한 Pena-Rodriguez 측 증인 중 한 사람이 미국 시민임에도 불구하고 멕시코를 여행했다는 이유로 '불법'이라고 주장했다. 피고가 유죄 판결을 받은 후 두 명의 배심원이 그의 발언을 보고했을 때, Pena-Rodriguez는 새로운 재판을 요청했으나 기각당했다. 항소법원은 배심원 심의가 비밀이며 평결에 대한 조사는 허용될 수 없다는 점을 지적하면서 그의 요청을 기각했다. 과거 판례들은 일부 배심원이 부적절한 행동(예: 점심시간에 맥주를 마시거나 불법 약물을 사용하거나 법정에서 곯아떨어짐)을 한 증거가 있음에도 불구하고 배심원 평결을 지지했다.

그러나 미국 대법원은 하급법원에 동의하지 않았다. 대법원은 배심원의 인종적 또는 민족적 편향이 다른 문제라고 5 대 3으로 판결했다. 이 경우 편향이 극단적이었기 때문에 공정한 재판의 보장이 배심원 심의의 비밀보장 전통보다 더 우선시되었다. 판결이 발표되기 전에 공판 판사가 배심원의 의견을 알게 된 경우, 심의에 대한 조사가 필요했을 것이다. 유죄 판결 후 Pena-Rodriguez는 새로운 재판을 받아야 했다. 따라서 배심원 선정 시 편향을 알기는 쉽지 않지만 이를 알아내기 위한 지속적 노력이 필요한 것으로 보인다.

재판 컨설팅: 주요 관심사

연구 심리학자는 재판 컨설팅에 매우 회의적인데, 특히 소송에 동정적인 배심원을 선택하려는 것에 대해서 더욱 그렇다. 또한 앞서 언급한 것처럼 증인 준비와 관련된 영역에 대해 우려를 제기하는데, 과학적인 배심원 선정에 대한 Ellsworth와 Reifman(2000)의 지적이 대표적이다. "배심원 연구자들은 인종, 성별, 계급, 태도, 성격 등 개인의 평결을 확실하게 예측할 수 있는 개인의 차이를 찾으려고 노력했지만 헛수고만 하고 결국 아무런 성과도 얻지 못했다."(p. 795) 비슷한 경우로, 법학 교수인 John Conley(2000)는 "소송에서 '이상적인' 배심원의 심리학적 프로파일을 제공할 수 있다고 주장하는 배심원 선정 '전문가'에게 변호사와 의뢰인이 지출한 돈의 액수"(p. 823)에 대해 놀라움을 표했다.

또한 재판 컨설팅 관리 부족이 지적되었다. Strier(1999)의 관찰에 따르면, 영리 또는 비영리 재판 컨설팅은 모두 인터넷에서 찾기 쉬운데, 대부분 규제가 되지 않고 있다. "법적 구속력이 있는 직업 윤리도 없고 주에서 발급하는 자격증도 필요하지 않다."(p. 96) 다른 연구자들이 관찰한 결과를 보더라도, 자격이나 교육 요건이 없기 때문에 재판 컨설턴트는 거의 제한 없이 이 일에 종사하고 있다(Griffith, Hart, Kessler, & Goodling, 2007). Myers와 Arena(2001)는 Strier의 주장에 대한 타당성은 인정하나 그럼에도 불구하고 재판 컨설팅은 필요하다고 본다. 그들은 심리학자가 현재 재판과 관련된 불균형을 회복시킬 수 있다고 믿는 동시에 이 분야의 발전을 위해서는 표준화된 훈련과 방법론이 필요하다고 보기 때문이다.

이 문제에 관한 연구는 매우 드물지만 배심원이 재판 컨설팅에 대한 우려를 표명할 것이라는 징후도 있다. Griffith 등(2007)은 두 개의 주에서 배심원 자격을 갖춘 개인을 대상으로 재판 컨설턴트에 대한 인식을 조사했다. 소득, 민족, 연령, 성별 및 체제에 대한 신념에 영향을 받아 개인차가 컸지만, 전체적으로는 설문에 응한 사람들 중 18%는 재판 컨설턴트를 고용한 쪽에 불리한 편향을 가질 것이라고 응답했고, 0.25% 이하만 재판 컨설턴트를 고용한 쪽에 유리한 편향을 가질 것이라고 응답했다. 연구자들은 재판 컨설턴트를 고용하는 측은 배심원과 '마주하는 시간'을 제한하는 등의 방법으로 배심원들에게 고용 사실을 인식시키고 싶지 않을 수도 있지만 컨설턴트를 고용하지 않는 측은 배심원이 컨설턴트의 고용을 알고 있는지 확인하고 싶을 것이라고 말했다. Griffith 등에 따르면, 대중은 그들이 체제의 공정성을 위협하지 않았다고 설득될 수 있다면 재판 컨설턴트에 대해 더 호의적인 관점을 가질 수 있다. 재판 컨설턴트가 재능기부를 더 한다든지 그들이 제공하는 서비스를 대중에게 더 잘 교육함으로써 원하는 효과를 얻을 수 있다.

전문가 증언

재판 컨설턴트로서 법정 장면 안팎에서 일하는 심리학자는 다양한 사건에서 전문가 증언(expert testimony)을 위해 증인석에 서기도 한다. 심리학자의 이러한 역할은 광범위한 연구와 비판을 가져왔고, 지난 15년간 세 가지 중요한 대법원 판결의 주제가 되어 왔다. 세 가지 판결(Daubert v. Merrell Dow Pharmaceuticals, Inc., 1993; General Electric Co. v. Joiner, 1997; Kumho Tire Co. Ltd v. Carmichael, 1999)은 반대 측 변호사가 전문가 증언에 이의를 제기할 경우, 연방법원의 증언 수용 여부를 결정하는 기준을 명확히 제시한다. 20세기 말까지 30개 주는 Daubert 기준과 밀접하게 관련되어 있거나 동일한 기준을 채택했다(Fournier, 2016; Parry & Drogan, 2000). 우리는 이와 관련된 세부 사항에 대해 간단히 논의할 것이다.

전문가 증언은 민사 및 형사 재판이나 범죄 소송 절차 동안 혹은 선거공판이나 양도청문회와 같은 다양한 사전 심리에서 이루어진다. 각 상황에서 전문가의 증언은 판사나 배심원 등 비전문가가 알기 어려운 문제를 결정하는 데 도움을 줄 수 있다. 예를 들어, 대부분의 배심원과 판사는 뇌의 영역과 기능 혹은 신경학에 대해 잘 알지 못한다. 이러한 상황에서 신경 심리학자는 심각한 두부 외상과 같은 신체적 외상이 뇌 기능에 어떠한 영향을 미치는지 증언하기 위해 법원에 출두할 수 있다. 또한 대부분의 배심원과 판사는 지속적인 신체 학대 혹은 강간이나 납치와 같은 강한 외상후 스트레스 장애(PTSD)자를 유발시킬 수 있는 경험이 미치는 심리적 영향에 대해 잘 알지 못한다. 그러나 심리학자는 증인 식별, 예심에 대한 여론의 관심, 인간의 지각과 기억, 아동 증인의 신뢰성, 이혼이 아동에게 미치는 영향 등과 관련하여 법정에 알려 줄 만한 가치 있는 정보를 갖고 있다.

다수의 상황에서 목격자 증언과 기억의 역할은 매우 강력한 일련의 연구 결과를 보여 주었다. 이 장과 이전 장에서 여러모로 강조한 것처럼 목격자 진술의 오류는 잘 알려져 있다(Cutler, 2015; Loftus, 2013; Strange & Takarangi, 2015; Zajac, Dickson, Munn, & O'Neill, 2016). 3장에서 경찰이 용의자를 기소하기 위해 사용하는 재판 전 신원 확인 절차를 다루었던 것을 떠올려 보자. 증인이나 피해자가 용의자를 지목한 후에는 그 사람이 실제로 본 사람인지 의심의 여지가 있더라도 목격자들은 이 지목에 전념한다. 다수의 사회 및 실험 심리학자는 기억이 어떻게 작동하는지, 정확성을 높이는 방법이 무엇인지에 대해 연구했다. 그들이 얻은 지식은 이전 장에서 논의한 것처럼 법집행 훈련뿐만 아니라 변호사와의 컨설팅 및 법정 전문가로서의 증언에도 활용될

사진 4-2 한 심리학자가 2005년의 예비재판 심리 과정에서 증언하면서 막대그래프로 연구 성과를 설명하고 있다.

출처: Douglas C. Pizac–Pool/Getty Images.

수 있다. 그러나 수년 동안 법원은 이 사회과학적 증거를 받아들이기를 주저했다. 그러나 목격자들에 의한 잘못된 유죄 판결의 증거 제시와 목격 연구자들에 의한 지속적인 노력으로 이 분야에서 사회과학 증거의 인정에 대한 법적 장애물이 줄어들고 있는 것으로 보인다(Newirth, 2016).

임상 심리학자는 그들이 시행한 평가의 결과에 대해 증언하기 위해 자주 법정에 출두한다. 예를 들어, 형사 재판 상황에서 심리학자는 피고인이 법정에 설 능력이 있는지 혹은 사건 당시 정신 상태를 감정하기 위해서 법원의 명령에 의한 평가(court-ordered evaluations)를 실시한다. 심리학자는 판사나 배심원에게 서면 보고서를 제출하게 된다. 만약 그들이 심리학자의 의견에 동의하지 않거나 혹은 판사가 추가 정보나 설명을 원하면, 심리학자는 그에 대한 증언을 하기 위해 법정에 출두할 수 있다. 심각하고 폭력적인 범죄 혹은 양육권 분쟁과 같은 격심한 소송 사건이라면 또 다른 임상가가 출두하는 경우도 있다. 이 경우 소위 '전문가들의 전쟁(battle of the experts)'이 발생하곤 하는데, 양쪽의 전문가들은 서로 다른 결과를 내놓거나 심지어 반대의 결론을 내리기도 한다.

모의 배심원 연구에 따르면 전문가 증언에 대한 반응이 전폭적으로 지지되기보다는 미온적이거나 조심스럽고(Nietzel, McCarthy, & Kerr, 1999), 임상적 증언이 연구를 기초로 한 증언보다 선호된다(Krauss & Sales, 2001). 488명의 성인을 대상으로 한 설문조사에서 Boccaccini와 Brodsky(2002)는 대중이 학술 활동에 종사하는 사람보다 임상 장면에 종사하고 있는 전문가 증인을 더 쉽게 믿는다는 것을 알아냈다. 응답자는 또한 돈을 받지 않고 증언하는 전문가를 더 신뢰하고 해당 지역사회에서 일하는 전문가를 더 선호하였다. 전문가 증언은 이어지는 두 개의 장에서 다시 다룰 것이다. 현재로서는 이러한 증언에서 공통되는 이슈를 찾는 것이 중요하다.

전문가 자격

심리학자는 전문가 증인의 자격을 얻기 위해 필수적으로 석·박사학위, 그와 관련된 자격증이나 증명서 그리고 증언하는 분야와 관련된 연구나 현장 경험이 있어야 한다. 각 사건에서 항소법원 검토 과정을 거친 후, 해당 개인의 전문가 자격을 받아들일지 혹은 거부할지는 공판 판사의 재량으로 남아 있다. 그러나 어떤 주에서는 재판 진행상 평가를 수행하고 그에 따른 증언을 하기 위해서는 특별한 자격(credential)이나 허가(licensing)가 필요하다(Heilbrun & Brooks, 2010).

과학적 증거 승인을 위한 법적 기준

전문가가 증인 자격을 충족하는 전문적인 배경을 갖고 있더라도 판사가 전문가 증언을 증거로 인정하지 않을 수도 있다. 연방법 그리고 유사한 기준을 적용하는 주법에 따르면, 반대 측 변호사가 증거 도입에 이의를 제기하면 판사는 그 증거를 신뢰할 수 있는지, 그것이 법적으로 타당한지, 현재 사건과 연관이 있는지를 결정해야 한다. 이것은 1993년 Daubert 대(Merrell Dow Pharmaceuticals, Inc.) 판결에서 대법원이 발표한 기준이다. **Daubert 기준**은 (1923년 Frye 대 U.S. 소송에서 발표된) 초기의 기준을 대체하였는데, 이는 **일반적 승인 규칙**(general acceptance rule)으로 막연히 알려져 있다. 초기 기준에 따라 전문가의 증거는 과학 분야에서 일반적으로 승인되는 범위의 과학적 방법을 사용하여 수집되어야 했고, 일단 기준에 맞는다면 모든 관련 증언이 인정되었다.

Frye 기준은 지나치게 엄격하여 수년간 선호되지 않았다. 이는 '일반적 승인'의 범위에 미치지 못하는 증거 도입에 큰 장애물이 되었다. 예를 들면, '매 맞는 여성 증후군'의 증거 혹은 최면을 통해 얻은 증거를 정신건강 전문가들이 폭넓게 받아들인다고 하기에는 논란의 여지가 상당히 있다. 1975년에 채택된 「연방 증거법(Federal Rules of Evidence)」에서 의회는 다른 기준을 내놓았다. 제702조에서 타당한 법(pertinent rule)은 일반적 승인을 요구하지는 않지만 증거의 관련성과 신뢰성을 요구한다. 그러나 만약 증거가 배심원에게 편견을 갖게 한다면 이 관련 정보는 제외될 수 있다. Daubert 판결에서 대법원은 「연방 증거법」에서 책정된 기준을 지지했다. 대법원은 전문가 증언이 관련성과 신뢰성이 있어야 하고 법적으로 충분해야만 한다고 판단했다. 그리고 증거의 증명력이 증거의 제한점보다 더 우세해야 한다. 요약하면, 대법원은 연방 판사가 문지기(gate keeper) 역할을 해야 하며, 전문가 증언의 법정 도입을 허용하기 위해서는 매우 신중하고 면밀히 검토를 해야 한다고 판단하였다. 그러나 이는 '일반적 승인' 기준을 완전히 부정하는 것이 아니며, 과학 커뮤니티의 일반적 승인이 해당 증거의 신뢰성을 결정하는 데 고려될 수 있다고 선언했다. 그러나 일반적 승인이 필수 조건이 되어서는 안 된다. 일부 논평가는 Daubert 지침을 간단히 설명하여, 검증 가능성, 동료 검토, 오류율 그리고 일반적 승인에 초점을 맞추고 있다고 제안하였다(Fournier, 2016).

Daubert 판결과 「연방 증거법」은 연방법원에 적용된다. 주법원은 증거법을 자유롭게 채택할 수 있지만 실제로는 다수의 주법원이 연방법을 모델로 사용한다. 약 30개 주에서 과학적 증거 인정을 위해 Daubert 기준과 유사한 기준을 사용한다. 그러나 약 14개 주에서는 여전히 일반 인정 기준을 사용한다(Hunt, 2010). 흥미롭게도, 연구에 따르면 Daubert 판결 이후에도 다수의 판사가 다른 과학적 기준에 관심을 가지기는 했지만, 증거를 인정할지 여부를 결정할 때는 일반적 승인 기준에 크게 의존하고 있다. 그러나 다른 법원은 일반적 승인 기준에서 벗어났으며 제시된 증거에 대한 과학적 근거를 면밀하게 조사하고 있다(Ogloff & Douglas, 2013). 전자의 경우, 전문가가 그 자격을 갖추었다면 판사는 전문가가 제공하는 방법 또는 정보(예: 특정 위험 평가 도구)가 과학계에서 일반적으로 수용되는지 여부에 영향을 받는다. 후자의 경우, 전문가가 그 자격을 갖추고 있어도 판사는 위험 평가 도구가 적절하고 신뢰할 수 있음을 입증하기를 기대한다.

이상의 논쟁에도 불구하고 판사가 모든 사건에서 전문가 증언의 타당성과 신뢰성을 검토하지 않을 것임을 강조하는 것은 중요하다. 판사는 단지 변호사가 증거 도입에 대해 이의 제기를 할 때만 Daubert 기준을 적용하였다. Shuman과 Sales(2001)는 다음과 같이 언급하였다.

> 대부분의 다른 증거 관련 규칙처럼 Daubert 기준은 증거 허용성 여부를 확인하고 판사에게 증거를 제출할지 혹은 배심원에게 증거의 신뢰성을 제시할지 선택하는 데 있어 법정 변호사에게 의존한다(p. 71).

Shuman과 Sales(2001)는 어떤 전문가 증언은 신뢰할 수 없는 방법에 기반을 둔다는 것을 변호사가 인식하지 못할 수도 있다고 덧붙였다. 또한 전문가 증언을 변호사 자신의 경험에 따라 사용하는 방법은 잘못된 것일 수도 있다고 말한다. 둘 중 어떤 경우에서도 변호사가 반대 측 전문가에게 이의를 제기하는 것은 쉽지 않다. 다른 측면에서 볼 때, 변호사의 반대 측 전문가가 직접 증인석에 나타나 정보의 신뢰성에 대해 의문을 제기할 수 있다. 마지막으로, Daubert 기준을 적용하는 것은 비용이 들고, 재판 시간을 소모하고, 판사와 변호사가 법뿐만 아니라 과학에도 익숙해야 한다는 어려움이 있다. 이 모든 이유로 Daubert 기준이 국가의 법정에 전적으로 수용되기는 쉽지 않다.

이러한 예측에도 불구하고 전체적으로 판사들은 Daubert 판결 이전보다 더 많은 증거를 배제하고 있는 것으로 보인다(McAuliff & Groscup, 2009). 그러나 McAuliff와 Groscup(2009)에 따르면, 판사가 Daubert 판결 이전보다 증거를 배제할 가능성이 더 커졌지만, 이 신중한 정밀조사 방식만으로 판사가 타당한 증거만 인정하거나 '쓰레기 과학(junk science)'을 배제한다는 것을 의미하지는 않는다. "지난 15년간의 사회과학 연구와 법률 논평은 법정 전문가들과 일반인들이 법정에서 하자 있는 심리과학을 식별할 수 있는 능력에 결정적인 한계를 보여 주었다."(p. 48)

Daubert 판결 이후 많은 연구와 논평은 과학적 배경을 갖추지 못한 판사가 과학적 증거를 평가한다는 대법원의 가정에 대해 관심을 가졌다. Kovera, Russano, McAuliff(2002)는 대부분의 판사와 배심원이 모두 과학적인 방법에 대한 공식적인 훈련을 받지 않았기 때문에 결함이 있는 전문가를 구별해 내는 능력이 비슷하고, 그렇기에 판사와 배심원 모두 타당한 연구와 그렇지 못한 연구를 구별해 낼 수 없다고 주장한다. 일관된 연구 결과에서 알 수 있듯이, 반대 측 전문가가 증언의 결함을 강조하더라도 실제로 배심원이 결함이 있는 연구결과를 구별해 내기란 쉽지 않다(Cutler & Penrod, 1995; Cutler, Penrod, & Dexter, 1989). 배심원, 판사, 변호사는 일반적으로 통제집단의 중요성을 이해하지 못하거나 표본 크기의 상대적인 장점을 평가하지 못할 것이다(Kovera, Russano, & McAuliff, 2002).

Kovera 등(Kovera & McAuliff, 2000; Kovera et al., 2002)은 판사와 변호사에게 방법론상의 차이가 있는 네 가지 연구를 평가하게 하였다. 네 가지 연구는 타당한 연구, 통제집단이 없는 연구, 혼동을 주는 변인을 포함한 연구, 공모자를 사용한 연구였다. 판사는 증거 수용 여부에 대한 질문을 받았고, 변호사는 증거 제외 여부에 대한 질문을 받았다. 판사는 타당한 연구를 받아들인 것과 동일한 비율로 결함 있는 연구를 수용하였다. 변호사가 증거 제외를 원했을 때(거의 변함없이), 그것은 제외되는 증거의 과학적 신뢰성과는 어떤 관계도 없었다. Kovera 등은 이런 결과를 바탕으로 '쓰레기 과학'이 법정에서 난무할 수 있다는 것과 타당한 증거가 제외될 수 있다는 결론을 내렸다.

다른 연구는 연방 판사가 주 판사보다 Daubert 기준의 혼란스러운 측면(예: 오류율)을 이해할 가능성이 높다는 연구를 포함하여 보다 긍정적인 결과를 제시한다. 그러나 전반적으로 연방법원과 주법원에서 Daubert 기준을 적용하는 방식은 다양하며, 두 법원 모두에서 일부 판사는 기준을 적용하라는 지시를 무시하는 것으로 보인다(Fournier, 2016).

Daubert 판결에서 나온 부정적인 결과가 계속 연구되고 있으며, 전문가 증인은 계속해서 법정 내 다른 도전에 직면하고 있다. 많은 논평가가 주목해 온 것처럼, 법정에서 증언을 하는 것은 겁이 많은 사람에게는 힘겨운 일이다. 전문가 증인 역시 심한 반대심문을 받을 수 있고, 주목을 받지 못하는 재판이나 사전 심리 과정에서도 날카로운 반대심문을 받을 수 있다. 이는 전문가에게 불안감을 가져다줄 수 있다. 몇몇 전문가는 또한 기밀성, '최종 의견(ultimate opinion)' 증언 그리고 위험성 예측 혹은 평가에 대한 우려로 갈등을 겪는다.

기밀성 이슈

환자-치료자 관계에서 기밀 유지 의무는 기본이다. 그러나 법정 상황에서 기밀성(confidentiality)은 절대적일 수 없다. 피고인에 대해 평가하라는 법원의 요구를 받을 때, 임상가의 평가 결과는 판사와 변호사에게 공유된다. 이런 상황에서 임상가의 의뢰인은 평가받는 사람이 아닌 법원이다. 만약 임상가가 법정에 출두해야 한다면, 평가는 공개된 법정에서 논의될 수 있다. 그런 경우 평가받는 사람은 평가 초기에 기밀성의 한계에 대해 안내를 받을 것이다. 만약 의뢰인이 검사 자료를 공개하는 데 서명하거나 법원이 공개 명령을 내린다면 검사 자료의 기밀성은 보장되지 않는다. 그러나 서면 심리 보고서가 최종 사건 기록에 표시되지 않도록 수정되거나(일부가 검게 가려짐) 봉인되는 것은 드문 일이 아니다.

'심리학자의 윤리규정과 행동강령(EPPCC)'과 '법정 심리학을 위한 특별 지침'(American Psychological Association [APA], 2013c)에 따라 임상가는 개인에게, 그리고 보고서를 받아 보게 될 사람에게 평가의 특성과 목적을 알려 주어야 한다. 또한 개인에게 자신의 법적 권리를 알려 주어야 한다. 그러나 많은 경우에 당사자는 법원으로부터 검사를 받도록 명령을 받았다. Ogloff(1999)는 다음과 같이 지적했다.

> 만약 평가받는 사람이 의뢰인이 아니라면 심리학자는 그 사람에 대한 기밀 의무를 지고 있지는 않지만, 정보 공개에 대한 사전 동의가 필요하다. 따라서 취득된 정보는 기밀 보장이 되지 않는다는 사실을 평가받는 사람에게 안내해 주어야 한다(p. 411).

그렇지만 개인이 평가를 요구한 상황이 아니라면, 기밀성의 한계를 공지했더라도 사실상 그 개인은 평가 제출에 대한 선택의 여지가 거의 없다. 게다가 개인은 평가 과정에서 심리학자의 참여로 인해 피해를 입을 수 있다(Perlin, 1991). 그러나 정신건강 전문가는 의뢰인의 반대에도 불구하고 동의 없이 검사를 수행할 수 있다.

그것이 평가가 아닌 심리치료이거나 요법일 때, 비록 절대적이지는 않지만 모든 법원은 치료자-환자 특권을 인정한다. 예를 들면, 미국 대법원은 연방 재판에서 기밀성을 확고하게 보장하였다(Jaffe v. Redmond, 1996). Redmond 경관은 무장한 용의자로 보이는 사람이 다른 사람을 죽이려고 한 순간에 그를 총으로 쏴 죽였다. 가족들은 용의자가 무장하지 않았는데도 Redmond 경관이 과도한 폭력을 사용하였다고 주장하였고, 그를 시민권 위반으로 고소했다. 원고는 Redmond가 총격 이후에 정신보건 사회복지사가 진행하는 상담 회기에 참여했음을 알아내어 해당 사회복지사를 소환하였고, 사회복지사는 그 경관이 자신의 환자였음을 진술하였다. 그러나 그 사회복지사는 치료에 대한 특정 질문에 대답하는 것을 거부했다. 그 사건에서 판사는 치료자-환자 특권을 인정하지 않았고, 배심원에게 그 증언이 Redmond 사건에 불리하게 작용한 것으로 간주해도 된다고 통보하였다. 배심원은 원고에게 유리한 판결을 내렸지만, 제7 순회 항소법원은 그 판결을 받아들이지 않았다.

미국 대법원은 7 대 3 판결로 항소법원의 결정을 확인하였다. 판사는 치료사-환자 특권의 중요성을 인정했을 뿐만 아니라 사회복지사를 보호망 아래에 두었다. 대법원은 그 특권이 절대적이고 전적으로 모든 상황에서 보호받을 수 있을 것이라고는 보지 않았지만 그 특권이 적용되지 않는 경우를 명시하지도 않았다. 그러나 연방법원에서 치료자-환자 특권의 제한은 주법원과 유사하다. 예를 들면, 특권은 일반적으로 환자가 자발적으로 자신의 정신건강을 증거로 제시하고자 할 때 적용되지 않는다. 기밀성은 또한 환자가 치료자를 고소했을 때도 보호받지 못한다. 왜냐하면 치료자는 환자로부터 자신을 보호하기 위해 기밀 정보를 사용할 자격이 주어지기 때문이다(Ogloff, 1999).

경고 혹은 보호의 의무

법은 법정 증언에 직접적으로 영향을 미치지 않는 기밀성에는 제한을 두고 있다. 예를 들면, 많은 주에서 임상가는 환자로 인해 삶을 위협받는 제3자를 보호하거나 경고할 의무가 있다. **경고 혹은 보호의 의무**(duty to warn or protect)는 한 법원 판결 후에 이름 붙여진 **Tarasoff 요건**(Tarasoff requirement; 〈Focus 4-3〉 참조)이다. 구체적인 요건은 주에 따라 다르고, 이를 경고의 의무 혹은 보호의 의무로 부르기도 한다. 예를 들면, 어떤 주에서는 임상가가 위협받는 사람에게 직접 알리도록 하는(경고) 반면, 다른 주에서는 임상가가 법집행 당국과 접촉하거나 그들의 환자를 수용하는 절차를 밟아서(보호) 그 기준을 충족하기도 한다. 경고 혹은 보호의 의무가 법으로 지정되어 있는 주에서 이 의무를 지키지 못한 심리학자는 그들의 의뢰인 때문에 피해를 입은 사람에게 민사 소송을 당할 수 있다. 모든 주에서 실무자는 현장에서 알게 된 아동학대(어떤 경우에는 노인학대나 다른 학대)의 증거를 적절한 곳에 보고하도록 법으로 지정하고 있는데, 이것은 법집행기관이나 사회복지기관을 포함한다. 비록 많은 임상가가 Tarasoff의 정신과 다른 보고 요건을 준수할지라도, 일부는 이런 요건이 신뢰를 저버리는 데 영향을 미칠 수 있다는 점을 강조하며 비판적인 태도를 보이고 있다.

FOCUS 4-3 Tarasoff의 보호 의무 및 기타 사항

일부 관할권에서 정신건강 전문가는 자신의 환자에 의해서 잠재적 피해자가 폭력이나 상해를 당하지 않도록 경고할 책임이 있다. 1969년 말, 캘리포니아(California)의 한 젊은 여성이 2개월 전에 심리학자에게 그녀를 죽이겠다는 의사를 밝힌 한 남자에 의해 살해당했다. 캘리포니아 대학교(California University)에 고용되어 있던 그 심리학자는 학교 경찰에게 살해 위협에 대해 통보했지만, 감독관 이외의 다른 사람에게는 통보하지 않았다. 살인이 있은 후, 여성의 부모는 가족에게 경고하지 않고 가해자에 대한 조치를 취하지 않은 대학, 심리학자, 경찰을 고소했다. 이 사건은 캘리포니아 대학교의 유명한 Tarasoff 대 Regents of the University of California(1974, 1976) 판결을 성립시켰다.

Tarasoff 사건에서 캘리포니아주 대법원은 특정 상황에서 정신건강 전문가가 환자나 의뢰인이 다른 사람에게 심각한 위협이 된다고 판단하면 의도한 피해자에게 위험을 경고할 의무가 있다고 판결했다. 2년 후, 법원은 임상가의 책임을 보호 의무로 재정의했다. 이러한 차이는 중요한 것인데, 보호의 경우에는 지목한 피해자에게 통보할 필요는 없지만, 통보를 하는 경우 정신건강 전문가의 적극적인 조치가 필요하기 때문이다. 이는 법집행관에게 연락하거나 환자 입원 조치를 개시하는 것을 의미할 수 있다. 법원은 심각한 피해로부터 사람들을 보호해야 할 필요성이 치료사-환자 관계의 기밀성보다 우선한다고 판단했다.

이 원칙을 지킬 의무는 이후 대부분의 주에서 법령이나 관습법을 통해 채택되어 왔다(DeMatteo, 2005a; Reisner, Slobogin, & Rai, 2004). 일부 주에서는 이 원칙을 명시적으로 거부했다(DeMatteo, 2005a). 그러나 캘리포니아주 판결 이후 그리고 최근의 비극적인 사건 이후로 많은 주는 그 원칙을 수정했다. 캘리포니아주 항소법원은 환자의 가족 등 제3자와의 의사소통이 치료사의 보호 의무를 촉발할 수 있다고 주장하면서 Tarasoff 원칙을 확대했다(Ewing v. Goldstein, 2004). 예를 들어, 어떤 남성이 치료사의 환자인 자신의 형이 어머니를 해칠 것이라고 경고했다면, 치료사는 법집행 공무원에게 알리거나 형이 입원하도록 조치를 취하여 어머니를 보호할 의무가 있을 수 있다. 이는 환자 자신은 그 생각을 치료사에게 표현하지는 않은 경우에도 마찬가지이다. Tarasoff 원칙의 요구 사항은 최근 버지니아 공대(Virginia Tech, 2007)에서 발생한 것과 같은 대량 총격 사건뿐만 아니라 코네티컷주 뉴타운(Newtown, Connecticut, 2012), 콜로라도주 오로라(Aurora, Colorado, 2012), 그 외에 널리 알려지지 않은 사건들로 인해 뉴스에 등장했다. 이 각각의 경우에 치료사들은 범인과 접촉한 것으로 보인다. 이 사건으로 정신건강 전문가가 다음과 같은 경우에 우려 사항을 보고하도록 요구하는 법이 더 많아졌다. 그들의 전문적인 판단으로 치료사들은 다른 사람들에게 해를 끼칠 임박한 위험에 처한 환자를 고려해야 한다.

일부 관할 구역에서는 위급성(imminence)을 요구하지 않고 있어 해석하기 매우 어려운 모호한 요건이 발생한다. 또한 최신 법률은 특정 개인에게 잠재적인 위협을 요구하지 않는다. 예를 들어, 워싱턴주 대법원은 Tarasoff 원칙의 가장 최근 확장에서 환자가 잠재적 피해자를 지명하지 않았을 때에도 잠재적인 피해자를 보호하고 경고해야 할 의무가 있다고 밝혔다. 다시 말해, 정신건강 전문가는 사회를 최대한 보호하도록 요구받는다(Volk v. DeMeerleer, 2016).

토론 질문

1. 심리학자 및 기타 정신건강 전문가는 환자에 대한 우려를 지역 당국에 보고해야 할까? 잠

재적 피해자에게 직접 경고해야 할까?

2. 법해석자들은 이러한 법이 없거나 심지어 Tarasoff 원칙이 명백히 거부된 관할권에서도 정신건강 전문가들이 일반적으로 Tarasoff의 정신을 준수한다고 언급했다. 이것이 어떻게 가능한지 토론하라.
3. 정신건강 전문가가 법집행기관에 특정 위협을 보고해야 한다고 가정할 때, 위협은 ① 특정 개인에 대한 위협, ② 집단에 대한 위협, 또는 ③ 사회 전반에 대한 위협이어야 할까?
4. 앞서 언급한 워싱턴(Washigton)주 사건에서 한 남자가 자살 전에 총을 쏘아 한 여자와 아홉 살짜리 아들은 사망했고, 다른 아들은 살아남았다. 범인은 9년 동안 치료를 받아 왔으며 정신과 의사에게 자살과 살인 의사를 미리 내비쳤지만 잠재적인 희생자를 지목하지는 않았다. 당신은 정신과 의사에게 환자가 잠재적인 희생자를 지목하지 않았더라도 사회를 보호할 의무가 있다는 워싱턴 법원의 판단에 동의하는가? 확실하지 않다면, 답변을 하기 전에 어떤 사실을 알고 싶은가?

최종 이슈 혹은 최종 의견 증언

전문가 증인의 증언은 일반 증언과는 다르다. 전문가의 주된 역할이 판사와 배심원이 잘 알지 못하는 문제와 관련하여 정보를 제공하는 것이란 사실을 상기하라. 대부분의 관할권에서 일반 증인은 실제 봤거나 직접 들은 사건에 대해서만 증언할 수 있다. 의견과 추론은 일반적으로 받아들여지지 않는다. 반면에 전문가 증인은 직접 관찰한 사실, 수행한 검사 결과 그리고 해당 분야의 연구 증거에 대해 증언한다. 또한 전문가의 의견과 추론은 수용될 뿐만 아니라 법정에서도 계속적으로 요구되고 있다.

현재 정신건강 전문가 사이에서도 **최종 이슈**(ultimate issue)에 대한 의견 제공의 타당성에 대해 상당한 논의가 있다. 최종 이슈는 법정에서 결정되어야 할 마지막 문제이다. 예를 들면, 전문가가 피고인이 범죄 당시에 실제로 정신이상 상태여서 책임이 없다는 것에 대해 의견을 제시해야 할지, 어떤 부모가 양육권을 가져야 할지를 권고해야 할지, 피고인이 사형선고를 받을 능력이 있는지에 대한 의견을 밝혀야 할지, 소년 사건을 형사법원으로 이전하는 것을 권고해야 할지 등이다. 법원이 빈번하게 전문가의 의견을 요구하고 기대하는 것은 꽤 분명한 사실이다(Melton, Petrila, Poythress, & Slobogin, 1997; Redding, Floyd, & Hawk, 2001; Slobogin, 1999). 한 연구에 따르면, 정신이상의 경우 최종 의견 증언을 법으로 금지하였음에도 불구하고 판사와 검사는 임상적 의견에 대해 강한 갈망을 보였다(Redding et al., 2001). 이와 달리 피고 측 변호사는 전문가의 의견을 덜 지지하였다.

최종 이슈 증언에 반대하는 사람들(예: Melton et al., 1997, 2007)은 전문가가 실수를 범하기 쉽다고 믿는다. 전문가 역시 법을 잘못 이해하거나, 숨겨진 가치 판단을 적용하거나, 법적 기준에는 맞지 않을지라도 특정 결과가 개인에게 최선이라고 믿을 수 있다. 예를 들면, 임상 심리학자는 엄밀히 따졌을 때 개인이 입원시설의 수용 기준에 맞지 않을지라도 안전한 정신건강시설에서 정신장애를 치료받을 필요가 있다고 믿을 수 있다. 이에 따라 심리학자는 개인이 법정에 설 능력이 없다고 판단되면 정신병원에서 치료를 받을 것이란 사실을 알면서도 법정에 설 능력이 없다는 의견을 제시할 수도 있다. 이것이 심리학자가 법을 회피하려 한다는 의미는 아니다. 심리학자는 무능력에 관한 법적 기준을 완전히 이해하지 못하고 대상이 임상적 관점에서 무능한 사람이라고 믿을 수 있다.

관련된 문제는 전문가 측의 편향, 잠재의식적인 편향에 관한 것이지만, 그럼에도 불구하고 전문가의 결론에 영향을 줄 수 있는 편향이다. Murrie와 동료들(예: Murrie & Boccaccini, 2015; Murrie, Boccaccini, Guarnera, & Rufino, 2013)의 연구에서는 '적대적 충성(adversarial allegiance)', 또는 전문가들이 특별한 의도가 없더라도 자신을 고용한 쪽에 유리하게 편향될 수 있다는 결과를 얻었다(Muririe 박사가 이 연구에 대해 논의한 5장의 〈My Perspective 5-1〉 참조). 유사한 방식으로 Neal과 Brodsky(2016)는 어떤 전문가들도 자유롭지 못한 '편향 맹점(bias blind-spot)'을 언급했다. 이러한 편향과 충성은 최종 문제에 대한 증언뿐만 아니라 위험 평가에도 영향을 줄 수 있다.

또한 최종 이슈 증언을 반대하는 사람은 진상 조사에서 전문가의 지나친 영향력을 걱정한다. 그들은 개인이 범죄 당시에 정신이상이었는지, 아버지나 어머니 중 누가 미성년자 아동의 양육권을 가져야 하는지와 같은 결정은 법적인 결정이라고 강조한다. 전문가에게 자신의 의견을 피력하도록 하는 것이 개인의 의견에 큰 비중을 두는 것으로 보일 수 있지만, 실제 결정은 판사나 배심원이 법적인 요소를 기반으로 해야 한다.

그럼에도 불구하고 전문가의 지나친 영향력에 대한 가정을 지지하는 일부 연구도 있다. 연구는 전문가의 의견이 사전 심리 상황에서 판사에게 큰 영향을 미치지만, 재판 단계에서는 판사나 배심원에게 큰 영향을 주지 않는 것을 보여 주었다. 법정에 설 능력이나 피고인의 위험성(보석 기각을 보증하는)과 같은 주제에 대한 전문가의 영향력은 상당하지만 배심원은 전문가의 의견에 크게 좌우되지 않는 것으로 보인다(Melton et al., 1997, 2007). 이것은 아마 재판 상황에서는 사전 심리 때와는 달리 반대 측 전문가와 공격적인 반대심문이 진행되기 때문일 것이다. 다시 말해, 재판 전 상황에서 반대 측 변호인은 법원이 임명한 임상가가 피고를 검사하는 데 동의할 수도 있다. 그러나 배심원들은 전문가들의 의견에 과도하게 휘둘리지 않는 것으로 보인다(Nietzel et al., 1999). 이는 반대하는 전문가와 공격적인 교차신문(cross-examination)이 재판 전 심리보다 재판 상황에서 이뤄질 가능성이 더 크기 때문일 수 있다. 또한 배심원은 전문가에 대해 요청한 측의 입장을 지지하지 않는다면 법정에 서지 않았을지도 모르는 '청부업자(hired gun)'로 인식한다. 배심원이 전문가 증언을 듣기는 하지만 "그 영향력이 크지는 않으며, 찬성 입장과 반대 입장 모두 자신의 입장을 지지할 수 있는 여지를 찾을 수 있는 기회를 주게 된다"(Nietzel et al., 1999, p. 41).

최종 이슈에 대한 전문가 증언을 선호하는 입장의 사람들(Rogers & Ewing, 1989)은 판사가 종종 증언에 의존하며, 증언이 효과적인 반대심문에 의해 조심스럽게 통제될 수 있다고 주장한다. 그들은 또한 판사와 변호사가 전문가 의견의 오류를 밝혀내는 수준이 높아지고 있다고 언급하면서, 이를 믿지 않는 것은 그들의 지성을 모욕하는 것이라고 하였다. 형사 및 민사 사건의 사전 심리에서 판사는 양측 모두의 입장을 수용할 수 있도록 법원이 지목한 임상가의 의견을 묻는다. 이러한 법집행관은 과거의 사건에서 임상가를 참여시킨 결과로 전문가의 의견을 믿고 그것에 가치를 두게 된다. 마지막으로, 법정 심리학은 빠르게 발전했으며 많은 대학원 및 박사후 과정은 이제 인턴십, 특화된 훈련 그리고 심리학자 및 기타 임상가가 법을 배울 수 있는 다른 기회를 제공한다. 그 결과, 지난 10년 동안 평가의 질이 크게 향상되었다.

그럼에도 불구하고 최종 이슈 증언에 관해 합의에 이르지 못한 것을 반영하듯, 미국심리학회는 법원이 요청하는 경우에도 반드시 증언을 해야 하는지에 대한 입장을 밝히지 않고 있다. 예를 들어, 2010 '가족법 절차에서의 아동 양육권 평가 지침(Guidelines for Child Custody Evaluations in Family Law Proceedings)'(APA, 2010b)은 합의에 이르지 못했음을 명백히 밝혔다. 열세 번째 지침에는 심리학자들이 "이 문제에 대한 양측의 주장을 인식하고 있도록 애쓰고 이 문제에 대한 자신의 입장에 대한 논리를 분명히 밝힐 수 있다."라고 적혀 있다. 또한 지침에 따르면 아동의 양육권 권고 작성을 선택할 수 있는 경우 이러한 권고는 건전한 심리학적 자료로부터 도출되며, 아동의 심리적인 최고 권익을 담는다. 또한 개인의 편향이나 근거 없는 신념에 의존하지 않기 위해 노력해야 한다. 흥미롭게도, '법정 심리학을 위한 특별 지침'(APA, 2013c)은 최종 이슈 증언을 권장하지도 단념시키지도 않는다. 이 지침의 이전 판에서는 전문적인 관찰, 추론 및 결론은 법적 사실, 견해 및 결론과 구분되어야 한다고 지적했지만, 2013년 판에서는 심리학자가 명백한 자료와 그 자료를 구성할 때 고려된 정보뿐만 아니라 자신의 견해의 밑바탕이 된 근거와 추론을 제시하려고 최선을 다해야 한다고 강조한다(지침 11.04). 이러한 변화는 법원에서 임상가들이 제시한 결론과 견해에 대한 사실적 근거들을 확인하는 최근 추세를 의식한 것일 수 있다(Zapf, Roesch, & Pirelli, 2014).

증인석에서 살아남기

다수의 법정 심리학자는 법정 절차에서 한 번도 증언해 본 적이 없다는 점을 강조할 필요가 있다. 때때로 혹은 정기적으로 증언하는 심리학자들은 침착하게 증언하고 정신건강을 유지하는 법을 배운다. 그러나 앞에서 언급했듯이 법정 증언은 정기적으로 법정에 출두하는 사람에게조차 스트레스를 주는 일로, 특히 상대 측 변호사의 반대심문이 그들을 당혹스럽게 만든다. 한 재판에서 피고인 측 변호인은 검찰 측 전문가 증인에게 이름을 불러도 되는지 물었다. 그녀가 허락하자 변호인은 '의사'라는 용어 대신 계속 이름을 불러댔고, 이것이 배심원들 눈에 지위가 낮아 보이게 했다. 이와 같은 전술은 별로 효과가 없었던 것으로 보이지만, 전문가에 대한 배심원의 인식에 영향을 줄 수 있다. 다른 전문가 증인처럼 법정 심리학자도 자신의 전문 지식과 제시하려는 증거에 대해 자신감을 가지고 법정에 들어간다. 그러나 법적 상대의 까다로운 질문에 맞닥뜨리고 자신의 증언을 제한하는 법적인 증거법에 좌절을 겪게 되면 전문가 증언이 고통스러운 경험으로 인식되고 증언이 빨리 끝나기만을 바라게 될 것이다.

이런 함정에도 불구하고, 수많은 법정 심리학자는 법정 환경에 적응하는 것을 훈련받아 왔고, 전문 지식을 법원에 제공하며 차분하고 전문가적인 태도로 반대심문에 응하는 데 필요한 기술을 발전시켜 왔다. 법정 장면에서 반대심문을 하는 변호사가 전문가의 연구 분야 혹은 연구 방법에 대해 질책하거나 모욕하는 것이 특별한 일은 아니기 때문에 이런 것에 대응하는 법을 익히는 것은 중요하다. 전문 문헌은 심리학자가 전문가 증언을 준비하는 데 필요한 조언을 제공한다(예: Brodsky, 1999, 2004; Otto et al., 2014). 오늘날 대부분의 법정심리 대학원 프로그램은 법정 증언에 관한 워크숍이나 강의를 제공한다.

다른 학자들은 증인석에 대한 조언뿐 아니라 재판 준비 과정과 재판 절차에 대해서도 조언한다(예: Heilbrun, 2001; Heilbrun et al., 2002; Hess, 2006). 또한 전문가 증인은 법적 절차 초기에 자신을 고용한 변호사와 만나 양측에서 현실적으로 기대하는 것이 무엇인지 의사소통하는 과정을 가지라고 권고한다. 전문가들은 그들에게 주어진 질문에만 대답하고 전문 지식 전달자 역할만 고려하도록 조언한다. "따라서 전문가 증인의 목표는 의사결정자가 이해할 수 있는 언어와 개념을 사용하여 자신의 경력, 지식, 판단을 전달해 주는 것이다."(Otto et al., 2014, p. 739)

사전 심리 준비는 필수 과정으로, 심리학자는 사전 정보와 충분한 사전 준비 없이 법정에 들어가도록 설득당해서는 안 된다(Otto et al., 2014; Singer & Nievod, 1987). 심리학자는 신중

표 4-4 이 장에서 인용된 주요 판례

판례명	연도	주제
Jenkins v. U.S.	1962	정신건강 문제의 전문가로서 증언하기 위한 심리학자의 자격 갖추기
Batson v. Kentucky J.E.B. v. Alabama Foster v. Chatman	1986 1994 2016	인종, 심리적 성별, 전단적 기피
Perry v. New Hampshire	2012	목격자 증언
Glossip v. Gross	2015	약물 주입 프로토콜
Atkins v. Virginia Hall v. Florida Moore v. Texas	2002 2014 2017	지적장애와 사형 처벌
Pena-Rodriguez v. Colorado	2017	배심원 심의 비밀
Frye v. United States Daubert v. Merrell Dow Pharmaceuticals	1923 1993	연방법원에서 전문가 증언
Jaffe v. Redmond	1996	심리치료사-환자 특권
Tarasoff v. Regents of the University of California	1974, 1976	경고와 보호의 의무

하게 정보를 수집하고, 관련 법적 이슈와 사건의 세부 사항에 주의를 기울이고, 공정함을 유지하며, 명확하고 체계화된 기록을 남기도록 조언받는다(Chappelle & Rosengren, 2001). 오늘날 다수의 전문가 증인은 잘 준비된 파워포인트 발표가 필수적이지는 않더라도 도움이 될 수 있다고 주장한다. 그러나 시각적으로 호소력이 없으면 사실 확인자, 특히 배심원의 주의를 분산시키는 효과 정도를 기대할 수 있다. 증거개시 규칙(rules of discovery)에 따라 기록, 편지, 녹음테이프와 같은 기록을 양측 변호사가 사용할 수 없을 것이라고 가정해서는 안 된다. Daubert 판결 및 관련 사건의 기록을 고려해 볼 때, 판사와 상대측 변호사는 재판 절차 진행 중 전문가의 이론과 가설이 과학적 평가에 근거하고 있는지에 대해 질문할 수 있다. 오류율 혹은 제공 정보가 정확하지 않을 가능성 역시 중요하다. 그러므로 증언을 준비하는 과정에서 전문가 증인은 이 질문에 대답할 수 있도록 신경 써야 한다.

전문가 증인은 또한 법정에서의 비언어적인 행동에 특별히 주의를 기울여야 한다. 특히 오만, 혼란, 적의 혹은 불안을 암시하는 행동을 해서는 안 된다. Chappelle과 Rosengren

(2001)은 전문가 증언에 관한 최근 문헌 검토를 통해 평정심 유지의 필요성이 이 분야의 연구 주제라고 언급했다. 만약 전문가가 정보를 제공할 때 전문적이고 자신 있는 모습을 보이거나 존경할 만한 모습을 보인다면, 판사나 배심원이 이를 받아들일 가능성은 더 커질 것이다. Otto 등(2014)이 관찰한 바와 같이, 심리학자는 좌절이나 분노를 나타내지 않아야 한다.

요약 및 결론

이 장의 주요 목적은 형사 및 민사 법원의 구조와 과정을 설명하고, 법원 장면에서 법정 심리학자가 수행하는 구체적인 업무를 소개하는 것이었다. 법정의 구조를 소개하고 범죄와 시민 법정의 기본 개념을 논의해 본 후, 재판 과정의 주요 단계에서 심리학자가 하는 일에 대한 실례를 제공했다. 이어지는 두 개의 장에서는 이러한 재판과 관련된 과제 · 업무를 상세히 기술할 것이다.

법정 심리학자의 주요 업무는 위험성 평가, 더 구체적으로 사법 체계의 담당자에게 전달될 폭력 위험성 평가를 수행하는 것이다. 이러한 평가는 위험성 예측으로 불리기도 하지만 대부분의 심리학자는 인간 행동을 실제로 예측할 수는 없다는 점을 강조한다. 그러나 특정 행위가 발생할 확률을 제시할 수는 있다. 위험성을 평가하는 방법은 지난 30년 동안 빠르게 발전했다. 과거에는 구조화되지 않은 임상 판단의 사용이 일반적이었으나, 이는 계리적 또는 통계 기반의 위험성 평가 도구 개발로 대체되었다. 임상가는 계리적 도구로 해당 개인이 장래에 폭력적 행위를 저지를 확률을 판단할 때 고려하는 위험 요인(예: 반사회적 행동의 시작 연령)을 확인한다.

연구 문헌들에 의해 계리적 평가가 구조화되지 않은 임상 판단보다 우월하다는 것이 보편적으로 인정되고 있지만, 이 장에서 언급한 바와 같이 계리적 평가는 단점도 있다. 다수의 심리학자는 계리적 및 임상적 위험성 평가의 가장 좋은 측면의 조합을 모색하면서 두 방식의 약점을 피하려 했다. 지난 10년 동안, 전문가 판단에 기초한 구조화된 도구가 개발되었다. 이 도구는 임상가에게 위험 요소를 통합하기 위한 지침을 제공하는 동시에 사건의 특정 상황에 비추어 평가되는 개인에 대한 전문적인 판단을 허용한다. 오늘날 법정 심리학자들은 다양한 위험성 평가 도구를 선택할 수 있다. 우리는 위험성 평가 방법이 사용된 연구 문헌을 알고 있는 것이 중요하다는 점을 강조했다. 이것은 법정 심리학자가 법정 절차에서 증언하기를 기대할 경우 전문적인 책임의 영역일 뿐만 아니라 결정적인 역할을 하게 된다.

Daubert 지침에 따라 사용된 도구를 법원에서 면밀하게 조사할 수 있다. 또한 다수의 심리학자는 위험성 평가에 가능한 위험 관리를 위한 방안이 수반되어야 한다고 지적한다.

일부 심리학자는 재판 또는 소송 상담에 적극적으로 참여하고 있다. 이 능력으로 그들은 재판을 위한 증인을 준비시키거나, 교차신문을 위한 효과적인 전술을 가려내거나, 변호사 측에 동정심을 보일 가능성이 높은 배심원 선정에 도움을 주는 등 다양한 업무에서 변호사를 지원한다. 과학적 배심원 선정이라고 불리는 이 마지막 과정은 중요한 재판에서, 특히 대중매체를 통해 많이 방송되는 재판에서 특정 형태로 사용된다. 과학적 배심원 선정의 성공 여부는 결론이 내려지지 않았다. 측정이 불가능하지 않더라도 그 효과는 복잡한 것이 주된 이유이다. 대부분의 연구에 따르면 배심원의 행동을 예측하는 것은 불가능하다.

다수의 법정 심리학자가 법정 절차에서 증언하도록 요청을 받지는 않지만, 다른 법정 심리학자들은 재판뿐만 아니라 다양한 재판 전후 절차(예: 보석 심리, 정신감정 심리, 양형 심리)에서 형사법원 그리고 민사법원의 전문 참고인으로 일하고 있다. 의학과 법학을 대표하는 전문가뿐만 아니라 자연·행동·사회과학 분야의 모든 전문가는 최소한 연방 법정에서, 또는 Daubert 판결에서도 확인된 것처럼 과학의 핵심에 접근하고 있다. 또한 모든 주의 법정은 Daubert 기준 혹은 그와 매우 비슷한 기준을 채택해 왔다. 우리는 이 사건에 관련된 신뢰도와 관련성 요건, 그리고 사건의 영향에 관한 연구들에 대해 논의했다. Daubert 판결 이후 다수의 판사가 전문가 증언을 이전보다 더 면밀하게 검토하여 거부하고 있지만, 일부는 증거가 사실을 발견하기 위해 노력하는 자를 지지하는지 여부와 과학계에서 일반적으로 받아들여지는지에 초점을 맞출 가능성이 더 크다.

이 장에서는 일부 심리학자가 재판 진행에 참여하는 것에 동의하기도 전에 중단하게 만드는 문제에 대해 다루었다. 일부 심리학자는 합법적인 절차임에도 불구하고 (그리고 때로는 요구받음에도 불구하고) 다른 상황에서 기밀일 수 있는 정보의 누설을 두고 불편해한다. 심리학자에게 평가가 요청될 때, 의뢰인은 평가받는 개인이 아닌 판사인 경우가 있다. 그런 경우, 심리학자는 보고서 사본을 사건의 양측 변호사뿐만 아니라 판사에게도 보내야 한다. 환자-치료사 관계는 조사자와 평가 대상자 사이의 관계와는 다르다. 법정은 환자-치료사의 기밀성을 존중하지만 다른 상황과 비교하여 일부 상황에서는 기밀성이 보장되지 않을 수 있다. 예를 들어, 많은 관할권에서 심리치료사는 의뢰인을 통해 확인된 제삼자가 심각한 육체적 위협을 받을 때 경고 혹은 보호를 할 의무가 있다. 환자-치료사 특권에서는 환자가 치료사를 고소할 경우에도 기밀성이 보장되지 않는다.

일부 법정 심리학자는 법률상의 문제에서 자신의 의견을 강요하는 것 혹은 반대 측 변호사에 의해 녹초가 될 정도로 반대신문을 받는 것에 반발한다. 이런 일은 법원에 출두하면 자주 일어난다. 판사는 개인의 재판받을 능력, 정신이상의 유무, 두 부모 중 양육권 취득의 적합성이 누구에게 더 있는지 등에 대한 심리학자의 의견을 원한다. 전문적으로 이는 심리학자가 아닌 재판에 의해 결정되는 법률상의 문제인 '최종 이슈'이다. 오늘날의 추세는 최종 이슈 증언을 요구받는 경우에는 이러한 의견을 표명하는 것으로 보이지만, 의견의 기초가 되는 사실에 대해서 조심스럽게 설명할 준비가 된 경우에 한한다.

주요 개념

Daubert 기준Daubert standard

Tarasoff 요건Tarasoff requirement

경고 혹은 보호의 의무duty to warn or protect

과학적 배심원 선정scientific jury selection: SJS

구조화된 전문 판단structured professional judgment

그림자 배심원shadow jury

급성 동적 요인acute dynamic factor

기소사실인부절차arraignment

대배심grand jury

동적 위험 요인dynamic risk factor

만성 동적 요인stable dynamic factor

법정 조언자 의견서amicus curiae briefs

상고 관할권appellate jurisdiction

선서증언deposition

예비심문 선서voir dire

위험성 평가risk assessment

이유 없는 기피peremptory challenge

이유 있는 기피challenge for cause

이중 법원 시스템dual-court system

일반 관할권general jurisdiction

일반적 승인 규칙general acceptance rule

재판 컨설턴트trial consultant

정적 위험 요인static risk factor

제한적 관할권limited jurisdiction

주제별 관할권subject matter jurisdiction

증거개시 절차discovery process

지리적 관할권geographical jurisdiction

처분disposition

최종 이슈ultimate issue

최초 법정 출두initial appearance

특별법원specialized court

판결 전 조사presentence investigation: PSI

판사 재판bench trial/**법정 재판**court trial

단원 정리

1. 법정 심리학에서 Jenkins 대 U.S. 소송의 중요성은 무엇인가?
2. 재판 과정의 주요 단계를 돌아보고 법정 심리학자가 각각 수행하는 과제에 대해 묘사해 보라.
3. 평가 또는 위험과 관련하여 계리적 예측, 임상적 예측 및 구조화된 전문 판단의 차이점을 설명하라.
4. 법정 조언자 의견서(amicus curiae briefs)란 무엇이며, 왜 심리학 협회나 기관이 이를 제출하기를 원하는가?
5. 과학적인 배심원 선별은 주요 사건에서 활용되기는 하지만 형사 사건과 민사 사건에 보편화되어 있지는 않다. 최소 세 가지 이유를 들어서 이를 설명하라.
6. 증인 준비에서 심리학자가 수행할 수 있는 역할을 토론해 보라. 이러한 일에 심리학자가 개입하는 것, 특히 일반인 목격자와 관련된 업무에서의 장단점은 무엇인가?
7. Frye 일반적 승인 기준과 전문가 증언 평가를 위한 Daubert 기준의 차이점을 간단히 설명하라.
8. 전문가가 '최종 이슈'에 대한 의견을 제공해야 하는지에 대한 논쟁의 각 입장을 요약하라.

Chapter 5

형사 재판에서의 자문

주요 학습 내용

- 형사법원에 조언하는 심리학자의 전형적인 역할
- 능력 및 형사 책임에 대한 법적 기준
- 형사 능력 및 형사 책임을 평가하는 데 사용되는 심리 검사 도구
- 정신이상과 그 효과에 관한 연구
- 형사 사건의 선고 단계에서 법정 심리학자의 역할
- 사형 선고에서 심리학자의 역할과 딜레마
- 성범죄자를 평가할 때 심리학자의 역할과 딜레마

Jared Loughner는 2011년 1월 미 하원의 Gabrielle Giffords가 유권자들과의 '만남' 중 총에 맞아 살해된 애리조나(Arizona) 사건에 대해 19건의 살인 및 살인미수 혐의에 대해 유죄를 인정했다. 이 사건으로 6명이 사망했다. Loughner는 처음에 법정에 설 능력이 없는 것으로 확인되었다. 그래서 그의 의지에 반해서 항정신병 약물로 입원치료를 받았다. 다시 법정에 돌아왔을 때는 법정에 설 능력을 인정받았다. 그는 유죄를 인정한 후 가석방 없는 종신형을 선고받았다.

James Holmes는 2012년 한밤중에 배트맨 영화가 상영 중이던 관객이 가득한 극장에서 총격을 시작했다. 12명이 사망하고 수십 명이 부상을 입었다. Holmes는 범행 이전은 물론, 심지어 법정에서까지 기괴한 행동을 보였다. 그의 일기장에는 난잡한 형태의 구불구불하고 혼란스러운 그림들이 있었다. 그리고 법정에서는 아무런 표정이 없는 채로 있었다. 그는 정신이상을 이유로 들며 유죄를 인정하지 않았지만, 배심원은 유죄로 판단했다. 그는 가석방 없는 12개의 종신형을 선고받았다.

Lucille은 체포 이력이 없지만 신경학적으로 문제 이력이 있는 54세 여성이었는데, 도시에서 자동차를 인도로 모는 바람에 한 사람을 죽이고 여러 사람을 다치게 했다. 이 사건으로 충격을 받은 그녀는 부주의와 과실로 사망자를 낸 운전에 대해 유죄를 인정했다. 판결에 앞서, 한 신경 심리학자가 그녀는 40대 초반에 외상성 뇌손상을 입고 고통받아 왔으며, 이로 인해 조정 기능에 후유증이 있을 가능성이 있다고 평가하여 이를 법원에 제출해 주었다. 판사는 이것을 감경 요인으로 고려하여 법에서 허용되는 최소형을 부과했다.

실제 법정에 보고된 이 세 가지 사례는 형사 재판에서 자문하는 심리학자와 정신과 의사들이 수행하는 가장 일반적인 법정 정신건강 평가—능력 평가, 범행 당시 정신 상태 평가(정신 감정) 및 판결 전 평가—를 묘사하고 있다. 이러한 역할에서 임상가는 **법정 정신건강 평가**(forensic mental health assessments: FMHAs)를 수행한다.

지금까지 가장 일반적인 법정 정신건강 평가는 법정에 설 능력의 평가이며, 보통 재판 적격이라고도 한다. 20세기 말에는 매년 약 6만 명의 형사 피고인이 그러한 목적으로 평가를 받았다(Bonnie & Grisso, 2000). 그 이후로 이 수치는 꾸준히 증가했다(Zapf & Roesch, 2006; Zapf, Roesch, & Pirelli, 2014). Zapf, Roesch과 Pirelli에 따르면, 지역사회 및 기관 평가까지 모두 고려할 때 한 피고인의 능력 평가 비용은 5,000달러였다. 능력이 없는 것으로 평가되는 경우, 피고인의 능력을 회복시키기 위한 노력을 기울인다. 기관의 보수적인 회복 비용 추정치로 보더라도 3개월 회기 기준 30,250달러이다. Zapf 등(2014, p. 286)에 따르면 전국적으로 평가를 받은 피고인의 수를 고려할 경우 미국의 평가 및 회복 비용 합계는 연간 7억 달러 이상이 지출될 것으로 추정된다. **법정에 설 능력**은 법정 심리학자에 의해 평가되는 몇 가지 법적 능력 중 하나일 뿐이다. 이들을 묶어서 법정 심리학자들은 종종 '판결을 받을 수 있는 능력'으로 부른다. 여기에는 법정에 설 능력 이 외에도 자신의 권리를 포기할 능력, 자기변호 능력, 형량 거래 능력이 포함된다.

정신이상(insanity) 평가는 능력 평가와는 다르며 정확한 수치를 알기는 어렵지만 평가 사례가 훨씬 적은 것으로 보인다. 정신 평가(sanity evaluation)는 범행 당시의 정신 상태(mental state at the time of the offense: MSO) 평가 또는 형사 책임(criminal responsibility: CR)이라고 한다. 다수의 피고인은 정신이상 항변을 주장할 것이라고 말하지만 실제로는 그렇지 않다. 추측하건대, 이는 실제 평가가 정신이상을 지지하지 않았기 때문인 것으로 보인다. 그러나 평가가 정신이상 항변을 지지하더라도 피고는 이 장의 뒷부분에서 언급할 여러 가지 이유로 이를 사용하지 않기로 결정할 수 있다. 형사 책임 평가는 종종 법정에 설 능력 평가와 뒤섞이기도 한다. 즉, 일부 관할지에서는 심사관이 능력과 정상성을 모두 평가할 수 있지만, 다른 관할지에서는 그러한 방식을 선호하지 않거나 심지어 금지하고 있다. 전문가들은 통상 임상가에게 능력과 정상성 개념이 법적으로 다르기 때문에 이러한 특성에 대한 이중 목적(dual-purpose) 평가를 하지 않도록 경고한다(Melton et al., 2007; Zapf et al., 2014).

판결에서 심리·정신 상태의 제출은 원칙이 아닌 예외이지만, 특히 선고 판사가 물질남용 치료 또는 성범죄자 치료에 대한 범죄자의 복종 의무를 알고자 하는 경우에 점점 더 일반화되고 있다. 심리학자와 정신의학자는 또한 이 장의 시작 부분에 있는 Lucille의 사례에서와 같이 피고인의 책임 정도를 완화시킬 수 있는 정신신경학적 요소를 평가하도록 요청받을 수 있다. 또한 사형 선고 사건에서도 임상적 의견을 구할 수 있는데, 특히 최소 2개의 사형 집행 주의 법령에서 선고받을 사람의 장래 위험성을 배심원이 고려하도록 요구할 때 더욱 그러하다.

이 장에서는 우선적으로 법정에 설 능력, 정신이상, 형량 선고의 세 영역을 주로 다룰 것이다. 주로 법정 심리학자의 역할을 중심으로 설명하겠지만, 법정 검사관이 정신과 의사나 정신보건 사회복지사일 수도 있다는 것을 염두에 두어야 한다. 형사법원 환경에서 정신건강 전문가의 역할은 매우 중요하다. 미국 대법원은 합법적인 대리권과 더불어 형사 피고인이 경제적 여유가 없다면 정신건강 지원을 받을 헌법적 권리를 가지고 있음을 분명히 했다(Ake v. Oklahoma, 1985). 가장 최근에 법원은 그러한 지원이 검찰과 독립적이어야 한다고 지적했다. 즉, 양측이 동일한 정신건강 전문가를 고용해서는 안 된다는 것이다(McWilliams v. Dunn, 2017). 또한 이 장에서는 일부 성범죄자가 형사 선고를 받은 후 치르게 되는 민사적 문제를 둘러싼 논란을 다룰 것이다. 이 주제는 형사와 민사 법원 간의 관계를 상기시켜 준다. 교도소와 지역사회 환경에서의 성범죄자 치료는 12장에서 다룰 것이다.

법정에 설 능력

법정에 설 능력이 있다고 평가받은 다수의 피고인 중 약 20%가 처음에는 재판을 주재하는 판사로부터 능력을 인정받지 못한다. 그러나 Jared Loughner와 마찬가지로 대부분의 능력이 없는 피고인은 결국 능력을 회복한다. 법률과 법정에서는 법정에 설 능력(competency to stand trial)이라는 용어를 사용하고 있지만, 심리학 연구 문헌에서는 그 용어를 판결을 받을 수 있는 능력(adjudicative competence)으로 점차 대체하여 사용하고 있다(Mumley, Tillbrook, & Grisso, 2003; Nicholson & Norwood, 2000). 이것은 Richard Bonnie(1992)가 제안한 이론에 따른 것으로, 그는 법정에 설 능력에는 '절차를 밟을 능력(competency to proceed)'

과 '결정할 능력(decisional competency)'이 모두 포함되어야 한다고 제안했다. Bonnie가 말했듯이, 이제까지 법정은 다양한 맥락에서 피고인에게 요구되는 복잡한 의사결정 능력을 고려하지 않고 단지 절차를 진행할 능력에만 주의를 기울여 왔다. 예를 들어, 유죄를 인정하고, 자신을 변호하며, 형량 거래를 할 수 있는 능력 같은 것이다. 그 이후로, 미국 대법원은 우리가 간략히 언급했듯이 일부 다른 분야의 역량에 무게를 두었다. **판결을 받을 수 있는 능력**은 피고인이 가지고 있어야 할 광범위한 능력을 포함한다. 예를 들어, 피고인이 변호사를 선임할 수 있는 권리를 포기한다면, 법은 피고인이 그렇게 결정 내릴 만한 능력이 있어야 한다고 명시하고 있다. 만약 피고인이 유죄를 인정한다면, 그리고 마땅한 적법 절차와 함께 배심원 재판에 대한 권리를 포기한다면, 그들은 그럴 만한 능력이 있어야 한다. 형사 피고인의 90~95%는 재판을 받기보다는 유죄를 인정하는 것으로 추정된다.

형사 피고인은 그들의 자유와 생활상의 피해 등 형사소송에서 잃게 되는 것이 많다. 그래서 법에서는 구금되어 조사받는 동안 변호사를 선임할 수 있는 권리, 범죄 과정에 대한 모든 중요한 진술을 하는 데 있어서 변호사를 선임할 권리, 대부분의 흉악범죄와 일부 경범죄에서 배심원 재판을 받을 권리 등 여러 가지 정당한 적법 절차를 보장한다. 다시 말하지만, 이러한 권리를 포기하려면 그럴 능력이 있어야 한다. 3장에서 경찰 신문에 대해 논의하면서 배웠듯이 자백(묵비권을 포기하는 것)은 자발적으로 이루어지지 않으면 유효하지 않다. 대법원은 종종 헌법상의 권리를 포기한 사람이 그 의미를 알고 있어야 하며, 지적인 능력이 있고 타당하게 결정을 내려야 한다는 입장을 되풀이해 왔다(예: Fare v. Michael C., 1979).

능력에 대한 법적인 기준

법정에 설 능력에 대한 두 가지 기준은 1960년 Dusky 대 U.S. 사건에서 미국 대법원에 의해 발표되었고, 대부분의 주에서 받아들여졌다. 캐나다와 영국의 경우에도 각국의 법원 판례에 기초한 유사한 기준이 존재한다(Ramos-Gonzalez, Weiss, Schweizer, & Rosinski, 2016). Dusky 사건에서 대법원은 피고인이 법정에 설 능력을 가지고 있는지 여부를 다음과 같이 규정하였다. "만약 피고인이 합리적인 수준의 이해를 바탕으로 변호사에게 자문을 구할 수 있는 능력을 충분히 가지고 있다면…… 그리고 재판 절차에 대해 합리적이고 실제적인 이해를 할 수 있다면 그들은 법정에 설 능력이 있는 것으로 볼 수 있다."(Dusky v. U.S., 1960, p. 402) 따라서 이러한 능력은 피고인이 무슨 일이 일어나는지를 이해하는 것뿐만 아니라 자신의 변호를 준비하는 데 있어서 변호사와 협력할 수 있는지를 의미한다. 이것은 두 갈래의 Dusky 기준(Dusky standard)으로 알려지게 되었다. 그러나 다수의 임상가는 법이 특

표 5-1 **법정에 설 능력 관련 대표적인 미국 대법원 판례**

Dusky v. U.S. (1960)	두 갈래 기준 설정
Jackson v. Indiana (1972)	역량 회복에 진전이 없으면 무능한 피고인을 무기한으로 보호시설에 둘 수 없음
Godinez v. Moran (1993)	Dusky 기준은 다른 사전 심리 역량 평가에 적용
Cooper v. Oklahoma (1996)	무능력 입증의 부담이 증거의 우세보다 높아서는 안 됨
Sell v. U.S. (2003)	역량 회복을 위한 강제 약물치료는 엄격하게 검토되어야 함. 폭력적이지 않고 위험성이 낮은 피고는 그의 의지에 반하여 약물을 복용시켜서는 안 됨
Indiana v. Edwards (2008)	주는 정신장애가 있지만 여전히 법정에 설 능력이 있는 피고인에 대한 자기변호의 권리를 부정할 수 있음

정 사건에서 필요한 능력 수준에 대해 충분한 관심을 두고 있지 않다고 지적해 왔다(Brakel, 2003; Roesch, Zapf, Golding, & Skeem, 1999). 즉, 피고인이 단순한 사건에서 소매치기로 기소되었다면 능력 기준에 적합할지도 모른다. 그러나 같은 피고인이 과실치사로 기소되었고 재판이 장기화되는 상황에 직면한다면, 그 기준에 적합하지 않을 수 있다. 따라서 피고인의 법정에 설 능력에 대한 임상적 평가는 기소를 이해하고 변호인을 돕는 개인의 전반적인 능력을 고려하는 것은 물론, 개별 사례의 복잡한 상황을 고려해야만 한다(Dusky와 기타 능력 관련 판례의 목록을 <표 5-1>에서 확인).

대법원은 Dusky 기준(Dusky standard)을 유죄 인정에도 적용하도록 판시해 왔다(Godinez v. Moran, 1993). 유죄를 인정하는 피고인은 재판 과정에 대해 이성적으로 이해하고 있어야 한다. 다시 말하면, 몇몇 정신건강 전문가는 이 '모두에게 적용된다는(one size fits all)' 식의 접근은 아쉬운 점이 많다고 주장한다. 그들은 유죄 인정을 할 때에는 그로 인한 영향을 고려하여 매우 신중하게 조사하여야 한다고 주장한다. 유죄를 인정할 경우 수많은 헌법상의 권리를 포기하게 되는데, 이런 판단을 할 때는 의사결정 능력이 필요함에도 불구하고 많은 피고인이 그것을 가지고 있지 못한 점에 대해 언급하였다. 그리고 피고인이 '이성적인 이해를 하고 있다'고 단순히 평가하는 것은 많은 경우에 합당하지 않을 수 있다고 제안하였다.

이민 절차

최근 이민 변호사 그리고 법률 및 행동 학자와 연구자들에 의해 이민 추방 또는 퇴거 절차에 대한 판결을 받을 수 있는 능력의 문제가 제기되었다(예: American Bar Association, 2009; Filone & King, 2015; Ochoa, Pleasants, Penn, & Stone, 2010; Ramos-Gonzalez et al., 2016; Wilson, Prokop, & Robins, 2015). 이러한 절차는 본질적으로 형사가 아닌 민사 절차이며, 앞에서 논의한 능력과 동일하지 않다는 점을 강조하는 것이 중요하다. 그럼에도 불구하고 이 절차들은 우리의 논의와 밀접한 관련이 있다. 이 주제에 관한 거의 모든 학술 논문에서는 네 가지 주요 주제, 즉 ① 이민자들이 겪는 정신건강 문제의 정도(예: 우울증, PTSD), ② 복잡하고 변화하는 이민법의 본질, ③ 정신건강 전문가가 직면한 특수 과제(예: 언어 장벽, 문화적 차이 인식의 중요성), ④ 정신건강 전문가가 이민자에 대해 점점 더 많은 평가를 수행할 가능성이 포함된다. 4장에서 최근 몇 년간 증가하는 추방 사건을 처리하기 위한 이민 판사가 증가한 것을 언급했음을 떠올려 볼 필요가 있다.

이민자들은 분명히 가족과의 분리를 포함하여 추방 절차에서 잃을 것이 많으며, 일부는 심각한 위기에 처한 곳으로 돌아갈 위험이 있다. 망명을 요구하고 거부를 두려워하는 사람들은 탈출하려는 국가에서 고문을 포함한 박해를 받는다. 실제로 이민자들은 변호사와의 연결 방법을 이해하지 못했거나 즉시 추방될 우려 때문에 종종 법정 심리에 출두하지 않는다(Preston, 2017). 따라서 출두한 이민자들이 소송 절차를 이해하고 변호사를 도울 필요가 있음을 인정하는 것은 인도적인 일이다([사진 5-1] 참조).

앞서 언급한 바와 같이 퇴거 절차는 형사가 아닌 민사절차로 간주되므로 이민자에게는 이러한 맥락에서 형사 피고인과 동일한 헌법상의 권리가 부여되지 않는다(Filone & King, 2015). 그럼에도 불구하고 공정성 문제로 법원은 퇴거 절차와 관련하여 능력의 필요성을 인정했다. 예를 들어, In Re M-A-M 판례(2011)에서는 3종의 검사(three-pronged test)가 발표되었다(Ramos-Gonzales et al., 2016). 그리고 이후의 Franco-Gonzalez 대 Holder 판례(2013)에서는 다음과 같은 기준을 명시했다.

> 외국인이 이민 절차에 참여할 능력이 있는지 여부를 결정하는 것은 절차의 성격과 목적에 대한 합리적이고 사실적인 이해가 있는지, 변호사나 대리인(대리인이 있는 경우)과 상담이 가능한지, 증거를 확인 및 제출하고 목격자를 교차 신문할 합리적인 기회가 있는지이다 (p. 479).

Ramos-Gonzales 등(2016, p. 286)이 지적했듯이, "미국에서 이민 절차에 대한 법적 기준은 청구인이 직면한 추가적인 책임을 다루므로 캐나다나 미국의 형사 기준에서 요구하는 것보다 높은 수준의 능력을 요구한다."

사진 5-1 이민법원 밖에 늘어선 사람들이 이민 가족 지원을 외치고 있다.
출처: @iStockphoto.com/AAraujo.

이 기준은 변호사 임명을 요구하지는 않는다. 법원 판결과 거의 동시에, 미국 법무부(DOJ)와 국토안보부(DHS)는 이민 판사들이 추방 대상자, 특히 대리인이 없는 사람들의 정신건강 문제에 대해 더욱 주의를 기울여야 한다는 지침을 발표했다. 이 지침은 또한 정신건강 검진, 인증 및 훈련된 정신의학자 및 심리학자에 의한 독립적인 법정 정신건강 평가를 제안했다. 그리고 법적 능력이 없는 사람을 대리하는 사람에게 자격을 부여하여 이러한 보호의 내용을 몇 가지로 목록화하였다(Filone & King, 2015).

이 지침은 새로운 것이기 때문에 실제 적용에 대한 연구는 거의 수행되지 않았다. 관련 연구에 따르면 심각한 지적장애나 정신장애의 징후가 나타나지 않는 한 이민 변호사나 해당 대리인이 의뢰인의 능력을 문제 삼을 가능성은 낮다(Becker, 2014). 더욱이 기관 공무원과 이민 판사는 혼잡한 부두만큼이나 업무가 과중하여 심리적 문제의 징후를 인지할 여력이 없다. 집단으로서 형사법원 판사는 법정에 설 능력과 관련된 문제에 더 익숙하다. 마지막으로, 이민 문제에 관한 법률과 정책이 빠르게 변하고 있다. 이러한 이유로 실제로 보장되는 것에 비해 법정 정신건강 전문가에 의한 평가가 제출되는 경우는 훨씬 적을 수 있다.

형사 사건에서 자기변호

형사 피고는 단 하루라도 수감될 가능성이 있는 경우, 모든 형사 기소에서 변호사에 의한 변호를 받을 권리가 있다(Gideon v. Wainwright, 1963; Argeninger v. Hamlin, 1972). 즉, 형사 피고가 변호사를 고용할 수 있는 여력이 안 되는 경우에도 변호사가 배정된다. 다만 보장되는 것은 완전한 변호가 아닌 적정 변호라는 것에 주목할 필요가 있다.

일부 형사 사건의 경우 피고는 변호인에 대한 권리를 포기하고 자신을 변호하는 방법을 선택한다. 이것 역시 미국 헌법(Faretta v. California, 1975)에 따라 보장되는 권리이지만 매우 소수의 형사 피고인이 행사하는 권리이다. "자기변호를 하는 사람은 변호사를 우습게 생각한다." 또는 일부 피고인은 자신을 변호할 때 변호사의 조언을 무시하고 변호사가 최선의 이익이 아니라고 믿는 방법을 선택한다.

다수의 유명한 형사 사건을 경험한 학자들은 정신장애가 있는 것으로 판명된 형사 피고인이 이러한 접근법을 취하도록 만드는 판단력에 대해 의문을 제기한다. Theodore Kaczynski는 변호사의 조언과는 반대로 자신을 변호한, 명백히 망상적인 피고인이었다. 그는 정신이상을 이유로 들어 재판에서 유죄를 인정하지 말라는 변호사의 조언을 거절했다. Kaczynski는 자신이 정신이상이 아니며 유죄 또한 아니라고 변호했지만, 결국 그는 유죄가 인정되었고 겨우 사형만 면했다. 반면, Colin Ferguson은 변호사를 우습게 알았던 피고인이었다. 그는 롱아일랜드 통근 열차에서 총을 쏴 6명을 죽이고 많은 사람을 다치게 했다. Ferguson의 정신 상태가 의심스러웠지만, 그는 변호사 선임 권리를 포기할 수 있었고, 재판 동안 스스로를 변호했다. 처음에는 한 변호사가 그를 위해 변호하기로 되어 있었지만, Ferguson은 Kaczynski와 같이 정신이상을 이유로 유죄가 아님을 주장하라는 변호사의 충고를 거절하고 스스로를 변호하겠다고 주장했다. 많은 학자와 입회인은 Colin Ferguson의 재판을 미국의 사법 체계에서 매우 당혹스러운 사건으로 기억한다(Perlin, 1996). "Ferguson은 입회자가 모두 이상하다고 여길 만한 방식으로 계속해서 자신을 변호하였다."(Slobogin & Mashburn, 2000, p. 1608) 재판 동안 그는 두서없이 진술했고, 음모론을 주장했으며, 목격자로 클린턴 대통령을 불러달라고 요청했다. Ferguson 사건 이후 10년이 훌쩍 지나 대법원은 법정에 설 능력이 있는 피고인이라고 해서 반드시 자신을 변호할 수 있는 것은 아니라고 판결했다(Indiana v. Edwards, 2008; 〈Focus 4-1〉 참조). 다시 말해, 판사는 자신을 변호하기를 원하지만 정신장애가 있는 경우 법정에 설 능력이 있다고 하더라도 피고의 요청을 거부할 수 있다. Ferguson 사건이 Indiana 대 Edwards 판결 이후에 발생했다면 판사는 Ferguson이 자기변호를 하기로 한 결정을 무시할 의향이 있었을까?

이후의 사건에서 '스무 번째 9 · 11 납치범'으로 알려진 Zacarias Moussaoui는 여러 혐의에 대해 유죄를 인정하기 전에 교도소에 4년 이상 수감되어 있었다. 재판 전 구금 기간 중 그는 유죄 인정을 하지 않고 변호사를 해고했다. 심리평가를 받도록 명령을 받아 재판 능력을 갖춘 것으로 밝혀졌으며, 다수의 다른 재판 전 전략을 통해 자신을 변호할 수 있는 권한을 부여받았다(그 권한은 나중에 판사가 철회하였다). Moussaoui는 결국 유죄를 인정하기로 결정했다. 그러나 그는 결국 판결 심리에서 변호사의 조언을 거스르고 자신의 이익에 반하는 증언을 했다.

가장 최근인 2015년 Mother Emanuel 교회 살인 사건으로 유죄 판결을 받은 Dylann Roof는 처음에 여러 차례 심리를 거쳐 최종적으로 능력을 갖춘 것으로 판명된 후 재판에서 자

Focus 5-1 Indiana 대 Edwards 판례: 법정에 설 능력과 자기변호 능력

조현병 환자인 Ahmad Edwards는 오랜 정신과 병력이 있었다. 이번 사건과 관련하여 Edwards는 백화점에서 신발 한 켤레를 훔치려고 했다. 그 과정에서 그는 보안요원을 쏘고 주변 사람들에게 부상을 입혔다. 그는 살인 미수, 흉기를 사용한 폭행, 부주의 및 절도 혐의로 기소되었다.

Edwards 사건은 형사 사건이 실제 재판으로 갈 때 취할 수 있는 우회적인 경로를 보여 준다. 피고인은 세 가지 다른 능력을 심사하는 청문회를 가졌다. 그는 처음에는 무능력한 것으로 판명되어 능력 회복을 위해 입원했다. 두 번째 청문회에서 그는 능력을 갖춘 것으로 평가받았으나 그의 변호사는 곧 다른 능력 평가를 요청했다. 세 번째 청문회에서 그는 무능력한 것으로 판명되어 입원했으며, 그 후 판결을 받을 수 있는 능력이 있는 것으로 평가되었다. 그러자 그는 자기변호를 요청했는데 이는 거부되었으며, 대신 변호사를 임명받았지만 결국 그는 유죄 판결을 받았다. Edwards는 인디애나(Indiana) 항소법원에 항소하면서 자기를 변호할 권리가 침해되었다고 주장했다. 법원은 Edwards의 주장에 동의하고 새로운 재판을 명령했다. 그 후 주정부는 인디애나 대법원에 항소했으며, 그 법원도 Edwards와 합의했다. 최후의 수단으로, 인디애나주는 미국 대법원에 주법원이 동의한 결정에 대해 검토를 요청했다.

법원(Indiana v. Edwards, 2008)은 판사가 정신적으로 심각한 장애가 있는 피고인인 경우 법정에 설 능력이 있더라도 변호사의 변호를 받을 권리를 주장할 수 있다고 판결했다. 다시 말해, 피고가 법정에 설 능력이 있다고 해서 반드시 자신을 변호할 능력이 있다는 의미는 아니라는 것이다. 그러나 인디애나주 법원은 형사 피고인이 법원이나 배심원과 일관되게 의사소통할 수 없는 경우 재판에서 자신을 변호할 권리를 부인하는 일반 규칙을 발표하도록 법원에 요청했다는 점에 주목할 필요가 있다. 대법원은 보편적 규칙을 부정하고, 판사에게 피고인의 정보와 관찰에 근거하여 사례에 따라 다르게 판결하는 것을 인정했다.

미국 대법원 수준에서 다루어지는 대부분의 사건과 마찬가지로 Edwards 사건은 지면으로 제시할 수 있는 것보다 훨씬 더 복잡하다. 그러나 여전히 Faretta 대 California(1975) 판례를 유지하여 피고는 자기변호에 대한 헌법적 권리를 가지고 있지만, 주정부는 판사들이 정신적으로 심각한 문제가 있는 피고인에 대한 권리를 거부할 수 있음을 분명히 알 수 있다.

토론 질문

1. 판사는 형사 소송에서 심각한 정신장애가 있는 사람 이외의 다른 사람에 대해서도 자신을 변호할 권리를 거부하도록 허용해야 하는가?
2. 왜 형사 소송에서 사람들은 자기변호를 하고 싶어 하는가?

신을 변호하기를 원했다. 그는 마음이 바뀌었고 재판 중에 변호사가 있었지만 사형 선고 단계에서 자신을 변호했다. 그는 자신의 정신 상태에 대한 증거를 제시하라는 대기 변호사(stand-by lawyer)의 조언을 거부했다(대기 변호사는 형사소송에서 자신을 변호하기로 선택한 피고인에게 법적 근거에 따라 조언을 제공하기 위해 판사가 임명하는 변호사이다). 대신, Roof는 자신의 정신 상태에 대해 변호사로부터 들은 모든 것을 무시하라고 배심원에게 요구했다. 그는 자신이 심리적 문제가 없으며 백인 인종을 순수하게 유지해야 할 필요성에 대해 거만하게 말했다. Roof는 사형을 선고받았다. 2017년 4월, 그는 주법원에서 9건의 살인에 대해 유죄를 인정하고 연속적인 종신형을 선고받았다. 오클라호마(Oklahoma)시의 폭파범인 Timothy McVeigh 이후 연방 수감자가 처형된 적이 없기 때문에 Roof가 처형되는 일은 없을 것이다. 그러나 그는 남은 삶을 감옥에서 보낼 것이다.

마지막으로, 앞서 논의한 이민 관련 절차에서 반드시 언급해야 할 것은, 법정에 출두한 이민자들은 자기변호를 하거나 이민법에 능숙하지 않은 변호사에게 변호를 받는 것 외에는 다른 선택의 여지가 거의 없다는 것이다. 이민법을 전문으로 하는 변호사는 부족하다(Filone & King, 2015). 이민 소송은 본질적으로 민사 소송이기 때문에 법적 변호의 권리를 인용하지 않는다. 그리고 아직 판사가 자기변호를 거부할 실익이 없다. 실제로 자기변호가 일반적인 실정이다. 퇴거 절차에 참여할 능력을 평가할 때, 법정 검사관은 법원 절차에 대한 개인의 이해와 주재 판사에게 사건을 제시하는 방법을 신중하게 평가해야 한다(Filone & King, 2015).

능력 평가가 일반적인 이유는 여러 가지가 있다. 첫째, 판결을 받을 수 있는 피고의 능력에 관한 문제는 형사사법 절차의 여러 단계에서 발생할 수 있으며 피고는 평가 및 재평가를 받는다. 뒤에서 다시 논의할 판례(Cooper v. Oklahoma, 1996)에서 능력에 관한 문제는 다섯 번에 걸쳐 제기되었으며, Cooper의 판결 심리가 그 마지막이었다. 앞서 논의한 Edwards 사건의 피고는 능력에 대한 심리를 세 번 받고, 재판에서 자기변호를 할 수 있는지에 대해 두 번의 심리를 받았다. Loughner와 Roof는 모두 재판 단계에 도달하기 전에 여러 가지 능력 평가 및 심리를 거쳤다.

둘째, 파악이 안 될 만큼의 형사 피고인이 추가 범죄로 기소되어 첫 번째 사건이 해결된 지 수년 만에 재평가된다. 지금까지 우리가 살펴본 사례는 심각한 사례였지만 능력 평가에는 경미한 범죄로 기소된 피고인이 포함된다(Pirelli, Gottdiener, & Zapf, 2011). 사실상 모든 주에서 경범죄 또는 덜 심각한 중범죄로 기소된 피고인은 경찰, 사법 시스템 및 정신건강 시스템에 이미 기록이 있는 경우가 많다. 법정에 계속 출두하고, 능력 평가를 받고, 능력이 없는(또는 능력이 있는) 것으로 확인되고, 입원되고(또는 그렇지 않고), 기소가 기각되고(또는 유죄를 인정하고), 집행유예 기간을 보내고(또는 수감되고), 그리고 다음 형사 기소가 있을 때까지 지역사회로 돌려보내진다. 4장에 언급된 정신건강법원은 주로 비폭력적이고 정신장애가 있는 개인을 범죄 과정에서 우회시켜 지역사회의 감독과 의미 있는 치료를 제공함으로써 이 회전문 과정(revolving-door process)이 반복되는 것을 방지하기 위한 것이다.

마지막으로, 법정 심리학 자체의 발전에 힘입어 능력 평가가 실시되는 빈도를 설명할 수 있다. 이 장의 뒷부분에서 설명하겠지만, 능력 평가 도구의 개발과 이러한 평가를 수행하는 대학원 및 박사후 과정 학생들의 훈련을 통해 평가 절차가 상당히 간소화되었다. 그럼에도 불구하고 의뢰인이 능력이 없다고 의심되는 경우에도 변호사가 항상 의뢰인에 대한 능력 평가를 시도하는 것은 아니라는 증거도 있다(Hoge, Bonnie, Poythress, & Monahan, 1992; Murrie & Zelle, 2015). 이는 특히 능력 문제가 심각하지 않은 경우에 발생할 수 있으며, 의뢰인의 입원 조치에 대한 변호사의 저항, 시간 및 비용, 또는 의뢰인의 경우에 형량 거래를 통해서 신속히 처리될 거라는 순수한 신념을 포함하여 여러 가지 이유로 발생할 수 있다. 마지막으로, 변호사들이 지적장애와 같은 결함으로 인해 피고가 법정 절차에 참여할 수 있는 능력이 결여되어 있을 가능성을 인식하지 못할 수도 있다(Murrie & Zelle, 2015; 이 장 후반부 Murrie 박사의 〈My Perspective 5-1〉 참조).

판결을 받을 수 있는 능력의 평가

법정 심리학자는 다양한 상황에서 피고인이 판결을 받을 수 있는 능력(adjudicative competence)이 있는지를 평가할 것이다. 예를 들면, 간단한 능력 심사는 피고인이 감옥에 수감되는 동안 형사소송 절차 초반에 이루어질 것이다. 피고인은 또한 공판 전에 석방되어 있는 동안 외래 환자로서 지역사회에서 평가받을 것이다. 또한 앞에서 언급한 바와 같이 추방 위험에 처한 개인의 능력에 의문이 제기되는 경우가 많다. 이러한 절차는 형사 절차가 아니지만 능력 평가 기준이 그대로 적용된다. 그러나 이민 평가는 병원이나 지역사회 환경보다는 거의 항상 구류시설에서 발생한다.

부분적으로는 비용 요인 때문에 이러한 외래진료 평가가 증가하고 있지만(Zapf et al., 2014), 다수의 피고인이 공립 정신병원에 입원해 있는 동안 평가를 받게 된다. 그러나 외래 환자 평가가 외래 환자 치료보다 훨씬 더 흔하다. 다시 말해, 법정에 설 능력이 없는 것으로 판명된 피고인의 약 20%가 지역사회에서 평가되었는지 여부에 관계없이 일반적으로 치료를 위해 입원 조치된다. 우리가 주목하듯이, 지역사회에서 더 많은 치료 방법을 이용할 수 있게 되면서 이러한 상황은 변화하기 시작했다.

Golding(2016)은 능력에 대한 방대한 연구에도 불구하고 현재까지 피고가 무능력자로 평가되거나 판결되는 이유를 알려 주는 연구는 거의 없다고 결론지었다. 능력 평가를 받아야 한다고 판단되는 사람들은 현재 정신장애 징후를 보이거나 정신병력이 있는 사람들인 경향이 있다는 것에 주목해야 한다. 일반적인 평가는 피고인이 현재 조현병이나 심각한 정신이상처럼 정신적으로 장애가 있다고 여겨질 때에 실시된다(Mumley et al., 2003). 그러므로 능력 평가는 종종 피고인이 정신과적 치료를 받았는지, 수용시설에 있었던 적이 있는지, 체포될 정도의 이상행동을 했거나 구금된 동안 자살 시도를 한 적이 있는지 등에 대해 평가한다. 한편으로는 지적장애, 정서적인 고통, 심지어 고령의 경우에도 피고인의 능력에 대해 의문을 제기한다. 예를 들어, 차량살인 사건으로 기소된 피고인은 그 사건으로 인해 매우 정신이 혼란스러워서 판결을 받을 수 있는 능력의 기준에 부합하지 않을 수도 있다. 이러한 상황에서 이 피고인은 평가 과정 동안 입원하는 것에 대한 요구가 적을 수 있다.

피고인 측 변호사 혹은 법원이 직접 평가를 의뢰할 수 있는데, 심리학자는 그 차이를 인식하는 것이 중요하다. 피고인이 평가를 요구하고 비용을 지불할 때, 의뢰인은 평가를 받는 사람이 되고 그 보고서는 의뢰인의 변호인인 피고인 측 변호사에게 가게 된다. 평가 결과에 따라 변호사는 그 보고서를 검사와 공유할 수도 있고 그렇지 않을 수도 있다. 평가가 법원의 명령에 의한 것이라면, 피고인 측 변호사의 요구로 진행했을지라도 의뢰인은 법원이 된다. 법원의 명령에 의한 평가는 피고인 측 변호사(의뢰인이 개인적으로 평가에 대해 지불할 능력이 없는), 검사 혹은 판사에 의해 이루어질 것이다. 검사관은 법원의 명령으로 평가한 보고서를 모든 사람이 공유하게 될 것을 예상해야 한다.

다수의 연구에서 대부분의 능력 평가는 법원의 명령에 의한 것이고 한 번 이상 이루어지지 않는다는 것을 보여 준다(Melton et al., 2007). 즉, 평가가 '대립되는' 경우는 일반적이지 않다. 종신형이나 사형이 포함될 수 있는 유명한 사례에서는 대립되는 평가의 가능성이 더 크다. 반대 의견을 내는 전문가가 없는 경우, 판사는 거의 대부분 평가를 실시하는 임상가의 권고를 받아들인다(Cohrane, Herbel, Reardon, & Lloyd, 2013; Cruise & Rogers, 1998; Melton et al., 1997). 어떤 연구자는 동의 비율이 90%를 쉽게 넘을 것이라고 보고한다(Cruise & Rogers, 1998; Zapf, Hubbard, Gallaway, Cox, & Ronan, 2002). 따라서 적어도 이러한 재판 전 상황에서 임상가는 법정에 상당한 영향을 미치는 것으로 보인다. 피고가 능력이 있는지 여부에 대해 평가자들 간에 의견 합치가 안 되는 경우, 판사는 피고가 능력이 없는 것으로 판단할 가능성이 높다(Gowensmith, Murrie, & Boccaccini, 2012). 의심이 있을 경우 판사는 과도할 만큼 조심하는 것을 선호하기 때문일 수 있다.

모든 법정 정신건강 평가에서처럼, 판결을 받을 수 있는 능력에 대한 평가는 평가받는 사람에게 기밀성의 한계와 평가의 목적에 대해 통보하면서 시작되어야 한다(모든 평가 요인에 대한 목록은 〈Focus 5-2〉 참조; Heilbrun, Grisso, & Goldstein, 2009 참조). 앞서 언급했듯이, 피고인 측 변호사가 의뢰인의 능력과 일반적 정신 상태를 평가하기 위해 심리학자를 직접 고용한 경우가 아니라면 능력 평가 보고서는 변호사와 재판장에게 공유되어야 한다. 이러한 이유로 검사관은 피고인의 현재 상태만을 조심스럽게 제한해서 보고하고 범죄 자체에 대한 세부 사항을 제공할 수 있는 정보는 포함하지 않아야 한다는 것을 상기해야 한다(Grisso,

FOCUS 5-2 법정 정신건강 평가(FMHA)의 공통 요건

법정 정신건강 평가(Forensic Mental Health Assessment: FMHA)는 다양한 이유로 실시되지만 최소한 다음과 같은 요건을 공통적으로 갖추어야 한다.

평가 대상자와 만나기 전에 검사관은

- 평가 추천의 목적을 이해할 것
- 이해 상충이 있거나 검사관의 참여가 윤리적 또는 도덕적 제척 사유가 있는 경우 평가를 거부할 것
- 가능한 경우 배경 정보와 기록을 수집할 것
- 평가 관련 법률 지식을 알고 있을 것
- 대가 지급 방법과 지급 시기를 확인하고 동의할 것
- 언제 보고서가 필요한지, 그리고 누구에게 제출해야 하는지 확인할 것

평가를 수행하기 전에 검사관은

- 평가받는 사람에게 그 목적을 설명할 것
- 이것이 치료적인 관계가 아님을 강조할 것
- 기밀 유지의 한계를 설명할 것
- 피검사자에게 검사의 가능한 용도에 대해 경고할 것
- 보고서 사본을 받을 사람을 피검사자에게 알릴 것
- 동의가 필요한 경우 피검사자의 서면 동의를 얻을 것

검사관의 서면 보고서는

- 명료하게 작성되고, 속어 또는 과도한 전문 용어가 없도록 할 것
- 평가 완료 후 합리적인 시간 내에 제출할 것
- 보고서의 목적을 명시하고, 법적 문제를 밝히고, 보고서를 요청한 사람을 표시할 것
- 검토한 문서와 수행된 모든 검사/인벤토리(inventory)를 적시할 것
- 내린 결론의 근거를 명확하게 기술할 것
- 다양한 사람이 보고서를 볼 수 있다는 인식을 가지고 제출할 것

토론 질문

1. 앞서 제시한 모든 요인이 중요하지만 일부는 다른 요인보다 더 중요한 것으로 간주될 수 있을까? 그렇다면 어떤 것이, 왜 그러한가?
2. '평가 수행 전' 분류에 열거된 요인을 판단할 때 발생할 수 있는 문제에 대해 토론하라.

1988; Roesch et al., 1999; Zapf et al., 2014).

검사 절차 자체는 검사관의 훈련 정도와 이론적인 지향점에 따라 매우 다양하다. Cruise와 Rogers(1998)가 말한 것처럼, "능력 평가의 시행 기준에 대한 명확한 합의는 없다"(p. 44). 마찬가지로 Golding(2016)은 능력 평가와 관련하여 평가에 대한 접근 방법이나 평가 절차 어느 하나도 충분하지 않다고 지적한다. "따라서 감독에 있어 전문가들에게 전문적인 실무 기준과 자신의 관점을 반영하는 방법을 만들어서 자신만의 전문적인 정체성을 개발하도록 촉구한다."(p. 75) 어떤 검사자는 오직 임상적인 인터뷰만을 시행하는 반면, 어떤 검사자는 인터뷰와 함께 다양한 투사적 검사나 객관적 검사를 시행한다. 또 다른 검사자는 피고인의 행동 관찰과 광범위한 배경 정보를 포함하는 포괄적인 보고서를 제출할 것이다. 전통적으로 능력 평가는 피고인이 법정에 설 능력이 있는지에 대한 이슈와 상관없는 상당한 양의 정보를 포함하는 경향이 있다(Grisso, 1988). 최근 몇 년간 많은 지도 아래 임상가의 능력 평가에 대한 오해가 줄어들고 있으며, 보고서의 질이 향상되고 있다(Roesch et al., 1999). 또한 더 많은 법원은 검사를 실시하는 임상가가 바로 본론으로 들어가고 그들의 모든 결론에 대한 근거를 제공하도록 요구하기 시작했다. 그러나 보고서의 질이 향상되고 있다는 제안에도 불구하고 한 주에서 판사에게 제출된 보고서에 대한 연구에서는 보고서의 25%만 충분한 수준을 갖춘 것으로 나타났다(Robinson & Acklin, 2010).

능력 평가에 대한 지침과 제안은 임상가에게 폭넓게 활용 가능하다(예: American Psychological Association [APA], 2012; Golding, 2016; Grisso, 2003; Murrie & Zelle, 2015; Zapf et al., 2014). 예를 들어, 검사자는 평가를 진행하기 전에 이용 가능한 사례 기록을 검토하고 피고를 평가하는 상황을 고려해야 한다. 정신장애가 있는 사람이라고 하더라도 법적 절차를 이해하고 변호사를 지원할 수 있는 능력이 완전할 수 있기 때문에 진단적인 정신 상태만 고려할 필요는 없다. Zapf, Roesch 등이 관찰했듯이, "너무 많은 평가자가 개별 피고 사례의 기능적 측면을 고려하지 않고 전통적인 정신 상태 문제에 부적절하게 의존할 가능성이 매우 크다"(p. 291).

능력 평가 도구

지난 40년 동안, 많은 연구자가 법정에 설 수 있는 능력을 평가하기 위한 도구의 개발 및 타당화를 시도해 왔다. Pirelli 등(2011)은 12개 이상의 도구를 검토했다. 불행히도, "다수의 판결을 받을 수 있는 능력 측정 도구의 신뢰도와 타당도에 대한 과학적 증거가 부족하다"(Poythress & Zapf, 2009, p. 320). 위험 평가 도구와 마찬가지로 실무자는 자신이 사용하는 모든 능력 평가 도구와 관련된 연구 성과를 알고 있어야 한다. 또한 "기존의 모든 법정 평가 도구는 완전히 의지할 수 있는 도구가 아니다"(Golding, 2016, p. 75).

그중에는 시행하는 데 30분이 걸리지 않는 선별 도구가 있는 반면, 인터뷰와 검사 시행을 기반으로 하는 정교한 도구도 있다. 컴퓨터를 이용한 평가 도구—CADCOMP(Computer-Assisted Determination of Competency to Proceed)—는 배경, 법적 지식, 행동 등에 대한 자기 보고에 기반을 두고 있다(Barnard et al., 1991). 이런 평가 도구에 대한 상당한 양의 검토자료가 있다(예: Pirelli et al., 2011; Zapf et al., 2014; Zapf & Viljoen, 2003 등). 여기에서는 그 리뷰에 대해 모두 다루지는 않고 실례를 보여 주기 위해 몇 가지만을 논의할 것이다.

능력선별검사(CST)

능력선별검사(competency screening test: CST; Lipsitt, Lelos, & McGarry, 1971)는 피고인의 법정에 설 수 있는 능력을 빠르게 평가하기 위한 문장완성 검사이다. 이 검사는 법적 절차의 기본 원리와 변호사의 역할에 대한 피고인의 지식을 묻는다. 예를 들면, 피고인에게 '배심원이 나의 사건에 대해 들었을 때, 그들은 ~할 것이다.'와 같은 문장을 완성하도록 지시하는 것이다. 만약 피고인의 점수가 특정 수준 이하라면 더 자세한 평가가 이루어진다. 이 검사의 주요 장점은 확실하게 능력이 있는 피고인을 신속히 선별할 수 있다는 것이다. Roesch, Zapf, Golding과 Skeem(1999)에 따르면, 이 검사는 재판 능력 있는 다수의 피고인을 능력이 없다고 평가하는 오류율이 높다(53.3%). 이 검사에서 능력이 없다고 판정된 피고인은 추가적인 평가를 위해 병원에 입원해야 할 가능성이 커지고, 이는 보석으로 풀려날 수 있는 피고인의 자유가 박탈될 수 있다는 것을 의미한다. 이러한 오분류 가능성으로 인해 학자들은 CST를 유일한 선별 방법으로 추천하는 것에 대해 매우 조심스러운 태도를 보이고 있다(Zapf, Roesch, et al., 2014).

맥아더 능력평가도구–범죄판결(MacCAT-CA)

정신건강과 법에 관한 맥아더 재단 연구 네트워크(MacArthur Foundation Research Network on Mental Health and the Law)는 범죄 피고인 능력에 대한 맥아더 구조화 평가(MacArthur Structured Assessment of the Competencies of Criminal Defendants: MacSAC-CD; Hoge et al., 1997)를 개발했다. 이것은 다루기가 상당히 힘든 평가 도구이기 때문에 **맥아더 능력평가도구–범죄판결**(MacArthur Competency Assessment Tool–Criminal Adjudication: MacCAT-CA)이라는 22개 문항의 짧은 도구를 만들게 되었다. 피고인에게는 범죄로 기소된 사람의 상황을 묘사하는 짧은 글이 제공되고 그들의 상황에 대한 질문이 제시된다. MacCAT-CA는 소개된

지 얼마 지나지 않아 다른 평가 도구에 비해 우수하다는 평가를 받아 왔다(Cruise & Rogers, 1998; Nicholson, 1999; Zapf & Viljoen, 2003).

재판능력평가 개정판(ECST-R)

재판능력평가 개정판(Evaluation of Competency to Stand Trial-Revised: ECST-R)은 Rogers, Tillbrook, Sewell(2004)에 의해 개발되었다. 피고가 변호사의 역할을 이해하는 정도를 조사하는 등 Dusky 기준에 중점을 둔 인터뷰 기반 도구이다. 이 도구의 주요 특징은 능력이 없는 것으로 판명된 피고인의 꾀병(눈속임)을 탐지하는 기능이다. ECST-R은 "부분적으로, 불완전한 무능력의 선별도구 역할을 하는 최초의 정식 평가 도구"이다(Zapf, Roesch, et al., 2014, p. 299). 이 도구는 높은 수준의 평정자간 신뢰도를 보이고, 능력 평가자가 사용할 수 있는 가장 중요한 도구 중 하나이다.

기타 능력 평가 도구

긍정적인 연구 관심을 받고 있는 몇 가지 측정 도구는 실제로 이전 검사의 개정판이다. **학제간 적합성 인터뷰 개정판**(Interdisciplinary Fitness Interview-Revised: IFI-R; Golding, 1993)은 능력 평가 도구 및 다양한 능력 관련 판례의 내용을 반영하고 있다. 흥미롭게도, IFI-R은 검사자뿐만 아니라 변호사들 사이에서도 높은 신뢰도를 보여 주었다(Zapf, Roesch, et al., 2014). 선별 목적에서는 다른 도구인 적합성 인터뷰 검사 개정판(Fitness Interview Test-Revised: FIT-R; Roesch, Zapf, & Eaves, 2006)도 높은 평가를 받았다. IFI-R과 FIT-R은 기본적으로 검사자가 능력과 관련된 광범위한 심리적 능력을 탐색할 수 있도록 고안된 반구조화된 인터뷰이다(Golding, 2016). 각 측정 방식의 초기 버전은 선호할 만한 결과를 얻지 못했지만 개정판은 더 많은 가능성을 보여 주었다.

법정 평가 도구가 지속적으로 개발되고 있지만, 법정 상황에서 특히 드물게 참여하는 전문가들은 폭넓게 사용하지 않는 것으로 보인다(Skeem, Golding, Berge, & Cohn, 1998). 이는 평가 도구들의 과학적 신뢰도나 타당성이 충분하지 않기 때문일 수 있다(Poythress & Zapf, 2009). Borum과 Grisso(1995)의 연구에서 심리학자의 36%가 법정 평가 도구를 사용하지 않는 반면, 40%는 자주 사용한다는 것을 보여 주었다. 그러나 능력 평가 도구는 범죄 행위 당시의 형사적 책임을 평가하는 도구보다는 좀 더 자주 사용된다. Zapf와 Roesch(2006)에 따르면 도구의 사용은 점차 증가하고 있다. "불행히도, 다양한 능력 평가 접근법의 교차 타당성에 관한 연구가 거의 없기 때문에 법정 검사자가 평가 도구를 선택할 때 도움을 받기 힘들다."(Golding, 2016, p. 77)

꾀병의 평가

실제로 모든 종류의 법정 정신건강 평가는 평가받는 사람의 **꾀병**(malingering, 혹은 속임수)의 가능성을 평가한다. 다양한 이유(예: 절차 지연, 사건 기각, 재판 기피)로 형사 피고인은 실제로는 그렇지 않은 경우에도 심각한 정신장애의 증상을 갖고 있는 것처럼 연기하기 때문이다. Rogers(1997)는 개인이 자신의 증상을 의식적으로 조작하거나 극도로 과장하는 반응 유형을 보이는 것을 꾀병이라고 지칭했다. 그는 이것이 개인의 입장을 고려했을 때 이해될 수 있는 일이라고 말했다. 예를 들어, 정신장애가 있을 경우 감옥으로 가게 될 확률이 낮아진다고 믿는 범죄자라면, 정신장애가 있는 척 꾀병을 부릴 것이다. 능력의 맥락에서 피고인은 재판으로 가는 것을 연기하거나 피하기 위해 정신장애 증상이 있는 체할 수도 있다. 비록 이 장에서 꾀병에 대해 논의하고 있지만, 이 문제가 형사적인 맥락에만 국한되어 있다고 가정해서는 안 된다. 6장에서 언급하겠지만, 민사 사건에서 평가받는 사람도 증상을 가장하려는 똑같은 동기를 가지고 있을 수 있다.

법정 심리학자는 꾀병을 탐지하는 다양한 종류의 검증된 검사도구를 가지고 있다. 보고된 증상에 대한 구조화된 인터뷰(Structured Interview of Reported Symptoms: SIRS; Rogers, 1992, 2012)는 정신이상 증상을 가장하는 이들을 탐지하는 데 좋은 평가를 받는 도구이다. 앞서 언급했듯이 Rogers와 동료들(Rogers, Tillbrook, & Sewell, 2004)은 나중에 꾀병 검사를 포함하는 능력 평가 도구를 개발했다. 다른 평가 도구로는 꾀병기억검사(Test of Memory Malingering; Tombaugh, 1997)가 있다. 또한 법정 평가 도구(예: Rogers Criminal Responsibility Assessment Scales: R-CRAS)뿐만 아니라 미네소타 다면적 인성검사(MMPI-2)와 밀런 임상다축검사-III(Millon Clinical Multiaxial Inventory-III; Millon, 1994)처럼 흔히 사용되는 심리검사로도 꾀병을 발견할 수 있다. 그러나 완벽하게 꾀병을 탐지할 수 있는 방법은 없다(Butcher & Miller, 1999). Heilbrun, Marczyk, DeMatteo(2002)가 주장한 것처럼, 임상가는 꾀병을 평가하기 위해 한두 개의 검사를 시행하는 것보다는 다양한 측정 도구를 사용하는 것이 중요하다.

능력의 회복

연구에 따르면, 능력 평가에서 피고인의 약 20% 정도가 무능력으로 밝혀진다. 그러나 이러한 비율은 관할권과 평가 설정에 따라 크게 다르다. Pirelli 등(2011)은 메타분석에서 무능력 결정이 최소 7%, 최대 60%인 것을 발견했다. 이러한 차이는 여러 가지 요인에 영향을 받는데, 검사관 훈련의 변화, 판사가 평가 요청을 면밀히 조사하는 정도 및 판결 전 정신건강 서비스의 이용 가능성 등이 포함된다(Zapf et al., 2014).

관할권에 따른 차이의 또 다른 이유는 입증의 부담 때문일 수 있다. 일부 관할 지역에서는 피고가 무능력을 입증해야 하는 부담을 지고 다른 관할권에서는 피고가 능력이 있음을 입증해야 한다(입증 부담에 대한 검토는 〈Focus 5-3〉 참조). 이 미묘한 차이는 피고에게 입증 부담이 있는 경우, 피고가 원하는 것을 가정하여 무능력을 확인하는 것이 더 어려울 수 있음을 암시한다. 다행히도, 대법원은 이 피고인들에게 입증 부담이 **증거의 우세**(preponderance of evidence)보다 더 중요할 수 없다고 판단했다(Cooper v. Oklahoma, 1996). 노인 살해 혐의로 기소된 Cooper는 원래 법정에 설 능력이 없는(incompetent to stand trial: IST) 것으로 판명되어 재판을 받을 수 없었다. 그 후 3개월 동안 정신보건소에서 치료를 받은 후 재판 능력이 있는 것으로 확인되었다. 능력 심리 및 재판 중 그의 행동은 기껏해야 기괴한 정도였다. 그는 재판 중에 민간의 옷을 입기를 거부했고, 이 옷이 자신을 불태우고 있다고 주장하면서 교도소복을 입었다. 그는 태아처럼 몸을 웅크리고 재판을 받는 동안 많은 시간 자신과 대화했다. 그러나 당시 오클라호마주에서는 피고의 무능력에 대한 **명백하고 확실한 증거**(clear and convincing evidence)가 필요했으며, 판사는 Cooper가 그 부담을 충족시키지 못했다고 결론 내렸다. 대법원은 피고인이 무능력을 확신시키도록 요구할 수 있지만, 오클라호마의 명확하고 설득력 있는 입증 요건은 피고인이 지기에는 너무 큰 부담이라고 강조했다. 다시 말해서 Cooper의 행동은 분명하고 설득력 있는 증거로 자신의 무능함을 보여 주지 못했을 수도 있지만, 그 증거가 우위에 있지 않다고 주장하기는 어렵다. 다시 말해서 Cooper가 법정에 설 능력이 없을 가능성이 그렇지 않을 가능성보다 커 보인다(우세한 기준). 명백히 국가는 피고에게 가장 엄격한 입증 기준인 **합리적인 의심을 넘어서**(beyoud a reasonable doubt) 무능력을 증명할 것을 요구할 수 없었다.

무능력하다고 평가된 사람은 심각한 정신장애로 진단받았거나 시설에서 치료받은 경력이 있는 경우가 많다. 법정에 설 능력이 없는 것으로 밝혀진 대다수는 조현병과 정신병 증상을 앓고 있는 사람들이다(Morse, 2003). 정신장애가 대부분의 무능력 결정에 필요한 것으로 보이지만, 정신장애 자체만으로는 아무리 심각하다고 하더라도 충분하지 않다. 그러나 연구들에 따르면 능력 평가 보고서에 포함되어 있는 임상적 진단이 무능력을 발견하는 강력한 예측 요인이 된다고 제안하였다(Cochrane, Grisso, & Frederick, 2001).

법정 심리학자는 종종 그들의 보고서에 진단을 포함하지 말라는 권고를 받는다(APA, 2012; Golding, 2016; Golding & Roesch, 1987; Grisso, 1986). 그 진단은 주관적일 수 있고, 설령 정확하더라도 정신건강 전문가로 훈련받지 않은 사람들에게는 잘못 해석될 수 있다. 능

FOCUS 5-3 법적 입증 부담

적대적인 소송에서 법적 결정은 지정된 수준에서 증거를 확립해야 한다.

합리적인 의심을 넘어서

이것은 청소년이 범죄로 기소될 때 모든 형사 절차 및 비행 처리 절차에서 요구되는 입증의 기준이다. 이는 절대적인 확신에 겨우 못 미치는 수준의 입증이다. "증거에서 [이 기준은]은 충분히 만족스럽고, 완전히 확실하고, 도덕적 확실성을 충족시킨다는 것을 의미한다."(Black, 1990)

명백하고 확실한 증거

이것은 주에서 개인의 의사에 반하여 정신병원에 개인을 입원시키고자 할 때와 같은 일부 민사 소송에서 요구되는 기준이다. 이것은 중간 수준의 기준으로, "논쟁의 궁극적인 사실의 진실성에 대한 합리적인 확실성"으로 귀결된다. "주장된 사실의 진실성에 대한 개연성이 높은 경우가 명료하고 설득력 있는 증거가 제시된 것으로 볼 수 있다."(Black, 1990)

증거의 우세

한쪽이 다른 쪽보다 유리한 증거를 가지고 있는 수준의 증명이다. 이는 "반대되는 증거보다 더 중요하거나 더 설득력 있는 증거이다. 즉, 전체적으로 증명하려는 사실이 그렇지 않은 것보다 더 가능성이 크다는 증거가 존재한다"(Black, 1990). 이는 대부분의 민사 소송에서 요구되는 기준이며 형사 소송과 관련 있을 수도 있다. 예를 들어, 주정부는 형사 피고인이 재판에 설 능력이 없다고 증명할 것을 요구할 때 증거의 우세보다 더 까다로운 기준으로 증명을 요구할 수 없다.

토론 질문

1. 검찰이 피고가 합리적 의심을 넘어서 유죄임을 입증해야 하는 형사 사건을 심의하는 배심원에 대해 생각해 보자. 왜 그렇게 어려운 기준을 충족시켜야 하는가?
2. 정신이상 항변을 제기하는 형사 피고는 스스로 정신이상이라는 것을 증명해야 할까(범행 당시의 정의에 따라), 아니면 검사가 피고가 정신이상이 아님을 증명해야 할까? 이 둘의 구별은 왜 중요한가?
3. 법정에 설 능력이 없다고 주장하는 피고인은 어떨까? 피고가 무능력을 입증해야 할까, 아니면 검사가 피고의 능력을 증명하는 것이 요구될까?

력 평가의 경우, 법원은 피고의 기능적인 부분을 인식해야 하며, 앞서 언급한 바와 같이 해당 사건의 요구 사항에 맞게 보고서를 작성해야 한다. 확정적이고 유효한 진단이 내려진 경우에도 피고는 법적 절차를 이해하고 변호사를 도울 수 있는 반면, 확진이 없는 개인, 즉 정신장애가 없는 개인이라고 하더라도 절차를 이해하지 못하거나 도움을 못 줄 수 있다. 달리 말하면 피고로서 온전한 역할을 못 할 수도 있다. 예를 들어, 지적으로 상당한 결함이 있는 피고인이나 운전 중이던 차가 아이를 치어 사망하면서 생긴 우울증으로 인해 일시적으로 인지장애가 있는 피고인의 경우를 생각해 볼 수 있다. 그러나 일부 법원은 정신장애 진단 하나만으로 계속 입장이 바뀌는 반면 다른 법원은 심각한 정신장애가 있음에도 불구하고 피고인에게 능력이 있는 것으로 판결한다.

개인이 법정에 설 능력이 없는 것(IST)으로 판명되면, 당국은 그 능력을 회복시키려고 노력한다. 이것은 보통 다음에서 논의되는 향정신성 약물의 투여를 통해 가능하다. 임상가는 일반적으로 개인이 능력을 회복할 가능성을 평가하거나 시간이 얼마나 걸릴지 평가해야 한다. 그러나 Murrie와 Zelle(2015)가 관찰한 바와 같이 이것은 상당히 어려운 일이다. "역사적으로…… 대부분의 관계 당국은 개인의 회복 가능성에 대한 임상가들의 예측은 완전히 전문화되어 있지 않다고 결론지었다."(p. 147) 회복이 거의 불가능한 경우, 주정부는 형사 고발을 철회할 것인지 결정하고, 필요에 따라 비자발적 민사 소송 절차를 시작해야 한다. 이 경우 환자는 정신병원으로 보내지거나 외래 환자로 치료를 받게 된다.

우리는 처음에 능력이 없는 것으로 밝혀진 대다수의 개인이 비교적 짧은 기간, 보통 3~6개월 내에 능력을 회복한다는 점에 주목해야 한다(Colwell & Gianesini, 2011).

그럼에도 불구하고 법정에 설 능력이 없는 것으로 밝혀져서 장기적으로 기관에 수용된 피고인의 사례가 많이 있다. 일부 주에서는 미국시민자유연맹(American Civil Liberties Union: ACLU)과 같은 비영리 시민 단체가 주의 정신과 의사에게 예약한 대기자 명단으로 인해 치료가 지연된 무능력한 피고인을 대신하여 소송을 제기했다. 예를 들어, 2016년 초, 펜실베이니아(Pennsylvania)주는 새로운 치료 장소를 만들고 외래 환자의 회복을 위한 주택 자금을 할당하기로 ACLU와 합의했다(National Psychologist, 2017).

미국 대법원에서는 Jackson 대 Indiana 사건(1972)에서 피고인을 오랜 기간 시설에 수용할 수 없도록 하였다. 즉, 무능력한 피고인이 회복되어 형사 절차가 재개될 가능성이 없다면 무기한 수용되어 있을 수 없다는 것이다. 그러나 그들은 민법에 근거하여 정신시설에 수용될 수 있다. 대부분의 주에서 무능력한 피고인의 상태를 평가하기 위해 주기적인 공판이 열리는데, 피고인은 회복되는 동안 계속 시설에 수용된다. 어떤 주는 무능력한 피고인이 유죄 판결을 받았을 경우에 복역해야 하는 최대한의 형량보다 더 길게 시설에 수용되는 것을 허용하지 않는다. 다른 한편, 일부 주에서는 법정에 설 능력이 없는 것으로 밝혀졌지만 회복 불가능한 것으로 여겨지는 개인이, 계속된 치료감호 조건을 엄격하게 충족시키지 못하는 상황에서 석방하는 것에 대한 반발이 있다(Hoge, 2010).

일부 주에서는 법에 명시하고 있기도 하지만, **능력 회복**(competence restoration)은 시설 내에서만 진행될 필요는 없다. 또한 일부 주에서는 입원에 기간의 제한이 있다(Miller,

2003). 능력 평가와 마찬가지로, 무능력한 피고인에 대한 치료는 지역사회 환경에서 제공될 수 있으며, 점점 더 많은 사례가 나타나고 있다. 최근 연구에 따르면 지역사회 내에서의 능력 회복은 입원 회복에 비해 효과적이고 비용에 있어 효율적이며 실패 가능성이 작다(Gowensmith, Frost, Speelman, & Thersen, 2016).

최근 연구들은 능력 회복에서 성공을 예측하는 특정 요인을 다루기 시작했다(Gay, Vitacco, & Ragatz, 2017). 예를 들어, Gay, Vitacco, Ragatz는 특정 정신병 및 신경심리적 증상이 회복 불능을 예측한다는 것을 발견했다. 지적장애를 진단받거나 다수의 정신병 및 조증 증상이 있는 경우에도 능력이 회복될 가능성이 작았다(Mossman, 2007). 그러나 가장 큰 문제는 제도적 환경이나 지역사회에서 능력이 결여된 피고인이 능력을 회복하는 방법에 대한 정보가 부족하다는 점이다.

Roesch 등(1999)에 따르면, "무능력한 피고인에 대한 처분은 아마도 능력 평가 절차에서 가장 문제가 되는 영역일 것이다"(p. 333). 20세기 후반 들어, 많은 연구자는 능력 회복이 목적임에도 불구하고 법정에 설 능력이 없는 피고인에게 다른 입원 환자와 차별화된 치료를 하지 않는다는 것을 발견했다(Roesch et al., 1999; Siegel & Elwork, 1990). 실제로는 밑바탕에 깔린 정신장애에 대한 약물치료를 여전히 주된 치료법으로 이용하는 것으로 보인다(Murrie & Zelle, 2015; Zapf & Roesch, 2011). 그러나 Murrie와 Zelle의 비공식 설문조사에 따르면 법정에 설 능력이 없는 피고인에게 서비스를 제공하는 대규모 시설에서는 법적 개념 및 재판 과정에 대한 교육도 실시한다. 그럼에도 불구하고 그들은 "놀랍게도 우리 분야에서는 회복 서비스가 어디서, 어떻게 그리고 얼마나 효과적으로 제공되는지에 대해 거의 알지 못한다"(p. 148). (Murrie 박사는 〈My Perspective 5-1〉에서 그의 경력과 연구 관심사들에 대해 소개한다.)

최근 몇 년간 형사 재판 체계하에서 체포되고 처리된 지적장애인이 겪는 곤경에 대해 많은 관심이 쏠리고 있다. 지적장애가 있다는 것이 범죄에 대해 책임을 지지 않아도 된다는 것을 의미하지는 않는다. 실제로 미국의 교도소와 구치소에서는 상당수의 재소자가 지적장애인이며, 그중 일부는 사형수이다. 또한 Zapf, Roesch 등(2014)은, 가벼운 지적장애를 가진 사람들은 변호사에게조차 이 장애를 '숨길' 수 있다고 지적했다. 따라서 개인이 유죄 판단을 받은 경우, 재판 전 평가 또는 형의 감경에서 이를 문제 삼지 않는다.

그러나 지적장애를 가진 개인이 법정에 설 능력이 없다고 판단된다면, 이는 변하기 어려운 만성적인 상태이기 때문에 회복 가능성이 거의 없다. Anderson과 Hewitt(2002)은 지적장애 피고인의 회복 필요성을 강조한 미주리(Missouri)주의 교육 프로그램에 대해 보고하였다. 그 프로그램은 피고인으로 하여금 법률 체계에 대해 배우고 역할극에 참여하도록 하는 일련의 과정으로 이루어져 있다. 능력 훈련에서는 모든 피고인의 1/3만이 능력을 회복하는 매우 낮은 비율의 성공을 거두었다. 피고인의 IQ는 결과에 영향을 미쳤으나, IQ 점수가 통계적 의미를 갖기에는 부족하였다.

> 지적장애인은 재판을 진행하는 과정에 능동적으로 참여하는 데 필요한 기술이 선천적으로 부족할 수 있다. 추상적인 사고를 하고 의사결정을 하는 것과 같은 능력은 가르치기 어려울 뿐더러 배우는 것도 어렵다(p. 349).

이런 측면에서 봤을 때, 지적장애인을 일반적인 형사 소송 절차에서 벗어나게 해 줄 수 있는 정신건강법원의 중요성을 다시금 생각해 볼 수 있다.

MY PERSPECTIVE 5-1

법정 평가 및 그 이상의 커리어 찾기

Daniel Murrie, Ph.D.

학부생으로서 나는 법정 심리학에 대해 거의 몰랐다. 오늘날 내가 만날 수 있는 수준 높은 학부생들보다 확실히 부족한 수준이었다. 그러나 나는 위탁 자녀들이 많고 자원봉사 활동에 적극적인 가정에서 자랐기 때문에 사회 주변부에 있는 사람들과 일하고 싶었다. 그래서 나는 심리학 및 사회복지학과에서 학사학위를 받았다. 학과 수업도 충분히 즐거웠지만, 문제 청소년을 위한 집단위탁 가정, 초범인 청소년 범죄자를 위한 자연 캠프 프로그램, 워싱턴 D.C.의 FBI 본부까지, 내가 신청한 여름 인턴십을 더 즐겼다.

이러한 경험을 통해 나는 아마도 사법 시스템에서 심리학과 관련하여 무언가를 하고 싶다는 확신이 있었지만 대학원에 대해서는 아무것도 몰랐다. 나는 대학원 진학에 필요한 연구 경험이나 지도 기회가 부족한 작은 대학에 다녔다. 그래서 나는 대학을 졸업한 첫해에 휴스턴(Houston) 도심 주택 프로젝트와 심리학 연구소에서 자원봉사 활동을 하면서 보냈다. 임대료를 지불하기 위해 밤에 식당과 술집에서 일했다(팁: 이 모든 것이 심리학 경력과 관련이 있는 것으로 판명된다). 여전히 내가 원하는 직업이 무엇인지 잘 모르는 상태에서, 문제 청소년들을 위한 일을 하고 싶다는 모호한 목적만을 가지고 여러 대학의 임상 심리학 박사 과정에 지원했다.

나는 숙련된 법정 심리학자이자 학교 폭력에 관한 국내 권위자인 Dewey Cornell 박사의 지도를 받을 수 있었기 때문에 버지니아 대학교(University of Virginia: UVA) 임상 심리학 박사 과정을 밟게 되어 기뻤다. 또한 UVA에서 법정 연구 및 훈련을 위한 학제적 연구센터인 법, 정신의학 및 공공정책연구소(Institute of Law, Psychiatry, and Public Policy: ILPPP)에서 근무할 기회가 생겼다. 비록 대학원 진학 전에 심리평가에 대해서는 아무것도 몰랐지만 너그러운 감독자들은 내가 그 일을 잘하고 있다고 믿어 주었다. 그 사이에 아내와 나는 첫아이를 낳았고, 치료를 담당하는 것이 내가 원하는 남편과 아버지가 되기에는 너무 감정적으로 고갈되는 일이라는 생각이 들었다(팁: 대학원은 놀랍게도 집에서 일하는 아빠가 될 수 있는 시간이며, 아기가 낮잠을 자는 동안 논문을 쓸 수 있다). 따라서 법정 평가가 나의 연구 초점이 되었고, 나는 대학원을 마친 후 법정 심리학 박사후 연구원으로 ILPPP에 돌아왔다.

내 연구가 법정 평가에 초점을 맞출수록 다른 분야의 친구들로부터 성가신 질문을 더 많이 받게 되었다. "변호사들은 원하는 것을 말해 주는 전문가 증인을 찾으면 안 될까?" "전문가들은 무엇이든 요구받은 것을 찾기만 하면 안 될까?" 아직 나는 이 분야에 대한 경험이 부족했지만 이런 오해에 대해 단호하게 우리의 윤리 강령은 편견을 막고 중립을 요구한다고 설명했다. 나는 대부분의 법정 멘토들이 양심적이고, 꼼꼼하며, 객관적이라고 인식했다. 나는 개인적으로 이 분야에서 편향의 증거를 거의 보지 못했다. 그러나 편향에 관한 질문들은 여전히 나를 괴롭혔다. 명확히 하기 위해 연구들을 살펴봤지만 나는 아무것도 발견할 수 없었다. 신뢰할 수 있고 객관적인 법정 평가의 증거로 인용되고 있는 몇몇 연구는 실제로 신중한 검토가 부족한 결과들을 제시하고 있을 뿐이었다. 또한 인지 심리학의 기본 연구는 전문가 편향에 대한 관심이 커지고 있음을 보여 주었다. 이는 사람들은 일반적으로 자신이 기대하는 것을 보고 자신이 보고자 하는 것을 본다는 것을 암시한다.

나는 임상 심리학의 법정 응용을 강조하는 박사 프로그램에서 샘 휴스턴 주립대학교(Sam Houston State University)의 교수직에 임용되면서 편향에 대한 이런 질문에 대해 계속 고민했다. 그 일은 이상적이었다. 나는 학생들에게 법정 평가, 법정 주제 연구 및 법정 평가에 대한 개인 실습을 지속할 수 있었다. 또한 통계 및 연구 방법 분야의 전문가인 친구 Marc Boccaccini와 지속적인 연구 협력을 발전시켰다(팁: 약점을 보완하는 전문가 공동 작업자를 찾는 것은 도움이 된다). 우리는 다양한 연구 문제를 함께 해결해 나갔지만, 그중에서도 중요한 것은 편향에 관한 나의 관심사 중 일부를 체계적으로 탐색할 수 있는 방법을 찾았다는 것이다. 예를 들어, 텍사스의 '성폭력 흉악범(sexually violent predator: SVP)' 절차에 대한 연구에서 동일한 위험 평가 도구로 동일한 범죄자가 평가됐음에도 불구하고 (검찰 혹은 변호인 등) 어느 쪽에 의뢰를 받았는지에 따라 평가 결과가 다르다는 점을 발견했다. 이는 결국 자신이 고용된 쪽에 유리하게 평가를 내리는, 즉 강력한 편향이 의심되는 지점이다.

텍사스에서 약 5년간 근무한 후, 나는 UVA 박사와 박사후 과정에 있을 때 꿈의 직장이었던 버지니아 대학교 ILPPP로 다시 초빙되었다. 지난 10년 동안 ILPPP에서 근무한 대부분의 시간은은 병원에서 법정 평가(예: 능력, 정상성, 사형 사건, 위협 평가)에 전념해 왔다. 또한 법정 평가자를 위한 주 전체의 교육 프로그램을 감독하고, 박사후 연구원을 감독하고, 법학 전문 대학원에서 가르치고, 연구를 계속하고 있다.

나의 연구는 점점 더 전문가 편향에 대한 우려에 초점을 맞추고 있다. 몇 년간의 현장 연구 끝에 Marc와 나는 국립과학재단(National Science Foundation)의 지원을 받아 진정한 실험을 수행했다. 우리는 100명 이상의 법정 심리학자와 정신과 의사에게 사건 기록을 검토하여 위험 도구로 점수를 매기도록 요구했는데, 절반은 피고인의 방어를 위해 일하고 있다고 믿게 하고 절반은 검찰을 위해 일한다고 믿게 하였다(Murrie, Boccaccini, Guamera, & Rufino, 2013). 확실히 방어를 위해 일하는 사람들은 더 낮은 위험 점수를 매기는 경향이 있었고, 기소를 위해 일하는 사람들은 더 높은 위험 점수를 매기는 경향이 있었다. 이는 우리가 이제 적대적 충성(adversarial allegiance)이라고 부르는 편향의 강력한 증거를 보여 준다(Murrie & Boccaccini, 2015). 물론 이 연구는 완전히 인기 있는 연구는 아니었다. 한 선임 연구원은 이러한 주제로 연구하다가는 내 경력을 망칠 것이라고 경고했다(팁: 여러분이 받는 모든 직업적인 조언을 수용하지는 말라!). 그러나 더 많은 동료가 이 연구에 관심을 가지고 지지해 왔으며, 우리 분야의 약점을 확인하는 것이 그 약점을 극복하기 위해 필요한 첫 단계라는 것을 이해하고 있다. 우리 대부분은 우리가 수행하는 법정 평가의 무게를 알고 있으며, 우리가 하는 일이 가능한 한 객관적이고 정확하기를 원한다.

가장 최근 우리의 편향 연구는 법정 심리학에서 더 광범위한 법정 커뮤니티로 확대되었다. 강력한 편향이 '엄격한' 법과학(예: 지문, 탄도학 [NRC, 2009])에도 영향을 미칠 수 있다는 우려에 부응하기 위해 법과학을 개선하는 데 전념하는 연방정부 지원 센터에 관여하게 되었다. 전문가 편향에 관한 심리적 연구 성과를 다른 법과학에 적용하는 것, 그리고 법정 심리학에서 발견한 것과 같은 취약점을 탐색하는 것을 포함한다. 이는 몇 년 전까지지도 예측할 수 없었던 커다란 전환이다. 이 분야에서 15년 몸담는 동안 배운 한 가지 교훈은 자신의 관심과 호기심에 따라 (친절한 동료 및 멘토의 도움을 받아) 도전적이고 만족스러운 경력을 쌓을 수 있다는 것이다.

Murrie 박사는 버지니아 대학교(UVA) 법, 정신의학 및 공공정책연구소(ILPPP)에서 심리학 책임자로 근무하고 있다. 그는 UVA 의과대학의 정신과 및 신경행동과학과 교수이며 UVA 의과대학 강사이다. 법정 평가를 수행하고 가르치고 연구하는 그의 업무 이외에 그는 버지니아(Virginia)주 샬럿츠빌(Charlottesville)에서 아내, 세 자녀와 함께 운동과 좋은 음식을 즐기고 있다.

약물과 무능력한 피고인

앞에서 언급한 바와 같이, 약물은 무능력한 피고인의 능력 회복을 위해 취해지는 주요 접근법이다. 항정신병(antipsychotic) 혹은 향정신성(psychoactive) 약물은 그 효과가 상당히 향상되어 왔지만, 여전히 메스꺼움, 두통, 창의력 상실, 정서 표현 불능 그리고 몇몇 개인에게 나타나는 무기력과 같은 원치 않는 부작용을 보이고 있다. 이러한 부정적인 부작용으로 인해 법정에 설 능력이 없는 것으로 판명된 일부 개인은 정부가 약물을 사용할 권한에 대해 이의를 제기할 수도 있다. 다른 경우, 이러한 이의 제기는 방어 준비를 위해 시간을 벌거나 사건을 재판으로 가져가는 것을 지연시키기 위한 방어 전략이 될 수 있다.

최근에 이들 약물의 비자발적 투여는 상당한 국가적 관심을 받았다. 1998년 국회의사당 경찰관이 총격 용의자에 포함된 유명한 사건(Weston 사건), 미국 대법원 사건인 Sell 대

United States(2003) 그리고 이 문제와 관련하여 많은 지방법원에서 소송이 진행되었다. 이 장의 시작 부분에서 언급했듯이, 2011년 1월 애리조나주에서 미 하원 의원 Gabrielle Giffords와 다른 사람들을 총살한 Jared Loughner는 자신의 능력을 회복시키기 위한 투약을 거부하려 하였으나 실패했다.

Sell 대 United States 판례(2003)에는 법정에 설 능력이 없는 것으로 판명되어 입원해 있는 동안 능력을 회복시키는 항정신성 약물 복용을 거부한 피고가 포함되어 있다. Sell은 사기로 기소된 전직 치과 의사였으며, 경찰에 전화를 걸어 표범이 버스에 타고 있다고 신고를 하는 등 정신장애 및 기괴한 행동의 이력을 가졌다. Sell은 초기 입원 기간 동안에는 항정신성 약물을 복용했다. Sell의 사건은 수많은 행정적·법적 심리를 거쳐 진행되었다. 치안판사뿐만 아니라 연방 의료기관의 직원은 Sell이 다른 사람에게 위협이 될 수 있으므로 강제적인 약물 복용이 필요하다는 결정을 내렸다. 그는 한 간호사에게 푹 빠져 있었고, 비록 신체적인 위해를 가하지는 않았지만 그녀에게 부적절한 대화를 시도하곤 했다. 지방법원 판사와 제8항소 법원 모두 다른 이유에서 약물 투여를 명령하였다. 이 법원들은 그를 위험하다고 여기지는 않았으나, 법정에 서게 하기 위해 강제적인 약물 투여를 승인하였다.

2003년, 미국 대법원은 추가 조사를 위해 그 사건을 하급법원으로 환송했다(Sell v. U.S., 2003). 하급법원은 Sell이 보이는 위험성이 연방 지방법원과 항소법원이 언급했던 내용과 같이 규명될 수 없다고 판단했다. 그러나 하급법원은 약물의 부작용과 재판 관련 위험 요소에 대해 충분히 검토하지 않았다. 대법원은 다음과 같이 선언했다.

> 특정 약물이 피고인을 진정시키기 쉬운지, 상담 과정에서 의사소통을 방해하지는 않을지, 재판 과정에서 기인하게 반응하는 능력을 막지는 않을지, 혹은 감정을 표현하는 능력을 감소시킬지가 능력을 회복시키기 위한 약물 투여 허용을 결정하는 데 중요한 문제다.

따라서 법원은 피의자 자신의 의지에 반하여 그의 능력을 회복시킬 수 있도록 약물을 사용할 것을 허용했지만, 그 필요성을 판단하기 위해 심리가 열릴 때까지는 약물 사용이 불가능했다. 법원은 이것이 법원 심리라고 명시하지 않았지만, 이것은 Jared Loughner 사건의 경우 중요한 문제였다.

애리조나 총격 사건에서 법정에 설 능력이 없는 것으로 밝혀진 후 Loughner는 능력 회복을 위한 보호시설로 보내졌다. 그의 변호사들은 그가 약을 복용하도록 강요해서는 안 된다고 주장했다. 더욱이 그들은 본인의 의지에 반하여 치료할 수 있는지에 대한 결정은 정신과 시설에서 행해지는 행정 심리가 아닌 법원 절차에서 이루어져야 한다고 주장했다.

Loughner는 이 싸움에서 패했다. 그는 아마도 자신의 의지에 반해서 투약을 받고 능력을 회복했을 것이다. 2012년 8월, 그는 법정에 설 능력이 있는 것으로 판결받은 후 유죄를 인정하고 가석방 없는 종신형을 선고받았다. 유사하게 찰스턴(Charleston) 교회 총격자인 Dylann Roof가 투약을 회피하려는 시도 역시 실패했다.

Sell의 범죄 혐의(의료보험 사기, 우편 사기, 자금 세탁 등)는 폭력 범죄가 아니었다. 그러나 Loughner와 Roof가 저지른 범죄는 폭력 범죄였다. Eugene Rusty Weston이 1998년 여름 두 명의 국회의사당 경찰을 쏴 죽이고 다른 두 명에게 부상을 입힌 범죄 역시 폭력 범죄였다. Sell처럼 Weston은 심각한 망상 증상을 포함한 정신장애 병력이 있었다. Sell과 마찬가지로 그는 법정에 설 능력이 없다고 판정되었고, 법정에 설 능력 회복을 위한 약물 투여를 거부했다. 그의 변호사는 여러 법정에서 Weston이 원치 않는 약물 투여를 강요받아서는 안 된다고 주장하였고, 그러는 3년 동안 Weston은 약물을 투여받지 않은 채 연방 유치장에 구금되어 있었다. 2001년 6월, 이러한 주장에 대해 연방 항소법원은 이 피고인을 법정에 데려오게 하려는 정부의 관심이 향정신성 약물에서 자유로울 수 있는 그의 권리보다 우선한다고 판시하였다. 대법원은 하급법원의 결정을 유효하게 남겨둔 채로 그 사건의 심리를 거부하였다.

Weston의 사건은 그가 재판까지 간 적이 없다는 점에서 Loughner와 Roof의 경우와 다르다. 강제 약물치료에도 불구하고 그는 능력이 회복되지 못했다. 범죄를 저지른 지 6년이 지나 2004년이 되었을 때, 법원은 그가 능력 회복에 진전이 없었기 때문에 형사 사건을 중단했지만, 법원은 공소를 기각하지 않고, 입원 상태를 유지했다. 범죄를 저지른 지 10년 후인 2008년 Weston은 자신의 정신 상태에 대한 사법 심리를 요청했다. 그는 화상회의 방식으로 판사 앞에 출두했지만 석방 요청이 거부되었다. 범죄를 저지르고 거의 20년이 지난 Weston은 재판을 받은 적이 없으며 연방 의료시설에 입원해 있는 것으로 보인다.

투약에 대한 논의는 재판 절차로까지 확장될 수 있다. 비록 피고인이 법정에 설 수 있도록 하기 위한 투약에 잘 반응할지라도, 예외적인 경우가 아니라면 재판 동안 지속적으로 투약하는 것 자체는 종종 정당한 것으로 인정되어야 한다. 즉, 능력을 유지하기 위해 피고인은 계속해서 투약받아야 한다. 그러나 대법원이 Sell의 사건에서 관찰했듯이 투약 자체는 피고인의 재판 절차 참여 능력에 영향을 미칠 수 있다. 투약은 또한 정신장애를 방어 수단으로 하는 피고인에게 흥미로운 난제를 만들어 낸다. 정신이상과 그에 대한 평가에 대한 개념을 소개한 후에 이 이슈에 대해 다시 살펴볼 것이다.

정신이상

만약 어떤 사람이 범죄를 저지를 당시에 '범죄 의도'를 갖고 있지 않았다면, 그 사람은 범죄에 대해 책임지지 않을 수 있다. 법은 범죄 의도가 없는 다수의 상황을 인정하고 있다. 예를 들면, 누군가 심각한 신체적 상해의 위험이 임박한 상황이라 여기고 자기방어를 위해 행동했을 때에는 그에 대한 책임을 지지 않을 것이다. 유사하게, 만약 성폭력으로 기소된 피고인이 피해자로 추정되는 사람이 성행위에 대해 합의했다는 것을 판사나 배심원에게 납득시킬 수 있다면 책임을 지지 않을 것이다. 정신장애로 인해 범죄 의도가 없는 경우, 법은 이를 **정신이상**(insanity)이라고 표현한다.

정신이상과 법정에 설 능력 사이의 구분은 중요하다. 능력은 형사 재판 절차가 이루어질 때의 정신 상태를 말한다(예: 변호사 선임 권리 포기하기, 유죄 인정하기, 법정에 서기). 정신이상은 범죄를 저지를 당시의 정신 상태를 말한다. 정신이상이지만 법정에 설 수 있는 능력이 있는 경우도 있고, 정신이상은 아니지만 법정에 설 능력이 없는 경우도 있다. 분명히 정신이상이면서 법정에 설 능력도 없거나 혹은 정신이상이 아니면서 법정에 설 능력도 있는 경우도 있다. 게다가 법정에 설 수 있는 능력에서 Dusky 기준이 보편적으로 사용되는 것과는 대조적으로 정신이상을 결정하는 데에는 일정한 기준이 없다.

정신이상 기준

연방법원과 주법원은 정신이상을 판단하기 위해 다양한 검사를 사용하는데, 일반적으로 사용되는 검사는 옳고 그름(正誤)의 차이를 알고 있는지 여부를 확인하는 것이다. 이 검사는 일반적으로 법원 판례, 예를 들어 Durham 대 U.S. 판례(1954) 및 Regina 대 M'Naugbten 판례(1843)의 이름을 따서 명명되었지만, 수년에 걸쳐 그 주요 요소에 맞게 설명이 가장 적합하도록 수정되었다. 연방법에서 「**정신이상항변수정법**(Insanity Defense Reform Act: IDRA)」은 연방법원의 소수 정신이상 판례에 대한 기준을 참조한다(정신이상 검사의 예는 〈표 5-2〉, 관련 정신이상 법원 판례는 〈표 5-3〉 참조). 모든 검사는 문서화된 정신장애를 먼저 보여 주어야 한다.

일부 주에서는 어떤 사람이 옳고 그름의 차이를 알고 있을지라도 법이 요구하는 기준에 맞춰 행동할 수 없다는 증거가 있다면 정신이상의 증거로 채택하기에 충분하다고 제안한다. 예를 들면, 이런 주에서는 정신장애의 증상 중 환청에 의해 사람을 죽이라고 강요받은

표 5-2 주 및 연방법에서의 대표적인 정신이상 검사

검사	질문 내용
정오(正誤)검사(Right/Wrong Test)	그 사람은 옳고 그름의 차이를 알고 있었습니까?
의지적 측면의 정오(正誤)검사(Right/Wrong Test with Volitional Prong)	그 사람이 그 차이를 알고 있다면, 자기 행동의 범죄성을 인식하지 못하거나 법적인 요구 사항을 준수하기 위해 자신의 행동을 통제할 수 없었습니까?
결과물 원칙(Product Rule)	그 사람의 행동은 정신장애의 결과입니까?
모델 처벌 규칙(Model Penal Code)	그 사람은 자신의 잘못된 행동을 이해하거나 자신의 행동을 법적 요구 사항에 맞추는 능력이 부족했습니까?
정신이상항변수정법(Insanity Defense Reform Act: IDRA, 연방법)	그 사람은 자기 행동의 잘못을 인식할 능력이 부족하지 않았습니까?

표 5-3 대표적인 정신이상 판례

판례명	판결 내용
Regina v. M' Naughten (1843)	정오(正誤)검사를 확립
Durham v. U.S. (1972)	연방법원의 결과물 규칙 확립
U.S. v. Brawner (1972)	결과물 규칙 중단. 정신이상을 위한 미국법률협회(American Law Institute: ALI) 검사 채택
Riggins v. Nevada (1992)	정신이상 항변을 하는 사람들은 투약받지 않은 상태에서 (판사 또는 배심원에게) 보여질 권리 보유
Foucha v. Louisiana (1992)	정신이상을 이유로 무죄(NGRI)를 선고받고 보호시설에 있는 사람은 정신장애나 위험성이 없다면 더 이상 가둬 둘 수 없음
Shannon v. U.S. (1994)	정신이상을 이유로 무죄(NGRI)를 주장하는 사람은 배심원이 정신이상 판단 결과를 통보받도록 요구할 권리가 없음
Delling v. Idaho (2012)(상고 기각)	법원은 헌법에 따라 정신이상 항변이 필요하다고 언급하기를 거부함
Clark v. Arizona (2006)	각 주는 고유한 정신이상 기준을 만들기 위해 폭넓은 재량 보유

사람의 경우에는 살인이 잘못된 것이라는 것을 알고 있었다 하더라도 용서받을 수 있다고 본다. 이 주들은 소수에 불과하며 16개 주만이 의지적 측면의 정오검사를 받아들이고 있다(Goldstein, Morse, & Packer, 2013). 미국 대법원은 각 주의 매우 엄격한 접근 방식을 유지하면서 고유한 정신이상 기준을 수립하도록 각 주에 폭넓은 자유를 부여했다(Clark v. Arizona,

2006). 대법원은 또한 미국 헌법에 기초하여 정신이상 항변이 필요하다는 입장을 거부했다(Delling v. Idaho, 2012, 상고 기각). 아이다호(Idaho), 몬태나(Montana), 유타(Utah), 캔자스(Kansas)는 정신이상 항변을 허용하지는 않지만 피고가 심각한 정신질환으로 인해 범죄를 저지르는 데 필요한 범죄 의도(범의, mens rea)를 상실했다는 것을 보여 주는 것은 여전히 허용하고 있다.

지난 20년간 변경된 많은 주법과 연방법 때문에 피고인이 정신이상을 이유로 무죄 선고를 받기 위해 유죄가 아님을 주장하는 것이 더 어려워지게 되었다. 연방법은 John Hinckley의 유명한 사건 이후에 수정되었는데, 이는 다음에서 논의된다. Hinckley는 정신이상을 이유로 무죄로 판명되었는데, 의회가 「정신이상항변수정법(IDRA)」을 채택하도록 유도한 결과이다. 다음은 오늘날 피고인이 무죄 선고를 받기 어려운 몇 가지 이유들이다.

- 연방정부와 몇몇 주는 현재 피고인이 그들의 행동을 통제할 수 없었다고 주장하는 것을 더 이상 허용하지 않는다. 만약 그들이 옳고 그름의 차이를 알고 있었다면 여전히 그들에게 책임을 물을 수 있다.
- 연방정부와 대부분의 주는 현재 피고인이 증거 우세의 법칙에 의해 자신의 정신이상을 증명할 것을 요구한다. 즉, 그들은 판사나 배심원에게 자신의 정신이상을 납득시켜야 한다(심지어 무능력하다고 주장하는 피고인이 명백하고 확실한 증거로 이를 증명할 수는 없다는 것을 기억하라).
- 앞서 언급한 바와 같이, 일부 주(아이다호, 몬태나, 유타, 캔자스)에서는 정신이상에 대한 항변을 폐지했으며, 네바다에서는 항변이 폐지되었지만, 그 주 대법원은 나중에 주 헌법에 도입이 필요하다고 판단했다(Finger v. State, 2001).
- 연방법원과 몇몇 주에서는 법정 검사관이 피고인의 정신이상 여부에 대해 최종 의견을 표명하는 것을 허용하지 않는다.
- 여론조사에 따르면 일반 대중은 정신이상 항변에 대한 동정심이 거의 없으며, 종종 피고인이 너무 쉽게 재판 절차에서 빠져나온다고 생각한다. 심각한 폭력 범죄로 기소된 경우에는 특히 그렇다.

정신이상을 변호하는 사건에 참여하는 배심원은 정신이상에 대한 검사 결과를 거의 고려하지 않기 때문에 검사 결과의 변화가 그리 중요하지 않을 것이라고 제안한 흥미로운 연구가 있었다. Zapf, Golding, Roesch와 Pirelli(2014)가 관찰한 바에 따르면, "연구자들은 배심원에게 어떤 검사나 기준이 제시되었는지는 일반적으로 중요하지 않다는 것을 발견했다"

(p. 339). 그보다는 정신이상 항변에 대해 배심원들은 자신들의 태도, 도덕적 근거, 혹은 정해진 상황에 따라 어떤 것이 옳은 결과인지에 근거해서 판단한다고 한다. 다시 말해, 배심원들은 "정신이상과 책임에 대한 암묵적 이론에 따라 정신이상 기준이라는, (일반적으로 인정하듯이) 모호하고 불특정적인 용어를 나름대로 해석하게 된다"(Zapf, Golding et al., p. 339). 12명이 사망하고 다수의 부상자가 발생한 2012년 콜로라도(Colorado)주 극장 총격의 살인범이 좋은 사례이다. 범인인 James Holmes가 심각한 정신장애를 앓고 있다는 상당한 증거가 있었다. 그는 기괴한 환상을 담은 메모장을 소지하고 있었다. 다른 문제들 중에서도 정신분열성 성격장애, 우울증 및 사회불안장애로 진단되었고, 법정 출두 시 공허한 모습을 보였다. 그는 정신이상을 이유로 유죄를 인정하지 않았지만 결국 유죄 판결을 받았다. 또 다른 예는 2001년 욕조에서 다섯 아이를 익사시킨 Andrea Yates 사건이다. 그녀는 오랜 정신장애 병력이 있었지만 배심원은 유죄로 판단을 내렸다. 몇 년 후, 판사 앞에서 치뤄진 두 번째 재판에서 그녀는 무죄 판결을 받고 정신병원으로 이송되었고, 현재까지 그곳에서 생활하고 있다.

개인적 경험에 근거한 일화적 보고서(anecdotal report) 따르면, 배심원이 정신이상 항변에 어려움을 느끼지만 그렇지 않은 경우도 있다. 심리학자가 자신의 사무실에서 살해된 최근의 한 사건의 경우, 배심원 간에 약 10일 동안 정신이상 문제에 대해 논란이 있었으며 결국 평결을 내릴 수 없었다. 피고에 대한 두 번째 재판에서 새로운 배심원은 유죄로 결론 내렸다. 1979년 6세 소년인 Etan Patz의 납치 및 살인 사건은 발생한 지 33년 만에 범인이 체포되었다. 지적장애와 정신장애 병력이 있는 피고인은 경찰에 자백했다. 변호사들은 자백이 강요되었다고 주장하면서도 정신이상 항변을 강하게 제기했다. 배심원들은 18일 동안 심의했으나(이 심의가 정신이상 문제에 얼마나 집중되었는지 알 수 없지만) 만장일치의 결정에 도달할 수는 없었다. 그래서 판사는 미결정 심리를 선언했다. 두 번째 재판에서 피고는 유죄 판결을 받았다(이 사건에 대한 자세한 내용은 〈Focus 5-4〉 참조). 19세의 한 여성이 택시 운전사를 잔인하게 찔러 죽인 사건에서는 그녀가 수년간 망상과 환청에 시달렸다고 한 심리학자가 증언한 후 무죄 선고가 내려졌다. 그 심리학자는 그녀를 '정신질환의 얼굴(정신질환을 전형적으로 잘 보여 주는 사례)'이라고 불렀다. 배심원들은 짧은 심의만으로도 그녀가 정신이상으로 인해 유죄가 아님을 알 수 있었다.

정신이상 항변의 사용 정도

피고인이 실제로 정신이상을 이유로 무죄(NGRI)를 주장하는 사건은 모든 범죄 사건 중에 단지 1~3% 정도를 차지할 정도로 드물다는 것에 주목해야 한다(Golding, Skeem, Roesch, &

Focus 5-4 여전히 해결되지 않는 아동 유괴

6세의 Etan Patz는 1979년 5월 24일 뉴욕(New York) 소호(SoHo) 지구에 있는 집을 나와 스쿨버스를 타러 걸어갔다. 코끼리로 장식된 작은 토트백을 들고 있었다. Etan은 학교에 가지 않았을 수도 있지만 그날 집으로 돌아오지 않았다. 이 사건은 전국적인 관심을 끌었다. 사진이 첨부된 전단지가 전신주에 붙여졌고, Etan은 우유통에 얼굴이 게시된 최초의 실종 아동 중 한 명이 되었다. 토트백이나 시체는 발견되지 않았다. 약 36년 후, 54세의 Pedro Hernandez가 납치와 살인 혐의로 재판을 받았다. 재판은 미결정 심리로 선언되었고, Hernandez는 2016년 10월에 다시 재판이 재개되어 4개월 후에 유죄 판결을 받았다. 이 사건은 법정 심리학자의 연구와 관련된 수많은 문제를 제기한다.

Hernandez는 아이가 실종될 당시 18세의 고등학교 중퇴자였다. 그는 Etan의 집 인근의 식품잡화점에서 일했고, 아이는 학교에 가는 길에 매일 그곳을 지나갔다. 아이는 보통 어른과 함께 등교했지만, 실종된 날에는 어머니에게 혼자 버스를 타러 가겠다고 졸랐다. 이것은 당시 아이들에게는 드문 일이 아니었다. 경찰은 Hernandez를 포함한 수백 명을 면담했으며, 베이비시터를 통해 간접적으로 가족과 안면이 있던 용의자 한 명을 뒤쫓았다. 그 용의자 Jose Ramos는 결국 별개의 사건에서 아동 성추행 혐의로 유죄 판결을 받았지만 경찰은 그를 Etan의 실종과 연결 고리를 찾을 수 없었다. Etan은 2001년에 법적으로 사망한 것으로 선언되었다.

Etan이 사라진 직후 Hernandez는 뉴저지(New Jersey)로 이사했다. 수년에 걸쳐 그는 약혼자, 그리고 같은 교회에 다니는 신도들을 포함하여 많은 사람에게 뉴욕에 있는 동안 아이를 죽였다고 말했지만 그가 경찰에서 한 진술과는 차이가 있었다. 그는 결혼과 이혼에 이어 재혼했다. 그는 단순한 삶을 살았던 것처럼 보였으며 법적으로 전혀 문제가 없었다. 그러나 그는 지적장애와 인격장애 진단을 포함한 정신적 문제가 있었다.

2012년경 Hernandez의 처남이 경찰에 전화하여 30년 전에 Hernandez가 범죄를 저질렀다고 신고했다. 형사들은 몇 시간 동안 Hernandez를 면담하고 신문했다. 진술에 따르면, 그는 Etan에게 소다를 줘서 식료품점으로 끌어들인 다음 매장 지하실로 데려가서 질식시켰으며 비닐 봉지와 상자에 시체를 넣고 쓰레기 더미에 버렸다. 그는 아이의 성폭행에 대해서는 부인했으며 봉지에 담겼을 때 Etan이 살아 있었다고 말했다. 또한 Hernandez는 Etan의 토트백을 냉장고 뒤에 숨겼다고 말했다. 그러나 아이의 시체와 물건들 중 어느 것도 발견되지 않았다. 2013년 Hernandez에 대한 기소는 경찰 자백과 친척과 지인들에게 한 진술에 근거한 것이었다.

피고 측 변호사는 자백을 중단시키려 했지만 소용이 없었기 때문에 자백이 자유로운 상태에서 이뤄진 것이 아니라고 주장했다. 그들은 지적 결함과 정신장애에 중점을 두었다. 성격장애로 인해 현실과 허구를 구분하기가 어려워서 실제로 그가 Etan을 죽였다고 믿었을지도 모른다고 피고 측은 주장했다. 변호사들은 반대 이론을 발전시키기도 했다. 당시 감옥에 있던 유죄 판결을 받은 아동 성추행범 Ramos가 실제로 범죄를 저질렀다는 것이었다. 이 사람은 추정컨대 Etan이었을 수 있는 소년을 죽인 것을 인정했을 것이다. 변호인은 그를 증인으로 부를 수는 없었지만 배심원들에게 이 대안적 이론을 제시할 수 있었다.

배심원단은 18일 동안 심의했지만 판결을 내릴 수 없었다. 한 배심원은 그의 동료 배심원이 피고의 연약한 정신 상태를 고려하는 것을 받아들이지 않거나 다른 사람이 범죄를 저질렀을 수도 있다고 믿었다. 그 배심원은 또한 경찰이 취약한 개인으로부터 자백을 강요했으며 피고의 자백에 대한 다른 증인도 신뢰할 수 없다고 믿었다. 판사는 미결정 심리를 선언했다.

이 두 번째 재판에서 배심원 심의는 거의 4개월 후인 2017년 2월 초에 시작되었다. 9일 동안 심의한 후 배심원은 Hernandez를 납치 및 살인 혐의로 유죄 판결을 내렸다. 2017년 4월 그는 25년의 징역형을 선고받았다. 변호인은 유죄 판결에 항소할 것이라고 선언했다.

토론 질문

1. 3장에서 허위 자백에 관한 자료를 검토하라. 물론 Hernandez의 자백이 거짓일 수도 있다. 그럴 가능성이 있다고 생각하나? 그 이유는 무엇인가?
2. Hernandez의 살해 주장을 처음 들었던 사람들이 몇 년 전에 왜 나서지 않았다고 생각하나?
3. Hernandez는 한순간 정신이상을 이유로 유죄를 인정하지 않았다. 실종은 1979년에 발생했으며 3년이 지난 후 첫 번째 재판이 열렸다. 정신이상을 이유로 무죄(not guilty by reason of insanity: NGRI) 방어 전략에 어떤 문제가 있을까? 시간 경과는 형사 책임 평가에 어떤 영향을 미칠까?

Zapf, 1999). 더욱이 정신이상을 이유로 무죄를 주장하는 것에 대한 언론의 관심—한 평론가(Perlin, 2003)는 이를 '미디어의 꽃'이라고 하였다—에도 불구하고 그 전략은 일반적으로 성공적이지 못한 경우가 많다. 형사적 책임이 없다고 주장하는 대부분의 피고인은 유죄판결을 받고 책임을 지게 된다. 이것이 처음에 항변을 사용한다고 표명한 개인이 마음을 바꾸는 이유 중 하나일 수 있다. 또 다른 이유는 우리가 곧 논의하겠지만, 정신이상을 이유로 무죄 선고를 받는 피고인이 풀려나지 않기 때문이다.

그러나 무죄 선고 비율은 관할권에 따라 다르다. 몇몇 주에 걸친 조사에서는 무죄 선고 비율이 20~25%라고 하였다(Cirincione, Steadman, & McGreevy, 1995). 비록 1/4의 성공률이 어떤 사람에게는 놀라울 수 있지만, 무죄 선고가 정신이상으로 무죄 선고를 받은 피고인에게 자유를 가져다주지는 않는다. 정신이상을 이유로 무죄(NGRI)라고 변호하는 것은 경범죄와 중범죄 사건에서 모두 사용될 수 있고, 때로는 강제 입원이 불가능한 개인에게 치료를 제공하기 위해 사용된다. 실제 사건의 예를 살펴보자.

정신적으로 장애가 있는 사람이 한밤중에 몸을 숨기기 위해 가정집에 무단으로 침입했다. 그는 자신 혹은 다른 사람에게 위협적이지 않았고, 심각한 장애가 있는 것도 아니었기에 강제 입원에 적합하지 않았다. 그러나 범죄로 기소되었을 때, 그는 법정에 설 수 있는 능력에 대한 평가를 받을 수 있었다. 그 평가로 인해 그는 최소한의 기간 동안 입원할 수 있었고, 이것은 그의 정신장애를 안정화시키기에 충분했을지 모른다. 법원으로 돌아와 그가 법정에 설 능력이 있다고 판결받았지만, 그의 변호사는 정신이상을 이유로 무죄(NGRI)를 주장하는 변론이 지지받을 수 있을지에 대해 고려했을 것이다. 피고인은 정신이상에 대한 평가를 위해 병원으로 돌려보내졌고, 평가 결과는 정신이상을 근거로 한 변론이 타당하다는 것이었다. 검사와 피고인 측 변호사는 그 보고서에 동의했고, 판사는 유죄가 아니라는 판결을 내렸다. 무죄 판결을 받은 그는 치료를 더 받기 위해 병원으로 돌아갔다. 이런 '뒷문(backdoor)' 입원은 지역사회에서 정신적으로 장애가 있는 사람들을 위한 자원과 정신건강 서비스의 이용이 가능하지 않은 많은 지역사회에서 일반적인 것으로 여겨진다.

대략 20개 주에서 **정신병이 있지만 유죄**(guilty but mentally ill: GBMI)라는 대안적인 판결을 내리고 있다. 이는 흥미롭지만 문제의 소지가 있는 판결 형태로, 판사와 배심원에게 피고인이 '범죄를 저질렀다'는 생각과 '도움이 필요하다'는 생각을 조화시킬 수 있도록 중간 영역을 제공한다. 그러나 이런 판결을 받은 사람의 삶은 그다지 큰 차이가 없으며, 그들에게 특별한 치료 서비스가 제공될 가능성은 거의 없다(Borum & Fulero, 1999; Bumby, 1993; Zapf, Golding, & Roesch, 2006). 그러나 일부 주(예: 펜실베이니아)는 정신병이 있지만 유죄인 수감자를 치료할 가능성이 크다. 그럼에도 불구하고 "정신병이 있지만 유죄 평결에 관한 모든 논평은 사실상 다음과 같은 이유로 통렬하게 부정적이다. 평결은 형사 책임과 무관하며 특별한 정신과 치료를 보장하지 않기 때문이다"(Goldstein et al., 2013, p. 458).

형사 책임에 대한 평가

범행 당시 피고인이 형사적 책임을 질 능력이 있었는지 여부에 대한 평가는 임상가에게 매우 복잡한 문제이다. Rogers(2016)에 따르면, 형사 책임에 대한 평가는 "형사 분야에서 가장 어려운 법정 평가를 대표한다"(p. 112). 또한 이러한 평가를 수행하려는 법정 심리학자는 "관련 판례법, 법적 공식 및 특수한 방법에 확고하게 근거를 두어야 한다"(p. 97). 의미상으로 이것은 과거 사실에 기초한, 즉 회고적이라는 것에 주목하라. 임상가는 범죄가 일어난 과거의 중요한 순간을 되돌아보고 피고인의 마음 상태를 이해하려고 시도해야 한다. 이 평가는 사건이 일어난 지 몇 주 혹은 몇 달 후에 이루어질 수 있다. Golding 등(1999)에 따르면, 임상가는 피고인에게 행동적 · 의지적 · 인지적 장애가 있었는지를 밝혀내야 하고 그러한 장애가 어떻게 범죄 행위와 관련될 수 있는지를 명확히 밝혀야 한다. Melton 등(2007)은 임상가의 역할을 다양한 자료의 문서와 정보를 수집하는 부정 폭로 기자의 역할에 비유했다. 이와 유사하게, Shapiro(1999)는 가능하다면 평가자가 임상적 인터뷰뿐만 아니라 경찰 보고서, 병원 기록지, 목격자 진술, 과거 심리검사, 고용 기록 등을 같이 수집해야 한다고 하였다.

능력 평가에 대한 앞의 논의에서 제시한 모든 주의 사항(그리고 〈Focus 5-2〉에서 제시한 원칙들)이 여기서 다시 적용된다. 임상가 사이에 **이중목적 평가**(dual-purpose evaluation)를 실시하는 것이 적합한지에 대한 의견이 일치하지 않고 있다. 임상가가 피고인의 법정에 설 능력과 형사적 책임을 동시에 평가하는 것은 특별한 일이 아니다. 사실 많은 주의 법이 이중목적 평가의 시행을 권장한다. 판사는 정신이상 변론이 뒷받침될 만한지 아닌지를 보기 위해 능력 평가와 **형사 책임 평가**(criminal responsibility evaluation)를 함께 명령한다. 한 연구(Warren, Fitch, Dietz, & Rosenfeld, 1991)에서는 47%의 능력 평가가 온전한 정신 상태에 대한 질문을 다루고 있다고 하였다. 이것은 효율적이고 비용을 절감하는 실시 방법처럼 보이지만 실제로는 문제가 있으며, 일부 학자는 이 과정에 대해 매우 비판적이다(예: Melton et al., 2007; Roesch et al., 1999; Zapf et al., 2014). 그들은 형사 책임과 능력에 대한 평가는 별개로 결정해야 할 독립적인 주제라는 점을 강조한다. Roesch 등에 따르면, 보고서에 두 가지 사항이 결합되어 있을 때 판사가 그것을 구별하는 것은 "인지적으로 거의 불가능하다". 또한 형사 책임의 평가는 피고인이 법정에 설 능력이 있는지에 대한 질문과 무관한 배경 정보를 일부 포함하고 있을 수 있다.

학자들에 의해 표명된 이러한 비판의식은 물론 능력 평가를 목적으로 하는 도구의 이용 가능성이 증가함에 따라 이중목적 평가의 빈도는 낮아질 수 있지만, 실질적으로 그렇지는 않다. 최신 연구에 따르면 여전히 이중목적 평가는 일반적이다(Kois, Wellbeloved-Stone, Chauhan, & Warren, 2017). 그러나 이 메시지는 특히 심각한 사건이 발생했을 때 법조계에 전달될 수 있다. 예를 들어, Jared Loughner의 능력 평가를 주문한 판사는 평가가 능력 문제로 제한되어야 하고, 정신의 온전성에 대한 평가를 포함하지 않아야 한다는 것을 매우 명확하게 밝혔다.

평가 도구

임상가는 그들의 형사 책임(CR) 평가를 돕기 위한 능력 평가 절차에서 소개된 도구와 유사한 법정 평가 도구를 이용할 수 있다. 그것들은 단독으로 사용되는 것이 아니라 형사 책임에 대한 광범위한 평가에 포함되도록 고안된 것이다. 학자들은 평가자가 제3자의 정보, 피고인과의 인터뷰 그리고 더 전통적인 심리검사와 같은 여러 개의 자료를 사용할 것을 권장한다(Goldstein et al., 2013; Zapf et al., 2014).

지금까지 가장 우세한 검사는 Richard Rogers가 개발한 로저스 형사책임 평가 척도(Rogers Criminal Responsibility Assessment Scales: R-CRAS)이다. R-CRAS는 피고인의 정신병리, 범죄에 대한 보고의 신뢰성, 유기성, 인지적 통제, 행동적 통제 등 수많은 특성에 대해 평가할 수 있다. Rogers는 양적인 접근을 사용하여 R-CRAS가 일련의 실험적인 연구를 통해 타당성이 입증되었다고 했다(Packer, 2009; Rogers & Sewell, 1999; Rogers & Shuman, 1999).

범행 당시 정신상태 선별평가(Mental State at the Time of the Offense Screening Evaluation: MSE; Slobogin, Melton, & Showalter, 1984)라는 또 다른 도구는 그 이름에서 알 수 있듯이 확실하게 정신이상이 없는 사람은 제외하고 '확실히 정신 나간 사람'을 포함시킨다(Zapf et al., 2014). MSE는 "사람의 외모와 차림새에 대한 관찰 그리고 사람, 장소, 시간 및 상황에 따른 성향 평가"를 권장한다(Foote, 2016, p. 417). 법정 심리학자는 또한 검사 중에 환자의 정신 운동 활동, 행동, 태도 및 정서적 반응을 기록해야 한다. 심리학자는 단기 및 장기 기억을 검사할 수도 있다. 그리고 검사에는 대상자의 이력이 포함되어야 한다.

R-CRAS에 비해 MSE는 연구적인 관심을 덜 받았다. Zapf 등(2014)에 따르면, Slobogin 등에 의해 그 타당성이 확인되었지만 신뢰도에 대해서는 연구가 발표된 적이 없다. 그러나 "신뢰도 연구가 부족하고 확인되는 타당성 자료는 제한적이지만, MSE는 평가자에게 관련 조사 영역을 다룰 수 있는 지침으로 간주해야 한다"(Zapf et al., 2014, p. 327). 그리고 여러 자료 출처 중 하나로만 사용된다.

앞서 제시한 도구 중 어느 것이 사용되는지에 대한 연구는 드물다. 대부분의 전문가는 이러한 평가가 각종 보관 데이터, 경찰 보고서, 피고 및 관련 지인과의 인터뷰 및 기타 여러 정보 출처를 검토해야 하는 복잡한 과정이라는 것에 동의한다(Melton et al., 2007; Zapf et al., 2014). 이러한 평가는 부분적으로 그 복잡성 때문에 종종 한 명의 임상가에게만 요청한다. 전형적인 정신이상 사건의 경우, 법원은 평가자를 임명하고 변호 및 기소 양측이 그 사람의 결과를 받아들이기로 동의한다. 유명한 사건의 경우, 변호와 기소 양측이 별도의 평가를 원할 가능성이 크다. 평가의 질은 문제가 되지 않았지만, 최근의 연구(Gowensmith, Murrie, & Boccaccini, 2013)에서 정상성(sanity) 평가의 신뢰도에 의문을 제기하게 되는 이유를 발견했다. 연구자들은 심리학자와 정신의학자 패널에 의해 수행된 실제 평가 연구에서 55.1%의 사례에서만 그들의 권고가 만장일치가 된다는 것을 발견했다.

정신이상 재판

일단 피고인 측 변호사가 정신이상 항변을 지지할 만한 임상가의 보고서를 받았다면, 변호사는 자신의 의뢰인이 정신이상을 근거로 유죄가 아니라는 판결을 받기를 희망할 것이다. 이는 임상적 결정이 아닌 법적 결정을 의미하며, 반드시 판사나 배심원이 판단해야 하는 것이다. 연구에 따르면, 배심원보다 판사가 정신이상 항변에 대해 훨씬 더 동정적이기 때문에 배심원 재판보다 판사 재판에서 무죄 판결을 받기가 더 쉬우며(Callahan, Steadman, McGreevy, & Robbins, 1991), 이러한 결과는 Andrea Yates의 2차 재판에서도 나타났다. 배심원은 또한 정신이상 항변에 대해 오해하고 있을 뿐만 아니라 많은 부정적인 태도를 갖고 있다는 것이 확인되어 왔다(Golding et al., 1999; Perlin, 1994; Skeem, Eno Louden, & Evans, 2004). 예를 들어, 그들은 정신이상을 이유로 무죄(NGRI)를 주장하는 피고인이 종종 '풀려나지' 못하고 치료감호와 입원의 대상이 된다는 것을 인식하지 못한다.

1994년, 미국 대법원은 연방법원에서 정신이상 항변을 사용하는 피고인이 유죄가 아닌 것으로 판단될 경우 배심원에게 결과를 알리지 않을 권리를 가졌다고 판결했다(Shannon v. United States, 1994). 중범죄 기록이 있는 Shannon은 경찰에 체포되어 경찰서에 동행할 것을 요청받았다. 그런데 그는 경찰관에게 더 이상 살고 싶지 않다고 말한 후 길을 건너 자신의 가슴에 총을 쐈다. 그는 이 자살 시도에서 살아남았지만 무기를 불법적으로 소지한 중범죄 혐의로 기소되었다. 그는 정신이상을 이유로 유죄를 인정하지 않았다.

연방법상 정신이상항변수정법(IDRA)에 따라 배심원은 판결 시 세 가지 선택이 가능한데, 유죄, 무죄 또는 정신이상을 이유로 한 무죄이다. 또한 연방법에 따라 NGRI 판결은 입원 여부를 결정하기 위해 14일 이내에 감호 심리를 받아야 한다. 그리고 평결과 심리 사이에 개인은 구금된다. 짐작건대 그가 자동적으로 풀려날 것이라고 가정하지는 않았겠지만, Shannon의 변호사는 심리에 앞서 NGRI 판결의 결과를 배심원들에게 고지해 달라고 요청했을 것이고, 판사는 그 요청을 거부했으며 항소법원이 그 거부를 확정했다. 대법원은 일부 조건에서 배심원에게 정보를 제공하는 것이 보장될 수 있음을 인정했지만, 정신이상 항변을 사용하는 사람들이 배심원에게 고지할 권리는 없다고 판결했다. 이것은 판사의 재량에 달려 있다.

최근 몇 년간 나타난 중요한 이슈는 약물 복용 피고인에 대한 것이다. 초기에 언급했듯이, 법정에 설 능력이 없다고 밝혀진 피고인은 능력을 회복하기 위해 일반적으로 향정신성 약물을 복용하게 된다. 재판을 받을 능력을 유지하기 위해 피고인은 계속해서 약물을 투여받아야 할지도 모른다. 그러므로 재판 동안 배심원은 피고인이 범죄를 저지를 당시의 정신상태라고 주장하는 것과는 꽤 다른 평온하고 감정이 없는 상태를 보게 될 것이다. 1992년

Riggins 대 Nevada 사건에서 대법원이 정신이상을 변호하는 피고인은 약을 복용하지 않은 자연스러운 상태를 재판 중에 판사나 배심원에게 보여 줄 권리가 있다고 판결했다. 그러나 개인의 능력 회복에 관한 부분에서 언급한 것처럼 약물은 기본적으로 사용되는 방법이며, 재판 중 환자의 상태를 안정적으로 유지하기 위해서는 지속적인 약물 사용이 필요할 수 있다.

정신이상을 이유로 무죄 판결을 받은 피고인에 대한 치료

피고인이 정신이상을 이유로 무죄(NGRI) 판결을 받았더라도 풀려나는 경우는 드물다. 연방정부와 모든 주에서는 이들 대부분에게 정신병원 입원을 요구하거나, 일부는 외래 진료를 통해 강제적 치료를 받도록 한다. 실제로 Andrea Yates 사건처럼 NGRI 판결을 받은 경우, 대부분 입원치료를 받게 된다. 사실 NGRI 판결을 받은 사람은 대부분 그들의 유죄가 인정되었을 경우 받았을 복역 기간보다 오히려 더 장기간 병원에 입원하게 된다(Golding et al., 1999). Ronald Reagan 대통령을 쏘고 언론 담당 비서인 James Brady와 두 명의 법집행관에게 심각한 상처를 입히고도 무죄 선고를 받은 John Hinckley는 30년 이상 입원 상태에 있었지만 결국 버지니아 인근의 어머니 집을 방문할 수 있었다. 2016년 Hinckley는 영구적으로 석방되었다. 총격 사건으로 뇌가 손상된 Brady는 남은 생애 동안 아내 Sarah와 함께 총기 규제 법안을 강력히 지지하다. 2014년 8월 73세의 나이로 사망했다. Sarah Brady는 1년이 채 지나지 않아 2015년 4월에 사망했다.

그러나 NGRI 판결을 받은 사람에 대한 강제 입원(치료감호)이 자동적인 것은 아니다. 그 사람이 지속적으로 장애가 있으며, 치료가 필요하고 그 자신 혹은 다른 사람에게 위험이 된다는 사실을 뒷받침하기 위한 심리가 열려야 한다. 따라서 강제 입원의 필요성에 대한 정기적인 심리 없이는 어떤 강제 입원도 쉽게 이루어질 수 없다. 대부분의 주에서 NGRI 환자가 강제 입원을 피하기 위해서는 자신이 풀려나는 것이 위험하지 않고 더 이상 정신적으로 이상이 없다는 것을 증명해야 한다. 더 이상 정신적으로 이상이 없다면, 위험성만을 근거로 개인을 감금할 수는 없다(Foucha v. Louisiana, 1992). 성폭력범인 경우에는 예외가 될 수 있는데, 그들에 대해서는 뒤에서 논의할 것이다.

법정에 설 능력이 없다고 판정받은 사람이 법적 절차를 계속 진행할 수 있는 능력을 회복하기 위해 입원하는 경우를 생각해 보자. 심각한 사건인 경우, 특히 주는 그들을 법정에 세우는 것에 대해 많은 관심을 가질 것이다. NGRI 판결을 받은 사람들의 경우, 주는 그들을 재심할 수 없고 만약 재심을 한다면 이는 이중의 위험에 빠뜨리는 것으로 헌법을 위반하는 것이 된다. 그러므로 그들이 시설에 수용된다면 다른 입원 환자가 일반적으로 받는 것과 같은 치료를 받게 된다. 최근 몇 년간 어떤 주는 법정 병원과 지역사회 장면 모두에서 NGRI 판결을 받은 사람을 대상으로 하는 프로그램을 공들여 만들어 왔다. 많은 경우 NGRI 판결자는 "평생 심각한 정신병리적 문제"를 갖고 있기 때문에(Golding et al., 1999, p. 397), 어떤 주에서는 그들을 조건부로 풀어 주고 지역사회 내에서 후속 조치와 모니터링 서비스를 제공한다.

다수의 연구자가 **조건부 석방**을 연구했다(예: Callahan & Silver, 1998; Dirks-Linhorst & Kondrat, 2012; Manguno-Mire et al., 2007; Stredny, Parker, & Dibble, 2012; Wilson, Nicholls, Charette, Seto, & Crocker, 2016). 두 개의 독립된 주 코네티컷(Connecticut)과 오리건(Oregon)에서 NGRI 선고를 받은 사람들을 대상으로 최근에 진행된 두 건의 종단 연구에서 조건부 석방이 효과적인 접근 방식이며, 지역사회의 적절한 감독이 이루어지면서 재범률이 낮아졌다는 것을 발견했다(Norko et al., 2016; Novosad, Banfe, Bntton, & Bloom, 2016). 놀랄 일도 아니지만, 범죄의 성격이 NGRI 판결을 받은 사람의 석방 가능성에 영향을 미친다는 근거가 있다. 예를 들어, 살인죄에 대해 무죄 선고를 받은 사람은 다른 범죄에 대해 무죄 선고를 받은 사람보다 석방될 가능성이 작다(Dirks-Linhorst & Kondrat, 2012). Callahan과 Silver(1998)는 네 개 주에서 조건부 석방을 연구한 결과, 주에 따라 범죄 심각성, 진단 그리고 흥미롭게도 인구통계적 특성에 차이가 있음을 발견했다. 일반적으로, 조건부 석방이 된 사람은 유죄 판결을 받은 범죄자보다 재범을 저지를 가능성이 작고, 조건부 석방을 철회할 가능성이 컸으며, 수감보다 재입원 가능성이 컸다(Goldstein et al., 2013).

범죄 행위와 관련된 기타 심리학적 방어

정신이상 항변에 대해 자세히 다루었지만, 형사 피고는 법정 심리학과 관련된 다른 방어를 할 수 있다는 것을 강조할 필요가 있다. 예를 들어, 특히 정신이상 항변을 폐지한 주에서 피고는 특정 심리적 장애로 인해 범죄에 대한 책임에 요구되는 범죄 의도(mens rea, guilty mind)를 갖게 되었다는 입장을 고수할 수 있다(Goldstein et al., 2013). 경우에 따라 피고는 부분적으로만 책임을 질 수 있다고 주장한다. 즉, 정신장애로 인해 능력이 저하됐다는 것이다. 제기된 특정 정신건강 관련 방어를 몇 가지만 열거하면 PTSD, 자동 현상(예: 몽유병), 물질남용장애, 해리장애, 강박, 극심한 정서장애 등이 있다.

판사와 배심원이 이러한 주장을 수용하는 정도는 관할권에 따라 크게 다르다. 근래에 병역 및 다중 배치와 관련된 문제에 대한 인식이 높아짐에 따라 PTSD는 특히 퇴역군인의 경우 방어 수단으로 더욱 수용 가능성이 커졌다(Gates et al., 2012; Wilson, Brodsky, Neal, &

Cramer, 2011). 앞서 제시한 조건 중 하나는 법정 심리학자의 평가를 포함할 수 있으며 판결 단계에서 법원 처리(예: 정신건강법원 또는 기타 전문 법원에 의뢰), 무죄 선고 또는 선고 단계에서 유리하게 고려하는 것과 같은 매우 빠른 전환을 초래할 수 있다.

형량 선고 평가

미국에서 범죄에 대한 형량 선고는 지난 20세기의 마지막 한 분기 동안 개선 기간을 가졌다. 그 전까지 형량은 정확히 선고되지 않았고, 범죄자는 몇 년의 기간(예: 5~10년) 동안 교도소로 보내졌다. 정확히 정해지지 않은 형량 선고는 교정에서의 재활 모델에 근거했는데, 이 모델에서 재소자는 수감되어 있는 동안 재활 서비스를 받을 것이기 때문에, 그들에게 충분한 진전이 있을 때 풀려나게 될 것이라고 가정하고 있다. 반면, 범죄자는 지역사회 내에서 자신의 형량을 채우도록 보호관찰을 받을 수도 있지만, 이 역시 재활이 제공된다는 가정에 근거하고 있다. 심리학자나 정신과 의사는 범죄자를 평가하고 치료 추천서를 제공하도록 요청받을 것이고, 이것은 이후 교정시설 직원에게 전달될 것이다.

비록 재활이 중요한 고려 사항으로 남아 있지만, 그것은 오늘날 많은 형량 선고 제도에서 주요 관심사는 아니다. 연방정부와 약 15개의 주에서는 불확정적인 형량 선고를 사용하는데, 재활이 이루어진 정도나 개인적인 특성에는 거의 주의를 기울이지 않고, 처벌을 범죄에 적절히 맞추려 하며, 범죄자가 마땅히 받을 만한 형량을 선고받도록 한다. 판사에게 주어진 선고의 재량은 일반적으로 꽤 제한적이다. 판사는 적절한 형량을 정하는 데 있어 개인의 이전 기록과 범죄의 심각성을 고려하라는 지침서를 제공받는다. 형량 선고 결정에 대한 주요 비판은 마약 범죄자에게 가혹한 처벌을 내린다는 것인데, 이로 인해 많은 국가 교도소의 과밀 수용 현상이 발생했다. 근래에 일부 주에서는 교도소가 혼잡해져서 법원이 수감자 수를 줄이도록 명령했다(예: Brown v. Plata, 2011). 우리는 이것을 12장에서 다시 논의할 것이다. 불확정적인 형량 선고 제도에서 법원은 약해진 정신 능력 혹은 극도의 정신적 고통의 증거를 고려할 것이고, 그런 증거를 고려하지 않았을 경우 부과되었을 형량보다 더 적은 형량을 주기도 한다. 또한 심리학자는 위험성 평가를 요청받기도 한다. 요약하면, 오늘날 형량 선고 평가는 치료의 필요, 범죄자의 책임, 미래의 위험성 등에 초점을 둔다고 할 수 있다(Melton et al., 2007).

그러나 관할권이 정기형 또는 부정기형 선고 방식을 채택하고 있는지와 무관하게 법정 심리학자는 선고를 위해 범죄자 능력 평가를 요청받을 수 있다. 별도의 능력 평가로서 이에 대한 문헌은 거의 없으며, 얼마나 자주 이런 평가를 하는지에 대한 정보가 거의 없다.

불확정적인 선고가 여전히 유효한 주에서는 심리학자가 형량 선고에 영향을 미치기가 훨씬 쉽다. 심리학자 혹은 다른 임상가가 이 단계에서 의뢰를 받았을 경우, 이것은 일반적으로 자신의 의뢰인에게 최소한의 형량을 받게 하고 싶어 하는 피고인 측 변호사에 의한 것이 대부분이다. 그러므로 의뢰인을 감옥보다는 지역사회에 머무르게 하고자 하는 변호사는 주립 교도소 체계에서는 오직 간헐적으로만 이용할 수 있는 약물 남용 치료가 의뢰인에게 유용할 수 있다고 제안하는 법정 심리학자의 보고서를 법원에 제공할 것이다.

위험성 평가

우리가 앞 장에서 위험성 평가에 대해서 꽤 상세하게 살펴봤다는 점을 상기해 보자. 임상가는 법원이나 검사로부터 범죄자가 이 사회에 위험한지 여부를 평가해 달라는 요청을 받을 수 있다. 4장에서 언급했듯이, 오늘날 많은 임상가는 자신의 업무를 위험성을 예측하는 것보다 위험성을 평가하는 것으로 본다. 이 관점은 폭력성을 포함한 인간의 행동이 제대로 예측될 수 없다는 것을 강조한다. 더 정확히 말하면, 임상가가 할 수 있는 최선은 특정한 상황 내의 다양한 요소를 기반으로 개인의 위험성을 평가하는 것이다. 위험성 평가는 그 사람이 지역사회에 남아 있어야만 하는지를 결정할 때 법원에 유용하게 적용된다.

Heilbrun 등(2002)은 모든 법정 정신건강 평가에서처럼 위험성 평가의 목적을 명확히 하는 것의 중요성을 강조했다. 그들은 임상가가 "위험성 평가의 목적이 미래 행동을 예측하는 것인지(예: 미래에 폭력이 나타날 가능성 혹은 위험성의 분류), 위험성의 요소를 확인하고 감소시키기 위한 권고를 위한 것인지, 혹은 둘 다인지"(p. 461)를 확인해야 한다고 주장한다. 그들은 두 종류의 목적 중 한 가지로 확인되면 다른 하나를 강조하는 것은 적절하지 않다고 덧붙였다. 다음의 예로 이것을 설명할 수 있다. 선거 공판에 의뢰인을 세우기 전에 위험성 평가를 요구한 변호사는 판사가 유죄 판결을 받은 사람을 보호관찰하에 두는 것에 동의하기를 바라기 때문에 위험성을 줄이기 위한 전략이나 위험성 평가의 확인에 대해서만 관심을 둘 것이다. 재범 가능성이 매우 크다는 진술을 하는 것은 그 의뢰인에게 문제가 될 수 있다.

사형 선고

연방정부와 함께 겨우 절반을 넘는 주가 현재 사형을 인정하고 있으며 점진적이기는 하지만 이에 대한 찬성 여론은 감소하고 있다([사진 5-2] 참조). 지난 10년간 약 8개 주에서 이 옵션을 살인에 대한 처벌로 금지했다. 가장 최근에는 메릴랜드(Maryland)주가 2013년에 사형을 폐지한 열여덟 번째 주가 되었다. 2014년 2월 워싱턴(Washington)주의 주지사는 그 주에서 사형제도의 이용을 중단했다. 그 이유는 잘못된 처형 방식이라는 인식에서부터 이 궁극적인 처벌을 집행하는 비용에 이르기까지 여러 가지가 있다. 그리고 가장 최근에는 많은 주에서 사용된 약물 프로토콜에 대해 의문이 제기되었으며 법원이 이 프로토콜의 사용에 무게를 실어 줄 때까지 일부 집행은 연기되었다(사형에 대한 추가 논의는 12장의 〈Focus 12-5〉 참조). 범죄자에게 계속 사형을 선고하는 주에서는 미래의 위험성이 고려되거나 고려되지 않을 수 있다. 미래의 위험성이 관련된 경우에는 일부 심리학자들이 대상자가 사회에 위협이 되는지에 대한 의견을 제시해 왔다.

사진 5-2 메릴랜드에서 시민들이 사형 폐지를 옹호하는 구호를 외치고 있다.
출처: @iStockphoto.com/Eyejoy.

범죄자가 사형 선고(capital sentencing)를 받을 수 있는 사건에서 법정심리학자와 다른 법정 전문가는 때로 **사형처벌 감경**(death penalty mitigation)으로 알려진 절차에서 감형을 주장하기 위해 피고인 측에서 일한다. 여기서 감경(mitigation)이란 사형 처벌을 피함으로써 처벌을 약화시키는 것을 의미한다. 최근 살인 사건 관련 대법원 판례(Cone v. Bell, 2009)에서도 유죄 판결을 받고 사형을 선고받은 피고에 대해 사형 선고를 철회하면서 퇴역군인의 약물 중독과 PTSD 진단을 판결 배심원이 감경 사유로 고려해야 한다고 했다.

사형 감경 조사는 종합적인 정신생물학적 평가로 잠재적인 신경심리적 손상, 정신 문제, 정신장애 그리고 피고인의 범죄 행동에 영향을 미친 환경을 평가한다. 심리학자는 또한 피고인의 죄를 덜 수 있는 이유로 어떤 것이 있는지 알기 위해 피고인의 심리학적 기능에 대한 일반적인 평가를 제공하도록 요청받을 수도 있다.

그러나 어떤 임상가는 감형하는 데 반하는 증거 혹은 범죄와 관련하여 상황을 악화시킬 수 있는 증거를 찾는 검사에게 협력하기도 한다. 그러므로 심리학자나 정신과 의사가 피고인이 발달상 장애가 없거나 심각한 폭력 행동을 보이기 쉽다는 의견을 낸다면 감형을 막고자 하는 검사의 의견에 힘을 실어 줄 것이다. 사형 선고의 이러한 측면은 특히 논란이 많고, 어떤 심리학자에게는 윤리적인 문제를 야기할 수 있다. 어떤 연구자는 사이코패스라는 용어가 형사 절차 단계에서 사용되어서는 안 된다고 주장해 왔다. 사이코패스는 냉정하고, 무감각하고, 치료에 무반응적이고, 위험하다고 널리 알려져 있다.

1976년 미국에서 사형제도가 재도입된 이후에 사형 사건에서 감형을 고려한 첫 번째 사건은 Lockett 대 Ohio 사건(1978)이었다(King & Norgard, 1999). Sandra Lockett은 전당포 주인을 살해하고 강도를 저지른 흉악한 살인의 공범으로 유죄 판결을 받았다(그녀는 강도짓을 도왔고, 도주 차량을 몰았다). 1978년에 오하이오주는 가중처벌이 가능한 살인을 한 사람은 사형 선고를 받도록 하는 법규를 통과시켰다. Lockett은 사형 사건에서 판사가 감형을 고려할 수 있어야 한다는 미국 헌법 수정 조항 제8조와 제14조의 내용을 오하이오주가 어겼기 때문에 헌법에 위배된다고 주장했다. Lockett은 형량 선고에서 그녀가 재활에서 좋은 진전을 보이고 있다고 보고한 심리학적 증거를 제출하였고, 무엇보다 범행 당시 21세였던 자신이 다른 범죄를 저지르지 않았음을 강조하였다. 미국 대법원은 이에 동의하여 다음과 같이 판결했다.

> 우리는 헌법 수정 조항 제8조와 제14조에 명시된 내용이 '사형 사건에서 형을 선고하는 자가 형의 감경 요소로 고려될 수 있는 피고인 특성과 사건 정황 기록을 고려 대상에서 제외해서는 안 된다는 점'을 명시하고 있다고 결론지었다(King & Norgard, 1999, pp. 604-605).

대법원은 Lockett 판결을 뒤집었고 감경 사유가 될 만한 정황을 고려하지 못하게 하는 법은 비합리적이고 헌법에 위배된다고 하였다. 비록 형의 감경 사유가 관할권에 따라 다양하긴 하지만 대부분의 감형은 법정 전문 종사자의 참여 요청이라는 형태로 제정법에 표현되어 있다(Melton et al., 2007). 예를 들면, 많은 관할권에서 감형 정황이 지적장애, 정신적 혹은 정서적 고통, 혹은 자신의 행동에 대한 범죄성 판단에 대한 무능력을 포함하도록 하였다. 광범위한 학대에 의해 침해받은 아동기, 신경심리적 손상, 앞에서 언급한 PTSD는 다른 예라고 할 수 있다(Ring v. Arizona, 2002).

법원은 또한 유죄 판결을 받은 두 유형의 집단에 대해서는 사형을 집행할 수 없다고 판결을 내렸다. 심각한 정신장애를 앓고 있는 사람(Ford v. Wainwright, 1986)과 지적장애를 가진 사람이다(Atkins v. Virginia, 2002). 이 판례들, 그리고 이어서 나온 판례들에 대해서는 추가적인 논의가 필요한데, 정신장애와 지적장애의 정도를 결정하려면 법정 심리학자와 다른 정신건강 전문가의 의견이 필요하기 때문이다.

Atkins 사건의 경우, 대법원은 사형을 선고받는(또는 이 문제가 일찍 제기되지 않아 선고 후 처형되는) 사람을 구할 수 있는 지적장애를 결정하는 방법에 대해 주정부에 거의 지침을 주지 않았다. 범죄자의 지적장애에 대한 문제 제기는 종종 항소 절차의 일환으로, 사형수로 수년을 보낸 이후 발생한다. 2014년 법원은 IQ 점수만을 기준으로 지적장애를 결정해서는 안 된다고 판단했다(Hall v. Florida, 2014). 2017년에 법원은 지적장애를 결정하는 주의 방법이 현재의 전문전인 기준과 일치해야 한다는 판결을 통해 이 문제를 더욱 심화시켰다(Moore v. Texas, 2017). 텍사스(Texas)주는 IQ 절단점, 그리고 개인의 정신적 결함에 대한 지역사회의 고려 여부와 같은 기준을 모두 포함하는 시스템에 의존했다. Moore 사건의 경우, 그가 명백히 70점 이하의 IQ 점수를 받기도 하고 절단점 이상의 점수를 받기도 했지만, 분명한 것은 그가 당구를 치고 돈을 벌기 위해 직업을 가지고 있었다는 것이다. 텍사스 법원은 그가 최근의 전문적인 기준에 의한 지적장애 기준을 충족하더라도 충분히 사형에 처할 수 있을 만큼 영리하다고 판단했다. 그러나 대법원은 텍사스의 접근 방식을 승인하지 않았다.

미국은 Thompson 대 Oklahoma 판결(1998)에서 16세 미만 범죄자의 사형을 폐지하였다. 그러나 2005년 Roper 대 Simmons 사건에서 대법원은 모든 18세까지의 청소년의 사형 처벌을 금지했다. 그러므로 16세 혹은 17세의 청소년이 사형에 처해질 만한 범죄를 저질렀다면 재판이 이루어질 당시의 나이와는 상관없이 사형 선고의 대상이 되지 않는 것이다(이러한 청소년 판결 사건은 13장에서 재검토할 것이다). 마지막으로, 아동강간범(Kennedy v. Louisiana, 2008)을 포함하여 강간범(Coker v. Georgia, 1977)의 경우 희생자들이 생존했다면 사형 선고를 받을 수 없다. 범죄의 악랄함에 관계없이, 사형은 피해자의 사망으로 이어지는 경우로 제한되어야 한다.

Heilbrun 등(2002)에 따르면, “사형 선고 평가는 시행되는 법정 평가에서 가장 섬세하고 힘든 것이라 할 수 있다”(p. 116). 임상가는 사형 선고를 받을 만한 범죄로 유죄를 판결받은 사람의 사형 선고를 결정하는 데 도움을 줄 수 있는 신뢰할 만한 보고서를 제출해야 한다. 어떤 심리학자는 형의 선고 단계에서 위험성을 평가하는 것에 대한 특별한 반감과 함께 사형 선고에 참여하는 것에 도덕적으로 강한 반감을 가지고 있다. 사형 감경 업무에 참여하는 것에 대해서는 반감 정도가 덜한데, 이 업무에서는 범죄자의 사형 감경을 결정할 수 있는 심리적 요소의 존재를 입증하는 역할을 한다. 다수의 심리학자는 또한 사형 집행일이 다가옴에 따라 형사 절차 후반에 시행되는 사형받을 수 있는 능력을 평가하는 데 참여하지 않으려 한다. 사형받을 수 있는 능력의 평가는 12장에서 논의할 것이다.

위험성에 대한 임상적인 예측의 결함을 보고하고 있는 많은 연구에 비추어 볼 때, 대부분의 법정검사관은 임상적인 인상에만 의존하는 것을 피하려 한다(Heilbrun et al., 2002). 그럼에도 불구하고 인구통계학적 혹은 통계학적 데이터 역시 실패할 우려가 없는 것은 아니다. 사형 선고 맥락에서 계리적인 데이터는 특히 의심스러울 수 있다. Cunningham과 Reidy(1998, 1999)는 위험성 평가에 대한 기본적인 집단 통계치인 기준 비율을 다루는 문제에 주의를 기울여 왔다. 그들은 살인자의 기준 비율은 사형 선고 사건에서 위험성 예측이 타당하다는 것을 설명해 주지는 못한다고 하였다. 종합적으로, 유죄로 판결된 살인자는 감옥에서도, 보호관찰로 석방된 경우에도 폭력적이지 않다(Bohm, 1999; Cunningham, Sorensen, Vigen, & Woods, 2011).

요약하자면, 사형 선고에서 법정심리학자는 감형 가능한 증거를 얻는 데 중요한 역할을 하기도 하고, 한편으로는 배심원의 위험성 예측에 영향을 미치는 것에 대하여 논란을 일으키기도 한다. 사형 선고가 가능한 사건은 대부분 특별하다. 미국 대법원이 사형 사건에 대해 관찰해 온 것처럼 사형이 아닌 사건과 사형 선고를 받을 만한 사건 사이에는 '죽음'이라는 명백한 선이 있다. 죽음은 다르다는 원리(death-is-different principle)가 처음 적용된 Furman 대 Georgia 사건(1972)에서 대법원은 죽음이 "그 고통, 회복 불가능성, 극단성에 있어 매우 심각한 처벌이다."라고 언급하였다. 사형 선고를 받을 만한 사건과 그렇지 않은 사건을 분리하는 기준은 많은 심리학자가 다루고 싶어 하지 않는 부분이다. 그러나 많은 사람이 유죄 판결을 받은 범죄자의 사형 선고를 면하게 해 줄 수 있고, 형을 감경시켜 줄 수 있는 요소의 존재를 입증하는 특별한 위치에 심리학자들이 있다고 믿는다.

성범죄자 판결

심리학자는 성범죄의 본질, 원인, 처리에 관한 광범위한 연구를 해 왔다. 법원은 유죄선고를 받은 성범죄자 처벌 결정을 위해 전문 심리학자에게 평가를 요청하기도 한다. 많은 관할권에서 이 평가는 '심리성적 평가(psychosexual assessment)'로 알려져 있다. 일반적으로 심리성적 평가는 심리학자가 제공하는 검사 및 관찰 결과, 다양한 배경 정보, 위험성 평가 등 매우 넓은 범위에서 이루어진다. 또한 심리성적 평가에는 범죄자의 치료 및 위험성을 다루기 위한 권고 사항이 포함된다. 예를 들어, 평가자는 수감 예정인 범죄자에게 교도서 내 성범죄자 치료 프로그램 활용을 권고할 수 있다. 보호관찰을 받는 범죄자에 대해서 평가자는 보호관찰 감독관에게 그 범죄자가 무직으로 있는 동안에 범죄를 저지를 수 있기 때문에 고용 상태에 세심한 주의를 두도록 제안할 수 있다.

Heilbrun 등(2002)은 임상가가 법원에 제출하는 보고서에서 성범죄자를 분류하기 위한 유형론을 사용할 때 매우 신중해야 한다고 경고한다(유형론에 대해서는 9장에서 다룬다). 유형론은 실제 임상 장면에서 유용하고 매력적일지 몰라도 경험적으로 지지된 것은 거의 없다. 또한 유형론은 타당성이 낮고 감옥생활 내내 범죄자를 따라다닐 수 있는 낙인을 찍는다. 전문가에 의해 '가학적인 강간범(sadistic rapist)' 혹은 '성도착적 아동성추행범(fixated child molester)'으로 꼬리표가 붙은 범죄자는 강도, 살인자, 강간범과 같은 일반적인 재소자보다 교도소 적응에 있어 더 자주 한계에 부딪힐 수 있다. 또한 유형론으로 인해 범죄자가 실제 적정수준보다 더 높은 수준의 보안시설에 수감될 수도 있고, 직업 프로그램에 참여할 기회나 조기 석방의 기회 등을 제한받을 수도 있다.

Heilbrun 등(2002)에 따르면, 유형론보다 더 유망하게 평가되는 것은 성범죄자를 위해 특별히 개발된 위험성 평가 척도이다(4장의 〈표 4-2〉 참조). 그러나 다른 위험성 평가 도구와 마찬가지로 성범죄자 위험성 평가 도구를 선택할 때 적절한지 여부를 확인해야 하며, 다른 평가 방법과 함께 사용할 때에도 신중해야 한다. 미국 심리학회(APA, 1992, 2002)의 윤리 강령과 법정 심리학자를 위한 특별 지침(APA, 2013c)에서 심리학자는 타당한 도구를 사용해야만 한다고 명백하게 설명하고 있는 점에 주목할 필요가 있다. 또한 심리학자는 자신이 사용하는 도구의 한계를 인정해야 한다. 마지막으로, 심리학자는 평가 결과에 대한 이해를 촉진시킬 수 있는 방법을 사용하여 전달해야 하고, 오해를 불러일으킬 수 있는 표현은 삼가함으로써 판사가 가해자에 대해 부당한 결론을 내리지 않도록 해야 한다.

성폭력 흉악범의 입원 처분

1980년대와 1990년대에 많은 주의 입법자는 성범죄와 관련된 여러 가지 문제를 다루기 위해 고안된 프로그램에 재정 지원을 했고 법안을 통과시켰다. 우리 대부분은 극악무도한 범죄자의 피해자 이름을 따서 명명한 프로그램이나 법안을 알고 있을 것이다(예: 「성범죄자 등록 및 통지법[SORNA]」, 청소년 성범죄자 등록 및 통지 [JSORN], 「메건 법(Megan's Law)」, 「아담 월시 아동보호 및 안전법」, 실종 아동 사건에서의 앰버 경보(Amber Alert) 등). 이와 같은 법률은 피해자와 그 가족을 위한 서비스뿐만 아니라 경찰에게 성폭력 범죄의 예방을 위한 자원을 제공한다. 또한 다수의 법에서 교도소에서 풀려난 성범죄자에 대한 정보를 등록하여 지역사회에 공지하도록 규정하고 있다. 오늘날 등록된 성범죄자의 이름, 주소, 인상착의가 인터넷상에 널리 공유되고 있다.

21세기 초반, 미국 정부는 성범죄자 분류와 관련된 시스템을 개선하기 위해 국가에 대한 권한을 점차 강화하였다. 그 결과 등록 및 통지 법률을 전국적으로 보다 통일하게 되었다(Harris, Lobanov-Rostovsky, & Levenson, 2010). 연구자들은 이러한 절차의 효과를 평가하기 시작했다(예: Freeman & Sandler, 2009; Harris et al., 2010). 일부는 이러한 절차의 효과뿐만 아니라 성범죄자 연구(예: Hanson & Morton-Bourgon, 2005)에 기초할 때 재범 가능성이 낮은 성범죄자에 대한 효과에 의문을 제기한다(종합적 검토는 Harris & Lurigio, 2010 참조). 또한 지역사회 공지 및 거주 제한과 같이 지역사회에 살고 있는 성범죄자를 감시하는 것은 특히 정신질환이 있는 사람들의 치료 목표와는 충돌되거나 방해가 된다(Harris, Fisher, Veysey, Ragusa, & Lurigio, 2010). 이 법을 청소년 성범죄자(JSORN)에게까지 확대하는 것의 효과에 대한 의문 역시 제기되었다. 최근의 연구에 따르면 이러한 법을 가진 관할권의 청소년들이 법이 없는 관할권의 청소년보다 재범 비율이 낮았다는 증거는 발견되지 않았다(Sandler, Letourneau, Vandiver, Shields, & Chaffin, 2017).

그럼에도 불구하고 일반인은 대체로 성인 범죄자들의 등록 및 감시를 선호하는데, 이러한 조치가 이웃 주민들 사이에 불안을 초래하기는 하지만 안전하다는 느낌을 주기 때문으로 보인다. 흥미롭게도, 최근 미국 대법원의 판결에서는 등록 성범죄자의 페이스북 및 트위터 등의 사이트(다른 사이트를 금지하지는 않음) 사용을 금지하는 노스캐롤라이나(North Carolina)주 법률은 첫 번째 수정헌법의 권리 제한에 해당한다고 판단했다(Packingham v. North Carolina, 2017).

지역사회에 거주하는 성범죄자 및 성범죄 경력자와 관련된 정책 문제는 중요하다. 잘 알려지지 않은 관행 중 하나는 교도소에서 형을 살고 나온 성범죄자를 정신병원에 강제 입원시키는 것이다. 강제 입원은 범죄자의 의지에 반해서 형 집행 기간이 끝난 이후에 불확정적인 기간 동안 시행될 수 있다. 약 20개의 주에서 이런 조항을 갖고 있는데, 이것은 **성폭력 흉악범**(sexually violent predator: SVP)[1] 법규로 알려져 있다. "50개 주 모두 성범죄자 등록기관을 보유하고 있지만 21개 관할권만이 성범죄자를 위해 특별히 고안된 민사법을 제정하는 추가 조치를 취했다."(Phenix & Jackson, 2016, pp. 162-163) 이 법률하에 구금되거나 입원된 사람의 수는 1,300~2,209명으로 추정되었지만(La Fond, 2003), 현재는 4,500명가량 있는 것으로 추정된다(Aviv, 2013). Janus와 Walbek(2000)은 이 입원제도에 드는 비용이 1년에 1인당 6~18만 달러로 매우 고비용이라고 언급했다. 여기에는 입원 과정의 비용이나 시설 건립 자본 비용이 포함되지 않는다. 이 법안의 시행에 대해 수많은 법적 · 윤리적 · 실제적 이슈가 제기되어 왔다. 그러나 미국 대법원은 범죄자가 성폭력 행동 이력, 미래의 성폭력 행동의 위험성 및 현재 성폭력 행동과 연관된 정신장애를 가지고 있는 경우 입원을 허용하였다(Kansas v. Hendricks, 1997). Kansas 대 Hendricks 사건에서 대법원은 위험한 성범죄자의 경우 형량을 마친 후 입원에 대한 의지가 없다고 해도 강제 입원을 해야 한다고 판단했다. 또

---

1) 역자 주: 정신병 혹은 인격장애로 인해 성범죄를 저질러 안전시설에 가두지 않으면 또다시 성범죄를 저지를 만한 성범죄자를 지칭한다.

한 Kansas 대 Crane 판결(2002)에서 법원은 각 주에서 개인이 자신을 통제하는 능력에 문제가 있다는 것을 증명해야만 한다고 덧붙였다(캔자스 대법원은 개인이 자신의 위험 행동을 통제할 수 없음을 밝혀야 한다고 규정했는데, 연방 대법원은 각 주에서 감당하기에는 이것이 너무 무거운 짐이라고 규정했다). 성범죄자 입원 처분에 관한 가장 최근 판결(United States v. Comstock, 2010)에서 대법원은 연방정부가 정신질환이 있는 성폭력 흉악범에 대해서는 형량을 초과해서 수용할 수 있도록 허용했다. 정부는 그들을 연방시설에 수용하거나 주 정부의 승인하에 주 정신기관으로 이송할 수 있다. 그러나 그들은 정신 상태에 대해 정기적인 검사를 받을 권리가 있다. 법정 심리학자 혹은 정신과 의사는 이런 요소를 평가하기 위해 호출될 수 있다. 이러한 발전 및 기타 발전의 결과로, 성폭력 흉악범이라고 생각되는 개인을 평가하는 심리학자들에게 교육 세션, 워크숍 및 출판물을 통해 지침을 제공할 수 있게 되었다(예: Heilbrun et al., 2009). (〈My Perspective 5-1〉에서 Murrie 박사가 성폭력 흉악범 평가에서 적대적 충성에 대한 그의 연구에 대해 언급하고 있음을 기억하라). 흥미롭게도, 미국정신의학회는 성범죄자에 대한 입원 처분 실무를 공개적으로 비난했으며, 이러한 평가에 관여하는 정신의학자에게 지침 제공을 거부하고 있다(Phenix & Jackson, 2016). 현재까지 미국심리학회는 성범죄자에 대한 비자발적 입원 처분의 실무와 평가를 비난하지도 않고, 강력히 옹호하지도 않았다.

성폭력범의 강제 입원이 시민법의 적용을 받더라도, 앞에서 언급한 4장의 위험성 평가 도구와 형사 재판 절차와 매우 밀접한 관련이 있다. 12장에서 우리는 교정 시스템에서 성범죄자 치료에 대해 다룰 것이다.

법정 심리학자는 성폭력 흉악범의 평가와 관련된 수많은 딜레마에 직면할 수 있다. 성폭력 흉악범을 처음으로 평가하는 경우와 지속적인 상태를 평가하는 경우 두 가지 모두 여기에 해당한다. 법정 심리학자는 성폭력범에게 사용하기 위해 만든 특화된 도구의 사용을 포함하여 위험성 평가에 대한 일반적 우려를 고려해야 한다. 여러 가지 맥락에서 위험성 평가는 긍정적인 효과를 나타내고 있지만, 결코 탄탄한 경험적 근거를 갖고 있지는 않다. 이것은 법적 맥락에서 중요한 핵심이지만, 성폭력 가해자를 위해 부가적으로 고려되어야 할 윤리상의 문제가 있다. 이 범죄의 속성 때문에 법원은 신중해야 하는 부분에서 실수를 저지를 수 있으며, 임상가가 제공하는 증거 자료를 받아들일 가능성이 매우 크다. 이것은 해당 법령 아래에서 범죄를 저지른 범죄자 중 다수가 강제 입원되는 것이 가능하다는 것을 암시한다. "성범죄자 입원 처분의 규칙이 효과적이기 위해서는 최소 한 명의 전문가가 피고인이 위험하다고 평가하는 경우 법원에서 그 효과에 대한 조사가 이루어져야 할 것이다."(Janus & Meehl, 1997) 여러 주에서 성범죄자의 위험 평가는 일부 법정 심리학자에게는 건수도 많고 때로는 수익성이 좋은 분야이다.

입원 처분 시 정신장애에 대한 명확한 증거가 필요하지 않고, 단지 '정신이상'이면 충분하다는 것 또한 중요하다. 대부분은 아니더라도 다수의 정신건강 실무자는 모든 성범죄자들이 치료를 필요로 한다고 믿고 있음에도 불구하고 많은 성폭력범이 정신장애나 정신병을 갖고 있지 않다는 것을 발견했다(Marshall, Boer, & Marshall, 2014). 미네소타(Minnesota)의 성범죄자 강제 입원 분석에서 Janus와 Walbek(2000)은 진단 정보가 있는 99명의 남자 중 절반 이상이 성도착증으로 진단되지 않았음을 발견했다. 다른 진단명이 있었지만(예: 치매 2%, 반사회성 성격장애 26%, 약물 남용 혹은 의존 52%), 그들 중 10%는 약물 남용 혹은 의존 외에 다른 어떤 진단도 없었다. 성폭력범 이외의 사람에 대해 입원 처분을 내릴 때에는 정신장애나 정신병 진단이 필요하고 약물 남용이나 의존 진단은 강제 입원의 자격이 되지 않는다. United States 대 Comstock 판결(2010)에 따르면 연방 시스템에 의한 입원 처분은 정신장애의 발견을 요구한다. 흥미롭게도, 여러 관할권의 연구 결과를 검토한 끝에 McLawsen, Scalora, Darrow(2012)는 성폭력 흉악범 법률에 따라 입원 처분된 사람들이 다른 입원 처분 집단에 비해 심각한 정신장애 비율이 낮다는 것을 발견했다.

약 20년의 역사를 가진 미네소타주의 성범죄자 프로그램은 하급법원이 위헌 판결을 내린 이후 2017년에 연방 항소법원에 의해 지지되었다. 미네소타의 성범죄자가 이 프로그램에서 퇴원되는 것은 드문 일이다. 그동안 단 한 사람만 영구적으로 퇴원했으며 최근에는 7명이 조건부 퇴원 조치를 받았다. 2017년 기준으로 총 721명이 이 프로그램에 참여했다.

또한 입원 처분이 내려진 성폭력범에 대한 치료가 부족할 수 있다는 점에 대해 여러 문헌에서 우려를 나타내고 있다(Janus, 2000; McLawsen et al., 2012; Wood, Grossman, & Fichtner, 2000). 비록 법령은 가능하다면 치료를 제공하도록 하는 조항을 포함하고 있지만, 대부분의 법령은 이것을 보장하고 있지는 않다. "그럼에도 불구하고 많은 주는 성폭력범의 강제 입원이 치료를 목적으로 하고 있고, 그들이 효과적인 치료를 제공하고 있다고 주장한다."(Janus & Walbek, 2000, p. 347) 치료 병상이 많은 미네소타와 플로리다(Florida) 두 지역 모두 여기에 포함된다. 이러한 입원 처분 법령에 대한 비판자들은 입원 처분이 치료 제공보다 실제로는 처벌을 확대하는 데 사용되고 있다고 주장한다(La Fond, 2000). 다시 말해, 치료는 부수적인 목적이라는 것이다.

여전히 존재하는 또 다른 우려는 성범죄자 입원이 결과적으로 매우 장기적인 감금을 초래한다는 점이다. Janus와 Walbek(2000)은 강제 입원을 하는 성폭력범이 거의 퇴원을 못한다는 점을 발견했다. "실제적으로 퇴원을 지지하기 위한 증거를 제시해야 하는 의무는 너무 무겁다."(p. 346)

이상의 논의들은 성폭력범의 비자발적인 강제 입원에 대한 윤리와 타당성에 대해 제기되어 왔던 많은 이슈 중 몇 가지일 뿐이다. 심리학자는 평가와 치료에 모두 관여할 가능성이 크다. 어떤 평가자는 위험성 평가를 할 때 그 사람이 일단 강제 입원이 되면 치료가 제공될 것이라고 가정한다. 그러나 앞에서 반복해서 언급했듯이 입원 처분이 내려졌다고 해서 반드시 치료가 제공되는 것은 아니다. 12장에서 다시 논의하겠지만, 문헌에서 비록 긍정적인 치료 효과가 분명히 확인된다고 할지라도 범죄자 치료 프로그램의 효과성에 대한 의문은 여전히 남아 있다. 법정 심리학자는 사회 정책을 수립하지는 않지만, 이 문제에 대한 쟁점과 연구에 대해 알고 있어야 한다.

요약 및 결론

이 장에서는 심리학자가 형사법원과 상호작용하며 수행하는 다양한 업무를 살펴보았다. 많은 연구에서 심리학자의 주요 업무는 형사 피고인이 형사 소송 절차에 참여할 때 가지고 있어야만 하는 다양한 능력과 관련되어 있다고 설명한다. 법정에 설 능력, 변호사 선임을 포기할 능력, 유죄를 인정할 수 있는 능력 그리고 형을 선고받을 능력이 그 예이다. 우리는 또한 이민 소송 절차에 있어서 능력에 관한 주제를 다루었다. 물론 이러한 절차는 형사법이 아닌 민사법의 적용을 받는다. 그러나 추방에 직면한 이민자 또는 망명을 원하는 사람들의 입장에서 볼 때 법적 환경에 참여하는 능력은 비슷하다. 법원은 서류가 미비한 이민자들이 형사 피고인과는 다름에도 불구하고 적법한 절차적 보호를 받고 있음을 인지하고 있다. 한 가지 예를 들면, 그들은 형사 피고인으로서 변호사에 의해 변호받을 권리가 없지만, 변호사나 법률가는 이민 소송에서 그들을 변호할 수 있다.

비록 대부분의 지침서와 출판물에서 전통적인 임상적 면담이 충분하지 않다고 말하고 있지만, 능력 평가가 어떻게 수행되어야 하는지에 대한 합의는 아직 이루어지지 않았다. 어떤 심리학자는 전통적인 심리검사를 사용하기도 하지만, 능력을 측정하기 위해 특별히 고안된 다른 도구가 더 널리 사용되고 있다. 일부는 분명히 능력을 갖춘 사람을 신속히 식별하기 위해 고안된 선별 도구인 반면, 일부는 부족한 특정 기능을 가려내기 위한 보다 광범위한 도구이다. 가장 장래성 있는 검사 중 하나는 맥아더 재단 출신의 연구자가 개발한 MacCAT-CA로, 능력과 함께 꾀병을 진단하도록 설계되었다. 능력 평가의 결과는 판사의 결정에 큰 영향을 미치는 것으로 나타났는데, 판사는 검사자의 권고에 대부분 동의한다. 검사자가 두 명 이상이고 이견이 있는 경우, 판사는 피고가 능력이 없다고 판단할 가능성이 크다.

또한 심리학자는 정신 평가를 시행하는데, 이는 공식적으로 형사상 책임 혹은 범죄 당시의 정신 상태를 평가하는 것으로 알려져 있다. 이 평가는 대부분의 판결받을 수 있는 능력에 대한 평가보다 훨씬 더 복잡하지만, 예외도 있다. 형사 책임 평가는 대량의 배경 자료 수집, 피고인과의 인터뷰, 그리고 범행 당시의 피고인의 심리 상태에 대한 통찰을 제공할 수 있는 다른 사람과의 접촉이 필요하다. R-CRAS와 MSE는 이를 평가하는 주요 도구이지만 능력 평가 도구처럼 보편적으로 사용되지는 않는다.

범행 당시 피고인이 제정신인지, 그래서 책임을 질 수 있는지 여부에 대한 결정은 판사나 배심원이 내리게 된다. 이때 연방법하에서 주에서 채택된 다양한 규칙을 적용한다. 지난 사반세기 동안 주와 연방 정부는 규칙을 축소하거나 피고인이 명확하고 설득력 있는 증거로 자신의 정신이상을 증명하는 부담을 부과하는 등, 피고가 정신이상 항변을 사용하는 것을 더 어렵게 만들고 있다. 네 개 주가 정신이상 항변을 폐지했으며, 대법원은 미국 헌법에 따라 그러한 방어가 필요한지 여부에 대해 밝히기를 거부했다.

능력과 정신이상 모두와 관련된 논쟁적인 주제는 개인의 의지에 반해 향정신성 약물을 투여하는 것이다. 투약은 무능력한 피고인이 법정에 설 능력을 갖도록 하기 위한 방법으로 주로 이용된다. 그러나 투약 후 피고인이 다양한 부작용으로 고통받을 수 있고 재판 과정에 참여할 능력에까지 부정적인 영향을 미칠 수 있다. 미국 대법원은 피고인이 능력을 회복하기 위해 자신의 의지에 반해 약물을 복용하는 경우에는 그 전에 세심한 주의가 필요하다고 명시했다. 비폭력적인 범죄로 기소된 위험성이 낮은 피고인의 사건에서 대법원은 하급법원이 약의 부작용을 충분히 고려하지 않았다고 판단하여 강제적인 약물 투여를 허락하지 않았다. 그러나 법원은 심각한 폭력 범죄로 기소되어 위험성이 높다고 밝혀진 무능력한 피고인의 사건에 대해서는 심리를 거부했고, 피고인의 의지에 반하는 투약을 허락했다. 그러나 대법원은 피고인이 만약 정신이상을 이유로 유죄가 아님을 주장하거나 배심원에게 약물을 복용하지 않은 상태를 보여 주고 싶은 경우라면 재판 동안 약물을 복용하지 않을 권리가 있다고 판단했다.

심리학자는 또한 판사가 범죄자에 대한 선고를 준비할 때 형사법원을 위해 자문한다. 이런 형량 평가는 피고인이 약물 남용 치료 혹은 폭력 범죄자 프로그램 같은 특별한 재활 접근법을 적용하기에 좋은 대상인지를 결정하기 위해 주로 시행한다. 그러나 법원은 유죄 판결을 받은 범죄자의 위험성 평가에 관심이 있기 때문에, 형량 선고 평가 또한 위험성 평가와 연관이 있을 수 있다. 완벽하지는 않지만, 위험성 평가를 타당하게 수행할 수 있는 다양한 도구가 있다. 이 장에서는 성폭력범과 사형이 선고될 만한 범죄로 유죄 판결 및 사형 선고를 받을 가능성이 있는 피고인 등 특별한 대상에 대한 위험성 평가 위주로 몇 가지 주요 관심사를 살펴보았다.

이 장은 성폭력 흉악범 그리고 그들이 기간이 확정되지 않은 채로 민간 정신병원에 입원하는 것에 대한 논의로 마무리되었다. 다수의 주에서 점점 범죄자가 위험하다고 평가되거나, 정신장애 혹은 특정 정신이상이 있는 경우에 강제 입원 조치를 허용하고 있다. 법률은 비록 치료 제공을 명시하고 있지만, 많은 경우 법률의 본래 의도가 성범죄자를 계속해서 처벌하고 재소 기간을 넘어 계속 감금하려는 목적으로 변질된 것은 아닌지 의심을 받고 있다. 그리고 일부 주와 연방 정부는 이러한 법령에 따라 입원 처분을 받은 성범죄자를 강도 높게 치료하고 있지만, 현실은 그러한 입원 처분을 받은 성범죄자가 퇴원하는 것이 매우 어렵다는 것이다. 재소 기간이 만료된 후 성범죄자에 대한 입원 처분은 법정 심리학자를 포함한 다수의 정신건강 전문가 사이에서 논란의 여지가 있다.

주요 개념

Dusky 기준Dusky standard
꾀병malingering
능력 회복competency restoration
능력선별평가Competency Screening Test: CST
로저스 형사책임 평가 척도Rogers Criminal Responsibility Assessment Scales: R-CRAS
맥아더 능력평가도구–범죄판결MacArthur Competency Assessment Tool-Criminal Adjudication: MacCAT-CA
명백하고 확실한 증거clear and convincing evidence
범죄 의도mens rea
범행 당시 정신상태 선별평가Mental State at the Time of the Offense Screening Evaluation: MSE
법정 정신건강 평가forensic mental health assessments: FMHAs
법정에 설 능력competency to stand trial
사형처벌 감경death penalty mitigation
성폭력 흉악범sexually violent predator: SVP
악화 요인aggravating factors
이중목적 평가dual-purpose evaluations
정신병이 있지만 유죄guilty but mentally ill
정신이상insanity
정신이상항변수정법Insanity Defense Reform Act: IDRA

조건부 석방conditional release

증거의 우세preponderance of the evidence

판결을 받을 수 있는 능력adjudicative competence

학제간 적합성 인터뷰 개정판Interdisciplinary Fitness Interview-Revised: IFI-R

합리적인 의심을 넘어서beyond a reasonable doubt

형사 책임 평가criminal responsibility evaluation

단원정리

1. 법정 심리학자에 의해 평가되는 범죄 용의자와 피고인의 능력을 최소 다섯 가지 나열하라.
2. 모든 법정 정신건강 평가(FMHAs)의 다섯 가지 공통적인 특징을 나열하라.
3. Riggins 대 Nevada, Jackson 대 Indiana, Foucha 대 Louisiana 판결이 왜 법정 심리학에서 중요한가?
4. 연방법과 주법의 변화로 인해 정신이상을 이유로 유죄가 아님을 주장하는 피고인이 어떤 어려움에 처하게 되었는지 예를 들어 설명하라.
5. 법정에 설 능력과 정신적 · 형사적 책임의 평가를 비교하라.
6. ① 사형 선고, ② 성폭력 흉악범 집행 절차에서 법정 심리학자의 역할은 무엇인가?
7. 형량 선고 시 성범죄자 강제 입원 처분에 대해 어떤 찬성 혹은 반대 주장이 가능한가?

Chapter 6

가족법과 기타 민사 소송

주요 학습 내용

- 민사법원과 협력하는 심리학자의 역할 및 책임
- 아동 양육권 평가, 방문 조정 및 이주 요청을 포함하여 가정법원 및 검인법원에서 심리학자 및 기타 정신건강 전문가의 역할
- 민사 능력 평가에서 심리학자와 신경심리학자의 역할
- 개인 상해 청구, 특히 고용 관련 청구의 여러 측면
- 치료에 동의하는 능력과 관련된 문제
- 강제 입원 처분에 관한 많은 질문과 문제
- 성희롱 영향 평가 시 심리학자 및 기타 정신건강 전문가의 과제

Monica와 Boris는 9년간의 결혼생활 후 여러 번의 상담 회기를 거쳐 혼인관계를 끝내기로 결정했다. 3세, 6세, 7세인 세 자녀의 단독 양육권을 원한다는 사실을 제외하고는 무결점의, 우호적인 이혼이 분명했다. Monica와 Boris는 자녀의 삶에 깊이 관여한 훌륭한 부모였다. 그러나 그들은 공동 양육권이 좋은 대안이 아니라고 강하게 느꼈으며, 양쪽 모두 전문적인 직업을 가졌기 때문에 다른 쪽에게 자유 방문권을 부여하여 자녀에게 더 많은 안정을 줄 수 있다고 믿었다. 우호적인 이혼을 원했지만 가정법원이 최종적인 양육권 결정을 내려야 하는 상황에서 결국 고통스러운 양육권 다툼으로 변질되고 말았다.

법정 심리학자가 되려는 사람은 가족 및 민법 문제를 다루는 데 전문적인 시간을 상당 부분 사용하게 된다. 일부 법정 심리학자에게는 형법보다 민법이 주요 관심사이기 때문이다. 예를 들어, 가정법원 시스템 내에서 일하는 것은 지적 도전으로 가득한 흥미롭고 역동적인 과정이다(Kaufman, 2011). 또한 앞서 제시한 사례에서처럼, 심리학자들이 양육 평가를 요청받는 것과 같은 상황에서는 감정적으로 고갈되기도 한다. 횟수가 증가함에 따라 심리학자 및 기타 정신건강 전문가(Mental Health Practitioner: MHP)는 심리 전문가, 컨설턴트, 중재자, 검토 전문가 및 코치 역할 등 가족법 사건에 대한 다양한 서비스를 제공하고 있다(S. M. Lee & Nachlis, 2011). 이러한 다양한 역할에 대해서는 곧 설명하겠다.

기타 민사 사건은 법정 심리학자에게 감정적 소진이 덜하지만, 역시 도전적이다. 여기에는 실업 수당을 신청하거나, 장애 또는 의료과실 소송을 제기하거나, 고용주를 대상으로 개인 및 젠더 편향이나 성희롱과 같은 차별을 이유로 고소하는 개인을 평가하는 것이 포함된다. 이 장에서는 이러한 주제와 그 이외의 주제를 다룬다.

이 장은 다양한 상황, 특히 심리학자 및 기타 정신건강 전문가와 협업하는 주정부의 민사법원에 중점을 두고 있다. 지방 법원과 같은 일반 관할권의 비전문 법원은 이 장에 소개되는 내용들과 관련된 사건(예: 과실 소송)에 대해 심리한다. 또한 우리는 「미국장애인법(Americans with Disabilities Act: ADA)」 또는 1991년의 「시민권법(Civil Rights Act)」과 같은 연방법 위반이 의심되는 차별 사건 등 연방법원이 관여할 가능성이 있는 영역을 다룬다.

주정부별 시스템이 완전히 동일한 경우는 없기 때문에 법원의 구조와 절차는 전국적으로 차이가 있지만, 이 장에서는 일반적인 운영 방식을 소개한다. **가정법원**은 이혼, 아동 양육권 및 지원, 방문권, 이주, 금지 명령이나 보호 명령(이러한 명령은 형사법원에 의해 발부될 수도 있다)과 같은 가정 폭력 사건에 대해 심리한다. 청소년 구제 절차는 가정법원에서 진행되기도 하지만, 어떤 다른 주에서는 별도의 소년법원이 이 기능을 담당한다. 일부 관할권에서는 가정법원이 후견인 및 민사 능력/무능력 심리를 다루는 반면, 다른 관할권에서는 이러한 문제를 검인법원에서 담당한다.

유언 **검인법원**(probate court)은 일반적으로 유언장, 사망자 재산, 신탁, 보호자 및 후견인과 같은 법적 문제를 처리한다. 그중에서도 유언 검인법원은 사망자의 재산을 적절하게 분배하고, 유언장의 유효성을 평가하며, 유효한 유언장을 집행한다. 집행 및 준수에 대한 유언 검인법원의 책임은 "관할권, 프로그램, 사안에 따라 다르다"(National College of Probate Judges, 2013, p. 14).

4장에서 언급한 바와 같이, 일반 관할 법원은 사법 체계의 주역이므로 여기에서 다수의 형사 및 민사 문제를 다룬다. 그러나 주정부는 점점 더 광범위한 민사 및 형사 문제를 다루기 위해 전문 법원을 설립하고 있다. 이전에는 보다 '전형적인' 형사 또는 민사 법원의 영역이었던 사건들이 이제 마약법원, 정신건강법원, 소녀법원 또는 퇴역군인법원에서 심리된다. 전문 법원은 독립적으로 운영되거나 더 일반적인 법원에 연결될 수 있는데, 예를 들어 마약법원은 형사법원에, 소녀법원은 가정법원에 연결될 수 있다. 따라서 법정 심리학자들은 그들이 접촉하는 주 및 지방 관할권과 관련된 구조와 절차에 익숙해져야 한다.

청소년 비행 문제가 일부 주에서는 가정법원에서 처리되기는 하지만, 이 장에서는 다루지 않을 예정이다. 비행 그리고 일반 소년에 대한 소년사법 절차는 13장에서 별도의 주제로 다룰 것이다. 소년법원은 가정법원 이전, 특히 20세기 초에 등장했다. 1900년대에 소년법원과 별도로 가정법원을 만들려는 초기 시도가 있었지만 1970년대 들어서야 가족법 사건만을 다루기 위한 법원을 만들려는 움직임이 미국 전역에서 활발해지기 시작했다(Adam & Brady, 2013). 오늘날 가정법원은 일반적으로 청소년 비행 사건을 다루지 않는다(물론 앞서 언급한 바와 같이 일부 가정법원에서는 여전히 다루고 있다).

가정법원

현대의 가정법원(family court 또는 domestic court)은 이혼 소송을 접수하고 양육권을 결정하는 곳이지만, 이들 소송은 일반 관할 법원(예: 주에 따라 상급법원 또는 지방법원)에서도 진행될 수 있다. 가정법원은 방임되고 학대받는 아동을 위탁 가정 등 임시 양육시설에 수용할 수 있는 권한뿐만 아니라 부모의 권리를 영구적으로 철회할 수 있는 권한도 가진다. 일부 청소년은 자립 미성년자(emancipated minor) 선언 요청을 위해 가정법원을 이용한다. 미성년자가 낙태 수술을 받기 전에 부모에게 알리고 동의를 얻어야 하는 주에서는 가정법원이 낙태를 원하는 소녀의 이익을 위해 해당 요건을 무시할 수 있다. 가정법원은 가정 폭력 상황에서 피해자가 가해자에 대한 일시적 또는 영구적 접근 제한(restraining) 명령을 요구하는 곳이기도 하다. 입양은 가정 또는 보호관찰 법원에서 마무리된다. 마찬가지로, 다툼이 있는 유언장, 의료적 결정을 내리는 능력에 대한 판단, 정신기관에 대한 비자발적 입원은 일부 또는 전부가 가정 또는 보호관찰 법원의 관할에 속한다. 위에 열거된 권한에 비추어 볼 때 심리학자 및 기타 정신건강 전문가가 가정법원의 일상적인 운영에 중요한 역할을 하고 가족 법정 심리학이 빠르게 전문성을 발전시키고 있다는 것은 놀라운 일이 아니다(〈Focus 6-1〉 참조).

Lee와 Nachlis(2011)는 가정법원에서 심리학자와 기타 정신건강 전문가의 역할에 대한 간단한 요점을 제시한다. 여기에는 코치, 검토 전문가, 컨설턴트 및 중재자는 물론 전문가 증인 및 평가자 역할도 포함된다(요약은 〈표 6-1〉 참조). 이러한 역할은 점점 복잡해지고 있으며, 숙련된 법정 심리학자는 자신이 수행하는 전문 분야에 적용되는 법적 기준, 선례 및 판결(rulings)에 대해 높은 지식 수준을 유지해야 한다. 또한 아동 및 청소년 발달, 법정 심리학 및 가족 역학에 관한 연구 및 임상 문헌에 대해 충분한 지식을 갖추고 있어야 한다.

FOCUS 6-1 가족 법정 심리학

2003년 6월, 『가족심리학회지(Journal of Family Psychology)』에서는 가족 심리학과 가족법의 교차점에 관한 특별호를 발간했다. 편집자에 따르면, 특별호 발간의 주된 목표는 "가족 심리학과 가족법이 겹치는 영역에서 독자에게 새로운 연구 및 실습 기회를 소개하는 것"이었다(Grossman & Okun, 2003, p. 163). 그 이후로 법정 심리학에서 다뤄진 가족 사건이 극적으로 증가했다. 또한 법원이 아동에 대한 이혼의 영향 또는 양육권 평가의 질과 같은 문제에서 과학적 증거를 면밀히 조사하게 되면서 전문가 증언의 기준이 높아졌다(Ackerman & Gould, 2015).

임상 심리학자나 연구자 등 가족 심리학자는 인간 발달과 시스템 이론에 대한 광범위한 지식을 가지고 있다. 법정 심리학자는 법원 및 법률 전문가와 함께 평가 및 상담을 하기 위한 지식과 전문성을 갖추고 있다. 또한 임상 실습과 관련된 법률 이론 및 절차를 알고 있으며, 전문가 증언을 제공한 경험이 있다. 따라서 가족 법정 심리학자는 법정 심리학자와 가족 심리학자의 지식과 기술이 조합된 결과이다.

Grossman와 Okun(2003)은 가족 법정 심리학을 법률 시스템과의 상호작용을 위한 평가와 개입의 관점에서 가족과 가족 구성원, 기관 그리고 가족 시스템에 기초한 상위 시스템에 관한 연구로 정의한다. 평가 및 중재 영역에는 예방, 교육, 평가, 다양한 형태의 갈등 해결, 치료 및 결과 평가가 포함된다. 법정 심리학자는 법률 시스템에 전문 지식을 제공한다(p. 166).

가족 법정 심리학자는 판사 및 기타 법원 직원에게 성격과 (가족의) 얼굴 변화에 관한 연구를 제공하여 도움을 주기도 한다([사진 6-1] 및 [사진 6-2] 참조). 일부 가정법원 판사는 이 문제를 다루기를 원하지 않는 것은 아니지만, 충분한 준비가 되어 있지 않다는 사실을 인정한다(Bridge, 2006). 예를 들어, 대가족은 종종 아이의 안정에 유리하고, 동성 파트너의 자녀는 이성애 파트너의 자녀만큼 잘 적응한다는 것을 배울 필요가 있다.

요컨대, 가족 법정 심리학은 다음 영역 모두에 기여할 수 있다. ① 이혼, 아동 양육권 및 방문, ② 갈등 해결과 중재, ③ 소년 사법, ④ 양육 적합성(parental fitness) 평가, ⑤ 친권 해지, ⑥ 노인법(elder law) 및 부동산 계획, ⑦ 부모가 수감될 때의 자녀-부모 관계, ⑧ 후견, ⑨ 생식권과 기술, ⑩ 가정 폭력 등의 영역이다. 이러한 모든 문제가 가정법원 및 기타 전문 법원에서 점점 더 판단되고 있기 때문에 가족 법정 심리학자는 계속 높은 수요가 예상된다.

토론 질문

1. 가족의 변화하는 성격과 얼굴은 무엇을 의미하는가? 예를 들어 보라.
2. 가족에 대한 다양한 정의가 심리 및 사회 과학 문헌에 사용된다. 다음 중 '가족'으로 간주되어야 하는 경우는 어느 것일까? ① 이혼한 남자, 그의 세 자녀, 연로한 어머니, ② 홀아비, 그의 여자 파트너, 그의 세 자녀, ③ 홀아비, 그의 남자 파트너, 그의 세 자녀, ④ 거리에 사는 소규모 청년 유대 집단, ⑤ 세 명의 룸메이트, ⑥ 남학생 사교 클럽 회관에 사는 클럽 회원들. 가족을 정의하는 방법에 제한이 있을까? 만약 그렇다면 그 제한은 무엇일까?

사진 6-1과 6-2 부모와 자녀

출처: @iStockphoto.com/funky-data; @iStockphoto.com/kali9.

표 6-1 가정법원에서 심리학자와 정신건강 전문가의 역할과 과제 예시

역할	과제 예시
전문 증인	• 평가 결과 증언 • 관련 주제에 대한 연구 증언(예: 별거/이혼/이주가 자녀에게 미치는 영향)
평가자	• 인터뷰와 검사를 통한 개인 평가
코치	• 양육권 절차가 진행되는 동안 부모나 자녀에 대한 지원 • 절차에 대해서 소송 당사자 교육
검토 전문가	• 기타 정신건강 전문가의 작업 검토(품질에 대한 감정) • 기타 전문가 작업의 결함 강조 • 자료나 인용 연구에 대한 견해 제시
상담자	• 관련 연구 성과를 변호인에게 제공 • 재판 전략의 보조 • 전문가 증언에서 변호인의 질문 전개 지원
중개자	• 심란한 의뢰인의 관리 지원 • 고비용 재판 회피를 위한 합의 도출 지원

출처: Lee & Nachlis (2011); Kauffman (2011); Zapf (2015)에서 수정.

가정법원은 법정 경찰, 기타 법원 직원 및 참여자에게 위험한 장소가 될 수 있다. 소송 당사자의 감정이 고조되어 있고, 간혹 분노와 불만이 생기기 때문이다. 법원 소송 절차에 익숙하지 않으면 스트레스가 심한 상황이 발생할 수 있으며, 이는 법정 심리학자의 코치 역할이 매우 중요한 이유 중 하나이다. 또한 오늘날 가정법원의 소송 당사자는 변호사의 변호를 받지 않는 경우가 많은데(Adam & Brady, 2013), 당사자의 감정이 격해진 상황을 고려하여 형

사법원과 마찬가지로 가정법원에는 입구에 금속 탐지기와 스캐너를 설치하는 등 보안 조치가 강화되었다. 그럼에도 불구하고 언어적 충돌과 사소한 실랑이가 벌어지는 것은 드문 일이 아니다. 부모 간에, 때로는 변호사 간에 갈등이 심각할 수 있다(Ackerman & Gould, 2015). 격렬한 논쟁과 긴장 상황을 고려하면 정신건강 전문가(일부는 가정법원 내부 또는 근처에 사무실을 두고 있음)가 판사, 변호사, 소송 당사자, 심지어 해당 가정의 자녀들을 지원하는 것은 매우 유용한 작업이다.

아동 양육권 평가

오늘날 미국에서는 첫 번째 결혼의 절반가량이 15년 안에 이혼으로 끝난다(U.S. Department of Health and Human Service, 2011). 그리고 두 번째 결혼은 첫 번째 결혼보다 별거 또는 이혼의 비율이 더 높다(U.S. Department of Health and Human Service, 2012). 미국은 산업화된 국가 중 가장 높은 이혼율을 가진 국가 중 하나이다(Kourlis, 2012). 이는 아마도 이혼이 상대적으로 쉽기 때문일 것이다. 과거에 이혼은 주로 일방 당사자의 잘못(예: 간음, 신체적 또는 정신적 잔혹성, 처자 유기) 또는 부부간 의무의 수행 불능(예: 수감)이 그 이유였다. 오늘날에는 양 당사자가 서로의 차이를 조정할 수 없으며, 어느 한쪽의 잘못 없이도 이혼이 가능하다는 인식에 대해 사람들은 대체로 동의한다. 이혼에 관한 규정은 주법에 따르는데, 아동이 관련된 경우에는 18세 미만의 모든 부양 자녀에 대한 양육권이 결정되어야 한다(Symons, 2013).

가정법원에서 가장 논란이 되는 영역은 이혼과 아동 양육권이 충돌하는 경우, 특히 양육권에 대한 분쟁이 있을 때라는 것에 대해서 변호사, 판사, 심리학자 및 기타 정신건강 전문가들은 일반적으로 동의한다. 이혼의 40%에 아동이 관련되어 있지만(Horvath, Logan, & Walker, 2002; Krauss & Sales, 2000), 대부분의 경우 법원에 양육권 결정을 요구하지는 않는다. 그 대신 부모나 중개인이 양육권에 대해 대부분 상호 합의한다. 연구에 따르면, 전체 이혼 사건 중 법원에서 양육권 판결을 담당하는 경우는 약 6~20% 정도이다(Melton et al., 2007). 최근의 일부 자료에 따르면 이혼 양육권 사건의 90% 이상이 법원의 공식적인 개입 없이 해결되었다(Symons, 2013).

이혼하는 부모가 자녀 양육권 조정에 관한 합리적인 합의에 도달할 수 없는 경우, 법원은 **육아 평가** 또는 육아 계획 평가를 명령한다. 육아(parenting)라는 용어는 법률 및 임상 문헌에서 양육(custody)이라는 용어를 점차 대체하고 있지만, 이 장에서는 둘 다 사용할 예정이다. 육아 계획이 필요한 경우, 법원은 보통 평가를 정신건강 전문가에게 의뢰한다. 연구에 따르면 심리학자들은 지금까지 **아동 양육권 평가**(child custody evaluation: CCE)에 가장 선호되는 전문가이다(Bow, Gottlieb, & Gould-Saltman, 2011, Bow & Quinnell, 2001; Mason & Quirk, 1997). 그러나 다수의 법원은 석사학위를 가진 심리학자나 임상 사회복지사처럼 법원 서비스 기관과 관련된 정신건강 임상가를 선택한다(Horvath et al., 2002). Bow, Gottlieb, Gould-Saltman(2011)에 따르면, 가족법 변호사가 아동 양육권 평가를 수행하기 위해 평가가 필요한 경우 객관적이고 중립적인 입장을 취하는 박사 수준의 심리학자를 선호한다는 것이 지속적으로 확인되고 있다. 또한 의사소통 능력이 뛰어나고, 수년간 자녀 양육권 평가 경험이 있으며, 증인석에서 확실한 발표 기술을 보여 준 심리학자를 선호한다.

심리학자는 아동 양육권 평가에 관한 다수의 전문 논문과 서적을 활용할 수 있다(Stahl, 2014). 미국심리학회(APA, 2010b)의 '가족법 절차에서의 아동 양육권 평가 지침(Guidelines for Child Custody Evaluations in Family Law Processings)'도 중요한 자료이다. 이 지침에서는 평가를 실시하는 지역 내에서 아동 양육권 판결 관행과 특성을 다루는 해당 법률과 법원 판결에 대해 심리학자들이 잘 알고 있어야 한다고 강조한다. 마찬가지로 이 지침에서는 법정 심리학자들이 아동 발달 및 가족 역학, 아동 및 가족 정신병리학, 자녀에 미치는 이혼의 영향 및 특수 아동 보호 연구 문헌에 대한 최신 동향에 대한 지식을 유지하도록 촉구한다. Zibbell과 Fuhrmann(2016)은 그들의 글에서 지침 및 전문 요구 사항을 잘 요약하고 있다.

> 아동 양육권 평가자는 성인과 아동의 면담, 아동 · 청소년 발달 및 가족 역학에 관한 이해, 법원에서 제기한 질문과 관련된 분야에 대한 최신 연구 지식 및 그들이 활동하는 관할권의 관련 가정 법령 및 사건에 익숙해질 필요가 있다(p. 401).

흥미롭게도, Bow 등(2011)이 발견한 바로는 자녀 양육 설문지에 대한 심리학적 검사가 시행되고 있음에도 불구하고 가족법을 전문으로 하는 변호사들은 부모와 자녀의 심리검사가 아동 양육권 평가 시 가장 덜 중요한 요소라고 생각하고 있었다(Stahl, 2014). 그러나 심리검사는 아동 및 부모와의 인터뷰, 관찰 그리고 부수적인 자료(예: 관련이 있는 경우 학교 기록, 형사법원 기록)로부터 얻은 정보의 검토를 포함하여 평가 과정의 한 구성 요소에 불과하다. 심리검사가 사용되는 경우, 변호사는 심리학자가 법정 맥락에서 심리검사의 한계에 대해 명확하게 고려하고, 가설을 세우거나 전체 결과의 지지 자료로 사용하는 것 역시 제한할 것을 기대한다. 또한 변호사의 대다수(64%)는 심리학자가 누가 양육권을 받아야 할지 권고해 주기를 원하고, 압도적인 대다수(79%)는 심리학자가 이혼 후 양육권 분배에 관한 권고를 제시해야 한다고 생각한다. 가족법 변호사들 또한 아동 양육권 평가를 수행하는 법정 심리학자가 아동 양육권 평가 지침 표준을 엄격히 따르고, 논리적이고 실용적이며 아동을 기준으로 최선의 이익이 되는 결론을 내리고 권고하기를 기대한다(이에 대해서는 뒤에서 논의됨).

때로는 아동의 생물학적 부모 혹은 입양 부모 외에도 아동 양육권을 원하는 사람이 있다는 점을 상기해야 한다. 실제로 지난 10년 동안 양부모, 조부모, 그 외의 친척, 사망한 양부모 및 생물학적 부모의 동성애자 파트너, 동거 커플, 가족의 친구, 대리모 등 전례 없이 많은 당사자의 양육권 소송이 가정법원에 제기되어 왔다(Grossman & Okun, 2003; Stahl, 2014). 법적 부모가 명백히 그들의 자녀에 대한 헌법·민법상 권리를 가지고 있지만, 조부모를 포함한 여타 개인의 권리는 일반적으로 명확히 규정되어 있지 않다. 미국 대법원은 아동의 모친이 원하지 않는다면 헌법에 보장된 조부모의 방문권이 인정될 수 없다고 판결했지만(Troxel v. Granville, 2000), 다수의 주에서는 주법으로 드문 상황(예: 조부모가 손자를 학대한 경우)을 제외하고 조부모가 손자로부터 완전히 배제되어서는 안 된다는 점을 인정했다. 또한 Granville 판결의 경우, 아동의 모친이 조부모의 방문권을 완전히 박탈하지는 않았으며 매달 한 번 이상 방문하는 것만 금지했다. 이와 같은 판결이 조부모의 승소를 의미하는 것은 아니지만, 만약 모친이 방문을 전혀 허락하지 않았을 때 어떻게 되었을지는 명확하지 않다.

아동 양육자의 결정은 이혼 사건에서만 발생하는 것은 아니다. 예를 들어, 부모 또는 아동의 다른 친척은 부모 중 한 사람 또는 부모 양쪽이 모두 사망한 후 양육권 분쟁에 연루될 수 있다. 또한 아동보호기관 또는 아동복지기관과 같은 주기관은 부모가 아동을 학대 또는 방임하였다고 판단되면 임시 또는 영구적인 양육권 결정을 요청할 수 있다. 아동복지기관은 일반적으로 위탁 가정에 아동을 배치할 수 있는 매우 광범위한 권한을 가지고 있다. 때때로 주관적인 기준을 사용하는 아동복지사가 내린 결론이라고 하더라도 그들의 아동 양육권자 결정이 법정에서 변경되는 경우는 거의 없다. 심리학자가 아동의 정서적 및 지적 기능을 평가하도록 요청받기도 하지만, 법정 심리학자는 일반적으로 이에 관여하지 않는다.

아동에 대한 부모의 감독을 영구적으로 배제하기로 결정한 경우 법원은 더 폭넓은 감독 권한을 행사한다. 이를 위해서는 먼저 **친권의 종료**(termination of parental custody) 이후 누가 자녀를 양육해야 하는지에 대한 결정(예: 자녀를 위탁 가정이나 양부모에게 배치하는 기관)이 필요하다. 친권 종료는 드물며 심한 신체적 또는 정서적 학대가 있는 경우에만 발생한다. 양육권이 있는 부모가 약물 남용자이고, 자녀가 심하게 방치될 위험이 있고, 부모가 재활에 진전을 보이지 않을 때도 친권이 종료된다. 그러나 어린 자녀의 부모가 수감되더라도 친권은 종료되지 않는다. 부양 자녀는 나머지 부모가 없거나 수감되거나 사망한 경우, 가능한 부모의 친척 또는 친구의 가정에 위탁된다.

대리 부모, 미혼 아버지, 동거인 또는 친구도 양육권을 얻고 싶어 할 수 있다. 각 상황에서 심리학자는 종종 법원의 요청에 따라 아동의 요구와 그것을 충족시키기 위한 경쟁 당사자의 적합성을 평가한다.

아동 양육권의 기준

역사적으로 법원은 아동 양육권을 결정하는 데 다양한 기준을 적용해 왔지만, 오늘날 워싱턴 D.C.(Washington D.C.)를 포함한 모든 주에서 가장 주된 기준은 **아동의 최고 권익**(best interest of the child: BIC) **기준**이다. 가장 기본적인 기준은 **어린 아동 원칙**(tender year doctrine)으로, 여아인 경우나 나이가 어린 아동의 경우 모친의 보호를 받는 것이 최선이라고 여기는 것이다. 과거에 한 항소 사건(People v. Hickey, 1889)에서는 부친이 잘못이 없는 경우라고 해도 "아동에게 자연적으로 요구되는 세심한 주의를 충족할 수 있는 능력이 없으며, 그것은 모친만이 제공할 수 있는 특별한 영역"이라고 판결했다(Einhorn, 1986, p. 128). 오늘날 어린 아동 원칙은 아동의 최고 권익(BIC) 기준에 그 자리를 내어주었다. 아동의 최고 권익 기준은 부모 중 어느 한쪽이 생태적으로 다른 쪽보다 낫다고 전제하지 않는다. 그럼에도 불구하고, 대부분의 양육권 사건에서 어머니가 일차적 양육권을 부여받는 것이 현실이다(Gould & Martindale, 2013).

아동의 최고 권익 기준은 많은 문헌에서 너무 모호하고 의사결정자 측의 주관에 부합한다는 비판을 받았다. 이 주관성을 제한하려는 노력은 주 의회와 법원 결정을 통해 이루어졌다. 예를 들어 Ackerman과 Gould(2015)에 의하면, 미국 내 40개 주에서 아동의 최고 권익을 결정하는 데 고려해야 할 특정 요소들이 법령에 제시되어 있다. 6개 주에는 법원 결정을 위한 목록화된 요소들이 있고, 4개 주에서는 어떤 요소를 고려해야 할지에 대한 결정이 판사에게 맡겨져 있다. 그러나 일반적으로 아동의 최고 권익이 무엇을 의미하는지에 대한 합의는 부족하다. 이러한 합의가 이루어지지 않아 일부 논평가와 법원은 최고 권익을 설명하거나 완전히 대체할 수 있는 추가적인 측정 도구나 기준을 제안했다. Krauss와 Sales(2000)는 아동이 그들의 권익을 획득하는 가장 주요한 방법으로 **최소 불이익 대안 기준**(least detrimental alternative standard)을 주장했다. 그들은 현재까지의 심리학적 지식만으로는 어떤 양육권 합의가 아동에게 진정으로 이득이 되는지 알 수 없다고 하였다. 대신 심리학은 아동의 피해를 최소화할 수 있는 합의가 무엇인지 판단하는 데 도움을 줄 수 있다고 보았다. Krauss와 Sales에 따르면, 심리평가 도구는 정신병리적 특성에 초점을 맞추며 강점보다는 약점을 밝히려는 경향이 있다. 그러한 면에서 양육권 평가는 한 부모가 다른 부모보다 낫다는 것을 판단하기 위한 것이 아니라 아동에게 발생할 수 있는 문제를 선별하는 데 더 효과적이다. 흥미롭게도, 가족 법정 심리학의 대표자들은 가족과의 관계 측면에서 아동에게 최선의 이익이 되는 법 원칙이 정립되어야 한다고 주장한다(Grossman & Okun, 2003).

법정 판결에서 제안되고 때로는 법원 결정에서 드러난 또 다른 수정 사항은 근사 규칙과 친부모 규칙이다. **근사 규칙**(approximation rule)은 법원이 부모 각자가 과거에 얼마나 많은 관심을 기울여 왔는지 살펴보고 과거에 관여해 온 수준과 가장 유사한 결정을 내릴 것을 권장한다. 이것이 합리적으로 보일지 모르지만, 아동의 발달적 요구의 변화를 고려하지 못하는 한계가 있다. **친부모 규칙**(friendly-parent rule)은 이혼 후 아동이 양쪽 부모 모두와 연락을 유지하는 것이 가장 좋다는 사실을 전제로 한다. 이러한 이유로, 양육권은 비양육 부모와의 접촉을 제한하려는 부모보다 이를 촉진할 가능성이 큰 부모에게 주어진다. 일부 주에서는 판사가 판례(과거의 법원 결정) 또는 주 법령의 요구에 따라 규칙을 준수하도록 한다. 친부모 규칙을 준수하려고 하는 판사와 정신건강 전문가는 비양육 부모의 소외에 대해 걱정하지 않아도 된다. 그러나 이 방식은 경우에 따라 양육권이 없는 부모와 계속 연락하는 것이 아동의 최고 권익이 아닐 수도 있다는 사실을 간과한 것이다. 다시 말해, 부적절한 부모는 양육권을 얻기 위해 다른 부모에게 겉으로 괴로워하는 모습을 보이는 반면, 더 적절한 부모는 오히려 아동에게 좋은 영향을 주지 못한다고 생각되는 상대방에게 친근감을 나타내지 않을 수 있다.

그러나 일반적으로 아동이 최종적인 결정자가 되기를 원하지는 않지만, 양육권 결정에서 일정한 개입을 원한다는 것은 점점 명백해지고 있다(Parkinson & Cashmore, 2008). 그 결정이 궁극적으로 원하는 바가 아니더라도 절차가 공정했고 자신의 바람이 고려되었다는 점을 인식하게 되면, 아동이 배치 결정에 더 잘 적응할 가능성이 크다(Ackerman & Gould, 2015; Parkinson & Cashmore, 2008).

아동의 최고 권익이 무엇인지 결정할 때 고려해야 할 또 다른 요소는 양육권 분쟁에서의 인종 · 민족 및 문화적 특성이다. Maldonado(2017)가 지적한 바와 같이, "양육권 법령은 일반적으로 법원이 부모의 인종적 · 민족적 · 문화적 배경을 고려하도록 명시적으로 허용하지 않는다"(p. 213). 그러나 그는 종종 판사들이 양육권에 대한 결정을 내릴 때 이를 고려한다는 점을 강조한다. 이 관찰 내용에는 부모의 언어 능력 또는 이민자 신분이 포함된다. "그러나 판사, 양육권 평가자 및 실무자는 지배적인, 백인 중심의 중산층 규준에 따라 양육 태도와 행동을 평가할 위험이 있다."(Maldonado, 2017, p. 214) Maldonado는 다수의 판사와 양육권 평가자가 편향되지 않고 공정하게 판단하기 위해 순수한 노력을 기울이고 있음에도 불구하고 스스로 인식하지 못하는 암묵적인 편향을 가지고 있다고 지적했다. 다른 모든 인간과 마찬가지로, 양육권을 결정하고 아동의 최고 권익에 대해 권고하는 전문가들은 인지적 선호와 일치하는 정보를 찾고 처리한다. 예를 들어, 다음 중 어느 요인이라도 일부 평가자에게는 부모가 적절하지 않아 보이도록 영향을 미칠 수 있다. 즉, 부모가 다수의 문신과 피어싱을 한 경우, 무신론자인 경우, 채식주의자인 경우, 자녀의 홈스쿨링을 원하는 경우, 문법적으로 부정확하게 말하는 경우, 부분적으로 시각장애가 있는 경우, 야간에 일하는 경우, 양성애자인 경우, 교육 수준이 낮은 경우이다. 그러나 아동이 결과적으로 해를 입었다는 추가적인 증거 없이는 이러한 요인들 중 어느 하나도 양육권 결정과 관련이 없다(예: 부모가 야간에 일해서 아동이 혼자 방치되는 경우).

미국심리학회의 아동 양육권 평가 지침(2010b)에서는 심리학자에게 "인종, 성별, 성 정체성, 민족, 출신 국가, 종교, 성적 취향, 장애, 언어, 문화와 사회경제적 지위와 관련하여 자신은 물론 타인의 편향을 인식하고 있어야 한다."(p. 865)라고 조언하고 있다. 그러나 암묵적인 편향은 개인이 의식적으로 인식하지 못하며, 평가자가 내적 기준과 신념을 신중하게 확인하지 않는 한 양육권 평가에 영향을 미칠 수 있다. 그러나 편향을 인식하는 것만으로는 충분하지 않다. 정신건강 전문가는 객관성을 강조하는 훈련에 참여하거나 자신의 결론을 비판적으로 검토하는 등 편향을 극복하기 위해 구체적인 전략을 채택해야 한다(Neal & Brodsky, 2016).

요약하자면, 단일 기준에 의한 양육권 부여는 완벽하지 않다. 아동에게 최고의 권익이 되는 결정을 하는 과정이 합리적으로 보이지만 그 결정에 도달하는 과정은 여전히 주관적이고 모호하며 논쟁의 여지가 있다(Gould & Martindale, 2013). 다수의 연구자는 양육권 평가가 다른 심리 서비스에 비해 윤리적 문제가 제기되거나 주 자격증 위원회에 대한 불만이 많은 분야라고 지적했다(Bow & Quinnell, 2001; Kirkland & Kirkland, 2001). Ackerman과 Pritzl(2011)은 그들의 연구 대상 중 60% 가까운 심리학자가 아동 양육권 평가와 관련하여 위원회로부터 또는 윤리 규정에 따른 항의를 받았고, 17%는 폭행 위협을 받았으며, 11.1%는 물건 파손을 당한 적이 있음을 발견했다.

심리평가의 법정 수용과 관련하여 APA(2010b) 지침에는 다음과 같이 명시되어 있다. "심리학자의 자녀 양육권 평가의 수용 및 전반적인 유용성은 명백히 적절한 법정 실무와 성문화된 윤리 기준을 지속적으로 준수했을 때 증대된다."(p. 863) 가정 또는 보호관찰 법원에 서비스를 제공하는 심리학자에게는 우수 사례 또는 최적의 사례에 대한 기준이 중요하다. 우수 사례의 기준에는 모든 관련 당사자로부터 필요한 동의를 얻는 것, 평가 절차에 수반되는 내용에 대해 소통하는 것, 지급협정 및 기밀 제한을 명확히 하는 것, 최종 보고서 배포 방법을 당사자에게 명확하게 제시하는 것 등이 포함된다. 이러한 요점 중 많은 부분은 처음에 변호사와 부모에게 제공되는 서면 문서로 전달할 수 있다(Symons, 2013).

최종 이슈 질문

앞 장에서 논의된 심리평가(예: 법정에 설 능력과 형사 책임)와 마찬가지로 양육권 평가는 '최종 이슈(ultimate issue)'에 대한 의문을 제기한다. 양쪽 부모 중 누가 아동의 양육권을 가질지 권고(추천)하는 일을 심리학자가 해야 할까? 앞서 언급한 지침(APA, 2010b)은 이에 대해 그 어떠한 입장도 취하지 않으며, 심리학자에게 최종 판단의 양 측면에 대해 알고 있을 것과 양육권에 대한 권고 시 편향에 주의할 것을 강조하였다. 혈연이나 결혼으로 연결된 전통적인 가족의 개념이 점점 바뀌고 있는 것을 고려하면 이러한 주의는 반드시 필요하다. 일부 학자(예: Melton et al., 2007; Tippins & Wittmann, 2005)는 최종 이슈에 대해 심리학자가 아닌 판사가 결정해야 한다고 주장한다. 반면, 다른 학자들(예: Rogers & Ewing, 2003)은 결론이 정확하고 수용 가능한 데이터에 기초한 것이라면 심리학자가 최종 이슈에 대해 권고할 수 있어야 한다고 주장한다.

이러한 논쟁에도 불구하고, 현장의 법정 심리학자들은 실제 아동 양육권 상황에서 최종 이슈에 관한 권고를 어떻게 처리할까? Ackerman과 Pritzl(2011)이 실시한 조사에서는 다수의 법정 심리학자(59%)가 최종 이슈에 대해 증언하는 데 호의적인 것으로 나타났다. 그러나 이 조사 결과에서의 비율은 1997년에 실시된 이전 조사 결과에서의 비율(66%)보다 약간 감소한 것이었다. Ackerman과 Pritzl은 "시간이 지남에 따라 점점 더 많은 심리학자가 증언에서 최종 이슈로 역할을 옮겨 가는 것처럼 보인다."(p. 626)라고 결론을 내렸다. 그럼에도 불구하고 많은 경우에 판사들이 법정모독죄의 위협을 가하면서까지 심리학자들에게 최종 이슈 질문에 답하도록 강요한다는 점이 주목받아 왔다. 일부 관할권에서는 최종 이슈에 대한 권고가 예상되며 이를 따르지 않으면 아동 양육권 평가(CCE)에 대한 향후 법원의 평가 의뢰가 크게 줄어들 것이다(Bow et al., 2011). APA(2002)의 윤리 강령은 심리학자에게 평가 데이터를 제공하는 이외에 권고를 하지 말라고 조언한다. 그래서 Bow와 동료들은 최종 이슈가 "윤리 기준을 준수하고, 가족들이 서로의 차이를 해결하도록 돕고 싶어 하는 양심적 평가자에게는 중대한 윤리적 딜레마가 될 수 있음"(p. 309)을 발견했다.

아동 양육권 분쟁 사례에서 평가 방법

양육권 평가 절차를 시작하는 법원 명령은 종종 모호하고 미완결적이다(Zervopoulos, 2010). "종종 명령은 구체적이지 않은데, 평가 대상자, 평가를 수행하도록 임명된 심리학자, 평가의 일반 목적—종종 목적이 명시되어 있지 않고 함축되어 있음—만 언급한다." (Zervopoulos, 2010, p. 480) 심리학자는 수행 방법 및 수집할 정보 및 데이터에 대해 상당한 자유가 허용되지만, 필요한 경우 추가 정보 및 관련 문서를 법원이나 변호사에게 명확히 밝히도록 권장된다(Zibble & Fuhrmann, 2016). 또한 심리학자의 보고서는 아동의 최고 권익에 관한 결정을 내릴 때 법원이 고려하는 가장 중요한 문서 중 하나이다. 그러나 어떤 경우에는 법원 명령에 따라 심리학자에게 성적 또는 신체적 학대 혐의, 데이트 폭력 또는 부모 중 한 명의 정신장애와 같은 특정 우려 상황을 평가하도록 요청한다. 이러한 법적 상황에서 평가를 맡은 심리학자들이 당면한 문제에 대한 평가에 집중할 때 법원에 가장 도움이 된다. 예를 들어, 성적 학대 사례에서 심리학자는 평가의 가장 중요한 출발점으로 생각되는 피해자를 인터뷰한 다음, 가해자에 대한 인터뷰 및 평가 그리고 체포 기록, 의료 기록, 아동 복지 보고서 등의 기록을 신중하게 검토할 것이다. 마찬가지로 데이트 폭력 또는 기타 가정 폭력이 의심되는 경우, 검사관은 면밀한 인터뷰를 수행하고 경찰 보고서 및 접근 금지 명령과 같은 공식 기록을 검토한다.

APA 지침(2010b)은 "다양한 자료 수집 방법이 심리학자의 최종 결론, 의견 및 권장 사항의 신뢰성과 타당성을 강화한다."(p. 866)라는 점을 강조한다. 아동 양육권 평가를 수행할 때 심리학자는 종종 다양한 심리검사 인벤토리, 인터뷰 설문지 및 검사를 사용하여 부모, 보호자 및 자녀를 평가한다. 표준 관행은 또한 전자 기록, 대면 접촉 및 가족 상호작용에 대한 관찰, 부모 및 자녀와의 인터뷰, 가족을 잘 아는 사람들에 대한 부수적인 정보 수집을 포함한 여러 정보를 요구한다. 주로 의료, 정신건강, 법적 절차 및 교육 기록 등이 수집되며, 이 정보는 심리학자의 보고서, 결론 및 권고 사항의 기초를 이룬다. 예를 들어, 심리학자는 부모 중 한 명이 우울감에 빠져 있고, 우울증이 육아 능력을 방해할 정도로 심각하다는 결론에 도달할 수 있다. Zervopoulos(2010)는 이러한 상황을 겪는 심리학자를 위한 APA 지침을 적절하게 요약하여 다음과 같이 기술하고 있다. 지침에 따르면, "심리학자들은 양육 평가의 결론을 양육 역량, 아동의 심리적 및 발달적 요구 그리고 적합한 결과를 얻는 데 맞출 필요가 있다"(p. 482). 다시 말해, 심리학자가 가장 중요한 아동의 요구를 포함하여 모든 요소를 고려한다면 가족에게 가장 큰 도움이 될 것이다.

Eve, Byrne과 Gagliardi(2014)는 양육 평가의 경험이 있는 판사, 변호사, 사회복지사, 심리학자 및 기타 전문가들에게 '훌륭한 육아'의 요소가 무엇이라고 생각하는지 물었다. 조사 결과에 기초해서 양육권, 방문 및 재배치 절차에 유용하게 활용할 수 있는, 훌륭한 육아의 정의에 도움이 되는 여섯 가지 범주를 확인할 수 있었다. 그 범주는 ① 통찰력, ② 의지와 능력, ③ 일상적인 욕구와 장기적인 욕구, ④ 아동 자신의 욕구, ⑤ 애착 증진, ⑥ 일관성 및 유연성이다. 통찰력은 부모로서 자신의 역할을 이해하는 것을 말한다. 의지와 능력은 훌륭한 양육을 위해서 자녀의 기본 욕구에 맞게 제공할 동기와 기술의 필요성을 강조한다. 일상적인 요소를 평가할 때 부모는 매일 자녀의 신체적 · 정서적 · 인지적 욕구를 충족시키려고 노력하는지 여부를 고려한다. 그러나 또한 부모는 자녀가 장기적으로 독립적인 사람이 되도록 지원하고 격려해야 한다. 자기 자신의 욕구보다 자녀의 욕구를 우선시한다는 것은 부모가 자녀의 전반적인 복지를 위해 개인적인 욕구를 희생할 수 있어야 한다는 것을 의미한다. 애착 증진이란 지속적으로 부모와 자식 사이에 대화형 애착을 개발하는 것을 말한다. 일관성은 아동의 건전한 한계와 경계를 일관되게 설정하는 반면, 유연성은 변화하는 발달적 요구에 적응할 수 있는 부모의 능력을 나타낸다. 다수의 전문가에 따르면, 훌륭한 부모는 일관성과 유연성 사이에서 균형을 이룬다. 이 여섯 가지 범주가 훌륭한 육아의 가장 좋은 예측 요인이라는 데 모든 전문가가 동의하지는 않지만, Eve 등(2014)은 여섯 가지 범주가 추후 연구를 위한 기초를 제공한다고 평가했다.

평가 도구

심리검사는 심리학자가 최종 평가 및 권고에 도달하는 방식에 중대한 영향을 미칠 수 있다. 사용된 도구는 지능, 성격, 태도, 인지장애 및 정신병리를 측정할 수 있다. Erickson, Lilienfeld, Vitacco(2007)가 언급한 바와 같이, 이러한 도구는 부모의 적합성과 자녀의 요구를 평가하는 능력에 따라 상당히 다양하다. Erickson 등은 평가 도구 중 일부가 가정법원 소송에 관련된 성인 또는 아동의 평가에 부적절하다고 경고한다.

몇몇 연구에서는 심리학자가 양육권 평가에 사용하는 도구에 대해 조사하였다(예: Ackerman & Ackerman, 1997; Bow & Quinnell, 2001; Keilin & Bloom, 1986; LaFortune & Carpenter, 1998). 연구자들은 평가자가 면담 자료에만 의존하지 말고 양육권 평가를 위해 특별히 고안된 검사를 포함하여 넓은 범위의 평가 도구를 사용해야 한다고 주장하였다(Bow & Quinnell, 2001). 그러나 일부 심리학자는 해당 평가 도구가 충분한 기초 연구 없이 바로 현장에서 사용되고 있다는 점을 비판하기도 한다(Erickson et al., 2007; Krauss & Sales, 2000; Otto & Heilbrun, 2002).

그러나 지난 10년 동안 평가에 접근하는 방법에 대해서는 일부 합의에 도달한 것으로 보인다. "아동 양육권 평가를 수행하는 방법을 다루는 문헌에서는 전문적인 의견 불일치가 점점 줄어들고 있다. 사실상 평가 수행 방법에 대한 새로운 합의가 이루어지고 있다." (Ackerman & Gould, 2015, p. 427) 그러나 문헌에 나오는 내용이 반드시 실무에 반영되는 것은 아니며, 양육권 또는 양육 평가의 질에 있어서도 여전히 큰 편차가 있어 판사와 변호사의 불만을 초래한다(Ackerman & Gould, 2015).

2008년 보고된 한 설문조사에서 Ackerman과 Pritzl(2011)은 1997년 Ackerman과

Ackerman의 연구와 비교하여 일반적으로 사용되는 평가 도구의 활용도에 있어 약간의 차이가 있음을 발견했다. 사용된 대표적 도구는 두 시기 동안 동일했지만, 이 도구들을 사용한 심리학자의 비율은 더 높았다. 여기에는 성격 측정 도구(예: 성인용 MMPI-2 및 청소년용 MMPI-A), 지능검사, Achenbach의 아동행동 체크리스트(Child Behavior Checklist: CBCL), 문장 완성 검사 및 성취도 검사가 포함된다. 두 시기 동안 사용량이 크게 증가한 측정 도구에는 아동의 경우 코너스 평정척도(Conners Rating Scale)와 아동 우울 인벤토리(Children's Depression Inventory), 그리고 성인의 경우 벡 우울척도(Beck Depression Inventory: BDI)와 미시간 알코올 선별검사(Michigan Alcohol Screening Test)가 포함되었다.

놀랍게도 **투사적 도구**(예: 투사적 그림검사인 로르샤흐 검사)의 사용은 1997년부터 유의미하게 증가해서 심리학자 절반 이상이 이 도구들을 사용하고 있다. 투사적 도구는 성격 특성과 속성은 사람이 다양한 방식으로 해석할 수 있는 잉크 반점 및 그림 등 모호한 자극에 반응할 때 가장 잘 드러난다는 가정하에 설계되었다. 그러나 투사는 논란의 소지가 있다. 일부 심리학자는 이 기법에 의한 자료가 없으면 성격 평가가 불완전하다고 생각하지만, 다른 심리학자들은 투사적 도구의 신뢰도가 결여되어 있고, 성격 측정의 타당도가 과학적으로 아직 입증되지 않았다고 주장한다. 또한 대부분의 연구 심리학자와 다수의 임상 심리학자는 투사적 도구가 과학적 수용에 대한 Daubert 기준을 충족한다고 생각하지 않는다. 대부분의 주에서는 Daubert 기준 또는 법원 시스템과 유사한 기준을 준수하고 있는 만큼 논란이 있을 수 있다.

방문 위험 평가

방문권과 양육권은 밀접한 관계가 있기 때문에 양육권 평가를 할 때는 예외 없이 방문권에 대한 평가도 이루어진다. 이상적으로 아동은 양쪽 부모를 만날 수 있어야 하며, 부모는 자녀의 삶에 관여할 권리가 있다. 그러나 양육권이 있는 부모가 양육권이 없는 부모의 방문권의 조건을 바꾸거나 소송을 거는 경우가 흔히 발생한다. 이런 사례는 일반적으로 양육권이 없는 부모가 자녀에게 정서적으로나 신체적으로 피해를 주는 경우 혹은 피해를 줄 위험이 있다고 판단될 경우에 일어난다.

결과적으로 양육권 평가와 더불어 심리학자 및 다른 정신건강 임상가는 법원이 방문권을 제한할지 혹은 취소할지에 대한 결정을 더 수월하게 할 수 있도록 **방문 위험 평가**(visitation risk assessment)를 한다. 예를 들면, 가정법원 판사는 평가 결과에 따라 사회복지사나 법원에서 지정한 후견인이 모든 방문을 통제할 수 있도록 판결을 내릴 수 있다.

심리학자가 방문 위험 평가를 할 때는 양쪽 부모를 면담하는 것이 이상적이지만, 상황에 따라서 자녀를 면담하기도 한다. 심리학자의 역할은 심리적인 문제 혹은 부모와 자녀 간에 위험하거나 부적절한 관계를 초래하는 행동 패턴에 대한 증거가 있는지 찾아내는 것이다. 앞서 언급한 양육권 평가와 마찬가지로, 방문 위험 평가에 대한 '실무 기준(standard of practice)'은 없다. 그러나 방문 위험 평가보다는 양육권 평가에 관련된 연구가 더 많이 이루어지고 있다. 또한 여러 방문 절차에서 '훌륭한 양육'을 구성하는 요소에 대해 상당한 논란이 있다(Eve et al., 2014).

부모 이주

법정 심리학자와 관련된 또 다른 중요한 역할은 **부모 이주** 문제를 포함한다. 이주와 관련된 사례는 모든 가족법에서 가장 어려운 유형 중 하나이다(Atkinson, 2010). 양육권이 있는 부모는 종종 별거 또는 이혼 후 자녀와 함께 새로운 장소로 이사하기를 원한다. 양육권이 없는 부모가 이 행동에 이의를 제기할 경우 법원 분쟁이 이어질 수 있다. 일반적으로 이사를 원하는 부모는 더 나은 고용 기회, 확대가족에의 근접 희망, 이사를 앞둔 새로운 파트너와 가까워지려는 것 등의 이유가 있다(Atkinson, 2010). 한편, 양육권이 있는 부모는 다른 부모를 벌주기 위해 이사하고, 자녀를 떨어뜨려 놓을 수 있다. 이주가 어려운 대부분의 경우, 다른 부모는 가끔 방문하더라도 어느 정도 능력 범위에서 여전히 자녀에게 개입하게 된다.

일반적으로 비양육 부모는 법원이나 양육 부모로부터 허락을 받지 않고 직장을 옮기거나 변경할 수 있다. 양육 부모의 계획된 이주가 비양육 부모로부터 어느 정도 떨어져 있는 경우는 또 다른 문제이다. 이러한 상황에서 양육권이 있는 부모는 전 배우자(또는 파트너)의 동의 또는 법원의 명시적인 승인 또는 둘 다를 통해서만 이주가 가능하다. "이주 법령이 있는 37개 주 중 25개 주에서는 이주를 원하는 부모가 일반적으로 반신 수령증(RRR)이 있는 배달증명 우편을 통해 다른 부모에게 통지할 것을 명시적으로 요구한다."(Atkinson, 2010, p. 565) 비양육 부모가 이사에 반대하는 경우, 양육 부모의 자기결정에 대한 요구와 자녀와 의미 있는 접촉을 유지하려는 비양육 부모의 이해 사이에 충돌이 발생한다.

법원이 사전에 이혼 과정에서 공동 양육권을 부여한 경우의 이주는 특히 문제가 되는데, 법원은 이제 새로운 합의를 할 것인지 결정해야 하기 때문이다. 더 중요한 것은 법원이 이주하지 않는 부모와 자녀 사이의 관계에 대한 잠재적 피해를 결정해야 한다는 것이다(Austin, 2008a). 법원에서 심리학자나 정신건강 전문가에게 이주 평가를 요청하는 경우가 종종 있다. 이 경우 평가자는 이주와 관련된 특정 법적 요구 사항 및 판례에 익숙해야 한다

(Gould & Martindale, 2013; Stahl, 2010). 예를 들어, 대부분의 주에서는 자녀가 부모와 함께 이사할 수 있는지 여부를 법원이 결정하기 전에 주법령과 판례법에 따라 고려해야 할 요소를 제시하고 있다(사례 설명과 예시는 〈Focus 6-2〉 참조). 안타깝게도, 이러한 법령 중 상당수는 자녀가 다른 부모와 거리를 두고 떨어져 있을 때 발생할 수 있는 잠재적인 유해 영향을 고려하지 않는다(Kreeger, 2003).

발달 심리학자들은 이주를 위한 이사가 아동의 삶에 중대한 영향을 미칠 수 있는 장기적인 사건, 경험 및 변화의 한 가지 요소에 불과하다는 것을 인식하기 시작했다. 아동의 발달 연령, 제안된 이동 거리, 비양육 부모가 아동의 일상 활동에 참여한 정도 및 이혼을 초래한 부모의 갈등 성격은 이주 평가에서 신중한 검토가 필요한 핵심적인 요인이다(Austin, 2008a, 2008b). 평가 심리학자는 아동의 주요 거주지 변경이 아동의 신체적 · 교육적 · 정서적 발달에 미칠 영향을 신중하게 고려해야 한다. 아동에게 특별한 도움이 필요한 경우 이러한 요소가 특히 중요하다. 또한 과거에 양육권과 방문권이 허용되고 행사된 정도를 보고해야 한다.

평가를 하는 심리학자는 이주 아동의 발달 연령에 세심한 주의를 기울여야 한다. 아주 어린 아이들은 이사로 인해 부정적인 영향을 받지 않는 것처럼 보일 수 있지만, 나이가 들어감에 따라 왜 이주를 했는지에 대해 혼란스러울 수 있으며 양육 부모와의 관계에 따라 이사에 대해 강한 불만을 드러낼 수 있다. 8~12세 아동은 이사에 잘 적응할 가능성이 큰데, 다른 부모와의 장거리 관계를 유지하고 이혼의 역학을 이해하는 데 필요한 인지 및 언어 기술을 더 잘 갖추고 있기 때문이다(Kelly & Lamb, 2003). 반면, 청소년들은 종종 학교, 동료, 운동팀 또는 클럽과 강한 유대 관계가 있기 때문에 이주에 강하게 저항한다.

FOCUS 6-2 이주 결정

본문에 언급된 바와 같이, 이혼 부부 중 한 명이 멀리 떨어져 있는 곳으로 이사하려는 것이 드문 일은 아니다. 부모가 어떤 형태의 양육권을 가지고 있든, 남겨진 부모가 이주에 이의를 제기하는 것도 드문 일이 아니다. 부모가 만족스러운 합의에 도달할 수 없는 경우 법원은 이주를 승인할 수도 있고 승인하지 않을 수도 있다.

주목할만한 펜실베이니아(Pennsylvania) 판례(Gruber v. Gruber, 1990)로 인해 이주 문제는 핫이슈로 떠올랐다. 이 사건에서 어머니는 아이들의 주양육권을 얻었지만 아버지는 자유 방문권을 가졌다. 어머니가 일리노이(Illinoi)주로 이사하여 가족의 도움을 받고자 했을 때 아버지는 이에 이의를 제기했다. 지방법원은 이주를 허용하지 않았음에도 항소법원은 이를 허용하였다. 그러나 세 가지 특정 요소를 고려하는 것을 허용 조건으로 내걸었는데, 이는 이후에 그루버 3요인 검사(Gruber three-part test)라고 알려지게 되었다. 기본적으로 이 법원은 이사가 어머니의 삶의 질을 향상시킬 것인지, 이사의 동기가 무엇인지, 비양육 부모를 방문할 수 있는지를 검토했다. 법원은 또한 아동의 최고 권익 기준이 이주 결정에 사용하기에는 너무 모호하다고 지적했다.

이 사건은 다른 주에서도 유사하거나 더 확장된 기준을 채택하려는 분위기를 촉발했다. 다른 주에 있는 많은 법원은 그루버 3요인 검사 자체가 너무 모호하고 단순하다고 생각하여 기준을 추가했다. 또한 펜실베이니아 입법부는 「아동양육권법(Child Custody Act)」에서 기존 검사를 추후 열 가지 요인을 포함하게 될 검사로 개선하였다. 그 요인들을 요약하면 다음과 같다.

① 자녀의 양육권이 있는 부모뿐만 아니라 양육권이 없는 부모 및 자녀의 삶에서 중요한 타인들과의 관계를 평가한다.
② 아동의 연령, 발달 단계, 요구 및 이주의 가능한 영향을 고려한다.
③ 당사자의 실행 계획 및 재정 상황에 비추어 아동과 이주하지 않는 당사자 간의 관계가 유지될 가능성을 고려한다.
④ 자녀의 나이와 성숙도를 고려하여 자녀의 선호도를 참고한다.
⑤ 어느 한 당사자가 아동과 다른 당사자의 관계를 증진시키거나 방해하기 위해 구축된 행동 패턴이 있는지 판단한다.
⑥ 이주를 했을 때 이주를 원하는 당사자의 전반적인 삶의 질이 향상될지 평가한다.
⑦ 이주를 했을 때 자녀의 전반적인 삶의 질이 향상될지 평가한다.
⑧ 이주를 원하거나 반대하는 각 당사자의 이유와 동기를 평가한다.
⑨ 당사자 또는 당사자 가족의 누군가가 저지른 현재 및 과거의 학대를 고려하고 아동 또는 학대받았던 당사자에게 계속 해를 끼칠 위험이 있는지 고려한다.
⑩ 아동의 최고 권익에 영향을 미치는 다른 요인을 고려한다.

이주 요청은 주재 판사가 아닌 다른 사람의 의견을 요구하는 복잡한 의사결정을 유발할 수 있음이 명백하다. 이혼한 부모가 스스로 합리적인 계획을 세울 수 없을 때, 아이들은 가정법원 시스템의 결정에 맡겨진다.

토론 질문

1. 「아동양육권법」의 그루버 3요인 검사와 10요인 검사의 본질적인 차이점은 무엇인가(요인 개수 차이 제외)?
2. 앞에 열거한 열 가지 중 마지막 요인은 판사가 자녀의 최고 권익에 영향을 미치는 다른 요인을 고려하도록 권장한다. 그러한 요인의 예시는 무엇일까?
3. 정신건강 전문가의 의견을 요구할 가능성이 높은 요인은 무엇일까?
4. 아동 양육권과 관련된 우리 법률 중 그루버 이주검사와 유사한 것이 있는가?

요약하면, 자녀의 이주에 관한 분쟁의 해결에는 여러 가지 요인에 대한 포괄적인 평가가 필요하다. 일부 이주 사례는 해결하기 쉽지만, 많은 경우 해결이 훨씬 더 어렵다(Atkinson, 2010). 아동의 최고 권익에 기초하여 사건을 해결하려면 각 요인을 상세히 검토해야 하며, 법원은 심리학자 및 기타 정신건강 전문가에게 의존하여 이러한 결정을 내릴 수 있도록 명령한다.

양육권 분배에 관한 연구

양육권 분배 방식은 ① 단독 양육권(sole custody), ② 분할 양육권(divided custody), ③ 분리 양육권(split custody), ④ 공동 양육권(joint custody)의 네 가지 유형 중 하나로 분류된다. 이 네 가지 유형의 분배 방식은 부모 또는 보호자의 의사결정 권한의 두 가지 기본 범주(법적 및 물리적 권한)를 기초로 한다. **법적 친권**(legal parental authority)은 아동의 장기적인 복지, 교육, 의료, 종교적 양육 및 기타 자녀의 삶에 영향을 미치는 문제에 대한 결정을 말한다. **물리적 친권**(physical parental authority)은 자녀가 친구의 집에서 외박할 수 있는지, 야구나 소프트볼을 할 수 있는지, 생일 파티에 참석할 수 있는지, 또는 부모의 차를 이용할 수 있는지에 대한 결정과 같이 아동의 일상 활동에만 영향을 미치는 결정을 내릴 수 있는 권한이다(〈표 6-2〉 참조).

네 가지 양육권 분배 방식 중 단독 양육권이 가장 일반적이다. 한 부모가 법적 및 물리적 권한을 가지고 다른 부모는 그렇지 않다. 비양육 부모는 대개 방문 권리만 보유한다. 앞서 언급한 바와 같이 미국에서는 어머니에게 단독 양육권이 부여되는 경우가 압도적으로 많다. 예를 들어, 2009년 양육 부모 중 82%가 양육권을 가진 어머니였다(U.S. Census Bureau, 2011b).

분할 양육권은 각 부모에게 교대로 법적 및 물리적 결정 권한이 부여되는 방식을 말한다. 예를 들어, 자녀가 동일한 학교에 다니고 있는 이상, 한 부모와 함께 6개월 동안 살고 다른 부모와 다음 6개월 동안 살 수 있다. 두 부모가 지리적으로 멀리 떨어져 있는 경우, 양육권은 일반적으로 학년 또는 방학에 따라 변경된다. 부모가 지리적으로 서로 가깝게 사는 경우 교대 기간은 더 짧아질 수 있다(예: 주말에는 아버지, 주중에는 어머니). 분리 양육권이란 한 명 이상의 자녀가 한 부모와 함께 살고 나머지 자녀는 다른 부모와 사는 것을 말한다. 이는 청소년과 미취학 아동과 같이 자녀의 나이 차이가 클 때 발생할 수 있다. 공동 양육권은 부모가 법적 및 물리적 결정 권한을 공유하지만, 자녀는 일상적인 결정을 내릴 수 있는 신체적 권한을 가진 한 명의 부모와 주로 살게 된다. 공동 양육권 분배에서 부모 사이의 의견 불일

표 6-2 네 가지 기본 양육권 합의의 정의와 특징

유형	정의	특징
단독 양육권 (sole custody)	한 부모가 물리적 · 법적 권한을 모두 보유	• 가장 일반적, 주로 어머니 보유 • 비양육 부모는 희망하는 경우 통상 자유로운 방문 특권 보유 • 먼 거리의 이주 계획은 반드시 법원에 통보, 법원은 반드시 승인
공동 양육권 (joint custody)	두 부모가 물리적 · 법적 권한을 동일하게 공유	• 자녀는 선택에 따라 양 부모와 교대로 살 수 있음, 공동으로 결정 • 부모 간 갈등이 적을 때는 가장 효과적. 그러나 부모와 자녀 간 긍정적 관계가 가장 중요
분할 양육권 (divided custody)	각 부모가 번갈아 가며 법적 · 물리적 권한 모두를 단독 보유	• 양육권 기간은 보통 학년마다 바뀜
제한적 공동 양육권 (limited joint custody)	부모가 법적 권한은 공유하지만 물리적 권한은 한 부모만 보유	• 부모간 또는 부모와 자녀 간 갈등이 있는 경우 공동 양육권으로는 한계가 있어 활용 • 한쪽 부모가 물리적 권한을 담당할 수 없지만 법적 문제를 고려하여 권한을 공유하고자 하는 경우 발생

* 이 유형들은 기본 양육권 합의 방식이지만, 특히 연령에 따라 변화하는 자녀의 요구에 맞추기 위한 시도로 가정법원과 부모는 다양한 변형을 만든다. 여기서 언급되지 않은 분리 양육권(split cusotody)의 경우 자녀별로 양육권 유형이 다르다.

치와 갈등이 종종 물리적 권한 문제와 관련하여 발생한다. 이러한 상황에서 법원은 공동 양육권을 제한할 수 있는데, 여기서 두 부모는 모두 법적 권한을 공유하지만 한 부모에게는 독점적인 물리적 권한이 부여되고 다른 부모에게는 자유 방문권이 부여된다. 가정법원은 보통 양쪽 부모와 자녀가 자주 연락하는 것을 장려하는 공동 양육권 또는 그 변형을 인정하려고 노력한다(Connell, 2010).

법정 심리학자와 법률 전문가는 아이들이 자신의 삶과 복지에 직접적으로 영향을 미치는 의사결정 과정에 참여하도록 하는 방식의 가치를 인식하기 시작했다(Lehrmann, 2010). 이것은 합리적인 판단력을 갖춘 자녀에게 특히 중요하다. 법정 심리학자는 이러한 고려 사항을 잘 알고 있어야 하지만, 이러한 문제에서 법적 관점이 심리적 관점과 다르다는 것을 인식해야 한다. "법적인 관점에서 볼 때 아동의 선택은 다양한 상황에서 합법적인 가치를 갖지만, (심리학적 관점에서는) 대부분의 측면에서 의사결정 능력이 부족할 수밖에 없다."(Lehrmann,

2010, p. 474) 일부 법적 상황에서는 아동의 권리와 바람을 보호하기 위해 법률 고문을 임명해야 할 수도 있다.

양육권 평가를 하는 심리학자나 정신건강 임상가는 이혼이나 양육권 합의와 관련된 연구가 방대하다는 것을 인식하고 있어야 한다(예: Bricklin & Elliot, 1995; Johnston, 1995; Maccoby, Buchanan, Mnookin, & Dornsbusch, 1993; Wallerstein, 1989). 그러나 이 연구들 중 대부분은 오래전의 것이며, 오늘날의 경제적 기회, 민족적 및 문화적 요인, 이동성 및 사회복지 서비스의 급격한 변화를 고려하면, 과거 연구에 의존하는 것에는 주의를 기울일 필요가 있다. 더욱이 Krauss와 Sales(2000)가 관찰한 것처럼, 방법론적으로 훌륭한 연구도 상반된 결과를 보였기 때문에 연구성과를 근거로 내린 판단의 정확성은 보장되지 않는다. 특히 공동양육권과 단독양육권에 대한 비교 연구(예: Bauserman, 2002; Gunnoe & Braver, 2001)에 따르면, 어느 한쪽이 다른 쪽보다 좋다는 결론은 내리기 힘들다.

이혼 또는 양육권 합의 후 아동의 적응에 영향을 미치는 매우 다양한 요인이 있는데(개관은 Hess, 2006 참조), 이는 아동의 연령, 성별, 부모 간의 적대감, 육아 기술, 부모-자녀 관계의 질, 부모의 정서적 · 신체적 건강 등을 포함한다. 평가자가 양육권 평가를 할 때 이와 같은 요인을 고려해야 하지만, 집단에서 얻은 데이터를 바탕으로 특정 아동이나 현재 양육권 소송 중인 권익에 적용하는 것에는 주의가 필요하다. 더욱이 앞에서 언급한 바와 같이 양육권 분배에 관한 연구는 결론을 내리기 어려운 상황이다.

이 연구의 많은 부분을 다루는 최근의 주요 논문에서 Nielsen(2017)은 부모 사이에 충돌이 있을 경우 공동 양육권이 보장되지 않는다는 수십 년의 가정에 중점을 둔다. 그녀는 이 분야의 연구를 다시 검토하면서, 갈등이 심각하지 않다면 자녀와 부모 사이의 관계가 부모 사이의 (갈등적인) 관계에 비해 긍정적인 결과를 더 잘 예측할 수 있다고 결론지었다. 다시 말해, 아동이 각 부모와 건강한 관계를 유지하는 경우, 부모 사이가 '우호적'이 아니더라도 공동 양육권이 정상적으로 작동할 수 있다. 아동 양육권 평가를 제대로 수행하려면 과학적 지식과 임상적인 통찰력을 숙련된 방식으로 통합하는 것이 필요하다(Gould & Martindale, 2013).

이혼이 자녀에게 미치는 영향

Gould와 Martindale(2013)은 연구 문헌을 검토한 끝에, 딱히 놀랄 일도 아니지만 "일반적으로 자녀가 부모와 친밀하고 건강한 관계를 가질 때 자녀에게 가장 도움이 된다."(p. 123)는 결론을 내릴 수 있었다. 앞서 언급했듯이 부모가 별거하거나 이혼한 경우에도 이는 마찬가지이다. 이혼 가정의 일부 자녀는 심리적으로 고통스럽더라도 회복력이 뛰어나고 별거에 신속하게 적응한다. 다른 자녀는 부모의 이혼에 대해 매우 부정적인 반응을 보인다. 그러나 상당한 연구 결과에 따르면 일반적으로 이혼은 적어도 단기적으로 대부분의 자녀에게 부정적인 영향을 미칠 가능성이 크다(Krauss & Sales, 2000; Lamb & Malloy, 2013). 이혼을 경험한 자녀는 온전한 두 부모 가정의 자녀와 비교할 때 학업 수행이 뒤떨어지고, 심리 발달이 지연되고, 인지 능력에 한계를 느끼며, 정신건강 문제가 발생할 가능성이 더 크다(Amato, 2000, 2001, 2010; Kim, 2011; Uphold-Carrier & Utz, 2012). 이러한 문제 중 일부, 특히 우울증 및 불안장애는 다수의 아동 및 청소년에게서 시작되어 성인기까지 이어진다. Paul Amato(2010)는 이혼한 부모의 성인 자녀가 심리적 복지 및 적응 수준이 낮고 자신의 결혼생활에서 더 많은 문제를 보고하는 경향이 있음을 확인했다. 부모와의 친밀감이 떨어지고 자신의 결혼생활이 이혼으로 끝날 위험이 더 크다.

사건을 모르는 컨설턴트로서 법정 심리학자

많은 법정 심리학자가 아동 양육권 및 이혼 사건에서 담당하는 또 다른 중요한 역할은 사건을 모르는 컨설턴트의 역할이다. **사건을 모르는 컨설턴트**(case-blind consultant)는 법원의 임명을 받아 가족 역학 및 아동/청소년 발달에 관한 최신 정보를 제공한다. 가족 및 발달 연구는 매우 빠르게 확장되고 있으며 판사 및 기타 법률 전문가는 양육권 사건에 대한 결정을 내리기 전에 자주 최신 정보를 확인해야 한다는 것을 알고 있다. 일반적으로 법원은 특정 문제 또는 주제(예: 특수한 도움이 필요한 아동에 대한 연구 또는 특정 심리적 장애가 있는 개인에 대한 연구)에 관심이 있으며 심리학자에게 의사결정 과정에 도움이 되는 정보를 제공하도록 요청한다. 정의상, 사건을 모르는 컨설턴트는 사건의 세부 사항에 대해 거의 또는 전혀 알지 못한다. 이 경우 컨설턴트는 전문가 증인으로서 판사 사무실이나 공개 법정에서 정보를 제공할 수 있다.

법정 심리학자와 민사 분쟁

우리가 소송이 남발되는 세상에 살고 있다는 것은 더이상 놀라운 일이 아니다. 오늘도 수많은 사람들이 피해를 보상받기 위해 법원에 소송을 제기한다. 민사법원에서는 다양한 유형—인권침해, 계약 위반, 지적 재산(예: 특허 소송), 피고인 소송, 노동 소송(예: 부당 노동 행위)—의 소송이 제기된다. 법원에서 다루는 불법 행위를 몇 가지만 열거하면, 명예훼손, 사생활 침해, 유독 물질로 인한 피해, 신체적 상해 등이 있다. 이 장에서 배우겠지만, 불법 행위에 대한 구제책은 일반적으로 경제적 보상의 형태이다.

민사 소송에서는 소송을 제기하는 사람을 **원고**라고 하며, 원고가 손해를 끼쳤다고 주장하는 개인 또는 조직을 피고(인) 또는 **피항소인/피상고인**이라고 한다. 어떤 형태의 구제를 얻기 위해 원고는 민사 소송을 제기하게 된다. 정서적 고통을 받았다고 주장하는 원고는 자신의 변호사가 선임한 임상가와 피고가 선임한 임상가에게 평가를 받아야 한다. 원고는 대부분 심리학자를 선임한다.

가장 일반적인 민사 소송은 **불법 행위**(tort)이며, 이는 원고가 피고 측에 일정한 과실을 주장하는 민사 소송에 대한 법적 용어이다. 법정에서 특정 요건들이 입증되면 불법 행위가 존재하게 된다. 결과적으로, 불법 행위는 입증된 위반 행위이며, 민사 소송을 통해 회복 가능한 손해의 대상이다(Foote & Lareau, 2013). Drogin, Hagan, Guilmette, Piechowski(2015)가 요약했듯이, 원고는 다음 네 가지 요건을 입증해야 한다.

① 의무: 피고가 어떤 행동을 하거나 하지 말아야 할 분명한 책임이 있음
② 위반: 피고가 그 책임을 다하지 못함
③ 손해: 나쁜 결과(식별 가능한 부상)가 반드시 원고에게 일어남
④ 인과성: 피고의 잘못된 행동이 피해의 원인이 됨(p. 472)

대부분의 민사 사건에서 변호사가 보유한 법정 심리학자는, ① 원고가 피고에게 피해를 입었는지 여부, ② 원고가 피해를 입었을 경우 원고가 입었던 피해의 유형과 정도를 평가하게 된다(Foote & Lareau, 2013). 대부분의 경우, 법정 심리학자는 원고가 겪는 기능적 장애의 유형과 범위에 대한 평가에 중점을 둔다. 이 접근법은 가령 범불안장애 또는 주요우울장애와 같은『정신질환의 진단 및 통계 편람 제5판(Diagnostic and Statistical Manual of Mental Disorders, 5th edition: DSM−5)』기준에 따른 정신과 진단보다 더 생산적인 전략으로 간주된다. 정신과 진단은 일반적으로 보상 가능한 손해 배상에서 법적으로 효과적이지 않기 때문이다. 또한 Drogin 등(2015, p. 496)이 지적한 것처럼 DSM−5 자체는 진단이 임상가, 공중보건 전문가 및 연구원을 대상으로 하며, 법원의 요구를 충족시키기 위해 이를 사용하지 않도록 주의해야 한다고 강조한다. 반면에 기능적 장애는 개인이 기본적인 일상 가정 및 고용 요건에서 할 수 있는 것, 그리고 할 수 없는 것과 관련이 있다. 더 중요한 기능적 장애는 원고의 삶의 질에 영향을 줄 뿐만 아니라 원고가 피해를 입기 전에 잡은 일을 수행 불능으로

만들 수 있다.

원고가 추구하는 구제의 유형은 일반적으로, ① 가처분, ② 특정 이행 요구, 또는 ③ 금전적 보상의 세 가지 범주 중 하나에 속한다(Foote & Lareau, 2013). **가처분** 요청은 원고가 진행 중인, 해가 되는 행동을 멈추도록 요구하는 것이다. 특정 이행 요구 요청에서, 원고는 피고가 장애 등급 판정을 받은 직원을 위해 직장에서 합리적인 편의를 제공하는 것과 같이 피고가 자신이 해야 할 일을 하기를 요청한다. 그러나 대부분의 민사 소송에서 원고는 제기된 손해에 대해 어떤 형태의 재정적 보상을 추구한다.

손해배상은 보상적인 것과 징벌적인 것의 두 가지로 크게 나뉜다. **보상적 손해배상**(compensatory damage)은 원고가 겪는 피해를 보상하기 위한 것이다. **징벌적 손해배상**(punitive damage)는 판사 또는 배심원이 피고가 추가 처벌을 받아야 한다고 판단할 정도로 피해가 너무 심각할 경우 평가된다. 징벌적 손해배상의 주된 목적은 피고가 추가로 해로운 행동을 저지르거나 다른 사람들이 향후 비슷한 해로운 행동을 저지르지 못하게 하는 것이다(Lenton, 2007). 손해 배상을 받으려면 원고가 먼저 피고의 행동의 결과로 신체적·정서적 또는 정신적 피해를 증명할 수 있어야 한다. 또한 원고는 피고가 고의로 또는 적어도 과실로 유해한 행위를 저질렀음을 입증해야 한다. 가족 및 양육권 사건과 유사하게, 대다수의 다른 민사 소송은 재판에 가기 전에 법정 밖에서 해결된다. 피고가 이의를 제기한 다수의 소송에서 원고는 피고의 행동의 결과로 인지적 또는 정서적 피해를 입었다고 주장한다(Foote & Lareau, 2013). 그리고 이러한 사건들은 보통 법정 심리학자가 일정한 역할을 한다.

법정 심리학자는 중재 절차를 안내하고, 원고 및 피고를 평가하거나 변호사와 상담하는 민사 소송의 초기 단계에 참여할 수 있다. 나중에 사건이 재판 절차에 들어가면 심리학자는 전문가 증인으로 증언할 수 있다.

심리학자는 민사 소송에서 원고에 대해 검사하지 않더라도 전문가로서 과실 혐의에 대한 영향을 증언할 수 있다. 예를 들어, 성 고정관념을 전문으로 연구하는 심리학자는 성차별 관련 소송에서 전문가 자격으로 법원에 출두할 수 있다. 4장에서 논의한 것처럼 법정에서 전문가 증언의 허용과 관련된 Daubert 기준의 효과에 대한 연구가 계속 이루어지고 있다. Daubert 판결 이후 판사는 전문가 증언을 세밀히 검토하기 시작했고, 전문가 증언을 받아들이지 않는 비율이 이전보다 높아졌다(McAuliff & Groscup, 2009). 판사가 어떻게 문지기 역할을 수행하는지에 대해선 아직 알려진 바가 없다(Dixon & Gill, 2002). McAuliff와 Groscup은 다음과 같이 썼다.

> Daubert 판결 이후 판사가 전문가 증언에 대해서 더 신중하게 검토를 하고 있고 더 자주 배

> 제하고 있다고 하더라도 판사가 내리는 결정의 정확성에 대해서 알 수는 없다. 우리가 검토한 연구 중 어느 것도 판사가 유효한 과학을 인정하면서 쓰레기 과학(junk science)을 배제한다는 증거를 제공하지 못했다(p. 28).

이 장의 나머지 부분에서는 법정 심리학이 중요한 역할을 하는 다른 민법 영역을 다룰 것이다. 이러한 영역은 심리적 요소, 민사적 능력(유언장을 작성하거나 스스로 돌볼 수 있는 능력 포함), 치료에 동의하거나 치료를 거부할 수 있는 능력에 관한 평가, 비자발적 강제 입원 관련 평가 등을 포함하는 인적 상해 청구를 아우른다. 우리는 또한 특히 직장에서의 성희롱 평가에 관한 더 중요한 주제를 다룰 것이다.

고용보상, 장애 및 개인 상해 청구

고용보상법은 업무 중 부상을 입은 고용인에 대한 광범위한 불법 행위를 피하기 위해 제정되었다. 개인 상해 사건의 법적 틀은 주로 불법행위법(tort law)에 의해 정의된다. "불법행위법은 한 사람이 다른 사람을 돌봐야 할 의무를 위반하고, 그로 인해 해를 입히는 경우 금전적 손해 배상 청구를 인정한다."(Greenberg, Otto, & Long, 2003, p. 412) 이 법이 제정될 당시, 의회와 주 입법부는 부상을 입은 고용인이 고용주와 힘을 겨루기가 쉬운 일이 아니라는 것을 알고 있었다. 불법행위법에 따르면, 고용인은 고용주의 잘못을 증명해야 한다. 이런 과정은 복잡했고, 고용인이 소송에서 이기는 경우는 거의 없었다. 그 결과, 많은 고용인과 가족이 빈곤에 처하게 되었다(Melton et al., 1997).

고용보상 청구(employment compensation claim)는 신체적 상해가 주를 이루지만, 정신적 피해 또는 정서적 고통으로 인한 소송도 종종 발생한다. 그 예로 Jason의 사례를 들 수 있다. Jason은 극심한 기상 조건으로 손상된 지붕을 수리하는 경우가 잦은 지붕공장 직원이었다. 그는 3층 높이에 있는 지붕널을 교체하던 중 돌풍에 휩쓸려 지붕에서 떨어졌고, 그 결과 심각한 허리 부상을 입었다. 그는 신체적 손상과 더불어 고소공포증까지 겪게 되었다. 사고 후 그는 사다리와 에스컬레이터에 올라가지 못했고, 아들과 함께 스키 리프트를 탈 수도 없게 되었다. 결국 Jason은 정서적 고통에 대한 보상금을 함께 청구하였다. 여기서 중요한 것은 Jason이 원하는 것은 고용주가 바람이 많이 부는 날에 일을 하게 한 것에 대한 보상이 아니라는 것이다. 그는 단지 체불된 임금과 신체 및 신경 손상(예: 심신을 약화시키는 허리 통증, 반복되는 두통)에 대한 보상, 그리고 고소공포증으로 인한 생활의 변화에 대한 보상을 원한 것이다.

다른 한편, 고용주는 직원들이 입은 피해에 대해 책임을 질 수 있으며, 이때 민사 소송이 제기될 수 있다. 예를 들어, 앞서 제시한 시나리오에서 Jason이 부적절한 안전 장비를 갖추고 바람이 심한 날에 지붕을 수리하기 위해 파견되었다면, 그의 고용주가 직원을 보호해야 할 적극적인 의무를 위반하여 부상을 초래했다고 주장할 수 있다. 이 경우, 고용 보상 사건으로 해결되기보다는 문제가 불법 행위 단계에 도달할 수 있다.

정신적 피해(심리적 및 신경학적 손상 모두)의 평가는 반드시 고용 상황에만 국한되지 않고 다양한 개인 상해 소송에서도 발생한다. 점차 변호사와 판사는 심리학자 및 다른 정신건강 전문가에게 고용 장소 이외의 상황에서 정서적 피해를 입었다고 주장하는 원고의 주장을 더 잘 이해하기 위해 도움을 요청한다(Greenberg et al., 2003). 예를 들어, 정신건강은 교통사고나 이웃 마당에서 추락한 사람들의 '신체적, 정신적 고통'과 '정서적 고통' 주장에 포함된다. 원고는 환경 오염 물질에 노출되거나 제품 결함으로 인한 심리적·신경학적 피해를 주장하기도 한다. 이러한 경우, "법원은 원고의 심리적 기능과 적응이 변호사, 판사 및 배심원의 이해를 넘어서는 복잡한 문제라는 가정에 근거하여 이러한 개인 상해 사건에서 정신건강 전문가의 도움을 구한다"(Greenberg et al., 2003, p. 411).

평가가 심리적 또는 신경학적 손상과 관련 있는지 여부에 관계없이, 법정 심리학자가 수행하는 장애 평가는 매우 중요하고 복잡하다(Drogin, Hagan, Guilmette, & Piechowski, 2015; Piechowski, 2011; 〈My Perspective 6-1〉 참조). 그것은 정신적 또는 신경학적 장애를 식별하는 것뿐만 아니라 법적으로 관련된 기능적 능력이 영향을 받았는지 식별하는 것도 포함한다.

MY PERSPECTIVE 6-1

민사 소송에 특화하기: 종종 간과된 직업 선택

Lisa Drago Piechowski, Ph.D. ABPP

주말 아침에 긴장을 풀기 위해 선호하는 방법 중 하나는 커피 한 잔을 마시며 뉴욕 타임즈의 일요일 십자말풀이를 하는 것이다. 사실 나는 항상 퍼즐 맞추기를 좋아했다. 퍼즐 맞추기는 정보의 조각을 발견해가는 과정이다. 정보는 예감을 낳고, 마침내 해결책을 내놓기 위한 일정한 패턴으로 배열된다. 처음에는 문제가 이해할 수 없는 것처럼 보이지만, 시행착오를 겪으면서 점차 이해되기 시작하면 뿌듯함을 느낀다. 어려운 문제일수록 해결했을 때의 보람은 더 크다.

나는 20년 넘게 법정 심리학자였다. 법정 심리학은 퍼즐을 푸는 것과 마찬가지로 의미 있는 패턴을 식별하기 위해 분리된 자료를 수집한다. 그것은 흥미롭고 지적으로 도전적인 분야이다. 그러나 내가 이 지점에 곧장 도달한 것은 아니다.

대학에 진학했을 때, 나는 내가 하고 싶은 일에 대한 명확한 인식이 없었다. 법대에 갈 생각이 있었음에도 불구하고 내가 추천받은 정치학 과정을 즐기지는 못했다. 학부 과정에서 3개의 다른 학위를 취득했다. 졸업 후에는 특수교육 교사로 일했다. 나는 그 일의 여러 측면을 즐겼지만 그것이 나에게 적합하지 않다는 것을 알았다. 나는 여전히 법에 관심이 있었지만 사람들이 어떻게 생각하고 행동하는지 이해하는 것에도 관심이 있었다. 몇 년 동안 다른 가능성들을 탐색했다. 상담학 석사학위를 받고 가족치료 전문가로 일한 후 대학 상담 센터에서 일했다. 나는 올바른 길을 가고 있다고 생각하기 시작했지만, 박사학위 없이는 진로 선택이 제한될 거라는 것을 깨달았다. 결국, 나는 심리학자가 되기 위해 학교로 돌아가기로 결심했다. 매사추세츠 대학에서 박사 프로그램에 지원하여 서른세 번째 생일에 입학 허가서를 받았다. 나는 내가 올바른 선택을 했다는 것을 깨달았다.

박사학위를 취득한 후, 나는 임상 심리학자로서 다양한 개인 실무를 수행하면서 경력의 초기를 보냈다. 대학원 시절의 감독자 중 한 명이 법정 심리학자였으며 이 분야를 탐구하는 데 관심이 있었다. 나는 지속적인 교육 과정과 자료 탐색을 통해 법정 심리학 교육을 시작했다. 그 후 정신건강장애 소송 지원을 원하는 장애 보험 회사의 컨설턴트로 일할 기회가 생겼다.

이 연구에 몰두하면서, 법정 장애 평가에 관한 자료가 거의 없다는 것을 알게 되었다. 그 격차를 메우기 위해, 나는 이 특수한 작업에 대해 법정 심리학의 원리와 관행을 적용하는 방법에 대해 생각하기 시작했다. 나는 다섯 가지 구성 요소(기능적, 인과적, 상호작용적, 판단적, 성향적)로 구성된 Grisso의 법적 역량에 대한 개념적 모델의 영향을 받아 이 모델이 장애 평가에 어떻게 적용될 수 있는지 궁리하기 시작했다. 나는 이러한 아이디어에 관해 글을 쓰기 시작했고, 궁극적으로 법정 장애 평가 모범 사례에 관한 책을 출판했다(Piechowski, 2011). 장애에서부터 나의 관심사는 확대되어 직무 적합성 평가, 「미국장애인법(ADA)」과 관련된 다른 유형의 고용 관련 사례, 그리고 더 일반적인 민사 소송을 포함하게 되었다. 나는 현재 형사 및 가족 사건을 맡고 있지만 민사 소송을 전문으로 하는 소수의 법정 심리학자 중 한 명이다.

2004년 미국법정심리학위원회(American Board of Forensic Psychology)에서 법정 심리학 위원 인증을 받았다. 나는 또한 미국심리학회에서 활동하고 있으며 전문실무기준위원회(Committee on Professional Practice and Standards) 및 법률문제위원회(Committee on Legal Issues)의 위원장을 역임했다. 나는 미국법정심리학회(American Academy of Forensic Psychology)를 위해 장애 및 고용 평가 교육 과정을 진행한다. 이러한 활동을 통해 나는 미국에서 가장 현명하고 지식이 풍부한 법정 심리학자를 만나 함께 일할 기회를 얻었다.

요즘 나는 민사, 가족 및 형사 사건을 포함한 다양한 실무를 맡고 있다. 나는 임상 심리학 박사 과정을 위해 법정 심리학, 심리평가 및 윤리 과정을 가르치고 있다. 나는 글을 쓰고 연구한다. 하루는 구금시설로 가서 피고의 법정에 설 능력을 평가하거나, 개인 상해 사건의 전문가 증인으로 법정에 출두하거나, 임박한 소송에 대해 변호사를 상담하거나, 학생과 만나 연구에 대해 논의할 수 있다. 나는 책상에서 보고서를 작성하고, 기록을 검토하고, 응답 전화를 하는 데 많은 시간을 보낸다. 개인 실습을 위해 송장 발송 및 사무용품 수령과 같은 사소한 일을 하는 데도 시간을 할애한다.

내 실무의 대부분은 일부 유형의 민사 소송에

관련된 사람들에 대한 평가를 수행하는 것이다. 그 과정에는 사건의 특정 문제에 대해 변호사 또는 다른 의뢰인과의 상담, 평가 전략 결정, 적절한 심리검사 선택, 검토할 적정 기록 확보, 평가를 위한 피검사자 면담 등이 포함된다. 그리고 나는 검사 채점을 하고 해석하며, 수집한 모든 자료를 검토하고, 내가 답하려는 질문을 해결하기 위해 자료를 구성한다. 통상적으로 데이터와 의견을 요약한 서면 보고서를 작성한다. 사건이 재판 중에 있을 경우, 나는 변호사와 만나 증언의 범위를 상의한다. 증언을 준비하기 위해 내가 찾은 모든 자료를 검토하여 내가 발견한 결과에 매우 익숙해지고 결론에 어떻게 도달했는지 설명할 수 있게 된다. 법정에 출두한 뒤에는 직접 조사 중에 찾은 결과를 설명하고(쉬운 부분), 교차 신문 중에 상대측 변호사의 이의 제기에 답변한다(쉽지 않은 부분).

법정 심리학보다 나에게 더 적합한 직업을 상상할 수는 없다. 내 일은 결코 지루하지 않다. 매일 다르고 매 사건마다 새로운 도전이 따른다. 십자말풀이와 마찬가지로, 나의 작업에는 데이터 조각 수집, 가설 설정 및 추론하기가 포함된다. 그리고 앞서 말했듯이 가장 보람 있는, 가장 어려운 문제를 해결하고 있다.

Piechowski 박사는 버지니아(Virgina) 북부 아고시의 심리전문 대학(American School of Professional Psychology at Argosy University)의 임상 심리학 부교수이며 메릴랜드(Maryland) 실버스프링(Silver Spring)에서 개인 법정 심리학 실무를 이어 가고 있다. 그녀는 『법정 정신건강 평가의 모범 실무: 직장 장애 평가(Best Practices in Forensic Mental Health Assessment: Evaluation of Workplace Disability)』의 저자이다. Piechowski 박사는 2016년 미국법정심리학위원회 회장을 역임했다.

신경심리학적 손상

특정 신경심리학적 손상이 주장되는 경우, 신경심리학자 또는 신경심리학을 전문으로 하는 법정 심리학자가 그 일을 맡을 수 있다. 실제로 가장 큰 폭발적 성장을 보인 임상 신경심리학 영역은 **법정 신경심리학**이다(Bush, 2017; Otero, Podell, DeFina, & Goldberg, 2013; 법정 신경심리학 분야의 경력은 〈Focus 6-3〉 참조). 이 성장은 부분적으로 신경심리학적 결함을 식별할 수 있는 전문가 증언에 대한 법률 시스템의 수요 증가로 인한 것이다. 민사 소송에서 자동차 사고(Otero et al., 2013) 및 스포츠 관련 사건의 뇌졸중과 같은 외상성 뇌손상(traumatic brain injury: TBI)과 관련된 사례에서 가장 큰 성장이 이루어졌다. 이 경우 원고는 종종 상당한 금전적 보상을 요구한다. 흥미롭게도, 최근 『미국의학협회 저널(Journal of the American Medical Association)』(Mez et al., 2017)에 실린 최근 연구에 따르면, 뇌 손상은 전문 축구 선수의 111개 뇌 중 110개를 포함하여 202명의 사망한 축구 선수의 기증된 뇌 중 87%에서 발견되었다. 이 연구는 전문적으로 활동하는 사람일수록 뇌 손상이 더 심하다는 결론을 내렸다.

법정 환경에서 변호사, 법원 또는 보험회사와 같은 기타 공공 또는 민간 당사자가 신경심리학자에게 일을 의뢰하기도 한다(Leonard, 2015). 형사적인 문제의 경우 기소 또는 변호인에 의해 이를 유지할 수 있다. 법정 신경심리학자는 객관적이어야 하며, 어느 한쪽 당사자나 개인에게 충성하거나 책임을 져서는 안 된다. 임상적인 설정과 달리, "심리학자-환자 관계는 대부분의 법정 연구에 존재하지 않는 것으로 가정한다"(Leonard, 2015, p. 178; 단, 5장의 〈My Perspective 5-1〉에서 적대적 충성에 대한 Daniel Murrie 박사의 논의를 상기할 것). 모든 정신건강 전문가는 암묵적 편향과 편향 맹점을 피해야 한다(Neal & Brodsky, 2016). 민사 소송에서 법정 신경심리학자는 미취학 아동부터 노인에 이르기까지 다양한 연령대의 사람들을 평가한다. 이 문제는 아동 양육권 사건의 양육 능력 평가에서부터 경찰관의 체력 평가에 이르기까지 다양하다. 어떤 상황에서는 불법 행위로 인한 소아 뇌 손상 평가를 요청받기도 한다(Leonard, 2015).

법정 신경심리학자는 다양한 표준화된 검사 및 인벤토리를 사용하여 정보를 수집하고 뇌와 행동의 관계를 추론할 수 있다. 이 종합적인 평가는 일반적으로 외상성 뇌손상 또는 기타 신경학적 손상이 심각하고 복잡해 보일 때 수행된다. 종합적인 평가에는 "신경정신학적 평가에 능숙한 임상가에 의한 역사적 · 신경학적 · 정신의학적 · 의학적 · 기타 진단적 정보를 이용한 인지적 성과의 객관적인 측정"이 수반되기도 한다(APA, 2014d, p. 48). 그러나 어떤 경우에는 검사에 종합적인 평가가 필요하지 않을 수 있다. "비교적 간단한 임상적 인터뷰에서 광범위한 심리검사 관리를 포함한 포괄적인 검사에 이르기까지 검사의 성격은 다양하다."(Otero et al., 2013, p. 507) Otero 등에 따르면, 자기공명영상(MRI), fMRI, 양전자 방출 단층촬영(PET), 전산화 단층촬영(CT), 확산 텐서 영상과 같은 현대 기술 덕분에 뇌 손상 부위를 찾기 위해 과거에 의존했던 표준화된 검사 방법은 많이 감소했다. 그러나 신경인지 과정 또는 능력을 식별하는 데 있어서, 표준화된 신경심리학적 검사가 일반적으로 많이 이용된다. 그 이유는 평가 과정에서 적용되는 검사 및 기타 평가 기법을 통해 법정 심리학자가 지지 증거를 제공하거나 원고가 뇌 또는 기타 신경학적 손상을 겪고 있다는 주장을 반박할 수 있기 때문이다.

그러나 심리학자나 신경심리학자가 법정 평가를 하는 경우라고 하더라도, 평가를 시작하기 전에 본질에 있어 심리적이며 심리학자가 법정에서 전문적인 의견을 제시할 수 있는 문제가 무엇인지 식별하기 위해서는 관련법을 완전히 이해해야 한다(Greenberg et al., 2003; Grisso, 2003). 또한 정신적 및 신경학적 손상과 수반되는 보고서에 대한 법정 평가는 보통 회고적인 동시에 전향적이어야 한다. 보고서를 통해 평가자가 피해 정도(피해가 있는 경우)

와 특정 원인을 파악하려고 시도한다는 점에서 회고적이다. 한편, 평가자가 원고의 미래 기능에 대해 어떤 판단을 해야 한다는 의미에서 전향적이다. 원고는 청구 이전에 그랬던 것처럼 기능할 수 있는가? 고용 보상 청구의 경우, 원고가 겪는 소득 손실 정도는 얼마나 될까? 부상이 업무와 관련된 경우 작업장과 관련된 모든 정보를 조회할 필요가 있다.

Focus 6-3 법정 신경심리학

법정 신경심리학이라는 용어는 신경심리학 전문직의 지식을 법적인 문제에 적용하는 것을 말한다. 신경심리학은 인간 행동에 대한 뇌 및 신경 손상 그리고 기능장애의 심리적 영향에 관한 연구를 지칭한다. 임상 신경심리학은 치료 권장 사항과 함께 신경 손상의 평가 및 진단에 중점을 둔 적용 분야이다. 1996년 APA로부터 전문 심리학의 첫 번째 분야로 인정받았다. 법정 신경심리학적 증거는 종종 민사 및 형사 사건 모두에서 요구된다(Quickel & Demakis, 2017).

법정 신경심리학자는 치매, 뇌 손상 및 지적 기능과 같은 문제에 관한 법적 사례에 대한 정보를 제공한다. 그들은 원고가 피고의 행위(작위)나 행위의 실패(부작위)로 인해 손해를 입었다고 주장하는 경우를 포함하여 장애 사건에 대해 자주 상담을 한다. 신경심리학자는 개인의 장애 정도에 대해 증언하도록 요청받을 수 있으며, 고용 적합성, 후견인 또는 건강 관리자의 필요성, 완전한 회복의 기회 또는 필요한 재활의 정도와 관련된 질문에 답해야 한다. 형사 사건의 경우 신경심리학자는 법정에 설 능력, 형사 책임, 미란다 권리를 포기할 능력 및 처벌받을 능력에 대한 신경학적 질문을 받을 수 있다(Quickel & Demakis, 2017).

이라크와 아프가니스탄의 퇴역 군인들 다수가 군복무 중 폭발성 기구(IED)에 순간적으로 노출되어 외상성 뇌손상(TBI)을 입었다. 마찬가지로, 아동학대 피해자 또는 가정 폭력의 성인 피해자도 외상성 뇌손상을 겪을 수 있다. 이러한 부상에 대한 인식이 높아짐에 따라 퇴역 군인과 범죄 피해자는 신경심리학자의 평가가 필요하다는 것이 분명해졌다. 오늘날 신경심리학자들은 뇌진탕이 여러 번 발생한 경우 경도 또는 중등도의 스포츠 관련 부상의 평가를 위해 종종 상담을 한다. 신경심리학적 평가 절차 및 검사에는 일반 지능, 언어, 기억, 주의, 사고 과정, 지각 운동 기능, 감정 상태 및 꾀병을 평가하는 측정이 포함된다. 이 분야는 또한 의사결정, 충동, 판단 및 공격성에 대한 평가가 추가되고 있다(Leonard, 2015).

법정 신경심리학자는 법원이나 법률 시스템과 상호작용하지 않는 임상 신경심리학자와는 다른, 전문적인 직무가 있음을 분명하게 인식해야 한다(Leonard, 2015). 법정 신경심리학자는 "진단 및 치료의 고려는 부차적일 뿐, 흥미로운 심리법적 문제에 대한 발견 사실을 알리는 것이 중요한" 적대적 시스템에서 법적 의사결정을 통보해야 한다(p. 178). 법정 신경심리학자는 전통적 관행에서 사용된 것과 동일한 원칙을 적용하며 임상 신경심리학자로서의 실무를 가질 수도 있다. 그러나 법정 신경심리학자로서의 능력의 일환으로, 법률 시스템이 어떻게 운영되고, 증거에 기초하여 어떻게 결정이 이루어지는지 이해해야 한다.

토론 질문

1. 신경심리학적 평가는 민사 및 형사 사건과 관련이 있다. 범죄 사건에서 법정 신경심리학자와 상담할 수 있는 사례를 들어 보라.
2. 신경심리학자가 되기 전에 의사가 될 필요가 있을까? 이 질문에 답하기 위해 조사해보고 왜 그런지 또는 왜 그렇지 않은지 설명하라.

개인 상해 청구를 위한 심리검사

Greenberg 등(2003)은 모든 개인 상해 검사에 동일한 평가 도구가 필요한 것은 아님을 강조하고 있다. 신경심리학자들은 일반적으로 신경심리학적 도구를 사용하지만 다른 표준화된 검사에 의존할 수도 있다. Melton 등(1997)은 부상을 입은 후 실시한 성격검사와 부상 전에 실시한 다른 검사를 비교할 때 특히 도움이 된다고 말한다. 또한 그들은 심리학자가 신경검사를 사용하여 신체적 부상의 정도를 가늠하도록 권고한다. 뿐만 아니라 평가자는 나중에 발생할 수 있는 외상후 스트레스 장애(PTSD) 역시 고려해야 한다.

5장에서 언급했듯이, 꾀병이나 과장된 증상은 연구 분야에서 많은 관심을 받고 있다(예: Gothard, Rogers, & Sewell, 1995; Mossman, 2003; Rogers, 1997). 심리학자뿐만 아니라 임상가 역시 정신적 피해와 관련된 평가를 할 때 개인이 증상을 지어내거나 자신이 느끼는 것보다 과장하여 '속일' 수 있다는 점에 주의해야 한다. 보다 종합적으로 말하면, 꾀병은 "재정적 보상과 같은 외적 유인에 의해 동기화된 의도적인 실수의 남발 또는 심하게 과장된 신체적·심리적 증상"이다(Drogin et al., 2015, p. 477). 간단히 말해서, 개인 상해 주장을 하는 원고는 고용주, 사업체, 이웃 또는 피해를 입혔다는 혐의를 받는 의사를 상대로 승소하기 위해 증상을 과장할 수 있다. 개인이 업무 관련 부상에 대한 보상을 요구하는 장애의 주장에서 특히 꾀병과 속임이 만연해 있고(Piechowski & Drukteinis, 2011), 신경심리학자들은 꾀병 탐지에 관한 다수의 연구를 수행한 바 있다(Drogin et al., 2015). 이 주제는 5장의 능력 및 형사 책임 평가 중 특히 Rogers와 동료들의 연구와 관련하여 꾀병에 관해 논의되었다는 점을 상기할 필요가 있다.

따라서 잘못된 진단은 법정 심리학자의 중요한 역할이 된다. Butcher와 Miller(1999)는 MMPI-2가 어느 정도는 꾀병을 구분할 수 있지만 완벽하게 꾀병을 구분해 낼 수 있는 방법은 없다고 주장했다. 따라서 확실하게 꾀병을 밝히기 위해서는 많은 연구가 필요하다. 다수의 연구자들이 임상적 판단만으로는 꾀병을 탐지할 수 없으며 소송이 제기된 장애에 따라 다양한 도구를 고려해야 한다고 지적했다(Carone & Bush, 2013; Guilmette, 2013; Heilbronner, Sweet, Morgan, Larrabee, & Millis, 2009).

Butcher와 Miller(1999)는 법정 심리학자가 변호사의 역할에 대하여 자각할 필요가 있다고 했다. "법정 평가에서 가장 문제가 되는 부분은 심리검사를 할 때 변호사가 의뢰인에게 원하는 방향으로 답변을 유도하려는 경향에 있다는 것이다."(p. 110) 검사를 하기 전에 임상가는 개인이 변호사에게 '지도'를 받았는지 알아내야 하며, 만약 받았다면 어느 정도로, 그리고 어떤 종류의 지도를 받았는지도 알아내야 한다. 또한 기본적으로 지도받은 내용에 대해서도 물어봐야 한다. 최종 보고서 작성 시에는 변호사의 지도가 검사 결과에 미칠 수 있는 영향에 대해서도 기록해야 한다. 또한 오늘날의 변호사들은 종종 고객과 함께 검사장에 있기를 원한다. "이 전략은 평가자의 개인적인 불편감과 논리적 복잡성 문제뿐만 아니라 실무적 · 정책적으로 중요한 문제를 부각시킬 수 있다."(Drogin et al., 2015, p. 499). Drogin 등의 주장에는 두 가지 측면이 있다. 예를 들어, 관찰자를 두면 평가 과정을 방해할 수도 있지만, 이의제기로부터 평가자를 보호할 수도 있다.

정신적 피해 평가에 대한 포괄적인 논의 후, Melton 등(1997, p. 381)은 법원을 대상으로 평가와 관련된 의사소통을 하는 데 있어 세 가지의 주의사항이 있다고 하였다. 첫째, 진단만으로는 특정 상황에서 나타난 개인의 행동 양식이나 반응을 설명할 수 없기 때문에, 임상가는 진단에 너무 의존하지 않아야 한다. 둘째, 손상, 치료, 재활을 위한 노력과 관련된 장기적인 자료가 필요하다. 셋째, 판결에 영향을 줄 수 있는 결정적 자료의 제공은 피해야 한다. 즉, 임상가는 보고서를 통해 평가 결과를 제공하는 역할만을 수행하여야 하고, 원고가 보상을 받아야 할지에 대한 최종 판단은 판사에게 맡겨야 한다.

모든 민사 사건이 민사적인 문제 또는 불법 행위와 관련된 것은 아니다. 소송 당사자는 종종 부당하게 거부되었다고 생각되는 고용 혜택, 건강 혜택, 보험 또는 퇴역 군인의 혜택 청구를 위해 법원을 찾을 수 있다. 이러한 민사 문제에 대한 논의는 이 장의 주요 주제에 해당한다. 그러나 또 다른 중요한 주제는 최근 관심을 끌고 있는 심리적 평가 또는 민사 능력이다.

민사 능력

신경심리학자를 포함한 다수의 심리학자는 임상 작업의 일환으로 민사 능력 평가(민간 역량 평가라고도 함)를 수행한다. 예를 들어, 신경심리학자를 대상으로 실시한 한 설문조사에서 능력 문제가 취급 사례의 75%에서 발생했다고 보고했다(Demakis & Mart, 2017). 전문 문헌에서 종종 역량(competency)은 법원의 법적 결정을 의미하고, 능력(capacity)은 개인의 의사결정 능력(decisional competency)에 대한 심리학자의 평가를 의미한다(Lichtenberg, Qualls, & Smyer, 2015). 그럼에도 불구하고 실제뿐만 아니라 많은 연구에서 두 개념은 호환적으로 사용된다. 능력 평가는 노인층에만 한정되지 않으며, 미국 인구의 증가에 따라 평가 빈도는 확실히 증가할 것으로 예상된다(Demakis, 2012; Mossman & Farrell, 2015; Quickel & Demakis, 2013). 다른 임상가와 더불어 심리학자는 개인이 자신의 이익을 위해 요구되는 의사결정 능력이 있는지 평가할 수 있다. 성인기에 도달한 사람은 의사결정 능력을 갖추었다고 간주하고, 자신이 내린 결정이 끔찍한 결과를 초래하더라도 그에 대한 책임을 져야 한다. 의사결정의 자율성은 의학적 치료의 동의, 종교 집단 가입, 사업 계약, 군 입대, 유서 작성, 투약 또는 생명 연장을 위한 치료 거부, 심리학 또는 의학 연구 참여와 같은 영역으로 확장될 수 있다.

만약 개인이 결정을 내릴 때 정신적으로나 신체적으로 정상이 아니었다는 것을 법원에서 입증하면 개인이 의사결정 능력을 가지고 있다는 추정이 무효화될 수 있다. 대부분의 법원은 이 같은 상황에서 증거보다는 입증 책임(burden of proof)을 우세하게 여기지만, 일부 사법권에서는 명백하고 확실한 증거를 요구하기도 하는데, 이는 더 높은 기준이다. 다시 말해, 당신이 David 삼촌의 유언 능력에 이의를 제기하고 싶다면, 당신은 그가 유언장 초안을 작성할 당시 고작 6개월 전에 만난 사람에게 그의 전 재산을 주겠다는 결정을 내릴 수 없었다는 것을 증명해야 한다. 법원에서 개인이 결정을 내릴 능력이 없다고 판결하면 해당 개인이 내린 결정(예: 유서의 조건, 의학적 치료 포기)은 무효화된다. 만약 개인이 살아 있으면 법원이 정한 후견인이 그를 대신해 결정권을 가지게 된다.

유언 능력

유언 능력과 관련된 소송은 자주 발생하지만 항상 성공적인 것은 아니다. 대부분의 주에서 유언 관련 소송은 검인법원에서 다룬다. Slovenko(1999)는 유서를 작성하는 것은 최소한의 능력을 요구하며 쉬운 일이라고 했고, Melton 등(2007)은 유서 작성이 높은 인지 기술을 요구하지 않는다고 했다. 그러나 다른 연구자들(예: Shulman, Cohen, & Hull, 2005)은 그것이 높은 수준의 인지 기능에 의해 매개된 고등 활동이라고 주장한다.

오늘날 사람들은 특히 자녀가 있는 경우 비교적 어린 나이에 유언장을 만들고 자산이나 상황이 바뀔 때 주기적으로 새로운 내용으로 바꾸도록 권장된다. 유언 능력과 관련해서는 일반적으로 유언자(유언장 작성자)가 나이가 많은 경우 그것이 처음 유언인지 또는 수정된 것인지에 대해 의문을 갖게 된다. 유언 능력에 관해서는 고령 성인의 경우 비정상적으로 위험성이 높은 집단이며, 평가자에게 여러 가지 고유한 과제를 시켜봐야 한다는 데 동의하지 않을 사람은 거의 없을 것이다(Regan & Gordon, 1997). 노인(65세 이상) 중 일부는 정신 질환, 치매, 빈약한 판단력, 다양한 공존질환 및 한계와 같은 잠재적인 무능력의 집합 상태에 있다. 운 좋게도, 법에서는 유언장이 완성될 당시 사람들이 최고 수준의 정신적 또는 심리적 기능을 유지하고 있었는지 여부를 묻지는 않는다. 유서 작성과 관련된 법에서도 유서를 작성할 때 '온전한 정신'이었음을 증명하도록 요구한다. 이에 대한 세부적 요건은 개인이 ① 유서를 작성하고 있다는 것을 알아야 하며, ② 재산의 종류와 규모를 알아야 하고, ③ 재산의 가치에 대해 알아야 하며, ④ 재산의 분배 방식에 대해 알아야 한다는 것이다(Melton et al., 1997). Melton 등은 개인이 건망증이 있거나, 약물 혹은 알코올 중독자이거나, 정신장애가 있거나, 인지 기능이 낮아도 유서를 쓸 수 있다고 주장한다.

그러므로 고령자를 포함해 사람들이 유언장을 작성할 때 기본적으로 역량이나 능력이 있는 것으로 추정된다. Mossman과 Farrell(2015, p. 541)이 지적한 것처럼, 능력에 대한 의혹은 다음과 같은 네 가지 상황에서 발생할 가능성이 크다. ① 유언장의 내용이 이전의 내용과 현저히 다른 경우, ② 사고와 판단력을 손상시킬 수 있는 정신적 또는 신경학적 장애가 있는 경우, ③ 타인에게 의존하는, 특히 취약한 경우 또는 ④ 자신의 유언장을 여러 번 변경하여 자신의 복지에 중요한 사람의 행동을 명백히 통제하는 경우.

유언 능력 평가는 보통 회고적인 방식으로 수행하는데, 주로 개인과 친분이 있었던 사람과의 면담이나 이용 가능한 기록의 검토, 당시의 정신 상태에 대한 추론, 작성 의지 등을 바탕으로 한다. 유언 능력 평가는 심리 부검(psychological autopsy; 3장에서 논의됨)에 비해 간소하지만 여러 측면에서 유사하다(Drogin & Barrett, 2013). 그러나 상황에 따라 변호사는 유서 작성 전에 의뢰인에게 유언 능력 평가를 받도록 권유하기도 한다. 만약 개인이 치매 증상이 있거나 인지 능력 저하가 수반된 정신장애가 있을 경우, 그리고 정신지체가 있을 경우 심리검사는 정당한 것으로 인정된다. 평가 도구 중 하나인 법적 능력 질문지(Legal Capacity Questionnaire: LCQ; Walsh, Brown, Kaye, & Grigsby, 1994)는 유언장을 작성할 수 있는 사람의 능력을 평가한다. 이 질문지는 심리학자가 아닌 변호사가 사용할 수 있도록 고안되어 쉽게 점수를 매길 수 있는 도구이다. 그러나 정신장애, 치매 및 신경학적 문제의 측정을 포함하여 이 분야에 종사하는 법정 심리학자는 다양한 일반 정신 능력 심리 도구를 사용할 수 있다. 그러나 검사관은 사용할 검사 또는 도구를 선택하는 것 외에도 기록을 검토하고 부수적 자료(예: 가족 구성원)를 인터뷰하며, 개인이 아직 살아 있는 경우 그 사람을 인터뷰한다. 다음과 같은 질문을 예로 들 수 있다. "귀하의 자산에 대해 설명하고 그 가치에 대해 말씀해 주시겠습니까?" "친척들과 어떻게 지내십니까?" "현재 소중한 사람은 누구입니까?" "당신에게 재산을 물려받을 사람들을 어떻게 선택하기로 결정했는지 말씀해 주십시오."(Mossman & Farrell, 2015, p. 546) 유언자가 사망한 이후 유언장에 이의를 제기하는 경우, 심리 부검이 필요하다.

2014년 미국심리학회는 '노인 대상 심리학적 실무 지침(Guidelines for Psychological Practice with Older Adults)'을 발표했다. 심리학 및 노화 분야의 심리과학 및 임상 실무가 급속도로 확대되었기 때문에 이 지침이 필요했다. "이 분야의 심리학 문헌이 급증함에 따라 임상가와 연구자들은 노인의 정확한 심리적 평가와 효과적인 치료를 용이하게 하는 지식의 고유한 측면을 확인하려는 인상적인 흐름을 만들었다."(APA, 2014d, pp. 34-35) 베이비붐 세대의 나이가 들어 감에 따라 향후 20년 동안 상당한 성과를 거두게 될 것이다.

노인들 중 눈에 띄는 소수는 치매와 같은 인지 능력이 현저하게 손상되어 기능적 능력에 큰 영향을 받고 있다. "치매 유병률은 나이가 들수록 극적으로 증가하고 있는데, 71세에서 79세 사이의 인구에서는 약 5%, 90세 이상 인구는 37%가 치매로 고통받고 있다."(APA, 2014d, p. 43) 치매의 초기 단계나 중증 정신장애의 주기적 발병 중에 심리학자 또는 다른 정신건강 전문가는 유언을 집행할 수 있는 능력뿐만 아니라 후견인의 필요에 따라 사람을 평가하도록 요청받을 수 있다.

법적 후견 결정

후견은 완전히 또는 부분적으로 자신의 보호와 요구를 충족시킬 수 없는 것으로 간주되는 사람을 책임져야 하는 개인에게 주어진 법적 권리이다. 인지장애 또는 정신장애가 있는 미성년 아동과 성인은 후견이 가장 필요한 사람들이다. 이 절에서는 특정 조건하에서 일상생활을 위한 특정 업무 수행 능력을 방해할 수 있는 인지 능력과 의사결정 능력의 저하를 보여 주는 고령의 성인에게 중점을 둘 것이다. 인지장애가 있는 경우 금융사기 및 전화사기에 걸려들기 쉽고, 합리적인 결정을 내릴 수 있는 능력이 명백히 결여되어 있고, 타인에게 상당히 의존하는 징후들이 나타나기 때문에 결국 착취로 이어질 수 있다.

반면에 여전히 많은 고령 인구는 건강과 재정 상태에 영향을 미치는 결정을 완벽하게 내릴 수 있다. 건강 관리 및 재정적 결정은 법원에서 가장 어렵고, 정신건강 전문가의 평가가 필요한 두 가지 범주에 해당한다. 그러한 결정을 내릴 능력이 부족하다고 판단되는 경우 후견인이 임명된다.

일부 사람들은 인생의 후반부에 발생 가능한 인지적인 능력의 상실을 처리하기 위한 지속력 있는 위임장과 사전의사결정서(advance directives)를 가지고 있다. 위임을 통해 개인은 한 명 또는 복수의 대리인(보통 가족 구성원)을 임명하여 인지, 계획 및 의사결정 능력이 크게 감소한 경우에 재정 문제 관리, 건강 관리 결정, 기타 업무를 수행토록 한다. 사전의사결정서는 이 장의 뒷부분에서 설명할 예정이다.

노화되는 부모나 다른 친척이 정신 악화의 징후를 보이기 시작하고 서명된 위임장이 없는 경우, 가족은 법적 후견을 요청할 수 있다. 누군가의 법적 후견인 역할을 하기 위한 첫 번째 단계는 법원에 가서 심리 전문가의 의견에 따라 대상자의 무능력을 선언하는 것이다. "대부분의 관할 구역에서 이해관계가 있는 사람은 특정인의 무능력을 선언하고 후견인의 보호를 받도록 청원할 수 있다."(Melton et al., 2007, p. 371) 후견인은 대상자가 삶의 일부 또는 전반에 있어 정신적 능력이 부족하다는 점에 대해 충분한 증거를 청취한 이후에야 임명될 수 있다. 입증의 부담은 일반적으로 후견을 요청하는 사람에게 주어진다. 정신적 능력이 결여되어 있음을 분명하고 설득력 있는 증거로 입증해야 한다. 법정은 증거에 만족하는 경우 '한정' 또는 '완전(전반적인)' 후견인 권한을 부여할 수 있다. 한정 후견의 경우 개인의 일상생활의 일정 부분에 대해서 자기결정을 허용하지만, 스스로 결정하기에 지나치게 위험한 것으로 간주되는 다른 부분에 대해서는 제한을 둔다. 법원에서 완전 후견이 필요하다고 판단하면 재정 및 생활 관리, 의료 결정에 대한 책임을 후견인에게 이전한다. 후견인 권한의 부여는 즉시 또는 미래의 어느 시점에 효과를 갖는다. 대부분의 경우, 후견인은 매년 법원에 보고하여 법원이 정한 지정된 책임을 이행하고 있음을 확인해야 한다. 그러나 예상되는 바와 같이, 후견 법령의 적용은 관할권별로 상당한 차이가 있다. 일부 주에서는 후견 명령을 받기 전에 실질적인 무능력에 대한 증거가 필요한 반면, 다른 주에서는 그렇지 않다(Melton et al., 2007). 일부 주에서는 후견 절차가 진행되기 전에 심리평가조차 필요하지 않다. 그러한 주에서도 심리평가를 요구했다면, 많은 지역에서 유능한 심리평가에 대한 요구가 빗발쳤을 것이다(Melton et al., 2007).

후견 절차에 대한 심리평가가 필요하거나 예상되는 주에서 법원은 통상 정신 상태의 저하 정도를 확인하고 절차 진행 방법을 제안하도록 요구한다. 이러한 평가를 수행하거나 법정 증언을 하는 심리학자는 현재의 상태를 밝히고, 향후 저하하는 정신 상태를 예측해야 한다. 임상 평가는 정신장애나 진단의 본질이 아니라 사람이 수행할 수 있는 기능의 범위에 중점을 두어야 한다. "그러므로 힘들더라도 임상가는 무능력한 것으로 추정되는 사람이 할 수 있거나 할 수 없는 일을 최대한 정확하게 가려내야 한다."(Melton et al., 2007, p. 373)

후견 및 기타 민사 능력 평가에 사용되는 다양한 기능 및 심리 검사가 있다(Quickel & Demakis, 2013). Melton 등(2007)에 따르면 일상생활 기술의 독립적인 활동을 평가하기 위해 고안된 도구는 적어도 5개가 있다. 그 도구는 ① 성인 기능적응 행동척도(Adult Functional Adaptive Behavior Scale), ② 다차원 기능평가 설문지(Multidimensional Functional Assessment Questionnaire), ③ 필라델피아 노인센터 다단계평가목록(Philadelphia Geriatric Center Multilevel Assessment Inventory), ④ 기능상태의 직접평가(Direct Assessment of Functional Status) 및 ⑤ 일상문제검사(Everyday Problems Test)이다. 목록에 추가해야 할 다른 유용한 도구는 독립생활척도(Independent Living Scale)이다. Mossman과 Farrell(2015)이 역량 평가 도구에 대한 논의에서 강조한 바와 같이, 제안된 많은 도구는 광범위한 조사를 거치지 않았거나 후견 절차에서 특정 용도로 널리 받아들여지지 않고 있다.

또한 심리학자는 특정 과제를 스스로 수행하는 데 도움이 될 수 있는 방법을 알고 있어야 한다. 이러한 후견 결정은 중요하며, "개인의 자유와 자율성을 유지하는 것과 개인을 손해와 착취로부터 보호하는 것 사이의 미묘한 균형"을 나타낸다(Quickel & Demakis, 2013, p. 155). "후견은 본질상 개인의 선택·이동·결사의 자유, 심지어 국가 권력을 통해 승인되고 가능해진 삶과 죽음의 결정권을 박탈당할 수 있다는 것을 간과하기 쉽다."(Reinert, 2006, p. 40) 후견의 법적 맥락에서 Drogin과 Barrett(2013)은 법정 심리학자의 관점에서 볼 때 "이해관계가 형사법 문제에서 직면한 것보다 더 심할 수 없다."(p. 301)고 주장한다. 그들은 후견 평가를 하는 심리학자들이 APA(1998)의 '치매 및 연령 관련 인지력 감퇴 평가 지침(Guidelines for the Evaluation of Dementia and Age-Related Cognitive Decline)'이 도움이 될 수 있다고 제안했다. 또한 후견 평가를 수행하는 법정 심리학자는 미래에 많은 업데이트가 있을 것이기 때문에 이를 수행하기 위한 최신 전략을 긴밀하게 파악하고 있어야 한다(Melton et al., 2007).

요약하면, 법정 심리학자는 후견에 관한 적절한 평가가 필요한 개인에 대해 복지와 삶의 질에 중요한 기여를 할 수 있다. 능력 평가에 있어 또 다른 어려운 과제는 능력 평가 또는 치료에 동의할 수 있는 능력이다.

치료에 동의할 수 있는 능력

유언 능력 평가보다는 개인이 의학적·심리적 치료와 관련된 의사결정을 할 수 있는 능력이 있는지에 대한 평가가 더 자주 이루어진다. 이러한 결정에는 동의서가 필요하며, 동의서의 요소는 공개성(disclosure), 역량(competency), 자발성(voluntariness)이다. 즉, 개인은 치료가 초래할 가능성이 있는 모든 결과에 대해 충분히 알고 있어야 하고, 자신이 동의한 내용을 인식할 수 있어야 하며, 강제가 아닌 자신의 의지로 동의해야 한다는 것이다. 이 세 가지 요소는 법원에서 각각에 대해 면밀히 검토된다. 흥미롭게도, 연구들에서는 공개성과 관련해서 가장 많은 문제 제기가 있다고 한다. "의료, 정신건강 환경에서 사전 동의 정신(spirit of informed consent)은 거의 지켜지지 않는다고 보면 되는데, 동의의 공개성도 마찬가지이다." (Melton et al., 1997, p. 352) Melton 등은 대부분의 동의서가 내용이 길고 이해하기 어려우며, 대안적 치료에 대한 정보가 부족하고, 부정적 정보(예: 부작용) 또한 자주 누락된다고 하였다. 동의의 공개성이 잘 지켜지지 않는 이유는 다양하다. 예를 들면, 의료인이 환자를 과도하게 걱정하지 않도록 하기 위해서 혹은 의료인이 치료에 대한 환자의 반응을 예측하지 못한 것이 자신들의 전문성을 떨어뜨릴 것이라는 두려움 때문에 지켜지지 않을 수 있다. 동의서의 공개성 정도는 차후 동의서 평가에 중요한 역할을 한다. 만약 개인이 치료에 동의했음에도 불구하고 동의서를 통해 대안 치료 혹은 치료와 관련된 위험 요소에 대해 충분한 정보를 확인하지 못했을 경우, 그 동의서는 더 이상 사전 동의서로 간주되지 않는다.

치료에 동의할 수 있는 능력의 측정

맥아더 재단의 연구자들은 정신장애를 가진 개인이 치료에 동의할 수 있는 능력을 가지고 있는지 여부에 대해 많은 연구를 해 왔다(예: Appelbaum & Grisso, 1995). 그들의 연구는 결국, 상당한 학문적 논평의 주제가 되었다(Winick, 1996). 맥아더 능력 연구(MacArthur Competence Study; Appelbaum & Grisso, 1995)는 심각한 정신장애로 입원한 환자와 의학적인 질환으로 입원한 환자 그리고 환자가 아닌 지역사회 봉사자의 동의 능력을 평가하고 비교하였다. 정신장애로 입원한 환자는 의사결정에 있어 약간의 어려움을 보였지만, 보통 수준의 의사결정 능력을 가진 것으로 나타났다. 심각한 조현병이 있는 환자를 제외하고, 대부분의 조현병 환자도 충분한 의사결정 능력을 가지고 있었다. 우울증으로 입원한 환자는 중간 정도의 의사결정 능력을 보여 주었다. 연구자들은 동의 능력 평가를 위해 5장에서 소개된 맥아더 능력평가도구-범죄판결(MacCAT-CA)과 구별되는 **맥아더 능력평가도구-치료**(MacArthur Competence Assessment Tool-Treatment: MacCAT-T)를 개발하였다. 이는 인터뷰 형식으로 구성되어 있으며, 임상가는 다음 4개 영역의 의사결정 능력을 검사할 수 있다. ① 자신의 선택을 설명할 수 있는 능력, ② 관련 정보를 이해할 수 있는 능력, ③ 자신이 처한 상황을 인식할 수 있는 능력, ④ 제공된 정보를 바탕으로 판단할 수 있는 능력.

MacCAT-T는 좋은 평가를 받고 있지만(예: Lichtenberg, Qualls, & Smyer, 2015; Mossman & Farrell, 2015; Winick, 1996), 몇몇 연구자와 학자는 주의해야 할 점도 있다고 조언한다. Kirk와 Bersoff(1996)는 평가 도구가 장애보다 능력에 더 초점을 맞춘 결과로 의사결정 능력 기준이 너무 낮게 설정되었다고 언급했다. 다시 말해, 이는 의사결정 능력에 문제가 있는 사람이 정상적인 의사결정 능력이 있는 것으로 간주될 수 있다는 것이다. Kapp과 Mossman(1996)은 치료와 관련된 의사결정 능력 검사를 설계할 때 내재된 문제가 있다고 한다. 맥아더 재단은 자신들이 개발한 평가 도구가 아직 실험 단계에 있다고 밝혔는데, Kapp과 Mossman은 해당 평가 도구를 성급히 채택하여 사용하는 임상가가 있을 수 있다는 점에 대해 우려를 나타냈다. 또한 그들은 현재 사용 가능한 다양한 능력 평가 도구를 소개하였고, 그중 몇몇 평가 도구는 타당도 또한 입증됐다. 타당도가 입증된 평가 도구의 예로 간이 정신상태검사(Mini-Mental State Examination), 노인 우울척도(Geriatric Depression Scale), 알츠하이머병 평가척도(Alzheimer's Disease Assessment Scale)가 있다. Kapp과 Mossman은 동의 능력을 평가하는 검사 도구를 개발하는 것보다 절차를 개발하는 것이 더 유용할 것이라고 주장한다. "필요한 것은 신뢰할 수 있는 수집, 검사, 그리고 연구와 경험에서 쓸 수 있는 지침을 제시할 수 있는 절차이다."(p. 95) 이 같은 비판은 법정 심리학자가 능력과 관련된 평가를 하고 해당 검사 결과를 바탕으로 판사와 소통할 때 필요하다는 점을 강조한다.

Lichtenberg, Qualls, Smyer(2015)는 노인의 수용 능력을 평가하도록 설계된 도구 중 어느 것도 노인이 가진 가치를 조사하지 않는다고 말한다. "노인의 오래되고 소중한 가치에 대한 대화를 이해하는 것이 중요한데, 건강 결정을 안내하고, 노인과 직접 대화하며, 정보 제공자와의 의사소통을 위해 만들어진 법률 문서를 검토하는 과정을 통해 노인이 내리는 건강 결정에 영향을 줄 수 있다."(p. 561) 재정 결정에 영향을 줄 수 있는 소중한 가치에 대해서도 마찬가지이다.

노인을 평가할 때 한 가지 중요한 요소는 노인에게도 자율성이 필요하다는 것을 인정하는 것이다. 노인을 보호하는 것이 종종 의사결정자에게 가장 중요하지만, 이것이 유일한 고려 사항이 되어서는 안 된다.

무능력: 특수한 상태

혼수상태에 빠져 있는 사람, 영구적으로 식물인간이 된 사람, 인지장애가 있는 사람의 의사결정 능력은 현재 논란이 많은 영역이다. 그들은 명백하게 의사결정 능력이 없지만, 의도가 확인될 경우에는 (항상 그런 것은 아니지만) 대부분 그들이 원하는 대로 이행된다.

다수의 비극적인 사건이 이 문제로 대중의 주목을 끌었다. Karen Ann Quinlan과 Nancy Cruzan의 비극적인 사건을 예로 들 수 있다. Quinlan은 교통사고로 혼수상태에 빠져 생명 유지 장치에 의존하고 있었는데, 의사는 그녀가 다시 의식을 찾기 힘들다고 진단했다. 뉴저지(New Jersey) 대법원은 Karen Ann Quinlan의 부모에게 그녀가 원하는 것으로 보인다면 생명 유지 장치를 떼어 낼 수 있도록 허락했다(In re Quinlan, 1976). 이제 부모는 법정에서 이러한 조치가 그녀가 원했던 것임을 설득해야 했다. 그들은 1976년에 그녀의 인공호흡기를 제거할 수 있었고, 그녀는 1985년에 폐렴으로 사망했다.

Nancy Cruzan은 1983년 자동차 사고로 심각한 부상을 입은 젊은 여성으로 영구적인 식물인간 상태에 빠졌다. 이 사건에서 미국 대법원은 개인이 원한다는 명백한 증거가 있다면 영구적으로 식물인간이 된 사람에게서 생명 유지 장치를 제거할 수 있다고 판결했다(Cruzan v. Director, Missouri Department of Health, 1990). 그녀의 부모는 이 증거를 제공하여 생명 유지를 중단하였고, 그녀는 곧 사망했다.

Terri Schiavo의 사례는 전국적인 관심을 끌었다. 그녀는 플로리다(Florida)의 젊은 여성으로, 1990년 뇌 손상으로 인한 심정지를 겪었다. 2개월 후, 그녀는 영구적인 식물인간 상태가 될 거라는 진단을 받았다. 그녀의 남편과 의료진은 그녀를 살리기 위해서 온갖 의학적 방법을 동원하였으나 성과가 없었다. 8년 후, 남편은 그녀의 생명을 유지해 주던 급식 튜브를 제거하기 위해 법원에 탄원했지만, 부모와 플로리다 주정부는 요청을 거부했다. Schiavo의 존엄사 유언(living will)이 없었기 때문에 사람들이 그녀의 의도가 무엇이라고 믿는지가 중요한 관건이었는데, 그에 대한 남편과 부모의 견해가 달랐다. 이 복잡한 사건은 수많은 법정 소송 절차를 거쳤으며, 미국 대법원에서조차 심리를 네 번이나 거부하는 상황까지 갔다. 그들은 그녀의 급식 튜브를 교대로 뺐다 끼웠다. Schiavo의 남편은 결국 탄원에 성공했다. 그리하여 그녀의 튜브는 제거되었고, Schiavo는 비극적으로 쓰러진 시점으로부터 15년 만인 2005년 3월에 사망했다.

다른 주에서 발생한 유사한 사건들을 포함해서 이 사건들 이후 만약을 대비하여 **사전의사결정서**(advanced directives)를 준비하는 사람이 많아졌다. 작성자가 건강한 정신 상태가 아닌 상황에서 사전의사결정서를 작성했다는 이유로 종종 가족이나 다른 관계자가 이의를 제기하는 경우도 있다. 이런 상황에서 법정 심리학자는 유언 능력을 평가할 때와 유사한 검사를 한다.

의사결정 능력이 있는 개인은 생명 연장 치료를 거부할 수 있는 헌법상 권리가 있다. 그렇다고 개인이 자신의 죽음을 적극적으로 재촉할 수 있는 권리를 지지하지는 않는다. 현재까지 이 문제에 대한 자치 규정을 만드는 것은 주정부에 맡겨져 있다. 컬럼비아(Columbia) 특별구와 함께 5개 주[오리건(Oregon), 버몬트(Vermont), 워싱턴(Washington), 캘리포니아(California) 및 콜로라도(Colorado)]의 경우, 말기이더라도 능력 있는 개인은 사망을 돕는 약물을 요청할 수 있고, 의료진은 약물을 처방 수 있다. 몬태나(Montana)에서는 치명적인 약물 처방을 하였더라도 의사를 기소할 수 없다고 판결했다. 다른 많은 주에서도 비슷한 법안이 도입되었다(자세한 내용은 〈Focus 6-4〉 참조). 사망에 대한 의료 지원은 캐나다에서는 허용되지만, 캐나다 시민에 대해서는 제한되며, 이는 다른 서방 국가(예: 스위스, 벨기에)에서도 마찬가지이다. 네덜란드는 말기 질병의 증거를 요구하지 않는 매우 자유로운 정책을 가지고 있다.

사망 원조 법과 호의적인 법원 판결에 힘입어 새로운 형태의 심리평가가 필요해졌다. 즉, 사망을 앞당기는 결정을 내릴 수 있는 능력의 평가이다. **사망 촉진 평가**(hastened death evaluation)는 21세기 초 무렵 법정 심리학 문헌에서 논의되기 시작했으며, 평가 수행에 대한 지침이 제안되었다(예: Allen & Shuster, 2002; Werth, Benjamin, & Farrenkopf, 2000). 그러나 지금까지 법정 심리학자들이 이 평가를 보편적으로 실시하고 있다는 증거는 거의 없다. 아마도 사망을 도울 의료 전문가들이 (다른 전문가들과는 달리) 요청하는 환자의 능력에 대해 의문을 가지지 않기 때문일 수 있다. 반대자들은 이런 법이 생명의 가치를 훼손한다고 말하지만, 지지자들은 가까운 미래에 직면해야 하는 피할 수 없는 죽음을 연장하고 싶지 않은 개인의 존엄성과 사생활을 인정하는 것이라고 말한다.

FOCUS 6-4 연민과 선택: 죽음을 도울 권리가 있는가

말기 뇌암을 앓고 있는 29세 여성 Brittany Maynard는 죽음을 앞두고 의료 지원을 받기 위해 남편과 함께 오리건으로 이사했다. 그녀는 법적으로 처방된 치명적인 약물을 섭취한 후 2014년 11월에 사망했다. Brittany Maynard는 이 방법을 선택한 소수의 개인 중 하나였지만 그것은 그녀의 권리였다.

오리건은 1997년에 '존엄사'법을 통과시킨 최초의 주이다. 그 이후로 캘리포니아, 콜로라도, 버몬트, 워싱턴, 몬태나 및 워싱턴 D.C.에서 죽음에 대한 지원이 허용되었다. 주 헌법에 따른 권리로 인정받으려는 노력은 실패했지만 주 대법원은 판단력이 있는 말기 환자의 요청에 따라 치명적인 약물을 처방한 의사가 기소될 수 없다고 판결했다. 메릴랜드, 하와이 및 뉴욕을 포함한 다른 많은 주에서도 유사한 법률을 통과시키기 위해 법안이 도입되었다. 집단적으로 미국에서 죽음에 대한 원조를 받기 위해서는 6개월 전후의 예후에 있어 정신적으로 판단력이 있고 말기 질환을 앓고 있을 것을 요구한다. 그리고 통상 2~3명의 의사가 요청에 동의해야 한다(1명의 처방자와 1명 또는 2명의 상담의). 그 사람이 정신적으로 판단력이 있고 안정적으로 결정을 내릴 수 없다는 의심이 있는 경우, 정신건강 전문가와 상의해야 한다. 법은 또한 의사가 선택을 거부하는 것도 허용한다. 즉, 그들은 약물 처방을 거부할 수 있다. 마지막으로, 법률에 따르면 개인은 스스로 약물을 섭취해야 한다.

보통 환자는 질병의 진행 상황을 충분히 알고 있어야 하며 경솔한 결정을 예방하고 수명 종료 치료의 질을 향상시키기 위한 안전요원들이 있어야 한다. 보통 환자가 한 번 이상의 요청을 해야만 한다.

이 문제에 대한 거의 모든 연구를 종합하면, 존엄사가 허용되는 주에서조차 매우 적은 수의 사람(말기 진단을 받은 사람의 1%)이 생을 마감하기 위해 약을 처방받았으며, 그중 1/3만이 실제로 처방받은 약을 사용하였다. 또한 많은 의사가 목숨을 끊는 약을 처방하는 것에 반대하기 때문에 환자는 기꺼이 협조할 의사를 찾아야 한다. 최근에 가장 일반적으로 처방되는 약[Seconal]을 생산한 제약회사는 가격을 엄청나게 높였다. 지원이 합법적인 주에서 목숨을 끊는 데 드는 비용이 이제 3~4천 달러에 이를 것으로 추정된다.

본문에서 논의된 바와 같이, 목숨을 끊는 것에 대한 평가는 문헌에서 어느 정도 주목을 받았지만, 이것은 법정 심리학자에게는 활발한 영역이 아니다. 그럼에도 불구하고 죽음에 대한 의학적 원조가 더 많은 지지자를 얻고 있으므로, 정신건강 전문가 집단은 더 많이 참여할 것으로 기대된다.

토론 질문

1. 사망 원조 법안에 반대하는 사람들이 제시할 만한 주장을 검토하라.
2. 미국의학협회(AMA)는 사망 법안에서 의료 지원에 대한 반대를 표명했지만 이 문제를 계속 검토하기 위한 연구를 의뢰했다. 2017년 발표된 보고서에 대해서 결과를 요약하고 논의하라.
3. 어떤 사람이 사망 원조 법안을 지지한다고 가정할 경우, 치료가 불가능한 질병을 앓고 있지만 6개월 이상 생존할 수 있는 사람에게까지 사망 원조가 확대되어야 할까? 예를 들어, 루게릭병(ALS) 또는 조기 알츠하이머병 진단을 받은 사람은 자신의 죽음을 재촉하는 약을 얻을 수 있도록 해야 할까?
4. 목숨을 끊는 결정을 내릴 수 있는 능력에 대한 평가가 어떻게 법원 소송으로 이어질 수 있는지 설명하라.

강제 입원 처분

치료에 대해 동의할 수 있는 능력과 심리적·정신병리적 치료를 위해 개인의 의지에 반해 병원에 입원시키는 것에 대한 이슈는 서로 밀접하게 관련되어 있다. 모든 주는 응급 상황 및 확장된 상황에서 강제 입원을 허용한다. 일반적인 법령에서는 3~10일의 응급 입원과 3~6개월 정도로 확장된 기간 동안의 입원을 통해 재입원 절차를 밟는 것을 허용한다. 사람들이 재입원되면 지정된 시간 간격에 따라 상태를 검토해야 한다. 그러나 최근에는 비자발적 입원에 이용할 수 있는 병상 수가 줄어들었고 많은 정신건강 옹호자는 정신병원 시설의 병상 대기자 명단이나 공공 병원의 응급실에서 심각한 정신질환을 앓고 있는 환자와 같은 문제를 안타까워하고 있다(Lavita Nadkami 박사가 이 위기를 소개하는 10장의 〈My Perspective 10-1〉 참조).

비록 기준은 국가에 따라 다소 차이가 있지만, 강제 입원을 시키고자 하는 당사자는 개인이 정신질환이 있고 치료가 필요하다는 사실을 적어도 분명하고 설득력 있는 증거로 증명해야 한다(Addington v. Texas, 1979). 그러나 흥미롭게도 지적장애의 경우, 상대적으로 덜 엄격한 기준에 의해 관리시설에 입원시킬 수 있다(Heller v. Doe, 1993). 정신장애 또는 지적장애를 가진 개인은 자신 또는 다른 사람에게 위험으로 간주되거나 장애가 심각해서 기본 욕구가 충족되지 않을 수 있다. 법원 심리 시 개인은 법적 대리인을 내세울 권리가 있지만, 변호사가 종종 의뢰인의 법적 권리를 주장하는 대신 마치 아버지나 어머니처럼 행동한다는 증거가 있다(Perlin & Dorfman, 1996). 이는 비행 처리 절차에서 청소년을 대변하는 변호사의 상황과 다르지 않다. 즉, 변호사들은 청소년 피고인의 유죄를 입증하려는 검찰 측을 강하게 몰아붙이기보다는 치료를 받는 것이 청소년들의 이익에 부합한다고 여기는 경향이 있다.

강제적인 처분에서 가장 논란이 되는 영역은 성범죄자의 입원 처분이다. 이보다는 덜하지만, 정신장애를 이유로 무죄 판결을 받은 사람에 대한 입원 처분 역시 여전히 논란이 되고 있다. 후자는 논란의 여지가 적다. 다수의 관할 지역에서 입원 기간이 줄어들고 조건부 석방이 증가하기 때문이다. 성범죄자는 조건부 석방 대상으로 간주될 가능성이 작다. 이 주제들은 모두 앞 장에서 다루었기 때문에 이 장에서 다시 다루지 않을 것이다.

대법원은 정신적으로 심각한 문제가 있는 사람은 보호시설에 수용되는 것을 '자발적으로' 결정하지 못한다고 판결을 내렸다(Zinermon v. Burch, 1990). Burch는 정신장애자로 제정신이 아닌 상태에서 고속도로를 배회하곤 했다. 그는 정신병원에 수용되는 것에 자발적으로 동의했지만, 얼마 후 이 결정을 다시 철회하고자 하였다. 대법원은 그가 적절한 의사결정을 할 수 없는 극심한 정신장애 상태에서 동의를 한 것이기 때문에 애초에 자발적으로 결정했던 동의는 유효하지 않다고 판결했다. 따라서 의사결정을 내릴 능력이 없는 개인의 경우, 반드시 앞서 설명한 강제적 절차를 통해 정신 관련 기관에 수용해야 한다(Slovenko, 1999). 그러나 이러한 결정에도 불구하고, 정신과 시설은 자발적인 수용을 면밀히 조사하여 수용을 원하는 사람이 그 결정을 내릴 능력이 있는지 판단한다(Melton et al., 2007).

외래 입원 처분

입원 처분은 외래 진료를 통해서도 이루어질 수도 있다. 사실 합리적인 방식으로 외래 진료가 제공될 수 있다면, 법은 이렇게 제한 사항이 적은 대안의 선택을 명하기도 한다. 법원은 지역사회 치료명령(community treatment order: CTO)이라고도 하는 **외래 치료 명령** (outpatient treatment order: OT)이나 때로는 비입원 명령(order of nonhospitalizaton: ONH)

을 내릴 권한이 있다. 이 명령은 일반적으로 개인이 자신의 집이나 대안 그룹 또는 위탁 가정에 거주하고 약물 요법을 준수하도록 요구한다. 개인에게 초래된 효과를 **보조 외래 치료**(assisted outpatient treatment: AOT)라고 한다. 환자가 치료 명령을 준수하지 않으면 정신과 입원 대상이 된다.

외래 입원 처분에 대한 이슈는 중요한 연구 주제가 되어 왔고, 시설 구금 처분보다 오히려 더 많은 관심을 받고 있다(Lareau, 2013; Winick & Kress, 2003b 참조). 1999년 언론인 Kendra Webdale의 사망과 같은 비극적 사건으로 인해 이러한 입원을 가능하게 하는 법률이 제정되면서 뉴욕에는「켄드라 법(Kendra's Law)」이 생겼다. 조현병 진단을 받고 폭력 이력이 있었지만 약을 복용하지 않던 한 남성이 Webdale을 지하철 통로로 떠민 사건이 있다.「켄드라 법」에 따라 판사는 개인이 최대 6개월 동안 지역사회에서 정신과 치료를 받도록 명령할 수 있다. 2013년에는 이 기간이 1년으로 연장되었다. 지정된 기간이 종료되었을 때 그들은 재평가될 수도 있고 재평가되지 않을 수도 있다. 최근까지 대부분의 주는 정신장애가 있고 자신이나 타인에게 해를 입힐 수 있는 개인에 대해 외래치료를 요구해 왔고, 몇몇 주에서는 위험 요소가 없더라도 외래치료를 받을 수 있는 법령을 허용하고 있다. **예방적 외래치료**(preventive outpatient treatment) 방식은 주로 개인의 상태가 더 나빠지는 것을 방지하기 위해 제공된다(Lareau, 2013). "보다 광범위해진 새 기준에는 여전히 정신장애가 포함되지만, 위험성을 기준으로 삼는 대신에 개인의 과거 병력을 근거로 예측 가능한 위험 요소의 악화를 방지할 수 있는 치료 필요성에 대한 내용이 포함되어 있다."(Hiday, 2003, p. 11) Hiday는 개인이 자발적으로 치료를 받지 못하거나 치료지침을 준수할 수 없다고 판단되어야 한다고 덧붙인다. 또한 위험성에 기반을 둔 외래치료 방침처럼, 개인이 지역사회가 제공하는 관리 체제하에서 안전하게 지낼 수 있다는 것을 증명해야 한다. 감독 또는 감시는 외래 환자 입원의 중요한 구성 요소이다. 일부 연구는 그 효과에 의문을 제기하지만(Pfeffer, 2008), 다른 연구에서는 적절한 모니터링이 이루어졌을 때의 긍정적인 결과를 강조한다(Swanson et al., 2013).

Schopp(2003)과 Lareau(2013)는 외래 입원 처분에 대한 추가 설명을 제공하여 입원 처분이 발생하는 상황을 명확히 한다. 요컨대, 외래 환자 입원에는 세 가지 형태가 있다. 첫째, 정신장애와 위험 기준을 요구하는 입원 처분에 따라 수용된 사람들은 지역사회에 조건부 석방(conditional release)이 된다. 그들이 석방 조건을 충족시키지 못하면 기관에 재수용될 수 있다. 둘째, 입원 처분 법령에 의해 보호시설 수감 자격이 있는 사람은 보호시설에 수용하기보다 지역사회에서 대체 의무적 치료 상태가 부여된다. 이것은 가장 제한적인 대안(least restrictive alternative)으로 간주된다. 셋째, 위험성 기준에 부합하지 않지만 추가 악화를 방지하기 위해 치료가 필요하다고 여겨지는 사람들은 예방적 처분(preventive commitment)이 내려진다. 약 10개 주에서 이용할 수 있는 마지막 옵션은 처분 기준이 관습적인 입원 처분 기준보다 덜 엄격하기 때문에 시민의 자유에 대해 우려하는 사람들 사이에서 가장 논란이 많다(Lareau, 2013).

연구자들은 비자발적 외래 환자 치료의 효과를 계속 연구하고 있으며, 이는 앞서 설명한 세 가지 형태로 점점 더 많이 사용되고 있다. 자발적 외래치료와 비자발적 외래치료의 구분에서 가장 중요한 것은 개인이 '강제적으로' 치료를 받아야 하는지에 있다. 다시 말해서, 개인이 강제적으로 치료를 받을 때 과연 '효과'가 있는지에 관한 것이다.

이 분야의 문헌을 조사한 끝에, Hiday(2003)는 초기 연구들은 예외 없이 여러 요소에 관해 긍정적인 결과를 보였다고 보고한다. 한 예로, 외래치료를 받는 환자는 약물치료 및 다른 치료에 더 순응하였고, 외래치료를 받지 않고 퇴원한 비교집단에 비해 사회 적응도 더 빨랐다. Hiday는 또한 노스캐롤라이나(North Carolina)(Swartz, Swanson, & Hiday, 2001)와 뉴욕(New York)시(Steadman, Gounis, & Dennis, 2001)에서 수행된 2세대 연구를 보고했는데, 외래 입원 처분 집단과 비외래 입원 처분 집단에 대한 무작위 할당을 포함하여 보다 실험적 방식에 기초하고 있다. 두 집단 모두 지역사회에서 정신건강 및 사회복지 서비스를 받았다. 노스캐롤라이나의 연구에서는 외래 치료 명령을 받은 환자는 이 명령을 받지 않은 환자보다 훨씬 더 긍정적인 결과를 얻었다. 뉴욕의 연구는 유의미한 결과를 확인하지 못했지만, Hiday가 기술적 문제를 야기했다는 사실을 발견하였다. 그녀의 지적에 따르면, 이 연구의 결론에도 불구하고 뉴욕주의 정신보건국은 외래 치료 처분을 지지하고, 유해 행위 및 노숙의 감소 및 약물 순응도 증가를 포함하여 이러한 명령을 받는 환자에 대해 긍정적인 결과를 보고했다.

앞서 언급했듯이 가장 최근의 연구에 따르면 외래 치료 처분이 비용 대비 효과적이며 긍정적인 결과를 가져오더라도 모니터링은 필수 요소이다(Swanson et al., 2013; Swartz, Swanson, Steadman, Robbins, & Monahan, 2009). 그러나 모니터링은 쉽지 않을 수 있는데, 특히 환자가 다른 공동체나 다른 주로 이주할 때, 그리고 정신건강 공급자와의 접촉이 없을 때 그러하다. 그럼에도 불구하고, 모니터링을 하게 되면, 외래 치료는 비용적으로 효과적일 뿐만 아니라 공동체 내에서 치료받는 경우에 회복이 빠르고, 입원 시 심해지는 의존성에 의한 악화가 덜하고, 병원에서 치료를 받는 환자에 비해 고용 여건이 더 낫다.

그러나 모두가 외래 처분을 지지하는 것은 아니며, 특히 처분이 위험성에 기준을 두지 않을 경우 더 그렇다. 시민자유주의자는 이러한 처분이 효과적인 치료를 보장해 주지 않고 많은 법률과 관련하여 문제점만 야기한다고 주장한다(Pfeffer, 2008; Winick, 2003). 입원 처분 조건에 해당되지 않는 개인도 강제적으로 약을 먹어야 하고, 담당 의사와 상관없이 치료 요법에 순응해야 한다. 최근의 연구(Pridham et al., 2016)는 이 문제에 대한 23개의 논문과 14개의 경험적 연구를 분석하여 강압이 널리 인식되고 있음을 발견했다. 그들은 이것이 이미 압도적인 주정부의 권력에 날개를 달아 주는 격이라고 말한다. 뉴욕의 연구 결과 역시 이러한 주장을 지지한다. 외래치료 집단과 외래치료를 받지 않은 집단 간의 차이가 없다면(Steadman et al., 2001) 구태여 강제적으로 치료를 해야 하는 이유가 있을까? 입원 처분과 관련된 논의는 오랫동안 지속되어 왔으며 당분간 해결되기 힘들 것으로 예상된다.

또한 외래 처분을 지지하는 연구의 대부분이 치료가 6개월 이상 지속되고 집중적인 관리가 동반될 경우에 효과가 있는 것으로 평가한다(Winick & Kress, 2003a). 일부는 치료가 몇 개월이 아니라 몇 년에 걸쳐 이루어져야한다고 주장한다(Durham & La Fond, 1990). 그러므로 처분을 받은 환자를 치료하는 법정 심리학자는 치료가 지속되고 집중적으로 이루어져야 한다는 점을 의식하고 있어야 한다. 그리고 앞서 제안한 바와 같이 환자가 이주하려고 한다면 목적지에 있는 정신건강 서비스를 의뢰해야 한다.

법정 심리학자의 역할

처분(입원 또는 외래 치료와 그 변형)의 강제성에 상관없이 개인이 치료 명령의 기준에 적합한지 결정하는 데 있어 법정 심리학자의 평가가 필요하다. 만약 위험성에 대한 평가 요구가 있으면, 심리학자는 앞의 두 개 장에서 논의한 위험성 평가를 수행한다. Melton 등(1997, 2007)은 이러한 영역에서 임상가가 극도의 주의를 기울이고 부적절한 법적 권한과 자유 박탈 가능성에 대한 고려를 잃지 말아야 한다고 조언한다. 정신장애 유무와 개인에게 필요한 치료를 결정하는 것은 임상가에게는 비교적 쉬운 일이다. 그러나 위험성에 대한 평가는 만만치 않은 일이다. 앞의 장에서 논의한 위험성 평가에 대한 주의 사항을 기억할 필요가 있다.

개인이 자기 자신에 대해 잠재적 위험성을 느끼는 경우, 반드시 자살 위험성 평가가 필요하다. 임상가는 자살에 대한 인구통계학적 연구 결과(예: 남자가 자살 위험이 더 높고, 결혼한 사람이 더 낮다)와 개인의 진료 기록과 관련된 많은 지식이 있어야 한다. 또한 면담을 통해서 자살 사고 혹은 상상을 발견할 수 있다. 심리학자는 자살 관련 사고의 빈도와 강도에 관심을 기울여야 한다. 그러나 Melton 등(1997, 2007)에 따르면, 정신건강 임상가의 자살 예측 실적은 상당히 저조하다. 그들은 임상가가 개인의 위험성을 평가할 때 단순히 개인에 대한 절대적 위험 수준을 평가하기보다는 다른 사람과의 비교를 통해 상대적 위험 수준을 평가해야 한다고 제안했다.

우리는 이제 중요성이 커지고 있는 성희롱(sexual and gender harassment)에 대해 살펴볼 것이다. 최근 들어 성희롱은 특히 민사법원에서 주목 받고 있다.

성희롱과 성차 기반 괴롭힘

성희롱(sexual harassment)은 원치 않는 성적 접근 및 성적 취향 요구, 기타 성과 관련된 언어적 · 신체적 행위에 광범위하게 적용된다(Hellkamp & Lewis, 1995; Till, 1980). 성희롱은 1971년 「시민권법(Civil Rights Act)」 제7항의 차별금지 조항을 위반하는 것으로, 관련 민사 소송은 직장 혹은 학교 장면에서 가장 빈번하게 발생한다. 강조가 필요한 핵심은 성희롱이 차별의 한 형태이며, 연방법은 직장, 고용, 교육 및 공공 편의시설에서 차별을 금지하고 있다는 것이다. 그러나 직장내 고용차별금지 조항이 성소수자(LGBT)에게 적용되는지 여부에 대한 법원의 입장은 다르다. 2017년 4월, 제7 항소법원은 성소수자 개인이 실제로 직장에서의 차별로부터 보호받는다는 판결을 8 대 3으로 가결했다. 그러나 그 판결 직후인 2017년 7월 Jeff 법무부 장관 임기 중 미국 법무부는 성소수자들이 법에 의해 보호받지 못한다고 주장하며 뉴욕 차별 사건 소송을 제기했다. 이 사건이 어떻게 결정될지는 여전히 숙제로 남아 있으며, 미국 대법원은 이 문제에 대해 아직까지 판결을 내리지 않고 있다.

최근 몇 년간 더 많은 법원과 논평가가 성희롱에 대한 광범위한 정의에 **성차 기반 괴롭힘**(gender harassment)이 포함되어야 한다고 지적했다(Kabat-Farr & Cortina, 2014; Leskinen, Cortina, & Kabat, 2011). 이것은 소위 성역할에 반하는 것으로 보이는 개인(예: 이전에 남성 근로자만 근무하던 환경에서 일하는 여성, 주장적이고 유능하며 끈기 있는 여성, 또는 약하거나 감정적으로 인식되는 남성)을 대상으로 한 행동이다. 성차 기반 괴롭힘으로 인정되기 위해 원치 않는 치근덕거림이나 성상납이 필요하지는 않지만 개인을 대상으로 한 직접적인 비하적 태도가 수반되어야 한다. 성차 기반 괴롭힘의 예에는 여성 또는 남성 강간 농담, 여성이 경영에 참여하지 않는다거나 남성이 자녀 양육에서 아무런 역할을 하지 않는다는 견해, 그리고 상스러운 성 관련 용어(예: 동료를 '왈가닥' 또는 '남창'이라고 폄하하기)의 발언 등이 있다(Kabat-Farr & Cortina, 2014, p. 60). 따라서 여성의 업무 능력에 대해 조롱하는 발언이나 "남편한테 저녁밥이나 차려 주시죠?"와 같은 발언을 하는 경우가 성차 기반 괴롭힘을 잘 보여준다. 본질적으로 성차 기반 괴롭힘은 적대적인 환경적 괴롭힘이라는 법적 개념과 유사하다(Kabat-Farr & Cortina, 2014).

많은 사람이 수녀, 성범죄자 같은 '지저분한 농담' 또는 동료의 옷차림에 대한 평가가 일상적으로 발생하는 환경에서 일한다. 그러한 행동은 용납할 수 없고 부적절하지만 일부는 분명히 신경 쓰지 않는다. 그러나 다수는 신경이 쓰여도 무시하려고 하거나, 가해자에게 주의를 주는 선에서 마무리 짓는다. 직장 내에서 가해자와 비슷한 위치에 있으면 더 쉽게 대응할 수 있지만, 가해자가 감독자 또는 상사인 경우에는 문제가 커진다. 성희롱 사건 소송 및 법원 판결이 나오면서 최근에 수많은 사건이 대중의 주목을 받았는데, 연예인, 사업가, 케이블 TV 경영진 및 유명인, 스튜디오 경영진 및 공무원을 포함한 공적 인물들이 그 대상이었다.

괴롭힘 행위가 극단에 도달하거나 개인이 괴롭힘에 동조하지 않아서 승진이 거부되는 경우 법률 시스템이 개입될 가능성이 가장 크지만, 앞서 언급한 바와 같이 제기된 문제는 많은 경우 법정 밖에서 해결되며, 법원은 일반적으로 피고인의 유죄를 인정하지 않는다. 성희롱 혐의로 기소된 공적인 인물이 종종 맞고소(예: 명예 훼손)를 하겠다고 주장하지만 이런 일은 거의 발생하지 않는다. 그 대신, 원고가 경제적 보상을 받고 비공개 계약에 서명함으로써 더 이상 사건에 대해 다투지 않으며 추가 사실을 밝히지 않기로 명시함으로써 사건이 일단락된다.

직장 내 불법 행위로 한정해 보자면, 그러한 행동은 짜증스럽거나 웬만큼 공격적인 것보다 더 심각해야 하고 피해자의 고용 상태를 바꿀 만한 것이어야 한다. 또한 객관적으로 볼 때도 공격적이어야 하며 원고에게만 해당하는 주관적인 공격이 아니어야 한다(Harris v. Forklift System, Inc. 1993). 실제 법원 사건에서 이러한 행위의 예는 여성 사물함에 발기한 남자 성기 사진을 붙여 두는 행위, 감독관이 자신의 주머니에 손을 넣어 거스름돈을 꺼내도록 점원에게 지시하는 행위, 중단 요청에도 불구하고 저속한 농담의 지속적인 반복, 여성의 가슴이나 생식기 등 신체 부위에 대한 지속적이고 노골적인 응시, 사무실 컴퓨터로 폭력적인 외설물과 여성 비하 이미지를 보내는 행위 등이다. 성차 기반 괴롭힘을 추가한다면, 앞에서 제시한 예시의 일부와 함께 여학생 농구팀을 지도하는 남성 교사에 대한 계속되는 비난 발언, 여성에게 남성이 할 수 있는 일을 여성은 할 수 없다고 말하는 것, 중요한 그룹 업무 배정에서 독신여성이나 독신남성을 배제하는 것 등이 포함된다.

성희롱은 여성과 남성 모두가 피해자가 될 수 있는 '성 중립적인 것'임을 강조하는 것이 중요하다(Ortcale v. Sundowner Offshore Services, 1998). Stockdale, Sliter, Ashbun-Nardo(2015)에 따르면 이 분야 연구들을 검토했을 때 남성보다 여성이 성희롱을 경험할 가능성이 더 크지만 "남성의 피해 경험 비율도 무시할 수 있는 수준이 아니다"(p. 522). 대부분의 원고가 정신적 불화와 고통(예: 분노, 불안, 자존심의 상실, 두려움, 수치심)에 대한 보상을 요구하는데, 원고가 승소하기 위해 심각한 정신적 피해가 증명될 필요는 없다(Harris v.

Forklift Systems, Inc., 1993). 다시 말해, 대법원에서 심리적 악화 없이도 몇몇 성희롱 피해자가 보고하는 부정적 영향이 발생할 수 있음을 인지했다는 것이다.

심리학자는 성희롱과 관련하여 다양한 업무를 수행한다. 그들은 이 주제에 관한 교육 프로그램을 설정할 때 고용주와 상담할 수 있다. 성희롱을 예방할 수 있도록 고용주에게 안내하고 직원을 교육할 수 있다(Stockdale, Sliter, & Ashbum-Nardo, 2015). 이러한 자문에는 차별 관련 법률 교육과 고정관념 연구와 같이 이를 설명하는 심리학적 이론이 모두 포함된다.

심리학자는 또한 성희롱 피해자에게 상담 서비스를 제공할 수도 있다. 이 장에서는 민사 소송에서 그들의 역할에 대해 논의한다. 원고와 피고 양측 모두 원고의 정서적 고통에 대한 주장을 평가하기 위해 심리학자를 고용할 수 있다. 또한 법정 심리학자는 원고가 경험한 정신적 피해가 피고의 특정 행동으로 인해 야기된 것인지 검토한다. 이러한 검사에서 평가자는 장애를 증명하는 업무뿐 아니라, 장애의 발병 원인 중 성희롱과 관련 없는 요소를 제거하는 업무를 함께 수행한다. 임상 혹은 실험 심리학자는 전문가로서 성적 고정관념이나 성희롱에 따른 일반적인 심리적 영향에 대해 증언하기도 한다.

지금까지 심리학과 법은 전통적으로 정의된 성희롱과 비교하여 성차 기반 괴롭힘을 무시하고 있지만, 향후 민사 소송에서 중요한 문제가 될 가능성이 크다(Kabat-Farr & Cortina, 2014). 성차 기반 괴롭힘은 주로 남성 중심의 환경과 직장에서 여성의 경험을 고려할 때 특히 관련이 있다. 성차 기반 괴롭힘은 "여성을 소외시키고 고립시켜 정보와 기회에 대한 접근을 감소시킨다. …… 그리고 대인관계의 비하, 경멸 및 거부가 포함된다"(Kabat-Farr & Cortina, 2014, p. 60).

성희롱 소송에서 피의자의 요청에 따라 피해자는 심리적 또는 정신적 평가를 받도록 강요받을 수 있다. 강제적인 평가는 원고가 성희롱으로 인해 보통 수준 이상의 고통을 겪었을 때 요구된다. 예를 들어, 원고는 피고의 행동이 단순히 짜증나거나 창피한 것이 아니라 주요 우울 증상과 같은 정신질환을 불러일으켰다고 주장할 수 있다(Kovera & Cass, 2002). 이때 피고는 자신의 변호사가 선임한 임상가에게 원고를 평가하도록 요구할 수 있지만, 원고가 평가받아야 하는 정당한 이유를 제시해야 한다. Kovera와 Cass는 만약 장애가 최근에 발생한 것이 아니라 예전부터 있었던 경우라면 법원은 강요된 검사를 허락하지 않는다고 말한다. 더 나아가 그들은 "단순히 정서적 피해를 주장하는 것은 개인의 정신건강에 대한 논란이 되지 않으며, 따라서 강요된 정신건강 검사를 보증하지 못한다."(p. 99)라고 말한다. 그러나 원고가 심각한 장애를 주장하거나 원고 자신의 주장을 입증하기 위해 전문가를 법원에 출두시킬 경우에는 강요된 검사를 허락한다. 심리학자는 강요된 검사를 통해 여러 성 관련 정보를 얻을 수 있으며, 이때 얻어진 정보는 반대 측에도 제공되어야 한다. 바로 이어서 우리는 왜 이것이 논란이 되는지에 대해 설명할 것이다. 모든 평가에서 이루어지는 것처럼, 임상가는 검사를 받는 사람에게 검사 보고서의 용도와 사용에 대한 정보를 제공해야 한다.

성희롱 관련 심리평가 도구

성희롱 평가에 가장 많이 쓰이는 도구는 **성경험 설문지**(Sexual Experiences Questionnaire: SEQ; Fitzgerald & Shullman, 1985)로, 최신판이 개발되었다(예: Fitzgerald, Magley, Drasgow, & Waldo, 1999). 이것은 "이론적으로 그리고 정신측정학적으로 가장 정교한 도구로서 성희롱의 발생과 유발을 평가하는 데 쓰인다"(Cortina, 2001, p. 165). 그러나 특히 강조되어야 할 것은 Cortina의 주장에도 불구하고, 법적 목적하에서 정신건강 실무자들이 특정 사건에서 성희롱 발생 여부를 판단하지 않는다는 사실이다. 또한 일부 연구자는 법적 문제에 대한 우려와 관련하여 성경험 질문지에 대한 평가에 더욱 주의를 기울이고 있다. "성희롱의 심리학적 정의에 따른 측정 도구로서, 성경험 질문지는 원치 않는 사회-성적인 직장 처우에 대한 신뢰할 수 있고 타당한 평가라는 점이 확인되었으며, 일반적으로(법적으로는 아니지만) 성희롱의 구성에 부합한다."(Stockdale, Logan, & Weston, 2009)

성경험 질문지는 29개의 세부 행동으로 구성되어 있고, 응답자에게 '전혀'부터 '자주'까지의 척도로 자신의 경험에 대해 응답하도록 되어 있다. 이에 따라 성차 기반 괴롭힘, 유혹적 행동, 성상납, 성적 강요, 성적 처벌 등 5개 유형의 희롱이 측정된다.

이 장에서 언급한 대다수의 검사 도구와 마찬가지로, 성경험 질문지 역시 백인을 대상으로 수행된 연구에 근거하여 개발되었다. 그 유용성이 파악되었음에도 불구하고 몇몇 연구자는 성희롱에 관련된 연구가 인종과 문화 차이를 충분히 고려하지 않았다고 주장한다. Adams(1997)는 흑인에 대한 성희롱이 성과 인종 차별의 양 측면을 모두 드러내며, 이것이 성과 인종에 대한 고정관념을 영속화하는 것이라고 주장하였다. Cortina(2001)는 직장 내에서 원치 않는 성 관련 행동이 발생하였을 때 다른 여성에 비해 라틴계 여성이 화를 더 많이 낸다는 사실을 밝혔다. 이는 라틴계 여성이 존경, 품위 및 집단 내 조화로운 관계를 보다 중시하기 때문으로 볼 수 있다. 반면, 성희롱이 상대적으로 용인되는 곳에서 이민 온 라틴계 여성은 성경험 질문지에서 나온 성희롱적 행동을 성희롱으로 덜 인식하였다. Cortina는 라틴계 미국 여성에게 실시한 집단 면담 결과를 바탕으로 라틴계 미국 여성의 경험을 반영한 새로운 항목을 추가하였다(SEQ-L). 예를 들어, 라틴계 미국 여성에게 표적집단 면담(focus group interview: FGI)을 실시한 결과, 공식적인 이름을 불러야 할 때 비공식적 이름을 부르거나 스페인어 애칭으로 부른 경우 그것을 모욕적이라고 생각했으며, 누군가가 너무 가까이

았거나 그들에게 특정한 방식으로 행동하기를 기대할 때(예: 라틴 여성이기 때문에 성적으로 도발적인 옷을 입도록 기대할 때)도 모욕으로 느꼈다. 이것은 그들의 민족성에 기인한 것으로 원래의 성경험 질문지에는 포함되지 않았던 것이다.

지금까지 성희롱에 대한 태도 및 반응에 대한 민족적 · 인종적 차이에 대한 연구의 급격한 변화에 대해 잠시 언급했다. 그러나 법정 심리학자에게 있어 문화적으로 다양한 집단과 집단 간 차이를 고려하는 것은 필수적이다.

요약 및 결론

앞에서 자주 언급했던 것과 같이, 법정 심리학자는 주어진 상황에서 다양한 업무를 처리한다. 민사 법정에서의 상담 역시 예외가 아니다. 이 장에서는 법정 심리학자의 대표적인 업무를 제시하려고 노력했으나, 몇몇 영역은 언급하지 못한 채로 남아 있다. 예를 들어, 법정 심리학자는 다양한 개인 상해 소송에 참여하고 있고, 직무 보상 외에 장애 평가에도 참여한다는 것을 강조했다. 다행스럽게도, Piechowski 박사가 작성한 My Perspective는 이 영역을 자세히 다룬다. 유사하게, 법정 심리학자는 직무 상황 혹은 비직무 상황에서 발생하는 인종, 연령, 장애, 성 차별에 대한 소송에도 관여한다. 또한 아동보호 절차를 통해 위험에 처한 아동과 그의 가족에 대한 평가도 수행한다. 이때 법정 심리학자는 주로 성적학대를 당한 아동의 부모가 가해자에 대한 고소를 원할 때 아동에 대한 평가를 담당한다. 이러한 움직임은 법정 심리학의 다양한 영역이 지금보다 더 역동적이고 성장할 수 있도록 만드는 데 기여하였다.

지난 25년여 동안 가족법은 가족의 정의 변화와 현대의 다양한 문제를 반영하여 급격히 변화했다. 가족의 성격과는 관계없이 결정의 유형은 본질적으로 동일하게 유지되었다. 가정법원 판사는 어느 부모나 보호자가 자녀를 양육할 것인지 결정하고, 방문 준비를 결정하며, 양육 부모 또는 후견인이 자녀를 다른 지역으로 이주시키는 것에 대한 허용 여부를 결정한다. 그러나 대부분의 이혼에서 부모는 법정 소송을 거치지 않고도 이러한 문제에 대해 상호 합의할 수 있는 점을 강조하는 것이 중요하다.

법정 개입이 필요할 때, 때때로 가족 법정 심리학자라고 불리는 심리학자는 양육권 평가 또는 육아 평가라고 불리는 평가를 수행하여 도움을 준다. 아동 양육권 평가는 법정 심리학자에게 가장 많은 논란이 되고 있는 영역이다. 양육권 평가는 정서적인 요소가 많이 포함되고 윤리적 문제를 야기할 수 있기 때문에, 양육권 결정의 적절한 기준에 관해 수많은 의문이 제기되어 왔다. 대표적으로 아동의 최고 권익 기준(BIC)은 논리적이고 인정할 만하지만 모호하고 주관적이다. 이 영역에서의 주요한 문제점은 부모 능력 평가와 관련된 것으로 아직 많은 평가 도구가 경험적 타당성을 확보하지 못했다는 것이다. 더 나아가 양육권 분쟁에서 심리학자는 한 부모가 다른 부모보다 낫다는 결론을 내리는 것에 주의를 기울여야 한다.

우리는 심리학자들이 평가 또는 민사 능력과 같은 다른 민사 문제에 관여하는 다양한 맥락을 다루었다. 여기에는 치료에 동의하거나 치료를 거부하거나 자신의 죽음을 앞당기는 결정과 같은 의학적 결정을 내릴 수 있는 유언 능력 및 역량 평가가 포함된다. 인구가 고령화됨에 따라 개인이 자신의 이익을 위해 의사결정을 할 수 있는 능력에 대한 평가는 훨씬 더 증가할 것이다.

이 장은 특별히 입원 처분과 관련하여 외래치료 처분에 대해서도 다루고 있다. 이는 모든 주에 걸쳐 증가하고 있는 추세지만, 이와 관련해 제도적 감금과 개인의 자유를 놓고 중요한 의문이 제기된다. 다수의 법정 심리학자는 이러한 서약의 형태를 지지하는데, 이를 통해 개인이 지역사회 환경 내에서 필요한 치료를 받을 수 있기 때문이다. 특히 치료가 6개월 이상 집중적으로 이루어질 때의 효과를 확인한 연구 결과는 치료의 장점을 증명해 주고 있다. 그러나 많은 경우 연속성과 적절한 모니터링을 유지하기가 어렵다는 한계가 있다.

이 장의 마지막에서는 성희롱과 관련된 연구와 문제에 대해 논의하였다. 성희롱 기소자에 대한 평가(특히 강제적인 평가)는 극도의 주의가 필요하다. 다행히도, 평가에 성경험 질문지(SEQ)를 포함한 다양한 검사를 사용할 수 있다. 그러나 다른 문화 집단의 인식과 경험에 대해서 다루기 시작한 지는 얼마 되지 않았다. 더 나아가 학대를 당한 사람에 대한 사생활 정보도 성희롱 평가와 관련해 많은 논란이 되고 있다.

주요 개념

가정법원family court

가처분injunction

검인법원probate court

고용보상 청구employment compensation claim

근사 규칙approximation rule

맥아더 능력평가도구—치료MacArthur Competence Assessment Tool-Treatment: MacCAT-T

물리적 친권physical parental authority

방문 위험 평가visitation risk assessment

법적 친권legal parental authority

법정 신경심리학forensic neuropsychology

보상적 손해배상compensatory damage

보조 외래 치료assisted outpatient treatment: AOT

부모 이주parental relocation

불법 행위tort

사건을 모르는 컨설턴트case-blind consultant

사망 촉진 평가hastened death evaluation

사전의사결정서advance directives

성경험 설문지Sexual Experiences Questionnaire: SEQ

성차 기반 괴롭힘gender harassment

성희롱sexual harassment

아동 양육권 평가child custody evaluations: CCEs

아동의 최고 권익 기준best interest of the child: BIC standard

어린 아동 원칙tender years doctrine

예방적 외래치료preventive outpatient treatment/commitment

외래 치료 명령outpatient treatment order

원고plaintiff

유언 능력testamentary capacity

육아 평가parenting evaluation

징벌적 손해배상punitive damage

최소 불이익 대안 기준least detrimental alternative standard

친권의 종료termination of parental rights

친부모 규칙friendly-parent rule

투사적 도구projective instrument

피항소인/피상고인respondent

단원정리

1. 양육권 평가와 양육권 조정이 아동에게 미치는 영향에 관한 연구 문헌에서 세 가지 발견을 설명하라.
2. 아동 최고 권익(BIC) 기준, 어린 아동 원칙, 최소 불이익 대안 기준 및 친부모 규칙에 대해 정의하라.
3. 양육권 또는 양육 평가가 가장 어려운 법정 평가로 인식되는 이유를 요약하라.
4. 법정 심리학자가 평가할 수 있는 민사 능력 중 5개를 골라 목록을 작성하라.
5. 법정 심리학자가 치료에 동의하거나 치료를 거부할 능력을 평가하도록 요청받을 수 있는 시기를 설명하라.
6. 사망 촉진 평가(HDE)란 무엇인가?
7. 보조 외래 치료(AOT)란 무엇인가? 그 효과성에 대한 연구 결과는 무엇인가?
8. 성희롱과 성차 기반 괴롭힘 모두 차별의 한 형태이다. 성차 기반 괴롭힘은 성희롱의 한 형태로 간주될 수 있다. 그 차이점은 무엇인가?

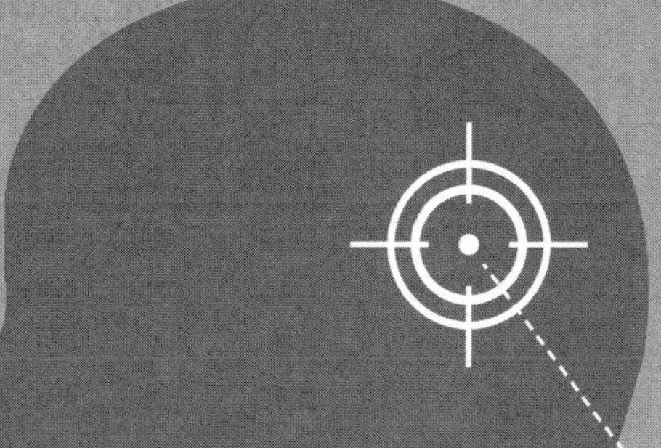

PART IV

Introduction to Forensic Psychology Research and Application

범죄 심리학
CRIMINAL PSYCHOLOGY

Chapter 7

비행 및 범죄 행동의 발달

주요 학습 내용

- 범죄 행동과 청소년 비행
- 반사회성 행동, 품행장애, 반사회성 성격장애
- 가장 빈번하게 발생하는 청소년 범죄 유형
- 범죄 행동의 발달 양상
- Terrie Moffett과 Laurence Steinberg의 이론
- 범죄 행동의 발달적 특성
- ADHD와 비행의 관계
- 방화 범죄의 전조 행동
- 사이코패스의 특성

"범죄를 저지를 생각만 한 걸로 교도소에 가지는 않아."

"그건 비윤리적 행동일 뿐이지, 범죄는 아니야."

"글쎄 판단을 잘못했을지는 몰라도 범죄를 저지른 건 아니잖아."

"아홉 살밖에 안 된 아이들일 뿐이잖아. 우발적 행동에 책임을 질 수는 없지. 한 아이가 다리를 잃은 건 정말 안 된 일이지만 총이 장전된 지도 모르고 장난치고 있던 와중에 일어난 일이니 사고로 볼 수밖에 없어."

앞 예들은 범죄로 볼 수 없다는 행위나 생각들이다. 직장 상사를 독살하려는 상상과 윤리적으로 그릇된 행동을 했다는 이유만으로 감옥에 가지는 않는다. 실제 범죄를 저지르지 않는 한 단지 나쁜 생각을 했다는 이유만으로는 죄가 되지 않는다. 앞서 아홉살 소년이 저지른 총기 발사 사고의 경우에도 해당 소년은 총이 장전된 사실을 몰랐고 친구에게 해를 가할 의도가 없었기에 범죄로 보기는 어렵다. 하지만 피해 아동의 부모는 사고가 발생한 경위를 근간으로 민사 소송을 제기할 수 있다.

"정당방어가 아니거나, 변명의 여지가 없는 행위들 중 형법에 명시된 고의적 범죄 행위로 인해 경범죄 혹은 중범죄로 처벌되는 것"을 범죄라 한다(Tappan, 1947, p. 100). 즉, 범죄란 형법을 위반하는 고의적 행동들이다. 정당방어 혹은 정신이상 상태에서 저지른 행동들을 제외하고는 변명의 여지가 없고, 정당화될 수 없는 행동들을 범죄라 한다. 검찰은 피고인이 고의적으로 범죄를 저질렀다는 사실을 입증해야 한다. 형법상 범죄 구성 요소는 특정 행위와 행위 당시의 정신 상태 등으로 이루어지며, 이들 각각의 경중 및 유형을 가려 개별 범죄로 규정하고 있다(La Fond, 2002). 검사가 피고의 범죄 사실을 형법상 구성 요소들에 맞춰 입증할 경우, 판사와 배심원은 합리적 의심에 의거해 유죄 평결을 내릴 수 있다. 하지만 피고인이 유죄를 인정하는 경우나, 자신의 혐의에 이의를 제기하지 않을 경우 검사의 사실 입증이 없더라도 유죄 판결을 내릴 수 있다.

범죄는 단순 교통 법규 위반부터 살인까지 매우 광범위하다. 특히 부와 권력을 지닌 기업인 및 정치인이 저지르는 기업 범죄와 부정부패 범죄의 경우 사회적 폐해가 엄청나다는 점에서 주목받는 범죄 유형이다. 대표적인 예가 대통령의 부정부패이다. 일례로, 리처드 닉슨 전 미국 대통령은 불법 자금을 수수한 재선 캠프 소속 인사의 범죄를 은닉한 공모 혐의로 사임했다. 에너지 기업인 엔런(Enron), 거대 통신 기업 월드컴(Worldcom), 글로벌 네트워크 기업 글로벌 크로싱(Global Crossing) 등 많은 대기업들 또한 투자자들 몰래 회계장부를 조작한 것으로 드러났다. 특히 엔런사의 경우, 기업 불법 행위로 인해 임직원 고용 및 기업 보안 등 기업 가치가 하락하는 막대한 손실을 입었다. 21세기 들어서는 금융 기업의 사기, 기업 내부 거래, 인권 침해, 공무원 부정부패 등이 큰 화두로 떠올랐다. 한편, 멕시코만 기름 유출 사고 등 환경 재난 사건들 역시 불법 행위로 인한 사고가 사회적으로 얼마나 큰 손실을 줄 수 있는지를 여실히 보여 주는 예들이다. 이 외에도 전 세계, 국가, 지역 차원에서 다양한 불법 범죄 행위가 지속적으로 발생하고 있다.

소량 마리화나 소지의 합법화 등 과거에는 불법 행위였던 사안들이 최근 합법화된 것들을 심심치 않게 찾아볼 수 있다. 헤로인이나 코카인 등의 경우 유해 영향이 강한 데 반해, 마리화나의 경우 법적으로 허용되는 물질인 알코올과 유해성이 비슷하거나 오히려 낮은 것으로 알려져 있다. 마리화나 작물인 대마초는 400개 이상의 화학물질과 60개 이상의 대마초 제제가 혼합된 매우 복잡한 성분으로 이루어져 있다(Atakan, 2012). 미국 내 많은 주에서 의료용 마리화나 처방이 이전부터 허용된 데 반해, 기분 전환용 마리화나의 경우 최근들어 허용되는 추세이다. 미국 콜로라도(Colorado)와 워싱턴(Washington) 주에서는 소량의 마리화나 소지가 합법이며, 허가받은 상점들에서 합법적인 판매도 이루어지고 있다. 2014년 초 워싱턴 D.C(Washington D.C)에서는 1온스의 마리화나를 소유하고 있는 것에 대해 징역형에서 벌금형(25달러)으로 형량을 낮췄다. 하지만 공공장소에서 마리화나 흡연은 여전히 형사 범죄로 처벌된다. 다른 15개 주 역시 소량의 마리화나 소지를 합법화했다. 나머지 29개 주와 워싱턴 D.C 등은 또 다른 형태로 마리화나를 합법화시키는 법률을 제정했다(ProCon.org, 2017). 미국 내 대부분의 주는 의료용 마리화나 사용을 허용하고 있다.

이 책에서는 사회적으로 심각한 문제를 야기할 수 있는 중요 범죄들에 초점을 맞춘다. 사회경제적으로 다양한 계층에서 많은 사람이 형사 범죄를 저지르고 있지만, 폭력 범죄를 포함해서 심각한 수준의 중범죄를 저지르는 사람들은 소수의 상습적인 범죄자이다. 대중과 언론이 주목하는 쇼핑몰, 학교 등 공공장소에서 무차별적인 총기 난사를 저지르는 범죄자들은 극히 일부일 뿐이다. 심리학자들은 다른 범죄자들보다 특히 이들 무차별적 범죄자에 대한 관심이 높으며, 형사사법 단계에서 이들 범죄자와 접촉할 가능성이 높다. 오히려 사회적 파장이 큰 정치인의 부정부패나 환경오염 범죄 등에 대한 심리학자들의 관심은 그리 크지 않다.

이 장에서는 지속적이면서 습관적으로 강력 범죄를 저지르는 범죄자들, 특히 일생을 거쳐 다양한 형태의 형사 범죄를 자행하는 범죄자들에 초점을 맞추고 있다. 반복적이며 만성적인 범죄자들의 좋은 예는 청소년 비행과 사이코패스(psychopath) 부분에서 다루는 생애지속형 범죄자(life course-persistent offenders: LCPs) 유형이다. 청소년 범죄자들 또한 전 생애적으로 지속적인 범죄 행위를 유발하는 요인과 전개 과정에 초점을 맞추고 있다. 이 장에서는 청소년에게서 나타나는 범죄 행위의 발달적 특성에 더욱 초점을 두고 있으며, 성인 범죄자 및 청소년 범죄자들에 대한 논의 또한 다룬다. 이후 8장과 9장에서는 심리학적 연구 및 이론과 밀접한 관련이 있는 성범죄, 협박, 살인, 스토킹 및 증오에 의한 범죄, 방화 등의 폭력과 관련이 있는 범죄에 초점을 맞출 것이다. 8장과 9장에서 다룰 범죄 유형 또한 이들 범죄자에 대한 범죄 위험성 평가 측면에서 매우 중요한 주제들이다.

이 장의 전체적인 목적은 심각하고 반복적인 범죄 행동의 발달적 요인을 살펴보는 것이다. 실증 연구들에서는 만성적인 반사회성 행동 증후는 생애 초기, 심지어는 취학 전 연령대에 이미 나타난다고 한다(Moffitt, 1993a, 1993b). 따라서 상습적이고 만성적인 범죄 행위를 이해하기 위해서는 아동 및 청소년 범죄의 발달 과정에서부터 시작하는 것이 가장 바람직하다.

중요한 점은 범죄 행위는 총기 등 무기 사용 가능성, 인종, 가난, 폭력을 미화하는 대중매체의 태도, 성차별, 권력 및 재물 소유욕 등 다양한 사회적 요인에 영향을 받기 때문에 단일 요인만으로 설명할 수 없다는 점이다. 범죄자 개인의 범행 동기 및 원인 또한 일차원적 맥락으로 설명할 수 없다. 처음에는 비교적 단순하고 복잡하지 않은 것처럼 보였던 범죄들이 임상가들과 연구자들이 범죄 행동 및 그 원인을 분석하는 과정에서는 매우 복잡한 형태로 밝혀질 수 있다. 비행과 범죄 행동의 원인들은 대부분 다양한 영향 요인의 복합적 상호작용의 결과이다.

청소년 범죄자

청소년 비행의 정의

청소년들의 법규 위반 행위를 **청소년 비행**(juvenile delinquency)이라 한다. 이 용어는 청소년들의 일탈 행동을 사회적 · 임상적 · 법률적으로 지칭하고 있기 때문에 다소 모호한 개념이라 할 수 있다. 법률적 관점에서 비행이란 성인기 이전 청소년들의 형법상 위배되는 행동들을 뜻한다. 하지만 다른 관점들에서 비행의 정의와 의미는 다양하게 해석될 수 있다. 법률적 관점에서는 범죄를 저지른 사람이 성인이 아닌 경우를 뜻하기도 하지만 가출, 통금 시간 위반, 무단결석 등 또한 청소년 비행으로 볼 수 있다.

청소년 비행 행동에 대한 사회적 · 심리학적 · 법률적 정의는 상당히 유사하다. 사회적 정의에서는 범죄 유무를 떠나 청소년들이 저지르는 모든 일탈 행동이 포함된다. 가령, 공격적 행위, 무단결석, 좀도둑질, 공공기물 파손, 약물 남용, 성적 문란 등 고질적인 일탈 행동들이 모두 해당된다. 사회적 관점에서는 비행 청소년들이 부적절한 행동을 했을 경우 지역 청소년 단체에 인계되거나 소년법원에 회부될 수 있지만, 법률적 관점에서는 그것이 범죄로 인정되지 않는 경우도 있다. 법률적 관점에서 **비행 청소년**이란 18세 이하 청소년들이 형법상 위배되는 범죄 행위를 저지른 경우이다. 일부 국가 및 미국 주정부에서는 21세 이하를 청소년 범죄자로 간주하기도 한다. 이는 곧 법률상 미성년자가 범죄를 저지를 경우 성인들보다 상대적으로 관대한 처벌을 받을 수 있다는 것을 의미한다. 또한 일부 범죄의 경우에는 청소년이라 하더라도 성인에 준하여 형사 재판에 회부된다.

정신의학적 · 심리학적으로 볼 때 비행 청소년들은 '**품행장애**(conduct disorder: CD)'나 '반사회성 행동(antisocial behavior)' 성향을 보일 가능성이 높다. 품행장애는 청소년들의 절도, 방화, 가출, 결석, 기물파손, 싸움, 동물 학대 등이 이들 증상의 특징이다. 사회적 정의와 마찬가지로 심리학적 관점에서의 비행은 형법상 범죄가 아닌 경우가 많다. 품행장애에 대해서는 미국정신의학회(2013)에서 편찬한 『정신질환의 진단 및 통계 편람(DSM-5)』에 자세히 설명되어 있다. DSM은 정신의학자 등 임상가나 연구자들을 위한 대표적인 진단 기준 및 지침서이나(Moffitt et al., 2008), 정신장애의 분류나 확인 과정에서 모든 임상가가 공통적으로 사용하는 기준은 아니다. 최근 발간된 DSM-5의 경우 개정 기간이 10년 이상 걸려, 많은 정신의학 전문가와 임상가에게 비판받은 바 있다(Francis, 2012). 앞으로도 개정된 정신장애 분류 기준에 임상가들의 경험이 축적될 시간이 더 필요하기 때문에 이러한 비판은 쉽게 없어지지 않을 것이다. 하지만 여전히 DSM-5는 법정 심리학자, 정신의학자 등 정신의학 전문가들의 중요한 지침서 역할을 하고 있다.

반사회성 행동은 타인에게 심각한 피해를 야기하는 심각하고 습관적인 행동들을 의미하는 심리학적 용어이다. 품행장애(CD) 특성을 보이는 18세 이전 아동 및 청소년들이 성인기 이후에도 심각한 공격 행동을 보일 경우, 정신의학적으로 **반사회성 성격장애** 진단을 받을 가능성이 높다. DSM-5에서는 ① 사람 및 동물에 대한 공격성, ② 재산 파괴, ③ 기만, ④ 심각한 규칙 위반의 네 가지 진단 기준 중 1개 이상에 해당될 때 반사회성 성격장애로 진단한다.

그러나 많은 심리학자가 품행장애와 반사회성 성격장애의 개념뿐 아니라 개인의 발달적 · 인지적 · 생리심리학적 특성에 맞춰 비행과 범죄 행동을 설명하고 있다. 예를 들어, Moffitt(1993a)은 발달적 관점에서 범죄 행동을 설명하고 있으며, Robert Hare(1996)는 일생을 걸쳐 반복적으로 범죄자들인 사이코패스(psychopath)의 개념을 정서적 · 인지적 · 생리적 특성 개념으로 설명하고 있다. 또한 Hare와 동료들은 진정한 사이코패스는 일반인들과 비교해서 뇌 기능의 기질적 차이가 존재한다고 주장했다. 더욱 최근에 Laurence Steinberg와 동료들(Steinberg, 2007, 2014a; Steinberg, Cauffman, Woolard, Graham, & Banich, 2009; Steinberg & Monahan, 2007)은 청소년들의 인지 및 심리사회적 기능의 발달 수준과 의사결정, 또래 집단의 영향력 및 충동성의 관계에 대한 연구를 진행했다. 연구 결과들은 미국심리학회가 법정에 제출하는 전문가 의견서에 자주 인용되고 있다.

청소년 범죄의 특성과 유형

청소년 비행 행동의 범위는 매우 다양하다. 그중에는 경찰, 교정기관 등 형사사법기관에서 청소년 범죄로 규정한 것도 있고, 그렇지 않은 것도 다수 존재한다. 따라서 청소년 비행 사건에 대한 전체적인 발생 자료를 수집하는 데에는 한계가 있다. 경찰, 법원, 교정기관 등에서 수집한 청소년 범죄 자료들을 종합하면, 청소년 범죄는 크게 다섯 가지 유형으로 구분된다.

① 대인 범죄
② 재산 침해 범죄
③ 마약 관련 범죄
④ 사회 질서에 반하는 범죄
⑤ 미성년자 금지행위 위반

이 중 '미성년자 금지행위 위반'이란 법적으로 미성년자들에게 금지된 행위를 저지른 경우이며 나머지 유형은 성인들에게서도 발생하는 범죄 유형이다. 청소년들에게만 제한적으로 금지되는 행동들에는 통행금지 위반, 미성년자 음주, 가출, 무단결석부터 부모나 보호자의 통제를 벗어나는 일탈 행동들이 해당된다. 형법상 범죄 유무 판단은 소년법원 소관이나 최근 들어 미성년자 금지 행위 위반 범죄들에 대한 재판 회부 자체를 꺼리는 상황이다. FBI에서 발표하는 통합범죄보고서(Uniform Crime Reports: UCR)에서는 청소년 범죄 통계가 2010년부터 제외되었다. 2000년까지 발표된 UCR의 '미성년자 금지행위 위반' 범죄 통계를 살펴보면, 음주(92%), 가출(40%), 부모 또는 보호자의 통제를 벗어난 일탈 행동(11%), 무단결석(10%) 순으로 빈번하게 발생하는 것으로 나타났다(Sickmund, 2003).

과거부터 청소년들을 대상으로 하는 형사 재판 체계에서는 남성과 여성 청소년에 대한 법적 처우가 달랐다. 가령 여성 청소년이 가출하거나 보호자의 지시에 따르지 않았을 경우 대부분 구금되었으나, 남성 청소년의 경우 훈방되거나 묵인되곤 했다. 그러나 이와 같은 성별에 따른 차별적 판결이 정당하지 않다는 판례가 나오기 시작한 이후, 가출 청소년 체포 비율에 있어 남성과 여성 청소년의 비율은 거의 유사한 수준이다(Puzzanchera, 2009; Snyder, 2008). 이와 같은 청소년 대상 형사 정책의 변화는 청소년 비행 및 범죄 행동들에 대한 새로운 관점과 접근 방식을 초래했지만, 앞서 언급한 바와 같이 가출 및 기타 청소년의 신분 위반 행동들에 대한 공식 통계 수집 중요성에 대한 인식은 아직도 미약한 상태이다. 미국 내 청소년 형사 정책의 또 다른 변화로는 4장에서 소개된 소녀법원(girls' court)의 신설을 들 수 있다. 현재까지 모든 국가나 미국 주정부들에서 소녀법원 제도를 시행하고 있지는 않으나, 여성 청소년들의 성매매 행위 등을 처리하는 독립 법원의 신설은 매우 큰 반향을 일으키고 있다(Brown, 2014).

청소년 범죄 통계는 다양한 형사사법기관들에서 개별적으로 수집되고 있다. 미국의 경우 ① 경찰 공식 검거 자료에 기반한 FBI의 통합범죄보고서(UCR), ② 피해자 보고 자료를 토대로 한 전국범죄피해조사(National Crime Victimization Survey: NCVS), ③ 전국청소년조사(National Youth Survey; Elliot, Ageton, et al., 1980)와 청소년미래모니터링(Monitoring the

Future: MTF) 등 전국 청소년 표본 대상 자기보고식 설문조사 결과, ④ 전국아동 · 청소년사법센터(National Center for Juvenile Justice: NCJJ)의 청소년 재판 처리 결과, ⑤ 청소년 구금 실태를 다룬 소년법원 편찬 보고서, ⑥ 다양한 정부기관들에서 발표된 청소년 보호관찰 및 가석방 통계 등 다양한 청소년 통계가 발표되고 있다.

청소년 범죄들의 경우 소년법원에 회부되기 전에 부모의 관여, 피해자와의 합의, 지역사회 청소년 보호 프로그램으로의 인계 등 청소년 범죄자 양산을 막기 위한 계도 및 훈방 조치가 이루어지고 있다. 따라서 청소년 사건 재판, 교정기관 구금, 보호관찰 및 가석방 실태를 다룬 통계들의 경우 청소년 사건의 특성상 재판 전후 단계에서 기각되는 사례가 많아 청소년 비행 및 범죄 실태 전체를 반영하지 못하고 있다. 청소년 범죄 실태 현황이 충실히 기록된 통계 자료는 경찰의 청소년 범죄 발생 및 검거 기록을 토대로 작성된 FBI의 통합범죄보고서(UCR) 통계이다. 물론 FBI의 통계 또한 일부 한계가 있을 수도 있으나, 제시된 자료들은 청소년 범죄뿐 아니라 성인 범죄의 발생 양태를 이해하는 데 있어서도 다른 공식 통계 자료에 비해 상대적인 장점이 있다.

통합범죄보고서

1930년부터 집계된 FBI의 **통합범죄보고서**(Uniform Crime Reports: UCR)는 현재 미국 내에서 가장 많이 인용되는 공식 범죄 통계이다. UCR은 형사사법기관들에서 집계한 범죄 발생 및 검거 정보를 수록하고 있으나, 체포된 범죄자들의 형 확정(유죄 판결 등) 정보는 포함하고 있지 않다. UCR과 연간 미국 내 범죄 통계 자료들은 FBI 웹사이트(www.fbi.gov)에서 확인할 수 있다. UCR 이외에도 FBI에서는 1989년부터 경찰 등 전체 형사사법기관에서 수집한 사건, 피해자, 재산, 범죄자, 체포 정보 등을 22개 유형으로 분류해 데이터베이스화한 전국사건보고시스템(National Incident Based Reporting System: NIBRS)을 운영하고 있다. NIBRS는 UCR의 단점을 보완하고 보다 첨단 방식의 범죄 정보 시스템을 활용하는 데 그 목적이 있다.

UCR 범죄 통계는 지역별, 성별, 연령별 등의 다양한 기준으로 각종 범죄 발생과 검거 현황을 분류하고 있으며, 폭력 범죄 유형을 ① 살인과 과실치사, ② (법률상 강간죄와 구별되는) 강압적인 강간, ③ 강도, ④ 가중폭행 등으로 구분하고 있다. 재산 범죄의 경우는 ① 침입절도, ② 절도, ③ 자동차 절도, ④ 방화 등으로 구분된다. 〈표 7-1〉은 이러한 분류기준에 따라 청소년 범죄 검거 현황을 제시한 통계표이다.

〈표 7-1〉을 보면, 2015년 기준 미국 내 폭력 및 재산 범죄자들 중 청소년 비중은 약 7.6% 수준이다(FBI, 2016a). 이는 미국 내 청소년 인구 비율과 대비해서 다소 높은 수준이다. 하지

표 7-1 2015년 청소년 범죄자 검거 통계(폭력 및 재산 범죄)

죄종	전체 검거 건수	18세 이하	15세 이하
전체(폭력 및 재산 범죄)	1,415,913	185,660	51,800
폭력 범죄	361,241	35,896	10,053
살인	7,519	521	47
강간	15,934	2,515	991
강도	66,138	12,347	2,348
가중폭행	271,650	20,503	6,667
재산 범죄	1,054,672	149,774	41,747
침입절도	156,419	25,527	7,543
절도	838,874	113,114	31,006
자동차 절도	53,315	8,236	2,055
방화	6,064	1,897	1,143

출처: FBI (2016a).

만 청소년 범죄자들 중에는 폭력 조직에 가담해 집단적으로 범죄를 저지르는 경향이 높아, 청소년 범죄자 비중이 전체 인구 비중 대비 높다고 해석하기는 어렵다. 하위 유형별 청소년 범죄 비중은 폭력 범죄 10%, 재산 범죄 14%로 나타났다. 경제적 · 사회적 · 정치적 분위기에 따라 범죄 발생률과 체포율은 증감을 반복한다. 최근 몇 년간 청소년 범죄 비중은 다소 감소하는 추세이며, 다시 갑작스럽게 증가하기는 어려울 것으로 추정된다. 하위 범죄 유형별로는 2015년 상반기에는 폭력 범죄 비중은 전반적으로 감소했으나, 강간 범죄는 증가한 것으로 나타났다(FBI, 2016a).

범죄 통계를 검토할 때 중요한 점은 특정 범죄자 비중을 통해 전체 범죄 발생량을 추정하는 오류를 범하기 쉽다는 점이다(Chaiken, 2000; Coid, 2003). 이러한 통계적 추정 오류는 청소년 및 성인 범죄자 집단 모두에서 발생할 수 있다. 가령 특정 모집단 내에 상습 범죄자 비중이 5~6%라면 전체 범죄 발생량의 50~60%가 그들이 저지른 범죄라고 추정하는 오류를 범할 수 있다(Farrington, Ohlin, & Wilson, 1986; Lynam, 1997). 전체 범죄 발생률 추정이 어려운 이유 중 하나는 미신고된 범죄가 많기 때문이다. 자수한 범죄자들을 대상으로 한 설문조사 결과에 따르면, 상습적이고 심각한 수준의 청소년 범죄 중 약 86%는 용의자를 확인하지 못한 미제 사건들이었다(Elliott, Dunford, & Huizinga, 1987). 따라서 정부가 발표한 청소년 범죄 통계는 실제 청소년 범죄 발생 건수를 반영하지 못했을 수 있다. 자수 비중이 상대적으로 낮은 성인 범죄의 경우 미신고 사건이 더 많을 수 있다. 그래서 성인 범죄 통계 또한 실제 발생 수치보다 적을 수 있다. 또한 상습 범죄자들 중 한 가지 범죄만을 저지른 경우는 드물다. 상습 범죄자들은 사소한 범죄들에서부터 심각한 수준의 폭력 범죄들까지 다양한 범죄를 저지르는 경향이 있다.

범죄 행동의 발달적 특성

지난 30년 동안 범죄 행동의 시작과 발전 양상을 설명하기 위해 범죄의 발달적 특성을 규명하려는 노력이 이어져 왔다. 출생 이후부터 성인기까지의 전 생애적 종단 조사를 통해 반사회성 행동의 원인 및 특성 그리고 행동 양상에 대한 많은 사실이 발견됐다(Hartup, 2005). 비행 행동을 보이는 청소년들이나 성인 범죄자들의 경우 학령기 이전 발달적 증후가 나타나는데 이는 범죄 행동의 발달적 특성을 지지하는 강력한 증거이다. 이 분야 연구자들은 비행 행동을 보이는 아동 및 청소년들과 일반 아동들 간의 차이가 아동기 경험, 생리적·유전적 소인, 사회적 기술 및 정서 표현 능력에서 비롯된다고 보고 있으며, 최근 들어서는 아동 발달 과정에서 나타나는 신경학적·생리적·정신적·정서적·사회적 특성 요인들이 청소년 비행 행동 및 성인기 범죄 행동에 영향을 미친다는 점 또한 많은 연구에서 발견된 사실이다.

범죄 및 비행 행동에 대한 가장 효과적인 연구 방법은 개인의 발달 경로에 대한 개념적 정의를 확립하는 것이다. 과거 연구들에서는 범죄자들과 일반인들의 발달 경로가 서로 다르다고 보았다. 예를 들어, 아동기에 반항 및 적대적 행동을 보였을 경우 성인기 초기 이후에도 심각한 폭력 및 범죄 행동을 보일 가능성이 높아, 범죄자들은 일반인과 구별되는 발달 특성을 보인다고 설명하고 있다(Dahlberg & Potter, 2001; Frick, Ray, Thornton, & Kahn, 2014). 이 외에도 동물 학대, 괴롭힘, 방화, 약물 남용 등과 같은 문제 행동들 또한 성인기 이후에도 지속적으로 나타날 수 있다. 그러나 아동기 시절 특별한 반사회성 행동 증후가 나타나지 않았다 해도 청소년기에 접어들어 음주, 공공기물 파손, 절도, 약물 남용 등의 다양한 문제 행동이 나타날 가능성 또한 존재한다. 발달 이론의 적용은 반사회성 행동의 다양한 발달 과정을 구분하고 체계화하는 데 있어 가장 효과적인 접근 방식이라 할 수 있다.

Moffitt의 발달 이론

Terrie Moffitt(1993a, 1993b)은 비행 및 범죄 행동에 발달적 관점을 적용한 선구자적인 연구자이다. 그는 비행 행동이 최소 2개의 발달 경로를 지닌다는 이론을 제안했다. 이는 범죄와 비행 심리학 분야의 가장 영향력 있는 이론 중 하나이다. 하지만 두 가지 발달 경로만으로 전체적인 범죄의 발달적 특성을 설명하는 데 한계가 있다는 점을 Moffitt 자신과 많은 연구자가 동의했으나, 그의 발달 이론은 여전히 발달적 관점에서 비행 행동을 이해하는 데 매우 유용한 이론으로 평가되고 있다.

Moffitt이 제시한 첫 번째 발달 경로는 3세 이전 혹은 그 이전 유아기부터 비행 및 범죄 행동이 시작된다는 관점이다. Moffitt(1993a)은 이에 대해 "전 생애에 걸쳐 이와 같은 발달 경로를 보이는 사람들은 4세 때 다른 사람을 깨물고 때리며, 10세 때 좀도둑질 및 무단결석 행동을 저지르고, 16세 때는 약물 매매 및 차량 절도, 22세 때는 강도 및 강간, 30세 때는 사기 및 아동학대 행동을 저지르는 등 반사회성 행동 증후가 점진적으로 변화하는 양상을 보인다."(p. 679)라고 설명하고 있다.

Moffitt은 이러한 발달 특성을 보이는 사람들을 **생애지속형 범죄자**(life course-persistent offenders: LCPs)라고 명명했다. 이들의 반사회성 행동은 모든 조건 및 상황에서 일관적으로 나타난다. 4세 아이가 간헐적으로 타인을 때리는 행동 정도라면 크게 걱정할 필요가 없지만, 만약 이런 행동이 지속된다면 문제는 다르다. 유아기의 신경질적 기질, 초기 학령기의 주의력결핍장애, 과잉행동 문제, 후기 학령기의 학습장애 등 신경학적 문제 등이 생애지속형 범죄자들에게 나타나는데(Moffitt, 1993a 1993b), 이는 성인기 이후 판단 능력 및 문제 해결 능력 이상으로 연결될 수 있다.

생애지속형 범죄자(LCPs)들은 전 생애에 거쳐 다양한 형태의 공격 행동 및 폭력 범죄를 저지른다. 어린 시절에 또래 집단의 거부 및 부모의 부적절한 훈육 등으로 좌절감을 경험했을 가능성이 높은데, 이로 인해 성장 · 발달 단계에서 적절한 친사회적 행동 및 대인관계 기술 능력의 학습이 결여되었을 수 있다(Coie, Belding, & Underwood, 1988, 1990; Coie, Dodge, & Kupersmith, 1990; Moffitt, 1993a). 이와 함께 불우한 생활환경, 학교생활 실패 경험, 폭력적 이웃 등과 같은 환경적 성장 요인들이 결합될 경우 반사회성 행동은 더욱 심화된다. 하지만 이와 같은 부정적 환경 조건들은 지지적 양육 환경에 의해 일정 부분 상쇄될 수 있다(Odgers et al., 2012). 남성 청소년 범죄자들의 약 5~10% 정도가 생애지속형 범죄자로 성장하며(Moffitt, Caspi, Dickson, Silva, & Stanton, 1996), 성인 남성들 중에서 초기 아동기에 극단적인 반사회성 행동을 보였던 비중은 10% 미만이다. 하지만 이러한 행동들은 성인기에 이르러 상습적인 반사회성 행동으로 발전될 수 있다(Moffitt, 1993a, p. 694). 한편, 여성들 중에서 생애지속형 범죄 성향을 보이는 경우는 약 2% 이하라고 한다(Coid, 2003).

두 번째 발달 경로는 사춘기 시절 비행 행동이 시작되어 18세 전후에 사라지는 유형이다.

이를 **청소년기 한정형 범죄자**(adolescent-limited offenders: ALs)라고 한다. 비행 청소년들 대다수가 이 유형에 해당되는데, 이들은 주로 또래 집단 및 사회 환경적 요인들에 의해 일시적으로 범죄 행동을 보인다고 볼 수 있다. Moffitt(1993a)은 많은 청소년이 일시적으로 반사회성 행동들을 저지를 수는 있지만, 뇌 발달 수준이 성숙해지고 도덕적 책임 능력을 인식할 수 있는 성인기 초기가 되면 반사회성 행동이 나타나지 않는다고 설명하고 있다.

이 발달 경로에 해당하는 유형은 생애지속형 범죄자 집단에서 보이는 아동기 발달 문제들은 나타나지 않지만, 청소년기 비행 및 범죄 행동 특성들은 매우 유사하다(Moffitt et al., 1996).

> 이들 두 집단의 청소년기 반사회성 행동들 및 문제 행동의 증후들은 정확히 구별하기 어렵다. 범죄 행동, 또래 비행 행동, 약물 남용, 성적 행동, 난폭 운전 등에 대한 공식 및 비공식(부모 및 자기 보고) 자료 등을 살펴보면 생애지속형 및 청소년기 한정형 범죄자 유형에 속하는 청소년들은 매우 유사한 특성을 공유하고 있는 것으로 보인다(Moffitt et al., 1996, p. 400).

이는 곧 생애지속형 혹은 청소년기 한정형 범죄자 유형은 단순히 청소년기 범죄 기록, 자기보고, 부모 보고 기록 등만으로 구분하기 어렵다는 점을 의미한다.

청소년기 한정형 범죄자(ALs) 유형이 저지르는 범죄들은 미성년자 금지 행동 위반, 기물 파손(대부분 학교 기물), 절도, 약물 남용, 가출, 무단결석 등 대체로 보호자 지시를 위반한 반항적인 행동들이나, 더욱 심각한 수준의 중범죄를 저지를 가능성 또한 존재한다. 그러나 바람직한 행동들에서 느끼는 보상이 크거나 주변인의 칭찬과 인정을 받게 되면 범죄 행동을 중단할 수도 있다. 가령 비행 청소년들이 또래 집단에서 벗어나 대학교 혹은 직장에 취업한 후 친사회적 인물들과 친교를 맺게 되면 인생의 새로운 전환점을 맞게 된다. 이때 과거 청소년기에 했던 비행 및 범죄 행동을 지속하게 되면 현재 주어진 소중한 기회를 잃어버릴 수 있다고 생각할 수 있다. 생애지속형 범죄자(LCPs)들과 청소년기 한정형 범죄자(ALs)들의 가장 큰 차이점은 아동 및 청소년기 시절의 대인관계 능력이다. 청소년 범죄의 발달학적 특성에 대한 연구들에서는 초등학교 시절에 가졌던 또래 집단들로부터의 거부 경험이 청소년 및 성인기 반사회성 행동 발달의 유의미한 요인이라는 점을 공통적으로 지적해 왔다(Dodge & Pettit, 2003; Laird, Jordan, Dodge, Pettit, & Bates, 2001). 즉, 청소년기 한정형 범죄자들은 생애지속형 범죄자 유형과는 달리 유년기 동안 타인과 함께 생활하는 법에 대해 정상적으로 학습해 왔다. 또한 사춘기 시절 정상적인 대인관계를 수립・유지할 수 있는 학업적・사회적 능력을 지니고 있어, 성인기 이후에는 비행 및 범죄 행동을 중단하고 새로운 인생을 설계할 능력을 지니고 있다.

일부 연구자들은 Moffitt의 발달 경로 모델만으로 비행 및 범죄 행동과 관련된 모든 요인을 충분히 설명하기 어렵다는 지적한바 있으며(Donnellan, Ge, & Wenk, 2000), 성별 차이에 따른 발달 경로의 특성에도 주목하고 있다(예: Odgers et al., 2008). 연구자들은 런던(London), 필라델피아(Philadelphia), 위스콘신(Wisconsin) 지역에서 수집한 범죄 및 비행 행동 데이터를 토대로 네 가지 유형의 범죄 발달 경로를 확인했다(D'Unger, Land, McCall, & Nagin, 1998; Nagin, Farrington, & Moffitt, 1995; Nagin & Land, 1993). 그것은 ① 청소년기 한정형 범죄자, ② 생애지속형 범죄자(높은 수준의 상습 범죄자), ③ 낮은 수준의 상습 범죄자, ④ 비범죄 패턴 유형이다. Moffitt은 '청소년기 한정형 범죄자' 유형은 10대 초반에 비행 및 범죄 행동을 보이기 시작해서, 16세경 정점에 다다른 뒤 10대 후반기 이후로 감소하는 경향을 보인다고 설명했다(Nagin et al., 1995). '낮은 수준의 상습 범죄자' 유형의 경우 사춘기 초기에 범죄 행동이 증가하기 시작해서 사춘기 중반 정체기에 이른 후 18세 이후에도 범죄 행동은 유사한 수준으로 지속되는 경향을 보인다. '높은 수준의 상습 범죄' 유형인 '생애지속형 범죄자'의 경우 청소년 초기에 반사회성 행동들이 나타나 일생 동안 높은 수준의 반사회성 행동이 지속된다. White, Bates와 Buyske(2001)는 사춘기 초기에 비행 수준은 낮으나 사춘기 후반부터 성인기에 걸쳐 비행 수준이 증가하는 유형을 추가해 다섯 가지 발달 유형을 제시했다(〈Focus 7-1〉 참조).

비행 및 범죄 행동 발달에 성별 차이를 적용한 연구 방식을 성별 경로 접근(gendered pathways approach)이라 한다. Moffitt(Moffitss & Caspi 2001)은 자신이 제안한 발달 경로 이론에서는 성별 차이가 나타나지 않는다고 주장한 바 있다. Odgers 등(2008) 또한 Moffitt의 견해에 동의하며, 생애지속형 범죄자 유형에 해당하는 남자, 여자 모두가 성장기 발달 위험 요인인 가족 갈등, 과잉행동 성향, 불우한 가족 관계 특성 등의 유사한 사회적 · 가족적 · 개인적 발달 특성을 공유한다는 점을 제시했다. Oders 등이 진행한 성인 범죄자 대상 연구에서는 생애지속형 범죄자 유형에 해당하는 남성 및 여성 집단 모두가 청소년기뿐 아니라 성인기 이후에도 중요 폭력 범죄에 연루되어 있었고 심각한 정서적 · 신체적 건강 문제를 보였다. 반면에 청소년기 한정형 범죄자의 경우 성인기 이후 반사회성 행동이 연속적으로 나타나지 않았지만, 여성들의 경우 남성들에 비해 경제적 결핍 수준이 높은 것으로 나타났다. 이러한 결과에 대해 연구자들은 생애지속형 범죄자들의 경우 남자, 여자 집단 모두 반사회성 행동 예후가 전체적으로 좋지 않으며, 청소년기 한정형 범죄자들 중 여성들의 경우 "사춘기 반사회성 행동으로 인해 성인기 이후 경제적 어려움을 겪을 가능성이 존재하므로 이에 대한 개입 전략 또한 필요하다."라고 결론 내렸다(Odgers et al., 2008, p. 707). 성차와 관련된 또 다른 발견점으로는 생애지속형 범죄자 유형 중 여성들이 차지하는 비율이 유의미하게 낮다는 점이다(예: Fontaine, Carbonneau, Vitaro, Barker, & Tremblay, 2009). 또한 범죄 발달 경로상 청소년기 범죄 위험 요인들에 노출되는 비중이 남성과 여성 간에 차이가 있을 수 있다. 따라서 범죄 위험 요인들에 노출될 가능성이 상대적으로 낮은 여성 청소년들의 반사회성 행동이 늦게 나타날 수 있다.

Focus 7-1 Lenny 이야기

미국 원주민 혈통인 Lenny는 12세 때 부모님이 돌아가셨다. 그의 부모는 파티에 참석했다가 일어난 사고로 사망했다. 이 비극적인 사건으로 12명 이상의 아이가 고아가 됐다. Lenny와 여동생은 각기 다른 위탁 가정에 맡겨졌다. Lenny의 양부모님은 좋은 분들이셨지만, 미국 원주민 문화에는 생소한 분들이었다. 이때는 위탁 가정 배정 시 아이들의 문화적 출신 배경을 고려하는 연방 법률이 제정되기 이전이었다. Lenny는 전학한 학교, 새 가족, 마을에 적응하는 데 어려움을 겪었다. 과거에도 성적이 뛰어난 학생은 아니었지만, 전학 온 학교에서 더욱 성적이 떨어졌다. 새로운 위탁 가정에는 Lenny뿐 아니라 다른 위탁 아동들도 있었다. Lenny는 조용하고 말이 없던 아이로 특별한 행동 문제는 없었다. 하지만 학교 친구가 한 명도 없을 정도로 학교생활에 적응하지 못했다. 폭력적인 문제는 없었지만, 친구들의 학업을 방해하는 행동을 종종 저질러 교장실에 불려가곤 했다. Lenny가 다니던 작은 시골 학교에는 사회복지사, 심리학자 혹은 상담 선생님들이 따로 없었다. 또한 이 학교에 다니는 학생들은 인종적 · 문화적 · 사회경제적 수준 및 종교까지 비슷했다. 모든 면에서 Lenny는 고립감을 느꼈다. 이전 친구들과 만날 수도 없었고, 여동생조차 두 달에 한 번 정도만 만날 수 있었다. Lenny와 함께 위탁된 아이들 또한 부모를 잃고 가족과 떨어져 사는 아이들이라는 점 이외에는 아무런 공통점이 없었다.

Lenny는 일주일에 한 번 담당 사회복지사와 면담했는데, 사회복지사는 그가 예의 바른 아이이기는 했지만 감정 표현이 서툴렀고 활발한 의사소통을 보이는 아이는 아니었다고 한다. 위탁 가정 부모, 사회복지사, 교장 선생님은 Lenny의 장래에 대해 무척 걱정했지만, 도울 수 있는 마땅한 방법을 찾을 수 없었다.

Lenny는 학교에서 한 여자 선생님 때문에 특히 힘들어했다고 한다. 그 선생님은 인근 공장에서 관리직 사원으로 근무하는 남편과 어린아이들을 둔 주부였다. 선생님은 부유하지는 않았지만, 좋은 집에서 살았고, 마을에서 안정된 생활을 하는 중류층이었다. 이 선생님은 Lenny의 상황에 대한 이해와 배려가 부족했고, 매사에 그를 엄격하게만 대했다고 한다.

위탁 가정에서 생활한 지 2년이 된 14세 때 Lenny는 그 선생님의 집에서 현금 약 200달러와 값싼 보석들을 훔쳤다. 양부모는 Lennny의 선처를 바랐지만, 선생님은 처벌을 주장했다. 결국 Lenny는 소년원으로 보내졌고, 그곳에서 18세까지 생활했다. 출소한 지 얼마 지나지 않아 다른 주에서 주유소 무장 강도를 저질렀으며, 체포되어 5년형을 선고받았다. 5년 복역 후에는 다시 고향으로 돌아와 노동에 종사하고 있다.

Lenny의 사례는 법률적인 지원을 포함해 청소년 범죄자들에 대한 사회적 지원이 충분치 않던 시절에 발생한 일이다. Lenny는 이제 50대이다. 최근 그는 하루 종일 술집에서 술을 마신 후 집으로 돌아와 동거녀를 폭행해 난동 및 가중폭행 혐의로 기소됐다.

*이 이야기는 실제 사례를 바탕으로 일부 사항을 수정한 것이다.

토론 질문

1. Lenny를 생애지속형 범죄자(LCPs)로 볼 수 있을까? 그를 생애지속형 범죄자로 보기 위해선 어떤 추가 정보들이 필요한가? 만약 생애지속형 범죄자 유형이 아니라면 어떤 발달 유형에 해당하는가?
2. 앞서 제시한 정보들만 볼 때, Lenny의 부모님이 돌아가시지 않은 경우를 제외하고 Lenny의 인생에 어떤 요인들이 있었다면 그의 삶이 더욱 긍정적일 수 있었을까?
3. 이러한 사례들에서 법정 심리학자들은 어느 시점에, 어떤 역할로 개입할 수 있을까?

청소년 뇌 발달

Steinberg와 동료들은 발달 심리학 및 뇌과학 실증 연구 결과들을 적용해 Moffitt의 청소년기 한정형 범죄자 발달 유형의 신경학적 특성을 정리한 이론적 모델을 제시했다. Steinberg(2008, 2010b)는 보상 및 충동성을 주관하는 뇌 영역의 발달 시점이 서로 다를 수 있고, 청소년기 및 성인기 초기의 행동에 보상 및 충동성이 미치는 영향 또한 개인별로 상이할 것이라는 가설을 설정했다. "뇌과학 연구에서의 불편한 진실 중 하나는 청소년들의 뇌 구조, 뇌 기능 영역, 연결 회로, 시스템, 처리 과정 등의 발달 시점이 서로 다르다는 점이다." (Steinberg, 2016, p. 345) 뇌 발달 시점의 차이는 청소년기 시절 높은 수준의 위험 추구(risk taking) 행동을 보이는 이유를 설명하는 데 도움이 된다. Steinberg가 제시한 모델은 **발달적 이중 시스템 모델**(developmental dual system model)로 알려져 있다.

11개국에 거주하는 11~30세의 청소년과 성인 5,500명을 대상으로 한 비교문화적 연구 결과, 공통적으로 감각 추구 성향은 청소년 후반에 절정에 이른 후 감소하는 반면, 자기조절 능력은 청소년기와 성인기 초기를 거치며 점진적인 선형 관계로 증가하는 것으로 나타났다. 이는 위험 추구와 범죄 행동을 설명하는 데 있어 발달적 이중 시스템 모델의 타당성이 입증된 결과라 할 수 있다(Steinberg, 2016).

감각 추구, 미래 지향성 부족, 또래 집단의 압력 및 영향에 대한 강한 민감성 등은 청소년들의 공통 특성으로 이미 널리 알려진 것이다. 청소년기의 위험 추구 행동은 난폭 운전, 폭음, 흡연, 무분별한 성관계 등으로 나타날 수 있다. 청소년들 또한 속도 제한 기준, 흡연 및 무분별한 성관계의 위험성을 인식하면서도 위험 행동을 지속하는 경향이 있다. 청소년 사망에 가장 큰 영향을 미치는 위험 행동들에는 약물 남용, 범죄 행동, 무분별한 성관계 등이 있다(Luna & Wright, 2016).

사진 7-1 파티를 즐기는 10대 청소년들
출처: iStockphoto.com/strurt.

청소년들의 두드러진 특징 중 하나인 충동성과 급격한 기분 변화는 미성숙한 자기통제 능력과 관련이 있는데, 이것이 성숙한 수준으로 발달하기까지는 많은 시간이 걸린다. 감각 추구는 "새롭고 다양한 자극 경험을 추구하는 경향이며 이를 달성하기 위한 위험 감수 의지를 의미한다"(Steinberg et al., 2008, p. 1765). 청소년들의 경우 타 연령대에 비해 미래 지향성이 결여되어 있다는 점은 발달 심리학자들 사이에서는 오랜 기간 관찰되어 온 사실이다. 성인들과 비교해서, 청소년들은 미래를 고려하지 않고 현재 상황에만 초점을 맞출 가능성이 더욱 높으며, 장기적인 결과를 크게 고려치 않는 경향이 있다. 청소년들이 장기적인 관점에서 의사결정을 하는 경우는 자신의 미래에 미치는 영향보다는 즉각적인 위험과 보상을 더욱 고려하는 경우이다(Scott & Steinberg, 2008). Moffitt의 이론에서 설명한 바처럼, 청소년기 위험 추구 성향은 다양한 범죄 행동으로 나타날 수 있다. 자기보고식 설문 연구에서는 남자 청소년 중 약 90% 이상이 체포, 구금 수준의 범죄를 저지른 사실을 인정한다는 점이 발견됐다(Scott & Steinberg, 2008).

청소년들이 성인들에 비해 또래 집단의 영향에 민감하게 반응한다는 점은 이미 많은 연구에서 입증된 사실이다(Scott & Steinberg, 2008). 또래 집단의 중요성이 증가한다는 것은 주변 친구들에게 인정받기 위한 행동 가능성이 높다는 점을 의미한다. 또래 집단의 영향에 민감하게 반응할 경우 집단 압력에 따라 반사회성 행동들에 관여할 가능성 또한 증가한다(Erickson, Crosnoe, & Dornbusch, 2000; Scott, Reppucci, & Woolard, 1995). 청소년들의 위험 행동 및 범죄 관련 행동은 대부분 집단적이며, 사전 계획 없이 충동적으로 발생하는 특징이 있다(Monahan, Steinberg, & Cauffman, 2009; Warr, 2002; Zimring, 1998). Moffitt(1993a)과

Steinberg(2014a)의 연구에서는 또래 집단에서 욕구가 청소년 비행 행동의 핵심적인 원인인 것으로 나타났다. 이러한 연구 결과들을 종합해 보면, 청소년 집단에서 집단적인 위험 추구 행동이 빈번하게 나타나는 이유 중 하나는 성인들보다 또래 집단과 함께 보내는 시간이 더 길기 때문이라고 추정할 수 있다.

발달적 이중 시스템 모델과 유사한 모델로는 Beatriz Luna와 Catherine Wright(2016)의 추동형 이중 시스템 모델(driven dual system model)과 Casey 등의 성숙 불균형 모델(maturational imbalance model)을 들 수 있다(Casey & Caudle, 2013; Casey, Getz, & Galvan, 2008). 이 두 모델 모두 사회-정서적 시스템과 인지 통제 시스템 간의 상호작용을 설명하는 이중 시스템 모델이다. 뇌 영상 기술의 발달은 이들 뇌 발달 이중 모델의 발전에 중요한 영향을 미쳤다.

자기공명영상(MRI)

뇌 발달 연구들은 청소년의 행동에 대한 이해와 예측에 많은 기여를 해 왔다. 1990년대 이후 많은 연구자가 청소년기 및 성인기 초기의 뇌 발달 양상에 많은 관심을 가져왔는데(Steinberg, 2008), 최근 들어 자기공명영상(magnetic resonance imaging: MRI), 기능적 자기공명영상(functional MRI: fMRI), 확산 텐서 영상(diffusion tensor imaging: DTI) 등 고해상도 영상 기술의 비약적 발전으로 아동, 청소년 및 성인들의 뇌 발달 차이를 규명하는 연구가 가능해졌다(Luna & Wright, 2016). 자기공명영상(MRI)의 경우 법적 증거로 제출되는 빈도가 증가하고 있다(Miller & Lindbergh, 2017). 고해상도 뇌 영상 촬영 기술들은 주사나 약물이 필요치 않은 비침습적인 특성을 지니고 있으며 통증이 없는 안전한 검사 도구로 인정받고 있어 모든 연령대의 뇌 기능 발달 및 변화 패턴 연구에서 활동하기에 매우 적합하다.

이와 같은 뇌 영상 연구들을 통해 사춘기 시기 뇌의 구조적 · 신경화학적 · 기능적 변화가 두드러진다는 점이 밝혀졌다(Luna & Wright, 2016). 이러한 뇌 발달의 급격한 변화가 위험 추구 및 비행 행동에 영향을 미친다고 볼 수 있다. 범죄 행동들은 "10세부터 18세까지 극적으로 증가한 후 정점을 찍고, 18세에서 25세 사이에 가파른 감소 곡선을 그린다"(Steinberg, 2014a, p. 88). 이런 사실은 청소년의 행동을 설명하는 데 있어 뇌의 발달적 변화 특성에 대한 이해가 중요하다는 점을 의미한다.

사회적 뇌와 또래 집단의 영향

뇌 영상 기술의 발달과 관련 연구들의 비약적 증가로 인해 청소년들의 사회적 관점 및 해석 양식이 뇌 기능 및 뇌 발달 특성에 영향을 받는다는 점이 발견되었다. 심리학에서 이와 관련된 연구 분야를 사회인지(social cognition)라 한다. 사회인지 연구에서는 사회적 상호작용 과정에서 다른 사람들에 대한 정보를 처리하고, 저장하고, 적용하는 방식들을 중점적으로 다룬다. 이것이 타인의 의도, 느낌, 사고 추론을 가능하게 한다(Adolphs, 2009). 특히 사회인지 과정에서는 민족적 · 인종적 배경 특성이 중요한 영향을 미치는데, 가령 의사소통 과정에서 얼굴 표정 등 비언어적 표현의 해석은 문화적 배경에 따라 서로 다르게 나타날 수 있다. 예를 들어, '눈동자 움직임'과 같은 비언어적 단서에 대한 해석 양식은 문화적 배경에 따라 서로 다를 수 있다.

사회적 뇌는 청소년기 급속도로 발전하다가 20대 초중반 안정적인 국면에 접어든다(Kilford, Garrett, & Blackmore, 2016). Luna와 Wright(2016)에 따르면, "청소년기는 가족보다 또래 집단 및 이성 친구들과의 유대감을 우선시하는 사회화 시기이다"(p. 106). 따라서 청소년들은 사회문화적 신호에 더욱 민감하게 반응하는 경향이 있다(Blakemore & Mills, 2014). 뇌 영상 연구들에서는 청소년들이 상대방의 얼굴 표정 처리, 동료 평가 및 영향에 대한 해석 시 사회적 뇌를 관장하는 뇌 영역 간의 네트워크가 더욱 활성화된다는 점이 발견됐다(Blakemore & Mills, 2014). 청소년들의 동료 평가는 이들의 사회적 · 개인적 가치감에 영향을 미치며, 이러한 경향은 13~17세 청소년들에서 특히 두드러진다. 또래 집단에 거부당하지 않고, 인정받고 싶은 욕구로 인해 청소년들은 위험 행동에 관여하게 되고, 심지어는 범죄를 저지를 수도 있다. "관련 연구들에서는 또래 집단에서의 거부 경험이 청소년들의 정신적 고통과 불안 증대, 악화된 기분과 강하게 연합된다는 것이 발견됐다."(Kilford et al., 2010, p. 113)

또래 집단은 청소년들에게 이와 같이 부정적인 영향도 미치지만, 일정 부분 긍정적인 영향도 줄 수 있다(Kilford et al., 2016). 가령, 힘든 상황에서 친구들의 존재가 큰 힘이 될 수도 있고, 서로서로 나쁜 길로 빠지지 않도록 격려를 할 수도 있다. 따라서 성인들은 청소년들의 모든 친구 관계를 의심하기보다는 범죄 등 위험 행동을 조장하는 나쁜 친구들에게 영향을 받지 않도록 하는 적절한 조치를 취할 필요가 있다.

청소년 범죄에서의 뇌과학과 성별 차이

청소년 뇌 성숙도의 성별 차이 규명을 위해 확산 텐서 영상(DTI)을 사용한 연구들이 증가하고 있다(Gur & Gur, 2016). 남성 청소년들은 운동 및 공간 인지 능력이 우수하고 여성 청소년들은 감정 식별 및 비언어적 추론 능력이 상대적으로 우수한 것으로 알려져 있다. 다양한 과제를 수행할 때 남성 청소년들은 뇌의 단일 반구에서만 인지 처리 기능이 활성화되는 반면, 여성 청소년들은 좌뇌와 우뇌가 모두 활성화된다. 뇌 기능상 성별 차이 확인을 위해 뇌 영상 기술을 활용한 연구들은 아직 초기 단계이긴 하나, 주의력결핍, 과잉행동장애, 품행장애 등 일부 신경발달장애 발병 시 뇌 기능의 성별 차이 이해에 도움을 주고 있다.

발달신경학적 연구 및 뇌 영상 기술을 적용한 연구 결과들은 소년법원에서 청소년 범죄자들에게 사형 혹은 가석방 없는 종신형 구형 여부를 판단할 때 중요한 자료로 활용되고 있다(Luna & Wright, 2016). 가령 뇌 영상 자료에 대한 해석 결과가 전문가 의견서 행태로 미국 연방 대법원에 제출된 적도 있다. Graham 대 Florida(2010) 사건에서 법원은 Steinberg의 연구 결과를 인용해 살인 범죄 이외의 재판에서 청소년 범죄자들에게 가석방 없는 종신형 구형은 매우 잔인한 처벌이 될 수 있다고 판결했다. 또 다른 판례에서는 법원이 Steinberg의 연구 결과를 인용해 하급심 법원의 가석방 없는 종신형 판결이 청소년 범죄자들의 잠재적 갱생 가능성 평가 기회 자체를 박탈했으므로 청소년의 법적 권리를 위반한 것으로 판결했다(Miller v. Alabama & Jackson v. Hobbs, 2012). 과거에도 법원은 17세 이하 청소년 범죄자들에게 사형 구형을 하는 것은 매우 잔인하고, 이례적인 판결이라는 관점을 지니고 있었다(Roper v. Simmons, 2005). 이와 같이 청소년들의 인지 능력에 대한 심리학 연구 결과들은 대다수의 미국 주정부 대법원의 청소년 사건 판결에 큰 영향을 미치고 있다.

청소년 범죄자들에게 구형되는 극단적으로 긴 장기 복역형 또한 가석방 없는 종신형과 동일한 영향을 미칠 수 있다. Miller 대 Alabama 판결 이후, 캘리포니아주 대법원은 16세에 3건의 살인미수 범죄를 저지른 피고인에게 구형된 110년형이 피고인의 헌법상 권리를 침해한 것으로 판결했다. 110년형을 받을 경우, 100년 동안 가석방 자격이 주어지지 않는다.

요약하면, "지난 10년간 미국 소년법원은 청소년 비행 행위를 포함한, 소년 재판 과정에서 과학적 사실에 기반한 법적 판단을 내리기 위해 청소년과 성인의 뇌 기능 차이에 대한 과학적 연구 결과들을 인용해 왔다"(Luna & Wright, 2016. p. 92). 법정 심리학자들은 이러한 연구 결과들을 숙지하고 있어야 하며, 소년 재판에서 청소년 뇌 발달 과정에 대한 발달신경과학 연구 결과들을 법원에 제출할 수 있어야 한다. 연구자들(예: Anderson, 2016; Luna & Wright, 2016)이 지적한 것처럼, 청소년기는 불안장애, 기분장애, 섭식장애, 인격장애, 약물남용, 정신증 등의 다양한 심리장애에 취약한 연령대이다. 중증 심리장애의 평균 발병 연령은 평균 10세경이다(Steinberg, 2014a).

그렇다면 아동·청소년기에 위험 추구 행동이 증가하는 이유는 무엇일까? 또한 성인기 이후 위험 추구 행동이 감소하는 이유는 무엇인가? 이 두 가지 근본적인 질문들에 대해 Steinberg는 사춘기는 사회 정서 체계를 담당하는 뇌 영역의 두드러진 발달 변화가 이루어지는 시기로 위험 추구 행동이 증가한다고 설명하고 있다. 뇌는 편도체(amygdala), 측좌핵(nucleus accumbens), 안와전두피질(orbitofrontal cortex), 내측 전두엽 피질(medial prefrontal cortex), 상측두구(superior temporal sulcus) 등이 연결된 복잡한 신경 구조로 구성되어 있는데, 청소년기 뇌 발달 과정에서 이러한 신경 구조의 변화는 보상 추구 및 자극 추구 활동을 현저하게 증가시키는 요인으로 작용하고 있다.

성인기에 접어들면서 위험 추구 행동은 감소한다. 이는 뇌 전두엽 부위가 관장하는 인지 통제 기능이 발달하기 때문이다. 이러한 뇌 발달상의 변화로 인해 성인기 이후 자율적 규제 능력이 향상되고, 사회 · 정서 기능에 대한 통제 능력이 발달하게 된다. 인지 통제란 "인지적 · 행동적 욕구가 상충되는 상황에서 목표 지향적 행동을 유지시키는 자기조절 능력을 구성하는 중요 요소이다"(Zeier, Baskin-Sommers, Racer, & Newman, 2012, p. 284). 보상 추구 욕구는 청소년기 등 발달 초기 단계에서 급속하게 증가하는 데 반해, 자기조절 능력은 점진적으로 발전해 20대 중반까지도 완성되지 않는다([그림 7-1] 참조). 보상 추구와 자기조절 능력은 Steinberg의 이중 시스템 모델의 기본 구성 요소이다. 청소년기 위험 추구와 범죄 행동은 사회 · 정서 및 인지 통제 시스템의 상호작용 효과에 의해 가장 잘 이해될 수 있고, 설명될 수 있다(Steinberg, 2008).

Steinberg(2008)는 주로 사회 · 정서 체계를 관장하는 뇌 부위 신경전달물질의 증가를

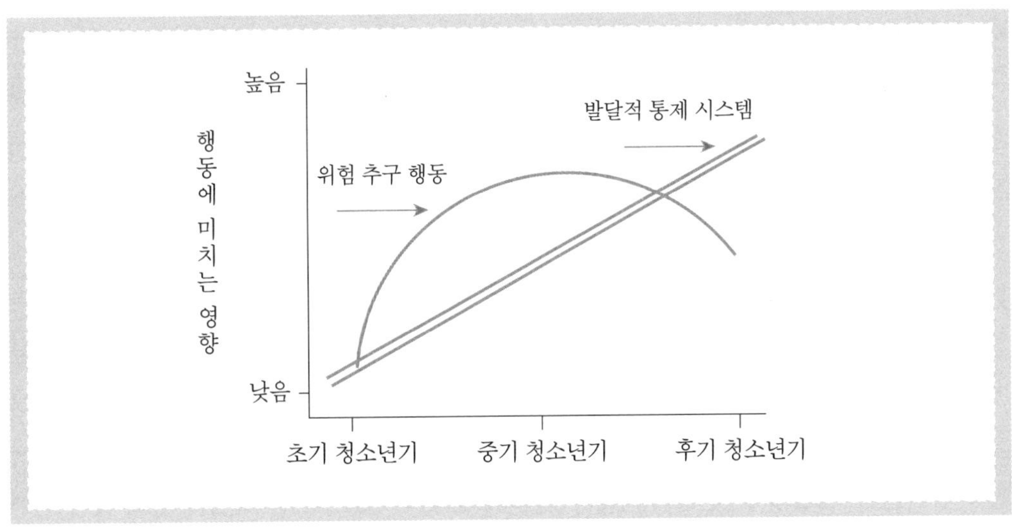

그림 7-1 Steinberg의 이중 시스템 모델

청소년기에 나타나는 갑작스럽고 높은 수준의 위험 추구 행동의 원인으로 설명하고 있다. 도파민 신경전달물질과 수용체의 증가는 이러한 변화의 주된 원인이다. 반면, 인지 통제 시스템은 사회 · 정서 시스템이 출현한 이후에 나타난다. 청소년기와 성인기 초기의 자기조절 및 인지 통제 능력의 점진적인 발달은 전전두엽 부위의 신경 및 연결 네트워크와 밀접한 관련이 있다. 성인 뇌에 비해 청소년 뇌의 인지 통제 네트워크가 효율적으로 구성되지 못했다는 점은 관련 연구들에서 입증되었다(Steinberg, 2008, 2016).

또한 Steinberg는 충동적인 보상 추구 행동(사회 · 정서적 시스템)에 대한 인지적 통제가 또래 집단의 영향에 대한 저항을 유도한다고 했다. 이러한 또래 집단의 영향에 대한 저항은 대체로 18세 이후부터 나타나지만(Steinberg & Monahan, 2007), 대학생 집단에서도 또래 집단에 동조한 위험 추구 행동이 나타날 수도 있다(Gardner & Steinberg, 2005). 따라서 선거 운동을 할 때 상대 후보자가 고등학교, 대학교 시절에 저지른 일탈 행동 중 폭력 범죄 경력을 제외하고는 비방해서는 안 된다는 주장도 있다. 인지적 통제 시스템은 20대 중반에 완성되는데, 이 시기에 위험 추구 행동을 촉진하는 고양된 각성 조건(사회 · 정서 시스템)을 인지적 통제 시스템이 조절하게 된다. "시간이 지나면 자연스럽게 발전하는 것들이 있다. 성숙한 판단이 이에 해당된다."(Steinberg, 2008, p. 100)

모든 10대가 위험하고 무모한 행동을 하는 것은 아니다. 발달 경로에는 분명 개인차가 존재하며, 성숙한 발달 수준에 도달하는 연령대 또한 서로 다르다(Steinberg, Graham, et al., 2009). 부모의 양육 방식, 성인의 관리감독 수준, 기질적 차이, 알코올 및 약물 이용 가능성 등의 다양한 요인이 감각 추구 및 위험 행동과 반사회성 행동에 영향을 미친다. 이들 영향 요인은 영구적으로 지속되는 안정적 요인들로 전 생애에 걸친 반사회성 행동이 형성되는 초기 단계에 특히 중요한 역할을 한다.

과학적으로 증명된 사실 중 하나는 심리적, 사회적 발달 수준이 성숙해지기 이전에 지적 성숙도가 먼저 발달한다는 것이다(Steinberg, Cauffman, et al., 2009). 16세 이상 청소년들의 논리 추론 및 언어 능력은 성인과 거의 동일한 수준이라 할 수 있으며 "위험 지각 및 취약성 추정 능력 또한 성인들과 다를 바 없다"(Steinberg, 2008, p. 80). 즉, 청소년도 시골길에서 빠른 속도로 자동차 경주를 하는 것이 위험하다는 사실을 익히 알고 있다. 따라서 청소년 또한 성인과 마찬가지로 행동 위험성을 충분히 지각하고 있지만, 특정 상황에서 사회 · 정서적 판단 능력이 약화될 수 있다. 가령 정서적 각성 상태, 부모 및 어른의 관리감독이 없는 경우, 즉각적 보상이 주어지는 경쟁 조건, 비용 지불 조건 등에서 청소년들의 사회 · 정서적 판단 능력 및 의사결정 능력이 저해될 수 있다(Steinberg, 2007). 또한 "청소년들의 뇌는 어떤 경우에는 매우 취약하고(충동 통제), 어떤 경우에는 매우 뛰어나다(학습 상황)……"고 볼 수 있다(Steinberg, 2016, p. 345).

정리하면, Steinberg의 이중 시스템 이론은 청소년들 스스로 특정 행동에 대한 위험성을 충분히 지각할 수 있음에도 위험 행동을 추구하는 이유 및 청소년기 한정형 범죄자에 대한 이해를 위한 기본적 개념을 제시하고 있다. 다행스럽게도, 대부분의 청소년은 나이가 들면서 위험 행동이 감소한다. 하지만 청소년기의 반사회성 폭력 행동이 성인기 이후까지 계속되어 상습적인 범죄자가 되는 경우도 있다. 연구들에서는 성인기에 심각한 수준의 반사회성 행동들이 지속되는 사람들의 경우 대부분 아동 및 청소년기 초기에 문제 행동들을 보인다고 한다. 지금부터는 성인기 이후 반사회성 행동들과 밀접한 관련이 있는 발달 요인들에 대해 살펴보겠다.

지속적인 범죄 행동의 발달 요인

일부 아동들에게서 나타나는 다양한 문제 행동을 소위 파괴적 행동(disruptive behavior)이라 한다. "아동기의 파괴적 행동 문제로는 과잉행동성, 충동성, 부주의, 적대적 행동, 반항심, 공격성, 타인의 권리를 무시하는 행동 등을 들 수 있다."(Waschbusch, 2002, p. 118) Waschbusch에 따르면 전체 아동 및 청소년들 중 5~10%가 이러한 파괴적 행동 문제들을 보이는데, 이는 정신의학적 치료 이유의 50% 이상을 차지한다. 만약 파괴적 행동을 보이는 아동들이 적절한 치료를 받지 못하고 방치될 경우 또래 집단의 거부, 학교 내 문제 행동, 타인과의 관계 어려움 등을 경험할 수 있으며, 향후 지속적인 비행 행동을 저지를 가능성이 높다. 많은 사례들에서 아동 · 청소년기의 지속적 비행 행동 문제들이 만성화될 경우, 성인기 이후 폭력 행동 및 반사회성 행동이 나타난다는 점을 확인할 수 있다.

연구들에서는 파괴적 행동 경향이 Moffitt의 생애지속형 범죄자(LCPs) 혹은 심각하고 지속적인 범죄자 유형의 4개 주요 특성 중 최소 2개 특성을 공유한다고 보고 있다. 4개 주요 특성은 ① 과잉행동, 충동성, 주의력 문제, ② 품행 문제, ③ 인지 능력 부족, ④ 대인관계 혹은 사회 기술의 결여(또래 집단의 거부 등)이다.

주의력결핍 과잉행동장애와 비행

주의력결핍 과잉행동장애(attention-deficit/hyperactivity disorder: ADHD)는 의료 및 교육 환경에서 자주 사용되는 미세뇌기능장애(minimal brain dysfunction: MBD), 주의력결핍장

애(attention deficit disorder: ADD) 그리고 과잉행동-충동성 주의력(hyperactive-impulsive attention: ADHD-HI) 문제 혹은 단순히 과잉행동성(hyperactivity)을 포괄하는 것으로 오늘날 임상 현장에서 가장 많이 사용되는 용어 중 하나이다. ADHD의 세 가지 핵심 증상은 ① 과도한 운동 활동(가만히 앉아 있지 못하는 것, 안절부절못하는 것, 뛰어다니는 것, 말이 많으며 시끄러운 것), ② 충동성(생각하기 전에 행동하는 것, 한 가지 활동에서 다른 활동으로 빨리 옮겨 가는 것, 타인을 방해하는 것, 행동의 결과를 생각하지 않는 것), ③ 부주의(잘 듣지 않는 것, 쉽게 주의가 산만해지는 것, 과제나 활동에 필요한 것을 잃어버리는)이다. 이 세 가지 증상이 함께 나타나는 아이들은 모든 상황에서 자신의 행동을 자제할 수 없다. ADHD는 아동기 초기에 증상이 나타나며, "심리적 · 사회적 · 직업적 기능과 학업 능력 등을 포함한 여러 기능의 복합적 손상"과 관련이 있을 수 있다(Weyandt, Oster, Gudmundsdottir, DuPaul, & Anastopoulos, 2017, p. 160).

ADHD 증상과 유사하나 구분이 필요한 장애 유형으로는 범죄 행동으로 발전할 가능성이 높은 **적대적 반항장애**(oppositional defiant disorder: ODD)를 들 수 있다. 적대적 반항장애는 어른들과의 말다툼, 어른들의 지시나 요구에 대한 거부, 타인에 대한 고의적 괴롭힘, 타인의 실수에 대한 비난, 앙심을 품거나 보복하려는 행동 등의 증상을 보인다(Kosson, Cyterski, Steuerwald, Neumann, & Walker-Matthews, 2002). 많은 정신건강 전문가들은 ODD를 장애로 보는 데 회의적이다. ODD 발병률은 남아의 경우 약 3%, 여아의 경우는 약 1.4% 정도로 낮은 수준의 발병률을 보이는 것으로 알려져 있으며(von Polier, Vloet, & Herpertz-Dahlmann, 2012), 일부 ADHD로 진단받은 아동들 중에는 ODD 행동 패턴을 보이기도 한다(Biederman, 2005).

ADHD는 아동들 사이에서 가장 많이 진단되는 심리장애이다(Flory, Milich, Lynam, Leukefeld, & Clayton, 2003; Nigg, John et al., 2002). 대부분의 문화권에서 학령기 아동들의 ADHD 발병률은 약 5% 정도로 추산되고 있으며(American Psychiatric Association [APA], 2013), 전 세계적으로 아동 · 청소년 발병률은 약 5~10%로 추정되고 있다(Ramsay, 2017; Taylor & Sonuga-Barke, 2008; von Polier et al., 2012). 성인 발병률 또한 약 3~9%에 달한다(Ramsay, 2017; Sevecke, Kosson, & Krischer, 2009). 하지만 최근까지 ADHD의 발병 규모, 정확한 원인, 심각성 확인을 위한 체계적인 대규모 조사는 이루어지지 않고 있다. ADHD의 특성을 다루고 있는 연구들에서는 남자 아동의 발병률이 더 높다는 결과들을 일관적으로 제시하고 있지만, 발병률의 성별 차이는 2:1부터 9:1까지 다양하다(Root & Resnick, 2003). 또한 Root와 Resnick의 연구에서는 미국 내 소수 민족 및 인종 집단 중에서 특히 흑인 아동이 ADHD 진단을 받는 경우가 상대적으로 많다고 했다. 하지만 그 원인은 아직 밝혀지지 않았다. 더불어 ADHD는 일반적으로 초등학교 저학년 시기인 초기 발달 단계에서 주로 발병된다(Deault, 2010). 중요한 점은 아동 및 성인들 대다수가 일정 수준 이상의 주의력 결핍, 과잉행동성, 충동성 문제를 가지고 있을 수 있지만, 그 증상이 일반 아동들과는 구별되는 수준으로 확연하고 뚜렷하게, 장기간 지속되는 경우에만 ADHD로 진단된다는 것이다(Root & Resnick, 2003). Ramsay(2017)는 ADHD에 대해 "자기조절 능력이 정상 수준에서 최극단치까지 떨어진 이들에게 해당되는 증후군"(p. 63)이라고 기술하고 있다. ADHD 관련 연구들 대다수가 미국과 유럽에서 이루어졌지만 ADHD의 진단 기준은 개발도상국(Rohde et al., 2001)과 다른 문화권(Barkley, 1998; Polancyzk, Lima, Horta, Biederman, & Rohde, 2007)에서도 동일하게 적용되고 있다.

많은 ADHD 아동이 성인기 이후에도 동일한 증상이 지속된다(Lara et al., 2009; Nigg, Butler, Huang-Pollock, & Henderson, 2002; Weyandt et al., 2017). 10개 국가에서 진행된 조사 연구에서는 ADHD 진단 아동 중 약 50% 이상이 성인이 된 후에도 ADHD 진단 기준들을 모두 충족한 것으로 나타났다(Lara et al., 2009). 또 다른 연구에서도 ADHD 아동의 약 35~65%가 성인기 이후에도 임상적으로 중요한 증상들을 보였다고 한다(Cahill et al., 2012). 다시 말하자면, 많은 ADHD 아동이 성인기 이후에도 해당 증상을 보인다고 볼 수 있다. 과거에는 ADHD가 아동 장애 유형으로만 인식되었지만, 최근에는 성인 ADHD 또한 지속적으로 발생한다는 연구 결과들이 제시되고 있다.

교육계 종사자들은 학업 및 과제 수행, 인지적 구조화, 행동 통제 및 유지의 어려움 등을 ADHD 아동들의 문제로 지적하고 있다. 연관 증상으로는 좌절 감내 능력의 저하, 짜증 및 화를 잘냄, 급격한 기분 변화 등이 있다(APA, 2013). 정확한 ADHD 발병 원인은 아직 확인되지 않았는데, 일부 연구자는 부주의와 과도한 움직임의 원인을 선천적인 생물학적 소인으로 간주하고 있다. 반면에 환경적 요인에 의한 신경 체계 손상이 ADHD 발병에 영향을 미친다는 주장도 있다. Loeber(1990)의 연구에서는 경미한 납 독성(페인트, 공기 중 오염 물질, 음료수 등)에 노출된 취학 전 아동들이 상대적으로 과민하고, 충동적이며, 쉽게 산만해지고, 좌절하는 경향이 있으며, 단순 지시에 대한 순응에도 문제를 보인다는 점이 발견됐다. 취학 전 아동들이 유독 물질에 노출될 경우 신경 발달 수준이 저해될 수 있고, ADHD 증상이 나타날 수 있다. 또 다른 연구들에서는 ADHD 아동들은 학교 교육에 필요한 인지 구조화 및 효과적 전략 수립 능력이 부족하며, 특히 추상적 개념 이해 및 활용 능력이 떨어지는 것으로 나타났다(예: Nigg & Huang-Pollock, 2003; Séguin & Zelazo, 2005). 또한 새로운 지식 및 정보 처리에 필요한 인지 구조화 능력이 결핍된 특성을 보인다. 하지만 재능 있고 영리한 사람들 중에서도 어린 시절 ADHD 진단을 받은 경우가 있고, 이와 유사한 증상을 보이는 경우도 존재하기 때문에 ADHD의 부정적 특성들에만 초점을 맞추는 것은 잘못됐을 수도 있다. 더군

다나 아동 ADHD 진단 중 상당수가 오진인 경우가 있어, ADHD 아동들에 대한 약물 처방 문제가 전문가들 사이에서 많은 논란이 되고 있다. 법정 심리학자들 또한 다양한 평가 과정에서 이러한 문제에 직면할 수 있으므로 관련 연구 결과들에 대한 충분한 이해가 필요하다.

일부 연구자는 ADHD의 주요 발병 원인을 신경심리학적 결핍에 따른 억제 능력 부족 문제로 보고 있다(Barkley, 1997, 1998; Nigg et al., 2002). 억제 능력 부족은 행동 통제 능력 부족에서 비롯된다(Nigg, 2000). 하지만 현재까지의 ADHD 연구 결과들을 종합해 보면, 발병 원인이 매우 복합적이기 때문에 신경 시스템과 환경 간의 역동적인 상호작용을 규명하는 것은 매우 어려운 문제이다.

ADHD에 수반되는 문제 행동들 중 가장 심각한 것은 ADHD 아동들이 주변 사람들에게 혐오스럽고 성가신 존재로 인식된다는 점이다. ADHD 아동들은 계속해서 접촉할 수 있는 대상을 찾고 관계를 지속하려 하나, 이는 상대방을 성가시게 하는 행동들이다. 따라서 ADHD 아동들은 또래 집단에게 거부당하는 경우가 많다. 특히 또래 친구들이 ADHD 아동이 공격적이라고 인식할 때 관계 거부 정도는 더욱 심해질 수 있다(Henker & Whalen, 1989). 이러한 특성은 나이가 들어서도 지속될 수 있어(Dodge & Pettit, 2003; Reid, 1993), 대인관계 장애로 발전할 수 있다. 일부 연구자는 ADHD 아동들이 또래 친구들과의 교우 관계 수준, 즉 우정 및 주변인들에게 느끼는 친밀감 수준을 체감하는 능력이 부족하다고 본다(Henker & Whalen, 1989). Moffitt(1990)에 의하면, ADHD와 비행 행동을 보이는 5~7세 아동은 사회적 관계에서 많은 어려움을 경험하는데, 이는 사춘기 이후에도 지속될 가능성이 높다.

비행과 약물 남용은 ADHD에서 가장 일반적으로 나타나는 문제 행동들이다(Beauchaine, Katkin, Strassberg, & Snarr, 2001). ADHD와 비행 행동 증후를 모두 보이는 청소년들이 장기간에 걸쳐 심각한 수준의 범죄를 저지를 위험성이 매우 높다는 점은 실증 자료들을 통해 확인된 사실이다(Mannuzza, Klein, Bessler, Malloy, & LaPadula, 1998; Moffitt, 1990; Odgers et al., 2008; Pfiffner et al., 1999). 소년원 등 수감시설에 수용된 청소년을 대상으로 한 조사에서는 그들 중 약 절반 정도가 ADHD 증상을 보인 것으로 나타났다(Young et al., 2010). 또 다른 연구에서는 유죄 판결을 받은 청소년들 중 14~19%, 교정기관에 수용된 청소년들 중 20~72%가 ADHD 환자로 추정되고 있다(Vermeiren, 2003). David Farrington(1991)의 연구에서는 폭력 범죄자에게서 주로 과잉행동성, 충동성, 주의력 결핍 문제 전력이 발견됐다. Cahill 등(2012)에 따르면 성인 재소자들의 ADHD 발병률은 일반인 대비 상대적으로 높으며, 흥미롭게도 남성 재소자 집단에 비해 여성 재소자 집단의 ADHD 발병률이 더 높은 것으로 나타났다.

ADHD, 비행, 성인 범죄 간의 관계는 법정 심리학자들의 활발한 연구가 필요한 주제이다. 하지만 ADHD 아동이 향후 비행 행동을 보이거나 범죄자가 될 것이라고 낙인찍어서는 안 된다. ADHD 증상을 보이는 아동, 성인들 중에서 비행이나 범죄 행동을 보이지 않는 경우가 많지만, 유전적 · 인지신경적 · 심리사회적 측면에서 일반 아동 및 성인들에 비해 범죄 위험성이 높은 것은 사실이다(von Polier et al., 2012). 앞서 언급한 바와 같이 이들은 학교 장면에서 학습 능력(특히 읽기 능력) 문제를 보일 가능성이 높으며, 더욱 심각하게는 또래 집단과의 상호작용 및 다양한 신경학적 문제가 나타날 소지가 높다.

ADHD 치료에 가장 널리 사용되는 방법은 약물치료이다. 약물치료는 실제 ADHD 증상 완화에 많은 도움이 되나, 심각한 부작용이 나타날 수도 있다. 치료 과정에서는 상담 및 정신과적 치료, 특히 인지행동치료 등이 약물치료와 병행되나, 이 방법들 또한 만성적인 ADHD 환자를 완벽히 치료하는 데에는 한계가 있다. ADHD 아동들 대부분은 복합적인 문제 행동들을 보일 수 있기 때문에, 치료 시점에서 해당 아동에게 나타난 모든 영향 요인을 고려한 복합적 치료 전략을 적용하는 것이 최선의 방법일 것이다(Root & Resnick, 2003 참조). 이와 같은 치료적 방식을 '다중체계(multisystemic)' 치료 접근법이라고 한다(13장 참조).

품행장애

대부분의 ADHD 아동은 품행장애(conduct disorders: CD)를 수반한다(Coid, 2003; Connor, Steeber, & McBurnett, 2010; Offord, Boyle, & Racine, 1991; Reid, 1993). 예를 들어, 파괴적 행동을 보이는 아동의 약 50%가 ADHD와 품행장애의 기본 증상을 모두 보인다는 점이 보고됐다(Waschbusch, 2002). 파괴적 행동을 보이는 아동이 ADHD 혹은 품행장애 중 하나로 진단될 경우, 그들 중 50%가 두 가지 증상 모두를 보인다고 가정할 수 있다. 품행장애는 ADHD의 증상을 악화시키며, 두 증상의 혼재는 전 생애에 걸친 폭력성, 지속적인 범죄 행동 및 약물 남용의 강력한 예측 변수로 작용한다(Erskine et al., 2016; Flory et al., 2003; Molina, Bukstein, & Lynch, 2002; Pfiffner et al., 1999). Erskine 등(2016)에 따르면, 품행장애는 우울증, 불안, 약물 남용 문제의 증가와 교육 성취도 감소와 정적 상관관계를 보인다. 앞서 언급했듯이, 품행장애는 도둑질, 방화, 가출, 무단결석, 재산 침해, 싸움, 잦은 거짓말, 사람 및 동물 대상의 잔인한 학대 행위 등 다양한 반사회성 행동을 동반한 부적응적 행동들을 수반한다. 품행장애는 성인기 이후 나타나는 상습적인 범죄 행동의 강력한 예측 변수로 작용하기 때문에 가장 심각한 수준의 아동 · 청소년 장애로 간주되고 있다(Lahey et al., 1995). 실제 "품행장애와 폭력의 관계에 대해서는 다양한 문헌에서 쉽게 찾아볼 수 있을 정도로 잘 정리되어 있다"(Baskin-Sommers et al., 2016, p. 352). DSM-5(American Psychiatric Association,

2013)에서는 품행장애의 핵심 특징을 타인의 권리를 침해하는 반복적이고 지속적인 행동 패턴이라고 기술되어 있다.

DSM-5에는 품행장애가 아동기 발병형과 청소년기 발병형의 두 가지 하위 유형으로 구분되어 있다. 아동기 발병형의 경우 10세 이전에 품행장애 행동 패턴이 나타나고, 나이가 들수록 악화되어 성인기 이후 심각하고 지속적인 범죄 행동으로 연결될 가능성이 높다(Frick et al., 2003). Frick 등(2003)에 따르면, "청소년기 발병형 집단에 비해 아동기 발병형 집단은 상대적으로 더욱 공격적 · 충동적이며 사회적 소외감 수준이 높으며, 신경심리학적 장애 및 기능장애 문제가 더욱 빈번하다는 특징이 있다"(p. 246).

반면에 청소년기 발병형은 10세 이전에는 부적응 행동이 나타나지 않으며, 10세 이후에도 대인관계 및 사회적 기술 학습 능력의 문제는 미미하나, 사회적 규칙 및 절차를 준수하지 않는 특징이 있다. 이들은 자신들의 독립성과 성숙함을 과시하기 위해 또래 비행 청소년들과 어울리며, 청소년들에게 금지된 행위를 지속한다(Frick et al., 2003). 품행장애의 두 가지 유형은 Moffitt(1993a, 1993b)의 생애지속형 범죄자(아동기 발병형)와 청소년기 한정형 범죄자(청소년기 발병형)의 발달 경로를 따른다.

아동기 발병형 품행장애의 행동 증후들은 취학 전 아동과 부모 혹은 양육자와의 상호 과정에서 쉽게 찾아볼 수 있다(Reid, 1993). 예를 들어, 3세 아이가 집에서 공격적이고, 다루기 어려우며, 비순응적인 행동들을 보일경우 학교에 들어가서도 이런 문제 행동들이 계속 이어질 수 있으며, 더 나아가 청소년기를 거쳐 성인기 이후에도 문제 행동들이 계속될 수 있다. 품행장애 아동들은 학업 수행에서 많은 문제를 보인다. 이 때문에 품행장애 아동을 학습장애 아동으로 오인하는 경우도 있다. 그러나 학습장애는 품행장애를 수반하지 않는다. 이 두 장애 유형이 일정 부분 유사한 특성을 보일 수는 있지만, 엄격하게 볼 때 서로 다른 범주에 속하는 독립적인 유형이다. ADHD 아동과 유사하게 공격적인 품행장애 아동은 또래 집단에서 배척당할 가능성이 매우 높다. 또래 집단에서의 거부는 대부분 학창 생활 내내 지속되며 쉽게 변화되지 않는다(Reid, 1993). 앞서 설명한 대로, 성장기에 또래 집단에서 거부당한 경험은 정상적 대인관계 및 사회적 기술 발달에 중요한 영향을 미칠 수 있다. 대인 관계 및 사회 기술이 부족한 아동들은 욕구 충족을 위해 위협, 협박 등 공격적 수단을 사용할 수 있다.

미국 내 품행장애 발병률은 2~10% 이상까지 그 범위가 매우 다양하게 추산되고 있으며 그 중간값은 4%이다(American Psychiatric Association, 2013). 성별 차이는 여성 1명당 남성 2.5명의 비율로 나타난다(Moffitt et al., 2008). DSM-5에는 품행장애 진단을 받은 남자아이들은 싸움, 도둑질, 기물 파손, 학교 교칙 위반 등의 행동을 보이는 반면, 여자아이들은 거짓말, 무단결석, 가출, 약물 남용, 매춘 등의 행동을 보인다고 기술되어 있다. 일부 전문가는 현행 DSM-5 품행장애 진단 기준으로는 여자아이들의 품행장애 여부를 정확히 진단할 수 없다고 주장했다(포괄적 개관은 Moffitt et al., 2008 참조). 또한 심각한 수준의 품행장애 아동들은 종종 언어 능력 결핍 및 행동 통제 문제를 수반한다(Frick & Vlding, 2009). DSM-5에는 품행장애 청소년들은 후회와 죄책감을 느끼는 능력이 부족하고 타인에 대한 공감 능력이 부족하다고 명시되어 있으나, 대부분의 연구에서는 심각한 수준의 품행장애 아동들이 공감 능력 및 죄책감 등에서 특별한 문제가 발견되지 않는다는 결과들을 제시하고 있다(Frick, et al., 2014). "사실 이들은 불안 수준이 매우 높다. 그리고 자신의 행동이 다른 사람들에게 미칠 수 있는 영향 때문에 몹시 괴로워하는 것처럼 보였다."(Frick et al., 2014, p. 27)

Bardone, Moffitt과 Caspi(1996)는 소녀들에게서 나타난 품행장애 패턴이 성인기 이후 일생 동안의 문제 행동을 예견하는 강력한 예측 변수라는 것을 발견했다. 성인기 이후 나타나는 문제 행동들로는 배우자 및 동료들과의 대인관계 문제, 범죄 행동, 어린 나이의 혼전 임신, 빈번한 실직과 해고 등이 포함된다. 또한 품행장애 소년들과 마찬가지로, 적절한 개입이 이루어지지 않을 경우 전 생애적으로 극심한 대인관계 문제가 지속될 수 있다. 품행장애 연구들에서 일관적으로 나타나는 공통점으로는 품행장애 청소년들 대다수가 적대적인 가정환경에서 생활했고 부모들은 비일관적인 훈육 방식을 취했다는 점이다(Frick et al., 2014).

중요한 점은 심각하고 만성적인 범죄를 수반한 비행 행동의 발생은 단일 요인이 아닌 다양한 요인과 관련이 있다는 것이다. 앞에서는 과잉행동성, 품행장애, 충동성 등과 같은 개인의 내적 결함 행동들에 초점을 맞췄으나, 실제 아이들은 부모, 보호자, 선생님 등을 포함하는 사회 시스템하에서 생활하고 있으며, 사회적 상호작용이 아이들의 행동에 중요한 영향을 미칠 수 있다. 즉, 많은 사례에서 아동들의 문제 행동이 가정환경에서의 학대, 방치 혹은 자녀 양육 방법에 대한 부모의 무지 등에 기인한 결과이며, 어른들이 아이들의 비행 행동에 대한 효과적인 개입을 할 경우 향후 범죄 행동으로 발전하는 것을 억제할 수 있었다. 가정환경뿐 아니라 이웃, 지역사회의 보살핌 등 아동 · 청소년을 대상으로 한 적절한 사회적 개입 또한 아동 및 청소년들의 문제 행동을 완화시킬 수 있는 거시적 영향 요인일 수 있다(Chauhan, 2015).

인지 능력과 범죄

최근 연구들에서는 비행 및 범죄 행동의 발달 과정에서 ADHD, 품행장애뿐 아니라 언어 습득, 자기조절 능력, 집행 기능 등 인지 요인들의 중요성을 강조하고 있다. 발달 연구들에서는 비행 및 범죄 행동의 학습에 있어 학교, 또래, 가족 등 다양한 맥락 환경이 영향을 미친다고 보고 있기 때문에 신경 발달적 요인, 환경, 가족 구성원, 또래 집단, 친구 및 문화적·윤리적 배경 등 인지 과정에 영향을 미치는 많은 요인 간의 상호작용 또한 필수적으로 고려되어야 한다.

지능

발달 이론들에서는 비행 및 범죄 행동의 발달 과정에서 지능(intelligence)의 역할을 강조하고 있다. Moffitt(1993a)은 지속적으로 심각한 범죄를 저지르는 사람들의 지능 및 인지 능력 수준이 정상인에 비해 낮을 것이라는 가정하에 "반사회성 행동을 보이는 아동들은 수용적 듣기, 읽기, 표출적 말하기와 글쓰기, 문제 해결 능력, 기억 등과 관련된 언어 능력이 대부분 결핍되어 있다."(p. 680)라고 주장했다. 지적 능력은 발달 과정에서 개인이 처한 상황 및 조건에 따라 달라질 수 있다. 최근에는 인간 행동을 이해하는 데 있어 단일 지능이 아닌 다중 지능에 초점을 맞추고 있다. 생각을 말이나 글로 표현하는 데 탁월하지 않으나 예술 작품을 만들거나 건축에 탁월한 역량을 보이는 사람들도 있을 수 있고, 언어 능력은 떨어지더라도 예술적인 능력이나 일상생활에서 탁월한 똑똑함을 보이는 사람을 지적이지 않다고 말할 수는 없다.

지능은 IQ검사의 타당성 문제로 인해 매우 논쟁적 주제 중 하나이다. 지능은 다양한 형태로 존재하며, 여러 가지 기능과 관련된 광범위한 능력과 관계가 있다. 예를 들어, Howard

표 7-2 Gardner의 다중지능 모델

지능 유형	정의
1. 언어	뛰어난 어휘 및 독해 능력
2. 시각-공간	물체를 시각화하고, 공간 방향을 찾으며, 이동 경로를 탐지하는 능력
3. 논리-수리	논리적 사고, 연역적 추론, 패턴 탐지, 수학적 연산 수행 능력
4. 대인관계	효과적으로 타인을 이해하고 상호작용하는 능력
5. 자기성찰	자신을 스스로 이해하고 알아 가는 능력
6. 실존	삶, 죽음, 실재의 본질에 대한 의미를 숙고하는 경향성
7. 신체운동	춤을 잘 추고, 물건을 능숙하게 다루며, 유능한 운동 능력
8. 음악	음악 패턴을 듣고, 인지하고, 조작하는 능력
9. 자연탐구	살아 있는 생명체를 구별하고 자연 패턴을 이해하는 능력

출처: Gardner (1983, 1998, 2000)에서 수정.

Gardner(2000)는 지능 혹은 인지 스타일을 서로 다른 아홉 가지 유형으로 분류했다(〈표 7-2〉 참조). 지능은 지혜, 영성, 통합력, 직관력, 은유 능력, 유머, 판단력 등 많은 유형으로 설명할 수 있으며(Gardner, 1983, 1998, 2000), 이들 중 많은 지능 요인이 사람들의 합리적이고 융통적인 대처 상황을 묘사할 때 사용된다. Gardner는 아홉 가지 지능 요소 중 자기통찰력과 타인에 대한 이해력을 **정서 지능**(emotional intelligence)의 특징이라고 했다. 정서 지능이란 주로 타인의 감정을 이해하는 능력이며, 사회적 뇌에서 발견할 수 있듯이 개인의 사고와 행동 결정을 위해 사용하는 정보 활용 능력으로 볼 수 있다. 따라서 정서 지능 능력 수준의 저하는 폭력 행동을 설명하는 데 매우 중요한 요인이라 할 수 있다.

표준 지능검사(IQ검사)는 Gardner의 다중지능 모델 중 언어, 시각 및 공간, 논리 및 수리의 세 가지 영역만을 측정한다. 타당성이 확보된 지능검사라 할지라도 IQ 점수가 낮은 비행청소년들의 모든 다른 지능 유형이 낮다고 볼 수는 없다. 마찬가지로 IQ 점수가 높은 사람들도 타인에 대한 이해 및 상호작용 능력이 떨어질 수도 있다.

지속적으로 폭력 행동을 보이는 상습 범죄자들은 행동 통찰력이 부족하고 타인에 대한 세심함이 부족할 수 있다. 이들은 타인과의 대화 과정에서 정서적 단어를 잘 이해하지 못하며, 모호한 사회적 상황에서 혼란과 분노를 느끼는 경향이 있다. 예를 들어, 공격성 수준이 높은 아동들은 종종 타인의 모호한 행동을 적대적이고 위협적인 방식으로 해석하는 **적대적 귀인 편향**(hostile attribution bias) 문제를 보인다. 선행 연구들에서는 공격적이고 폭력적인 청소년들은 "대부분 적대적 방식으로 사회 문제를 정의하고, 목표를 설정하며, 판단 및 의사결정에 필요한 정보를 찾으려 하지 않으며, 대안적 해결책을 고려하지 않고, 자신의 공격 행동에 대한 결과를 생각하지 않으며, 공격적인 행동을 최우선으로 선택하는 경향이 있다."라고 설명하고 있다(Eron & Slaby, 1994, p. 10). 이와 같은 적대적 인지 스타일과 대인관계 능력의 결함이 결합되어, 특정 사회 맥락에서 공격적이고 폭력적인 행동이 나타난다.

모호하거나 대립적인 상황들에서 공격적이고 반사회성인 아동들은 인지 기능을 제대로 사용하지 않는 경향이 있다. 관련 연구들에서는 공격성 수준이 높은 사람들은 다른 사람들과의 문제를 처리하고 해결하는 데 필요한 인지 기능이 결여되어 있으며, 대부분 편향적 태도를 보이는 경우가 많다고 한다. 또한 또래들과 집단폭력 행동에 가담하는 아동 및 청소년들의 경우 특히 자신들의 공격 행동을 지지하는 왜곡된 사고 패턴이 더욱 두드러진다. Ponari와 Wood(2010)에 따르면, "이들은 유해한 행위들을 부인하기 위해, 자기검열을 피하기 위해 자기합리화 및 정당화 기제를 사용하고 있다"(pp. 88-89). 또한 심각한 수준의 범죄을 저지르는 상습적인 범죄자들은 타인을 공감하는 능력이 결여되어 있고, 타인의 입장에서 생각하는 능력이 매우 떨어진다(Pelper, Byrd, & King, 1991). 결과적으로 이러한 특성을 지닌 청소년들은 피해자의 고통, 자신에 대한 또래 집단의 거부와 같은 폭력의 부정적 결과에 대한 관심이 부족하다.

IQ와 비행 행동의 관계에 대한 초기 연구들에서는 사회적 요인을 고려하지 않았다. 하지만 역설적으로 넓은 의미에서의 지능은 이미 사회적 능력을 포괄한 개념이다. 특히 Gardner(1983)의 정서 지능 개념은 습관적이고 지속적인 범죄 행동 발달의 핵심 요인 중 하나이다. 다시 말해, 만성적이고 습관적인 범죄자들은 전통적 의미에서 지능적인 사람들일 수도 있고 그렇지 않을 수도 있지만, 초기 학교생활에서의 실패 및 부적응이 범죄 발달에 더욱 결정적인 영향을 미쳤을 수 있다(Dodge & Pettit, 2003). 더욱이 연구들에서는 초등학교 저학년 및 유치원 시절에 '제제(held back)'받은 기억이 정상적인 발달 과정에 매우 해로운 영향을 미치는 것으로 나타났다(Dodge & Pettit, 2003).

언어 지능과 사고력은 언어 발달과 관련이 있다. 많은 연구에서 낮은 수준의 언어 능력이 반사회적 행동과 연합된다는 점을 제시하고 있다. 지금부터는 이 내용들에 대해 살펴보겠다.

언어 발달

언어 결손과 손상된 언어 발달은 행동 문제 및 심각한 수준의 비행 행동과 매우 밀접한 관련이 있다(Leech, Day, Richardson, & Goldschmidt, 2003; Munoz, Frick, Kimonis, & Aucoin, 2008; Petersen et al., 2013; Vermeiren, De Clippele, Schwab-Stone, Ruchkin, & Deboutte, 2002). 반사회성 행동과 공격성은 최소 2세 때부터의 낮은 언어 유창성과 관련이 있고, 이는 전 생애적으로 나타난다(Dionne, 2005). 언어는 아동들에게 있어 "비공격적으로 문제를 해결하고 분노, 두려움, 슬픔과 같은 부정적인 감정을 감소시킬 수 있는 방법들을 학습할 수 있는 주된 수단"이다(Keenan & Shaw, 2003, p. 163). 초기 학령기, 즉 유치원을 다니면서부터 아이들은 언어를 통해 행동을 억제하고, 규칙을 따르고, 부정적인 감정을 다루는 능력과 연관된 규범을 학습하고 그것을 내재화한다(Keenan & Shaw, 2003; Kochanska, Murray, & Coy, 1997). 또한 Keenan과 Shaw는 아동은 언어 발달을 통해 타인에게 더 뛰어난 감정이입 및 친사회적 행동을 보일 수 있다고 하였고, Dionne는 "언어는 아이들의 친사회적 상호작용을 증대시키는 사회적 도구이다."(p. 335)라고 하였다.

언어 발달 지체는 아이들의 스트레스 및 좌절 수준을 증가시키며, 정상적 사회 기능 발달을 저해시킬 수 있다(Keenan & Shaw, 2003). 언어 발달이 지체된 6개월, 18개월, 24개월 영아 중 특히 남아들의 경우 향후 비행 및 반사회성 행동을 보일 가능성이 높다(Nigg & Huang-

Pollock, 2003; Stattin & Klackenberg-Larrson, 1993). 또한 초등학교 저학년 시절 파괴적 행동을 보이거나 학령기에 반사회성 행동을 보이는 남아들에게서 언어 발달 지체가 나타나는 경우가 더욱 많다(Dionne, Trembly, Boivin, Laplante, & Pérusse, 2003; Stowe, Arnold, & Ortiz, 2000). 하지만 여자아이들에게서 이와 유사한 패턴이 나타난다는 증거는 미약하며, 결정적인 요인으로 작용한다고 볼 수도 없다.

언어 발달 지체와 비행 및 반사회성 행동 간의 관계를 어떻게 설명할 수 있을까? 유아기의 언어 발달 지체와 제한된 의사소통 능력은 아이들이 타인을 대할 때, 특히 또래 친구들과의 상호작용 과정에서 신체적 공격 방식을 사용할 가능성을 증가시킬 수 있다. 비슷한 나이 또래 아이들과의 정상적인 의사소통 및 원만한 사회 관계 욕구가 충족되지 않음으로써 느끼는 좌절감은 원하는 것을 얻기 위해 더욱 신체적인 공격 행동을 하게 만들 수 있다. 이러한 공격적 행동들로 인해 또래 친구들과의 정상적인 상호작용은 더욱 억제되며, 언어로 소통되는 사회 환경에서 배제됨으로써 언어 발달이 더욱 저해되는 순환론적 역기능이 나타난다. 반면에 언어 능력이 뛰어난 아이들은 친사회적 행동 능력 수준이 증가하며, 이는 또 다시 언어 능력을 발달시킴으로써 또래 친구들과의 의사소통을 활발히 하게 하여 원만한 사회 관계를 촉진시킨다. 그리하여 반사회성 행동을 보일 가능성은 감소하게 된다(Dionne, 2005; Dionne et al., 2003).

Cohen(2001)에 따르면 개인의 행동, 충동성, 정서 통제 능력에 있어 언어는 가장 중요한 수단이다. 또한 Dionne(2005)에 따르면, "감정 통제와 자기조절을 위해서는 사회적 상황 분석, 자신의 감정에 대한 사고 조직화, 사회적 규범에 따른 행동 계획 능력 등이 필요하다. 이때 복잡한 언어 능력은 필수적이다"(p. 346).

자기조절 능력

앞서 Steinberg 등은 반사회성 행동을 억제하기 위해서는 **자기조절**(self-regulation) 능력이 매우 중요하다고 강조했다. 자기조절 능력은 행동과 정서를 통제하고 변화시키는 능력이며, 초점과 주의 전환, 변화된 행동을 활성화하는 능력들 또한 자기조절 능력에 해당된다(Eisenberg et al., 2004). 자기조절 능력에는 행동 및 정서 조절 능력 등이 모두 포함되며, 분노감 등의 정서를 조절하고 변화시킬 수 있는 능력은 친사회적 행동을 유지하고 공격 및 폭력 행동을 억제하는 데 필요한 중추 능력이다. 관련 연구들에서는 낮은 수준의 행동적·정서적 자기조절이 공격성 및 폭력적 비행과 관련이 있을 뿐만 아니라 청소년기의 약물 사용 증가와도 관련이 있는 것으로 나타났다(Wills & Stoolmiller, 2002; Wills, Walker, Medoza, &

Ainette, 2006).

아이들은 어른들과의 관계를 통해 행동 및 정서 조절 방법을 습득하기 시작한다. 자기조절 능력은 유전 등 기질적 소인 또한 반영할 수 있지만, 대부분의 경우 부모, 보호자, 그리고 사회 환경 속 다른 타인들과의 상호작용을 통해 변화되고 학습된다(Buckner, Mezacappa, & Beardslee, 2003). 일관적이며 세심한 부모의 보살핌과 따뜻하지만 완고한 양육 방식이 아동들의 사회적 규칙 준수 및 자기통제 발달과 연관이 높다. 앞서 설명했던 Steinberg의 이중 시스템 모델 연구들에 따르면, 자기조절 능력은 완전히 성숙하는 데 많은 시간이 걸린다고 한다. 따라서 어린아이들은 매우 이른 나이부터 기본적인 충동 욕구 및 행동 통제 방법을 학습할 수 있다.

자기조절 능력은 생후 2세경 타인에 대한 관심에서부터 시작된다. 3세 무렵 아이들은 부모의 요구를 합리적으로 수용하고 가족 내 규칙과 질서를 내면화하게 된다. 17개월까지는 아동의 약 70%가 신체적 공격 행동을 보이는데(Tremblay et al., 1996), 이와 같은 신체적 공격성은 학습된 것이 아니라 발달 과정에서 나타나는 자연스러운 현상으로 볼 수 있다. 하지만 17개월까지의 아동들 모두가 동일한 빈도와 수준의 신체적 공격 행동을 보이는 것은 아니다(Tremblay & Nagin, 2005). 성장하면서 점차 자기조절 능력이 발달하게 되면, 3세 이후부터 신체적 공격성은 감소하기 시작한다. 이후 청소년기 중반 신체적 공격성이 정점에 달하지만 성인기 초기가 되면 대부분 다시 감소한다(Dionne, 2005). 그러나 언어적이며 간접적인 공격성의 경우 나이가 들면서 현저히 증가하며(Vaillancourt, 2005), 신체적 공격성의 경우에도 완전히 사라지는 것이 아니라 다른 방식으로 표출시키는 방법을 학습하게 되는 것이다(Tremblay & Nagin, 2005). 학습과 사회화 과정은 자기조절 능력의 발전 및 인지 집행 기능의 강화에 있어 매우 중요한 요인들이다.

집행 기능

자기조절 능력과 밀접하게 관련된 **집행 기능**(executive functions)은 문제 해결 과정을 정교화하며, 사고, 행동, 감정을 통제하는 능력이다(Tremblay, 2003; Zelazo, Carter, Reznick, & Frye, 1997). “집행 기능이 떨어지는 사람들은 이익이 되는 행동들을 유지하기 위해 부적응적 반응들을 통제하지 않는 경향이 있다.”(Zeier et al., 2012, p. 284) 따라서 집행 기능은 공격성과 반사회성 행동들을 이해하는 데 매우 중요하다. 집행 기능은 외상성 뇌손상, 뇌졸중 등으로 손상될 수 있으며, 나이가 들수록 저하된다. 특히 치매 환자들의 경우 집행 기능의 심각한 손상으로 종종 ‘여과 장치가 없다’고 표현되기도 한다. 또한 집행 기능은 부적절한 행동을 인식하고 억제할 뿐 아니라 효율적 문제 해결에 필요한 단계들을 우선적으로 처리하는 역할을 담당한다. 즉, 집행 기능은 목적적 행동의 계획, 조절, 통제에 관여한다. Banich(2009)는 "일정 부분 판단이 요구되는 새롭고 비구조적이며 비일상적인 상황들에서 집행 기능은 개별화된 행동 지침으로 작용한다."(p. 89)라고 설명하고 있다.

최근 연구들 및 관련 이론들에서는 대뇌 전두엽 부위가 집행 기능을 관장한다고 추측하고 있다. 앞서 설명한 바처럼 전두엽 혹은 대뇌 피질은 다른 뇌 영역들과 연결되어 있고, 다른 뇌 기능들을 통제하는 신경 네트워크 경로가 발달하는 곳이다. 이와 같은 뇌신경 경로의 발달이 두드러지는 시기가 청소년기이며, 성인기 초기에 접어들면서부터는 발달이 지연되는 특징이 있다. 또한 관련 연구들에서는 ADHD 증상과 집행 기능 수준의 저하가 밀접한 관계가 있다고 지속적으로 보고하고 있다(Brocki, Eninger, Thorell, & Bohlin, 2010; M. Miller & Hinshaw, 2010).

아동 · 청소년들의 반사회성 행동과 집행 기능의 다양한 관계에 대한 연구 결과들이 발표되고 있으며(Morgan & Lilienfeld, 2000; Nigg, Quamma, Greenberg, & Kusche, 1999; Séguin & Zelazo, 2005; Tremblay, 2003), 실제 반사회성 성격장애의 특징 중 하나가 집행 기능의 결여이다(Zeier et al., 2012). 반면에 집행 기능이 뛰어난 아동, 성인들은 문제 해결 능력이 뛰어나며, 과제 수행 시 집중도, 근면성, 구조화 능력이 우수하고(Buckner et al., 2003), 주의 집중 능력이 뛰어난 유연한 사고 경향을 지니고 있다. 이는 상습적인 폭력 범죄자들과는 매우 대비되는 특성들이다.

대인관계 기술 부족과 또래 집단의 거부

사회적 영향에 대한 연구들에서는 또래 집단의 거부 경험을 지속적이며 심각한 폭력 행동의 강력한 예측 요인 중 하나로 지목하고 있다(Cowan & Cowan, 2004; Dodge, 2003). 또래 집단의 거부는 어린 시절부터 시작되는데, 심지어 5세 전후의 아동들 또한 공격적이며, 호전적인 아이들은 친구들에게 인기가 없고 또래 집단에서 배제된다(Dodge & Pettit, 2003; Patterson, 1982).

아이들이 또래 집단에서 배제되는 데에는 다양한 이유가 있다. 특히 아동의 공격적인 태도, 행동은 또래 집단 거부의 주요 원인 중 하나이다. 아이들은 자신이 원하는 것을 얻기 위해 신체적 · 언어적 공격 행동을 보일 수 있는데, 또래 아이들은 이러한 아이들과 함께 어울리지 않으려 한다. 또래 집단에서 배척된 아이들은 공격적 행동뿐 아니라 시비 걸기, 부주의, 파괴적인 행동 경향을 지니고 있다. 뿐만 아니라 공격적인 행동과 함께 행동적 · 사회적 · 인지적 결핍 특성도 지니고 있으며, 친사회적 행동 수준은 매우 낮다(Coie & Miller-Jonhson, 2001). 이러한 특성은 종종 학업 능력 저하와 연결된다(Buh & Ladd, 2001; Dodge & Pettit, 2003).

또래 집단의 수용은 초기 발달 단계에서 매우 중요하다. 초기 학령 단계에서 친구들과 잘 어울리는 아이들은 거부당한 아이들과는 매우 다른 특성을 보이는데, 이 시기에 친사회적인 아동들은 청소년 및 성인이 되었을 때 반사회성 행동을 보일 가능성이 매우 적다(Laird et al., 2002; Rubin, Bukowksi, & Parker, 1998). 뇌 영상 관련 연구들은 주로 여자아이들, 특히 10대 소녀들을 대상으로 실시된 데 반해 또래 거부, 공격성, 비행 행동에 대한 연구들 대부분은 대체로 남자아이들에게 초점이 맞춰져 있어, 초기 학령기 대인관계 기술 및 또래 집단의 수용과 관련된 연구 결과를 여자아이들까지 확대해 일반화하기에는 무리가 있다.

앞서 지적한 대로, 비행과 범죄 행동 발달과 관련된 최근 연구들에서는 신경발달학적 특징이 두드러지는 ADHD 특성 요인들의 영향을 밝혀 왔다. 반사회성 행동의 발달은 유전 및 기질 요인을 포함하여 다양한 생물학적 잠재 요인 및 신경 발달 요인들에 영향을 미친다.

기타 사회적 발달 영향 요인

일생을 거쳐 지속적으로 심각한 범죄 및 폭력 행위를 저지르는 습관적 범죄자들의 경우 아동기 발달 단계에서 다양한 요인의 영향을 받았다는 점이 관련 연구들을 통해 확인되었다. 예를 들어, 아동기 초기의 신체적 학대 경험은 향후 반사회성 행동 위험성을 증가시킨다(Dodge & Pettit, 2003; Mayfield & Widom, 1996). 반면에 부모의 정서적 지지와 적절한 행동 관리는 아동 발달에 매우 긍정적인 결과를 가져온다(Dishion & Bullock, 2002; Dodge & Pettit, 2003). 어린이집이나 유치원에서 공격적인 또래 아이들에게 노출된 것도 공격적 행동을 유발하는 데 영향을 줄 수 있으며, 방과 후에 홀로 방치되어 있는 초등학교 저학년 아동들 또한 반사회성 행동을 보일 가능성이 높다(Sinclair, Pettit, Harrist, & Bates, 1994).

경제적 빈곤 역시 반사회성 행동 및 비행 행동에 영향을 미칠 수 있는 강력한 위험 요인 중 하나이다. 빈곤한 가정환경에서 자란 아이들 모두가 심각한 반사회성 행동이나 비행을 저지르는 것은 아니나, 경제적 빈곤은 아이들의 건강한 발전을 저해하는 요인으로 작용할 수 있다. 재정 여건이 충분치 않은 지역사회에서는 아이들의 건강한 발전을 위한 교육 및 보건 시스템이 부족한 경우가 많으며, 실업 및 가족 해체 문제가 존재할 수 있다. 이러한 지역에 위치한 보육시설 및 학교들 또한 교육 환경이 취약한 경우가 많다. 더구나 중상류층이

거주하는 지역보다 환경오염 수준 또한 나쁠 수 있다. 경제적 환경과 비행 행동의 인과관계가 입증된 것은 아니며, 가난한 가정환경에서 자란 아이들 모두가 지속적이고, 상습적인 범죄자가 되는 것은 아니지만, 경제적 빈곤이 반사회성 행동 및 비행 행동과 상관관계가 높은 위험 요인인 것은 분명하다.

청소년 방화

지금까지 범죄 행동의 발달과 관련된 다양한 이론 및 관련 연구 결과들을 살펴봤다. 범죄 행동의 발달은 어린 시절 경험에서부터 환경적 · 개인적 요인, 교육 환경 등이 복합적으로 영향을 미친다. 지금부터는 청소년 범죄 중 가장 활발한 심리학적 연구가 이루어진 방화 행동을 발달 심리학적 관점에서 살펴보겠다.

방화는 청소년들이 가장 흔하게 저지르는 범죄 중 하나이다. 어린아이들의 경우 방화를 저지르는 경우가 흔하지는 않지만, 향후 지속적으로 방화를 저지른다면 이러한 행동은 심각한 심리장애 증상의 일환일 수 있으며, 만성적 범죄 행동의 전조 증상일 수 있다. **방화**(firesetting)는 "고의적 의도를 가지고 피해나 손상을 가하기 위해 계획된 행위"이다(Chen, Arria, & Anthony, 2003, p. 45). 의도를 지녔다는 것이 핵심인데, 많은 아이들이 성냥, 라이터 등을 가지고 놀다가 우연한 사고로 불을 저지르는 경우가 많다. 지금부터 설명될 내용들은 호기심 및 우발적 사고에 따른 방화가 아니라 다양한 동기를 가지고 고의적인 피해를 입히기 위해 불을 내는 아동 및 청소년들의 방화 행동에 초점을 둔다.

방화범으로 체포된 1,016명의 청소년과 성인을 대상으로 한 Icove와 Estepp(1987)의 연구에서 이들의 주된 범행 원인이 권위에 대한 도전 및 복수심을 기저로 하는 폭력적 파괴 동기로 나타났다(전체 49%). 이 연구보다 표본 수가 적은 과거 연구들에서도 이와 유사하게 청소년 방화는 주변 또래 집단에 자신들의 무모한 모험 행동을 과시함으로써 권위를 얻고 또래 집단 내 신분 상승을 노리는 욕구 혹은 흥분 해소 욕구에 기인한다고 설명하고 있다(E. Robbins & Robbins, 1964). 이들 청소년 방화범들에게서는 범행 전 분노, 무시, 우울 등의 심리 상태가 공통적으로 보고되고 있다(Chen et al., 2003).

청소년 방화는 경찰에 신고되지 않은 미결 사건으로 남는 경우가 많다(Zipper & Wilcox, 2005). 청소년 방화 신고 건수는 약 10% 미만으로 추정되는데(Adler, Nunn, Northam, Lebnan, & Ross, 1994), Zipper와 Wilcox의 연구에 따르면 미국 매사추세츠(Massachusetts)주에서 방화 문제로 상담을 받은 청소년 1,241명 중 경찰에 신고된 비율은 약 11% 수준에 그치는 것으로 나타났다. 이것은 이들 청소년의 보호자들 및 방화 목격자들이 방화 행동을 그리 대수롭지 않게 여겼거나, 심각한 수준의 재산 손실 및 인명 피해가 없었기 때문인 것으로 해석할 수 있다. 더불어 청소년들이 체포되어 범죄 기록이 남는 것을 우려하는 경향 또한 미신고 원인 중 하나로 볼 수 있다. 본질적으로 방화는 분명 심각한 반사회성 행동이기는 하나 공식 통계에서 누락되는 경우가 많아 실제 발생 건수가 과소 추정되는 범죄 유형이다.

방화의 발달 단계

아동의 방화 행동은 발달 심리학자들이 큰 관심을 보이는 연구 주제이다. 연구자들은 아동기의 방화 행동에 특정한 발달 단계가 있다고 보고 있다. Gaynor(1996)는 ① 불에 대한 관심, ② 불장난, ③ 방화의 아동 방화 발달의 3단계를 제시한 바 있다. 불장난에 대한 호기심 및 우연적인 시도는 아동 발달 과정에서 일반적으로 나타나는 특징 중 하나이다. Kafrey(1980)는 불장난에 대한 관심은 5~7세의 아동에게 거의 일반적으로 나타난다고 봤는데, 불에 대한 호기심이 3세 이전에 나타나는 경우는 5명 중 1명꼴이며, 불장난은 5~9세경 가장 흔하게 나타난다. 이 시기의 아이들은 마치 실험을 하는 것처럼 불을 붙이고 타는 과정을 관찰하지만, 불에 대한 경험과 불을 끄는 방법에 대한 경험 부족으로 불장난이 위험하다는 인식이 부족하다(Lambie, McCardle, & Coleman, 2002). 10세경 불장난이 위험하다는 인식을 가지게 되는데, 훼손을 목적으로 한 불장난 행동이 지속적으로 나타날 경우 방화 단계에 접어들었다고 볼 수 있다. 아이들이 불을 지르는 목적은 파괴, 재미를 위한 도구, 개인적 불만을 전달하고 관심을 끌기 위한 일종의 의사소통 욕구에서 비롯된다.

10세 이후에도 지속적으로 방화를 저지르는 아동들은 대체로 사회적 역량 수준이 떨어지며, 사회적 기술이 빈약하고, 또래 아동들에 비해 충동 조절 능력이 부족한 경향이 있다(Kolko, 2002; Kolko & Kazdin, 1989). 또한 지속적으로 방화를 저지르는 아이들의 경우 ADHD 가능성이 높으며(Forehand, Wierson, Frame, Kempton, & Armistead, 1991), 많은 수가 또래 집단 거부 경험을 지닌 것으로 나타났다. 또 다른 연구에서는 청소년 방화범의 약 74% 정도가 품행장애 진단을 받았다고 보고되었다(Chen et al., 2003). 더불어 호기심 및 불장난 수준을 벗어나 방화를 저지르는 아이들 대다수는 부모 관계가 원만하지 않으며, 가정 내 신체적 학대 피해 경험을 지닌 것으로 드러났다(Jackson, Glass, & Hope, 1987). 조사 결과에 따르면, 가정 내 학대 피해 아동들은 그렇지 않은 아동들에 비해 불을 지르는 경우가 상당히 많았고, 발화 원인에 대한 지식이 더욱 풍부했으며, 불을 지르는 표적 대상이 매우 다양했다. 가족 내 스트레스에 기인한 분노는 방화 가능성을 높이는 요인으로 작용하고 있다(Root,

MacKay, Henderson, Del Bove, & Warling, 2008).

Lambie, McCardle과 Coleman(2002)은 방화 행동이 전형적으로 충동 조절 문제 및 분노 및 권태 등의 다양한 원인을 수반한 반사회성 행동의 일부라고 지적했다. 연구 문헌들을 종합적으로 검토한 Lambie와 Randell(2011)은 "단일 원인만으로 불을 지르는 행위가 나타날 가능성은 희박하다. 방화 행동을 제대로 이해하기 위해서는 반사회성 행동의 틀 안에서 봐야 한다."(p. 326)라고 결론 내렸다. 또 다른 연구자들은 단지 불을 지르는 행위가 아닌 방화범들이 저지르는 다양한 범죄 행위 범주 안에서 그 원인을 찾고자 했다(Gannon & Pina, 2010). 예를 들어, 지속적인 동물 학대나 다른 아이들에게 잔인한 행동을 서슴지 않는 아이들이 불을 저지르는 행동에 연루될 가능성이 높다(Slavkin, 2001). 이 외에도 형사사법 단계에서 다루어진 소년 사건 결과들을 바탕으로 볼 때 방화 혐의를 받고 있는 아동 및 청소년들은 그 밖의 다른 심각한 범죄와 관련된 경우가 많은 것으로 알려져 있다(Ritvo, Shanok, & Lewis, 1983; Stickle & Blechman, 2002). 흥미롭게도, "청소년 방화범들은 심각한 반사회성 행동 성향자들의 발달 초기 과정 혹은 전 생애적 발달 궤적과 일치하는 패턴을 보인다"(Stickle & Blechman, 2002, p. 190). 방화범들 대다수가 젊은 남성들로, 유사한 연령대의 여성들보다 2~3배 정도 많다(Lambie, Ioane, Randell, & Seymour, 2013).

불을 지르는 아동들 중에는 부모 양육 방법이 부적절하거나 가정 문제가 있는 결손 가정의 아동들이 많다(Lambie et al., 2013). 특히 가정 학대 및 방치 경험이 있는 여성 방화범들에게서 이러한 가정 배경이 더욱 두드러진다(Hickle & Roe-Sepowitz, 2010). 또래 아동들과의 부정적인 관계, 학교 내 심각한 문제 행동, 빈번한 무단결석 비율 또한 여성 방화범들에게 나타나는 공통적인 특징이다. 정신장애 및 약물 남용 문제는 남성 및 여성 방화범 모두에게서 나타나는 문제들이다(MacKay, Paglia-Boak, Henderson, Marton, & Adlaf, 2009; Tyler & Gannon, 2012).

방화 유형

방화범에 대한 임상적 평가 결과에 기초하여, Kolko(2002)는 방화범을 ① 호기심, ② 병리적, ③ 표현적, ④ 비행 유형으로 분류했다. 분류 기준은 방화 동기 차이에 대한 추정 결과를 토대로 하였으며, 유형별 개인적 특성 차이와 환경적 요인이 고려되었다. 간단히 말하면, 호기심 유형은 불에 대한 관심에서, 병리적 유형은 심리적 욕구나 정서 문제로 인해, 표현적 유형은 자신의 문제 및 상황을 외부에 알리기 위해, 그리고 비행 유형은 반사회성이거나 파괴적인 목적으로 불을 지른다(Putnam & Kirkpatrick, 2005). 이와 같은 방화범 유형이 상호 배타적이지만은 않은데, 모든 유형에서 개인적인 심리적 괴로움을 표현하고 외부의 관심과 도움을 요청하기 위해 불을 지르는 행위를 도구적으로 사용했다는 공통점이 있다.

지금부터는 범죄 행동의 발달적 특성에 대한 또 다른 심리학 주제인 사이코패스(psychopath)에 대해 살펴보겠다. 사이코패스는 법정 심리학자들이 중요하게 고려해야 할 개념 중 하나이다. 사이코패스는 Hervey Cleckley(1941)의 초기 연구들에 이어, Robert Hare(1965, 1970, 1991)를 통해 많은 연구와 관련 이론들이 발표되었다.

사이코패스 범죄자

"사이코패스는 법정 심리학과 법률 분야에서 가장 중요한 개념 중 하나이다."(Nicholls & Petrila, 2005, p. 729)라고 할 정도로 법정 심리학자들이 큰 관심을 갖고 있는 주제이다. **사이코패스**(psychopath)라는 용어는 심리, 대인관계, 신경심리학적 특성이 일반 사람들과는 확연히 구분되는 사람들을 설명하기 위해 사용된다.

사이코패스는 흔히 반복적인 상습 범죄나 기타 반사회성 행동들과 밀접한 관련이 있다고 설명되나, 모든 범죄자가 필수적으로 반사회성 성향을 지녔다고 볼 수는 없다. 일부 연구자(예: Lilienfeld et al., 2012)는 사이코패스들이 표면적으로 매력적으로 보이나 부도덕한 사기꾼들일 뿐이며, 범죄를 저지르지 않았다 해서 사이코패스가 아니라고 말할 수 없다고 주장하기도 한다(Lillienfeld 박사의 사이코패스와 기타 연구 관심 분야 내용은 뒤의 〈My Perspective 7-1〉 참조). 여기서 중요한 점은 반복적인 범죄자를 지칭하는 **소시오패스**(sociopath)와 사이코패스의 특징을 구분하는 것이다. 소시오패스들은 반복적으로 범죄 행위에 관여하기는 하나, 사이코패스들과는 달리 일정 부분 도덕심을 지니고 있으며, 타인에 대해 공감하고, 정상적인 수준의 양심을 지니고 있다. 물론 소시오패스들의 범죄 행동들에서는 앞서 말한 심리적 특성들이 다르게 해석될 여지도 있다(Pemment, 2013). 예를 들어, 소시오패스들은 노숙자들의 곤경을 동정하고 자신들이 저지른 범죄들에 대해 일말의 죄책감을 느낄 수도 있다. 반면, 사이코패스들은 일반인들에 비해 공감 능력, 동정심, 양심의 가책을 느끼는 능력이 떨어지며, 특정 영역에 있어 정서적 결함이 두드러진다. 기본적으로 사이코패스들은 정서적 공감 능력이 결여되어 있다(Brook & Kosson, 2013). 지금부터 사이코패스들의 행동적 · 정서적 · 대인관계적 · 신경학적 특성들에 대해 보다 구체적으로 살펴보겠다.

사이코패스로 판정된 많은 이가 범죄 경력이 없으며, 지속적으로 심각한 범죄를 저지르는 범죄자들 중에도 사이코패스가 아닌 경우가 많다. 즉, 사이코패스 범죄자(criminal psychopath)라고 지칭하기 위해서는 다양한 반사회성 행동을 지속적으로 저지르는 사이코패스 성향의 소유자여야 한다. 집단으로 볼 때, 사이코패스들은 “충동적이고 위험을 감수하는 반사회성 생활 방식을 보이며, 성적 희열을 위해 오랜 시간에 걸쳐 다양한 희생자를 만들며 스릴을 추구하는 특징이 있다”(Porter et al., 2000, p. 220). 더 나아가 Stephen Porter와 동료들에 따르면, “범죄와 폭력성의 관계에 따라 사이코패스는 형사사법 제도에서의 가장 중요한 심리적 구성 개념 중 하나이다.”(p. 227)라고 한다. 하지만 아직까지 많은 연구자들은 청소년들에게 사이코패스 개념을 적용하는 것은 적합하지 않다고 주장하고 있다.

사이코패스의 일반적 행동 특성

사이코패스 행동 특성 개요를 최초로 제시한 인물은 조지아 대학교(University of Georgia) 의과대학 정신의학 및 신경과학 담당 교수인 Hervey Cleckley이다. 그는 사이코패스를 가장 종합적으로 설명한 책으로 평가받는 『온전한 정신의 가면(The Mask of Sanity)』을 저술했다. 5판까지 출판된 이 책은 연구자들뿐 아니라 일반인들에게도 충실한 내용 및 뛰어난 문체로 많은 관심을 받았다.

Cleckley(1941)는 사이코패스의 기본 행동 특성을 다음 열 가지로 분류했다. ① 이기성(또는 자기중심성), ② 타인을 진심으로 사랑하거나 타인에게 애정을 갖지 못하는 것, ③ 빈번한 거짓말 또는 속임, ④ 죄책감과 후회의 결여, ⑤ 무감각함 혹은 공감의 결여, ⑥ 낮은 불안 수준, ⑦ 경험을 통한 학습의 실패와 판단력 부족, ⑧ 표면적인 매력, ⑨ 어떤 삶의 계획도 지키지 못함, ⑩ 신뢰성 결여의 순환. 모든 연구자가 Cleckley의 분류 방식에 동의하는 것은 아니나, 이 책에서는 이 열 가지 행동 특성에서부터 사이코패스에 대한 논의를 구체화시켜 나가겠다. Cleckley는 전형적인 사이코패스라면 지능 수준이 높아야 한다고 생각했지만 이것이 실증 연구들에서 입증되지 않은 사실임을 잘 알고 있었다. 가령, 사이코패스 평가 기준들 중 IQ 점수와 상관이 높은 요인은 없다(Hare, 2003). 최근 일부 연구에서는 사이코패스들의 정서 지능 수준이 높다고 제시하고 있으나, 이들 연구에서 정의한 정서 지능 요인은 타인 조종, 기만, 통제 능력들뿐이었다(Copestake, Gray, & Snowdon, 2013). 정서 지능이란 일반적으로 “타인의 정서를 지각하고 이해하는 능력과 의사결정 및 행동 관리를 위해 다인과의 상호작용에서 획득한 정보를 사용하는 능력”으로 정의된다(Copestake et al., 2013, p. 691).

이러한 점들을 고려할 때 사이코패스들은 정서 지능 수준이 높지 않다고 알려진 상습적 범죄자들과는 전형적인 특성이 다르다고 볼 수 있다.

사이코패스의 행동 특성을 설명할 때 중요한 요인은 병리적인 수준의 자극 추구 성향이다(Quay, 1965). Quay에 따르면, 사이코패스의 행동은 스릴과 흥분에 대한 신경심리적 욕구에서 기인한다. 사이코패스가 경주용 자동차 운전, 스카이다이빙, 모터 사이클 묘기 등에 빠지는 것을 보는 것은 드문 일이 아니다.

반사회성 성격장애와 사이코패스

정신과 의사, 임상심리사, 기타 정신건강 분야 종사자들은 사이코패스 범죄자들의 특성을 요약하기 위해 종종 반사회성 성격장애(antisocial personality disorder: ASP) 개념을 사용한다. DSM-5에서는 반사회성 성격장애에 대해 "타인의 권리를 무시하고 폭력을 행사하는 행동 패턴이 나타나며, 15세 이후에 이러한 특성이 발생한다."라고 정의하고 있다(American Psychiatric Association, 2013, p. 659). 이러한 정의는 일곱 가지 기준에 따르는데, 최소 세 가지 이상이 부합할 경우(예: 사회적 규범 미준수, 기만 등) 반사회성 성격장애로 진단된다. 반사회성 성격장애로 진단받기 위해서는 최소 18세 이상이어야 하나, 품행장애의 경우 15세 이전에 보이는 행동들을 토대로 진단 기준을 정한다. 다시 말하면, 반사회성 성격장애는 생애지속형 범죄자 유형과 같이 지속적이고 상습적인 범죄자 특성과 밀접한 관계가 있다.

행동적 유사성은 높지만 반사회성 성격장애와 사이코패스를 동일한 개념으로 볼 수 없다. 그럼에도 불구하고 DSM-5에는 "반사회성 성격장애를 사이코패스, 소시오패스 혹은 비사회적(dissocial) 성격장애라고 부르기도 한다."(p. 659)고 기술되어 있다. 대부분의 심리학자는 두 개념 간의 차이를 명확히 구분하기를 원한다. 반사회성 성격장애는 임상적 관찰에 기반한 광범위한 행동 패턴을 의미하는 데 반해, 사이코패스는 구체적 행동 패턴뿐 아니라 인지적 · 정서적 · 신경심리적으로 두드러지는 차이를 보이는 개념으로 설명되고 있다. 전체적으로 사이코패스와 반사회성 성격장애에 대한 정신병리학적 평가 기준은 다르다(Riser & Kosson, 2013). 게다가 반사회성 성격장애 기준에 부합하는 남성 재소자들이 50~80%에 이르고 있어 그 범위가 매우 넓다(Correctional Services of Canada, 1990; Hare, 1998; Hare, Forth, & Strachan, 1992). 대조적으로 사이코패스 진단 기준에 부합하는 남성 재소자들은 11~25%에 불과하다(Hare, 1996).

사이코패스 발병률

Hare(1998)는 전체 인구 중 1% 정도가 사이코패스에 속하며, 성인 재소자들 중에 15~25%의 발병률을 보인다고 제시했다. 그러나 일부 연구자는 Hare가 사이코패스 비중을 과대 추정하고 있다고 보고 있다. 일례로, Simourd와 Hoge(2000)는 재소자들 중 11%만이 사이코패스 범죄자로 분류될 수 있다고 주장했다. Simourd와 Hoge의 연구 표본은 보안 수준이 높은 중범죄자 수감시설을 제외한 교도소에서 모집됐다. 이들 연구에 참여한 재소자 321명은 폭력 범죄 혐의로 수감되었으며, 절반 이상이 과거 동종 폭력 범죄로 기소된 적이 있었고, 대부분 다양한 범죄 경력을 지니고 있었다. 연구 참여자 대부분은 사이코패스 진단 기준을 충족하지 않았으나 반사회성 성격 소유자들이었다. Sigmourd와 Hoge의 연구는 교도소 재소자들을 대상으로 연구가 진행된 경우를 포함, 어떤 유형의 모집단 내에서도 사이코패스 범죄자 비중을 과대 추정해서는 안 된다는 점을 강조하고 있다.

사이코패스 범죄자의 범행 패턴

사이코패스들은 대부분 지속적이고 심각한 범죄를 저지르는 경향이 있다. Gretton, McBride, O'Shaughnessy와 Kumka(2001)는 사이코패스들의 일반적 범행 패턴에 대해 "윤리 및 도덕성이 결여되어 있고, 자신만의 규칙에 따라 생활하며, 냉혈하고, 위협적인 도구를 사용하고, 욕구 충족 목적으로 폭력을 사용하며, 일반적으로 사회 규범이나 타인의 권리를 무시한다."(p. 428)라고 설명하고 있다.

사이코패스 범죄자는 언어폭력, 위협, 협박 등을 포함해서 일반인들에 비해 더욱 폭력적이고 공격적인 행동 경향을 보인다(Hare, Hart, & Harpur, 1991). 어떤 경우에는 이러한 지속적인 범죄들이 극단적인 폭력으로 나타나기도 한다. "사회별로 심각한 범죄, 폭력, 사회적 스트레스의 현저한 불균형적 차이는 일정 부분 사이코패스 범죄자들에게 기인한다."(Hare, 1996, p. 26) Hare(1996)는 "사이코패스들이 냉담한 폭력에 쉽게 관여하는 것은 사회적으로나 특히 경찰관들에게 있어 매우 중요한 의미를 갖는다."(p. 38)라고 했다. Hare는 1992년 FBI 보고서를 인용하여 근무 중 사망한 경찰 등 법집행기관 종사자들 중 절반 이상이 행동 및 성격적으로 사이코패스 프로파일에 부합하는 범죄자들에 의해 살해당한 것으로 추정했다. 또한 사이코패스 성범죄자들의 경우 다른 성범죄자들보다 더욱 폭력적이고, 잔인하며, 무감정적이고, 가학적이라고 한다(Hare, Clark, Grann, & Thornton, 2000). 가학적이고 잔인한 방식으로 범행을 저지른 연쇄 살인범들 또한 대부분 사이코패스 유형에 부합한다(Hare et al., 2000; Stone, 1998). 하지만 사이코패스 범죄자들이라 해도 연쇄 살인을 저지르는 경우는 극소수에 불과하다.

사이코패스와 성범죄의 관계는 다소 복잡하다. 아동 성범죄자들 중 사이코패스 비중은 10~15%로 추정되며, 강간범들의 경우 40~50% 정도로 추정된다(Gretton et al., 2001; S.

Porter et al., 2000). 사이코패스 특성을 보이는 강간범들의 경우 상대적으로 분노, 복수, 가학성, 기회주의 등 '성적이지 않은' 동기로 성범죄를 저지를 가능성이 더 높은 것으로 나타났다(Hart & Dempster, 1997). 하지만 성범죄는 분명 폭력적인 범죄 유형에 해당되며, 사이코패스 여부를 고려치 않더라도 모든 성범죄가 성적 동기에 의해 발생한다고 볼 수만은 없다.

사이코패스 유형에 해당되지 않은 범죄자들이 저지른 성범죄와 폭력 범죄들 대부분은 가정 불화나 극단적인 정서 각성 상태에서 발생한다. 하지만 이러한 패턴은 사이코패스 범죄자들에서는 거의 나타나지 않는다(Hare et al., 1991; Williamson, Hare, & Wong, 1987). 사이코패스 범죄자들 또한 복수나 응징 혹은 음주 상태에서 폭력 범죄를 저지르는 경우도 있다. 일반 범죄자들의 경우 대부분 알고 지내던 면식 관계의 여성을 대상으로 범죄를 저지르나, 사이코패스 범죄자들의 경우는 전혀 모르는 비면식 관계의 남성 피해자를 공격하는 경향이 있다. Hare 등(1991)에 따르면 사이코패스 범죄자들에 의해 자행된 폭력은 "일반 범죄자들에게서 나타나는 감정적인 색채가 드러나지 않는"(p. 395) 냉담하고 냉혹한 특성을 보인다.

Porter 등(2000)에 따르면, 사이코패스는 일반 범죄자들에 비해 재범 주기가 짧고, 가석방 위반 시기가 빠르며, 교도소, 정신병원 등 수감시설에서 폭력 행동을 보일 가능성이 더 높다. 한 연구(Serin, Peters, & Barbaree, 1990)에서 교도관이 동행하지 않는 유휴 휴가 기간(관리 인원이 동행하지 않은 단기 석방 기간) 동안 석방 조건 위반 빈도를 조사한 결과, 일반 범죄자들의 경우 단기 석방 조건 위반 건수가 한 건도 없었는 데 반해 사이코패스 범죄자들의 경우 약 37%가 단기 석방 조건을 위반한 것으로 나타났다. 또한 일반 범죄자들 중 7%만이 가석방 조건을 위반한 데 반해 사이코패스 범죄자들은 약 33%가 위반한 것으로 나타났다(Serin & Amos, 1995). 사이코패스 범죄자들 중 65%가 출소 후 3년 이내 또 다른 범죄로 유죄 판결을 받는 데 반해, 일반 범죄자들의 재범률은 약 25%인 것으로 조사됐다. 한편, Quinsey, Rice와 Harris(1995)가 석방 후 6년 이내 성범죄자 재범률을 조사한 바에 의하면, 일반 성범죄자들은 20%, 사이코패스 성범죄자들은 80% 이상의 재범률을 보았다.

높은 재범률은 사이코패스 특성을 지닌 청소년 범죄자들의 주요 특징이기도 하다. Gretton 등(2001)에 따르면, 사이코패스 성향이 있는 청소년 범죄자들은 상대적으로 구금시설 탈출, 보호관찰 조건 위반, 향후 5년간 폭력 및 기타 비폭력 범죄를 저지를 가능성이 더 높다. 성인 및 청소년 사이코패스 범죄자들의 높은 재범률에 대해 일부 연구자는 "행동과학적으로 사이코패스를 치료할 수 있는 방법은 없다."라고 주장한 반면(Gacono, Nieberding, Owen, Rubel, & Bodholdt, 2001, p. 119), 이와는 다른 관점에서 사이코패스를 치료할 수 없다는 발언은 적절치 않다고 주장하는 연구자들도 있다(Salekin, 2002; Skeem, Monahan, & Mulvey, 2002; Skeem, Poythress, Edens, Lilienfeld, & Cale, 2003; Wong, 2000). 적절한 치료를 받은 사이코패스들이 치료를 받지 않은 사이코패스들에 비해 후속 범죄를 저지를 가능성이 감소한다는 근거 또한 제시되었다(Skeem et al., 2003).

사이코패스 평가

현재 가장 많이 사용되는 사이코패스 평가 도구는 20개 문항으로 구성된 **사이코패스 체크리스트 개정판**(Psychopathy Checklist-Revised: PCL-R; Hare, 1991)이다. PCL-R은 형사사법 기관 업무에 관여하는 법정 심리학자들에게 가장 친숙한 평가 도구 중 하나이다. 더 근래에 발표된 PCL-R 2판에는 법과학 실무 및 연구 환경에 적용될 수 있는 새로운 정보들이 추가됐다. PCL-R은 북미뿐 아니라 전 세계 각지에서 사용할 수 있도록 개정되었으며, 남성 및 여성 범죄자들에 대한 평가 규준 및 타당성 검증 데이터가 개정됐다.

이 외에도 12개 문항으로 구성된 **사이코패스 체크리스트: 선별판**(Psychopathy Checklist: Screening Version: PCL:SV; Hart, Cox, & Hare, 1995; Hart, Hare, & Forth, 1993), **사이코패스 체크리스트: 청소년판**(Psychopathy Checklist: Youth Version: PCL:YV) 및 **P-Scan: 연구판**(P-Scan: Research Version)도 사이코패스 평가 도구로 활용되고 있다. P-Scan은 사이코패스 특성에 대한 개략적인 검사를 통해 이후 용의자, 범인, 의뢰인 평가를 위한 가설을 설정할 때 주로 사용되는 선별 도구이다. P-Scan은 법 집행, 보호관찰, 교정, 민사 재판, 법과학 연구소들 및 기타 다양한 분야에서 특정 개인에 대한 사이코패스 성향 정보가 필요한 경우에 유용하게 활용될 수 있도록 고안됐다.

사이코패스 평가 도구들은 Cleckley(1941)의 사이코패스 개념에 기초하지만 주로 법과학 기관 혹은 정신병원에서 주로 남성 재소자들의 사이코패스 비중을 확인하기 위해 고안됐다. 여기에서는 현재 연구 혹은 임상 평가 도구로 가장 많이 사용되는 검사 도구인 PCL-R을 중심으로 평가 도구에 대해 설명한다. 청소년판인 PCL:YV 또한 다양한 맥락에서 광범위한 연구가 이루어지기 시작했으므로 청소년 사이코패스 부분에서는 PCL:YV에 대해 구체적으로 설명하겠다.

최근 사용되는 사이코패스 검사 도구들 대부분은 PCL-R, PCL:YV에서 파생되었으며, 이 외에도 사이코패스 특성 평가를 위한 다양한 검사 도구가 개발되었다. 가장 최근에 개발된 평가 도구로는 Patrick과 동료들(Drislane, Patrick, & Arsal, 2014; Patrick, Drislane, & Strickland, 2012; Patrick, Fowles, & Krueger, 2009)이 고안한 **삼원 사이코패스 측정**(Triarchic Psychopathy Measure: TriPM)을 들 수 있다. TriPM은 대담성(boldness), 비열성(meanness), 탈억제성(disinhibition)의 세 가지 척도로 구성된다. 대담성 척도에서는 지배성, 정서적 안정성, 모험 추구 성향을 측정하며, 비열성 척도에서는 타인 조종, 정서적 관심 부재, 잔인함 등과 관련된 특성들을 측정한다. 일부 전문가는 비열성을 사이코패스의 핵심 요인으로 보고 있다(Herpers, Rommelse, Bons, Buitelaar, & Scheepers, 2012). 탈억제성 척도는 충동성, 무책임성, 적대성 특질 등으로 구성되어 있다(Drislane et al., 2014). 그 밖의 평가 도구들로는 청소년 사이코패스 특질 검사(Youth Psychopathic Traits Inventory: YPI; Andershed, Kerr, Stattin, & Levander, 2002), 아동 사이코패스 척도(Child Psychopathic Scale: CPS; Lynam, 1997), 사이코패스 성격 검사(Psychopathic Personality Inventory: PPI; Lilienfeld & Andrews, 1996), 사이코패스 성격 검사 개정판(Psychopathic Personality Inventory-Revised: PPI-R; Lilienfeld & Widows, 2005) 등이 있다. 하지만 이 사이코패스 평가 도구들은 이 장에서 소개하는 사이코패스의 특성 범위를 벗어난다. 다양한 사이코패스 평가 도구가 개발되고 있지만, 연구자들과 임상가들이 가장 선호하는 평가 도구는 여전히 PCL-R이다.

PCL-R에서는 피평가자들의 자기보고, 자기보고 응답 내용들의 신뢰성을 확보하기 위해 부모, 가족, 친구, 체포 및 법정 기록 내용, 행동 평가 내용들을 종합적으로 고려해 사이코패스 범죄자의 정서, 대인관계, 행동, 사회 일탈 특성들을 평가한다(Hare, 1996; Hare et al., 1991). 또한 PCL-R 개별 항목 평가를 위해서는 학교 및 직장 내 행동, 가족, 친구, 애인에 대한 행동들, 기타 범죄 행동 등 여러 영역에 걸친 통합적인 정보가 필요하다(Kosson et al., 2002). PCL-R 훈련을 받은 경험이 풍부한 평가자들이 위 정보들을 토대로 개별 문항 내용들에 대해 피평가자의 부합 정도를 0~2점 척도(0=일관되게 나타나지 않음, 1=일치하지 않음, 2=일관되게 나타남)로 점수를 매긴다. 문항별 점수 평정은 매우 복잡하고, 많은 평가 시간이 필요하며, 상당한 훈련이 필요하다. 또한 피평가자에 대한 많은 배경 정보에 접근할 수 있어야 한다. 보통 북미 기준으로, PCL-R 평가 결과가 30점 이상이면 사이코패스로 진단된다(Hare, 1996). 하지만 임상적 상황에서는 25~33점을 기준 점수(cutoff score)로 사이코패스를 판별하기도 한다(Simourd & Hoge, 2000). Hare(1991)는 피평가자가 사이코패스 특성들을 보이나 진단 기준에는 부합하지 않는 21~29점을 받은 사람을 '중간' 집단으로 구분할 것을 제안하고 있다. 21점 이하일 경우 사이코패스로 간주하지 않는다.

사이코패스 범죄자 여부를 구분하는 데 있어 PCL-R은 타당도와 신뢰도를 인정받고 있으며, 교도소 환경에서도 재소자 위험성 평가에 많은 도움을 주고 있다(Hare, 1996; Hare et al., 1992). 또한 PCL-R은 이론적 · 실증적 · 임상적 실무 차원에서 사이코패스에 대한 전 세계 연구자들 및 정신건강 전문가들에게 보편적인 평가 기준을 제시했다는 점에서 큰 의미가 있다(Hare et al., 2000). PCL-R은 북미 지역 백인 남성 집단의 사이코패스 여부를 평가하는 데 가장 변별력이 높은 도구로 평가받고 있으나, 전 세계적으로도 사이코패스 진단을 위한 국제적인 평가 도구로 활용되고 있다(Hare et al., 2000). 또한 PCL-R은 범죄자 위험성, 폭력성 평가 및 "구금, 치료, 무기징역 혹은 사형 여부 결정"을 위한 평가 도구로도 활용되고 있다(Camp, Skeem, Barchard, Lilienfeld, & Poythress, 2013, p. 468). 하지만 PCL-R의 다양한 활용에 대해서는 많은 논란이 있다.

위험성 평가 도구로서의 PCL-R

법정 상황에서 위험성 평가 도구로서의 PCL-R 활용의 중요성은 날로 증가하고 있다. "형사 및 민사 재판에서 사용되는 평가 도구 선호도 조사 결과에서 입증된 바와 같이, 재판 상황에서 정신건강 관련 판단 시 PCL-R 평가 결과들이 채택되고 있다."(DeMatteo et al., 2014b, p. 96) 미국 법원에서 법정 심리학자들이 가장 선호하는 위험성 평가 도구로 PCL-R이 활용되고 있을 뿐 아니라 일부 주법원에서는 성폭력 가해자 공판 과정, 가석방 심리, 사형 판결, 치료감호, 청소년 범죄자의 성인 법정 이송 판단 등의 다양한 상황에서 PCL-R 평가가 시행되고 있다(DeMatteo & Edens, 2006; DeMatteo et al., 2014b; Walsh & Walsh, 2006). 성폭력 범죄자 재판에서 성범죄자의 위험성을 분류하기 위해 사이코패스 개념을 적용하고 있는데, 관련 법률들에서는 그들을 '성적 사이코패스'로 지칭하기도 한다(DeMatteo et al., 2014a). 또한 사이코패스 증거는 재판 과정에서 이루어지는 법적 판단에 상당 부분 영향을 미치는 것으로 보인다(Viljoen, MacDougall, Gagnon, & Douglas, 2010). 더욱 중요한 점은 피고인의 갱생 가능성 여부를 결정할 경우에도 사이코패스 여부에 대한 전문가 평가 결과가 종종 중요한 역할을 한다는 것이다.

"PCL-R은 법정 실무자들 사이에서 널리 사용되고 있으며, 재판 결과 조사에 따르면 미국 판례에서 PCL-R의 인용 수가 지속적으로 증가하고 있다."(DeMatteo et al., 2014b, p. 105) 향후에도 재판 과정에서 PCL-R의 활용이 매우 증가할 것이라는 증거들이 제시되고 있다.

법정 심리학자들이 법정에 제출한 PCL-R 평가 결과에 대해 재판 과정에서 이의가 제기되는 경우는 드문데, 이는 오히려 재판에서 PCL-R 결과를 과도하게 활용하는 문제를 야기시켰다(DeMatteo et al., 2014a). 사이코패스로 평가된 결과로 인한 낙인 효과를 고려하면, 평가 결과에 대한 법원의 반박 빈도가 낮다는 것은 매우 이례적인 일이다. 피고인이 재판에서 사이코패스 평가를 받을 경우 법정 최고형을 받을 가능성이 높은데, 이는 해당 피고인은 치료 효과가 미약하고 갱생 가능성이 없는 위험한 인물이라는 것을 의미한다. 예를 들어, Cox, Clark, Edens, Smith와 Magyar(2013)의 연구에서는 모의 재판 실험을 통해 사이코패스로 진단된 피고인에 대해 배심원들이 사형을 구형할 가능성이 더욱 높다는 사실을 발견했다. 실제 연구자들은 경제 범죄 사건 재판에서 PCL-R 사용을 중단할 것을 제안한 바 있다. 이러한 연구자들의 요구가 이상하지 않은 것은 PCL-R 점수가 주로 검사의 기소 형량 의견을 뒷받침하는 근거로 사용되고 있기 때문이다(DeMatteo & Edens, 2006; Edens & Cox, 2012; Edens, Davis, Fernandez Smith, & Guy, 2013). 더욱 놀라운 사실은 사이코패스가 생물학적 특성에 기반한다는 증거가 제출될 경우 판사들이 예상치 못한 방식으로 반응할 수 있다는 것이다. 재판 배석 판사들에게 실제 사건에 기초한 가상 시나리오를 제시하고, 모의 판결을 진행한 최근 연구에서는 이와 같은 생물학적 정보를 접한 판사들이 그렇지 않은 판사들보다 더욱 관대한 판결을 내리는 것으로 나타났다(Aspinwall, Brown, & Tabery, 2012; Miller, 2012).

사이코패스의 핵심 요인

PCL-R 연구를 통해 사이코패스는 본질적으로 다차원적인 특성을 가지고 있다는 점이 밝혀졌다. PCL-R 전문 검사자가 평가한 문항별 측정 데이터를 바탕으로 **요인 분석**(factor analysis)을 실시한 결과, 사이코패스의 행동 특성들은 크게 두 가지 요인으로 분류된다(Hare, 1991; Harpur et al., 1988; Hart et al., 1993). 먼저, 요인 1은 대인적 · 정서적 측면으로, 기만 및 속임수, 얕은 감정, 무자비함, 지배 · 우월감, 타인 조종 경향성을 측정하는 문항들로 구성되어 있다. 욕구 충족을 위해 타인을 이용하는 행위에 대해 전형적인 사이코패스들은 아무런 양심의 가책을 느끼지 않는다. 관련 연구들에서는 요인 1이 "불안과 두려움, 위협적 단서들에 대한 신체적 반응의 저하, 기분장애의 회복 수준 등"과 관련이 있다는 점이 발견됐다(Sadeh, Javdani, & Verona, 2013, p. 167). 요인 1은 일반적으로 대인관계-정서 요인이라 불린다.

요인 2는 무책임하고, 충동적이며, 공격적인 성향이 특징인 일탈적 생활양식과 반사회성 태도와 밀접한 관련이 있다. 또한 현실적인 목표 결여와 욕구 충족이 복합적으로 나타나는 반사회성 생활양식 추구 성향을 반영하고 있다. 요인 1과는 대조적으로, 요인 2는 높은 수준의 불안, 정신적 고통 등 정신병리적 특성들과 관련이 있다(Sadeh et al., 2013). 요인 2는 충동성 요인이라고 한다. 사이코패스 범죄자 관련 연구들에서는 PCL-R의 요인 1은 계획적이며 약탈적인 폭력 성향과 관련되어 있으며, 요인 2는 자발적이며 탈억제적인 폭력 성향과 관련되어 있다는 점을 발견했다(Hart & Dempster, 1997). 또한 요인 1 특성이 두드러진 사이코패스 범죄자들의 경우 심리치료 및 기타 치료 프로그램에 대한 저항이 크고 치료 효과가 낮은 것으로 나타났다(Oliver & Wong, 2009). 더불어 요인 1은 생리심리학적 특성들이 영향을 미치는 행동 특질들인 데 반해, 요인 2는 사회경제적 상태, 교육 수준 및 문화적 · 인종적 배경과 관계가 있다(Cooke & Michie, 1997). 연구 결과들에 따르면 요인 1은 요인 2보다 사이코패스 폭력 성향의 더욱 강력한 예측 요인으로 볼 수 있다(Cooke, Michie, Hart, & Hare, 1999; Olver, Lewis, & Wong, 2013).

한편, 청소년과 성인 집단을 대상으로 한 일부 연구에서는 사이코패스의 특성을 구성하는 핵심 구조가 세 가지 행동 차원으로 구성된다는 견해도 있다(Cooke & Michie, 2001; Frick, Bodin, & Barry, 2000; Kosson et al., 2002). 예를 들어, Cooke와 Michie(1997)는 PCL-R 평가 데이터에 대한 요인 분석에서 사이코패스 특성이 ① 오만하고 기만적인 대인관계 방식, ② 충동적이고 책임감이 결여된 행동 패턴(기존의 요인 2와 매우 유사함), ③ 감정적 경험 부족의 세 가지 핵심 요인으로 구성되어 있음을 발견했다. 요인 1과 3은 기존 요인 1을 세분화한 것이다. 요인 2의 감정적 경험의 부족이란 타인에 대한 긍정적 감정 부족, 공간 능력 결여, 냉담성 등을 의미하며, 요인 1의 오만하고 기만적인 대인관계 방식은 사이코패스 특징 중 입심 좋음, 피상적 매력과 자기과장 성향 등을 반영한다. 세 가지 요인은 대인관계(1요인), 일탈적 생활양식(2요인), 감정 결여(3요인)이다.

연구자들 사이에서는 네 번째 사이코패스 핵심 요인에 대한 논의가 활발히 이루어지고 있다(Hare, 2003; Hare & Neumann, 2008; Neumann et al., 2012; Salekin, Brannen, Zalot, Leistico, & Neumann, 2006; Vitacco, Neumann, & Jackson, 2005; Walters & Heilbrun, 2010). **4요인 관점**(four-factor perspective)에서 요인들은 ① 대인관계(병적 거짓말과 속임수), ② 충동적 생활양식(무책임한 행동, 자극 추구, 충동성), ③ 정서(얇은 감정, 감정 반응, 양심의 가책 결여), ④ 반사회성 성향(자기조절 능력 결여, 광범위한 반사회성 행동)이다(〈표 7-3〉 참조).

표 7-3 사이코패스 4요인

요인	요인명	행동 특성
요인 1	대인관계	거만 · 오만, 기만, 타인 이용 및 조종
요인 2	충동성	충동성, 무책임성, 신뢰할 수 없음
요인 3	정서	감정 반응 결여, 냉담, 공감 능력 부족
요인 4	반사회성	다양한 형태의 반사회성 행동, 자기조절 능력 부족

네 번째 요인에 대한 논쟁은 사이코패스 검사가 반사회성 행동 요인들을 적절히 반영하고 있는가에서 시작됐다. 많은 연구에서 사이코패스 특질을 지닌 사람들은 폭력 및 광범위한 반사회성 행동을 보이는 것으로 나타났는데, 4요인 중 요인 2에서 설명하는 충동성 및 비계획적인 행동 특성들이 과연 사이코패스의 다양한 반사회성 행동 기질을 설명하는 데 충분한가에 대한 문제가 제기되고 있다. 이와 관련해서 Neumann 등(2012)은 "실증 연구 결과들과 임상 장면에서 발견된 많은 사실을 종합하면 사이코패스 성향은 근본적으로 반사회성과 강한 관련이 있다."(p. 559)라고 언급한 바 있다. 또한 Lynam과 Miller(2012)는 반사회성 행동에 대한 설명들을 포함하지 않고서는 사이코패스를 설명할 수 없다고 했다.

Salekin 등(2006) 또한 과거 반사회성 행동들에 대한 평가 결과를 포함시켜야만 사이코패스 예측력을 높일 수 있다고 지속적으로 주장해 왔다. 실제 연구 결과들에서는 4요인 중 네 번째 요인인 반사회성 요인이 사이코패스 범죄자들의 재범 가능성 예측에 있어 가장 중요한 요인이라는 것이 나타났다(Hawes, Boccaccini, & Murrie, 2013; Walters & Heilbrun, 2010). 최근 연구에서도 반사회성 요인이 청소년 및 성인 사이코패스를 정의하는 데 가장 핵심적인 요인임이 발견됐다(Kosson et al., 2013).

하지만 반사회성 행동들이 사이코패스의 핵심 요인이라는 주장에 동의하지 않는 연구자들도 있다. Lillenfeld 등(2012)은 사이코패스를 정의하는 데 반사회성 행동들이 포함되면, 사회적이며 호감이 가는 인상에 온화하고 매력적으로 보이기는 하나 가식적인 사이코패스들 중 일생 동안 범죄 혹은 그 밖의 반사회성 행동을 저지르지 않은 사람들은 사이코패스로 정의할 수 없다고 주장했다. 이러한 견해에 공감하는 연구자들은 대안적으로 '대담성' 요인을 포함시킬 것을 제안하고 있다.

대담성 요인

최근 몇 년간 사이코패스 요인에 대담성 성격 특질을 포함시켜야 하는지에 대한 논쟁이 이어지고 있다. 두려움 없는 우월감이라고도 불리는 **대담성 요인**(boldness factor)은 "불안 및 스트레스를 감내하며, 무서움이 없고, 원하는 목적을 성취하기 위해 사회적 상호작용을 통한 협상 능력이 뛰어난 대인관계 스타일"을 말한다(Douglas, Nikolova, Kelley, & Edens, 2015, p. 265). 일부 연구자(예: Patrick, Fowles, & Krueger, 2009; Skeem, Polaschek, Patrick, & Lilienfeld, 2011)는 사이코패스들이 지닌 대담성을 스트레스 혹은 생명의 위협을 받는 상황들에서 침착함과 집중력을 잃지 않으며, 다양한 사회적 상황에서 높은 수준의 자기확신감과 자기효능감을 보이는 특성으로 묘사하고 있다. 또한 대담한 사람들은 끔찍한 사건을 경험한 이후에도 빠른 회복력을 보인다.

Scott Lilienfeld와 동료들(Lilienfeld, Watts, & Smith, 2015; Lilienfeld, Smith, Savigné, et al., 2016; Murphy, Lilienfeld, Skeem, & Edens, 2016)은 대담성(두려움 없는 우월감)을 성공한 사이코패스와 실패한 사이코패스를 구분하는 핵심 특질로 간주하고 있다. "최근 연구들에서는 두려움 없는 우월감이 성공한 사이코패스들의 특징이며, 리더십 측면에 중요한 의미가 있다고 제안하고 있다."(Lilienfeld et al., 2015, p. 301)

두려움 없는 우월감은 직업 선택과 관련이 있을 수 있다. Lilienfeld 등은 많은 조직과 고위험 직군에서 중요한 직책을 맡고 있는 사람들이 이와 같은 성격 특질을 지니고 있다는 점을 발견했다(Lilienfeld et al., 2015). 소방관, 경찰 및 법집행기관 요원, 운동 선수 등이 고위험 직군에 해당된다. 이러한 점으로 인해 최근 성공한 사이코패스에 대한 관심이 지속적으로 증가하고 있다(Smith, Watts, & Lilienfeld, 2014).

대담성은 삼원 사이코패스 모델의 핵심 요인이다(Patrick, Fowles, & Krueger, 2009). 이 모델은 삼원 사이코패스 측정(TriPM) 기법의 이론적 토대로, 사이코패스의 대표적인 특질을 대담성, 비열함, 탈억제성으로 정의하고 있다. 비열함은 "공감 능력 부족, 친밀감 결여, 반항, 흥분 추구, 착취, 잔인한 학대" 성향을 말하는데(Patrick et al., 2009, p. 927), 이는 오만, 권위에 대한 반항, 파괴적 흥분 추구, 사람과 동물에 대한 잔인한 학대 행동들로 표출될 수 있다(Skeem et al., 2011). Patrick 등은 비열한 성향이 타인에게 위해를 가하는 행위로 연결되는 일탈 및 범죄 행동의 중심 특징으로 작용한다고 보고 있다.

탈억제성은 "향후 일어날 일들을 사전에 고려하지 않고, 계획성이 결여되어 있으며, 감정 및 욕구 조절 능력의 손상과 즉각적인 만족 추구 및 행동 억제 능력이 결핍된" 것으로 특징지을 수 있다(Patrick et al., 2009, p. 925). Patrick 등은 삼원 사이코패스 모델을 제안하면서, 자신들이 제시한 서로 다른 세 가지 기질적 특질들이야말로 지난 30년간 진행된 광범위한 사이코패스 연구 결과들을 총망라하고 있으며, 사이코패스를 가장 설득력 있게 요약하고 있다고 주장했다.

MY PERSPECTIVE 7-1

과학을 사랑하고, 당신의 뮤즈를 찾고, 자아를 확인하라

Scott O. Lilienfeld, Ph.D.

우연한 발견은 종종 중요한 과학적 발견의 시금석 역할을 한다(Bosenman, 1988). 진로 선택 시기를 포함해서, 기회는 사람들의 선택에 있어 중요한 역할을 한다. 나도 마찬가지였다. 현재 나의 주요 연구 주제인 정신병질적 성격(사이코패스)에 대한 관심은 대학교 시절 시작되어 대학원까지 일관되게 이어졌다고 말하고 싶지만, 실은 그렇지 않았다. 나의 연구 관심사들은 거의 전적으로 우연히 생겨났다.

1970년대 후반에서 1980년대 초반 코넬 대학교(Cornell University) 심리학과에 다니던 시절, 나는 사이코패스에 대해 아무것도 몰랐다. 3학년 때 우연히 Robert Dworkin 교수님의 고급 정신병리학 연구 수업을 수강했다. 이 수업은 크게 조현병, 기분장애, 정신병질(사이코패스)의 세 가지 모듈로 구성되어 있었다. 사이코패스 성격에 대한 강의에서 교수님께서 이 모호한 성격 특성에 대한 연구 대부분을, 그것도 혼자서 일관되게 진행해온 David Lykken(1957)의 실험 연구들에 대해 소개해 주셨다. Lykken은 박사학위 논문을 준비하면서 사이코패스들이 두려움을 경험하는 데 있어 현저한 결핍을 보인다는 사실을 증명한 여러 편의 연구를 진행했다. 예를 들어, 그는 실험 참가자들을 대상으로 '정신 미로(mental maze)' 과제를 수행하면서, 실패할 경우 전기 충격을 가하는 방식으로 미로 순서를 학습시켰다. 사이코패스들은 미로 순서를 일반인들에 비해 빠르게 학습하긴 했지만, 그들에게 전기 충격과 같은 처벌은 아무런 효과가 없었다. 나는 이러한 자신의 이론적 가설을 엄격한 실험 절차로 증명해 내는 Lykken의 순수한 독창성에 큰 감명을 받았다.

대학 졸업 후 임상 심리학 석사 과정에 지원했는데, 운 좋게도 첫 번째 지원한 미네소타 대학교(University of Minnesota)에 합격했다. 미네소타 대학교 임상 심리학 대학원 과정의 특화된 장점에 따라 나 역시 조현병 관련 연구에 집중할 계획이었다. 대학원에 입학한 후 얼마 되지 않아 우연히 일란성 쌍생아를 다루는 다큐멘터리 프로그램을 보던 중 갑자기 턱수염을 기른 남자가 출연했다. 그의 이름은 David Lykken이었다. 그는 인간의 상태를 설명하기 위한 쌍생아 연구가 왜 중요한지에 대해 유창하게 설명했다. 나는 즉시 그가 내가 학부 시절 존경했던 연구자임을 알아챘다. David가 미네소타 대학교 심리학과에서 정신의학과로 자리를 옮겼기 때문에 임상 심리학 프로그램 교수진에 그의 이름이 없었던 것이었다. 1982년 미네소타(Minnesota)에 도착한 직후 Lykken 교수에게 나를 소개하면서 혹시 그의 실험실에서 함께 연구할 수 있는지 물었다. 놀랍게도, 그는 그 즉시 흔쾌히 동의하면서 사이코패스에 대한 나의 연구를 지도해 주겠다고 했다. 이러한 환경에서 나는 더욱더 열심히 배워 나갔고, 알면 알수록 더욱 흥미를 느끼게 되었다. 이후 나는 단 한 번도 뒤돌아보지 않았다.

어떤 연구 분야를 추구해야 할지 알게 되는 과정은 도전에 가깝지만 그렇다고 해서 학생 여러분이 절망할 필요는 없다. 나 또한 지금 50대 중반이지만 여전히 앞으로 무엇을 하고 싶은지 알아내려는 생각 속에 사는 느낌이다. 나는 계속해서 내 자신을 재창조해 왔기 때문에 그러한 걱정을 하지 않는다. 예를 들어, 지난 30년 동안 사이코패스를 연구해 왔지만 나는 아직도 그것이 과연 무엇인지 완전히 이해할 수 있다는 확신을 갖고 있지 않다. 처음 연구를 시작할 때는 사이코패스가 하나의 실체라고 생각했지만, 지금은 과거 내 생각에 상당한 의구심을 갖고 있다. 그 이후로 사이코패스는 일반적인 성격 영역에서 도출된 또 다른 방식의 구별되는 광범위한 성격 특질들의 조합일 뿐이라고 여기게 됐다. 따라서 내가 참여했던 연구들을 포함해서 상당수의 사이코패스 원인에 대한 연구들이 잘못된 전제에 바탕을 두고 있다고 생각한다(Lilienfeld, Smith, & Watts, 2016). 이러한 뒤늦은 인식이 '기본적인 성격 특질들이 어떤 방식으로 결합되어 대인관계 신드롬'을 구성하는가, 즉 사회적으로 나쁜 결과들을 야기할 수 있는 성격 특질군과 관련된 새로운 연구 분야에 대한 관심이 생겼다.

법정 심리학 및 다른 관련 학문 분야 연구자를 꿈꾸는 학생들이 나에게 조언을 구하는 경우가 간혹 있다. 내가 항상 반대편에 서 왔던 사람이라서 학생들의 진로에 대해 충고를 해 줄 수 있는 최고의 사람은 아니다. 독자 여러분 또한 나의 조언이 다른 학자들의 조언과 의미 면에서 다를 수 있다는 점을 알아야 한다. 여러분에게 전하고 싶은 것은 다음 세 가지이다.

첫째, 뮤즈를 찾아 쫓으라. 여러분을 매혹 시킬 수 있는 과학적 문제를 발견하고 그것을 끈질기게 추구하라. 어찌되었든 간에, 과학적 열정이 깊지 않다면 학계에 몸담지 말라. 교수가 되기 위해서는 남들이 보기에 약간은 우스꽝스러워 보일 각오를 하고, 조금은 미칠 필요가 있다. 정신적인 문제를 이야기하는 것이 아니라 일생을 바쳐 탐구하고 헌신하고 싶은 과학적 질문들에 충분한 열정을 보여야 한다는 것이다.

둘째, 지식과 관심의 지평을 넓히라. 연구 중점 대학들에서 강조하는 전문성 강화는 한 분야에 모든 연구 인생을 소비하라는 것을 뜻한다. 어려울 수 있겠지만 이러한 분위기에 끊임없이 저항할 필요가 있다. 사이코패스에 대한 끊임없는 관심에도 불구하고, 나는 사실 극단적인 일반론자이다. 사이코패스뿐만 아니라 불안장애, 해리성 장애, 조현병, 증거 기반 평가, 치료 실무, 심리학적 오개념, 심리학에서의 과학적 사고 등 다양한 연구를 수행해 왔다. 젊은 학자들에게 나처럼 다양한 분야에 관심을 가지라고 말하고 싶지는 않지만, 뛰어난 학자가 되기 위해서는 겉보기에는 관련이 없어 보이는 다양한 분야를 총망라한 융합적 통찰력을 갖출 필요가 있다. 매우 학구적인 동료 교수가 한 말이 있다. "과학에서의 마법은 정확히 다양한 학문 분야의 교차점에 있다".

셋째, 자신에 대해 너무 심각하게 생각하지 말라. 연구에서는 진지하되, 자만심을 가져서는 안 된다. 1세기 후 우리 중 뛰어난 사람들 몇몇만이 기억될 뿐, 혼자 유명한 사람으로 남지 않는다(Roediger, 2016). 그러니 명성을 갈망하지 말고, 관심 분야에서 겸손한 발견을 목표로, 그 과정에서 자신만의 즐거움을 찾아 나가면 된다.

나 역시 교수가 된다는 것은 엄청난 특권이라고 생각한다. 오랜 시간 연구를 해야 하며, 때로는 타성에 젖은 학자들 간의 오만함, 이기심 등 학계의 관료주의에 좌절할 수도 있겠지만, 진정으로 애정을 갖고 일을 하면서 돈을 받고 있다는 사실과 함께, 이 일은 나에게 충분한 보상 그 이상의 가치가 있다는 점을 끊임없이 되새기고 있다.

Lilienfeld 박사는 조지아(Georgia)주 애틀랜타(Atlanta)에 위치한 에모리 대학교(Emory University) 심리학과 교수이자 학술지『임상 심리과학(Clinical Psychological Science)』의 편집자이다. 주요 연구 분야는 사이코패스 관련 성격 장애의 원인 및 평가, 정신질환의 진단 및 분류, 과학적 사고의 심리학 적용 등이다.

청소년 사이코패스

사이코패스 연구들의 심각한 결함은 대부분 성인 남성들을 대상으로 연구가 진행됐다는 것이다(Frick, Barry, & Bodin, 2000). 결론적으로 여성 및 청소년(주로 사춘기) 사이코패스에 대한 연구들은 매우 부족한 상황이며, 최근 들어서야 관련 연구들이 이루어지고 있는 실정이다. 특히 청소년들에게 사이코패스라고 낙인찍는 것에 대한 저항감으로 인해 "임상 및 법과학 현장 그리고 청소년 형사 정책 분야에서 청소년 사이코패스 연구에 대한 개념적 · 방법론적 · 실무적 우려가 증가하고 있다"(Edens, Skeem, Cruise, & Cauffman, 2001, p. 54).

지난 10년간 학자들 사이에서는 이 문제에 대한 끊임없는 논쟁이 있어 왔다(Edens & Vincent, 2008; Salekin, Rosenbaum, & Lee, 2008; Viljoen et al., 2010). 일부 논쟁은 과연 청소년들에게 사이코패스 개념을 적용할 수 있는지 여부였다. 먼저, 성인 사이코패스의 특징들을 아동 · 청소년들에게도 동일하게 적용할 수 있는지와 더불어 설령 청소년 사이코패스가 존재한다 하더라도 그들에게 사이코패스라는 명칭을 붙이는 것이 오히려 부정적 효과를 불러일으킬 수 있다는 우려 때문이다. 즉, 사이코패스라고 낙인찍힌 청소년은 치료가 어렵고, 범행 가능성 및 재범률이 높은 인물로 평가될 수 있다. 현재로서는 사이코패스의 생물학적 · 본질적 특성상 생물학적 처치 이외에는 다른 치료 및 억제 방법이 거의 없다(Seagrave & Grisso, 2002).

최근 몇 년간 성인기 이전 연령대를 대상으로 한 사이코패스 검사 도구들이 꾸준히 개발되어 왔다. 대표적인 검사 도구들로는 사이코패스 선별 도구(Psychopathy Screening Device: PSD; Frick, O'Brien, Wootton, & McBurnett, 1994), 아동기 사이코패스 척도(Childhood Psychopathy Scale: CPS; Lynam, 1997), 사이코패스 체크리스트: 청소년판(PCL:YV; Forth, Kosson, & Hare, 1997) 등이 있다. 이들 도구는 현재 임상적 진단보다는 주로 연구 용도로 많이 사용된다. 특히 사이코패스 체크리스트: 청소년판(PCL:YV)의 경우 대부분 연구 목적으로 활용되고 있다.

13세 또는 그 이상의 청소년 사이코패스를 평가하기 위해 설계된 PCL:YV는 PCL-R의 수정판으로서 기본적으로 가족과 또래 관계, 학교 적응과 관련된 부분을 중점적으로 평가하고 있다. PCL-R과 마찬가지로 PCL:YV 또한 표준화된 검사로, 충분한 훈련을 받은 전문가가 구조화된 임상 면접과 각종 피평가자 자료 검토를 실시해야 한다. 사이코패스의 20개 항목 중 각 행동 차원의 점수는 0(일관되게 나타나지 않음), 1(일치하지 않음), 2(일관되게 나타남)로 매겨진다. PCL-R처럼 이 도구 역시 합산 점수와 두 요인 점수가 산출된다. 요인 1은 대인관계/정서 차원을 반영하며 말주변이 좋음/피상적인 매력, 지나친 자존감, 남을 조종함, 불성실, 냉담함 등을 포함한다. 요인 2는 충동성, 무책임함, 행동 문제의 조기 출현, 목표의 결여와 같은 행동 및 생활 패턴 특성을 반영한다.

사이코패스 선별 도구(PSD)는 아동 및 청소년 사이코패스 평가를 목적으로 기존 PCL-R의 몇 가지 항목을 수정한 행동 평정 척도이다(Frick et al., 2000). 현재 PSD는 교사, 부모, 자가진단용의 3종 판이 개발되어 있다. Frick 등(1994)은 교사와 부모용 PSD의 요인 분석을 통해 청소년 사이코패스가 두 가지 주요 차원으로 구성되어 있다고 밝혔다. 한 차원은 냉담-비정서이고, 다른 한 차원은 충동성-품행 문제이다. 이 중 냉담-비정서 차원이 특히 심각한 수준의 공격성, 품행장애, 비행 행동을 예측하는 데 유용한 것으로 나타났다(Marsee, Silverthorn, & Frick, 2005). 이후에 Frick 등(2000)은 요인 분석을 통해 청소년 사이코패스 3차원을 지지하는 증거를 발견했다. 두 가지 요인(냉담한-무감정적 및 충동성)은 Frick 등이 이전에 실시한 성인에 대한 연구에서의 주요 차원과 비슷하다. 그러나 성인들에 비해 청소년 사이코패스들의 충동성 요인은 다소 복합적인 특성들이 혼재되어 있었는데, 연구자들은 충동성 요인을 다시 충동성과 자기애성(narcissism, 과장된 자기도취감)으로 구분했다.

냉담-비정서 특질

최근 들어 **냉담-비정서**(callous-unemotional: CU) **특질**은 많은 연구에서 개념적인 타당성과 효용성을 인정받고 있다(Frick et al., 2014). CU 특질은 청소년, 성인 사이코패스들의 징후와 증상을 정의할 때 주로 사용되나, 어린 아동들을 설명할 때에도 사용할 수 있다. CU 특질을 최초로 제안한 Paul Frick과 동료들(Barry et al., 2000; Frick et al., 2000)은 성인 사이코패스들이 발달 과정에서 어떤 전조나 증후를 보였는지를 확인하기 위해 일련의 연구 프로젝트를 진행했다. Frick의 연구팀은 품행장애 진단을 받은 아이들 중 일반적인 품행장애 아동들보다 심각하고 만성적인 반사회성 행동 패턴을 보이는 아동 집단의 존재 및 아동 · 청소년들 중 공감 능력 및 정서 표현 능력이 부족하고 죄책감이 결여된 특성이 있다는 점을 발견했다. 이러한 특성은 성인 사이코패스들에게서 흔히 볼 수 있는 행동 패턴들과 매우 유사하다. 연구자들은 이러한 특질 유형을 냉담-비정서 특질이라고 정의했다. 후속 연구들에서는 CU 특질의 아이들이 충동성 및 자아중심성 수준이 높으며, 심각한 수준의 품행장애와 함께 높은 수준의 공격성 및 폭력 성향을 뚜렷이 보이는 것으로 나타났다(Frick et al., 2014). 또한 타인의 관점으로 생각하는 능력 부족, 자신의 실수에 대해 타인을 비난하는 인지 왜곡 성향, 자신의 잘못된 행동들에 대한 처벌 가능성 과소평가 등 심각한 수준의 인지적 어려움이 CU 특질의 아이들에게서 나타났다.

또 다른 연구들에서는 CU 특질을 지닌 아이들의 경우 타인 지배 및 통제에 있어 공격성을 효과적인 도구로 인식하는 한편, 이와 같은 공격적인 행위로 인한 처벌 가능성을 두려워하지 않는다는 점이 발견됐다(Pardini & Byrd, 2012). 이 연구에서 아이들은 자신들의 공격적 행위로 인한 타인의 고통이 크지 않다는 식으로 자신의 행동이 미치는 영향을 최소화하는 답변을 하였으며, 타인의 고통과 두려움에 대해 크게 신경을 쓰지 않고 있었다. 아동 · 청소년기의 CU 특질들이 성인기 이후 사이코패스 패턴을 강하게 예측한다는 유사한 연구들의 결과들을 고려하면, 이와 같은 CU 특질을 가진 아이들의 행동 성향은 지극히 당연한 결과로 간주될 수 있다(Kahn, Frick, Youngstrom, Findling, & Youngstrom, 2012).

DSM-5에는 CU 특질들이 품행장애의 하위 증상으로 명시되어 있어, 다른 하위 증상들과 분명히 구분되어 있다. 품행장애에서 CU 특질의 구분은 이 경우에 다른 하위 증상 유형들에 비해 도구적인 이익을 위해 공격적 행동을 보일 가능성이 높다는 점을 정신의학 전문가들에게 알리기 위함이다(American Psychiatric Association, 2013).

아동・청소년 사이코패스 식별에 있어 또 다른 문제점은 특히 발달 초기에 발달 과정 및 패턴들은 급격히 변화하기 때문에 사이코패스 측정 신뢰도를 보장할 수 없다는 점이다. 예를 들어, 어린 시절 나타난 사이코패스 증상 중 일부는 성인기의 증상과 매우 다른 양상을 보일 수 있다(Hart, Watt, & Vincent, 2002). 아동・청소년들의 행동 패턴 중 일부는 다양한 이유로 사이코패스들과 매우 유사해 보일 수는 있지만, 실제로 사이코패스의 징후가 아닐 수도 있다. 또한 심각한 반사회성 행동들 및 품행장애를 보이는 아동・청소년들의 문제 행동의 종류 및 범위가 너무 다양한 까닭에 연구자들과 임상가들이 이들을 정확히 특정 범주로 유형화하기에는 한계가 있다(Frick et al., 2014).

학대 가정의 아동들 또한 종종 사이코패스들의 정서 특징들과 유사한 비정상적인 억제된 감정 패턴을 보이기도 한다. 학대 아동들의 감정 반응은 어쩌면 가정 내 스트레스에 대한 대응 방식일 수도 있다(Seagrave & Grisso, 2002). "분노 통제 능력 부족, 목표 부재, 판단력 결여 등 일부 청소년의 행동들이 사이코패스적으로 보일 수 있다. 하지만 이는 청소년들이라면 대부분 직면하게 되는 공통적인 발달 과정에 기인한 것일 수 있다."(Seagrave & Grisso, 2002, p. 229) 청소년들이 음주, 흡연 등의 금지된 행위를 자행하는 이유는 어른 중심의 사회 규범에 반항함으로써 일종의 자유를 얻기 위한 시도로 해석할 수 있다. 하지만 성인 사이코패스 범죄자들의 경우에는 수년간의 약물 남용 및 알코올 중독, 신체적 폭력, 기회 상실, 반복적인 교도소 투옥 등으로 인해 심리적으로 피폐해진 경우가 많다(Lynam, 1997). 결론적으로 성인 사이코패스들은 청소년 사이코패스들과는 매우 다른 인구통계학적 특성을 지니고 있다.

PCL-R과 PCL:YV의 적절성: 청소년 평가

Edens 등(2001)은 사이코패스 평가 도구(특히 PCL-R과 PCL:YV)의 일부 문항이 청소년들에게 사용하기에는 부적절하다고 지적하고 있다. 이는 여성 청소년들 등 일부 인구통계학적 집단(Edens, Campbell, & Weir, 2007), 다른 민족 집단(Leistico, Salekin, DeCoster, & Rogers, 2008)에도 해당된다. 예를 들어, 청소년들은 일반적으로 삶의 목표와 책임감에 대해 확고한 생각을 가지고 있지 않는데, 이 경우 PCL-R 등의 목표 결여와 무책임성과 관련된 문항들에서 사이코패스 하위 요인에 해당하는 점수가 나올 수 있다. 이러한 항목들은 "성인 사이코패스들과 비교해서 청소년 사이코패스들의 결정적인 특성으로 보기 어렵다"(Edens et al.,

2007, p. 58). 따라서 성인 사이코패스들에게서 확인된 특질들을 동일한 기준으로 청소년들에게 일반화하는 데에는 신중을 기해야 할 것이다.

그럼에도 불구하고 많은 연구자는 지속적으로 청소년들의 사이코패스 경향성 측정 및 특성 확인을 위한 연구를 진행해 왔다. 미국 내 아동 사이코패스 발병률 조사에서는 4~8학년 아동 1,000명 중 약 4.3%가 사이코패스 특성을 보이는 집단으로 분류되었다(Skilling, Quinsey, & Craig, 2001).

한편, Lynam(1997)은 자신이 개발한 아동 사이코패스 척도(Child Psychopathic Scale: CPS)를 적용해 청소년과 성인 사이코패스를 비교하는 연구를 진행했다. 연구 결과, 아동기에도 사이코패스 증상이 나타날 수 있으며, 자신의 CPS 척도가 12~13세 아동들의 사이코패스 성향을 평가하는 데 매우 신뢰도가 높은 도구라고 발표했다. 구체적으로 Lynam은 아동 사이코패스 분류 집단 또한 성인 사이코패스와 마찬가지로 극도의 공격성, 심각성, 지속성, 충동성을 지닌 범죄 성향을 지녔으며, 이러한 성향이 시간이 흐를수록 더욱 현저한 특징으로 나타날 수 있다는 점을 발견했다. 또한 그는 CPS가 사회적 · 경제적 상황, 이전 일탈 행동 경험, IQ, 충동성 요인보다 심각한 수준의 일탈 행동들에 대한 예측력이 더 뛰어나다고 주장했다.

지금까지의 연구들에서는 청소년 사이코패스 평가 단계에서 개별 도구들의 타당도 검증을 목적으로 하고 있다(Kossn et al., 2002; Murrie & Cornell, 2002). 또한 최근 연구들에서는 청소년 사이코패스들의 유전력과 가족의 영향 관련 결과들을 제시하고 있다(Forsman, Lichtenstein, Andershed, & Larsson, 2010; Viding & Larsson, 2010). fMRI 연구들에서는 사이코패스 성향 청소년들이 특정 작업 수행 시 활성화되는 뇌 영역의 존재를 확인했으며(Salekin, Lee, Schrum Dillard, & Kubak, 2010), 사이코패스 성향 아동들의 특정 뇌 부위에 손상이 있을 가능성 역시 제기된 바 있다(Newman, Curtin, Bertsch, & Baskin-Sommers, 2010; Shirtcliff, Vitacco, Gostisha, Merz, & Zahn-Waxler, 2009). 하지만 여전히 많은 학자는 법정에서 아동 · 청소년 범죄자들의 사이코패스 또는 사이코패스 성향에 대한 전문가 증언 및 증거 제출에 대한 우려와 함께 신중을 기해야 한다는 점에 동의하고 있다.

미국, 캐나다 법정에서 판결된 소년 사건 판례 111건을 검토한 Viljoen 등(2010)은 아동 · 청소년 피의자들의 사이코패스 증거가 판결의 핵심 요인이 아님에도 불구하고, 보편적으로 사이코패스 증거 제출이 이루어지고 있으며 법관의 의사결정에 많은 영향을 미치고 있음을 확인했다. 이들이 검토한 사건들 중 약 절반 수준의 판례들에 사이코패스 혹은 관련 특질에 대한 전문가 증언이 인용됐다. 아동 · 청소년 피의자들 중 사이코패스 성향을 보이지 않은 이들에게는 상대적으로 관대한 형량이 구형되었으며, “법정에 제출된 사이코패스 관련 증거들은 소년 피의자들을 성인 법정으로 이관시키거나 성인 교도소에 복역시키는 판결을 내리는 데 매우 큰 영향을 미쳤다"(p. 271). Viljoen 등에 따르면, 소년 사건에서 사이코패스 증거들은 해당 소년 피의자들이 갱생 가능성이 매우 희박하거나 거의 불가능한 범죄자들로 추정하기 위한 용도로 활용되고 있다.

여성 사이코패스

범죄 행동에 대한 연구들 대다수는 전통적으로 남성 범죄자들에게 초점이 맞추어져 왔다. 따라서 "현행 형사사법 체계에서는 남성들이 반사회성 행동에 연루될 가능성을 더욱 크게 보고 있으며 남성 범죄들을 더욱 심각하게 평가하는 경향이 있다"(Javdani, Sadeh, & Verona, 2011, p. 1325). 유사한 맥락으로 남성 사이코패스 대비 여성 사이코패스 비율 통계는 거의 찾아보기 어려우며, 일반적으로 남성 사이코패스에 비해 여성 사이코패스가 수적으로 훨씬 적다고 추정되고 있다. PCL-R 자료를 토대로 Salekin, Rogers와 Sewell(1997)은 여성 재소자 중 사이코패스 비율을 약 15.5%로 보고했는데, 같은 기간 남성 재소자 중 사이코패스 비율은 약 25~30%였다.

여성 사이코패스 비율이 어느 정도인지를 조사한 연구는 극히 드물다. 예를 들어, 광범위한 여성 표본 집단 대상 및 다양한 문화권별 여성 사이코패스 특성에 대한 포괄적 연구는 거의 찾아보기 어렵다(Neumann et al., 2012). 대부분 남성 표본 집단을 대상으로 한 연구들이기 때문에, 여성들만을 대상으로 한 사이코패스 관련 연구들은 매우 제한적인 상황이다. Salekin, Rogers, Ustad와 Sewell(1988)은 78명의 여성 재소자를 대상으로 실시한 PCL-R 검사 결과에서 29점을 얻은 12.9%를 사이코패스로 분류한 바 있다. 이 외에 위스콘신(Wisconsin) 소재 교도소에 수감 중인 528명의 성인 여성 재소자 대상 연구에서 사이코패스 판결 기준 점수를 30점으로 적용했을 때 약 9%가 사이코패스 기준에 부합하는 것으로 나타났다(Vitale, Smith, Brinkley, & Newman, 2002). 한편, PCL-R을 사용한 예비 연구들에서는 여성 사이코패스 범죄자들이 남성 사이코패스 범죄자들과 다른 행동 패턴을 보인다는 것이 발견됐다(Hare, 1991; Vitale et al., 2002).

사이코패스 범죄자의 성별 차이

현재까지 발표된 일부 연구 결과만을 고려할 때 남성 및 여성 사이코패스들은 많은 공통점을 보이나 차이점도 존재한다(Neumann et al., 2012; Verona, Bresin, & Patrick, 2013; Walters, 2014). 초기 연구들에서는 남성에 비해 여성 사이코패스들의 공격성, 폭력성 수준이 낮으며

(Mulder, Wells, Joyce, & Bushnell, 1994), 재범 가능성 또한 상대적으로 낮다는 결과를 보고하고 있다. 하지만 여성 사이코패스 재소자들과 사이코패스로 평가되지 않은 재소자들 간에 재범률 차이는 나타나지 않았다(Salekin et al., 1998).

한편, 최근 연구에서는 여성 사이코패스들이 대인관계에서 타인을 조종하거나, 착취하는 행동들이 더욱 교묘하고 능숙한 방식으로 이루어지는 것으로 나타났다. 이로 인해 이들의 불법 행위들은 형사사법기관에 잘 포착되지 않는 경우가 많다(Kreis & Cooke, 2011). 또한 여성 사이코패스들은 주로 가족, 친구, 지인 등 익히 알고 지내던 이들을 범행 대상으로 삼는 경우가 많았다(Nicholls & Petrila, 2005). 이에 반해 남성 사이코패스들은 신체적 공격성, 지배, 사회적 지위 · 신분 등에 의존하는 경향이 있기 때문에, 그들의 반사회성 행동은 더욱 눈에 잘 띄고 공식적인 기록으로 남을 가능성이 높다. Kreis와 Cooke은 이러한 반사회성 행동 패턴의 차이로 인해 여성 사이코패스 발병률이 과소 추정되었을 가능성이 존재한다고 주장했다. "PCL-R 등과 같은 평가 도구들은 범죄와 반사회성 행동들에 대한 공식적인 기록에 의존하기 때문에, 전형적인 남성 사이코패스 사례들이 더 많이 제시되는 반면에, 여성 사이코패스들의 상당수가 누락되었을 가능성이 분명히 존재한다."(p. 645)

또한 여성 사이코패스들이 남성 사이코패스에 비해 높은 수준의 환경적 박탈, 범죄 피해 경험, 정신건강 문제들로 고통받았다는 연구 결과들도 존재한다(Hicks et al., 2012; Javdani et al., 2011). 이러한 결과들은 여성들의 사이코패스 성향 발달에 있어 환경 및 문화적 영향이 더 크게 작용함을 시사하는 결과로, Hicks 등의 연구에서는 사이코패스 성향 발달에서 환경과 유전자 간의 복잡한 상호작용의 중요성을 강조하고 있다. 사이코패스 성향에 있어 서로 다른 문화적 · 사회적 배경이 미치는 잠재적 영향 등에 초점을 맞춘 연구들은 남성과 여성의 사이코패스 행동 발달에 대한 이해를 더욱 깊게 할 것이다.

인종 및 민족 차이

사이코패스 측정 도구들 대부분은 백인 교도소 수용자를 피험자로 측정한 결과를 토대로 개발되었다(Kosson, Smith, & Newman, 1990). Kosson 등이 Hare의 PCL-R을 사용한 연구에서 흑인 남성 재소자들과 백인 남성 재소자들은 유사한 행동 패턴을 보였으나, 사이코패스로 판정된 재소자들 중에는 흑인의 충동성이 낮은 것으로 나타났다.

이러한 연구 결과는 아프리카계 미국인들을 대상으로 한 PCL-R 사용의 적절성 문제를 촉발시켰다. 반면에 Vitale 등(2002)은 여성 재소자 대상 PCL-R 연구에서 248명의 백인 여성 재소자 중 10%, 280명의 흑인 여성 재소자 중 9%가 30점 이상의 PCL-R 점수를 획득해,

여성 사이코패스들의 경우 사이코패스 점수 분포상 유의미한 인종 차이가 나타나지 않음을 발견했다. Skeem, Edens와 Colwell(2003)의 메타분석 결과 또한 인종 간 차이에 대한 기존 연구 결과들을 지지하고 있다. 하지만 여전히 의문이 남는 것은 과연 이러한 차이가 타 인종, 타 민족 집단에서도 동일하게 나타나는가의 문제이다.

일부 연구자는 소수집단 및 취약 계층을 대상으로 편향된 방식의 사이코패스 평가가 이루어졌을 가능성과 같은 매우 중요하면서도 흥미로운 이슈를 제기해 왔다(Edens, Petrila, & Buffington-Vollum, 2001; Skeem, Edens, & Colwell, 2003; Skeem, Edens, Sanford, & Colwell, 2003). 사이코패스로 진단을 받게 되면 이후 매우 심각한 문제들이 생길 수 있는데(Skeem, Edens, Sanford, 2003), Skeem 등이 지적한 바와 같이 캐나다와 영국에서는 특정 유형의 범죄자들이 사이코패스로 진단될 경우 무기징역형을 선고받을 가능성이 증가한다. 또한 "미국 내 사형 판결 단계에서 사이코패스 평가 증거가 판결에 가중 요소로 활용되는 경우가 증가하는 추세이다. 즉, 법원은 사이코패스 성격 특질의 존재를 지속적인 사회 위협 요소로 보고 있다"(Skeem et al, 2003, p. 17).

앞서 청소년 사이코패스 부분에서 언급한 바처럼, 사이코패스는 치료가 불가능하다는 가정하에 사이코패스로 진단된 청소년 범죄자들을 성인 법정 및 교도소로 이송하는 법원의 결정에 대한 우려가 팽배해 있다. 즉, 인종, 민족, 연령 집단별 사이코패스 평가 점수의 차이에서 비롯된 법률적 의사결정 문제가 공공 정책 및 형사사법 제도하에서 심각한 논쟁을 불러일으킬 수 있다(Skeem, Edens, & Colwell, 2003). Edens 등(2001)은 소수집단 및 취약 계층의 폭력 위험성 평가에 대한 더 많은 연구 결과가 축적되기 전까지는 사형 선고 단계에서 PCL-R 결과를 증거로 채택하는 것을 배제해야 한다고 주장했다. 따라서 법정 심리학자들은 더 많은 연구 결과들이 제시되기 전까지는 재판 선고 단계에서 사이코패스 진단 지표를 사용하는 것을 자제하는 것이 현명할 것이다.

치료 및 갱생

지난 한 세기 동안 사이코패스 범죄자들의 치료 및 갱생 가능성에 대해서는 비관적인 견해가 주를 이루었다. 사이코패스 연구 분야에서 최고 권위자로 인정받고 있는 Robert Hare(1996)는 사이코패스들의 치료 가능성에 대해 현재까지 확인된 사이코패스 치료 방법은 없다고 평가한 데 이어 수많은 연구 프로젝트에서도 사이코패스들의 폭력, 재범 가능성, 반사회성 태도를 감소시킬 수 있는 뚜렷한 처치 방법은 없는 것으로 보인다는 결과를 제시해 왔다(Hare et al., 2000). 또한 Gacono 등(2001)은 치료 관련 문헌들을 종합적으로 검토한 후 "현 시점에서 사이코패스 치료 가능성에 대한 경험적 증거들은 찾아보기 어렵다." (p. 111)라고 결론 내렸다. 또 다른 연구들에서는 사이코패스들은 치료에 비협조적이며, 협조하는 척하면서 치료자를 교묘히 속이는 등 치료 과정을 일종의 게임으로 여기는 태도 경향이 존재한다고 보고했다(Bartol & Bartol, 2014). 실제로 부적절한 치료 프로그램들은 오히려 사이코패스들의 상태를 더욱 악화시킬 우려가 있으며(Rice, Harris, & Cormier, 1992), 대인관계 및 정서 스타일상 사이코패스들은 매우 다루기 어려운 환자 유형으로 평가되고 있다 (Olver & Wong, 2009).

사이코패스의 치료 및 갱생의 어려움을 가장 포괄적으로 잘 정리한 연구자는 Farrington (2005)이다. 그는 사이코패스는 ① 다른 정신장애들과는 극단적 · 질적으로 구별되는 범주에 속하고, ② 일생 동안 지속되며, ③ 심리사회적 개입만으로는 변화시킬 수 없는 생물학적 원인이 존재하고, ④ 거짓말, 기만, 타인 조종 특성 등으로 인해 치료 저항성을 지니고 있다고 요약했다(pp. 494-495).

Frick, Ray, Thornton과 Kahn(2014)은 품행장애(CD)와 냉담-비정서(CU) 특질을 모두 보이는 아동 · 청소년들의 치료 가능성은 매우 희박하다고 보고 있다. 이에 대해 그들은 자신들의 연구에서 다음과 같이 기술한 바 있다. "청소년 사법 체계에서 진행된 몇몇 연구에서는 사이코패스 성향과 냉담-비정서(CU) 특질 수준이 높은 청소년들은 치료에 참여할 가능성이 희박하고, 치료 과정에서도 예후 수준이 낮으며, 그들의 치료 개입에 대한 관련 기관 간 조정이 잘 이루어지지 않는다. 또한 이들 청소년은 치료 후에도 재범 가능성이 높다."(p. 42)

품행장애와 냉담-비정서 특질을 보이는 아동 · 청소년들의 치료에서는 아직 해결해야 할 많은 문제가 존재하지만 Frick 등은 그렇다 할지라도 "냉담-비정서 특질을 보이는 아이들의 독특한 정서 · 인지 · 동기적 측면에 초점을 맞춰 적절한 개입이 이루어질 경우 그들의 행동적 문제를 줄일 수 있다."(p. 44)라고 제안했다.

한편, 최근 들어 적절한 방식으로 심리치료가 이뤄질 경우 사이코패스 치료에 효과적일 수 있다는 주장 또한 제기된 바 있다(Salekin, 2002; Skeem, Monahan, & Mulvey, 2002; Skeem et al., 2003; Wong & Hare, 2005). 42편의 사이코패스 관련 연구 문헌을 검토한 결과, Salekin은 사이코패스들의 심각한 태도나 행동 패턴을 감소시킬 수 있는 치료 방법의 존재를 발견했다. Olver와 Wong(2009) 또한 교도소 복역 중인 사이코패스 성범죄자들에게 적절한 치료 프로그램을 적용할 때, 일부 성공적인 치료 효과가 나타났다고 보고한 바 있다. 이 연구에서 치료 성공이란 치료 후 10년간 성범죄 및 폭력 범죄 재범률의 감소를 의미했다. Olver와 Wong(2009)은 그들의 연구 결과가 "사이코패스들은 치료가 불가능하며, 오히려 치료가 예후를 더욱 악화시킬 뿐이고, 재범 가능성을 증가시킨다는 개념이 반드시 맞는 것만은 아니다."(p. 334)라는 사실을 증명한 결과라고 설명했다. 이는 사이코패스 성향을 보이는 아동·청소년들뿐만 아니라 사이코패스로 진단된 사람들의 치료 가능성에 있어 매우 고무적인 소식인 것은 분명하다.

요약 및 결론

범죄 행동은 다양한 연령대 및 환경 상황에서 발생하며, 관련된 행동 양상들 또한 매우 광범위하다. 이 장에서는 심각하고 지속적인 범죄들을 포함한 범죄 행동들에 대해 살펴보았다. 만성적인 청소년 범죄자들의 반사회성 행동을 설명하는 발달적 요인들에 초점을 맞춰 범죄 발생의 원인에 대해 검토했으며, 발달적 관점에서 청소년들의 비행 및 범죄 행동을 설명하기 위해 청소년 방화 행동을 특히 중요하게 다루었다. 또한 사이코패스 범죄자들의 전 생애적 범죄 패턴들에 대해서도 살펴봤다.

또래 집단과 더불어 범죄를 저지르는 청소년들 모두가 상습적인 성인 범죄자로 발전하지는 않는다. 청소년 범죄자 검거 통계 자료로는 청소년들이 성인 범죄자로 발전하는 경우가 얼마나 되는지, 실제 청소년 범죄자의 비중이 얼마나 되는지를 정확히 확인하기 어렵다. 연구들에서는 5~6% 정도 되는 소수의 청소년 범죄자들이 전체 청소년 범죄 발생에 중요한 영향을 미치며, 또한 상습적이고 지속적으로 범죄를 저지르는 사람들은 특정 범죄뿐 아니라 다양한 유형의 범죄를 저지르는 경향이 있다는 점이 발견됐다. 법정 심리학자들은 심각한 범죄를 지속적으로 저지를 위험이 있는 청소년들의 특성을 확인하고 이들 집단 유형을 구분하기 위한 시도를 지속해 왔으며, 소년 교도소에서 근무하는 심리학자들은 위험 수준이 높은 청소년들에 대한 치료 프로그램에 관여하고 있다.

위험성 수준이 높은 청소년들을 식별하기 위해 심리학자들은 발달적 혹은 인지적 접근 방식을 적용하고 있다. Moffitt과 동료들이 수행한 연구들에서는 충동성, 공격성, 사회적 기술, 타인에 대한 공감 능력 측면에서 지속적 범죄자들과 비지속적 범죄자가 구별된다고 있다. Moffitt(1993a)의 경로 가설(생애지속형 범죄자 유형과 청소년기 한정형 범죄자)은 발달적 관점의 범죄자 관련 분야의 이론적 토대를 만들었다. 하지만 이후 Moffitt뿐 아니라 많은 연구자가 범죄자의 특성을 설명하는 데 있어 2개의 발달 경로만으로는 충분치 않다는 결론을 얻게 되었다.

청소년들의 뇌과학적 특성에 대해 연구한 Steinberg는 청소년들의 두뇌는 정서적 측면보다 지적 측면이 더 빠른 속도로 발달한다는 사실을 입증했다. 이러한 발견은 청소년들의 위험 감수 및 충동적인 결정 성향을 잘 설명해 주고 있다. 물론 개인차는 존재하나 발달 심리학자들은 청소년 연령 집단 또한 자신들의 행동을 책임질 수 있는 능력이 있다는 점을 인정하고 있다. 이러한 이유로 Steinberg의 연구 결과는 청소년 범죄자들의 향후 범죄 가능성 여부와 관련된 법원 판결에 자주 인용되고 있다.

더 최근의 발달 심리학적 연구들에서는 반사회성 행동의 주요 원인으로 공격적인 또래 집단과의 접촉 경험 및 또래 집단의 거부 경험을 꼽고 있다. 발달 이론들에서는 품행장애, 인지적 능력 차이, 주의력결핍 과잉행동장애(ADHD) 또한 아동 및 청소년들의 지속적인 반사회성 행동을 촉진시키는 주요 요인으로 보고 있다. 하지만 이러한 요인들이 비행 행동의 필연적인 원인으로 작용하는 것은 아니다. 밀접한 관련이 있을 수는 있지만, 세심하고 주의 깊은 고려가 필요하다. 아동기의 결핍은 부분적으로 학대, 무시, 가난, 어른들의 관심 및 이해 부족 등에 기인한다. 거시적 수준에서는 주거 환경, 이웃, 환경에서 비롯된 비위생적인 건강 문제 또한 영향을 미친다. 따라서 사회경제적 환경 여건을 고려하지 않고 아이들의 행동적 측면에만 초점을 맞추는 것은 바람직하지 않다.

전체 인구에서 사이코패스가 차지하는 비중은 1% 수준이나, 재소자 중 비율은 15%를 상회한다. 사이코패스들의 문제 행동은 그들이 저지르는 범죄 행동들뿐 아니라 변화에 저항하는 태도 또한 포함된다. 이러한 이유로, 성폭력 가해자 대상의 민사 재판 절차뿐 아니라 향후 위험 가능성을 중요하게 고려하는 미국 내 일부 주법원에서 사이코패스 진단은 사형 선고 단계에서 '죽음의 입맞춤'이라고 표현될 정도이다. 다양한 사이코패스 검사 도구가 개발되었는데, 그중 가장 널리 사용되는 도구는 Hare(1991)의 PCL-R이다. 하지만 사이코패스 평가에 있어 성별, 인종, 민족별 평가 결과의 신뢰도와 타당도 확보 방안에 대한 연구는 아직 충분치 않는 실정이다.

청소년들에게 사이코패스라는 개념을 적용하는 것이 타당한가에 대한 논란이 지속되고 있어, 청소년들에게 적합한 평가 도구 개발 또한 지속적으로 이루어지고 있으며, 임상 현장에서의 그것의 활용 또한 증가하고 있다. 청소년 사이코패스 개념은 심각한 수준의 청소년 비행 행동을 예방하는 데 있어 매우 중요하다. 특히 임상가들의 개입 여부 결정 및 치료 효과 증대에 있어 의미가 있다. 그럼에도 불구하고 성인과 마찬가지로 청소년에서도 사이코패스 인구는 매우 적다. 하지만 많은 연구자는 청소년 사이코패스 평가 및 진단에 대해 우려를 표하고 있는데, 사이코패스로 낙인찍는 것은 사실상 청소년 범죄자들을 소년법원에서 성인 형사법원으로 이송하는 결정 요인이 될 수 있다.

주요 개념

4요인 관점four-factor perspective
P-Scan: 연구판P-Scan: Research Version
냉담-비정서 특질callous-unemotional(CU) traits
대담성 요인boldness factor
반사회성 성격장애antisocial personality disorder: APD
반사회성 행동antisocial behavior
발달적 이중 시스템 모델developmental dual systems model
방화firesetting
비행 청소년juvenile delinquent
사이코패스 체크리스트: 선별판Psychopathy Checklist: Screening Version: PCL:SV
사이코패스 체크리스트: 청소년판Psychopathy Checklist: Youth Version: PCL:YV
사이코패스 체크리스트 개정판Psychopathy Checklist-Revised: PCL-R
사이코패스psychopath
사회인지social cognition
삼원 사이코패스 측정triarchic psychopathy measure
생애지속형 범죄자life course-persistent offenders: LCPs
성별 경로 접근gendered pathways approach
소시오패스sociopath
요인 분석factor analysis
자기조절self-regulation
적대적 귀인 편향hostile attribution bias
적대적 반항장애oppositional defiant disorder: ODD
정서 지능emotional intelligence
집행 기능executive functions
주의력결핍 과잉행동장애attention-deficit/hyperactivity disorder: ADHD
청소년 비행juvenile delinquency
청소년기 한정형 범죄자adolescent-limited offenders: ALs
품행장애conduct disorder
통합범죄보고서uniform crime reports: UCR

단원정리

1. 비행의 법적 정의와 심리학적 정의의 차이를 논의하라.
2. 청소년 범죄 데이터의 주요 출처는 어디인가?
3. Moffitt의 청소년 범행에 대한 초기 이분법적 이론이 최근에 어떻게 수정되었는지 설명하라.
4. 주의력결핍 과잉행동장애(ADHD)에 대한 최소 세 가지 설명은 무엇인가?
5. 지능과 비행의 연관성에 대한 세 가지 대안적인 설명은 무엇인가?
6. 지능이란 무엇인가? Howard Gardner는 지능에 대한 심리적 이해에 어떠한 기여를 하였는가?
7. Cleckley가 제시한 사이코패스의 행동 특징을 열거하라.
8. 청소년을 사이코패스로 진단하는 것에 대한 논란에 대해 설명하라.

Chapter 8

폭력과 협박의 심리학

주요 학습 내용

- 폭력 범죄 통계 및 연구 결과 소개
- 폭력적인 매체 및 비디오 게임이 공격 행동에 미치는 심리적 영향
- 위협 평가와 학교 폭력
- 다중 및 연쇄 살인 범죄와 관련된 임상적 · 실증적 연구 결과소개
- 직장 폭력의 심리적 요인
- 증오 및 편견 범죄의 심리적 · 인구통계학적 특성
- 스토킹, 괴롭힘, 사이버괴롭힘의 잠재적 폭력 현상 및 심리적 트라우마
- 오프라인 괴롭힘과 사이버 괴롭힘 행동의 핵심 특성

2017년 5월 22일 영국 맨체스터(Manchester) 콘서트 공연장에서 22명이 숨지고, 수십 명이 부상을 당한 자살 폭탄 테러 사건이 발생했다. 얼마 지나지 않아 같은 해 6월 승합차 한 대가 런던 브리지(London bridge)를 거닐던 행인들 사이로 돌진했고, 인근 술집에서는 흉기 난동이 발생해 7명이 사망하고 많은 사람이 다쳤다.

2017년 8월에는 바르셀로나 중심가에 위치한 광장에서 화창한 오후를 즐기던 행인들을 향해 트럭 한 대가 지그재그로 돌진해 최소 13명이 사망하고 80명 이상이 부상당하는 사건이 발생했다. 같은 해 8월 미국 버지니아주 샬럿츠빌(Charlottesville, Virginia)에서도 백인우월주의자가 운전하는 차량이 인종차별을 반대하는 시위대로 돌진해 여성 한 명이 사망하고 많은 사람이 부상을 입었다. 미국 뉴욕(New York)에서는 할로윈에 렌트 트럭 한 대가 자전거 전용 도로를 질주해 8명이 숨지고 많은 사람이 다치는 사고가 발생했다. 범인은 약 1년간 범행을 계획한 것으로 알려졌다.

2017년 10월 1일 미국 네바다주 라스베이거스(Las Vegas, Nevada) 야외 공연장에서는 58명이 숨지고 500여 명이 부상당한 무차별 총격 사건이 발생했다. 범인은 야외 공연장이 훤히 보이는 고층 호텔 객실에서 총을 발사한 것으로 알려졌다.

청소년 이용 가능 승인을 받은 비디오 게임의 98%, 전 연령대 이용 가능 승인을 받은 비디오 게임의 64%가 폭력 콘텐츠를 포함하고 있는 것으로 나타났다(Calvert et al., 2017).

사람들은 폭력을 두려워하고 무서워하지만 한편으로는 폭력에 매혹되고, 즐기는 경향이 있다. 폭력 범죄의 증가를 걱정하고 희생자가 되는 것을 두려워하지만 뉴스나 TV 프로그램들에서 방영되는 폭력 사건들을 시청하고, 폭력적인 장면들이 방영되기를 내심 기대하곤 한다. 언론 및 대중매체에서 폭력 범죄나 관련 사건들이 보도되는 이유는 공공의 이익에 부합하기 때문이다. 정치인, 유명인 등 공인의 부정 행위들에 대해 대중의 알 권리가 있는 것처럼, 우리 사회에서 벌어지고 있는 다양한 폭력 현상에 대해서도 알 필요가 있다. 하지만 폭력은 단일 개념으로 정의 내리기 어렵다. 정확히 말해, 폭력은 많은 의미를 함축하고 있고, 폭력이라는 단어를 제시했을 때 사람들은이 떠올리는 이미지들 또한 매우 다양하다(Newman, 1979). 게다가 폭력이 발생하는 상황과 조건 또한 매우 광범위하며, 발생 이유 또한 설명할 수 없을 정도로 다양하다.

일반적으로 폭력(violence)은 타인에게 상해, 고통, 불쾌 또는 학대를 가하기 위한 목적이나 혹은 재산에 해를 입히거나 망가뜨리기 위한 목적으로 사용되는 물리적인 힘으로 정의되어진다. 하지만 경찰이 체포에 저항하는 용의자에게 합법적으로 무력을 행사한 경우나 축구 경기 도중 선수의 태클 행위, 전쟁 상황에서 군인의 적 사살 행위, 범죄 상황에서 피해자들의 정당방위를 위한 무력 사용 행위 등은 사회적으로 묵인되기도 한다. 이 장에서 사용되는 폭력 행위란 정당성 없이 이루어지는 범죄 상황에서의 폭력을 의미한다.

폭력(violence)과 공격은 상호 호환 가능한 유사 개념으로 볼 수 없다. 폭력의 경우 필수적으로 물리력을 수반한다. 반면, 공격은 타인 혹은 특정 집단을 대상으로 한 심리적 · 신체적 위해 행위 및 의도까지 포함한다. 즉, 공격(aggression)은 물리력이 포함되지 않는 경우까지 포괄한다. 소수집단에 대한 차별 정책을 시행 중인 기업 및 공장 시설을 봉쇄하고 출입을 통제하는 시위대의 행위는 공격 행위이지 폭력 행위로는 볼 수 없다. 이와 같은 시위대의 행위에 많은 국민이 원칙적으로 동의한다 해도 이는 여전히 공격 행위로 볼 수밖에 없다. 마찬가지로 과거에 당신을 모욕한 사람과 대화하기를 거부하는 것 또한 폭력 행위가 아닌 공격 행위이다. 심리학자들은 앞서 설명한 공격 행위들을 이른바 '수동 공격성'의 한 형태로 보고 있다. 즉, 모든 폭력 행위가 공격적인 것은 아니며, 모든 공격 행위가 폭력적인 것은 아니다. 이와 같은 공격의 개념은 심리학자들에 의해 광범위하게 연구되어 왔지만, 이 장에서 주로 다룰 개념은 공격의 하위 개념으로서의 폭력이다. 하지만 비폭력적인 공격 또한 중요한 주제로서 이 장의 협박 및 위협의 범죄 특성 부분에서 관련 개념을 적용해 설명할 것이다.

폭력 행위에 대한 최근 연구 흐름은 상호 연관된 특성을 보이고 있다. 첫 번째 연구 흐름은 폭력 범죄자들의 개별적 특성에 초점을 맞춰 가해자의 인구통계학적 특징 등 다양한 특성들을 조사하는 것이며, 두 번째 흐름은 폭력이 빈번하게 발생하는, 즉 폭력 행위와 밀접한 관련이 있는 맥락 조건 및 환경 특성에 초점을 맞춘 것이다(Hawkins, 2003). 첫 번째 연구 흐름 관점에서는 대인관계 맥락에서의 가해자와 피해자 간 사회적 · 심리적 · 생물적 요인에 초점을 두며, 두 번째 관점에서는 주로 다양한 수준에서 폭력 행위에 영향을 주는 가족, 동료, 지역사회와 이웃에 초점을 둔다. 두 가지 연구 흐름 모두 중요한데, 폭력 현상을 이해하기 위해서는 개인적 요소들뿐 아니라 폭력이 발생하는 환경적 영향 모두를 고려해야 하기 때문이다. 예를 들면, 관련 연구들에서는 인종 및 민족 집단 구성원들 간의 관계, 분노 · 억울함 · 좌절감, 살인 발생률은 최소한 부분적으로 지역사회 폭력 집단의 수, 마약 사용, 경제적 박탈 수준 등에 따라 결정된다고 한다(Johnson & Chanhatasilpa, 2003).

법정 심리학자들은 이러한 공격 및 폭력 상황들을 매우 자주 접하고 있다. 법정 심리학자들이 폭력 위험성 평가를 수행하는 대상은 다른 사람들에게 위해를 가하겠다고 협박한 인물들인 경우도 비일비재하다. 법정 심리학자들 또한 폭력 위험 상황에 노출될 수도 있다. 법정 심리학자들은 형사 재판에서 폭력이 피해자에게 미친 영향 및 민사 재판에서 손해 배상을 제기한 원고에게 미친 영향 등에 대한 전문가 증언을 실시한다. 따라서 법정 심리학자들에게 있어 폭력 범죄의 발생률, 발생 원인 및 영향 요인 등에 대한 이해는 매우 중요하다.

사진 8-1 2011년 유세 도중 머리에 총격을 당한 전 국회의원 Gabrielle Giffords가 2015년 폭력 행위 근절 행사에서 남편 Mark Kelly 대위와 함께 연설하고 있다.
출처: Monica Schipper/Getty Images.

이 장에서는 폭력 범죄 발생 현황 및 심리학적 원인 이론들에 대해 살펴볼 것이다. 폭력 행위 억제를 위한 위협 평가(threat assessment)는 범죄 위험성 평가(risk assessment)와는 다른 개념이다. 위협 평가는 특히 학교 폭력과 밀접한 관련이 있다. 이 외에도 살인 및 직장 폭력 등 세부 폭력 범죄들에게 대해 검토한 후 피해자들에게 공포를 야기할 수 있는 협박 범죄에 대한 논의로 마무리하도록 하겠다.

폭력 범죄 현황: 통합범죄보고서(UCR)

미국 FBI에서 발간하는 통합범죄보고서 시스템(uniform crime reporting system: UCR)에서는 폭력 범죄를 살인(murder)과 과실치사(non-negligent manslaughter), 강간(rape), 강도(robbery), 가중폭행(aggravated assault)으로 구분하고 있다. 이 보고서는 매년 폭력 범죄 발생률을 발표하고 있다([그림 8-1] 참조). UCR에서는 앞서 제시한 범죄의 검거 데이터와 지표에 드러나지 않은 단순 폭행 관련 데이터도 제공한다. UCR(FBI, 2016a)에서 경찰에 신고된 폭력 범죄 중 가장 많은 비중을 차지하는 것은 가중폭행(약 64%)이며, 살인은 1.3%로 가장 적은 비중을 차지하고 있다([그림 8-2] 참조). 2015년 기준 살인범죄에 사용된 범행 도구는 손, 주먹, 발과 같은 신체가 4.6%, 총기는 71.4%, 칼이나 절단 도구는 11.4%, 기타 위험 물건은 12.6%로 나타났다.

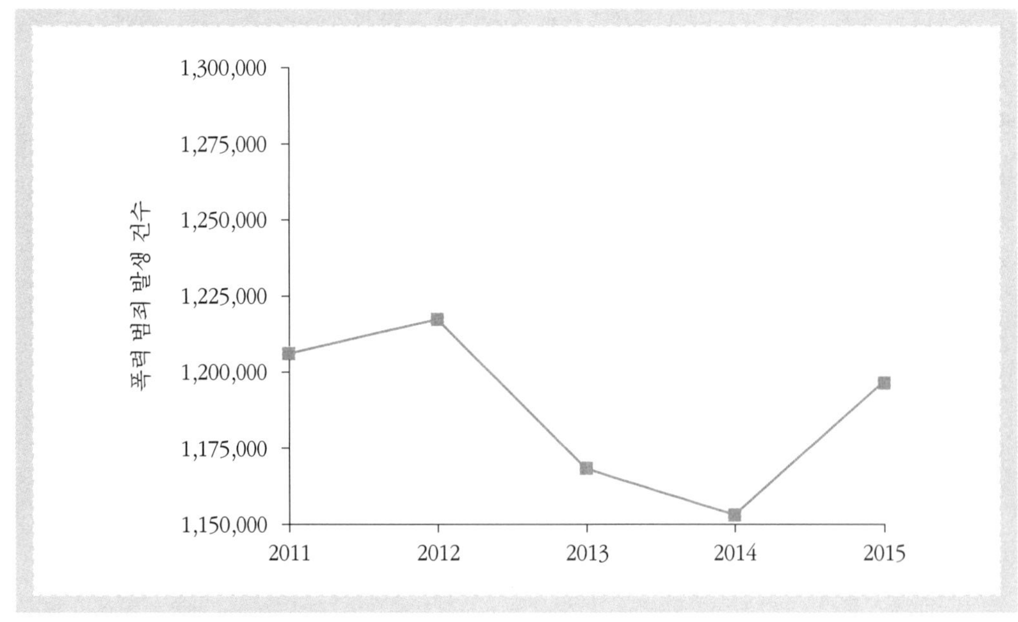

[그림 8-1] 최근 5년간 미국 내 폭력 범죄 발생 동향

출처: FBI (2016a).

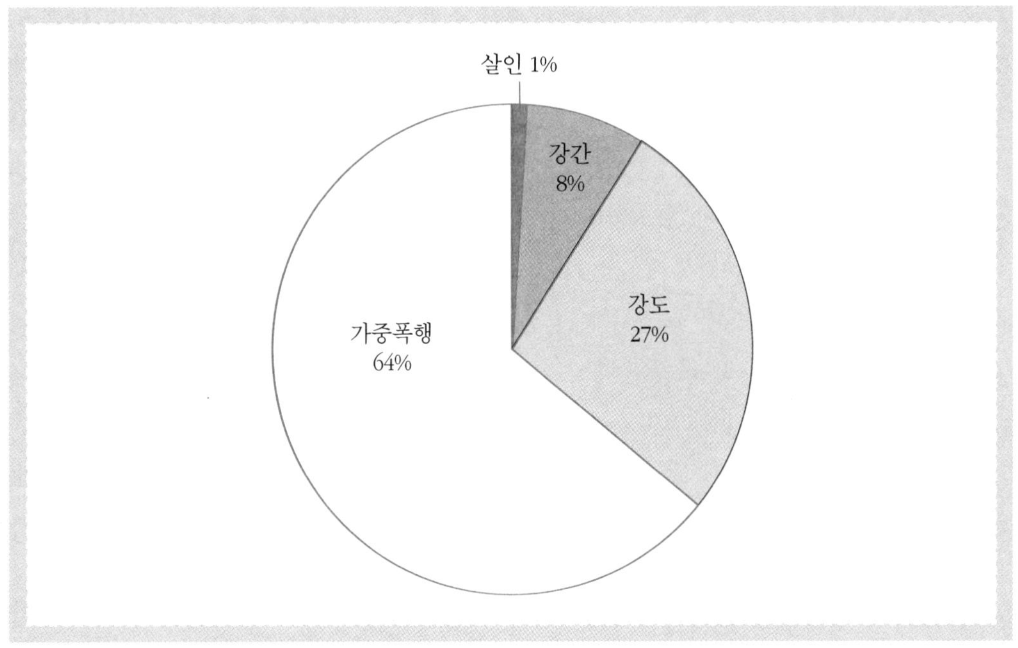

[그림 8-2] 2015년 기준 미국 내 폭력 범죄 발생 유형

출처: FBI (2016a).

총기 안전 · 통제 규제가 제대로 작동되지 않는 상황에서 미국 내에서 발생한 총기 사망 사건은 매우 충격적인 수치를 보여 주고 있다. 미국 내 연간 총기 사망 사건은 약 31,000건에 달하며, 총기에 의한 상해 사건 또한 78,000건으로 집계되고 있다(Centers for Disease Control and Prevention[CDC], 2013). 총기 사망 사건들 중에는 우발적 사망 혹은 총격, 자살 및 자살 시도, 정당방위가 다수 포함되어 있지만, 대부분의 사건이 범죄 관련성을 지니고 있다. 총기 관련 살인은 1993년에서 2011년에 걸쳐 약 39% 감소했으며, 상해 또한 동 기간 68% 감소했다(Planty & Truman, 2013). 하지만 이러한 감소 추세 대부분은 1993년과 2002년 사이에 집계된 건수로, 1999년과 2006년 사이에 총기 사용 살인 사건은 오히려 증가했다. 최근 미국 정부 보고에 의하면, 총기 사용 범죄는 시간이 갈수록 감소하는 경향이나, 전체 폭력 범죄에서 총기 사용 비율의 실질적인 변화는 미미하다고 한다. 전체 폭력 범죄에서 총기 사용 비중은 1993년 9%, 2011년은 8%였다(Planty & Truman, 2013). 이 중 권총 사용은 전체 살인 사건의 70%, 신체 피해가 경미한 비치명적인 폭력 사건에서는 10% 미만인 것으로 나타났다.

총기 관련 범죄는 미국 사회에서 여전히 큰 문제로 남아 있다. 2014년 미국심리학회(APA) 태스크포스 연구팀에서는 다양한 과학적 연구 문헌을 토대로 총기 사용 폭력의 예방 및 근절을 위한 다수의 정책 시사점을 제안한 바 있다(〈Focus 8-1〉 참조). 지난 수십 년 동안, 미국 수정헌법 제2조의 헌법 정신 틀 안에서 총기의 구매 및 소유 제한을 위한 많은 노력이 이루어져 왔다. 이러한 제한 조치들에는 총기 구매자 및 소유자들 대상 배경 조사, 중범죄 전과자들 및 정신질환자들에 대한 총기 접근 제한 조치, 학교 · 병원 · 유흥업소 등에서의 총기 소지 금지 구역 설치 등을 들 수 있다. 하지만 같은 기간 미국 내 12개 주정부에서 총기 소지 면허 소지자들의 공공장소 내에 총기 소지를 허용했으며, 10개 주정부에서는 운동장 및 학교 행정 사무실을 제외한 대학교 캠퍼스 내 총기 소지를 허용했다. 정확히 40개 주정부에서는 일부 제한 조치는 있으나, 권총과 장총의 공공연한 소지를 허용하고 있다. 모든 범죄가 총기에 의해 발생하는 것은 아니지만, 권총은 범죄 발생과 밀접한 관계가 있다. 이에 대해서는 뒷부분에서 구체적으로 설명하겠다.

2015년 한 해 동안 발생한 폭력 범죄의 46%, 재산 범죄의 19%가 범인 검거 등의 사유로 해결됐다. 같은 해 살인 사건 검거율(해결)은 62%이며, 가중폭행, 강간, 강도 범죄의 경우 각각 발생 건수의 54%, 38%, 29%가 검거 및 기타 사유로 종결된 것으로 나타났다.

장소적으로 폭력은 가정 내와 길거리에서 주로 발생한다. 학교, 술집, 직장 등 기타 장소에서 발생하는 폭력 비중은 상대적으로 적다. 최근까지 폭력 범죄를 감소시키기 위한 노력은 범죄가 많을 것 같은 길거리 범죄를 중심으로 이루어졌으며, 가정 내 폭력에 대한 관심은 적었다. 따라서 길거리 범죄는 경찰의 관심을 더 받게 되어 공식적인 통계 수치에 더 많이 포함되었을 가능성이 높다. 그러나 여성과 아동들은 거리에서 낯선 사람에 의해 상해를 입기보다는 집 안에서 상해를 입을 가능성이 더 크다. 따라서 연구자들과 경찰 및 기타 형사사법기관 종사자들은 이러한 폭력 범죄의 분류에 대한 연구, 예방 및 대응에 많은 관심을 가지고 있다. 더불어 직장 및 학교 폭력 사건들 또한 최근 많은 관심을 끌고 있다.

Focus 8-1 총기 폭력에 대한 전문가 보고서

2013년 12월 미국심리학회에서는 임상 전문가, 심리학 교수, 공중보건 전문가, 소아과 전문의, 공공정책 전문가 및 기타 민간 · 공공 연구재단 관계자들로 구성된 태스크포스팀을 구성해 총기 사용 폭력에 대한 정책 보고서를 발표했다. 전체 보고서는 심리학회 웹사이트에서 확인할 수 있다(http://www.apa.org/pubs/info/reports/gun-violence-prevention.aspx).

보고서의 주요 내용 및 권고 사항은 다음과 같다.

- 폭력 행위를 목적으로 총기를 사용하는 사람들의 단일 프로파일(profile) 특성은 존재하지 않는다.
- 집단적 문제 해결을 위해 지역사회가 관여하는 경우 예방이 가장 효과적인 방안이다.
- 남성들에 대해서는 자수성가, 강인함, 폭력

등과 같은 성적 기대감이 존재한다. 발달 심리학적 지식을 통해 이러한 기대를 변화시킬 필요가 있다.

- 경찰관 대상 위기개입 훈련, 지역사회 구성원들을 대상으로 한 정신건강 교육 등의 효과가 성공적임이 확인됐다. 관련 프로그램의 확대가 필요하다.
- 안전한 총기 보관을 위한 공중보건 측면의 메시지 캠페인이 필요하다.
- 우울증 환자 및 심각한 정신질환을 앓고 있는 경우 총기 살인보다는 총기 자살 가능성이 높다.
- 정신질환자들 대부분은 위험한 인물이 아니다. 폭력 위험성을 보이는 경우라 해도 정신과 치료를 통해 총기 폭력을 예방할 수 있다. 하지만 현재 미국 내 정신건강 서비스들은 이 부분에 매우 취약하다.
- 고위험 집단을 대상으로 총기 사용금지 정책을 실시하는 것은 폭력 위험성을 감소시키는 것으로 나타났다. 가정 폭력 범죄자, 단순 폭력 전과자, 자 · 타해 위험성 판정을 받은 정신질환자 등이 고위험 집단에 해당된다.
- 학교, 직장, 정부기관 내 위협 평가팀은 폭력 예방 및 폭력 위험 대상자 지원에 있어 매우 중요한 요소이다.
- 총기 폭력 사건을 감소시키기 위한 추가 정책들에는 총기 구매 허가, 총기 판매 시 구매자 이력 확인, 총기 소매상들에 대한 면밀한 관리 등이 있다.

토론 질문

1. 앞서 제시한 정책 제안 목록에 추가될 내용은 무엇인가? 중요 내용 및 정책들 중 빠진 내용은 무엇인가?
2. ① 정신건강 전문가, ② 경찰, ③ 스포츠 목적 총기 소지자, ④ 자기방어용 총기 소지자의 입장에서 앞의 내용들에 대해 논의해 보자.
3. 최근 몇 년간 테러리스트들은 인명 살상을 목적으로 차량을 무기로 사용해 왔다. 총기 제한이 부분적으로 합리적이라는 점에 동의할 때 차량 소유 또한 그와 유사한 제한이 필요한가?

폭력 범죄에서의 성별, 인종, 민족 차이

FBI 통합범죄보고서(UCR)에 기록된 연간 폭력 범죄 검거자 통계 중 남성 범죄자 비율은 87~90%이며, 살인 혐의로 체포된 이들 중 89%가 남성이다(FBI, 2016a). 다른 나라들에서도 폭력 범죄 발생의 성별 차이는 남성과 여성이 약 9:1 수준이다. 가중폭행 범죄자들의 비율은 남성 77%, 여성 23%이다. 1990년대 중반 이후 여성에 의한 폭력 범죄 발생이 크게 증가한 것으로 나타났지만, 여전히 여성 폭력 범죄는 전체 범죄 통계에서 현저히 낮은 비율을 차지한다. 폭력 범죄에 있어 성별 차이는 크게 두 가지 관점으로 설명되고 있다. 첫 번째는 사회화 요소(여성은 남성보다 폭력 사용에 덜 수용적이다)이고, 두 번째는 생물학적 요소(일부 연구에서는 남성 호르몬인 테스토스테론[testosterone]과 공격성을 관련지어 왔다)이다.

경찰의 집중 순찰 및 단속이 이루어지는 길거리에서 여성이 폭력 범죄를 저지를 수 있는 기회는 상대적으로 적다. 일부 연구자들은 여성 폭력 범죄 대부분이 집 안 등 사적 장소에서 발생할 가능성이 높기 때문에 경찰 신고가 제대로 이루어지지 않거나 공식적인 확인이 어렵다는 점을 들고 있지만, 이러한 논리는 남성 가해자에 의한 가정 폭력 범죄 역시 마찬가지 상황으로 폭력 범죄의 성별 차이를 설명하는 데 있어 타당성이 결여되었다.

폭력 범죄 발생의 성별 차이에 대한 관심과 더불어, 인종, 민족 간 차이 또한 가장 많이 논의되고 있는 주제이다. 폭력 범죄 발생에서 인종, 민족 간 차이를 거론하는 것은 정치적인 논쟁 및 국민 감정 차원에서 미국뿐 아니라 전 세계에서 민감한 사안으로 받아들여지고 있다(Hawkins, 2003). 예를 들면, 미국 내 전국 조사에서 백인 응답자들 대부분은 백인이나 아시아계보다 흑인과 라틴계 사람이 선천적 · 문화적으로 폭력 가능성이 더욱 높다고 여기는 것으로 나타났다(Bobo & Kluegel, 1997; Unnerver & Cullen, 2012). 이러한 편향된 믿음은 미국인들 사이에 폭력 범죄에 대한 고정관념이 자리 잡혀 있음을 의미하는 결과이다.

폭력 범죄에 대한 인종, 민족 집단에 대한 편견은 일정 부분 공식 범죄 통계 산정 문제에 기인한다. 발표된 통계 수치상 미국 내 흑인의 살인 및 기타 폭력 범죄 비중은 흑인 전체 인구 분포 비중을 훨씬 능가하고 있다. 예를 들어, 2015년 기준 미국 내 흑인 인구 비중은 13.5%이나, 살인 범죄자들 중 흑인이 차지하는 비중은 50% 이상이다(FBI, 2016a). 이 통계 결과에는 흑인 청소년, 성인이 모두 포함되었다. 하지만 미국 범죄 통계에서는 소수 인종, 민족 집단에 대한 지역별 불평등 처우를 고려하지 않고 있다. 즉, 범죄 발생의 원인으로 작용하는 소수집단의 실업과 교육 기회의 결여, 인종적인 압력뿐 아니라 법 집행 실무 차원에서 흑인 거주 비율이 높은 지역에서의 경찰 활동 관행, 형사사법 체계에서 불평등한 처우 등이 통계에 반영된 것이다. 이는 실제 범죄 발생 통계 산정 시에는 문제가 없으나, 사회적 요인을 고려하지 않은 상태에서 모든 소수집단(특히 흑인)이 타 인종, 민족에 비해 범죄율이 선천적으로 월등히 높아 폭력 범죄 가능성이 높은 집단이라는 편향된 태도를 불러일으킬 수 있다. 따라서 소수인종 혹은 민족에서의 폭력 범죄 비율 차이가 집단별로 내재된 공격성에 차이가 있다고 가정하는 것과는 별개로 유전적 · 생물학적 요인에서 비롯된 것이 아니라는 점을 분명히 할 필요가 있다. 이후에 설명되겠지만, 연구자들은 생물학적 요인과 공격성 간의 관계 규명을 위한 노력을 지속해 왔다. 하지만 생물학적 특성과 공격성이 특정 인종, 민족 집단에서 더욱 두드러진다고 말할 수는 없다.

미국 내 소수 민족 중 가장 큰 인구 비중을 차지하는 집단은 라틴계 미국인들이다. 라틴계 인구는 1980년에서 2000년 사이 두 배 이상 증가했으나, 최근 들어 히스패닉(hispanic)계 여성들의 출산율 감소, 이민자 감소 등과 맞물려 인구 성장률은 둔화세로 접어들었다(Krogsted, 2016). 2015년 기준 히스패틱계 미국인 인구는 약 5,700만 명이며(U.S. Census Bureau, 2016), 미국 내에서 히스패닉계 인구 비중이 가장 높은 곳은 캘리포니아(California)주이다(1,520만 명).

Shihadeh와 Barranco(2010)는 히스패닉계 지역사회를 주류 미국 사회와 동떨어진 고립된 집단으로 특징짓는 것은 적합하지 않다고 주장했다. 이들은 최근 몇 년간 히스패닉계 지역사회 문화가 폭력 범죄를 포함해 각종 범죄가 조장되는 분위기로 변화됐다고 지적했다. 예를 들어, 몇 년 전만 해도 히스패닉계 이민자들은 자신들의 고유 문화 및 언어가 사용되는 지역에 정착하는 것을 선호했으나, 최근 들어서는 언어 및 생활 문화가 다른 지역에 정착하는 경우가 많아졌다. 이와 같은 이민자들의 정착 문화 변화는 일부 이민자의 범죄 및 폭력 사용 비율을 증가시키는 계기로 작용했다고 볼 수 있다. 하지만 폭력과 히스패닉계 민족 간의 관계에 대해 보다 의미 있는 결론에 도달하기 위해서는 더 많은 연구가 이루어질 필요가 있다.

전 세계의 주요 선진국들에서 진행된 연구 결과들을 살펴보면, 단순히 국가별 하위 문화 유형 및 소수집단에 따라 폭력 범죄 발생률의 차이가 있다고 설명하기는 어렵다. "전 세계 각국에서 관찰된 전체 범죄와 폭력 범죄 발생률의 하위 집단 간 차이는 단순히 주류 집단과 비주류 집단, 백인과 유색인종, 경제적 계층 차이 등 전통적인 집단 유형에 따라 쉽게 설명될 수 없다."(Hawkins, 2003)

더 나아가 인종 및 민족 간 차이 연구에서는 특정 집단의 범죄 발생률에만 초점을 맞추는 방식을 지양할 필요가 있다. 예를 들면, 연구자들은 흑인 남성들의 길거리 범죄에만 관심을 기울여 왔지만, 다른 집단에 대한 세밀한 연구는 이루어지지 않았다. 백인들에 의한 폭력 범죄 역시 지속적으로 발생하고 있지만, 연구자들은 백인 인종을 하나의 개별 집단으로 초점을 맞추지 않고 있다. 하지만 폭력 범죄 발생의 집단 차이를 설명하기 위해 백인을 제외한 다른 인종이나 민족 집단들만을 선별해 연구 대상으로 삼아 왔다. 예를 들어, 친밀한 관계 또는 가족 내 폭력은 다른 민족 집단들보다 아시아계 미국인 사이에서 훨씬 두드러지는 경향이 있다. 여성 폭력 피해자 대상 조사 결과에 따르면, 아시아계 여성의 25%가 가족이나 연인에게서 신체적으로나 성적으로 폭행을 당해 왔음이 나타났다(Lee, 2002). 전반적으로 인종 및 민족 간 폭력 발생 차이는 여전히 설명되지 않는 의문점들이 남아 있으며, 폭력 발생의 인종 및 민족 분포는 시간이 지남에 따라 변화할 가능성도 존재한다(Hawkins, 2003). 또한 소수집단 간 폭력 분포의 차이를 설명할 때 백인 인구 집단의 특성을 제외해서는 안 될 것이며,

더 나아가 다인종 · 다민족 사회로 발전함에 따라 특정 개인이 어떤 민족 혹은 인종인지 알기 어려워질 수도 있다.

덧붙여 다양한 환경 및 지역 여건 등을 총망라한 종단적 연구 또한 필요하다. 단순히 흑인, 라틴계, 아시아계, 원주민, 중동계, 백인으로 분류하여 연구하는 것은 미국 전역의 다민족적 혼합 특성을 반영하기 어려울 수 있다. 문화, 하위 문화 차이를 염두에 둔 연구는 매우 복잡할 수 있지만, 폭력의 인종, 민족 차이에 대해 심리학적으로 의미 있는 연구 결과를 도출하기 위해서는 이러한 복잡성에 대한 심층적인 이해가 선행될 필요가 있다.

법정 심리학자들이 범죄자 및 피해자에게 효과적인 도움을 줄 수 있으려면, 이들이 속한 하위 문화, 인종 및 민족 집단 구성원들에게 기대되는 행동, 신념, 태도, 가치, 전통 등에 대한 풍부한 지식을 갖출 필요가 있다. 자문화중심주의(ethnocentrism) 혹은 다른 문화를 자기 문화의 관점에 맞춰 엄격한 잣대로 바라보는 것은 다양한 배경을 지닌 사람에 대한 인식 및 평가 능력을 제한하는 편견과 고정관념을 형성시킬 수 있다(Feindler, Rathus, & Silver, 2003).

폭력: 이론적 관점

폭력 범죄는 연속적인 개념으로 분류할 수 있다. 예를 들어, 폭력 범죄의 계획성 수준만 놓고 보면 양극단은 치밀한 계획하에 이루어진 행위들과 특별한 계획이 없는 상태에서 극도의 감정 및 충동에 의한 행위들로 구분할 수 있다. 많은 심리학 문헌에서는 폭력을 다양한 형태의 공격성으로 표현하고 있는데, 여기서 공격성은 도구적 공격성과 반응적 공격성을 양극단으로 하며, 연속체의 중간 지점들에는 상호 공통 요소들을 지니고 있다. 도구적 폭력(instrumental violence)이란 "외재적 목적 달성을 위해 타인에 대한 신체적 상해를 가하는 부차적 행위"를 의미하는데(Woodworth & Porter, 2002, p. 437), 여기서 외재적 목적이란 금전, 지위, 안전, 재화 획득 등을 말한다. 반응적 폭력(reactive violence)은 표출적 폭력(expressive violence)이라고 표현되기도 하는데, 이는 위험 상황이나 자신에게 위해가 있을 수 있다고 지각되는 위협 상황에서 나타나는 분노 및 적대감에 따른 신체적 폭력 행위이다. 따라서 반응적 폭력은 "실제 혹은 예상되는 도발 상황에 대응하는 충동적이고 부주의한 반응으로 불리기도 한다"(APA, 1996, p. 8). 언쟁 도중 자제심을 잃고 발끈하여 상대방에게 충격을 가하는 사람이 반응적 폭력의 전형적인 예이다. 이들은 폭력 행위 이후 진정됐을 때 자신이 무슨 짓을 저질렀는지 혹은 왜 멈추지 못했는지에 대해 믿기 어려워한다. 하지만 대부분의 경우 폭력 행위가 도구적인지, 반응적인지 여부를 구별하기는 매우 어렵다. 대부분의 폭력 행위들은 도구적·반응적 특성들을 공통적으로 지니고 있다. 결론적으로 폭력 행위들은 마치 정규분포 곡선과 유사하게 주로 도구적-반응적 연속체의 중간 지점에 위치한다고 볼 수 있다.

그렇다면 사이코패스 범죄자들 또한 폭력 연속체 개념으로 설명할 수 있을까? 이는 매우 흥미로운 질문인데, 사이코패스가 어떤 형태의 폭력을 저지를 확률이 더 높은지에 대해 이해하기 위해서는 그들이 일반적으로 동정심과 양심의 가책이 부족하고 얕은 감정 수준을 지녔다는 특성을 떠올려 볼 필요가 있다. Woodworth와 Porter(2002)의 사이코패스 살인범과 일반 살인범 간의 비교 연구에서는 사이코패스는 도구적이고 목표 지향적으로 살인을 저지르는 데 비해(예: 돈이나 마약을 얻기 위해), 일반인은 주로 반응적이고 충동적인 폭력 상황(예: 격한 논쟁)에 연관되어 있는 것으로 나타난다. 사이코패스 살인범들의 범행 동기는 대부분의 경우 또 다른 부차적 목적 달성이며, 피해자들에게 관심을 보이거나 감정적으로 동화되는 경우가 거의 없다. 그러나 Woodworth와 Porter는 사이코패스에 의한 살인이든 일반인에 의한 살인이든 간에 모든 살인은 대체로 도구적 폭력과 관련되었다는 사실을 확인했다. 대다수의 살인범은 통제 불가능한 분노 상황에서 단순히 감정적인 이유만으로 피해자를 살해하지는 않는다는 것이다. 연구자들은 이러한 결과가 살인 이외의 또 다른 형태의 폭력 행동들 및 폭력 범죄자들에게도 적용될 수 있는지에 대한 후속 연구가 필요하다고 보고 있다.

폭력의 원인

폭력의 발생 원인은 매우 다양하며 복잡하다. 심리학 문헌들에서는 폭력의 원인을 크게 ① 신경생물학적, ② 사회화, ③ 인지적, ④ 상황적 요인의 네 가지로 구분하고 있다. 하지만 범죄 행동에 대한 최근 연구들에서는 점점 더 발달 요인에 주안점을 두고 있어 네 가지 요인에 따른 폭력에 대한 설명은 일정 부분 중복되고 있다. 최근 들어서는 폭력 및 기타 사회 문제들에 대한 학제 간 융합을 위해 서로 다른 학문 분야 연구자들 간의 협력 연구가 더욱 증가하는 추세이다.

신경생물학적 요인

신경생물학적 요인이란 일생 동안 뇌에 광범위한 영향을 미치는 신경학적·신경생물학적 영향을 의미한다. 이는 높은 수준의 공격적·폭력적 행동을 초래할 수 있다. 뇌과학 분야의 발달은 다양한 환경적 위험 요인을 유발하는 폭력과 뇌 손상, 뇌 기능 장애의 연관성을 밝혀냈다(Hubbs-Tait, Nation, Krebs, & Bellinger, 2005; Raine, 2013). 이 중 폭력 행동에 영향을 미치는 가장 중요한 요인으로는 신경 독소 물질을 들 수 있다. "신경 독소란 인간 신경계에 독성 영향을 미칠 수 있는 미량 원소, 농약, 살충제 그리고 화학적 · 생물학적 요소들이다." (Hubbs-Tati et al., 2005, p. 58) 대표적인 신경 독소들로는 납, 카드뮴, 망간이 있는데, 이들 모두 환경에서 발생하는 미량 원소들이다. 이와 같은 신경 독소들은 잠재적으로 신경인지 기능 장애를 일으킬 수 있고, 이는 곧 반사회성 행동 및 폭력 행동을 유발한다(Raine, 2013).

영양실조 또한 뇌 신경발달 단계에 중요한 영향을 미치는 요인이다. 전 세계에서 영양실조로 인한 뇌 신경발달 이상을 보이는 취학 전 아동 수는 약 1억 6,720만 명으로 추산되고 있다(Waber et al., 2014). 일부 연구 결과에서는 태아 및 초기 아동기 영양실조가 "학령기 아동 · 청소년들의 품행장애 및 공격 행동에 부정적인 영향을 미칠 수 있다"고 보고하고 있다(Galler et al., 2012, p. 239). 이들 연구자는 유아기 식생활 개선에도 불구하고, 영양실조를 경험한 아이들에게서 품행장애 및 공격 행동들이 유의미하게 증가했음을 발견했다.

산모의 음주, 흡연, 약물 섭취는 태아와 뇌 발달에 치명적인 영향을 미치며, 아동학대 및 사고로 인해 트라우마를 유발시킬 수 있는 뇌 손상(특히 전두엽 부위) 또한 영향 요인으로 작용할 수 있다.

폭력 행위를 유발시키는 신경생물학적 요인을 억제할 수 있는 최선책은 처음부터 이런 요인들에 노출시키지 않는 것이다. 일단 뇌 손상 등 주요 신경 기능의 결핍이 발생하면 약물 등의 신경학적 개입을 통해 문제를 제거하나 치료를 시도할 수 있다. 또한 이와 더불어 지지적이고 건강한 사회 환경이 폭력 행동을 유발시키는 신경학적 요인들의 영향을 무력화시키거나 완화시킬 수 있다는 점이 일부 연구에서 발견됐다. 이 분야의 권위자 중 한 명인 Adrian Raine(2013)는 범죄를 유발하는 생물학적 요인의 영향과 사람들을 폭력에 취약하게 만드는 직접적인 생물학적 변화 과정에 있어 사회화 요인의 중요성을 강조한 바 있다.

사회화 요인

사회화 요인(socialization factors)은 개인이 아동기 생애 초기부터 일생 동안의 경험들을 통해 사고 · 행동 · 감정 방식을 학습하는 과정을 의미한다(APA, 1996). 구체적으로 미국심리학회에 따르면 "과학자들은 한 아동이 타인과의 상호작용 방식을 학습하는 데 필요한 기준, 가치, 태도, 규칙 등 세부적인 사회 행동의 '대본(Script)'을 배우기 위한 과정을 사회화라고 표현한다."(APA, 1996, p. 3) 나아가 아동은 자신에게 중요하거나 존경하는 타인을 관찰함으로써 많은 것을 배운다. 많은 연구에서는 아이들은 TV, 영화, 온라인, 가공의 인물 등을 포함한 중요 인물 및 대상을 통한 간접 경험으로 공격적 · 반사회적 · 폭력적 행동들을 학습하며, 학습된 행동은 향후 특정 사회 맥락에서 나타날 수 있다고 한다.

인지적 요인

인지적 요인(cognitive factors)이란 개인이 일생을 거쳐 세상과 소통하면서 형성한 관념, 신념, 사고방식 등을 의미한다. 관련 연구들에서는 폭력적인 성향을 지닌 사람들의 경우 정보처리 및 해석 방식에서 일반인들과 다르다고 한다. 즉, "폭력적인 사람들은 비적대적 상황에서도 타인에 대한 적개심 지각 수준이 높은 경향이 있다"(APA, 1996, p. 5). 이는 곧 적대적 귀인 성향(hostile attribution bias)이 강한 것으로 볼 수 있는데, 폭력적인 성향을 지닌 사람들은 사회 갈등 및 상호 간 의견 불일치 상황을 해소하기 위한 방편으로 폭력적인 방법을 사용할 가능성이 상대적으로 높다. 이들은 대체로 폭력 수용적인 반응을 보이며, 폭력 행동을 용인할 수 있는 행동으로 인식하는 경향이 있다. 일부 젊은 남성(특히 폭력 집단이나 갱단의 일원)은 누군가 자신에게 무례하다고 느낄 경우 공격적으로 행동하는 것이 지극히 당연하다고 여길 가능성이 높고, 공격적인 아동과 청소년은 일반 아동과 청소년에 비해 반사회적이고 폭력적인 성격을 지닌다(Shahinfar, Kupersmidt, & Matza, 2001).

상황적 요인

상황적 요인(situational factors)이란 타인에 의한 공격, 스트레스 상황 등 폭력을 유발하는 환경적 특성들을 의미한다. 많은 연구자가 지적했듯이, "우리는 폭력의 원인을 찾고자 할 때 상황적 요인을 고려하기보다 개인에게서 찾으려는 경향이 있다"(APA, 1996, p. 6). 하지만 무더운 날씨, 불쾌한 소음, 혼잡한 생활환경과 같은 혐오 유발 상황들은 사람들의 공격성 및 폭력성을 자극할 수 있다. 따라서 이웃, 학교, 가족, 동료의 존재 모두가 폭력 행동 발달에 영향을 미칠 수 있으며, 이러한 상황 조건에서 공격 도구의 접근 가능성은 갈등을 불러일으킬 수 있는 출발점이 될 수 있다. 이는 곧 치명적인 결과를 야기시킬 수 있다(총기 관련 법률에 대한 논의는 〈Focus 8-2〉 참조).

또한 모든 아동이 동일한 상황적 조건하에 있는 것은 아니다. 빈곤, 좌절, 무기력 등 불우한 가정환경에 자란 아이들은 평범한 환경에서 자라난 아이들에 비해 향후 폭력 행동에 관여할 가능성이 높다. 어떤 경우에는 아동기의 공격성을 통해 성인기 이후의 폭력성을 예측할 수 있다. 연구 결과들에 따르면 공격 성향이 높은 아동들 중 약 10%가 성인기 이후 폭력범죄자들의 약 50~60% 정도를 차지한다고 한다(Bartol & Bartol, 2011). 이러한 사람들은 어린 시절 가정 및 학교 등에서 공격성, 불복종 및 분열된 상태를 보이는 경우가 많고, 또래 친구들은 이들을 싫어하고 멀리하며, 부모와 선생님들을 무시하고, 학교에서 낙제 및 퇴학을 당했을 가능성이 높다. 또래 불량 청소년들의 영향 및 어른들의 적절한 관리가 결여된 상황에서 이들은 반사회적이며 공격적인 태도 및 행동을 보이며, 소년 범죄를 저지를 수도 있다. 성인이 된 후에는 배우자 및 아동학대와 연루될 가능성 또한 존재한다.

폭력의 원인은 매우 다양하고 복잡하지만 결국 폭력은 학습된 행동이다. 학습되었기 때문에 변화, 소거시킬 수 있으며 애초에 폭력이 학습될 수 없는 상황으로 조건화시킬 수도 있다. 대부분의 경우 폭력성은 생애 초기에 학습되는 행동들이기 때문에 폭력 예방은 아동기부터 시작할 필요가 있다.

FOCUS 8-2 총기 공개 소지 관련 법률들에 대한 입장. 폭력 조장인가 혹은 억제인가

2000년대들어 신체적 무력 사용을 허용하는 법안들에 세간의 이목이 집중되고 있다. 소위 집단적 '권리 주장' 법안으로 알려진 이 법률들은 확장된 자기방어 법률로도 불리는데, 여기서 자기방어는 기존 법률들의 전통적인 자기방어 개념과는 차이가 있다.

같은 시기에 공공장소에서 공개적인 총기 소지를 허용하는 법률이 새롭게 통과됐으며, 이에 대한 관심 역시 집중됐다. 이 법은 주정부별로 그 내용이 매우 다양했다. 예를 들어, 많은 법률에서 총기 공개 소지는 금지했지만, 예외적으로 총기면허 소지자들에게는 이를 허용했다. 경찰 등 법집행기관 소속 요원들이 아닌 일반인들의 무기 소지 허용 법안은 미국 내 12개 주정부에서 통과됐으며, 일부 주정부에서는 관련 법률을 대학 캠퍼스 지역까지 확대 적용했다.

자기방어는 타인에 의한 살해 위험 상황에서 정당한 방어권이다. 관련 법률들에서는 이와 같은 전통적인 정당방어의 개념을 확장시키고 있다. 이 법률들에서는 자기방어 행위자의 상당한 이유, 자신의 권리가 보호되어야 하는 상황, 직면한 신체적 위해 위험 상황에 대한 인식, 공격 가해자에 대한 무력 사용 등을 골자로 하고 있다. 하지만 법률들은 무력 사용이 위협 상황과 불균형할 수도 있다는 점 또한 명시하고 있다. 법리적으로는 앞서 제시한 상황에 직면한 사람들이 즉각적인 무력을 사용하기보다는 그 상황을 회피함으로써 상황을 모면할 것이라고 보는데, 이 경우 예외 조항이 소위 '캐슬 독트린(castle doctrine)'이다. 이는 자신의 집, 사무실 및 이와 유사한 장소에서는 상황을 모면하기 위해 도망치지 않고 무력을 사용할 권리가 있다고 인정한 판례이다. 이 법률은 2005년 플로리다 주정부에서 최초로 통과됐다. 이후 15개 주정부에서 이와 유사한 법률을 제정했다. 법률 명칭이 의미하는 것처럼, 법률들에서는 공통적으로 위협을 가하는 상대에게서 도망치지 않고 무력을 행사해도 책임을 지지 않는 점을 명시하고 있으며, 불균형적인 과도한 무력 사용 또한 허용되고 있다.

이 법률들은 폭력을 조장하고 무고한 사람을 죽음에 이르게 할 수 있다는 비판을 받고 있다. 게다가 사회적으로 무기 구매 및 소지를 조장하는 측면이 있으며 이미 미국 사회에서는 총기 범죄 발생률이 높은 수준에 이르렀다. 하지만 이 법률을 지지하는 사람들은 상대가 무기를 소지하고 있으며, 사용할 수 있다는 사실을 아는 것만으로도 부가적인 폭력 사건을 억제할 수 있다는 주장을 펼치고 있다. 또한 자기방어와 관련된 전통적인 법률들에서 폭력 상황에 직면할 경우 먼저 그 자리를 떠나라는 것 자체가 비현실적이라고 비판하기도 한다. 하지만 기존 자기방어 법률들이 의미하는 바는 가능할 경우 폭력 상황을 회피하라는 것이며, 모든 상황을 염두에 두고 있는 것은 아니다.

총기 규제 법안을 옹호하는 사람들은 총기 안전을 촉진하고 총기 소유의 합리적인 제한을 가하려는 노력을 지속해 왔다. 총기 구매의 법적 제한, 구매자 이력 조사, 총기 환매 프로그램, 교육 및 기타 폭력 예방 프로그램 등의 가능한 모든 방안이 꾸준히 시행되었으며, 일정 부분 성공적인 효과를 거두고 있다. 미국총기협회(National Rifle Association)와 같은 강력한 로비 단체들은 이러한 총기 규제 기준들에 대해 강하게 저항하고 있다. 하지만 아이러니하게도 총기 소지자 단체들은 이력 조사와 안전 교육 등에 대해서는 공개적으로 지지 의사를 밝히고 있다. 개인 안전을 이유로 수정헌법 제2조의 무기 소지 권한을 구체화한 Heller 판결(2008) 이후, 미국 연방 대법원에서는 집 이외의 장소에서의 무기 소지 등을 골자로 한 자기 방어 권리의 확대 적용을 꺼려 왔다. 2017년 6월 법원은 Heller 판례를 근거로 공공장소, 거리 등에서도 총기를 소지할 헌법상 권리 유무로 재판을 청구한 Peruta 대 California 사건을 심리하지 않겠다고 발표했다.

토론 질문

1. 자신 및 타인의 안전을 위해 가해자에게 폭력을 행사할 수 있다는 정당방위권이 이미 관련 법률을 통해 인정되고 있는 상황에서 권리 주장 법률이 필요한 이유는 무엇인가?
2. 기존 자기방어 법률에서는 피해자가 자신의 주거지에 있을 경우 도망치지 않을 것으로 보고 있다. 미국 내 일부 주정부에서는 장소를 사무실, 사업장 등으로 확대 적용하고 있다. 장소의 범위를 어디까지로 봐야 할 것인가? 친구 집, 학교, 차량 내 등도 동일 선상으로 볼 수 있을까?
3. 총기 소지 허가가 있다면 대학생들도 캠퍼스 안에서 총기를 소지할 수 있도록 허용해야 하는 것일까? 만약 그렇다면, 캠퍼스 내 어떤 장소들에 한해서 총기 소지를 금지해야 할까? 본관, 강의실, 축구장, 식당, 기숙사?

폭력적인 대중매체의 영향

지난 40년 동안 많은 연구 결과에서는 폭력적인 방송 시청이 공격성 및 폭력성 발달의 주요 요인으로 작용한다는 점을 강하게 지지해 왔다(Bushman & Huesmann, 2012; Huesmann, Moise-Titus, Podolski, & Eron, 2003). 연구들 대부분은 TV와 영화의 극적인 폭력 장면들이 미치는 영향에 집중해 왔으며, 'TV와 영화에서 나오는 폭력적인 장면들을 지속적으로 시청하는 것이 폭력적인 행동과 연관이 있다'는 일관적인 결론에 도달하였다. 수백 건에 달하는 관련 연구 결과들뿐 아니라 주요 3개국 대상 연구에서도 폭력적인 매체에 지속적으로 노출되는 것이 그 사회에서 발생하는 폭력 범죄의 주요 원인 중 하나라는 결과를 발표했다(APA, 2003c). 이 연구는 미국 외과의사과학자문위원회(Surgeon General's Scientific Advisory Committee, 1972)의 보고서와 국립정신건강연구소(National Institute of Mental Health, 1982)의 10년에 걸친 보고서 및 미국심리학회(APA)의 사회 내 TV에 관한 테스크포스(Task Force on Television in Society, 2002)에 의해 이루어졌다. APA(2003c)에서 지적하는 스크린을 통한 지속적인 폭력성 습득이 초래하는 부정적인 영향은 다음과 같다.

- 폭력 범죄 피해자가 될지도 모른다는 두려움을 갖게 되어 자기방어적인 행동과 타인에 대한 불신이 증가한다.
- 폭력에 대한 민감성을 감소시킨다. 즉, 타인의 고통에 무감각해지게 된다.
- 폭력적인 행위에 더욱 많이 관여하게 된다.
- 공격과 폭력을 사용함으로써 원하는 것을 얻을 수 있다고 여긴다.
- 일부 남성은 19세 등급 영상물에서 나오는 성폭력 장면을 시청하면서 성적 공격성이 증가할 수 있다.

대중매체에 등장하는 공격적, 폭력적 행동의 장기적 혹은 단기적 영향은 구분될 필요가 있다. 장기적인 영향은 폭력적이고 공격적인 내용들에 대한 학습 및 인지 체계 내에 저장된 결과로 나타나는데, 이러한 인지적 사고가 굳어지면서 폭력 매체에 노출된 아이들은 나이가 들어서도 변화하기 어렵다. 특히 어린아이들의 경우 새로운 학습 내용들을 자동적으로 받아들이기 때문에 대중매체를 통한 폭력적인 경험들이 초기 아동 발달 단계에 미치는 영향은 더욱 크다. 더욱이 "최근 발표된 이론들에 따르면, 적대적인 세상의 도식, 사회 문제 해결을 위한 공격성 기반 스크립트, 공격성 수용에 대한 규범화된 신념 등의 사회 · 인지 구성 요소들이 관찰학습을 통해 획득될 경우 폭력적인 대중매체가 장기적으로 영향을 미칠 가능성이 높다"(Huesmann et al., 2003, p. 201).

관찰학습(observational learning)은 관찰을 통해 모방하는 행동 경향성을 의미한다. 특히 아이들은 관찰학습을 통해 행동을 습득할 가능성이 높다. 따라서 아이들은 주변에서 관찰한 공격 행동들을 그대로 모방하는 경향이 있다. 공격적인 행동들에 지속적으로 노출된 아동들은 세상을 적대적인 공간으로 인식하며 공격성 또한 사회적으로 용인된 행위로서 무언가를 얻기 위해서나 갈등 해결을 위해서는 공격적인 행동이 최선의 대안이라는 신념, 즉 도식(schemas)을 형성하게 된다.

Huesmann 등(2003)은 아동기 발달 시기 폭력적인 매체에 노출되는 것은 성인기까지 장기적인 영향을 미칠 수 있다고 한다. "초기 아동기 시기 폭력적인 TV 쇼를 지속적으로 시청할 경우, 모든 유형의 초기 공격 행동들이 성인기 공격 및 폭력 행동으로 발전할 수 있다. 이는 모든 사회 계층 내 남성과 여성들에게 공통적으로 나타날 수 있는 현상이다."(p. 218)

방송 매체들은 공격적인 행동들을 부추기고, 자극하며, 강화시키는 측면이 있다. 공격적인 아동들은 폭력적인 내용을 담은 방송 프로그램들을 즐겨 보는 경향이 있다. Huesmann 등(2003)에 따르면, "공격적인 아동은 자신만 공격성이 존재하는 것이 아님을 알게 되면 기뻐하고, 자신의 행동을 정당화하기 위해 폭력물을 시청하면서 자기확신은 더욱 강화된다"(p. 202). 또한 성인들에게는 매체의 영향이 단기적일 수 있지만, 아동들에게는 장기적인 영향을 미칠 수 있다. 이러한 영향은 폭력적인 성향의 아동뿐 아니라 대부분의 아동에게도 나타난다.

또한 Huesmann 등(2003)은 아동에게 해로운 영화나 텔레비전 프로그램들이 어른들의 관점에서는 폭력 수위가 높은 프로그램들이 아닐 수 있다는 점을 발견했다. 그렇다면 아이들에게 가장 해로운 장면은 무엇일까? "그것은 바로 아이들이 폭력적인 행동을 하는 등장인물들과 자신을 동일시하거나, 폭력적인 장면을 통해서 인생에 대해 말하거나, 폭력의 대가로 보상을 받는 인물이 등장하는 장면들이다."(p. 218) 다시 말해서, 폭력 사용을 통해 성공하고 존경받는 인물이 등장하는 장면들은 장기적으로 아동이 공격성과 폭력성을 관찰·학습하는 데 큰 영향을 미친다. 연구자들은 아이들에게 미치는 대중매체의 폭력적인 영향을 줄이기 위한 가장 손쉬운 방법은 폭력물 노출을 제한하는 것 뿐이라고 조언하고 있다.

폭력적인 비디오 게임

요즘 아이들은 디지털 세대로 불릴 만큼 엄청난 미디어 홍수 속에서 자라고 있다. 최근 조사에서는 미국 청소년(12~17세)의 97%가 컴퓨터, 웹, 태블릿, 휴대폰, 가정용 게임기 등을 통해 비디오 게임을 즐기는 것으로 나타났다(Lenhart et al., 2008; Willoughby, Adachi, & Good, 2012). 남자아이들의 99%, 여자아이들의 94%가 게임을 한다(Lenhart et al., 2008). 청소년 이용 등급 판정을 받은 비디오 게임의 98%, 전 연령대 이용 등급 비디오 게임의 64%가 폭력적인 콘텐츠를 담고 있었다. 과거 조사들에서 전체 청소년 중 휴대폰, 아이패드, 기타 모바일 기기로 비디오 게임을 하는 비중이 약 50% 정도로 나타났는데, 2007년을 기준으로 첨단 모바일 기기들이 기하급수적으로 증가한 점을 고려하면 이는 그리 놀랄 만한 수치는 아니다. 2007년 이전 조사들에서는 청소년이 되기 전 아이들은 TV를 통해 평균 10만 건

이상의 폭력적인 방송, 2만 건 이상의 살인 묘사 장면을 접한 것으로 추정하고 있다.

독자들 또한 비디오 게임을 해 봤을 것이다. 어떤 사람들은 한 번에 몇 시간 이상씩 게임을 하기도 한다. 또한 많은 사람들이 폭력적인 비디오 게임을 해 봤을 것이다. 그렇다면 과연 폭력적인 비디오 게임 경험이 당신을 더욱 폭력적으로 만들었는가? 아니면 폭력 상황에 둔감해지게 만들었는가? 심각한 심리적 문제들을 유발했는가? Brown 대 Entertainment Merchants Association(2011) 판례를 통해 앞서 제시한 질문들에 대한 법원의 견해를 확인할 수 있다. 이 사건의 발단은 2005년 캘리포니아 주정부에서 통과된 18세 이하 청소년 대상 폭력적인 비디오 게임 판매 금지 법률에서 시작됐다. 이 법률을 위반한 판매상들은 1천 달러의 벌금을 부과받았다. 법률에 규정된 폭력적인 게임들이란 게임 속에 강간, 살인, 시신 훼손, 불구로 만드는 것 관련 영상 및 이미지들이 등장하는 내용이 포함된 것들이었다. 하지만 캘리포니아 주정부 대법원에서 2009년 이들 게임이 아이들에게 해가 된다는 결정적인 증거가 없다는 점을 들어 법률을 파기했다. 미국 연방 대법원 또한 이와 같은 폭력적인 영상 및 이미지 노출에 따른 영향에 대한 연구 결과들이 다소 모호하다는 점을 들어 캘리포니아 대법원의 결정을 지지했다. 법원은 수정헌법 제1조를 들어 비디오 게임 판매상들의 상품 유통 권리를 인정했고, 기존 법률에 따른 벌금형 부과를 폐지했다.

폭력적인 장면이 포함된 비디오 게임이 폭력 행동에 미치는 영향은 1990년대 후반 학교 총기 난사 사건들이 발생하면서 매우 중요하면서 심각한 연구 주제로 부각됐다. 총기 난사범들 중에는 폭력적인 비디오 게임을 습관적으로 하는 이들이 있었다. 예를 들어, 13명을 살해하고 23명이 부상당한 콜로라도(Colorado)주 콜럼바인(Columbine) 고등학교 총기 난사범인 Eric Harris와 Dylan Klebold는 혈흔이 낭자한 비디오 게임 둠(Doom)에 빠져 지냈다고 한다. 이 게임은 폭력적인 비디오 게임의 효시로 엄청난 인기를 자랑하는 게임이었다. "실제 슈팅 게임과 무서울 정도로 비슷하게 Harris는 2명의 저격수, 여분의 총기들, 무제한 탄약 등을 준비했고, 피해자들은 게임 속에서처럼 반격할 수 없는 상황이었다."(Anderson & Bushman, 2001, p. 353)

폭력적인 비디오 게임의 영향에 대한 평가를 위해 구성된 미국심리학회(APA) 조사 보고서의 내용은 매우 심각했다(Calvert et al., 2017). 폭력적 비디오 게임 노출은 공격적인 행동, 인지, 정서, 분열, 공감 능력 저하 등과 밀접한 관련이 있는 것으로 나타났다. 심지어 낮은 학업 성적, 부모 갈등, 비행 청소년들과의 어울림 등의 다른 요인들을 통제한 상태에서도 폭력적 비디오 게임 노출은 공격적인 행동 결과의 매우 강력한 위험 요인으로 평가됐다. 하지만 보고서에서는 폭력적인 비디오 게임에 노출된 것이 청소년 비행이나 성인 범죄와 직접적인 관계가 있는지에 대한 상세한 연구가 이루어지지 않았기 때문에, 이에 대한 결과는 제시되지 않았다. 또한 성별, 인종, 사회경제적 집단 및 게임 특징, 게임자의 관점과 동기 특성에 따른 효과 차이에 대한 상세한 연구들이 필요하다고 제안했다. 10명의 테스크포스팀이 2013년 한 해 동안 모든 관련 연구들을 검토, 발간한 이 보고서는(Calvert et al., 2017) 이 주제에 관심 있는 이들에게 매우 큰 도움이 될 것이다.

폭력적 게임들을 포함해 비디오 게임 사용자 대다수가 폭력적인 행위를 저지르는 것은 아니다. 하지만 Calvert 등은 보고서에서는 게임이 많은 사용자에게 전반적으로 부정적인 영향을 미칠 수 있다고 결론 내렸다. 여전히 일부 연구에서는 이미 폭력 성향을 지닌 사람들에게는 특히 폭력적인 비디오 게임의 부정적 영향이 강하다는 점을 제시하고 있다(가정 폭력 목격 경험자, 과거 폭력 행위자 등). 이 점은 위협 평가, 학교와 직장 내 폭력 분야와 관련된 법정 심리학자들에게 매우 흥미로운 주제가 될 수 있다.

위협 평가

"위협(threat)이란 누군가를 대상으로 폭력적 행위를 가하거나 위해를 가할 의도를 나타내는 것이다. 타인을 향해 총을 쏘는 시늉을 하는 것처럼 위협은 몸짓, 글, 말 등 다양한 형태로 나타날 수 있다."(O'Toole, 2000, p. 6) **위협 평가**(threat assessment)는 특정 대상, 기관들을 표적으로 위협적인 표현이 전달된 직후 나타날 수 있는 폭력 행위 및 기타 바람직하지 않은 행위의 발생 가능성을 예측하는 것을 목적으로 한다(Bartol & Bartol, 2013). 법정 심리학자들은 다양한 형태의 위협 평가 작업을 수행하고 있지만, 대부분의 경우 예측보다는 예방 목적이 더 크다. Dewey Cornell(A. Miller, 2014, p. 40에서 재인용)에 따르면, "법정 심리학자들은 누군가가 위험하다고 예측됐다고 해서 개입하지는 않는다. 법정 심리학자들이 개입하는 경우는 위험하다고 예측된 사람들이 문제를 일으켰거나, 누군가와 갈등이 있거나, 그들 때문에 두려워하는 사람들이 있을 때이다." 다시 말해, 위협 평가의 목적은 사람들이 폭력 행위를 저지를 수 있는 경로를 사전에 차단하는 것이다(Meloy: A. Milller, 2014에서 재인용). 총기 폭력과 관련된 APA(2013a) 패널 조사 결과에서는 학교, 직장, 정부기관 대상의 위협 평가 결과가 이들 환경 내 폭력 행위를 예방하는 데 중요한 영향을 미칠 수 있다는 점이 발견됐다.

위협적인 태도를 취하는 사람들 모두가 실제로 위협 행동을 보이는 것은 아니다. 예를 들어, 충격적인 총기 난사 사건들이 발생한 후 수사기관들에서는 범행을 저지르지 않은 총기 소지자들에 대해서도 과거 이력을 토대로 위험 인물로 선정한 바 있다. 이들 중 다수가 사소한 난동 행위에 연루된 전력이 있거나, 사냥 등 여가 목적의 총기 보유 및 사용 경험자들로 과거 폭력적인 행위 이력이 없는 경우가 대부분이다. 따라서 위험 인물 선정 시에는 세심한 주의가 필요하다. 단지 총기를 소지하고 있다는 이유만으로 위협적인 인물로 평가된다면, 많은 총기 소지자들이 격분할 수 있다. 즉, 다양한 위협 요인을 종합한 평가 결과를 토대로 해당 인물의 폭력 가능성에 대한 결론을 내려야 한다. 그러나 위협 평가 전문 연구자들과 임상가들은 단일 위협 요인만 있는 경우라도 위협 가능성을 보이는 인물들에게 세심한 주의를 기울일 필요가 있다고 권고하고 있다(Miller, 2014). 구체적인 위협 평가 내용은 〈표 8-1〉에 제시되어 있다. 위협 평가는 위협 내용의 심각성과 신빙성 및 실제 위협 행위 가능성을 판단하는 과정이다. 이 과정은 식별, 평가, 관리의 세 가지 기본 기능으로 구성된다.

위험성 평가 도구들과 마찬가지로 법정 심리학자들은 위협 행동 가능성 평가 도구들을 개발해 왔다. 평가 도구들이 실제 얼마나 사용되고 있는지에 대해 현재까지 발표된 연구 결과는 없다. 위협평가전문가협회(Association of Threat Assessment Professionals) 및 관련 문헌들에서는 위협 평가를 수행하는 법정 심리학자와 정신건강 전문가 지침을 제시한 바 있으며, 미국심리학회에서는 2014년 『위협 평가와 관리 저널(Journal of Threat Assessment and Management)』을 창간했다.

지금부터는 최근 지속적으로 발표되고 있는 학교 장면에서의 위협 평가 관련 연구 결과들을 살펴보고, 이어서 직장 폭력에 대한 위협 평가 내용들을 다루겠다.

표 8-1 위협 평가 내용

식별 (Identify)	• 임박한 폭력 증후들을 식별(위협 표현, 비인격적이며 폭력적인 행동들, 타인에 대한 적대감) • 관계 기관에 위험 증후 보고(위협 평가팀, 법집행기관, 학교 관계자, 직장 관리자 등)
평가 (Assess)	• 다양한 출처에서 정보 수집 • 대상자 및 그 동료들과 면담 • 위협 평가 도구들을 이용해 대상자의 현재 상황(가정 내 문제, 건강 이슈, 무기 접근 가능성 등) 평가 • 근본적인 문제 도출(우울증, 괴롭힘 등)
관리 (Manage)	• 근본적인 문제 해결을 위한 치료, 상담 제공 • 적절한 시기에 가족 회의 개최 • 잠재적 피해 대상자 보호 및 경고 • 필요시 위험 인물 감시 및 접근 금지 명령 처분

학교 총기 난사

학교 총기 난사(School Shootings)란 학교 건물 내 혹은 외부 운동장 등에서 발생하는 폭력적인 사건들을 의미한다. 일부 전문가(Daniels & Bradley, 2011)는 학교 총기 난사의 개념을 "학교 내, 학교 자산, 학교 후원 활동, 학생 및 교직원들의 통학 과정에서 한 명 이상의 사상자가 발생하는 경우까지 확대 적용해야 한다."(p. 3)라고 주장하고 있다. 최근 학교 내 폭력적 살인 사건 발생 데이터(학교 관련 폭력적 사망사고 실태 연구, School-Associated Violent Deaths Surveillance Study: SAVD)에서도 앞서 언급한 광범위한 발생 맥락을 포괄하고 있다. 즉, 학교 총기 난사 사건의 당사자는 학생들뿐만 아니라 교직원, 교사 등이 모두 포함되며, 사건 유형에는 살인 사건뿐 아니라 자살 사건도 포함된다. SAVD는 미국 질병통제예방센터(CDC)에서 주관한 조사로 1992년부터 관련 데이터를 수집해 왔다. 1999년 이후 현재까지 수집된 자료들은 예비 자료로 분류되기 때문에(Planty & Truman, 2013), 통계를 해석할 때 각별한 주의가 요구된다. 이용 가능한 데이터를 기반으로 볼 때, 학교 내에서 발생한 학생 살인 사건은 미국 내 연평균 살인 사건 발생 건수의 약 1%를 상회한다(Planty & Truman, 2013). 하지만 이들 통계 자료에는 학교 내에서 발생한 사건들뿐 아니라 통학 과정, 학교 후원 행사 참석 및 이동 경로에서 발생한 사건들을 모두 포함하고 있어, 학교 내에서 발생한 학생 살인 사건은 극히 일부일 뿐이다.

"다툼이나 괴롭힘 같은 공격적인 행동들은 학교 내에서 발생하는 일반적인 행위들이지만, 강간 및 과도한 폭력과 같은 치명적 공격 행동이나 심각한 수준의 폭력 행동들은 그렇게 많지 않다."(Nekvasil & Cornell, 2015, p. 99) 반면에 학생들을 대상으로 한 폭력적인 위협은 학교 내에서 일상적인 편이다. 하지만 대부분이 계획적으로 총기를 사용해 상대를 위협하는 형태가 아니라 단순한 분노 및 좌절의 표현 형태로 표출될 뿐이다(Nekvasil & Cornell, 2015). 특히 싸움, 괴롭힘, 폭력적인 위협은 학교 내에서 흔하게 나타나는 폭력 유형이다.

이 책에서는 학교 총기 난사를 학교 건물 혹은 건물 인접 외부에서 발생한 치명적 공격으로 한정시킬 것이다. 그렇다 해도 이러한 형태의 학교 사건들이 정확히 얼마나 발생하고 있는지 확인하기는 어렵다. 대부분의 학교 총기 난사 사건은 한 명 혹은 그 이상의 가해 학생이 다른 다수의 학생을 상대로 총을 쏘는 형태이다. 단, 2012년 미국 코네티컷주 뉴타운(Newtown, Connecticut) 지역 샌디 훅(Sandy Hook) 초등학교에서 1학년 학생 20명과 교직원 6명이 살해당한 사건의 경우 범인이 인근 지역에 거주하는 20세 남성이기 때문에 앞서 언급한 학교 총기 난사 사건에 해당되지 않는다. 이 외에도 학교 출입이 허가된 성인이 교직원에게 총격을 가하는 경우도 예외이다. 이러한 예들은 학교 총기 난사보다는 직장 폭력과 더욱 밀접한 관련이 있다.

학교 총기 난사를 "다수의 사람을 무작위로 공격하는"(Newman, Fox, Harding, Mehta, & Roth, 2004, pp. 14-15) 것을 의미하는 학교 내 광란의 총기 난사(school rampage shootings)라는 용어로 표현하는 경우도 있다(예: Langman, 2013; Madfis & Levin, 2013). 광란(rampage)은 충동적이며 무작위한 행위라는 의미를 내포하고 있다(Böckler, Seeger, Sitzer, & Heitmeyer, 2013). 그런데 실제 학교 총기 난사범들 중에는 몇 달 혹은 몇 년여에 걸쳐 범행을 계획하기도 하며, 어떤 경우에는 운동부 학생 등 특정 부류의 피해자를 대상으로 범행하는 등 사전에 피해자 명단을 준비하는 경우도 있다(Daniels et al., 2007; Daniels & Page, 2013). 따라서 앞서 제시한 용어는 전체 총기 난사범의 특성을 표현하는 데 다소 부적합하다.

학교 총기 난사, 학교 내 광란의 총기 난사 등의 용어가 지닌 또 다른 문제점은 총기 사용이 금지된 국가들에서 발생하는 사건들 중 대부분 총기가 아닌 폭발물, 칼, 도끼 등의 흉기가 사용된다는 점이다(Böckler et al., 2013). 2014년 펜실베이니아(Pennsylvania)주에서 16세 학생이 다른 학생 20명과 경비원을 칼로 찌른 사건이 발생했다. "이러한 유형의 사건은 용어적인 측면만 고려하면 총기를 발사한 것은 아니지만 가해자 프로파일, 발생 정황, 공격 행위로 발전된 계기, 수법 등의 측면에서 기존 학교 총기 난사 사건의 특성과 매우 유사하다." (Böckler et al., 2013, p. 6) 결론적으로 총기 이외의 범행 도구들이 사용된 사건들 또한 학교 총기 난사 사건 유형에 포함되어야 한다는 Böckler 등의 주장은 일리가 있다. 따라서 이 책에서도 학교 총기 난사 사건의 범위를 학교 및 학교 건물과 근접한 운동장에서 발생하는 총기 이외의 치명적인 무기가 사용된 경우로 볼 것이다.

학교 총기 난사는 지난 20여 년간 서구 사회에서 가장 급속도로 증가하고 있는 현상이다. 이 기간 미국에서는 다른 모든 나라를 합친 것보다 더 많은 학교 총격 사건이 발생했다(Böckler, Seeger, Sitzer, & Heitmeyer, 2013). 통계 수치만 놓고 보면 학교 총기 난사 사건 발생 건수는 매우 적으며, 학교 총기 난사 사건으로 사망한 아동 및 청소년 비율은 전체 사망률과 비교했을 때 극히 일부에 불과하다(Daniels & Page, 2013). 하지만 학교 총격 사건이 지역사회 주민들에게 미치는 심리적 영향은 엄청나며, 어느 정도는 전국적으로 영향을 미칠 수 있다(Ardis, 2004; Daniels & Bradley, 2011; Larkin, 2007; Sullivan & Guerette, 2003). 1999년 콜럼바인 고등학교, 2012년 샌디 훅 초등학교에서 발생한 사건들은 해당 지역사회를 뛰어넘어 미국 전역을 충격에 휩싸이게 했다. "이와 같은 치명적 수준의 학교 총기 사건들이 많이 발생하는 것은 아니지만, 그것이 일단 발생할 경우 엄청난 충격을 안기고 삶을 변화시키게 된다. 그리고 이러한 사건들은 사람들을 극도의 절망감에 휩싸이게 만든다."(O'Toole, 2013, p. 173)

학교 위협 유형

FBI(O'Toole, 2000)는 학교 위협 상황을 ① 직접(direct), ② 간접(indirect), ③ 드러나지 않는(veiled), ④ 조건부(conditional)의 4개 유형으로 분류하고 있다. 직접 유형은 특정 대상을 지정해 직설적이고 명확하게, 명시적인 방식으로 위협을 가하는 형태이다. 예를 들어, "학교 구내식당에 폭탄을 설치했다. 오늘 정오 폭발할 것이다."와 같은 식이다. 간접 유형은 모호하고 애매한 위협 형태로, 가장 빈번하게 나타나는 학교 위협 형태이다. 이 유형은 동기, 의도, 피해 대상이 불명확하기 때문에 범인의 의도 및 특성에 대한 추정만 가능하다. "내가 원한다면, 언제든 학교에서 많은 사람들을 죽일 수 있다."와 같은 식이다.

드러나지 않는 유형은 말 그대로 베일에 싸인 위협 형태이다. 이 유형은 폭력 사용을 강하게 암시하고 있지만, 명시적으로 위협을 가하지는 않는다. 예를 들어, 특정 학생의 사물함에 누군가 "우리 주변에 너만 없으면 너무 행복할 거야."라는 익명의 메모를 남기는 식이다. 메모 내용만 놓고 보면 잠재적으로 폭력을 가할 것임을 암시하나, 그 의미에 대한 해석 및 심각성 지각은 위협받은 학생의 해석에 달려 있다. 그리고 조건부 위협 유형은 재물 강탈 사건에서 가장 많이 나타난다. 2002년 워싱턴 D.C.(Washington D.C.)에서 발생한 저격 사건에서처럼 범인의 요구 조건이 받아들여지지 않을 경우 폭력을 사용할 것이라고 경고하는 것이 가장 일반적인 유형이다. 그 당시 범인은 "천만 달러를 주지 않을 경우, 당신들의 자녀들 중 그 누구도 안전하지 못할 것이다."라는 메시지를 남겼다.

위협을 느낀 순간 아이들은 즉각적으로 학교에 신고하지는 않는다. 이는 특정 학생의 개인적 위협 상황에서도 마찬가지이다. 최근 조사에서는 위협 상황에 처한 고등학생들 중 약 1/4만이 이 사실을 부모에게 이야기하거나, 학교 등 관련 기관에 신고하는 것으로 나타났다(Nekvasil & Cornell, 2012). 위협 평가팀의 가장 막중한 책무 중 하나는 학교 내 모든 사람에게 의심스러운 거동을 보이는 사람을 목격하거나 위협 상황이 발생할 때 즉시 신고하도록 독려하는 것이다.

학교안전 추진(SSI) 보고서

콜럼바인 고등학교 사건 발생 직후 미국비밀경호국(United States Secret Service)은 교육부와 협력으로 1974년부터 2000년 사이 발생한 학교 총기 난사 및 기타 학교 대상 공격 사건들에 대한 연구 프로젝트에 착수했다(Borum, Fein, Vossekuil, & Berglund, 1999; Vossekuil, Fein, Reddy, Borum, & Mozeleski, 2002). **학교안전 추진**(Safe School Initiative: SSI)으로 명명된 이 프로젝트에서는 41명의 학생 총기 가해자가 연루된 사건 37건의 경찰 보고서, 학교 기록, 법원 문서 등을 조사하고 총기 난사범 10명을 대상으로 인터뷰를 진행했다. 이 프로젝트는 학교 내에서 총기를 발사한 학생들의 사고, 계획성, 의사소통 및 행동 패턴들을 철저히 조사하는 것에 그 목적이 있었다. 또한 학교 총기 사건들이 증가할 것이라는 인식이 팽배해짐에 따라 지역사회 및 학교 장면에서 청소년 폭력 억제 및 치료를 담당하는 정신건강 전문가들과 학교 심리학자들에게 효율적인 예방 대책을 마련할 것에 대한 요구가 빗발쳤다(Evans & Rey, 2001). 이에 따라 미국 전역에서 법정 심리학자들과 정신 건강 전문가들의 관련 연구들이 엄청나게 증가했다.

SSI보고서에서 연구자들은 학교 총기 사건에 연루된 인물들을 한마디로 규정짓기는 어렵지만, 그들에게 공격 시기를 사전에 계획한다는 공통점이 있다고 결론내렸다(Vossekuil et al., 2002). 〈Focus 8-3〉에 제시된 바와 같이, 절반 이상의 학교 총기 난사범은 복수 동기에 의해 범행을 저질렀다. 또한 많은 사건에서 가해자들에게 가해진 괴롭힘이 범행 동기에 결정적인 영향을 미친 것으로 나타났다. 하지만 학교 폭력이나 위협 행위들의 경우 이 외의 다양한 종류의 선행 동기나 이유가 존재한다.

> 위협은 다양한 이유로 나타난다. 위협이 일종의 경고 신호일 수도 있고, 처벌 혹은 기타 다른 불안감에 대한 반응일 수도 있으며, 주목받기 위한 목적일 수도 있다. 이 외에도 위협의 의도는 누군가를 조롱하고, 겁주며, 조종하고, 강압하고, 어떤 일을 강요함으로써 자신의 권위를 시험하는 것일 수도 있고, 피해자에게 공포감을 조성하고 그들을 겁먹게 만들며 그들의 일상을 방해하는 것일 수도 있다. 또한 위협은 자신을 보호하기 위한 방편으로 자신의 상처에 대한 반격의 일환일 수도 있다. 위협의 근간이 되는 정서로는 사랑, 증오, 공포, 분노, 복수, 흥분, 인정 욕구 등을 들 수 있다(O'Toole, 2000, p. 6).

미국의 학교 총기 난사범들은 공통적으로 총기 접근이 가능한 사람들이었다. 전체 사건의 2/3 정도가 범인이 자신의 집이나 친척 집에서 총기를 습득했다. 뉴타운 지역에서 비극적인 사건을 저지른 범인은 많은 무기에 접근 가능한 인물이었다. 그는 범행 장소인 샌디 훅 초등학교로 출발하기 전에 그의 어머니가 사준 총으로 어머니를 살해했다. 많은 청소년이 총기를 쉽게 구할 수 있다. 행동의 변화, 낙담 및 좌절, 위협 행위 등 위험 증후가 보이는 아동·청소년들의 총기 접근을 우선적으로 차단해야 한다. SSI 보고서에서는 무기의 획득, 준비, 사용 시도 등은 공격 사고가 공격 행위로 발전하는 신호가 될 수 있다고 한다.

통계 수치상 남성 청소년들에 의해 중학교에서 저질러진 학교 총기 난사 사건들이 가장 높은 비중을 차지한다(Böckler et al., 2013). 또한 관련 연구들에서는 학교 총기 난사범들의 학업 성적은 평균 이상이었다고 한다(Vossekuil et al., 2002). 궁극적으로 학교 총기 난사 사건은 단일 원인으로 발생하는 것이 아니라 다양한 위험 요인이 복합적으로 작용한 결과라 할 수 있다(Böckler et al., 2013). Böckler 등이 제시한 학교 총기 난사범들의 위험 요인은 다음과 같다.

① 사회화 요인: 가족, 문화 등 아동·청소년의 사회화 과정에 미치는 영향 요인 등이 해당된다. 대표적인 예로는 부모의 관리감독 부족, 가족 관계 기능 결여, 폭력 지향적인 가족 분위기 등을 들 수 있는데, 이는 학교 폭력을 야기할 수 있는 위험 요인으로 작용할 수 있다.

② 학교 요인: 학교 분위기, 정책, 문화 등이 해당된다. 대표적인 예로는 또래 집단의 괴롭힘, 왕따, 학생들의 무례한 행동을 무시하거나 용인하는 학교 환경 등을 들 수 있다. 이러한 요인들은 학교 총기 난사 사건들에서 일반적으로 나타나는 위험 요인들이다. Vossekuil 등(2002)은 학교 총기 난사범들의 75%가 학교에서 괴롭힘을 당했다는 사실을 발견했다.

③ 개인 요인: 우울증, 걷잡을 수 없는 분노 등 성격 특질, 유전적 요소, 정신건강 문제 등과 같은 개인적 요인 등이 해당된다.

학교 총기 난사 및 기타 폭력 예방

세 가지 위험 요인들 중에서 학교 환경과 관련된 요인들을 선별하는 것이 학교 내 위협 상황 억제를 위한 가장 효율적인 방안이다. 괴롭힘 방지 프로그램, 위기 관리 계획 수립 및 훈련 실시, 학교와 지역사회 협력 체제 마련 등이 학교 총격 사건을 예방하기 위한 조치이다(Daniels & Page, 2013). 학생들에게는 규칙 및 요구 사항을 분명히 제시해야 하며, 무례한 품행을 보이는 학생들은 공정하고 일관적으로 처벌해야 한다(Daniels & Page, 2013). 위협 피해 경험이 있는 학생들 중 25% 정도만이 부모 및 학교 관계자들에게 자신의 위기 상황을 이야기하는 현실을 고려했을 때, 타인의 생명을 구하려 도움을 주는 것과 누군가에게 고자질하는 것의 차이를 학생들에게 교육시킴으로써 위협 상황을 신고하지 않는 아이들의 침묵을 깨는 것만이 가장 유익한 예방 전략이 될 수 있다.

Daniels와 Bradley(2011)는 학교 총기 난사 사건이 발생한 학교 문화와 학생들의 경고, 위험 징후에 대한 학교 당국의 적절한 대응을 통해 총기 난사 계획을 성공적으로 억제한 학교 문화에 대한 연구를 진행했다. 연구 결과, 총기 난사가 발생한 학교 분위기는 ① 융통성 없는 학교 문화, ② 불평등한 규율, ③ 무례한 학생 행동의 용인, ④ 침묵의 규칙 등 4개 유형으로 구분됐다. 융통성 없는 학교 문화는 학생들의 소속감을 결여시키는 결과를 야기했

Focus 8-3 학교안전 추진(Safe School Initiative: SSI) 보고서

학교 총기 난사범들에게서 확인된 사실

- 공격자들은 일반적으로 이메일, 페이스북, 트위터 혹은 직접 대면 대화 방식을 통해 다른 사람들에게 자신의 범행 계획을 이야기한다. 대부분의 사건에서 자신의 계획이나 아이디어를 누군가에게 말했던 것으로 드러났다. 전체 사건의 3/4 이상이 범행 전에 총기 공격 계획을 친구, 동급생, 형제 등에게 말했다. 이와 같은 폭력적인 의도에 대한 의사소통 내용들은 종종 수사관들에게 유출된다.
- 사전에 공격 계획이 수립된다. 특정 유형의 피해자들이 희생된 사건들은 충동적으로 발생하지 않는다. 거의 모든 사건에서 범인은 공격 실행 전에 특정 피해자를 해칠 계획을 세운다.
- 학교 총기 난사범의 전형적인 특징이나 프로파일은 존재하지 않는다. 즉, 수사 실무에 유용하게 쓰일 정확한 인물 프로파일이 없다. 이들의 성격이나 사회적 특징은 매우 다양하다.
- 이들은 총기에 쉽게 접근 가능한 인물들이다. 대부분 과거에 총을 사용한 경험이 있고 총기에 쉽게 접근 가능한 이들이다. 약 2/3 이상의 사건에서 범인은 자신의 집이나 친척 집에 보관 중이던 총기를 사용했다.
- 학교 총기 난사 사건의 초동 조치자들은 주로 학교 교직원이다. 경찰 등 정부 법집행기관들에 의해 사건이 종결되는 경우는 거의 없다. 절반 이상의 사건이 경찰 출동 전에 상황이 이미 종료된 상태였다. 이들 사건에서 총기 난사범을 제지한 인물은 교직원 혹은 동료 학생들이었다(이에 따라 학교 경비 인력을 충원할 필요성이 증가했고, 모든 학교에 경찰이 배치되기에 이르렀다)
- 제3의 인물이 가해자의 범행을 부추길 수 있다. 많은 사건에서 가해자 이외 학생들이 총기난사에 간접적으로 연루되었다. 절반 이상의 사건에서 친구 혹은 동급생이 범인의 공격 행위를 부추기거나 그에 영향을 미친 것으로 나타났다.
- 괴롭힘이 원인이었을 수 있다. 많은 사건에서 괴롭힘이 범행의 결정적인 원인으로 나타났다. 많은 가해자가 오랫동안 지속적으로 가혹한 괴롭힘을 경험해 왔다.
- 총기 난사 전 가해자의 사전 경고 신호가 존재한다. 거의 모든 가해자가 범행 전 최소한 명 이상의 어른들에게 자신이 어떤 행동을 저지를지도 모른다고 말한 적이 있다.

출처: U.S. Secret Service (2002).

다. 불평등한 규율은 교직원들과 선생님들이 일관되지 않게 학교 규칙을 적용할 때 일어난다. 학생들의 무례한 행동이 용인되는 학교 환경에 대해 Daniels와 Page(2013)는 "학생들 간의 괴롭힘, 인종차별, 학생들의 무례한 행동들이 암암리에 학교 내에서 허용될 경우 피해 학생들은 학교 규율이 엄격하지 않다는 인식하에 자신들이 의지할 수 있는 사람이 아무도 없다는 느낌을 받을 수 있다."(p. 413)라고 기술했다.

학교 내에서 위협 상황을 신고하지 않는 침묵의 규칙은 보복에 대한 두려움이나, 적절한 신고 방법의 부재로 피해 학생들 스스로가 신고하기를 꺼릴 때 발생한다.

Daniels와 Bradley는 위엄과 존중의 학교 문화를 발전시키고 유지하는 것이 학생들 사이에서 위협 상황에 대한 침묵의 규칙을 깨는 가장 효과적인 방법이라고 결론 내렸다. 이는 매우 의미 있는 제안이지만, 학교 총격 사건이 날 때마다 학교 문화의 탓으로 돌릴 수만은 없다. 예방 노력은 매우 중요하지만 이러한 노력이 다른 사람들에게 위해를 가할 의도를 지닌 학생들의 행동을 억제하는 데 적합하지 않을 수도 있다.

가이드라인

심각한 수준의 폭력 위협 예방 가이드라인은 Dewey Cornell이 프로젝트를 주도한 '버지니아 학생 위협 가이드라인(Virginia Student Threat Guidelines)'에서 찾아볼 수 있다(Cornell & Allen, 2011; Cornell, Gregory, & Fan, 2011). FBI와 미국비밀경호국이 학교 폭력 감소를 위해 학교 내 위협 평가를 적극 활용할 것을 권고하자 학교들을 위한 가이드라인이 개발됐다. 가이드라인은 위협 혹은 폭력 상황을 평가하는 의사결정 도식으로 이루어졌다(Cornell, & Sheras, 2006; [그림 8-3] 참조). 이 도식에 따라 교직원들은 주어진 위협 혹은 폭력 상황이 실질적인지, 일시적인지 여부를 판단할 수 있다. 실질적인 위협은 개인 혹은 개인들이 위협을 실행하려는 의도 유무로 볼 수 있다. 만약 위협이 심각해 보일 경우, 위협이 실행되지 않도록 다양한 조치를 취한다. 이 지점에서 적절한 법 집행 및 정신건강 평가가 이루어질 가능성이 높다. 마지막 단계에서는 평가 및 조사 결과에 따라 명문화된 안전 계획이 실행된다. 세부 가이드라인은 Cornell과 Sheras(2006)의 저서에서 찾아볼 수 있다.

지금부터는 직장 환경과 같은 또 다른 맥락에서 발생하는 폭력 현상에 대해 설명하겠다. 직장 폭력(교직원들에게 발생하는 학교 폭력 포함)은 최근 들어 증가하는 추세인데, 그 이유에 대해 지금부터 살펴보겠다.

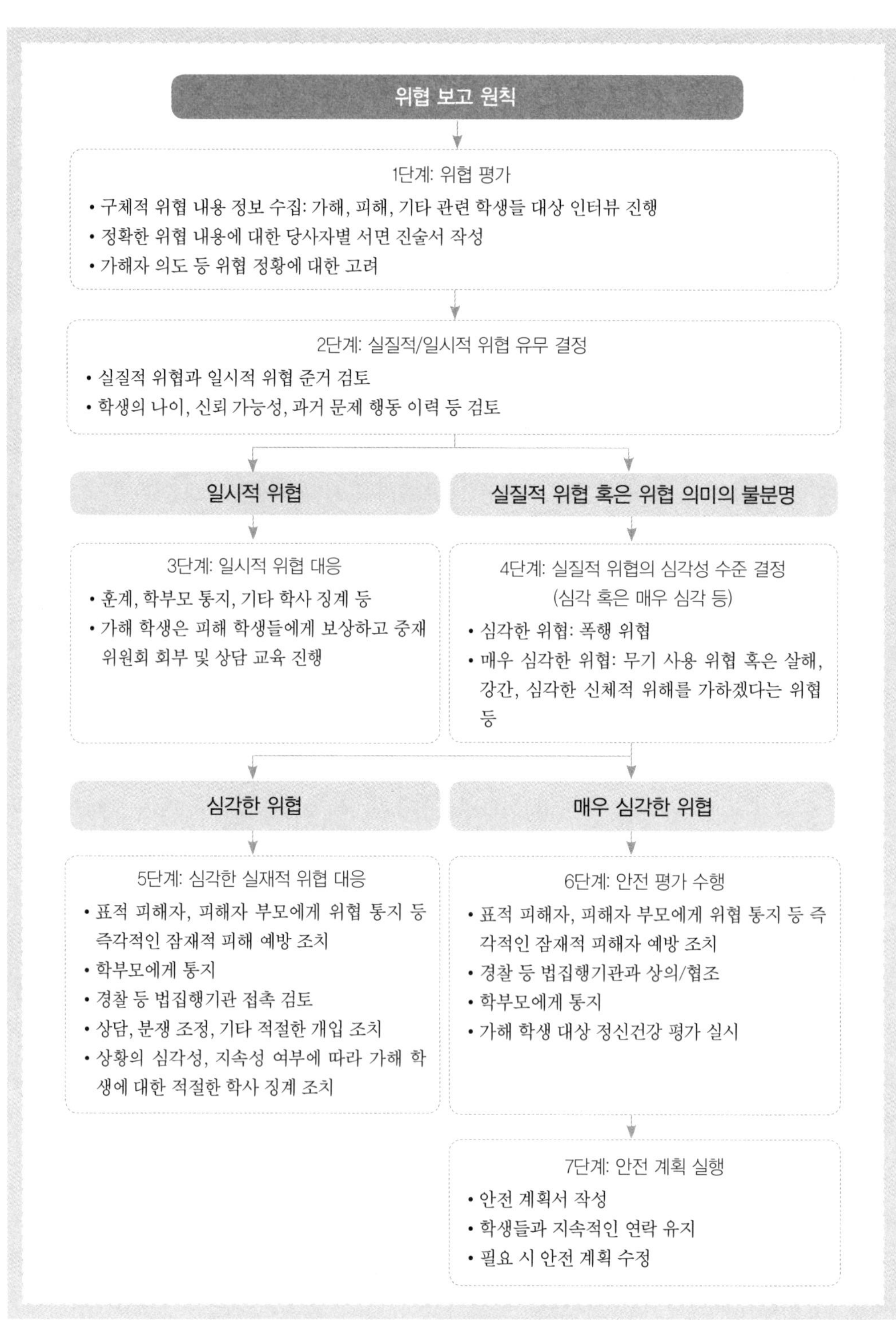

[그림 8-3] 학생 위협 평가 의사결정 도식

출처: Cornell & Sheras (2006). *Guidelines for responding to student threats of violence*. Dallas, TX: Sorpris West Educational Services 허락하에 게재.

직장 폭력

직장 폭력(workplace violence)은 직장 내에서 일어나는 협박과 위해 행위 등을 총망라하는 복잡한 개념이다. 직장 폭력이라 하면 신체적인 폭력뿐 아니라 강압, 협박, 노골적인 위협, 희롱 등의 위협 폭력(threatens violence) 등 직접적인 폭력으로 간주하기에는 모호한 행위들 또한 포함할 수 있다. 사람들은 일반적으로 직장인이 동료나 상사를 살해하는 행위를 직장 폭력이라고 생각한다. 그러나 심각한 수준의 직장 폭력 가해자들 대부분은 직장 내가 아닌 외부인들이라는 사실을 관련 자료들에서 확인할 수 있다(Piquero, Piquero, Craig, & Clipper, 2013).

2000~2012년에 발생한 직장 내 살인 사건들 중 판매 직종(패스트푸드 음식점 및 술집 등), 교통운송 직종(대중교통 서비스 등), 안전 서비스 관련 직종(경찰 등)이 차지하는 비중이 전체의 50% 이상이다(Bureau of Labor Statistics, 2013). 이 중 80%가 총기 사건으로 범인이 현재 혹은 과거 동료 직원인 경우는 12%, 강도 사건인 경우는 40%에 달한다. [그림 8-4]는 직종별 직장 내 총기 살인 사건 비중을 보여주고 있다.

직장 내 여성 사망의 가장 큰 원인은 살인인데, 이 수치는 지속적으로 증가하고 있다(Tiesman, Gurka, Konda, Cohen, & Amandus, 2012). 전체의 39%가 강도, 절도 및 기타 범죄에 따른 살인이었고, 33%는 친밀한 관계의 파트너에 의한 살인이었다. 경찰 등 법집행기관에 종사하는 여성들이 살인 피해를 가장 많이 당하고 있으며, 간호사 등 의료 관련 직종, 제조업 종사자, 사무행정직 종사 여성들의 경우 대부분 친밀한 파트너의 폭력에 의해 살인 피해를 당하는 것으로 나타났다. 친밀한 파트너에 의한 살인 사건들은 절반 이상이 피해자 직장 인근 주차장과 공공장소(건물 안 등) 등에서 발생했다.

앞서 언급한 바와 같이 학교 또한 일종의 직장으로 대학 및 기타 초중등 교육기관들 역시 직장 폭력에서 예외일 수는 없다. 2017년 4월 한 특수교육 교사가 수업 중 학생들이 지켜보는 교실에서 별거 중인 남편이 쏜 총에 맞아 사망한 사건이 발생했다. 당시 교실에 있던 아이 역시 총에 맞았지만, 다행히도 사망하지는 않았다. 교사에게 총격을 가한 남편은 그 자리에서 자살했다. 2010년 2월 헌츠빌(Huntsville)에서는 42세의 앨라배마 대학교(University of Alabama) 생물학과 교수가 동료들과 회의 중 총격을 가해 3명이 사망하고 3명이 중상을 당하는 사건이 발생했다.

교육기관에서 발생하는 직장 폭력의 또 다른 예로는 논문 심사 도중 교수들에게 총을 쏜 대학원생 사건과 학교 주차장에서 전 남자 친구에게 총을 맞아 사망한 여교사 사건을 들 수

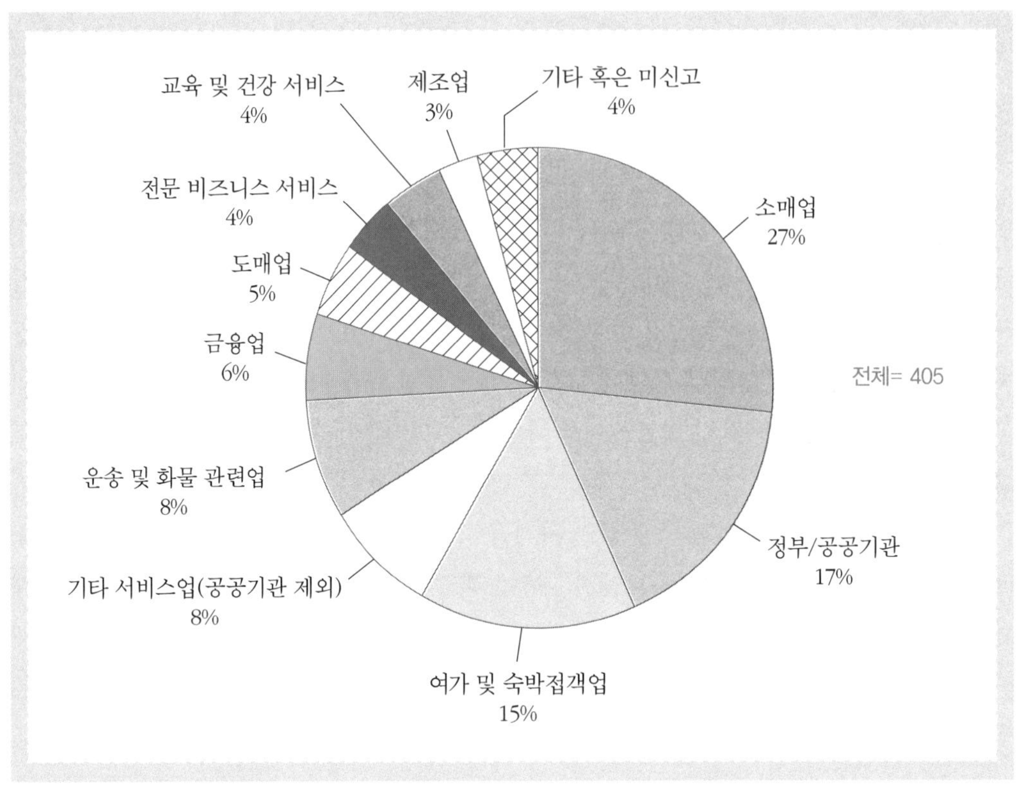

[그림 8-4] 2010년 직종별 직장 내 총기 살인 사건 발생 비중

출처: U.S. Department of Labor Statistics (2013).

있다. 2009년 예일 대학교(University of Yale)에서는 박사 과정에 재학 중이던 여학생이 결혼식을 앞두고 같은 학교 실험실에 근무하던 연구원에게 살해당한 사건이 발생했다. 앞서 논의한 바와 같이, 이와 같은 직무 관련 사건들과 학생들 사이에서 발생하는 학교 폭력은 다른 유형의 폭력 현상이라는 점을 유의할 필요가 있다.

분명한 점은 직장 폭력의 대부분이 피해자 사망으로 종결되는 것은 아니라는 사실이다. 직장 내에서 가장 흔하게 발생하는 폭력 범죄는 강도, 폭행, 성폭력 범죄이다(Harrell, 2011). 1993~1999년 직장 폭력 자료에 의하면, 사건 발생 당시 가해자들은 마약이나 술에 취한 상태에 있었다고 한다. 직장 살인 피해 비중이 가장 높은 직종은 소매업이지만, 다른 직종들은 기본적인 직업적 특성에 의해 폭력 위험성이 더욱 높다. 특히 경찰관들은 직장 폭력 피해자들 중 가장 큰 비중을 차지하며, 뒤이어 교정 공무원, 택시 운전기사, 사설 경비원, 바텐더 또한 빈번하게 직장 폭력을 경험하는 직업이다. 1980년대 극도의 스트레스 상태에서 우체국 직원이 우체국 내에서 총기를 발사하는 사건들이 연이어 발생하면서, '우체국 가기

(going postal)'라는 말이 '몹시 화가 난'이라는 관용 문구로 사용 될 정도였다. 실제로 우체국 직원들이 다른 직업 종사자들에 비해 직장 폭력을 저지를 가능성이 높은 것은 아니지만, 우체국 직원들 사이에서 일련의 범죄가 집중되면서 이와 같은 오해를 불러일으켰다.

직장 내 신체 폭력 유형은 가해자, 피해자 관계를 기준으로 4개 유형으로 구분된다(California Occupational Safety and Health Administration, 1995; Gregorie, 2000; LeBlanc & Kelloway, 2002). 첫 번째 유형은 가해자와 피해자 사이에 특별한 관련성이 없는 경우이다. 가해자들은 주로 강도, 절도 등 범행을 위해 특정 직장에 침입한다. 이 중 강도는 대다수 직장 살인 사건의 주요 원인으로 직장 내 사망 사건의 85%를 차지한다(Gregorie & Wallace, 2000). 두 번째 유형은 폭력이 발생한 기관 및 피해 직원들에게 직접적인 서비스를 제공받은 경험이 있는 고객이 가해자인 경우이다. 이들 가해자들 대부분은 자신이 구매한 제품이나 서비스에 대한 불만이 범행 동기로 작용한다. 일례로, 2010년 8월 디스커버리(Discovery) 채널 보도에 불만을 품은 가해자가 메릴랜드(Maryland)주에 위치한 방송국 본사에 침입해 인질극을 벌인 경우도 있다. 이 사건은 인질들에 대한 처참한 폭력 사태로 이어질 수 있었지만, 경찰에 의해 가해자가 사살당함으로써 인명 피해가 발생하지 않은 상태에서 사건이 마무리됐다. 세 번째 유형은 현재 혹은 과거 상사 및 동료 관계에서 폭력이 발생하는 경우이다. 이 유형에 해당하는 가해자들은 주로 자신이 근무했던 기관 · 회사 혹은 특정 동료, 상사에 대한 불만으로 복수를 위해 해당 직장에 침입하는 일명 '불만을 품은 직원(disgruntled employee)'이다. Gregorie와 Wallace에 따르면, 불만을 품은 직원들에 의한 직장 폭력은 직장 내 살인 사건의 약 10%를 차지한다. 네 번째 유형은 현재 혹은 과거의 배우자나 파트너와 같이 사적 관계에서 발생하는 폭력이다. 주로 이 유형은 가정 폭력이나 배우자 학대와 관련이 있다.

직장 폭력 피해 생존자들과 관련된 분명한 사실은 직장 폭력이 "직장 안전에 대한 개인적 걱정, 직무 불안, 두려움, 낮은 직업 성취, 직무 불만족, 감정적 몰두, 이직, 심리적 고통, 정서적 고갈, 우울, 신체적 건강, 대인관계 및 조직에서의 일탈적 행동 등 많은 부정적 결과를 초래할 수 있다"는 점이다(Piquero et al., 2013, p. 390). 직장 폭력 피해자들이 전 · 현 고용주들을 상대로 종업원 보호 의무 태만 혐의로 민사 소송을 제기할 경우, 법정 심리학자들은 피해자 평가 요청을 받는다. 심리학자들과 정신건강 전문가들은 직장 폭력 피해자들을 스트레스 사건들로부터 회복시키는 데 있어 중요한 역할을 담당하는데 특히 직원들이 직장 내 살인 사건을 목격했을 경우 더욱 중요하다. 정신건강 전문가들 또한 종업원들과 상사들 간의 폭력 문제 예방에 있어 중요한 역할을 담당하고 있다. 앞서 논의된 위협 평가 결과는 직장 내 위험 요인 선별 시 결정적인 판단 기준으로 활용될 수 있다. 이에 따라 국가표준원

(National Standards Institute)에서는 2011년 직장 내 위협 평가팀 구축 및 운용을 공식 승인했다(Miller, 2014). 스트레스 관리 개입은 직장 동료 간 불만족 요소들 및 기타 스트레스 유발 이슈들을 규명하는 데 매우 큰 효과가 있는 것으로 나타났다(Limn et al., 2011).

직장 폭력의 원인이나 예측 요인들을 검토한 체계적인 연구는 현재까지 많지 않다. 발표된 소수의 연구들 또한 ① 가해자 특성 묘사, ② 폭력 위험성을 증가시키는 직업적 특성 확인에만 집중되어 있다(LeBlanc & Kelloway, 2002). 따라서 직장 폭력의 원인을 규명하고 효과적인 조치 방안을 수립하기 위해서는 더욱 다양한 연구가 필요하다. 그러나 실무적 관점에서 많은 기관 및 사업장, 기업이 직장 폭력 사안에 민감하게 반응하고 있어, 직원들의 불안 및 공포에 대처하는 안전 보안 관리 수준은 과거에 비해 크게 향상됐다.

이러한 대응은 부분적으로 직장 폭력 관련 소송의 급격한 증가에 기인한다(Kaufer & Mattman, 2002). Kaufer와 Mattman에 따르면, 직장 폭력에 대한 법적 조치 및 민사 소송들은 크게 ① 고용 태만(적합한 직원 선발 실패), ② 유지 태만(부적합하고 위협적인 직원 해고 실패), ③ 감독 태만(직무 수행 감독 실패), ④ 부적합한 보안 관리 등 크게 네 가지 쟁점에 집중되어 있다고 한다.

이에 따라서 내부 직원들에게 안전한 직무 환경을 제공해야 하는 소속 기관 및 사업장들의 법적 의무는 가중될 수밖에 없으며, 의무적인 예방 · 훈련 프로그램 또한 머지않아 모든 민간 및 공공 기관에 확대 적용될 가능성이 높다. 더불어 동료 직원들 및 상사에 의해 위험 인물로 지목된 직원에 대한 폭력 위험성 평가 및 위협 평가 요청 또한 지속적으로 증가하고 있다. 그러나 고용 환경 분야에서 활동하는 심리학자들의 가장 중요한 역할은 해당 직장 문화를 이해하고 조화로운 개입 전략 수립과 더불어 직원과 관리자들이 상호 존중하고 협력할 수 있는 직무 환경 조성이다.

지금까지 다루었던 직장 폭력과 함께 주의를 기울일 필요가 있는 중요 이슈로는 인종, 성별, 민족, 나이, 종교, 성적 성향에서 비롯된 직장 내 차별 문제이다. 특히 차별의 한 형태인 성희롱(sexual harassment)은 2016년 기준 미국 고용기회평등위원회(U.S. Equal Employment Opportunity Commission: EEOC)에 12,880건의 의심 사건이 접수됐다(EEOC, 2017). 이 중 남성들이 제기한 성희롱 의심 사건은 17%에 달한다. 연간 EEOC에 접수되는 성희롱 의심 사건 건수는 매년 비슷한 수준으로, 직장 내 성희롱은 고질적으로 발생하는 사건 유형으로 추정된다. 한 연구(Fineran & Gruber, 2009)에서는 고용 상태에 있던 10대 소녀들 중 절반 이상이 근무지에서 성희롱 피해를 경험한 것으로 나타났다. 성희롱은 종업원들의 고용 상태에 암묵적 혹은 외현적인 영향을 미칠 수 있는데, 업무 능률을 저해하는 요소일 뿐 아니라 위협적이고, 적대적이고 공격적인 직무 환경을 초래한다. 또한 많은 연구들에서 성희롱이 외상

후 스트레스 장애(PTSD) 및 우울증과 매우 밀접한 상관이 있다는 점은 이미 입증된 사실이다(Fineran & Gruber, 2009). 성희롱은 더 나아가 스토킹 행위로 연결될 수 있으며, 이는 다시 폭력으로 발전될 수 있다.

마찬가지로 직장 내 인종, 종교, 민족 차별 또한 폭력으로 이어질 수 있다. 또한 모든 조건들에서 차별은 이 장 후반부에 다루어질 편견 및 혐오 범죄와 그 양상들이 매우 유사하다.

지금부터는 인간의 생명을 빼앗는 가장 심각한 폭력 행위에 대해 살펴보겠다. 살인에 대해서는 앞부분에서도 많은 설명이 있었지만, 지금부터는 살인의 구체적인 형태 및 전반적인 발생 특성 등에 대해 살펴볼 것이다.

살인 범죄

살인이란 한 사람이 다른 누군가를 사망에 이르게 하는 행위이다. **살인 범죄**(criminal homicide)는 법률적 정당성 혹은 책임 면제 사유가 없는 상태에서 피해자 사망의 원인이 가해자에게 있는 경우를 의미한다. 가해자의 정당방위, 정신이상 등 특정 조건하에서의 살인 행위들의 경우 범죄 책임이 정당화되거나 면제될 수도 있다.

형법상 살인 범죄는 살인과 과실치사로 구분된다. **살인**(murder)은 "내재적, 외재적으로 악의적 의도를 가지고 고의적으로 누군가를 불법적으로 살해하는 행위"이다(Black, 1990, p. 1019). 미국 내 많은 주정부들에서 살인을 1급 및 2급 살인으로 구분하고 있다. 1급 살인은 고의적인 계획하에 이루어진 불법적 살인으로서 사형 또는 무기징역형에 처해진다. 2급 살인은 고의 및 계획성이 1급 살인에 비해 상대적으로 낮으나, 악의적 의도에서 살인을 저지른 경우에 해당된다. 2017년 8월 미국 샬럿츠빌(Charlottesville)에서 인종차별에 항의하는 군중 사이로 차를 몰고 질주한 남성이 2급 살인 혐의로 기소된 바 있다. 하지만 일부 주정부에서는 살인 계획은 즉각적으로도 일어날 수 있고, 살인은 본질적으로 악의와 의도가 포함된 행위라는 점을 이유로, 1급과 2급 살인을 구분하고 있지 않다.

과실치사(manslaughter)는 타인을 위험에 빠뜨린 정당치 못한 행위의 결과로 발생한 의도되지 않은 살인을 의미한다(Morawetz, 2002). 죽일 '의도'가 없었다 해도 장전된 총을 발사해서 누군가 사망했다면, 사망의 책임은 총을 쏜 사람에게 있다. 하지만 과실치사에도 의도된 살인이 포함될 수 있다. 다만 의도된 살인이 "피해자에 의해 유발되었거나 행위자의 일반적인 책임을 가볍게 할 정도의 이해할 만한 상황에서 이루어진 경우라면 처벌이 가벼워질 수도 있다"(Morawetz, 2002, p. 398). 예를 들면, 교통사고 현장에서 자신의 딸이 차에 치어 사망한 것을 목격한 아버지가 가해 차량 운전자의 목을 졸라 죽인 경우에 살인이 아닌 고의에 의한 과실치사로 처벌될 수 있다.

FBI 통합범죄보고서(UCR)에서는 살인과 고의에 의한 과실치사 모두를 살인 범죄 범주에 포함시키고 있다. 2015년 기준 살인 범죄 피해자는 총 15,696명으로 보고되었으며(FBI, 2016a), 미국 내 살인 발생률은 인구 10만 명당 약 4.9건 수준이다. UCR에서 살인 범죄 발생률은 오직 법원, 검시관, 배심원 또는 기타 사법기관 자료가 아닌 경찰 자료에만 근거한다. 즉, UCR 살인 통계는 경찰 신고 및 체포 인원을 기준으로 산정되고 있다. 가령, UCR을 통해서는 살인죄로 유죄 확정을 받은 사람이 2015년 기준 11,092명이라는 것을 확인할 수 없다. 또한 경찰이 해당 사망 사건이 사고, 자살, 과실 혹은 정당 살인에 의해 일어났다고 판단한 경우도 UCR 통계로 집계되지 않는다.

2015년에 UCR 참여기관들은 총 13,455건의 살인 사건 자료들을 추가로 제출했다. 추가된 살인 보고서(Supplementary Homicide Report: SHR)에는 가해자와 피해자들의 연령, 성별, 인종 등 인구통계학적 특성 정보들과 범행 무기, 피해자-가해자 관계, 사건 발생 주변 환경 등의 데이터가 수록되어 있다. 세부 데이터 변인 목록은 11장의 〈표 11-1〉에 제시되어 있다. 피해자와 가해자 관계의 특성 또한 11장의 폭력 피해자 관련 부분을 참고하길 바란다.

살인 범죄는 성폭력 범죄처럼 범죄 발생 맥락, 동기, 용의자 유형이 이질적인 특성을 지니고 있다(Woodworth & Porter, 2002). 따라서 살인 범죄자들 모두가 위험 인물이라는 일반화는 오해를 불러일으킬 수 있다. 그럼에도 불구하고 일련의 연구에서는 살인 범죄자들을 몇몇 유형으로 집단화시킨 추정된 결과를 제시하고 있다. 예를 들어, 대부분의 살인 사건은 한 명의 피해자를 살해하는 단일 살인 유형이다. 이 유형의 경우, 일반적으로 교도소 출소 후 또 다른 살인 재범을 저지르지 않는 특징이 있다. '전형적인' 살인은 대부분 강도 등 다른 범죄를 저지르던 중에 발생하거나 친밀한 관계 혹은 아는 사이에 발생하며, 살인범 연령대는 18~34세에 해당된다(〈표 8-2〉 참조).

표 8-2 살인범의 연령 분포

	전체	남성	여성
전체	8,533	7,549	934
10세 이하	0	0	0
15세 이하	52	46	6
18세 이하	605	566	39
18~24세	3,198	2,896	302
25~34세	2,527	2,192	335
35~44세	1,136	985	151
45~54세	657	543	114
55세 이상	410	362	48

출처: FBI (2016a).

공식적으로 확인된 사실은 아니지만, 많은 살인범들이 범행 후 자살을 택한다고 한다. 대부분 살인을 저지른 장소에서 자살하며, 이들의 임상적 특성은 전 세계적으로 유사한 것으로 보고되고 있다. 이 유형에 해당하는 가해자 대부분은 남성이며(미국 95%), 피해자 대부분은 여성이다(미국 85%). 사건 유형은 친인척 관계에서 벌어진 경우들이며, 가해자 한 명이 단일 피해자를 살해하는 경우가 대다수(90%)이다(Hillbrand, 2001). 가해자들은 공통적으로 절망, 무기력, 우울 증상 등을 보인 경우가 많은데, 이러한 임상 심리학적 특성을 고려할 때 살인보다는 전형적인 자살에 해당된다고 볼 수 있다. 예를 들어, 살인 후 자살을 택하는 살인범들 사이에서 생애지속형 폭력 패턴은 나타나지 않는다.

정치적 의도를 지닌 자살 폭탄 테러범들이 대표적인 살인-자살 유형이다. 자신의 몸에 폭탄을 소지한 테러리스트가 표적 장소에서 폭탄을 터트리는 것이 전형적인 수법이다. 2001년 9월 11일 발생한 미국 뉴욕(New York) 세계무역센터(World Trade Center)와 워싱턴 D.C. 펜타곤(Pentagon) 공격, 비행기 승객들에 의해 제지되어 펜실베이니아 샹크스빌(Shanksville, Pennsylvania)에 착륙한 항공기 납치 공격 등은 소규모로 활동하는 테러리스트들에 의해 자행되었을 가능성이 높은 테러 공격들이다. 정치적 의도 여하를 떠나 살인 후 자살하는 유형은 범행 전 협박 혹은 사전 경고의 특징이 나타나지 않는다.

법정 심리학자는 살인범 인터뷰를 진행한다. 또한 연쇄 살인범 프로파일 작성 및 연쇄 살인범이 특정 지역 내에서 반복적으로 범행을 저지를 위험성 평가를 의뢰받기도 한다. 이러한 역할을 담당하는 이들은 경찰 및 공공안전 분야 심리학자들로, 이들의 직무 분야 및 활동 영역에 대해서는 2장과 3장에서 논의됐다. 수사 심리학 분야에는 범죄 해결 지원을 위한 경찰 대상 자문 활동이 포함되어 있다. 또한 법정 심리학자들은 살인 사건 재판에서 법정 증언을 요청받기도 하는데, 대부분의 경우 죄형 및 형량 등의 양형 판단을 결정할 때 심리학자들의 증언이 법적 판단에 영향을 미칠 수 있다. 이 외에도 임상가들은 가석방 대상 대량 살인범들의 석방 후 폭력 위험성에 대한 평가를 실시한다. 2011년 노르웨이에서 폭탄 및 총격을 가해 77명의 목숨을 앗아 간 Anders Breivik은 최고 21년형을 선고받고 복역 중이다. 만약 그가 지속적인 사회 위험 인물로 평가될 경우, 형량은 더욱 길어질 수도 있다. 이러한 결정은 정신건강 전문가들의 평가 결과를 기반으로 한다. 법정 심리학자들은 다양한 자격으로 많은 피해자를 살해한 이들과 대면하기 때문에, 비전형적인 살인범들을 이해하고 평가하기 위해 더욱 많은 노력을 기울이고 있다. 단일 혹은 전형적 살인 유형에 대한 주제는 폭력 범죄가 피해자들에게 미치는 영향에 대해 다루는 10장, 11장에서 다시 살펴볼 것이다.

다중살인

다중살인(multiple murder, multicide)은 살인 범행 시점에 따라 그 유형이 다소 중첩되기는 하나, 일반적으로 세 가지 형태로 구분된다. 먼저, **연쇄살인**(serial murder)은 단일 혹은 여러 범죄자가 서로 다른 장소와 시간에 최소 3명 이상을 살해하는 유형이다. 일련의 살인 사건 간에는 며칠 혹은 몇 주일 이상의 시간 간격이 있는데, 이를 냉각기(cooling off period)라 한다. 냉각기는 몇 달 혹은 몇 년 이상이 될 수도 있다. 이와 달리 **연속살인**(spree murder)은 냉각기 없이, 3명 이상의 사람을 서로 다른 장소(대개 두세 장소)에서 살해하는 유형이다. 하지만 연속살인이라는 명칭은 다소 문제가 있다. 왜냐하면 연속살인의 특징 중 일부는 대량살인 및 연쇄살인과 유사하기 때문이다. 경찰 및 심리학자들은 연속살인이라는 명칭이 범죄 예방 및 살인 범죄 연구에 실질적으로 도움이 되지 않는다고 보고 있다. 따라서 연쇄 및 다중살인에 비해 연속살인은 연구자들에게 주목받는 주제는 아니다.

대량살인(mass murder)은 단일 장소에서 냉각기 없이 3명 이상의 사람을 살해하는 유형이다. FBI는 대량살인을 고전적 형태와 가족 살인 형태로 구분하고 있다. 앞서 설명한 학교 총기 난사 사건들, 2017년 10월 라스베이거스 대량 총격 살상 사건, 2013년 해군 연병장 총기 난사 사건, 2007년 버지니아 공대에서 발생한 비극적 참사, 2012년 콜로라도주 오로라(Aurora, Colorado) 지역에서 발생한 극장 총기 난사 사건, 2014년 캘리포니아주 이슬라비스타(Islavista, California)에서 발생한 총격 및 흉기 난동 사건 모두가 대량살인의 고전적 유형에 해당된다. 직계가족 혹은 친척에 의해 세 명 이상의 가족 구성원이 살해되는 가족 대량살인 사건은 고전적 유형에 비해 더욱 빈번하게 발생한다. 대부분 이 유형에 해당하는 살인범들은 자살을 택한다. 고전적, 가족 대량살인 사건 모두, 특히 가족 대량살인 사건의 경우 살인-자살 유형의 전형적인 예이다. 고전적 살인 사건 범죄자들은 현장에서 경찰 총격으로 사망할 가능성이 높다.

많은 사람은 다중 살인범에 대해 잘못된 정보들을 토대로 오해하고 있는 경우가 많다. 예를 들어, 연쇄 살인범은 선정적인 측면이 강한데, 사람들은 이들이 성적 환상 실현을 목적으로 낯선 사람을 피해자로 희생시키는 가학적인 성적 범죄자로 연결시키고 있다. 다중 살인범, 특히 연쇄 살인범을 주제로 하는 영화나 TV 프로그램들에서는 거의 대부분 연쇄 살인범을 성적으로 잔인하고 기괴한 특성을 지닌 이들로 묘사하고 있다.

연구자들 또한 대중적 관심을 불러일으키는 다중살인의 선정적 특성들에 영향받고 있다. Fox와 Levin(1998)은 다중 살인범들에 대한 학술적인 설명들 대부분이 언론에 보도된 내용이나 유죄 판결을 받은 살인범들과의 비구조화된 면담 기록에 의존하는 경향이 있다는 사실을 발견했다. "다중살인을 주제로 한 책들이 연구 논문들에 비해 비정상적으로 많은 것은 객관적인 자료가 부족해 근거 없는 추측이 난무하고 있다는 점과 관련이 있다."(pp. 409-410) 이러한 점들을 감안하고 다음 내용들을 살펴보자.

다중살인을 주제로 한 실증 연구 결과는 많지 않은데, 발표된 연구들 또한 대부분 지난 20년간 대중의 관심을 끌었던 David Berkowitz(일명 Son of Sam), Theodore Bundy, Robert Yates, John Wayne Gacy, Donald Harvey, Jeffrey Dahmer, Gary Ridgway와 같은 유명 연쇄 살인범들에 대한 내용들뿐이다. 일명 '그린강 살인범(Green River Killer)'으로 알려진 Ridgway는 48명의 여성을 살해해 미국 역사상 가장 많은 여성을 살해한 살인범이 되었다. Ridgway는 2003년 11월 유죄 선고를 받았다. 과거 범죄학자들과 관련 연구자들은 다중 살인범들의 특성이 단일 살인범들과 유사하다고 여겼기 때문에 연쇄살인에 대한 특별한 연구가 필요하지 않다고 평가했다. 하지만 최근 연구들에서 다중 살인범의 경우 살인 동기, 피해자, 범인의 인구통계학적 및 심리적 특성들이 일반적인 단일 살인범들과 매우 다르다는 점이 확인됐다.

다중 살인범들의 행동 · 감정 · 인지적 특성 편차는 연쇄살인 유형분류체계 개발을 촉진시키는 계기가 됐는데(Holmes & DeBurger, 1988; Holmes & Holmes, 1998; Ressler, Burgess, & Douglas, 1988), 이로 인해 범죄의 복잡성을 제대로 인식할 수 있게 됐다.

극적인 사건들과 선정성으로 다중살인에 대한 언론의 관심은 매우 크다. 하지만 통계적으로 실제 발생 사건은 많지 않다. 연예 매체들에서 폭력적인 사건들과 다중살인 사건 관련 정보를 생생하고 반복적으로 방영하기 때문에 사람들은 이러한 사건들이 실제보다 더욱 빈번하게 발생한다고 생각하는 경향이 있다. 또한 실제 다중살인 사건이 발생할 경우 뉴스 매체들에서는 관련된 폭력 사실들을 생생하고 극적인 방식으로 묘사하며, 이를 지속적으로 보도하는 경향이 있다. 이를 보는 시청자들은 생생하고 구체적으로 묘사된 정보들을 머릿속에 저장하고, 향후 유사한 상황에서 저장된 정보들이 우선적으로 떠오르는 '최초 상기(top of mind)' 반응을 보일 수 있다. 이러한 인지 반응의 결과로 사람들은 폭력과 다중살인들이 실제보다 비약적으로 증가하고 있다고 잘못 생각할 수 있다. 언론 보도들을 통해 대량 및 연쇄 살인 사건에 대해 쉽게 접할 수 있다 보니, 우리는 이런 사건이 지속적으로 증가한다고 여길 수 있지만, 실제 데이터들을 유심히 살펴보면 이는 사실과 다르다는 점을 쉽게 알 수 있다. 설사 통계 수치상 대량 및 연쇄 살인이 증가하는 추세라 하더라도, 이는 일정 부분 과거에 비해 사건 정보의 수집이나 보관, 처리와 관련된 정보 처리 기술의 발달에 기인한 것으로 볼 수 있다. 이와 같은 수사 데이터베이스로는 대표적으로 미국 FBI의 **강력범죄자체포프로그램**(Violent Criminal Apprehension Program: ViCAP; 〈Focus 8-4〉 참조)이 있다. ViCAP은

FOCUS 8-4 ViCAP: 폭력 범죄 해결을 위한 데이터 공유

강력범죄자체포프로그램(Violent Criminal Apprehension Program: ViCAP)은 연쇄 폭력 및 성범죄 분석을 위한 FBI 데이터 정보 센터이다. 미국 전역의 경찰관서들에서 해결된 사건 정보를 데이터베이스에 입력하고, 해결이 어려운 사건들의 경우 FBI 지원을 요청할 수 있다. ViCAP의 사건 데이터 입력 기준은 다음과 같다.

- 특히 ① 납치가 동반되거나, ② 무작위, 무동기, 성적 동기가 작용하거나, ③ 연쇄 범죄가 의심되는 사건들 중 해결 · 미해결된 살인 및 살인 미수 사건
- 범죄 가능성이 높은 실종 사건과 피해자의 실종 상태가 장기화된 사건
- 타살 의심 신원미상 변사 사건

ViCAP 입력 사건들은 다른 사건들과의 유사성을 비교해 살인 사건의 시그니처(signature, 예: 범죄 현장에 남겨진 메모 등)와 유사성(예: 피해자 나이, 계절) 등을 탐지한다. ViCAP 분석가들이 서로 다른 사건들에서 유사한 패턴을 확인했을 경우, 해당 사건들을 동일범에 의한 연쇄 사건으로 간주하고 해당 경찰관서에 통보한다. 이후 ViCAP은 지역 경찰 수사기관의 수사, 수색영장 발부, 법과학적 검사 등을 지원하는 역할을 수행한다.

출처: FBI (2010).

폭력적인 연쇄 살인범들의 확인, 조사, 추적, 체포 및 기소를 미국 내 경찰 등 다양한 법집행기관 정보들을 공유하고 수사에 활용하기 위한 목적으로 개발되었다(캐나다에서 수사 데이터베이스 개발에 참여한 Angela Eke 박사의 연구 내용은 뒤의 〈My Perspective 8-1〉 참조).

연쇄 살인범

연쇄살인에 대한 언론의 관심과 다양한 평론들에도 불구하고, 실증적인 연구 결과는 그리 많지 않다. 발표된 학술 연구들 또한 대부분 기록 연구나 사례 연구들뿐이다. 기록 연구들에서는 대개 경찰 기록, 신문 기사, 연쇄 살인범의 일기 및 사건 관련 당사자 개인이 보관하고 있던 자료들을 분석한다. 사례 연구들에서는 특정 연쇄 살인범의 배경 정보, 행동, 범죄 관련 정보들을 포괄적으로 기술한다. "연쇄 살인범 관련 문헌들 대부분은 개별 사례 연구 결과를 다루거나 연쇄살인 사건들을 포괄적으로 기술하는 정도이다."(Skrapec, 2001, p. 46) 결과적으로 아래 내용들 또한, 연쇄 살인범이 직접 작성한 보고서들을 토대로 확인된 살인의 동기와 사건 자체를 있는 그대로 묘사한 내용들일 뿐이다. 연쇄 살인범들은 스스로 이야기하고 싶은 내용들만 말하기 때문에 이들이 작성한 자기보고서 기록의 정보량은 많으

나, 객관성은 떨어진다.

연쇄 살인범들은 어떻게 생겼을까? 연쇄 살인범들은 외양적으로 연속선상 위에 놓여져 있다. 한쪽 끝에는 미국 태평양 연안 북서부 지역 인근에서 수 십명의 여성들을 잔혹하게 살해한 매력적인 미남형 외모의 법대생인 Theodore Bundy가 있고, 다른 쪽 끝에는 뉴욕주 로체스터(Rocherster, New York)에서 매춘부들을 살해한 노쇠하고, 지저분한 외모의 Arthur Shawcross도 있다. 일부 TV 드라마 광들은 미드 〈덱스터(dexter)〉에 등장하는 가상의 인물인 Dexter Morgan을 추가시키기를 원할지 모른다. 평범한 외모에 온순한 성품을 지닌 혈흔 형태 분석가인 Morgan은 경찰이 포착하지 못한 범죄자들을 살인하는 연쇄 살인범으로 등장한다. 피해자들 대부분은 연쇄 살인을 저지르는 이들이다. 이처럼, 대중 매체나 범죄 소설에 등장하는 가상의 인물들을 연쇄 살인범의 이미지에 추가시키기는 그리 어렵지 않다.

하지만 외모, 사회적 지위, 성격 특성만으로 연쇄 살인범 유형을 특징지을 수는 없다. 관련 연구들에서는 대부분의 연쇄 살인범이 남성이라고 하나, 2002년 6명의 남성에게 치명적인 독극물 주사를 놓아 살해한 Aileen Wuornos와 같은 여성 연쇄 살인범도 존재한다. 여성 연쇄 살인범에 대한 연구들은 매우 희박한데, 이마저 얼마 되지 않는 소수의 여성 연쇄 살인범들을 대상으로 연구가 진행됐다. 한 연구에서는 전체 연쇄 살인범의 약 16%가 여성이라고 하나(Harrison, Murphy, Ho, Bowers, & Flaherty, 2015), 달리 언급되지 않는 한 연쇄 살인범 유형 및 특성에 대한 연구들 대부분은 남성 연쇄 살인범 자료를 토대로 이루어졌다.

연쇄 살인범은 일반인들과 구분하기 어려울 정도로 성격 및 행동 특성의 차이가 없다. 일반인들과 구별되는 특징으로는 자신을 표현하는 대인관계 능력이 탁월하다는 점이다(Fox & Levin, 1998). 다른 사람들을 매혹시키고, '바보로 만드는' 능력이 있기에, 종종 연쇄 살인범들은 용의선상에서 벗어나 체포되지 않는 경우가 많다. 이러한 연쇄 살인범들의 탁월한 대인관계 능력은 피해자들이 왜 범인의 유혹에 빠져들어 범행 장소로 가는지, 왜 자발적으로 범인과 데이트를 하거나 만남을 갖는지를 설명해 준다. Joseph Fisher(1997)는 수개월간 한 지역을 공포에 빠뜨린 연쇄 살인범을 다음과 같이 묘사하고 있다.

> 이 지역이 혼란에 빠진 이유는 피해자 스스로의 행동들 때문이었다. 어떤 일이 일어날지 예상할 수 있는 상황들이었지만, 피해자들 대부분은 순순히 살인범을 따라갔다고 한다. 피해자들의 맹목적 신뢰를 악용한 살인범은 마치 섬뜩하고 초자연적인 능력의 소유자인 것 같았다(pp. xiii-xiv).

연쇄 살인범들이 심각한 정신장애가 있다는 점은 잘못된 사실이다. 물론 일부 연쇄 살인범 중 정신적인 문제를 지닌 경우도 있으나, 대부분 구체적인 증상을 보이지 않았다. 연쇄 살인범들은 타인에 대한 관심이나 민감성 수준에 있어 극단적으로 일탈된 사고 패턴을 지닌 경우가 많으나, 대체로 전통적인 정신장애 범주 내의 정신이상에 해당되지는 않는다. 또한 연쇄 살인범들은 반복적인 살인 행각을 통해 자신들만의 독특한 가치, 신념, 지각, 인지 체계를 발전시키는데, 이러한 내적 과정이 피해자에게 모욕감을 유발하고, 잔인하고 냉혈한 방식의 살인 행위를 촉진시키는 요인으로 작용할 수 있다. 이처럼 개인의 욕구 충족을 위해 반복적으로 살인을 저지르는 연쇄 살인범들의 동기를 일반인들이 이해하기란 쉽지 않다. 주된 범행 동기는 물질적·경제적 이유보다는 피해자에 대한 통제 및 우월감, 언론 매체의 주목, 흥분 등 심리적 보상에 기반한다. 따라서 '아픈' '미친' '정신병리적'이라는 표현은 연쇄살인의 발달 과정을 이해하는 데 큰 도움이 되지 못한다.

일부 연쇄 살인범들에 대한 광범위한 경찰 수사 기록들 대부분이 과거 절도 행각, 횡령, 위조 등 단순 전과 기록들만이 기재된 경우가 많아, 연쇄 살인범들의 폭력 발달 과정을 정확히 확인하기는 어렵다(Jenkins, 1988). 단일 살인의 경우 대체로 가족, 지인 등을 대상으로 범행이 이루어지는 반면, 남성 연쇄 살인범들은 특별한 관계가 없는 낯선 사람을 대상으로 살인을 저지른다. 하지만 여성 연쇄 살인범들은 남편, 연인, 지인 및 자신이 보살피던 사람들을 살해하는 경우가 많아 피해 대상이 구별되는 특징을 보인다(Harrison et al., 2015). 예를 들어, 여성 연쇄 살인범들은 사건 당시 건강요양 관련 직종이나 하숙집 운영 등의 직업을 지닌 경우가 종종 있다. 이는 여성 살인범들이 저지른 사건들의 경우 타살 가능성 평가에 많은 시간이 걸리기 때문에 사건 발생 초기 피해자의 죽음이 자연사로 추정되는 경우가 많다(Hickey, 2010).

공개된 남성 연쇄 살인범들의 자료를 토대로 볼 때, 이들은 해당 지역 내 특별한 연고가 없으며, 가족들과 연락이 두절된 매춘부, 가출인, 떠돌아다니는 젊은 남성, 단기 농장 근로자 등 쉽게 접근 가능하거나 떠돌아다니는 피해자들을 대상으로 살인을 저지른 경우가 많다. 따라서 피해자가 사라진 후에도 실종 신고가 잘 이루어지지 않는 경향이 있다. 이후 반복적인 살인으로 범행에 자신감이 생기게 되면, 상대적으로 범행이 어려운 대학생, 아동, 독거노인을 피해 대상으로 삼기도 한다. 하지만 연쇄 살인범들이 낯선 사람의 집에 침입해서 피해자를 위협하고 고문해서 살해하는 경우는 극히 드물다.

선호하는 범행 지역은 대체로 자신에게 익숙한 특정 지역들이나, 확인된 사실들에 의하면 자신의 고향 인근 지역에서 범행을 저지르지는 않는 것으로 보인다. 대부분의 경우 피해자 선택은 현 거주지나 근무지 인근 지역에서 이루어진다. Hickey(1997)의 조사에서는 연쇄 살인범의 14%가 자신의 주거지, 근무지 등을 범행 장소로 삼은 반면, 52%는 거주 지역 및 도시 내 다른 장소에서 범행을 저지른 것으로 나타났다. 이와 같은 연쇄 살인범들의 지정학적 범죄 패턴은 연쇄살인에 대한 지리적 프로파일링 분석이 용의자 신원 확인 과정에서 매우 유용한 방법이라는 점을 의미한다. 하지만 약 30% 이상이 자신의 근거지를 벗어난 원거리 지역에서 범행을 저질렀다.

앞서 언급한 바와 같이, 대부분의 연쇄 살인범은 남성이며, 특정 성별의 피해자를 선호하는 경향이 있다. 1990년대 초 미국 위스콘신주와 오하이오(Ohio, Wisconsin)주에서 최소 17명의 소년들을 살해한 연쇄 살인범 Jeffrey Dahmer는 피해 소년들을 유인해서 약을 먹여 살해한 후 시체를 절단했다. 일부 사건에서는 피해자에게 강제로 인육을 먹이기도 했다. 1970년대에 미국 일리노이(Illinois) 주에서 33명의 소년을 폭행하고 살해한 John Wayne Gacy는 피해자 사체를 자신의 집 지하실에 매장했다. 또한 Robert Yates는 1990년대 미국 워싱턴(Washington)주에서 매춘부와 여성 노숙자 17명을 살해한 후 매장했고, Gary Ridgway는 1980년대와 1990년대에 미국 시애틀 지역에서 가출자와 매춘부를 표적으로 연쇄살인을 저질렀다.

연쇄 살인범들은 자신의 과거 경험에 큰 의미 부여를 하기 때문에 일상적인 인생 경험에 부합하는 피해자를 선택하는 경향이 있다(Skrapec, 2001). 연쇄 살인범과의 인터뷰 내용들을 살펴보면, 그들의 범행 동기는 대체로 범행 과정에서 느끼는 권력 확인 및 타인에 대한 통제감이라는 것을 확인할 수 있다. "이들 연쇄 살인범에게 있어 살인이란 도구적이기보다는 표출적 폭력의 한 형태이다."(Fox & Levin, 1998, p. 415) 피해자에 대한 통제감을 느끼기 위해 연쇄 살인범들은 전형적인 살인범들과 달리 살인 과정에서 총기를 사용하지 않는다. 피해자를 위협하고 복종시키기 위해 총을 사용하는 경우도 있지만, 연쇄 살인범들은 최대한 피해자를 통제하고 지배할 수 있는 방식으로 살인을 저지른다. 즉, 칼로 찌르고 질식시키는 공격 방법은 피해자의 사망을 최대한 지연시켜 무기력해진 피해자의 삶과 죽음을 통제할 수 있는 범행 방법이라 할 수 있다.

또한 연쇄 살인범들은 피해자를 농락하고 지배하는 것에 대한 구체적이고 정교한 환상을 지닌 경우가 많다(Fox & Levin, 1998; Skrapec, 1996). 가령, Prentky 등(1989)의 연구에서 일반 살인 범죄자 17명 중 23%만이 폭력에 대한 환상을 지니고 있었던 데 반해, 연구 대상이었던 25명의 연쇄 살인범들 중 86%는 폭력 및 살인에 대한 정기적인 환상에 사로잡혔던 것으로 나타났다. 하지만 Prentky 등의 연구에 참여한 살인 범죄자들은 연쇄 살인범 집단의 58%가 평균 이상의 지능을 지닌 반면, 일반 살인 범죄자들은 29%만이 평균 이상의 지능을 지니고 있어, 집단 간 폭력에 대한 환상의 차이를 직접 비교하기에는 한계가 있다. 즉, 이들 연구에서의 일반 살인범 집단과 연쇄 살인범 집단은 동질적인 집단으로 비교·해석하기에 무리가 있다. 이에 대해 Prentky 등은 "지능이 환상의 내용 및 질적 측면과는 관련이 없을 수 있지만, 환상이 행동으로 얼마나 잘 발현되는지(예: 범죄가 얼마나 체계적인지 등), 얼마나 성공적으로 경찰 수사를 빠져나갈 수 있는지 등에 영향을 미칠 수 있다."(p. 888)라고 기술하며 집단 간 특성 차이를 제시하고 있다. 연구자들은 "환상을 일상의 꿈에서 비롯되며, 정서를 기반으로 하는 집착, 몰입 혹은 반복적 사고를 특징으로 하는 인지 혹은 사고의 정교한 집합으로"(p. 889) 설명하고 있다. 연쇄 살인범들이 마음속에서 살인에 대한 환상 시연이 잦을수록, 환상 내용에 부합하는 행동들은 더욱 구체적으로 형성된다. 이러한 과정을 반복적으로 거치다 보면 행동 억제 기제가 약화되며, 궁극적으로 자신들의 환상을 행동으로 실현하게 된다. 또한 연쇄 살인범들은 환상을 구현하기 위해 정교한 시연 과정을 거치는데, 반복적인 살인은 일종의 시행착오를 위한 연습 과정이며 살인이 지속될수록 환상 속 살인 각본은 완성된다. 반복적인 연습 및 시행착오가 자신들의 환상과 완벽하게 일치할 수는 없기 때문에, 그들은 끊임없이 피해자들을 물색하고 환상에 기반한 범행을 실현하고 싶은 욕구가 발생한다. 즉, "연쇄 살인범들은 끊임없는 상상과 행동의 소용돌이 속에서 자신의 환상을 지속적으로 수정해 나가기 때문에 살인이 계속될수록 범행의 심각성은 더욱 커질 수밖에 없다" (Fox & Levin, 1998, p. 417).

연쇄 살인범들이 환상을 발전시키는 도구 중 하나로는 폭력, 지배, 속박을 주제로 한 하드코어 포르노물을 들 수 있다(Fox & Levin, 1998). 과거 경찰 수사관들은 연쇄 살인범의 주거지 수색 과정에서 강간 및 살인 행위가 묘사된 영화 테이프들을 발견하곤 했다. 아마도 최근에는 연쇄 살인범 용의자 주거지에서 음란 사이트 접속 기록이나 영상물들을 확보할 가능성이 높을 것이다. 하지만 폭력적인 포르노물이 폭력적 사고로 이어지는지, 아니면 폭력적인 성향을 지닌 이들이 폭력적인 포르노물을 선호하는지는 분명치 않다. 아마도 이 둘의 조합에서 해답을 찾을 수 있을지도 모른다.

또한 연쇄 살인범들 중에는 피해자의 옷, 살인 과정을 담은 음성 및 영상 녹화물을 소장하며, 심지어 피해자 신체 일부를 소장하기도 한다. '트로피(trophy)'라고도 불리는 일종의 살인 '기념품(souvenir)'들은 범행 이후에도 범행 당시를 생생하게 상기시켜 줌으로써 살인 환상을 고양시키는 효과가 있다.

연쇄 살인범 유형

심리학에서 유형론(typology)이란 성격이나 행동 패턴 분류 체계를 의미한다. 일반적으로 유형론은 다양한 범주의 행동들을 보다 명료하고 간략하게 설명하기 위한 분류 방식이다.

그러나 하위 유형별로 유사한 특성들이 중복되는 경우가 많아 개별 유형이 완벽하게 독립적으로 구분된다고 보기는 어렵다. 또한 동일한 범죄 행동을 보이는 범죄자들이 여러 유형에 속할 수 있다는 문제가 있다. 예를 들어, 동기를 중심으로 살인 사건들을 유형화할 경우 유사한 살인 범죄를 저지른 범죄자들 중 동기가 서로 다른 경우 어떤 유형에 포함시킬 수 있는지에 대한 문제에 직면할 수 있다. 더구나 특정 범죄자 개인을 서로 다른 유형으로 구분하기 위해서는 해당 유형에 속하는 범죄자들을 시간적 · 공간적으로 언제나 일관적인 패턴으로 범행을 저지른다는 가정이 필요하다. 이러한 한계에도 불구하고 유형론은 인간 행동의 복잡성 및 인지적 사고 체계, 동기의 다양성을 확인하는 데 매우 유용한 방법으로 인정받고 있다.

연쇄 살인범 유형론은 연구자들마다 다양하다(Miller, 2014). 이 책에서는 실제 연쇄살인 범죄자들을 기초로 작성한 Holmes와 DeBurger(1985, 1988), Holmes와 Holmes(1998)의 유형론을 중심으로 소개하겠다. 이들의 유형론은 분류 방법의 타당성 문제로 인해 일부 연구자의 비판을 받아 왔지만 연쇄 살인범 유형론들 중 가장 많은 문헌에 인용되고 있는, 대표적인 유형분류 체계이다. 간략히 소개하면, Holmes와 DeBurger는 살인 동기를 기반으로 연쇄 살인범들을 ① 환영형(visionary type), ② 사명지향형(mission-oriented type), ③ 쾌락형(hedonistic type), ④ 권력통제형(power-control type)으로 분류했다. **환영형**은 망상이나 환각에 의해 특정 피해자들을 살해하는 유형이다. 연쇄 살인범들 중 정신장애를 지닌 경우는 극히 일부에 불과하기 때문에 Holmes와 DeBurger(1988)는 환영형 연쇄 살인범을 비전형적이며 현실과 괴리된 특성을 보이는 이들이라고 설명했다. 환영형 연쇄 살인범은 특히 범행 방식과 과정을 이해하기 어려운 유형으로, 범죄 현장에 많은 물리적 증거물들이 유류되어 있으며 대체로 매우 난잡한 현장 특성을 보인다(Holmes & Holmes, 1998).

환영형 연쇄 살인범들은 대부분 거주지, 직장, 주요 여가 활동 지역 인근 등 자신들이 편안하다고 느끼는 안정 지역(comfort zone) 내에서 살인을 저지르는 경향이 있다. 따라서 환영형 연쇄살인범 수사 과정에서 지리적 프로파일링은 용의자 신원 확인에 있어 매우 유용한 방법이 될 수 있다. 다른 유형들과 달리, 이들은 특별히 선호하는 피해자 유형이 정해지지 않았다. 따라서 일련의 연쇄살인 사건에서 피해자들 간 신체적 특징(머리색, 성별, 나이, 인종), 직업적 · 성격적 특성 등에서 공통점이 발견되지 않는 경우가 대부분이다. 일반적으로 환영형 연쇄 살인범들은 무계획적인 범행 특성을 지니고 있어, 피해자들은 범죄자와 시간적 · 공간적으로 우연히 조우했다는 이유만으로 범행 대상이 되는 경우가 많다.

사명지향형 연쇄 살인범들은 매춘부, 동성애자, 노숙자 혹은 특정 종교 집단의 사람이나 인종 등 특정 소수집단에 속하는 이들이 사회에 불필요하다는 그릇된 신념을 지니고 있다.

환영형과 달리 이들은 특별한 정신병적 특질을 보이지 않는다.

쾌락형 연쇄 살인범들은 끊임없는 스릴과 즐거움을 추구하며, 피해자는 단지 쾌락 충족을 위한 도구일 뿐이다. 이들의 범행 동기는 크게 욕정(lust), 스릴(thrill), 안정(comfort) 등으로 구분된다(Holmes & Holmes, 1998). 욕정 추구형 연쇄 살인범들은 오로지 성관계가 주요 살인 동기이다. Holmes와 Holmes(1998)는 이들에 대해 "오직 섹스를 위해 살인한다. 섹스는 이들의 살인 동기이자 행위의 즐거움을 촉발시키는 요인이다."(p. 93)라고 묘사하고 있다. 극단적인 경우에는 피해자가 사망한 후에도 성관계를 하는 이른바 시체애호증(necrophilia)을 보이기도 한다. 더욱이 "살인범들의 살인 방식에는 그들만의 환상이 반영되어 있다"(p. 93). 이들 연쇄 살인범들은 자신들의 성적 취향에 부합하는 여성 피해자들을 물색한다. 대표적인 예로 연쇄 살인범 Theodore Bundy는 자신이 선호하는 여성의 걸음걸이 및 이야기하는 방식에 부합하는 피해자를 선정했다.

스릴 추구형 연쇄 살인범들은 피해자들에게 고통과 공포를 일으키기 위해 범행을 저지른다. 살인 과정에서 피해자의 고통과 공포는 스릴형 연쇄 살인범을 흥분시키는 자극으로 작용한다. 이들 또한 자신의 환상에 부합하는 신체 특징을 지닌 피해자를 범행 대상으로 선정한다. 하지만 피해자와 살인범은 특별한 관계가 없는 사이이며, 아마도 범행을 위해 한동안 특정 피해자들을 스토킹했을 가능성이 있다.

안정 추구형 연쇄 살인범들은 오직 편안하고 안락한 일상생활을 영위하기 위함(주로 경제적 이익)이 범행의 목적이다. 아마도 피해자들은 이러한 목적을 방해하는 인물들일 가능성이 높다. "이들은 공공연하고 노골적으로 치명적인 공격성을 드러내기보다는 대부분 상황이 허락되는 조건들에서 조용히 살인을 저지르는 특징이 있다."(Holmes & Holmes, 1998, p. 119) 안정 추구형 연쇄 살인범들에게 있어 살인이란 물질이나 편안한 생활을 추구하기 위한 부차적인 수단일 뿐이다. 이들은 잠재적으로 자신의 삶을 방해할 수 있는 새로운 인물이 등장하면 살인을 저지른다. 많은 부분에서 안정 추구형 살인범들은 사이코패스 범죄자들과 유사한 행동 특성을 보인다. 전문가들(예: Holmes, Hicky, & Holmes, 1991 등)은 대체로 여성 연쇄 살인범들이 안정 추구형에 해당된다고 보고 있다.

권력통제형 살인범(power-control killer)들은 피해자들의 생사를 결정하는 통제 상황에서 느끼는 권력감으로 인해 범죄를 저지른다. 성적 요소가 존재할 수도 있고 그렇지 않을 수도 있지만, 주요 범행 동기는 무력한 피해자들을 대상으로 자행되는 과도한 권력과 통제의 행사이다. 이들은 특히 신체적·정서적으로 쉽게 상처받는 피해자들을 선호하는 경향이 있다.

Holmes 등의 유형론은 연쇄 살인범들의 동기를 기반으로 한 분류 체계로서, 범인의 특성을 프로파일링하는 과정에 적용할 시 오히려 오류를 범할 수도 있다고 비판받고 있다

(Canter & Young, 2005). Canter는 실제 수사 과정에 도움을 줄 수 있는 범죄자 프로파일 작성을 위해서는 공격 형태뿐 아니라 가해자-피해자 상호작용, 범인이 피해자에게 부여한 역할 등을 고려해 가장 두드러지는 범죄 행동 패턴이 무엇인지를 검토해야 한다고 주장했다. 과연 어떤 분석 방식이 실제 수사관들에게 유용한지 여부를 결정하기 전에 이 주제와 관련된 더욱 많은 연구 결과들이 축적될 필요가 있다.

대량살인

연쇄살인과 비교해 대량살인(mass murder)에 대한 연구는 많지 않다. 이는 아마도 대량 그 자체로는 매우 끔찍하지만 연쇄살인처럼 호기심을 자아내거나 두려움을 일으키지는 않기 때문일 것이다. 그러나 간접적이든 직접적이든 대량살인 사건을 경험한 모든 사람은 엄청난 충격을 받았을 수 있다. 대량살인의 공포를 떠올리기 위해서는 미국 뉴타운, 라스베이거스, 오로라 지역에서 발생한 대량살인 사건, 해군 조선소 사건, 포트후드(Port Hood) 지역에서 연달아 발생한 살인 사건, 캘리포니아 대학교 산타바바라 캠퍼스(University of California, Santa Barbara) 주변에서 발생한 총기 난사 살인 사건, 버지니아 공대(Virginia Tech) 총기 난사 사건 등을 생각하면 된다.

또한 테러 공격으로 인한 다중살인의 경우 관련 문헌들에서 다루지 않고 있다. 수년 동안 테러리스트들에 의해 자행되는 대량살인들이 지속적으로 발생하고 있지만, 이들 사건들은 대부분 정치적 목적을 지닌 개인 혹은 집단에 의해 저질러졌거나, 특정 소수집단에 대한 개인적 혐오로 발생했기 때문에 전통적인 대량살인과는 다른 관점에서 연구되고 있다. 이 장 서두에 소개한 테러 사건들이 그 예이다.

대량살인은 보통 갑작스럽게, 예기치 못한 상황에서 발생하며, 연속적으로 일어나는 경우는 극히 드물다. 또한 범인들은 대부분 자살하거나 사살되며, 일부는 현장에서 검거되기 때문에 용의자 검거를 위해 장기적인 수사가 이루어지는 경우 또한 드물다. 범행 동기가 불명확할 수 있지만, 범인이 누구인지는 명확하다. 대량 살인범들은 현장에서 체포되기보다는 의도적으로 경찰 발포 선상에 위치함으로써 경찰에 의한 자살을 선택하는 경우가 많다. 실제로 자살은 대량 살인범들의 주요 동기 중 하나로 추정되고 있다. 하지만 Grant Duwe(2000)가 21년 동안 발생한 495건의 무차별 살인 사건을 분석한 결과에서는 자살 선택이 21%, 자살 시도는 2%, 경찰에 의해 치명상을 입은 경우는 3%에 불과한 것으로 나타났다. 이 중 범행 후 자살을 선택할 가능성이 가장 높은 유형은 가족살인 범죄자들이었다.

"복수에서 증오, 충성에서 탐욕까지 다중 살인범들의 동기는 다양하다. 희생자들은 특정 집단 구성원일 수도 있고, 무작위로 선정되었을 수도 있다."(Fox & Levin, 1998, p. 430) 그러나 Fox와 Levin은 대량 살인범들 대부분이 분노 동기에 의해 살인을 저지르며, 피해자들은 그들이 보여 왔던 행동들이나 혹은 그들이 대표되는 집단적 특성에 의해 선택되는 경향이 있다고 주장했다. 특정 집단 구성원을 표적으로 한 대량살인들의 경우, 증오 범죄 유형에 해당되기도 하는데, 관련 내용은 증오 범죄 부분에서 다시 설명하겠다.

대량 살인범들은 삶의 무력감으로 인해 분노하고 좌절한 사람들로 묘사되고 있다. 일반적으로 이들의 연령대는 25~45세(살인을 저지르는 평균 연령은 30세임)로, 대부분은 자신의 삶에 대해 비관적인 태도를 지니고 있다. 실직, 연인과의 이별 혹은 배우자와의 이혼 등 일생의 비극적 사건들이나 심각한 손실 등으로 고통받고 있으며, 자신들의 기준에서 이미 삶이 실패했다고 생각하는 경향이 있다. 삶의 실패 원인은 자신이 아닌 다른 사람들에게 있다고 여기며 그들을 원망하는 모습을 보인다. 2014년 5월, 22세의 한 청년이 룸메이트 2명과 우연히 찾아온 또 다른 한 명을 칼로 찔러 살해한 사건이 발생했다. 범행 직후 그는 자신의 BMW를 타고 경찰과 추격전을 벌이며 대학생들이 밀집한 캘리포니아 지역을 질주하며 무차별적으로 총을 난사했다. 결국 3명의 사망자와 13명의 부상자가 발생한 후 머리에 총을 쏘고 자살했다. 범인은 온라인에서 여성에 대한 증오심을 드러내는 글들을 빈번히 게시한 것으로 확인됐으며, 자신에게 관심을 보이지 않는 여성들에 대한 좌절과 난관을 상세히 담은 소름 끼치는 유튜브 동영상을 제작 · 게시했다. 동영상 속에서 범인은 자신이 혐오하는 여성들과 그녀들이 속한 동아리의 남성 회원들을 처벌하겠다고 맹세했다.

대량 살인범들은 친구 및 주변인들과의 네트워크가 부족한 이들로 사회적으로 고립되었거나 내성적인 경우가 많다. 연쇄 살인범들과 비교해서 대량 살인범들은 임상적으로 정신장애를 지니고 있을 가능성이 높다. 미국 뉴타운 지역 총격 난사범, 콜로라도주 오로라 극장 총기 난사범, 앞서 언급한 캘리포니아의 22세 대학생 총기 난사범, 버지니아 공대 총기 난사범 모두가 정신과 치료나 상담을 받은 적이 있었다. 이들이 사회적으로 고립된 것은 아마도 이들을 싫어하는 주변인들의 태도, 부적절한 사회 기술이 결합된 결과일 수 있다. 한 번에 많은 사람을 공격한다는 것은 외롭고 화가 난 사람들에게는 복수심을 표출하고, 타인을 지배하고 통제하며, 인정을 받을 수 있는 기회로 작용할 수 있다.

2007년 4월 32명이 사망하고 25명이 부상당한 버지니아 공대 무차별 총기 난사 사건은 전형적인 대량살인 사건으로 기록되고 있다. 대학교 2학년인 23세의 범인은 주변인들이 자신을 대하는 방식에 극도로 화가 나 있었고, 늘 외롭고 불안해 보였으며, 홀로 고립된 생활을 해 왔다. 주변인들은 그를 친구들에게 괴롭힘을 당하고, 거부당했던 학생으로 기억하고 있었다. 그를 지도했던 교수들 중 일부는 범인이 제출한 과제물들이 비정상적으로 폭력적이며 섬뜩했다고 말했다. 학교 내에서 그는 이상한 부분도 있었지만, 기본적으로 주변인들과 거의 의사소통을 하지 않는 조용한 학생으로 여겨졌다. 또한 여학생 스토킹 혐의로 경찰에 신고된 전력이 있었으며, 대학 경찰에게 두 번의 구두 경고를 받기도 했다.

대량 살인범들은 총기에 큰 관심을 보이는 경향이 있다. 연쇄 살인범들과는 달리 대량 살인범들(전형적인 유형 및 가족 살해 유형 모두에서)의 2/3가 범행 무기로 총을 사용했는데, 이들이 주로 사용한 총은 많은 탄약을 장전할 수 있는 반자동 총기였다(Duwe, 2000). 다른 말로 하면, 이들은 많은 사람을 쉽고 빠르게 살해할 수 있는 무기를 선호한다고 볼 수 있다. 대량 살인범들의 집, 차, 호텔 방 등에서 많은 무기가 발견되는 것은 그리 드문 일이 아니다.

다음 장에서는 성범죄와 같은 또 다른 형태의 폭력 범죄와 관련된 이론들 및 연구 결과들에 대해 살펴볼 것이다. 이후 10장에서는 가족 폭력에 초점을 맞출 것이다. 지금부터는 직접적인 폭력이 수반되지 않는 범죄들에 대해 검토하겠다. 그렇다고 이들 범죄가 유발시키는 두려움이 심각하지 않은 것은 아니다.

증오 및 편견 범죄

증오 범죄(hate crimes)는 **편견 범죄**(bias crimes)라고도 불린다. 증오 범죄는 특정 집단 구성원들에 대한 범죄자의 편견에 기인해 발생하는 범죄이다. 누군가를 미워한다고, 즉 증오와 편견을 갖고 있다고 해서 그것만으로 범죄로 볼 수는 없다. 범죄가 성립하기 위해서는 증오 및 편견에 의한 폭력, 기물 파손, 방화 혹은 살인과 같은 구체적인 범죄 행동이 수반되어야 한다. 유죄 판결을 위해서는 편견에 기인해 증오 범죄를 저질렀다는 범죄의 사실 관계를 입증해야 한다. 최근 몇 년간 가장 악명 높은 증오 범죄 사건으로는 2015년 한 교회에서 가해자 Dylann Roof가 예배 중이던 신도 9명을 살해한 사건을 들 수 있다. 그는 자신의 행위를 후회하지 않았으며, 자신은 단지 아리안(Arian) 인종을 지키기 위해 범행을 저질렀다고 말했다.

편견 범죄법에서 가장 빈번하게 등장하는 집단 범주는 인종, 성별, 장애, 성적 취향, 민족이다(혐오 범죄 사건과 관련해서는 〈Focus 8-5〉 및 [그림 8-2] 참조). 즉, 편견 범죄법에서는 흑인과 백인뿐 아니라 모든 인종, 동성애자를 포함한 모든 성적 소수자 집단이 보호를 받게 되어 있다. 또한 이 법률에서는 노인 등 특정 연령 집단이나 군인들을 대상으로 한 증오 범죄들 또한 처벌하도록 규정되어 있다.

1990년 제정된 미국 「**증오범죄통계법**(Hate Crime Statistics Act)」에서는 FBI가 특정 인종, 종

사진 8-2 미국 미시간주, 이슬람 사원 벽면의 무슬림 반대 낙서들
출처: Bill Puglianc/Getty Images

교, 성적 취향, 민족 등의 편견에 기인한 개인 혹은 집단 대상의 폭력, 협박, 방화, 재산 피해 범죄의 특성 및 발생률에 대한 정보를 수집하고 제공하도록 규정하고 있다. 이후 1994년 9월 「폭력범죄통제 및 법집행에 관한 법률(Violent Crime Control and Law Enforcement Act)」을 통해 신체 및 정신 장애를 증오 범죄 통계 항목에 포함시키도록 통계법을 개정했다. 미국 내 많은 주정부법에서 공통적으로 증오 범죄 범주로 포함시켜 온 성별은 증오 범죄 통계법 적용 대상은 아니었다. 하지만 1994년 최초로 통과된 이후 2000년, 2013년 개정된 「여성대상폭력법(Violence Against Women Act)」에 의해 성별에 기인한 범죄들도 증오 범죄 유형으로 인정되었다.

또한 1994년 미국 의회는 「증오범죄형량강화법(Hate Crime Sentencing Enhancement Act)」을 통과시켰다. 1996년에는 미국 중동부 지역에 위치한 흑인 교회들에서 방화 범죄가 급증하자, 「교회방화방지법(Church Arson Prevention Act)」이 제정됐다. 이후 1999년 「증오범죄방지법(Hate Crime Prevention Act)」에서는 개인의 인종, 피부색, 종교, 출신 국가 등을 이유로 폭력을 행사하거나 폭력적인 위협을 가함으로써 취업 및 투표 등의 개인의 헌법상 권리 및 인권을 침해하는 행위들을 금지했다. 2009년 10월 의회에서는 성적 취향과 인종차별로 인해 잔인하게 살해당한 Matthew Shepard와 James Byrd, Jr. 살인 사건을 계기로, 「Matthew Shepard, James Byrd, Jr. 증오범죄방지법(Matthew Shepard and James Byrd, Jr. Hate Crimes Prevention Act)」이 통과됐다. 이 새로운 연방법에서는 증오 범죄에 대한 기소 및 형량 강화뿐 아니라 증오 범죄 해당 범주를 성적 차이 및 성적 지향성까지 확대하는 것을 골자로 하고 있다. 이 법이 제정되었음에도 불구하고 동성애자, 레즈비언, 양성애자, 트랜스젠더들을 대상으로 한 범죄들은 지속적으로 발생하고 있으며, 다른 증오 범죄들에 비해 가장 폭력적인 특성을 보이는 경향이 있다(Cramer et al., 2013). 인권 운동 단체들에서 집계한 자료들에 의하면, 2016년 기준 미국 내에서 최소 22명의 트랜스젠더(대부분 유색인종 여성들)가 살해당한 것으로 나타났다. 2019년 트랜스젠더 여성을 살해한 29세 남성 피의자가 연방 증오 범죄법에 의해 처벌된 최초 사례로 기록되어 있다. 범인은 49년형을 선고받았다.

FOCUS 8-5 증오감의 표현

다음은 최근 언론 매체에 보도된 편견에 기인한 사건 사례들이다. 대부분 범죄에 대한 것이지만, 가해자들 모두에게 편견 범죄 혐의가 있는 것은 아니며, 일부 사례의 경우 범인이 잡히지 않은 미해결 사건이다.

- 2016년 대통령 선거 직후, 유소년 야구장 선수 대기석에 스프레이로 그려진 인종차별 및 유대인 반대 문구가 발견됐다. 『USA 투데이』 1면 기사에 이 낙서 사진이 게재됐다.
- 유사하게, 대통령 선거 기간 전후 미국 내 많은 이슬람 사원들이 파손되거나 벽면에 반대 구호들이 낙서된 사건들이 발생했다.
- 2017년 나치(Nazi) 표식 낙서가 미국 내 대학 캠퍼스들 및 심지어 국회의사당 벽면에 그려진 사건이 발생했다. 버지니아 샬럿츠빌에서는 백인우월주의자(white supremacists)들과 신나치주의자(neo-Nazis)들을 필두로 한 증오 단체들의 횃불 행진이 진행됐는데, 행진 도중 시위대는 인종차별적인 구호를 외치거나 나치식 경례를 하는 행동을 보였다.
- 2017년 한밤중 뉴욕 교외의 한 흑인 가정 차고에서 화재가 발생했다. 집 전체가 불에 탈 위험이 있는 것을 발견하고, 부모 및 다섯 아이 등 가족 모두가 안전하게 대피함으로써 신체적 피해는 없었지만 극도의 정서적 혼란과 두려움에 휩싸였다. 집 벽면에는 나치 표식과 인종차별적 문구들이 스프레이로 그려져 있었다. 이후 한 10대 소년이 체포 · 기소됐다.
- 2016년 6월 성소수자들이 주로 출입하는 플로리다 올란도(Orlando, Florida) 소재 나이트 클럽에서 49명이 살해되고 53명이 상해를 입은 사건이 발생했다.
- 10대 청소년 7명이 기차역 근처를 걷던 중 칼에 찔려 사망한 에콰도르 출신 이민자 살해 사건에 연루된 것으로 드러났다. 피해자를 칼로 찔러 살해한 범인은 증오 범죄 혐의로 25년형을 선고받았다. 검찰은 이들이 히스패닉들을 대상으로 한 범행을 위해 이 지역에 갔다고 발표했다.
- 시카고(Chicago)에서 청소년 4명이 지적장애 청소년을 폭행하고 폭행 장면을 페이스북에 게시한 사건이 발생했다. 장애인 지원 단체 관계자들에 따르면 이와 같은 사건은 비일비재하나 대중의 관심을 받는 경우는 거의 없다.

토론 질문

1. 앞의 예시 사건들 중 범죄로 볼 수 없는 것은?
2. 형법상 살인은 가장 심각한 중범죄로 볼 수 있다. 따라서 앞의 사건들은 범죄의 심각성에 따라 순위를 매길 수 있다. 도덕적 관점 및 피해자들의 심리적 손상 수준에 따라서도 순위를 매길 수 있는가? 이 외에 이와 같은 사건들의 심각성에 대해 우선순위를 매긴다면 어떤 기준을 적용할 수 있는가?
3. 나치 표식이 그려진 경우, 피해자는 누가 될 수 있는가?

국가 통계에서 증오 범죄는 전체 폭력 범죄의 약 4%를 차지한다. 2015년 발생한 폭력 및 비폭력 증오 범죄 사건은 총 5,850건이었다(FBI, 2016b). 증오 및 편견에 기인한다는 가해자의 의도를 정확하게 판단하기 어렵기 때문에 관련 범죄에 대한 통계 데이터 수집은 매우 어렵다. 또한 지역 별 증오 범죄 관련 법률과 데이터 수집 방식이 서로 다르기 때문에 정확한 범죄 발생률을 산정하기도 어렵다. 결과적으로 경찰 등 법집행기관들에서는 수사 결과 가해자의 행위가 명백히 증오 동기에 기인한다고 입증된 경우에만 증오 범죄로 기록하고 있다. 증오 범죄에 해당하는지 여부를 판단하기 위한 증거물들로는 범행 당시 가해자의 말, 서면 진술, 몸짓 및 범죄 현장에 남겨진 그림이나 낙서 등을 들 수 있다(Strom, 2001). 이 외에도 경찰관들의 증오 범죄에 대한 인식 및 수사 역량 강화를 위한 교육·훈련 과정 운영 여부 또한 미국 내 주정부들 간에 격차가 매우 크다. 이러한 이유로 많은 증오 범죄 사건이 미국 연방 인권법상 기소 권한을 가진 연방 수사관들에게 이관되는 어이없는 사례들이 비일비재하게 발생하고 있다.

공식 발표 자료들에 따르면 증오 범죄의 주요 동기는 인종·민족·출신 혈통 등에 따른 편견(56.9%), 종교적 편견(21.4%), 성적 취향에 대한 편견(18.1%), 성 정체성 관련 편견(2%), 장애인 편견(1.3%) 순으로 나타났다(FBI, 2016b). 전체 증오 범죄 중 약 60%가 경찰 신고가 이루어지 않고 있는 것으로 추산된다(M. M. Wilson, 2014). 이 중 성적 취향 관련 증오 범죄 피해를 신고할 가능성이 가장 적다. 현재까지 공식적으로 확인된 바는 아니나 성적 소수자(Lesbian, Gay, Bisexual, Transgender: LGBT) 대상 증오 범죄의 폭력 수준이 가장 높으며, 피해자들이 신체적 상해를 입을 가능성이 높다(Briones-Robinson, Powers, & Socia, 2016). 종교 편견 범죄들의 경우 유대인들을 겨냥한 경우가 대부분이며(Cheng, Ickes, & Kenworthy, 2013), 무슬림(Muslim) 대상 증오 범죄들의 경우 9·11 테러 사건 이후 급속도로 증가하는 경향을 보였으나, 최근 몇 년간 감소하는 추세이다(Cheng et al., 2013). 하지만 2016년 11월 FBI 발표 자료에 의하면, 2015년 한 해 동안 발생한 이슬람 사원 공격 및 기타 무슬림 대상 증오 범죄 발생 건수가 2001년 9·11 테러 사건 이후 가장 많은 수를 기록했다(Clay, 2017). 2015년 무슬림 대상 사건은 총 257건으로 피해자만 301명에 달해, 전년 대비 67%가 증가했다. 지금도 히잡(Hijab)을 착용한 무슬림 여성들은 미국 내에서 성희롱 및 일상적인 비하 등 다소 경미한 공격의 표적이 되고 있다(Nadal et al., 2015). '어느 나라 출신이냐'라는 식으로 상대가 미국인이 아님을 암시하는 질문 등을 하는 것이 소수 민족에 대한 비하 의미를 내포한 다소 경미한 공격의 예라고 할 수 있다. 특히 무슬림 남성들은 테러, 폭력, 범죄 행동을 자행하는 사람들로 인식되고 있다(Clay, 2017).

장애인 편견 사례들로는 AIDS환자, 정신장애인, 지적장애인들에 대한 편견들을 들 수 있다. 대학교 캠퍼스에서 발생하는 증오 범죄의 종류는 협박부터 성범죄, 폭발 범죄들까지 범죄 행위의 범위가 매우 넓다. 이와 같은 대학 내 증오 범죄는 미국 내 모든 대학 캠퍼스에서 빈번하게 발생하고 있는 매우 심각한 사회 문제로 대두되고 있다(Stotzer, 2010; Wessler & Moss, 2001).

증오 범죄의 약 2/3가 특정 개인을 표적으로 하는 반면, 기업, 종교기관 및 다양한 기관, 단체 등을 표적으로 한 사건들도 빈번히 발생하고 있다. FBI의 증오 범죄 통계에 따르면, 5건 중 4건이 특정 개인을 표적으로 하는 사건들이었다(FBI, 2016b). 가해자들 중 가장 큰 비중을 차지하는 이들이 백인 남성들로(48%), FBI의 자료에 의하면 백인 남성들은 증오 범죄로 체포된 이들 중 85% 이상인 것으로 나타났다. 18세이하의 가해자들은 공공 기물 파손 등 재물 손괴 관련 범죄 혐의로 체포되고 상대적으로 나이가 많은 가해자들은 가중폭행 등 폭력적 증오 범죄 혐의로 체포될 가능성이 높다.

폭력적인 증오 범죄는 특정 사회 집단에 대한 학습된 편견에 기인한다고 볼 수 있다. 특정 집단들 때문에 일상생활이 위태로울 수 있다는 믿음을 지녔을 때 사람들은 공포감을 느끼고, 비슷한 생각을 지닌 사람들과 연대하면서 그들의 증오는 폭력으로 변질될 수 있다. 2017년 8월 샬럿츠빌에서 인종차별 및 반유대인 구호를 외치며 주먹을 치켜든 젊은 남성들의 행진 장면은 우리 사회가 인종적 편견을 근절하는 데 무관심했다는 슬프고 냉엄한 현실을 일깨워 주는 오싹한 장면이다.

증오 범죄 예방 및 범죄자 교정 상황에서 법정 심리학자들의 역할은 매우 중요하다. 가령 특정 집단에 대한 편견이 배심원, 변호사, 판사, 경찰관들에게 어떤 영향을 미칠 수 있는지에 대해 심리학적 지식을 적용해서 설명하거나 관련 연구들을 수행할 수 있다. 또한 증오 범죄가 다른 폭력 범죄들과 다른 점이 무엇인지에 대한 연구뿐 아니라 증오 범죄 피해자들을 치료하는 정신건강 전문가들에 대한 교육 및 공조 활동을 진행하는 것도 가능하다. 이외에도 주정부 및 연방정부 수준에서 증오 범죄를 규정하는 신규 법안 작성 및 개정 과정에 관여할 수도 있다.

스토킹: 협박범죄

스토킹(stalking)은 "사리 분별력을 지닌 사람들이라면 충분히 두려움을 느낄 정도의 위협을 암시하는 행위, 특정인을 대상으로 눈에 보일 만한 가까운 거리에 지속적으로 나타나는 행위, 상대의 동의를 구하지 않고 반복적으로 대화를 시도하거나, 서면 편지를 보내는 것과 같은 커뮤니케이션 행위 등으로 정의할 수 있다"(Tjaden, 1997, p. 2).

> 스토킹 가해자들은 근처를 어슬렁거리거나 원하지 않는 강요와 대화를 반복하거나 집에 따라온다. 수없이 전화를 해대거나 원하지 않는 직간접적인 대화를 시도한다. 소문을 퍼뜨리거나 개인 사물을 파손한다. 주위 사람이나 가족을 괴롭힌다. 위협적이거나 성적 표현을 담은 선물이나 편지를 보낸다. 공격적이고 폭력적인 행동을 한다(Abrams & Robinson, 2002, p. 468).

스토킹은 인류 역사만큼 오래되었으나 불법적인 행동으로 인식된 시기는 채 30년도 되지 않았다(Beatty, Hickey, & Sigmon, 2002). 〈치명적 유혹(Fatal Attraction)〉(Paramount Pictures, 1987년 개봉), 〈적과의 동침(Sleeping With the Enemy)〉(20th Century Fox, 1991년 개봉), 〈케이프 피어(Cape Fear)〉(Universal Studio, 1991년 개봉)와 같은 영화들은 대중에게 스토킹에 대한 경각심을 일깨웠다. David Letterman, Rebecca Schaeffer와 같은 유명인 대상 스토킹 관련 뉴스들이 보도되면서 스토킹은 일상적으로 사용되는 용어로 자리 잡았다. 최근 들어서는 사이버스토킹, 사이버불링 등 관련 현상들에 대한 관심 또한 증가하고 있다.

온라인에서든, 휴대전화를 통해서든, 직접 대면 상황에서든 간에 스토킹은 매우 두렵고 정서적으로 극심한 스트레스와 우울증을 일으키는 협박 범죄이다. 1990년대 이후 현재까지 스토킹은 심리학 분야의 주요 연구 주제이며, 가해자의 접근이나 폭력 행동 등이 나타나지 않는 경우에도 스토킹 기간이 장기화될수록 피해자에게 미치는 잠재적인 피해가 더욱 커진다는 점이 발견됐다(McEwan, Mullen, & Purcell, 2007). 미국 및 캐나다에서는 스토킹 금지법이 제정되어 있으며, 관련 법률에서는 고의적·악의적·반복적으로 피해자를 희롱하는 행위들, 즉 숨어서 피해자를 기다리거나, 감시하는 것, 동의되지 않은 의사소통, 전화 괴롭힘, 파괴적 폭력 행위 등을 스토킹으로 규정하고 있다(Tjaden & Thoennes, 1998a). 일부 미국 주정부에서는 최소 2회 이상의 스토킹 행위가 발생할 경우에 한해 범죄로 간주하고 있다. 또한 정보통신 기술의 발전에 따라 사이버스토킹 또한 스토킹 금지 행위 목록에 포함되고 있다.

미국 정책연구센터(Center for Policy Research)에서 발간한 『미국의 스토킹: 여성 대상 폭력 조사 결과(Stalking in America: Findings From the National Violence Against Women Survey)』는 광범위한 스토킹 현상을 총망라한 가장 포괄적인 연구 중 하나이다(Tjaden & Thoennes, 1998b). 미국 국립사법연구소(National Institute of Justice)와 질병통제예방센터(Centers for Disease Control and Prevention)가 공동 후원한 이 연구는 1995년 11월부터 1996년 5월까지

미국 내 18세 이상의 남성 8,000명과 여성 8,000명으로 구성된 전국 표본 대상 전화 설문조사를 실시했다. 연구 보고서에서는 스토킹 범죄 발생률, 특징, 피해 결과 등에 대한 실증 자료들을 제시하고 있다.

조사 결과에 따르면, 여성의 8%와 남성의 2%는 평생 1회 이상 스토킹을 경험한 것으로 나타났다(Tjaden, 1997). 스토킹 지속 기간은 대부분 1년 미만이었으나, 5년 이상 스토킹 피해를 당한 경우도 있었다. 하지만 Mullen, Pache와 Purcell(2001)의 연구에 따르면, 원하지 않는 반복적 의사소통 및 만남 강요가 2주 이상 진행될 경우 스토킹 행위가 몇 달, 심지어 몇 년 동안 지속될 가능성이 높다고 한다. 최근 이루어진 미국 범죄 피해자 조사 결과에서는 스토킹 피해자들 중 11%가 5년 이상 동일인에 의해 스토킹을 당한 것으로 나타났다(Baum, Catalano, Rand, & Rose, 2009).

관련 연구에 따르면 스토킹 가해 동기는 대부분 상대에 대한 통제, 협박, 두려움을 주기 위한 것이다. 스토킹 행위에 따른 공포와 정서적 고통은 매우 다양한 형태로 나타나는데 피해자 5명 중 1명이 신체적 피해 두려움을, 6명 중 1명은 자신뿐 아니라 가족 및 자녀 안전에 대한 걱정(Baum et al., 2009)을, 그리고 20명 중 1명은 살해 위험에 대한 두려움을 느끼는 것으로 나타났다.

앞서 언급한 Baum 등(2009)의 연구에서는 스토커 가해자의 87%가 남성이었으며, 80%가 백인, 최소 50% 이상이 18~35세였고, 평균 이상의 소득을 지녔다. 스토킹 피해자의 80%는 여성들이었다. 스토킹 사건 피해자(특히 여성들)의 경우 스토킹 가해자의 신원을 알고 있었으며, 여성 피해자들 중 과반수 이상이 과거 혹은 현재 남편 혹은 동거 관계에 있던 남성 파트너들에 의해 스토킹 피해를 당한 것으로 나타났다. 여성 피해자들 대부분(80%)이 파트너 폭력 및 스토킹 중 폭력 혹은 두 가지 모두에서 신체적 폭력을 당한 경험이 있었다. 스토킹 사건의 약 1/3에서 재산 피해가 확인되었으며, 피해자 소유 애완동물을 죽였거나 죽일 것이라는 협박이 전체 10% 수준으로 나타났다. 피해자 중 7%만이 스토킹 가해자가 정신적으로 이상하며, 미치거나 알코올 혹은 마약 중독자라고 여기고 있었다.

미국 국립사법연구소와 법무부 통계국이 공동 주관해 1997년 2월부터 5월까지 223개 대학에 재학 중인 여대생 4,446명을 대상으로 실시한 조사(Fisher, Cullen, & Turner, 2000)에서는 스토킹 피해 발생을 확인하기 위해 "1996년 가을학기 개강 이래로 낯선 사람이나 예전 남자친구를 포함한 누군가가 당신을 따라다니거나, 쳐다보거나, 강박적으로 전화하거나, 편지를 보내거나 이메일을 보내는 등의 소통을 반복함으로써 당신의 안전을 위협한 적이 있습니까?"라는 질문으로 구성된 전화 설문 조사를 진행했다. 주요 연구 결과는 다음과 같다.

- 여대생의 13%는 학년 시작 초부터 스토킹에 시달려 왔다.
- 피해자의 80.3%는 스토킹 가해자와 과거 아는 관계이거나 본 적이 있다.
- 스토킹은 평균 2개월간 지속되었다.
- 여대생의 30%는 스토킹 사건 때문에 정서적 · 심리적 피해를 호소했다.
- 스토킹 사건의 10.3%에서 피해자는 스토킹 가해자의 성적 접촉 시도 혹은 강요를 당했다.
- 스토킹 사건 중 83.1%가 신고되지 않았다.

정신적 · 정서적 어려움을 토로하는 사람들을 정기적으로 상담하는 정신건강 전문가들 중에서도 환자들에게 스토킹 피해를 당할 수 있다는 점 또한 주목할 만한 점이다(Gentile, Asamen, Harmell, & Weathers, 2002). Gentile, Asamen, Harmell과 Weathers에 의하면 정신건강 전문가들을 스토킹하는 가해자들은 대부분 미혼이거나 스토킹 도중 이혼을 한 인물들이라고 한다. 가해자들 중 대다수(62%)가 기분장애를 진단받았다. 또 다른 조사에서는 대학교 학생상담소 소속 상담가들의 2/3가량이 현재 혹은 과거에 내담자들로부터 스토킹 혹은 희롱을 당한 경험이 있는 것으로 나타났다(Romans, Hays, & White., 1996).

스토킹 가해자에 대한 보다 심층적인 이해를 위해 연구자들은 스토킹 가해자 유형 분류를 진행해 왔다. 스토킹 범죄와 관련된 최초의 체계적 연구는 LA 경찰 위협 관리팀의 Zona, Sharma와 Lane(1993)에 의해 수행됐다. 이들은 유명 연예인 스토킹 가해자들을 ① 연애망상형(erotomanic), ② 연애집착형(love obsessional), ③ 단순집착형(simple obsessional)으로 분류했다. 이후 연구자들은 스토킹 가해자 집단을 유명인 스토커에서 전 연인이나 배우자를 스토킹하는 남성들로 확대했다(Emerson, Ferris, & Gardner, 1998; Kurt, 1995). 유명인 스토커들은 주로 자신이 좋아하는 유명인사들을 스토킹하는 망상과 같은 정신이상이 있는 인물이며, 이혼한 배우자나 과거 연인을 스토킹하는 이들은 폭력과 협박을 통해 상대 여성들에게 자신의 권력을 과시하는 인물이라고 볼 수 있다(Mullen et al., 2001).

남성 및 여성 스토킹 가해자 1,005명을 대상으로 진행된 Mohandie, Meloy, Green-McGowan과 Williams(2006)의 연구에서는 스토킹 유형을 가해자–피해자 관계에 따라 다음 네 가지 범주로 구분했다. ① 과거 혹은 현재 성관계 파트너들을 표적으로 하는 친밀한 관계 스토커(Intimate stalker), ② 성관계는 없었으나 알고 지내던 남성 및 여성을 대상으로 하는 지인 대상 스토커(Acquaintance stalker), ③ 사적 관계가 없는 유명인을 대상으로 하는 유명인 스토커(Public Figure stalker) ④ 직접적인 사적 관계는 없지만 이웃 및 학교에서 마주친 적이 있는 단순히 알고 지내던 사람을 대상으로 하는 사적 이방인 스토커(Private Stranger stalker). Mohandie 등의 연구에서는 친밀한 관계에서 발생하는 스토킹 사건들에서 폭력 사용 가능성이 가장 높으며(74%), 유명인 대상 스토킹 사건들에서 폭력 사용 가능성이 가장 적은 것으로 나타나(2%), 스토킹 관계 유형에 따라 폭력 발생률이 상이하다는 점이 발견됐다. 이후 Meloy, Mohandie와 Green-McGowan(2008), Meloy와 Mohandie(2008)의 후속 연구에서는 앞선 조사 자료를 사용해서 여성 스토킹 가해자들에게 초점을 맞춘 연구 결과를 발표한 바 있다.

관련 문헌들에서 종종 인용되고 있는 Beatty, Hickey와 Sigmon(2002)의 스토킹 유형 분류 체계의 경우 가해자-피해자 관계보다는 스토킹 동기에 초점을 맞추고 있다. 이 분류 체계는 기존 Zona 등(1993)의 세 가지 스토킹 가해자 범주와 유사하나 복수형을 추가해 총 네 가지 스토킹 가해자 유형으로 구분하고 있다. ① 단순집착형 스토킹(simple obsession stalking), ② 연애집착형 스토킹(love obsession stalking), ③ 연애망상형 스토킹(erotomania stalking), ④ 복수형 스토킹(vengeance stalking). 집착은 반복적인 다양한 행동을 통해 통제하거나 만족시키고자 하는 반복적인 생각, 사고, 충동 혹은 이미지를 의미한다. Beatty 등의 유형 분류는 실증 연구를 통해 분류 타당성이 검증되지는 않았지만 후속 연구 및 가설 수립을 위한 토대가 되고 있다. 네 가지 스토킹 유형에 대한 설명은 다음과 같다.

단순집착형 스토커(simple obsession stalkers)들은 전체 스토킹 가해자의 60%를 차지하는 가장 일반적 유형이다. 단순집착형 가해자들의 스토킹 행동은 친밀한 관계 대상에 대한 심리적 학대 및 가정 폭력의 연속선상으로 볼 수 있다. 즉, 가해자들 대부분은 남성이며 피해자는 이혼한 전 부인인 경우가 대다수이다. 다른 유형에 비해 이 유형의 스토커들은 상대적으로 교육 및 지적 수준이 높은 편이다(Meloy & Gothard, 1995). 이들의 스토킹 가해는 낮은 자존감 및 무기력감에서 비롯된다고 가정할 수 있다. 분명한 점은 이들은 과거 배우자나 전 연인을 비하하고 혼란스럽게 함으로써 자존감이 회복되며, 상대 여성이 자신의 통제 상황에서 벗어나려 애쓰면 애쓸수록 더욱 극단적인 행동을 취할 수 있다. 단순집착형 스토킹의 경우 살인으로 연결될 가능성이 존재하며, 앞서 Mohandie 등(2006)의 친밀한 관계 스토커 유형과 유사하다.

연애집착형 스토커(love obsession stalkers)들과 피해자들은 이웃, 동료 등 평상시 알고 지내던 일반적인 관계인 경우가 많다. 하지만 피해자가 유명인인 경우 처럼 가해자가 전혀 모르는 피해자를 스토킹하는 경우도 이 유형에 해당된다. 주요 동기는 피해자와 개인적인 관계를 형성하기 위함이다. 단순집착형 스토킹 가해자들과 마찬가지로 이 유형의 가해자들 또한 자존감 수준이 낮으며, 매사에 무기력하고 우울한 감정에 사로잡혀 있을 수 있다. 아마도 뛰어난 자질과 사회적 지위가 높은 사람들과 관계를 맺게 되면 자신들의 낮은 자존감과 가치를 높일 수 있다고 생각할 수 있다. 이들은 피해자가 자신과의 관계를 받아들이게 하는 데 필사적인 노력을 기울이며, 때로는 관계를 원치 않는 피해자의 관심을 끌기 위해 폭력을 사용하기도 한다. 전형적인 연애집착형 스토킹 가해자로는 유명 여배우 조디 포스터의 사랑을 얻을 수 있다는 확신에 사로잡혀 로널드 레이건 대통령 암살을 시도한 존 힝클리를 들 수 있다.

연애망상형 스토커(erotomania stalkers)들은 망상 수준이 매우 높은 이들로 종종 조현병과 같은 심각한 정신이상 증상을 지닌 경우도 있다. 이들은 단순집착형과 연애집착형 스토커들과는 달리 자신들이 처음부터 피해자와 밀접한 관계였다는 망상에 사로잡혀 있다. 피해자에게 직접적인 위협이 되는 경우는 드물지만, 피해자들은 이들의 비이성적 행동들로 인해 골치 아프고, 그것을 사전에 예측하기도 어렵다. 토크쇼 진행자 데이비드 레터맨을 10년 가까이 스토킹한 마거릿 레이는 전형적인 연애망상형 스토커이다. 그녀는 자신이 레터맨의 부인이며, 그의 아이의 엄마라고 믿어 왔다. 그녀는 코네티컷주 뉴캐넌(New Cannon, Conneticut)에 위치한 레터맨의 사유지에 자주 나타났고, 그의 차를 운전하는 중에 체포된 전력이 있으며, 수차례 그에게 꽃과 사탕을 보냈다. 결국 그녀는 콜로라도(Colorado)에서 운행 중인 기차에 뛰어들어 숨졌다.

복수형 스토커(vengeance stalkers)들은 피해자들과의 사적 관계 형성이 목적이 아니기 때문에 다른 유형의 스토커들과는 다른 특성을 보인다. 이들은 피해자들이 공포감을 느끼거나 다른 지역으로 이사를 가는 것과 같은 피해자들의 특정한 반응을 이끌어 내기 위해 노력한다. 복수는 이들의 가장 큰 스토킹 동기이다. 이 유형의 스토킹 예로는 자신이 직장에서 해고된 원인이 전 상사에게 있다고 믿고 그의 인생을 망치기 위해 스토킹하거나 괴롭히는 경우를 들 수 있다.

스토킹의 종결

스토킹은 언제, 어떻게 멈춰질까? 스토킹 가해자들 중 일부는 새로운 스토킹 대상 인물이 나타나 자신만의 또 다른 사랑에 빠질 경우 현재 스토킹 피해자들을 더 이상 쫓아다니지 않는다. 정책연구조사센터(Center for Policy Research Survey)에서 실시한 설문조사(Tjaden & Thoennes, 1998b)에서는 피해자들 중 약 18%가 스토커들이 새로운 사람들과 관계를 형성하기 시작하면서 자신들에 대한 스토킹 가해 행위가 멈췄다고 응답했다. 또 다른 스토킹 종결 이유는 스토킹 가해자가 경찰에 의해 경고를 받는 경우(15%)라고 한다. 흥미로운 점은 체포, 유죄 판결, 접근 금지 명령 등 형사사법기관의 공식적인 개입의 효과가 그리 크지 않고, 오히려 스토킹 가해자의 적개심을 불러일으킬 소지가 크다는 것이다. Angela Eke와 동료들(Eke, Hilton, Meloy, Mohandie, & Williams, 2011)이 경찰 접촉 경험이 있는 스토킹 가해자들을 대상으로 9년간 추적 조사를 실시한 결과, 가해자들의 77%가 조사 도중 새로운 범죄를 저질렀으며, 과반수 이상이 스토킹 범죄 혐의로, 약 1/3은 폭력 범죄 혐의로 기소됐다. 또한 Eke 등의 연구에서는 정신 병력이 있는 스토커들의 경찰 접촉 빈도가 훨씬 많다는 사실이 발견됐다. 하지만 이들은 재범 과정에서 비폭력적인 행동을 보일 가능성이 높은 것으로 나타났다(스토킹과 폭력 범죄 관련 Eke 박사의 연구 관심에 대한 논의는 〈My Perspective 8-1〉 참조). 피해자 개인의 안전을 위협하는 끈질기고 무서운 스토킹 행위가 지속될 경우, 피해자가 스토킹 가해자 및 가해자에게 자신의 행적 정보를 전달할 가능성이 있는 또 다른 제3자들이 자신이 어디 있는지 전혀 알 수 없도록 가능한 한 멀리 떠나는 것만이 가장 효과적인 스토킹 피해 근절 방법으로 제시되고 있다(Tjaden & Thoennes, 1988b). 하지만 이러한 방법은 다소 비현실적으로 피해자들이 이와 같은 부담을 감수할 것이라 기대해서는 안 된다.

스토킹 폭력 예측

스토킹 피해자들은 자신에게 닥쳐올 폭력 가능성을 사전에 알고 싶어 한다(Rosenfeld & Harmon, 2002). Rosenfeld와 Harmon에 의하면, "스토킹 가해자의 심각한 폭력 위험성을 판단하고, 신체적 폭력 위험 수준이 낮은 가해자들의 특징을 구별하는 작업들은 피해자, 임상가, 법제도 측면에서 매우 중요한 의미를 지닌다"(p. 685). Mohandie 등(2006)의 스토커 유형 분류에서는 친밀한 관계 스토커들의 폭력 발생 빈도가 네 가지 유형 중 가장 높은 것으로 나타났다. Eke 등(2011)의 연구에서는 정신질환 증상을 보이는 스토커들의 폭력성이 상대적으로 낮다는 점이 발견됐다.

폭력적인 스토킹 가해자들과 비폭력적인 스토킹 가해자들의 특성 차이를 구별하기 위해 Rosenfeld와 Harmon(2002)은 법원에서 정신건강 평가 명령을 받은 스토킹 사건 204건을 분석했다. 그 결과, 과거 연구 결과(예: Palarea, Zona, Lane, & Langhinrichsen-Rohling, 1999)와 유사하게 가해자가 전 배우자이거나 친밀한 관계에 있던 스토커들의 폭력 위험성 수준이 가장 높은 것으로 나타났다.

> 구체적으로 말하면, 사람과 재산을 위협하는(피해자에 대한 신체적 폭력을 포함하여) 피해자와 친밀한 관계에 있던 스토커들은 어떤 형태로든 폭력적인 행동을 취함으로써 자신들의 위협과 협박을 관철시키려 할 가능성이 높다. 또한 이들은 피해자-가해자 관계가 친밀하지

MY PERSPECTIVE 8-1

연구 결과의 실무 적용

Angela Wyatt Eke, Ph.D.

나는 심리학과 법학에 관심이 많았다. 고등학교 때 직업 상담 평가를 받았을 때 나는 법률, 의학, 심리학, 경찰 등이 적합하다는 결과를 받았다. 토론토 대학교(University of Toronto) 학부 시절 전공은 이학 분야였지만, 심리학적 관점에 초점을 맞춘 범죄학 과목을 수강했다. 이후 요크 대학교(University of York)에서 심리학 전공 석사 및 박사 과정을 마쳤다. 토론토 대학교 학부 시절 경험한 두 가지 특별한 사건은 미래 나의 진로를 결정하는 데 결정적인 영향을 미친 행운과 같은 사건이었다.

첫째, 교정기관에서의 자원봉사 활동이다. 이는 매우 대단한 경험이었다. 심리학의 실용적인 측면들에 대해 배울 수 있었고, 단체 봉사뿐 아니라 일대일 개인 봉사 활동에도 참여했다. 학부 시절 많은 시간 동안 자원봉사를 했고, 대학원 과정 중에도 이 활동을 지속했으며, 이후 교정기관에서 대학원 연구 실습까지 진행했다. 이 기간 동안 응용 연구에 대한 관심이 커지기 시작했는데, 실제 일상 환경에서 연구 방향에 대한 아이디어를 얻으면서 실무적 이슈와 학술 연구를 결합시키는 것이 매우 흥미로웠다. 이는 스토킹, 친밀한 파트너 폭력, 아동에 대한 성적 학대 등의 위험 평가와 사건 운용을 위한 연구에 집중하게 된 계기가 됐다.

둘째, 학부 시절 논문지도 교수였던 Krames 교수님의 심리학 수업 중 온타리오(Ontario)주 경찰 소속 프로파일러인 Kate Lines 선생님의 특강이 있었다. 그분은 캐나다 최초 프로파일러 중 한 분이었고, 온타리오 경찰 행동과학부의 발전을 이끈 선구자 중 한 분이었다. 이야기의 요지는 그분이 나를 온타리오주 경찰 강력 범죄 연계 및 분석 섹션(Violent Crime Linkage and Analysis Section: ViCLAS)의 분석 및 연구 보조원으로 채용했다는 것이다. 그때부터 나는 지금까지 온타리오 경찰에서 근무하고 있다.

경찰에서 근무하고는 있지만, 병원, 학계, 타 정부기관 소속 동료들과 지속적으로 교류해왔다. 이들과는 프로젝트 개발, 연구비 신청 서류 작성, 제안서 작성, 연구 윤리 등 다양한 연구 프로젝트의 협업 관련 업무들을 수행했다. 나는 훌륭한 동료들과 함께 일하는 운 좋은 사람이다. 다양한 환경에 있는 사람들과 함께할 때 개별 분야들과 직접적으로 관련성이 있는 프로젝트를 만들 수 있다. 또한 다양한 전문 지식과 경험을 바탕으로 작업할 수 있으며, 이는 연구 프로젝트의 질을 향상시킬 수 있다.

정보통신 기술의 발달은 연구 결과 공유 및 응용 사례에 대해 논의할 기회를 크게 증대시키는 계기가 됐다. 기존 오프라인 콘퍼런스와 세미나 참석뿐 아니라, 지금은 전 세계에 흩어져 있는 연구자들 및 비슷한 관심을 공유하는 사람들과 언제 어디서나 대화를 할 수 있는 웹 세미나 및 서버 리스트 등과 같은 온라인 창구들이 존재한다. 또한 트위터(Twitter), 리서치게이트(Research Gate) 등 많은 애플리케이션들을 통해 유명 연구자, 실무자, 전문가 등과 온라인 친구가 될 수 있다. 더욱이 정보통신 기술은 다른 나라에 있는 동료 연구들과 쉽게 협업할 수 있게 해 주었다. 내가 현재 참여하고 있는 아동 프로노그라피 관련 대형 프로젝트에서는 우리 연구팀이 다른 연구자들 및 실무 전문가들과 실시간으로 협업할 수 있는 인터넷 페이지를 개설한 바 있다(https://www.researchgate.net/project/Child-Pornography-Offender-Risk-Tool-CPORT).

다른 많은 사람처럼 나 역시 동료들과의 활발한 협업 업무 진행을 언제 어디서나 체크할 수 있는 현재의 IT 기반 업무 환경이 개인 일상과 가족과 보내는 시간에 지장을 줄 수 있다고 생각했다. 관심과 열정을 좇는 것은 분명 중요하다. 하지만 일과 사생활이 균형을 통해 행복한 삶을 누리는 것 또한 매우 중요하다.

내가 진행하는 프로젝트 과제들 중에서는 실무자 입장에서 아동학대, 성범죄, 친밀한 파트너 폭력 사건 등 정서적으로 불편한 정보들을 접해야 하는 경우가 많다. 이 분야의 관련 업무를 진행하는 경찰, 임상가, 사회복지사, 연구자 등이 이와 같은 사건들을 처리하거나 그에 대한 연구를 진행할 때 그들의 심리적 건강을 보호하는 것 또한 매우 중요한 의미가 있다. 예를 들어, 나는 Michael Seto 박사와 함께 수년에 걸쳐 아동에 대한 성적 약취 범죄 연구 프로젝트를 진행했다. 이때 프로젝트 참여자들이 관련 사건 내용들을 접함으로써 심리적 건강을 해치는 것을 방지하기 위해 참여한 온타리오 경찰관 및 연구원들을 대상으로 안전보장 프로그램을 실시했다. 프로젝트 참여자들은 본인이 원할 경우 최소 연 1회 이상의 정신과 의사 및 치료사들에게 상담을 받을 수 있도록 했다. 안전보장 프로그램에 대한 반응은 매우 긍정적이었다. 우리뿐만 아니라 다양한 관련 분야들에서 더욱 세부적인 기준을 마련한 정신건강 프로그램들이 발전적으로 운용 중이다. 앞으로도 이와 같은 법심리 관련 분야들에서 직접 범죄자, 피해자와 직면하거나 사건을 처리하는 실무자들이 경험하는 심리적 · 정서적 트라우마에 대응하기 위한 조직적 관심 수준은 더욱 커질 것이다.

나는 경찰 및 기타 관계자 대상 교육뿐 아니라 사건 자문 과정에도 참여하고 있다. 수사 자문 시에는 위협 분석가, 범죄자 프로파일러, 법정 심리학자 및 정신의학자들과 공동 회의를 진행하는 것이 일반적이다.

나는 또한 대학교 법정 심리학 강의, 전공 학생들에 대한 연구 실습 관리 및 논문 지도 등 직접적인 학계 활동을 이어 나가고 있다. 나와 함께하는 많은 학생이 자신들의 전공 분야에 있어 유능한 연구자이고 실무 전문가이다. 학생들과 공동 프로젝트를 수행하고, 콘퍼런스에 참여하며, 그들로부터 배울 수 있는 기회는 나에게 큰 즐거움이라 할 수 있다.

나는 나의 일들을 즐겨 왔다. 나의 학창 시절에만 해도 경찰과 관련된 심리학 관련 직업들은 많지 않았다. 경찰, 임상 실무, 연구 활동이 모두 필요한 협력 업무들이 지속적으로 증가할 뿐 아니라 경찰 환경에서 새로운 연구 및 응용 심리학의 역할이 발전하는 것을 지켜보는 것은 매우 흥미진진하다 할 수 있다. 앞으로는 이 분야에 있어 더욱 많은 직업 기회가 창출될 것이라 믿으며, 미래의 전문가로서 학생 여러분을 만날 수 있기를 기대한다.

Eke 박사는 현재 온타리오 경찰(Ontario Provincial Police: OPP) 행동과학분석부 범죄행동 분석 부서 소속 연구 담당자이다. 또한 로렌티언(Laurentian) 대학교에서 겸임 교수로 활동 중이다. 최근 경찰 훈장을 수여받았다. 그녀는 바쁜 일상 중에서도 가족, 친구, 여행 및 남편과 함께 하는 다양한 활동 등 일과 여가를 균형 있게 즐기고 있다.

> 않은 스토커들에 비해 피해자 접촉 시 신체적 접근 행동을 보일 가능성 또한 더욱 높다. 이는 곧 스토킹 사건들의 폭력 위험성 평가에서 가해자와 피해자 간 관계 친밀도가 매우 중요하다는 점을 시사한다(Palerea et al., 1999, p. 278).

폭력적인 위협과 약물 남용 역시 스토킹 폭력을 예측하는 중요 변인들이다. Rosenfeld와 Harmon(2002)은 스토커들의 전과와 과거 폭력 행동 전력은 스토킹 폭력을 설명하는 데 있어 예측력이 그리 높지 않다는 점을 발견했다. 이는 과거 폭력 행동 전력이 스토킹 폭력의 가장 강력한 예측 변인이라고 주장한 Palerea 등(1999)의 연구 결과와 상반된다. 한편, McEwan, Mullen, MacKenzie와 Ogloff(2009)은 과거 친밀한 관계에 있던 사람들에게 거부 경험이 있고, 폭력 행동 전력이 있으며, 위협을 가한 적이 있는 이들이 폭력 위험성 수준이 가장 높은 스토커들이라는 점을 발견했다. 하지만 Rosenfeld와 Harmon(2002)은 연구 과정에서 경찰 체포 및 유죄 판결 기록뿐 아니라 스토킹 가해자와 피해자들의 자기보고 결과들까지 Palerea 연구팀에 비해 보다 광범위한 정보들을 수집했다. 반면, Palerea 등의 연구는 로스앤젤레스(Los Angeles) 경찰에 의해 작성 · 보관 중이던 223건의 경찰 자료를 분석한 결과이다. 결론적으로 두 연구는 수집된 연구 데이터의 양적 · 질적인 차이가 존재한다.

청소년 스토커들이 성인 스토커들에 비해 더욱 위험하고 폭력 가능성이 높다는 주장들 또한 제기되고 있다. 299명의 청소년 스토커를 대상으로 진행된 연구에서, 청소년들이 성인 스토커들에 비해 폭력 및 위협 · 협박 행동들에 관여하는 수준이 월등히 높다는 점이 발견됐다(Purcell, Moller, Flower, & Mullen, 2009). 청소년 스토킹 피해자들 중 절반 이상(54%)이 신체적 공격을 받은 경험이 있으며, 일부는 중상을 입었고, 약 2%가 성폭행을 당했다. 반면에 Sheridan, North와 Scott(2015)의 연구에서는 스토킹 가해자 연령 집단(16세 이하, 17~59세, 60세 이상)별로 폭력성 수준의 차이가 크지 않지만, 피해자 연령대별로는 폭력 수준에서 유의미한 차이가 나타났다. 즉, 피해자들의 나이가 많을수록 신체적 피해를 입는 경우가 증가했다. 하지만 경찰은 나이가 많은 피해자들에게서 발생하는 스토킹 피해 사건의 심각성을 다소 과소평가하는 경향이 있다.

사이버스토킹

사이버스토킹(cyberstalking)은 지속적인 불안, 공포를 유발시키는 행동들이 수반된다는 점에서 전통적 형태의 오프라인 스토킹과 유사하다. 하지만 새로운 기술들이 출현하면서, 기존 스토킹에서도 이메일, 문자 메시지, 트위터 및 각종 소셜 네트워킹 방법 등이 활용되기 시작했고, 과거와는 완전히 다른 형태로 변화되었다. 이에 따라 기존 오프라인 스토킹에 비해 사이버스토킹이 더욱 빈번하게 나타나고 있다. 이는 인터넷이 신원을 드러내지 않은 채 다양한 방식으로 잠재적 피해자들과의 접촉을 용이하게 하기 때문이다. 또한 인터넷 공간에서는 방대한 양의 개인 정보들에 접근할 수 있으며, 표적 피해자들에 대한 개인 정보를 더 쉽고 빠르게 수집할 수 있다.

가장 일반적인 괴롭힘 형태는 증오 및 협박 메시지 혹은 음란 및 외설적인 내용들이 포함된 이메일을 수신하는 경우이다. 문자 메시지, 인스타그램(Instagram), 트위터(Twitter) 및 기타 다양한 형태의 소셜 미디어 매체를 이용하는 경우뿐 아니라 피해자에게 컴퓨터 바이러스나 다량의 정크(juuk) 메일(스팸 메일)을 발송하는 경우도 있다. 전자적 스토킹은 특정 피해자와 관계 맺기, 협박이나 정신적 후유증을 유발하기 위한 시도로 협박 전화, 기물 파손, 협박 편지, 신체적·공격 등의 전통적 스토킹 행위가 함께 나타나기도 한다(Gregorie, 2000).

Elonis 대 U.S.사건 (2015)에 대한 미국 대법원 판례에서 보여 주듯이 사이버스토킹에 대한 법적 책임을 입증하기란 쉽지 않다. 이 사건의 피의자는 주정부 간 통신 전송(사이버 공간 등)을 통해 누군가에게 위협을 가하는 것을 금지하는 미국 연방법에 의거해 유죄 판결을 받았다. 피의자 Elonis는 자신의 페이스북(Facebook)에 주기적으로 폭력적인 사진들과 랩 가사를 게시한 행위가 특정인을 표적으로 한 것이 아니라고 변론했다. 그는 별거 중인 아내, 직장 고용주, 공무원들에 대한 항의 글들도 게시했다. 그의 직장 상사와 아내는 이를 위협으로 인식했다. 그래서 Elonis는 결국 직장에서 해고당했으며, 그의 아내는 법원 보호 명령을 받았다. 하지만 미국 연방 대법원에서는 배심원 만장일치로 Elonis의 위협 의도를 검찰이 충분히 입증하지 못했다고 판결했다. 판결문에는 Elonis가 부주의하게 게시물을 올린 점, 자신의 행위가 야기할 결과들에 대한 고려가 부족한 점 등은 인정됐지만, 이와 같은 부주의한 행동을 범죄 행위로 인정하기에는 충분치 않다고 기록되어 있다.

주로 온라인 공간에서 청소년들 간에 빈번하게 나타나는 사이버불링(cyberbullying)은 최근 들어 가장 두드러지게 발생하는 괴롭힘 형태이다. 피해자와 가해자들의 연령대가 사이버불링과 사이버스토킹을 구분 짓는 중요 요인으로 간주되며, 성인들의 경우 직장 내 사이버불링 행위 등의 형태로 발생하고 있다. 하지만 사이버불링 관련 연구들 대부분이 청소년들에게 초점을 맞추고 있다. 지금부터는 괴롭힘의 심리적 영향에 대해 살펴보겠다. 이후 전통적인 신체적, 면대면 괴롭힘 대비 지속적으로 증가하는 사이버불링에 대해 설명하겠다.

또래 집단의 괴롭힘

"또래 집단에서 발생하는 괴롭힘 피해는 전 세계 학교들에 만연해 있으나, 학교 측에서는 이 문제의 심각성을 등한시하는 경향이 있다."(Cornell, Gregory, Huang, & Fan, 2013, p. 138) 한 조사에서는 미국 청소년의 28%가 과거 1년간 괴롭힘 피해를 경험한 것으로 나타났으며(Robers, Zhang, Truman, & Snyder, 2012), 다른 연구들에서도 이와 비슷한 결과들이 보고되고 있다(Faris & Felmlee, 2011b). 괴롭힘은 초등학교, 중학교, 고등학교 및 직장 내에서도 빈번하게 발생하고 있으며, 따라서 아동·청소년들에게만 국한된 문제라고 볼 수 없다.

괴롭힘(bullying)은 개인적으로 혹은 집단적으로 자신들보다 약하다고 여겨지는 피해자를 신체적·언어적·심리적으로 괴롭히는 또래 집단의 공격 형태이다. 신체적 괴롭힘으로는 때리기, 침 뱉기, 발로 차기, 주먹질, 밀기 또는 피해자 소유 물품을 부수거나 가져가기 등을 들 수 있다. 언어적 괴롭힘으로는 이름 부르기, 조롱, 악의적인 놀림, 협박 등이 해당된다. 심리적인 괴롭힘으로는 피해자에게 해가 되는 비열한 소문들을 퍼트리기, 사회적 따돌림, 갈취, 협박과 관련이 있다. 괴롭힘 가해자들이 피해자가 되는 경우는 매우 흔하다.

직접적인 괴롭힘 행위 뿐만 아니라 괴롭힘 행위 자체로도 주변 학생들에게 부정적인 영향을 미칠 수 있다(Cornell et al., 2013; Vanderbilt & Augustyn, 2010). 괴롭힘을 지켜보는 "주변인들은 가해자를 조력하거나 강화시키는 것에서부터 대리 피해 경험으로 겁을 집어먹는 것까지 괴롭힘 사건들에서 매우 다양한 역할을 한다"(Cornell et al., 2013, p. 139). 또한 괴롭힘은 학교 분위기에 큰 영향을 미칠 수 있다. 연구자들은 괴롭힘이 학교 환경에 대한 불안과 두려움을 조성하고, 결석률을 증가시키며, 학교에 대한 헌신 및 학업 수행에 부정적인 영향을 미칠 수 있다는 사실을 발견했다(Glew, Fan, Katon, & Rivara, 2008; Swearer, Espelage, Vaillancourt, & Hymel, 2010). 또한 지속적인 괴롭힘은 피해자들에게 우울증, 외상후 스트레스 장애(PTSD), 자살 사고 등 심각한 심리적 후유증을 유발할 수 있다(T. Shaw, Dooley, Cross, Zubrick, & Waters, 2013). 이러한 후유증은 성인기 이후까지 지속될 가능성이 있다.

한편, Faris와 Felmlee(2011b)는 괴롭힘이 발생하는 사회적 네트워크에 초점을 맞춘 연구를 진행했다. 이들은 괴롭힘에 대한 가해자와 피해자들의 성격 및 행동 결핍 문제에 대한 설명들이 너무 과장된 측면이 있다고 주장하며, 또래 집단에서 직접적 공격 및 괴롭힘이 발생하는 데 있어 또래 집단 내 지위의 영향을 강조했다. "대부분의 경우 아동·청소년 또래 집단에서 지위가 상승할수록 공격성이 증가하는 경향이 있다."(p. 67) Faris와 Felmlee에 따르면 또래 집단 내 괴롭힘 대상은 따돌림을 당하는 고립된 아이들이 아니라 집단 내 서열 상승을 노리는 아이들 사이에서 빈번하게 발생하는 경향이 있다. Reijntjes 등(2013)의 연구에서도 이와 유사한 결과를 확인할 수 있다. 즉, 괴롭힘 대상으로 선정되는 기준은 또래 집단에서 지각되는 인기와 밀접한 관련이 있을 수 있다. 분명한 점은 일부 또래 집단에서 발생하는 공격적 행동과 괴롭힘은 그들 사이에서 사회적 지위를 획득하기 위한 방법 중 하나이다. 이와 관련해서 Faris와 Felmlee는 흥미롭게도 괴롭힘 행위를 통해 또래 집단에서 최고의 지위를 차지하게 되면, 친구들에 대한 괴롭힘 가해 행위가 멈추거나 감소할 수 있다고 제안했다.

가해 청소년들은 낯선 이들보다 친한 친구들을 괴롭히는 경우가 많다. 또한 남성 및 여성 청소년들 간에는 괴롭힘 방법에 있어 약간의 차이가 있다. 여성 청소년들의 경우 언어적·신체적인 직접적 괴롭힘 방법보다는 악의적인 소문을 퍼트리거나 왕따시키는 방법을 사용하는 경우가 많으며(Faris & Felmlee, 2011b), 가해 학생 또한 추후 피해자가 될 가능성 또한 크다.

괴롭힘 행위의 지속 여부는 일정 부분 괴롭힘을 지켜보는 주변인들의 반응에 좌우될 가능성이 있다(Salmivalli, Voeten, & Poskiparta, 2011). "괴롭힘 사건들의 약 80%에서 가해자, 피해자 이외에 괴롭힘을 지켜보는 주변인들이 존재한다. 이들의 반응은 괴롭힘 행위의 촉진 및 감소에 영향을 미칠 수 있다."(Banks, Blake, & Joslin, 2013, p. 10) 피해자를 보호하는 주변인의 존재가 괴롭힘 행위를 감소시킬 수 있다는 연구 결과들이 발표됨에 따라 괴롭힘이 발생하는 집단 과정에 초점을 맞춰 예방 및 개입 전략을 모색하는 연구들이 이루어지고 있다(Howard, Landau, & Pryor, 2014). 즉, 괴롭힘은 그것이 발생하는 시기의 또래 집단의 역학에 의해 강화될 수 있다. 가령 특정 집단에서 따돌림이 발생할 경우 집단 구성원들은 이를 지켜보기만 하지 적극적으로 관여하려 하지 않는 경향이 있는데(O'Connell, Pepler, & Craig, 1999), 수동적으로 괴롭힘 행위를 지켜보는 것 자체가 암묵적으로 가해자에게 동조하는 메시지를 보내는 효과를 일으킬 수 있다. 그러나 괴롭힘 행위를 저지하며 피해자를 옹호하는 또래 친구들이 존재하는 경우는 전체 괴롭힘 사건 중 17%에 불과하다(Howard et al., 2014). "또래 친구들이 피해자를 옹호하거나 가해 학생을 제지하는 적극적인 개입이 괴롭힘 행위를 멈추는 데 효과적으로 영향을 미칠 수 있다."(Howard et al., 2014. p. 266)

학교 심리학자들과 관계자들은 학생들을 대상으로 한 괴롭힘의 발생, 유지 및 증가에 대한 교육이 괴롭힘 행위를 감소시키는 데 큰 도움을 줄 수 있다고 보고 있다. 하지만 Howard, Landau와 Pryor(2014)는 아동·청소년들의 괴롭힘 행위에 대한 반응 및 개별 학생들 간의 차이를 세심하게 고려하지 않고 예방 프로그램을 적용할 경우 기대한 만큼 큰 성과를 거두지 못할 수 있다고 조언하고 있다.

많은 아이가 또래 친구들에게 거부당하거나 왕따 당할 것을 두려워해서 괴롭힘 행위에 적절히 대응하지 않을 수 있고, 가해 아이들이 친한 친구이거나, 자신이 아닌 누군가가 피해 아이들을 위해 나서 줄 것이라는 기대에 괴롭힘 행위를 적극적으로 제지하지 않을 수 있다 (Banks, Blake, & Joslin, 2013, p. 10).

부모의 교육 방식 또한 괴롭힘 행위의 방지 및 억제에 중요한 영향을 미칠 수 있다. 일부 연구 결과에 따르면 부모에게 '다른 아이들의 일에 나서지 말라'는 말을 들은 아이들의 경우 친구의 괴롭힘 피해를 지켜보거나 심지어는 가해 행위에 동조할 가능성이 높다(Banks et al., 2013; Sullivan et al., 2012; Traube et al., 2007).

이는 곧 학부모들 또한 학교 내 괴롭힘 예방 프로그램에 함께 참여할 필요가 있다는 점을 시사한다. Ttofi와 Farrington(2001) 또한 괴롭힘 방지 개입 프로그램들에 부모 교육이 포함될 경우, 괴롭힘의 발생 빈도 및 피해 정도가 감소한다는 연구 결과를 제시했다.

사이버불링

"청소년들만이 공유하는 문화 현상에 관심이 있는 발달 및 임상 심리학자들이라면 청소년들의 디지털 커뮤니케이션 과정에 주목해야 할 것이다."(Underwood & Ehrenreich, 2017, p. 145) 미국 청소년들 중 88%가 휴대폰을 지니고 있으며, 25%는 거의 항상 인터넷에 접속해 있다(George & Odgers, 2015). 청소년들의 일일 문자 메시지 송수신 건수는 약 67회에 달하며(Lenhart, 2015), 청소년들 중 80%가 휴대폰을 사용하다 잠이 들 정도로 휴대폰을 일상적으로 사용하고 있다(Lenhart, Ling, Campbell, & Purcell, 2010). 청소년들에게 휴대폰은 사회생활에 없어서는 안 될 도구로 인식되고 있다(Barlett, Gentile, & Chew, 2016). 또한 SNS는 친구들이 무엇을 하고 있는지, 누구와 어울리고 있는지, 또래 친구들과 어떻게 지내야 하는지를 이해하는 데 필수적인 소통 방식으로 자리 잡았다. 일부 청소년은 친구들과의 면대면 커뮤니케이션보다는 스마트폰을 통해 소통하는 것을 더욱 선호하고 있다(Lenhart et al., 2010; Underwood & Ehrenreich, 2017).

사이버불링(cyberbulling)은 전자적 커뮤니케이션을 통해서 제3자를 협박하거나, 당혹스럽게 하거나, 모멸감을 주는 행위를 의미한다. 스마트폰에 대한 청소년들의 과도한 의존은 이들을 사이버불링에 더욱 취약하게 만들었다. 미국 메릴랜드(Maryland)주 고등학생 28,104명을 대상으로 시행된 대규모 조사(Waasdorp & Bradshaw, 2015)에서 12.5%가 최근 3개월 이내 사이버불링 피해를 당한 것으로 나타났다. Hinduja와 Patchen(2009)의 조사에서는 중학생들 중 9%가 과거 한 달간 사이버불링 피해를 경험했고, 17%가 기간과 상관없이 최소 한 번 이상 피해를 당한 것으로 나타났다. 또한 조사 참여 중학생들 중 8%는 누군가에게 사이버불링을 한 적이 있다고 응답했다. 3,767명의 중학생들을 대상으로 한 Kowalski와 Limber(2007)의 조사에서는 응답 시점 두 달 이내에 사이버불링 피해를 당한 학생들이 전체의 18%로 나타났다. 중학생 집단에서는 특히 여학생들이 피해를 당하는 경우가 많았으며, 고등학생 집단에서는 남학생들의 피해 및 가해 가능성이 상대적으로 높았다. 사이버불링 연구센터(Cyberbullying Research Center)에서 진행한 최근 조사(Hinduja & Patchin, 2016a)에서 12~17세 청소년들 중 33.8%가 최소 한 번 이상 사이버불링 피해를 경험했으며, 가해 경험은 11.5%였다.

사이버불링은 전 세계의 모든 국가에서 발생하고 있다. 영국의 경우 11~19세 청소년 4명 중 1명이 사이버불링 피해 경험이 있는 것으로 나타났다(Li, 2006). 캐나다에서 진행된 연구에서도 청소년들의 사이버불링 피해 경험 수준은 유사했다(Li, 2006, 2010). 스페인과 이탈리아 청소년들 사이에서도 사이버불링은 심각한 문제로 대두되고 있다(Ortega el al., 2012; 국가별 사이버불링 발생 비중은 Kowalski, Giumetti, Schroeder, & Lattanner, 2014 참조).

사이버불링의 영향

단 한 번의 사이버불링 피해 경험이라도 피해자의 심리적 후유증은 매우 심각할 수 있다(Underwood & Ehrenreich, 2017). 특히 가해자가 친구이거나 친하게 지내던 또래일 경우 피해자에게 미치는 영향은 더욱 크다. "청소년들은 단 한 번의 사이버 괴롭힘 피해 경험에도 매우 큰 상처를 입을 수 있다. 대부분의 사이버불링은 주변 친구들 사이에서 발생한다." (Underwood & Ehrenreich, 2017, p. 155) 2017년 11세 소년이 자신의 여자 친구(14세)의 사망 동영상을 본 후 자살한 사건이 발생했다. 이 동영상은 피해자 소년의 여자 친구가 가짜 동영상을 찍어 소년에게 전송한 것이다. 이 외에도 온라인에 게시된 당혹스러운 사진들을 본 후 자해 · 자살 및 심각한 심리적 후유증을 겪는 청소년들의 사례가 심심찮게 보고되고 있다. 앞서 소개한 Waasdorp와 Bradshaw의 연구에서 피해자들은 사이버불링을 하는 이가 자신의 친구라고 응답한 바 있다. 더욱 심각한 것은 사이버불링은 사이버 공간의 익명성으로 인해 오프라인에서 발생하는 괴롭힘보다 더욱 대담하고 악랄하며 위협적인 방식으로 이루어진다는 것이다.

사이버불링 공격은 피해자 개인의 자존감 및 자아 이미지 손상뿐 아니라 주변 친구들 및 SNS 친구들 모두가 해당 가해 메시지, 사진, 동영상을 공유할 수 있다는 점에서 피해의 영향이 더욱 크며(Underwood & Ehrenreich, 2017), 피해자를 괴롭힌 흔적은 사이버 공간에 영원히 남아 있을 수 있다. 사이버불링 피해자들은 불안장애, 수면장애, 외로움, 우울증, 약물 남용, 학업 저하, 삶의 만족감 감소, 극단적으로는 자살 시도까지 다양한 괴롭힘 후유증을 경험할 수 있다(Mehari, Farrell, & Le, 2014; Underwood & Ehrenreich, 2017). 청소년 정신건강 문제는 신체건강 문제로 이어질 수 있어, 최근 들어서는 공공건강 영역에서도 사이버불링 문제에 관심을 기울이고 있는 추세이다(Selkie, Fales, & Moreno, 2016).

관련 연구들에서는 여학생들의 사이버불링 가해 및 피해 가능성이 더욱 높다고 지적하고 있다. 하지만 앞서 언급한 바와 같이 최근 연구들에서는 여학생들은 초기 청소년기(중학생 등), 남학생들은 후기 청소년기(고등학생 등)에 사이버불링 가해 · 피해 경험이 상대적으로 높은 것으로 나타났다(Barlett & Coyne, 2014). 하지만 인종, 민족, 종교 차이에 초점을 맞춘 청소년들의 사이버불링 관련 연구 사례는 거의 찾아보기 어렵다.

미국 내 대부분의 주정부는 괴롭힘 방지법을 제정하고 있으나, 사이버불링 관련법이 제정된 주정부는 23개 주에 불과하다(Hinduja & Patchin, 2016b). 미국 연방법에서도 사이버불링 관련 조항은 없다. 캐나다의 경우 일부 주정부에서 온라인 및 오프라인 괴롭힘을 다루는 법이 제정되어 있으며, 연방정부 차원에서는 상대방의 동의 없이 모멸감을 줄 수 있는 이미지를 무단 배포하는 것을 범죄로 규정하는 C-13 법안을 통과시켰다. 하지만 이 법에도 해당 사이버불링의 유형이나 세부 금지 사항은 포함되지 않았다.

2006년 14세 소녀 Megan Meier는 마이스페이스(Myspace)에서 만난 Josh Evan이라는 소년에게 '네가 없어지면 세상이 더욱 좋아질 것'이라는 식의 적대적이고 모욕적인 메시지를 받고 견디지 못해 자살했다. 수사 결과, 메시지를 보낸 이는 소년이 아니라 같은 마을에 사는 어머니 친구인 Lori Drew라는 성인 여성인 것으로 밝혀졌다. 이 사건을 계기로 2009년 Megan Meier 사이버불링 금지에 대한 연방법안이 미국 의회에 제출됐으나, 부결 처리됐다. 이 법안은 제3자를 대상으로 강요, 위협, 괴롭힘 및 상당한 수준의 정서적 고통을 야기할 의도를 가지고 미국 내 주 간 혹은 국가 간에 송수신되는 전자적 커뮤니케이션을 사용하는 것을 금지하는 내용을 담고 있다. 위반 시 10만 달러에 해당하는 벌금형 혹은 2년 이하의 징역, 벌금형 및 징역형 모두에 처한다는 처벌 조항을 규정하고 있다. 이 법안은 미국 하원에 두 차례 상정되었지만, 미국 헌법 제1조(언론의 자유)에 위배되며, 검찰의 자의적 해석 가능성이 존재한다는 이유로 부결됐다.

현재까지도 사이버불링 가해 학생들의 처벌은 정학 처리 등 학교 차원의 징계에 머물고 있다. 그러나 아이들은 온라인 공간에서의 상처 경험을 부모에게 이야기하는 것을 꺼린다(Underwood & Ehrenreich, 2017). 피해 청소년들 중 자신의 피해 사실을 부모에게 떨어놓는 비중은 전체 피해자들 중 1/3 수준에 그치고 있다(Waasdorp & Bradshaw, 2015). 부모의 자녀

관리는 사이버불링 피해의 예방 및 대응에 도움이 되나, 새로운 디지털 플랫폼을 여과 없이 받아들이는 청소년들의 사이버 문화를 부모 세대가 온전히 이해하기는 현실적으로 많은 어려움이 따른다. 이러한 점들이 아이들의 디지털 활동을 관리해야 하는 부모들의 주요 과제가 되고 있다. 청소년들의 70%가 부모의 관리를 피하는 데 능숙하다고 한다.

요약 및 결론

신체적 무력이 동반되는 폭력 행동은 비전형적인 인간 행동 중 하나이다. 폭력은 대중매체뿐 아니라 학술적으로도 매우 흥미롭고 가치 있는 연구 주제이다. 언론 매체들에서 여과 없이 방영되는 폭력적인 이미지, 콘텐츠들의 범람은 아이들이 폭력적인 매체에 노출되는 것을 제한해야 한다는 주장으로 연결됐다. 심리학자들의 주된 연구 주제인 공격성의 경우 폭력의 필수 조건인 신체적 폭력이 동반되지 않는 경우도 있으며, 사회적으로 용인되는 폭력 형태 또한 존재한다. 이 점이 폭력의 예방, 예측 및 가해자 및 피해자 치료를 어렵게 만드는 요인으로 작용하고 있다.

이 장에서는 형법 및 범죄 통계에서 규정한 폭력 범죄에 초점을 맞췄다. 살인, 과실치사, 강간, 가중폭력, 강도 등을 주된 폭력 유형으로 구분할 수 있는데, 이들 범죄는 전체 폭력 범죄의 약 1/3을 차지한다. 폭력 범죄로 체포된 이들은 대부분 남성들이나 1990년대 이후 여성의 폭력 범죄 비율 또한 지속적으로 증가하는 추세이다. 남성들에 비해 여성 폭력 범죄 비율이 낮은 이유에 대해서는 다양한 해석이 제기되고 있으나, 일반적으로는 남성과 여성의 사회화 및 생물학적 차이가 거론되고 있다.

폭력 범죄 발생에 있어 인종 · 민족 차이는 중요한 이슈 중 하나이나 연구자들 및 정책 실무자들 관점에서는 해결하기 어려운 난제로 볼 수 있다. 이 장에서는 미국 폭력 범죄 통계에서 차별적이고 불균형적인 형태로 해석되고 있는 흑인, 특히 흑인 남성의 폭력 범죄에 대해 다양한 사회적 요인을 토대로 설명하고 있으며, 생물학적 요인에 의해 특정 인종의 범죄 가능성을 추정하는 것은 비합리적이라는 것을 강조했다.

폭력 범죄에 대한 인종 · 집단 간 차이를 규명하기 위한 연구가 진행되고 있다는 것은 매우 바람직하나, 이 경우에도 특정 인종 · 민족 집단에만 초점을 맞춰 폭력 범죄 발생의 차이를 일반화하는 오류를 범해서는 안 된다. 심리학 및 범죄학계에서는 과연 폭력이 도구적 행위인지, 아니면 반응적 행위인지에 대한 논란이 이어져 왔다. 관련 연구들에서는 살인을 포함한 대부분의 폭력 범죄는 도구적 특성이 있다고 제안하고 있다. 즉, 폭력 범죄자들은 경제적 목적, 주변의 인정, 정치적 변화와 같은 개인의 목적을 달성하기 위해 도구적으로 범죄를 저지른다고 설명할 수 있다. 또한 학계에서는 개인의 생물학적 · 사회적 · 인지적, 상황적 요인의 관점에서 폭력의 원인 및 영향에 대해 탐구해 왔다. 연구자들은 앞서 제시한 네 가지 요인을 모두 고려하는 것이 최선의 접근 방식이라고 제안하고 있다. 한편, 공격성과 생물학적 요인의 관계가 일부 규명되었으나, 뇌 손상으로 인해 공격성 수준이 높아진 아이들 또한 사회적 환경 조건에 따라 폭력 행동을 할 가능성이 감소한다는 점을 고려할 때 사회적 · 인지적 · 상황적 요인들은 생물학적 요인의 영향을 약화시킬 수 있다.

실제 발생률은 다른 폭력 범죄들에 비해 많지 않지만, 살인 범죄는 경찰 실무 및 연구자들 사이에서 매우 중요한 문제이다. 살인 범죄의 경우 강도 등 다른 범죄와 결합되어 발생하거나 평소 알고 지내던 관계에서 발생하는 단일 살인 형태가 대부분이다. 특히 단일 살인 범죄자들은 젊은 남성일 가능성이 높다. 연쇄 · 연속 · 대량살인 등은 비전형적인 살인 형태로 지역사회에 공포를 일으킬 수 있는 극단적 살인 범죄이다.

시간 간격을 두고 반복적으로 살인을 저지르는 범죄자들을 일컫는 연쇄 살인범들은 대부분 남성이며, 피해자는 여성, 남성을 가리지 않는다. 하지만 연쇄 살인범들 중에는 특정 피해자 성별을 선호하는 경우도 있다. 또한 이들은 단일 살인범들에 비해 다소 늦은 나이에 범행을 시작하는 경향이 있다. 연쇄 살인범들의 구체적 프로파일이나 성격 특성이 존재하는 것은 아니나, 일상생활에서 위험해 보이지 않고 오히려 타인을 설득하는 능력이 좋은 인물들로 묘사되고 있다. 일부 연쇄 살인범은 사이코패스 범죄자 유형에 속하는 이들도 있다. 연쇄 살인범 유형론에서는 환영형 등 일부 유형에서 정신이상 증상이 나타난다고 보고하고 있으나, 현재까지 연쇄 살인범들이 정신병 진단 범주에 부합된다는 근거는 명확히 밝혀지지 않고 있다.

한 사건에서 3명 이상을 살해하는 대량 살인범들은 고전적 유형과 가족 살해 유형으로 구분된다. 무차별 공격을 감행하는 테러리스트들 또한 대량살인 유형에 포함시킬 수 있으나, 실제 대부분의 대량살인은 가족 간 살인에서 주로 발생한다. 가해자가 가족 구성원일 경우에는 범행 후 자살을 선택하는 가능성이 높다. 연쇄 살인범들과 비교할 때 대량살인범들은 누군가에게 버림받았거나 실직한 것을 자신에게 위해가 되는 손실 상황으로 지각하는 경향이 강하다. 이들은 고립되고, 무기력하며, 일상에 대한 환멸감으로 인해 범죄를 자행할 가능성이 높다.

직장 및 학교 폭력 또한 지속적으로 대중의 이목을 주목시키고 있는 폭력 유형이다. 전체 폭력 범죄 발생 건수에 비해 학교 폭력 사건의 발생은 매우 미미하다고 볼 수 있으나, 지속적으로 발생하고 있고, 단 한 명의 사망자가 발생해도 해당 지역사회를 충격에 빠뜨릴 수 있다. 최근까지 학교 총기 난사범들의 공통적인 특성은 밝혀진 바가 없다. 학교 및 관련 기관들에서는 특정 학생이 위협에 노출됐을 경우, 정신건강 전문가들에게 위협 평가를 요청하고 있다. 살인이 포함된 직장 폭력도 존재하나, 대부분의 직장 폭력 사건은 직접적 신체 폭력보다는 위협 행위가 나타나며, 가해자들은 퇴사한 전 직원이나 직장 외부 인물인 경우가 많다. 법정 심리학자들은 직장 내 잠재적 위험 인물을 선별하고, 건강한 직장환경을 조성하는 데 있어 매우 중요한 역할을 수행하고 있다.

이 장의 마지막 부분에서는 증오 및 편견 범죄, 스토킹, 괴롭힘 행위, 사이버불링 등을 다루었다. 증오 및 편견 범죄에 대해서는 폭력이 수반되는 경우에 한해 형사 처벌이 가능하다. 스프레이로 인종차별적인 내용을 담은 낙서를 하거나 이슬람 사원을 훼손하는 것과 같은 파괴적 폭력 행위들이 지속적인 사회 문제로 대두되고 있으나, 가해자 규명은 현실적으로 쉽지 않다. 증오 및 편견 범죄에 대해서는 지속적으로 언론에서 보도되고 있으나, 낮은 신고율로 인해 전국적인 발생 건수는 많지 않은 상황이다. 지역별, 경찰관서별 증오 및 혐오 범죄 관련법 및 통계 수집 기준이 다양한 것 또한 관련 범죄 실태를 정확히 파악하기 어려운 이유 중 하나이다.

특정인을 쫓아다니고, 편지를 보내고, 전화를 거는 스토킹 행위들은 전자적 커뮤니케이션 형태로 발전하고 있다. 연구자들은 스토킹 가해자 유형을 분류했는데, Beatty 등(2002)은 스토킹 가해자들을 단순집착형, 연애집착형, 연애망상형, 복수형의 네 가지 유형으로 나누었다. 스토킹을 폭력으로 보기는 다소 모호한 측면이 있으나, 확실한 점은 오프라인 스토킹이든 사이버스토킹이든 피해자에게 극도의 공포감을 유발할 수 있다는 것이다. 또한 일부 스토킹 사건의 경우 치명적인 폭력 행동으로 종결되기도 한다. 스토킹은 4, 5장에서 다루었던 위험성 평가가 필요한 유형이다. 스토킹 관련 연구에서 특히 중요한 점은 스토킹 가해자들의 실제 폭력 가능성을 구분하는 것이다. 최근 밝혀진 바에 의하면, 폭력 가능성이 가장 높은 스토킹은 과거 친밀한 관계에 있던 파트너(전남편, 애인 등)에 의한 스토킹이다. 과거 폭력 행동 전력은 스토킹 가해자들의 폭력 가능성을 예측하는 데 있어 유의미한 변수로 보기는 어렵지만, 관련 연구 결과들의 일관성이 부족하므로 더욱 많은 연구가 필요한 상황이다.

심리학자들, 특히 학교 심리학자들은 아동·청소년들 사이에서 지속적으로 증가하는 사이버불링 등 학교 내 괴롭힘에 대해 관심을 기울여 왔다. 대부분의 연구가 아동·청소년 연령대에서 발생하는 괴롭힘에 초점을 맞추어 왔으나, 괴롭힘은 성인들 사이에서도 빈번하게 발생한다. 연구자들은 괴롭힘 가해자와 피해자의 관계가 복합적인 점 또한 제시하고 있다. 또한 괴롭힘 피해 경험이 있는 아동들은 청소년기 이후 가해자가 될 가능성이 높기 때문에 괴롭힘 가해 · 피해의 조기 발견 및 예방이 특히 중요하다. 괴롭힘 행위에는 가해자와 피해자의 개인적 특성뿐 아니라 또래 집단의 관계 역동이 영향을 미칠 수 있다. 즉, 괴롭힘은 또래 친구들 사이에서 사회적 지위를 얻기 위한 수단일 수 있다. 친구들을 괴롭히던 가해 학생들의 경우 또래 집단에서 영향력 있는 지위를 확보할 경우 괴롭힘 행위를 멈출 수도 있다. 관련 연구들에서는 괴롭힘 문제를 해결하기 위한 가장 효과적인 방안으로 또래 친구들의 개입(괴롭힘 행위에 반대하는 의사 표현 등) 및 적절한 부모 교육을 들고 있다.

주요 개념

강력범죄자체포프로그램Violent Criminal Apprehension Program: ViCAP
공격aggression
과실치사manslaughter
관찰학습observational learning
괴롭힘bullying
권력통제형 살인범power-control killer
대량살인mass murder
단순집착형 스토커simple obsession stalkers
도구적 폭력instrumental violence
반응적 혹은 표출적 폭력reactive or expressive violence
복수형 스토커vengeance stalkers
사명지향형mission-oriented type
사이버스토킹cyberstalking
사회화 요인socialization factors
살인murder
살인 범죄criminal homicide
상황적 요인situational factors
스토킹stalking
연속살인spree murder
연쇄살인serial murder
연애망상형 스토킹erotomania stalking
연애집착형 스토커love obsession stalkers
위협 평가threat assessment

인지적 요인cognitive factors

자문화중심주의ethnocentrism

증오범죄통계법Hate Crime Statistics Act

증오 범죄hate crimes

직장 폭력workplace violence

쾌락형hedonistic type

편견 범죄bias crimes

폭력violence

학교 총기 난사school shootings

학교안전 추진Safe School Initiative: SSI

환영형visionary type

단원정리

1. 심리학 문헌들에 소개된 네 가지 범주의 폭력 원인은 무엇인가?
2. 폭력의 성별, 인종, 민족 간 차이에 대해 설명하라.
3. 지속적으로 폭력적인 매체에 노출되는 것의 부정적인 영향을 요약하라.
4. 단독살인, 연쇄살인, 대량살인, 연속살인을 구분하라.
5. 연쇄 살인범 유형론에 대해 설명하라.
6. 대량살인의 두 가지 주요 유형은 무엇인가?
7. 직장 폭력이라는 용어의 사용이 적절하지 않은 이유는 무엇인가?
8. 직장 폭력의 4개 주요 범주에 대해 설명하라.
9. 증오 및 편견 범죄를 정의하고 이들 범죄에 대한 형사사법 체계의 대응 방식에 대해 논하라.
10. 스토킹과 괴롭힘(bullying) 연구들에서 제시하는 다섯 가지 발견점에 대해 설명하라.

Chapter 9

성범죄의 심리학

주요 학습 내용

- 성폭력과 강간의 정의 및 발생률
- 강간 및 성폭행 범죄자들의 특성
- 매사추세츠 치료센터(Massachusetts Treatment Center)와 Groth의 강간범 및 아동 성범죄자 유형론
- 소아성애의 정의, 임상 데이터 및 주요 연구 결과
- 남성 및 여성 청소년 성범죄자 관련 연구 내용
- 인터넷상에서 벌어지는 아동에 대한 성적 약취/유린 행위
- 성범죄자 대상 심리학적 평가 절차

미국 시카고에서 여성 3명을 지하실에 장기간 감금하고 성폭행한 사건이 발생했다. 피해 여성들은 감금 기간 동안 강간을 당해 출산한 아이들을 데리고 지하실을 탈출했다.

한 연구에 따르면 미국 내 청소년들 중 1/4 정도가 다른 청소년에게 성폭행을 당한 경험이 있는 것으로 나타났다.

정치권 인사들과 학자들은 대학 캠퍼스 및 군대 내에서 발생하는 성폭행 문제에 대해 지속적인 관심을 가져 왔다.

한 대통령 후보가 과거 원치 않는 여성을 자신의 성기로 문지른 사실을 자랑스럽게 떠벌리고 다닌 사실이 드러났다. 하지만 그의 발언은 다수에 의해 잠시 스쳐 지나가는 이야기로 일축됐다.

성범죄는 전 세계 각지에 만연한 범죄이다. 인권 단체들에서는 전 세계적으로 벌어지고 있는 여성 및 소녀들 대상 성폭행 사례들을 보고하고 있다. 성범죄의 발생 원인은 매우 다양하다.

지난 30년간의 연구를 통해 성폭력은 다양한 범죄자에 의해 발생하며, 그 원인 또한 다양하다는 점을 밝혀졌다. 성폭력의 주요 원인은 성적 만족보다는 권력, 통제 및 지배 욕구로, 이러한 요인들이 성폭력 범죄를 유발한다. 성범죄자 관리 및 치료를 위해서는 이와 같은 성범죄자들의 이질적인 특성과 동기에 대한 고려가 특히 중요하다(Brown & Forth, 1997).

다양한 상황 조건에서 개인에 대한 평가를 진행하는 법정 심리학자들이 주로 대면하는 범죄자들이 바로 성범죄자들이다. 성범죄 혐의자는 보석금 지급 전 단계에서 평가가 이루어질 수 있고, 유죄 판결을 받은 후에도 평가가 이루어진다. 청소년 성범죄자들을 대상으로 범죄 위험성 평가, 재활 가능성 평가 등이 진행되기도 한다. 교정 심리학자들 또한 지역사회 및 교도소에서 성범죄자 치료를 진행하고 있다. 교도소 출소 전에는 성범죄 위험성 및 우발적인 성범죄 가능성에 대한 평가가 이루어진다. 또한 법정 심리학자들은 성범죄자 유형 추정 등의 경찰 수사 지원이나 치료 가능성에 대한 법정 전문가 증언을 수행하기도 한다.

이 장에서는 성폭력 범죄의 복잡성과 발생률, 다양한 성범죄자의 발달 이력 및 특징, 성범죄자 평가 방법 등을 종합적으로 다룬다. 성폭력 피해의 영향은 11장에서 다루고 유죄 판결을 받은 성범죄자의 치료는 12장에서 다루어질 것이다. 9장에서는 다양한 성범죄자 유형을 이해하는 데 중점을 두고 있다. 성범죄의 발생 원인은 매우 다양하며, 성범죄자들 간에 공통적인 인구통계학적 요인이 존재하지 않는다는 점 역시 그리 놀라운 사실은 아니다. 더욱이 범죄 수사를 담당하는 경찰 수사관, 범죄자 평가 및 치료를 담당하는 임상 전문가, 피해자 지원 역할을 수행하는 정신건강 전문가, 관련 자료를 수집하고 분석하는 연구자 등도 성범죄 사건 및 성범죄자들을 다루다 보면 정서적으로 취약해질 수 있다(이에 대한 논의는 8장의 Angela Eke 박사의 〈My Perspective 8-1〉, 성범죄자 치료 환경 관련 작업은 Leigh Harkins 박사의 〈My Perspective 9-1〉 참조).

또한 이 장에서는 경찰과 정신건강 전문가들이 사용하는 성범죄자 유형론에 대해 소개할 것이다. 앞 장에서 설명한 바와 같이, 유형학적 접근은 특정 개인을 범주화 혹은 집단화하는 방법으로 범죄와 범죄자들의 특성을 이해하고 그들을 관리하는 데 있어 가장 중요한 출발점이라 할 수 있다. 유형론은 광범위한 종류의 행동, 태도, 동기, 신념 등을 관리 가능한 영역으로 구분할 수 있고, 각 유형별로 의미 있는 설명을 도출할 수 있다. 또한 여러 다양한 집단을 체계적인 기준으로 정리하거나 조사, 평가, 예방, 치료 및 수사 계획에 수립에 유용하게 활용될 수 있다. 유형 분류를 통해 성범죄자들의 복잡한 특성들을 일목요연하게 정리하여, 두드

MY PERSPECTIVE 9-1

정해진 길은 없다: 인내와 훌륭한 조언자만이 당신을 원하는 곳으로 이끌 수 있다

Leigh Harkins, Ph.D.

대학교 학부 시절, 누군가 나에게 “언젠가는 교수가 될 수 있을거야.”라고 말했다면, 나는 웃으며 “전혀 아닌데.”라고 대답했을 것이다. 내가 똑똑하지 않거나 열심히 공부하지 않은 건 아니다. 그러나 대학 교수가 되는 것은 나에게는 불가능한 일로 여겨졌다. 그러던 와중에 대학교 4학년 때 만난 졸업 논문 지도 교수님으로 인해 대학원 진학에 대해 진지하게 생각하기 시작했다.

같은 시기 토론토(Toronto)에 위치한 중독 및 정신건강센터(Centre for Addiction and Mental Health)에서 실습을 하게 됐다. 이곳이 오늘날 나를 있게 한 장소이다. 실습 과정에서 남성 성범죄자 집단치료 프로그램에 참여했다. 이들이 저지른 범죄 내용들을 들으며, 나는 큰 충격을 받았다. 하지만 이들에 대해 알아 가게 되면서, 이들의 과거에 다가서기 시작했다. 당시 내가 관심을 가졌던 것은 성범죄자들이 과거 취업 면접에 어떤 식으로 임했느냐이다. 성범죄자들 역시 한 명의 인격체라는 사실을 깨닫게 되면서 범죄 예방뿐 아니라 성범죄자 치료도 중요하다고 생각하게 됐다.

성범죄자 집단치료 과정 참여를 계기로, 나는 센터에서 연구 보조 자원봉사를 제의받았다(나중에는 유급 직원이 됐다). 이때 엄청난 양의 남성 성범죄자 치료 데이터 코딩 작업을 했다. 성범죄자들의 범죄 행위에 깊숙이 관여했던 그 시절의 경험들은 나를 매혹시켰다. 실습 인턴 경험을 통해 연구자가 되고 싶다는 꿈이 생겼고, 이를 계기로 캐나다 교정기관 협동 실습 과정이 개설된 토론토 대학교(University of Toronto), 온타리오 교육학 연구소(Ontario Institute for Studies in Education) 상담 심리학 전공 석사 과정에 진학했다. 졸업 후 영국 버밍엄 대학교(University of Birmingham) 법정 심리학 전공 박사 과정에 진학, 효과적인 성범죄자 치료 방안에 대해 중점적으로 연구했다. 예를 들어, 연구를 통해 범죄를 부인하는 행위가 낮은 재범률과 밀접한 관련이 있다는 점을 발견했다(이전에는 범죄 사실 부인이 재범 가능성을 증가시키는 요인으로 추정되어 왔다).

하지만 이때까지 걸어온 길이 쉽거나 분명했던 것만은 아니다. 법정 심리학 박사 과정을 거치면서 치료 과정에 대한 흥미가 부쩍 커져 임상 심리학 과정에 진학할 생각을 갖게 됐다. 적당한 대학원 과정을 찾기 위해 캐나다와 미국 전역의 임상 심리학 교육 과정 및 지도 교수님들에 대해 알아보면서 GRE 시험 준비를 했고, 몇몇 대학원에 지원했다. 하지만 모든 대학원에서 입학 허가를 받지 못했다. 임상 심리학자가 되기 위한 출발점에서부터 원하는 일을 하지 못할 수도 있다는 자괴감에 빠졌지만, 임상 심리학 대학원 진학이 매우 어렵다는 사실을 알게 됐고, 다른 길도 있다는 지도 교수님들과 선배들의 조언을 듣게 됐다. 그들이 조언해 준 분야는 상담 심리학 및 임상 심리학 관련 연구 학위 등이었다. 조언과 격려는 내 관심 분야에 적합한 교육 프로그램을 지속적으로 찾아가는 데 매우 큰 도움이 되었다.

여러분도 많은 주변 분들에게 조언을 구하기 바란다. 주변 분들의 지원과 지침은 여러분이 과거에 미쳐 알지 못했던 사실들을 깨닫는 과정이 될 수 있다. 또한 여러분에게 주어지는 기회를 잡기 위해 노력하길 바란다. 나는 박사 과정 동안 학위와 직접적인 관련이 없더라도 지도 교수님이 조언하고 제시하는 내용들을 받아들이기 위해 최선을 다했다. 이러한 기회들은 나를 다양한 방향으로 이끌었다. 그중에서는 교도소 등 형사사법 장면에서 재소자들과 더불어 드라마 기반의 집단 역할 연극을 수행하는 Geese Theatre Company라는 단체와의 협력 프로젝트 활동도 있었다. 이때 나는 영국 전역을 여행하면서 지역 교도소에서 진행되는 이 단체의 활동을 평가하는 역할을 담당했다. 또한 영국 법무부 평가 프로그램에 참여한 적도 있는데, 이로 인해 핀란드, 스웨덴의 범죄자 갱생을 위한 생활 모델 개발 프로젝트에 참여해 발표 및 강의 기회를 얻었다. 자신의 나아갈 길을 개척하기 위해서는 최선을 다하는 만큼 주어지는 기회 또한 달라질 수 있다. 여러분 역시 주변의 교수님과 선배 등의 멘토들이 어떤 예기치 못한 멋진 길을 제시할지, 새로운 열정과 아이디어들이 어디서, 어떻게 촉발될지 아직은 잘 모를 수 있다.

Harkins 박사는 현재 온타리오 과학기술대학(University of Ontario Institute of Technology), 법정 심리학 전공 부교수이다. 그녀는 자전거, 배구, 음악 축제 참석, 채식주의 요리 등을 즐기며, 작은 애완견을 돌보며 생활하고 있다.

러지는 개별 특성을 도출할 수 있다. 성범죄자들이 단일 유형에만 해당되는 경우는 없다는 점도 가해자 유형론에서 강조하는 부분이다. 다만, 8장에서 언급한 바와 같이 유형론은 완벽한 것은 아니다. 따라서 유형론은 지속적인 타당성 검증 및 개정이 필요하다.

성폭력과 강간의 정의

성범죄의 법적 구성 요건은 국가별·지역별로 매우 다양하다. 미국 내 모든 주정부에서는 형사법상 **성폭력**(sexual assault)을 강간(rape)이라는 포괄적 용어로 대체했다. **강간**(rape)은 신체의 질, 항문, 구강에 강제적으로 성기를 삽입하는 행위를 의미하는 개념이다. 그러나 성폭력은 성기 삽입이 없는 상태에서 상대의 신체를 더듬거나 애무하는 행위 등 다양한 형태의 성적 가해 행위까지 포괄하는 개념이다. 또한 최근 들어서는 남성들도 피해자에 포함시키려는 시도가 이루어지고 있어, 갈수록 성 중립적(gender neutral) 관점을 견지한 법률들이 늘어나고 있다.

미국 연방 형법상 성폭력 범죄의 정의를 살펴보면, 첫째, 미국 연방 형법(Federal Criminal Code, Title 18, Chapter 109A, Sections 2241-2243)의 성폭력 정의에는 강간이라는 용어가 사용되지 않으며, 강간 행위를 성폭력 범죄의 필수 구성요건으로 보지 않고 있다(Kilpatrick,

Whalley, & Edmunds, 2002). 둘째, 연방법에서는 성폭력 범죄를 폭행이나 협박에 의한 가중 성적 학대와 이외 다른 수단을 이용한 가중 성적 학대 등으로 구분하고 있다.

미국 연방 법규에서 폭행이나 협박에 의한 가중 성적 학대(aggravated sexual abuse by force or threat of force)란 "다른 사람을 죽음이나 심각한 신체 상해…… 또는 유괴의 대상이 되는 것과 같은 두려운 상황 속에 두거나 협박함으로써 고의로 성행위를 하거나 또는 대항하는 사람에게 무력을 사용하여 성행위를 하려는 시도"로 규정되어 있다.

고의적으로 상대방을 의식 불명 상태로 만들어 성관계를 맺기 위해 '데이트 강간 약물'이나 '아는 사이에서 강간 목적 약물이 사용된 경우' 등과 같은 최근 증가하고 있는 범죄가 가중 성적 학대 범죄에 해당된다. 다른 수단을 이용한 가중 성적 학대(aggravated sexual abuse by other means) 유형으로는 특정인이 상대의 인식이나 동의가 없는 상태에서 또는 폭행 및 협박에 의해 약물, 중독 물질 또는 유사 물질을 투여한 후 성행위를 하는 경우를 들 수 있다. 즉, ① 피해자의 판단력과 행동 통제력을 약화시키고, ② 이러한 피해자와 성행위를 하는 것을 뜻한다.

미국 연방 형법에서 정의하는 일반적인 성적 학대는 가중 성적 학대와 다르게, ① 어떤 이를 협박하거나 그 사람을 두려운 상황으로 몰아넣어 성행위를 하는 것, ② 성행위를 하는 것에 대해 거부 의사를 밝힐 수 없는 피해자와 성행위를 하는 것의 두 가지 유형으로 구분된다.

성폭력 범죄통계

7장에서 논의했듯이, 미국 정부의 범죄통계 기준은 세 가지이다. 각각의 통계 수집 기준에 따라 성폭력 범죄를 조금씩 다르게 정의하고 있다. 이 기준들은 통합범죄보고서(UCR), 전국 사건기반 보고 시스템(NIBRS), 전국범죄피해조사(NCVS) 등이다.

통합범죄보고서(UCR)

통합범죄보고서(Uniform Crime Reports: UCR) 통계에서는 성범죄를 ① **강압적 강간**(forcible rape)과 ② 성범죄(sexual offense)로 구분하고 있다. 데이터 수집 기준은 2013년 이후 개정되었다. 2013년 이전까지 '강압적 강간'이란 "여성의 의지와는 상관없이 벌어지는 물리력에 의한 강제적인 성교"로 정의되었지만, 2013년 12월부터는 '물리력에 의한 강제적인'이라는 표현이 삭제됐다. 개정된 정의에서는 강간을 "아무리 경미한 경우라 해도 피해자의 동의 없이 신체 부위나 특정 물체를 질, 항문에 삽입하거나 혹은 구강에 성기를 삽입하는 행위"로 표현하고 있다. 강간 시도나 강간을 목적으로 한 폭력 행위들은 UCR의 강간 데이터에 포함되지만, 폭력이 수반되지 않은 미성년자와의 성행위 등 법률에 의해 금지된 강간 및 근친상간은 제외됐다. UCR 데이터에서는 강간에 대한 과거 정의를 '전통적인 정의(legacy definition)'로, 새로운 정의는 '수정된 정의(revised definition)'로 규정하고 있다. 그러나 2015년 강간 통계에도 전통적인 정의 기준에 따른 범죄 통계가 여전히 수록되어 있다.

UCR에서는 피해자의 연령 및 성별과 관계없이 강간, 강간 시도, 강간 의도를 지닌 폭력, 모두를 강간이라는 단일 항목으로 집계하고 있다. 이는 과거 전통적 정의에서 강간 피해자를 오직 여성으로만 규정하고 있던 점과 구별된다. 가령 부부 간 동의 없는 성관계는 강간에 포함되나 근친상간은 제외된다. 기타 성범죄 유형에는 타인의 신체를 더듬거나 애무하는 행위, 성기 노출 등의 선정적이고 음탕한 행위들이 포함된다.

물리력이 동원되지 않았더라도 미성년자와의 성관계 등 법률에 의해 금지된 법적 강간의 경우 검거 건수 데이터만 수집되고 있다. 그렇다고 해서 중범죄 요건에 해당되는 미성년자와의 성관계를 심각한 범죄로 간주하지 않는 것은 아니다. 경찰에 신고된 미성년자 대상 성범죄 중 약 25%가 법률에 의해 금지된 대상과의 성관계인 법적 강간으로 추산된다(Troup-Leasure & Snyder, 2005). UCR에서는 경찰 신고 사건 중 체포 데이터만 집계한다. 또한 피해 여성의 연령대와 관계없이 강압적 강간이 이루어진 경우, 폭력이 행사된 경우, 강간 시도가 이루어진 경우 각각을 개별 데이터로 집계한다. 2012년 신고된 전체 강간 범죄 중에서 약 93%가 강간 기수로 분류되며, 나머지는 강간 미수에 해당된다(FBI, 2013a).

2013년까지 UCR에서는 남성 대상 성범죄를 강간으로 간주하지 않았다. 현재는 개정됐지만, 아직 충분한 데이터가 수집되지 않았다. 아마도 남성 대상 강간 범죄에 대한 정확한 통계 수치를 확보하기 위해서는 상당한 시일이 걸릴 것으로 예상된다. 따라서 이 장에서 인용되고 있는 UCR 데이터들의 경우, 수정된 정의가 아닌 기존 정의에 따라 수집된 여성 대상 강간 범죄 데이터만을 다루고 있다. 최근까지 남성 대상 성범죄들은 발생 상황이나 상해 정도에 따라 가중폭행이나 기타 성범죄로 분류되지 강간 범죄로 취급되지 않고 있다.

또한 UCR에서는 신체적 폭력은 없으나 성관계에 응하지 않을 경우 해고시키거나 기타 신상의 불이익을 주겠다는 위협, 협박에 의한 강간 역시 포함시키지 않고 있다. 그러나 미국 내 일부 주정부에서는 가해자 폭력의 정의를 확대해 물리적 폭력이 수반되지 않은 성적 요구 등도 범죄로 간주하고 있다(Kinports, 2002).

전국 사건기반 보고 시스템(NIBRS)

11장에서 다시 논의될 전국 사건기반 보고 시스템(National Incident-Based Reporting System: NIBRS)은 성폭력 통계 수집 기준을 세분화하고 있다. NIBRS에서는 범죄를 A집단, B집단의 두 가지 범주로 유형화하고 있는데, A집단은 성범죄 등 마흔여섯 가지 유형의 중범죄를, B집단은 부도수표 통용 등 상대적으로 경미한 열한 가지 범죄를 포함하고 있다. 성범죄는 강제성 유무에 따라 두 가지 유형으로 구분된다. 강제적인 성범죄는 물리적인 강간, 강제적인 남색, 도구를 사용한 성폭력, 강제적인 애무 등이 포함된다. NIBRS에서 수집하는 세부 범죄 데이터 항목은 다음과 같다.

- 피해자의 인구통계학적 정보
- 피해자의 상해 수준
- 피해자 진술에 기반한 범죄자의 나이, 성별, 인종, 민족
- 피해자와 범죄자의 관계

또한 NIBRS에서는 범행 무기, 사건 발생 장소, 체포 범죄자들의 인구통계학적 정보들은 별도 통계로 수집하고 있다. NIBRS는 UCR과 마찬가지로 최종 유죄 판결 기록이 아닌 수사기관들에서 수집한 정보를 근간으로 통계를 산출하고 있다.

전국범죄피해조사(NCVS)

전국범죄피해조사(National Crime Victimization Survey: NCVS)는 정부가 주도하는 피해자 통계이다. NCVS에서는 남성 및 여성 피해자 모두를 강간 피해자로 정의하고 있다. 성폭력 항목에서는 성폭력 시도 및 성폭력을 위한 위협 등을 포함해 넓은 의미에서 피해 항목 데이터를 수집하고 있다.

강간 및 성폭력 관련법들에서는 성범죄나 강간 혐의 입증을 위해서는 물리력의 사용과 상대의 동의가 없었다는 점에 대한 증거를 요구하고 있다. 예를 들어, 관습적으로 강간하거나 성폭력 피해자의 저항이 없었다는 점은 전통적으로 합의의 증거로 해석되어 왔다. 이와 동시에 역설적으로 강간 피해 상황에서는 강간범의 화를 돋우지 않음으로써 더욱 큰 피해를 방지하기 위해 저항하지 말아야 한다고 한다. 물론 피해자의 극단적인 저항이 있어야만 성범죄자가 유죄 판결을 받는 것은 아니나, 유죄 판결을 위해서는 피해자의 저항 행동이 증명되어야 한다(Kinports, 2002). 또한 피해자가 성인이라는 점을 들어 범죄 혐의를 부인할 가능성이 있기 때문에 성관계 동의 유무는 강간 및 성폭력 사건의 사실관계 판단 시 매우 중요

한 요소이다.

법적 강간 통계

법적 강간(statutory rape)이란 법률상 성관계 동의 연령에 해당되지 않는 12~18세 소녀와의 불법적인 성관계를 뜻한다. 미국 주정부들 중에는 성관계에 동의할 수 있는 연령 기준을 16세 혹은 18세로 규정한 경우도 있다. 성관계 동의 연령이란 중요한 문제에 대한 결정, 동의 및 이에 따른 행위의 결과 인식이 가능한 수준인 인지적·정서적 성숙도에 대해 나이를 기준으로 판단하는 법적 개념이다. 만약 피해 여성이 미성년자라면 법적으로 동의 능력이 없는 상대와 성관계를 맺은 것이므로 강간 범죄 성립 여부를 판단할 때 피해자 동의 여부를 고려할 필요가 없다. 또한 피해자의 나이를 몰랐다는 진술 또한 법정에서 받아들여지지 않는다. Kinports(2002)에 따르면, "전통적인 의미에서 법적 강간은 미혼인 소녀들의 경제적 가치를 보호하기 위한 친부의 법적 수단이었지만, 오늘날에는 취약한 아동들을 보호하는 법적 장치로 활용되고 있다"(p. 737). 최근에는 성관계 동의 연령 기준에서 성별 차이를 두지 않는 추세이다. 또한 미성년자에 대한 법적 강간 혐의로 구속되려면 가해자와 피해자의 나이 차이가 최소 두 살 이상이어야 한다.

기만에 의한 강간

기만에 의한 강간(rape by fraud)은 동의하에 성인과 성관계를 맺은 경우라도 피해자를 기만하여 성관계를 유도한 경우를 의미한다. 자주 인용되는 예는 심리치료사들이 성관계를 효과적인 치료 방법이라 속이고 환자와 성관계를 맺는 경우이다.

관련된 정의 개념이 매우 포괄적이고 수정되어야 할 필요성이 제기되고 있음에도 불구하고, 원치 않는 불법적 성행위 관련 범죄들을 설명할 때 법적이나 학술적으로 강간과 성폭력이라는 용어가 혼용되고 있다. 이는 미국 법무부 발간 문서에서 여실히 드러나고 있다. 정부 공식 문서에서는 성행위의 강요 및 실제 이루어진 경우를 포함한 성적 행위들을 강간이라고 표현한 데 반해 성폭력은 강간을 포함한 다양한 유형의 성적 공격을 표현할 때 사용된다. 다시 말하면, 강간은 항상 성폭력에 포함되지만 모든 성폭력이 강간에 해당되는 것은 아니다.

이 책에서는 강간과 성폭력 개념의 차이 및 시대적 변화 흐름을 고려해서, 성기 삽입이 명백하게 나타난 경우에 한해 강간이라는 용어를 사용하고 이외의 성범죄들에 대해서는 성폭력이라는 용어를 사용할 것이다. 또한 관련 연구 문헌들을 소개할 때는 해당 연구자가 사용한 용어를 그대로 사용할 것이다.

강간과 기타 성폭력 발생률

전국범죄피해조사(NCVS) 보고서를 살펴보면, 신고되지 않는 성폭력 범죄들이 상당수에 달한다는 점을 확인할 수 있다(Kilpatrick et al., 2002; Langton, Berzofsky, Krebs, & Smiley-McDonald, 2012). 2005~2010년 사이 경찰에 신고된 성폭력 건수는 NCVS에서 집계된 성폭력 범죄의 1/3에 불과하다(Langton et al., 2012). 피해 사실을 신고하지 않은 피해자들 대다수는 가해자의 보복을 우려하거나 가해자가 곤경에 처할 것을 염려해 신고하지 않았다고 응답했다(〈표 9-1〉 참조).

또한 성폭력 피해자 대상 조사 결과에서는 가해자가 배우자, 남자 친구 혹은 아는 사람

표 9-1 성인 · 미성년 여성 대상 강간, 성폭력 피해 사건 중 신고 및 미신고 비중(2005~2010)

전체	비중
신고	36%
신고 사유	
재발 및 피해 범위 확대 방지, 사건의 종결 등	25%
도움을 받기 위해, 손해 보상	3%
가해자의 추가 범죄에서 가족 및 자신을 보호하기 위해	28%
범죄자 재범 방지	17%
경찰 신고를 통해 보호받기 위해	21%
기타/무응답	6%
미신고	64%
미신고 사유	
다른 기관에 신고(학교기관 등)	8%
개인 문제	13%
대응이 필요할 정도로 중요하다고 여기지 않음	8%
경찰이 도움을 줄 수 없는 상황	2%
경찰이 도움을 줄 것 같지 않음	13%
가해자를 법적 문제에 처하게 하고 싶지 않음	7%
신고하지 말라는 주변의 조언	1%
보복 두려움	20%
기타/무응답	30%

출처: Planty, Langton, Krebs, Berzofsky, & Smiley-McDonald(2013)의 자료 수정 인용.

일 경우 피해자들은 자신이 성폭력 피해자로 불리는 것을 꺼리는 경향이 발견됐다(Acierno, Resnick, & Kilpatrick, 1997). 피해자가 장애를 지닌 경우에는 사회적 고립이나 보복의 두려움 등으로 인해 성폭력 피해 사실을 신고하지 않을 가능성이 있다(Kilpatrick et al., 2002). 가해자가 가족 혹은 보호자일 경우에는 피해자들은 가해자가 법적인 문제에 휘말리지 않기를 원하는데, 이는 자신이 신고할 경우 가해자가 체포되어 적절한 보호를 받지 못할 수 있다는 두려움이 앞서기 때문이다. 최근 몇 년간 교정기관, 대학교 캠퍼스, 군부대에서 발생한 성폭력 사건 또한 지속적으로 보고되고 있는데, 이러한 사건들의 신고율은 매우 저조한 것으로 알려져 있다(군대 내 성폭력 사건에 대한 논의는 〈Focus 9-1〉 참조).

통합범죄보고서(UCR)에 따르면 2015년 기준 여성 대상 강간 범죄는 총 83,376건이다(FBI, 2016b). 남성 피해자들까지 합산할 경우 전체 피해자 수는 124,047건에 달한다. 전통적인 통계 기준으로 볼 때 여성 10만 명당 28.1명, 남성과 여성을 합산한 전체 인구 기준 10만 명당 38.8명이 강간 및 성폭력 범죄 피해자로 추산된다. 폭력적인 강간 범죄의 경우 과거 10~15년 동안 눈에 띄는 하락 추세를 보이고 있다. 강간 및 성폭력 사건 10건 중 8건이 경찰 신고가 이루어지지 않으며, 신고 사건들 중 기소되지 않는 경우는 73~93%로 추정된다(Campbell et al., 2014; Lonsway & Archambault, 2012; Shaw, Campbell, Cain, & Feeney, 2016).

UCR 통계 기준에서는 경찰에 의해 가해자가 체포·구속될 경우, 피해자가 경찰에 협조하지 않아 용의자 신원을 확보하지 못한 경우, 체포 전 가해자가 경찰에 사살된 경우 등을 '해결된(cleared)' 범죄로 정의하고 있다. 이러한 기준에 따른 2015년 강간 범죄 해결률은 과거 2013년 이전 전통적 통계 수집 기준으로는 38.2%, 개정된 통계 기준으로는 37.8%로 나타났다(FBI, 2016a).

성폭력 범죄 발생률에 대한 설명을 위해 수많은 정부 주도 및 독립적 민간 연구들이 진행되어 왔다. 이 중에서는 특정 집단(대학생, 특정 민족, 정서 및 지적 장애인 등)의 성폭력 범죄 발생률을 초점으로 진행된 연구들도 있다. 전국 친밀한 파트너와 성폭력 조사(National Intimate Partner and Sexual Violence Survey: NIPSV)에서는 미국 내 여성 5명 중 1명(18.3%), 남성 71명 중 1명이 일생 동안 최소 한 번 이상 강요된 성교, 강요된 성교 시도, 알코올 및 약물 사용 성교 피해 경험을 한 것으로 나타났다(Black et al., 2011). 이 조사에서 여성 피해자들 중 과반수 이상(51.1%)이 친밀한 파트너에게 강간을 당했으며, 40.8%는 남자 친구 혹은 데이트 도중에 아는 사람들에게 강간 피해를 당했다고 응답했다. 남성 피해자들의 경우는 절반 이상(52.4%)이 알고 지내던 이들에게 강간 피해를 당했으며, 전혀 모르는 사람에게 강간 피해를 당한 경우는 15.1%로 나타났다. 여성 피해자들의 절반은 18세 이전에 최초 강간 피해를 경험했다고 한다.

FOCUS 9-1 군대 내 성폭력 사건

미국 법무부 보고 내용에 따르면 최근 몇 년간 군대 내 성폭력 사건은 증가하는 추세이다. 2014년 초 발표된 국방부 보고서에서는 2012년 7월 1일부터 2013년 6월 30일까지 파악된 군대 내 성폭력 사건은 3,553건으로, 전년 대비 43%가 증가했다. 군대 내 성폭력에는 강간 시도, 강제 추행 등이 포함되나, 다른 통계들에서 집계하는 성희롱은 빠져 있다. 남성, 여성 모두 성폭력 피해자가 될 수 있지만, 데이터상으로만 보면 여성 피해자들이 월등히 많다. 일부 통계에서는 여성 현역 군인들의 20~48%가량이 성폭력 피해를 당한 것으로 나타났으며, 매일 약 70건 이상의 원치 않는 성적 행위가 이루어진다고 한다. 따라서 여성 군인들 사이에서는 전쟁 경험으로 인한 외상 후 스트레스 장애(PTSD)보다 강간 피해로 인한 PTSD가 더욱 많으며, 전투에서 적군에 의해 살해되는 경우보다 동료 병사에 의해 살해되는 경우가 15배나 많다고 한다.

군대 내 성폭력에는 군인들 간, 군무원이 군인을 상대로 한, 군인이 군무원을 상대로 한 사건들로 구분된다. 최근 몇 년간 성폭력 사건이 증가한 이유는 피해자들이 적극적으로 피해 사실을 신고하고, 조직적 차원에서 성폭력 문제를 거론하고 있기 때문이다.

심리학자들은 다양한 방식으로 군대 내 성폭력 사안에 관여하고 있다. 민사 소송을 제기한 피해자 평가, 성적 학대의 심리적 결과에 대한 변호사 조언, 성폭력 피해자 치료, 군대 내 성폭력 예방 및 교육 프로그램 참여, 관련 입법에 대한 의회 증언, 성적 후유증의 영향에 대한 법정 증언 등 심리학자들의 역할이 필요한 경우가 있다.

토론 질문

1. 앞서 언급한 심리학자들의 역할 중 법정 심리학자의 역할이 가장 필요한 것은 무엇인가?
2. 군대 내 성폭력 문제를 해결하는 데 가장 효과적인 심리학자의 역할은 무엇인가?
3. 군대, 대학교, 교정기관 등에서 벌어지는 성폭력 사건들에 대한 정확한 정보를 수집하기 위해 해결해야 할 당면 과제들에는 어떤 것들이 있는가?

미국과 캐나다에서 진행된 조사에서는 여대생의 50% 이상이 다양한 형태의 성폭력 피해를 경험한 것으로 나타났다(Morry & Winkler, 2001). 전국 여성 연구(National Women's Study: NWS; Kilpatrick, Edmunds, & Seymour, 1992)에서는 강간 피해 경험은 성인 여성의 약 13%, 또 다른 형태의 성폭력 피해 경험은 약 14% 수준이었다. 전국 청소년 조사(National Survey of Adolescents: NSA; Kilpatrick & Saunders, 1997)에서는 여성 청소년의 약 13%와 남성 청소년의 3.4%가 성폭력의 피해 경험이 있는 것으로 나타났다.

미국 젊은이들 중 상당수가 비교적 어린 나이에 이성관계를 경험하고 있다(Garthe, Sullivan,

& McDaniel, 2017). 전체 청소년들 중 과반수 이상이 12세 이전에 최소 한 번 이상의 데이트 경험이 있었다(Garthe et al., 2017; Steinberg, 2014b). 불행하게도 많은 청소년들이 데이트 도중 폭력 및 성폭행 피해를 당하는 것으로 나타났다.

데이트 강간 또는 지인에 의한 강간

데이트 강간(date rape)은 **지인에 의한 강간**(acquaintance rape)이라고도 불린다. 이는 일반적으로 데이트 도중에 발생하는 성폭력 범죄들을 일컫는다. 데이트 강간 및 지인에 의한 강간은 흔히 알려진 것 이상으로 매우 빈번하게 발생하는 범죄로, 전체 강간 사건의 약 80% 정도를 차지한다(Planty, Langton, Krebs, Berzofsky, & Smiley-McDonald, 2013). 반대로 말하면, 미국 내 성폭력 사건 중 단지 20% 정도만이 전혀 모르는 가해자에 의해 벌어진다고 볼 수 있다. 데이트 강간과 지인에 의한 강간이라는 용어가 혼용되고 있는데, 엄밀히 말하면 데이트 강간은 데이트 관계에서 발생하는 것이고 지인에 의한 강간은 데이트 이외의 상황에서 친구, 이웃, 동급생, 친척 등 평소 알고 지내던 사람들에 의해 발생하는 사건이다. 지인에 의한 성폭력의 경우 약 1/3 정도가 과거 혹은 현 배우자, 이성 친구 등 친밀한 관계에 있는 사람이 가해자인 경우이고, 38%는 친구 및 알고 지내던 사람에게 성폭력을 당한 경우이다(Planty et al., 2013). 특히 18~24세 여성이 타 연령대에 비해 피해를 당하는 경우가 가장 많다(Sinozih & Langton, 2014).

데이트 및 지인 사이에서 발생하는 강간 및 성폭력에 관한 연구들의 경우 대부분 여대생 집단을 대상으로 이루어져 왔다(Post, Biroscak, & Barboza, 2011). 약 4,500여 명의 여대생을 대상으로 한 조사에서 Fisher 등(2000)은 약 10%가 강간 피해 경험이 있었으며, 11%는 협박이나 신체적 강제력을 동반한 강간미수 경험이 있다는 점을 발견했다. 또한 여대생 중 35%가 동의하지 않은 성 접촉을 경험한 적이 있다고 응답했다. 이러한 강간 사례 중 많은 경우가 데이트 도중 발생했다. Fisher 등의 연구에서는 여대생 10명 중 9명이 자신을 강간한 남성의 신원을 알고 있었으며, 또 다른 조사에서는 여대생의 1/4 이상이 키스, 애무, 구강 및 항문 성교 등 원치 않는 성 접촉을 경험한 것으로 나타났다(Gross, Winslett, Roberts, & Gohm, 2006). 이 조사에서 가해자의 41%가 남자 친구였고, 29%는 친구, 21%는 지인이었다([사진 9-1] 참조).

음주 여부는 데이트 강간 및 지인에 의한 강간과 밀접한 관계가 있다. 데이트 도중 발생한 성폭력 사건들 중 절반 이상이 술을 마신 상태에서 발생했다(Gross, Bennett, Sloan,

Marx, & Jurgens, 2001; Ullman, Karabatsos, & Koss, 1999). 젊은 남성들 중 상당수가 술을 마시고 있는 여성과는 쉽게 성관계를 맺을 수 있다고 생각한다(Abbey, Zawacki, & McAuslan, 2000). 따라서 음주 중인 여성들이 성폭력 범죄의 표적이 될 가능성이 높다(Abbey, Zawacki, Buck, Clinton, & McAuslan, 2004). 그러나 Sarah Ullman(2007b)은 "여성의 음주 자체가 성적 피해 위험을 증가시킨다고 볼 수는 없다."라고 언급하며 강간 사건이나 피해자가 신체적 상해를 입은 사건들에서 가해자만 술을 마신 경우가 더욱 많다는 연구 결과를 인용, "피해자들보다는 가해자가 술을 마신 경우 성폭력 범죄로 이어질 가능성이 더 크다."(p. 419)라고 주장했다.

사진 9-1 한 대학생 페이스북에 여성을 대상으로 한 약물 강간을 지지하는 여성 혐오적인 글이 게시된 직후, 대학교 캠퍼스 내에서 이와 같은 성폭력 사태에 항의하는 집회가 열리고 있다. 많은 대학생이 항의 연설을 경청하고 있다.
출처: iStockphoto.com/shaunl

데이트 강간 가해자들은 자신이 데이트를 신청했고, 운전도 하고, 모든 비용을 지불했기 때문에 피해 여성으로부터 그에 합당한 '보상'을 받을 권리가 있다는 그릇된 인식을 지니고 있다. 남자 대학생들을 대상으로 한 Hill과 Fischer(2001)의 연구에서는 이와 같은 남성들의 그릇된 인식이 강간 통념 및 강간 행동을 좌우하는 중요 특성으로 작용한다는 점이 발견됐다. 그러나 여성의 적극적인 데이트 신청 및 동등한 비용 지불 등 데이트 관행의 변화로 이와 같은 남성들의 그릇된 인식 또한 점차 변화하고 있다.

데이트 강간 관련 연구 문헌들에서 발견된 공통점은 남성들이 여성들보다 피해자를 비난 하는 경우가 많으며, 오히려 가해자에 대한 비난은 많지 않다는 점이다(Basow & Minieri, 2010; Munsch & Wilier, 2012). 하지만 Black과 McCloskey(2013)는 강간의 책임, 처벌에 대한 의견, 데이트 강간에 대한 반응, 실제 강간 상황에 대한 평가 등 모든 부분에 있어 남성 및 여성의 전통적인 성역할 신념이 고루 영향을 미친다고 주장하며, 단지 남성과 여성의 성별 차이만으로 데이트 강간의 특성을 설명할 수 없다고 한다. 더불어 전통적인 성역할 고정관념에 사로잡힌 일부 남성은 "관계를 통제하고 유지하기 위한 수단으로서 복종을 강요할 수 있다는 인식을 가지고 있다."(p. 951)라고 지적했다. 이와 유사한 성역할 관념을 지닌 여성들 또한 남성의 관심을 받고, 관계를 유지하기 위해 스스로를 도구화할 수 있다고 생각하는 경우도 있다. Black과 McCloskey는 이와 같은 전통적인 성역할 관념들이 성관계 태도 뿐 아니라 데이트 상황에서의 의사결정에도 강력한 영향을 미칠 수 있으며, "전통적인 성적 고정관념에 사로잡혀 있는 이들은 데이트 강간 상황에서 피해자 책임이 더욱 크다고 인식함과 함께 피해 여성의 신고, 가해자의 체포 및 유죄 판결에는 부정적이고, 가해자 처벌은 더욱 관대할 필요가 있다고 생각한다."(p. 962)라고 주장했다.

전통적인 성역할 관념은 피해자의 주변인, 경찰, 의료기관 종사자들에게 영향을 미칠 수 있다. 이들 개개인의 판단과 평가는 뿌리 깊은 성역할 고정관념 및 강간 통념을 반영한 결과일 수 있다. 이러한 예로는 성폭력 피해자가 병원으로 호송되었을 때 치료 우선순위 결정 권한 가진 의료진의 피해자에 대한 태도 및 공감 능력 부족에서도 여실히 드러나고 있다.

강간범의 인구통계학적 특성

UCR 데이터에서 강간 혐의로 체포된 이들 중 41%가 25세 이하이며 15% 이상은 18세 이하일 정도로(FBI, 2016a) 강간 범죄자들의 연령대는 타 범죄자들보다 낮은 편이다. 또한 유죄 판결을 받은 강간범들 중 상당수가 성장기 반사회성 행동을 보였을 가능성이 높아, 강간범들은 성범죄뿐 아니라 다양한 범죄를 저질렀을 가능성이 높다. Mercado, Jeglic, Markus, Hanson과 Levenson(2011)의 연구에서는 성범죄자들 중 70%가 과거 성범죄 이외 다른 범죄로 기소된 전력이 있었다. Warren, Hazelwood와 Reboussin(1991)의 조사에서는 연쇄 강간범들의 71%가 아동 및 청소년 시절에 상점에서 물건을 절취한 전력이 있었고, 55%는 성인 대상 폭행, 24%는 방화, 19%는 동물 학대 경험이 있는 것으로 나타났다. Hanson과 Morton-Bourgon(2005)의 연구에서는 성범죄자들 대부분이 유사 전과가 없는 성범죄 초범이었으며, 성범죄보다는 다른 범죄 혐의로 검거될 가능성이 더 높은 것으로 나타났다. 또한 성범죄자들의 재범률은 성범죄 및 기타 범죄를 포함해 약 36% 수준이었다. 즉, 성범죄자들, 특히 강간범들은 다양한 범죄를 저지를 가능성이 높은 인물이라 할 수 있다.

성적 살인

강간 범죄에서 신체적 폭력이 동반되는 경우는 전체 약 40% 수준이다(Tjaden & Thoennes, 2006). 또한 피해자를 제압하고 복종시키기 위한 목적으로 무기가 사용된 경우는 11%이다. 강간 및 성폭력 과정에서 살인이 발생한 범죄를 성폭행 살인, 즉 성적 살인이라 한다. 미국 내 성적 살인 발생 비중은 전체 범죄의 1% 이하이다(Chan, Heide, & Myers, 2013; Chan, Myers, & Heide, 2010). 이는 성적 살인을 성폭력 범죄의 유형으로 볼 것인가, 살인 유형으로 볼 것인가에 따른 통계 수집 기준에 좌우된다. 성적 살인과 일반 살인의 범죄 현장 특성은 피해자가 성폭력을 당했다는 점 이외에는 크게 다르지 않다. 이러한 점이 결국 통계 산정 시 문제로 작용한다. 일례로, 미국, 영국, 캐나다의 경찰은 성적 살인을 공식적으로 살인 범죄로 간주하고 있다(Chae et al., 2010). 더불어 놀라운 사실 중 하나는 과거 30년간 발생한 성적 살인 중 18세 이하의 청소년들이 저지른 비중이 약 10~11%에 달한다는 것이다(Hill, Haberman, Klussman, Berner, & Briken, 2008).

성적 살인 범죄자 4,000명을 대상으로 한 Chan, Myers와 Heide(2010)의 연구에서는 피해자들의 72%가 백인이었고, 64%는 성인, 13%는 노인, 12%는 청소년, 11%는 아동이었으며, 가해자들 중 41%는 흑인인 것으로 나타났다. 가해자와 피해자 관계는 서로 알지 못하는 비면식 관계 비중이 일반 강간 사건 등에 비해 다소 높았지만, 전체적으로 면식 및 비면식 관계의 비중 차이는 크지 않았다(Chan et al., 2013). 이후 여성 피해자를 대성으로 강간 및 살인을 저지른 범죄자 204명(청소년 27명, 성인 177명)을 대상으로 한 Chan과 Frie(2012)의 연구에서 가해자들은 대부분 피해자와 직접적 및 간접적인 면식 관계였던 것으로 나타났다.

흔히 성범죄자들은 사회적 기술 및 친밀감 형성 수준이 부족한 외톨이로 묘사되곤 한다. 이는 아동 성추행범 집단에서 특히 두드러지는 특징이다(Marshall, 1996). 그러나 연구자들은 성범죄자 전체를 유사한 특성을 공유하는 동질적인 집단으로 간주하지 않고 있다. 따라서 성범죄자 연구에서는 유형론적 접근을 통해 하위 집단을 구분한 후 개별 집단의 특성을 설명하는 접근 방식이 주로 사용된다. 지금부터는 대표적인 성범죄자 유형에 대해 설명할 것이다.

강간범 유형론

개인의 성격 특질들 및 행동 패턴에 근거한 분류 방식을 유형론(typologies)이라 한다. 유형론은 범죄 행동을 이해하는 데 유용하게 활용되고 있다. 범죄자 유형론 중 가장 대표적인 것이 강간범 유형론이다. 그러나 모든 범죄자가 하위 유형에 완벽하게 부합하는 것은 아니라는 점 또한 명심할 필요가 있다.

유형론의 또 다른 문제점으로는 경험적인 방법으로 타당성 검증이 이루어진 경우가 극히 드물며, 때로는 범죄자들에 대한 선입견을 조장할 수 있다는 점이다(Schwartz, 1995). 따라서 범죄자 유형론은 경험적 증거나 범죄자 간 개인차를 고려하지 않고 대중 및 연구자들이 선호하는 방식으로 범죄자 유형이 분류될 수 있다는 한계가 있다.

그럼에도 불구하고 유형론은 다양한 범죄 행동 패턴을 조직화하는 데 매우 유용하며, 특히 교정시설 및 범죄자 치료 프로그램에서 하위 범죄자 집단별로 차별적 처치를 진행하는 데 큰 도움이 된다. 예를 들면, 교정기관에서 수감자 수용 장소를 결정하거나 집단별 치료 전략을 수립하는 데 유형론은 유용하게 활용된다. 일부 연구자는 유형론에서 구분된 하위 유형별 재범 위험성 예측 결과의 차이를 유형 분류 결과의 유용성 판단을 위한 엄격한 기준으로 보고 있다(Quinsey, 1986).

대표적인 강간범 유형론으로는 FBI 유형론(Hazelwood & Burgess, 1987), Selkin 유형론(Selkin, 1975), Nagayama-Hall 유형론(Nagayama-Hall, 1992), Nicholas Groth 유형론(Groth, 1979) 등이 있다. 이 중 강간범 및 아동 성추행범 유형 분류를 목적으로 매사추세츠 치료센터(Massachusetts Treatment Center: MTC) 소속 연구자들과 임상가들이 성범죄자 대상 실증 연구 결과를 토대로 개발한 것이 MTC 유형론이다(Knight & Prentky, 1987; Prentky & Knight, 1986). MTC는 최근까지 후속 연구들에서 엄격한 기준으로 타당성 평가를 받아 왔다(Goodwill, Alison, & Beech, 2009).

MTC 유형론은 여러 차례 개정되어 현재 4차 개정판이 발표됐다(Knight, 2010; Knight & King, 2012). 이 장에서는 강간범 및 아동 성추행범 유형론 3차 개정판을 중심으로 MTC 유형론에 대해 살펴보겠다(뒤의 [그림 9-1], [그림 9-2] 참조).

매사추세츠 치료센터 강간범 유형론

매사추세츠 치료센터(MTC)의 연구진들(Cohen, Garafalo, Boucher, & Seghorn, 1971; Cohen, Seghorn, & Calmas, 1969; Knight & Prentky, 1987; Prentky & Knight, 1986)은 유죄 판결을 받은 강간범들의 행동 패턴에 초점을 맞춰, 성폭력 사건에서 나타난 성적 행동 패턴, 공격 방식 등을 중심으로 실증적인 유형 분류 체계를 발전시켜 왔다. 특히 MTC는 강간범의 심리 특성을 설명하는 데 있어 매우 훌륭한 틀을 제공하고 있다.

구체적으로 MTC 연구자들은 강간 범죄는 복합적인 요인에 의해 나타난다는 가정하에 강간 행동을 유발시킨 다양한 특성 차원을 통합시키는 작업을 진행했다. 이는 곧 MTC가 특정 강간 행동이 아닌 발생 가능한 모든 강간 행동을 포괄하고 있다는 점을 의미한다. MTC 초기 모델에서 강간범의 동기를 치환된 공격형, 보상형, 성적인 공격형, 충동형의 네 가지 유형으로 구분했지만, 개정된 모델에서는 강간범의 기회주의, 분노, 성욕, 보복의 네 가지 주요 동기를 중심으로 아홉 가지 하위 유형으로 구성된 **매사추세츠 치료센터: 강간범 유형론 제3판**(MTC:R3)을 완성했다(Knight, Warren, Reboussin, & Soley, 1988; [그림 9-1] 참고). 여기서 그치지 않고, MTC 연구진을 포함한 많은 학자는 MTC:R3와 관련된 다양한 후속 연구를 진행했다(Barbaree & Serin, 1993; Barbaree, Seto, Serin, Amos, & Preston, 1994; Goodwill et al., 2009; G. T. Harris, Rice, & Quinsey, 1994).

아홉 가지 하위 유형은 강간범 및 아동 성추행범들의 행동, 정서 및 사고 패턴 등과 관련된 여섯 가지 변수에 기초한다. MTC:R3 유형론을 설명하기에 앞서, 여섯 가지 변수를 살펴보면 다음과 같다. 이 변수들은 연구자들이 강간범의 심리 특성으로 공통적으로 지적하는 것들이다.

- 공격성(aggression)
- 충동성(impulsivity)
- 사회적 능력(social competence)
- 성적 환상(sexual fantasy)
- 가학성(sadism)
- 단순한 인식 또는 믿음(naive cognition or belief)

어떤 의미에서 위 여섯 가지 변수들은 MTC 강간범 유형론의 개발 및 지속적인 개정을 촉발시킨 기본 개념들이며, 개별 하위 유형들에 대한 보다 심층적인 이해를 위해서는 변수들 각각에 대해 구체적으로 살펴볼 필요가 있다. 다만 이 변수들 중 어떤 변수들은 특정 강간범 집단에서 더욱 두드러진 특징으로 나타날 가능성이 있다.

공격성

강간범 유형 분류 차원에서 공격성(aggression)은 도구적(instrumental) 공격성과 표출적(expressive) 공격성의 두 가지 범주로 구분될 수 있다(Prentky & Knight, 1991). 도구적 공격성은 분노 표현이 아닌 피해자 복종을 위해 의도된 공격성 유형이다. 표출적 공격성은 피해자에게 굴욕감을 주고 상처를 입히는 것으로 단순히 피해자를 복종시키는 목적 이상의 극단적 폭력 형태로 나타난다. 일부 강간범의 경우 단일 범죄에서 이 두 유형의 공격성이 복합적으로 나타날 수 있기 때문에 강간범의 행동을 독립적으로 도구적·표출적 차원으로 이분화시키기에는 한계가 있다. Prentky와 Knight(1991)는 "피해자의 복종만을 강요하는 강간범들이라 해도 상황적 조건에 따라 공격성의 수준과 패턴이 다양하게 나타날 수 있다." (p. 647)라고 설명했다. 즉, 강간범의 음주 및 약물 상태, 공범의 존재, 또 다른 피해자의 존재 등 다양한 범행 조건에 따라 공격성 또한 가변적일 수 있다. 특히 표출적 공격성은 강간범의 성적 각성에 의해 유발될 수 있고 그렇지 않은 경우도 있다. 그러나 공격성에 대한 이분법적 분류는 MTC 유형론의 하위 유형을 설명하는 데 유용한 이론적 토대가 되고 있다.

충동성

강간범들뿐 아니라 모든 범죄자들을 설명하는 데 있어 가장 중요한 요인 중 하나가 충동성(impulsivity)이다. 충동성이 범죄 행동에 중요한 영향을 미친다는 점은 수많은 연구 결과와 임상적 평가를 통해 확인된 사실이다. 또한 충동적인 생활양식은 재범 및 상습적인 범죄 행동을 설명하는 가장 강력한 예측 변수이다(Prentky & Knight, 1986, 1991). 충동적인 사람들은 부족한 자기통제 능력으로 인해 부정적인 결과를 예견하면서도 충동적인 행동을 자행하는 경향이 있다. 즉, 일상생활에서의 충동적인 습관 및 행동 여부는 상습 성범죄자 여부를 구분할 수 있는 가장 강력하고 유의미한 변수이다. 또한 충동성은 반사회성 행동을 변화시키는 데 초점을 두는 성범죄자가 치료 프로그램들이 가장 주안점을 두는 요인이다. Prentky와 Knight(1991)에 의하면, "임상가들은 성범죄 재범에 있어 충동성의 중요성을 충분히 인식하고 있다. 성범죄자 치료 과정에는 자기통제 및 충동성 관리 프로그램들이 필수적으로 포함되어 있다"(p. 656).

사회적 능력

성범죄자들은 이성 관계를 포함한 대인관계를 원만히 수행할 만한 사회적 기술이 결핍되어 있다고 설명되고 있다(Prentky & Knight, 1991). MTC 연구자들은 이를 사회적 능력(social competence)이라 정의했는데, 이 개념은 MTC유형론에서 다양한 하위 유형 개발 · 분류에 있어 중요한 역할을 한다. 일반적으로 강간범들은 일상적 대인관계에서 소극적인 면모를 보이며, 특히 아동 성추행범들의 경우 사회적 능력 결여가 두드러지는 경향이 있다. 사회적 능력은 사회적 적극성 및 자기주장, 의사소통, 사회 문제 해결, 사회적 안정, 정치적 분별 등 광범위한 능력을 나타내기 때문에 다양한 맥락에서 발전되는 복잡한 기술로 설명할 수 있다.

성적 환상

성적 환상(sexual fantasy)은 타인에 대한 성적 각성이나 성적인 상상을 의미한다

(Leitenberg & Henning, 1995). 임상가들은 일탈적 성적 행동의 필수적인 전제 조건으로 성적 환상을 꼽고 있다. Leitenberg와 Henning은 "대부분의 남성 성범죄자가 성적으로 일탈된 환상을 갖고 습관적으로 자위행위를 한다. 이는 일반 남성들과 비교해서 매우 빈번하게 나타나는 특성이다."(p. 487)라고 한다. 성적 살인 혐의로 유죄 판결을 받은 범죄자 대상의 임상 연구 결과에 따르면 약 80%가 성적 공격 행동과 관련된 성적 환상을 지니고 있었으며(Burgess, Hartman, & Ressler, 1986), 특히 성적 연쇄 살인범들에게서 이러한 비중이 더욱 높았다(Prentky et al., 1986). 따라서 대부분의 성범죄자 치료 과정에는 성적 환상을 억제하기 위한 치료 내용 프로그램들이 포함되어 있다(Leitenberg & Henning, 1995; Marshall, Boer, & Marshall, 2014). 더불어 연쇄 및 단일 성폭력 살인 범죄자 간에 일탈적 성적 환상의 내용, 빈도, 강도에 있어 유의미한 차이가 있다는 점은 관련 연구들을 통해 밝혀진 사실이다(Prentky & Knight, 1991).

그러나 부적절한 성적 환상이 비정상적인 사고 및 행동 패턴을 의미하는 것은 아니다. Briere와 Runtz(1989)는 대학생 대상 조사 연구에서 일반인들도 부적절한 성적 환상을 지니고 있다는 점을 발견했다. 이 연구에서 남자 대학생 중 21%가 아동에게 성적 매력을 느낀 경험이 있다고 응답했으며, 9%는 아동에 대한 성적 환상을 지닌 것으로 나타났다(Leitenberg & Henning, 1995). Malamuth(1981)가 실시한 조사에서는 남자 대학생의 35%가 경찰에 체포되지만 않는다면 성폭력 범죄를 저지를 수도 있다고 응답했으며, 또 다른 조사에서는 남자 대학생 352명 중 60%가 기회가 된다면 강제로 성행위를 하거나 강간을 저지를 수도 있다고 응답했다(Briere, Malamuth, & Ceneti, 1981). 일반적인 남자 대학생들이 공격적이며 폭력적인 성적 환상을 지니고 있을 수는 있으나, 이러한 환상이 실제 행동으로 나타날지 여부는 결국 타인에 대한 공감 능력 수준에 달려 있다(Dean & Malamuth, 1997). 가령 자기중심적인 사람들의 경우 그들의 성적 환상을 행동으로 드러낼 가능성이 상대적으로 높다. "성적 환상이 그 자체만으로 성범죄의 필요충분조건이라는 것은 과학적으로 입증된 사실이라고 볼 수 없다."(Leitenberg & Henning, 1995, p. 488)

가학성

"피해자의 성적인 신체 부위에 기괴하거나 의식적인 형태의 폭력 패턴이 나타났느냐 여부가 가해자의 가학성(sadism)을 결정짓는 기준이다."(Prentky & Knight, 1991, p. 652) 가학성은 성범죄자를 성적으로 각성시키고 즐겁게 하는, 잔혹하고 악의 있는 행동들을 의미한다. 가학적 강간범(sadistic rapist)은 다른 강간범 유형에 비해 가까운 친구들, 친밀한 관계에 있는 파트너, 가족 등을 대상으로 범죄를 저지르는 경우가 많다(Prentky et al., 1986).

단순한 인식 또는 믿음

관련 연구들에서는 남성 강간범들에게 가장 빈번하게 나타나는 태도로 공격을 정당화하는 태도(offense-justifying attitude)를 지목하고 있다. 이는 비단 강간범들뿐 아니라 일반 남성들도 지니고 있을 수 있다. 성적 환상과 마찬가지로 이와 같은 비이성적인 인지적 왜곡 성향 또한 성범죄자 치료 프로그램의 핵심 내용이다.

성적 사회화는 성범죄자 발달 과정에 매우 중요한 영향을 미친다. 여성에 대한 성적 태도 및 행동은 가족, 동료, 연예인에 대한 이미지, 대중매체와의 접촉 경험을 통해 학습된다. 일례로, Koss와 Dinero(1988)에 의하면 성적 공격성 수준이 높은 남성들은 여성에 대한 적개심 수준이 높으며, 음주 및 폭력적이고 일탈적인 음란물 시청 빈도가 높다. 또한 여성에 대한 지배적인 태도를 지닌 이들과 친밀한 관계에 있을 수 있다. 이들은 성관계 시 파트너를 복종시키기 위한 방법으로 폭력 및 강압적 행동을 사용해도 된다는 그릇된 신념을 지니고 있을 가능성이 높다. "성폭력 가해자들의 심리 특성과 유년기 경험이 결국 공격성과 같은 성범죄 발생 조건들을 형성한다. 즉, 경험 및 관찰을 통한 성적 사회화가 성적 공격성 발달 과정에 영향을 미친다고 볼 수 있다."(Koss & Dinero, 1988, p. 144)

성적 공격성 수준이 높은 남성들은 남성에 대해서 지배, 통제, 권력을 떠올리고 여성에 대해서는 복종, 허용, 순응을 떠올린다. 이러한 성향은 성적으로 공격적인 남성들을 범죄 상황에서 탈억제시키는 데 영향을 미친다. 예를 들어, 이들은 상대 여성의 모호한 행동을 유혹으로 인식하고, 피해 여성들 또한 자신과의 성관계를 원하며, 강압적인 성적 행동이 폭력적인 가해 행동이 아닌 상호 간의 성적 만족을 위한 행동이라고 인식할 수 있다(Lipton, McDonel, & McFall, 1987).

강간 통념

강간 통념(rape myth)과 여성혐오주의적(misogynistic) 태도는 성범죄 발생에 중요한 역할을 한다. 강간 통념은 "여성에 대한 남성들의 성적 공격성을 부인하고 정당화하는 신념과 태도들로, 일반적으로 그릇된 믿음으로 여겨지나 여전히 지속적으로 받아들여지고 있다"(Lonsway & Fitzgerald, 1994, p. 134). 모든 강간범들이 강간 통념을 지녔다고 할 수는 없지만, 일부 강간 통념에 동조하는 남성들은 강간에 대해 지지적인 입장을 취할 수 있다(Chapleau & Oswald, 2010; Good, Heppner, Hillenbrand-Gunn, & Wang, 1995; Jonhson & Beech, 2017). 이는 데이트 강간 가해자들 역시 마찬가지이다(Hill & Fischer, 2001; Truman, Tokar, & Fischer, 1996). 한편, 교도소 내 강간 범죄에 관한 연구들에서는, 성폭력 범죄를 저지른 재소자들뿐 아니라 이를 묵과한 교도관들의 경우에도 강간 통념에 사로잡혀 있을 가능성이 높다고 보고하고 있다(Neal & Clements, 2010).

Chapleau와 Oswald(2010)의 연구에서는 권력과 성에 대한 인지적 연합 수준이 높을수록 강간 통념을 옹호하고, 실제 강간 범죄 가능성이 더욱 크다는 점이 발견됐다. 게다가, 강간 통념 수용도가 높은 남성들일수록 성적 관심을 자제하지 못하며, 여성들의 행동과 옷차림새를 보고 자신을 유혹하는 것이라고 오지각하는 경향이 높은 것으로 나타났다. 이와 유사한 결과는 Bohner Jarvis, Eyssel과 Siebler(2005)의 연구에서도 찾아볼 수 있다. 이 연구에서는 강간 통념이 성적 공격성을 정당화하는 데 유의미한 영향을 미친다는 결과를 제시하며, 강간 통념에 따른 성적 공격성은 "단지 발생하는 데 그치는 것이 아니라 향후 폭력성 증가 요인으로도 작용할 수 있다."(p. 827)라고 했다.

이 외에도 소위 '마초(macho)' 성향이 강한 남성들의 경우에도 냉담한 성적 태도 및 폭력이 남자다움을 드러내는 기준이며, 위험 추구 행동에서 희열을 느끼려는 경향이 강하다(Hill & Fischer, 2001; Mosher & Anderson, 1986). 성적 공격성 수준이 높은 남성들은 여성에 대한 성적 · 신체적 폭력이 남성과 여성 사이의 질서를 유지하는 최선의 방법이며, 여성이 느끼는 성적 굴욕감이 정당화될 수 있다는 그릇된 사고를 지니고 있을 가능성이 높다. 즉, 이들의 여성에 대한 기본적 인지적 틀은 적개심이라 할 수 있다(Lonsway & Fitzgerald, 1995).

Malamuth, Linz, Heavey, Barnes와 Acker(1995)는 성적 공격성 수준이 높은 남성 집단을 실험집단으로 하고 성적 공격성을 지니고 있지 않은 집단을 대조집단으로 한 비교 연구를 통해 두 집단 간에 구별되는 특징을 분석했다. 성적 공격성 수준이 높은 남성 집단의 특징은 ① 여성에 대한 불안, 방어적 태도, 과민적 태도, 적대적 불신 성향, ② 여성에 대한 통제 및 지배를 통한 만족, 희열감, ③ 여성이 보내는 단서를 오해석하는 경향성 등으로 요약할 수 있다.

성적으로 공격적인 남성들의 경우 기본적으로 '여성은 신뢰할 수 없는 존재'라는 신념을 지니고 있어(Malamuth, Heavey, & Linz, 1993; Malamuth, Sockloskie, Koss, & Tanaka, 1991), 여성들이 하는 말이나 행동을 곧이곧대로 받아들이지 않는다. 특히 이성 관계에서 이러한 경향이 두드러진다. 이들은 여성에 대한 의심 수준이 매우 높고, 대화를 할 때 여성의 의도를 반대로 해석하는 경향이 있다. Malamuth, Sockloske, Koss와 Tanaka(1991)에 따르면, 권력, 강인함, 지배력, 공격성, 경쟁적인 이기심 등을 '남성다움'의 기준으로 여기는 사회적 풍토와 하위 문화가 상냥함, 공감, 감수성 등과 같은 '여성스러움'을 적대시하는 태도를 유발시킨다고 한다. "일부 남성들은 여성들의 긍정적 특성을 인정하는 것은 남성으로서의 정체성을 포기하는 것이라고 인식하고 있다. 반면에 여성들에게 공격성과 지배력을 표현하는 것이야말로 '진짜 남자'라는 생각에 사로잡혀 있다."(Malamuth et al., 1995, p. 354) 이러한 남성들에게 성적 공격성은 남성성을 재확인할 수 있는 방법이 될 수 있다.

또한 성적으로 공격적인 남성들은 의사소통 시 상대 여성의 우호적 행동, 유혹 행동, 적대적 행동, 자기주장 행동 등을 구분하는 정보 처리 능력이 부족하다(Malamuth & Brown, 1994; Murphy, Coleman, & Haynes, 1986). 예를 들어, 강간범들은 첫 데이트에서 여성의 언어적·비언어적 표현을 이해하는 능력이 일반 남성들에 비해 떨어진다(Lipton et al., 1987). 이와 같은 정보 처리 능력의 결함은 특히 상대 여성이 직접적이고, 명확하게 확신에 찬 어조로 이야기할 때 더욱 두드러진다. 여성이 강하게 항의하고 반항하는 것은 상대 남성을 적대적으로 여긴다는 표현인데, 성적 공격성 수준이 높은 남성들은 이를 자신을 유혹하려 하며 자신과 일종의 게임을 즐기는 듯한 행위들로 인식한다.

언어적·비언어적 의사소통 과정에서 발생하는 오지각은 비단 성폭력 상황에서만 나타나는 것은 아니다. 정보 처리 능력의 결함은 아이들을 포함해 공격성 및 폭력성 수준이 높은 사람들에게 나타나는 공통적인 특성이라 할 수 있다. Kenneth Dodge(2003; Dodge & Pettit, 2003)는 공격적인 아동들에게서 적대적 귀인 편향 수준이 높다는 점을 발견했다. 즉, 공격성 수준이 높은 아이들은 덜 공격적인 또래 아동들에 비해 타인의 모호한 행동들을 적대적이고 위협적인 행동으로 오해석할 가능성이 높으며(Dodge, 1993), 상대의 의도와는 상관없이 상대의 의사 표현을 공격적이라고 받아들이기 쉽다. 폭력적인 청소년 및 성인들 역시 "사회 문제를 적대적인 방식으로 받아들이고, 적대적인 목표를 쉽게 수용하며, 합리적인 대안을 찾으려는 시도를 하지 않은 상태에서 우선적으로 공격적인 해결책만을 찾으려는 경향이 있다"(Eron & Slaby, 1994, p. 10). 이러한 정보 처리 능력의 결핍은 아동기 초기의 정상적인 사회적 상호작용 능력의 발달이 결여된 결과로 볼 수 있다.

한편, 성적 피해 경험이 많은 여성일수록 위험 상황 단서들에 대한 식별 능력이 상대적으로 떨어진다는 연구 결과도 있다. 대표적인 연구로는 민족·인종 배경이 서로 다른 18~24세 여대생 194명을 대상으로 한 Yeater, Treat, Viken과 McFall(2010)의 연구를 들 수 있다. 이 연구의 참여자들은 실험자가 제시한 성적 피해 위험과 여성의 인기에 영향을 미치는 요인을 서술한 가상의 상황 시나리오를 읽은 후 성적 경험 조사(Sexual Experiences Survey: SES) 및 강간통념수용성 척도(Rape Myths Acceptance Scale)로 구성된 자기보고식 질문지에 응답했다. 성적 경험 조사(SES)는 성적 피해 경험의 심각성 수준을 측정하기 위한 질문들로 구성되어 있다. 조사 결과, 성적 피해 경험 수준이 심각한 여대생 집단에서 성폭력 위험이 높은 상황을 지각하는 정도가 낮은 것으로 나타났다. 성폭력 위험 상황을 식별하는 능력을 방해하는 요인으로는 '남자 친구와의 관계 단절' '인기 상실에 대한 두려움' 등으로 나타났다. 또한, 강간 통념 수용성 수준이 높을수록 성폭력 위험 상황 식별 능력 또한 낮은 것으로 나타났다. 이러한 결과에 대해 연구자들은 "강간에 대한 지지적인 태도가 성적 상호작용 과정에서 효과적 의사결정에 필요한 정보 사용을 방해하는 역할을 한다."(p. 383)라고 해석하고 있다.

그러나 여성들이 강간 위험 신호를 잘못 해석했다는 것이 범죄의 책임이 여성에 있다는 것을 의미하지 않는다. 이와 같은 '피해자 비난' 경향은 성범죄뿐 아니라 모든 범죄에서 공통적으로 나타나는 현상이다. 성범죄 피해 위험을 사전에 방지하기 위해서는 남성뿐 아니라 여성 또한 강간 통념은 잘못된 사고에 따른 것임을 충분히 인식할 필요가 있고, 관련 범죄 피해 방지 요령을 숙지할 필요가 있다(Ullman, 2007a).

강간 통념은 강간범뿐 아니라 성직자, 대학생, 고등학생, 군인 등에게도 존재한다(Shaw, Campbell, Cain, & Feeney, 2016). 또한 남성뿐 아니라 여성에게도 강간 통념이 자리 잡고 있다고 볼 수 있다. 경찰관(Shaw et al., 2016; Smith, Wilkes, & Bouffard, 2016) 및 배심원(Dinos, Burrowes, Hammond, & Cunliffe, 2015; Shaw et al., 2016) 역시 강간 통념을 지니고 있는 것으로 나타났다. 강간 통념에 대한 경찰관 대상 연구를 진행한 Shaw 등에 따르면, 강간 통념이 노골적으로 드러나지는 않았지만 강간 사건 수사 과정에도 강간 통념이 암묵적으로 존재한다고 한다. 이에 대해 Shaw 등은 "강간 통념 조사를 통해 확인되지는 않았지만, 여전히 강간 통념은 암묵적으로 작동하고 있으며 의사결정과 행동에 영향을 미치고 있다."(p. 9)라고 설명했다. 이와 같은 강간 통념은 강간 사건 조사, 관계자 면담, 수사 보고서 작성 과정 시 담당 경찰관의 태도에 반영될 수 있다(〈Focus 9-2〉 참조).

Focus 9-2 지속적인 강간 통념 문제

강간 피해자들 및 피해자 지원 단체의 홍보 및 대응 노력에도 불구하고 강간 범죄에 대한 잘못된 인식들은 여전히 사라지지 않고 있다. 강간을 당한 여성들의 경우 생물학적으로 임신이 되지 않도록 보호하는 신체 기능이 존재한다고 발언한 과거 한 공직 후보 출마자의 발언이 논란이 된 적이 있다. 이 발언으로 그는 엄청난 비난을 받았지만, 여전히 강간 통념들은 존재한다. 앞서 본문에서 언급한 바와 같이, 이와 같은 강간 통념은 일반인들뿐 아니라 일부 경찰관의 의식에도 존재한다. 경찰관 대다수가 강간 피해자들을 성적으로 문란하고 오히려 강간을 원한 것이라고 생각하지는 않지만, 강간 위험 상황에서 적절히 대응하지 못한 책임이 있다고 여기는 경향이 있다.

Shaw 등(2016)은 경찰관들의 강간 통념 수용 수준을 확인하기 위해 실제 성폭력 사건 수사 보고서들을 분석했다. 그 결과, 절반 이상의 사건 기록에서 강간 통념을 암시하는 진술들을 발견했다. 그 진술은 다음 세 가지 피해자 비난 유형으로 나뉘었다.

- 발생 정황(circumstance): 성폭행 상황에 근거해 강간 피해 사실을 최소화함(예: '피해자가 부상당하지 않음' '가해자 공격에 대한 적절한 정서 반응의 부재' 등)
- 피해자 특성(character): 피해자의 특성에만 초점을 맞춤(예: '피해자는 약물 사용자임' '밤늦게 혼자 외출하지 말았어야 했음' 등)
- 수사 상황(investigating): 철저한 수사가 어려운 이유를 피해자 탓으로 돌림(예: 초기 조사 과정에서 피해자의 비협조적인 행동의 원인을 고려하지 않고 비난함)

마지막 유형인 '수사 상황'에서 강간 통념이 반영된 보고서가 작성되는 이유에 대해 연구자들은 경찰 수사 과정에서 강간 피해자들이 직면하는 현실적인 문제들에 대한 수사관의 이해 부족을 꼽고 있다. 관련 연구들에서는 강간 피해 사실을 신고한 피해자들 중 거의 절반 이상이 경찰 조사 과정에서 굴욕적인 감정을 느꼈으며, 이로 인해 몹시 속상했다고 응답한 것으로 나타났다(Patterson, 2011). 이러한 상황에서 피해자들이 경찰 수사에 협조하지 않는 것을 이상한 행동이라 볼 수는 없다. 경찰 심리학자와 일부 정신건강 전문가는 경찰관들 사이에 강간 통념이 암묵적으로 자리 잡고 있으며, 피해자를 비난하는 태도를 변화시킬 수 있는 교육·훈련이 시급하다고 이야기하고 있다.

토론 질문

1. Shaw 등(2016)의 연구에서는 수집된 성범죄 수사 보고서 중 절반 이상에서 강간 통념을 암시하는 진술이 포함되어 있었다. 이를 가해자를 찾아 기소하지 말라는 뜻으로 해석할 수 있는가?
2. 경찰관들에게 자신들 역시 강간 통념을 암묵적으로 지니고 있다는 사실을 어떻게 인식시킬 수 있을까? 경찰 심리학자들이 사용할 수 있는 교육·훈련 방법에는 어떤 것들이 있는가?
3. 이 장에는 강간 통념이 강간범뿐 아니라 일반 대중에게도 지속적으로 존재한다는 최근 연구 결과들이 제시되어 있다. 강간 통념이 당신이 다양한 사람과 상호작용하는 직장, 대학교 캠퍼스, 지역사회에도 존재하는가? 존재한다면 혹은 존재하지 않는다면 그 이유는 무엇일까?

MTC:R3

매사추세츠 치료센터 강간범 유형론 제3판(MTC:R3)에서는 강간범들의 네 가지 주요 동기(기회주의, 분노, 성욕, 보복)와 앞서 설명한 여섯 가지 변수(공격성, 충동성, 사회적 능력, 성적 환상, 가학성, 단순한 인식 또는 믿음)에 기초해서 강간범을 아홉 가지 유형으로 구분하고 있다.

현재까지 보고된 성폭력 범죄 관련 연구들은 오로지 남성 강간범들에게만 초점을 맞춰 왔다. 강간 사건 중 여성이 가해자인 경우는 극소수에 불과하며, 여성 성범죄자 대부분은 남성 가해자와 공범으로 범죄를 저지르는 경향이 있다. 최근 들어 일부 연구자가 여성 가해자 단독 성범죄 비율이 실제보다 과소평가되고 있다고 주장한 바 있다. 여성 성범죄자들의 단독 성범죄 비율이 과소평가되는 이유는 사회 통념상 여성의 성적 공격 행동 또한 피해자에게 치명적인 위해가 될 수 있다는 점을 인정하는 것에 대한 사회적 반감에 기인한다고 해석할 수 있다(Becker, Hall, & Stinson, 2001). 그러나 공식 기록들을 살펴보면 전 세계를 통틀어 성범죄 가해자들 중 여성 비중은 4.8%에 달한다(Cortoni, Hanson, & Coache, 2010). 호주, 캐나다, 뉴질랜드, 영국, 미국 등에서 실시된 성범죄 피해자 조사 결과에 따르면, 여성 성범죄자 비중이 가장 낮은 국가는 뉴질랜드(3.1%)이고, 가장 높은 국가는 호주(7.0%)이며, 5개국 평균은 4.8%로 나타났다. 여기서 다루고 있는 MTC:R3 유형론은 남성 성범죄자들에게 초점을 맞추고 있다. 여성 성범죄자에 대해서는 뒤에서 별도로 다룰 것이다.

기회주의형 강간범(유형 1, 유형 2)

기회주의형 강간범(opportunistic rapist)들은 강간 기회가 생기면 충동적으로 범죄를 저지르는 유형이다. 이들은 내적인 성적 환상보다는 맥락적 요인 및 범죄 기회에 의해 동기화되는 특성을 지니고 있다(Prentky & Knight, 1991). 또한 강도, 절도 등 별도 범죄 상황에서 강간을 저지르기도 한다. 이 외에도 술집 등에서 우연히 마주친 여성을 상대로 강간을 저지르기도 한다. 기회주의형 강간범들의 가장 두드러진 특징은 충동성, 자기통제 부족으로, 마치 미숙한 어린아이들과 비슷하다. 더욱 중요한 점은 이러한 빈약한 충동 통제로 인해 일생 동안 일상생활 전반에 걸쳐 무책임하고 충동적인 행동을 보인다는 점이다. 따라서 이 유형에 해당되는 강간범들은 과거에 다양한 범죄를 저지른 경우가 많다. 즉, 강간은 이들이 자행하는 다양한 반사회적 행동들 중 하나일 뿐이다.

기회주의형 강간범들은 피해자를 사람이 아닌 단순한 성적 대상으로 인식한다. 따라서 피해자의 공포나 두려움에 대해 특별한 반응을 보이지 않는다. 이들은 유년기, 청소년기, 성인기에 걸쳐 다양한 문제 행동을 보여 왔다. MTC:R3에 의거해 기회주의형 강간범으로 분류되기 위해서는 다음과 같은 특성들을 지니고 있어야 한다.

- 피해자의 행복과 안락함에 대한 냉담과 무관심
- 피해자를 복종시키기 위한 최소한의 폭력 사용(도구적 공격성). 강간 목적에 필요치 않은 과도한 무력 사용이나 공격성을 보이는 경우 이 유형에 해당되지 않음

- 빈번한 폭력, 공공 기물 파손 및 기타 충동적인 반사회적 행동 등 성인의 충동적 행동 증거

매사추세츠 치료센터 연구자들은 발달 심리학적 관점에서 사회적 능력 및 높은 수준의 충동성이 최초로 나타나는 단계에 따라 기회주의형 강간범의 하위 유형을 구분했다. 유형 1은 성인기 이후 충동성이 발현되는 사회적 능력 수준이 높은 유형이며, 유형 2는 사회적 능력 수준이 낮고 청소년기부터 충동성을 보인 유형이다.

분노팽배형 강간범(유형 3)

MTC:R3에서는 유형 3을 **분노팽배형 강간범**(pervasively angry rapist)으로 정의하고 있다. 이 유형에 해당하는 강간범들은 삶의 모든 부분에 대해 전반적이고 무차별적인 분노를 보이고 있다. 이들은 세상에 대한 분노로 가득 차 있으며, 이러한 분노는 남녀 모두를 겨냥하고 있다. 피해자들은 단지 그 자리, 그 시간에 있었다는 이유만으로 예상치 못한 무작위적 폭력에 희생될 수 있다(Prentky & Knight, 1991). 여성 피해자들을 공격할 때 이들의 성적 각성 수준은 낮거나 혹은 성적으로 각성되지 않은 상태이다. 이들은 범행 시 공격성이 극대화되기 때문에 피해자가 부상을 당할 가능성이 매우 높다. Brown과 Forth(1997)에 따르면, 사이코패스 성범죄자들은 대부분 기회주의형 혹은 분노팽배형 유형에 속한다고 한다.

이 유형에 해당하는 강간범들 중에는 안정적인 직업에 종사하고 있고 사회적으로 성공한 사람들도 포함된다. 이들은 스스로를 강인하고, 남성적이며, 운동 능력이 뛰어나다고 인식하고 있다. 따라서 주로 트럭 운전수, 목수, 기계공, 배관공 등 남성적인 직업에 종사하는 경우가 많다. 그러나 주변인들은 이들을 성급하고 난폭한 성향을 지닌 사람들로 평가하고 있다(Holmes & Holmes, 2002). 이들은 어린 시절 불우한 가정생활을 경험한 경우가 많은데, 상당수가 방치·학대 경험을 지닌 입양아나 위탁 아동인 경우가 많다.

Knight와 Prentky(1987)가 제시한 분노팽배형 강간범으로 분류하기 위한 조건은 다음과 같다.

- 피해자 제압 이상의 과도한 신체적·언어적 폭력을 사용해 분노 및 공격성을 표현(표출적 공격성). 단, 성적 공격성 수준은 높지 않음
- 청소년기 및 성인기의 성적·비성적인 반사회적 행동의 증거
- 주로 비계획적인 공격 행동을 보임

아직까지 분노팽배형의 하위 유형은 확인되지 않고 있어, 유형 3 단일 형태로 분류되고 있다.

성적으로 동기화된, 가학형 강간범(유형 4, 유형 5)

유형 4에서 유형 7의 네 가지 유형은 장기간 성적이고 가학적인 환상이 지속되는 유형이다. 뚜렷한 성적 집착과 환상 패턴이 이 네 가지 유형 모두에서 나타나는 공통점이다. 이 유형의 강간범들은 가학성 유무에 따라 가학적 유형과 비가학적 유형으로 구분되며, 이 중 가학적 유형은 '명시적(overt)' 유형과 '은밀한(muted)' 유형으로 다시 구분된다. 명시적 유형은 직접적으로 성적 공격성이 표출되는 경우이며, 은밀한 유형은 단지 성적 혹은 가학적 환상만을 지닌 경우이다([그림 9-1] 참조). 명시적 유형에 해당되는 강간범들의 범행 동기는 피해자의 공포 및 두려움을 통해 성적 각성을 충족시키는 데 있다. 즉, 피해자들의 공포는 이들을 흥분시키며, 이들을 흥분시키는 행위들은 결국 환상에 기인한다. 은밀한 유형(유형 5)의 경우 관련 연구 자료가 부족하여 현재 개정 작업 중인 MTC-R4에서 삭제되었다. 이 외의 하위 유형들은 그대로 유지된다. 명시적 유형 강간범들은 범행 시 성적 요소와 공격적 요소

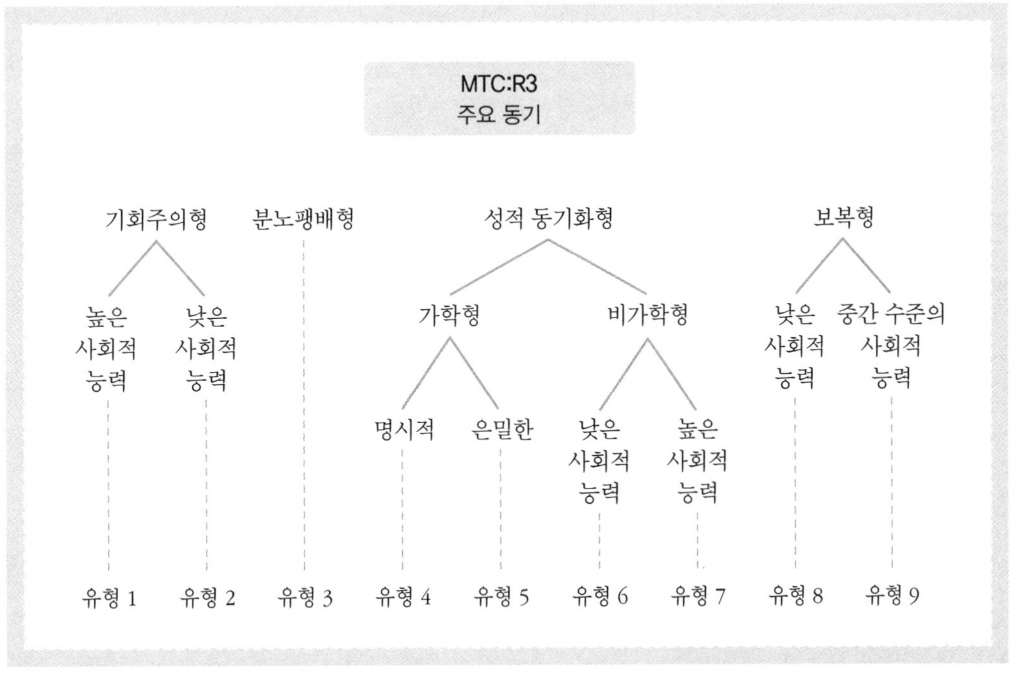

[그림 9-1] MTC-R3의 네 가지 범주 및 아홉 가지 하위 유형

출처: Knight, Warren, Reboussin, & Soley (1988). *Criminal Justice and Behavior* (Vol. 25). p. 57, Fig 2. Copyright © SAGE, 1988. 출판사의 허락하에 게재.

가 모두 나타난다. 성적 흥분을 위해서는 환상 이상의 피해자의 실제적인 고통과 불편감이 필수 조건이라 할 수 있다. 이들은 강간 시 피해자에 대한 학대와 강압적인 강간, 공격적인 지배, 통제 등을 피해자가 즐기고 있다고 믿고 있다. 따라서 이 유형의 강간범들은 피해자의 저항과 몸부림을 일종의 게임으로 해석하며, 피해자가 저항할수록 더욱 흥분하고 공격적으로 변한다. 최초 범죄 행동은 유혹 시도로 시작되나, 피해자의 저항이 증가할수록 공격적 행동들 또한 더욱 강렬해진다. 반면에 피해자들이 두려움 혹은 무기력감으로 인해 수동적이고 순종적인 태도를 보이면 오히려 이들의 분노나 폭력 수준이 증가한다. 즉, 피해자에게 있어서는 저항도, 복종도 강간을 벗어나는 데 특별한 도움이 되지 않는다. 이 유형의 강간범들은 피해자의 복종 및 순종은 더 이상 게임을 즐기지 않겠다는 의미로 받아들여진다.

명시적, 가학형 유형의 강간범들은 결혼을 하더라도 가정에 헌신하지 않는다. 이들은 사춘기 이전 무단결석에서부터 강간살인 범죄까지 다양한 반사회적 행동 배경을 지니고 있으며, 학창 시절 심각한 수준의 문제 행동 전력이 있고, 전 생애를 통틀어 행동 통제력 및 좌절 감내력이 취약한 특성을 보이고 있다. 또한 다른 유형의 강간범들에 비해 변태성욕 성향이 더욱 강하다. **변태성욕**(paraphilia)이란 "신체적으로 성숙한 파트너(사람)의 동의하에 이루어지는 정상적인 성적 표현(애무) 혹은 생식기 자극에 대한 성적인 관심보다는 부적절한 대상이나 상황에 대한 강렬한 성적 관심이 지속되는 것을 의미한다."(American Psychiatric Association, 2013, p. 685) 변태성욕으로 인해 자·타해 위험이 수반되거나 개인의 고통, 괴로움 및 손상이 유발될 수 있을 때 이를 장애로 볼 수 있다(〈표 9-2〉 참조).

표 9-2 변태성욕 유형

유형	설명
접촉도착증(frotteurism)	대개 붐비는 공공장소에서 동의하지 않은 사람을 문지르거나 만짐으로써 발생하는 성적 각성
관음증(voyeurism)	탈의 중 혹은 나체이거나 성행위를 하고 있는 사람을 몰래 관찰함으로써 발생하는 성적 각성
성적 피학증(sexual masochism)	학대를 당하거나 맞고 채찍질당하고 묶이는 등 고통을 받는 것에 대한 반응으로 발생하는 성적 각성
성적 가학증(sexual sadism)	타인에게 실제로 혹은 가상으로 신체적 또는 심리적 고통을 가함으로써 얻는 성적 각성
물품음란증(fetishism)	신발이나 속옷, 가죽 제품이나 지갑과 같은 물건을 사용하면서 이를 자식처럼 사랑하고 냄새를 맡으면서 얻는 성적 각성
신체부분도착증(partialism)	일반적으로 성행위와 관련 없는 발, 머리카락, 귀 등의 신체 부위를 만지고 사랑함으로써 얻는 성적 각성

명시적, 가학형 강간범(유형 4)에서는 피해자가 사망에 이르게 될 정도의 성적 가학증 성향이 나타나는 경우도 있다. 이 유형으로 분류하기 위한 필요조건은 다음과 같다.

- 피해자 복종을 얻는 데 필요한 수준을 넘어선 공격성 혹은 폭력
- 피해자에 대한 신체적 폭력을 통해 성적인 쾌감을 느꼈다는 진술, 상해 부위가 신체의 특정 부위(성적 부위)에 집중되어 있는 등 공격 행위가 성적 흥분을 목적으로 이루어졌다는 명시적인 증거가 있는 경우

반면에 가학형이나 은밀한 강간범 유형(최신 개정판인 MTC-R4에서 제외됨)의 경우 다음 조건이 충족되어야 한다.

- 복종을 얻기 위해 사용되는 도구적 공격성 또는 충분한 양의 폭력
- 폭력을 통한 성적 환상, 피해자 공포 및 두려움이 가해자를 흥분시킨다는 증거

성적으로 동기화된, 비가학형 강간범(유형 6, 유형 7)

비가학형 강간범(non-sadistic rapists)들은 강렬한 성적 각성을 경험하기 위해 성폭력 범죄를 저지른다. 이 경우 성적 각성은 특정 피해자가 지닌 구체적인 성적 매력 등 특정 자극에 의해 촉발된다. 강간 범죄의 정의상 강간은 분명 폭력적인 범죄이나, 성적으로 동기화된 비가학형 강간범들에게는 공격성을 중요 특징으로 보기 어렵다. 오히려 이들의 기본적인 동기는 피해자들을 대상으로 자신의 성적 능력과 권력을 확인하기 위한 욕구에서 비롯된 것으로 볼 수 있다. 이 유형은 소위 '권력 재확인형 강간범(sexual reassurance rapist)'이라고도 불린다(Holmes & Holmes, 2002). 이들은 유인과 복종, 성교 과정 등 강간 과정에서 상대 여성이 자신과 다시 한번 성관계를 맺기를 원하도록 하는 방법에 관한 환상을 실현하기 위해 범행을 저지른다. 자기 자신과 피해자에게 남성다움과 성적 능력을 검증받을 수 있다는 환상을 품고 있다. 비가학형 강간범들은 강간 상황에서 높은 수준의 성적 각성과 함께 통제력 부족, 현실 인식 왜곡 등 명백한 심리적 혼동을 보인다.

이 유형의 강간범들은 대부분 안면이 없는 비면식 피해자들을 대상으로 범행한다. 범행 대상을 선정한 후에는 한동안 지켜보다가 뒤쫓아 갔을 수 있다. 이들의 주의 및 성적 흥분을 유발하는 기제는 피해자가 지닌 특정 자극들이다. 가령 키가 크거나 유니폼을 착용한 여성에게 매력을 느낄 수 있고, 대학생 등 특정 집단에 대한 성적 환상을 지니고 있을 수 있다. Holmes와 Holmes(2002)는 성적으로 동기화된, 비가학형 강간범(sexually motivated, non-sadistic rapists)들은 대체로 자신과 비슷한 연령대, 동일 인종 여성을 선호하며, 특히 자신의 주거지 및 직장 인근 지역에 거주하는 여성들을 대상으로 범행하는 경향이 있다고 설명하고 있다. 범행은 주로 밤 시간대에 일어나며, 범죄 발생 주기는 7～15일이다. 피해자가 물리적으로 저항할 경우, 비가학형 강간범들은 도주할 가능성이 크며, 범행 과정에서도 가학적인 신체적 폭력과 같은 공격적인 행동이 나타날 가능성 역시 작다. 범행 후에는 피해 여성의 안부를 묻거나 심지어 데이트 신청을 하는 경우도 있다. 일반적으로 이 유형의 강간범들은 강간 이외에 다른 종류의 반사회적 행동 전력은 거의 없다.

비가학형 범주에 속하기 위해서는 다음과 같은 행동 지표가 필요하다.

- 자기확신과 안심을 위한 언어적 표현
- 피해자와 성적 관계를 구축하기 위한 왜곡된 행동
- 피해자의 행복과 안락, 성적 쾌락에 대한 고려

선행 연구(Knight & Prentky, 1987; Knight et al., 1998)에서는 성적으로 동기화된 비가학형 강간범 유형의 경우 기회주의적 강간범 유형과 유사하게 사회적 능력에 따라 두 가지 하위 유형으로 구분될 수 있다고 한다. 한 유형은 조용하고, 수줍으며, 순종적이고, 사회 적응에 어려움을 겪는 이들로서, 이 유형의 강간범들은 직장에서 신뢰를 얻고 있을지는 몰라도 사회적 기술이 부족하고 자기존중감 수준이 낮아 성공적으로 직장생활을 하는 경우가 드물다. 이 유형이 앞의 [그림 9-1]에 제시한 '낮은 사회적 능력' 유형(유형 6)에 해당된다. 다른 한 유형은 사회적 능력 및 적응 수준이 뛰어난 이들로, 이 유형의 강간범들은 전문직에 종사하거나 직업적 성취 수준이 높은 자들이다. 이들은 '높은 사회적 능력'을 보이는 유형(유형7)으로 분류된다.

보복형 강간범(유형 8, 유형 9)

보복형 강간범(vindictive rapist)들의 범행 동기는 여성에 대한 분노이다. 이들은 피해자들에게 상처를 입히고, 굴욕감을 주며, 비하와 수모를 주기 위한 목적으로 강간을 저지른다. 이들은 폭력적인 성폭행이 피해자를 지배할 수 있는 가장 굴욕적인 행위라고 여기는 경향이 있다. 피해자들은 야만적으로, 잔인하게 폭행당하고 신체 부위를 물어뜯기거나, 잘리거나, 찢기는 등의 가학적인 폭행을 당한다. 보복형 강간범들은 대부분 전혀 알지 못하는 비면식 피해자를 대상으로 범죄를 저지르는데, 피해자들은 범인의 주의를 끄는 특징들을 지니고 있다. 이들은 범행 과정에서 피해자에 대한 모욕적인 언사, 협박 등 정서적 학대, 신체적 폭력 등을 보인다. 피해자가 저항할 경우 더욱 심각한 폭력을 가할 수 있다. 그럼에도 불구하고 가해자가 어떤 유형의 강간범인지 구별할 수 없는 강간 위협 상황에서 피해 여성들은 저항 시도를 멈춰서는 안 될 것이다(Ullman, 2007b).

보복형 강간범들은 주로 기혼자들로, 가정 폭력 및 배우자 학대를 하는 경우가 많다. 이들에게 있어 여성이란 무절제하고 믿을 수 없는 적대적인 대상으로, 지배당하고 통제되어야 한다고 인식하는 경향이 있다. 피해자 선정 시에는 피해 여성의 행동이나 외모에서 풍기는 독립성, 자기주장, 전문적인 직업 특성 등이 고려된다. 어머니 혹은 아내, 여자 친구와 있었던 부정적 정서 경험을 모든 여성에게 투사해 적대적 감정이 촉발될 경우 폭행이 일어난다. 검거된 이후에는 자신의 범행을 '통제할 수 없는 충동' 탓으로 돌리는 경우가 많다. 기회주의형 강간범 및 비가학형 강간범 유형과 마찬가지로, 보복형 강간범들 또한 사회적 능력 수준에 따라 두 가지 유형(중간, 낮은 수준)으로 구분된다.

보복형 강간범들에게 나타나는 필수적인 행동 특성은 다음과 같다.

- 피해자 비하, 굴욕, 모욕과 관련된 언어적 · 행동적 표현
- 성적인 공격성의 부재, 가해 행동에서 성적 쾌락을 찾아볼 수 없음
- 성적 신체 부위에 가해 행동이 집중되지 않음

MTC:R3의 일부 문제점들을 지적하는 연구 결과들을 바탕으로 Raymond Knight(2010)은 MTC:R3 모델 수정 연구에 착수했다. 개정 MTC:R4 버전에서는 기존 버전의 은밀한 가학형 강간범(유형5)이 삭제됐다.

요약

유형론에 따라 모든 사람들을 정확히 분류할 수는 없지만 MTC 강간범 유형 분류론은 강간에 대한 이해, 재범 예측, 치료에 유용하다. 심리학자들 또한 강간범의 재범 예측 및 치료를 위해 다양한 위험성 평가 도구를 사용한다. MTC 유형론은 단순히 성격 특질 차원이 아닌 행동 발생 맥락과 행동 패턴이 나타나는 맥락들을 고려하고 있다는 점에서 특히 의미가 있다. 그러나 유형론은 지속적인 개선과 재구성이 필요하기 때문에 매사추세츠 치료센터에서는 수년에 걸쳐 이러한 노력을 추구해 왔다. 이에 대해 Knight와 Prentky(1990)는 다음과 같이 결론 내렸다.

MTC:R3는 성범죄 발생 원인에 대한 이해와 재범 예측에 도움을 주기 위해 개발된 유형론적

> 분류 체계이다. 강간범 분류 및 탐지 능력을 극대화시키기 위한 대안적 유형론 혹은 변형된 MTC:R3의 지속적인 개발이 이루어져야 할 것이다(p. 78).

MTC:R3는 많은 연구들에서 긍정적인 평가를 받고 있다(Goodwill et al., 2009). 그러나 강간범 유형론은 실제 성폭력 피해자들에게는 큰 도움이 되지 않는다. 오히려 피해자들에게 법적 책임의 부담을 줄 수도 있다. 예를 들어, 일부 유형론들의 경우, 특정 유형의 강간범들은 저항하는 피해자에게 더욱 큰 분노를 느끼는데, 이 경우 피해자들은 심각한 신체적 피해 혹은 심지어 살인을 당할 가능성이 크다고 제안하고 있다. Ullman(2007a)은 강간 피해 여성이 강간 상황에서 가해자가 어떤 유형에 해당하는 강간범인지 구별하는 것은 불가능하다고 언급한 바 있다. 하지만 최근 제시된 연구들에서는 강간 피해에 직면한 여성들이 큰 소리로 비명을 지르거나 가해자에 맞서 싸운 경우 강간 피해를 모면할 가능성이 더욱 크며, 강간하지 말라고 간청 및 애원하거나 강간범을 이성적으로 설득하려는 시도는 오히려 강간 피해 방지에 효과가 크지 않다는 결과를 제시하고 있다(Ullman, 2007a).

Groth 강간범 유형론

Nicholas Groth(1979; Groth, Burgess, & Holmstrom, 1977)는 MTC유형론과 유사한 강간범 유형론과 아동 성추행범 유형론을 제안했다. 이 부분에서는 **Groth의 강간범 유형론**(Groth rape typology)에 대해 살펴보고, **Groth의 아동 성추행범 유형론**(Groth child molester typology)은 이후 아동 성범죄자 부분에서 다루도록 하겠다. 매사추세츠 치료센터에서 개발된 MTC:R3는 통계적 분석에 의거한 광범위한 연구 결과에 기반한다. 그러나 Groth 유형론은 임상적인 측면에서 개발되어 타당도와 신뢰도가 입증되지 않았다. 다만, 임상 실무자들은 분류 체계의 단순함과 활용이 용이한 점을 들어 Groth의 분류 체계를 선호한다. 많은 수사관들도 범죄 현장 프로파일링 단계에서 Groth의 분류 체계를 지속적으로 사용하고 있다. 예를 들어, 권력, 분노, 가학성 등과 연합된 범죄 행동에 대한 정보들을 토대로 미확인 강간 용의자의 특성을 추론하는 데 활용될 수 있다.

Groth의 분류 체계는 모든 강간 행위의 기저에 있는 강간범들의 동기에 초점을 맞추고 있다. Groth(1979)는 강간이 분노와 공격성을 표출하기 위한 매개체에 불과하며, 따라서 진짜 성행위가 아닌 '의사 성행위(pseudosexual act)'일 뿐이라고 설명하고 있다. 그는 "강간을 단순히 다른 방법이 없는 상태에서 성적 각성을 경험하기 위한 행위로만 볼 수는 없다. 강간은 일시적 혹은 장기적이며 반복적으로 나타나는 심리적 기능장애로 봐야 한다."(p. 5)라고 주장했다. 또한 “강간은 다른 어떤 행위들보다 공격적인 행위이다.”(p. 12)라고 설명하고 있다. 이러한 관점에서 Groth는 강간범 유형을 ① 분노형 강간(anger rape), ② 권력형 강간(power rape), ③ 가학형 강간(sadistic rape)의 세 가지로 분류했다.

분노형 강간범(anger rapist)은 피해자 제압이나 복종에 필요한 폭력 이상의 과도한 신체적 폭력을 보인다. 이들은 피해 여성의 인격을 말살하고, 수치심과 모멸감을 줄 수 있는 다양한 성적 행위를 저지르며, 과도한 욕설과 저속한 언어를 사용함으로써 피해자에 대한 경멸을 표출한다. 분노형 강간범들에 있어 강간은 여성에 대한 의식적 분노와 화를 표현하는 폭력적 행위로 볼 수 있다. Groth(1979)에 따르면, 분노형 강간범들은 섹스를 더럽고, 모욕적이며, 메스꺼운 행위로 간주하며, 피해자들에게 성적 행위를 저지르는 것은 피해자들을 더럽힘으로써 인격을 말살하기 위한 시도이다. 이러한 주장의 근거로 Groth는 “나는 그녀의 콧대를 꺾기 원했다. 그래서 나는 강간이 내가 그녀에게 할 수 있는 최악의 행위라고 생각했다.”(p. 14)라는 강간범의 진술을 인용했다. 분노형 강간범들의 성폭력 행위는 많은 부분 전처, 여성 상사, 어머니 등에게서 느꼈던 굴욕감 및 갈등 경험에 의해 촉발되는 경향이 있다. 그러나 일부 분노형 강간범의 경우 여성과 관련이 없는 병역 거부, 직장에서의 해고, 부채 부담, 왕따 경험과 같은 일련의 부정적 사건에 의해 분노가 촉발되기도 한다. 오히려 이 경우 강간 범행 과정에서 피해자의 신체적 상해 수준이 더욱 높다.

권력형 강간범(power rapist)은 피해자의 복종 및 통제를 통해 자신의 권력, 힘을 확인하기 위한 목적으로 범행을 저지른다. 따라서 범행 과정에서 나타나는 신체적 폭력과 언어적 협박 정도는 피해자들의 복종 수준에 따라 달라진다. 이 유형에 해당하는 한 강간범은 자신의 신체적 폭력 이유에 대해 “내가 옷을 벗으라고 말했는데 그녀가 거부했다. 그래서 그녀의 얼굴을 때렸다.”(Groth, 1979, p. 26)라고 진술한 바 있다. 이들의 범행 목적은 성적인 정복이며, 피해자의 저항을 굴복시키기 위해 자신이 가진 모든 힘을 사용하는 것이다. 성교는 남성성의 확인, 권력, 권위, 통제력, 지배력을 증명하려는 수단일 뿐 아니라 성적 만족감을 얻기 위한 방법이다. 권력형 강간 범죄의 피해자들은 납치되거나 장기간 인질로 잡혀 있을 가능성이 존재하며, 범인의 통제하에 장기간 반복적인 성폭력에 시달렸을 수도 있다. 그러나 가해자들은 반복적인 성폭력이 자신의 기대와 환상에 부합하지 않는 경우 실망하기도 한다.

세 번째 유형에 해당하는 **가학형 강간범**(sadistic rapist)은 성적인 공격성은 물론, 성적인 관련성이 없는 극단적인 공격성을 모두 지닌 이들이다. 이들은 피해자 학대, 피해자들의 무기력한 복종, 고통을 보며 성적 각성을 경험하고 흥분한다. 가학적 강간범들의 범행 과정에는 고문, 신체 결박 등이 나타나며, 피해자의 신체 곳곳에는 잔혹한 폭력 흔적이 남아 있다. 가학적 강간범들에게 분노를 촉발시키는 대상들은 주로 매춘부, 음란하다고 여겨지는 여성,

응징하거나 파괴하고 싶은 특징을 지닌 여성이다. 피해 여성들은 스토킹, 납치, 학대를 당할 가능성이 높으며, 대부분 살해당하는 경우가 많다.

Groth(1979)는 자신의 치료 센터에서 평가, 치료를 진행한 강간범들 중 절반 이상이 권력형 강간범이었고, 40%는 분노형 강간범이었으며, 오직 5%만이 가학형 강간범이었다고 한다. 유죄 판결을 받은 성범죄자들에게 범행 과정에서 경험한 성적 즐거움을 1점(전혀 없다)부터 10점(매우 만족)까지의 10점 척도로 평가하게 한 결과, 대부분 3점 이하로 평가했다고 한다. 이 결과를 통해 Groth는 조사에 참여한 성범죄자들 대부분이 자신들의 성폭력 행위에서 실망, 혐오 등의 반응을 보였으며, 성적 쾌감을 경험하는 경우는 극히 일부에 불과했다고 한다. 그 어떤 강간범도 강간이 정상적인 성관계보다 성적으로 만족스럽다거나 적절한 보상을 경험했다고 응답하지 않았다. Warren, Reboussin, Hazelwood와 Wright(1989)의 연구에서도 이와 유사한 결과가 나타났다.

Groth의 강간범 유형론은 강간이 성적인 욕구에 의해 동기화되며, 강간범들은 모두 유사한 특성을 지니고 있다는 기존 통념을 깨뜨렸다는 점에서 큰 의미가 있다. Groth가 강간범들의 동기 유형을 제시한 이후, 매사추세츠 치료센터의 연구진 등 많은 연구자가 Groth의 개념을 더욱 정교하게 발전시키려 노력해 왔다. 강간범에 대한 Groth의 기술은 직관적인 호소력은 있지만 유형론의 타당도와 신뢰도 검증 등이 이루어지지 않아 경험적인 근거가 미약하다. MTC 유형론만이 후속 연구들에서 타당도를 인정받았다.

아동 성범죄자

아동 성범죄 통계가 정확하다면, 우리 주변에 있는 누군가도 과거 아동 성범죄 피해를 당했을 가능성이 크다. 다음에 논의될 내용들에서 알 수 있듯이, 아동 성범죄는 전 세계 모든 국가 및 미국 전역에 만연해 있다. 아동을 대상으로 한 다른 범죄들과 마찬가지로 아동 성범죄 또한 경찰 및 사회 서비스 기관들에 피해 신고가 잘 이루어지지 않는 범죄에 해당된다.

소아성애

흔히 '아동 성추행' 혹은 아동에 대한 성적 학대로 알려진 **소아성애**(pedophilia)는 DSM-5 진단 기준으로만 보면 모든 경우가 범죄에 해당되지는 않는다. 미국정신의학회에서 발간한 DSM-5에서는 소아성애를 "사춘기 이전의 아동(일반적으로 13세 이하 아동)을 대상으로 최소 6개월 이상 성행위와 관련된 반복적이고 강렬한 성적 환상, 충동 혹은 행동"이 나타나는 심리 상태로 정의하고 있다(American Psychiatric Association, 2013, p. 697). 아동에 대한 성적 환상이나 충동은 그 자체로는 범죄로 보기 어려우며, 오직 행동이 수반되는 경우에만 범죄에 해당된다. 또한 모든 아동 성추행범이 소아성애와 관련된 환상과 충동을 필수적으로 지니고 있는 것은 아니다(Marshall, Boer, & Marshall, 2014). Marshall(1998)은 소아성애자 임상 자료들에 대한 광범위한 검토를 통해 반복적인 환상 및 충동을 지니고 있다는 명확한 근거가 발견되지 않은 경우가 가족 내 아동 성추행범들의 75% 이상, 가족 이외 아동 성추행범들의 약 60% 정도라는 점을 발견했다. 앞서 제시한 DSM-5의 소아성애 정의 중 '행동'의 의미는 범죄에 해당할 뿐 아니라 치료가 필요한 장애로 분류할 수 있다는 것을 의미한다. 임상 전문가들은 심각한 정신장애를 지니고 있지 않은 성범죄자들이라 해도 임상적인 치료가 필요하다고 여기고 있다.

DSM-5에서는 소아성애자들을 아동에게서만 성적 매력을 느끼는 유형(배타적 유형)과 아동과 성인 모두에게서 성적 매력을 느끼는 유형(비배타적 유형)으로 세분화하고 있다. 심리학자들은 아동에 대해 반복적인 성적 충동을 지닌 사람들이 범죄를 저지르지 않도록 억제하며, 이미 아동 성추행 범죄를 저지른 경우라면 재발 방지를 위해 노력하고 있다. 반복적인 충동과 환상을 보이지 않는 아동 성추행범들에 대해서는 증거 기반 치료 접근법(evidence-based-treatment approaches)을 적용할 필요가 있다(Marshall et al., 2014). 5장에서 언급한 바와 같이, 오늘날 법정 심리학자들은 아동 및 성인 대상 성범죄자들의 동종 범죄 재범 가능성 평가를 위해 폭력적인 성적 가해 행동에 대한 평가를 실시하고 있다.

이 장에서는 아동 성범죄자라 볼 수 있는 소아성애자들과 범죄 행위 가능성이 높은 소아성애자들에 초점을 맞추고 있다. 이들은 임상 문헌들에서 언급되는 환상이나 충동을 지닌 경우도 있고, 그렇지 않은 경우도 있다. 그러나 이들 모두는 최소한 아동을 대상으로 한 성적 행위 특질을 드러내고 있는 이들이다. 이 부분에서는 최근 연구 문헌들에 맞춰 아동 성범죄자(Child sex offenders)라는 용어를 사용할 것이다. 본 장 서두에 설명된 바와 같이 아동 성범죄는 강간 혹은 성폭력의 또 다른 형태일 수 있다. 아동 강간 주제만을 심층적으로 다루는 연구자들도 있지만, 대다수의 연구자들은 아동 성폭력을 강간 범죄가 수반된 경우와 그렇지 않은 경우 모두를 포괄하는 개념으로 사용하고 있다.

피해 아동이 성범죄자의 가족, 친척 관계인 경우—가족 내 아동 성추행(intrafamilial child molestation)으로도 불리는—이를 **근친상간**(incest)이라 한다. 근친상간의 대다수는 아버지가 성적으로 미성숙한 딸이나 의붓딸을 대상으로 성추행을 저지르는 경우이다(Rice & Harris, 2002). 반면에 가족 외 아동 성추행(extrafamilial child molestation)은 가족 이외 아동들을 대상으로 성적 학대가 이루어지는 경우를 의미한다. 그러나 이 두 가지 유형은 많은 부분이 중첩된다. 예를 들어, Rice와 Harris는 가족 내 성추행범들 중 상당 수가 가족 이외 아동들을 대상으로도 범죄를 저지르고 있다고 보고한 바 있다.

아동 성범죄: 인구통계학적 특성

전체 남성 인구 중 아동 성범죄자의 비중은 1% 미만으로 추정된다(Ahlers et al., 2011; Schmidt, Mokros, & Banse, 2013). 최근 실시된 온라인 조사 결과에 따르면, 남성의 6%, 여성의 2%가 체포 · 처벌받지 않는다는 것이 보장될 경우 아동과 성관계를 맺을 의향이 있다고 응답했다(Wurtele, Simons, & Moreno, 2014). 대학생 남성 응답자들을 대상으로 한 또 다른 조사에서는 조사 대상자의 약 4%가 사춘기 이전 소녀와 성관계를 경험한 것으로 나타났다(Ahlers et al., 2011). 그러나 일부 연구에서는 아동에게 성적 매력을 느끼는 남성들 중 대부분이 실제 아동 성범죄를 저지른 적이 없거나(Bailey, Bernard, & Hsu, 2016), 저질렀다 해도 공식적으로 확인되지 않는다고 한다. Bailey, Bernard와 Hsu의 연구에서는 연구 참여자 122명 중 단 1명만이 아동 성폭력 및 아동 음란물 소지 혐의로 체포되어 유죄 판결을 받은 것으로 나타났다.

Prentky, Knight와 Lee(1997)는 아동 성범죄자의 성적 선호도가 아동들에만 국한될수록, 사회적 능력이 부족할 가능성이 높다고 한다. 이러한 맥락에서 볼 때 아동 성범죄자들의 사회적 능력 수준은 일상생활에서의 정상적인 성인들과의 사회적 · 성적 관계의 강도 및 범위와 밀접한 관련이 있다. 일부 아동 성범자들 중에는 대인관계에 부적응적인 특성을 지니고 있음에도 불구하고, 이들 중 상당수는 진정한 동기 및 행동을 감추고 피해 아동에게 접근, 유인하는 대인관계 기술이 상당히 능숙하다(Owens, Eakin, Hoffer, Muirhead, & Shelton, 2016). "일부 아동 성범죄자는 매력적이고, 성실하며, 동정심이 많고, 도덕적으로 건전하며, 사회적 책임감 수준이 높은 것처럼 보인다."(Owens et al., 2016, p. 11) 이들은 코치, 상담가, 성직자, 학교 경비원, 통학 버스 운전기사, 심지어는 경찰관 등 아이들과 빈번하게 접촉할 수 있는 직업에 종사하는 경우가 많다.

피해자 특성에 대한 논의는 상당한 주의를 요하나, 일부 연구 결과들에 따르면 아동 성범죄 피해 아동들은 상당히 유사한 특질들을 지니고 있다고 한다. Bulter(2013)는 자신의 논문 초록에 아동 성범죄자들은 "자존감이 낮아 자신감이 부족해 보이며 행복해 보이지 않는, 정서적인 도움이 필요한 아이들과 친구가 많지 않은 아이들을 피해 대상으로 삼는 경향이 있다."(p. 643)라고 기술하고 있다. 이러한 특성들은 가정 내 스트레스와 갈등이 팽배한 양육 환경에서 아동 성범죄자들과 함께 거주하는 것과 같은 아이들의 생활환경이 반영된 결과이다. 또한 학습장애, 언어장애, 건강 문제, 지적장애 등과 같은 심리적 · 신체적 장애를 지닌 아이들 또한 아동 성범죄 피해를 당할 가능성이 높다. 이 외에도 부모의 충분한 관심과 애정이 부족한 가정의 아이들 또한 아동 성범죄에 특히 취약하다고 볼 수 있다.

아동 성학대에 대한 일반 대중의 인식이 극도로 부정적이기 때문에, 아동 성범죄자들은 자신의 법률적 책임 능력을 부정하는 경향이 있다. 즉, 이들 대다수는 범행 당시 아무 생각이 없었다거나, 너무 취해 자신들이 무슨 짓을 저질렀는지도 잘 기억이 나지 않는다거나, 스스로를 통제할 수 없는 어쩔 수 없는 상황이었다거나, 왜 그런 행동을 했는지 스스로 잘 모르겠다고 진술한다. 전반적으로 아동 성범죄자들은 자신의 범죄의 이유를 스스로 통제할 수 없는 외부 조건이나 동기 요인으로 돌리는 경우가 매우 많다. 자신들이 저지른 행위에 대한 정신적 피해를 최소화하기 위한 아동 성범죄자들의 부정, 왜곡, 최소화 경향은 관련 연구자들이 공통적으로 지적하는 아동 성범죄자들의 특징이다(Nunes & Jung, 2012). 따라서 아동 성범죄자 치료 프로그램들은 이와 같은 인지적 태도 변화에 초점이 맞추어져 있다.

아동 성학대는 가장 비열하고 야비한 범죄임에도 불구하고 구체적인 범죄 원인, 발생률, 재범 위험성이 확인되지 않고 있다(Prentky et al., 1997). 미국의 경우 국가 차원의 아동 성범죄 정보 기록 체계를 갖추고 있지 않아 관련 정보를 수집하기가 어렵다. 인권 단체들은 전 세계의 모든 국가에서 개인, 독재 정권, 군벌 집단에 의해 자행되고 있는 수많은 아동 학대, 납치, 인신매매 사례를 보고하고 있다. 아직도 일부 국가에서는 아동에 대한 적절한 보호가 이루어지지 않고 있다.

또한 아동 성범죄 사건들은 신고가 제대로 이루어지지 않는 경우가 많다. 이는 신고할 경우 가해자에게 보복당할 수 있다는 피해 아동의 두려움이 일정 부분 영향을 미친 결과이다. 가까운 지인 관계에서 발생하는 경우가 많은 아동 성범죄 특성상, 성폭행 사실을 알고 있는 피해 아동의 부모 및 친척들이 아동에게 피해 사실을 발설하지 말라고 설득하는 경우도 있으며, 가족 내의 사적 문제로 치부하며 오히려 가해자 보호를 위해 신고하지 않는 경우도 비일비재하다. 공식 통계 기준으로 아동 성범죄자들에게 적용되는 범죄 혐의 및 법규는 매우 다양하다. 이들은 아동강간, 가중폭행, 남색, 근친상간, 과다 노출, 외설적이며 음란한 위법행동 등 다양한 범죄 혐의로 체포 · 기소되고 있다.

FBI 통합범죄보고서(UCR)에서 성범죄 유형별 통계를 제시하고는 있지만, 아동 성학대 기록과 다른 성범죄 유형들을 엄격하게 구분하고 있지 않다. 더구나 아동 대상 범죄들에 대한 체포 및 신고 건수는 있지만, 이 또한 아동 대상 범죄 전체에 대한 기록이지 아동 성범죄를 따로 구분하고 있지 않다. 따라서 아동 성범죄 발생률 추정 시에는 공식 통계 자료들보다는 자기보고식 조사 결과들을 활용하는 것이 훨씬 유용하다. 신뢰할 만한 조사 결과에 의하면 여성 4명 중 1명, 남성 20명 중 1명이 17세 생일 이전에 성적 학대나 폭행을 당한 경험이 있는 것으로 나타났다(Finkelhor, Shattuck, Turner, & Hamby, 2014). 충격적인 사실은 성적 학대 및 폭행이 또래 집단 사이에서도 빈번하게 발생하고 있다는 것이다. 아동·청소년 대상 성범죄의 절반 이상이 청소년 가해자에 의해 저질러졌으며, 이들 대부분은 피해자와 알고 지내던 사이였다. 즉, 자기보고식 범죄 피해 조사 결과에 근거할 때 또래 친구와 성인 모두에 의해 저질러진 아동·청소년 대상 성적 학대 및 성폭행의 비중이 가장 높다고 볼 수 있다.

아동 성범죄자의 분류, 진단 및 평가는 일반적인 강간범 분류 체계와 마찬가지로 가해자의 개인 특성, 생활 경험, 범죄 경력, 범죄 동기 등 개인의 다양한 특성을 고려할 필요가 있기 때문에 매우 복잡한 작업이라 할 수 있다. "아동 성폭행 가해자 집단을 정확하게 설명할 수 있는 단일 프로파일은 존재하지 않는다."(Prentky et al., 1997, p. v) 소아성애자들과 아동 성범죄자들의 복잡한 특성을 설명하기 위해서는 실증적 연구에 기반한 MTC 유형론(MTC:CM3)과 임상적 접근에 기반한 Groth 유형론을 적용하는 것이 가장 좋은 방법이다. 앞서 설명한 강간범 유형론처럼, 아동 성범죄자 유형론 또한 남성 범죄자들에게 초점을 두고 있다. 그러나 최근 들어서는 남성 가해자뿐 아니라 여성 가해자 유형 또한 연구되고 있다.

MTC:CM3

매사추세츠 치료센터 연구자들(Cohen et al., 1969; Knight, 1989; Knight & Prentky, 1990; Knight, Rosenberg & Schneider, 1985)은 경험론적 연구 결과를 바탕으로 강간범 유형론(MTC:R3)과 유사한 형태의 아동 성범죄자 유형론을 개발했다. **매사추세츠 치료센터: 아동 성추행범 유형론 제3판**(Child Molesters, Revision 3: MTC:CM3)이라 불리는 이 분류 체계는 현존하는 아동 성범죄 유형론 중 가장 유용성이 높은 것으로 인정받고 있다. MTC:CM3에서는 아동 성추행범 분류 기준으로 이들의 다양한 행동 패턴과 의도의 중요성을 강조하고 있는데, 기본적으로 이들의 행동과 의도 관련 변인들을 두 가지 차원으로 분류하고 있다([그림 9-2] 참조). 첫 번째 차원은 아동 성범죄자들에게 나타나는 아동에 대한 성적 고착 수준과 사회적 능력 수준에 중점을 두고 있으며, 두 번째 차원은 아동과의 접촉량 및 범행 시 상해를 입히는 정도, 공격 시 나타나는 가학성 수준에 초점을 두고 있다.

첫 번째 차원

매사추세츠 치료센터 연구자들은 아동 성추행범들을 다음의 차원에 의거, 네 가지 유형으로 구분하고 있다.

- 높은 고착, 낮은 사회적 능력(유형 0)
- 높은 고착, 높은 사회적 능력(유형 1)
- 낮은 고착, 낮은 사회적 능력(유형 2)
- 낮은 고착, 높은 사회적 능력(유형 3)

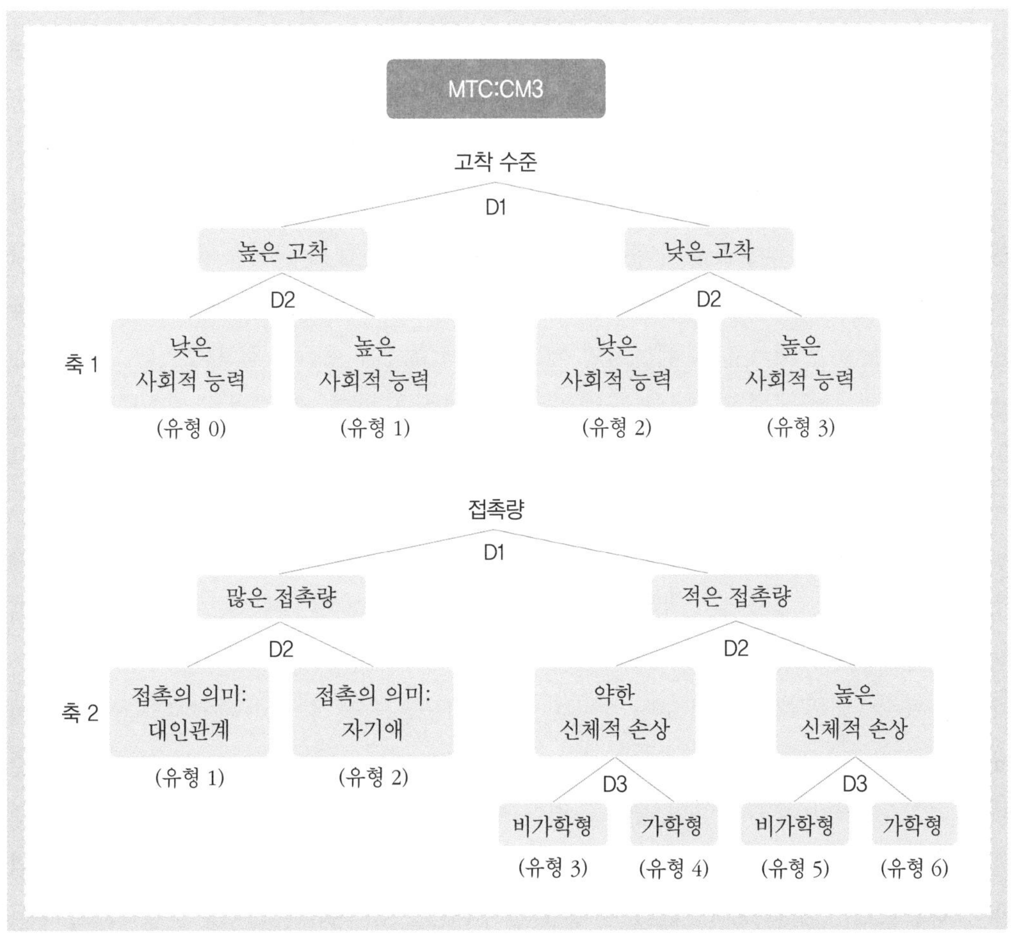

[그림 9-2] MTC:CM3 도식

출처: Knight, Carter, & Prentky (1989). A system for the classification of child molesters: Reliability and application. *Journal of Interpersonal Violence*, Vol. 4, p. 8, Fig. 1. Copyright © 1989 by SAGE Publications, Inc. 출판사의 허락하에 게재.

여기서 고착(fixation)이란 소아성애에 대한 관심 정도 혹은 아동에 대한 성적 관심 수준을 의미한다. 고착 수준이 높은 아동 성범죄자들은 성적 대상으로서 아동을 선호하는 이들이며, 낮은 이들은 아동뿐 아니라 성인 또한 성적 대상이 될 수 있다. 사회적 능력은 범죄자가 갖고 있는 사회적 및 대인관계 기술, 자기주장, 자존감의 수준을 의미한다. 사회적 능력 수준이 낮은 아동 성범죄자들은 사회관계에서 부적응적인 특성을 보이며, 성인들과의 관계에서 자기주장을 하지 못하며, 자존감이 낮은 특성을 지녔다. 높은 사회적 능력은 이와는 반대되는 특성을 의미한다.

유형 0의 아동 성추행범들은 아동을 사회적 · 성적 대상으로 여기는 이들이다. 이들은 정상적인 성인 여성과 성숙한 관계를 형성하는 데 어려움을 느끼며, 주변인들은 이들을 사회적으로 미숙하고, 수동적이며, 소심하고, 의존적인 인물로 인식하는 경향이 있다. 따라서 이들은 아이들과 함께 있을 때 가장 편안한 느낌을 받는다. 유형 0에 해당되는 아동 성범죄자들 중에서 결혼을 했거나 타인과 오랜 기간 장기적인 관계를 유지하는 경우는 매우 드물다. 비교적 안정적인 직업에 종사하기는 하나, 이들이 종사하는 직업은 대부분 단순노동직인 경우가 많다. 아동과의 성적 접촉은 대상 아동과 여러 번의 사회적인 만남을 가져서 아동과 완전한 면식 관계에 도달한 후 실행한다. 피해 아동에 대해 신체적 폭력을 사용하거나 공격성을 드러내지 않고, 직접적인 성교도 하지 않는다. 대부분의 경우 이들은 피해 아동을 만지거나 애무하는 것과 같은 제한적인 아동 성추행 행동을 보이는 경향이 있다. 그러나 유형 0에 해당하는 소아성애자들의 경우 자신들이 아동을 성적 · 사회적 대상으로 선호한다는 점에 대해 심리적 혼란이나 불안감을 보이지 않기 때문에 치료가 매우 어려우며, 재범 가능성 역시 매우 높은 것으로 알려져 있다.

유형 1은 유형 0과 아동 성추행 방식은 유사하나, 유형 0에 비해 자존감 및 사회적 소통 능력이 상대적으로 우월하고, 자신의 사회적 능력 수준에 부합하는 직업적 성공 경험을 지니고 있다는 특징이 있다.

유형 2는 아동에 대한 성적 고착 수준이 낮다. 이들은 정상적인 사춘기 시절을 보냈으며 또래 관계 역시 나쁘지 않았다. 또한 해당 연령대의 또래들처럼 일반적인 성관계 경험도 지니고 있다. 그러나 이후 자신의 성적 능력이 떨어졌다는 느낌을 갖게 되고, 정상적인 이성 관계에 대한 회의감이 들게 된다. 이러한 성적 무능감은 직업적 · 사회적 및 성생활에서의 실패 경험으로 인해 더욱 가중된다. 유형 2에 해당하는 범죄자들은 대부분 약물 남용, 이혼, 정상적인 직업의 부재 등의 특징을 보인다. 소아성애적 행동들은 대부분 정상적인 성인 남성 혹은 여성들과의 성적 · 사회적 상호작용 실패 경험에서 촉발되는 경향이 있다. 유형 0이나 유형 1과는 다르게, 아동에 대한 성적 고착 수준 및 사회적 능력 수준이 낮은 범죄자들은 잘 알지 못하는 비면식 아동 및 자신의 주거지 이외 지역에 거주하는 아동을 피해 대상으로 선호한다. 피해자의 대부분은 여아이며, 이들은 피해 아동들을 대상으로 성교를 시도한다. 이들은 자신의 행동에 양심의 가책을 느끼고, 치료를 통해 자신의 행동을 고칠 의지를 지닌 인물들이다.

두 번째 차원

매사추세츠 치료센터 연구자들은 아동 성범죄자들의 아동들과의 일상적인 접촉량을 기준으로 아동 성범죄자 유형 분류가 가능하다는 점을 발견했다([그림 9-2] 참조).

접촉량에 따라 아동 성폭력 범죄자들은 다음 여섯 가지 유형으로 분류된다.

- 많은 접촉량, 대인관계 관심(유형 1)
- 많은 접촉량, 성적 관심(유형 2)
- 적은 접촉량, 약한 신체적 손상, 착취/이용(유형 3)
- 적은 접촉량, 약한 신체적 손상, 심리적 가학성(유형 4)
- 적은 접촉량, 높은 신체적 손상, 공격적(유형 5)
- 적은 접촉량, 높은 신체적 손상, 피해자 고통(유형 6)

아동들과 접촉량이 많은 아동 성범죄자들은 성적 맥락뿐 아니라 이와 관련 없는 일반적인 생활환경 조건 모두에서 아이들과 정기적으로 접촉하는 경향이 있다(Knight et al., 1989). 따라서 이들 유형은 주로 교사, 코치, 상담가, 통학 버스 운전기사, 성직자, 보육원 근무자, 스카우트 지도자, 사회복지사, 태권도 등 무도 학원 사범, 어린이 파티에 초대되는 광대, 가정교사 등 아이들과 자주 접촉할 수 있는 직업들에 종사하는 경우가 많다. 그러나 이러한 직업에 종사하는 사람들이 모두 아동에 대한 성적 관심을 지닐 것이라는 억측은 피해야 할 것이다. 매사추세츠 연구진은 의도적으로 아동들과 접촉을 꾀하는 범죄자를 다음과 같은 두 가지 유형으로 구분하고 있다. ① 사회적 · 성적 욕구 모두를 충족하기 위해 아이들과 잦은 만남을 추구하는 대인관계 유형(유형 1), ② 성적 욕구 충족을 목적으로 아동들과 접촉하는 자기애적 유형(유형 2). 자기애적 아동 성범죄자 유형은 주로 모르는 비면식 아동들을 피해 대상으로 삼으며, 이들의 성폭력 행동은 아동의 성기에 집중되는 경향을 보인다(Knight, 1989).

한편, 아이들과 접촉량이 적은 아동 성범죄자들의 특징은 범행을 결심한 후부터 아이들과의 접촉을 시도한다는 것이다. 이들은 피해 아동에 대한 신체적 손상 수준에 따라 두 가지 하위 유형으로 구분된다. 약한 신체적 손상이란 외관상 뚜렷한 신체적 손상이 없는 상태에서 피해 아동에 대한 밀기, 때리기, 잡기, 언어적 위협 및 기타 유인 방법들만이 사용된 경우이다. 신체적 손상이 거의 드러나지 않는 아동 성범죄자 유형은 다시 아동에 대한 착취/이용 행위에 집중되며 가학적 특성을 보이지 않는 유형 3과 심리적 가학성을 은밀하고 상징적으로 드러내는 유형 4로 구분된다. 유형 3에 해당하는 아동 성범죄자들은 피해 아동을 복종시키고 제압하기 위해 필요 이상의 공격이나 폭력은 행사하지 않는다. 반면, 유형 4의 범죄자들의 경우 직접적인 신체적 폭력은 가하지 않으나 언어적 위협 등을 포함해 아이들의 공포심을 유발하기 위한 다양한 위협 행동을 하는 특성을 보인다.

마지막으로, 유형 5와 6은 피해 아동에게 높은 수준의 신체적 손상을 가하는 이들이다. 이들은 공격적(유형 5) 및 가학적(유형 6) 유형으로 분류된다. 높은 수준의 신체적 손상이란 구타, 질식시키기, 항문성교, 소변이나 배설물을 먹게 하는 것 등을 포함한다. 유형 5에 해당하는 아동 성범죄자들은 아이들을 포함해 자신의 주변 사람들에게 극도의 분노를 가진 이들이다. 이러한 분노에 기반한 공격성 및 성적 욕구가 이들이 저지르는 아동 성범죄의 일차적 동기로 가학성을 일차적인 동기라고 볼 수는 없다. 가학적인 행동을 보이는 유형 6의 경우 피해 아동에게 가해지는 고통, 두려움, 신체적 손상을 통해 성적 만족감을 얻는 유형이다. 이들은 아이들을 자신의 요구에 따르게 하기 위해 자신들이 사용할 수 있는 모든 방법을 동원하여 아이들의 취약한 부분을 교묘히 이용한다. 또한 피해 아동들의 신체적 안위에 대한 우려나 그 어떤 정서적 공감을 보이지 않으며, 오직 아이들을 성적대상으로만 인식하는 경향이 있다. 대개 유형 6에 해당하는 아동 성범죄자들은 과거에 다양한 범죄 전과 및 반사회적 행동 전력을 지닌 경우가 많으며, 주변인들과의 관계 역시 평탄치 못한데, 이들은 예측 불가능하고 충동적이며 폭력적인 행동을 보일 수 있다. 이들은 매사에 침울하고 짜증을 잘 내는 모습을 보여, 주변인들 역시 이들과 함께 하는 것을 불편해하며 유쾌하지 않은 인물이라고 평가하는 경우가 많다. 이와 같은 취약하고 거친 대인관계 특성이 결국 아동을 범죄대상으로 선택하게끔 만든 주된 이유일 수도 있다(Knight et al., 1985).

유형 6에 해당하는 공격적-가학적 아동 성폭력 범죄자들은 지속적으로 반사회적이며 환경 부적응적 행동을 보여 왔을 가능성이 높다. 이들 중에는 남자아이들을 대상으로 범행하는 경우가 더러 있다. 특히 이들은 피해 아동들에게 잔혹하고 가학적인 폭력을 보이는데, 그 이유는 모든 범행의 동기가 성적 만족에만 집중되어 있기 때문이다. 범행 과정에서 피해 아동의 고통과 손상이 크면 클수록 이들이 느끼는 흥분은 더욱 커진다. 이들 유형에서 종종 나타나는 범죄로는 비면식 범죄자에 의한 아동 납치 및 살인 범죄를 들 수 있다. 유형 6에 해당하는 아동 성범죄자들의 치료는 매우 어려운 것으로 알려져 있다. 다행스러운 점은 이들이 다른 유형의 범죄자들에 비해 매우 드물다는 것이다. 가장 잘 알려진 사례로는 John Wayne Gacy 주니어 사건을 들 수 있는데, 그는 가학적인 방법으로 33명의 청년과 소년을 죽인 다음, 시카고(Chicago) 근교의 자신의 집 지하실에서 시체를 불태웠다고 한다.

Groth 유형론

Nicholas Groth(1979; Groth & Burgess, 1977)의 아동 성범죄자 유형론 또한 자주 인용되는 유형론 중 하나이다. Groth는 아동 성추행범들을 심리적 목적이나 행동적 패턴의 지속성을 기준으로 분류했다. 가령 청소년기 시절부터 아동에 대한 성적 선호가 지속적으로 존재하는 경우, 이 유형은 **미성숙한 또는 고착형 아동 성추행범**(immature or fixated child molester)으로 분류된다. MTC:CM3의 높은 고착 유형과 마찬가지로 고착형 아동 성폭력 범죄자들은 아동에 대한 성적 호감이 일생에 걸쳐 지속된 유형이다. Groth(1979)는 이와 같은 아동에 대한 성적 고착은 미성숙한 심리적 발달 특성에 기인한다고 주장하고 있다. 이와는 반대로 성인들과 정상적인 관계를 발달·유지해 온 이들이 일시적 스트레스 혹은 자존감 저하 경험 등으로 인해 아동들에게 성적인 충동을 느끼는 경우에는 **퇴행형 아동성 추행범**(regressed child molester)으로 분류된다.

앞서 언급한 바와 같이 Groth는 아동 성추행범들의 의도 혹은 심리적 목적을 기반으로 하위 유형을 구분하고 있다. Groth의 하위 유형은 ① 성적 압박형 범죄자(sex pressure offender), ② 성적 폭력형 범죄자(sex force offender)의 두 가지이다. 첫 번째 유형은 피해 아동에게 매력적인 선물을 제공하거나 친절한 호의를 베풀어 성행위를 부추긴다. 매력적인 선물이나 친절한 호의는 가장 흔한 전략이다. 이와 반대로 성적 폭력형 범죄자는 위해를 가하겠다는 협박과 잔인한 신체적 폭력을 사용한다. 이 두 범죄자 유형 모두 아동의 무력감, 순진함, 신뢰, 단순한 신체적인 제압을 이용하여 피해 아동을 협박한다.

Groth와 동료들(Groth & Burgess, 1977; Groth, Burgess, & Holmstrom, 1977)은 성적 폭력형 아동 성범죄자 유형을 다시 착취형과 가학형의 하위 유형으로 구분했다. 착취형은 피해 아동을 복종시키기 위해 위협이나 폭력을 행사하는 유형이고, 가학형은 아이들에게 위해를 가함으로써 쾌락을 추구하는 유형이다. 착취형 아동 성범죄자들은 주로 언어적 협박, 구속, 조작, 속임수, 피해 아동의 저항을 저지하기 위한 신체적 무력 등의 수법을 사용한다. 이는 아동을 대상으로 신체적인 위해를 가함이 목적이 아니라 복종시키는 것이 목적이다. 한편, 가학적 아동 성범죄자들의 경우 피해 아동에게 신체적 고통을 가하는 행위 자체를 통해 성적 만족을 느낀다. 이들은 피해 아동에 대한 제압 단계에서 복종시키기 위해 필요 이상의 무력을 사용하며, 심지어는 '성욕 살인(lust murder)'으로 분류되는 범죄를 저지르기도 한다. 신체적 · 심리적 학대는 성적 흥분과 만족을 위한 필수 요소이다. 이 유형에 해당되는 아동 성범죄자자들 중에는 아동에 대한 심각한 수준의 구타, 목 조르기, 고문, 폭력적인 성적 학대 등을 자행하는 경우도 있는데 다행히도 MTC:CM3 유형론의 가학형 범죄자 유형과 마찬가지로 보고된 사례들 중에서 이러한 경우는 극히 일부에 불과하다.

Groth의 분류 체계는 아동 성범죄자들에 대한 직관적인 분류가 가능하다는 점 때문에 수사기관에서 가장 많이 활용되고 있다. 기존의 Groth 강간범 유형론과 마찬가지로 아동 성범죄자 유형론 역시 피해자들의 진술 및 범죄 현장의 특성, 수집된 법과학적 증거물들을 토대로 범인을 식별하는 데 사용할 수 있는 행동 지표를 제시하고 있다. 많은 부분에서 Groth 유형론은 매사추세츠 치료센터 아동 성범죄자 유형론(MTC:CM3)과 유사하나, 최초 발표된 이후 개정 작업은 이루어지지 않고 있다. Heilbrun, Marczyk와 DeMatteo(2002)의 지적과 같이, Groth 유형론은 다분히 추정에 근거한 개념들로 구성되어, 이를 지지하는 경험적인 연구가 이루어지지 않았다는 한계가 있다.

여성 성범죄자 유형론

전통적으로 연구자들은 여성 성범죄자 연구에 큰 관심을 두지 않았다. 따라서 여성 성범죄자에 대한 이해는 매우 부족한 상황으로 이러한 경향은 현재도 마찬가지이다. 예를 들어, Cortoni, Hanson과 Coache(2010)는 전 세계 선진국들에서 여성 성범죄들은 전체 성범죄자의 약 5% 정도를 차지하고 있다고 추정한 바 있다. 2004년 Vandiver와 Kercher는 텍사스(Texas)주의 여성 성범죄자 471명을 대상으로 한 연구를 통해 임상적으로 유용하게 활용될 수 있는 여성 성범죄자 유형론을 개발했다. 이 연구를 통해서 밝혀진 여성 성범죄자 유형은 다음 여섯 가지이다.

1. 이성애자 양육자(heterosexual nurturer)
2. 범죄 전력이 없는 동성애 범죄자(noncriminal homosexual offender)
3. 여성 성폭력 흉악범(female sexual predator)
4. 젊은 성인 아동 학대자(young adult child exploiter)
5. 동성애 범죄자(homosexual criminal)
6. 공격적인 동성애 범죄자(aggressive homosexual offender)

이성애자 양육자 유형은 교사, 보모, 멘토 등의 역할을 수행하면서 주로 12세 이하의 남아를 대상으로 범죄를 저지르는 유형이다. 이 유형에 해당하는 여성 성범죄자들은 흔히 자신의 제자 중 한 명과 연인 관계를 형성하거나, 혹은 환자 및 내담자와 애정 관계에 있는 상담사 등으로 여성 성범죄자 유형 중 가장 많은 비중을 차지한다. 이들 중 대부분은 자신이 피해 아동을 학대하고 있다거나 그들에게 심각한 심리적 손상을 줄 수 있다고 생각하지 않는다. 이들의 범행은 충족되지 않은 정서적 · 사회적 욕구를 보상받기 위한 방편으로 피해 아동과의 친밀감 추구 욕구가 작용한 결과로 설명되며, 이들은 자신과 피해 아동이 부적절한 관계라는 점을 인식하지 못하는 경향이 있다. Vandiver와 Kercher(2004)에 의하면 이들 집단의 재범률은 매우 낮다.

두 번째로 많은 수를 차지하는 유형은 범죄 전력이 없는 동성애 범죄자들이다. 이들은 과거 유사 범죄 전력이 없고, 대부분 의도적으로 피해자에게 접근하지는 않는다. 주로 약 13세 정도의 아동 및 청소년들을 대상으로 범행을 저지르는 경향이 있다. 피해자가 여아라는 점 이외에 앞서 설명한 첫 번째 유형과 마찬가지로 유사 범죄 전력이 없으며 재범률이 매우 낮은 특성을 보인다.

세 번째로, 여성 성폭력 흉악범 유형에 해당하는 이들은 평균적으로 11세 정도의 남아(60%) 및 여아(40%)를 대상으로 성적 학대를 저지르는 이들이다. 이들은 대체로 다양한 범죄를 저지르는 상습적인 범죄자 유형에 해당된다.

네 번째로, 젊은 성인 아동 학대자 유형에 해당하는 범죄자들은 대부분 약 7세 정도의 여아, 남아 모두를 대상으로 성폭력 범죄를 저지르는 경향이 있다. 이들 범죄자들의 평균 연령은 약 28세 정도로 여성 성범죄자 유형 중 가장 젊다. 피해 아동들 중 과반수 정도가 가해자와 관계가 있고, 때로는 자녀인 경우도 있다. 가해 여성들은 직간접적으로 가정 폭력과 관련되어 있을 수 있다.

뉴욕(New York)주 여성 성범죄자 390명을 조사한 Sandler와 Freeman(2007) 또한 여성 성범죄자를 여섯 가지 유형으로 구분했다. 인종 및 연령과 같은 인구통계학적 변수가 Vandiver와 Kercher의 연구 표본과 매우 유사했지만, 연구 결과에서 나타난 성범죄 및 성범죄자 특징과 완전히 부합되지 않았다. 여성 성범죄자 유형론의 개발이 아직 초기 단계라는 점을 고려할 때 이러한 결과 차이는 어느 정도 예견된 것이라 할 수 있다.

Sandler와 Freeman(2007)의 연구에서는 Vandiver와 Kercher(2004)의 연구에서 제시된 '이성애자 양육자' 및 '젊은 성인 아동 학대자' 유형의 가장 큰 차이점은 피해자 성별이다. Sandler와 Freeman은 여성 성범죄자들이 특정 성별의 아동만을 대상으로 일관성 있게 범행하지는 않는다는 점을 발견했다.

전체적으로, 앞서 제시한 두 연구는 표본이 상이했다. 하나의 이유는 연구 대상이 거주하는 주의 성범죄자 관련 법령 및 법적 규제의 차이를 들 수 있다. 주별로 법적 규제 및 관련 법령이 다르기 때문에 미국 내 어떤 주에서는 성범죄자로 간주되나 다른 주에서는 동일한 범죄 요건이 성범죄자 등록 사유가 되지 않을 수 있다. 또한 Vandiver와 Kercher(2004)의 연구 표본에 포함된 여성 성범죄자들은 체포와 기소에 이를 만한 심각한 범죄를 저지르기는 했지만, 이들 모두가 교도소에 복역하지는 않았다(Gannon & Rose, 2008).

두 연구는 여성 범죄자에 대해 미처 알지 못했던 새로운 지식들을 발견하는 데 상당 부분 기여한 것으로 평가할 수 있다. 그러나 두 연구 모두에서 여성 범죄자의 공범 유무에 대한 데이터를 수집하지 않았다(Gannon & Rose, 2008). 여성 아동 성범죄자들은 주로 단독으로 범행을 하는가? 아니면 남성 범죄자들과 함께 범죄를 저지르는 경우가 많은가? 이 질문에 대한 답변은 1994년에서 2005년까지의 네덜란드 여성 아동 성범죄 사건을 분석한 Wijkman, Bijleveld와 Hendricks(2010)의 연구 결과에서 확인할 수 있다. 이에 따르면 자녀를 성적으로 학대한 여성 범죄자 10명 중 8명이 남성 공범과 함께 범죄를 저질렀으며, 대부분의 경우 남성 공범은 남편이거나 혹은 애인 등 친밀한 관계에 있는 파트너들이었다(Nicholls, Cruise, Greig, & Hinz, 2015). 이 연구에서 발견된 또 한 가지 중요한 사실은 가해 여성들이 성장기에 가정에서 성적 학대 및 폭력을 경험한 경우가 많다는 점이다.

온라인 아동 성범죄자

인터넷을 사용하는 아동 · 청소년 인구의 폭발적 증가는 아동 · 청소년의 발달 및 건강에 긍정적인 측면도 있지만 부정적인 측면도 있다(Ybarra & Mitchell, 2007). 인터넷 공간의 익명성(anonymity)이 성범죄자들에게 인터넷에서 자신의 정체를 속이고 아동 · 청소년들을 유인하고 사적 만남을 통해 성적 유인 및 착취를 할 기회를 제공하고 있다. 1,588명의 아동 · 청소년들을 대상으로 한 'Growing Up With Media Survey'에서는 2000년 한 해 동안 온라인 상에서 원치 않은 성적 유혹을 경험한 비율이 약 15%인 것으로 나타났다(Ybarra & Mitchell, 2007). 다른 조사 결과들도 이와 유사한 수치를 보이고 있다(Mitchell, Wolak, & Finkelhor, 2005). 조사 결과들에 따르면, 대부분의 경우 원치 않는 성적 유혹은 온라인 인스턴트 메시지나 공개 채팅방 등에서 이루어진다고 한다.

인터넷을 매개한 성범죄들은 성적인 목적을 지닌 성인 남성이 미성년자들을 유인해 만남을 갖기 위해 저지르는 경우가 대부분이다(Wolak, Finkelhor, Mitchell, & Ybarra, 2008). 가해자들은 대개 25세 이상의 백인 남성인 경우가 많다(Owens et al., 2016). 이들은 온라인상에서 미성년자들을 유인하기 위해 인스턴트 메시지, SNS, 이메일, 온라인 게임 사이트, 채팅방 등 다양한 온라인 커뮤니케이션 방법을 사용하고 있다. 한 연구(Malesky, 2007)에 의하면 온라인 범죄자들 중 약 1/3 정도는 잠재적인 피해자를 물색하기 위해 먼저 공개 채팅방 대화를 관찰한다고 한다. 이 때문에 미국 내 많은 주에서는 성범죄 목적으로 전자적 매체를 이용해서 아동·청소년들을 유인하는 행위를 방지하기 위한 규제법률을 제정해 왔다.

그러나 최근 연구 결과에 의하면 전형적인 인터넷 아동 성범죄자들은 범행 대상 아동을 물색하기 위해 속임수를 쓰지 않는것으로 나타났다(Wolak, Finkelhor, & Mitchell, 2004). 다수의 온라인 아동 성범죄 사건들에서 피해자들은 자신들이 성인과 소통하고 있다는 사실을 인지하고 있었다. 성인 인터넷 아동 성범죄자들 중 오직 5% 정도만이 청소년 행세를 했다. 궁극적으로 오프라인 만남을 목적으로 접근하는 이들은 만남을 전제로 하는 모임에 소속되어 자신의 성적 관심을 숨기지 않는다. “섹스와 관련된 이야기는 온라인 공간에서부터 시작된다. 가해자들과 오프라인 만남을 갖는 피해자들 대부분이 약물 거래나 돈을 받고 성행위를 하는 조건 만남을 기대하면서 가해자가 소속된 모임에 참여한다.”(Wolak et al., 2008, p. 113) 더욱이 성적 의도를 지닌 상태에서 접근하는 온라인 성범죄자들은 대부분 잠재적 피해 대상과의 인터넷 대화 초반부터 자신의 의도를 분명히 드러낸다(Winters, Kaylor, & Jeglic, 2017). 더욱 놀라운 점은 미국 청소년 온라인 피해(National Juvenile Online Victimization: N-JOV) 연구에서는 온라인에서 접촉한 이들과 오프라인에서 면대면 만남을 가진 피해자들 중 약 1/3이 유사한 경험을 2회 이상 한 것으로 나타났다(Wolak, Mitchell, & Finkelhor, 2003). 이 연구에서 피해자들 중 99%가 13~17세였으며, 12세 이하 피해자는 없었다. 공개된 자료들에 의하면 온라인 성폭력 가해자들은 주로 선물 등 유혹에 취약하거나, 호기심이 많거나, 외로워서 친구를 사귀려는 의도를 지닌 아동 또는 청소년들을 주된 피해 대상으로 삼았으며, 자신을 의심하는 이들은 표적으로 삼지 않는 경향을 보였다(Wolak et al., 2008).

피해자를 유혹에 취약한 인물들로 보는 관점이나 직접 만남의 의도 및 동기가 있는 이들로 초점을 맞추는 것은 범죄 발생의 원인을 가해자에서 피해자 탓으로 오도할 수 있는 위험이 있다. 더 나아가 온라인 성범죄자들은 자신을 의심하지 않는 피해자들에 대해 일종의 그루밍(grooming)[1] 전략을 사용하는 경향이 있다. Klosess, Beech와 Harkins(2014)는 온라인 세계 및 오프라인 세계 모두에서 이루어지는 그루밍 현상을 이해하는 데 유익한 연구 검토

1) 역자 주: 그루밍(grooming)이란 일종의 ‘길들이기’를 의미하는 것으로, 주로 온라인상에서 피해자에게 호감을 얻은 후 상대를 심리적으로 지배하는 전략을 의미한다.

결과를 다음과 같이 제시하고 있다. 오프라인상에서는 범죄자들이 그루밍 행동을 잠재적 피해자들뿐 아니라 모든 이에게 여실히 드러낸다. 가령 범인은 범행 대상 아동과의 밀접한 접촉이 가능한 지역 기관에 근무하는 친숙한 인물로 위장할 수 있고, 아동의 보모, 선생님, 부모 등 보호자들을 잘 아는 인물로 위장할 수도 있다. 이후 어느 정도 아동이 경계심을 풀면 선물을 줌으로써 아동의 환심을 사려 할 것이다. 한편, 물리적인 세계, 즉 오프라인 공간에서 아동 성범죄자들은 아마도 아동을 고립시킨 후 성적인 사진을 보여 주거나 가벼운 접촉 등을 통해 아동을 점차 성적 활동에 노출시킨 후 노골적인 성적 행위로 옮겨 갈 수 있다(Kloess et al., 2014).

온라인 공간에서 나타나는 그루밍 전략은 오프라인 공간의 경우와는 전혀 다르다. 이 분야와 관련된 다양한 연구(예: Briggs, Simon, & Simonsen, 2011)를 통합 · 확장시킨 Kloess 등에 따르면 온라인 성범죄자들은 아동 · 청소년과 접촉할 때 항상 자신의 신분을 청소년이라고 거짓말하는 것은 아니다(최근 들어 온라인 성범죄자들 중 실제 청소년 인구 비중이 지속적으로 증가하는 추세이기는 하다). 가해자들은 온라인 공간에서 만난 아동 및 청소년과 사진을 교환하고 몇몇 단계를 거쳐 점차적으로 우정을 쌓아 간다. 신뢰 관계가 형성된 후에는 음란한 사진을 요구하며, 성적 행위를 선동하거나 개인적으로 만나자는 요청을 한다. 또한 Kloess 등은 "가해자와 피해 아동 및 청소년 간에 직접적인 오프라인 만남이 없는 상태에서 컴퓨터 매개 커뮤니케이션을 통해 이어지는 성적 착취는 피해자가 직접 나서 학대 사실을 폭로하거나 비공개 경찰 수사 활동을 통해 범죄 혐의가 밝혀진 경우에만 경찰 당국의 주목을 받을 수 있다." (p. 132)라고 덧붙여 말했다.

Wolak과 동료들(2008)은 많은 청소년이 온라인 아동 성범죄자들에게 취약한 이유에 대해 성적 친밀감만을 수반하는 건전한 관계 형성에 필요한 판단력 및 정서적 자기조절 능력이 미성숙하기 때문이라고 설명하고 있다(7장에 소개된 Steinberg의 연구 결과 참조). 특히 청소년들이 누군지 모르는 성인과 성적인 대화 및 행위를 거리낌 없이 나눌 수 있는 이유는 청소년들의 일반적인 행동패턴인 위험 추구 성향이 반영된 결과로 볼 수 있다. 특히 성적 혹은 신체적 학대 경험을 지닌 청소년들이 이와 같은 온라인 성범죄에 더욱 취약할 수 있다(Mitchell, Finkelhor, & Wolak, 2007).

Owens, Eakin, Hoffer, Muirhead와 Shelton(2016)은 유죄판결을 받은 온라인 아동 성범죄자 대상 연구에서 이들은 주로 백인이나, 연령, 교육 수준, 소득, 직업, 결혼 상태, 지역사회 지위 등의 다른 인구통계학적 특성이 매우 다양하다는 점을 발견했다. 또 다른 연구(Shelton, Eakin, Hoffer, Muirhead, & Owens, 2016)에서는 "본 연구 표본에 포함된 온라인 아동 성범죄자들은 다른 범죄자 집단들과 비교해서 다양한 특성을 보이고 있었다. 이는 인터넷

범죄자들의 공통적인 인구통계학적 프로파일이 존재하지 않는다는 점을 시사한다."(p. 20)라고 결론 내렸다. 두 연구(Shelton et al., 2016; Owens et al., 2016)에서는 온라인 아동 음란물 근절 계획의 일환으로 착수된 'Innocent Images National Initiative(IINI)'으로 검거, 유죄 판결을 받은 251건의 온라인 아동 성착취 범죄자 및 수사 대상자 데이터를 활용했다. 연구 대상이 된 사건들 모두 아동에 대한 성적 착취 수단으로 인터넷이 사용됐다. 혐의 유형은 아동 음란물 소지, 배포, 제작, 아동과의 직접적인 성적 접촉 등을 포함한다.

예외적인 경우도 존재하지만 대체로 온라인 아동 성범죄자들은 폭력적이거나 가학적이지 않으며, 피해자들에게 동의를 구하고, 확신을 줄 수 있을 정도의 정상적인 대인관계 능력을 갖추고 있었다. 또한 미국 국립 청소년 범죄피해 조사(N-JOV)에서는 협박, 폭력, 성폭력 미수 등의 범죄는 전체의 약 5%에 달했지만 유괴는 거의 드물었다. 예를 들어, 조사 결과에서 범죄자가 강압적으로 피해자를 특정 장소로 데려간 경우는 없었다(Wolak et al., 2004). 조사에 인용된 사례들 중 약 25%는 최초 실종 사건으로 신고된 건들이었는데, 대부분의 경우 가해자와 함께 있기 위해 가출했거나, 당시 있었던 장소에 대해 부모에게 거짓말했던 것으로 밝혀졌다.

많은 온라인 성범죄자들은 성적 각성을 목적으로 아동 음란물을 사용한다. 그러나 이러한 소아성애적 특성이 아동과의 직접적인 성적 접촉으로 이어진다고 단정지을 수는 없다(Seto, Hanson, & Babchishin, 2011). Seto, Hanson과 Babchishin(2011)의 연구에서는 온라인 성범죄자들 중 절반 정도가 자신들의 성적 관심을 실제 행동으로 옮기는 것으로 나타났다. 이처럼 소아성애적 성적 관심이 행동으로 발현된 범죄자들은 "반사회적 행동 및 범죄를 촉발시킬 만한 성격 문제 및 생활환경 조건을 지니고 있었다"(p. 140).

인터넷에서부터 시작된 성범죄들 중 모든 경우가 오프라인 만남으로 이어지지 않는다는 점은 인터넷 아동 성범죄 이해에 있어 매우 중요하다. 또한 이러한 점을 온라인 성범죄자들의 전형적인 특성으로 보기는 어렵다. Briggs, Simon과 Simonsen(2011)의 유죄 판결을 받은 온라인 성범죄자 대상 연구에서는 범행 동기를 중심으로 온라인 성범죄자들을 환상주도형과 만남주도형의 두 가지 유형으로 구분했다. 환상주도형 범죄자(fantasy-driven offender)들은 사이버 섹스 혹은 자기만족을 위한 목적으로 사이버 관계에 치중하는 반면, 만남주도형 범죄자(contact-driven offender)들은 실제 성적 접촉을 목적으로 온라인 공간에서 피해자와 관계를 형성하고, 신뢰감을 형성한 후 오프라인 만남을 시도한다. 환상주도형의 경우 상대적으로 나이가 많고, 기혼자 및 이혼자들이 많다. 만남주도형의 경우 대부분 나이가 어린 편이고, 교육 수준이 낮으며, 특별한 직업이 없는 이들이 대부분이다.

이와 유사하게, Babchishin, Hanson과 Hermann(2011)은 기존 연구 및 임상 문헌들에서 제시하는 온라인 성범죄자 유형들을 다음과 같이 정리했다.

> 예를 들어, 온라인 성범죄자들은 (a) 아동에 대한 구체적 성적 관심이 없는 상태에서 단순히 호기심 및 충동으로 아동 음란물에 접근하는 유형, (b) 피해 아동과 직접 접촉해 범죄를 저지르지는 않지만 아동에 대한 성적 환상으로 인해 아동 음란물에 접근하는 유형, (c) 오로지 경제적인 목적으로 아동 음란물을 제작 · 배포하는 유형, (d) 오프라인 공간에서 성적 접촉을 갖기 위해 인터넷을 이용하는 유형 등으로 구분된다(p. 93).

① 마지막 유형의 경우 단지 성적 접촉만이 특징으로 언급되었지만, 각각의 모든 유형들은 아동에 대한 온라인 성적 약취 행동들을 표현하고 있다.
② 이 장에서는 오프라인상 성적 접촉을 목적으로 인터넷을 이용하는 범죄자들에 초점을 맞춰 설명했다. 앞서 4개 유형들 중 a, b, c 유형들에 대해서는 범죄 피해자 관련 내용들을 다루는 다음 장에서 구체적으로 설명하겠다.

청소년 성범죄자

최근 FBI 범죄 통계(2016b)에 따르면, 강간 혐의로 체포된 성범죄자들의 약 16%와 매춘을 제외한 그 밖의 모든 성범죄 혐의로 체포된 범죄자들의 17%가 18세 미만이었다. 형사사법기관들에 의해 확인되지 않은 청소년 성범죄 건수는 상당수(어쩌면 거의 대부분)에 이르기 때문에 청소년 성범죄 발생 건수는 실제보다 과소 추정되고 있다고 볼 수 있다. 일부 연구 결과에 제시된 아동에 대한 성적 학대 가해자들의 약 50%가 청소년들이라는 점을 고려할 때, 전체 성범죄자 중 청소년이 차지하는 비중은 약 20% 정도는 될 것으로 추정된다(Barbaree & Marshall, 2006; Keelan & Fremouw, 2013). 청소년 성범죄자 관련 연구들은 대부분 남성 청소년 성범죄에만 초점을 맞추고 있어, 여성 청소년들 및 청소년기 이전 남자 아이들이 저지르는 성범죄들에는 관심을 두지 않아 왔다. 그러나 예외는 존재하기 때문에 남성 청소년들 이외의 여성, 아동의 성범죄 문제에 대해서도 살펴보겠다.

남성 청소년 성범죄자들은 인종 · 민족 · 사회경제적 요인에 있어 매우 이질적인 인구통계학적 특성을 지니고 있어 단일 프로파일로 설명하기는 어렵다. "그러나 확인된 자료들에 따르면 청소년 성범죄자들 중 약 70%가 입양 가정 출신이고, 대부분 평균 이상 성적의 중등학교 재학생이며, 주요 정신질환을 앓고 있는 비중은 약 4% 미만이다."(Becker & Johnson, 2001,

p. 274) 추가적으로 미국 청소년가정법원법관위원회(National Council of Juvenile and Family Court Judges: NCJFCJ) 보고에 따르면 남성 청소년 성범죄자들의 평균 연령은 14~15세이며, 90% 이상이 평소 알고 지내던 사람을 대상으로 성범죄를 저지른다. 또한 1/3 이상이 범행 중 폭력을 사용한 것으로 보고됐다(NCJFCJ, 1993). 대개 피해자들은 청소년 성범죄자들보다 상당히 어린 경우가 많으며, 대다수는 여성이고(75%), 대부분 친척이나 알고 지내던 사이이다(Righthand & Welch, 2001). 그리고 피해자의 평균 연령은 7세이다(NCJFCJ, 1993). 보모와 같은 아이돌봄 역할이 아동 성범죄의 빌미를 주는 것으로 보이며, 이러한 양상은 특히 여성 성범죄자들에게서 두드러진다.

청소년 성범죄자들은 성범죄 이외의 다양한 형태의 범죄 및 반사회적 행동을 저지른 전력을 지니고 있다(Carpentier, Leclerc, & Proulx, 2011). 이들은 상점에서 계산을 하지 않고 물건을 들고 나오거나, 기타 다양한 형태의 절도, 방화, 괴롭힘 및 폭력 행위를 일삼으며, 동물을 상대로 잔인한 행동을 하는 것도 서슴지 않는 경향이 있다. 청소년 성범죄자들 중 다수가 외현적으로는 다른 학생들과 마찬가지로 정상적으로 학교에 다니고 성적 역시 평균 수준이나, 상당수가 무단결석을 반복하고 문제 행동 및 학습장애를 보이는 것으로 나타났다. 또한 청소년 성범죄자는 또래 집단에서 인기가 높은 운동선수부터 따돌림을 받는 아이까지, 혹은 학업 능력이 뛰어난 우등생에서부터 비행 청소년까지 상당히 광범위하게 분포되어 있다(Cellini, 1995). 그러나 연구자들은 성적 행동에 문제가 있는 청소년들의 경우 사회적 능력 및 타인과의 관계에 있어 중대한 결함이 있다는 점을 지속적으로 지적해 왔다(Becker, 1990; Knight & Prentky, 1993). 7장의 생애지속형(life course-persistent: LCP) 비행 청소년 개념에서 제시된 내용에서처럼 이러한 청소년들은 일반적으로 부적응적 대인관계 기술, 빈약한 동료 관계, 사회적 고립 등과 같은 사회적 어려움을 겪고 있다(Righthand & Welch, 2001).

청소년 성범죄자들은 훔쳐보기, 성기 노출 등의 비접촉형 성범죄에서부터 성기 삽입 등의 접촉형 성범죄에 이르기까지 매우 다양한 범행 양상을 보인다. 접촉형 성범죄 중 절반 정도가 구강성교, 질내성교, 항문성교를 자행하거나 시도하는 형태이다(Righthand & Welch, 2001). 이들은 대개 범행 대상이 자신보다 어린 경우보다 비슷한 연령대나 성인인 경우에 더욱 강한 신체적 폭력을 사용하는 경향이 있다.

성인 성범죄자들 중 상당수가 청소년기에 이미 성적 학대 행동을 시작한다. 관련 연구에서는 성인 성범죄자들 중 청소년기에 최초 범행을 저지른 비중은 47~58%에 달하는 것으로 나타났다(Cellini, 1995; Cellini, Schwartz, & Readio, 1993). 이 분야의 전문가들과 정신건강 전문가들은 청소년들이 성범죄를 저지르는 주요 원인 중 하나로 유년 시절의 성적 학대 경험을 꼽고 있다. 하지만 성범죄 청소년들과 기타 다른 범죄를 저지른 청소년 집단의 유년기 성적 학대 경험에서 유의미한 차이는 아직 발견되지 않았다(Knight & Prentky, 1993; Spaccarelli, Bowden, Coatswroth, & Kim, 1997). 이와 관련해 Dennison과 Leclerc(2011)은 유년기의 성적 학대 경험이 이후 성범죄 행동의 필수 조건은 아니지만, 발달 경로에 영향을 미칠 수 있다고 한다. 성적 학대 경험이 있는 소년 224명을 대상으로 한 연구에서는 이 중 12%만이 이후 지속적으로 성적 학대를 저지르는 것으로 나타났다(Salter et al., 2003). 이런 수치가 표면적으로는 낮아 보일 수 있고 공식적으로 확인된 사례만이 반영된 결과일 수 있지만, 중요한 점은 유년 시절 성적 학대를 경험한 아이들 모두가 이후 성폭력 범죄를 저지르지는 않는다는 것이다. 일부 연구자들(예: Hunter & Figueredo, 2000)은 초기 성적 학대 경험의 시기, 빈도 등이 개인의 심리사회적 및 심리 성적 발달 단계에 영향을 미칠 가능성이 있다고 주장했다.

성범죄 발생 과정에서 아동기 학대 경험의 역할은 현재까지도 불명확하며, 이를 입증하기는 매우 복잡하다(Prentky, Harris, Frizzell, & Righthand, 2000). 그러나 학대를 경험한 아동 집단에서 비학대 또래 집단들에 비해 타인에 대한 정서적 공감 능력이 떨어지며, 타인에 대한 정서 인식에 문제가 있고, 타인의 관점을 이해하는 데 어려움이 있다는 증거가 있다(Knight & Prentky, 1993). 여기서 학대 경험은 성적 학대뿐 아니라 방치 및 신체적 · 정서적 학대를 모두 포함한다.

여자 청소년 성범죄자

강간, 성매매를 제외한 성범죄로 체포된 18세 이하 청소년들 중 여자 청소년의 비율은 2%에 불과하다(FBI, 2016a). 성매매를 성범죄로 보지 않는 이유는 그것이 타인에게 피해를 주지는 않기 때문이다. 청소년 성매매(남성 및 여성 모두)는 분명 심각한 사회 문제이지만, 굳이 피해자를 거론하자면 피해자는 매춘부들이다. 예를 들어, 성인 매춘부뿐 아니라 청소년 매춘부들 상당수가 인신매매 피해자들이다. 이 주제에 대해서는 다음 장에서 구체적으로 살펴보겠다.

여자 청소년 성범죄에 대한 연구들은 매우 드물다. 발표된 연구들 또한 표본 크기가 작으며 방법론적 한계 등이 따른다(Becker et al., 2001; Righthand & Welch, 2001). 성범죄 가해자의 성별 차이에 관한 연구들 대부분이 성인 여성에 초점을 맞추고 있으며(Bumby & Bumby, 1997), 이 연구들 또한 매우 제한적으로 이루어져 왔다. "과거 사회는 여성 성범죄자의 잠재적 위협이나 존재에 대해 믿지 않았다."(p. 30)라는 Becker, Hall과 Stinson의 견해는 여성 성범죄자 연구가 미약한 점을 잘 반영하고 있다. 그들은 정신건강 전문가들이 일상적인 임상 면담에서 여성 환자에게 성적 공격성이나 소아성애와 관련된 질문을 하는 경우는 거의 찾아보기 어렵다고 전하고 있다.

Fehrenbach와 Monastersky(1988)에 따르면 어린아이들에게 성적 학대를 저지른 여자 청소년들 중 상당수가 피해 아동의 보모 역할을 했다고 한다. 이들이 연구한 28명의 여성 성범죄 사건에서 피해자의 연령은 12세 이하였으며, 알고 지낸 아이(57%), 형제(29%), 혹은 다른 친척(14%)인 것으로 나타났다. 11~18세 여자 청소년 성범죄자를 대상으로 한 Mathews, Hunter와 Vuz(1997)의 조사에서는 피해자들의 90%가 알고 지내던 아이들이었거나 친척이었다. 두 연구 모두에서 가해자들의 과거 성적 학대 경험이 매우 높았다(각각 50%, 77.65%). 일부 연구에서는 남자 청소년 성범죄자들에 비해 여자 청소년 성범죄자들이 체포 당시 나이가 상대적으로 어리며, 이들에게 학대당한 남아 및 여아 모두 향후 성적 학대를 저지를 가능성이 높다는 결과를 제시하고 있다(Nicholls et al., 2015). Bumby와 Bumby(1997)는 여자 청소년 성범죄자들의 경우 상대적으로 우울 성향이 높으며, 자아개념이 결여되어 있고, 자살 사고를 가졌으며, 유년기에 성적 학대 피해 경험이 있을 가능성이 높다는 것을 발견했다.

결론 및 미래의 방향

Becker와 Johnson(2001)은 연구자들이 관심을 가져야 할 임상적 관점의 성범죄 관련 연구 주제를 다음 네 가지로 제시한 바 있다. ① 성범죄 행동의 인과관계 규명을 위한 이론 개발, ② 남녀 청소년 및 청소년 전 연령대를 포괄하는 분류 체계 혹은 유형론의 개발, ③ 청소년 성범죄자 유형별 치료 개입 프로그램 개발, ④ 장기적인 추적 관찰을 통한 청소년 성범죄자 치료 효과 연구.

성범죄 재범률

재범(recidivism)은 범죄 행동의 반복을 의미한다. 일반적으로 범죄 경력이 있는 전과자가 향후 범죄로 '다시' ① 체포, ② 유죄 판결, ③ 교도소 복역 선고, ④ 새로운 선고로 또는 과거 선고에 따른 교도소 복역의 네 가지 경우를 '재범'으로 본다(Langan & Levin, 2002). 성범죄 초범의 재범률은 약 10~15% 수준이며, 최초 범행으로 구속·수감된 후 평균 4~6년 지나 재범을 저지르는 것으로 보고되고 있다(Hanson, 2001; Hanson & Bussiére, 1998; Hanson &

Morton-Bourgon, 2004, 2005). 그러나 범죄자들 모두가 동일한 재범률을 보이는 것은 아니다. Hanson, Bourgon, Helmus와 Hodgson(2009)이 진행한 성범죄자 약 7,000명 대상 메타 분석 연구에서는 성범죄 치료를 받은 성범죄자들의 재범률은 10.9%인 데 반해 치료를 받지 않은 성범죄자들의 재범률은 19.2%인 것으로 나타났다. 또한 여성 성범죄자들의 경우 남성 성범죄자들에 비해 낮은 재범률(3% 미만)을 보이는 것으로 알려져 있다(Cortoni et al., 2010). 성범죄 유형별로는 일반 강간범 집단과 비교해서 아동 성범죄자 집단의 재범률이 매우 높다. 또한 이 장의 앞부분에서 설명한 바처럼 관련 연구들에서는 강간범들은 성범죄에 국한된 재범 양상을 보이기보다는 폭력적인 성범죄를 포함해 다양한 형태의 폭력 범죄를 저지르는 경향이 있음을 지적하고 있다(Carpender et al., 2011; Quinsey, Harris, Rice, & Cormier, 1998). 예를 들어, 남성 성범죄자들에 대한 재범 연구들에서는 성범죄 재범률 13.5%, 성범죄를 포함한 폭력 범죄 재범률 25.5%, 기타 다른 유형의 범죄 재범률 36%라는 결과를 제시하고 있다(Cortoni et al., 2010; Hanson & Morton-Bourgon, 2004).

연령 요인

Karl Hanson(2001)은 기존 연구들에서 나이가 들수록 성범죄 재범률이 감소한다는 점을 확인하기 위해 출소한 성범죄자들을 대상으로 진행된 10편의 추적 연구 데이터를 분석했다. 연구 결과, 연령 및 범죄 형태 모두에 따른 재범률 차이가 발견됐다. 재범률이 가장 높은 집단은 18~25세 성인 강간범 집단이었는데, 이들은 이후 나이가 많을수록 재범률은 감소했다. 또한 가족 외 아동들을 대상으로 성범죄를 저지른 아동 성범죄자들의 경우 가족 내 아동 대상 성범죄자 및 일반 강간범에 비해 재범 가능성이 상대적으로 높은 것으로 나타났다. 이들 가족 외 아동 대상 성범죄자들 중에서도 재범 위험이 가장 높은 연령대는 25~35세였으며, 50세 이후까지 재범률은 완만하게 감소하는 경향을 보였다. 반면에 가족 내 아동 대상 성범죄자들 중 재범 위험이 가장 높은 연령대는 18~25세였으며, 가족 외 아동 대상 성범죄자, 일반 강간범 집단에 비해 25세 이후 재범 가능성이 가장 낮은 것으로 나타났다.

강간범 및 아동 성범죄자 집단의 연령대별 재범률 차이에 대해 Hanson(2001)은 경찰 신고 및 체포가 지연되는 경우가 많은 아동 성범죄 사건의 특성이 이러한 차이를 낳는다고 해석하고 있다. 자신의 범죄를 은폐하는 수법이 더욱 치밀한 아동 성범죄자의 특성 역시 재범률의 차이에 영향을 미치는 또 다른 요인으로 간주할 수 있다.

청소년 성범죄 재범률

관련 연구들에서는 청소년 범죄자의 재범률을 약 2~14%로 추정하고 있다(Reitzel, 2003; Rubinstein, Yeager, Goodstein, & Lewis, 1993; Sipe, Jensen, & Everett, 1998). Alexander(1999)에 따르면, 경찰 체포 기준 전체 성범죄 재범률은 약 7%로 추산할 수 있는데, 청소년 성범죄자의 경우 특히 청소년 강간 범죄자의 재범률이 가장 높다. 하지만 더 중요하게 고려해야 할 점은 성인 범죄자에 비해 청소년 성범죄자의 재범 가능성은 낮다는 점이다(Alexander, 1999; Hunter & Becker, 1999).

성범죄자 평가

성범죄자 평가 과정에서는 욕구(심리적 · 사회적 · 인지적 · 의학적), 가족 관계, 위험 요인, 과거 범죄 경력, 위험 관리 요인에 대한 평가가 종합적으로 이루어진다(Righthand & Welch, 2001). 특히 성범죄자들은 서로 간에 이질적이며 다차원적인 특성을 갖고 있기 때문에 정확한 평가가 어렵다. 성범죄자 평가는 치료 계획 수립 혹은 재범 가능성 확인을 목적으로 진행되는데, 법정 심리학자들은 판사, 변호사, 가석방 담당관, 기타 형사사법기관들의 요청에 의해 성범죄자들 대상 **심리성적 평가**(psychosexual evaluation)를 진행하고 있다. 최근 들어서는 출소한 성범죄 전력자들을 대상으로 위험성 평가를 진행하기도 하는데, 이는 성범죄 경력자 관리법에 의한 일종의 비자발적 보호 감호에 해당될 수 있다. 따라서 이미 출소한 성범죄자들을 대상으로 평가를 진행하는 것 자체가 인권 침해의 소지가 있어 많은 논란이 되는 상황으로, 일부 정신건강 전문가는 평가 참여를 거부하기도 한다. 위험성 평가 결과에 따라 성범죄자 전과자들에게 치료가 제공되기도 하는데, 치료의 질은 천차만별이며, 위험성 평가 결과에서 고위험군으로 분류된 성범죄자들이 조기에 교도소에서 석방되는 경우도 거의 없다.

성인 성범죄자 평가

가장 일반적으로 사용되는 성범죄자 평가 절차는 비구조화된 임상 면담이다(Dougher, 1995). 비구조화된 면담이란 개방형 질문을 사용함으로써 면담자와 피면담자 간 대화에 대한 통제를 최소화한 면담으로, 면담자가 자유롭게 답변을 유도하게 된다. 그러나 성범죄자들의 경우 자신의 진실한 생각, 감정, 일탈 행위 등을 숨기는 경향이 커서(Abel, Lawry, Karlstrom, Osborn, 1994), 비구조화된 면담이 적절하지 않을 수 있다. 즉, 면담을 통해 수집한 정보의 신뢰성이 떨어질 가능성이 높기 때문에 평가자는 면담 내용을 비판적으로 검토할 필요가 있다. 따라서 성범죄자 평가 시에는 면담 결과 이외에 심리학적·의학적 보고서들, 과거 진술 내용, 경찰 수사 및 체포 보고서, 기타 가족·친구 등 주변인들로부터 추가 정보를 수집할 필요가 있다. 하지만 모든 정보를 고려했다 해도 성범죄 예측을 위한 임상적 평가의 정확성이 떨어질 수 있다. "전문가의 비구조화된 평가보다는 구조화된 평가의 정확성이 더욱 높다."(Hanson & Morton-Bourgon, 2009, p. 1) 이러한 주장은 이미 50년 전 Paul Meehl(1954)이 제기한 바 있다. 최근 들어서는 통계적 접근을 중심으로 하는 계리적(actuarial) 위험성 평가 방식을 신봉하는 연구자들 사이에서 평가 과정에 구조화된 임상 및 전문가 판단 결과를 포함시키는 추세이다. 즉, 최근에는 범죄자 면담 시 구조화된 질문 문항, 계리적 평가 도구와 함께 임상가들의 전문적인 평가 소견을 결합시키는 위험성 평가가 증가하고 있다.

다양한 심리검사를 활용한 남성 성범죄자 평가 또한 오랜 역사를 지니고 있다. 이들 심리검사는 주로 성격 특성을 파악하거나 범죄자의 심리학적 프로파일을 개발하는 목적으로 사용되어 왔다. 심리검사들은 응답자가 생각, 태도, 행동에 관해 질문하는 문항에서 '진실' '거짓' 보기에 직접 체크하는 지필형 검사로 구성되어 있다. 심리검사 및 일련의 문항으로 구성된 척도를 활용한 평가는 특히 재범 가능성과 같은 위험성 평가에 사용된다. 통계적 범죄 위험성 평가를 위해 가장 일반적으로 사용되는 평가 도구로는 SORAG(Quinsey et al., 2006), Static-99(Hanson & Thornton, 2000), J-SORRAT-II(Epperson, Ralston, Fowers, DeWitt, & Gore, 2006), MnSOST-R(Epperson et al., 2004)를 들 수 있다. 이 외에 성범죄자 위험성 평가 목적으로 개발된 전문적인 위험성 평가 도구로는 SVR-20(Boer, Hart, Kropp, & Webster, 1997), ERASOR(Worling & Curwen, 2001), RSVP(Hart, Boer, Otto, & Douglas, 2010)가 있다. 계량적인 범죄자 평가 도구들은 후속 연구들에서 확인된 한계를 극복하기 위해 지속적으로 개정되고 있다(폭력 위험성 평가 도구 관련 내용은 4장 참조).

범죄자 평가 도구들은 미래 범죄 가능성 평가나 치료 계획 수립뿐 아니라 성범죄자들의 위험 수준을 분류할 목적으로도 활용되고 있다. 지역사회에 거주하는 성범죄자의 위험성 평가 결과는 주로 규제 통보 및 보호관찰 상태 결정에 사용된다(Heilbrun et al., 2002). 예를 들면, 성범죄자 등록 및 통보법에 의거해 저위험 수준의 성범죄자들은 경찰서 등록만 하고, 고위험 수준의 성범죄자들은 경찰서 등록뿐 아니라 거주하는 지역사회에 통보하도록 되어 있다. 5장에서도 지적한 바와 같이 일부 연구자는 이러한 성범죄자 규제법들이 과연 재범 가능성 감소에 효과가 있는지에 대해 의문을 제기하고 있다(예: Sandler, Letourneau, Vandiver, Shields, & Chaffin, 2017).

남성 성범죄자 재범 가능성 예측에 있어 심리학적 측정 도구들은 아직까지 정확성이 높지 않은 수준이다. 그러나 지난 15년간 계리적(actuarial) 위험성 평가가 발전하면서 성범죄 예측 방법의 정확도 또한 상당 부분 개선되었다. 계리적 접근은 임상가 개인의 주관적 판단에만 의존하지 않고 정량 데이터에 근거한 전문가의 해석 결과를 토대로 재범 가능성을 예측한다. 다시 한번 강조하지만, 그렇다고 해서 엄격하게 이루어지는 전문가 평가의 가치를 평가절하해서는 안 된다. 위험성 평가 도구들 중 어떤 도구의 예측 정확성이 상대적으로 뛰어난지는 아직 분명히 확인되지 않았다. 그러나 전 세계적으로 성범죄자 위험성 평가에 가장 널리 사용되고 있으며, 연구자들 사이에서 인정받는 평가 도구는 Static-99이다(Hanson, Babchishin, Helmus, & Thornton, 2012). Static-99는 주로 범죄와 폭력, 성범죄 재범을 예측할 목적으로 사용되어 왔는데, 최근 들어서는 치료 계획 수립, 지역사회의 범죄자 관리, 감독 및 보호관찰을 위한 평가에도 활용되고 있다.

Static-99

Karl Hanason과 David Thornton(2010)이 개발한 Static-99는 범죄자 연령, 피해자 특성, 과거 범죄 횟수 등 과거 범죄 이력과 같은 정적 요인을 측정하는 10개 문항으로 구성되어 있다. 성범죄자의 재범 가능성 및 전과자 관리 편리성과의 관계를 고려하여 개별 척도 문항들이 엄선되었다(Hanson & Morton-Bourgon, 2009).

Static-99는 상대적으로 적은 문항으로 다양한 성범죄자에게 적용할 수 있다는 장점으로 인해 비용 대비 효과가 큰 평가 도구로 인정받고 있다. 그러나 기본적으로 Static-99는 강간범들과 아동 성범죄자들에 대한 연구 결과들을 토대로 개발되었기 때문에 다른 성범죄자 유형에 적합하지 않을 수도 있다. 또한 성적 · 폭력적 범죄자의 재범 예측 정확성 또한 개선될 필요가 있다. 예측 정확성 향상을 위한 노력으로, Hanson과 Thornton(2003)은 Static-2002를 개발했다. 예비 연구들을 통해 성적 · 폭력적 그리고 일반적인 범죄자의 재범 가능성을 예측하는 데 Static-2002가 더욱 정확한 것으로 발표되었으나, 더욱 많은 연구를 통해 심리학적으로 의미있는 속성들을 확인할 수 있는 하위 척도의 예측력을 더욱 강화시킬 필요가 있다(Hanson et al., 2010).

성폭력 위험성-20(SVR-20)

Archer, Buffington-Vollum, Stredny와 Handel(2006)이 법정 심리학자들을 대상으로

실시한 조사에 따르면, 성인 성범죄자 위험성 평가를 위해 두 번째로 많이 사용되는 도구는 Boer, Hart, Kropp과 Webster(1997)가 개발한 성폭력 위험성-20(Sexual Violence Risk-20: SVR-20)인 것으로 나타났다. SVR-20은 계리적 도구라기보다는 구조화된 전문가 판단(structured professional judgement: SPJ) 도구에 가까운데, 범죄 경력과 심리학적 특성들을 확인하는 문항들로 구성되어 있으며, 개별 문항들은 성범죄 재범 위험성 평가 및 사건 관리에 도움이 되도록 고안되었다.

효과적인 성범죄 재범 위험성 평가를 위해서는 단일 평가 도구가 아닌 다양한 평가 도구를 복합적으로 사용할 필요가 있다. 따라서 재범 위험성 평가를 실시하는 법정 심리학자들은 평가 과정에서 성범죄자들의 다양하면서 복합적인 영향 요인들을 면밀히 검토할 필요가 있다. Hanson과 Bourgon(2009)은 가장 이상적인 성범죄 위험성 평가 도구는 정확한 성범죄 예측 결과를 제공할 뿐 아니라, 범죄자 관리에 유용한 정보를 제공할 수 있어야 한다고 했다. 다른 연구자들 또한 이에 동의하면서 평가뿐 아니라 성범죄자들에 대한 치료적 개입이 이루어져야 한다는 점을 강조했다(Marshall, et al., 2014). 이러한 접근 방식은 결국 성범죄자들 각각의 동적 위험 요인에 초점을 맞춘 성범죄자 관리 전략들이 성범죄 재발 억제에 효과가 크다는 점을 시사한다. Hason과 Morton-Bourgon(2005)은 상습적인 성범죄자들의 동적 요인으로 성적 편견, 일탈적 태도, 친밀감 결핍, 자기조절 문제 등을 꼽고 있다. 이 요인들은 범죄자 관리 및 치료 대상 선정을 위한 잠재적인 특성 변수로 볼 수 있다.

청소년 성범죄자 평가

청소년 성범죄자 위험성 평가 도구로는 청소년 성범죄자 평가 프로토콜-II(Juvenile Sex Offender Assessment Protocol-II: J-Soap-II; Prentky, Harris, Frizzell, & Righthand, 2000; Prentky & Righthand, 2003), 청소년 성범죄자 재범위험성 추정(Estimate of Risk of Adolescent Sexual Offender Recidivism: ERASOR; Worling & Curwen, 2001), 청소년 성범죄 재범위험성 평가도구-II(Juvenile Sexual Offense Recidivism Risk Assessment Tool-II: JSORRAT-II; Epperson et al., 2006), 아동 · 청소년 성적학대 측정을 위한 다중 경험적 종합 생태학적 평가 도구(Multiplex Empirically Guided Inventory of Ecological Aggregates for Assessing Sexually Abusive Adolescents and Children: MEGA; Miccio-Fonseca, 2006), 구조화된 아동 · 청소년 폭력위험성 평가(Structured Assessment of Violence Risk Among Youth: SAVRY; Borum, Bartel, & Forth, 2006) 등이 있다. 이 중에는 계리적 접근 방식을 취하는 것도 있고, 구조화된 전문가 판단 방식을 취하는 것도 있다. 또한 일부는 범죄 전력 등 변화하지 않는 정적 요인들 중심, 다른 일

부는 동적 요인들 중심의 평가 방식을 취하고 있다(Griffin, Beech, Print, Bradshaw, & Quayle, 2008).

청소년들의 범죄 위험성 평가에서 중요한 것은 현재의 심리 및 정서 상태, 태도 등과 같은 동적 요인들뿐 아니라, 현재 생활환경, 가족 내에서의 범죄 회복 가능성과 같은 보호 요인들에 대해 주의 깊게 파악해야 한다는 것이다. 청소년들의 경우 보호 요인은 조부모 혹은 존경하는 선생님처럼 일관적이고 안정적인 성인 보호자의 존재, 자신의 비밀을 털어놓고 상담할 수 있는 주변인의 존재 등이다. 비교적 최근에 소개된 청소년 범죄자 평가 도구로는 12~18세 청소년 성폭력 가해자들 및 성적 남용 성향을 평가할 목적으로 75문항으로 구성된 AIM2(Griffin et al., 2008)를 들 수 있다. 이 평가 도구는 청소년들의 범죄 위험 요인들과 함께 범죄 극복에 도움이 되는 정적 · 동적 요인들을 평가한다. 문항들은 정적 · 동적 문제 및 정적 · 동적 강점을 측정한다. AIM2 또한 앞으로 더욱 많은 연구가 이루어질 필요가 있다. 이와 같은 평가 접근은 청소년들뿐 아니라 성인 성범죄자들에게도 적용할 수 있다.

앞서 소개한 위험성 평가 절차들은 주로 남성 범죄자들에게 초점을 맞춘 것으로, 범죄 및 재범 패턴이 상이한 여성 범죄자들에게 적용하기에는 적절치 않다(Cortoni et al., 2010). 따라서 법정 심리학자들은 여성 성범죄자 평가를 위한 도구 선정 시 많은 주의가 필요하며, 여성 성범죄자들의 위험 요인 및 재범 평가에 적합한 도구를 개발할 필요가 있다.

요약 및 결론

현대 사회에서 성범죄는 매우 중요한 관심사이다. 통계상 많은 사람들이 성범죄 피해를 당하고 있으며, 정부의 관심과 보호가 필요한 피해자들 또한 상당수에 이른다. 법정 심리학자들은 성범죄자뿐 아니라 피해자를 대상으로 심리 서비스를 제공할 역량과 자격을 갖추고 있다. 이 장에서는 성범죄 평가와 관련된 심리학자들의 역할 및 직무를 중심으로 관련 연구 결과들을 살펴보았다.

성범죄와 강간은 동일한 개념이 아니다. 성범죄가 강간을 포함한 상위 개념이다. 강간은 피해자들을 대상으로 질, 항문, 구강 성교 등 직접적인 성폭행이 이루어진 경우를 의미한다. 그러나 관련법들에서는 강간에 국한하지 않고 아동 및 남성 대상 성폭력 등 성폭력의 수준 및 형태를 기준으로 성범죄를 정의하고 있다. 그럼에도 불구하고 연구자들은 여전히 '강간'이라는 용어를 사용하고 있으며, 가해자들은 성폭행범보다는 성범죄자로 지칭하고 있다.

성범죄를 지칭하는 용어가 다양하기 때문에 관련 통계를 직접적으로 비교하기에는 현실적인 한계가 따른다. 그러나 발표된 통계 자료들을 통해 알 수 있는 사실은 성범죄의 양상이 매우 다양하다는 것이다. 또한 성범죄 피해 신고는 전체 성범죄 발생의 약 1/3에 불과하며, 성범죄 피해자들 또한 피해 사실이 알려지는 것에 대한 두려움으로 신고를 꺼릴 수 있다. 강간 범죄 발생률은 공식 통계상 점차 하락하는 추세이나, 관련 조사 및 통계 결과들을 볼 때 데이트 강간, 아동에 대한 성적 학대 범죄, 캠퍼스 및 군대 내 성폭력 사건, 청소년 성범죄 등에 대해서는 지속적인 관심과 주의가 필요하다. 또한 성인 여성 및 여자 청소년들에 의해 자행되는 성범죄에 대한 관심 역시 증가하고 있다. 현재까지 성범죄 관련 연구들 대부분은 주로 남성 성범죄자에만 초점을 맞추어 왔다.

관련 연구들에서는 강간범들이 성범죄뿐 아니라 다양한 반사회적 행동을 저지르는 경향이 있다고 보고하고 있다. 성범죄자 집단은 사회적 기술 및 타인과의 긍정적인 친밀감 형성 능력에 결함이 있으며, 공격성, 충동성, 사회적 능력, 성적 환상, 가학성, 사회의 강간 통념을 수용하는 어리석은 신념 등과 같은 특성 변인들이 성범죄자들의 행동, 정서, 사고 특성을 결정 짓는 데 중요한 역할을 한다는 점이 발견됐다.

그럼에도 불구하고 연구자들은 성범죄자들을 공통적인 특성을 공유한 동질적 집단으로 볼 수 없다고 일관되게 주장하고 있다. 이러한 관점은 성범죄 치료 및 갱생을 위한 분류 체계 및 유형론의 개발을 촉발했다. 이 장에서는 두 가지 형태의 강간범 및 아동 성범죄자 유형론을 살펴보았다. 하나는 성범죄자 연구에 기반한 매사추세츠 치료센터의 유형론이고, 다른 하나는 임상적 연구에 기반한 Nicholas Groth의 유형론이다. 경찰 및 교정 기관에서 성범죄자들을 담당하는 실무자들뿐 아니라 정신건강 전문가들 역시 Groth 유형론에 더욱 익숙하나, 상대적으로 타당도 수준은 낮은 것으로 알려져 있다. 매사추세츠 치료센터 유형론에서는 기회, 분노, 성, 보복의 네 가지 기본 동기를 중심으로 9개 하위 유형으로 성범죄자들을 분류하고 있으며, Groth 유형론에서는 강간범을 분노형, 권력형, 가학형의 세 가지 유형으로 구분하고 있다.

이 장에서 많은 부분을 차지한 아동 성범죄자들의 경우 일반적으로 '소아성애(pedophile)'라는 임상적 개념으로 설명할 수 있다. 소아성애란 아동에 대한 성적 환상이 반복적으로 각성되는 경험을 보이거나 혹은 실제 아동과 성적인 행위를 저지르는 경우를 의미한다. 실제로 아동을 대상으로 성적 행위가 발생하지 않고 심리적 환상만을 지니고 있는 경우 처벌되지는 않는다. 아동 성범죄의 경우 신고 누락 등의 사유로 발생 데이터 확보 자체가 어려우며, 범죄자 교정 치료가 매우 어려운 성범죄 유형으로 간주되고 있다.

매사추세츠 치료센터 연구자들 및 Groth는 일반 강간범 분류 체계와 같은 아동 성범죄자 분류 체계를 개발했다. MTC 유형론에서는 아동 성범죄자들을 두 개의 기본 축으로 분류하고 있는데, 한 축은 아동에 대한 성적 고착 수준에, 다른 한 축은 아동과의 접촉량, 아동의 상해 수준, 공격 시 나타나는 가학성 수준에 초점을 맞추고 있다. 일부 극단적인 아동 성범죄자 유형에 해당할 경우 치료가 매우 어려운 것으로 알려져 있다. 유형 0은 장기간 아동에 대한 성적 · 사회적 관계 선호가 고착된 유형이다. 유형 5와 6은 공격적이며 가학적인 아동 성범죄자 유형으로, 극단적인 경우에는 피해 아동을 사망에 이르게 할 정도로 범행 시 신체적 상해 및 고통을 가하는 특성을 보인다. 이러한 이유로 이들 유형의 아동 성범죄자들을 치료 프로그램에 참여하게 해서 갱생시키는 것은 특히 어렵다. 아동 성범죄자 치료를 담당하는 법정 심리학자들이 주로 다루는 이들은 유형 0에 해당된다.

Groth 유형론 아동 성범죄자들의 미성숙성(고착 수준) 혹은 퇴행성 여부 등의 행동 패턴이 지속되는 정도에 따라 아동 성범죄자들을 구분한다. 이후 피해 아동들에게 폭력을 행사하는지, 단순히 압박만 가하는지 등 범행을 이끄는 심리적인 동기를 고려한 후 강압적인 폭력을 행사하는 경우 착취적 및 가학적 하위 유형으로 구분하고 있다.

최근 들어서 연구자들은 여성 성범죄자들에게 주목하고 있다. 가령 최근 한 연구에서는 여성 범죄자가 전체 성인 범죄의 약 17~23%, 성범죄의 약 5%, 폭력 범죄의 약 10%를 차지한다는 점을 발견했다(Blanchette & Brown, 2006; Cortoni et al., 2009, 2010). 여성 성범죄자들은 남성 성범죄자들과 동일한 방식으로 개념화하거나 치료적 접근을 취하기가 어렵다. 이 장에서는 남성 성범죄자들과 구별되는 여성 성범죄자의 특징 및 유형론에 대해 고찰했다. 공범과 함께 범행을 하는 경우도 있지만, 대부분의 여성 성범죄자는 주로 자신들의 보호하에 있는 대상에 대한 범죄 가능성이 높다.

청소년 성범죄 역시 지속적으로 발생하고 있어 연구자 및 실무자들의 관심이 증가하고 있다. 통계적으로 전체 성범죄 중 25~50% 정도가 청소년 성범죄자에 의해 저질러지고 있다. 이러한 통계 수치들은 조심스럽게 해석 · 적용해야 하나, 분명한 점은 청소년 성범죄 또한 실무적으로나 학술적으로 주목해야 할 범죄라는 것이다. 성인 범죄와 마찬가지로 청소년 성범죄를 다루고 있는 연구들은 남성 청소년 성범죄에만 초점을 맞추고 있다. 청소년 성범죄자 집단은 이질적인 특성을 지니고 있다. 이들은 성범죄 이외 다양한 범죄 및 행동 문제를 보이는 경우가 많다. 전형적인 청소년 성범죄자들이 보이는 특징은 사회적 능력의 결함이지만 이 또한 그렇지 않은 경우도 존재한다. 아동기의 성적 피해 경험이 청소년기의 성범죄로 연결되는 경우는 일반적이지 않지만, 상당수의 성범죄 가해 청소년들이 과거의 성범죄 피해 경험을 지니고 있을 가능성은 배제할 수 없다. 그렇다 할지라도 과거 성적 피해 경험과 청소년 성범죄의 관계는 아직 분명히 밝혀지지 않았다. 따라서 명확한 인과관계 규명을 위한 추가적인 연구가 필요하다. 이에 대해 Becker와 Johnson(2001)은 청소년 성범죄자 관련 이론 개발, 평가, 유형론, 유형별 치료적 개입 전략 수립과 관련된 더 많은 연구가 필요하다고 권고하고 있다.

온라인 공간에서 발생하는 아동에 대한 성적 착취 행위 역시 상당한 관심이 필요하다. 인터넷은 아동 음란물 제작자들에게 사진과 영상을 배포할 수 있는 수단으로, 아동 음란물 사범들에게는 음란물에 접근하고 범행 대상 아동과 접촉을 시도할 수 있는 기회를 제공하고 있다. 관련 연구들에서는 아동 음란물 제작자와 사용자를 구분하고, 아동 음란물 사용자들을 아동에 대한 특별한 성적 기호나 관심이 없는 유형, 아동 피해자와의 직접적인 접촉을 위해 인터넷을 이용하는 유형 등으로 구분하기 시작했다. 이들은 모두 아동에 대한 성적 학대 및 착취 유형으로 볼 수 있으며, 서로 다른 특징을 지니고 있다.

성범죄 재범률은 성범죄의 예방과 성범죄자 치료에 있어 매우 중요한 지표이다. 성인 성범죄자들의 경우 연령이 증가할수록 범죄 또한 감소하는 경향을 보이나, 청소년 성범죄자에 비해 재범률은 매우 높은 수준이다. 또한 재범률은 성범죄자 유형에 따라 상이하다. 예를 들어, 일반적인 강간범들에 비해 아동 성범죄자들은 출소 후에도 재범 가능성이 매우 높다. 일반 강간범들의 경우 강간 이외 다른 종류의 강력 범죄를 저지르는 경우가 많다.

성범죄자에 대한 심리평가는 법정 심리학자의 매우 중요한 역할 중 하나이다. 성범죄자들은 갱생을 위한 치료뿐 아니라 사회 안전을 위해 위험성 평가에 응해야 할 의무가 있다. 이 장에서는 Static-99, Static-2002, SVR-20 등 가장 일반적으로 사용되고 있는 성범죄자 위험성 평가 도구들을 소개했다. 이러한 평가 도구는 위험성 평가 결과를 비판적으로 해석할 필요가 있으며, 광범위한 성범죄자에게 일반화할 수 있는 수준의 타당도를 확보하기 위해 지속적인 노력이 이루어져야 한다.

주요 개념

Groth의 강간범 유형론Groth rape typology

Groth의 아동 성추행범 유형론Groth child molester typology

가학형 강간범sadistic rapeist

강간 통념rape myths

강간rape

강압적 강간forcible rape

관음증voyeurism

권력형 강간범power rapist

그루밍grooming

근친상간incest

기만에 의한 강간rape by fraud

기회주의형 강간범opportunistic rapist

데이트/지인에 의한 강간date or acquaintance rape

매사추세츠 치료센터: 강간범 유형론 제3판MTC:R3

매사추세츠 치료센터: 아동 성추행범 유형론 제3판MTC:CM3

미성숙한 또는 고착형 아동 성추행범immature or fixated child molester

법적 강간statutory rape

변태성욕paraphilia

보복형 강간범vindictive rapist

분노팽배형 강간범pervasively angry rapist

분노형 강간범anger rapeist

비가학형 강간범nonsadistic rapist

성적 가학증sexual sadism

성적 피학증sexual masochism

성적으로 동기화된 강간범sexually motivated rapist

성폭력sexual assault

소아성애pedophilia

심리성적 평가psychosexual evaluation

재범recidivism

퇴행형 아동 성추행범regressed child molester

단원정리

1. 강간에 대해 정의하고, 형사사법 단계에서 강간이라는 용어를 사용하지 않는 이유 및 대체 용어들에 대해 설명하라.
2. 강간범의 인구통계학적 특징은 무엇인가?
3. 매사추세츠 치료센터 분류 체계의 기본 전제에 맞춰 해당 유형론에 대해 설명하라.
4. 강간범의 행동, 정서, 사고 패턴과 관련해 일관되게 제시하고 있는 여섯 가지 특징 변수는 무엇인가?
5. 매사추세츠 치료센터와 Groth의 강간범 유형론의 ① 분류 체계, ② 후속 연구 동향을 비교 · 설명하라.
6. 매사추세츠 치료센터에서 개발한 아동 성추행범 유형론(MTC:CM)의 두 가지 기본적인 차원은 무엇인가?
7. 매사추세츠 치료센터와 Groth의 아동 성추행범 유형론의 ① 분류 체계, ② 후속 연구 동향 등을 비교 · 설명하라.
8. 청소년 성범죄자들의 반사회적 행동, 피해자 선택, 과거 피해 이력 등에 대해 설명하라.
9. 남성 성범죄자와 구별되는 여성 성범죄자의 특징은 무엇인가?
10. 성인 및 청소년 성범죄자 재범 가능성 평가를 위해 개발된 다섯 가지 심리 평가 도구를 제시하고 간략히 설명하라.

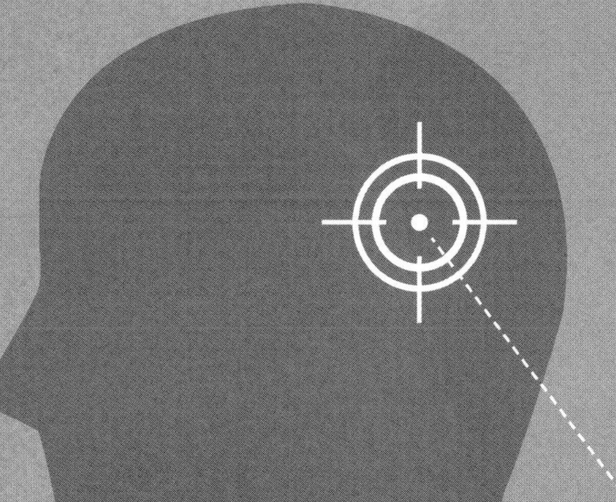

PART V

Introduction to Forensic Psychology Research and Application

피해자학과 피해자 서비스

VICTIMOLOGY AND VICTIM SERVICES

Chapter 10

법정 심리학과 범죄 피해자

주요 학습 내용

- 범죄 피해의 심리적 영향 및 정신건강 전문가의 역할
- 다문화 · 다민족 피해자
- 피해자의 법률적 권리
- 공식 피해자 통계 자료
- 살인 피해자 관련 연구
- 강간, 성폭행 피해자 관련 연구
- 온라인 섹스에 관한 연구
- 인신매매 및 성매매 대처법
- 미성년자의 상업적 성적 착취에 대한 심리적 영향

한 부부가 환급을 기대하고 소득세 신고를 했지만, 이미 누군가 자신들의 소득세를 신고하고 환급받았다는 말을 듣게 되었다. 그들은 나중에 누군가가 자신들의 명의를 도용하여 서류를 신청하고 환급을 받았다는 것을 알게 되었다.

가족과 함께 배를 타던 8세 여자아이가 다른 배와의 충돌로 인해 사망하였다. 상대방 배는 술에 취한 24세 남성이 조종했는데, 그는 살인죄로 유죄 판결을 받았다.

2017년 5월의 화창한 봄날, 타임스퀘어(Time Square) 중앙로로 질주하는 차량에 의해 한 명이 사망하고 19명이 상해를 입었다.

강도 혹은 폭행, 저축 및 연금 강탈, 집에 도둑이 든 상황 등 모든 경우에 피해자들은 사회적 · 경제적 손실을 경험한다. 불법 약물 사용, 성매매, 불법 도박과 같은 **피해자 없는 범죄**

(victimless crime)에서는 해당 범죄자를 피해자라 볼 수도 있다. 직접적인 범죄 피해를 당하지 않은 경우라도 우리 주변에서 연쇄 성폭행 사건이 발생했다는 소식을 듣고 자기방어를 위해 총기 소지 허가를 신청하거나 호신술 수업에 등록하는 것은 그리 이상한 일이 아니다. 게다가 사람들은 스스로 범죄 피해를 당했는지 미처 알지 못하는 상황에서도 범죄에 희생될 수 있다. 의료보험사기가 그 좋은 예이다. 얼마나 많은 노인 의료보험 혹은 저소득층 의료보험 가입자들이 개인의 이익을 위해 의사가 위조한 의료비 내역서를 꼼꼼히 검토할 수 있을까? 이와 같은 의료보험사기로 인해 매년 보험 가입자들은 엄청난 경제적 손실을 입고 있는 것으로 추정된다.

그러나 일반적으로 범죄 피해자라 하면 대부분의 경우 범죄를 통해 신체적 · 정서적 혹은 재산상 피해를 입은 사람을 지칭한다. 이 경우 범죄 피해는 신체적(부상, 고통, 장애), 경제적(소득, 재산, 주택, 의료비 손실), 감정적(공포, 걱정, 우울감, 자기비난, 불안, 외상후 스트레스 장애) 측면에서 피해자 개인에게 다양한 영향을 미칠 수 있다(Neff, Patterson, & Johnson, 2012, p. 609).

미국 정부에서는 약 40년 이상 범죄 피해 자료를 수집해 왔는데, 대부분 폭행, 주거 침입, 강도, 절도와 같은 미디어의 주목을 받는 범죄에 국한되어 있어 화이트칼라 범죄나 정치 범죄 피해 자료들은 수집하지 않고 있다. 마찬가지로 법정 심리학자들 및 정신건강 전문기관들에서도 내부자 거래나 불법 사찰 피해자보다 강간, 아동학대, 살인미수, 강도 사건의 피해자들만을 대상으로 심리 서비스를 제공하고 있다. 또한 아동 유괴 범죄보다 신용카드 사기 범죄 발생 건수가 월등히 많음에도 불구하고, 아동 유괴 범죄에 대한 두려움이 더욱 크다. 물론 아동 유괴 사건이 사기 사건에 비해 더욱 심각하고 정서적으로 고통스럽다. 그러나 신용카드 사기 피해자들 또한 경제적 · 정서적 피해 모두를 겪는다. 즉, 범죄 피해는 다양한 유형과 방식으로 사람들에게 영향을 미칠 수 있다. 이 장에서는 법정 심리학자들과 정신건강 전문가들이 접하는 범죄 피해의 유형에 초점을 맞춰 범죄 피해자 및 그들이 경험하는 심리적 영향에 대해 살펴볼 것이다.

향후 심리학자들의 진출 분야는 더욱 확대될 것이다. 교육, 상담, 전문가 증인, 평가, 치료, 피해자 서비스 등 많은 다양한 분야에 고용되어 심리학적 서비스를 제공하는 심리학자들 또한 증가할 것이다. 특히 법정 심리학자들은 변호사 입회하의 상담, 범죄 피해자 평가, 폭력 피해의 심리적 영향에 대한 전문가 증언, 민사 소송에서 원고의 심리적 피해 평가, 피해자 진술 평가 등 많은 영역에서 중요한 역할을 담당할 것이다. 형사사법기관에서도 피해자 대상 서비스를 제공하고 있지만, 본래의 주된 역할은 범죄자의 체포 및 기소이다(Neff et al., 2012). 오늘날 범죄 피해자 권리 보호를 위한 각종 법률들이 제정되면서 피해자 보호 및 지원에 대한 각계각층의 관심이 증가하고 있다. 특히 가정 폭력, 성폭행 및 학대, 성적 착취, 아동학대, 노인학대, 폭력 범죄, 증오 · 편견 범죄 피해자들에 대한 보호 및 지원의 필요성이 날로 커지고 있다. 이 외에도 범죄 피해자들이 손해 배상을 청구하거나, 범죄로 인한 장애 보상을 요구하는 민사 재판 과정에서 법정 심리학자들은 피해자의 범죄에 대한 경험 및 대응 수준 등을 평가하는 역할을 수행할 수 있다(Carlson & Dutton, 2003). 법정 심리학자들의 또 다른 주요 역할은 범죄 발생이 아동에 미치는 부정적인 심리적 영향 정도를 판단하기 위한 평가 업무를 진행하는 것이다.

아동학대, 노인학대 피해자뿐 아니라 다양한 범죄 피해자에 대한 심리치료와 상담 수요 또한 향후 급속히 증가할 가능성이 존재한다. 예를 들어, 아동폭력 사건에 대한 미국 내 전국 조사 결과에 따르면 아동 10명 중 6명이 과거 1년 이내 직간접적으로 폭력에 노출된 경험이 있는 것으로 나타났다(Finkelhor, Turner, Ormrod, Hamby, & Kracke, 2009). 응답 아동들 중 약 40%가 과거 최소 한 가지 이상의 직접적 폭력 피해를 당한 적이 있는 것으로 나타났다(Finkelhor, Turner, Hamby, & Ormrod, 2011). 폭력에 노출된 아동들은 임상 전문가들의 평가와 치료가 요구될 정도의 다양한 심리적 문제를 보일 수 있다. 따라서 이 분야의 전문가들은 아동폭력 가해자와 피해자들의 개인적 특성뿐 아니라 문화적 · 인종적 · 민족적 배경에 따른 발생 환경 맥락에 대해서도 숙지할 필요가 있다. 아동 학대와 폭력에 대한 전문가 평가 결과는 형사 재판뿐 아니라 민사 소송, 양육권 조정 등 민사 재판 시 증거 자료로 제출된다(〈My Perspective 10−1〉 참조).

이 장에서는 법정심리학자가 다루어야 할 피해자와 연관된 다양한 문화와 배경, 성적 취향, 장애, 종교적 선호에 대한 문제를 개괄적으로 다룰 것이다. 이후 피해자 권리와 영향에 대해 논의하고 범죄 피해자 통계를 살펴볼 것이다. 특히 이 장에서 초점을 맞추고 있는 피해자들은 살인, 성폭행, 성매매 피해자들이다.

중요 범죄들 이외에도 우리의 일상생활 과정에서 다양한 범죄 피해가 발생할 수 있다. 가령 차별, 성희롱(일종의 차별), 위험한 근무 조건 등 다수의 상황에서 타인의 과실로 인해 개개인의 권리가 침해될 수 있다. 타인의 의무 태만이나 회사, 조직 등의 안전 의무 불이행 등에 의한 사고로 뇌 손상 등의 신체장애가 생길 수 있다. 이들 사고 피해자들 역시 범죄 피해자들과 마찬가지로 사고 후 우울증이나 외상후 스트레스 장애(PTSD)와 같은 심각한 심리적 후유증을 경험할 수 있다. 따라서 이 장에서는 범죄 피해자들에 대한 이해뿐 아니라 다양한 맥락에서의 법적 피해와 그로 인한 심리적 영향 및 피해자 서비스에서의 법정 심리학자의 역할들에 대해 살펴볼 것이다.

MY PERSPECTIVE 10-1

다양한 환자의 정신건강 서비스 수요 충족을 위한 후학 양성과 소통

Lavita Nadkarni, Ph.D.

나의 인생에서 법정 심리학은 개인적 · 직업적 정체성의 교차점이다. 1977년부터 1984년까지 〈퀸시 M. E.(Quincy M. E.)〉라는 TV 드라마가 방영된 적이 있다. 이때 나는 퀸즈 대학교(Queen's University) 심리학과 학생이면서 교도소에서 자원봉사를 하고 있었다. 지금 생각해도 교도소 다섯 곳이 대학교를 둘러싸고 있는 학교는 우리 학교밖에 없는 것 같다. 지도 교수님을 포함해서 많은 선배들에게 지도받으면서 교도소 중 한 곳에서 재소자 방문 프로그램을 진행했다. 대학교를 졸업한 후 1983년 존제이 대학(John Jay College) 형사사법 대학원 범죄심리학 석사 과정에 들어갔다. 이때에도 드라마 〈퀸시〉는 상당한 인기를 끌고 있었지만, 드라마 속에 등장하는 법정 심리학자가 어떤 일을 하는지 시청자들은 잘 알지 못했다. 당시 사람들은 나에게 "어떻게 죽은 사람들에게 자문을 해 줄 수가 있지?" 하고 묻곤 했다. 이후, 나는 아델피 대학교(Adelphi University)에서 박사학위를 받았다. 30년이 지난 지금, 나는 아이러니하게도 덴버 대학교(Univertisty of Denver) 특수대학원 법정 심리학 전공 책임자로서 졸업생 진로를 지도하는데, 그중에는 검시 조사관실에서 살인사건 조사관으로 취업하는 경우도 있다.

이상의 내용은 나의 직업적 정체성을 보여 준다. 이제 개인적인 이야기를 하자면, 부모님과 나는 교육, 주거, 지역사회 환경 및 주변 사람들과의 관계를 중요시하는 남아시아 출신 이민자이다. 이러한 가정환경으로 인해 나는 직간접적으로 나의 일이 다른 사람의 행복에 미치는 영향을 알고 있었다. 다른 사람들에게 모범이 되기 위해 노력해 왔으며, 학생들에게도 우리가 하는 일의 가치와 겸손에 대해 깨닫도록 가르친다. 남아시아 이민자들은 주로 법학이나 정신의학 관련 직업을 선호하지, 심리학 관련 직업을 선택하는 경우는 드물었다. 나 역시 법조인 가정에서 자랐다. 어머니는 캐나다에서 시민권 심사 담당 판사 및 치안판사가 된 최초의 유색인종 여성이다. 증조할아버지는 뭄바이 고등법원의 법원장이었다. 가족의 직업은 우리가 살고 있는 지역사회와 나의 직업 선택에 큰 영향을 미쳤다. 나는 사회가 필요로 하는 정신건강 서비스 요구를 충족시키기 위해 나의 모든 경력을 할애했고, 모든 열정과 영감을 바쳐 왔다.

소속감은 '저절로 주어지는 것'은 아니기 때문에, 오늘날 우리 사회에서 살아가는 이민자들은 많은 도전에 직면해 있다. 나 또한 이민자로서 3개국에서 거주했으며, 다양한 지역사회를 경험했다. 영국에서 태어나 인도에서 학교를 다녔고, 미국 대학원에서 공부하기 전까지는 캐나다에서 어린 시절을 보냈다. 부모님께서는 많은 시간 자원봉사 활동을 하시며 불공정한 현실에 맞서 싸우시고, 사회 정의를 위해 열심히 활동하시면서 캐나다 사회의 관용을 결코 잊지 않고 계신다. 다양한 국가에서의 생활과 봉사 경험은 나의 직업 선택과 정의 구현을 위한 사회 참여 활동에 영향을 미쳤다. 나는 나를 찾는 이민자들이 권리를 박탈당하고, 차별당하며, 무시당하고, 지역사회에서 자신들의 목소리를 내지 못하는 경험이 어떤 것인지 그 느낌을 잘 알고 있다. 그들 대부분은 그들에게 필요한 행동, 정신건강 서비스 및 형사사법 체계 내에서 살아가고 있다.

지난 30년 동안, 나는 정신건강과 관련된 다양한 일을 해 왔다. 특히 이민과 망명, 사회보장의 결여, 부모의 양육권 및 접근권 문제, 아동학대, 가정 폭력 등으로 극심한 심리적 외상을 지닌 사람들을 대상으로 심리학적 평가도 진행했다. 지금은 대학 부설 병원에서 심리평가를 담당하는 박사 과정 학생들을 지도하고, 대학원에서 법과학 과정 과목들을 강의하고 있다.

나는 미국 전역의 정신건강 관리 체계가 심각한 위기 상황에 처해 있다는 점을 강조하고 싶다. 응급실, 교도소, 쉼터 등에서 심각한 정신적 문제가 있는 사람들을 흔히 볼 수 있지만, 이들은 경제적 이유와 정신질환자라는 낙인이 두려워 치료를 받지 못하고 있다. 이제는 법적으로 정신질환이나 장애를 겪고 있는 사람들의 다양한 요구를 이해할 수 있는 전문 인력을 육성할 때이다. 우리는 지역사회에서 고통받는 사람들을 도울 의무가 있다.

Nadkarni 박사는 콜로라도(Colorado)와 뉴욕(New York) 주 면허를 취득한 임상심리학자이다. 그녀는 덴버대학교(Denver University) 전문대학원 부학장이자 법과학 연구 과정 책임자이며, 민간 영역에서도 법임상 심리학자로 다양한 활동을 펼치고 있다. 『법과학 보고서 작성(Principles of Forensic Report Writing)』을 공동 저술하였고, '다양성'이슈와 관련된 많은 저서를 공동 저술하였으며, 편집자로 참여했다. 현재 전국학교심리학 프로그램 협의회(National Council of Schools and Programs of Professional Psychology) 회장으로 활동 중이다. 가족으로는 남편 Michael과 딸 Maya 그리고 애완동물 Tilly와 Opal이 있다.

다문화주의와 피해자

"다문화주의(multiculturalism)란 인종, 민족뿐 아니라 성별, 성적 취향, 장애 등까지 포괄하는 광범위한 용어이다."(Bingham, Porché-Burke, James, Sue, & Vasquez, 2002, p. 75) 피해자에게 세심하면서도 효과적인 서비스를 제공하기 위해서는 문화, 종교적 선호, 성적 취향, 장애, 성과 관련된 개인차를 인정하고 존중하는 것이 중요하다. 사람들은 자신들만의 문화적 · 언어적 경험을 통해 각기 다른 방식의 세계관을 지니고 있다. 미국의 인종 · 민족 구성은 대략 백인 63%, 흑인 14%, 아시아계 5%, 아메리카 인디언 및 알래스카 원주민 0.7%, 히스패닉, 라틴계 또는 스페인계 16% 등으로 구성되어 있다(U.S. Census Bureau, 2011a). 미국인 50명 중 1명이 '다민족' 출신이라고 한다. 미국 인구조사국 발표에 따르면, 미국 내에는 5개의 주요 인종 · 민족과 57개의 혼혈인종이 거주하고 있다고 한다. 아마도 2050년경에는 미국 인구의 54%가 다문화 출신으로 구성될 것으로 예상된다. 현재 미국민들은 187개 언어를 사용하는 500개 이상의 서로 다른 국가, 부족 출신으로 구성되어 있다는 점이 미국 인구조사국에 의해 확인됐다(Ogawa & Belle, 2002).

또한 미국에서 오해와 편견을 가장 많이 받고 있는 아랍계 미국인들(U.S. Census Bureau, 2011a)은 약 370만 명 정도로 추정된다(Erickson & Al-Timini, 2001). 아랍계 미국인들 중 2/3가 캘리포니아(California), 뉴욕(New York), 미시건(Michigan) 등 10개 주에 거주하고 있다. 아랍계 미국인들은 미국 내 소수 민족 중에서도 문화적 · 언어적 배경, 정치적 · 종교적 신념, 가족 구성과 가치, 서양 사회에 대한 문화 적응 측면에 있어 가장 이질적인 민족으로 거론되고 있다. 이집트, 레바논, 모로코, 튀니지, 시리아, 팔레스타인, 예멘 등 22개국 출신들이 주를 이루고 있다. 아랍권 국가들은 대부분 무슬림(Muslim) 종교 국가들이나, 아랍계 미국인들 중에는 무교이거나 타 종교를 믿는 경우도 많다. 최근 아랍계 미국인들 중 무슬림 비중은 빠르게 증가하고 있다. 2011년 9 · 11 테러 및 2016년 초 미국 대통령 선거 운동 직후 잇따른 테러로 인해 미국 내 무슬림에 대한 부정적 여론이 확산되면서, 아랍계 미국인들은 자신의 출신 배경을 드러내기를 꺼렸다. 이로 인해 정확한 아랍계 미국인 및 무슬림 인구는 추정할 수 없는 실정이다. FBI에 따르면, 9 · 11 테러 이후 아랍계 미국인에 대한 증오범죄가 1,600% 이상 증가했다고 한다(Padela & Heisler, 2010). Padela와 Heisler가 9 · 11 테러 이후 2년간 실시한 조사 결과에 따르면, 아랍계 미국인들이 우울증 및 스트레스 장애 등의 부정적인 정서 상태를 지속적으로 경험했다는 점이 발견되었다. 무슬림 신앙을 가진 미국인들과 아랍계 미국인들에 대한 대중적인 부정적 인식은 10년 이상 지속되었으며(U.S. Department of Justice, Civil Rights Division, 2011), 2016년 대통령 선거 기간 동안 최고조에 이르렀다(Lichtblau, 2016).

소수 인종 · 민족 출신 미국인들 대부분은 귀화했거나 미국에서 출생한 사람들이다. 나머지는 임시비자(예: 학생 또는 취업 비자)를 소지하고 있거나, 불법 체류자들이다. 불법 체류자들은 대부분 '아메리칸 드림'을 꿈꾸고 미국에 온 사람들이거나, 이들에게 이끌려 온 가족들이다. 미국 원주민을 제외하고는 미국민 모두는 이민자들임에도 불구하고, 현재 미국 사회에서 이민자란 미국에서 거주한 지 얼마 되지 않은, 주류 문화에 동화되지 않은 사람들을 일컫는다. 앞서 언급한 바와 같이, 2050년에는 미국 인구의 50% 이상이 현재 소수 인종 · 민족 출신으로 구성될 것으로 예상된다(Bernal & Sharrón-Del-Río, 2001; Hall, 1997). 인종 · 민족 구성은 캘리포니아, 텍사스 등과 같은 일부 주에서 더욱 급격한 변화가 발생할 것으로 추정된다. 이는 복지 및 피해자 지원 서비스 담당자들에게도 큰 과제가 될 수 있다. 이민자 가족은 언어 장벽, 강제 추방에 대한 공포, 지역사회에서 자신들이 누려야 할 권리에 대한 무지 등으로 인해 힘든 일이 있어도 주변에 도움을 청하는 것을 두려워한다(Ogawa & Belle, 2002). 또한 불법으로 혹은 임시로 미국에 체류하는 경우라면, 장기적인 계획의 부재 및 지역사회 구성원으로서 누려야 할 행정 서비스의 부족으로 큰 어려움에 직면할 수밖에 없다.

> 미국에서 불법 체류자는 범죄, 노동력 착취, 소비자 사기, 주택공급 차별 피해를 입기 쉽다. 그러나 강세 추방에 대한 두려움으로 정부 당국의 도움을 받는 것을 꺼린나. 이는 라틴계 불법 체류자 대상 성폭행 사건의 증가에서도 여실히 드러나고 있다(Ogawa & Belle, 2002, p. 6).

1장에서 언급한 바와 같이, 이러한 우려는 이질적인 집단에 대한 막연한 두려움, 현재의 이민 정책, 경제적 불안정 요인 등으로 더욱 심화되고 있다. '이민 개혁'이라는 명분하에 입법된 합리적이고 동정적인 법안들은 아직도 의회를 통과하지 못한 상황이다. 비시민권자가 시민들이 가지는 동일한 법적 권리를 가지진 못하더라도, 이민자라는 이유만으로 적절한 사회적 보호, 아이들의 교육 서비스, 피해자 서비스 등을 받는 데 부정적인 영향을 받아서는 안 된다. "세계 각국의 약 2,000만 명의 난민들이 극심한 학대를 못 견디고 조국을 떠나려 하고 있으며"(Gorman, 2001, p. 443), 이 중 많은 사람이 미국으로 망명했다. 과거 미국 이민 · 귀화국(현재는 Immigration and Customs Enforcement: ICE)은 약 20만 건의 망명을 받아들였고, 9만 명에 달하는 불법 이민자들이 미국에서 거주할 수 있도록 허가했다(Gorman, 2001). 상당수의 불법 이민자들이 자신들의 조국에서 학대와 고문을 받아 왔고, 미국에서는 범죄 피해자가 되기 쉽다. 예를 들어, 2016년 미국 세관 및 국경 보호국에서는 멕시코 국경을 홀로 넘어오는 약 46,900명의 아이와 약 70,400명 이상의 가족의 입국을 거부했다(Lesser & Batalova, 2017).

망명자들에 대해서는 안전감을 주는 것이 무엇보다 중요하다. 이를 위해서는 이질적인 문화에 대한 이해 및 문화적 민감성을 이해할 필요가 있다. 전쟁으로 조국을 등진 중동 지역 출신 난민들은 안전한 서방 국가에서 새로운 삶을 살기 위해 노력하고 있다. 또한 정확히 그 수를 헤아릴 수는 없지만 일부 이민자는 경제적인 목적으로 다른 나라로 떠나는데, 이들 중에는 성매매를 당하는 경우도 비일비재하다.

법정 심리학자들과 임상 전문가들은 전통적인 심리 평가와 치료 접근이 유럽계 미국인 관점으로 발전해 왔기 때문에 다문화적 인종 · 민족 출신에게는 한계가 있다는 점을 분명히 인식할 필요가 있다(Sue, Bingham, Porche-Burké, & Vasquez, 1999). Christice Iijima Hall(1997)은 다문화적 관점이 반영되지 않을 경우, 유럽계 미국인 중심의 심리학은 다문화 사회에서 자칫 쓸모없는 지식이 될 가능성이 크다고 충고했다. 따라서 Hall은 이러한 이유로 심리학은 "교육, 연구, 실습 과정의 실질적인 변화"(p. 642)가 있어야 한다고 주장했다. 1장에서 언급했듯이 미국심리학회(APA)에서는 다양한 소수집단 출신과 함께 일할 수 있는 방법들을 수록한 지침서를 발표했다. 대표적인 발간물이 David Matsumoto(2010)가 발간한 『미국심리학회 문화 간 커뮤니케이션 핸드북(APA Handbook of Intercultural Communication)』이다.

법정 심리학자들은 심리학의 문화적 단편성으로 인해 유발될 수 있는 잠재적 불평등 문제에 적절히 대응할 수 있어야 한다. Hall에 따르면, "유색인종, 여성들은 수십 년 동안 심리학에서 오판되고 오해석되어 왔다"(p. 643). 설사 심리학자 자신이 유색인종, 성적 소수자(동성애자 · 양성애자 · 성전환자) 등 다양한 배경을 지닌 인물이라 할지라도 자신과 다른 문화 집단 및 심지어는 자신과 동일한 문화적 특성을 공유하는 사람들의 심리적 문제들을 항상 잘 알고 이해하는 것은 아니다. "인종, 성별, 성적 지향성의 다양함은 사람들을 '서로 다름'에 대한 전문적 식견을 키우는 것을 방해한다."(Hall, 1997, p. 644) 이는 모든 법과학 실무 현장에서 풀어 나가야 할 중요한 해결 과제들이지만, 피해자 지원 서비스를 담당하는 법정 심리학자들에게는 더욱 중요한 문제이다. 이질적인 문화 특성에 대한 적절한 이해 없이는, 직접적인 범죄 피해자들뿐 아니라 형사사법 제도의 피해자, 전문적인 정신건강 지원이 필요한 피해자들 모두가 필요로 하는 적절한 지원이 무엇인지 인식하지 못할 수 있다(〈Focus 10-1〉 참조).

Focus 10-1 이민자 서비스

미국에서는 부모가 미국인이 아닌, 타국에서 출생한 이민자들이 미국인으로서의 정체성을 갖는 것을 무척 중요시한다. 이는 미국보다 이민자들에게 더욱 포용적인 태도를 취하고 있는 캐나다 및 일부 유럽 국가도 마찬가지이다. 이민자들 대부분은 모국보다 더욱 나은 경제, 교육 기회를 찾아 자발적으로 이주했고, 합법적으로 체류하고 있다. 이민자들 중에는 모국의 박해, 폭력, 정치적 탄압에서 벗어나기 위해 고향을 떠나온 난민들도 있다. 자연재해, 재난을 피해 미국으로 이주하는 '환경 난민'들 또한 급증하고 있다(Bemak & Chi-Ying Chung, 2014). 미국으로 이주한 이민자들은 교육 · 기술 수준에 따라 전문직에서부터 농업 · 서비스 · 건설노동 등 종사하는 직업이 양극화된 상황이다(American Psychological Association [APA], 2012).

소수 이민자들은 불법적으로 입국했거나 비자가 만료된 불법 체류자들이다. 최근 부정적인 정치 · 언론의 관심을 받으면서 이들에 대한 국외 추방 절차가 가속화되고 있다. 이는 부분적으로 이민자 수와 이민자들의 의도에 대한 오해 및 편향적 태도(예: 혜택만 누리고 세금은 내지 않는다 등)에서 비롯된 것으로, 실제 이민자들이 미국 사회에서 기여하고 있는 부분들에 대한 정확한 인식은 부족한 상황이다.

5장에서 논의된 이민 심사 절차를 포함해 다양한 의사결정 맥락에서 법정 심리학자들의 이민자 대상 서비스에 대한 참여 요구가 가속화되고 있다. 하지만 현재 정치적 분위기상 불법 이민자들에 대한 법적 보호 장치들은 매우 취약하다. 미국 내 정치 분위기가 너무 빠르게 변화하고 있어, 현 시점에서 이민자들과 관련된 정책적·법적 변화가 실제 이민자들에게 어떤 영향을 미칠 수 있을지 예상하기 어렵다. 이러한 분위기가 합법적 이민자의 가족 및 불법 체류자의 자녀들이 합법적 이민자 신분을 취득하기 전까지는 사랑하는 가족과 떨어져 지내야 하는 상황을 초래할 수 있다.

이민자 정책에 대한 여론 및 정치적 분위기와 상관없이 이민자들을 위한 심리학자들의 심리 평가 및 치료 서비스 제공은 반드시 필요하다(Bemak & Chi-Ying Chung, 2014; Butcher, Hass, Greene, & Nelson, 2015; Vaisman-Tzachor, 2012). 이민자들은 언어적·문화적 장벽에 직면하게 되는데, 일부 이민자, 특히 난민들의 경우, 의사소통의 어려움뿐 아니라 권위적인 이민 조사관들을 불신할 수 있다. 심리학자들은 이민자들이 과거에 경험한 정신적 충격과 미래에 일어날 수 있는 일들에 대한 두려움을 평가해야 한다. 특히 기근, 학대, 강간, 성매매 등과 같은 충격적 상황을 경험한 난민들에서 외상후 스트레스 장애(PTSD)가 두드러게 나타날 수 있다(APA, 2012). 하지만 이민자들의 문화, 교육 수준, 사회적 신분 등에 따라서 과거 경험에 대한 정신적 충격 수준은 서로 다를 수 있다(Butcher et al., 2015).

법과학적 조사 과정에서 활용할 심리학적 평가 도구들은 신중하게 선택되어야 한다. 실제 이민자 집단의 특성에 맞춰 표준화되지 않은 심리 평가 도구들이 현장에서 사용되고 있으며, 이러한 도구들은 문화적인 기준에서도 적합하지 않다(Butcher et al., 2015). 게다가, 검사 과정 자체가 자국민에 비해 훨씬 불리하게 이루어진다고 생각하는 이민자들은 검사를 받는 것 자체에 상당한 불안감을 느낄 수 있다(Pope, 2012). 따라서 전문가들은 충분한 기록 검토와 함께 신중하게 선정된 평가 도구 및 구조화된 전문상담을 실시할 필요가 있다.

토론 질문

1. 현재 정치 풍토와 이민자들에 대한 인식을 감안할 때, 이민자들을 대상으로 하는 법정 심리학자들이 직면할 수 있는 어려움에 대해 논해 보자.
2. 본문에서도 언급했듯이 불법 체류자들은 범죄 피해에 취약할 수 있다. 범죄 피해를 당한 불법 이민자들 대상 심리치료 과정에서 심리학자들이 겪을 수 있는 어려움에는 어떤 것들이 있을까?

장애를 지닌 피해자

피해자 연구 및 실무 지원 분야에서는 장애인에 대한 고려가 등한시되어 왔다. 장애인에 대한 고려 부족은 범죄 피해뿐 아니라 직장 내 괴롭힘, 차별 및 더 나아가 범죄로 연결될 가능성이 높은 가정 학대, 무관심 등으로까지 이어지고 있다. 노동 현장 및 공공 서비스 분야에서 장애인 차별금지법의 확대 적용은 법정 심리학자들에게 새로운 활동 분야가 생겼다는 것을 의미한다. 장애인 차별금지법의 보호 범위에는 일부 약물 중독자들 또한 포함될 수 있다.

> 정신장애, 학습장애, 지적장애 노동자들에게 적합한 작업 환경에 대한 자문 및 고용차별 사례에 대한 법정 전문가 증언 기회가 심리학자들에게 주어졌다. 또한 심리학자들은 장애 학생 및 노동자들에 적합한 장애인 시설 마련 과정에서 신경 장애, 학습장애, 심리적 장애를 평가하는 데 핵심적인 역할을 수행하고 있다(Gill, Kewman & Brannon, 2003, p. 308).

미국장애인법(ADA)

2장에서 소개한 바와 같이, 1992년 6월 26일 시행된 「미국장애인법(Americans with Disabilities Act: ADA)」은 일반 근로기관들의 장애인 고용을 촉진시켰다. 이 법은 공공기관 및 피고용인이 15명 이상인 개인 사업주를 대상으로 시행됐다. ADA는 ① 고용과정에서의 차별, ② 고용 기간, 조건, 임금, ③ 직장시설 및 기타 편의시설 이용에서의 차별을 금지하고 있다(Goodman-Delahunty, 2000). 1998년 제정된 「장애인차별금지법(공법 105-301)」에서는 발달장애를 가진 범죄 피해자들이 경험할 수 있는 범죄의 범위와 성격들을 규정하고 있다. 그러나 미국 내 수많은 소송과 대법원 판결에서 ADA의 일부 법조문은 상당히 제한적으로 해석되고 있다. 이러한 법원의 판결 이유에 대해 일부 연구자는 처음 통과되었을 때는 법률에 의거한 보호 대상이 약 4,300만 명이었으나, 현재는 불과 1,350만 명의 미국인에게 적용되는 법률이기 때문이라고 지적하고 있다(Rozalski et al., 2010). 법학자들은 일반적으로 ADA가 심각하게 제한적인 법률이라고 판단하고 있다(Foote, 2013). 이에 따라 미국 의회는 2008년 미국장애인법 개정안(Americans with Disabilities Act Amendments Act of 2008)을 통과시켰다. 장애인법 개정의 목적은 장애자들에게 제공되는 보장 범위를 더욱 확대하기 위함이다. 그러나 이 법이 장애인들에게 실효적인 법률로 작용하고 있는지 여부는 아직 판단하기 이르다.

범죄 피해자가 된 장애인 피고용인들은 피해 이후 장기간의 심리적 문제를 겪을 수 있다.

고용 기회, 발전과 삶의 질 등을 저하시키기도 한다. 이와 관련해서 Goodman-Delahunty (2000)는 실무자와 법정 심리학자가 법률 해석 시 흔히 빠질 수 있는 함정 및 장애인 피고용인들에게 심리학적 서비스 제공 시 이러한 법적 위험성 문제를 극복할 수 있는 방안들을 자신의 논문에서 제안하고 있다.

미국인들 중 약 14~20%는 장애를 가진 사람들이다(Gill et al., 2003; Harrell, 2012a; Olkin & Pledger, 2003). 장애는 일상생활을 영위하는 데 필요한 중요 활동들 중 최소 한 가지 이상에 한계를 갖는 신체적 혹은 정신적 상태로 정의할 수 있다. 미국심리학회에서 제정한 '심리학자의 윤리원칙과 행동강령'에서는 장애가 인종, 성별, 나이, 성적 취향, 인간의 다양성 차원에 따라 서로 다를 수 있다는 점을 인식할 수 있어야 한다고 했다(APA, 2002). 따라서 장애인들의 법적 문제를 다루는 심리학자들이 유능한 전문가가 되기 위해서는 특화된 훈련과 경험이 필요하다.

장애인들의 범죄 피해가 그들의 삶에 미치는 영향에 대한 더욱 많은 연구가 절실하게 필요하다. 장애인 피해 현황에 대한 자료들이 부분적으로나마 발표되기 시작했는데, 범죄 피해 자료에 의하면, 아동 · 성인 장애자 범죄 피해율이 장애가 없는 사람들의 범죄 피해율을 훨씬 웃도는 것으로 나타났다(Harrell 2012a; Office for Victims of Crime, 2009). 예를 들어, 장애 청소년(12~19세)은 일반 청소년 대비 2배 이상의 폭력을 경험하며(Rand & Harrell, 2009), 16~19세 장애 청소년은 같은 나이의 일반 청소년 대비 3배 이상 폭력 피해를 경험한 것으로 나타났다(Harrell, 2012a). 2009~2011년 기간 중 전체 장애 유형별로 비교해 보면, 인지장애인들의 폭력 피해 비율이 가장 높았다 (Harrell, 2012a; 〈표 10-1〉 참조).

표 10-1 장애 유형에 따른 폭력 피해 현황(2009~2011) (단위 %)

장애 유형	2009	2010	2011
청각	16.7	10.6	17.3
시각	28.6	24.9	23.5
보행	20.5	19.7	22.7
인지	46.0	43.5	51.0
자기관리	18.3	17.8	27.8
자립적 생활	24.4	26.4	25.7

주: 이 자료는 폭력 피해를 입은 장애인 비율을 제시하고 있다. 예를 들어, 2009년에 청각장애인들 중 16.7%가 폭력의 피해를 당했다. 2011년에는 인지장애인들 중 51%가 폭력 피해를 당했다. 자기관리와 자립적 생활 범주에 해당하는 장애인들은 청각, 시각, 보행, 인지 장애 유형 중 최소 한 가지 이상의 장애를 지닌 이들을 말한다.

출처: Harrell (2012a).

폭력 피해뿐 아니라 장애인들은 괴롭힘, 차별 및 정서적 학대를 당하는 경우도 많다. 다수의 장애인이 위험 상황에서 싸우거나, 도망치거나, 타인에게 도움을 요청할 능력이 부족하기 때문에 피해를 당할 가능성이 높다. 발달장애 여성들 중 68~83%가 성폭행 피해를 경험한 것으로 나타났는데, 이는 일반 여성에 비해 50%나 높은 비율이다(Tyiska, 1998). 여성 발달장애인들의 성폭행 피해는 동일한 가해자에 의해 반복적으로 일어나는 경우가 많으며, 피해 여성들 중 과반수 이상이 제대로 된 치료 및 법률 지원을 받지 못하고 있다(Pease & Frantz, 1994).

피해자의 법적 권리

범죄 피해자들, 특히 폭력 범죄 피해자들은 그들이 경험한 범죄 사건에 지속적인 영향을 받는다고 말할 수 있지만, 사회적 차원에서의 범죄 피해 회복 노력은 시작 단계에 머무르고 있을 뿐이다. 미국 내 모든 주에는 범죄 피해자의 권리보장에 대한 법률이 제정되어 있다. 피해 기록 내용이 허위가 아닐 경우, 법률에서 정해진 손해 배상을 제공한다. 미국 31개 주에서 피해자 권리법 개정안이 통과되었고, 이 중 10개 주에서는 의무적 손해배상 제도를 실시하고 있다(Murray & O'Ran, 2002). 현재 미국 내 모든 주는 다양한 형태의 피해자 권리보장 관련법이 제정되어 있으며, 2004년 미국 의회에서는 범죄 피해자 권리법(Crime Victims' Rights Act)을 통과시켰다(피해자 권리 세부내용은 〈Focus 10-2〉 참조).

원상회복(restitution) 또는 **보상**(compensation)은 범죄 피해자들의 경제적 · 심리적 회복을 위한 법적 구제 방법이다. 즉, 피해자가 손실 및 상해를 입었을 때 이전의 경제적 · 신체적 · 심리적 지위를 회복시키는 데 목적이 있다. 다소 거창하게 들릴지 모르겠지만, 정부의 보상은 분명 높이 평가할 만하다. 그러나 범죄 피해자들은 가해자 및 피해자 보호 기금들에서 적절한 범죄 피해자 보상을 받지 못하고 있는 상황이다(Karmen, 2001).

범죄 피해자 회복을 위한 법적 처리는 형사법원과 민사법원 모두에서 이루어진다. 형사법원에서는 범죄 사실에 기초해 범죄자의 유 · 무죄를 결정하는 재판을 진행한다. 형사 재판과정에서는 피해자 진술을 허용하고 있다. 일부 주정부 소속 형사법원들에서는 피해자에게 법원 출두 전 사전 통보를 하고, 피고인의 양형 등 형사 처분 내용, 가석방 공판 실시에 관해 피해자에게 통보한다. 피해자 보호법이 제정되면서 최근 들어서는 형사 재판을 통해서도 피해자에게 재정적 보상을 하고 있다.

민사법원은 범죄 피해자의 신체적 · 재정적 · 심리적 손상에 대한 민사적 구제 절차를 담당하는 곳이다. 또한 피해자들은 민사 재판을 통해 가해자에게 금전적 손해 배상을 청구할 수 있고 피해자 권리를 보장받을 수도 있다(Gaboury & Edmunds, 2002). 1990년대에 발생한 O. J. Simpson 사건의 경우, Simpson은 형사법원에서 Nicole Brown Simpson과 Ronald Goldman을 살해한 혐의에 대해 무죄 판결을 받았다. 그러나 이후 민사 재판의 배심원들은 Simpson에게 피해자들의 사망에 책임이 있다고 인정해 피해자 가족에게 350만 달러의 손

Focus 10-2 2004 범죄 피해자 권리법*

2004년 미국 의회는 범죄 피해자 권리법을 통과시켰다. 이전부터 주별로 유사 법안이 이미 존재했으며, 헌법에 의거해 피해자 권리를 보호한 다수의 법원 판례도 있다. 하지만 각 주별로 피해자 권리 보호 내용에는 차이가 있어, 일부 주에서 시행한 내용을 다른 주에서는 인정하는 않는 경우가 있어 왔다.

미국 연방법에 의한 피해자 권리 보호 내용은 다음과 같다.

- 피의자로부터 보호받을 권리
- 피의자의 탈출, 석방 등과 관련된 모든 형사사법 처리 내용에 대한 정확하고 신속한 피해자 통지
- 법원의 증거 허용 내용을 피해자가 법정에서 일관되게 부정할 경우 진술을 인정받을 권리
- 석방, 피고인 답변, 선고, 가석방 관련 모든 공판 절차에서의 법원의 결정 사안을 알 권리
- 국선 변호사와 면담할 수 있는 권리
- 법률에 규정된 내용대로 적시에 모든 피해 내용에 대한 배상을 받을 권리
- 불합리한 재판 지연이 없는 소송 권리
- 공정한 대우를 받을 권리, 피해자의 존엄과 사생활을 존중받을 권리

토론 질문

1. 피해자 보호법 시행 시 발생할 수 있는 문제에 대해 논의하라. 구체적으로 앞서 제시한 법률 내용 중 피해자가 보장받기 어려운 것에는 어떤 것들이 있는가?
2. 앞서 제시한 법률 내용은 피해자의 권리를 포괄적으로 보장하고 있다고 볼 수 있는가? 아니면 또 다른 특정 권리를 법률에 의해 보장해야 하는가?
3. 연방 범죄의 경우 911 신고 내용을 대중에게 공개하는 것이 범죄 피해자 권리를 침해하는 것인가?
4. 한국의 피해자 권리 보호 관련법을 찾아보고, 미국 연방법의 내용과 비교해 보자.

*2013년 일부 법률 개정이 이루어졌으나, 위에 제시된 조항들은 유지되고 있다.
출처: Sourcc. 18 U.S.C. Section 3771.

해 배상을 하도록 판결했다. 물론 이런 사례는 드물다.

민사 재판은 매우 큰 비용이 소요되는 소송 과정이며 재판 과정 또한 매우 복잡하다. 재판 과정에서 피해자 측 변호사들은 신경심리학을 전공한 법정 심리학자들에게 피해자의 손상 정도에 대한 평가 자문을 요청할 수 있다. 심리학자들은 범죄 피해로 인한 외상후 스트레스 장애(PTSD) 혹은 기타 다양한 심리적 외상 유무에 대한 평가를 진행한다. 이러한 평가는 범죄 피해로 인한 보상 비용을 결정하기 위한 것이며, 이는 법원의 손해 배상금을 결정하는 데 영향을 미친다. 범죄 피해를 입은 후 심리치료를 받는 데 소요된 비용 또한 손해 배상

금에 포함된다.

범죄로 볼 수는 없지만, 권리 침해 및 개인적 부상과 관련된 사례로는 성희롱, 성차별로 인한 부당해고, 불필요한 진료로 인한 의료비 과다 청구, 불량품 사용 중 생긴 신체적 손상 등을 들 수 있다. 성희롱 사건의 경우, 피해자가 PTSD 증상을 보일 때 특히 법정 공방이 치열하다. 민사 재판과 형사 재판 모두 피해자에게 극심한 스트레스를 줄 수 있지만, 특히 형사 재판은 피해자에게 엄청난 좌절감과 두려움을 줄 수 있다. 가령 피해자의 경찰 신고가 지연된 경우나 경찰에게 피해 사실을 구체적으로 진술하지 않은 점 등이 재판 과정에서 쟁점이 될 경우, 피해자는 극심한 심리적 혼란을 경험할 수 있다. 또한 피해자들은 범죄로 인한 손실에 대해 경제적 보상을 받을 수 있는지, 돌려받는다 해도 왜 즉시 보상이 이루어지지 않는지에 대해 의문을 가질 수 있다. 또한 피해자들이 가해자가 보석으로 풀려났다는 것을 알게 되거나 혹은 가석방으로 풀려난다는 사실을 알게 되면 두려움에 휩싸일 수 있다.

미국 헌법은 형사 처리 및 재판 과정에서 피의자와 피고인의 권리는 엄격하게 보호하고 있으나, 피해자는 그 권리를 제대로 보호받지 못하고 있다. 3장에서 논의된 바와 같이 피의자는 경찰 심문, 공판 전 심리, 재판, 판결 선고 등 모든 법적 절차에서 진술을 거부할 수 있는 묵비권 및 진술 상황에서는 변호인 조력 권리를 보장받고 있다. 그러나 피해자들은 손해 보상에 대한 민사 소송 시 경제적 사정으로 인해 변호인을 선임하지 않을 경우 홀로 소송에 임해야 한다. 검사를 피해자를 위한 변호사로 볼 수도 있지만, 엄밀히 말해 검사는 정부를 대변할 뿐 피해자의 정서적 · 재정적 · 신체적 손실에 대해서는 거의 관심을 기울이지 않는다. 피해자는 법정에 출두하기 위해 직장에서 휴가를 내고 개인 시간들을 포기해야 한다. 재판이 세간의 이목을 끌게 되면, 언론의 집중 취재를 당하게 되고, 법정에서는 상대측 변호사의 가혹한 반대심문을 견뎌야 한다. 결과적으로 피해자들은 최초 범죄가 발생한 때와 다시 법정에서 피고인을 만나는 순간의 두 차례에 걸쳐 2차 피해를 받을 수밖에 없다. 피해자들은 형사 재판 과정에서 자신들은 권리를 제대로 보호받지 못한 잊힌 존재라고 불평할 수밖에 없다.

앞서 제시된 현실들이 많은 사람을 불공정한 상황으로 내몰고 있음에도 불구하고, 형사 재판에서는 국가의 강력한 힘이 개인에게 가해짐으로써 피의자와 피고인이 많은 것을 잃을 수 있다. 피의자는 기소되어 삶의 자유를 잃을 수 있다. 범죄 혐의로 기소된 사람들은 개인의 자유, 심지어는 생명까지도 잃을 수 있다. 법에 의거해 누군가의 자유와 생명을 빼앗으려 한다면, 헌법에 따른 당사자의 권리를 지켜 올바른 절차와 과정을 준수해야 한다. 그러나 법에는 피해자의 자유를 박탈하는 조항이 없기 때문에 헌법에서도 피해자의 권리를 보장해 주지는 못한다.

그러나 피해자 권리에 대한 이러한 논리는 주로 피해 당사자와 변호사를 납득시키지 못한다. 1970년대부터 법적인 피해자 권리 보호에 대한 움직임이 생겨났다. 1980년대 미국 최초로 위스콘신(Wisconsin)주가 '피해자 권리 장전(victim's bill of rights)'을 제정하자, 다른 주에서도 관련 법안 및 피해자 보호 및 권리 보장을 명시한 법을 제정하기 시작했다. 미국 의회에서는 2004년에 범죄 피해자 권리법을 통과시켰다. 미국 연방법의 피해자 권리법 내용들은 개별 주정부법에 따라 피해자에게 부여되는 권리들이 종합적으로 반영되어 있다.

현재 미국 내 많은 주에서는 형사 재판 전 단계에 대해 피해자 **통보**(notification) 의무를 규정한 법안을 가지고 있다. 예를 들어, 폭력 혐의를 받고 있는 피고인이 보석으로 풀려나게 되거나 복역을 마친 범죄자가 석방되기 전에 피해자에게 통보한다. 심지어 범죄자가 한시적으로 교도소 밖으로 나갈 경우에도 피해자에게 통보가 된다. 또한 일부 주에서는 형량 협상(plea negotiation) 결과를 통보하며, 탈옥 역시 당연히 통보된다.

또한 피고인의 보석심리, 판결심리, 가석방 심리 결정 시에 피해자는 자신의 견해를 **최종 발언**(allocution)할 권리가 있다. 가령 보석 심사의 경우 피해자는 더 높은 보석금을 주장하거나, 피고인이 피해자에게 연락하는 것을 금지하도록 요청할 수 있다. 모든 주에서는 최종 판결 과정에서 피해자가 직접 판결 결과에 대해 입장을 진술하거나 서면 진술서를 낭독할 수 있는 권한이 있다.

보호관찰관이나 관련 전문가들은 판사의 판결을 돕기 위해 판결 전 보고서를 제출하는데, 이 보고서에는 범죄 피해 결과가 포함된다. 판결 전 보고서를 준비하는 조사관들은 피해자 인터뷰를 통해 피해자가 겪는 고통 정도를 파악한다. 예를 들면, 가중폭행을 당한 후 수면장애 및 악몽으로 정신과 의사에게 진찰을 받고 있거나 홀로 걷는 것이 두려워 밖에 나갈 수가 없는 것과 같은 정신적 고통 상황이 판결 전 보고서에 기록된다. 만약 판결 전 보고서가 생략된 경우에는 피해자가 직접 법정에 출두해 자신의 피해 사실에 대해 증언하고 판사에게 피해 진술서를 제출할 수 있다. 사형 구형을 내릴 경우, 생존한 피해자가 배심원에게 피해 경험에 대해 상세히 진술할 수 있다(Payne v. Tennessee, 1991). 또한 일부 주에서는 피해자가 범죄자 가석방 결정에 불복하는 경우 가석방 위원회에 증인으로 참석하는 것이 허용되고 있다.

범죄로 인한 직접적인 신체적 · 정신적 손상뿐 아니라 경제적인 타격 또한 피해자들에게는 큰 어려움이 될 수 있다. "범죄 피해로 인한 재정적 손실(예기치 못한 의료 비용, 심리상담 비용, 피해 재산 회복의 어려움)은 다른 어떤 피해보다도 피해자를 더욱 고통스럽게 할 수 있다."(Gaboury & Edmunds, 2002, p. 2)

미국 내 모든 주와 자치구에서는 피해자들에게 의료 및 상담 비용, 임금 등 손해 비용,

장례 비용 및 기타 경제적 손실을 지원해 주는 보상 프로그램을 운용하고 있다(Eddy & Edmunds, 2002). 보상금은 세금 및 보조금에서 충당되기도 하고, 범죄자에게 추징하기도 한다. 또한 유죄 판결을 받은 범죄자가 자신의 경험을 쓴 출판물에 대한 경제적 권리를 인정하지 않는 법이 제정되어 있다. 이 법은 일명 '샘의 아들(Son of Sam)' 법으로 불린다. 이 명칭은 악명 높은 연쇄 살인범 David Berkowitz가 복역 중 자신이 Sam이라는 개를 통해 악마에게 조종당해 범행을 저질렀다는 책을 출판해서 얻은 수익을 정부가 몰수해 피해자 지원 기금으로 활용한 데서 유래됐다.

이러한 법들에도 불구하고 실제 피해자는 충분한 경제적 보상을 받고 있지 않다. 연구들에 의하면, 피해자들 중에서는 이러한 피해자 보상법이 있다는 사실조차 모르는 경우가 비일비재하다(Karmen, 2001; National Center for Victims of Crime[NCVS], 1999). 앞서 언급한 대로, 피해자가 보상을 받기까지 많은 시간이 걸리며, 전액 보상되는 경우도 거의 없다.

재판 및 형사 처리 전 과정에 대한 피해자 통보 의무는 관련 기관에 부담을 가중시킬 수 있다는 문제가 있다. 때로는 피해자에게 통보 책임자가 불명확한 경우도 많아 담당자들은 통보 업무를 회피하는 경향이 있다. 피해자 변호 및 지원 자금이 충분한 자치단체들에서는 피해자 통보가 잘 이루어지나, 예산이 부족한 지역들에서는 피해자 지원 예산이 가장 먼저 삭감되어 피해자 통보가 생략되는 경우가 많다. 마찬가지로 피해자들 대부분은 보석심리, 판결심리, 가석방 심리에서 최종 발언할 수 있는 권리를 행사하지 않고 있다. 가석방 심리 시 피해자의 최종 발언 참여가 가석방 결정에 영향을 미친다는 결과들이 있음에도 불구하고, 관련 연구들은 실제 효과에 대해 비일관적인 결과들을 제시하고 있다. 예를 들어, 일부 연구에서는 가석방 위원회에 피해자가 참여한 경우 대부분 가석방이 연기되는 경향이 나타났다고 보고하고 있다(Karmen, 2001).

그러나 대부분의 경우 피해자는 자신에게 끔찍한 피해를 입힌 범죄자들의 형량을 늘리는 데 큰 영향을 미치지 못하고 있다. 피해자 권리 보장법들의 효과성을 검토한 Karmen(2001)에 따르면, "새롭게 제정된 법률 조항들에서조차 피해자들에 무관심한 현 사법 체계의 풍토를 확인할 수 있다. 예비 조사 결과에서도 이러한 경향이 확인됐다"(p. 317).

회복적 사법제도

피해자들에게 적접적으로 서비스를 제공하는 합리적인 접근 방법이 바로 **회복적 사법(restorative justice)제도**이다. 회복적 사법제도는 보상적 사법(reparative justice)제도로도 불리는데, 형사사법 체계하에서 다양하게 적용되고 있기 때문에 단편적으로 정의하기가 어렵다(Daly, 2002). Daly에 따르면, "회복적 사법제도는 성인 및 청소년 범죄뿐만 아니라 가족복지, 아동 보호 등을 포함하는 다양한 도시 문제, 학교와 직장 상황에서의 분쟁 등에서도 사용된다"(p. 57). 회복적 사법제도에 초점을 맞춘 지원 프로그램들은 종교 단체에서 시작하는 경우가 많다. 종교 단체들에서는 교도소에서 회복적 사법 지원을 위한 자원봉사를 진행하기도 한다(Eve Brank 박사가 이와 같은 프로그램에 대해 소개하는 13장의 〈My Perspective 13-1〉 참조). 회복적 사법제도는 개별 범죄자의 처벌에 중점을 두기보다는 가해자와 피해자에게 무엇을 해 줄 수 있을지에 대해 지역사회 차원에서 접근하는 것을 목적으로 한다. 본질적으로 회복적 사법제도는 범죄 피해자와 지역사회를 '하나로 만드는 것'이며, 또한 범죄자의 지역사회 복귀를 지원하는 것이다(Karmen, 2001). "회복적 사법제도는 범죄에 영향을 받는 사람들의 치유와 사회적 행복을 강조한다는 가치를 바탕으로 한다."(Presser & Van Voorhis, 2002, p. 162) 일반적으로 지역사회 손해보상 위원회는 조정자의 역할을 수행하며, 피해자와 가해자 모두를 회복시키고 갈등 해결을 지원한다. 이 과정에서 피해자의 역할이 특히 중요한데, 어떤 형태의 보상이 주어질 수 있을지는 모른다.

회복적 사법제도는 공식적으로 갈등을 해결하고 관련된 모든 사람에게 만족스러운 결과를 주는 것을 목적으로 학교 내 괴롭힘 및 따돌림, 이웃 간 분쟁 시에도 활용된다. 학교에서는 학생들이 원을 그리고 둘러앉아 공통 문제들에 대해 토론하고, 상호지지를 이끌어 낸다(National Council on Crime and Delinquency: NCCD, 2013). 이러한 프로그램들은 주로 교사, 사회복지사, 지역사회 자원봉사자, 정신건강 전문가들에 지도하에 운영된다. 국가범죄 및 비행위원회(National Council on Crime and Delinquency: NCCD)에서는 회복적 사법제도 프로그램의 가치를 높이 평가하고 있으며, 전통적인 청소년 및 범죄 프로그램의 대안으로 간주하고 있다.

회복적 사법제도는 '중재(mediation)' 철학과 밀접한 관련이 있다. 또한 갈등 전략이 아닌 상호 간의 타협과 공통적 이해 기반을 구축함으로써 문제를 해결하는 접근 방식을 사용한다. 학생들은 싸움을 피하거나 또래 친구들과의 갈등을 해결하기 위해 중재 전략을 사용하며, 중재 전략은 노동 현장에서 근로자들과 감독관 간 혹은 관리자들 간 분쟁 조정을 위해 직장 내에서도 사용할 수 있다. 양육권 분쟁 시에도 중재가 평화적 갈등 해결 방안으로 권고되고 있다.

중재적 접근은 형사적 맥락에서도 사용되는데, 주로 사소한 범죄로 기소되었거나 기소될 가능성이 있는 사람들에 대해 공식적인 형사 처리를 대신하기 위한 우회적 방법, 즉 다이버전 프로그램(diversion program)의 일환으로 활용되고 있다. 이 프로그램들은 중재에만 초점을 맞추지 않고, 범죄자 스스로 자신의 행동뿐 아니라 피해자 및 지역사회에 입힌 피해에 대한 책임을 깨닫게 한다(Lemley, 2001). 다이버전 프로그램은 협상, 중재, 권한 부여, 보상 절차를 통해 이루어진다(Rodriguez, 2007).

회복적 사법제도는 민사 및 형사 소송 절차 모두에 적용되고 있다. 형사 사건들에서는 가해자와 피해자 간의 적절한 균형을 유지하는 것이 무엇보다 중요하다. 가령 가해자가 성인이며 피해자가 아동인 경우 혹은 많은 국내 분쟁 상황에서는 중재만이 최선책은 아니다. 회복적 사법제도는 학교 및 직장 내 문제 해결 과정에서 특히 유용하다. 최근 몇 년 동안 학교에서는 규율을 어긴 문제 학생들을 공식적으로 처벌(정학, 퇴학 등)하는 '무관용(zero tolerance)' 정책을 포기해 왔다. 학교의 무관용 정책을 비판하는 이들은 정학, 퇴학을 당한 학생들이 오히려 친사회적 친구들로부터 고립되고 지역사회에서 방치될 위험성이 크다고 주장하고 있다. 회복적 사법제도는 학교 내에서 반사회적 행동을 다루는 더 나은 방법이 될 수 있다(NCCD, 2013). 그러나 지역별로 내용 및 운영 방식이 다양하기 때문에 다양한 상황에서 회복적 사법제도의 효과에 대한 지속적인 연구가 필요하다.

범죄 피해 통계

피해자 정보를 수집하는 최선의 방법은 피해자 본인에게 얻는 것이다. 폭행 혹은 절도를 당한 피해 당사자는 언제 어디서 범죄를 당했는지, 경찰에 신고는 했는지, 신체적 · 정서적 상해 수준은 어떤지에 대해 알고 있다. 이러한 피해 통계는 범죄의 지리적 · 시간적 특성을 포함한 범죄 발생 분포를 이해하는 데 도움을 준다. 예를 들면, 어떤 지역이 다른 지역보다 '범죄 발생 가능성이 높은지', 혹은 일 년 중 어느 시기에 범죄 발생이 상대적으로 적은지 등에 대해 알 수 있다. 만약 피해자들이 가해자에 대해 어느 정도 알고 있다면, 피해자가 제공한 자료들은 범죄자 신원 확인을 위한 정보가 될 수 있다.

피해 평가

전국범죄피해조사(NCVS)

전국범죄피해조사(National Crime Victimization Survey: NCVS)는 미국에서 실시되는 전국 피해자 조사로, 법무부 통계국(Bureau of Justice Statistics: BJS)의 주관하에 인구조사국(Census Bureau)에서 실시한다. 앞 장에서 설명했듯이 전국범죄피해조사(NCVS)는 미국 전역에서 12세 이상 가구원이 등록되어 있는 95,760가구 표본을 대상으로 연간 조사가 이루어진다(Truman & Morgan, 2016). 최근 6개월간 12세 이상 가족 구성원이 범죄 피해가 있는 경우, 범죄 피해 빈도, 특성 및 결과 등에 대한 면접 조사를 실시한다. 면접이 실시된 가정은 3년에 걸쳐 6개월마다 반복 면담이 진행된다. 전국 범죄 피해 조사는 강간, 다른 유형의 성폭행, 강도, 폭행, 주거 침입, 차량 절도, 절도 등의 피해자인 개인과 가족의 피해 수준을 평가하기 위한 목적으로 시작됐다. 이 조사에서는 경찰에 미신고된 범죄 사례까지 통계에 포함되기 때문에 FBI의 통합범죄 보고서 범죄 통계 결과와 일치하지 않는다.

전국 범죄 피해 조사는 최초 전국 범죄 조사(National Crime Survey: NCS)라는 명칭으로 1973년부터 시작됐다. 그전에는 FBI 통합범죄 보고서(Uniform Crime Reports: UCR)가 경찰에 체포된 범죄 현황을 수집 · 발표하는 유일한 통계 자료였다. 그러나 범죄 피해자들 중에는 다양한 이유로 경찰에 신고하지 않는 경우가 많다. 이러한 문제를 극복하기 위해 경찰에 신고되지 않은 범죄 혹은 암수범죄 현황을 파악하기 위해 전국 범죄 조사를 시행하게 됐다. 범죄 피해율은 피해자 천 명당 피해 건수를 계산 · 산정한다. 일부 범죄 피해자는 경찰보다 오히려 통계 조사원에게 자신의 피해 사실을 더욱 편하게 말할 수 있다고 한다. 최근 몇 년 동안의 통계 자료들을 살펴보면, 미국 내에서 발생한 전체 범죄 중 약 절반 정도가 경찰에 신고되지 않았다고 한다. 이는 범죄 유형별로 차이가 있는데, 전체 발생 건수 대비 신고율에서 성폭력 범죄 신고율은 차량도난 범죄 신고율보다 극히 낮은 수준이다.

전국 범죄 조사는 1980년대에 이르러 개정됐고, 1992년부터 전국 범죄 피해 조사로 명칭이 변경되었다. 개정이 이루어지면서 피해 신고 시 경찰의 반응, 가해자의 약물 및 음주 유무, 범죄 발생 시간대 피해자 행적 등과 같은 범죄와 관련된 구체적 질문들이 일부 추가됐다. 또한 성폭행 범죄 피해자에 대한 문항이 기존보다 더욱 포괄적이고 세심한 질문 형태로 수정됐다(Karmen, 2001). 더불어, 이 조사를 주관하는 미국 법무부 통계국에서는 가족 피해뿐만 아니라 학교, 직장, 기업 내 범죄 피해 목록 또한 추가했다.

전국 아동폭력 노출 실태조사(NatSCEV)

1999년 6월 청소년 사법 및 비행방지국(Office of Juvenile Justice and Delinquency Prevention: OJJDP)에서는 아동들에 대한 폭력 예방을 위한 안전착수계획(Safe Start Initiative)을 시행했다(Finkelhor, Turner, & Hamby, 2011). 이 계획을 통해, OJJDP는 질병관리예방센터(Centers for Disease Control and Prevention: CDC)의 지원하에 **전국 아동폭력 노출 실태조사**(National Survey of Children Exposure to Violence: NatSCEV)도 진행됐다. 이 조사의 목적은 미국 내 아동 · 청소년의 범죄 피해 정도와 유형들을 종합적으로 파악하기 위함이다. 조사는 아동학대, 왕따, 집단 폭력, 가정 폭력, 성폭력 등 아동의 폭력과 범죄의 노출 정도를 추정하기 위해 2008년

1월에서 5월 사이에 실시됐다. 보고서상에는 기존 청소년 범죄, 아동학대, 또래와 형제자매에 의한 피해, 성희롱, 목격 및 간접적 피해, 학교 폭력과 위협, 인터넷상의 피해 등 여러 가지 범죄에 대해 17세 이하의 아동·청소년들을 대상으로 한 조사 결과가 수록되어 있다.

앞서 제시한 두 가지 조사의 결과뿐 아니라 그 밖의 연구들에서는 범죄 피해자에 대한 중요한 정보들을 제공하고 있다. 결과는 다음과 같다.

낯선 사람에 의한 폭력 피해

최근 전국범죄피해조사(NCVS)에서는 2015년 미국 내 상대적으로 경미한 수준의 단순 폭력 범죄 중 비면식 가해자에 의한 범죄 피해가 대략 40%를 차지하는 것으로 나타났다(Truman & Morgan, 2016). 경찰에 신고된 비면식 폭력 비율은 12세 이상에서 천 명당 2.8명으로 나타났다. 또한 신고된 심각한 폭력 범죄 비율은 12세 이상에서 천 명당 1.4명이었다.

민족별, 소수집단별 범죄 피해 현황

미국 법무부 산하 사법통계국(Rand, 2009)에서 진행한 NCVS에서는 민족 유형을 백인, 흑인, 북미 원주민, 히스패닉, 아시아인의 다섯 가지 유형으로 구분하여 범죄 피해 현황을 보고했다. 북미 원주민 분류는 인디언, 에스키모, 알류트(Aleut) 후손으로 응답한 사람들을 기초로 한다. 아시아인은 일본인, 중국인, 한국인, 인도인, 베트남인, 태평양섬 원주민으로 구분된다. 이 중 태평양섬 원주민은 스스로 필리핀인, 하와이인, 괌 원주민, 사모아인, 기타 아시아인으로 응답한 사람들을 의미한다. 응답자들 중 멕시코계 미국인, 치카노(Chicano), 멕시코인, 푸에르토리코인, 쿠바인, 중앙아메리카인, 남아메리카인 또는 스페인계는 히스패닉(Hispanic)으로 분류된다. 모든 민족·인종집단이 다양성을 지니고 있지만, 특히 히스패닉·라틴계 인구 비중의 빠른 성장이 미국 내 민족 구성의 다양성을 촉진시키는 주요 요인이다. 히스패닉계 미국인들 중에서는 자신을 백인, 흑인, 아메리칸 인디

표 10-2 미국 내 인종별 범죄 피해율(인구 천 명당/12세 이상)

인종	2002	2010	2015
백인	32.6	18.3	17.4
흑인	36.1	25.9	22.6
히스패닉	29.9	16.8	16.8
북미·알래스카 원주민	62.9	77.6	–
아시아·하와이 원주민, 태평양섬 원주민	11.7	10.3	25.7*
혼혈인종	–	52.6	–

출처: Truman & Planty (2012, p. 5); Truman & Morgan (2016, p. 9).

* 북미·알래스카 원주민과 아시아·하와이 원주민, 태평양섬 원주민 중 범죄 피해 경험 수를 합친 것임.

언 혹은 아시아인으로 생각하는 경우도 있지만, 미국 내 인구의 빠른 증가세 및 기타 집단 간 공통점들을 고려해 이들을 '히스패닉' 인구로 통일했다. 무엇보다 중요한 점은 이러한 기준이 범죄 통계 조사에도 동일하게 적용될 필요가 있다는 점이다.

2010년 NCVS 자료(Truman & Plancy, 2012)에 따르면, 대체로 혼혈인 인구가 단일 인종 혹은 민족보다 폭력 피해를 경험하는 비중이 약 2~3배 높은 것으로 나타났다. 또한 북미 및 알래스카 원주민 또한 단일 인종·민족 인구 대비 폭력 피해 경험 비중이 높았다.

흑인의 경우 미국 내에서 두 번째로 높은 폭력 범죄 피해를 당하는 것으로 나타났다(〈표 10-2〉 참조). 과거에 흑인, 특히 젊은 흑인 남성들의 경우 미국 내 살인 피해자의 전형으로 알려져 왔다. 흑인들의 경우 백인의 6배, 다른 인종 집단 대비 8배나 많은 살인 피해를 당하는 것으로 나타났다(Rennison, 2001; Smith & Cooper, 2013). 특히 살인 범죄에서 가장 많이 사용되는 범행 도구는 총기이며, 남성 살인의 73%, 여성 살인의 49%에서 총기가 사용됐다(Smith & Cooper, 2013).

범죄 피해자 연령

1994년부터 2010년까지 12~17세 미국 내 청소년 대상의 심각한 수준의 폭력 범죄 비율이 77% 수준으로 감소했다(White & Lauritsen, 2012). 이런 감소세는 NCVS 결과에서 확인할 수 있지만, 실제 청소년 폭력 범죄 대부분은 경찰에 신고되지 않고 있다(White & Lauritsen, 2012). 2002년부터 2010년까지 심각한 수준의 폭력 범죄 중 약 56%와 상대적으로 경미한 수준의 단순 폭력 범죄 중 약 72%가 미신고 상태였다고 한다. 피해 청소년들이 폭력 피해를 신고하지 않는 상황으로는 이미 학교 등 다른 경로로 보고된 경우, 피해 사실을 신고할 수준으로 중요하게 여기지 않는 경우, 해당 폭력 사건을 사적이거나 개인적인 일로 치부하는 경우, 보복에 대한 두려움을 느끼는 경우 등을 들 수 있다. 실제 이런 유형의 폭력 사건들은 경찰에 신고된다 해도 수사가 이루어지지 않을 가능성이 크다. 청소년들이 범죄 피해를 신고하지 않는 이유는 성인들의 미신고 사유와도 유사하다.

관련 연구들에 따르면 도시 거주 청소년들 중 약 40%가 총격 사건에 노출되어 있으며, 많은 사람들이 청소년 집단폭행 장면을 목격하고 있다(Gardner & Brooks-Gunn, 2009; Stein, Jaycox, Kataoka, Rhodes, & Vestal, 2003). 일부 지역에서는 많은 청소년이 위협, 구타, 성폭행, 총기 및 칼을 사용한 폭력 피해를 당하고 있으며, 이들 지역에 거주하는 청소년들 중 85%가 폭력 발생 현장을 목격한 적이 있다(Kliewer, Lepore, Oskin, & Johnson, 1998). 폭력 범죄 피해자들의 25%가 신체적 피해를 입었고, 이 중 상당수가 심각한 수준의 피해를 당했다(Simon,

Mercy, & Perkins, 2001). 또한 11%의 아동이 최소 다섯 가지 유형 이상의 직접적 폭력을 경험했으며, 이 중 1.4%는 열 가지 유형 이상의 폭력 범죄 피해를 당했다(Finkelhor, Turner, Hamby, & Ormrod, 2011). 동일 범죄 혹은 기타 다양한 유형의 범죄 피해를 반복적으로 당하는 것을 소위 **다중피해**(polyvictimization)라고 한다. 폭력에 반복적으로 노출된 6~18세의 아동·청소년 피해자들에게 공통적으로 나타나는 증상으로는 집중 및 학습 곤란, 불안, 공포, 우울, PTSD를 들 수 있다.

폭력 형태에 따라 피해자들에게 미치는 영향은 서로 다르다. 일부 연구에 의하면, 직접적인 폭력 피해와 폭력 목격은 사후에 서로 다른 심리적 영향을 줄 수 있고(Shahinfar, Kupersmidt, & Matza, 2001), 특히 유년기 폭력 피해를 경험한 사람이 단순히 목격자보다 폭력적인 행위를 저지를 가능성이 더욱 크다(Shahinfar et al., 2001). 가정 내에서 이루어지는 부모 간 폭력은 학교 폭력보다 아동의 정신건강에 더욱 심각한 영향을 미칠 수 있다. 또한 칼이나 총이 사용된 폭력은 무기가 없는 단순 신체 폭력보다 아이들을 더욱 심리적으로 혼란스럽게 할 수 있다(Jouriles et al., 1998). 폭력 노출 경험에 따른 반응은 일련의 연속체 개념으로 설명할 수 있는데, 일부 청소년은 피해 경험에서 쉽게 회복되나, 일부는 폭력 피해 경험에 상당히 취약할 수 있다. 나머지는 이 두 극단 사이에서 중간 수준의 반응을 보인다.

범죄 피해의 심리적 영향

폭력의 심리적 영향

폭력 피해자들뿐 아니라 그들의 가족, 친구들 또한 범죄 피해에 영향을 받는다. 사람들에게는 범죄 피해에 대한 두려움이 있다. 이러한 두려움은 특히 여성, 노인들과 같은 범죄 피해 취약 계층에서 두드러진다(Dansie & Fargo, 2009; Schafer, Huebner, & Bynum, 2006). 범죄 피해 사실에 대한 언론 보도 내용들이 특히 대중의 두려움을 가중시킬 수 있다. 주민들의 안전 지각, 개인의 방어 능력 및 기타 다양한 요인이 범죄에 대한 두려움을 가중시키는 요인이 될 수 있다. 미국에서는 2001년 9·11 테러 사건 이후 테러에 대한 공포가 또 다른 스트레스를 야기하고 있다. 2013년 보스턴(Boston) 마라톤 폭파 사건, 2015년 12월 샌버너디노(San Bernardino) 사건, 2017년 샬럿츠빌(Charlottesville) 사건 이후 지속된 미국 내 테러 사건들 또한 대중의 공포를 증폭시켜 왔다. 최근 스페인의 마드리드(Madrid)와 바르셀로나(Barcelona), 영국의 맨체스터(Manchester) 사건에서도 알 수 있듯이, 테러 사건은 전 세계 각지에서 발생하고 있다.

피해자들에게 범죄 폭력은 매우 심각한 심리적 영향을 미친다. 실제 많은 사례에서 범죄 피해로 인해 겪게 된 심리적 외상은 신체적 손상이나 재산 손실보다 피해자에게 더 많은 문제를 일으킬 수 있는 것으로 나타났다. 범죄 피해에 대한 심리적 반응은 경미한 수준에서 심각한 수준까지 다양하게 나타난다. 이러한 범죄 피해의 심리적 반응은 다중피해(ployvictim) 아동들에게 더욱 두드러진다. 아동폭력 피해에 대한 전국 조사 결과, 미국 아동들 중 10명 중 1명이 다중피해자로 밝혀졌다(Finkelhor et al., 2011). 상대적으로 가벼운 스트레스 반응으로는 경미한 수면장애, 과민함, 걱정, 대인관계 긴장, 주의력 감소, 주요 건강 문제의 악화 등을 들 수 있다(Markesteyn, 1992). 스트레스에 대한 심각한 반응은 우울과 불안장애, 알코올과 약물 남용 문제, 자살 시도나 자살 사고 등을 포함한다(Walker & Kilpatrick, 2002). 범죄 피해를 경험할 때 심각하지만 일반적으로 나타나는 반응 중 하나가 외상후 스트레스 장애(PTSD)이다. PTSD는 범죄 피해자들에 대한 이해와 치료 과정에서 매우 중요한 장애 유형이다.

이전 장들에서 제시된 PTSD 유형을 떠올려 보면, PTSD는 때로는 범죄자들이 변론 과정에서 자기정당화수단으로 사용하기도 하며, 성희롱, 직장 내 피해 상황 등에 대한 민사 소송에서 피해 배상 판결 시에도 적용되고 있다.

외상후 스트레스 장애(PTSD)

외상후 스트레스 장애(post-traumatic stress disorder: PTSD)는 상당히 고통스럽고 외상(trauma)이 남는 사건에 대한 일반적인 심리적 반응으로, 흔히 반복적이고 침습적인 기억으로 특징지어진다. 기억은 감각적으로 생생하며, 상대적으로 통제 불가능한 것으로 경험되는 경향이 있으며, 극단적인 스트레스를 유발한다(Halligan, Michael, Clark, & Ehlers, 2003).

다음에 언급되듯이 베트남, 페르시아만, 이라크, 아프가니스탄 전쟁 참전용사들 중 상당수가 PTSD로 고통받았거나 여전히 고통받고 있다. 비록 이런 장애가 인정되지는 않지만, 이전의 전쟁 참전용사들도 PTSD를 겪었을 것이다. DSM-5(American Psychiatric Association, 2013)에 따르면, PTSD는 실제적이고 위협적인 죽음, 심각한 상해 혹은 성폭행에 노출되었을 때 발생한다. PTSD는 외상이 남는 사건을 직접 경험했거나 목격한 경우 혹은 이런 사건이 가까운 가족이나 친구에게 일어났다는 것을 알게 될 때 발생할 수 있다.

PTSD로 인한 생리적 · 심리적 · 사회적 영향이 피해자의 사회적 · 직업적 기능을 손상시킬 정도로 심각할 때 의사의 진단을 받게 된다. PTSD는 급성(증상의 지속 기간이 3개월 미만)

이거나 만성(증상이 3개월 이상 지속), 혹은 외상적 사건과 증상의 발병 사이에 수개월 혹은 수년이 지난(현재는 '지연된'이라는 표현을 사용) 시점에 발병할 수 있다. 증상의 일반적인 경과는 사건 직후에 가장 강하고, 시간이 지날수록 약해진다. 증상은 만약 그와 같은 외상이 피해자에게 사고나 자연재해보다는 인간에 의해서 고의로 저질러졌다고 인식될 때 더 심각하고 오래 지속된다. 즉, 강간, 전쟁, 테러와 같은 폭력의 피해자는 태풍, 지진, 비행기 사고를 겪은 사람보다 그 증상이 더 심각하고 오래 지속되는 경향이 있다는 것이다.

PTSD의 증상은 강렬한 두려움, 무기력감, 공포를 포함한다. 그러나 DSM-5에서는 더 이상 이러한 특정 감정 반응들을 PTSD의 발병 기준에 포함시키지 않고 있다. DSM-5에 따르면, 어떤 사람들은 특이한 기분 상태, 부정적 인식 혹은 해리 증상이 나타나는 경우도 있다. 또한 피해자는 끊임없이 외상적 사건을 재경험하고, 지속적으로 그 사건을 떠올리게 하는 것을 회피하고, 외상 전에는 나타나지 않았던 높은 수준의 불안과 스트레스 증상을 계속해서 경험한다. 증상은 종종 나타났다가 없어지기도 하고, 퇴행했다가 단번에 차도를 보이기도 한다. 기억에 관한 일부 연구에서는 사람들이 실제 경험했던 것보다 더 많은 외상 사건을 기억하는 경향이 있으며, 이런 외상 사건을 경험한 경우 그들은 더 많은 PTSD 증상을 가지고 있다고 주장한다(Strange & Takarangi, 2012). 실제보다 더 많은 외상 사건을 기억하는 것이 경험하지 않은 것을 기억한다는 의미가 아니라 마음속에서의 사건 재현이 생생한 외상 경험을 강하게 촉발시켜 더 많은 고통을 유발한다는 것을 뜻한다(4장의 〈My Perspective 4-1〉 참조).

조사에 따르면 일생 동안 PTSD의 발병률은 미국 성인의 7~12% 정도인데(Breslau, 2002; Kessler et al., 2005; Ozer, Best, Lipsey, & Weiss, 2003), 이는 2001년 9 · 11 테러 사건 이후 약간 증가한 수치이다. 9 · 11 테러 이전 연구들에서는 미국 인구의 50~60%가 외상 사건에 노출된 경험이 있지만, 이 중 5~10%만이 PTSD로 발전된다고 보고한 바 있다(Ozer et al., 2003). 이는 스트레스 반응에 있어 개인차가 존재한다는 점을 시사한다. 그러나 수년 동안 PTSD 증상이 나타나지 않을 경우, 진단 과정에서 PTSD를 발견하지 못할 수도 있다. 다만 PTSD 증상에 대한 더욱 많은 지식과 경험이 축적될 경우 이는 개선될 수 있다고 보고 있는데(Franklin, Sheeran, & Zimmerman, 2002), 일부 연구자는 DSM-5상 PTSD 증상 유형의 기준 변화에 대해 오진 가능성을 야기할 수 있다는 점을 우려하고 있다(Francis, 2013).

PTSD 발병률은 여성이 남성보다 2배가량 많다(여성 10.4%, 남성 5.0%). 이는 15~45세의 미국 전국 표본 5,877명을 대상으로 한 조사(Kessler, Sonnega, Bromet, Hughes, & Nelson, 1995) 결과로, 여성의 경우 성폭력 경험에 따른 PTSD 발병 가능성이 높은 점이 그 원인으로 작용하고 있다고 해석된다. 강간은 모든 외상 사건 중에서도 가장 심각한 사건이며, 피해자들에게는 복합적이고 장기간의 부정적 결과를 초래한다(Campbell, 2008). 그 결과, 스스로를 생존자로 칭하는 강간 피해자들은 사건 이후 상당한 어려움을 경험할 수 있으므로, 다양한 건강 및 심리적 지원이 필요하다. 일상에 적응할 수 있는 수준의 피해 회복을 위해서는 몇 달 혹은 몇 년이 걸릴 수 있다. 하지만 강간 피해자들 중 35% 이하가 정신건강 서비스 지원을 받은 경우가 없으며, 이는 청소년 피해자들에게서 더욱 두드러진다(Ullman, 2007a). 강간 피해자들 대부분이 심리적 문제에 대해 전문적인 조언을 할 수 없는 친구나 가족에게 도움을 요청한다고 한다. "성, 인종, 사회적 계층 차원의 다양한 상호작용을 고려할 때, 도움을 청하는 피해자들을 위해서는 피해자 관점에서 그들의 피해 사실 및 심리적 영향에 대한 이해가 절실하다. 따라서 성폭력 피해자들을 위한 더욱 혁신적인 정신건강 서비스가 필요하다."(Ulman, 2007a, p. 77)

베트남전 참전 군인 대상 조사(Weiss et al., 1992) 결과에 따르면, 참전 남성의 30.9%, 여성의 26.0%가 베트남전 참전 이후 PTSD 진단 기준을 충족하는 것으로 추정되고 있다(Ozer et al., 2003). 이보다 훨씬 적은 수만이 PTSD를 '공식적으로' 진단받고 있음에도 불구하고, 이라크 및 아프가니스탄 전쟁 참전 군인들의 50%가 PTSD 장애 진단을 받았다(Ramchand et al., 2010). 치료를 받지 않은 참전 군인들의 발병률은 약 5~20%로 추정된다. 이라크와 아프가니스탄 전쟁에 참전한 군인들을 대상으로 한 추가 연구에서는 군대에서의 성적 트라우마(성희롱과 성폭력)와 다수의 전쟁 관련 스트레스 요인에 노출되어 과거에 비해 PTSD 증상이 더 많을 수 있다고 추정했다(Katz, Cojucar, Beheshti, Nakamura, & Murray, 2012).

외상 경험에 노출된 후 경험하는 심리적 영향은 매우 가변적이다. 일부는 특별한 증상없이 잘 적응하기도 하지만, 어떤 사람들은 상당 기간 외상 경험으로 인해 현저한 정서적·심리적 손상이 나타나기도 한다(Marshall & Schell, 2002). 또한 이 일부는 기억의 왜곡으로 더욱 심각한 PTSD 증상이 나타날 수도 있다. 범죄 피해자들 중에는 PTSD 증상과 더불어 억제할 수 없는 분노가 표출되는 경우도 있다(Orth, Cahill, Foa, & Maercker, 2008). 특히 PTSD 증상이 심할수록 분노는 더 강하게 표출한다. 많은 연구자들은 PTSD의 원인이 되는 개인적·사회적·환경적 요인들을 규명하기 위한 연구를 지속하고 있다. 그러나 PTSD에 취약한 개인 특성이 무엇인지는 아직 명확하지 않다. 분명한 점은 사회적 지지가 PTSD의 예방 및 발병 후 회복 과정에 도움이 된다는 것이다(Ozer et al., 2003).

연구들에 따르면, 범죄 피해로 인한 심리적 영향은 다른 피해의 영향과 정도의 차이만 있을 뿐 본질적으로 다르지 않다. 성폭행, 강도, 절도, 납치 사건 피해자들의 심리적 반응의 경우 강도의 차이는 있지만, 고통의 본질은 유사하다(Markesteyn, 1992). 따라서 Markesteyn은 일반적으로 피해자의 반응과 회복은 ① 피해자의 피해당하기 이전의 특성, ② 피해자의 피해당한 후의 대처 능력, ③ 범죄 사건에 관한 요인의 세 가지 변수에 영향받을 수 있다는 점을 제시했다. 사전 영향 요인으로는 민족적·문화적 배경, 종교나 종교적 신념, 사회경제적 상태, 성별, 나이 등을 들 수 있다. 앞서 언급했듯이 범죄 피해 전 영향 요인 중 가장 중요한 것은 주변의 지지적인 관계의 인물이 존재하는지와 실제 어느 정도 도움을 받을 수 있는지이다. 범죄 사건과 관련된 요인은 범죄 발생 장소(예: 집이나 집 밖)와 폭력의 정도를 말한다. 피해 당사자가 안전하다고 지각한 환경에서 범죄 피해를 당한 경우 더욱 부정적인 심리적 반응을 경험하는 것으로 보인다(Markesteyn, 1992). 범죄 피해 후의 요인들로는 범죄의 책임 소재 판단 등 피해자의 다양한 대처 전략, 피해자 스스로 자신의 삶을 통제할 수 있도록 도움을 주는 사회적·직업적 지지 등이 있다. 또다시 범죄를 당할 수 있다는 두려움은 범죄 피해 이후 나타나는 반응들 중 가장 치명적인 심리적 후유증을 유발할 수 있다. 예를 들어, 노상강도 피해를 당한 사람은 또다시 범죄 피해를 당할 수 있다는 극도의 두려움에 사로잡혀 밤에 나가는 것을 삼가거나, 직장을 옮기거나, 새로운 집으로 이사하거나, 호신용 무기를 구입한다(Cohn, 1974). 다양한 연구 논문을 검토한 Markesteyn은 거의 예외없이, 스트레스 유발 사건에 대한 극복 의지와 능력, 주변의 긍정적인 지지 간에는 강한 상관관계가 존재한다(p. 25)고 결론 내렸다. 즉, 범죄 피해 회복을 위해서는 피해자에 대한 적극적인 개입이 매우 중요하다고 볼 수 있다.

범죄 피해자들 중 약 40%가 경험한 가정 외적인 폭력(강도, 가중폭행과 단순폭행) 피해로 단기적으로 분노, 수면장애, 불안, 혼란, 당황, 부인, 두려움 등의 증상이 나타날 수 있다(Markesteyn, 1992). 피해자의 20~40%는 우울, 무력함, 식욕 저하, 침체, 메스꺼움 등 심각한 반응을 보고하고 있다. 약 5%는 이러한 후유증이 일생 동안 지속되었다. 타인의 지지를 받지 못한 피해자, 특히 전문적인 예방이나 치료를 받지 못한 피해자들은 향후 심각한 심리적 문제가 초래될 위험이 있다.

살인에 의한 범죄 피해

2015년 한 해 동안 미국에서는 약 13만 455명이 살인 사건(고의적 살인의 피해)으로 인해 목숨을 잃었다(FBI, 2016a). 지난 20년 동안 공식 살인 사건 범죄 발생 건수는 꾸준히 감소하는 추세이나, 2015년 발생 건수는 전년 대비 11% 증가했다. 살인 피해자 비중은 폭력 범죄 피해자들 중 가장 적지만(1.3%), 피해자들이 경험하는 심리적 피해는 가장 심각하다. 특히 살인 범죄 피해는 다른 범죄들에 비해 일부 연령대에 집중되어 있다. 젊은 남성들의 경우, 1만 명당 3명꼴로 만 18세 이전에 살인 사건의 피해자가 되는 것으로 나타났다(APA, 1996). 대도시 빈곤 지역에 거주하는 소수 인종 출신 젊은 남성들의 경우 25세 이전에 333명당 1명꼴로 살인 사건을 경험하고 있어, 청소년 살인 사건 비율은 다른 선진국들에 비해 매우 높다.

소아살인의 경우 가해자가 가족인 경우가 대부분이며(71%), 피해 아동들은 보통 '신체적 무기(손이나 발 등)'로 구타 당하거나 목이 졸려 질식해서 사망하는 경우가 많다(Finkelhor & Ormrod, 2001b). Finkelhor와 Ormrod에 따르면, 소아 피해자의 성별 비율은 비슷하며, 가해자의 비율은 여성이 상대적으로 많다. 소아살인 피해 위험성이 가장 높은 연령대는 1세 미만이다. 1세 미만 살인 피해 아동들은 대부분 아이를 양육할 의사가 없거나 양육할 만한 능력이 되지 않는다고 생각하는 친족에 의해 살해당한다. 5세 미만 아동들의 경우는 부모가 아이를 살해하는 비속 살해 유형이 가장 많은데, 특히 양육 중 아이들의 투정 및 까탈을 참지 못해 발생하는 경우가 많다. 소아살인의 주된 촉발 요인으로는 '그치지 않는 울음'과 '용변 문제'의 두 가지가 주로 거론되고 있다(U.S. Advisory Board on Child Abuse and Neglect, 1995). 이와 같은 이유로 발생하는 소아살인은 특히 빈곤 가정 및 이혼 가정, 편모 양육 가정 등에서 발생 빈도가 더 높다. 그러나 살인 가해자가 가정 내 남성인 경우도 존재한다.

6~11세의 아동기는 비교적 살인 피해 위험도가 낮은 반면, 12~17세의 청소년기는 아동기 대비 평균 10% 이상 높은 살인 피해율을 지속적으로 보이고 있다(Fox & Zawitz, 2001). 12세 미만 아동의 살인 피해 사건과는 달리, 가족에 의해 10대 청소년이 살해되는 경우(9%)는 적다.

Finkelhor와 Ormrod(2001b)가 지적하고 있는 것처럼 소아살인 사건의 실제 비율은 통계 수치보다 높을지도 모른다. 소아살인 사건은 우연히 일어난 사고나 다른 원인으로 발생한 사망 사건과 비슷할 수 있기 때문에 입증하기가 쉽지 않다. 예를 들어, 영아돌연사증후군(sudden infant death syndrome: SIDS)과 질식사를 구별하기 어려우며, 우연히 발생한 추락사와 일부러 떨어뜨려 죽게 한 사건은 구분하기 쉽지 않다(Finkelhor & Ormrod, 2001b).

표 10-3 범죄자와 피해자와의 가족 관계

총 가족 살인 피해자	1,711명	100%
남편	113	6.5%
부인	509	29.6%
어머니	125	7.3%
아버지	131	7.6%
아들	255	14.8%
딸	162	9.4%
형제	108	6.3%
자매	22	1.2%
그 외 가족	286	16.6%

출처: FBI (2016a).

범죄자와 피해자의 관계

〈표 10-3〉은 2015년 FBI에서 발

표 10-4 가해자-피해자의 관계(2015)

총 살인 피해자	13,455명	100%
가족	1,711	12.7%
기타 면식관계 (예: 지인, 남자 친구, 여자 친구, 이웃)	3,909	29.1%
비면식 관계	1,375	10.2%
미상	6,450	47.9%

출처: FBI (2016a).

표한 자료를 바탕으로 범죄자와 피해자 관계 특성을 보여 주고 있다. 이 표에 나타난 것처럼, 살인 사건 중 13%는 같은 가족에 의해 살해된 경우이다. 또한 〈표 10-4〉는 가족과 기타 알고 지내는 사람과 비교하여 가족 내에서 살해된 피해자의 수를 나타내고 있다.

사망 통보

폭력 사건으로 인한 사망 사실을 피해자 가족에게 통보하는 것은 이 사실을 전달하는 사람 입장에서는 매우 곤혹스러울 수밖에 없다(Ellis & Lord, 2002). 관련 자료에 따르면, 미국 성인 인구 중 약 2%는 살인 사건으로 인해 가족을 잃는다(Amick-McMuUan, Kilpatrick, & Resnick, 1991; Walker & Kilpatrick, 2002). 가족이나 사랑하는 사람의 갑작스러운 사망 소식을 듣는 것은 아무런 마음의 준비가 되어 있지 않던 피해자 가족이나 사랑했던 사람들에게는 엄청난 정신적 충격을 줄 수 있다.

적절한 방식으로 사망 통보(death notification)가 이루어지지 않을 경우, 남은 사람들의 슬픔은 상당 기간 지속될 수 있으며, 정신적 충격에서 회복되는 데에도 많은 시간이 소요될 수 있다. 피해자학(victimology)에서는 사망한 사람의 주변 인물들을 공동피해자(co-victim)라고 부른다. 사망 사건의 통보 과정에서 공동피해자들에게 필요한 것은 ① 감정을 환기시킬 수 있는 기회, ② 차분한, 안심시켜 주는 권위자, ③ 자기조절 능력의 회복, ④ 이후 필요한 일들에 대한 준비 등이다(Ellis & Lord, 2002).

사망 통보에 있어서도 법정 심리학자들의 역할은 매우 중요하다. 법정 심리학자들은 경찰관, 정신건강 전문가, 사망 통보인과 같이 범죄 피해자 가족 등의 공동 피해자를 직접 접촉하는 사람들을 대상으로 상담 지원 및 업무 수행 교육을 실시하고 있다. 사망 통보 교육 중 가장 유명하고 신뢰받는 것은 음주운전방지어머니회(Mothers Against Drunk Driving: MADD)가 개발한 교육 프로그램이다(Ellis & Lord, 2002). MADD에서 제공하는 훈련이 이루어지고 있음에도 불구하고, 관계자들을 대상으로 한 공식 훈련은 여전히 부족한 실정이다(Stewart, Lord, & Mercer, 2001). 사망 통보에 관한 교육 내용이 수록된 다른 소책자, 지침서 등이 활용되기도 한다. 미국 법무부 범죄 피해자국(Office for Victim of Crime)에서는 전국 보안관 연합(National Sheriffs' Association)과 공동으로『2001년 범죄 피해자의 최초 반응(First Response to Victims of Crime 2001)』이라는 소책자를 발간했으며(Gillis, 2001), 전국 피해자 지원 기구(National Organization for Victim Assistance, 1998)에서는『지역사회 위기대응팀 교육 매뉴얼(Community Crisis Response Team Training Manual)』 개정 2판을 출간했다. 이 매뉴얼의 6장에서는 사망 통보 과정과 관련 숙지 사항들을 다루고 있다. Janice Lord(1997, 2001)는 사망 통보 프로그램 개발 분야 전문가로 미국 법무부 범죄피해자국을 위해 이미 몇몇 소책자와 지침서를 작성했다. 1995년에 범죄피해자국은 MADD와 공동으로 사망 통보 교육 과정을 개설하고, 미국 내 7개 지역에서 시범 교육을 실시했다(Ellis & Lord, 2002). 사망 통보 담당자들은 다음 사항들을 이 교육 과정의 개선점으로 지적하고 있다.

- 통보 방법에 관한 구체적인 세부 사항
- 피해자 가족의 즉각적인 반응에 대처하는 방법
- 그들 자신의 반응을 관리하는 방법
- 사망 통보에 대한 일반적인 사항

Ellis와 Lord(2002)에 따르면, 사망 통보 담당자는 세심하면서도 성숙하고 긍정적이며, 차분한 사람이어야 한다. 사망 통보는 스트레스가 높은 일이며, 이런 일에 직접적으로 관련이 깊은 전문가도 심신이 소진될(burnout) 위험성이 높기 때문에 평소 자주 긴장하고 신경질적이며 피해자의 사망 소식을 잘 전달할 자신이 없다면 이 일을 맡아서는 안 된다. 이와 같은 상황에서 피해자 지원 서비스 담당자들이 원활하게 자신의 맡은 바 책무를 다할 수 있도록 도와주는 것 또한 심리학자들의 중요한 역할이다.

살인 사건 공동피해자의 반응

"16년 전 15세 남동생이 다른 아이에 의해 살해당했다. 우리 가족은 더 이상 예전 같지 않았다. 사람들은 이제는 그만 잊고 앞일만 생각하라고 위로하지만, 난 내 동생을 죽인 사람을 결코 이해할 수 없다. 절대 잊을 수 없다."

"우리 아버지는 어머니를 살해했다. 아버지는 평생 감옥에서 나오지 못할 것이다. 아버지를 못 봐도 나는 아무 상관없다."

몇 년 전 강의를 듣던 학생들이 작성한 이 내용들은 폭력 범죄의 **공동피해자**(co-victim)가

되면 얼마나 끔찍한 고통과 슬픔에 직면하게 되는지 확인시켜 준다. 피해자들과 직접적으로 가까웠던 모든 사람은 앞으로도 많은 영향을 받을 수 있다.

공동피해자라는 용어는 살인 사건의 감정적 충격의 깊이를 강조하는 용어로 많이 사용된다. 살인 사건을 다루는 검시관, 범죄자, 형사사법기관 종사자, 언론인 등 모든 사람이 공동피해자가 된다. 공동피해자라는 용어는 교실, 기숙사, 학교, 사무실, 이웃 등 살인 사건에 의해 영향을 받는 모든 단체나 사회에까지 확장될 수 있다. 이러한 공동체를 구성하는 대부분의 사람은 살인 사건 때문에 다른 사람보다 더 감정적 · 정신적 · 심리적으로 상처를 받게 된다(Ellis & Lord, 2002, p. 2). 2012년 샌디 훅(Sandy Hook) 초등학교의 비극의 경우, 사망자들뿐 아니라 살아남은 아동, 성인 모두의 주변에 수많은 공동피해자가 생겼다. 이 외에도 2012년 콜로라도(Colorado) 극장 총기 난사 사건, 보스턴 마라톤 폭파 사건, 엠마누엘 교회 살인 사건 등도 마찬가지이다. 일부 공동피해자는 총기 규제법 개정을 요구하는 활동가로서 비극적 살인 사건들에 대응하기도 하고, 일부는 아무런 간섭도 받지 않고 자신의 삶을 살기를 원하거나, 많은 사람이 있는 곳에서 모습을 감추기도 한다. 또 어떤 이들은 피해자 정신건강 지원 활동을 벌이기도 한다.

피해자 서비스 담당자들은 효과적인 업무 처리를 위해 살인 사건 조사, 사법 처리 과정뿐 아니라 피해자, 공동피해자 지원을 위한 훈련을 받아야 한다. 또한 이들은 문화적 다양성을 인식하고, 개별 문화 및 민족들이 개인과 지역사회에 미치는 역할을 이해할 수 있어야 하며, 지역사회에 영향을 미치는 사회경제적 · 정치적 요인들에 대해서도 이해하고 있어야 한다(Hall, 1997). 공동피해자들은 사랑하는 사람의 사망 통보에 자신들만의 고유한 문화적 · 민족적 방식에 따른 심리적 · 감정적 · 정신적 반응을 보일 수 있다.

사랑하던 사람이 살해됐을 때, 유가족이 보이는 감정적 반응은 매우 다양하다. 연구 결과에 따르면, 살인 피해자 유가족의 반응은 일반적인 유가족들의 슬픔과는 현저히 다르다(Sprang, McNeil, & Wright, 1989). 살인 피해자 유가족들의 애도 과정은 더 오래 지속되며 강렬하고 복잡하다(Markesteyn, 1992). 피해자 유가족이 보이는 비통한 반응은 매우 깊으며, 분노와 복수심이 자주 드러난다. 이러한 감정은 오랜 불안과 공포심으로 이어진다(Amick-McMlullen, Kilpatrick, Veronen, & Smith, 1989; Markestevn, 1992). Miller(2008)가 지적한 바와 같이, "살인은 잔인하고 의도적인 특성이 있어 유가족들에게 더욱 깊은 좌절, 슬픔, 분노를 심화시킨다"(p. 368). 살인에 대한 고의성과 악의가 클수록 공동피해자의 고통은 더욱 커진다. 공동피해자는 침습적이며 반복적으로 떠오르는 폭력의 장면과 악몽, 순간적이며 격동적인 분노와 슬픔의 감정으로 고통을 겪는다. 고인을 지나치게 그리워하거나 찾는 것, 외로움 혹은 공허함, 무의미함, 무가치함과 감정적 무감각 혹은 무심함은 사랑하는 사람의 죽음으로 야기되는 슬픔에 의해 나타나는 흔한 증상들이다(Carlson & Dutton, 2003). 살인 피해로 인해 사별한 경우에는 이러한 증상들과 더불어 분노와 살인자에 대한 복수심, 형사사법 체계에 대한 실망감을 가질 수 있다(Murphy et al., 1999).

공동피해자의 반응은 사망한 가족이 고문, 성폭력 혹은 다른 강제적이고 끔찍한 고통을 겪었을 경우 특히 강렬하게 나타난다(Ellis & Lord, 2002). 따라서 공동피해자들에게 피해자가 죽음에 이르는 과정에서 고통이나 괴로움이 크지 않았을 것이라고 반복적으로 재확인해 줄 필요가 있다. “피해자가 고문으로 인해 죽었거나 고통스럽게 사망했다면, 유가족들은 감정적으로 피해자가 겪었을 고통스러운 느낌과 공포에 사로잡히게 된다.”(Ellis & Lord, 2002, 12장, p. 8) 만약 가해자가 다른 인종 혹은 민족이라든가 소수집단에 속해 있는 사람이었다면, 공동피해자는 해당 집단이나 계층에 대해 편견을 가질 수 있으므로 공동피해자 상담자는 이러한 점들을 고려할 필요가 있다.

복잡한 사별

상담가와 심리학자에게 특히 힘든 상황은 유가족들이 가족의 사망 이유를 찾는 과정에서 아무런 삶의 의미를 느끼지 못하고 지속적으로 깊은 슬픔에 잠겨 있는 경우이다. 특히 살인, 자살 등으로 사랑하는 자녀를 잃은 부모들에게 이러한 경향은 더욱 두드러진다(Miller, 2008).

> 사랑하는 가족의 갑작스러운 죽음으로 인해 큰 충격을 받은 사람들 중 대다수(70~85%)는 가족의 사망 이유를 찾는 과정에서 더 큰 슬픔에 사로잡힐 수 있다. 반면에 이러한 상황에 꿋꿋이 대처하는 유가족들은 극히 일부에 불과하다(Neimeyer, 2000, p. 549).

Neimeyer에 따르면, 죽음의 의미를 찾아가는 과정은 지극히 먼 여정이라고 한다. 이는 곧 개인의 경험에서 촉발된 이익을 찾는 것처럼 보일 수 있다. 물론 이 맥락에서 이익이라는 단어가 매우 어렵게 다가올 수도 있다. 상담가들은 끔찍한 가족의 사망 상황에서 유가족이 꿋꿋이 살아 나갈 수 있도록 현 상황을 편안하게 받아들이게 하기 위해서는 피해자의 사망 직후 가족이 사망 이유를 바로 인식하게끔 하는 것이 보다 바람직하다는 사실을 알고 있다. 예를 들어, 삶에 새로운 의미를 발견하게 되면 더욱 새롭고 긍정적인 삶의 방향으로 나아갈 수 있다. 더 나아가 현재에 더욱 충실히 살아가기로 결심할 것이며, 다른 사람들에게 인정을 베풀고, 자신의 감정을 충실히 표현할 것이다.

전문가들은 사망한 피해자의 죽음에 대한 의미를 찾지 못하는 유가족들은 "**복잡한 사별**"(complicated bereavement) 증후군을 경험할 가능성이 훨씬 높다고 보고 있다(Neimeyer, Prigerson, & Davies, 2002). Neimeyer, Prigerson과 Davies에 따르면, 복잡한 사별 증후군은 사랑하는 사람을 장기적이며 강박적으로 찾는 행위, 죽음에 대한 과도한 집착, 과도한 예민함, 비꼼, 불신, 죽음을 받아들이지 못하는 증상 등을 수반한다. 사랑하는 사람과 다시 만나고 싶은 생각에 자살을 생각하게 되기도 한다. 이러한 증상들 중 일부는 슬픔에 사로잡힌 사람들에게서 나타나는 특징이기도 하지만 복잡한 사별과 그렇지 않은 경우를 구분하는 기준이 바로 슬픔의 강도와 지속 기간이다.

슬픔에 대해 설명하는 문헌들에서는 일반적인 상황에서 가족의 죽음을 경험한 사람들 대부분은 적절한 시기에 슬픔으로부터 회복하고, 이후 최선을 다해 살아가고자 노력한다고 한다. 반대로 폭력적인 범죄로 사망한 피해자 유가족들은 정상적인 삶으로 회복하는 데 더욱 오랜 시간이 걸린다. Murphy 등(1999)에 따르면, 폭력 범죄에 의해 사망한 아동의 부모들 중 1/3이 겪는 정신적인 충격은 최소 2년 이상 지속된다. 후속 연구에서는 아이가 범죄 피해로 사망한 부모들 중 2/3가 5년의 시간이 지난 후에도 우울감, 불안, 인지적 혼란, 현실 괴리 등과 같은 정신장애 유형에 부합하는 증상들을 보였다고 한다(Murphy, Johnson, & Lohan, 2002). 유가족의 심리적 영향을 중점적으로 다루고 있는 연구자들과 임상가들은 사랑하는 사람의 죽음 이후 나타나는 애도 반응은 일반적인 경우와는 다르기 때문에 유가족 치료 담당자들에게 특별한 교육과 훈련이 필요하다고 믿는다(Carlson & Dutton, 2003).

성폭력 피해

지금부터는 성폭력 피해자의 특성과 성폭력이 피해자의 정신건강 및 삶에 미치는 영향 등에 대해 살펴볼 것이다. 가해자들은 배우자, 친척, 친구, 데이트 상대, 지인 혹은 낯선 사람일 수 있다. 성폭력 피해자의 약 1/3은 전·현 배우자, 이성 친구 등과 같은 친밀한 관계에 있던 사람들에게 범죄 피해를 당한다. 다음 장에서는 신체적 폭력과 정신적 학대를 동반한 배우자 및 가족 폭력에 대해 다룰 것이다.

피해자 특성

연령

공식 통계 자료에 따르면, 강간 및 성폭력은 청소년 대상 범죄들의 발생 비중이 가장 높게 나타나고 있다. 그러나 일반적으로 성폭력 범죄 신고율이 낮다는 점을 고려하면 기혼 여성이나 상대적으로 나이가 많은 여성 피해자 혹은 남성 피해자들의 경우 신고가 되지 않았을 가능성을 무시할 수 없다. 다음은 전국 여성 연구(National Women's Study; Tjaden & Thoennes, 1998a)에서 보고된 자료에 기반한 성폭력 피해자의 연령 특성이다.

- 11~17세는 전체 성범죄 피해자의 32%
- 11세 미만은 29%
- 18~24세는 22%
- 25~29세는 7%
- 29세 초과는 6%

이 통계에서는 배우자나 지인에 의한 강간 피해자들처럼 미신고 가능성이 높은 노인 등 상대적으로 높은 연령대에서 발생한 범죄는 포함하지 않고 있다. Rennison(2002b)의 연구에 따르면, 미국 내 피해자들 중 강간의 63%, 강간미수의 65%, 강간 및 강간미수의 74%가 피해 사실을 신고하지 않았다.

전국 사건기반 보고 시스템(National Incident-Based Reporting System: NIBRS) 통계에서 보다 다양한 성폭력 피해 연령대를 확인할 수 있지만, NIBRS 통계와 앞서 인용된 통계는 성폭력 피해자의 연령대 분류 기준이 서로 다르다. NIBRS 통계상 경찰에 신고된 성폭력 피해자들 중 2/3 이상이 18세 미만 청소년층이었다(Snyder, 2000). 이 중 12세 미만이 절반 이상을 차지하고 있다. 구체적으로 경찰에 신고된 성범죄 피해자들의 33%가 12~17세이고, 34%는 12세 미만이며, 14%는 5세 미만이었다([그림 10-1] 참조).

NIBRS 자료에서 청소년은 강제 추행(84%), 강제 동성애(79%), 도구를 이용한 성폭력(75%)에서 가장 높은 피해율을 보였으며, 물리적 강간에서 그나마 50%보다 낮은 피해율(46%)을 보였다(Snyder, 2000).

한편, 유아 성범죄에서 보모에 의한 범죄는 약 4.2% 수준이다. 경찰에 신고된 유아 성범죄자는 남성이 77%였으며, 성범죄가 수반되지 않은 폭력 범죄는 여성이 64%로 높았다. 폭력 피해 위험성은 3~5세보다 1~3세가 더 높은 것으로 나타났다(Finkelhor & Ormrod,

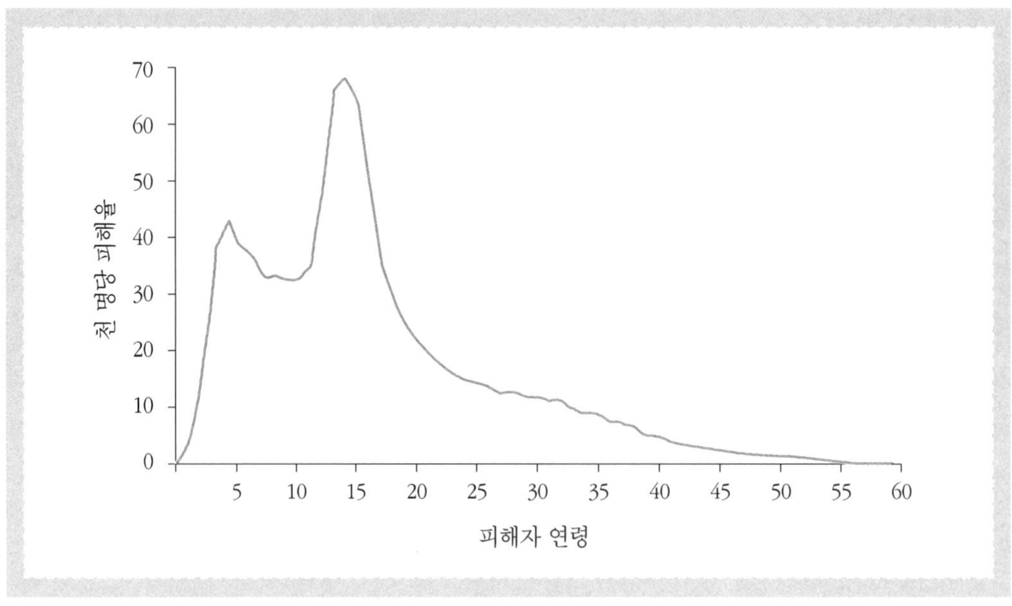

그림 10-1 성폭력 피해자 연령 분포

출처: Snyder (2000).

2001a). 경찰에 보고된 보모의 성범죄는 남성이 높은 비율(77%)을 차지하며, 이에 반해 여성은 폭력 범죄에서 높은 비율(64%)을 차지한다.

성별

공식 통계상 강간 등 성폭력 범죄 피해자의 90%는 여성이다(FBI, 2016a; Greenfeld, 1997). 연구들에서는 미국 여성의 18~26%가 일생 동안 한 번 이상의 성폭력을 당하는 것으로 나타났다(Finkelhor, Shattuck, Turner, & Hamby, 2014; Kilpatrick, Resnick, Ruggerio, Conoscent, & McCauley, 2007; Post, Biroscak, & Barboza, 2011). 남성 피해자 피해 경험률은 아직까지 발표된 자료가 없지만, 대략 5~14%로 추정되고 있다(Finkelhor et al., 2014; Rosin, 2014). 미국 질병통제예방센터(CDC)와 법무부 사법통계국 주관 조사에서는 미국 내 남성 성폭력 피해가 생각했던 것보다 광범위하게 발생한다는 사실이 확인됐다(Stemple & Meyer, 2014). 실제로 어떤 경우에는 남성의 성폭력 피해는 "여성이 경험하는 피해와 거의 유사하다"(Stemple & Meyer, 2014, p. e19). 최근 발표된 자료에서는 여성뿐 아니라 남성 성폭력 피해 발생률 또한 놀라울 정도로 높게 나타나기 시작했다(p. e19).(이 주제에 대한 더 많은 정보는 〈Focus 10-3〉 참조). 아동, 대학생, 장애인, 재소자 역시 강간이나 성폭행 피해에 취약한 유형으로 볼 수 있다.

아동 성추행범이나 성도착증 환자의 대다수는 남성이나, 피해자는 남아와 여아 모두 해

FOCUS 10-3 남성의 성범죄 피해

지난 20년 동안, 많은 언론에서는 성폭력 범죄가 여성에게만 한정된 범죄가 아니라는 점을 강조해 왔다. 특히 미국뿐 아니라 전 세계에 걸쳐 어린 소년들이 성직자들에게 성적 학대를 받아 온 사실들이 언론에 보도되고 있다. 여자아이들이 성직자들에 의해 성적 학대를 당하는 사건들도 존재하지만, 남자아이들의 경우 성당에서 복사(alter boy)로 일하며 사제들과 빈번하게 접촉하기 때문에 이러한 범죄에 보다 취약하다. 또한 성당에서는 육체적 순결 서약을 하고 있음에도 불구하고 사제들이 성인 여성 혹은 남성과 합의하에 성관계를 맺는 일도 있다. 또 다른 보도 사례로는 1994년과 2009년 사이에 약 45건의 아동 성추행을 저지른 혐의로 기소되어 유죄 판결을 받고 복역 중인 Jerry Sandusky라는 펜실베이니아 주립대학교(Pennsylvania State University)의 풋볼 코치의 사건을 들 수 있다. 잘 알려지지 않은 유형의 성범죄 사건들로는 청소년 시설에서의 성폭력, 교도소 내 강간 사건 등을 들 수 있다. 남성 및 여성 재소자 모두 교도소 직원 혹은 다른 재소자에 의한 성폭력에 매우 취약하다.

Stemple과 Meyer(2014)는 성폭력 관련 연구의 새로운 접근법이 필요하다고 날카롭게 지적했다. 그들은 성폭력과 관련된 공식적인 통계와 연구 내용들이 주로 여성을 대상으로 한 남성의 범죄에 초점을 맞추고 있으며, 여성을 힘없고 무력한 피해자로 간주하고 있다고 평가했다. 일부 가정(예: 남성 피해자들이 피해가 덜하다거나, 남성들은 모든 성행위를 기꺼이 받아들인다)들이 남성 피해에 대한 경찰의 추가 조사를 가로막는 요인으로 작용하고 있다. 게다가 남성 강간 피해자들 역시 여성 피해자들과 마찬가지로 다양한 이유로 경찰 신고를 꺼릴 가능성 역시 존재한다.

Stemple과 Meyer는 현재의 성폭력 자료 수집 및 연구 방식들로 인해 여성에 의해 강간을 당하는 남성, 같은 남성에 의한 성폭력, 장애를 가지고 있거나 보호시설 내에 있는 범죄에 취약한 남성들이 겪는 피해가 등한시되고 있다고 주장했다.

토론 질문

1. 성폭력 사건은 경찰에 신고되지 않는 경우가 많다. 미신고 사유에서의 성별 차이에는 어떤 것들이 있을까? 공통점과 차이점들에 대해 생각해 보자.
2. 성인들을 대상으로 한 성폭력 사건에서 여성 피해자들이 남성 피해자들보다 더욱 큰 피해를 입는다고 보는 것이 합당한 것인가?
3. 불평등한 권력 관계는 여성 대상 성폭력의 근원적 이유가 될 수 있다(예: 재소자와 교도관, 조카와 삼촌, 대학 선후배). 남성을 대상으로 한 성폭력 또한 이와 같은 가해자-피해자 권력 관계에서 비롯된다고 할 수 있는가?

당될 수 있다. 그러나 9장에서 언급한 바와 같이, 연구자들은 여성의 아동 성범죄 비중이 적다는 점에 대해 의문을 표시하고 있다(Becker & Johnson, 2001; Sandler & Freeman, 2007). 남성 성도착자 환자 중 3/4이 여성을 대상으로 삼는다는 자료에서 나타나는 바와 같이(Langevin, 1983; Lanyon, 1986), 여아에게 성도착을 보이는 성인 남성들은 흔히 관찰되는 유형이다. 한편, 남아에게 성도착을 보이는 성인 남성 유형의 경우 신고된 사건들 중 20~23%를 차지한다. 극소수의 성도착자들만이 남성과 여성 모두를 피해 대상으로 선택한다.

신체적 피해 수준

성폭력 피해 여성 중 58%가 자상, 멍, 내상, 골절, 총상, 강간 도중 발생한 상처 등 신체적 부상을 입는 것으로 나타났다(Planty, Langton, Krebs, Berzofeky, & Smiley-McDonald, 2013). 성폭행으로 신체적 피해를 입은 여성들 중 약 35%가 병원, 개인 의원, 응급실에서 치료를 받는다.

피해자들은 일반적으로 성범죄 도중 발생한 신체적 피해 증거를 직접 드러내길 꺼리는 경향이 있다. 남성에 대한 강간 범죄가 심각하게 받아들여지지 않는 이유 중 하나는 이러한 신체적 폭력 증거를 입증하기 어렵기 때문이다. 전국 범죄피해 조사(NCVS) 자료에 따르면, 강간으로 인한 신체적 상처의 치료는 여성들이 더 많이 받지만, 실제 남성과 여성 모두 심각한 부상을 당하는 것으로 나타났다(여성은 12.6%, 남성은 8.5%; Stemple & Meyer, 2014). 아마도 신체적 상해의 증거가 없는 경우, 피해자의 동의하에 성관계를 가졌다고 여길 수도 있다. 그러나 신체적 피해나 사망으로 이어지지 않더라도 피해자에게는 심각한 정신적 충격이 있을 수 있다. 특히 아동들의 경우에는 그 정도가 더 심하다. 여성들과 마찬가지로 "성적 학대를 경험한 남성들은 우울증, 자살 사고, 불안, 성기능장애, 자존감 상실, 대인관계의 어려움 등의 문제를 보이고 있다"(Stemple & Meyer, 2014, p. e20).

범죄자와 피해자의 관계

친밀한 파트너 및 데이트 폭력

강간은 법적으로 피해자와 면식이 없는 가해자가 아동, 청소년 및 성인 여성에게 성폭력이나 성적 접촉을 가하는 것으로 규정되어 왔다. 그러나 실제 강간 발생률을 보면 친척, 배우자 사이에서 일어나는 경우가 가장 많기 때문에 이 전통적 정의는 시대에 뒤떨어진다 할 수 있다. 이와 관련해서 Kilpatrick, Whalley와 Edmunds(2002)의 연구에서는 강간이 면식이 없는 낯선 가해자에 의해 저질러지는 것이 아니라 친밀한 사이에서 주로 발생한다는 것에 대한 설득력 있는 결과가 제시되어 있다. 이들의 연구에서 나타난 피해자–가해자 관계의 비율은 다음과 같다.

- 24.4%는 낯선 사람
- 21.9%는 남편이나 전남편
- 19.5%는 남자 친구나 전 남자 친구
- 9.8%는 친척
- 14.6%는 친구나 이웃 등 친척이 아닌 사람

2005년에서 2010년에 걸쳐 진행된 전국범죄피해조사(NCVS) 자료에서도 이와 유사한 결과가 나타났다(Planty et al., 2013). 성폭력 피해자 10명 중 8명은 가해자를 알고 있었고, 이 중 약 1/3이 가해자가 친밀한 관계에 있는 인물이라고 응답했다. 가해자의 6%는 친척 혹은 가족이었으며, 38%는 친구나 지인으로 나타났다. 낯선 사람에 의한 범행은 22%였으며, 이 수치는 1994년부터 2010년까지 유지되었다.

피해자들을 포함해 일반인들 사이에서는 낯선 사람에 의해 강간을 당한 것이 아니면 성범죄가 아니라는 인식이 여전히 존재하고 있다. 그래서 남편, 남자 친구, 데이트 상대에게 성적 피해를 입는 경우에 피해자가 피해 사실을 경찰에 신고하지 않을 가능성이 높다. 예를들어, 여대생의 15~20%가 데이트 강간 혹은 기타 데이트 폭력을 경험하고 있다고 한다(Eshelman & Levendosky, 2012). 대학생들 간에 발생하는 성폭력은 군대 내 성폭력 범죄와 특성이 유사하다고 볼 수 있다. 여대생들을 상대로 한 성폭력 범죄들은 주로 파티 혹은 사교 모임 중이나 직후에 발생하는 것으로 나타났으며, 일부는 야간 수업 이후 귀가 중에 성폭력을 당하는 것으로 나타났다.

데이트 상대, 친밀한 파트너에 의한 강간 피해자들은 성적 · 신체적 · 정신적인 학대를 경험한다고 볼 수 있다(Eshelman & Levendosky, 2012). 성적 학대로는 폭력적인 성적 행위 강요, 콘돔 사용 및 피임을 거부하는 행위 등을 들 수 있다. 신체적 학대는 칼로 찌르기, 불로 신체 지지기, 목조르기, 기타 신체적 구타까지 강간 과정에서 벌어진 모든 행위를 의미한다(Eshelman & Levendosky, 2012). 심리적 학대에는 협박, 사회적 고립시키기, 모욕, 기타 피해자 통제 행동들이 포함된다. 데이트 폭력 피해자들은 데이트 상대 혹은 남자 친구로부터 반복적으로 심리적 외상을 경험하는데, 반복적 학대 경험은 단 한 번의 학대 경험보다 더 심각한 수준의 심리적 영향을 미칠 수 있으며, 정신건강 문제로 이어질 가능성이 크다(Eshelman

& Levendosky, 2012). 친밀한 파트너 혹은 데이트 성폭력과 관련된 가장 흔한 심리적 문제가 우울증, PTSD이다(Taft, Resick, Watkins, & Panuzio, 2009).

일반인들뿐 아니라 법관, 배심원들은 남편이나 데이트 상대에게 당하는 강간은 피해자에게 정신적 충격도 적을뿐더러 강간이라고 증명하기도 어렵기 때문에 성범죄가 성립되지 않는다고 인식하는 경우가 많다. 검사들 또한 남편이나 남자 친구가 성범죄 가해자라는 점을 입증하기가 어려워 기소를 꺼리는 경향이 있을 수 있다. 그러나 앞서 언급한 바와 같이 관련 연구들에서는 전체 성폭행, 강간 사건의 1/3 이상이 배우자 등 친밀한 관계에서 발생한다는 점을 제시하고 있다(Planty et al., 2013).

그 밖의 피해 자료

성폭력 범죄의 대략 90%가 단독범에 의한 것이며, 이 수치는 지난 20년간 크게 변하지 않고 있다(Planty et al., 2013). 2005년부터 2010년간의 범죄 피해자 조사 결과를 살펴보면, 가해자의 11%는 무기를 소지하거나 사용했으며, 6%는 총기를 소지했고, 4%는 칼로 공격을 했다. 피해 여성들이 경찰에 신고하는 주된 이유는 추가적인 피해를 막기 위해서이다. 피해자 조사 결과에 따르면, 경찰에 신고하지 않는 이유로는 피해자 스스로 성폭력 범죄를 사적 문제로 여기는 경우가 가장 많았다. 성폭행 피해에 가장 취약한 계층은 16~19세 연령층, 저소득층, 도시 거주층들이었으며(Greenfeld, 1997), 민족 · 인종에 따른 두드러진 특성은 나타나지 않았다.

한편, 청소년 성폭력 피해자들의 경우 성인 피해자들보다 집 안에서 성폭력을 당할 가능성이 더욱 높다고 한다(Snyder, 2000). 집이 아닌 경우에는 도로, 들판이나 숲, 학교, 호텔이나 모텔 등이 주요 발생 장소로 나타났다. 청소년 성폭력 가해자들은 대부분 피해자에게 손이나 발 등을 써서 신체적 폭력을 가하는 경향이 있다고 한다.

아동 성학대

아동 성학대(child sexual abuse)는 아동 · 청소년들을 대상으로 가해자의 성적 행위 및 통제를 통해 성적 만족을 추구하는 착취 행위이다(Whitcomb, Hook, & Alexander, 2002). 전 세계적으로 아동 성학대 피해 발생률은 여아가 약 27%, 남아가 약 14%로 추정되고 있다(Garcia-Moreno, Guedes, & Knerr, 2012). 미국의 경우 아동 성학대 피해율은 여아가 약 25~27%이며, 남아는 약 16%로 추정된다(Pérez-Fuentes et al., 2013). Wurtele, Simons와

Moreno(2014)의 조사에서는 남성의 6%와 여성의 2%가 자신이 경찰에 체포되거나 처벌을 받지 않는 것이 보장된다면 아동(12세 이하)들과 성관계를 맺을 의향이 있는 것으로 응답했다. 또한 남성의 9%, 여성의 3%가 인터넷 아동 음란물을 경험한 것으로 밝혀졌다.

아동 성학대 사건들의 경우 대부분 가해자와 피해자가 서로 아는 관계에서 발생하며, 그 중에는 가족, 친지 간 근친상간 범죄도 다수 포함된다. 아동 성학대 가해자들은 주로 아이들이 먼저 '유혹' 행동을 했다고 이야기하며 자신의 행위를 정당화하는 경향이 있다. 그러나 대부분의 피해 아동은 가해자의 학대 행동에 겁에 질려 별다른 저항을 하지 못한 채 피해를 당하는 경우가 많은데, 가해자는 아이들의 무저항 행동을 마치 아이들이 동의한 것으로 여기는 경우가 많다. 연구들에서는 대부분의 아동 성범죄자들은 호의적이며, 친근한 아동들을 피해 대상으로 삼으며, 아이들 또한 자발적으로 성관계에 응했다고 인식하는 경향이 뚜렷했다. 아동 성범죄는 아동 주거지 주변에서 주로 발생한다(Miner, Day, & Nafpaktitis, 1989). 하지만 피해 아동에 대한 가해자의 호의적이며 긍정적인 태도들은 주로 성관계가 직접적으로 수반되지 않는, 단순 성추행 가해자들에게서 주로 나타나는 경향이 있다. 대부분의 사건에서 특정 가해자와 피해 아동 간에 발생한 성범죄는 장기간 지속적으로 발생하는 경향이 있다.

심리적 영향

어린 시절 성적 학대를 경험한 피해자들은 장기간에 걸쳐 대인관계 및 사회적 · 심리적 문제가 지속될 가능성이 크다(Cantón-Cortés, Cortés, & Cantón, 2015; Domhardt, Münzer, Fegert, & Godbeck, 2015; Hillberg, Hamilton-Giachnsis, & Dixon, 2011). 일부 심리적 · 행동적 문제는 심지어 미취학 피해 아동들에게서도 나타날 수 있다(Hebert, Langevin, & Bernier, 2013; Langevin, Hébert, & Cossette, 2015). 우울증, 수치심, 자살 경향성, 수면장애, 약물 남용, 고립감, 공포, 극심한 불안은 남성과 여성 피해자 모두에게 발생하는 피해 후유증이며, 특히 우울증과 PTSD가 가장 흔하게 발생하는 증상이다(Gospodarevskaya, 2013; Wherry, Baldwin, Junco, & Floyd, 2013). 어린 시절 성적 학대 경험이 없는 일반인들의 경우 일생 동안의 우울증 유병률이 10~20% 수준인 데 반해, 성적 학대 경험이 있는 경우 30~40%의 유병률을 보인다(Musliner & Singer, 2014). 아동기 성적 학대 이후 나타나는 심리적 · 대인관계 문제들에서 뚜렷한 성차는 보고되지 않고 있다.

임상적 · 경험적 연구들에서 제시된 근거들을 종합하면, 성학대 경험은 피해자 모두에게 부정적인 영향을 미친다(Pérez-Fuentes et al., 2013). 그러나 아동기 성적 학대 경험의 장기적인 심리적 영향 정도에는 개인차가 존재한다. 어떤 피해자들에게는 장기적인 부정적 영향이 나타나지 않을 수도 있지만, 아동기 성적 학대 경험이 있는 성인들 대상 연구에서는 관련 임상 문헌들을 인용해 대부분의 피해자에게서 장기간 부정적인 결과가 초래될 수 있다는 점을 제시하고 있다(Browne & Finkelhor, 1986).

또한 친부 및 계부에 의해 성적 학대를 당했을 경우, 가족 외 가해자들에 의해 학대를 당한 경우보다 더욱 심각한 심리적 문제들을 일으킬 수 있다. 게다가, 성적 학대 과정에서 강압이나 물리적 강제력이 동반된 경우에도 상대적으로 더욱 극심한 정신적 충격을 유발한다(Browne & Finkelhor, 1986). 성관계 혹은 성관계 시도, 생식기에 구강부를 접촉하는 행위 등 직접적인 성적 행위가 이루어진 경우, 단순히 옷을 벗기고 가슴이나 음부를 만지는 행위보다 피해자들에게 지속되는 심리적 충격이 더욱 크다.

아동 성학대 적응 증후군

아동 성학대 증후군(child sexual abuse syndrome: CSAS) 혹은 **아동 성학대 적응 증후군**(child sexual abuse accommodation syndrome: CSAAS)은 가족 혹은 신뢰하던 성인에게서 성적 학대를 당했을 때 피해 아동이 보이게 되는 일련의 행동을 말한다(Summit, 1983). Summit에 따르면, 아동들은 성인들과의 성적 행위가 그릇됐다는 인식을 갖고 있지 않다. 성적 학대가 지속될 경우 가해자들은 타인에게 이 사실이 알려지면 안 좋은 일이 벌어질 것이라는 협박이나 압력을 가함으로써 피해 아동들이 주변 사람들에게 자신과의 성행위에 대해 말하지 못하도록 강요한다. 협박을 받은 아동들은 자신이 가족의 행복에 대한 책임을 짊어지는 입장에 놓이면서 성적 학대를 끝낼 수 없다는 무력감을 느낄 수 있다. 결과적으로 피해 아동들은 그 비밀을 '수용'해야 하며, 자신의 일상의 일부로 받아들이게 된다.

따라서 성적인 학대를 당한 피해 아동들은 학대 사실을 신고하지 않고, 학대에 대한 조사가 이루어지더라도 그런 일이 일어나지 않았다고 부인할 수 있다. Summit은 아동 성학대 적응 증후군(CSAAS)의 행동 지표 중 하나로 피해 아동의 조숙한 성적 지식을 나타내는 언어 사용 기준을 꼽았는데, 만약 아이를 담당하는 정신건강 전문가들이 피해 아동에게서 이러한 특징을 발견한다면 CSAAS 여부를 의심할 필요가 있다고 권고했다. 또한 CSAAS에 긍정적인 태도를 보이는 연구자들은 면담자가 학대 피해 아동들에게 때로는 유도적인 형태의 암시적인 질문을 하는 것도 허용된다고 보고 있다.

그러나 오히려 이 점이 CSAAS의 타당성에 대한 한계로 작용하고 있다. 피해 아동들은 자신의 피해 사실을 숨기거나 부인할 가능성이 있기 때문에 답변을 이끌어 내기 위해서는 유도 질문을 사용할 수밖에 없다. 이와 관련해서 관련 연구 문헌들을 검토한 Bruck과 Ceci(2009)는 피해 아동들이 보고를 하지 않을 수는 있지만, 직접적으로 피해 사실을 질문했을 때 학대 사실을 부인하지는 않는다는 연구 결과를 제시했다. 이러한 연구 결과는 학대를 부인하는 아동의 경우 학대 사실에 대한 자세한 내용을 드러내지 않기 때문에 암시적인 질문으로 조사를 해야 한다는 주장을 부정하는 결과이다. 또한 암시적인 질문이 아이들에게 학대 사실을 보고하도록 유도할 수 있지만 일어나지 않은 사실들이나 거짓된 보고를 하게 할 가능성도 존재한다(Bruck & Ceci, 2009).

과거 Myers(1991)는 "현재까지 아동의 성적 학대 사실을 파악할 수 있는 증후들에 대해 전문가들의 견해는 일치하지 않고 있다."(p. 82)라고 지적한 바 있으며, Haugaard와 Reppucci(1988)는 "특정 증후군 개념들의 가장 큰 문제는 성적 학대 피해 아동들과 기타 다른 이유로 정신적 충격을 받은 아동들을 객관적으로 구별하는 증거가 입증되지 않았다는 점이다."(pp. 177-178)라고 기술한 바 있다. 즉, Summit의 CSAAS상 행동 준거들 중 대다수가 성폭력 이외 다른 요인으로 정신적 충격을 경험한 아동에게도 일어날 수 있다는 지적이다. "결론적으로 아이들이 특정 행동 양상을 보인다고 성적 학대를 당했다고 확증할 수는 없다. 오히려 폭력적으로 학대를 당했다거나, 방치됐다거나, 정신병적이고 반사회적인 기질을 가진 부모에게서 양육되었을 가능성이 높다고 이야기하는 것이 합리적이다." (Haugaard & Reppucci, 1988, p. 178)

CSAAS가 의미 있는 성적 학대 진단 지표로서 타당성이 있는지에 대해서는 의문이 있다. 즉, 조숙한 성적 의식이 아동의 언어에서 나타난다고 해서 성적 학대를 당했다고 결론짓기 어려우며, 면담 과정에서 사용된 암시적인 질문들로 인해 실제 일어나지 않은 거짓 진술을 받을 수도 있다. 따라서 성학대 피해 아동의 정신적 충격을 설명하는 데 있어서는 PTSD 개념이 더욱 유용할 수 있다(Whitcomb et al., 2002).

아동 성학대 사건들에서 법정 심리학자들은 아동 진술의 타당성 및 피해 아동의 정신적 충격 수준을 평가하는 역할을 수행한다. 따라서 이 분야의 심리학자들은 아동의 진술 신빙성 및 성적 피해 경험들과 관련된 최신 연구 결과들을 숙지하고 있을 필요가 있다(Bruck & Ceci, 2009). 이러한 심리학자들의 활동은 형사 재판에서 범죄 혐의를 입증하는 과정뿐 아니라 학대 아동의 양육권 문제 등 민사 재판 과정에서도 유용한 정보로 활용될 수 있다. 또한 법정 심리학자들은 아동의 법정 증언 능력 평가 및 법정 증언 준비 과정에 참여할 수도 있고, 법정에서 아동의 기억과 이해 정도에 대한 전문가 증언을 수행하기도 한다.

심리적 영향

성범죄는 피해자에게 엄청난 심리적 타격을 입힐 수 있다. 일부 문헌에서는 성범죄 피해자들에 대해 '피해자(victim)'가 아닌 '생존자(survivor)'라고 표현하는 경우가 간혹 있는데, 이는 피해자라는 단어의 어감에서 느껴지는 수동적인 의미에 대한 거부감에서 비롯됐다(Felson, 2002). 그러나 이 책에서는 성범죄뿐 아니라 다양한 범죄의 피해자들을 포괄적으로 다루고 있으며, 관련 심리학적 서비스들에 대해 논의하기 위해 '피해자'라는 단어를 사용하고 있다. 일부 피해자는 '생존자'라는 용어가 감정적으로 더욱 위안이 되며, 자신들 스스로 삶을 통제할 수 있다는 느낌을 준다는 이유로 더 선호하기도 한다.

성폭력은 신체적 · 사회적 · 정신적 혹은 종종 경제적 피해를 야기한다. 학생들의 경우에는 성폭력 피해 이후 집중하는 것을 힘들어하며, 수업에 빠지게 되고, 학교 과제에서 다른 학생보다 뒤처지기도 하는 등 학습 저하 및 기타 다른 반응들이 나타나기도 한다. 일부 피해 학생 중에는 다니던 고등학교나 대학교를 자퇴하는 경우도 있다. 더 나아가 성폭력 피해 학생들 중에는 "나는 엄마에게 말하고 싶지 않았어요. 그것이 엄마의 마음을 아프게 했을 거예요."라고 심경을 토로했을 정도로 피해 사실이 가족에게 알려지는 것에 대해 걱정하고 있었다(Kilpatrick et al., 2002).

가장 일반적인 성범죄 피해 증상으로는 PTSD, 수치심, 무력감, 분노, 우울 등을 들 수 있다. 또한 피해자들은 불면증, 악몽 및 사회적 고립을 겪거나, 반복적으로 피해 장면을 회상하거나, 강렬한 불안감으로 인한 고통을 겪을 수 있다. 연구 결과에 따르면, 성폭력 피해자들은 PTSD 증상의 유병률이 성폭력 이외의 폭력 피해자들보다 훨씬 높았다(Elklit & Christiansen, 2013; Faravelli, Giugni, Salvatori, & Ricca, 2004). 또한 낯선 사람에 의해 성폭력을 당했을 경우는 아는 사람들에게 성폭력을 당한 경우보다 PTSD로 발전할 가능성이 더욱 높은 것으로 나타났다(Elklit & Christiansen, 2013; Ullman, Filipas, Townsend, & Starzynski, 2006). 이러한 연구들은 주로 여성 피해자를 대상으로 이루어졌지만, 피해자가 남성일 경우에도 유사한 결과가 나타날 수 있다. 일부 연구에서는 강간 피해자 중 94%가 피해 직후 PTSD의 진단 기준과 일치하는 증상을 보였고, 47%는 사건이 발생한 지 3개월이 지난 후에도 증상이 계속 지속됐다(Foa, Rothbaum, Riggs, & Murdock, 1991). 또 다른 연구에서는 사건이 발생한 지 17년이 지난 후에도 16.5%의 성폭력 피해자가 PTSD 증상을 보인다는 사실이 드러났다(Kilpatrick, Saunders, Veronen, Best, & Von, 1987). 특정 정신건강 문제는 사실상 삶의 위협요소가 되는 경우가 많았고, 강간 피해자들은 일반인에 비해 자살 계획 확률이 4배 이상 높았다. 또한 "강간 피해자의 실제 자살 시도 확률은 비피해자보다 13배나 높은 것으로 나타났다(13% vs 1%)"(Kilpatrick et al., 2002, 10장, p. 15).

심리학자들은 성범죄 피해자를 대상으로 평가와 치료를 제공하거나 성범죄 사건에서 법정 전문가 증언을 수행해 달라는 요청을 자주 받는다. 주로 피해자의 고통, 반응, 역반응에 대해 평가들이 진행되는데, 특히 성폭력 피해 상황이 피해자들의 삶에 위협을 주고 있는 경우에 심리학자들의 평가가 더욱 필요하다. 평가를 시행하는 심리학자들은 피해자의 문화적·민족적 배경을 파악하고, 해당 문화권에서 성폭력 사건들이 어떻게 받아들여지는지에 대해 이해할 필요가 있으며, 피해자의 외상 정도를 입증하기 위해 다양한 평정척도와 심리검사를 활용할 수 있어야 한다.

형사·민사 소송 과정에서는 특정 분야 전문가의 증언이 판결에 중요한 영향을 미칠 수 있다. 민사 소송은 피해자가 손해 배상을 위해 피의자를 고소한다거나, 피해자에게 적절한 보호조치를 취하지 못한 제3자를 고소하는 경우가 많다. 심리학자들은 PTSD와 같은 심각한 심리적 손상을 호소하는 피해자의 주장을 바탕으로 전문가 증언을 실시한다. 이러한 PTSD는 피해자에게 사회적·직업적·재정적인 손실을 초래할 수 있다.

인터넷 성폭력 피해

온라인 성적 유혹

최근 들어 온라인 공간에서 아동·청소년의 온라인 프로필을 이용해 아이들을 유혹하는 성적 가해자 관련 기사가 언론에 자주 보도되고 있다. 그러나 "인터넷에서 발생하는 성범죄 관련 연구들에서는 아동에게 속임수와 폭력을 사용하는 인터넷 아동 성추행범에 대한 잘못된 고정관념을 제대로 바로잡지 못하고 있다"(Wolak, Finkelhor, Mitchell, & Ybarra, 2008, p. 112). 또한 Wolak 등은 인터넷 성범죄 가해자들의 경우 대부분 미성년 청소년을 성적 모임으로 끌어들이고 오프라인 만남을 유도하기 위한 성인 남성들이 주를 이룬다는 점을 발견했다. 피해 청소년들은 얼마 지나지 않아 온라인 대화 상대가 성인이라는 것을 알아차리게 된다. 설령 가해자가 '합의에 의한' 성관계라 주장하더라도, 미성년자와의 성관계는 엄밀히 법적 강간이기 때문에 범죄에 해당된다. 또한 가해자들은 강간 이외에 '약취유인' 혐의로 기소될 수도 있다.

온라인상에서 성적 유혹 가해자들은 상대적으로 폭력 위험도가 떨어지며, 실제 폭력적 성범죄로 체포되는 경우는 5% 미만 정도이다(Seto, Hanson, & Babchishin, 2011). 하지만 직접적인 성폭력 이외에 상업적인 목적으로 피해 아동과 청소년들의 성폭행 영상을 인터넷상에 유포하는 행위들은 또 다른 문제이다. 또한 성매매를 목적으로 아이들을 유인하거나 성적인 목적으로 피해 아동·청소년을 이용하는 것 또한 이러한 범주에 포함된다. 2006년 한해 동안 미국에서 아동에 대한 상업적 성적 착취 혐의로 체포된 인원은 570명이다(Mitchell, Jones, Finkelhor, & Wolak, 2011). 그러나 점점 아동 및 청소년 성매매, 성적 착취 목적으로 인터넷을 이용하는 사례들이 증가하고 있다. Mitchell, Jones, Finkelhor와 Wolak이 지적한 바와 같이, 인터넷은 미성년자들을 성적 착취 수단으로 이용하려는 이들에게 있어 가장 효과적이며 효율적인 방법으로 빠르게 증가하고 있으며, 그 수법 또한 급속도로 변화하고 있다.

인터넷상에서 이루어지는 미성년자 대상 인터넷 성적 가해 정보들은 미성년자를 대상으로 인터넷 성범죄의 특성과 정도를 조사하기 위해 고안된(Mitchell et al., 2011) 전국 청소년 온라인 피해연구(National Juvenile Online Victimization: N-JOV) 결과들을 인용하고 있다. 이 연구에서는 인터넷 공간에서 미성년자들을 대상으로 한 성적 목적의 범죄들에 활용된 최신 기술들과 함께 음란물 등 성적 착취 결과물들의 생산, 광고, 배포 및 판매 방식에 대한 연구 결과를 제공하고 있다.

인신매매

인신매매(human trafficking)는 소위 세계에서 세 번째로 큰 범죄 사업으로 전 세계적으로 가장 빠르게 증가하고 있으며, 가장 수익성이 높은 범죄 중 하나이다(Cecchet & Thoburn, 2014; Rafferty, 2013). **인신매매**는 무력, 사기 또는 강압을 통해 한 개인을 경제적으로 착취하는 행위이다(APA, 2014c). ([사진 10-1] 참조; 인신매매에 대한 APA의 권고 사항은 뒤의 〈Focus 10-4〉 참조). 미국 국무부(U.S. Department of State, 2010)에서는 인신매매를 "한 사람이 다른 사람을 강제로 사거나 억류하는 것"(p. 7)이라고 폭넓게 정의하고 있다. "매매(trafficking)는 본래 국내 서비스, 농업 및 식품 가공 처리, 건설, 접객 및 서비스 산업, 섬유 및 의류 산업, 보건 산업, 상업적 성매매

사진 10-1 UNICEF 대사 Angie Harmon과 인권 운동가가 성적으로 착취를 당한 10대 아이를 위로하고 있다.

출처: © Kike Calvo/U.S. FUND FOR UNICEF via AP Images.

등 다양한 비즈니스 영역에서 사용되는 용어이다."(Hume & Sidun, 2017, p. 9)

매매라는 용어 자체가 한 장소에서 다른 장소로 거래되어 이동하는 것을 의미하지만, 인신매매는 글자 그대로 '매매'의 의미에 국한되지는 않는다(Miller-Perrin & Wurtele, 2017). 결국 인신매매는 매매로 인한 이동보다는 '착취' 여부에 따라 결정된다.

인신매매 피해자 수는 추정이 매우 어려우며, 피해자 관련 자료들을 통합적으로 수집하는 시스템 또한 존재하지 않는다(Miller-Perrin & Wurtele, 2017). 은밀하게 이루어지는 인신매매의 특성상 성적 착취를 당한 피해자들을 포함해서 누가 피해자인지 여부를 파악하기도 어렵다. 또한 피해자들 중에는 불법 이민자, 도망자들도 있기 때문에 경찰 등 형사사법기관 종사자들을 매우 불신하는 경향이 있으며, 인신매매범에게 보복당할 것을 매우 두려워한다. 이러한 문제들에도 불구하고 전 세계의 피해자 수는 약 2,900만으로 추정되며, 이들 중 많은 수가 아이들이다(Muraya & Fry, 2016; United Nations Office on Drugs and Crime [UNODC], 2012). 2012년 UN 마약범죄사무소(United Nations Office on Drug and Crime: UNODC)에서 발간한『인신매매에 관한 글로벌 보고서(Global Report on Trafficking in Persons 2012)』에서는 인적 착취의 주된 형태가 인신매매(79%)였으며, 그 다음은 강제 노역(18%)이었다. UNODC는 강제 노동 혹은 구속된 상태에서의 노동, 가내 노역, 강제 결혼, 장기 적출, 구걸, 성매매, 군인들의 아동 착취 등의 범죄들이 관련 기관들에 제대로 신고되지 않는다는 점을 지적했다. 인신매매 피해자들은 심리적·신체적으로 악영향을 주는 생활 여건에서 노예와 같은 삶으로 고통받고 있다. 이 장에서는 아동·청소년에 대한 성적 착취에 초점을 맞춰 인신매매에 대해 살펴볼 것이다.

아동 및 청소년 성매매

인신매매는 대부분 소녀와 여성을 상대로 이루어지고 있다. 이 중 12~16세 소녀들이 성적 착취를 당할 위험성이 가장 크다(APA, 2014c). 인신매매 아동들의 연령은 평균 7~10세 정도로 갈수록 피해 연령대가 낮아지고 있다(Wilson & Butler, 2014).

아동 성매매(child sex trafficking)는 "특정 국가 내외에서 인신매매 과정별 불법성 유무와는 관계없이 아동 성착취를 목적으로 아동을 모집, 수송, 이동, 은신 또는 인수하는 행위이다"(Rafferty, 2013, p. 559). 일반적으로 이 정의에서 아동이라 함은 18세 미만의 아동과 청소년을 포함한다. 매년 30만 명에 달하는 아동·청소년들이 미국에서 상업적인 목적으로 성적 착취를 당하는 것으로 추산된다(Adams, Owens, & Small, 2010; Hopper, 2017). 피해 아동·청소년들 중 대다수가 멕시코, 캐나다 출신이며, 일부는 아프리카, 아시아, 중남미, 동유럽 출신들이다.

성매매 착취 피해자들은 대부분 여성 및 소녀들이지만, 남성 및 소년들도 상당 부분을 차지한다고 한다(Raney, 2017). 특히 가출 및 노숙 청소년들 중에서 동성애자, 양성애자, 성전환자인 경우가 성매매 착취 범죄에 특히 취약하다(Reid, 2012). 이들 청소년 중 대다수가 자신들의 성 정체성 문제로 인해 가족, 친구, 동료들로부터 오해받고 거부당한다는 느낌을 지닐 수 있기에, 가정 밖에서 자신을 수용해 줄 수 있는 교제 대상을 찾는 경우가 많다. 따라서 이들은 인신매매범들의 표적이 될 가능성이 높다. 미국에서는 가출 아동 · 청소년들이 약 170만 명에 달하는데, 이 중 23% 정도가 성적인 착취 위험에 처한 것으로 알려졌다(Hammer, Finkelhor, & Sedlak, 2002).

상업적 아동 성착취(commercial sexual exploitation of children: CSEC)는 아동 성매매 및 아동 음란물 제작 및 유통의 두 가지 형태로 구분된다. 인신매매범들은 피해 아동들을 손쉽게 통제하기 위해 자신들의 유혹에 취약한 아이들을 표적으로 한다. 인신매매범들이 전혀 모르는 낯선 사람일 수도 있지만, 어머니, 아버지, 형제자매, 친척, 친구, 지인들에 의해 인신매매가 자행되는 경우도 있다. 2014년 미국 연방 대법원의 Paroline 대 United States 판례를 보면, 8세 소녀의 삼촌이 조카를 강간하고 성폭행 동영상을 인터넷에 유포했다. 가해자의 컴퓨터에서는 약 35,000개 이상의 강간 동영상이 발견됐다. 가해자는 유죄 판결을 받고 투옥되었으며, 피해자에 대한 손해 배상 명령을 받았다. Paroline 사건은 가해자 컴퓨터에 보관 중이던 강간 동영상을 다운받아 간 인물로 인해 알려졌으며, 그는 아동 음란물 소지 혐의로 교도소 복역 전력이 있는 전과자였다. 미국 연방 대법원은 2004년 제정된 「범죄 피해자 권리법(Crime Victims' Rights Act)」(〈Focus 10-2〉 참조)에 따라 피해 배상액을 산정했다. 여아 강간 동영상 다운로드 및 이와 유사한 사건들에서 미국 내 각종 법원들은 피해 배상액을 건당 100달러에서 3000달러의 범위 내에서 판결해 왔다. 미국 연방 항소법원에서는 피해 소녀의 고통에 대한 모든 책임은 피고인 Paroline에게 있다고 판단, 340만 달러를 배상하라는 판결을 내렸다. 그러나 미국 연방대법원은 연방 항소법원에 판결에 동의하지 않았으며, 의회는 이와 유사한 사례들에 대한 피해 배상액 결정을 위한 일정의 공식을 제정할 필요가 있다고 권고했다. 독자 여러분들 또한 피해 배상액 산정 방식에 동의하지 않았던 미국 연방대법원 Kagan 판사처럼, 피해 배상액이 어떻게 산정되었는지 의문을 가질 수 있다. 만약, 납득할만한 산정 방식에 따라 피해 배상액이 책정되었다면, Kagan 판사 또한 피해자 측이 제시한 손해 배상액 전액에 의한 보상 책임이 전적으로 피고인 Paroline에게 있다고 판단했을 것이다.

상업적 아동 성착취 피해자의 심리적 영향

상업적 아동 성착취 피해자들(청소년과 아동 포함)은 우울, 불안, 수치심, 낮은 자존감, 절망, 수면장애, PTSD 등의 증상을 보인다. 게다가 신체적 부상, 성병, 기타 다양한 건강상의 문제가 있을 수도 있다.

정신건강 전문가들과 임상 심리학자들에 따르면, 상업적 성착취 피해 아동들은 심리적 외상 경험이 지속적으로 누적되어 복합 PTSD(complex PTSD)가 발병할 가능성이 높다고 지적하고 있다(Muraya & Fry, 2016). 복합 PTSD는 대인관계, 감정, 행동 및 인지 영역의 여러 가지 심리적 기능을 포괄하는 정신병리학적 개념이다(Herman, 1992; Muraya & Fry, 2016). 피해자들은 감금당하는 동안 "재갈 물림, 옷 벗겨짐, 벌거벗겨짐, 약물 투여, 알코올 중독, 굶주림, 화상, 생식기 훼손 등의 피해를 경험할 수 있다"(Wilson & Butler, 2014, p. 497). 이런 상태는 반복적인 성적 착취로 인해 더욱 악화되며 오랜 기간 지속될 수 있다. 복합 PTSD는 보통 장기간에 걸쳐 지속적으로 외상 사건에 노출될 경우 나타난다.

상업적 아동 성착취 피해자들은 주로 학대 가정 출신들이 많다. 성적으로 착취를 당하거나 성매매를 당한 아동 · 청소년의 85%가 부모나 보호자에게 학대받거나 방치된 것으로 나타났다(Gragg, Petta, Bernstein, Eisen, & Quinn, 2007). 인신매매 피해 아동 · 청소년들의 어린 시절 가정환경의 특징으로는 부모의 약물 남용, 가정 폭력, 가난 등을 들 수 있다. 이들 대부분은 집에서 도망쳐 나와 노숙하는 경향이 있는데, 이러한 생활이 인신매매와 성매매에 취약하게 만든다. 이들은 음식이나 마약 등 일상생활에 필요한 것들을 얻기 위한 '생존 방식'의 일환으로 성행위를 하게 된다(Institute of Medicine & National Research Council, 2013). 동성애 및 성전환 청소년들은 자신의 성 정체성으로 주변인들에게 낙인찍히고 고립을 경험함으로써 가족과 친구 등과의 관계가 단절되어 노숙자가 될 위험성이 크다. 이들은 결국 성매매를 할 가능성이 높아진다(Miller-Perrin & Wurtele, 2017, p. 132).

극심한 가난은 아동, 청소년 및 성인이 상업적 성매매를 하게 되는 주요 원인 중 하나이다. 전 세계의 많은 국가에서 가족의 생계를 위해 자녀를 인신매매 업자에게 파는 경우도 종종 있다. 전 세계의 주요 국가들에서 여성과 여자아이들은 성 불평등과 차별을 경험하며, 인간 이하로 비하되는 상황이 여전히 발생하고 있는 현실을 모든 이가 정확히 인식할 필요가 있다(Miller-Perrin & Wurtele, 2017).

심리 서비스

성착취를 당하는 피해자들에게 제공되는 심리 서비스 방식과 규모를 다루고 있는 연구는 많지 않다. 더 나아가 상업적 성착취 피해자들의 정신적 외상을 다루는 최선의 실무 접근법들을 다룬 연구들도 부족하다(Rafferty, 2017; Wilson & Butler, 2014). 분명한 점은 아동·청소년 피해자에 대한 종합적인 평가로부터 개입이 이루어질 수 있다는 것이다. McIntyre(2014)는 상업적 성착취와 성매매에서 어렵게 벗어난 어린아이들에게 도움을 주기 위한 첫 단계로 그들에 대한 종합적인 평가가 무엇보다 중요하다고 주장했다. 성적 착취를 당한 아이들은 자신이 누구이며 어디서 왔는지, 그리고 성착취 경험 초기에 무슨 일이 있었는지에 대해 이야기하기를 주저할 수 있다(McIntyre, 2014). 종합적인 평가 과정에서는 피해자의 삶에서 ① 인신매매 경험, ② 피해자의 문화적·사회적 및 가족 환경의 두 가지 요인을 중점적으로 살펴봐야 한다.

McIntyre(2014)는, 피해자들의 인신매매 경험 평가를 ① 모집(유인) 전 피해자의 취약점, ② 피해자들을 모집하는 데 활용한 방법과 전략, ③ 인신매매 과정, 즉 피해 아동·청소년을 이동·운송하는 방법 및 이들을 목적 장소(사창가, 클럽, 술집, 호텔, 개인 주택)로 넘기는 행위, ④ 착취 유형의 네 단계로 구분했다. 개인적 환경 평가 내용들에는 피해자 자신에 대한 태도, 인식(강점과 약점 포함)과 가족, 문화, 사회 이력 등에 대한 기술이 포함되어야 한다. McIntyre는 아동 스스로가 자신의 강점과 이용 가능한 자원을 발견할 수 있어야 미래에 닥칠 위협에 대한 보호 및 회복에 도움을 줄 것이라고 했다.

이 책의 앞부분에서 언급했듯이, 심리학자 및 정신건강 전문가들은 피해자가 처한 문화적 특성에 부합하는 서비스를 제공할 수 있어야 한다(Rafferty, 2017). 개발도상국 출신의 상업적 아동 성착취 피해자를 평가할 때는 이와 같은 개인의 문화적 특성을 고려하는 것이 무엇보다 중요하다. 심리학자들은 문화와 관련된 지식이 풍부해야 하며, 피해자들이 태어나고 생활한 지역사회의 가치와 태도를 민감하게 받아들일 필요가 있다. 기존 심리학의 서구식 평가 절차와 치료적 접근이 개발도상국 피해자들의 요구를 효과적으로 다루기는 어렵다. 예를 들어, 특정 문화권에서는 피해자에 대한 정서적 지지 과정에서 가급적 수치심을 느끼지 않도록 조심할 수 있다. 또한 종교는 여러 문화와 지역사회에서 발생하는 문제를 해결하는 또 다른 강력한 요소이다. Rafferty는 상업적 아동·청소년 성착취 피해자들에 대한 개입 과정에서는 미술, 음악, 춤, 요가, 드라마 역할극 등과 같은 비언어적 활동들이 효과적이라고 제안했다.

APA TF팀(APA, 2014c), Rafferty(2017), Crawford(2017)는 정신건강 전문가들의 성매매 피

Focus 10-4 인신매매 예방 및 피해자 지원

수많은 연구자, 변호사, 정신건강 전문가는 미국 및 전 세계에서 급속도로 확산되고 있는 상업적 성매매에 대해 깊은 우려를 표한다. 본문에서 언급한 바와 같이, 미국심리학회(APA) TF팀에서는 상업적 성매매 대응 및 피해자 지원을 위한 권고 지침을 발표했다. 미국심리학회(APA) 소속 심리학자들은 가출 및 노숙 청소년의 인신매매 방지 법안에 대한 국회 심의 과정에 참여해 인신매매 관련 자료들의 부족, 상황의 다양성 및 피해자 정보 수집의 어려움 등으로 인해 인신매매 여부를 정확히 판단하기 어렵다는 취지의 증언을 해 왔다. 심리학자들은 정부에 성착취로 인해 신체적 · 정신적 건강이 매우 심각한 수준에 이르렀기 때문에 빠른 개입을 통한 치유 필요성을 주장해 왔다.

다음은 심리학자들이 제안한 인신매매 피해자 조치 권고 사항들이다.

- 피해자의 정신건강 및 심리평가에 적합한 심리 도구 개발 및 검증
- 피해자의 문화적 특성에 부합하는 심리치료 및 직업 상담 기회 제공
- 지역사회 교육을 통한 대중의 인신매매 인식 제고 및 방지
- 인신매매 현상에 특화된 조사 설계, 수행, 분석 및 발표
- 인신매매범 수사와 기소를 위한 형사사법기관과의 협업(※ 재판 자문, 법정 증언 역할을 수행하는 법정 심리학자 대상 권고)
- 성매매 피해자들의 문화적 특성을 고려한 평가 실시
- 청소년 사법기관들과의 협력을 통해 청소년 성매매 피해자 지원 방안 모색 및 사회적 · 심리적 서비스 기회 제공

토론 질문

1. 성매매 피해자들을 치유할 수 있는 방법들에는 어떤 것들이 있는지 토론해 보라.
2. 경찰에 체포된 청소년 모두를 대상으로 성적 착취 여부에 대한 조사를 실시해야 하는가? 또한 노숙자 및 가출 청소년들도 이런 조사 대상에 포함되는가?
3. 가출 및 노숙 청소년 인신매매 방지 법안에서는 피해자 보호 서비스를 30일 연장해 보호소에서 이들의 정신적 외상 및 성적 문제 개선 서비스를 제공하도록 개정됐다. 가출, 노숙, 성적 착취 피해 아동 · 청소년들에게 제공되어야 할 또 다른 서비스에는 어떤 것들이 있을까?

해자를 지원하는 방안을 요약 · 정리했다(〈Focus 10-4〉 참조). 또한 많은 연구자들이 상업적 아동 · 청소년 성착취 피해자들의 욕구 파악을 위한 연구를 진행하고 있다(예: Salisbury, Dabney, & Russell, 2015). 특히 상업적 아동 · 청소년 성착취 사건들은 쉽게 드러나지 않기 때문에, 피해자는 자신이 당한 일들을 숨기지 말고 솔직히 이야기할 필요가 있다. 이들 아동 · 청소년들은 종종 절도, 빈집털이, 마약 소지 혐의 등으로 경찰에 체포될 가능성이 높은데 특히 청소년 범죄자가 빈번히 발생하는 지역에서는 경찰에 체포된 아이들을 대상으로 상업적 성착취 피해 가능성을 간단하면서도 객관적으로 확인할 수 있는 방법을 도입하는 것이 필요한 상황이다(Andretta, Woodland, Watkins, & Barnes, 2016).

요약 및 결론

법정 심리학자들 및 정신건강 전문가들의 활동 영역이 점차 확대되고 있다. 향후 상담, 강의, 전문가 증언, 평가, 심리치료, 피해자 서비스 단체 자문 등 피해자와 관련된 모든 분야에서 심리학자들이 필요할 것이다. 이 장에서는 심리학적 서비스가 절실히 요구되는 분야들을 살펴보았으며, 이러한 분야들에서 활동하는 심리학자들의 문화적 다양성을 인식하는 것의 중요성을 강조했다. 심리학적 서비스가 필요한 사람들 중 상당수가 심리학자들의 충분한 조력을 받지 못하고 있는 상황으로, 앞으로 심리학자들은 정신적으로 고통받고 있는 소외된 사람들을 위해 더욱 적극적인 활동을 펼쳐 나가야 할 것이다.

법률적으로 보호될 필요가 있는 피해자의 권리와 관련해서, 미국 연방법 및 주정부법들에서는 자체적으로 피해자 권리법을 제정한 바 있다. 그러나 피해자 권리법에 의거한 피해자 서비스 및 프로그램들은 아직 충분치 못하며, 재판 과정에서 법률에 대한 해석도 지역별 · 법원별로 다양하게 이루어지고 있다.

범죄 피해자 자료와 관련해서, 이 장에서는 일부 공개 통계 자료에서 확인할 수 있는 인종 · 민족 차이 및 소수집단의 차이에 초점을 맞춰 설명했다. 범죄 피해, 특히 폭력 범죄 피해의 심리적 영향과 관련해서는 일반적으로 피해자들에게 가장 흔하게 나타나는 증상이 PTSD로, 특히 폭력 사건 피해 경험 후에는 가장 강렬하고 장기적으로 증상이 지속될 수 있다. 유가족 등 살인 사건 공동피해자들 또한 극심한 정신적 혼란을 경험할 수 있다. 이는 완전히 회복되기가 거의 불가능하다. 성폭력 피해 경험 또한 PTSD 등의 심리적 후유증 동반 가능성이 높은 정신적 외상 사건 중 하나이다. 아동 성학대는 매우 빈번하게 발생하는 범죄 중 하나인데, 피해 아동들의 정신적 충격은 장기간 지속될 수 있다. 그러나 피해자들 중에서는 자신의 끔찍한 경험을 잘 이겨 내는 이들도 있고 그렇지 않은 이들도 있다. 즉, 피해자들마다 정신적 충격과 자신에게 닥친 위기 상황에 각기 다르게 반응할 수 있다. 결론적으로, 기존 연구 문헌들에서 확인된 범죄 피해의 직접적인 결과들에 대해서는 주의 깊게 검토해야 하나, 피해자들 중에서는 확인된 증상이 보이지 않을 수도 있다는 점을 명심해야 할 것이다.

많은 아동·청소년이 음란물의 생산과 배포, 인터넷상 유인, 아동 성매매와 같은 성범죄의 피해자가 되고 있다. 이러한 피해 경험이 미치는 심리적 영향은 아무리 강조해도 지나치지 않지만, 그 영향은 개인마다 다를 수 있다. 심리학자들은 개인별 피해 경험이 미치는 영향에 대해 정확히 평가해야 하며, 형사 및 민사 재판 과정에서 전문가 의견서를 제출하고 있다. 1980년대에 처음 제안된 아동 성학대 적응 증후군(CSAS)은 현재까지도 타당성에 문제가 있다고 평가되고 있다. 정신건강 전문가들은 성적 착취를 당한 아동들에게서 PTSD 증상이 나타난다는 점을 발견했지만, 이 또한 모든 피해 아동에게서 보편적으로 나타나는 증상은 아니다. 피해 경험에 따른 부정적인 심리적 영향은 아동을 대상으로 한 모든 유형의 성범죄에서 공통적으로 나타나는 것이지, 특정 범죄 유형에만 국한된 것은 아니다.

이 장에서는 심각한 폭력 범죄 피해에 초점을 맞추었지만, 도난과 신분 도용과 같은 재산범죄 또한 피해자들에게 심리적 영향을 미칠 수 있다는 점을 인식할 필요가 있다. 재산 범죄와 관련된 피해자 연구들은 거의 찾아보기 어렵기 때문에 이 장에서는 이 부분에 대해 간략한 설명만 추가했다. 또한 화이트칼라 범죄 피해의 영향에 대한 연구도 필요하다. 모든 범죄가 피해자에게 심리적 영향을 미칠 수 있고, 이는 피해자들의 정서적 상처로 연결된다. 따라서 피해자들의 범죄 경험에 따른 심리적 영향과 관련된 연구 주제는 법정 심리학자들이 지속적으로 관심을 가지고 연구를 진행해야 할 가치가 있는 분야이다.

주요 개념

공동피해자co-victim
다문화주의multiculturalism
다중피해polyvicrimizadon
복잡한 사별complicated bereavement
사망 통보death notification
아동 성매매child sex trafficking
아동 성학대 적응 증후군child sexual abuse accommodation syndrome: CSAAS
외상후 스트레스 장애posttraumadc stress disorder: PTSD
원상회복/보상restitution/compensation
인신매매human trafficking
전국 아동폭력 노출 실태조사National Survey of Children's Exposure to Violence: NatSCEV
최종 발언allocution
통보notification
피해자 없는 범죄victimless crime
회복적 사법restorative justice

단원 정리

1. 단일 문화적(monoculture) 심리학은 무엇이며, 이와 관련해 심리학자들이 풀어 나가야 할 숙제는 무엇인가?
2. 장애를 지닌 사람들은 범죄 피해에 취약하다고 볼 수 있는가?
3. 범죄 피해자가 도움을 요청할 수 있는 법적 제도는 무엇인가?
4. 2004년 「범죄피해자 권리법」에 따른 다섯 가지 피해자 권리에 대해 설명하라.
5. 전국범죄피해조사(NCVS)에서 확인할 수 있는 범죄 피해 정보들은 무엇인가?
6. 범죄 피해자들에게 공통적으로 나타날 수 있는 심리적 영향을 나열하라.
7. 살인 사건 공동피해자를 다루는 데 있어 법정 심리학자들은 어떤 역할을 하는가?
8. 성인 성폭행 피해자를 다루는 데 있어서 법정 심리학자들은 어떤 역할을 하는가?
9. 아동 성폭행 피해자를 다루는 데 있어서 법정 심리학자들은 어떤 역할을 하는가?
10. Summit의 아동 성학대 적응 증후군에 대해 설명하고, 이와 관련된 비판점들에 대해 설명하라.

Chapter 11

가정 폭력, 학대 그리고 피해자

주요 학습 내용

- 가정 폭력에 관한 다양한 문제와 그에 따른 심리적 영향
- 친밀한 파트너와 관련된 폭력에 대한 이해
- 평가 도구를 활용한 가정 내 폭력과 친밀한 파트너 폭력에 관한 범죄 평가
- 아동학대에 관한 연구와 심리적 영향
- 범죄와 범죄 피해 보고서에서의 기억의 한계점과 강점
- 아동유괴와 그에 따른 심리적 영향
- 노인 학대와 방임 및 그에 따른 치명적인 영향

Brenda는 종종 얇은 벽 사이로 옆집에서 나오는 욕설과 고함소리를 들었다. Brenda가 쿵쾅하는 소리를 들은 그다음 날, 그녀는 이웃집 문을 두드려 보았고, 옆집 여자의 멍든 모습을 보고 정신건강 상담가가 있는 여성보호소에 연락할 것을 권했다.

어느 날 아침, 항상 침울한 표정을 하는 Eric이 얼굴에 찰과상을 입고 학교에 왔다. 학교 선생님들은 Eric을 걱정했다. 양호실에서 그 아이의 손목이 삐었다는 것을 알게 되었다. 학교 심리학자는 Eric과 이야기를 나누었고 그 아이가 가정에서 학대를 당하고 있다는 결론을 내리고 아동보호 서비스에 연락을 하였다.

법적 장면에서 일하는 법정 심리학자나 그 외 임상가는 흔히 친밀한 사이에서나 혹은 가족 내에서 발생하는 폭행의 피해자와 가해자를 자주 만나게 된다. 그들의 업무는 법정에서의 증언과 법률 관계자 및 사회복지기관에 자문하고 평가하는 것이다. 6장에서 논의한 바에 따르면, 양육권 평가를 담당하는 심리학자는 가정 내 폭력 및 이러한 폭력이 부모와 자녀에게 미치는 영향에 대해서도 고려하도록 조언한다. 사법 및 교정 기관에서 일을 하는 법정 심리학자는 가정 폭력에 대한 대응과 예방에 대한 워크숍을 개최하며, 범죄자뿐 아니라 피해자를 위한 심리치료를 제공한다. 이 장을 다 보고 나면, 가정 폭력은 연령, 인종, 종교 혹은 민족에 관계없이 모든 사회경제적 수준에서 일어날 수 있음을 알게 될 것이다.

이 장은 동거 관계인 배우자 혹은 내연 관계의 사람과 같은 친밀한 파트너나 배우자와 직접적으로 관련된 폭력에 대한 논의로 시작한다. 그리고 흔들린 아기 증후군, 뮌하우젠 증후군, 유아살해를 포함한 심각한 신체적 학대와 아동학대에 대해서도 논의한다. 특히 아동의 억압된 기억 및 회복된 기억은 매우 상세하게 다룰 것이다. 이 주제는 임상 연구 및 문헌에서 상당한 관심을 받고 있으며, 다양한 유형의 아동학대와 그 외 정신적 충격 경험과 관련하여 법정에서 중요하게 다루어지기 때문이다. 오늘날에도 임상과 법정 심리학에서 가장 논란이 되고 있는 주제 중 하나이기도 하다. 아동과 청소년 유괴는 다소 드물기는 하나 전문적인 분야임에도 불구하고 많은 관심을 받지 못하고 있는 특수한 영역이다. 마지막으로 도외시되고 있는 주제인 노인학대를 끝으로 이 장을 마무리하고자 한다. 국가 전역에 걸쳐 법정 노인 심리학자의 수요가 급속히 증가하고 있기 때문에, 확대되는 학문 분야 안에서의 직업 기회에 관한 내용도 다룰 것이다.

친밀한 파트너와 가정 폭력

친족 혹은 가정 내 폭력이라고 알려진 가정 폭력은 함께 거주하는 중이거나 거주한 경험이 있는 사람에 의해 한 명 이상의 가족 또는 그 구성원의 상해나 죽음을 유발하는 폭행 및 성적 폭행을 일컫는 광의의 용어이다. 이러한 폭력은 현재 또는 이전 배우자, 파트너, 연인과 같이 친밀한 관계에서 종종 일어난다. 또한 친밀한 파트너 폭력(intimate partner violence: IPV)은 함께 살지 않는(혹은 함께 살았지만 현재는 따로 생활하는) 두 개인의 관계에서 나타나는 폭력도 포함하는 용어이다. 살인의 약 13%는 가족 구성원에 의한 살인이다(FBI, 2013a). 가족 살인 피해자 중 1/3이 부인이며, 대개 남편 혹은 전남편과 말다툼을 하다가 죽임을 당한다(〈표 11-1〉 참조; FBI, 2016a). 〈표 11-1〉은 배우자 살인을 야기하는 상황에 대해서 보여 준다. 대략 미국, 영국 및 호주 여성의 4명 중 1명은 그들 삶의 어느 시점에서 친밀한 파트너에게 신체적 폭행을 경험했다고 보고하였다(Bedi & Goddard, 2007; Perez, Johnson, & Wright, 2012). 이 여성들의 40%는 가장 최근에 폭행을 당할 때 의료적인 치료를 요할 정도의 부상을 입었다고 보고했다(Perez et al., 2012).

가정 내 폭력, 가정 폭력, 가족 내 폭력, 친밀한 파트너 폭력 등 어느 것으로 일컬어지든 간에 이것은 모든 민족, 인종, 사회경제적 계층에 걸쳐서 나타난다. 또한 모든 연령대, 문화, 생활 조건에서 발생한다. 그러나 여성에 대한 직접적인 폭력은 성적 불평등이 수용되는 하위 문화와 사회적으로 고립된 가정, 자원이 부족한 지역사회, 빈곤 가정에서 더 많이 발생한다(Walker, 1999). 최근 몇 년 동안 여성의 경제적 기여가 가정의 경제적 풍요를 위한 중요한 자원이 되면서 결과적으로는 가정 폭력의 감소로 이어질 가능성이 높아졌다(Powers & Kaukinen, 2012). 일부 자료에서는 짧은 기간 동안 이 가설을 지지했지만, 최근 보고서에서는 오히려 살인이 증가하는 것으로 나타났다(FBI, 2016a). 이러한 변화에도 불구하고 가정 내 폭력과 친밀한 파트너 사이의 폭력은 모든 사회경제적 계층에서 계속 발생하고 있으며, 이는 중요한 사회적 문제로 대두되었다.

표 11-1 피해자와 가해자의 관계에 따른 살인 발생 현황(2015)

상황	가족 구성원이 피해자인 경우	남편이 피해자인 경우	부인이 피해자인 경우
전체 (가족구성원에 의한 살해)	1,721	113	509
삼각관계	20	3	14
돈, 재산 관련 논쟁	35	2	5
그 외 논쟁	637	64	242
술을 마신 상태에서의 다툼	21	0	2
마약 복용 상태에서의 다툼	14	0	2
방화	5	0	2

주: 살인 사건의 피해자가 배우자가 아닌 경우 자녀, 형제, 친척 등 다른 가족 구성원이 피해자임.
출처: FBI (2016a).

남성과 여성 모두 폭력을 행사한다는 점을 강조해야 하며, 이러한 점에서 일부 연구에서는 성별 간 공격성에는 차이가 거의 없다고 주장한다(예: Archer, 2002; Straus & Gelles, 1990). 그러나 Menard, Anderson과 Godboldt(2009)가 지적한 바와 같이, 이러한 연구는 뒤에서 논의되는 갈등행동척도(Conflict Tactics Scales: CTS)와 같은 자기보고식 공격성 척도를 사용하여 대규모 지역사회를 표본으로 이루어지는 경우가 많다. 이러한 맥락에서 자기보고에 의해 측정되는 공격성의 경우 부부가 반드시 경찰에 신고하는 결과를 초래하지 않으며, 계속 또는 증가하는 폭력의 형태가 아닌 물리적 충돌이 일어날 수 있는 상황을 포함한다(Johnson, 2006). 반대로 전국범죄피해조사(NCVS), 쉼터의 기록, 기타 연구자의 보고서 등 공식 자료에서는 남성이 여성을 대상으로 지속적으로 증가하는 친밀한 파트너 폭력이 행해지고 있는 것으로 나타났다.

과거에는 가정 폭력이라는 용어를 한 파트너가 다른 파트너에 대해 자신의 힘과 통제를 유지하며 그것을 확고히 하기 위해 사용하는 행동양식을 정의하기 위해 사용했지만, 최근에는 대체 용어로 친밀한 파트너 폭력을 점점 더 많이 사용하고 있다(Daire, Carlson, Barden, & Jacobson, 2014). 친밀한 파트너 폭력은 대인관계 내에서 나타나는 폭력의 다양한 형태를 기술하는 용어로, Daire, Carlson, Barden과 Jacobson은 "친밀한 파트너 폭력은 가정 폭력에서 설명하는 전통적인 힘과 통제뿐만 아니라 한 파트너가 자신의 파트너를 통제하려는 시도에서 비롯된 관계 내의 폭력 또한 포함한다."라고 기술하였다. 문헌에서는 친밀한 파트너 폭력과 가정 폭력이 서로 교환적으로 사용되지만, Daire 등은 친밀한 파트너 폭력이 다소 포괄적인 용어로서 그들의 연구 문헌에서는 현재의 추세를 반영하는 용어로 보았다. 적절한 경우 우리는 가정 폭력이라는 용어 대신 친밀한 파트너 폭력이라는 용어를 사용할 것이다.

최근 몇 년간 관계의 추이가 변화함에도 불구하고 남성과 여성이 사용하는 폭력에는 서로 다른 '동기'가 있는 것으로 보인다(Menard, Anderson, & Godboldt, 2009). 친밀한 파트너 폭력의 동기는 매우 다양하지만 여성을 학대하는 남성 범죄자의 가장 큰 동기는 여성을 통제하는 과정에서 자신의 권력을 확립·유지하기 위함이다. 그럼에도 불구하고 우리는 이것을 가정에서 폭력을 행사하는 남성의 특징으로 가정할 수 없다(Kelly & Johnson, 2008). 가정 내의 상황에서 여성이 폭력을 사용할 경우는 대부분이 예상되는 폭력에 대해 자기방어를 하거나 자신에게 행사한 폭력에 대해 보복하기 위함이다(Meuer, Seymour, & Wallace, 2002). 많은 남성 학대범은 상습적인 경향을 갖는다. 만약 피해자가 그의 곁을 떠나면 학대할 수 있는 다른 새로운 파트너를 재빨리 찾을 것이다. 더 나아가 이러한 폭력의 순환 혹은 학대의 패턴은 쉽게 깨지지 않는다.

그러나 최근 연구에서는 많은 관계 속에서 한 파트너가 다른 파트너를 통제하고자 하는 욕구가 폭력을 설명하는 데 반드시 중요한 요소는 아니라는 점을 강조한다(Kelly & Johnson, 2008). 어떤 연구에서는 폭력적인 사람이 자신의 파트너를 통제하려는 것이 가장 흔치 않은 가정 폭력 상황이라고 주장한다(Jaffe, Johnston, Crooks, & Bala, 2008). 예를 들어, 갈등으로 인한 폭력 상황에서의 폭력 행위는 갈등을 해결하는 기술이 부족한 두 사람에 의해 자행된다. Jaffe 등에 따르면, 이런 경우에는 "주된 촉발 원인이 없이 남성과 여성의 쌍방 폭행이 이루어지며, 지역사회에서도 이러한 사례가 더 자주 나타난다"(p. 501). 그러나 심각한 폭력은 한 파트너(대개는 남성)가 무력, 위협, 정서적 학대 혹은 다른 강압적인 방법을 사용하여 지속적인 형태로 발생할 가능성이 높다.

힘과 통제에 근거한 친밀한 파트너 폭력 관계의 전형적인 발달 단계

10여 년 전, Meuer 등(2002)은 가정 폭력의 형태를 특징짓는 전형적인 단계에 대해 제시하였다. 최근 연구 결과들에 비추어 볼 때, 다음에 요약한 전형적인 단계는 한 파트너가 다른 파트너에게 과도한 힘과 통제를 행사하는 관계 유형에 대해 구체적으로 기술하고 있다.

Meuer 등(2002)은 가정 폭력 혹은 친밀한 파트너 폭력이 9단계로 이루어진다고 제시하였다. 이를 설명하는 과정에서 사회에서 주류를 이루고 있는 이성적 관계를 바탕으로 '그/그녀'와 같은 성 관련 대명사를 사용한 점을 염두에 두어야 한다. 여성 학대자보다는 남성 학대자가 일반적이기 때문에 여기서 학대자를 남성으로 상정할 것이다. 그러나 앞서 개괄한 내용에 언급된 것처럼, 친밀한 파트너 폭력은 동성 간에 일어나는 경우도 많다.

Meuer 등에 따르면, 첫 번째 단계에서 남편이나 파트너는 자신의 파트너가 하는 일과 가는 모든 곳에 흥미를 갖고 열정적인 관계를 가지고 있는 것으로 보인다. 그는 그녀와 모든 시간을 함께하기를 원하고, 그녀를 즐겁게 해 주기를 원하며, 그녀에게 속마음을 털어놓고, 여생을 그녀와 함께하기를 원한다. Meuer 등에 따르면, 많은 피해자가 이러한 강박적이고 통제적인 행동을 학대에 대한 경고 신호가 아닌 헌신으로 받아들이는 실수를 저지르게 된다. 두 번째 단계에서 그는 그녀가 어디서 무엇을 하는지 항상 알아야 한다고 주장하고 그녀를 대신해 결정을 내리기 시작하며 둘의 관계에서 여자에게 충성을 요구한다. 그는 자신이 관계를 주관한다고 여기며 관계에서 규칙을 정하고 그녀가 그것을 따르기를 원하며, 자신의 요구에 그녀가 부응하기를 원한다. 이 단계에서 그는 예전 관계의 문제점에 대해 예전의 배우자나 파트너를 탓하기 시작하며, 그를 부당하게 체포했거나 금지 명령을 요청했다고 주장한다. 세 번째 단계에서 그녀는 그가 행사하는 집착과 질투, 통제에 길들여진다. 그녀는 그의 압박하에 그에게 헌신하게 되며, 자신을 그토록 신경 써 주는 누군가가 있다는 것에 행복하다고 스스로를 납득시킨다. 네 번째 단계에서는 심리적 · 정서적 학대를 통한 과도한 통제가 시작된다. 그는 그녀의 의상, 헤어 스타일, 심지어 그녀가 어떻게 행동해야 하는지를 비롯해 그녀의 모든 삶을 통제하려고 한다. 그는 그녀가 자신의 요구에 따르지 않을 때 분노한다. 그는 이런 행동을 통해 그녀가 매력적이지 않거나 그녀의 외모에 다소 결점이 있다는 것을 전달한다.

다섯 번째 단계에서는 처음으로 신체적 학대가 시작된다. 피해자는 이를 다시는 일어나지 않을 일탈 행위로 여긴다. 학대자는 그의 행동에 대해 사과하며, 다시는 그런 일이 일어나지 않을 것이라고 말한다. 그녀는 그의 사과와 변명을 받아들이고, 자신의 어떤 점이 그러한 행동을 하도록 유발했는지 생각한다. 여섯 번째 단계에서는 심리적 · 신체적 학대가 다시 발생한다. 피해자는 왜 그가 그런 행동을 반복하는지 물을 것이고, 이에 대해 그는 그녀가 자신의 기대에 부응하지 못하기 때문에 그러한 행동을 하게 되었다고 대답할 것이다. 그는 자신이 그렇게 행동하는 것에 대한 책임이 그녀에게 있으며, 그녀의 방식을 바꾼다면 그런 일은 일어나지 않을 것이라고 말한다. 이 단계에서 피해자는 그러한 비난을 스스로 더 내면화하게 된다. 일곱 번째 단계는 여섯 번째 단계와 거의 동시에 일어난다. Meuer 등(2002)은 이 단계에서 고립화(isolation)가 시작된다고 말한다. 학대자는 그녀가 누구와 시간을 보내는지 알고 싶어 하고, 자신 이외의 다른 사람과 만나지 못하게 하며, 그녀가 하고자 하는 모든 것을 하지 못하게 한다. 그녀가 그가 아닌 다른 사람과 즐거운 시간을 보냈을 때 극도의 의심을 표출하며, 다른 사람이 그녀와 만나는 것을 어렵게 만든다. 마침내 그녀는 그가 반대하는 사람을 만나기를 중단하고 혼자 고립된다.

이러한 관계가 계속될수록 그녀는 감정적 혼란과 갈등에 빠진다. 이 단계가 바로 여덟 번째 단계이다. 학대자는 피해자를 비난하며, 피해자는 무엇이 잘못되었는가에 대해 혼란스러워한다. 아홉 번째 단계에서 학대자는 그의 통제력과 지배력을 획득하고 유지하기 위해 심리적 위협 및 신체적 강압을 사용한다. 만약 그녀가 그에게 맞서거나 그를 떠나겠다고 말하면 그는 더 큰 위협과 폭력을 사용할 것이다. 결국 피해자는 떠나는 것보다 그 관계를 지속하는 편이 안전할 것이라고 생각하게 된다. 그녀는 많은 이유로 그 문제를 혼자서는 해결할 수 없을 것이라고 느낀다.

마지막 단계에서 학대 행동은 다시는 그런 행동을 하지 않을 것이라는 약속에 뒤이어 나타나곤 한다. Meuer 등(2002)이 언급했던 것처럼 친밀한 파트너 폭력의 피해자는 대부분 그 관계에서 벗어나려고 반복적으로 노력하나, 학대자에게서 벗어나는 데 놓여 있는 장애물을 극복하지 못할 것이라고 생각할 때 결국 다시 돌아오게 된다.

이 연구들에 따르면, 관계에서 벗어나는 것이 항상 최선의 길만은 아니며, 이는 오히려 피해자에게 잠재적인 위험 가능성을 높일 수 있다. 안타깝게도, 떠나려고 한 피해자가 지속적으로 스토킹, 학대 및 위협에 시달린다는 증거가 있다. 스토킹은 이혼 서류가 제출되고 그것이 승인된 후에도 일어날 수 있다. 학대당하는 여성이 그 관계에서 떠나면 폭력은 더 이상 일어나지 않을 것이라고 여겨져 왔다. 그러나 실제로 "많은 학대자는 여성이 그들을 떠난 뒤에도 지속적으로 그녀를 괴롭히고, 스토킹하며, 해를 입히고, 심지어 죽음에 이르게 한다"(Walker, 1999, p. 25). 많은 경우, 보고된 가정 폭력으로부터의 부상은 대부분이 관계가 깨지고 난 뒤에 발생한다. 또한 일부 연구는 여성이 학대 상황에 그대로 머무를 때보다 자신을 학대하는 사람을 떠났을 때 75%나 더 큰 살해 위험에 처하게 된다는 것을 보여 준다(Wilson & Daly, 1993).

피해자가 관계를 끊는 것이 중요하다고 주장하는 사람들은 관계에서 벗어나는 것이 최선의 해결책이 아니라는 관점을 강하게 거부한다. 친밀한 파트너 폭력의 피해자들 또한 이러한 관계를 벗어나는 것이 피해자가 해야만 하는 일이라고 주장한다. 학대를 당하는 피해자에게는 승산이 없는 상황으로 보인다. "만약 내가 계속 함께 산다면 이 상황은 더 악화될 것이고, 내가 만약 떠난다면 그는 나를 따라올 것이다." 피해자가 관계를 떠나는 데 있어 사회 자체가 장애물이 되기도 한다. 경제적 선택권이 제한되어 있거나 폭력을 참도록 하는 문화적 규범이 그 예이다(Dobash & Dobash, 2000). 또한 지역사회의 지지는 때때로 너무 미약한 경우가 많다. 만약 보호시설과 지지 집단 및 지지적인 법 집행이 존재한다면 피해자가 학대 상황을 빠져나올 가능성이 증가할 것이다. 일반적으로 피해자를 옹호하는 사람들은 관계를 유지하는 것이 관계를 끊는 것보다 훨씬 더 위험하다고 주장한다. 그렇지만 이는 경험적 자료로 명확하게 해결되지 않는 복잡한 문제이다. 심리학자는 학대 피해자를 그 상황에서 벗어나게 하거나 스스로 벗어날 수 있도록 하는 필수적인 자원을 찾는 것을 도와주어야 한다([사진 11-1] 참조).

사진 11-1 가정 폭력으로 고통받던 어머니와 두 아들이 쉼터로 가기 위해 자신들의 물건을 가지고 집을 떠나고 있다.
출처 Viviane Moos/ CORBIS/Corbis via Getty Images.

경제적 · 심리적인 이유로 학대를 당한 일부 여성은 다시 가해자에게 돌아오는 것이 현실이다(Bell, Goodman, & Dutton, 2007; Eckstein, 2011; Silke, 2012). 이러한 현상에 대해서는 다양한 설명이 가능하다. 재정적 자원의 부족, 폭력에 대해 스스로를 비난하거나 아이들에게는 아빠가 필요하다는 믿음, 피학대 성향, 가족 구성원의 압력, 임시 쉼터의 부족, 가해자에 대한 강한 감정적인 애착이 학대자에게 다시 돌아오게 만드는 이유이다.

학대자의 심리적 특성

구타(battering)는 연인 관계, 결혼이나 파트너 관계 및 별거나 이혼과 같이 친밀한 관계에서 발생하는 신체적 폭력을 뜻한다. 일부 연구자는 이 단어에 심리적 학대를 포함해 좀 더 심각하고 빈번하게 일어나는 학대를 지칭하는 데 사용한다. 학대를 자행하는 남성은 스스로 폭력 행동을 부인 혹은 축소하거나 자신의 폭력 행동을 다른 사람의 탓으로 돌린다. 학대자는 피해자에게 행하는 밀치거나 발로 차기, 치기, 때리기, 주먹 휘두르기 등을 학대로 생각하지 않는다(Meuer et al., 2002). 오히려 학대자는 자신의 행동이 피해자에 의해 유발되거나 피해자의 행동에 대응한 것이라고 정당화한다. 다시 말해, 학대자는 자신의 행동이 불만에 대한 자연스럽고 이해할 수 있는 반응이라고 생각한다. 그러나 다시 한번 강조해야 할 점은 폭력이 피해자에 대한 통제와 권력을 행사하기 위해 자행된다는 것이다. 그러나 이것이 친밀한 파트너 폭력이 발생하는 모든 관계의 특징은 아닐 수 있다.

남성이 배우자나 친밀한 다른 사람을 학대할 것인가에 대한 가장 강력한 예측 요인은 그가 자라면서 가족 안에서 폭력을 경험했거나 목격했는지 여부이다(Meuer et al., 2002). 이러한 폭력은 세대를 거쳐 전수되는 학습된 행동이다(Eron, Gentry, & Schlegel, 1994; Walker, 1999). 하지만 학대와 폭력적인 가정환경에서 자라난 모든 남성이 학대자가 되는 것은 아니다. 학대 행동을 하는 사람은 그렇지 않은 사람보다 타인에 대한 애착이 더 적고, 충동적이고, 사회적 기술이 부족하며, 여성에 대해 부정적인 태도를 가지고 있고, 가정과 폭력에 있어 남성적 역할(masculine role)을 취한다. 일부 연구에서는 많은 학대자가 여성에 대한 권력과 통제력을 행사하려는 것 외에도 심각한 정신장애를 가지고 있다고 보고하였다(Dutton & Golant, 1995; Walker, 1999). 따라서 정신병리적 징후를 보이는 학대자의 감정적 문제점과 잘못된 신념 및 가치에 초점을 둔 치료 프로그램은 가정 폭력을 막는 데 효과적일 수 있다.

이전 장들에서 논의한 다른 범죄자들(예: 강간범, 스토커)과 마찬가지로 학대자 역시 그들의 유형 분류 체계 개발을 목적으로 연구가 진행되었다. 학대자에 대한 타당성 있는 유형 분류 체계는 그들이 어떻게, 왜 그들의 부인과 파트너에게 폭력을 행사했는지 체계적으로 살펴볼 수 있게 해 줄 것이며, 효과적인 방지책과 치료 방법을 세우는 데 도움을 줄 것이다. 가정 폭력에서의 학대자에 대한 연구 논문을 면밀히 검토한 결과, Holtzworth-Munroe와 Stuart(1994)는 여러 연구에서 일관적으로 나타나는 남성 학대자의 다음 세 가지 유형을 밝혀냈다. ① 가족에게만 국한된 학대자, ② 정신불안/경계성 학대자, ③ 일반적 폭력성/반사회성 학대자. 이 세 가지 유형은 배우자 폭력의 심각성과 빈도, 폭력의 일반성(가족에게만 국한되는 폭력인지, 가족 이외의 사람에게도 행하는 폭력인지), 학대자가 보이는 감정적 · 정신적 혼란의 정도를 고려한 것이다.

가족에게만 국한된 학대자(family-only batterers)는 바깥에서는 폭력적이지 않으며, 폭력 행사에서 가장 낮은 심각성과 빈도를 보인다. 이들의 폭력은 주기적인 경향성이 높으며, 기본적으로 스트레스와 불만이 극에 달했을 때 일어난다. 이들에게는 주목할 만한 심각한 정신적 장애나 병리적 특징이 나타나지 않는다. 또한 이들은 전과 기록이나 알코올 문제 등을 거의 가지고 있지 않으며, 대부분 폭력 후에 사과를 한다. 이들의 주요 문제는 타인과의 관계에서 자기주장이 강하고, 사회적 단서를 잘못 해석하는 경향이 있다는 것이다. 결과적으로 이들은 파트너와의 갈등을 해결하기 위해 비폭력적 방식 대신 폭력적 방식을 선택한다. 이 집단은 학대자의 약 50% 정도로 추정된다(Holtzworth-Munroe & Stuart, 1994).

정신불안/경계성 학대자(dysphoric/borderline batterers)는 정신장애와 심리적 불안 및 변덕스러운 감정 등의 특징이 있다. 이 유형의 학대자는 심리적 · 성적 학대를 포함한 중간 혹은 심각한 수준의 배우자 학대 양상을 보인다. 이 집단의 폭력은 가족에게만 국한되는 경향이 있기는 하나 가족 외 폭력이 이루어지기도 한다. 이들의 분노는 일반화되어 자연적으로 폭발하며, 언제든지 욕구불만이 있을 때 분노를 표출한다. 이러한 학대자는 심각한 알코올 및 약물 중독 문제를 가지고 있는 경우가 많다. 이 집단은 학대자의 약 25% 정도를 차지한다.

일반적 폭력성/반사회성 학대자(generally violent/antisocial batterers)는 흉기를 사용해 아내나 파트너, 가족 구성원에게 심각한 상해를 입히며, 가족 외 폭력을 저지르는 경우도 많다. 이들은 체포 및 유죄 판결 기록을 포함한 경찰 조사를 받은 전력을 가지고 있다. 일반적으로 폭력적 학대자는 매우 충동적이고 폭발적이다. 또한 알코올 또는 약물 중독 및 정신병리적 특성을 보인다. 전체적으로 볼 때 이들은 학대자 집단의 25%를 차지한다(Holtzworth-Munroe & Stuart, 1994).

정신건강 전문가는 지역사회와 교도소에서 적용 가능한 학대자 치료 프로그램을 개발하였다. 그러나 연구자들은 치료사가 동일한 교육과 종합적인 치료 전략을 제공한다면 학대자를 치료하기 위한 특정한 접근 방법이 다른 것보다 훨씬 더 효과적이라고 결론지을 수 없다고 말한다(American Psychological Association [APA], 2003b). 대부분의 치료 프로그램은 학대자의 학대 유형에 따라 다양하지만 주로 인지-행동적 심리치료를 포함한다. Waltz, Babcock, Jacobson과 Gottman(2000)은 일반적 폭력성을 가진 학대자와 정신불안증적 학대자의 경우 단기적인 분노 조절 치료를 통해서는 효과를 보기 어렵다고 주장하였다. Waltz 등에 따르면, 이러한 접근 방법은 분노 조절과 태도 변화만으로 충분하다는 잘못된 추측을 하고 있다는 것이다. 그러나 다양하고 복잡한 문제는 단기 치료적 접근으로는 불가능하다. 인지-행동과 정신병리적 문제에 초점을 둔 장기치료 전략이 더 효과적인 경향이 있다. 이러한 전략이 정신적으로 문제가 있는 사람들에게 얼마나 효과적인지는 아직 끝나지 않은 이야기이다. 문제 집단에 대한 실증적 연구가 충분히 수행되지 않았기 때문에 이러한 전략이 얼마나 효과적인지는 아직 밝혀지지 않았다.

가족에게 국한된 학대자의 경우 폭력·학대 행동, 관계의 문제에 초점을 맞춘 치료가 효과적인데, 이는 그들이 타인의 욕구에 더 민감하고 공감적인 태도를 가지고 있기 때문이다. 어쨌든 한 가지는 명확하다. 정신건강 전문가들이 사용하는 치료에서는 폭력 행동의 근간이 되는 태도 및 인지와 더불어 가해자의 지배와 통제력의 사용 또한 고려해야 한다.

치료 프로그램을 중도에 포기하는 것은 많은 임상가가 그들의 고객과의 관계에서 직면하는 일반적인 문제이다. 연구에 따르면, 치료 프로그램을 모두 이수한 학대자들은 다시 폭행을 할 가능성이 낮다(Cattaneo & Goodman, 2005). 흥미롭게도, 치료의 의뢰 출처와 관리감독은 치료를 완료하는 데 어느 정도 영향을 미치는 것으로 보인다. 즉, 치료 프로그램에 자발적으로 참여하지 않고 법원에 의한 명령으로 참여하거나 치료에 참여하는 동안 관리감독을 받는 학대자들은 치료를 완료할 가능성이 더 높다(Barber & Wright, 2010). 그러므로 학대자에게 의무적으로 치료를 받도록 해야하며, 치료를 계속하도록 장려하고, 범죄자들이 치료를 중도 포기하지 않도록 감독하는 이 세 가지 측면에서의 노력이 이루어져야 한다.

매 맞는 아내 증후군

매 맞는 아내 증후군(battered woman syndrome: BWS)이라는 용어는 심리학자인 Lenore Walker(1979)에 의해 처음 사용되었다. 이 증후군은 학대를 당한 중산층 여성의 자발적 표본 집단에 바탕을 둔 것이었다. Walker는 임상 실습 동안 일정 기간 이상 자신의 파트너에게 구타당하고 심리적으로 학대당한 여성에게서 일련의 행동적·인지적·감정적 특징을 발견하였다. 이후 그녀는 435명의 학대받은 여성과의 심층 면담을 바탕으로 매 맞는 아내 증후군에 대해 더 상세한 기록을 남겼다(Walker, 1984). 그녀가 밝혀낸 주요 특징으로는 학습된 무기력(Seligman, 1975), 도피 기술보다는 생존 기술의 발달(예: 학대자를 떠나는 것보다는 그를 진정시키는 것), 낮은 자존감, 우울감 등이 있다. 이후 Walker(2009)는 매 맞는 아내 증후군을 외상후 스트레스 장애(PTSD)의 하위 체계로 분류하였다. 최근에는 매 맞는 아내 증후군 질문지(Battered Woman Syndrome Questionnaire: BWSQ)를 개발·수정하였다.

지금도 인용되고 있는 Lenore Walker(1984)의 초기 연구에서는 학대 관계가 일반적으로 ① 긴장 형성 단계, ② 심각한 학대가 발생하는 단계, ③ 허니문 또는 회개 단계의 3단계 폭력 주기를 거친다고 말한다. 이는 Meuer 등(2002)이 제시한 앞의 9단계와 유사하다. 긴장 형성 단계에서는 가벼운 정도의 신체적·정서적·언어적 학대가 발생한다. 이 단계에서 피해자는 학대자를 진정시키려고 노력하지만 수포로 돌아가곤 한다. 이후 두 번째 단계에서는 심각한 신체적 폭력이 가속화되어 여성이 학대자를 전혀 말릴 수 없게 된다. 이 격심한 학대의 단계 후에는 '허니문 단계(또는 사랑 및 회개의 단계)'로 접어드는데, 이는 학대자가 자신의 공격적 행동에 대해 후회하고 다시는 그러한 행동을 하지 않겠다고 다짐하는 단계이다. 그는 그녀에게 꽃을 선물하고, 선물을 주고, 많은 관심을 쏟는다. 그러나 그는 어느 시점에 가서는 그녀가 그 사건에 책임이 있다고 주장한다. 얼마 되지 않아 이런 폭력 주기는 또다시 반복된다.

Walker(1979)에 따르면, 매 맞는 아내 증후군으로 판정된 여성은 이러한 주기를 적어도 두 번 이상 경험하게 된다. 더 나아가 Walker(1989)는 시간이 지나면서 관계가 악화되고 폭력이 증가하면서 폭력 주기에서 세 번째 단계는 나타나지 않는 경우도 있다고 주장하였다. 그녀는 시간이 지날수록 폭력 주기에서 긴장 형성 단계는 더 빈번해지나 회개 단계는 완전히 없어진다고 말했다. 세 번째 단계가 없어질 때쯤, 외부의 적절한 개입이 없다면 많은 여성은 심각한 살해 위험에 처하게 된다.

Walker는 모든 학대받는 여성이 그녀가 묘사하는 특징을 보이는 것은 아니라고 인정한 바 있으나, 많은 연구자는 매 맞는 아내 증후군에 대한 그녀의 일반적 견해(Levesque, 2001)와 과학적 타당도(McMahon, 1999 참조)에 대해 문제를 제기하고 있다. 또한 일부 연구자는 매 맞는 여성 증후군을 포함한 일반적인 증거에 대한 과학적 근거가 부족하기 때문에 법정에서 이의를 제기하기도 한다고 말했다(Petrila, 2009). Levesque(2001)는 학대당하는 여성을 모두 매 맞는 아내 증후군으로 진단하는 것은 대중과 입법자, 법원이 폭력 관계에서 여성의 위치를 모두 동일한 것으로 잘못 이해하도록 만들 수 있다고 주장한다. Levesque가 지적한 것처럼, 미국 주류 문화에서 관찰된 학대 관계의 역동이 다른 사회나 문화 혹은 미국 내 하위 문화에서조차 적용하기 어렵다는 것이 비교문화 분석을 통해 나타났다. "따라서 각각의 집단은 학대에 대해 각기 다른 경험을 할 수 있으므로, 모든 집단의 정보를 같은 수준으로 묶어 생각하는 것은 상황에 대한 이해를 더 어렵게 만들 수 있다."(p. 51)

매 맞는 아내 증후군이라는 용어는 학대당하는 여성을 전형적으로 무능력하고 소극적이며 심리적으로 위축되어 있다고 묘사하며, 모든 가정 폭력의 학대 관계를 단독적 · 전형적인 것으로 규정한다(Dutton, 1996). 학대당하는 여성이 보일 것이라고 생각되는 우울, 무기력, 수동성 등의 전형적인 양식과는 대조적으로, 많은 학대당한 여성은 생명에 위협을 받는 상황에서도 효과적인 생존 기술과 적응 능력을 보이는 다양한 행동양식과 정서를 나타낸다. 안타깝게도, 매 맞는 아내 증후군이라는 진단명은 넓은 범위의 문화적 · 사회적 상황에서 학대당하는 많은 여성—대부분은 아니지만—이 가지고 있는 대처 기술과 심리적 힘을 무시한다.

Stark(2002)는 심리학자와 정신건강 실무자가 법정 평가나 법적 증언을 준비할 때 학대당한 여성이 경험한 일반적인 심리적 외상에 초점을 기울이기보다는 학대자에 의해 자행된 강압적 통제의 개별적 과정에 초점을 맞출 것을 강조하였다. Stark는 특정 관계 사이에서 자행된 학대, 강압 및 통제의 체계적인 사용과 완벽하게 우위에 있는 관계 사이에 발생한 피해를 중요하게 생각하는 것은 단순히 피해자의 심리적 피해에 대해서만 접근하는 관점보다 더 중요하다고 주장하였다. 그는 많은 피해자가 관계를 장기간 지속해 나가는 동안 엄청난 강압과 지배, 학대를 받고 있음에도 불구하고 뚜렷한 심리적 부적응, 우울, 무기력 등을 나타내지는 않는다고 주장한다. Stark는 현존하는 연구를 검토해 본 결과, 대부분의 학대당하는 여성은 폭력의 주기를 경험하지 않으며 학습된 무기력 또한 경험하지 않는다고 결론지었다. 일부는 매 맞는 아내 증후군 증상에서 벗어나는 심리적·행동적 문제의 양상을 보이나, 나머지는 아무런 정신적 문제를 나타내지 않았다. Stark는 가정 폭력의 심각성을 경찰이나 의사들이 확인 가능한 신체적 상해와 감정적 동요로 측정할 수 있다는 생각은 잘못된 것일 수 있음을 경고한다. 이 집단은 만성적이고 장기간 동안 지속된 압제적인 통제와 낮은 수준의 폭력이 피해자의 삶의 질에 심각한 악영향을 줄 수 있다는 것을 잘 인식하지 못한다. 그럼에도 불구하고 피해자의 행동이 확인 가능한 증상으로 나타나는 것은 아니다.

가정 내 동성 간 폭력

최근 몇 년간, 연구자들은 동성 사이의 친밀한 파트너 폭력에 관한 이슈에 대해 주목하고 있다. 일반적으로 앞에서 검토한 모든 문헌은 이러한 동성 간의 친밀한 파트너 폭력에도 적용된다. 예를 들어, Potoczniak, Mourot, Crosbie-Burnett와 Potoczniak(2003)은 폭력의 주기와 가정 내 동성 간 폭력(same sex IPV: SS-IPV)과 가정 내 이성 간 폭력(opposite sex IPV: OS-IPV) 사이에는 두드러진 유사성이 있다고 하였다. 가정 내 이성 간 폭력 가해자와 유사하게 동성 간 폭력 가해자는 그들의 파트너에게 책임을 전가하고 지나치게 상대방을 통제하려고 하며, 높은 자기중심성을 가지고 있다. 그와 더불어 동성 간 폭력 피해자는 이성 간 폭력 피해자의 특성과 많은 유사점을 가지고 있다(Hellemans, Loeys, Buysse, Dewaele, & DeSmet, 2015; Messinger, 2011). 가정 내 이성 간 폭력과 가정 내 동성 간 폭력 간의 주된 차이는 지역사회, 경찰, 의료팀, 사회적 서비스 프로그램(예: 여성 쉼터)이 피해자에게 어떻게 반응하느냐는 것이다.

Turrell(2000)은 레즈비언, 여성 동성애자, 남성 동성애자 사이에서 가정 내 동성 간 폭력에 관한 조사를 했다(이 조사에서 여성 참가자는 레즈비언과 여성 동성애자 명칭 사이에서 선택할 수 있었다). Turrell은 과거 혹은 현재 관계에서 성폭력 유병률은 남성 동성애자 13%, 여성 동성애자 11%, 레즈비언이 14%라고 설명했다. 또한 성적 학대를 보고한 사람들은 보통 다른 신체적 학대를 함께 보고하였다. 특히 남성 동성애자의 44%, 여성 동성애자의 58%, 레즈비언의 55%는 과거 혹은 현재 동성 간의 관계에서 신체적 학대를 받고 있다고 보고했다.

Hill(2000)의 연구를 바탕으로 Potoczniak 등(2003)은 가정 내 폭력과 연관된 게이, 레즈비언 및 양성애자(GLB)에 대해 배심원은 그들이 이성애자보다 좀 더 낮은 도덕성을 가지고 있는 것으로 지각한다고 언급했다. 이러한 맥락에서 양성애자 사이의 강간은 이성애자 사이의 강간처럼 심각한 문제라고 여겨지지 않는다. 결과적으로 이는 사법 재판에서 이성애자 간 강간보다 양성애자 간 강간의 가해자가 더 약한 처벌을 받게끔 한다(Hill, 2000).

또한 가정 내 동성 간 폭력의 여성 피해자는 도움을 청할 때 가정 내 이성 간 폭력의 여성 피해자와는 다른 장소에서 도움을 찾는다고 보고했다. 예를 들어, 가정 내 이성 간의 폭력 피해자에게 보호소는 다른 도움 방안보다 더 유용한 반면, 가정 내 동성 간 폭력의 여성 피해자에게는 같은 보호소일지라도 그들에게는 거의 도움이 되지 않는다(Potoczniak, Mourot, Crosbie-Burnett, & Potoczniak, 2003; Renzend, 1992). 가정 내 동성 간 폭력의 여성 피해자는 가장 유용한 방안으로 친구를 가장 많이 찾았으며, 그다음으로 상담가와 친척을 찾았다. 이는 가정 내 동성 간 폭력의 여성 피해자가 경찰, 변호사, 의학 전문가에 대해 일반적으로 도움이 되지 않는다고 말하는 것이 놀랄 일이 아님을 보여 준다. 가정 내 동성 간 폭력의 남성 피해자의 도움 요청 행동에 관한 연구(Merrill & Wolfe, 2000)에 따르면, 많은 남성 피해자에게는 친구와 상담가의 도움뿐만 아니라 동성애자 가정 폭력 프로그램이 매우 유용하다는 것이 확인되었다(Potoczniak et al., 2003).

가정 내 폭력에 노출된 아동의 정신건강

가정 폭력이 아동에게 미치는 영향에 대한 연구는 1980년대 초에 시작되었고, 그 이후로 이에 관한 연구가 빠른 성장을 해 왔다(Goddard & Bedi, 2010). 가정 내 폭력에 노출된다는 것은 아이들이 폭력 상황을 직접적으로 목격하거나 듣거나 혹은 자신을 돌봐 주는 사람들로부터 직접 폭력을 경험한 경우를 의미한다(Olaya, Ezpeleta, de la Osa, Granero, & Doménech, 2010, p. 1004). 이 정의에 따르면 대략 미국에 거주하는 1,550만의 아동이 매년 가정 폭력에 노출된다고 할 수 있다(McDonald, Jouriles, Ramisetty-Mikler, Caetano, & Green, 2006). 일부 사람은 이러한 추정치가 너무 낮다고 생각한다(Knutson, Lawrence, Taber, Bank, & DeGarmo, 2009).

다수의 연구에서는 가정 폭력에 노출된 아동이 그에 노출되지 않은 아동과 정신건강에 있어서 차이를 보인다고 보고하고 있다(Goddard & Bedi, 2010; Olaya et al., 2010). 좀 더 구체적으로, 가정 폭력에 노출된 아동의 경우 PTSD, 정서 문제, 고독감, 낮은 자존감, 자해 경향 등의 증상이 나타날 가능성이 높다. 또 다른 연구(Cummings, El-Sheikh, Kouros, & Buckhalt, 2009; Gelles & Cavanaugh, 2005; Goddard & Bedi, 2010)에서는 가정 폭력의 노출이 아이들의 감정 조절 능력에 영향을 줄 수 있어 청소년기와 성인기에 폭력적 성향으로 발전될 가능성이 높다고 보고하고 있다. 또한 가정 폭력을 목격하는 것은 성인 남성 범죄자들이 가진 정신병질적 성향과도 관련이 있다(Dargis & Koenigs, 2017).

McGee(2000: Bedi & Goddard, 2007에서 재인용)는 가정 폭력에 노출된 아동 및 10대들이 작성한 자기보고 내용 일부를 기술하였다.

> 내가 잠이 들었을 때 그가 칼을 들고 나를 찌르는 악몽을 꾸었다(5세 소년의 진술, p. 71).

> 나는 엄마가 아빠한테 폭행을 당한다는 생각이 들면 그냥 학교를 나와 집으로 돌아갔다. …… 엄마가 아빠와 함께 있는 것이 싫어서 나는 계속 집에만 있었다(15세 소년의 진술, p. 81).

아동학대와 가정 폭력에의 노출 사이의 관계는 많은 논쟁의 대상이 되어 왔다. 일부 연구자는 이 두 가지가 서로 다르기 때문에 다른 범주로 취급해야 한다고 주장한다. 그에 반해 가정 폭력이 아동들에게 부정적인 결과를 가져온다는 증거는 호주나 미국과 같은 일부 국가에서 가정 폭력을 심리적 아동학대의 한 형태로 생각하도록 했다. 이 주제에 대해서는 뒤에서 논의할 것이다(Bedi & Goddard, 2007; Goddard & Bedi, 2010).

가정 폭력의 문제를 안고 있는 아동들을 위해 임상가들이 해야 할 첫 번째 단계는 가정 내 폭력 여부를 확인하는 것이다. 즉, 가정 폭력이 발생했는지, 만약 발생했다면 그 심각성과 빈도는 어느 정도 인지 확인해야 한다. 가정 폭력에 노출된 대부분의 아이는 이러한 상황에 대해 이야기하는 것을 주저하며 수치심, 죄책감 혹은 두려움을 느낄 수 있다(Olaya et al., 2010). 게다가 심리학자들은 성인 파트너 사이에 일어나는 폭력보다 그 이상의 폭력이 있을 수 있다는 것을 알아차리는 것이 중요하다. 연구에서는 가정 폭력이 확인된 가정에서는 아동학대가 동시적으로 일어나거나 다른 형태의 아동학대가 발생하는 것이 일반적인 것으로 입증되었다(Margolin et al., 2009). 가정 폭력이 빈번하고 심각할수록 다양한 유형의 아동학대가 일어날 가능성이 더 높다.

가정 폭력에서 법정 심리학자의 역할

법정 심리학자는 재판 전 평가에서부터 교정 후 가석방 결정에 이르기까지 형사사법 체계의 모든 단계에서 학대자의 위험성 평가를 담당하도록 요구받는다. 초기에 학대 피해자들은 가해자에 대한 구속 명령이나 보호 명령을 법원에 요청할 수 있다. 이것은 가해자에게 특정기간 동안 피해자와 접촉을 금하는 사법 명령이다. 심리학자들은 민사 혹은 형사 재판에서 전문가 증언을 요청받기도 한다. 만약 학대자가 피고인일 경우, 법정 심리학자는 다음 재판 전까지 그들을 보석 출감해도 괜찮은지 그들의 위험성 수준을 평가하게 된다. 형사 재판에서 피고인이 학대자를 공격하거나 살해한 경우, 법정 심리학자는 피고인이 매 맞는 아내 증후군이나 PTSD에 해당하는지 평가하도록 요구받는다. 또한 법정 심리학자는 형사 사건에서 배심원 선정 과정 중 배심원단 혹은 지역사회 내에 가정 폭력에 대한 잘못된 믿음의 정도를 평가하도록 요구받는다. 일단 배심원으로 선정되면, 배심원 자문위원은 양측에서 제시한 증언에 대해 배심원이 어떻게 반응하는지에 대해서도 평가하도록 요구받는다. 민사 소송의 경우, 그들은 가족 역학이나 양육권 결정에서 부모로서의 자격 등을 평가하게 된다. 그리고 많은 경우 법정 심리학자와 정신건강 전문가는 위기개입이나 치료 상담 또는 서비스를 제공할 수 있다.

위험성 평가: 피해자는 안전한가

법정 심리학자의 또 다른 중요한 업무 중 하나는 위험성 평가인데, 이는 가해자의 재범 가능성을 예측하는 것이다. 가정 폭력 분야에 종사하는 실무자들이 동의하는 한 가지는 피해자의 지속적인 안전이 최우선으로 중요하게 다루어져야 한다는 것이다(Petredc-Jackson, Witte, & Jackson, 2002). 이 요소를 고려하지 못한다면, 가족 구성원의 죽음이나 심각한 상해와 같은 결과를 낳을 수 있다. 앞 장에서 논의한 바와 같이, 통계를 바탕으로 한 평가 도구나 구조화된 전문가의 판단(Structured Professional Judgment: SPJ)을 통한 평가 도구 등 많은 위험성 평가 도구는 폭력의 위험성을 평가하는 데 유용하다. 가정 폭력 사례에서 법정 심리학자들은 **온타리오 가정 폭력 위험성 평가**(Ontario Domestic Assault Risk Assessment: ODARA)를 사용하는데(Hilton et al., 2004), 이 도구는 경찰관들이 쉽게 이용할 수 있는 정보(예: 이전 가정 폭력 전력, 아동의 수, 약물 남용, 폭력 위협)를 문항으로 포함하고 있기 때문에 경찰관이 간단하게 측정할 수 있다. ODARA의 결과는 형사 재판 과정에서 초기에 보석 결정을 하는 데 참고 자료로 사용되었다. 최근 진행된 연구에서는 ODARA가 가정 폭력 가해자의 일반적인 재범 위험성 평가에서 예측력을 가지고 있는 것으로 나타났다. 이 연구에서는 가정 폭력 가해자들이 스토킹, 성폭행, 재산 범죄와 같은 전과 기록을 가지고 있는 것으로 나타났다(Eke, Hilton, Meloy, Mohandie, & Williams, 2011; Hilton & Eke, 2016; 제8장의 〈My Perspective 8−1〉 참조).

Hilton과 동료들(예: Hilton, Harris, & Rice, 2010a, 2010b)은 ODARA를 다른 위험성 평가 도구와 함께 광범위하게 사용하는 것에 대해 연구하였다. 법정 심리학자들은 범죄자의 반사회적 행동, 정신질환이 있는지 여부, 아동기의 학대 경험, 청소년 시기의 전과 기록과 같은 정보를 ODARA로부터 얻은 자료와 결합한다면, 가정 폭력에 적용할 때 보다 신뢰할 수 있는 위험성 판단이 가능할 것이라고 판단했다. 흥미롭게도, 그들은 앞서 제시한 변수들 중 일부는 이미 구성된 ODARA 내용에 추가되지 않았다는 것을 발견했다. 그러나 범죄자의 반사회적 행동에 대한 임상 정보는 매우 중요하다. 반사회적 행동에 대해서는 사이코패스 체크리스트 개정판(Psychopathy Checklist-Revised: PCL−R)을 이용할 수 있다. 따라서 Hilton 등은 **가정 폭력 위험성 평가 가이드**(Domestic Violence Risk Appraisal Guide: DVRAG)라는 새로운 측정 도구를 개발하였다(Hilton, Harris, Rice, Houghton, & Eke, 2008). 이 도구는 ODARA와 PCL−R에서 확인된 위험 요인을 결합하여 남성 가해자의 가정 폭력 재범 가능성을 효과적으로 측정할 수 있는 도구이다. ODARA를 대체하기 위해 만들어진 도구라기보다 기존의 도구와 함께 활용하기 위해 개발되었다. DVRAG는 새롭게 개발된 것으로 그 효과에 대해서는 추가적인 연구가 필요하다. 지금까지 ODARA와 DVRAG는 가정 폭력과 관련된 연구에서 긍정적인 평가를 받았다. 그럼에도 불구하고 4장에서 논의한 것과 같이 다른 통계를 바탕으로 한 평가 도구들과 동일한 비판의 대상이 되고 있다(Douglas, Hart, Groscup, & Litwack, 2014).

가정 폭력의 위험성을 예견하는 데 유용한 또 다른 도구로는 Kropp, Hart, Webster와 Eaves(1998)가 개발한 **배우자폭력 위험성 평가**(Spousal Assault Risk Assessment: SARA)를 들 수 있다. SARA는 배우자 혹은 가족 관련 폭행의 위험성을 평가하는 도구로 총 20개의 체크리스트 문항으로 구성되어 있다. 이 도구는 자신의 배우자, 아이 혹은 다른 가족 구성원을 위협하는 정도를 평가하고자 할 때 사용된다. SARA는 구조화된 전문가 판단 도구(SPJ)의 한 예이다. SPJ는 임상가에게 가이드를 제공하며 특정 사례와 관련해서 현재의 위험 요인을 평가하도록 권장한다(즉, 전문가적 판단을 활용). 또한 평가 결과를 바탕으로 관리 및 위험성 평가에 도움을 주기 위한 것이다.

또 다른 유용한 위험성 평가 도구는 Campbell(1995)이 개발한 위험평가(Danger Assessment: DA)이다. DA의 첫 부분에서는 피해자에게 지난 1년간 학대의 심각성과 빈도에 대해 응답하도록 한다. 피해자는 신체적 학대를 받은 사건이 일어난 대략적인 날짜를 표시하도록 지시받은 후, 1~5번의 척도에서 사건의 심각성에 대해 순위를 매기도록 요구받는다(1은 가장 낮은 폭력, 5는 무기 사용). DA의 두 번째 부분은 각 항목을 '예' 혹은 '아니요'로 대답하는 15개의 문항 설문지로 구성되어 있다. 각 문항은 학대자가 사용하는 전략의 다양성에 대해 작성하도록 되어 있다.

연구자들과 임상가들은 통계적 도구와 구조화된 전문가 판단을 기초로 한 도구들의 타당성에 대해 지속적으로 논쟁하고 있다. Hilton, Harris와 Rice(2010b)의 연구에서는 DA와 SARA는 비상습범으로부터 상습적으로 가정 폭력을 행사하는 가해자를 구별하는 데만 활용될 수 있다고 보고하였다. 그러나 다른 연구자들은 이 두 가지 위험성 평가 도구가 그보다 더 나은 결과를 얻을 수 있다고 보고한다(Belfrage et al., 2012; Helmus & Bourgon, 2011). 임상가들은 위험성 평가 도구에 대한 풍부한 연구들과 메타분석 결과를 통해 어떤 도구를 활용할지에 대한 결정을 한다.

가정 폭력에 대한 범죄 평가 – 다른 요인

심리학자들은 재범 가능성을 예측하기 위해 가정 폭력의 피해자와 가해자 모두 치료에 참여할 것을 권고한다. 정신건강 실무자는 가정 폭력 피해자를 평가하거나 치료하기에 앞서 학대당한 사람의 학대 및 회복에 대한 반응에 영향을 미치는 문화, 생활방식의 변수를 고려해야 한다(Dutton, 1992; Jackson, Petreric-Jackson, & Witte, 2002). 예를 들어, 다양한 문화 집단 안에서 많은 문화적·사회적 장벽이 그들의 도움 요청 행위를 막을 수 있다. 최근 전 세계적으로 가정 폭력이 묵인되지 않는 추세임에도 불구하고 어떤 문화권에서는 가정 내 폭력을 묵인하는 것을 당연하게 여기기도 한다(Kozu, 1999; McWhirter, 1999). 소수 이민자 여성은 언어 장벽 때문에 도움과 지원을 받기가 더 어렵다.

학대당한 피해자와 학대자를 평가하는 데에는 다중 모델적 접근이 가장 이상적인 것으로 알려져 있다. 다중 모델(multimodal)이라는 용어는 심리평가 도구와 개방형 면담, 구조화된 면담 및 질문지 기법, 표준화된 심리측정 도구를 포함한 정보 수집 전략을 조합하여 활용하는 것을 의미한다. 앞에서 언급한 바와 같이, 재범 가능성이 주된 관심사일 경우 하나 혹은 두 개의 주된 도구를 활용하는 것이 좋은 연구 결과를 얻게 한다. 대부분의 임상가는 평가 도구가 유용하다 할지라도 문제에 대한 일반적인 평가를 위해 충분하지 않다면 평가 도구를 단독으로 사용해서는 안 된다는 점을 지적한다.

개방형 면담은 사람들로 하여금 임상가를 거친 수정된 대답이 아닌 '그들의 고유한 언어'와 '고유한 이야기'를 하게끔 할 수 있다. 이러한 면담은 임상가의 목표, 질문 및 일반적 정보의 흐름을 수정하는 데 유연성을 가질 수 있다. 구조화된 면담은 임상가가 정보를 모으는 과정에서의 수정을 최소화하는 표준화된 절차와 질문으로 구성된다. 보통 구조화된 면담은 구체적이고 예정된 질문을 함으로써 면담이 진행되는 동안 예정된 질문 외의 평가자의 질문을 최소화한다. 구조화된 면담 절차에서 예정된 질문은 행동을 보다 정확하게 예측할 수 있는 반면, 개방형 질문은 전체 이야기를 얻는 데 가장 큰 도움이 될 수 있다.

갈등행동척도(CTS)

친밀한 파트너 폭력의 정도를 평가하기 위해 가장 흔히 활용되는 도구 중 하나는 Murray Straus(1979)가 개발한 갈등행동척도(Conflict Tactics Scale: CTS)이다. CTS는 다툼 중에 파트너가 사용하는 폭력 행동의 심각도와 빈도를 측정한다(Levensky & Fruzzetti, 2004).

개발 초기 단계에서는 CTS를 통해 만들어진 자료들이 결혼한 6쌍 중 1쌍이 신체적 폭력 사건에 연관되어 있는 것으로 나타났으며, 남성들만큼이나 여성들 사이에서도 친밀한 파트너 폭력이 높다는 의외의 결과에 대해 논란이 되었다(Langhinrichsen-Rohling, 2005). Langhinrichsen-Rohling은 CTS 자료가 친밀한 파트너 폭력이라는 닫힌 문을 되돌아보게 하는 역할을 한다고 하였다. CTS는 여전히 널리 활용되고 있지만, 연구자들과 실무자들은 많은 제한점을 발견하였다(CTS의 제한점에 대한 포괄적인 개관은 Levensky & Fruzzem, 2004 참조). 우리가 앞에서 살펴보았듯이, CTS를 활용한 일부 연구에서는 행동에 대한 형태와 동기를 전혀 고려하지 않고 남성과 여성이 동일하게 대인관계 내에서 폭력에 관여할 가능성이 있다는 잘못된 결론을 이끌어 냈다. 이러한 비판을 해결하기 위한 시도로 수정된 갈등행동척도와 부모형 갈등행동척도가 이후에 개발되었다.

피해자 반응 평가

이 장의 초반부에서 논의했듯이 매 맞는 아내 증후군이 학계의 상당한 반발에 직면하고 있지만, 학대당한 여성에게 PTSD 증상이 존재한다는 점은 지지되고 있으며 그 비율은 45~85%가량이다(Jackson et al., 2002; Jones, Hughes, & Unterstaller, 2001; Perez et al., 2012). 예를 들어, 가정 폭력 보호소에 거주하고 있는 학대 여성들은 보호소에 거주하지 않는 학대 여성에 비해 가정 폭력과 관련된 PTSD 증상의 발생률과 그 심각성이 더 높은 것으로 나타났다(Perez et al., 2012). 이는 학대 여성들이 자신의 집에서 도망쳐 나왔기 때문에 학대자에게 보복당할 두려움을 갖고 있으며 보호소에 들어오기 전 더 심한 폭력을 경험했기 때문이라고 볼 수 있다. 따라서 학대 피해자에게 장기적인 안전을 보장해 주는 것이 가장 우선시되어야 한다. 안전에 대한 보장이 미흡할 경우 학대 여성은 보호소를 찾은 후에도 다시 그들의 집으로 되돌아간다. 특히 피해자가 집으로 돌아오지 않을 경우 가해자는 다시는 이런 일이 없을 것이라는 약속을 하거나 더 나아가 아이들, 심지어 애완동물을 해하겠다는 협박을 하며, 이로 인해 피해자는 다시 집으로 돌아가게 되는 것이다.

PTSD 정도를 파악하는 데는 PTSD 증상척도(PTSD Symptom Scale; Foa, Riggs, Dancu, & Rothbaum, 1993)와 외상후 스트레스 진단척도(Posttraumatic Diagnostic Stress Scale; Foa, Cashman, Jaycox, & Perry, 1997), 범죄 관련 외상후 스트레스 장애 척도(Crime-Related Post-Traumatic Stress Disorder Scale; Saunders, Arata, & Kilpatrick, 1990), 스트레스 사건 질문지(Distressing Event Questionnaire; Kubany, Leisen, Kaplan, & Kelly, 2000), 외상적 생활사건 질문지(Traumatic Life Events Questionnaire; Kubany, Haynes, et al, 2000) 등의 도구가 이용된다.

피해자의 PTSD 증상을 평가하는 것은 폭력 사건 가해자를 기소하거나 피해자 치료를 위한 목적으로 중요하게 여겨진다. PTSD 증거자료(documentation)는 많은 점에서 중요하다. 예를 들어, 피해자의 이러한 증상 자료를 토대로 검사는 보다 적극적으로 사건을 조사할 수 있으며, 유죄협상 혹은 판결에 그것이 고려해야 할 요소로 작용할 수 있다. 또한 PTSD 증거자료는 학대자에 대한 민사 소송과도 관련이 있을 수 있다. 학대 피해 여성이 학대자를 살해하는 매우 드문 사례의 경우 PTSD 증거자료를 활용한 변호가 매 맞는 아내 증후군에 근거한 것보다 더 효과적이다. PTSD 증거자료는 폭력 및 성폭력 피해자의 치료 및 여성 범죄의 치료와도 관련이 있다.

법정 심리학자는 태도, 인지적 기능, 행동, 정서적 측면에서 어떤 주목할 만한 변화가 학대의 결과로 나타나는지를 결정하기 위해 표준화된 심리검사나 목록 또는 다른 적절한 심리측정 도구를 사용한다. 법정 상황에서 증거자료는 모든 평가 절차에 걸쳐 매우 중요하다. 법정 기록, 경찰 보고, 정신건강 및 의료 기록, 친구나 가족 혹은 이웃이나 다른 증인에 대한 수사 기록과 증언 녹취록, 재판 기록 및 보호 조치 명령 등도 증거자료로 이용될 수 있다. 평가자는 '비전통적인 출처(unconventional sources)'가 훌륭한 증거자료로 활용될 수 있음을 알아야 한다. 비전통적 출처란 "일정 기록장, 업무 일지, 통화 내용, 일기장, 편지(파트너로부터의 협박을 포함한), 테이프, 사진, 그 외 기록"이다(Stark, 2002, p. 232).

가족 구성과 상황 또한 중요한 요소인데, 가족에 대한 평가를 실시할 때에는 연령, 사회계층, 직업 수준, 문화적 적응 수준, 사전 폭력 노출 여부, 폭력에 대한 규범적 용인, 가족 구조, 문화적 대처 전략 등을 고려해야 한다(Jackson et al., 2002; West, 1998). 임상가는 피해자가 학대의 책임이 자기에게 있다는 그릇된 신념을 가질 수 있으며, 그 문제를 어떻게 해결해야 할지 모를 수 있다는 것을 알아야 한다. 유감스럽게도, 아직까지 학대받은 여성에게 치료적으로 개입하는 것이 효과가 있는지에 대한 실증적 연구는 거의 시행되지 않았다(Petretic-Jackson et al., 2002).

PTSD는 특히 가해자의 스토킹, 다양한 형태의 괴롭힘, 관계를 단절한 후 피해자에 대한 위협 혹은 폭력을 행사할 때 친밀한 파트너 폭력에서 흔히 발생한다(Eshelman & Levendosky, 2012). 앞에서 설명한 바와 같이, "스토킹은 특정인을 향한 공포심을 조장하는 행동 과정"으로 정의된다(Catalano, 2012, p. 1). 폭력의 위협은 특히 피해자의 심리적 안녕에 해를 끼친다. 위험성 평가 절차는 법원이 영구적인 보호 명령 조치를 결정할 때 특히 중요하다. 대부분의 관할 지역에서는 임시 제한 명령(temporary restraining orders: TROs)을 받는 것이 어렵지만, 영구적 보호 명령으로 이러한 명령을 받는 사람이 보호를 원하는 사람에게 위협이 된다는 것을 강하게 보여 줄 필요가 있다.

그러나 Cattaneo와 Chapman(2011)은 위험성 평가에 관한 연구가 예측에 도움을 줄지라도 위험 관리에는 도움이 되지 않는다고 지적한다. 즉, 가정 폭력을 다루는 임상가와 실무자의 목표는 단순히 가정 폭력을 예측하는 것이 아니라 앞으로 있을 학대를 예방하는 것에 있다. 일부 연구자는 구조화된 전문가 판단 도구(SPJ) 활용을 선호하는데, 임상가가 폭력 시나리오를 작성하여 그에 비추어 관리 계획을 개발하도록 해서 위험 관리를 용이하게 해 주기 때문이다(Douglas et al., 2014).

Kropp(2004)이 지적한 바와 같이, 위험성 평가라는 용어는 피해자에 대한 안전 계획과 같은 뜻을 갖는 것이 아니다. 그는 "실제로 위험성을 결정하는 것은 위급함, 본성(예: 정서적·신체적·성적), 폭력의 빈도와 심각성 및 이러한 폭력이 일어날 가능성을 고려하는 것이다" (p. 678)라고 기술했다. 또한 Kropp은 부부간 혹은 친밀한 파트너 폭력의 상황에서 '위험이 없다'는 것은 존재하지 않는다고 강조했다. 배우자 혹은 친밀한 파트너 관계에서의 가해자는 어느 정도 위험성을 가지고 있으며, 위험성 평가 도구는 위험을 완전히 배제할 수 있도록 하지는 않는다. 그러나 위험성 평가는 "위험의 정도, 형태, 성격에 관한 정보"를 제공할 수 있다(p. 677). 일부 위험성 평가 도구는 앞으로의 폭력 가능성—친밀한 파트너 폭력을 포함하여—을 예측하는 데 좋은 도구이지만, 앞으로 있을 폭력에 대한 예방은 더 많은 연구적 관심을 필요로 한다.

가정 폭력 평가를 위해 필요한 훈련

가정 내 폭력 문제와 피해자가 갖는 문제를 처리하는 법정 심리학자와 정신건강 관련 종사자들은 친밀한 파트너가 행하는 폭행이 매우 독특한 형태를 지니고 있으며, 여타의 다른 형태와는 차이가 있기 때문에 특별한 훈련을 받아야 한다. 또한 법정 심리학자들은 경험에 근거한 실무 지침에 대해 철저한 훈련을 받는 것이 중요하다. 낯선 사람이 행하는 폭력은 일회성으로 그치지만, 가정 내에서 발견되는 폭력의 형태는 한때 신뢰를 맺은 사람이 장기간에 걸쳐 반복적인 폭력을 지속적으로 행하는 특징이 있다. 간단히 말하면, 가정 내 폭력은 헤아릴 수 없을 만큼 누적되는 과정이라고 볼 수 있다. 더욱이 피해자는 폭력이 발생하는 상황에서 그 가정 내에 갇혀 있다고 느끼며 종종 탈출할 수 있는 희망이 없다고 느낀다. "가깝지 않은 사람에 의해 폭력을 당한 피해자는 이런 상황에서 쉽게 벗어날 수 있지만 친밀한 파트너 폭력의 피해자는 결혼생활에 대한 약속, 재정적 유대, 자녀 양육 문제 때문에 이런 상황을 스스로 쉽게 벗어날 수 없다."(Petretic-Jackson et al., 2002, pp. 300-301) 이러한 절망감은 우울증을 초래하게 되며, 일부 피해자는 절망감을 억제할 수 있지만, 앞서 언급한 바와 같이 많은 피해자는 이러한 상황을 다른 방식으로 처리하기도 한다. 결과적으로 법정 심리학자와 다른 치료사들은 피해자가 보일 수 있는 다양한 심리적 증상과 대처 기제에 대해 대비해야 한다.

일반적으로 가정 내 폭력 또는 친밀한 파트너 폭력은 흔히 심리학자에게 다양한 반응을 불러일으킨다. 특히 심리학자와 가까운 사람이 개인적으로 폭력과 같은 경험을 했을 때는 더욱 그렇다. 그리고 임상가가 가정 내 학대 피해자(성인과 아동 모두)와 함께 일을 할 경우 극도의 스트레스를 받게 되고, 피해자의 정신적 외상에 노출되어 자신의 업무로 인해 소진될 가능성이 높아진다. **대리 외상**(vicarious traumatization)이라는 용어는 때때로 정신적 외상을 경험한 피해자와 함께 일함으로써 치료사 스스로 경험하는 심리적 고충을 말한다(Harris, 2013; Lambert & Lawson, 2013; Petreac-Jackson et al., 2002).

아동학대

"아동은 인구 중에서 가장 피해당하기 쉬운 집단이다."(Finkelhor, 2011 p. 14) 2011년 미국의 주 및 지역 아동보호 서비스는 학대받거나 방임된 아동의 약 340만 건을 위탁 의뢰받았다(U.S. Department of Health and Human Services [DHHS], 2017). 약 683,000명의 아이들이 방임과 신체적 학대와 같은 학대 행위의 희생자가 되었다. 학대받거나 방임된 것으로 보고된 아동의 40%가량은 6세 미만이었다. 학대받는 아동의 50%는 두세 번 이상 학대를 경험한 것으로 나타났다. 연구에 따르면, 전반적으로 미국 내에서 7명 중 1명의 아동이 일생 동안 어떤 형태로든 아동학대를 경험하는 것으로 나타났다(Finkelhor et al., 2009). 현재 대부분의 경찰서에서는 아동학대 조사를 위해 지정된 특별 조사관이 배치되어 있다.

2011년 미국 내에서 약 1,750명의 아동이 학대로 인해 사망하였는데, 이 수치는 아동 천 명당 2.10명의 비율이다. 아동학대로 인한 사망자 중 대략 82%가 4세 미만의 아동이었다. 또한 1세 미만 아동의 피해율은 가장 높다(천 명당 21.2명). 미국에서 학대로 죽음을 당한 아동의 약 50%는 이미 아동보호기관에서 아동폭력의 가능성으로 의뢰받은 아동이었다(National Resource Center on Child Sexual Abuse, 1996). 부모와 다른 보호자들은 아동을 대상으로 한 폭력 범죄의 약 1/5을 차지하며, 이러한 범죄의 절반 이상이 2세 이하 아동을 대상으로 한다(D. E. Abrams, 2013).

학대의 유형

아동학대의 네 가지 주요 유형은 ① 방임, ② 신체적 학대, ③ 성적 학대, ④ 정서적 학대이다. 방임은 적절한 관리 부재, 필요한 음식, 주거지 혹은 건강 관리와 같은 아동의 기본적인 욕구를 제공하지 않는 것을 의미하며, 가장 큰 범주의 학대 행위로 볼 수 있다. 방임은 또한 정서적 욕구나 특별한 교육에의 참여 혹은 아동 교육을 불이행하는 것을 포함한다. 신체적 학대는 주먹으로 치기, 때리기, 발로 차기, 물기, 흔들기, 던지기, 찌르기, 목조르기, 화상 입히기, 신체 찢기 등의 신체적 상처를 유발하는 것을 의미한다. 이러한 학대 유형은 두 번째로 빈번하다([사진 11-2] 참조). 성적 학대는 부모 혹은 양육자에 의해 성적 애무, 강간, 동성 간 성행위, 성기 노출, 음란물 생산 혹은 성매매를 통한 상업적 착취가 행해지는 것을 말한다. 정서적 학대는 아동의 정서적 발달, 자존감, 자기가치를 손상시키는 행위와 아동에 대한 지속적인 비판이나 거부를 포함한다.

사진 11-2 화가 난 남성 앞에서 겁에 질려 숨죽이고 있는 어린아이.
출처: Source: iStock/princessdlaf.

미국 보건복지부(U. S. Department of Health and Human Services, 2010)에 따르면, 학대 피해자의 2/3 이상(70%)이 방임을 경험한다. 약 15%는 신체적인 학대를 경험하고, 9%는 성적 학대를 경험한다. 오직 7% 정도만이 정서적 학대를 겪었다고 보고하는데, 이 수치는 대단히 과소평가된 것이다. 신체적 학대와 방임을 경험하는 남자아이와 여자아이의 비율은 비슷하지만 성적 학대 경험은 여자아이가 남자아이에 비해 4배 정도 더 많았다. 피해자의 약 1/4은 한 가지 이상의 학대 유형을 경험했다. 신체적 학대로 인해 의사의 진찰을 받은 아동 중 약 60%는 추후에 학대로 인한 재진을 받는다. 아동학대 피해자 중 약 10%는 지속적인 학대로 사망한다. 응급실에 있는 아동 중 10%는 사고가 아닌 고의적인 상해로 인한 것이다. 학대로 인한 상해는 모든 사회경제적 계층에서 발생하지만 치명적 학대는 빈곤층에서 가장 흔히 일어난다. 모든 인종과 민족의 아동은 아동학대를 경험한다.

아동의 성적 학대 비율은 1990년대 이후 62% 감소했다(Finkelhor & Jones, 2012). 이러한 결과는 기관 자료 3건과 대규모 피해자 조사 4건을 근거로 한다(Finkelhor & Jones, 2012). 그러나 이러한 감소 현상이 신체적 학대와 같은 아동학대의 형태에서는 나타나지 않았다. 감소 현상이 나타난 이유는 복잡, 다양하며, 더 나아진 인식과 예방 프로그램과 같은 요인이 작용했을 것이다.

애완동물 학대

연구에 따르면, 종종 애완동물 학대가 아동학대와 더불어 발견되곤 한다(Arkow, 1998; Levitt, Hoffer, & Loper, 2016). 자신의 자녀를 학대하는 성인은 아동이 소중히 여기는 애완동물 또한 학대하는 경향이 있다. 특히 성적인 학대인 경우, 학대자는 종종 학대에 관한 비밀 유지를 위해 아동에게 애완동물을 해하거나 죽이겠다고 협박한다. 또한 배우자 학대와 애완동물 학대 사이에는 상관관계가 있다. 한 연구에서 여성 쉼터에 있는 절반 이상의 피해자가 자신의 파트너에 의해 애완동물이 해를 입거나 죽임을 당했다고 보고했고, 집에 남겨진 그들의 애완동물이 해를 입을까 하는 두려움 때문에 여성 쉼터에 오는 것이 늦어졌다고 보고했다(Ascione, 1997). 추가 연구에서는 폭력적인 사람은 일반적으로 동물에 대한 잔인함을 보이며, 특히 애완동물이나 유기 동물을 학대한다고 보고했다(Merz-Perez, Heide, & Silverman, 2001). Levitt, Hoffer와 Loper(2016)의 연구에서는 동물학대로 기소된 성인 남성 범죄자 150명 중 144명은 동물학대 전후로 다른 범죄 행위가 나타난다고 보고했다. Levitt 등의 연구에서는 미국 전역의 경찰서, 동물관리기관, 지역 변호사 사무실 등에서 성인 남성에 의한 동물 학대 및 방치 사건이 400여 건에 이른다고 보고했다. 18세 미만 남성의 경우 소년원 범죄 기록이 공개되지 않기 때문에 연구에서 제외되었으며, 여성의 경우에도 사례가 많지 않기 때문에 제외되었다.

Levitt 등의 연구에서는 동물학대를 공격적 · 수동적 · 성적 학대의 세 가지 유형으로 나누었다. 공격적 및 수동적 유형은 독자들이 흔히 들어 본 것이겠지만, 세 번째 유형은 다소 놀랄 수도 있다. 공격적 학대는 목조르기, 발로 차기, 구타하기, 찌르기, 태우기, 절단하기를 포함하다. 수동적 학대는 적절한 음식, 물, 보금자리, 치료 등을 제공하지 않는 것을 의미한다. 성적인 학대는 물건을 이용하여 질, 항문, 구강 삽입 등의 행위 및 성적인 만족을 위해 동물을 죽이거나 다치게 하는 등의 광범위한 행동을 의미한다(Vermont Humane Federation, 2017).

Levitt 등(2016)의 연구에 의하면, 적극적 학대 행위로 체포된 사람의 50% 이상이 가정 폭력을 포함한 대인 폭력으로 체포된 전력을 가지고 있었다. 더욱이 동물을 대상으로 한 성적 학대로 체포된 사람의 1/3이 성폭력 행위로 체포된 전력이 있었으며, 피해자의 대부분은 18세 미만이었다. 수동적 학대와 범죄 행동 사이의 구체적인 관계는 명확하지 않다.

지금까지 동물의 성적 학대에 대한 연구는 거의 이루어지지 않았다. 그러나 2016년부터 전국 사건기반 보고 시스템(National Incident-Based Reporting System: NIBRS)은 투견에서부터 동물에 대한 성학대에 이르기까지 동물학대와 관련된 자료를 모으기 시작했다. DeGloria(2015)의 연구에 따르면, 동물학대에 대한 자료 수집을 확대한 이유는 FBI 수사관이 연쇄 성범죄자 중 동물에 대한 성적 학대를 자행하는 비율이 높다는 것을 발견했기 때문이다. 동물학대의 다양한 형태와 사람에 대한 폭력 행위 사이에 명확한 연관성을 고려할 때, 이 주제에 대한 지속적인 연구가 필요하다.

가정 폭력의 역학

학대 가정은 사회적 · 재정적 · 정서적 지지를 위한 가족과 친구가 부족하고 사회적으로 고립되는 경향이 있다. 학대 가정은 가족 상황이 대개 불안하고 성인 구성원 간의 좋지 않은 관계, 원치 않은 아이, 재정적 제약, 알코올이나 약물 남용, 도망갈 곳 없이 갇혀 있는 느낌이 드는 상태 등의 특징을 가진다. 학대를 하는 남성은 대개 충동적이고 미성숙하며 쉽게 짜증을 내며, 자신이 '가장'이기 때문에 여성을 지배할 권리가 있다고 믿는다. 그러나 모든 가정 폭력이 이러한 통제 욕구에 기반을 둔 것은 아니다. 성인 폭력과 관련된 자료와 개념을 이 장의 앞부분에서 다루었다. 이 절에서는 아동을 대상으로 자행되는 폭력에 초점을 둘 것이다.

학대와 관련된 심리적 요소는 성별에 따라 차이가 있지만, 사람에 따라서도 다를 수 있다. 학대하는 남성은 만약 여성이 일을 하게 되어 자신이 주요 양육자가 되는 경우, 자신의 전통적인 남성 역할과 자존감을 잃게 되었다고 생각하여 더 폭력적이 된다. 여성 학대자는 과도하게 스트레스를 받고, 우울하고, 욕구불만인 경향이 있다. 특히 아기나 아동의 울음 또는 지저분한 기저귀는 남성과 여성 학대자 모두에게 학대를 촉발시키는 요인이 된다.

오랜 세월 동안 그녀의 가족과 친척들이 사는 곳에서 멀리 떨어진 작고 허름한 아파트에서 3세 미만의 아이 셋(18개월 된 쌍둥이 포함)을 양육하는 젊은 이혼 여성이 정부의 지원을 받고 생활을 하고 있었다. 지원금이 제때 지급되지 않아 그녀는 아파트 난방을 할 수 없었으며, 충분한 식료품을 살 수도 없었다. 집 전화와 전기는 차단되었고, 집 주인은 그녀를 쫓아내겠다고 위협을 했다. 쌍둥이 중 한 아이가 끊임없이 울기 시작할 때 그녀는 이성을 잃어버리고 아이를 때리기 시작했다. 아이는 심각한 멍이 들고, 거의 팔이 부러질 정도로 맞았다. 이러한 사건은 종종 매체를 통해 보도되기도 하며 그 사례가 많기 때문에 서비스를 제공하는 봉사자의 관심 또한 집중된다.

학대 경험과 피해 아동의 추후 정신질환 사이의 관련성은 불확실한 부분이 있다(Knapp & VandeCreek, 2000).

> 긍정적 부모상, 학대 후의 신속한 치료, 강건한 성격 또는 강한 사회적 관계 등의 완화 요인의 영향에 대해서는 알려진 바가 거의 없다. 마찬가지로 부정적인 부모상이나 학대 후에 비난을 받거나 치료를 받지 못한 경우, 취약한 성격인 경우, 혹은 사회적 관계가 없는 경우 등의 악화 요인의 영향에 대한 연구도 필요하다(Knapp & VandeCreek, 2000, p. 370).

유아살해, 신생아살해 그리고 자녀살해

부모가 그들의 어린아이를 죽이거나 죽이려고 할 때 공포감이 들기 마련이다. 이런 일은 드물기는 하나 불가피하게 언론의 큰 관심을 끌게 된다. 수년 전에 일어났지만 충격적이며 여전히 우리에게 익숙한 Andrea Yates는 그녀의 다섯 아이를 욕조에서 익사시켰다. 5장에서 언급했듯이, 그녀는 정신이상이라는 이유로 무죄 판결을 받았고, 정신병원에서 치료를 받고 있다. 또 다른 비극적인 사건으로 당시 변호사였던 Joel Steinberg는 그의 부인인 Hedda Nussbaum과 불법적으로 입양한 6세 소녀 Lisa를 구타했으며, Lisa는 병원에 입원한 후 얼마 되지 않아 상해로 인해 사망하였다. 또한 불법적으로 그들이 돌본 어린 소년은 침대에 묶인 채 발견되었으며, 그 아이는 생모에게 돌려보내졌다. 12년간 Steinberg와 함께 산 Nussbaum은 심각하게 학대를 당했으며 그녀는 매 맞는 여성이 전형적으로 보이는 것과 유사한 증상을 보였다. Nussbaum은 처음에는 기소되었지만, Steinberg에 대한 증언 후 불기소 처분을 받았다. 두 사람 모두 약물 중독자였으며, 아이들을 신체적 · 정서적으로 방임하였다. 죽기 전 학교에서 찍은 사진에서 Lisa는 눈 밑에 다크서클이 있는 매우 슬픈 모습을 하고 있었다. Steinberg는 이후 변호사 자격을 박탈당했으며 고의적 살인으로 유죄를 선고받았다. 그는 17년간 감옥에서 생활하다 2004년에 가석방되었다. Nussbaum은 개명한 후 얼마 지나지 않아 다른 주로 이사를 하였다.

약 1,200~1,500명 정도의 어린아이가 매년 부모 혹은 다른 사람에게 살해당하며, 이는 미국 내 살인 사건의 약 12~15%를 차지한다(Child Welfare Information Gateway, 2012; Emery & Laumann-Billines, 1998). 2015년 전국적으로 12세 미만의 1,070명의 아동이 학대로 인해 사망했으며, 미국 인구 10만 명당 2.25명의 비율로 아동이 방임되는 것으로 추정된다(DHHS, 2017).

2015년 학대와 방임으로 인한 아동 사망자의 약 3/4(74.8%)이 3세 미만이었으며, 그중 대부분이 1세 미만이었다. 남자아이들이 여자아이들보다 사망률이 다소 높은 것으로 나타났다(여자아이는 10만 명당 2.09명의 비율로 사망하는 데 비해 남자아이는 10만 명당 2.42명의 비율로 사망한다). 아동 사망의 42%는 백인이며, 31%는 아프리카계 미국인, 15%는 히스패닉이었다. 아프리카계 미국인의 사망률은 백인 아이들보다 2.5배 높았으며, 히스패닉 아이들보다 3배나 높은 것으로 나타났다. 5세 미만의 아동의 경우 살인의 대부분이 부모에 의한 것이었다. 33%는 아버지에 의해, 30%는 어머니에 의해 살해되었으며, 5세 이하의 아동 중 가해자가 부모가 아닌 경우는 대부분 남성 범죄자에 의해 살해되었다(Cooper & Smith, 2011, pp. 6-7).

말 그대로 유아를 살해한다는 의미의 용어인 **유아살해**(infanticide)는 2세까지의 아동을 살해하는 것을 의미한다. 태어난 지 24시간 이내에 유아를 살해하는 엄마와 좀 더 나이가 든 아동을 살해하는 엄마 사이에는 유의미한 차이가 있기 때문에, 조사 및 임상 문헌에서는 두 가지 추가적인 용어가 사용된다. **신생아살해**(neonaticide)는 태어난 지 24시간 이내에 유아를 살해하는 것을 말하며, **자녀살해**(filicide)는 태어난 지 24시간 이상 된 유아를 죽이는 것을 말한다. 신생아살해는 법적 장면에서 거의 사용되지 않는다는 점에 유의해야 하며, 유아살해는 일반적으로 입법자와 법률학자들이 선호하는 법률 용어이다(Nesca & Dalby, 2011). 다시 한번 정리하면, 법 체계에서 유아살해는 2세까지의 아이들을 살해하는 것을 일컫는다. 연구자들이 범죄자의 심리적 동기 차이를 구별하기 위해 이 용어를 사용했기 때문에 우리는 이 절에서 신생아살해라는 용어를 사용할 것이다. 더욱이 거의 모든 연구에서는 남성보다 자신의 아이들을 살해하는 여성에 초점을 맞추고 있다.

신생아살해를 저지르는 엄마는 젊고, 자신의 임신을 거부당하거나 숨겨야만 하는 미혼모이거나 가족과 사회의 반감 혹은 거부를 두려워하는 경향이 있다(Dobson & Sales, 2000). 자녀(태어난 지 1일 이상 2세 이하)살해범인 엄마는 좀 더 나이가 있으며 기혼이고 종종 우울증 증상을 보인다. 후자의 경우, 그들은 스스로를 절망적이고 끔찍하다고 지각한다. 그들은 아동을 죽이는 것이 이러한 부정적 조건에서 사는 데 따르는 잠재적 고통과 아동의 괴로움을 막는 유일한 길이라고 믿는다. 그러나 엄마가 하나 혹은 그 이상의 아이를 죽이거나 죽이려고 시도할 때 엄마들의 나이에 의한 차이는 나타나지 않는다.

전통적으로 자신의 아이를 살해하는 여성은 법적 제도와 주위 사람의 시선에 의해 심각한 정신적 문제로 고통을 받는 것처럼 여겨진다. 살해당한 아이가 영유아일 경우 그들이 보이는 심각한 정신적 문제에 대한 의학적 진단의 대부분이 '산후우울증'이다. 우울증의 발병은 출산에 따른 것이라고 믿어진다. 정신적 반응의 세 가지 범주는 출산 후에 나타난다는 것을 인식하는 것이 중요하다. 그 세 가지 범주는 산후우울감(postpartum blues), 산후우울증(postpartum depression), 산후정신병(postpartum psychosis)이다(Dobson & Sales, 2000). 가장 흔히 나타나는 증상으로는 산후우울감으로 주로 울고, 짜증이 나 있으며, 불안, 혼란 및 기분의 급변화 등의 증상이 나타난다. 대략 여성의 50~80%는 출산 후 1~5일 사이에 산후우울감의 가벼운 증상을 보인다(Durand & Barlow, 2000). 증상은 최소 몇 시간에서 며칠까지 지속되며 명백히 출산과 연관된다. 연구자들은 그 증상이 12일 이상 지속되지 않는다고 지적하지만 출산은 아닐지라도 심한 소진은 더 긴 기간에 걸쳐 우울감을 지속시킬 수 있다. 문헌에서는 산후우울감과 유아살해 간의 연관성을 뒷받침하지 못한다. Dobson과 Sales(2000)는 다음과 같이 언급했다.

> 이러한 정신장애가 신생아살해 혹은 자녀살해의 주원인으로 작용하는 것 같지는 않다. 이는 발병 시기가 늦어 신생아살해를 하는 여성의 정신 상태에 영향을 주지 않기 때문이다. 또한 10일 미만의 짧은 기간 동안 주 증상이 나타나기 때문에 산후 1년 동안 언제든지 발생할 수 있는 자녀살해에 영향을 미치기에는 그 기간이 너무 짧다(p. 1105).

Dobson과 Sales은 유아살해의 절단점을 2년이 아닌 1년에 두고 있다.

산후우울증은 산후 몇 주 혹은 몇 달에 걸쳐 나타난다. 이 증상은 우울증, 식욕 감퇴, 수면장애, 피로, 자살 사고를 포함하고, 새로 태어난 아이에게 무관심하며, 삶의 흥미가 떨어진다. 산후우울증의 여성은 새로운 아이의 탄생으로 행복해야 할 때 우울해하는 것으로 인해 죄책감을 느낀다. 북미에서 출산 여성 사이에서 이러한 증상의 발병률은 7~17%이다(Dobson & Sales, 2000). 하지만 산후우울감과는 대조적으로 산후우울증은 출산과 직접적인 연관이 없고, 출산 전이나 인생 전반에 걸쳐 반복적으로 발생하는 우울증의 임상적 형태와 더 관련이 있다. 산후우울증을 지닌 여성은 유아살해를 저지를 수 있지만, 연구에 따르면 이것이 출산 후에 빈번히 일어나는 일이 아니기에 유아살해의 직접적인 원인이 되지는 않는다.

산후 기간 동안의 정신적 문제로 야기되는 세 번째 범주는 출산 후 여성 천 명당 1명꼴로 드물게 발생하는 극심한 정신적 장애인 산후정신병이다. 일반적으로 이런 정신병 환자의 특징은 심각한 양극성 우울증의 증상과 매우 유사하며 출산과 직접적인 연관이 있는 것으로 나타났다. 수년 전에 젊은 엄마가 총을 가지고 와서 그녀의 3개월 된 아이를 살해하였다. 이러한 비극적인 사건이 발생하기 몇 주 전, 그녀는 그늘이 드리워진 집에 남아 있었으며, 정신건강 서비스를 받아 보라는 남편의 부탁을 거절하였다. 검사는 그녀가 산후정신병을 앓고 있지 않다는 것을 증명할 정신건강 전문가를 찾을 수 없었기 때문에 그녀를 기소하지 않았다. 일부에서는 이를 검사의 재량권 남용이며 그 여성이 호의적인 대우를 받았다고 생각하지만 검사는 변호인이 산후정신병의 존재를 증명해 주는 정신건강 전문가를 쉽게 찾을 수 있을 것으로 생각했다.

Dobson과 Sales(2000)에 따르면, "많은 역학 조사는 산후정신병과 출산 간의 명백한 연관성과 과학적 증거를 제시한다"(p. 1106). 때때로 정신병은 엄마가 자신의 자녀와 함께 죽으려 하는 동반자살 미수의 충분한 원인이 될 수 있다(Kendall & Hammen, 1995). 자녀살해를 하는 많은 여성(약 20~40% 정도)이 산후정신병을 앓고 있다는 자료가 있다(Dobson & Sales, 2000).

Nesca와 Dalby(2011)는 많은 유아살해(신생아살해와 자녀살해) 또한 PTSD의 결과라고 주장한다. 그들은 연구에서 출산 후 PTSD 발병률이 24~33%로 나타났다고 지적했다. 더 나아가 범죄 관련 종합적 연구 결과, 우울증과 결합된 PTSD가 이러한 연구의 주요한 임상적 발견이라고 주장하였다. 이러한 연구 결과는 유아살해를 설명하는 또 다른 흥미로운 해석이지만 잠정적인 결론을 도출하기 전에 더 많은 연구가 필요하다.

전반적으로 소수의 유아살해는 우울, 절망 혹은 정신병을 앓고 있는 엄마에게서 이루어진다. 신생아살해의 경우 일반적으로 임신 사실을 숨기려고 하는 여성에 의해 자행되는데, 그들은 출산 후 병원을 빠져나와 원치 않는 아기를 익사, 질식 등의 방법으로 살해한다(Porter & Gavin, 2010, p. 99). 그러나 현실은 아기의 아빠나 엄마의 아버지 같은 또 다른 어른들도 아기의 죽음에 책임이 있다는 것이다. 어떤 경우에는 아기의 아빠가 엄마의 아버지인 경우도 있다.

유아살해의 경우 엄마의 정신병으로 인해 정상적인 생활을 하지 못하는 것으로 그 원인을 설명하는 경우는 드물다. 유아살해는 우는 아동을 빨리 조용히 시키기 위해 범죄 행동을 하거나 위험한 환경에서 아동을 방임하는 것과 같은 행동에 의해 생길 수 있다. 이 경우 과실치사로 기소되거나 판결될 가능성이 높다. 이들이 죽음에 대한 고의성을 가지고 있지는 않지만, 죽음에 대한 책임은 여전히 존재한다.

뮌하우젠 증후군

뮌하우젠 증후군(Munchausen syndrome by proxy: MSBP)은 현재 나타나는 증상이나 '실제로' 의학적 질환이 없이 부모(대개 엄마)가 일관적이고 만성적으로 아동에게 의학적 진료를 받게 하는 아주 드문 아동학대의 한 유형이다. "성인 뮌하우젠은 증상을 허위로 말하고 의식적으로 자해하여 상처를 내거나 의학적 치료를 지속하려는 특징을 가지고 있다." (Robins & Sesan, 1991, p. 285) 뮌하우젠 증후군이라는 용어는 런던의 내과 의사인 Richard Asher(1951)가 의학적 검사, 수술, 치료가 필요 없음에도 불구하고 계속하여 잘못된 이야기를 만들어 내는 환자를 묘사하기 위해 만든 용어이다. Asher는 1720년에 태어난 유명 정치가이자 독일 군인이었던 Baron von Munchausen에서 이 증후군의 명칭을 따왔다(Dowdell & Foster, 2000). Asher는 Munchausen이 자신의 내과 주치의를 포함해 지인과 친구에게 용맹했던 군대 시절에 대한 이야기와 놀라운 여행에 관한 이야기를 꾸며낸 것에 착안하여 그러한 거짓 이야기를 만들어 내는 행동을 두고 von Munchausen의 이름을 따서 불렀다(Raspe, 1944). 오늘날 연구자들은 뮌하우젠 증후군의 대체 용어로 '의학적 아동학대'라는 용어를 주로 사용한다(Yates & Bass, 2017).

대리에 의한 뮌하우젠 증후군은 아동의 현재 증상이 위조되거나 부모에 의해 유도된 것을 말한다. 사실 '대리에 의한(by proxy)'이라는 용어는 의료진에게 현재의 증상에 관해 부모가 자녀를 대신해 대리적으로 큰 영향력을 가진다는 것을 의미한다. 가장 일반적인 증상은 발작, 성장 실패, 구역질, 설사, 천식/알레르기, 감염 등이며, 아동의 상태를 염려하는 부모에 의해 보고된다(증상에 대한 기술은 Sheridan, 2003, pp. 441-443 참조). 부모는 증상을 유발하기 위해 아동의 대변에 지방을 넣고 아이들을 굶기기도 하며, 실험실에 표본으로 가져갈 아동의 소변에 혈액을 떨어뜨리거나 오염 물질 또는 유독성 물질을 아동의 혈액에 주입한다(Murray, 1997; Pearl, 1995).

뮌하우젠 증후군은 모든 사회경제적 계층의 가정에서 발견되며 피해자는 대개 6개월에서 8세까지의 어린아이이다. 남녀 모두 동일하게 피해자가 될 가능성이 있는 것으로 나타났다. 연속적인 뮌하우젠 증후군(serial MSBP)은 한 가정에서 한 명 이상의 아동이 연루된 경우를 말한다(Alexander, Smith, & Stevenson, 1990).

뮌하우젠 증후군의 사례는 보통 '과하게 관여하는' 엄마와 '정서적으로 냉담한' 아빠 혹은 아빠가 없는 경우에 주로 나타난다. 이 증후군을 가진 아동의 엄마는 종종 정서적인 공허함과 외로움을 호소하고, 자신의 아동기와 초기 성인기 동안에 종종 두드러지게 정서적 · 신체적 · 성적 학대의 경험이 있는 것으로 밝혀졌다(Robins & Sesan, 1991). 이러한 아동의 엄마는 다른 사람들이 보기에는 자녀에게 매우 관심을 가지며, 헌신적이고, 염려하고, 애정을 쏟는 것처럼 보인다. 그러나 그녀는 동시에 아이의 병에 과보호적이고 강박적으로 보이기도 한다(Brown, 1997; Voltz, 1995).

문제가 되는 엄마는 종종 의학적 상황에 대한 지적 수준이 높으며, 의료 과정과 진단에 매우 큰 관심이 있고 스스로 건강에 관해 전문인이 된다. 치료 혹은 의학적 검사 동안 아동의 곁에서 떠나기를 매우 꺼리거나 아동에게 항상 관심을 기울일 때 뮌하우젠 증후군의 징후에 대해 의심을 해 봐야 한다. 많은 경우가 이에 해당하지만 모든 경우가 같다고 할 수는 없다. 이보다 더 확실한 징후는 아동이 치료에 반응을 보이지 않거나 지속적이고 설명되지 않는 예상 외의 의학적 증상이 되풀이되는 것이다. 또 다른 징후는 실험실의 결과와 증상학이 대단히 비정상적이고 의학적인 지식과 부합하지 않는 것이다. 뮌하우젠 증후군에 대한 검증은 의심되는 가해자와 피해자가 분리된 후 증상이 사라졌을 때 확인될 수 있다(Sheridan, 2003).

뮌하우젠 증후군과 관련한 많은 사례가 연구를 통해 보고되고 있으나, 실제 질병에 의해 아픈 것과 날조된 것을 구별하기는 어려우며, 아동학대의 비정상적인 유형에 관한 지식이 일반적으로 부족하기 때문에 이 증후군의 발병률은 결정하기 어렵다. 대략적으로 1세 미만의 유아 10만 명당 2~2.8명, 16세 이하 아동 10만 명당 0.4명가량 나타나는 것으로 추정된다(Ferrara et al., 2013; Schreier, 2004; Sharif, 2004). Ferrara 등은 몇몇 연구에서 이 장애에 대한 발병률이 높게 나타난다고 보고했다. 게다가 뮌하우젠 증후군의 피해자인 아동의 사망률은 질식과 독극물에 의한 사망을 포함할 때 6~10%가량으로 나타났다(Ferrara et al., 2013). 독극물에 의한 사망은 부모 혹은 보호자가 아이를 아프게 하기 위해 독이 든 물질을 강제로 먹이거나 주입할 경우 발생할 수 있다. 질식은 호흡기 질환을 일으키는 물질이나 약물을 강제로 섭취하도록 할 때 발생할 수 있다.

또한 몇몇의 사례에서 '대리(proxy)'가 가족의 애완동물로 보고되기도 한다(Tucker, 2002). 천 명의 수의사에게 고의로 인한 상처를 입은 동물에 대해 물어보았는데, 소수의 응답자는 일부 애완동물의 주인에 의해 저질러진 뮌하우젠 증후군을 만났다고 응답하였다. 다른 말로 하면, 일부 애완동물의 주인은 자신의 애완동물을 고의로 다치게 하고 동정심과 의학적 관심을 받는다.

대부분의 경우 아동보호 체계는 뮌하우젠 증후군이 의심될 때 시행을 하지만 그 행위가 심각한 상해나 아동의 죽음을 발생시키는 정도가 아니라면 거의 형사 고발이 되는 경우는 드물다. 법정 심리학자는 이 경우에 아동 보호와 기소 단계에 개입할 수 있다. 만약 부모가 그 행위를 멈출 수 없거나 중단하기를 꺼린다면 아동은 효과적인 개입이나 부모 간의 적절한 협의가 있을 때까지 집에서 떨어져 있어야 한다. 형사 고발을 할 정도로 심각한 수준이라면 법정 심리학자는 법원이 임명한 평가자가 될 수 있는데, 이는 법원으로부터 관련 정보를 제공해 달라는 요청을 받는 것을 의미한다(Sanders & Bursch, 2002). 1장에서 언급했듯이 많은 주에서는 이런 유사한 서비스를 법원에 제공하는 사람들의 경우 특별한 교육과 자격이 요구된다는 점을 기억해야 한다(Heilbrun & Brooks, 2010).

뮌하우젠 증후군의 사례에서 심리학자는 아동과 뮌하우젠 증후군 혐의가 의심되는 부모의 모든 이용 가능한 의료 기록을 검토해야 하며, 부모와 아동의 심리평가를 수행해야 한다. Sander와 Bursch(2002)에 따르면, 자신의 아이들의 병을 조작하는 상당수의 여성이 자신에 대한 입증되지 않은 많은 질병에 대해서도 호소한다. 형제들도 뮌하우젠 증후군에 영향을 받을 수 있기 때문에 이에 대한 평가가 필요하다. 대부분의 사례에서 법원은 아동학대가 발생했다는 증거가 있는지 여부, 아동학대의 결과로 아동이 어떠한 피해를 입었는지에 대해 관심을 가질 것이다. 법원은 또한 가해자에 대한 치료 선택권과 권고되는 관리 혹은 치료 프로그램에 대해 관심을 가진다. 법정 지침에 따라 심리학자들은 평가와 치료 제공의 두 가지 역할을 모두 수행하는 것은 피해야만 한다.

학대로 인한 머리 외상

아동학대의 다른 유형으로 이전에는 **흔들린 아기 증후군**(shaken baby syndrome: SBS)으로 알려진 **학대로 인한 머리 외상**(abusive head trauma: AHT)을 들 수 있다. 이것은 부모 혹은 보모가 아기를 흔들어서 심각한 뇌 손상을 일으키는 것이다. 뇌 손상은 지적장애, 언어와 학습 장애, 시각의 상실, 마비, 발작, 청각 상실 혹은 죽음의 원인이 된다. 흔들기, 갑자기 잡아당기기, 갑자기 거칠게 움직이기 등으로 인한 갑작스러운 척추의 움직임에 의해 아기의 뇌와 혈관은 망가지기 매우 쉬우며 쉽게 손상될 수 있다. 아기의 목 근육은 머리를 움직이기에 충분히 발달되지 않은 상태이며, 머리의 급속한 움직임은 두개골 벽에 충격을 주어서 머리에 손상을 일으킬 수 있다.

흔들린 아기 증후군은 사건에 관한 목격자가 없다면 진단하기가 어렵다. 많은 의료진은 흔들린 아기 증후군을 보이는 많은 아기가 추락, 호흡 곤란, 발작, 구토, 의식 변성 상태로 인한 의학적 진단을 받고자 내원한다고 보고한다. 이런 경우 부모 혹은 보모는 아기를 흔들었다고 인정하지만 단지 자신의 아기를 살리기 위해 이 행위를 했다고 진술한다. 흔들린 아기 증후군으로 진단을 내리기 위해서는 내과 의사가 망막의 출혈이나 망막박리, 뇌출혈, 그리고 뇌 조직에서 체액이 과도하게 축적되어 머리 크기가 커졌는지를 확인해야 한다. 고정된 동공, 비활동적이고 숨쉬기에 문제가 있는 것이 그 증거이다. 아기를 어떻게 흔드느냐에 따라 척수 손상과 갈비뼈 골절 또한 발생할 수 있다.

흔들린 아기 증후군의 빈도에 관한 완벽한 통계 수치는 없지만, 뇌 손상이 학대받는 아동의 죽음과 장애를 야기한다는 점(Dubowitz, Christian, Hymel, & Kellogg, 2014), 그리고 아기를 흔드는 것이 아기의 죽음과 장애의 많은 부분을 차지한다는 점에는 의견이 일치한다(Duhaime, Christian, Rorke, & Zimmerman, 1998; Showers, 1999; Smithey, 1998). Russell(2010)은 흔들린 아기 증후군으로 진단받은 아이들 중 약 30%가 부상으로 인해 사망하였고, 15%만이 지속적인 영향 없이 생존했다고 보고했다. Ellis와 Lord(2002)는 학대와 방임과 관련된 모든 유아 사망의 10~12%가 흔들린 아기 증후군에 기인한다고 추정했다. 더 나아가 가해자의 70~80%는 남성으로 대개 아동의 부모였다(Child Abuse Prevention Center, 1998; Ellis & Lord, 2002). 범죄자는 대개 20대 초반이었다(Showers, 1997). 남자 아기와 여자 아기 모두 똑같이 희생되었고 모든 사회경제적 계층에서 발생하는 것으로 나타났다. 아기의 끊임없는 울음이나 먹기, 배변 문제에서 비롯된 불만이 극심한 흔들기를 유발하는 것으로 보고된다. 아기 흔들기의 위험성에 대한 가해자의 무지가 전형적이며, 이들의 대다수가 취약한 자녀 양육 기술을 가지고 있다. 오늘날 많은 병원에서는 부모가 출산을 하여 병원을 퇴원하기 전에 유아 보육이나 학대로 인한 머리 외상에 관한 교육 영상을 시청하도록 한다.

억압된 기억 및 회복된 기억

20세기 후반에 법정 심리학에서 가장 논란이 되어 온 주제는 학대나 다른 범죄에 관한 '잃어버린' 기억(lost memory)이 나중에 다시 회복될 수 있는지에 대한 것이다. 중요한 기억이 묻혀 있다가 갑자기 되살아난다는 것에 대한 회의론이 있지만, 오늘날의 일부 연구자에게는 이 주제가 큰 관심사로 남아 있다(예: Alison, Kebbell, & Lewis, 2006). 이것은 종종 **억압된 기억**(repressed memory), 회복된 기억(recovered memory), 또는 가끔씩 거짓된 기억(false memory, 보고된 기억 자체의 타당성에 대해 의문이 있음)이라고 불린다. 이에 대한 격렬한 논쟁('기억에 관한 전쟁'이라고 알려짐)이 특히 1990년대에 크게 대두되었으며, 이 시기에 아동 성학대와 사탄 숭배 의식에 대한 억압된 기억에 관한 보고가 급격하게 증가하였다(Padhis, Ho,

Tingern, Lilienfeld, & Loftus, 2014). 한쪽에서는 정신적 외상 사건에 대해 기억이 억압되어 오랫동안 접근할 수 없으며, 게다가 억압된 기억은 그 사람이 심리적으로 안전하다고 느낄 때 숙련된 치료를 통해 완전하고 정확하게 회복될 수 있다고 확신하였다. 그 논쟁의 반대쪽에서는 억압된 기억의 존재는 불가능하며 의문스러운 것이라고 믿었다. 또한 학대에 관한 회복된 기억은 때때로 치료사의 부주의로 만들어진 거짓 기억이라고 주장했다.

억압된 기억의 개념은 Freud(1915/1957)에서부터 많은 사람에 의해 논의되어 왔으며, Freud가 이 개념을 공론화하는 데 가장 큰 영향을 미친 사람임은 분명하다. Freud는 "억압의 본질은 어떤 것을 의식에 담기를 거부하는 것"(p. 105)이라고 기술하였다. 우리는 불안과 공포를 최소화하기 위해서 무의식적으로 고통스럽거나 극도로 혼란스러운 문제를 의식에서 밀어내어 버리며, 이를 무의식화하게 된다고 가정한다. 최근의 임상적 견해에서는 억압이라는 용어를 넓은 범위의 인지적 작용을 포괄하는 것으로 정의한다.

> 억압은 불쾌한 정서와 관련된 무엇인가를 의식에서 밀어내는 것이다. 이 '무엇인가'는 기억(혹은 기억의 일부), 환상, 사고, 아이디어, 느낌, 소망, 충동, 관계 등이 될 수 있다(Karon & Widener, 1999, p. 625).

억압은 어떤 개인에게 외상으로 인한 기억의 손실(기억상실증)이나 타인에 대한 부분적이고, 파편화된 기억을 포함한다.

Freud(1915/1957)(그리고 많은 동시대의 의학 전문가)에 따르면, 억압이나 침몰된 기억은 심리치료나 꿈 해석, 최면 또는 다른 '기억 회복법'에 의해 회복될 때까지 무의식에 오랜 시간 동안 머물러 있다. 많은 개인의 이러한 억압된 기억은 성공적으로 회복되지 않으며, 그들의 전 생애에 걸쳐 심리적 문제를 야기하여 막대한 타격을 초래할 가능성이 높다. 많은 임상 전문가는 상담이나 치료 중에, 특히 초기 아동기의 학대에 대한 기억과 관련된 많은 형태의 억압을 관찰했다고 주장하였다. 이와 반대 입장에 있는 인지과학자는 '진짜' 억압이 발생하는 빈도와 그것이 어떻게 그리고 왜 일어나는지에 대한 임상적 가정에 대해 의문을 제기한다.

법정은 억압된 기억과 관련된 많은 사례를 접하고 있다. 민사 혹은 형사 법정에서 자신이 학대(특히 성적 학대)의 피해자라고 주장하는 사람은, 처음에는 이런 외상적 기억을 잊어버리고 있다가 치료가의 도움이나 최면 혹은 다른 탐색적 방법에 의해 기억을 되찾았다고 주장한다. 법정에서는 억압되어 있다 회복된 기억을 '지연된 발견(delayed discovery)'이라고 부른다. 학대자로 혐의를 받는 사람들(종종 아버지나 다른 가족 구성원)은 그들의 학대 사실을 부인하며, 피해자의 잘못된 기억이 심리치료사나 조사자 및 평가자에 의해 세뇌된 것이라고 주장한다(Partlett & Nurcombe, 1998). 이러한 기억의 정확성은 법정에서 증언하는 전문가들 사이에서도 거의 30년 이상 논쟁의 중심이 되어 왔다. Patihis, Ho, Tingern, Lilienfeld와 Loftus(2014)가 지적한 바와 같이, "법정에서 기억에 대한 신뢰가 억압된 기억에 대한 증언을 증거로 인정하느냐의 여부를 결정한다"(p. 519).

범죄 기소는 공소시효가 만료된 후에는 더 이상 성립될 수 없다(Stonger v. California, 2003). 공소시효(statute of limitations)는 범죄의 기소 및 민사 소송에 대한 법적인 시간 제한을 뜻한다. 형사 사건의 경우 살인을 제외한 범죄 사건에서 공소시효는 사건 발생 후 1~3년이며 그 기간 동안에는 공소가 유지된다. 민사 사건의 경우는 고소가능한 기간은 다양하지만 일반적으로 몇 년 미만이다. 그러나 많은 주에서는 성적 학대가 문제시되었을 때 특히 민사 사건에서 공소시효 기간을 연장하기 시작하였다. 억압된 기억이 화제가 되지 않더라도 성학대 피해자가 법정에 나오기까지 몇 년의 기간이 걸릴 수도 있다는 점을 인정한 것이다. 이러한 공소시효의 연장을 지지하는 사람들은 성적 학대의 피해자들에 대한 정의 구현이 필요하다고 생각하지만, 지지하지 않는 사람들의 경우 형사 및 민사적 판단 오류로 인해 기소된 사람들에게는 불공정한 처사라고 주장한다.

민사와 형사 사건에서 변호인은 검사 측 증언이나 고소인의 증언에 맞서 전문 증언가를 증언자로 내세운다. 그들은 원본 보고서가 어떠한 상황에서 도출되었는지, 조사관 및 기타 전문가들의 조사 방법에 대한 질문에 초점을 맞춘다(Berliner, 1998). 일부 피해자는 심리치료사의 반복된 강조와 최면 등과 같은 기억 회복법에 따라(종종 갑작스럽게) 자신이 부모나 형제, 친척 또는 낯선 사람에게 성적으로 학대를 당했다는 기억을 하도록 유도된다. 이러한 학대가 자신의 부적응 혹은 현재의 어려움에 핵심 요소가 되며 가해자를 처벌해야 한다고 확신하는 상당수의 피해자는 법정, 주로 민사 재판에서 법적 보상을 모색한다. 이러한 회복된 기억이 어떤 사건에서는 근거가 될 수 있지만, 이 주장들이 법적 단계로 넘어가기 전에 법정 심리학자에 의해 면밀히 검토되어야 한다. Lilienfeld와 Loftus(1998)는 "외상적 기억이 장기간(수년 혹은 수십 년) 억눌려 있다가 손상되지 않은 형태로 갑자기 떠오른다는 것은 최근 임상 심리학에서 가장 논란이 되는 부분이다."(p. 471)라고 기술했다(억압된 기억에 대한 사례는 〈Focus 11-1〉 참조).

억압된 기억이 임상적 상황에서 얼마나 자주 발생하는지에 대한 보고는 아직 부족하다. 그럼에도 불구하고 이제까지 수행된 몇몇 연구를 보면, Polusny와 Follette(1996)는 심리학자의 72%가 '억압된' 기억의 형태를 관찰하지 못했다고 보고했으며, 15%는 단 한 건의 억압된 기억의 사례를 목격한 것으로 보고했다고 주장하였다. 그러나 〈Focus 11-1〉에서 전문

Focus 11-1 회복된 기억 관련 두 사례

정신적 외상 기억이 묻혀 있다 수년이 지난 후 회복될 수 있는지에 대한 논쟁은 일부 사람에게는 합의가 되었으나 다른 사람들에게는 여전히 논쟁이 계속되고 있다. 주로 기억과 관련된 연구를 수행하는 심리학자들은 외상 사건의 세부 내용이 잊힌 상태로 있다가 회복될 수 있지만, 외상 사건이 특정 연령에 도달한 후(보통 5세 이상)에 일어난 충격적인 사건은 잊히지 않는다고 말한다. 예를 들어, 당신이 8세 때 성폭행을 당했다면 그 사건을 잊지 못할 것이다. 일부 임상가는 외상 사건은 억압될 수 있으며 자연적으로 그리고 치료법을 통해 이후에 회복될 수 있다고 믿는다.

Joan Borawick은 그녀의 숙모와 삼촌을 고소했을 때의 나이가 38세였다. 그녀는 수십년 전 워싱턴(Washington)주에 있는 그들의 집에 방문했을 때 그들에게 성적 학대를 당했다고 주장하였다. 학대를 당한 시기가 1961년과 1964년이며 그녀는 당시 8세, 12세였다. Borawick은 수십년동안 학대에 대해 기억하지 못했다고 하였다. 사건이 발생한 지 약 20년 후에 그녀는 공황발작을 겪기 시작했다. 그녀는 정신과 치료뿐만 아니라 만성적인 신체질환으로 치료를 받았다. 게다가 그녀는 퇴행요법(regression therapy)을 활용하는 최면가에게 12~14회에 걸친 치료를 받았다. 법정의 사전 심리에서 최면가는 Borawick에게 치료 중 성적 학대 사실이 드러났다고 증언했다. 그러나 그는 이 사실을 Borawick에게 말하지 않았다고 하였는데, 아마도 시간이 지나면 그 사실이 드러날 것이라고 믿었기 때문이라 했다. 최면가가 예상한 대로, 마지막 치료가 끝난 지 몇 달 후 비최면 상태에서 성학대의 기억이 드러나기 시작했다. 그녀는 그녀의 숙모와 삼촌뿐 아니라 그녀의 아버지, 다른 가족 그리고 아버지의 친구에 의해 기이한 의식과 학대를 당했다고 주장했다.

Borawick 대 Shay 사건(1995)의 항소심에서는 Borawick의 기억이 최면치료로 인해 되살아났으며, 이러한 최면치료는 법원에서 증거로 활용할 수 있는 만큼의 과학적 타당성을 가지지 못한다는 하급법원의 의견과 일치하는 판결을 내렸다. 재판부는 최면 상태에서 회상된 기억은 실제 사건, 관련 없는 사건, 환상, 환상의 세부 사항 등이 결합되는 경향이 있다고 지적했다. 법원이 최면치료의 결과로 얻어진 증거를 완전히 채택하지 않는 것이 아니라, 이 경우 증거로 허용되는 필요조건의 목록을 채택했다는 점에 주목해야 한다. 이 사건의 경우는 이를 대부분 충족하지 못했다. 결과적으로 Borawick은 그녀가 학대당했다는 기억에 대한 증언이 증거로 채택되지 않았다. 그녀는 이 결정에 대해 미 대법원에 항소했지만 법원은 이송 명령을 기각했다.

John Doe 76C 대 Archdiocese of Saint Paul과 Minneapolis 사건(2012)은 성직자의 학대 사건이다. 'John Doe'는 자신이 10대 때 교구의 신부에게 각각 네 차례에 걸쳐 성추행을 당했다고 민사 소송을 제기했다. 그 신부가 아이들을 성적으로 학대한 전력이 있으며, 그 교구가 1980년대 중반까지 이 사실을 대중에게 알리지 않았다는 것은 반박의 여지가 없는 사실이었다. 당시 그 폭로는 언론의 대대적인 관심을 받았으며, 많은 피해자가 그에게 도움을 주겠다고 나섰다. Doe는 그 학대 사건에 대한 기억이 없었기 때문에 피해자가 아니라고 주장했다. 그러나 2002년 그는 사건에 대한 기억을 되찾기 시작했고, 그가 느끼는 분노와 격노에 대처하기 위해 치료를 시작했다.

미네소타법(Minnesotalaw)에 따라 공소시효는 만료되었다. 그러나 Doe는 시간이 많이 흘렀으나 그의 주장을 지지해 줄 수 있는, 억압되었다가 회복된 기억에 대한 전문가 증언의 도입을 추진했다. 즉, 그는 외상 사건이 억압되어 있었기 때문에 더 일찍 소송을 제기할 수 없었다고 말했다. 억압된 기억에 대한 전문가 증언의 허용 여부를 결정하기 위해 지방법원은 그의 사건에서 우선 이 문제에 대한 심리학자와 정신의학자의 양쪽 측면에 대해 증언하는 청문회를 열었다. Doe를 지지하는 전문가들은 그가 수백 명의 환자를 본 것은 아니지만, 기억을 억압하고 회복된 환자를 수십 명 본 적이 있다고 말했다. 그럼에도 불구하고 모든 증언을 청취한 후 법원은 억압되었다가 회복된 기억을 근본적으로 신뢰할 수 없기 때문에 증거로 채택할 수 없다고 결론을 내렸다. 따라서 Doe는 자신의 주장을 지지해 줄 수 있는 전문가 증언을 채택할 수 없었으며 이 사건은 기각되었다.

항소심에서는 이 결정을 번복하여 전문가 증언을 받아들일 수 있다고 하였으나, 그럼에도 불구하고 미네소타 대법원은 Doe에게 불리한 판결을 내렸다. 다른 법원이 억압된 기억에 대한 증거들을 더 많이 받아들이고 있다는 것은 인정하면서도 이 법원은 기억이 억압되었다 회복될 수 있다는 이론을 신뢰할 수 없으며, 법정에서 인정하는 과학적 증거 기준에도 부합하지 않는다며 하급심 판결에 동의하였다.

토론 질문

1. 회복된 기억의 경우 Borawick의 사례처럼 최면을 이용하는 것이 드문 일이 아니다. 법원이 그 사건에서 최면에 의해 새로워진 증언을 허용하지 않는 것을 감안할 때, 왜 모든 사건에서 이러한 증언을 전면적으로 금지하지 않는가?
2. 일부 법원은 억압되었다 회복된 기억에 대한 전문가 증언을 허용하였다. 다른 법원은 전문가 증언을 허용하지 않았지만, 민사 소송에서 원고 측은 여전히 "잊고 있었지만 지금은 기억이 납니다."라고 주장한다. 원고 측을 지지하는 전문가 증언의 장점은 무엇이며, 단점으로는 어떤 것이 있는가?
3. John Doe의 경우 민사 사건이었다는 것을 주목하라. 검찰이 그 신부에 대해 형사고발을 했을 것인가? 당신의 의견을 제시하라.

가가 언급한 것처럼 임상가들이 자신의 임상 장면에서 억압된 기억과 관련해 많은 것을 관찰했다고 일화적으로 보고하는 것은 드문 일이 아니다.

억압된 기억에 관한 특수 전문가 집단

McNally, Perlman, Ristuccia와 Clancy(2008)에 따르면, 성학대 피해 아동에게서 억압되

었다가 회복된 기억에 대한 논란은 심리학 역사에서 가장 쓰라린 사건 중 하나이다. 미국심리학회(APA)는 억압되었다가 회복된 기억에 대한 논란을 종식시키기 위해 연구자와 임상 전문가로 구성된 '연구집단'을 만들어 그 주제에 대해 무엇이 알려져 있고, 그 주제에 대한 연구를 어떻게 진행해 나가야 하는지에 대한 합의점을 찾고자 하였다. APA의 아동학대 기억조사 연구집단("Final Conclusions", 1998)에서 임상 전문가와 연구자들은 다음의 다섯 가지 결론에 도달하였다.

① 성인의 기억과 관련된 논란들을 다루면서 미국에서 역사적으로 인정받지 못했던 아동 성학대가 널리 퍼져 있는 복잡한 문제임이 명확히 드러나야 한다.
② 아동기에 성적 학대를 당한 대부분의 사람은 일어난 일을 모두 또는 부분적으로 기억할 수 있다.
③ 학대당한 기억이 오랫동안 잊혔다가 다시 살아날 수 있다.
④ 일어나지 않은 사건에 관해 설득력 있는 허위 기억을 구성할 수 있다.
⑤ 아동기 학대 사건에서의 정확한 혹은 부정확한 기억으로 이어지는 과정에 대한 우리의 지식에는 차이가 존재한다.

그러나 APA 연구집단에서 합의점에 이르지 못한 더 중요한 주제가 있는데, 이는 학대에 대한 생애 초기의 기억과 그것의 회복에 대한 본질이다. 비록 연구자와 임상 전문가가 합의점을 도출해 내기 위해 노력했으나, 이들의 논쟁은 더욱 심화되고 양극화되었다. 학술지 『심리학, 공공정책 및 법(Psychology, Public Policy, and Law)』의 1998년 겨울호에서는 이와 같은 양쪽의 입장을 모두 밝혔다. 여기에서는 인지 및 발달 과학자에게 일반적으로 받아들여지는 지배적 관점에 초점을 맞출 것이나, 다른 관점에 대해서도 적절한 때에 다루어 볼 것이다.

들어가기에 앞서, 우리는 APA에서 이와 같은 문제를 다루기 전에 영국에서 억압되거나 회복된 기억을 다루기 위해 유사한 전문가 집단의 모임이 있었다는 것을 언급해야 한다. 영국심리학회(British Psychological Society: BPS)의 '회복기억 연구집단'이라 불리는 모임은 영국심리학회 구성원이나 언론, 관심 있는 시민에게 그 현상에 대한 정보를 제공하기 위해 소집되었다. 완성하는 데 약 10개월 이상이 걸린 최종 문서는 BPS 보고서(British Psychological Society, 1995 참조)라 불린다. BPS 보고서의 결론은 일반적으로 APA의 최종 보고서에서 언급한 것과 비슷하다. 예를 들면 다음과 같다.

> BPS 보고서와 같이, APA의 최종 보고서에는 학대에 대한 기억이 오랜 기간 잊혔다 다시 떠오르는 경우가 가능하다고 보았으나, 일어난 적이 없는 사건에 대해 거짓된 기억을 형성하는 것 역시 가능하다고 보았다(Davies, Morton, Mollon, & Robertson, 1998, p. 1080).

그러나 Davies 등은 APA 연구집단이 몇몇 중요한 연구 결과를 간과했다고 주장한다. 예를 들어, 영국 집단은 APA 전문가 집단이 그들의 논의의 기초가 되는 과학적 틀을 형성하는 데 대한 합의점을 형성하지 못했다고 주장한다. 더 자세히 밝히면 다음과 같다.

> 이와 관계 있는 증거와 증명 방법에 대해 충분한 합의가 이루어지지 않았다. 이론적 입장 및 실제의 측면에서 이러한 기초 없이 정치적 틀을 바꾸려는 노력은 의미가 없다(Davies et al., 1998, p. 1080).

여기에서 우리의 논의는 영국 집단의 입장에 좀 더 가깝다.

> APA의 최종 보고서는 기억 기제가 다양한 효과를 어떻게 중재하는지를 통찰력 있게 다루지 못하고 있다. 인지주의자들은 과학적으로 지지되지 않은 억압의 관점에 집착하는 치료자를 비난할 뿐이다. 이에 치료가는 외상 관련 기억이 특별하고 다른 형태의 이론적 근거를 제공하는 Van der Kolk의 최근 연구(예: Van der Kolk & Fisler, 1995)를 이론적 준거로 주장할 것이다(Davies et al., 1998, p. 1080).

오늘날 억압된 기억에 대한 논쟁은 어디에 와 있는가? 최근 연구 중 Magnussen과 Melinder(2012)의 연구에서는 노르웨이의 공인된 심리학자들에게 외상 사건에 대한 회복된 기억의 존재를 믿는지 물었다. 심리학자들의 63%는 '그렇다'라고 응답하였다. 미국에서는 Parihis 등(2014)의 연구에서 대학생의 경우 억압된 기억에 대한 믿음이 높은 것으로 확인되었다(78%). 이 학생들의 대다수(65%)가 억압된 기억은 심리치료를 통해서 정확하게 회복될 수 있다고 생각했다. 미국의 일반 시민을 대상으로 한 조사에서 억압된 기억의 존재를 받아들이는 경우가 84%였으며, 이러한 기억이 정확하게 회복될 수 있다고 믿는 경우는 78%로 유사한 결과를 보였다. 한편, Parihis 등의 연구에서는 실험적 연구를 하는 임상 심리학자들이 억압된 기억과 그것의 회복에 대해 가장 회의적이라는 것이 확인되었다. 그러나 특히 실무적 임상 심리학자를 포함해서 다른 정신건강 전문가들은 억압된 기억의 가능성을 더 많이 받아들였다.

억압된 기억과 오기억이라는 주제는 법정 장면에서 매우 중요한데, 그것이 목격자나 전문가 증언에서 기억 처리 과정을 이해하는 기반을 마련해 주기 때문이다. 따라서 우리는 이에 대해 주의를 더 기울여 볼 것이다. 이에 앞서, 일반적인 인간 기억에 관한 연구를 간단히 살펴보고자 한다.

인간의 기억에 대한 연구와 기억의 한계점

단순히 말하자면, 기억은 습득, 저장 및 인출을 포함한다. 부호화 또는 입력 단계로 불리는 습득은 기억 처리 과정의 첫 단계로서 감각 지각 과정을 포괄한다. 감각 지각은 눈, 귀, 냄새, 맛, 체성감각 수용기, 전정 신경과 운동감각 신경을 통해 얻어진 정보를 구조화한다. 기억 저장 단계는 정보가 기억에 머무는 단계로, 보유 단계라고 불린다(Loftus, 1979). 인출 단계에서는 뇌가 적절한 정보를 찾아 그것을 검색하는데, 이는 목록화된 서류철 혹은 컴퓨터 안에서 서류를 찾는 것과 유사하다.

법정 상황과 기억에 대한 논의를 하기 위해서 이 영역에 대한 3명의 주요 과학자가 제안한 네 가지 요점을 짚고 넘어가는 것이 좋을 것이다. 그들은 Peter Ornstein, Stephen Ceci와 Elizabeth Loftus(1998a)이다.

- 모든 것이 기억 속에 들어오지는 않는다.
- 기억 속에 들어오는 것은 그 강도에 따라 다르다.
- 기억 속에서 정보의 상태는 기억에 따라 바뀐다.
- 인출은 완벽하지 않다(즉, 저장된 모든 것이 인출되는 것은 아니다).

첫 번째 요점에서 지적한 바와 같이 몇몇 경험은 회상되지 않을 수도 있는데, 그것이 기억에 입력되지 않았기 때문이다. 인간의 인지 체계는 정보 처리 수용량이 한정되어 있으며, 동시다발적으로 일어난 모든 일을 기억할 수 없다. 우리는 지각된 것만을 선택적으로 받아들인다. 결과적으로 다량의 정보가 기억 속에 들어오지 않는다. 또한 정보 처리는 선행 지식과 경험에 많은 영향을 받는다. 다시 말해, 경험된 것을 이해하고 해석하려면 뇌는 새로운 자료와 저장되어 있던 기존의 자료를 비교한다. 어떻게 비교되는지를 보기 위해 새로운 자료는 인지적 틀 속에서 해석된다. 개인이 세계를 어떻게 지각하는지는 이전의 경험과 지식을 통해 이미 형성된 인지적 틀에 영향을 받는다.

Ornstein 등(1998a)이 제시한 두 번째 요점은 몇몇 요인이 기억의 '흔적'에 대한 강도와 구성에 영향을 미친다는 것이다. 덧붙여 말하자면, 강한 기억의 흔적은 쉽게 인출될 수 있는 반면에 약한 흔적은 회상되기 어렵다. 기억 흔적의 강도는 그 사건에 노출된 정도나 빈도, 개인의 연령, 사건이 개인에게 얼마나 중요한 것이었는지 등의 영향을 받는다. 나이가 들어감에 따라 예전의 경험을 통해 형성된 정보 처리 기술과 인지적 틀에 변화가 생긴다.

세 번째 요점은 정보가 한번 저장된 후 어떻게 되는지에 관한 것인데, 법정 상황에서 가장 중요한 사안 중 하나이다. 즉, 기억 흔적(memory trace)은 실제 경험과 보고 사이의 간격에 따라 변화할 수 있다. 시간의 변화나 많은 개입 사건은 저장된 기억의 강도와 조직에 영향을 미친다(Ornstein et al., 1998a, p. 1028).

많은 연구에서는 인간이 단순히 과거의 사건들을 영구적이고 변화 없이 저장하기보다는 과거 경험에 대한 기억을 지속적으로 바꾸고 재구성한다는 것을 보여 준다(Loftus, 2005; Strange & Takarangi, 2015; Sutton, 2011). 기억은 필요할 때면 언제든지 다시 정확히 되감아 볼 수 있도록 제작된 비디오카메라가 아니다(4장의 〈My Perspective 4-1〉에서 Strange 박사의 회상 참조). 변화 또는 '재구성 과정'은 개인의 완전한 인식 없이도 이루어진다. 개인은 기억의 내용에 대해서는 인식할지 모르나 부호화, 보유 및 인출 과정에서 이루어진 변형에 대해서는 인식하지 못한다. 기억이 지속적으로 수정되기 쉽다는 관점은 **기억의 재구성 이론**(reconstructive theory of memory)으로 잘 알려져 있다. 전체적으로 보았을 때, 이러한 재구성 과정에서 원래 기억의 주요한 주제는 대체로 바뀌지 않지만, 사건의 구체적인 묘사에 대해서는 많은 오류가 나타나기도 한다. 예를 들어, 교통사고의 목격자는 모두 두 대의 차가 충돌하는 것(차량 1대와 트럭 1대가 서로 반대 방향에서)을 보고할 것이나, 그 구체적인 사고 내용에 대해서는 개인마다 차이가 클 것이다.

> 또한 사건이나 기억에 대해 시연이나 상기시킴 또는 시각화 과정을 이용한 재회상을 하지 않는다면 시간의 흐름에 따라 기억 흔적의 강도가 낮아질 것이며, 이러한 기억 흔적은 지연된 간격으로 인해 간섭 현상과 결합하여 저장된 기억에 접근하게 되어 기억의 인출을 더 어렵게 만든다(Ornstein et al., 1998a, p. 1028).

나이가 어린 아동은 기억 흔적이 강하게 나타나지 않는데, 이는 그들이 대체로 사건을 충분히 이해하는 데 필요한 지식과 경험이 부족하기 때문이다. 따라서 나이가 어린 아동의 기억 쇠퇴 속도는 더 나이 많은 아동의 기억 쇠퇴 속도보다 더 빠르다. 진행 중인 여러 연구에 따르면, 취학 전 아동과 같은 어린 아동은 더 나이 든 아동이나 성인보다 사건 후 받아들인 잘못된 정보의 영향에 더 민감한 것으로 나타났다(Bruck & Ceci, 2009; Ceci, Ross, & Toglia,

1987; Ornstein et al., 1998a).

네 번째 요점은 모든 기억이 전부 다 인출될 수는 없다는 일반적 관찰 결과를 제시한다. 사회 압력, 스트레스, 불안, 정보 과부하, 정보 자체에 대한 낮은 강도는 특정 상황에서의 빠르고 즉각적인 인출을 방해하는 요소이다. 사람의 이름은 특히 많은 이에게 인출되기 어려운 것이다.

많은 임상 전문가는 외상적 사건에 대한 기억이 다른 평범한 사건에 대한 기억과는 다른 방식으로 부호화된다고 믿는다(Alpert, Brown, & Counois, 1998). 더 자세히 말하자면, 그중 보통의 각성 상태와 높은 각성 상태는 기억이 저장되고 인출되는 전 과정에 걸쳐 차이를 보인다. 앞서 언급했던 APA 연구집단의 보고에 따르면, 이 임상적 집단은 억압된 기억에 대한 증거로 Van der Kolk와 Fisler(1994, 1995)의 연구에 큰 비중을 둔다. Davies 등(1998)이 지적했던 것처럼, Van der Kolk와 Fisler는 외상적 사건과 스트레스가 거의 없는 사건 간의 기억 차이에 대해 강조하였다. 보다 구체적으로 말하자면, Van der Kolk와 Fisler(1994)는 외상적 기억이 원래의 형태로 '고정(frozen)'되어 있으며, 나중의 경험에 의해서도 영향을 받지 않는다고 주장하였다. 결과적으로 이러한 외상적 기억을 다시 떠올리는 것은 사실상 이를 재경험하는 것과 같기 때문에 그 자체가 다시 외상이 될 수 있다. 그러나 이 현상은 사건에 대한 기억을 억압하는 것이 아니라 외상의 경험을 능동적으로 피하는 것이다. Davies 등은 Van der Kolk와 Fisler가 억압된 기억보다는 **상태 의존적 기억**(state-dependent memory)에 대해 언급하고 있다고 말한다. 연구 결과에 따르면, 상태 의존적 기억은 우리가 행복, 두려움, 취한 상태 같은 특정 정서적 · 생리적 상태에서 경험했던 것이 그와 비슷한 상태가 주어질 때 더 쉽게 회상될 수 있다는 것을 말한다. 예를 들어, 최근 연구에서는 적당히 취한 목격자는 가능하다면 술이 깰 때까지 기다리기보다 즉시 인터뷰를 해야 한다고 지적한다(Compo et al., 2017; 이에 대한 보다 흥미로운 현상은 〈Focus 11-2〉 참조). 다시 고통스럽거나 외상 사건과 동일한 상황에 처하게 되는 것을 원치 않는 사람은 최대한 그러한 상황을 피하려고 할 수도 있지만, 적어도 억압에 대한 전형적인 임상적 정의에 따르면 그 사람이 기억을 억압하고 있다고는 할 수 없다.

또한 영아의 기억은 신뢰하기 힘들고, 불완전하며, 오류가 많다는 것이 과학적 증거로 나타났다. 영아기나 아동기의 '기억상실증'은 발달 심리학자에 의해 많이 언급되어 왔다(Dudycha & Dudycha, 1941; 〈Focus 11-3〉 참조). **영아기억상실증**(infantile amnesia)은 성인이 3세 이전에 일어났던 사건을 회상할 수 없는 상태를 의미한다. 예를 들어, BPS 보고서(1995)에는 "첫 번째 생일 이전의 일은 정확히 회상하는 것이 불가능하며, 2세 이전의 일은 거의 회상할 수 없다. 4세 이전의 불완전한 기억은 극히 일반적이다."(p. 29)라고 쓰여 있다. 우리 중 대부분은 7세 때 있었던 생일잔치나 특별한 사건을 기억하는 데 거의 어려움이 없지만, 그전의 일은 매우 흐릿하여 기억하기가 힘들다. 7세 때의 생일이나 유년기의 일상적 기억은 부모나 친척의 이야기를 바탕으로 재구성된 것일 가능성이 크다(Knapp & VandeCreek, 2000, p. 367). 그러나 과학자들은 대부분의 아동에게서 영아기억상실증의 기간이 언제 종료되는지(Bruck & Ceci, 2012; Ornstein, Ceci, & Loftus, 1998b) 또는 그것이 왜 일어나는지에 대한 완벽한 합의점을 도출해 내지 못하였다(Harley & Reese, 1999; 〈Focus 11–3〉 참조).

Focus 11–2 상태 의존적 기억

상태 의존적(state-dependent)이라는 것은 의식의 어떤 상태에서 기억을 습득한 개인이 그때와 똑같은 상태로 돌아오기 전까지 기억해 내지 못하는 것을 말한다. 그러므로 다른 심리 상태에 있을 경우 개인은 사건을 기억하는 데 많은 어려움을 겪을 수 있다. 예를 들어, 어떤 사람이 술이 취한 상태에서 새로운 것을 배웠다면, 그는 술이 취한 상태에서 그것을 더 잘 기억해 내는 경향이 있다.

상태 의존적 학습(state-dependent learning)은 1784년에 처음으로 설명되었으나, 1960년대 전까지는 과학적 연구 대상이 아니었다(Schramke & Bauer, 1997). 초기 연구는 알코올이나 약물에 따른 차이에 초점을 맞췄지만, 기분과 감정 상태가 기억과 학습에 미치는 영향으로 관심을 돌렸다. 예를 들어, 한 연구에서는 사람들이 부정적인 사건을 부정적인 기분일 때 더 잘 기억해 내고(Lewinsohn & Rosenbaum, 1987), 긍정적인 사건은 긍정적인 기분일 때 더 잘 기억해 내는 것을 발견했다(Ehrlichman & Halpern, 1988). 이후 연구에서는 상태 의존적 학습이 약물, 기분, 불안 수준과 같은 활성화 수준(예: 불안 수준)이나 각성(수면과 깨어 있는 상태) 또는 기억이 습득되는 환경적 요소(예: 원래의 기억이 습득된 곳)에 의해 영향을 받을 수 있다고 한다(Slot & Colpaert, 1999; Weingartner, Putnam, George, & Ragan, 1995). 환경과 관련해서, 만약 열쇠를 잃어버렸을 때는 어디서 잃어버렸는지 생각하는 것보다 직접 자신의 발자취를 되짚어 가는 것이 더 효과적이다. 만약 어떤 사람이 취한 상태에서 돈을 숨기고 어디에 숨겼는지 잊어버렸다면 그는 취한 상태에서 비슷한 환경에 있을 때 기억을 향상시킬 수 있다.

토론 질문

1. 범죄를 수사하는 경찰이 상태 의존적 학습에 대한 연구를 활용할 수 있는 방법들은 무엇인가?
2. 긍정적인 기분일 때는 긍정적인 사건이 더 잘 기억되며, 부정적인 기분일 때는 부정적인 사건이 더 잘 기억된다는 연구 결과는 무엇을 설명하는 것인가?

FOCUS 11-3 영아기억상실증

대부분의 사람이 3세 이전에 발생한 사건을 회상하지 못하는 현상, 즉 영아기억상실증(infantile amnesia)을 경험한다는 것은 수많은 심리학자에게 폭넓게 인정되고 있다. 몇몇 알려지지 않은 이유로 인해 어린 시절에 관한 성인의 기억은 3세 혹은 4세 이후 시기부터 나타난다. 결과적으로 달래면서 잠들기, 놀기, 기저귀 갈기, 수유, 같이 웃고 껴안기 등을 하며 아기와 보냈던 모든 시간을 아기의 마음속에서 영원히 잃는다는 것이다. 어린 시절 기억은 손상되기 쉽다고 여겨지지만, 일반적인 가정은 영아의 기억이 실제로는 존재하지 않는다는 것이다.

하지만 일부 연구(Bauer, 1996)에서는 영아가 이러한 사건을 기억할 수 있지만, '어린아이가 말을 습득하기 전 단계'이기 때문에 다른 종류의 기억으로 사건을 저장한다고 제안한다. 태어난 지 1년이 된 유아는 독특한 사건에 대해 아주 약간의 정보를 가지고 있지만(Mandler, 1988, 1990), 언어 능력을 가지고 있지 않기 때문에 이러한 경험을 후에 언어로 변환할 수 없다. 아주 어린 아이는 종종 인지적으로 저장하기 위해 언어적 처리 과정에 의존하지 않는 기억의 형태, 예를 들어 운동기억과 같은 기억에 의존한다.

다른 요소는 아마도 어린 시절의 기억을 회상하는 것에 어려움이 있을 것이라는 것이다. Howe와 Courage(1997)는 어린 시절의 기억이 인지적 자의식의 발달로 나타나는 것이라고 제안했다. 인지적 자의식이란 "자신에게 일어난 경험의 기억을 체계화하기 위한 지식 구조(p. 499)"를 의미한다. 만약 인지적 자의식이 미숙하다면 회상을 위한 능력이 체계적이지 못하며 부분적으로 접근하기가 어렵다. 유아가 성인이 될수록 정보를 구성하고 유지하는 능력은 점점 증가한다. 또한 발달적 측면에서 어린 시절의 기억에 영향을 미치는 요소로 유아기 동안의 극적인 신경적 · 지각적 변화를 들 수 있다.

3세 이전의 유년기 사건에 대한 기억의 회복 가능성에 대해서는 의문이 있지만, 최근 일부 연구에 의하면, 일부 미취학 아동이 4세일 때 일어났던 감정적으로 자극이 되는 사건들은 후기 유년기와 성인기에 접어들어 기억이 가능한 것으로 나타났다(Peterson, Morris, Baker-Ward, & Flynn, 2014). 게다가 최근의 경험에 대해 부모와 자세하게 이야기를 나눈 미취학 아동들은 나중에 그 사건을 기억할 가능성이 더 높다(Peterson et al., 2014). 그러므로 아이에게 일어난 일에 대해 일관성 있게 이야기하도록 하는 것은 초기 유년기의 사건에 대해 후일 기억을 증가시키는 것으로 볼 수 있다.

토론 질문

1. 당신은 어린 시절에 어떤 기억을 가지고 있는가? 기억나는 사건이 발생했을 때 당신은 대략 몇 살이었는가? 감정적으로 자극이 되는 사건이 있었는가?
2. 앞의 마지막 단락에 인용된 연구에 비추어, ① 아이에게 발생했고 ② 전국적 규모로 발생한 감정적으로 자극이 되는 사건에 대해 미취학 아동과 이야기하는 것의 장점과 단점을 설명하라.

아동기에 학대받았다는 주장은 학대에 대한 정의가 문화적으로 다를 수 있으며, 성인이 분명히 학대를 했으나 아동에게는 그렇게 보이지 않을 수도 있고 그 역도 성립한다(Ornstein et al., 1998b). 예를 들어, Ornstein 등은 생애 처음 몇 년 동안에는 어린아이가 항문에 좌약을 삽입하는 것, 요도관을 꽂는 것, 다른 삽입적 방법의 의료적 절차를 '학대'로 받아들일 수 있다고 주장한다.

많은 임상가는 외상을 입은 아동의 경우 그 사건을 언어로 표현하기보다는 재연하는 경우가 많다고 믿는다(Alpert et al., 1998). 대부분의 아동은 자신의 초기 생애에 일어난 사건을 언어로 표현하는 것이 불가능하지만 행동과 놀이를 통해 학대 사건에 대한 기억을 재연해 낸다(Alpert et al., 1998). 아동이 자신의 발달적 수준이나 성숙도에 따라 외상적 사건을 재연해 낸다는 것은 명확하나, 표현되는 행동적 패턴은 제한적이다. Terr(1991, 1994)는 외상을 경험한 수백 명의 아동에 대한 임상적 관찰을 통해 두 가지 유형의 외상에 대한 모델을 정립했는데, 두 유형의 모델은 부호화 및 인출 과정이 동일했다. 그녀의 설명에 따르면, 외상 유형 1은 전형적인 아동 PTSD 증상을 나타낸다. 외상 유형 1은 갑작스럽고 외부적인 단일 사건에 대한 세부 기억으로 이루어져 있으나, 사건의 특징을 잘못 지각하거나 그 시기가 정확하지 않을 수 있다. 외상 유형 2는 극단적 외부 사건에 장기적으로 그리고 반복적으로 노출된 경우에 나타난다. Terr에 따르면, 이러한 종류의 외상은 기억 상실이 가장 흔한 증상이다. 반면, Ornstein 등(1988b)은 반복이 기억을 감퇴시키기보다는 증진시킨다고 말한다. "아동과 성인의 기억에 대한 연구에서는 반복적 사건이 전형적인 이야기와 섞일 수도 있지만, 사람들은 일련의 반복적 사건보다는 단일 사건을 잊어버리기 더 쉽다는 것을 보여 준다." (p. 1000)

아마도 법원과 심리 전문가에게 가장 문제시되는 것은 심리치료사나 평가자에 의해 학대에 관한 거짓된 기억이 형성될 수 있다는 점이다. 앞 장에서 논의한 주제인 동 연령대 아이들의 학대와는 다른 주제임을 유의해야 한다. Roediger와 Bergman(1998)에 따르면, "실제적인 실험적 증거(일화적 사례의 수집 증거)는 한 번도 경험한 적 없는 사건이 생생하게 기억될 수 있거나 실제 일어난 사건과는 상당히 다르게 기억될 수도 있다."(p. 1102)는 것을 보여 준다. 반복된 암시와 직면 혹은 암시성이 높은 '기억 회복' 기술의 사용은 사실이 아닌 기억을 만들어 낼 수 있다(Knapp & VandeCreek, 2000). (동 연령대의 학대 사건에서도 높은 피암시성의 면담은 문제가 될 수 있다는 것을 상기해 보라.)

많은 연구가 거짓 기억의 형성이 어떤 사람에게는 상대적으로 쉬운 반면에 다른 사람에게는 어려울 수 있다고 말한다. "장기간에 걸친 반복적인 암시적 기법에 노출된 사람은 사건에 대한 상세하고 일관된 거짓 기억을 만들어 낼 수 있다."(Ornstein et al., 1998a, p. 1045)

기억 회복 기술로 쓰이는 최면은 기억을 형성하고 왜곡하며 확대할 수 있다는 위험성이 있다(앞의 〈Focus 11-1〉에서 논의된 사건 참조). 많은 법정 전문가는 세뇌시키는 것이 아니더라도 기억을 회복하는 기술인 최면이 매우 위험한 방법이라고 생각한다. 반면에 잘 훈련된 최면가들이 사용하는 최면 기법은 피해자 혹은 목격자의 긴장을 완화시키며 그/그녀가 기억하지 못하는 사건의 사실을 기억하도록 유도하는 데 효과적이다(Scheflin, 2014). 따라서 3장에서 언급한 것과 같이 경찰 수사의 초기 단계에서 최면 기법이 활용되기도 한다.

임상 전문가가 의도치 않게 그들 환자의 증상이나 회상을 일으키는 경향을 두고 **의원성 영향**(iatrogenic effect: iatros는 그리스어로 의사를 뜻하고 genic은 원인을 뜻함)이라고 한다. 의사가 환자의 특정 증상에 지속적으로 민감한 태도를 취하고 특정 장애가 있다고 믿으면 환자 역시 그와 비슷하게 생각하게 된다. 이러한 의미에서 성적 학대가 부적응의 많은 증상에 대한 원인이라고 믿는 치료사는 다양한 행동을 성적 학대의 증상으로 해석하는 경향이 강할 수 있다. 이로 인해 의사는 환자에게 그들이 결코 경험한 적 없는 성적 학대에 대한 기억을 포함해 기억을 재구성하도록 요구한다. 이에 더하여 과학적 연구는 어린아이가 심리치료 도중이나 일상생활에서 암시적 영향에 취약하다는 점을 밝혀냈다(Ceci & Bruck, 1993). 그러나 Bruck과 Ceci(2004)는 아동기에 암시에 대한 민감성이 높은 것은 흔한 일이라고 언급했다.

요약하면, 심리치료사나 자습서 혹은 워크숍 등을 통해 제기된 아동기 학대에 대한 기억 억압과 회복에 대한 문제는 후속 연구와 법정 심리학자의 합리적인 평가가 필요하다. 이는 아동기 학대에 대한 기억 억압과 회복이 나타나지 않는 것을 의미하는 것은 아니다. 많은 연구에서 이러한 왜곡이 나타난다면 많은 오류가 있을 수 있기 때문에 독립적인 자료와 신중한 평가에 근거한 보강 증거가 필요할 것이라고 제안한다.

이 분야의 저명한 과학자 Roediger와 Bergman(1998)의 주장에 따르면 다음과 같다.

> 더욱 의문스러운 것은 억압이나 다른 기제에 의해 무의식 속에서 몇 년 동안 숨어 있던 고통스러운 사건이 어떻게 의식에 떠오르고 정확하게 회상되느냐이다. 인간 기억에 대한 많은 연구는 이에 대한 아무런 근거도 제시해 주지 못하고 있다(p. 1095).

이러한 경우는 20~40년 전의 '무의식적인' 외상적 사건이 갑자기 떠오른 성인이 이에 해당한다. 게다가 McNally와 Geraerts(2009)의 주장에 따르면, 일부 '회복된' 기억은 악마숭배 의식, 우주 외계인에 의한 납치, 전생에 살았던 기억 등 극도로 믿기 어려운 것들을 포함한다. 두 번째로, 사람들은 일반적으로 억압된 기억을 촉발시키는 특별한 절차(예: 유도된 영상, 최면)를 거친 후에 이러한 사건에 대해서 기억을 한다. 세 번째로, 끔찍한 학대의 기억을 회복했다고 보고하는 많은 사람은 나중에 그러한 보고 내용을 철회했다. 마지막으로, 몇몇 연구에서는 조작된 기억이 일부 사람에게서 만들어질 수 있다는 것을 보여 준다(대학생의 약 30%가 조작된 기억을 만들 수 있다; Porter, Yuille, & Lehman, 1999). 전반적으로 McNally와 Geraerts는 억압된 기억-회복 패러다임을 뒷받침할 만한 설득력 있는 과학적 증거를 발견하지 못했다.

이 연구는 감정적인 사건에 대한 기억이 상당히 좋으며 정확하고 억압되거나 잊히는 경우가 매우 드물다는 것을 분명히 보여 준다(Alison et al., 2006; Roediger & Bergman, 1998). 많은 사람이 충격이 큰 사건에 대해서 상당히 정확하게 기억하는 것으로 나타났는데, 이 현상을 **섬광기억**(flashbulb memory)이라고 일컫는다(Brown & Kulick, 1977). 60대 이상의 사람들은 Kennedy 대통령이 암살을 당했을 때 자신이 무엇을 하고 있었는지 생생하게 기억하고 있으며, 35~40세 이상의 사람들은 1986년 Christa McAuliffe가 탑승한 우주 왕복선 챌린저호가 폭발했을 당시 자신이 어디에 있었는지 기억하고 있다. 그리고 우리 모두는 2001년 9월 11일 세계무역센터에 두 대의 납치된 여객기가 추락했을 때 우리가 무엇을 하고 있었는지 기억한다. 당신은 또한 자신의 어린 시절 큰 충격을 받은 사건에 대해 기억할 것이다. 사람들은 지진, 토네이도 그리고 다른 자연재해와 같은 감정적 사건에 대해 사소한 세부 사항까지 정확하게 기억한다(Roediger & Bergman, 1998). 그럼에도 불구하고 성폭행과 같은 정신적 외상이 되는 사건을 모든 사람이 기억하는 것은 아니다.

흥미로운 것은 미국의 일반 시민의 대부분이 기억에 대한 광범위한 연구 결과에 역행하는 믿음을 가지고 있다는 것이다. 예를 들어, 미국 시민의 2/3가 기억이 비디오카메라처럼 작용한다고 믿고 있으며, 거의 절반은 영구적이며 변하지 않는다고 믿는다. 또한 절반 이상이 최면을 통해서 기억이 향상될 수 있다고 생각한다(Simons & Chabris, 2011, 2012).

아동학대 사례에서 법정 심리학자의 역할

과거에 임상 전문가들은 사건에 대한 판결이 내려지기 전에 아동학대에 대한 법정 판결 과정에 거의 관여하지 않았다(Melton, Petrila, Poythress, & Slobogin, 1997). 하지만 최근에는 법정 심리학자들이 초기 과정부터 관여하는 것으로 바뀌었다. 오늘날 법정 심리학자는 법정 과정의 초기 단계에서 중요한 역할을 담당하며, 판결과 처분에서 '중립적인' 전문가 역할을 할 것을 요구받는다. 임상 전문가는 아동 학대나 방임이 발생했는지 여부와 만약 발생했다면 그에 대해 어떻게 해야 하는지를 결정해야 한다. 두 번째 질문인 어떻게 해야 하는지에 대해 임상 전문가는 즉각적이거나(긴급한) 장단기적인 예측과 결정을 할 것을 요구받으며, 이러한 질문의 핵심은 위험성 평가에 대해 결정을 내리는 것을 의미한다.

Melton, Petrila, Poythress와 Slobogin(1997)에 따르면, 이 두 번째 질문은 아동이 절박한 위험에 처해 있는지에 초점을 맞춘다. 사건 초기라면 아동의 보호를 위해 집에서 벗어나게 하는 것을 포함할 수 있다. 이 경우는 아동이 학대나 방임을 당했다는 신뢰할 만한 증거가 존재할 때만이 가능하다. 아동 학대 혹은 방임에 대한 신뢰할 만한 증거가 되는지 여부는 주마다 차이가 난다. 신뢰할 수 있는 증거가 확보되면, 아이들의 안전을 확보하기 위한 후속 조치를 강구한다. 아동보호국에서 보고된 모든 고소 사건의 약 4/5는 입증되지 않았다. 이는 신뢰성 있는 증거가 없기 때문일 수도 있으며, 학대가 없었기 때문일 수도 있다. 안타깝게도, 유명한 아동학대 사건이 언론에 공개될 때 고소가 접수되더라도 입증되지 않은 증거로 제대로 조사가 이루어지지 않는 경우가 종종 존재한다.

많은 주에서 신뢰할 만한 증거 기준으로 심리학자나 정신건강 전문가(보통 사례 연구자)가 상반된 증거를 검토하거나 사건에 대한 종합 보고서를 작성할 것을 요구하는 것이 아니라 "가해자의 혐의에 대해 뒷받침할 수 있는 최소한의 증거를 제시하는 사실 확인자의 역할을 요구한다"(Owhe, 2013, p. 316). 전국 대부분의 지역에서 아동 학대 혹은 방임이 의심되는 것에 대해 신고는 누구나 할 수 있으며, 이것은 익명으로 이루어진다. 더 중요한 것은 학대나 방임이 존재한다는 사실(증명 기준에 상관없이)이 아동과 가족에게 상당한 영향을 미칠 수 있다는 것이다(Owhe, 2013).

많은 주가 아동 학대나 방임 사건에 대한 조사, 평가, 개입을 위해 여러 전문 분야를 포함한 팀을 구축하기 시작했다는 점은 강조되어야 한다. 따라서 법정 심리학자가 단독으로나 혹은 다른 정신건강 전문가 없이 활동하는 일은 거의 없다. 그러나 Melton 등(1997, 2007)이 지적한 바와 같이, 법정 심리학자는 다양한 평가와 예측을 맡는 팀의 유일한 전문가로 여겨질 수 있다.

사건에 대한 판결이나 처분은 혐의를 받는 학대자에 대한 형사 소송을 의미한다. 그러나 양육권 심리와 방문이 허락되는지 여부 등은 민사 소송에서 결정하는 것이다. 소송이 진행되는 중에 법정 심리학자가 관여하는 네 가지 주제는 다음과 같다.

① 아동 증언을 하기 위한 가장 적절한 절차는 무엇인가?
② 법정 외에서 진행된 아동 진술은 어느 조건하에서 인정될 수 있는가?
③ 아동이 학대 사건에 대한 증언을 할 수 있을 정도의 능력이 되는가?
④ 학대나 방임이 일어났는가, 그리고 일어났다면 누구에게 그 책임이 있는가?

성적 학대 사건에서 처음으로 제기된 첫 번째 사안은 아동이 피고인 앞에서 압력을 받지 않고 증언할 수 있는 특별한 절차가 무엇인지 알아내는 것이었다. 많은 사례에서 아이들의 폭로가 유일한 증거는 아니지만, 가장 강력하며 가해자의 신원 확인 및 기소에도 필수적이다(McWlliams, 2016). 더 나아가 "아동은 학대자 앞에서 증인이 되는 것에 취약하며, 이는 특히 학대자가 부모인 경우 아동의 입증의 결과로 부모와의 분리가 발생할 때 더욱 그러하다. 많은 아동은 피암시성이 높으며, 부모와의 분리에 직면할 때 진술을 철회하기 쉽다"(Partlett & Nurcombe, 1998, p. 1260). 이러한 철회와 피암시성은 학대에 대한 양육권 분쟁 진행 과정에서 고소가 다른 부모에게 이득이 될 때 더 문제가 된다.

형사 사건의 경우 많은 주의 법적 규칙에 따르면, 아동의 증언 시 CCTV를 통하여 하거나 비공개로 재판을 진행하는 등 특별한 환경하에 진행함으로써 피고인과 아동이 직접 대면하는 것을 제한하고 있다. 따라서 이를 통해 배심원은 증언을 보고 들으며, 피고인과 아동의 진술을 비교·검토할 수 있다. 이에 따라 아동이 받는 고통과 피고인의 협박은 최소화될 것이다. 만약 이렇게 피고인이 증인을 대면할 권리가 제한된다면 심리학자는 특정 맥락에서 특정 성인과의 상호작용이 아동에게 가져올 정서적 결과에 대한 평가를 요구받을 수 있다(Melton et al., 1997, p. 458). 1987년 미국 대법원(예: Maryland v. Craig, 1987)은 "특정 아동 증인을 보호하기 위한 특별한 절차의 필요성이 있는지를 결정하기 위해 정신건강 전문가가 진술할 수 있는 길을 열어 놓았다"(Melton et al., 1997, p. 458).

학대받은 아동에 대한 평가를 하는 임상 전문가는 넓은 범위의 측면에서 숙련되고 예리한 사람이어야 한다. 예를 들어, 아동 면담에서 가장 질 좋은 정보를 얻기 위해서는 개방형 질문이 널리 활용된다(McWilliams, 2016). 폐쇄형 질문(예, 아니요 혹은 강제 선택 질문)은 특히 아동 면담 시에는 정보의 양이 적을 수 있다. 반면에 암시성 질문은 아이들(혹은 성인)의 기억과 신뢰할 수 있는 정보를 오염시킬 가능성이 있다. 암시성 질문은 아동으로부터 잘못된 정보를 초래할 수 있는 대답을 이끌어 낸다.

또한 보고서는 "공정하고 편파적이지 않으며, 혐의와 결과의 중대성 및 심각성에 상응한 증거 판단이 이루어져야 한다"(Owhe, 2013, p. 325). Budd, Felix, Poindexter, Naik-Polan과 Sloss(2002)는 다음과 같이 보고했다.

> 임상 전문가는 아동의 발달적·감정적 기능과 욕구 및 아동학대에 대한 영향 그리고 아동이 그들의 부모와 결합하는 것에 대한 위험성, 생물학적 부모와 분리되는 것이 아동의 기능에 미치는 영향, 또는 방문 가능성이나 거주지 선정의 장단점을 평가하도록 요구받는다(p. 3).

'아동보호 문제의 심리평가 지침(Guidelines for Psychological Evaluation in Child Protection Matters)'은 1999년에 처음 통과되어 최근에 개정되었다(APA, 2013b). 이 지침에서는 심리학자들에게 주로 제기되는 여섯 가지 질문을 열거하였다. ① 학대가 발생했는가? ② 그것이 아동의 심리적 안녕에 영향을 줄 정도로 심각한가? ③ 어떤 치료적인 개입이 요구되는가? ④ 앞으로 아이에게 학대를 하지 않도록 부모의 치료가 가능한가? 치료가 가능하다면 어떤 치료가 가능한가? 혹 치료가 가능하지 않다면 그 이유가 무엇인가? ⑤ 부모에게 돌아간다면 아동에게 미칠 심리적 영향을 무엇인가? ⑥ 부모로부터 분리되거나 부모로서의 권리가 파기될 경우 아동에게 미칠 심리적 영향은 무엇인가?

이 지침은 전문 문헌의 여러 다른 지침과 함께 심리학자들의 개인적 편견과 가치관이 평가에 영향을 미치지 않도록 주의하고 있으며, 아동 양육권 평가와 같은 평가 과정 중에 여러 가지 방법(예: 검사, 면담)을 사용할 것을 권고한다. 심리학자는 아동의 환경과 관련 있는 주제에 대해 민감해야 하고 문화적 · 사회경제적인 지식을 가져야 하며, 문화적 규범(예: 훈육 방법의 다양성)에 대해 알아야 한다. 다른 장에서 논의되는 근본적인 질문(예: 이 아동에 대한 부모의 양육권을 파기해야 하는가?)에 대한 답변을 할 것인지에 대한 선택은 심리학자 개개인에게 맡겨진다. 그러나 심리학자들이 의견을 제공할 경우 그 의견은 "전문적이고 과학적 근거를 기초로 한 명확한 가정, 자료, 해석 및 추론이 이루어져야 한다"(지침 13).

아동 보호 문제에 대한 평가는 매우 일반적이다(Condie, 2014). 그러나 소수의 연구만이 구체적인 최근 동향 혹은 어떠한 평가 절차가 가장 유용한지에 대해서 기술한다. 법정 체계의 한 연구에서, Budd 등(2002)은 심리학자가 아동 평가의 90%를 수행하는 것을 발견하였다. 불행하게도, 많은 평가는 다중자원, 다중회기(multisession) 정보에 근거하고 있지 않으며 제한된 자료에 기초하였다.

몇몇 사례에서 성학대를 당한 것으로 의심되는 아동이 스스로 성적인 주제를 언어적으로 표현하는 것을 돕기 위해 해부적으로 상세하게 만들어진 인형을 사용하는 경우도 있다. 그러나 그것을 사용하는 것에 대한 문제가 제기되어 왔다. 몇몇 전문가(예: Bruck, Ceci, & Francoeur, 2000; Ceci & Bruck, 1993)는 인형이 아동의 피암시성을 높이고 잘못된 기억을 조장한다고 말한다. 다른 전문가(예: Koocher et al., 1995)는 숙련된 전문가가 그것을 주의하여 사용할 경우에만 인형이 유용한 의사소통 도구가 된다고 주장한다.

최근 몇 년 동안, 법정 심리학자들의 면담 기술에 대한 훈련이 상당히 진전되었다(Lamb, 2016). 적절한 훈련은 하루아침에 이루어지지 않는다. Lamb에 따르면 다음과 같다.

> 훈련 과정에서 다양한 교과목과 함께 그들이 수행하는 면담 내용에 대한 피드백을 얻고 학

습한 것을 정리하기 위해 면담가로서 반복적인 면담 기회를 가질 때만이 면담 기술이 향상될 수 있다는 명확한 증거가 존재한다(p. 710).

아동유괴

누군가가 아동의 부모, 후견인 혹은 법적 양육권을 가진 다른 사람에게서 아동을 감추거나 보호하려는 목적으로 지정된 나이 이하의 아동을 불법으로 끌고 가거나 유인하거나 감금한다면 아동유괴(납치)의 죄목을 받게 된다. 아동유괴(child abduction)는 다른 강력 범죄에 비하여 상대적으로 드물다. 법집행기관의 보고에 따르면, 아동유괴는 청소년 대상으로 한 모든 폭력 범죄의 2% 미만을 차지한다(Finkelhor & Ormrod, 2000). 아동유괴는 가해자의 신분을 바탕으로 세 가지의 유형으로 분류된다. ① 가족 구성원에 의한 유괴(보고된 유괴 사건 중 49%를 차지), ② 지인에 의한 유괴(27%), ③ 낯선 사람에 의한 유괴(24%). 다음에 제시되는 자료의 대부분은 Finkelhor와 Ormrod가 기술한 미국 법무부의 보고서에 따른 것이다.

가족 구성원에 의한 유괴

가족 구성원에 의한 유괴는 대부분 부모에 의해 일어나며(80%), 이는 아동유괴에서 매우 흔한 것으로 부모에 의한 유괴(parental abduction)로 분류된다. "부모에 의한 유괴는 한 부모에 의한 유괴, 구금, 숨김 또는 양육권을 가진 한쪽 부모로부터 아동 유인을 포함하는 광범위한 불법적인 행위를 포함한다."(Wilson, 2001, p. 1) 미 법무부(2010)에 따르면 미국 내 부모에 의한 유괴 사건은 연간 20만 건 발생하는 것으로 추정하고 있다. 양육권이 없는 부모에 의한 유괴의 경우 아동의 연령대가 6세 이하이며 대부분 1세 전후의 유아를 대상으로 한다. 양쪽 성별 모두 비슷하게 피해자가 될 수 있고, 가해자 역시 남성과 여성 각각 균등하게 50% 정도의 비율로 분포된다. 유괴는 일반적으로 집에서 발생한다. 가족에 의한 유괴의 희생자가 되는 아동은 종종 불안과 고립된 상황에 빠지게 된다. 그 이유로 유괴범은 자신이 발각되거나, 아동이 양육권이 있는 부모에게 되돌아갈까봐 두려워하기 때문이다.

청소년은 완전히 낯선 사람에 의한 유괴보다 가족 구성원 혹은 지인에 의해 유괴를 당할 확률이 더 높다. 지인이란 그들이 알고는 있지만 가족 구성원은 아닌 사람을 뜻한다. 지인에 의한 유괴는 피해자가 10대 여성 청소년인 경우가 다수이다(72%). 가해자는 동일 연령대의 청소년(30%)이거나 남자 친구 혹은 이전 남자 친구(18%)인 경우가 많다. 가장 일반적인 동기는 퇴짜를 맞은 것에 대한 보복이거나 강제적인 화해, 성폭력 범죄를 저지르기 위해서 혹은 관계가 깨지기를 원하는 부모를 피하기 위해서이다. 어떤 경우에는 폭력 조직이 협박, 보복 혹은 새로운 폭력 조직을 구성하기 위해 그들이 아는 다른 10대를 유괴하기도 한다. 지인에 의한 유괴의 세 번째 유형은 성폭행 또는 그 가족에 대한 복수를 위해 아동을 유괴하는 것으로 가족 구성원의 친구 혹은 고용인(예: 보모)이 아동을 유괴하는 경우다. 지인에게 유괴된 피해자는 대개 나이가 있고 유괴에 대해 저항하기 때문에 다른 유괴의 유형보다 피해자가 부상을 입을 확률이 높다. 또한 이러한 유괴의 많은 경우가 신체적 폭력과 연관된 위협이 주된 동기가 될 수 있다.

아동의 부모와 보호자들은 가족에 의한 유괴를 다루는 법 집행 당국의 방식에 대해 만족하지 않는다. 조사에 따르면, 낯선 사람에 의한 유괴 사건의 경우 경찰 수사 방식에 대해 75%가 만족한다고 응답한 것에 비해, 가족에 의한 유괴 사건의 경우 45%만이 만족한다고 응답하였다(Hammer, Finkelhor, Ormrod, Sedlak, & Bruce, 2008).

지인과 낯선 사람에 의한 유괴

지인은 아동이나 청소년을 알지만 가까운 가족 구성원이나 다른 친척이 아닌 사람들이다.

아동은 유괴범을 이웃을 통해 알고 있을 수 있으며, 유괴범은 학교에서 보수 작업이나 놀이터에서 시간을 보내거나 아이스크림 가게에서 일할 수도 있다. 낯선 유괴범의 경우 보통 범인은 아동과 어느 정도 친숙하지만(예: 멀리서 아이들을 지켜봄) 아동은 알지 못하는 사람들이다.

Douglas(2011)에 따르면, 부모는 자녀에게 낯선 사람에게 접근하지 말라고 충고하며, 부모의 동의 없이 아는 사람이나 아이를 알아보는 사람이라 하더라도 따라가지 말라고 하지만 대부분이 이를 무시한다. 많은 부모가 그들의 아이들과 '암호(code words)'를 만들어 그들이 암호를 사용하지 않는 한 경찰관 외에 다른 아는 사람과 함께 가지 말라고 경고한다. 그러나 안타깝게도 일부 유괴범은 경찰관으로 위장한다.

피해자들은 보통 야외의 공공장소나 그들의 거주지에서 유괴를 당한다. 낯선 사람에 의한 유괴의 경우 길거리, 고속도로, 공원, 해변, 호수, 놀이공원과 같은 야외 장소에서 주로 발생한다(Finkelhor & Ormrod, 2000). 전국 사건기반 보고 시스템(NIBRS)의 자료에 따르면, 가족 구성원에 의한 유괴를 포함한 아동유괴의 장소가 항상 학교는 아님을 지적했다.

최근 지인과 낯선 사람에 의한 아동유괴에 관한 중요한 연구가 Warren과 동료들(2016), Shelton, Hilts와 MacKizer(2016)에 의해 수행되었다. Warren의 연구에서는 연방 사법기관에서 사안이 심각한 것으로 확인된 아동유괴 463건을 조사했으며, Shelton의 연구에서는 아동이 그들의 거주지에서 유괴당한 32건의 사건을 조사했다. Shelton은 FBI 행동 분석팀 및 지역, 주 사법기관으로부터 자료를 수집했다.

두 연구 모두 대부분의 지인 및 낯선 사람에 의한 유괴 사건의 경우 가해자가 아이에 대한 성적 관심이 동기로 작용하며, 아동 피해자의 대다수는 6~17세(평균 연령 11세)의 백인 여자 아이인 것으로 나타났다. 놀랍게도, 극소수의 유괴범이 주 혹은 연방 정부관할의 성범죄 사건의 전력이 있었다. Warren 등은 납치된 여성의 55%, 남성 피해자의 49%가 살해되거나 발견되지 않는 것을 확인했다. 질식사는 사망의 주요 원인이었다.

다른 연구에서는 유괴 후 24시간 이내에 아동이 살해당하는 것으로 보고하고 있다(Lord, Boudreaux, & Lanning, 2001). 일부 아동유괴 수사 전문가는 처음 3시간이 가장 중요하다고 믿고 있는데, 이는 유괴당한 아동의 74%가 그 시간 내에 살해되기 때문이다(Bartol & Bartol, 2013). 이러한 아동유괴 사건의 생존자 중 약 1/3이 의료적 치료가 필요할 정도의 부상을 입는다.

앞서 언급한 바와 같이, Shelton 등(2016)의 연구는 지인 혹은 낯선 사람에 의해 거주지 주변에서 발생하는 유괴 사건에 초점을 맞추었다. 거주지 주변에서 발생하는 유괴 사건의 범인은 피해자 혹은 피해자의 가족이 알고 있는 사람인 경우가 약 60%를 차지한다. 대부분의 사례에서 범죄자는 일반적으로 시정되지 않는 현관문을 통해 침입한다. 침입은 주로 가족이 잠을 자고 있는 자정에서 오전 8시 사이에 발생한다. 주거지를 빠져나올 때 걸을 수 있는 아이는 저항 없이 범죄자와 함께 가게 되는데, 이는 범인이 아이에게 접근하는 데 있어서 위협적이지 않았음을 암시한다. 흥미롭게도, 형제들은 가끔 유괴 당시 피해자와 같은 방에서 잠을 자고 있는 경우도 있으며 종종 그 사건을 목격하기도 한다. Shelton 등에 따르면, 형제들은 유괴 상황을 목격했다고 말하지 않는 경우가 있는데, 이는 아마도 보복에 대한 두려움 때문일 것이다. Shelton 등은 형제들이 사건에 대해 알고 있는 것이 무엇인지 밝히기 위해 숙련된 범죄 사건 면담가를 조사에 참여시킬 것을 권고한다.

지인 및 낯선 사람에 의한 유괴일 경우 범죄자들의 상당수가 범죄 전력을 가지고 있으나, 이들의 이전 범죄 대다수는 성과 관련된 것이 아니었다(Beasley et al., 2009). 이전 범죄의 대다수는 강도였다.

평균적으로 매년 약 115건의 '낯선 사람에 의한' 유괴 사건이 아동의 죽음으로 종결되었다(Bartol & Bartol, 2013). 낯선 사람에 의한 유괴는 범죄의 심각성 때문에 연방 사법기관에서 사건 발생 시 아동유괴 신속배치(Child Abduction Rapid Deployment: CARD)팀을 운영하고 있다. 가족 혹은 지인에 의한 유괴 사건과 비교했을 때 115건은 상대적으로 적지만, 그 범죄 자체는 전체 지역사회 및 가족에게 정신적 외상이 되며 지대한 영향을 미친다고 볼 수 있다. 게다가 이러한 유괴는 언론의 상당한 주목을 받으며, 낯선 사람에 의해 유괴되어 성적 살인을 당할 위험성에 대한 여론 형성에 지대한 영향을 끼친다.

실종, 유괴, 가출 및 유기된 아동에 관한 전국발생률 연구(NISMART)

실종, 유괴, 가출 및 유기된 아동에 관한 전국발생률 연구(National Incidence Study of Missing, Abducted, Runaway and Throwaway Children: NISMART; Finkelhor, Hotaling, & Sedlack, 1990; Johnston & Girdner, 2001)는 1998년에 이루어진 전국적인 전화 설문조사의 결과를 기술하고 있다. 이 연구는 국내 그리고 해외 가정 내의 가족에 의한 유괴를 추정했다. 이 연구는 현재 이용 가능한 가장 최신의 종합적인 연구라고 볼 수 있다. 여기서 논의할 중요한 함의점은 이 연구가 부모에 의한 유괴의 일반적인 행동과 심리적 특성을 나타내고 있다는 것이다. Johnston과 Girdner(2001)는 다음과 같은 특징을 설명하였다.

- 유괴를 한 부모는 아동에 대한 다른 부모의 가치를 대개 부인하고 묵살한다. 그들은 어느 누구보다도 자신들이 아이에게 가장 좋은 것이 무엇인지를 잘 안다고 믿는다. 어떤 경우 유괴의 동기가 합법적일 수도 있는데, 아동을 성추행하거나 학대, 방임하는 것으로 보이는 부모에게서 아이를 보호하기 위한 시도일 때가 그렇다.
- 유괴를 하는 부모는 대개 매우 어린 아이(평균 2~3세)를 데려간다. 이런 아이는 데려가거나 숨기기 쉽다. 또한 이런 아이들은 말로 항의하기가 어렵고, 자신의 이름 혹은 신상 정보를 다른 사람에게 말하기가 쉽지 않다.
- 유괴를 하는 대부분의 부모는 정서적 · 정신적 지지와 도움을 줄 수 있는 지역사회 혹은 친구, 가족의 지지 체계를 갖고 있다. 이러한 패턴은 유괴범이 아동을 데려온 지역과의 재정적 혹은 감정적 유대가 없을 때 일반적으로 나타난다.
- 대부분의 양육권 위반자는 변호인의 개입 후에도 자신의 행동이 불법적이고 도덕적으로 잘못된 것이라 생각하지 않는다.
- 부모는 각각 자신의 아동을 다른 시간대에 유괴하려고 한다. 아빠는 아동의 양육권에 관한 판결의 결과가 있기 전에, 엄마는 법정에서 일반적인 양육권 판결이 있은 후에 유괴를 결심한다(p. 5).

부모 유괴범의 경우, 다른 부모 혹은 아동에게 가장 위험하며, 현실과 부합하지 않는 편집증적이고 비합리적인 신념과 망상을 드러낸다(Johnston & Girdner, 2001). 이러한 위험은 특히 심각한 약물 남용 혹은 병원 입원이 필요한 정신이상, 가정 폭력 내력을 가진 유괴범에게서 높게 나타난다. 그들은 자신의 이혼 때문에 격한 감정에 휩싸여 있고 전 배우자가 자신을 이용하고 배신했다고 확신한다. 복수가 그들이 아동을 유괴하는 지배적인 동기이다. 다행스럽게도 부모의 유괴는 상대적으로 적다. 흥미롭게도, 한 연구에서는 75%의 남성 유괴범과 25%의 여성 유괴범이 과거 폭력적인 행동을 보여 주었다고 보고했다(Greif & Hegar, 1993).

가족에 의한 유괴의 심리적 영향

유괴의 경험은 아동과 남은 부모 모두에게 심리적 외상이 될 수 있다(Chiancone, 2001). 물리적 폭력이 동원되었거나, 아동을 숨겼거나, 오랫동안 붙잡혀 있었던 사건은 특히 악영향을 끼친다. 실종, 유괴, 가출 및 유기된 아동에 관한 전국발생률 연구(NISMART)에 따르면, 부모에 의한 유괴 사건의 14%에서 폭력이 사용되었고, 강압적 협박은 17%에서 나타났다(Chiancone, 2001; Finkelhor et al., 1990). 남겨진 부모와 분리된 기간은 유괴된 아동에게 주는 정서적 충격의 가장 큰 결정 요인이 된다(Agopian, 1984). Chiancone에 따르면, 아동이 단기간(몇 주 이하) 붙잡혀 있으면 대개 부모와 다시 만날 희망을 포기하지 않고 장기간 유괴된 아동에게서 발견되는 정서적 반응을 겪지 않는다.

그러나 장기간 유괴된 아동의 경우에는 이야기가 달라진다. Agopian의 연구에 관하여 Chiancone은 다음과 같이 기술한다.

> 아동이 보통 유괴범에게 납치되면 흔히 위치 파악을 피하고자 이동된다. 이런 유랑생활과 불안정한 생활방식은 만약 아동이 학교를 다니고 있다 할지라도 친구 만들기와 학교 적응을 어렵게 한다. 시간이 흐르면서 어린 아동일수록 부모를 쉽게 기억하지 못하고, 이는 그들이 다시 만났을 때 심각한 영향을 끼친다. 나이가 많은 아동은 유괴범이 자신을 부모에게서 떼어 놓은 사실과 남겨진 피해 부모가 자신을 구해 주지 못한 것에 대해 양쪽 부모 모두에게 분노와 혼란을 느낀다(p. 5).

Chiancone(2001)은 남은 부모가 일반적으로 상실, 분노, 불면증을 경험하고 절반이 넘게 외로움, 두려움, 극심한 우울증을 느낀다고 보고했다. 사회적 지지와 전문가의 개입이 그들의 심리적 외상을 조절하는 데 도움이 된다. 아동과 남겨진 부모가 겪는 심리적 외상은 50개

주와 컬럼비아 특별구(District of Columbia)에서 가족에 의한 유괴 사건을 중범죄로 다루는 법을 제정하게 만들었다(U.S. Department of Justice, 2010).

노인학대와 방임

매년 약 100~200만 명의 노인이 다양한 유형의 학대를 경험한다(National Center for Elder Abuse [NCEA], 2013). 1980년과 2008년 사이에는 살인 피해자 중 약 5%가 노인이었다(Cooper & Smith, 2011). 노인학대는 노인에 대한 신체적 · 재정적 · 정서적 · 정신적 피해로 정의되는데, 여기서 노인은 보통 65세 이상을 말한다(Marshall, Benton, & Brazier, 2000). 일부 연구자(Aciemo et al., 2010)는 노인학대를 연구하기 위해 피해자의 최소 연령을 60세로 국한한다.

유기는 흔히 방임에 포함되고, 버스정류장 같은 공공장소나 병원, 요양시설에 내버려 두고 떠나는 것을 의미한다. 재정적 학대 또한 만연해 있는 노인학대 중 하나이다. 이는 노인의 자금, 소유물 혹은 재산에 대한 불법적 혹은 부도덕한 사용을 뜻한다. 반면, 성적 학대는 동의하지 않은 성적 접촉을 말하는 것으로 상대적으로 드물다. 모든 주는 이러한 노인학대 문제를 해결하기 위해 법률을 제정하지만 노인학대에 대한 보호법과 정의는 주마다 다르다(Berson, 2010). 많은 주에서는 경찰과 법원이 노인학대 혐의에 공식적으로 대응할 수 있는 법안을 통과시켰다(Morgan, Johnson, & Sigler, 2006; Payne, 2008). 더 나아가 16개 주는 노인학대를 조사하는 전문가들에게 이에 대해 보고할 것을 명령했다(Payne, 2008).

1년간 피해자들의 자기보고식 조사를 기초로 한 전국 노인학대 연구(National Elder Mistreatment Study; Acierno et al., 2010)에 따르면, 미국 내 노인학대의 유병률의 경우 정서적 학대 4.6%, 신체적 학대 1.6%, 성적 학대 0.6%, 방임 5.1%, 가족 구성원에 의한 경제적 학대 5.2%인 것으로 나타났다. 전체적으로 인지적 문제가 없는 노인 10명 중 약 1명의 응답자가 2008년 동안 어떤 형태로든 학대를 경험했다고 보고했다. 그에 비해 상대적으로 이러한 학대 사실은 국가 당국에 거의 보고되지 않았다([사진 11-3] 참조).

정신적으로 미성숙한 성인은 노부모의 가장 빈번한 가해자이다(NCEA, 1999). 다른 가족 구성원과 배우자가 가해자로서 그 뒤를 잇는다. 남성이 학대 가해자가 되는 경향이 큰 반면, 여성은 방임에 연루되는 경향이 있다(Administration on Aging, 1998). 노인 학대와 방임은 주로 집에서 일어나기 쉬운데, 이는 미국 노인의 대부분이 보호시설보다는 집에서 생활하기 때문이다.

사진 11-3 눈 주변에 멍이 들고 얼굴 표정에서 학대를 알 수 있는 노인 여성의 모습.

출처: ⓒiStock/triffitt.

정서적 혹은 심리적 학대는 욕을 하거나 무시하는 것에서부터 위협, 협박에 이르기까지 다양하다. 또한 노인을 아동처럼 대하고 가족, 친구 또는 정기적인 활동에서 노인을 고립시키는 것도 이에 포함된다. 노인학대는 대개 교묘하게 나타나며, 명확한 조짐이나 학대가 발생했음을 알 수 있는 단서가 거의 없기 때문에, 매년 미국 내에서 얼마나 많은 사건이 발생하는지 정확히 알기 어렵다. 추정에 따르면, 많은 주에서 의무적으로 학대에 관해 보고할 것을 법으로 제정하였음에도 단지 14건 중 1건만이 정부 당국에 보고되는 것이 현실이다(Acierno et al., 2010; Pillemer & Finkelhor, 1988; Payne, 2008). Payne은 "형사사법 공무원, 연구원 그리고 정책 입안자들이 노인학대 사건에 개입하지 않는 것은 일종의 학대라는 것에 동의해야 한다."(p. 711)라고 기술했다. 오늘날 심리학자에게는 노인들의 다양한 욕구를 충족시키는 것이 중요한 역할인데, 그들 중 일부는 노년 심리학자로서 이 분야에 대해 전문적으로 다루고 있다.

노인학대 사례에서 법정 심리학자의 역할

법정 심리학자인 Melton 등(1997)은 노인학대와 방임이 아동학대와 여러 면에서 밀접한 관련이 있다고 주장한다. "평가자는 기질적 평가에서 많은 동일한 영역에 대해 고심하여야 하고, 동일한 잠재적 문제와 역할 혼란에 주의해야 한다."(p. 479) 기질적 평가는 개인의 태도, 욕구, 동기를 평가하는 것이다. 그러나 아동학대와 노인학대의 법 심리학적 평가에는 두 가지 중요한 차이점이 있다.

> 첫째, 노인 또는 다른 의존적인 성인에 대한 기질적 평가를 하는 치료가는 장애인에 대해 대안적인 서비스가 있다는 것을 알아야 하며, 피해자의 부양 필요성에 대한 현실적인 관점을 가져야 한다. 그런 의미에서 노인학대 사례에 대한 평가는 제한된 후견을 위한 평가와 같을지도 모른다(Melton et al., 1997, p. 479).

후견(guardianship)은 자신의 문제에 대해 관리 능력이 없다고 여겨질 때 그 사람의 소유물에 대한 권한을 다른 사람에게 위임하는 것을 말한다. 6장에서 언급한 것과 같이 후견에는 다양한 형태가 있을 수 있지만, 가장 적절한 두 가지는 전반적 후견과 한정 후견이다. 전반적 후견은 이름에서도 알 수 있듯이 어떤 사람과 그의 자산에 대한 종합적인 관리와 통제를 담당하는 반면, 한정 후견은 제한된 권한과 의무를 갖는 것을 의미한다. 단지 특정한 치료 결정만을 할 수 있는 법적 권한이 그 예이다.

아동학대와 노인학대 평가의 두 번째 주요 차이점은 아동 학대나 보호의 경우와는 달리 노인학대에서는 법적으로 피해자가 법적 권한이 없다는 결정이 내려지기 전까지 피해자가 법적 결정권을 가진 것으로 여겨진다는 것이다. 노인학대 사건의 고소인 중 약 1/4은 피해자 자신이다(Melton et al., 2007). 더욱이 지정된 후견인이 재정적으로 혹은 감정적으로 피해자에게 의존하고 있을 때 막대한 재정적 이익에 관한 충돌이 있을 수 있다. 따라서 치료사는 후견인과 피해자 사이에 존재할 수 있는 복잡한 관계를 인식하고 그에 대해 민감해야 한다.

APA(2014b)는 심리학자들이 노인들과 함께 일하는 데 도움을 주기 위한 취지로 '노인을 대상으로 한 심리적 실무지침(Guidelines for Psychological Practice With Older Adults)'을 발간하였다.

이 지침은 2003년에 발간되어 개정된 것이다. 최신 지침에서 APA는 다음과 같이 강조한다.

> 의심할 여지 없이 노인 인구는 증가할 것이며, 심리적 서비스에 수용적인 중년층 및 청년층이 나이 듦에 따라 인생 후반기의 삶의 안녕과 문화적 · 임상적 문제에 대한 상당한 이해를 가진 심리학자에 대한 수요는 향후 확대될 것이다(p. 35).

지침에는 고령자 치료와 이와 관련된 일을 할 심리학자들이 실무에서 고려해야할 스물한 가지 권고 사항이 열거되어 있다.

요약 및 결론

법정 심리학자는 모두 폭력적 피해의 결과에 대해 잘 알고 있다. 폭력 가해자가 가족이나 친밀한 파트너일 때 그 영향은 특히 엄청나다. 심리학자는 폭행 사건 피해자의 심리적 상처 정도에 대해 평가를 제공한다. 평가의 결과는 민사 혹은 형사 소송에 쓰일 것이다. 남은 장에서 더 자세히 다루겠지만, 심리학자는 또한 폭력 범죄자의 평가와 치료를 제공하기도 하는데, 이 주제는 이후 장에서 더 자세히 논의될 것이다. 이 장에서는 가정 폭력 피해자에게 제공되는 서비스뿐만 아니라 이 범죄의 범위와 특성에 초점을 맞추었다.

가정 폭력은 배우자나 친밀한 파트너 폭력(IPV), 아동학대, 형제간의 폭력을 포함하는 매우 광범위한 용어이다. 이 장에서는 친밀한 파트너 폭력, 아동학대 그리고 노인학대에 초점을 맞추었다. 우리는 또한 양육권이 박탈된 부모나 낯선 사람에 의한 아동유괴에 대해서도 다루었다. 동물학대에 대한 연구의 관심이 증가하고 있는데, 이러한 동물학대는 아동과 파트너 폭력과 관련이 있다.

오늘날 많은 연구자는 성인 파트너 사이에 발생하는 가정 내 폭력이나 배우자 폭력보다는 친밀한 파트너 폭력에 대해 주목한다. 친밀한 파트너는 같은 주거지에 거주하지 않거나 결혼하지 않은 경우가 많다. 하지만 그 폭력의 특징과 관계는 유사하다. 연구자들은 친밀한 파트너 폭력에 대한 연구에서 상당한 진척을 나타냈다. 초기 연구가 주로 여성 피해자에게 초점을 둔 것과 달리, 후기 연구는 학대 관계에 대한 기술과 남성 학대자의 특성에 초점을 두었다. 또한 동성 커플 간의 파트너 폭력과 여성 학대자도 탐구했다. 그러나 대다수의 파트너 학대의 가해자는 남성이다. 우리는 가해자와 피해자를 다루는 법정 심리학자가 직면하는 주제뿐만 아니라 전문적 증언을 할 때 직면할 수 있는 어려움에 관해서도 논의했다. 최근 연구에서는 가정 폭력이 이를 목격한 아동에게 미치는 영향에 대해 초점을 맞추었다. 많은 사람은 성인들 간의 폭력 행위에 아동이 노출된 경우를 정서적 학대라고 믿는다.

아동학대는 방임, 신체적 학대, 성적 학대, 정서적 학대 중 하나 또는 그 이상을 취할 수 있다. 어떤 형태로든 아동학대는 지속적이고 어려운 문제이다. 이 범죄와 관련된 통계를 검토한 후, 가장 심각한 유형인 유아살해 및 성적 학대와 연구가 미진한 뮌하우젠 증후군 및 흔들린 아기 증후군에 초점을 맞추어 알아보았다. 성적 학대를 겪은 것으로 추정되는 아동에 대한 평가는 법정 심리학자의 가장 큰 어려움 중에 하나이다. 이러한 평가는 6장에서 다룬 이혼 소송에서 이루어지는 경우가 많다. 오래전에 아동학대를 경험했다고 주장하는 사례는 많은 심리학자에게 논란이 되어 왔다. 이러한 사례들은 종종 억압되거나 회복된 기억 문제를 중심으로 한다. 우리는 이와 관련된 연구 그리고 미국과 영국 심리학회에서 내린 결과에 관한 내용을 제시하였다. 억압된 기억과 관련된 주제는 임상가와 심리학자 사이에서 아직 풀리지 않은 숙제이지만, 지금까지의 연구는 잊어버린 기억에 대해 회의적이다. 하지만 어떤 성폭력 피해자는 몇 년 후 잊어버렸던 피해 상황을 다시 기억하는 경우도 있다.

이 장에서는 노년층에 대한 서비스와 노인학대에 대한 내용으로 끝을 맺는다. 최근까지 이 주제는 심리학자에 의해 충분히 연구가 이루어지지 않았지만, 법이나 피해자를 옹호하는 사람들에게 점점 더 관심을 받고 있다. 자료에 따르면, 노인들은 가족 구성원들로부터 경험하는 학대나 방임을 수사 당국에 신고하지 않는다. 이러한 학대를 신고할 경우 가족 구성원으로부터 노인에 대한 보호와 부양권이 박탈되어 다른 사람 혹은 타 지역으로 이동하게 되는 후견인 절차가 진행될 수 있다. 법정 심리학자는 법정 장면에서 후견인 절차에 관여하거나 6장에서 논의한 것과 같이 치료를 거부 혹은 동의할 수 있는 시민으로서의 권한에 대한 평가에 관여하게 된다. 노인층이 증가함에 따라 이와 관련된 다양한 서비스가 향후 필요할 것이다.

주요 개념

가정 폭력 위험성 평가 가이드Domestic Violence Risk Appraisal Guide: DVRAG

가정 폭력family violence

가족에게만 국한된 학대자family-only batterers

갈등행동척도Conflict Tactics Scales: CTS

구타battering

기억의 재구성 이론reconstructive theory of memory

노인학대elder abuse

대리 외상vicarious traumatization

매 맞는 아내 증후군battered woman syndrome: BWS

뮌하우젠 증후군Munchausen syndrome by proxy: MSBP

배우자폭력 위험성 평가Spousal Assault Risk Assessment: SARA

상태 의존적 기억state-dependent memory

섬광기억flashbulb memory

신생아살해neonaticide

아동유괴child abduction

억압repression

억압된 기억repressed memory

영아기억상실증Infantile amnesia
온타리오 가정 폭력 위험성 평가Ontario Domestic Assault Risk Assessment: ODARA
유아살해infanticide
의원성 영향iatrogenic effect
일반적 폭력성/반사회성 학대자generally violent/antisocial batterers
자녀살해filicide
정신불안/경계성 학대자dysphoric/borderline batterers
친밀한 파트너 폭력intimate partner violence: IPV
학대로 인한 머리 외상abusive head trauma: AHT
흔들린 아기 증후군shaken baby syndrome: SBS

단원정리

1. Meuer, Seymour와 Wallace의 가정 폭력 단계 이론을 요약하라.
2. 친밀한 파트너 폭력의 피해자가 가해자로부터 떠나는 것을 가로막는 장애물은 무엇인가?
3. 매 맞는 아내 증후군이라는 용어는 왜 논란이 되고 있는가?
4. 학대자 치료에서 어떤 성과가 있었는가?
5. 가정 내 동성 간 폭력과 가정 내 이성 간 폭력의 주요 차이점은 무엇인가?
6. 외상후 스트레스 장애를 평가하는 데 사용되는 다섯 가지 측정 도구를 나열하라.
7. 아동학대의 네 가지 유형을 나열하고 설명하라.
8. 뮌하우젠 증후군의 심리적 특징은 무엇인가?
9. 미국심리학회 연구집단은 아동학대 기억조사에서 어떤 결론을 내렸는가?
10. 아동학대, 부모에 의한 유괴, 노인학대와 관련된 법정 심리학자의 역할은 무엇인가?

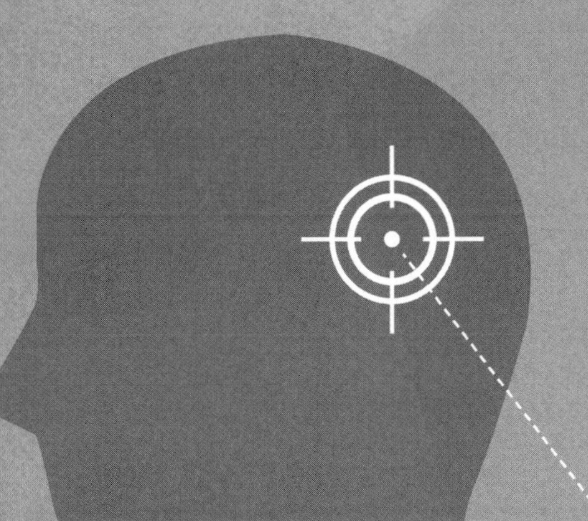

PART VI

교정 심리학

CORRECTIONAL PSYCHOLOGY

Chapter 12

성인 환경에서의 교정 심리학

주요 학습 내용

- 성인 교정에서의 심리학자와 정신건강 전문가의 업무에 대한 개관
- 교정 체계의 개요와 운영 체계
- 치료 권리를 포함한 수감자의 법적 권리
- 수감이 미치는 심리적 영향
- 특정 범죄 집단을 다루기 위한 치료 접근법

최대 보안시설을 찾은 대학생들의 '관광 가이드' 역할을 하던 교도관은 평소와 다름없이 휴식을 즐기고 있는 듯 보였다. 그는 자신의 바지를 걷어 올리며 수감자들과의 싸움에서 생긴 자랑스럽게 생각하는 상처를 학생들에게 보여 주었다. 그러고 나서 학생들에게 감방에서 압수한 무기들을 보여 주었다. 감방 한 곳을 지나가는 동안 잠시 멈춰 서서 두 명의 학생을 수감자 감방 앞에 세워 두었고, 그 수감자는 젊은 여성을 향해 음흉하게 바라보며 농담을 했다. 다른 감방에서는 수감자가 고개를 숙이고 아래를 바라보고 있었는데, 아마도 교도관이 사라지기를 바라고 있는 듯했다. 그는 잠시 학생들을 데리고 정신질환 수감자들이 옷을 벗은 채 조용히 흐느껴 울고 있는 모습을 관찰할 수 있는 방을 지나쳐 갔다. 일행들이 수감자의 감방을 떠날 때, 한 학생은 "그냥 내보내 줘."라고 중얼거렸다.

견학 동안 대학생들은 감옥 마당에서의 말다툼으로 인해 30일 동안 격리생활을 한 수감자의 징계 청문회를 참관할 수 있었다. 혹 이 말다툼에 책임이 있다고 판단될 경우, 그 수감자는 '가석방을 위한 점수'를 잃게 되어 석방 기한이 연기될 것이다. 수감자는 스스로 변호할 수 있는 기회를 얻었지만 아무 말도 하지 않았다. 청문회는 5분도 채 되지 않았고, 수감자는 격리 수용실로 옮겨졌다.

오늘날 교정은 세간의 관심을 끌고 있으며, 연방정부는 물론이고 실제로 모든 주의 운영 예산에서 높은 비율을 차지하는 복잡한 사안이다. 그럼에도 2008년부터 미국에서 교정감독을 받는 수감자의 인구는 감소하기 시작했다(Kaeble & Glaze, 2016). 2015년 연말에는 약 674만 1,400명의 사람들이 교정감독하에 있었는데, 이는 전년도에 비해 약 11만 5,600명이 감소한 것이다(Kaeble & Glaze, 2016). 2015년 연말에는 성인의 2.7%가 어떤 형태로든 교정감독을 받았는데, 이는 1994년 이후 가장 낮은 수치이다. 교정감독 대상으로는 보호관찰이나 가석방으로 지역사회 감독하에 있거나 감옥에 수감된 사람들이 포함된다(최근 2년간의 수치 비교는 〈표 12-1〉 참조).

이러한 감소는 주로 연방 및 주 교도소에 수감된 수감자의 수가 감소하였기 때문이다. 한편, 교정감독하에 있는 대상자 수의 감소는 다양한 요인으로 설명할 수 있는데, 여기에는 범죄율 감소, 저위험 범죄자가 특별법원으로 이송되는 경우를 포함한다. 이에 대해서는 이전 장에서 논의한 바 있다. 게다가 1990년대 과잉 수용된 교도소에 대한 해결책을 요구하는 법원의 판결은 각 주들로 하여금 일부 범죄를 기소 대상에서 제외하거나 형량을 줄이게 했다. 예를 들어, 미국 대법원이 Brown 대 Plata(2011) 사건에 대해 주정부의 수감자 감소를 요구하는 하급법원의 판결을 지지하면서 캘리포니아(California)는 오랜 법정 싸움에서 패배했다.

캘리포니아의 시스템은 8만 명의 수감자를 위해 설계되어 있지만, 초기 소송이 제기될 때

표 12-1 2011년과 2015년 성인 교정 체계(연방 및 주)에 있는 인원수

	2011년		2015년	
교정 인구	인원수	백분율	인원수	백분율
합계	6,994,500	100%	6,741,400	100%
보호관찰	3,973,800	56.8	3,789,800	56.2
가석방	855,500	12.2	870,500	9.6
교도소	1,599,000	22.9	526,800	.08
지역 교도소	735,600	10.5	728,200	10.8

주: 표에서의 수치는 인디언 거주 지구 내 국경 지역 교도소 및 군 교도소를 제외한 민간 교도소와 교도소 병원과 같은 특수시설에 감금되어 있는 수감자를 의미함.

출처: Kaeble & Glaze (2016), p. 2.

쯤에는 그 수가 두 배가 되었다. 정신건강 전문가들이 주목해야 할 점은 수감자의 과수용으로 인해 이들의 정신건강 관리가 악화되었다는 사실이다.

정신건강 관리는 국가에서 운영하는 교도소뿐 아니라 교도소 내에서도 중요한 사안이다. 교도소는 주로 ① 재판을 기다리는 사람들을 위한 임시 유치시설로서의 역할, ② 보통 1년 이하의 짧은 형량을 복역하는 범죄자를 위한 시설로서의 역할을 한다. 일부 범죄자는 다른 목적으로 구치소에 있지만(예: 교도소로의 이전을 기다리거나 다른 주로의 송환을 기다리는 경우), 대다수의 범죄자는 경범죄로 유죄 판결을 받은 구금자이거나 단기 수감자이다. 구치소는 종종 과수용으로 인해 불안정하며, 종사하는 인원이 부족한 상태이다. 2014년 초, 불법 침입 혐의를 받은 노숙자들은 미국 최대 규모의 교도소 중 하나인 뉴욕 리커스섬(Rikers Island)에 수감되어 사망했으며, 이곳의 하루 평균 수감자 수는 1만 2천 명이었다. 난방장치의 결함으로 인해 교도소 내 방은 100°F까지 가열되었다. 이 사건으로 관리자는 좌천되었으며, 새 관리자가 임명되었지만, 2017년 불과 3년 만에 사퇴하였다. 재임 기간 중 일부 긍정적인 변화가 있었지만, 개인적 용무에 관용차를 사용하는 것과 기존에 악화된 상태, 폭력과 관련된 행정적 문제들은 그의 퇴진에 영향을 주었다.

또 다른 사건으로, 다른 구치소에 있는 수감자는 자신의 심장 문제에 필요한 약을 공급받지 못하여 결국 사망하였다. 이러한 일화들이 항상 널리 보도되는 것은 아니지만, 교도소 내에서 드문 것은 아니다. 우리는 이 장의 뒷부분에서 교도소 내에서의 폭력과 정신건강 문제에 대해 다룰 것이다.

2014년 3월, 연방교도국(Federal Bureau of Prisons: BOP)은 21만 5,566명 이상의 수감자를 관리하고 보호하는 업무를 맡았으며, 2015년 말에 수감자의 수는 19만 5,700명으로 줄었다(Kaeble & Glaze, 2016). 대부분의 연방 수감자는 무기, 불법 약물 혹은 은행강도와 관련된 혐의로 복역한다(Tyner, 2013). 횡령, 은행 및 신용카드 사기, 증권거래위반과 같은 "화이트 칼라" 범죄로 형을 선고받는 수는 적다.

연방 및 주 시스템하에 있는 대다수(3분의 2)의 범죄자는 보호관찰, 가석방 등 다양한 형태로 지역사회 감독하에 있다. 가택연금, 전자감시, 최근에 석방된 범죄자를 위한 사회복귀시설, 일일 보고, 강도 높은 감독 등이 **지역사회 교정**(community corrections)에 포함되는 제재의 예이다. 보호관찰 대상자는 전통적으로 비폭력 범죄자들이 대부분이기 때문에 지역사회 감독하에 있다(Kaeble & Glaze, 2016; Glaze & Herberman, 2013). 지역사회 감독으로(community supervision)는 주로 보호관찰과 가석방이 있으며, 집중감독 프로그램과 사회복귀시설과 같은 중간 조치가 있거나 없는 것을 의미한다. **보호관찰**(probation)은 법원이 명령한 지역사회의 교정감독 기간으로, 통상적으로 구금의 대안으로 활용하지만 짧은 수감생활

후에 이루어지기도 한다. 가석방(parole)은 수감 이후 지역사회에서 조건부로 석방되는 기간으로, 지역사회 감독하에 있는 범죄자의 약 18%를 차지한다.

또 다른 형태로 이민법에 의해 구금된 사람들을 들 수 있다. 2015년 국토안보부(Department of Homeland Security, 미국국경경비대, 이민세관단속국 포함)는 46만 명을 체포했는데, 1971년 42만 명이 체포된 이후 가장 적은 수가 체포되었다(Baker & Williams, 2017). 게다가 2014년에서 2015년까지의 체포율은 30% 이상 감소했는데, 주로 남서쪽 국경에 있는 멕시코인의 체포가 감소했기 때문이다. 이러한 감소 현상은 2011년 보고된 최고치의 체포율 이후 지속되는 추세이다. 불법 이민 감소에도 불구하고 이민세관단속국은 세계에서 가장 큰 이민자 구금 체제를 유지하고 있으며, 체포되거나 추방 절차에 들어간 이민자에 대한 시설이 미국 전역에 걸쳐 운영되고 있다. 여기에는 하루 평균 32만 명의 이민자가 억류된다(Baker & Williams, 2017). 대략 95%는 노스 트라이앵글(온두라스, 과테말라, 엘살바도르)에서 온 이민자와 멕시코 국적의 이민자이다(추방 재판에 대한 논의는 5장 참조).

특히 이 책의 출판이 진행될 쯤에는 민간 교도소에 대한 관심이 높아질 것으로 생각된다. 최근 몇 년간 교도소 수용 인구는 감소했지만, 처벌적 사고방식에 대한 우려 또한 존재한다. 향후 인구조사에서 어떠한 자료가 나올지 예측할 수 없지만, 한 가지 분명한 것은 연방정부와 많은 주가 수감자를 관리하기 위해 민간 부문에 관심을 보이고 있다는 것이다. 이러한 영리시설은 1980년대와 1990년대에 급속하게 발전하였고, 그 후 연구자들이 그 효과성에 대해 의문을 제기하면서 인기를 잃기 시작했다. 오늘날 민간 교도소에 대해 다시 한번 관심이 주목되는 것으로 보인다(민간 교도소에 대한 자세한 내용은 〈Focus 12-1〉 참조).

이 장에서 우리는 교정감독하에 있는 개인, 특히 유치장과 교도소에 있는 다양한 개인에게 제공되는 법정 심리학자의 서비스에 초점을 맞출 것이다. 1장에서 지적한 바와 같이, 교정 심리학자는 때론 자신들을 법정 심리학자로 부르기보다 교정 심리학자라는 명칭을 사용하는 것을 선호한다. 일부 사람들은 법정 심리학 분야가 교정 분야 경력에 도움이 되는 대학원 교육에 충분한 관심을 기울이지 않는 것에 우려를 표한다(Magaletta et al., 2013). 교정 심리학자는 교정 체계 내에서 자격을 갖춘 정신건강 전문가의 서비스에 대한 필요성을 인식하면서 대학원생의 경력 사항에 실습과 인턴십을 강조한다(Magaletta, Patry, Cermak, & McLearen, 2017).

미국에서 교정 심리학은 역동적이며 성장하는 분야이다. 캐나다에서는 교정 심리학의 풍부하고 오랜 전통이 특히 미국과 유럽에서의 교정 심리학 분야에 막대한 영향을 미쳤다(포괄적 개관은 Wormith & Luong, 2007 참조). 캐나다의 교정 심리학자들(예: Andrews & Bonta, 1994; Hanson, Bourgon, Helmus, & Hodgson, 2009; Hanson & Harris, 2000)에 의한 교정치료 연

Focus 12-1 민간 교도소

퇴임 직전인 2016년 8월 Barack Obama 대통령은 연방 교도국에 연방 범죄자를 위한 민간 교도소의 사용을 단계적으로 중단할 것을 촉구했다. 2017년 2월, Jeff Sessions 법무장관은 새로운 행정부하에 민간 교도소가 권장될 것이라는 정반대 입장을 발표했다. 그는 이렇게 되면 연방 교도국에 연방 수감자를 관리할 수 있는 유연성을 갖게 될 것이라고 주장했다. 이 발표는 영리 목적으로 민간 교도소를 육성하고 있는 주에도 고무적인 소식이었다. 2016년 대통령 선거 후 가장 큰 민간 교소도 기업 CoreCivic(이전의 Corrections Corporation of America)과 GEO 그룹의 주식은 100% 상승했다.

민간, 영리 목적의 수감시설은 교정에 있어서 오랜 역사를 가지고 있지만 주로 청소년을 대상으로 한 재활에 중점을 두었다. 1980년대에 다시 등장하기 시작하여 1990년부터 2009년 사이에 급속하게 발전하였다. 1990년과 2009년 사이에 민간 교도소 내 수감자 수는 1600% 이상 증가했다(Shapiro, 2011). 민간 교도소는 현재 주립 교도소 수감자의 약 6%, 연방 교도소 수감자의 16%를 수용하고 있다. 2016년 이민세관단속국(ICE)은 민간 교도소가 거의 3/4의 연방 이민 수감자를 수용했다고 보고했다. 게다가 많은 청소년 시설이 민간에서 운영되고 있다. 그러나 법과 질서에 대한 새로운 관점과 구금에 대한 강조로 향후 교도소에 대한 호황은 기대할 수 없을 것이다.

정부가 운영하는 교도소에서 수감자 1명을 유지하는 데 드는 연간 비용은 종종 대학 등록금보다 더 크다. 민간 교도소의 지지자들은 민간 교도소가 비용 면에서 효과적이며, 재범을 줄이고 일자리를 창출한다고 지적한다. 그러나 많은 연구에 따르면, 비용 절감이 미미하고 민간 교도소가 공영 교도소보다 재범률을 감소시키지 않으며 모든 서비스에 있어서 전반적으로 부정적인 영향을 끼치는 것으로 나타났다(Bales, Bedard, Quinn, Ensley, & Holley, 2005; Mason, 2012; Shapiro, 2011). 많은 민간 교도소의 상황에 대한 입증되지 않은 보고에서는 부족한 직원 훈련, 형편없는 의료 관리, 높은 수준의 폭력과 같은 추가적인 문제를 제기한다. 2012년 대법원 판례(Minneci v. Pollard)에서는 민간 교도소의 수감자가 헌법 위반으로 민간 교도소를 고소하는 것을 제한하였다.

수감자를 옹호하는 단체들은 청소년 시설과 교도소의 사유화가 정신건강 서비스를 포함한 다양한 서비스의 감소를 가져올 수 있다고 우려한다. 이러한 기관들이 이익을 추구하기 때문이다. 이들 기관은 또한 수감자를 채울 수 있는 공간이 있기 때문에 전체 수감자 수를 줄이기보다는 더 많은 개인을 수감하고자 할 것이다.

토론 질문

1. CoreCivic 또는 GEO 그룹에 대한 자세한 정보를 얻고 배운 내용에 대해 토론하라.
2. 정부(연방 및 주)는 범죄자를 직접 관리할 의무가 있는가, 아니면 민간 부문에 위탁하는 것이 허용될 수 있는가?
3. 공공시설과 민간시설에서 일하는 교정심리학자들에게는 어떤 장단점이 있는가?

구는 교정 심리학 발전에 중요한 역할을 해 왔다.

이 장의 초반부에서는 이러한 보호시설에 초점을 두어 살펴보고, 심리학과 관련이 있는 주요 개념 및 수감자의 법적 권리에 대해 개관할 것이다. 그리고 평가 및 교정 심리학의 역할뿐만 아니라 효과적인 개입에 장애가 되는 교도소, 유치장의 환경적 측면도 살펴보고자 한다. 현재까지 이 분야에 대한 연구적 관심은 보호시설 환경에서 상담하고 일하는 심리학자의 몫이었으나, 교정시설 안에 있는 수감자보다 지역사회 감독하의 범죄자와 접하기가 더 쉬운 교정 심리학자와 법정 심리학자의 연구영역이기도 하다. 따라서 이 장의 마지막에서는 지역사회 교정과 이 영역에서 법정 심리학자가 공헌하는 바에 초점을 맞출 것이다.

보호시설의 교정

미국은 산업국가 중에서 가장 높은 **수감률**(incarceration rate)을 보이며, 지난 25년 동안 수감자 수가 꾸준히 증가하다 최근 몇 년 동안 감소하기 시작했다. 수감률은 인구 10만 명당 수감자 수를 의미한다. 2012년에는 미국 성인 108명 중 약 1명꼴로 교도소에 수감되었다(Glaze & Herberman, 2013). 20세기 말에는 모든 주가 최소한 하나 이상의 교정시설에서 수감자의 인원이 정원을 초과하는 현상에 직면하게 되었다. 그러나 이 장의 초반부에 언급한 것과 같이 최근 몇 년 동안에는 많은 주에서 범죄자를 보호시설에서 벗어나게 하거나 지역사회 프로그램으로 전환시킴으로써 이러한 과잉수용 현상은 다소 완화되었다.

수감된 범죄자들이 저지른 범죄가 가장 악랄한 범죄만 있는 것은 아니다. 2011년 주 교도소의 경우 범죄자의 53.5%가 폭력, 16.6%는 마약 범죄, 10.6%는 공공질서 위반, 18.6%는 절도나 도둑질 같은 재산 범죄로 복역하고 있다(Carson & Golinelli, 2013). 또한 주 교도소에 강력 범죄로 수감된 범죄자의 대부분은 강도, 살인, 강간/성폭력, 가중폭행 등의 범죄 전력을 가지고 있었다. 흥미롭게도, 강력 범죄는 10.3%(폭력)에서 13.7%(강도)에 이르기까지 상당히 고르게 분포되어 있다. 강도는 심각한 범죄로 피해자에게 끼치는 영향을 경시해서는 안되지만 무력 행사가 필수로 포함되지는 않는다. 피해자에게 무기를 보이는 것과 같이 강제 위협을 통한 재산 침해는 강도로 분류하기에 충분하다.

여성은 강력 범죄로 인해 수감되는 경우가 남성보다 적은 경향이 있다. 그러나 1991년부터 2011년까지 강력 범죄로 주 교도소에 수감된 여성의 수는 83% 증가(남성은 30% 증가)하였으며(Carson & Golinelli, 2013), 아무도 여성이 남성을 따라잡을 것이라고는 예측하지 못했다. 2014년 말에는 주 교도소와 연방 교도소에 수감된 여성의 수가 20만 1,200명이었으며, 남성은 197만 8,700명이었다(Kaeble & Glaze, 2016).

지속적으로 수감률이 증가하고 있지만 수감이 범죄를 근절하거나 범죄자의 사회 복귀에 도움이 되지는 않는 것으로 보인다. 재범(recidivism)에 대한 연구는 일반적으로 최근에 체포되었거나 유죄 선고를 받은 사람 혹은 자기보고식 자료로 측정하기 때문에 큰 의미가 있다고 볼 수 없다. 지난 3년간 15개 주의 교도소 출소자를 대상으로 한 정부 설문조사에서는 출소자의 재범률이 매우 높고, 특히 재산범의 경우에 그 비율이 더 높음을 발견하였다(Langan & Levin, 2002). 출소자 27만 2,000명 중 68%가 심각한 범죄 혹은 중범죄로 다시 체포되었으며, 47%가 유죄 선고를 받았고 25%는 새로운 범죄로 교도소에 구금되었다. 이러한 자료를 통해 수감 그 자체나 교정시설 내에서 진행하는 프로그램이 재범을 저지른 수감자에게 긍정적인 영향을 미치지 않았다는 것을 알 수 있다. 그러나 재범과 관련된 자료를 해석할 때에는 신중을 기해야 한다.

실제로 체포되는 것이 또 다른 범죄를 저질렀다는 것을 의미하지는 않는다. 설령 범죄를 저질렀다 하더라도 이전에 수감되었던 교정시설에서의 재활 프로그램이나 정신건강 프로그램의 혜택을 받지 못했다는 것을 의미하는 것이 아니다. 이 장의 후반부에서 다루겠지만, 교정 시스템 내에서의 다양한 프로그램과 심리치료는 단순히 개인의 재범 여부에 대해서만 판단해서는 안 된다(Rosenfeld, Howe, Pierson, & Foellmi, 2015).

그럼에도 앞에서 언급한 것처럼 재범 통계는 몇몇 연구자에게 과연 구금이 범죄 행동을 다루는 데 가장 좋은 방법인지, 재활이 현실적인 목표인지에 대한 의문을 이끌어 내고 있다. 더 나아가 많은 법학자와 사회과학 연구자는 가난한 사람과 인종적 · 민족적 소수집단에게 편중되어 구금이 발생하는 것에 대해 우려를 표하고 있다. 더불어 수용시설 내의 과잉수용과 폭력을 포함한 수감자 사이에서 발생하는 여러 가지 부정적 현상은 이러한 염려를 가중시키고 있다. 예를 들어, 최근 몇 년 동안 교도소 내 강간이라는 충격적인 주제는 점점 더 많은 연구의 관심을 받고 있다(Neal & Clements, 2010; Stemple & Meyer, 2014). 실제로 유치장과 교도소의 전반적 폐지를 옹호하는 학자는 거의 없음에도 불구하고 특히 비폭력 범죄자의 경우 수감에 대한 대안을 찾는 요구는 증가하고 있다.

보호시설의 교정(institutional corrections) 분야에서 일하거나 교정기관에서 상담을 하는 법정 심리학자는 정당한 운영 체계 내에서 일을 하기 위한 방법을 찾아야 하며 이 일을 훌륭하게 수행해야 한다(Gendreau & Goggin, 2014; R. D. Morgan, Kroner, Mills, & Batasdni, 2014; 교도소 환경과 학계 내에서 교정 심리학자로서의 Kroner 박사의 경력에 대한 내용은 〈My Perspective 12-1〉 참조).

대중은 교도소를 원하면서도 국가 비용 부담에 대해 분개한다. 게다가 대중 여론조사 결

MY PERSPECTIVE 12-1

교정심리학자로서의 경력을 통한 학계로의 발돋움

Daryl G. Kroner, Ph.D.

교정심리학과 관련된 나의 경력은 1986년부터 시작되었다. 나는 노스캐롤라이나 주립대학(North Carolina State University)에서 임상 심리학 석사 과정을 수료했고 록키 산맥(Rocky Mountains)에 근거지를 둔 그랜드 캐시 교정센터(Grande Cache Correctional Centre)에서 일을 시작했다. 센터가 있는 곳은 배낭여행, 낚시, 사진 촬영 등의 취미를 충족시켜줄 수 있는 놀라울 정도로 아름다운 곳이었다.

나는 내가 배운 임상 기술을 응용하는 것에 흥분되어 있었고, 연구를 통해 새로운 지식을 얻기를 고대했다. 처음 센터 정문을 들어설 때 누구를 만났는지, 출근 첫날 아침 어떻게 그곳으로 갔는지 등을 모두 상세하게 기억하고 있다. 최근에 교도소가 새롭게 지어져서 건물 내 가구들은 새것이었다. 몇 달간의 근무를 통해 나는 범죄자들에게 나타나는 정신건강 증상의 폭넓은 범위와 문화적 다양성에 대해 놀라움을 금치 못했다. 나는 수감자들의 임상적 요구를 이해하고자 노력하는 것 외에도 보고서, 직원 평가 그리고 보호시설의 결과 자료를 수집하는 데 노력을 다했다.

그러나 이러한 연구 노력은 현실적 문제에 부딪히게 되었다. 연구 승인을 받아야 할 필요성도 있었지만, 참여하지 않는 사람들, 불완전한 문서, 이 연구가 필요하다는 것을 일부 사람에게 납득시켜야 했다. 나는 범죄자에 대한 징계적 격리와 관련된 사건으로 귀중한 교훈을 얻었다. 내가 처음 그를 보았을 때, 그는 정신적으로 무력한 상태였고 태아 자세로 웅크리고 있었다. 돌이켜 보면, 『정신질환의 진단 및 통계 편람(DSM)』에 대해 좀 더 친숙해진 후에야 이 범죄자가 일시적인 반응성 정신질환을 겪고 있다는 것을 깨달았다. 그 당시 나는 그의 정신건강 기능이 매우 낮은 수준이기 때문에 그를 징계적 격리 대상에서 제외할 것을 강력히 권고했다. 그는 보호시설을 대체하는 시설에 배치되었는데, 하나는 좀 더 개방적이고 다른 하나는 다른 사람과 더 많은 상호작용이 있는 곳이었다. 며칠이 지나지 않아 그는 처음으로 격리된 장소에서 공격적인 행동을 보이기 시작했다. 결국 이 수감자는 다른 기관으로 보내졌다. 이 수감자를 징계적 격리에서 제외하는 것은 옳은 결정이었지만, 직원들은 내가 부적절한 판단을 했다고 생각했다. 이로 인해 이 연구 프로젝트는 거의 아무런 협력도 받지 못한 채 몇 달 동안 보류되었다. 결론적으로는 프로젝트가 완성되었지만, 시간은 훨씬 더 길어졌다.

또 다른 실무적인 교훈은 범죄자 데이터와 관련이 있다. 1980년대에는 범죄자 집단을 대상으로 개발된 것이 아닌 심리측정 도구를 사용하는 것이 일반적이었다. 범죄자를 대상으로 한 심리학적 연구를 수행한 결과, 다른 척도, 요인 구조, 낮은 구성 및 예측 타당도를 확인하였다. 반복적으로 범죄자 데이터를 다루면서 분석 결과에 대한 보다 신중한 임상적 해석이 필요했다. 그래서 비범죄자의 기준에 의존하는 대신 이전에 표준화된 척도로 범죄자 기준을 수집하는 것이 목표가 되었다.

1990년대 후반, 나는 칼튼 대학(Carleton University)에서 박사학위를 받았다. Don Andrews, Adelle Forth, Bob Hoge, Jim Bont와 같은 사람들과 함께 일한 것은 좋은 경험이었다. 교정심리학자로 22년 동안 일한 후, 나는 서던일리노이 대학(Southern Illinois University)의 교수직을 수락했다.

학문적 환경에서 일하는 것의 이점은 프로젝트를 완료할 수 있다는 것이다. 위험성 평가 또는 치료 변화를 검토하면서 프로젝트를 마무리할 수 있다는 것은 만족스러운 일이다. 매일 임상적 요구가 있는 교도소 환경에서는 할 수 없는 일이다. 두 번째 이점은 학생들과의 상호작용이다. 학생들은 다양한 문제에 대해 서로 다른 관점을 가지고 있다. 예를 들어, 질문하는 학생이 아니었다면 하위 임계값 진단의 중요성은 강조되지 않았을 것이다.

나의 일상은 오전 6시 조금 지나서 사무실에 들어가 오전 10시까지 문을 닫고(탐독 및 연구 시간) 점심시간 동안 체육관을 걸은 다음 오후 5시쯤 퇴근하는 것이다. 범죄자를 보는 대신, 이제 나의 하루는 학생들과의 모임, 수업 그리고 연구를 하는 것으로 이루어진다. 아마도 학생들은 내가 범죄자들과 함께 일했던 만족스러운 경험들을 '잡을' 수 있을 것이다.

Kroner 박사는 서던일리노이 대학(Southern Illinois University)의 범죄학 및 형사사법학과의 교수이다. 이 직책에 앞서 그는 20년 넘게 교정심리사로 활동을 하였다. 이 기간 동안, 그는 범죄자에게 직접 개입하여 서비스를 제공하는 크고 작은 시설에서 일을 했다. 그의 현재 연구 관심사는 위험성 평가, 개입 결과의 측정, 정신질환을 가진 범죄자들 사이의 상호작용 그리고 범죄 단념에 대한 것이다.

과는 사회복귀시설에 대한 지속적인 지원을 제안하고 있지만, 실제로 시설에서 일하는 사람은 예산 삭감이 필요할 때 그 대상으로 재활과 관련한 프로그램이 가장 우선시된다는 것을 안다. 이는 축소된 프로그램이라 할지라도 교육 사업에 비해 교정 사업에서 더 많은 비용이 들기 때문이다.

교정 환경에 있는 심리학자는 치료의 성공 가능성을 감소시키는 환경에서 일을 하고 있다. 수감자가 다른 감옥으로 이송되거나, 교정감독관이 심리학자의 역할을 지지하지 않을 수도 있으며, 행정관이 그들의 예산을 삭감할 수도 있다. 또한 연구를 수행할 시간이 거의 없고, 비밀보장에 대한 제한으로 인해 심리학자는 수감자의 이익을 옹호하는 것이 아니라 교도소 행정의 대표자로 인식될 수 있다.

많은 전문 단체가 교정시설에 서비스를 제공하는 것에 대한 다양한 지침과 기준을 마련했다는 점은 중요하게 다루어야 한다. 여기에는 국제교정 및 법정 심리학회(International Association for Correctional and Forensic Psychology: IACFP)에서 발행한 최신 기준과 미국교정건강관리위원회(National Commission on Correctional Health Care: NCCHC, 2008)에서 출

FOCUS 12-2 국제교정 및 법정심리학회(IACFP)의 기준

국제교정 및 법정심리학회(IACFP, 이전의 미국교정심리학회)는 지역, 주, 연방과 지역사회 시설 등에 구금된 범죄자에게 제공되는 심리 서비스에 대하여 최소한의 기준을 만들었다(Althouse, 2010; Standards Committee, 2000). 다음은 이 기준에 대한 주제와 하위 주제에 대한 예시이다. 관심 있는 독자는 각각의 이유를 설명하는 논의 부분을 포함한 원 기준(Althouse, 2010 참조)을 읽어 보기 바란다.

- 역할과 서비스(roles and services): 적절한 역할은 정신건강 프로그램을 고안하기 위한 교정적 집행에 대한 자문, 특성화된 정신건강 단체에 고용된 경비 직원의 심리검사, 정신건강 프로그램 과제를 위한 분류, 직원 훈련, 평가 및 진단과 치료, 위기개입, 정신건강 프로그램과 서비스에 대한 변호와 평가를 포함하지만 이에 국한되지 않는다.
- 직원 요건(staffing requirements): 시설의 심리 서비스를 책임지는 사람 중 최소 한 명은 대개 심리학 분야의 박사학위를 가지고 있고, 자격증/면허증을 가지고 있으며, 교정심리학 분야에서 훈련/경험이 있도록 한다.
- 문서화(documentation): 특정 범죄자에 대한 모든 서비스와 정신건강 정보는 문서화하거나 혹은 현재 전문적·법적인 기준 및 지침에 따라 파일 형태로 유지되어야 한다.
- 비밀보장 제한(limits of confidentiality): 수감자에게 비밀보장에 대해 언어적 혹은 서면으로 알려야 하고 이러한 경고에 대해 법적·행정적으로 규정된 의무에 대해서도 통보해야 한다.
- 사전 동의(informed consent): 모든 검사, 평가, 치료, 절차는 알려진 합의 절차를 통해 진행한다.
- 고용주와 윤리적/실천적 기준 갈등(employer and ethical/practice standards conflicts): 시설과 심리 서비스 직원 사이의 갈등을 해결하기 위한 문서화된 정책이 있다.
- 심사/평가(screening/evaluation): 모든 심사는 심리학자나 그들에게 훈련받은 시설 직원이 시행한다. 관련 데이터(서류철 포함)는 수감 근로자가 이용할 수 없도록 한다.
- 수감자 치료(inmate treatment): 진단과 치료 서비스를 시설의 수감자에게 제공한다. 필요한 긴급 평가와 치료는 충분한 안전조치와 함께, 직원들과 훈련된 지원자의 감독하에 특별히 고안된 장소에서 실시한다.
- 직무 연구(in-service training): 시설 및 지역사회 직원의 훈련에 대한 서면 절차를 제공한다(예: 심리적인 긴급 상황을 인지하고 심리 서비스를 위탁하는 과정).
- 연구(research): 서비스 전달을 향상시키기 위해 심리 서비스 직원에게 응용/기초 연구를 수행할 것을 장려한다.

토론 질문

1. 앞서 제시한 기준이 있지만, 일부 예외적인 사항을 제외하고는 법적 요건을 가진 것은 아니다. 이 장 후반부의 수감자의 법적 권리에 관한 부분을 검토한 후 제시한 기준 중에서 법률상 어떤 것이 필요할지에 대해 논의하라.
2. 하나의 기준을 선택하고 최대 보안시설에서 구현할 수 있는 방법에 대해 토론하라.

간한 '교도소 보건 서비스 기준(Standards for Health Services in Prisons)'이 포함된다. 국제교정 및 법정 심리학회(IACFP)는 실무자에 대한 지침과 지원을 제공하기 위해 66개의 기준을 발표했다(Althouse, 2010). 〈Focus 12-2〉에는 이 기준에 대한 주제 목록이 제시되어 있다. 아울러 교정에서 일하는 심리학자는 미국심리학회(APA)의 윤리강령을 따른다. '법정 심리학에 대한 특별지침(Specialty Guidelines for Forensic Psychology)'(American Psychological Association [APA], 2013c)은 교정 분야에서 일하는 심리학자의 업무와 관련이 있다. 마지막으로, 심리학자는 교도소와 유치장의 구금 및 관리와 관련된 연방 및 주 법률과 규정을 알고 있어야 한다.

교정시설의 개요

억류되거나 고소당하거나 죄를 저질러 자신의 집에 머무는 것이 허락되지 않는 사람은 유치장(jail), 교도소(prison), 지역사회 기반 시설(community-based facilities) 세 가지 유형의 시설에 수용된다. **수용소**(detention center)라는 용어는 주로 그들의 신분(예: 이민자 신분)을 확인하는 동안 임시로 사람들을 수용하는 연방시설에 해당되지만, 유치장—지방정부에서 운영되는—또한 구금을 위해 활용된다. 앞에서도 언급했듯이, **유치장**은 일시적으로 구금된 사람을 위한 장소로 교도소와는 구별된다. 구치소에 있는 사람들은 재판을 기다리거나 다른 재판이 진행 중인 경우, 또는 경범죄를 저질렀지만 보석금이 부족하여 구금을 선고받은 경우에 가게 된다([사진 12-1] 참조). **교도소**는 중범죄를 저지른 사람, 전형적으로 1년 이상의 징역을 선고받은 사람을 위하여 연방정부와 모든 주에서 운영하는 시설이다. **지역사회 기반 시설**은 유치장이나 교도소보다 보안 수준이 낮은 곳이지만, 덜 위험한 범죄자를 대상으로 자신의 집보다는 보안이 높은 **중간적 제재**(intermediate sanctions)를 위해 사용된다. 지역사회 기반 시설에 대해서는 차후에 논의할 것이다.

사진 12-1 체포되어 지역 유치장에서 방 배정을 기다리고 있는 여성
출처: Stockbyte/Thinkstock

어떤 시기건 유치장에 있는 개인 중 대략 절반은 무죄이다. 그들은 구금자이지만 기소된 범죄로 유죄 선고를 받지는 않았다. 궁극적으로 일부는 유죄로 판명될 수도 있지만, 그때까지는 무죄로 간주된다. 나머지 절반은 경범죄로 단기 형량을 복역 중인 경우이다. 구금자와 경범죄 복역자의 비율은 관할 구역에 따라 다양하다. 일부 시설에서는 보석금을 낼 여유가 없거나 보석을 거부하는 **예심 구금자**(pretrial detainees)를 위험하다고 생각하여 구금하기 때문에, 유치장의 약 70%가 예심 구금자로 이루어지기도 한다. 또한 유치장은 전체 인구 중 이송을 기다리는 비율은 적지만(거의 5%도 되지 않음) 교도소, 정신과, 다른 주, 청소년 시설 혹은 군사 구금시설로 이송되는 것을 기다리는 방대한 집합체이다. 그럼에도 불구하고 사실상 유치장은 다양한 계층의 범죄자, 시민, 국방부 사람들의 집합체이기도 하다. 일부 지역사회에서는 경찰에게 체포되어 안전한 피난처가 필요하다고 생각되는 경범죄자를 위하여 하룻밤 임시 피난처로 유치장을 제공하기도 한다.

앞에서 언급했듯이, 연방 체계에서 예심 구금자는 수용소에 구금된다. 연방 수용소의 공간이 충분치 않은 경우, 연방 범죄로 기소되거나 선고를 기다리고 있는 사람들은 각 주의 시설이나 지역 유치장에 구금된다. 2001년 9월 11일 이후, 정부의 테러 연루 가능성 조사로 인해 구금 비율이 높아지면서 연방 수용소는 더 유명해졌다. '임시변통'의 수용소가 개방되면서 수많은 사람이 이민귀화국(Immigration and Naturalization Services: INS)—현재는 이민세관단속국(Immigration and Customs Enforcement: ICE)—에 넘겨져 이주 판결 전에 강제추방 절차를 거친 후 추방되었다. 2016년 이민세관단속국은 연방 이민 수용자 중 거의 3/4이 민간시설에 구금되었다고 보고했다.

주와 연방 정부가 운영하는 교도소는 중죄를 선고받은 사람만을 가두는 곳이다. 이 교도소는 수감자를 보안 수준(최소, 중간, 최대)에 따라 분류하지만 때로는 이 세 가지 주요 선택지 사이에 있을 때도 있다. 교도소 간뿐만 아니라 교도소 내에서도 구금 수준에 차이가 존재한다. 그러므로 수감자는 징계의 이유로 중간 보안 수준의 교도소에 구금될 수도 있다. 그리고 최대 보안 수준의 교도소에 있는 수감자는 최소한의 구금만이 필요한 '신탁인' 지위를 획득할 수도 있을 것이다.

1990년대에 **슈퍼맥스 교도소**(supermax prisons)가 연방정부와 약 41개의 주에 도입되었다. 이들 교도소는 가장 문제를 많이 일으키고 폭력성이 높은 수감자를 수용하기 위한 곳으로 보안 수준이 높은 시설로 평가된다. 그러나 이 장의 후반부에서 다루겠지만, 독방 감금 및 이러한 시설에 대한 많은 우려의 목소리가 존재한다. 감옥 체계는 봉사 캠프, 분류 센터, 정신병을 지닌 수감자를 위한 시설과 같이 특성화된 시설을 포함하기도 한다. 신병 훈련소, 교도소 농장, 산림관리 센터, 비폭력 범죄를 저지른 청소년 범죄자를 위한 목장이 특성화된 시설의 다른 예이다.

일부 주의 유치장은 지역 정부보다는 주 정부의 통제하에 있으며, 유치장/교도소의 기능이 결합되어 있다. 그러므로 경범죄와 중범죄를 저지른 억류자나 유죄를 선고받은 범죄자가 서로 분리된 공간에 배치되지만 같은 시설 내에 있을 수 있다. 이러한 '혼합된 체계'의 접근 방식은 범죄로 기소된 사람과 유죄 판결을 받은 사람들을 혼합하여 수용할 수 있도록 중간 혹은 최소 보안시설로 지정된 하나 또는 두 개의 시설을 최대 보안 수준으로 지정하는 것이다.

연방 교도소 체계는 **연방교도국**(Federal Bureau of Prisons: BOP) 산하에 매우 조직화되고 집중화되어 있다. 이것은 감방, 교정관, 교도소 캠프, 복귀시설뿐만 아니라 앞서 언급한 수용소를 모두 포함하는 시설의 네트워크로 구성된다. 연방 교도소는 최소, 낮음, 중간, 높음, 그리고 관리, 이 다섯 가지의 보안 수준으로 구성된다. 콜로라도(Colorado)에 위치한 국가 유일의 연방 슈퍼맥스 시설은 관리 수준으로 분류된다. 그 시설에는 약 900명의 남성 수감자가 수용되어 있다(연방교도국에서 심리학자를 위해 제공하는 경력 기회에 대해서는 〈Focus 12-3〉 참조). 앞서 요약한 특징 이외에도 유치장과 교도소는 심리학자가 관여하는 정도에서도 차이가 있다. 교도소는 레크리에이션, 워크캠프, 약물 남용 치료, 다양한 회복 프로그램을 제공하는 등 유치장보다 역할이 조금 더 크다. 여기에는 여러 가지 이유가 있다. 첫째, 유치장에 머무는 기간이 상대적으로 짧기 때문에 수감자가 프로그램에서 이득을 얻을 가능성이 적다. 둘째, 대부분의 유치장은 지역 정부가 운영하며, 구금 기능을 제외하고는 다른 기능에 이용 가능한 많은 예산이 없다. 셋째, 대부분의 유치장은 교정 전문가보다는 군보안관과 같은 법집행 전문가에 의해 운영되는데, 지역사회는 법집행 전문가를 대상으로 범죄자나 가해자에게 서비스를 제공하기 위한 훈련을 하지 않는다. 그들은 법을 집행하고 대중을 보호하며 지역사회에 서비스를 제공하기 위한 훈련을 받는다. 구금자와 수감자를 위한 프로그램은 우선시되지 않는다. 그럼에도 불구하고 전국적으로 많은 유치장에서 다양한 프로그램을 실시하고 있는데, 약물 남용이나 가정 폭력, 질병 등의 예방을 겨냥한 단기 프로그램이 그 예이다. 미국유치장협회(American Jail Association)와 같은 전문 조직은 훈련 단계를 포함한 유치장 운영과 구금자와 수감자에 대한 다양한 서비스 제공을 위한 기준을 공표하였다.

심리학자가 교도소보다는 유치장의 치료 프로그램에 덜 개입함에도 불구하고 그들의 평가와 위기개입 서비스는 종종 단기 환경에서 수요가 높다. 예를 들어, 몇몇 예심 구금자는 5장에서 논의한 법정에 설 능력과 그 밖의 다양한 능력을 평가받을 필요가 있다. 능력의 논의 여부를 떠나 예심 구금자는 그들의 사회적·법적·재정적 위치로 인해 혼란스러워하며, 공포를 경험하거나 걱정한다. 혼란스럽고 시끄럽고 혼잡한 상황 속에서 구금자는 '입소 충격(entry shock)'을 경험할 수도 있다. 이것은 처음으로 유치장에 잡혀 온 사람에게 자주 일어나는 일이지만, 반드시 그들에게 국한되어 일어나는 문제는 아니다. 자살은 유치장에서의 주된 사망 원인이다(Clear & Cole, 2000). 실제 연구 결과에 따르면, 교도소보다는 유치장에서의 자살률이 최소 5배는 더 높다(Cohen, 2008; Steadman, McCarty, & Morrissey, 1989). 구금자나 수감자를 대상으로 입소 당시에 실시하는 자살 위험성 선별검사는 심리학을 전공하지 않은 직원이 실시하더라도, 종합적인 평가를 하거나 스스로 목숨을 끊을 위험이 있는 개인에게 치료를 제공하기 위해서는 정신건강 전문가가 필요하다. 이런 사실에도 불구하고, 유치장에는 교도소보다 수감자가 이용할 수 있는 양질의 정신건강 서비스가 없는 편이다(Steadman & Veysey, 1997). 이것은 4장에서 언급한 것처럼 많은 지역사회가 정신건강법원과 함께 최근에 들어서야 이 분야에 대해 시범 시행을 시작하였기 때문이다.

교정시설(유치장과 교도소)은 압도적인 권력을 사용하여 공포를 조성함으로써 고립, 무력감, 굴종을 촉진하며, 폭력적이고, 시끄럽고, 비조직적이고, 모욕적인 장소가 될 수 있다. 비록 이것이 특히 도시형 유치장과 최고 보안 수준 교도소의 사정이라하더라도, 분명히 예외는 존재한다. 주에서 운영하는 교정시설에 비해 연방 교정국에서 운영하는 시설은 덜 폭력적이고, 덜 어수선하고, 덜 시끄러운 경향이 있다. 나아가 교정 전문가는 유치장과 교도소가 인도적인 방법으로 운영되는 동시에, 범죄 및 재활 중인 범죄자로부터 대중을 보호하는 사회의 이중적 바람을 이룰 수 있어야 한다고 주장한다.

FOCUS 12-3 연방교도국에서의 경력 기회

연방교도국에 고용될 기회는 점차 증가하고 있으며 정신건강 전문가의 필요성이 끊임없이 요구되고 있다. 연방교도국에서는 미국 전역 시설에 박사학위를 소지하고 있는 임상 심리학자의 필요성을 지속적으로 주장하고 있다(Magaletta et al., 2013). 캐나다 교정 체계에서도 실습에 대한 여러 기회를 제공하는 등 연방교도국과 유사한 경력 기회가 존재한다(Olver, Preston, Camilleri, Helmus, & Starzomski, 2011). 연방교도국에 근무하는 박사학위 소지자의 약 60%가 연방 교도소에서 인턴십을 마쳤다. 또한 일부는 범죄 심리학 분야에서 자격증을 부여받았다.

이러한 심리학자의 역할은 시설 내 전반적인 임무에 따라 다르다(McKenzie, 2013). 사무국은 전문 심리학자나 교정심리학자가 되고자 하는 학생들을 위해 박사학위 전 양질의 인턴십 교육을 제공하는 대표적인 국가기관이다. 인턴십 과정은 미국심리학회의 인증을 받았는데, 이것은 광범위하고 의미 있는 훈련에 대한 승인을 의미하는 것이다. 인턴은 휴가, 병가 및 수행된 전문적 활동에 대한 연간 대략 49,000달러의 급여를 받는다. 인턴은 그들의 기술과 자신감이 향상됨에 따라 보다 독립적으로 실습을 하면서 임상 장면을 경험하게 된다(Tyner, 2013). 또한 인턴의 일반적인 임상적 지식을 늘리기 위해 임상 및 교육 세미나를 지속적으로 이용할 수 있다.

연방교도국에서 일하는 심리학자는 보다 자율적으로 일을 할 수 있다. 이들은 정신건강 서비스의 주요 공급자이며, 일부 주 교도소 체계와 정신병원에서 일하는 심리학자와 달리 정신과 의사의 감독하에 있지 않다. 대체로 심리학자는 급성 자살과 정신질환이 있는 사람에 대한 위기개입을 하며, 감정과 행동상의 문제를 해결하고자 하는 사람들에게 장기간의 심리치료를 제공한다. 그들은 또한 정기적인 심리평가를 제공하기도 한다. 연방교도국에서 일하는 심리학자는 다음과 같은 일에 참여할 기회가 있다.

- 연방법원의 법정 평가
- 목격자 보호 프로그램의 후보자에 대한 심리평가
- 성범죄자에 대한 시민 공약 이행 절차 평가
- 인질 협상 훈련
- 약물 남용 치료 프로그램
- 자살예방 프로그램
- 외상 경험이 있는 피해자를 위한 위기개입 반응팀
- 예비 박사 인턴십 프로그램
- 고용자 보조 프로그램
- 입원 환자 정신건강 프로그램
- 직원 훈련
- 연구

출처: U.S. Bureau of Prisons (http://www.bop. gov)

수감자의 법적 권리

수감자의 법적 권리는 수감자가 교도소 입구에 들어서면서 자신의 헌법적 권리를 잃지 않도록 해 주는 잘 갖추어진 사법 원칙이다. 특히 1960~1970년대의 수많은 미국 대법원 결정에서, 법원은 헌법하에 수감자에게 보장해 주는 최소한의 권리를 명시했다. 법원에 의해 결정된 이러한 권리는 유치장과 교도소에서의 구금 상태, 절차, 실행 등을 포함하고 있다. 연방 헌법상의 보호 이외에도, 수감자는 주 헌법 및 연방과 주의 보호 아래 자신의 권리를 보장받는다(예: 가족의 방문 권리와 교육 혜택과 관련된 권리). 이 절에서는 교정 체계에서의 상담이나 수감자에게 직접 서비스를 제공하는 심리학자와 관련 있는 주요 개념을 요약할 것이다. 그러나 수감자에게는 중요하지만 심리학자의 직업적인 영역과는 동떨어진 법적 보호에 대해서는 생략할 것이다. 만약 수감자의 행동이 기관의 안전을 방해하거나 초과적인 경제적 부담을 주지 않는다면 수감자는 비록 검열 과정을 거칠지라도 메일을 받을 수 있는 법적 권리를 가질 뿐만 아니라 단식을 포함해서 종교적 의식에 참여할 권리 역시 갖

표 12-2 수감자 관련 미국 대법원 주요 판례

사건	주요내용
Estelle v. Gamble(1976)	정신건강을 포함한 치료 권리
Bell v. Wolfish(1979)	예심 구금자에 대한 권리 제한
Vitek v. Jones(1980)	정신건강시설에 이송되기 전 심리를 받을 수 있는 권리
Hudson v. Palmer(1984)	감방 내 사생활 제한
Ford v. Wainwright(1986)	중증 정신질환자의 사형 집행 금지
Panetti v. Quarterman(2007)	정신질환이 있는 재소자는 그들이 사형에 처해지는 이유에 대해 이해하고 있어야 하며, 인식만으로는 충분하지 않음을 명시
Washington v. Harper(1990)	의사에 반하여 향정신성 의약품을 투여할 수 있음/행정적 심리로 충분함을 명시
McKune v. Lile(2002)	치료 프로그램 참여를 거부할 수 있는 권리 제한
Brown v. Plata(2011)	캘리포니아 내 교도소 과잉수용 축소 명령
Atkins v. Virginia(2002)	지적장애인에 대한 형 집행 금지
Hall v. Florida(2014)	국가가 지적장애의 기준을 정할 수 있음을 명시
Moore v. Texas(2017)	지적장애의 주 기준에 대한 심리
Correctional Services Corp. v. Malesko(2001)	민간 교도소에 대한 소송을 제기할 권리 제한
Minneci v. Pollard(2013)	민간 교도소를 재소송할 권리 제한

는다. 여기에서는 논의하지 않지만 교정 분야의 전반적인 법을 이해하기를 원한다면 Fred Cohen(1998, 2000, 2003, 2008), Palmer와 Palmer(1999)의 훌륭한 저서를 읽어 보기 바란다(이 장에서 인용되는 수감자 권리에 관한 미국 대법원 판례의 요약은 〈표 12-2〉 참조).

다음에 명백하게 논의될 원칙은 교도소 복역자와 관련된 사례에 적용되는 경우가 많지만 유치장 복역자의 사례에도 적용될 수 있다. 이러한 이유로 두 집단을 모두 다루기 위해 좀 더 포괄적인 용어인 '수감자(inmate)'라는 용어를 사용하고자 한다. 그러나 공판 전 구류자(예심 구금자)의 권리는 이와는 다소 다른데, 그들은 아직 범죄에 대한 유죄 선고를 받지 않았기 때문이다. 그럼에도 불구하고 다음에서 간략히 언급하듯이 그들 역시 선고를 받은 경범죄자와 동일한 조건에 포함될 수 있다. 그러나 여전히 풀리지 않는 의문점은 이 모든 권리가 민간 교도소에 수감되어 있는 수감자에게 어느 정도까지 적용되는가이다. 민간 교도소에 수감되어 있는 연방 수감자와 관련된 두 건의 대법원 소송(Correctional Services Corporation v. Malesko, 2001; Minneci v. Pollard, 2012)에서 법원은 수감자에게 적절한 치료를 제공했다고 주장하면서 수감자의 헌법상 권리 침해로 교도소 관계자를 고소할 권리를 인정하지 않았다. 가장 최근의 Minneci 사건은 미국 수정헌법 제8조를 위반하는 잔인하고 이례적인 처벌로 적절한 치료를 거부당했다는 수감자의 주장과 관련이 있다(다음 절에서 지적하듯이, 치료의 권리는 기본적인 헌법상 보장권리이다). 이 사건에 대해 Ginsburg 판사는 Pollard가 연방이나 주 교도소에 수감되었다면 교도소 관계자를 고소할 기회를 거부당하지 않았을 것이라고 말했다.

치료의 권리

치료의 권리는 수감자가 적절한 의료치료를 받을 수 있도록 하는 합법적인 권리로서 심리학자가 많은 관심을 갖고 있는 부분이다. Estelle 대 Gamble 사건(1976)은 치료의 권리에 관한 대표적인 사건으로 수감자에게 필요한 의료 관리를 박탈하는 것은 미국 수정헌법 제8조를 위반하는 잔인하고 이례적인 처벌이다.

텍사스(Texas)주의 수감자인 Gamble은 교도소에서 할당받은 일을 하면서 면화 꾸러미를 트럭에 싣고 있었는데 짐이 그에게 떨어지는 일이 발생하였다. 그가 근육 이완제와 다른 약물을 제공받는 동안 교도소 의료 직원이 3개월 동안 그를 지속적으로 방문했다. 이 기간이 끝날 무렵, 그는 수많은 다른 치료, 혈액검사, 혈압 측정 등을 함께 받았다. 한번은 직원이 처방전을 잃어버렸다는 이유로 4일 동안 처방전을 받지 못했다. 결국 그는 자신의 통증이 사라지지 않았다고 말하면서 일하기를 거부했다. 그리고 교도소 징계 위원회에 회부되어 징계 처분으로 독방에 배치되었다. 독방에 있는 동안 그는 가슴 통증 때문에 의사에게 진찰받기를 요청했다. 의료 보조원은 그를 12시간 후에 발견하고 병원에 입원시켰다.

Estelle 대 Gamble 사건(1976)에서 치료의 권리는 다양한 신체적 질병에 대한 치료를 포함하지만 더 넓은 범위에서 심각한 정신장애에 관한 심리적 · 정신병리적 도움을 포함하는 것으로 해석된다(Cohen, 2003). 수감자에게 적절한 의료 서비스를 박탈하는 것은 미국 수정헌법 제8조를 위반하는 잔인하고 이례적인 처벌이다. '무엇이 '적절한' 의료적 치료인가?'라는 의문이 자연스럽게 제기된다. 수감자는 명백히 '최첨단' 치료를 받을 권리는 없다. 실제 Gamble 사건에서 수감자의 등 아래쪽 엑스레이를 찍지 않은 것이 부적절한 치료로 간주되지는 않았다. 대법원은 이 사건에서 수감자가 **치료의 권리**(right to treatment)를 가진다고 명백히 하였음에도 불구하고 이후에 엑스레이 촬영을 명하지 않은 의료 전문가의 판단에 대해 비판하지 않았다.

Estelle 대 Gamble 사건(1976)은 수감자가 의료적 치료에 대한 헌법상의 권리를 가질 뿐만 아니라 헌법을 위반하였는지 여부를 결정지을 수 있는 기준에 대해 명백히 기술하고 있다는 점에서 중요한 사건이라 볼 수 있다. 위반을 제기하는 수감자는 교도관이 자신에게 필요한 의료적 요구를 '고의적으로 무관심'했음을 증명해야만 한다. 단순한 '태만'으로도 몇몇 주법에서는 고의적 무관심으로 평가될 수 있으나, 헌법적 위반 여부를 증명하기 위해서는 충분하지 않다. 이후 Farmer 대 Brennan 사건(1994)에서 법원은 교도관이 수감자의 건강과 안전에 대한 위험을 알고 있으며 이를 무시한 것이 아니라면 법적 책임이 없다고 말했다. 법원은 또한 교도관이 약물 위험에 대해서 알았어야 했지만, 설령 그러지 못했더라도 이러한 위험성을 낮추지 못한 교도관의 행위가 잔인하고 이례적인 처벌로 여겨지지는 않는다고 덧붙였다.

심리치료의 맥락에서 볼 때, 정신증, 우울증, 조현병과 같은 수감자의 심각한 정신장애에 대해 최소한의 치료는 제공되어야 한다. 국제교정 및 법정 심리학회(IACFP; Althouse, 2010) 기준에서는 정신건강 치료가 모든 정신장애에 대해 가능한 것으로 제안하면서 심각한 질병과 가벼운 질병을 구분하지 않는다. 게다가 이 기준에서는 일반적으로 정확하고, 만성적이고, 정신건강 관리가 필요한 수감자가 유치장과 교도소에서 치료를 받는 것은 적절치 못하다고 하였다. 대신에 그들이 특정한 목적을 가지고 설립된 시설로 이송되어야만 한다는 것이다. 그러나 이는 이상적이며, 현실적으로는 거의 이루어지지 않는다.

정신병을 앓는 수감자

실제로, 유치장과 교도소 모두 심각한 정신질환을 가진 사람을 상당수 수용하고 있다. 최근 교정시설 내 수용 인원이 줄었음에도 불구하고 심각한 정신질환을 가진 재소자의 비율은 감소 징후가 거의 없다. 평론가와 법원 역시 미국 전역의 유치장과 교도소의 정신건강 관리가 부족하다는 것을 인정하고 있다(Cohen, 2008; Heilbrun & Griffin, 1999; Morgan et al., 2016). 최근 미국 대법원이 Brown 대 Plata 사건(2011)에서 캘리포니아 교도소 내 정신건강 관리 상태가 미국 수정헌법 제8조를 위반할 정도로 악화되었다는 하급심의 의견에 동의했다는 점을 상기해 보라.

정신병을 가진 수많은 수감자가 적절한 심리적 개입 없이 유치장과 교도소에 머물고 있다([사진 12-2] 참조). 유치장과 교도소에 수감된 남성의 최소 10~15%가 심각한 정신질환을 앓고 있으며, 치료가 필요한 것으로 추정된다(Ax et al., 2007; Lamb, Weinberger, & Gross, 2004; Steadman, Osher, Robbins, Case, & Samuels, 2009). 정신건강 증진계획(Mental Health Prevalence Project, MHPP: Magaletta, Dietz, & Diamond, 2005)의 자료에 따르면, 연방 수감자 중 정신질환자의 비율은 앞서 제시한 수치와 그다지 다르지 않을 것으로 보인다.

> 전체 추정치에 따르면, 교정 인구는 실제 우리가 생각했던 것과 비슷할 수 있다. 두 관할 구역(즉, 연방 및 주 관할)에서 특정 인구통계학적 및 범죄학적 측면에 따라 서로 다른 교정 인구를 수용하지만 정신질환의 경우는 그렇지 않다(Magaletta, Diamond, Faust, Daggett, & Camp, 2009, p. 241).

사진 12-2 정신질환을 앓고 있는 한 남성이 감방 문의 열려진 작은 틈으로 밖을 응시하고 있다.
출처: © AP Photo/Troy Maben.

또한 Magaletta 등(2009)의 연구에서는 남성 수감자에 비해 여성 수감자의 요구가 훨씬 더 높은 것으로 나타났는데, 이는 여성이 남성에 비해 정신건강 서비스에 대한 그들의 요구를 스스로 드러낼 가능성이 더 높다는 것을 의미한다. 더불어 주 교정기관의 여성 수감자 중 2/3가 심리 및 정신 질환 증상을 보고한 것으로 나타났다(Faust & Magaletta, 2010; Reichert, Adams, & Bosnvick, 2010). James와 Glaze(2006)는 여성 수감자를 대상으로 한 조사에서 연방 교정 체계의 77%, 주 교정 체계의 70%가 수감 중 정신건강 서비스를 이용했다고 보고했다. 게다가 남성 수감자의 60%가 수감 중에 이러한 정신건강 서비스를 받았다고 보고했다. Faust와 Magaletta(2010)는 수감 전 정신건강 치료(입원 및 외래 치료), 자살 시도, 약물 남용의 이력이 있는 여성 수감자가 수감 전 이러한 특성을 보이지 않는 여성 수감자보다 더 높은 수준으로 심리 서비스를 이용하는 것으로 나타났다. Faust와 Magaletta(2010)는 이러한 결과에 대해 "지역사회 내 정신건강 서비스에 접근하는 데 익숙한 사람들이 일단 수감이 되면 이러한 서비스에 대해 좀 더 편안하게 요구할 수 있다."(p. 6)라고 결론을 지었다.

정신병을 가진 수감자의 분리는 많은 법적 문제를 야기한다. 법원은 심각한 장애가 있는 수감자를 가장 필수적인 것만 갖춘 관찰실에서 지내게 했다. 이는 그들을 보호하기 위한 장소이기 때문에 '안전감방'이라 불리기도 한다. 그들은 치료시설로 이송되기를 기다리거나 적절한 의료 처치로 안정될 때까지 관찰실이라는 삭막한 환경하에 있게 된다. 그러나 이러한 구금에 대해서도 법적인 제재가 존재한다. 뉴욕 교정부서(New York Department of Corrections)에 대항한 소송 사건은 이를 아주 분명하게 보여 준다(Perri v. Coughlin, 1999). Perri는 매우 파괴적인 행동을 하는 정신적으로 문제가 심각한 뉴욕 교도소의 수감자였다.

그는 세 차례에 걸쳐 총 108일을 관찰실에 갇혀 있었다. 감방은 싱크대와 변기밖에 없었고, 밝은 불빛이 24시간 내내 켜져 있었다. 그는 옷과 담요 없이 바닥에서 벌거벗은 채로 자야 했고, 관찰자는 운동, 오락, 집단치료 등의 기회를 주지 않았다. 법원은 치료 제공이 없었던 구금 기간에 대해서 뉴욕 교정부서에 그 피해에 대한 법적 책임이 있다고 판결하였다(F. Cohen, 2000). 신체적 · 정신적 건강을 포함하는 의료 서비스의 적절성은 감금된 수감자의 집단 소송 과정에서 빈번하게 등장하는 쟁점이다(집단 소송은 피고인의 행동으로 인해 피해를 입은 것으로 알려진 사람들을 대신하여 제기한 소송을 의미한다).

치료를 거부할 권리

수감자는 치료의 권리를 가질지라도 그들에게 치료 프로그램에 참여하도록 강요할 수는 없다. 이것은 신체적 · 심리적 치료 모두 해당된다. 그러나 만약 주에서 수감자의 행동 변화에 큰 관심을 가지고 있다면 이에 대해 어느 정도의 재량권은 존재한다. McKune 대 Lile 사건(2002)에서 대법원은 프로그램 참여를 거부하는 수감자에 대해 교도관이 처벌하는 것을 허용하였다. 그 주에서는 처벌이 아니라고 주장했고, 법원은 이에 동의했다.

Lile은 강간범으로 선고받아 2년간의 형기를 마치고 석방되었다. 캔자스(Kansas)주에서는 그를 성범죄자 치료 프로그램에 등록시키는 데 매우 큰 관심을 보였다. 그러나 그의 범죄 정보에 대한 기밀이 지켜질지는 보장되지 않았다. 범죄자가 자신의 행동에 대해 책임을 져야 한다는 요건은 치료 프로그램에서 흔히 볼 수 있으며, 이것이 성범죄자에게만 국한된 것은 아니다. Lile은 정보를 공개하면 아직 밝혀지지 않은 범죄가 밝혀져 기소될 수 있다는 것을 걱정하였고, 이 때문에 프로그램 참가를 거절했다. 교도관은 거부하면 좀 더 제한이 강화된 교도소로 이송될 수도 있다고 말하였다. 또한 구내식당 출입과 기타 특정한 활동을 포함한 수많은 특혜를 축소할 것이라 위협했다. Lile은 자신이 치료 프로그램 등록을 강요받고 있다고 주장하였으며, 연방 항소법원은 이것이 미국 수정헌법 제5조를 위반한 것이기에 그에 동의하였다. 그러나 미국 대법원의 판사들은 근소한 차이(5 대 4)로 그에 동의하지 않았다. 이와 같이 수감자에게 치료 프로그램에 강제로 참여하도록 강요하지는 않더라도, 이 경우처럼 재활에 대한 주의 관심이 높다면 수감자에게 특혜 철회에 대한 위협을 통해 치료에 참여하도록 설득할 수는 있다.

이와 유사하게, 수감자는 의료적 치료를 거부할 권리(right to refuse treatment)가 있지만 또 무시당할 수도 있다. 수감자는 교도소 수용자의 위험을 야기하는 폐결핵과 같은 전염성 질병에 대한 치료를 명백히 거부하지 못한다. 교도소에서는 수감자의 바람보다 수감 생활 보존에 더 비중을 두고 있기 때문이다. 예를 들어, 1995년 한 사건에서 당뇨를 앓고 있는 수감자는 의사의 명령으로 인슐린과 다른 약을 복용할 것과 혈당을 확인하여 제출하도록 강요받았다(North Dakota ex rel. Schuetzle v. Vogel, 1995). 반면에 존엄한 죽음을 바라는 사지마비 환자는 캘리포니아 법원의 결정에 따라 강제적 식사와 고통스러운 의료 개입을 거부할 수 있도록 허락받았다(Thor v. Superior Court, 1993). 어떤 이는 당뇨를 앓고 있는 수감자에게 그가 원하는 대로 하도록 허락한다면 교도소가 그 질병과 관련된 합병증으로 발생하는 상당한 의료 비용 문제에 직면할 것이라고 주장한다. 반면, 사지마비 수감자는 경제적인 위협이 되지는 않는다. 이 사건은 경제적 문제가 아니라, 생명 보존이라는 주의 정책에 반하는 개인의 자기결정 권한 문제에 대해 판결을 내린 것이다.

미국 대법원은 정신 약물 형태의 치료를 거부하는 수감자에 대한 판결을 발표했다(Washington v. Harper, 1990). 워싱턴주에서는 심각한 정신병을 가진 중죄인의 경우 교도소 내의 특별한 곳에 거주해야 한다. 향정신성 약물은 문제 행동을 통제하기 위해 종종 사용되었다. 만약 수감자가 이러한 의료 처치를 받기 거부한다면 심리학자, 정신과 의사, 교도소 행정관으로 구성된 세 명의 전문가 집단과 대면하기 전에 행정 심리에서 치료에 대해 이의를 제기하도록 하였다. Harper와 다른 수감자들은 행정 심리보다는 사법적 검토를 원했다. 그들은 또한 일반 자문위원에게 행정 심리를 허락하기보다 변호받을 권리를 갖기 원했다. 그러나 법원의 판결(6 대 3)을 보면, 정신 약물을 사용하는 절차에서는 문제가 없다고 판결을 내렸다. 교도관은 기본적으로 수감자의 의지와 상관없이 정신 약물을 투여할 수 있지만, 그러기 위해서는 그 약물이 수감자의 파괴적 행동을 통제하는 데 필요하다는 행정 심리의 결정이 있어야 한다. 주 법령은 보다 엄격하기 때문에 정신 약물 투여가 의료상 필요한 것이 아니라 교도관의 편의를 위해 처방되는 것은 엄격히 금지한다.

법원은 사형을 집행받을 수 있는 수감자의 능력을 키우기 위해 강제로 약물을 복용시키는 것에 대한 문제를 다루기 시작했다. 1986년에 Ford 대 Wainwright 사건에서 미국 대법원은 미쳤거나 혹은 무슨 일이 일어났는지 인지하기 어려울 정도로 정신이 병들어 있는 사형수에게 법을 집행하는 것이 헌법에 어긋난다고 하였다. Panetti 대 Quarterman 사건(2007)에서 판사의 다수(5 대 4)가 정신이상 수감자가 자신이 사형에 처해진다는 사실을 인지하는 것만으로는 충분하지 않으며 처벌에 대한 목적도 이해해야만 한다고 판결했다. Wainwright 사건에 대한 법원 판결 이후 많은 법정 심리학자와 정신과 의사는 난관에 봉착하게 되었다. 몇몇 심리학자는 자신의 권고가 수감자를 죽음으로 몰 수 있다는 사실을 알고는 수감자의 **사형을 집행받을 능력**(competency to be executed)을 평가하는 데 참여하기를 거부하였다. 처방전을 작성할 수 있는 권한을 가진 몇몇 정신과 의사는 수감자의 상황을 안정시켜 형이 집행될 수 있도록 하는 정신 약물 처방을 원하지 않았다. 더 나아가 사형수를 다루는 변호인은 그들에게 약물을 거부할 권리가 있어야 한다고 주장했다. 2003년 2월, 연방 항소법원은 사형수가 약물을 거부할 권리가 없다는 판결을 내린 최초의 연방법원이 되었다.

재활의 권리

사람들은 교정 환경 내의 수감자가 신체적 · 정신적 질병에 대해 치료받을 권리를 가지고 있음에도 불구하고 재활에 대한 헌법적 권리는 없다는 사실에 대해 놀란다. 여기서 **재활**(rehabilitation)이란 수감자의 석방 후 재범 가능성을 줄이기 위한 다양한 프로그램에 참여하는 것을 말한다. 수감자는 법원이 그들에게 광범위한 헌법적 권리를 부여해 줄 것을 요청한다. 이 권리에는 약물 남용 프로그램, 직업 훈련, 폭력범을 위한 프로그램, 그 외에도 참여할 수 있는 다른 프로그램들이 포함된다. 그러나 법원은 이런 권리의 수호를 계속해서 거절해 왔다. 이는 그러한 프로그램이 존재하지 않아야 한다는 것을 뜻하는 것이 아니다. "수감자가 재활을 시도하거나 혹은 단순히 신체적 · 정신적 · 사회적으로 퇴보되지 않고자 하는 것을 저해하는 방식으로 형벌제도가 운영되어서는 안 된다는 것은 명백하다."(Palmer & Palmer, 1999, p. 221) 특히 교도소 체계 내에 의미 있는 재활 기회가 부족한 것은 법원의 의혹을 살 수도 있다. 여기서 중요한 원칙은 수감자에게 특정 프로그램에 참여할 수 있는 합법적 권리가 없다는 것이다. 수감자를 어떤 프로그램에 참여시킬지를 결정하는 것은 교도관의 재량이다.

교도소 이송

수감자는 자신의 고향이나 가족과 가까이 있는 시설에서 복역할 법적 권리가 없다. 많은 교도소 체계 내에서 수감자가 공지를 받지 못한 채 다른 시설로 이송되는 것은 흔한 일이다. 한 저명한 교정학자는 교도소 수감자의 절반은 어느 날 갑자기 버스에 타고 있다고 씁쓸한 논평을 하였다.

교도소 이송(prison transfer)의 한 가지 유형은 법적 영향력이 있는 민간 정신병원으로 이송하는 것이다. 정신병 때문에 교도소 외부의 정신건강시설로 이송될 수감자는 이송 전에 공판을 받을 권리가 주어진다(Vitek v. Jones, 1980). 사실상 정신병원으로의 이송은 드물다(Cohen, 2000, 2008). 더 나아가 정신병을 앓는 수감자가 이송될 때는 정신건강소나 교도소 내의 시설로 보내진다. 이러한 이송이 Vitek 사건에서 나타난 것처럼 공판을 요구할지 명백하지 않기 때문에 수감자가 이송에 대해 항의한다면 교도소는 그들에게 정책적 문제를 제시한다. 게다가 IACFP(Althouse, 2010)의 기준은 공판이 필요하다고 가정한다. "이러한 공판은 같은 관할 내에서 보호시설에 가는 것이나 같은 교정시설 내에서 특별 관리를 받는 것으로 배제될 수 있는 것이 아니다."(기준 D-36, 토의)

사생활과 기밀성

수감자는 유치장이나 교도소 환경에서 사생활(privacy)에 대한 권리가 거의 없다. 수감자는 종종 감방을 '집'이나 '가정'으로 부르기도 하지만 법은 그러한 방식으로 그들을 다루지 않는다. 이러한 문제에 선두적인 사건으로 Hudson 대 Palmer 사건(1984)을 들 수 있는데, 법원은 수감자의 존재에 관계없이 예고 없는 감방 수색을 할 수 있도록 교정교도관에게 광범위한 재량권을 주었다. 수감자는 감방 수색을 할 때 자신의 소중한 물건이 파손되거나 없어질 수 있다고 주장하며 자신의 입회하에 수색할 것을 요청한다. 소유물의 악의적인 파손은 용납될 수 없음에도 불구하고 법원은 기관의 보안을 유지한다는 명목하에 교도관에게 수색 재량권을 부여한다.

심리 기록의 기밀성(confidentiality)은 법정 심리학자에게 좀 더 직접적인 관심사가 된다. 심리학자는 최대한 수감자의 비밀을 지켜 줄 윤리적 의무가 있다. IACFP(Althouse, 2010)의 기준에 따르면, 심리학자를 제외한 직원은 '알아야 할 경우'에 한하여 기밀 정보에 대한 접근 권한이 주어지고, 접근할 수 있다 하더라도 열람과 정보 해석에 대해서는 심리학자의 감독을 받아야만 한다.

시설 내부나 외부의 제3자는 심리적 정보를 제공받는데, '기밀 정보의 공개' 양식은 반드시 수감자가 작성하여야 하며 파일 형태로 유지되어야 한다. 또한 수감자에게 반드시 기밀성의 한계에 대해 언어적으로 또는 구문으로 공지해야 한다. 예를 들어, 심리학자가 수감자의 탈출 계획이나 다른 죄수에게 해가 될 계획에 대해 알고 있다면 반드시 교도관에게 알려 줄 의무가 있다. 게다가 심리학자는 반드시 평가 수행과 치료 시작 전에 수감자에게 정보 동의서를 받아야 한다.

흥미롭게도, 기밀성보다 좀 더 기본이 되는 사항은 실제적 기록이 충분한가이다. 지방법원은 지속적인 보호의 전제 조건이 적절한 기록이라고 명시했음에도 불구하고(Cohen, 2008) 많은 교정시설에서 기록 유지가 되지 않고 있는 것에 대해 우려의 목소리가 높다. 변호사이자 교정 법학자인 Cohen에 따르면 다음과 같다.

> 수많은 교도소를 망라하는 나의 일터에서 부족한 정신건강 기록이야말로 가장 지속적으로 직면해 온 문제라고 말할 수 있다. 놀랄 만한 것은 비교적 정교한 체계에서조차 정신건강 기록이 부족해서 치료 계획이 없거나 수정·갱신되지 않는 의료 기록만을 가지고 있다는 것이다. 이해하기 어려운 것은 의료 기록이나 임상적 부적응에 대한 기록 또한 없다는 것이다. 치료 추천은 드물거나 존재하지 않는다. 그리고 후속 조치나 치료 진전에 대한 기록도 없다 (pp. 10-12).

또한 그는 '괜찮은 치료'가 실제로 이루어질 수는 있으나 기록상의 증거로 남기기는 어렵다고 덧붙인다. 그의 2008년 저서에는 적절하게 정신건강 기록을 확보하는 데 유용한 지침이 포함되어 있다.

기밀성의 제한과 동의서의 요구는 교정 환경에서 일하고자 하는 많은 심리학자에게 어려움으로 작용할 수 있다. IACFP(Althouse, 2010)에 따르면 다음과 같다.

> 교정 정신건강 서비스 제공자는 그들의 의뢰인을 위해 일을 하지만 부서, 시설, 단체를 위해서도 일을 하며, 반드시 교정 단체 또는 기관, 지역사회 안정 및 범죄자, 수감자 또는 거주자, 의뢰인에 대한 윤리적·법적 의무를 차별화하고 균형을 맞출 수 있어야 한다(기준 C-6, 토의).

이것은 의뢰인과 함께, 의뢰인을 위해서 일하는 것에 익숙해져 온 심리학자에게 어려운 일일 수 있다. 나아가 몇몇 심리학자는 평가와 치료에 '동의'한 수많은 수감자에 대해 우려를 표한다. 그들에게는 선택권이 없기 때문이다.

독방 감금

분리(segregation)는 독방 감금(solitary confinement) 또는 격리(isolation)라고 하며, 수감자를 일반 유치장이나 교도소 수감자들에게서 분리하는 것을 의미한다. 수감자를 분리하는 데는 다양한 이유가 존재한다. 우리는 앞에서 정신병을 앓고 있는 수감자의 관찰 감방 고립에 대해 언급하였다. 게다가 수감자는 규칙을 위반한 것에 대한 처벌로 **징계적 분리**(disciplinary segregation)에 처하기도 한다. 혹은 다른 죄수에게 괴롭힘을 당할 가능성 때문에 수감자를 멀리 떨어뜨려 놓는 **보호적 구금**(protective custody)이 있다. 슈퍼맥스 교도소에서는 한 번에 수년씩 **행정적 분리**(administrative segregation)에 처해진 수많은 폭력적이고 반항적인 수감자를 감금하고 있다. 이 용어는 위반 혐의를 조사하는 동안 수감자들의 임시 격리에도 사용된다. 그리고 사형수 상태의 죄수는 보통 한 번에 몇 년씩 독방에 감금된다.

어떤 용어가 사용되든, 어떤 목적을 위해서든 죄수를 격리시키는 것은 미국과 캐나다에서 흔히 볼 수 있는 관행임은 분명하다(Morgan et al., 2016). 수감자의 약 5%만이 한때 격리된다고 하나, 미국의 수감자 중 거의 5분의 1이 격리된 상태로 시간을 보내는 것으로 추정된다(Beck, 2015). 감금의 상태는 크게 다르다는 점을 강조할 필요가 있다. 죄수는 거의 변함없이 그들의 감방에서 23시간을 보내고, 그곳에서 배달된 식사를 하며, 작은 운동장에서 1시간을 운동하도록 허용한다. 그들은 보통 일주일에 세 번 샤워를 할 수 있다. 일부 교도소는 제한된 방문만 허용하고 있으며, 독서나 TV도 허용될 수 있다.

(비평가들의 호평을 받은 선댄스 드라마 〈랙티파이(Rectify)〉에서 사형수로 수감된 Daniel Holden은 감방 사이 통풍구를 통해 다른 사형수와 의사소통을 하였다. 그는 한 사제가 가지고 온 녹음기로 음악을 들을 수 있었지만 그 녹음기를 그의 감방에 보관할 수 없었다.)

법원은 교정교도관에게 죄수를 분리할 수 있도록 허용하나 징계적 분리의 경우 지속 기간이나 구금 상태에 대해서는 제재를 가한다. 수감자는 징계적 분리에 처하기 전에 심리를 받을 수 있는 권리를 가지고 있지만 이 권리는 거의 행사되지 않으며, 설령 행사된다 하더라도 이 장 서두의 일화에서 보여 준 것처럼 형식적인 방식으로 심리가 운영된다. 분리되는 것에 대해 이의를 제기하는 것은 거의 어렵다고 볼 수 있다.

법원은 분리를 하는 경우 지속 기간에 대해 고려하지만 지속 기간보다는 분리의 조건에 대해 더 주의 깊게 관리해 오고 있다. 그러므로 48시간 동안 샤워할 기회조차 없이 냉혹한 감방에 수용되는 것이 법적으로 문제가 되는 것은 아니다. 하지만 똑같은 감방에서, 똑같은 조건하에 2주간 수용하는 것은 문제시될 수 있다. 위생, 영양, 감방의 물리적 상태, 수감자의 신체적 상태는 모두 고려 대상이 된다. "모든 상황에서 징벌적인 고립이 잔인하고 이례적인 처벌로 여겨질 수 있어서 여러 조건과 기간에 대한 최소한의 기준이 필요하며 이에 대해 아직 정립되지 않은 것이 틀림없다."(Palmer & Palmer, 1999, p. 80) 따라서 심리학자는 고립이 수감자의 정신 상태에 미치는 영향에 대해 우려를 표하며, 수감자가 고립이 잔인하고 이례적인 처벌임을 주장하더라도 법원은 오직 가장 극단적인 환경에 대해서만 제재를 가한다.

보호적 구금과 행정적 분리의 지속 기간에는 한계가 거의 없다. 하지만 그 기준이 다시 면밀히 검토되기도 한다. 아직 대법원은 슈퍼맥스 교도소에서의 구금 상태를 말해 주는 사건을 심리하지 않았지만, 지방법원은 이 문제에 비중을 두었다. 앞에서 언급한 바와 같이, 이러한 시설들은 주에 따라 기준에 차이가 있다. 슈퍼맥스 교도소에서 수감자를 거주시키기 위한 초고도의 보안 수준은 극단적인 고립과 전례가 없을 정도의 개인적인 자유의 제한을 초래한다(DeMatteo, 2005b). 이러한 기관은 종종 "헌법이 허락하는 범위 내에서 최극단에 가까운" 기능을 한다(Collins, 2004, p. 2).

지방법원(Madrid v. Gomez, 1995)은 이러한 기준이 특히 심리적으로 위험이 있거나 현재 정신적으로 장애가 있는 수감자에게 해가 될 수 있다는 것을 명백히 하였다. 법원이 캘리포니아의 펠리컨베이 주립 교도소(Pelican Bay State Prison)의 안전거주 건물(secure house unit: SHU)의 상태를 검토한 결과, 이곳이 잔혹한 처벌을 금하는 헌법 조항을 위반하고 있다는 것을 발견했다. 여기서 잔혹한 처벌이란 교정교도관의 과도한 무력 행사, 의료적·정신적 건강을 위한 치료 부재, 정신병을 가진 수감자를 안전거주 건물에 가두어 놓는 것 등을 말한다.

반면에, 법원은 정상인 수감자를 위한 안전거주 건물의 법적 위반 사실은 찾아내지 못했다.

> 안전거주 건물의 환경은 장기간 동안 머물러야 할 때 보통의 회복력을 가진 사람이 인간적으로 겨우 견뎌 낼 수 있을 정도였다. 하지만 명시된 특정 하위 집단(정신병)에 대한 위반 사항을 제외하고는 안전거주 건물의 환경이 까다로운 미국 수정헌법 제8조 기준에서 벗어나지는 않았다(Madrid v. Gomez, 1995).

대부분의 심리학 문헌에서는 특히 정신 상태가 취약한 수감자들(예: Grassian, 1983; Haney, 2008; Immarigeon, 2011; Toch, 2008)의 장기간 독방 감금에 대해 비난해 왔다. 전국의 자유 시민 단체들은 유치장과 감옥에서 극단적인 고립을 사용하는 것에 대해 제한하고자 노력해 왔다(Kim, Pendergrass, & Zelon, 2012). 단기간 동안 폭력적인 수감자에 대한 징벌적 조치로 고립이 필요할 수 있다는 합의는 이루어졌지만, 이 또한 불필요하게 장기간에 걸쳐 사용되고 있는 것으로 여겨진다. 관할 구역과 교도소에 따라 격리는 드물지만 깨끗한 감방에 격리되는 것부터 다른 수감자와 함께 주차 공간 정도의 작은 독방에 배치하는 것까지 다양하다. Kim 등(2012)은 수감자, 가족, 교정관과의 면담(교도소 내 문서 검토뿐만 아니라)에서 독방 감금은 수감자와 교정관 모두에게 매우 부정적인 영향을 미친다고 보고했다.

그러나 모든 사람이 고립이 불가피하게 문제가 된다는 데 동의하는 것은 아니다. 흥미롭게도, 콜로라도(Colorado)에서 독방 감금의 영향에 대해 1년간 연구한 결과(Metzner & O'Keefe, 2011; O'Keefe, Klebe, Stucker, Sturm, & Leggett, 2010), 소수의 범죄자(7%)만이 부정적인 영향을 받았으며, 대부분은 안정적이고 실제로 20%는 기능 수준이 향상된 것으로 나타났다. 이 연구 결과는 고립에 대한 부정적 영향에 대해 다른 문헌의 연구 결과와 크게 상이했기 때문에 비판을 받아 왔다. 그러나 방법론적 엄격성은 인정받았다(Gendreau & Goggin, 2014). Gendreau와 Goggin은 콜로라도 연구가 다른 관할 구역에서 반복 검증되는 것이 필수적이라고 지적한다.

가장 최근에는 Morgan 등(2016)이 행정적 분리가 수감자의 복지에 미치는 영향에 대한 두 가지 메타분석을 한 결과를 보고하였다. 흥미롭게도, 분석은 동시에 진행되었으나 서로 알지 못하는 두 연구집단에 의해 메타분석이 진행되었다. 두 집단—신시내티 대학(University of Cincinnati, 14개 연구)과 텍사스 공대(Texas Tech University, 19개 연구)—은 분리에 대한 부정적 영향이 상당히 과장되었다는 결론에 도달했다. 10개의 연구는 두 개의 메타분석에서 중복 사용되었다.

연구자들은 감금이 부정적인 영향이 있었음에도 불구하고 일반적으로 그 영향이 비감금된 수감자들이 경험하는 부정적인 영향과 크게 다르지 않다는 것을 발견했다. 60일 이상 격리된 경우—극히 위험한 것으로 간주됨—에도 연구자들은 큰 우려를 할 이유를 찾지 못했다. 그들은 감금이 분노, 우울, 정신증, 인지적 기능과 신체적 건강에 미치는 영향을 연구했다. 그러나 두 가지 예외적 부분으로 일부 수감자는 기분장애와 자해 행위를 보였지만, 이전 논의와 연구에 근거하면 우려할 만한 수준은 아니었다. 또한 수감자들의 출소 후 재범률은 소폭 증가했지만 제도적 위법 행위는 감소했다는 사실을 발견했다.

정신건강 전문가는 제한적 방법으로 독방 감금을 활용해야 하며, 정신장애를 가진 범죄자에게는 활용하지 않을 것에 무게를 두고 있다. Morgan 등(2016)은 그들의 연구 결과에 대해 신중하게 고려해야 하지만, 분리를 더 많이 활용하거나 장기간 수감자를 격리시키는 것에 대해 옹호하는 것은 아니라고 강조했다. 또한 그들은 이러한 제한적인 환경에 있는 수감자들이 정신건강 서비스는 이용할 수 있어야 한다고 지적한다. "현재 서비스는 일반적으로 향정신성 의약품 제공, 수감자 감옥방 앞에서의 임상가와의 간단한 면담, 임상가와의 드문 개인적 면담으로 구성된다."(p. 458) 이는 충분하지 않으며, 모범 사례로도 맞지 않다고 주장한다.

예심(재판 전) 구금자의 권리

사법권 아래, 기소당한 자와 유치장이나 수용소에 갇힌 사람이 처벌받지 않는 경우도 있다. 앞에서도 언급했듯이 그들은 유죄라고 입증되기 전까지는 무죄로 간주된다. 그러므로 구금자는 징계적인 분리를 당할 수 없고, 그들이 형기를 복역하고 있는 것이 아니므로 복역기간을 차감받을 수도 없다. 그러나 대법원은 구금자로 하여금 매우 제한적인 환경에 두거나 기관의 안전이란 명목하에 사생활을 침해하여 상당히 고통받게끔 하였다. 게다가 구금자가 시설 규칙을 위반했을 때는 고립당할 수 있다. Bell 대 Wolfish(1979)라는 획기적인 미국 대법원 판례에서는 연방시설의 구금자가 기관의 안전이란 명목하에 행정관에게 수도 없이 처벌당했음을 보여 준다. 예를 들어, 그들은 감방에 갇히거나 인원 초과로 인하여 임시 수용시설에 갇히기도 했다. 그들은 방이 수색당할 동안 서 있거나 보지 못했으며, 기관 외부에서 들어온 개인 소지품이나 음식이 든 소포를 받을 수 없었다. 또한 수감자는 방문 면회 후에 몸수색을 당해야 했다. 미국 대법원은 6 대 3의 결정으로 이러한 일이 처벌적인 것이 아니며 연방시설의 안전이라는 명목하에 정당한 것이라고 하였다.

앞에서 논의한 법적 보호 이외에도 수감자는 주 입법회에서 통과된 법이나 주법하에 특정한 권리를 가질 수 있다. 예를 들어, 수감자는 선거에 투표할 권리는 있으나 법적 권리는 없다. 기밀 기록, 재활 프로그램에 참여할 권리, 방문 권한(예: 친자식에 대한 면접권) 등은 주를 망라한 모든 지역에 다양하게 존재한다. 교정 환경에서 일하는 심리학자는 반드시 연방 헌법 원칙뿐만 아니라 그들의 주에 특별히 적용되는 법에 대해서도 알고 있어야 한다.

교정 심리학자의 역할

교정 심리학자(correctional psychologists)는 대체로 교정시설에서 일하는 심리학자와 구분된다. 일반적으로 교정 심리학자는 "교정 철학 및 체계, 범죄자 관리, 법정 보고서 작성, 습관성 범죄를 줄이기 위한 치료, 그리고 연구 결과물에 대해 공부하거나 훈련을 받는다." (Althouse, 2000, p. 436) 많은(대부분은 아니지만) 심리학자가 이러한 특정한 배경을 가지고 있지는 않다. 나아가 모든 심리학자가 철학 박사학위(Ph.D.)나 심리학 박사학위(Psy.D.)를 보유하고 있지도 않다. 추정하기로는 연방교도국에서 일하는 심리학자의 90% 이상이 박사학위를 가지고 있다고 하지만, 주 교도소나 지방 유치장 근무자의 경우는 가장 높은 자격증이 석사학위나 전문가 자격증 정도로 보인다. 그러나 앞으로 박사학위를 가진 심리학자들이 연방정부와 주 교정시설에 고용될 수 있는 훨씬 더 큰 기회를 가지고 있다.

심리학자는 교정 체계하에서 가치 있는 서비스를 제공한다. 그래서 우리는 교정 심리학자라는 용어와 교정시설에서 일하는 심리학자라는 용어를 혼용한다. 이것은 IACFP(Althouse, 2010)의 기준과 일치하며, 교육 수준과 교육적 배경에 관계없이 서비스 제공자에게 비슷한 수준의 전문적인 실무 능력이 필요함을 보여 준다. 또한 이 기준은 이러한 서비스를 제공하는 심리학자뿐만 아니라 다른 전문 집단을 포함한다. 마지막으로, 1장 및 이 장의 초반부에서 언급한 바와 같이, 교정 심리학자들은 종종 자신들을 법정 심리학자로 여기지 않는다. 그러나 우리는 '법정 심리학자'라는 용어를 보다 넓은 의미로 본문 중에 사용할 것이다. 몇몇 심리학자는 교정시설에서 일하는 것의 제한점으로 그들이 연구를 할 수 있는 시간적 여유가 없다는 것을 들고 있다(앞의 〈My Perspective〉 에세이에서 Kroner 박사는 이 점에 대해 언급하고 있다). 한 연구(Boothby & Clements, 2000)에서 심리학자는 자신의 시간 중 2% 정도만 연구에 할당하는 것이 가능하다고 보고하였다. IACFP(Althouse, 2010) 기준에서도 심리 서비스에 대한 수요가 증가하고 있기 때문에 연구에 시간을 쓰기가 어렵다는 것을 인정했다. 그럼에도 불구하고 기준 F-1에는 응용 및 기초 연구를 장려하였으며, 토의 섹션에서는 전일제 심리학자에게 "최소한 하나 이상의 교정 심리학과 임상 관련 평가 연구"에 참여하도록 권고하였다(기준 F-1, 토의). 정신건강 직원들도 가능하면 외부로부터의 연구 프로젝트를 용이하게 하도록 장려한다.

일부 연구에서는 교정 환경에서 일을 하는 심리학자들이 직무 만족도 조사에서 '적당히 만족함'으로 응답한 것으로 나타났다. 이는 승진 기회와 전문적 분위기의 부족으로 판단된다(Boothby & Clements, 2000). 또 다른 연구에 따르면, 교정 심리학자들은 보안 수준이 낮은 시설에 비해 높은 시설에 고용되었을 때 높은 수준의 직업 만족도를 보고한다(Garland, McCarty, & Zhao, 2009; Magaletta, Patry, & Norcross, 2012). 안전이라는 문제가 직무 만족도에 대한 하나의 이유가 될 수 있지만, 이와 유사한 연구(MacKain, Myers, Ostapiej, & Newman, 2010)를 보면 심리학자에게 있어서 안전이 주요 관심사는 아니다. Boothby와 Clements(2002)의 연구를 통해 밝혀진 요인도 만족도와 관련된 것이 아니었다.

많은 다른 연구에서 직업 만족도 혹은 교정시설 직원들 사이의 신체적 · 정신적 피로도에 대해 조사를 했는데, 이러한 연구들은 심리학자들에게만 국한되지 않는다(예: Garland et al., 2009). 그러나 MacKain, Myers, Ostapiej와 Newman(2010)의 연구와 Senter, Morgan, Serna-McDonald와 Bewley(2010)의 연구는 예외이다. Boothby와 Clements(2002)가 사용한 척도와 유사한 척도를 사용한 Mackain 등(2010)의 연구에서는 노스캐롤라이나(North Carolina)주 교도소 내 심리학자들에 대한 만족도를 조사했는데, 경제적 요인(예: 건강상의 이점, 직업의 안정), 업무 관계, 행정 지원이 직무 만족도와 관련이 있는 것으로 나타났다. 흥미롭게도, 교정 심리학자들은 공공 정신병원과 같은 환경에서 일하는 심리학자들보다 그들의 개인적인 삶에 더 만족하는 것으로 나타났다. 결론적으로 이러한 연구 결과들은 교정시설에서 근무하는 심리학자의 업무상 잠재적 스트레스 요인에 대한 교육이 이루어져야 한다는 것을 시사한다. 게다가 교정 심리학자가 되려는 학생들은 교정 환경에서의 고유한 스트레스 요인과 혜택에 대한 교육을 받아야만 한다. 또한 스트레스 요인은 MacKain 등(2010)의 연구에서 나타난 것처럼 생각만큼 명확하지 않을 수 있다. 요컨대, Magaletta 등(2013)이 확인한 바와 같이 법정 심리학 분야는 일반적으로 이러한 직업을 위해 학생들을 준비시키는 책무를 수행할 필요가 있다.

교정에서의 심리평가

심리평가(psychological assessment)는 심리적 측면에서 개인의 과거, 현재, 미래를 측정하고 평가하는 모든 기술을 말한다. 평가는 심리 검사 및 측정 도구를 사용하여 수행하지만 제한이 있는 것은 아니다. 20세기 후반 20년 동안 수많은 상업적 측정 도구와 검사지, 특히 법정 환경에서 사용되는 도구가 크게 증가했다. 이것은 미국 전역의 유치장과 교도소에서 현재 사용되는 다양한 검사를 포함한다. 예를 들어, 연방교도국에 수감된 모든 재소자는 과거의 정신건강 서비스와 현재의 심리적 문제를 평가하는 자기보고식 양식인 재소자 심리 서비스 설문지(Psychology Services Inmate Questionnaire: PSIQ)를 작성하게 된다(Magaletta et al., 2009). 검사지와 다른 측정 도구 이외에도 평가받는 개인 및 제3자와의 면담, 직접 관찰, 사례 기록 검토 등이 이루어진다.

수감자는 교정시설 내에 있는 동안 최소한 몇 차례의 평가를 받아야 한다. 평가는 ① 수감자가 교정 체계에 들어왔을 때, ② 범죄자가 지역사회로 돌아가는 것에 대한 결정을 할 때, ③ 수감자가 심리적 위기에 처했을 때 이루어진다. 이러한 최소한의 요구 조건 외에도 재평가가 지속적으로 수행되어야 한다. "시간에 따라 수감자의 행동적 변화가 나타날 때에는 지속적인 재평가가 필요하다."(Palmer & Palmer, 1999, p. 307)

관할권에 따라 보다 전문화된 유형의 평가도 수행된다. 예를 들어, 사형을 선고받은 수감자에게 심리학자는 지적 능력에 장애가 있는지 여부(Atkins, Hall, & Moore 사례 참조: Atkins v. Virginia, 2002; Hall v. Florida, 2014; Moore v. Texas, 2017), 정신장애 정도(Ford v. Wainwright, 1986)를 평가하는 데 관여할 수 있다(Moore 대 Texas 판례에 관한 추가 정보는 〈Focus 12-4〉 참조). 연방정부와 성폭력 흉악범(sexually violent predator: SVP)에 관한 법을 가진 주의 경우 심리학자는 수감자를 대상으로 성범죄 재범 가능성에 대해 평가를 실시할 수 있다.

또한 평가는 안전과 재활의 두 가지 목표를 모두 추구하는 교정 체계에서 치료를 제공하기 위한 중요한 요소이다. Bonta(1996)는 치료 목적으로 수행하는 평가에 있어 세 가지 역사적 세대가 있었음을 명시했다. 첫 세대 동안, 평가는 주로 임상가가 자신의 전문 경험이

FOCUS 12-4 Moore 대 Texas: 지적장애와 사형 판결

1980년 Bobby James Moore는 식료품점에서 강도 범행 중 70세의 식료품 점원을 총으로 살해한 혐의로 유죄 판결을 받았다. 그는 범행 당시 20세였으며 그 후 사형 선고를 받았다. 1995년 그의 1심 재판에서 변호인들은 정신발달장애로 인한 형량 감경을 요구하고자 하였으나 이에 대한 증거를 제시하지 못하였다. 그는 2001년 사형 선고를 받았다. 그리고 2017년 미국 대법원은 사형 선고를 철회했다.

어린 시절 Moore는 1학년 때 낙제를 두 번이나 받았지만, 학교에서는 그가 또래 아이들과 함께 있어야 한다고 생각했기 때문에 2학년으로 진급시켰다. 5학년 때 그는 다른 아이들로부터 쇠사슬과 벽돌로 구타를 당했다. 그를 진찰한 신경심리학자는 Moore가 이로 인해 외상성 뇌손상(traumatic brain injury: TBI)를 입었을 것이라고 말했다. 유년 시절 자신을 바보라 부르던 아버지에게 학대를 당했으며, 사회적으로는 또래 아이들과 같이 학년별로 진급을 하였다. 결국 그는 9학년 때 중퇴를 했다. 그는 13세의 나이에도 시간에 대해 말하지 못했고, 요일, 연도 또는 계절에 대해서도 알지 못했다. 그는 집에서 쫓겨나 거리에서 생활을 했으며, 수영장에서 놀며 돈을 벌기 위해 잔디를 깎는 일을 했다. 일단 수감이 된 후 규칙에 따라 생활했으며, 몇 가지 기술도 배울 수 있었다.

1971년과 1989년 사이에 Moore는 일곱 차례에 걸쳐 지능검사를 받았으며, 평균 지능지수가 70.66으로 가벼운 지적장애로 나타났다. 또한 정신건강 실무자는 인지적 · 사회적 · 실용적 기술 면에서의 적응 능력을 검토한 결과 상당한 결손을 발견하였다.

하급법원은 이러한 장애를 근거로 그의 형량을 종신형으로 감형하거나 심지어 다시 재판을 받을 가치가 있다고 판결했지만, 텍사스주 항소법원은 이에 동의하지 않았다. 법원은 Moore가 획득한 78과 74의 점수에 초점을 맞추었지만, 70점 이하인 점수는 고려하지 않았다. 항소법원의 결정에 반대한 판사가 제기한 지적장애의 의학적 기준에 대해 법원은 검토하지 않았다. 대신에 법원은 지적장애를 평가하는 데 구시대적인 기준을 사용했고, Moore의 결손보다는 적응력에 초점을 맞추었다. 그 후 형사 항소법원은 그에 대한 사형 선고를 유지해야 한다고 판결했다.

Moore는 미국 대법원에 항소하면서 시대에 뒤떨어진 기준이 아니라 지적장애를 결정하는 현재의 심리학적 · 정신의학적 기준이 적용되어야 한다고 주장했다. 법적 조언자의 의견서(amicus curiae briefs)가 미국심리학회를 포함한 국내외 단체들에 의해 제출되었다. 현재 전문적 기준으로 볼 때, 변론 취지서에는 Moore가 지적장애가 있는 사람이기 때문에 Atkins 대 Virginia 및 Hall 대 Florida 판례에 따라 사형에 처하는 것은 부적합하다고 주장했다. 미국 대법원은 5 대 3의 결정으로 현재의 전문적 기준을 적용해야 한다는 데 동의했으며, 재선고를 위해 Moore의 사건을 텍사스 법원으로 돌려보냈다.

토론 질문

1. 지능 점수만으로 사형 집행 가능성 여부를 판단하는 것이 충분하지 않다는 것은 분명하다. 이전 판례의 경우 미국 대법원은 각 주에게 지

적장애 평가 기준을 결정할 수 있는 재량권을 주었다. 이 사건은 그러한 입장을 철회하는 것인가? 일부 주에서는 사형이 선택 사항으로 남을 것이라고 가정할 때 지적장애를 결정하기 위한 국가적 기준이 있어야 하는가?

2. 앞서 언급한 세 가지 대법원 판례에서 대다수는 정신의학/심리학 전문가에 대해 존경을 표하고 있으며, 본질적으로 전문적인 기준이 적용되어야 한다고 판결을 내렸다. 그러나 반대자들은 전문가에 대한 이러한 존경심으로 판결을 정당화할 수 없다고 주장한다. 이에 대해 당신의 의견을 제시하라.
3. Moore는 분명히 몇 가지 강점을 가지고 있으며 지역사회에서 생활할 수 있었다. 사형을 집행할지 여부를 평가할 때 적응력보다 적응력의 결핍에 초점을 맞추는 것이 왜 중요한가?

나 판단에 의존하여 수행하였다. 두 번째 세대에서는 표준화된 평가 도구를 적용했지만, 이는 주로 범죄자의 구금 수준을 결정하는 데 사용되는 고정적인 위험 요소(예: 이전 시설 내에서 폭력 건수 혹은 이전 전과 기록)를 측정하는 데 사용하였다. 세 번째로 평가의 현 세대에서는 위험과 욕구의 요소를 모두 갖추고 있다. 그러므로 표준화된 위험성/욕구 평가 도구는 사전 폭력 사건(위험 요소)과 권위에 대한 범죄자의 태도(욕구 요소)를 모두 고려 대상으로 지정한다. 위험성/욕구 평가와 위험, 욕구 및 반응성(RNR) 치료에 대한 세부 사항은 다음에서 간략하게 다룰 것이다.

초기 수감자 심사와 분류

기관의 정책이 그렇듯이, 교정시설은 '병리적인' 상태의 수감자를 특정 시설이나 부대에 배치할 수 있도록 기초 수준의 평가를 시행한다. 이상적으로는 어떠한 개인도 문제시되는 행동이나 정신 상태에 대한 증거가 증명되기 전까지는 일반적인 교정시설에 배치되어서는 안 된다. 그러므로 심사는 가능한 한 시설 입소 시에 시행해야 한다.

유치장에서는 특히 재판 전 구금자에게 이러한 심사 절차가 매우 피상적일 수 있다. 수감자의 분류는 수감자가 자살 위험, 약물 남용의 조짐, 입원과 약물치료 내력, 폭력의 지표 등을 가지고 있는지 여부에 초점을 맞춘다. 시설에서는 밤낮으로 일할 수 있는 심리학자가 거의 없기 때문에 초기 심사는 사회복지사나 교정교도관 같은 교정 직원이 할 수 있다. IACFP(Althouse, 2010) 기준에서는 심리학자에게 훈련받고 보고서를 검토할 수 있는 사람이 있는 한 이러한 상황에 대해서는 용납한다. 만약에 정신장애, 자살 사고, 우울이나 불안이 기존에 예상했던 것보다 훨씬 크다는 것이 명백하다면, 그들은 반드시 광범위한 평가를 받아야 한다. 초기 수감자의 정신 평가는 실제로 모든 유치장에서 이루어진다고 볼 수 있다(Steadman et al., 1989).

교도소에서의 심사와 분류는 좀 더 복잡하다. 많은 주에서 범죄자를 접수처나 분류처로 보내는데, 이러한 접수처나 분류처는 범죄자가 최종으로 가게 되는 시설 내에는 없을 수도 있다. 거대한 교도소 체계를 가진 주(예: 텍사스, 뉴욕, 캘리포니아, 플로리다)는 처리 센터를 중앙 집중화한다. 새로운 수감자는 분리된 평가 센터에서 안전의 필요성 여부를 평가받고 특정 프로그램을 실시하는 기관에 배치되기 전까지 며칠, 몇 주를 보낸다. 예를 들어, 분류 위원회는 범죄자가 공격성 관리 프로그램이나 독해 수준 향상을 위한 교육 프로그램에 참여하도록 권고한다. 또한 위원회는 다른 수감자에게 약물 남용 치료를 제공하고, 자녀와의 만남을 용이하게 할 것을 권고할 수도 있다.

많은 교도소의 접수처에는 심리학자, 정신과 의사, 사회복지사, 그 밖의 다른 전문가들이 있다. 전문가들은 평가를 시행하고, 범죄자를 면담하며, 기록을 검토하고, 프로그램 제공 및 치료를 권고한다. IACFP 기준에서는 새로 들어온 모든 교도소 수감자에게 감방에 배치되기 전 정신질환과 자살 위험에 대한 간단한 심리평가를 실시하도록 되어 있다. 보다 광범위한 정신건강 평가가 필요한 사람은 즉시 자격을 갖춘 정신건강 전문가에게 의뢰해야 한다(기준 D−17a). 이러한 심사에 대한 보다 자세한 권고 사항은 기준 D−17b에서 D−17g에 수록되어 있다. "중요한 시점에 재소자의 정신건강 상태에 대한 초기 평가는 폭행, 자살 시도 혹은 인지 및 정서 악화를 포함한 추가적인 문제를 예방할 수 있다."(기준 D−17, 토의)

위험, 욕구 및 반응성(RNR) 원칙

교정시설에서는 수감자에게 치료 처방이 필요한 경우 욕구와 위험성을 평가하는 것이 중요하다. 이전 장에서는 위험 요인, 개인이 반사회적 행동을 할 가능성이 높은 요인(예: 불쾌감을 주는 행위) 그리고 보호 요인(예: 자상한 성인)에 초점을 두었다.

위험/욕구/반응성(risk, needs, and responsivity: RNR)원칙(Andrews & Bonta, 1994)은 현재 범죄학 문헌에 확고히 확립되어 있으며, 재활 목표 달성에 효과적이라는 것이 입증되었다(Gendreau & Goggin, 2014).

Andrews와 Bonta(1994)는 욕구를 범행 욕구(criminogenic needs)와 범행 억제 욕구(noncriminogenic needs)의 두 가지 범주로 나누었다. **범행 욕구**는 변화하기 쉬운 역동적인 요소이다(Gendreau, Cullen, & Bonta, 1994). 직업에 대한 범죄자의 태도나 알코올 섭취 정도가 그 예이다. "범행 욕구는 그것이 치료 목적으로 사용된다는 점에서 중요하다. 프로그램이 성공적으로 이러한 욕구를 줄일 때, 우리는 상습 범죄의 감소를 기대해 볼 수 있다."

(Gendreau et al., 1994, p. 75) 범행 억제 욕구도 변화할 수 있지만, 범죄자의 범죄 행동에는 거의 영향을 주지 않는다. 우울증이나 불안, 낮은 자존감 등의 심리 상태가 그 예이다. 이러한 상태는 개인의 적응 문제를 야기할 수 있으나 대다수의 범죄자 사이에서 범죄적 행동과의 관련성은 없다. 우울증이나 높은 불안감을 가진 범죄자는 여전히 도움이 필요하다.

가장 많이 쓰이는 위험성/욕구 척도는 서비스 수준검사 개정판(Level of Service Inventory-Revised: LSI-R; Andrews & Bonta, 1995)이다. 이것은 캐나다의 교정시설에서 널리 쓰이며 서서히 미국의 교정시설에도 소개되고 있다. 이와 유사한 평가 도구로 서비스 수준/사례관리 검사(Level of Service/Case Management Inventory: LS/CMI; Andrews, Bonta, & Wormith, 2004b)는 범죄자의 패턴을 바꾸는 데 사용되는 개입뿐만 아니라 위험과 욕구를 확인하는 데 도움이 된다. 서비스 수준검사 개정판(LSI-R)은 범죄자와의 면담과 기록을 토대로 점수를 매기는 것으로, 10개의 범주를 통해 범행 욕구를 평가한다. 이는 성격이나 범죄에 대한 태도, 가족/부부의 배경, 약물 남용 등을 포함한다. LSI-R은 연구에서 상당한 지지를 얻어 왔다(예: Gendreau, Little, & Goggin, 1996; Simourd & Malcolm, 1998). 또한 남성 범죄자(Hollin, Palmer, & Clark, 2003), 여성 범죄자(Folsom & Atkinson, 2007; Palmer & Hollin, 2007), 어린 범죄자, 남성 범죄자와 여성 범죄자 모두(Catchpole & Gretton, 2003)를 대상으로 수행된 많은 연구에서, LSI-R을 사용하는 것이 타당하다는 것을 증명하였다. 그러나 여성 범죄자에 사용하는 것이 모든 연구에서 지지되는 것은 아니다. 우리가 다음에서 언급하는 것처럼 상당한 연구에서 여성 범죄자의 욕구가 다르고, 사용 중인 다양한 도구를 이용할 수 없는 경우가 많다(Van Voorhis, Wright, Salisbury, & Bauman, 2010). 설문조사에 따르면, 최근까지도 미국의 심리학자들은 계리적 도구 사용을 꺼리는 경향을 보인다(Boothby & Clements, 2000; Gallagher, Somwaru, & Ben-Porath, 1999). 그러나 적어도 법정 심리학 분야에 종사하는 임상가들 사이에서는 이러한 상황이 바뀌었다(Heilbrun & Brooks, 2010). Otto와 Heilbrun(2002)이 예상했듯이, 법원에서 과학적인 설명을 요구하는 추세가 늘어 감에 따라 예측력이 뛰어난 도구의 수요는 계속해서 증가할 것이다. 이전 장의 구조화된 전문가 판단 도구에 관한 논의에서 많은 임상가가 그들의 전문적인 판단 여지를 남겨 주는 도구를 지속적으로 선호한다는 것을 언급했음을 상기해 보자.

수감자가 그들의 형기를 끝마쳐 갈 때 혹은 가석방 날짜가 다가올 때, 심리학자는 성범죄자를 포함한 수감자의 재범 위험성 평가를 요청받는다. 또는 교도관이 수감자의 위치를 변화시키고자 할 때, 예를 들어 범죄자를 중간 보안 수준에서 최소 보안 수준으로 바꾸고자 할 때 이와 유사한 평가가 수행되기도 한다. 이것은 이미 언급된 분류 문제와도 관련이 있기 때문에 다음에 언급할 다양한 평가 도구를 염두에 두는 것이 중요하다. 이러한 도구들은 분류뿐만 아니라 석방을 결정할 때도 쓰일 수 있기 때문이다.

석방 결정(release decision)을 위한 평가는 거의 가석방 위원회의 요청에 따라 준비된다(Brodsky, 1980). 특히 정신병이나 포악한 행동을 했던 과거를 가지고 있는 수감자의 경우에 더욱 그러하다. 심리학자는 일반적으로 수감자를 만나고, 그들의 교도소 파일을 검토하며 심리검사를 수행한다. 우리가 이전 장에서 보았듯이 심리학은 지난 20년 동안 위험성 평가 도구 개발에서 상당한 진보를 이루어 왔다(예: Monahan, Steadman, et al., 2001; Steadman et al., 1989). 그러나 Boothby와 Clements(2000)는 위험성 평가 도구가 널리 활용되지 않는 것을 발견했다. 그럼에도 불구하고 위험성 평가 목적으로 권고된 도구로는 사이코패스 체크리스트 개정판(PCL-R)과 폭력 위험성 평가 가이드(VRAG), 역사적 · 임상적 · 위험관리 척도(HCR-20) 등이 있다. 이 도구들은 이전 장에서 다루었으며 특별히 성범죄자 위험성 평가를 위해 개발되었다.

위기개입

유치장, 교도소의 수감자는 다양한 심리적 위기에 영향을 받기 쉽고, 이로 인해 법정 심리학자의 평가와 치료 기술이 요구될 수 있다. 심리학자 Toch(Toch, 1992; Toch & Adams, 2002)는 '절망의 모자이크(mosaic of despair)'에 대해 말했는데, 이는 몇몇 수감자에게 압박을 주고, 심지어 그들 스스로를 해하고 자살하게까지 만들 수 있다. 자기의심의 위기, 무기력, 공포, 유기 등은 감금되어 있는 사람에게 흔히 있는 일이며, 특히 정신건강이 취약한 재소자들 중에서 더욱 흔히 나타난다(Toch, 2008). 게다가 어떤 수감자는 심리상담을 받을 만한 상황에 직면하기도 한다. 다른 수감자에 의한 피해, 사랑하는 이의 죽음 소식, 가석방 거부 등이 안정된 수감자에게 심리적 위기를 촉발시키는 상황의 예이다. 이러한 위기가 찾아오면, 교도관은 심리학자로부터 위기에 대한 즉각적인 해결책과 미래에 유사한 문제가 있을 때 예방하는 데 도움이 되는 장기적인 해결책을 얻을 수 있도록 관심을 기울인다.

앞에서 언급한 바와 같이, 격리된 수감자는 고립으로 인한 직접적인 결과를 포함하여 특정 정신건강의 요구를 가지고 있다. 일반 대중으로부터 일시적으로 분리할 수 있으며 가능한 폭력으로부터 그들을 보호한다는 면에서는 환영받을 수 있지만, 장기간의 고립은 문제가 된다. Morgan 등(2016)이 심리학자들에게 수감자 집단을 도와주기 위한 모범 사례를 발견하고 채택하도록 촉구한 것을 상기해 보라.

사형을 집행받을 능력

특히 사형과 관련된 영역에서 교정 심리학자의 평가는 절실하다. 헌법은 정신장애가 있는 범죄자, 즉 자신이 받고 있는 처벌에 대한 이유를 지각하지 못하는 범죄자의 사형을 금지하고 있다(Ford v. Wainwright, 1986). 사형 선고를 받은 사람 그리고 사형 집행을 기다리는 동안 정신적으로 심각한 장애가 발생한 사람에 대해 사형을 집행받을 능력에 있어서 문제가 제기될 수 있다(Zapf, 2015).

심각한 지적장애인 또한 사형에 처하지 않게 막을 수 있다. Atkins 대 Virginia 판례(2002)에서 법원은 지적장애인은 사형을 집행할 수 없다는 원칙을 정했다. 지적장애는 사형 선고 단계에서 이성적으로 고려되어야 하는 만성적인 질환이다. 대법원이 2002년이 되어서야 비로소 이러한 판결을 내렸기 때문에 이러한 형 집행에 이의를 제기한 사람들은 이미 사형수가 되어 있는 경우가 많다. 그러나 Atkins 사건에서 법원은 정신장애임을 어떻게 결정해야 하는지 구체적으로 밝히지 않았다. 이 문제에 대한 이후 사건(Hall v. Florida, 2014)에서 법원은 여전히 구체적인 결정은 내리지 않았으나, IQ 점수만으로 결정을 내릴 수 없음을 명시했다. 앞서 제시한 내용과 〈Focus 12-4〉에서 언급했듯이, 이 문제에 대한 최근 판결(Moore v. Texas, 2017)에서 법원은 평가가 현재의 정신건강 기준에 부합되어야 한다는 것을 분명히 했다.

종합하면, 사형수가 자신의 정신장애나 지적장애를 근거로 사형 집행에 이의를 제기한다면, 법정 심리학자는 수감자가 사형을 집행받을 능력을 가지고 있는지 평가해 달라는 요청을 받을 것이다. 그러나 정신이상 범죄자의 경우 그들에 대한 형을 집행할 수 있도록 하기 위해 정신과 약물을 거부할 수 없다는 것을 알아 두어야 한다. 이러한 해석은 수감자의 정신 상태를 회복시키거나 수감자의 요구에 반하는 약을 처방하는 것에 저항하는 정신건강 실무자 사이에서 윤리적인 우려를 불러일으켰다. 이는 수감자를 사형시킬 수 있는 자격을 갖도록 하기 위함이었다(Weinstock, Leong, & Silva, 2010).

이와 함께 두 대법원 판결로 오랜 시간에 걸쳐 진행되어 온 철학적인 논쟁, 즉 사형수의 정신건강을 평가하는 전문가의 중대한 역할에 대한 논쟁이 다시 불거졌다(예: Bonnie, 1990; Brodsky, 1980; Mossman, 1987; Weinstock et al., 2010; 사형과 관련된 추가적인 정보는 〈Focus 12-5〉 참조) 사형을 집행받을 능력에 대한 평가는 "심리학자들이 이러한 유형의 평가에 참여해야 하는지, 그리고 어느 정도까지 참여해야 하는지"에 대해 많은 논란과 논쟁으로 가득 차 있다(Zapf, 2015, p. 229).

다음의 두 가지 이유로 인해 실제 교정시설에서 일하는 심리학자에게 수감자가 사형을 집

Focus 12-5 사형제도

미국은 사형제도를 채택한 유일한 북미 또는 서유럽 국가이다. 이러한 접근에 대한 대중의 지지는 30년 동안 꾸준히 감소해 왔으며, 현재는 대략 성인 인구의 1/3만이 이러한 접근에 대해 지지하고 있다. 약 31개 주와 연방정부는 문서상 사형을 선고하지만 실제로 처형된 사람들의 수는 여전히 적다. 4~5개 주의 주지사들은 수감자의 사형을 유예했다. 2017년 6월 현재 사형수의 수는 약 2,800명으로 사형 선고 후 1년(예: 보스턴 마라톤 폭파범)에서 20년 이상 경과된 경우도 있다. 아이러니하게도, 보스턴 마라톤 폭파범은 연방법에 따라 사형을 선고받았지만 실제 사형이 없는 주에서 사형을 선고받았다.

본문 전체에 걸쳐, 우리는 사형을 집행받을 능력에 대한 다양한 평가, 사형 선고 자격을 부여받은 배심원에 대한 연구, 배심원 지침, 죽음에 이르게 하는 약물 주입에 사용되는 특정 약물의 합헌성 및 배심원 판결의 역할 등 다양한 주제에 대해 언급했다.

도덕적으로, 실용적으로, 연구적으로 또는 이 세 가지 모두에 근거하여 사형제도를 반대한다. 그 근거에 대해서는 다음과 같다.

- 정부가 이러한 방식으로 생명을 빼앗는 것은 도덕적으로 잘못된 것이다.
- 사형을 집행하는 데는 막대한 비용이 든다. 누군가를 종신형에 처하는 것보다 사형 집행이 더 많은 비용이 든다.
- 사형 선고를 하는 배심원들은 인구통계학적으로나 교육적으로나 정치적으로나 그렇지 않은 배심원들과는 다르다.
- 사형제도는 소수민족, 특히 아프리카계 미국인에게 편중된다.
- 피해자의 인종은 누가 사형을 받을지에 영향을 미친다. 피해자와 가해자의 관계에서 피해자가 백인이고 가해자가 다른 인종 또는 소수 민족일 때 보다 흑인일 때 사형이 선고되는 경우가 더 많다.
- 일부 사형수는 부당하게 유죄 판결을 받았다.
- 독극물을 주사하는 데 사용되는 약물은 구하기 어렵고 그리고/또는 효과가 없어 사형 과정에서 불필요한 고통을 유발한다.
- 사형에 처하는 것보다 평생 감옥에 가두는 것이 더 큰 형벌이다.
- 살인죄로 유죄 판결을 받은 사람일지라도 그 죄를 속죄할 수 있고, 교도소 내에서 긍정적인 기여를 할 수 있다.
- 사형이 없는 주에 있는 사람과 동일한 범죄를 저지른 사람이 다른 주에서 사형에 처해지는 것은 공정하지 않다.

토론 질문

1. 최근 몇 년간 사형제도에 대한 대중적 지지가 감소한 이유가 무엇이라고 생각하는가?
2. 사형제도에 찬성하는 주장은 무엇인가? 사형에 반대하는 주장이 더 많은가? 앞에서 언급하지 않은 사형제도에 반대하는 주장이 더 있는가? 당신은 이 문제에 대해 어떤 입장을 취하고 있는가?
3. 사형제도에 대한 찬성 혹은 반대 주장은 심리학 및 법정 심리학과 관련이 있는가?

행받을 능력을 지니고 있는지 평가해 달라고 요청하는 일은 드물다. 첫째로, 사형제도가 있는 주의 사형수는 대개 보안 수준이 가장 높은 시설에 수감되어 있고 그들의 사형 집행일은 이미 임박해 있다. 극소수의 심리학자만이 이와 같은 시설에서 근무하거나 그들과 접촉할 수 있다. 둘째로, 사형 선고를 받은 수감자는 형 집행의 부적격보다는 다른 영역(예: 변호인의 불충분한 지원)에서 그들의 사형 선고와 관련된 내용을 호소하는 경향이 있다. 그러나 Hall 대 Florida(2014)와 Moore 대 Texas(2017)의 최근 판결은 지적장애를 근거로 사형 집행에 이의를 제기하는 범죄자의 수를 크게 증가시킬 수 있다.

많은 법정 심리학자는 사형을 집행받을 능력 평가를 수행하게 될 동료들에게 몇몇 제안을 해 왔다(예: Heilbrun, 1987; Heilbrun, MarcIyk, & DeMatteo, 2002; Small & Otto, 1991). 그것은 특히 정신장애에 대한 설명을 바탕에 두고 있다. Heilbrun, Marczyk과 DeMatteo에 의해 출판된 모범적인 보고서에 따르면, 심리학자 Cunningham은 수감자의 능력 평가에서 다음 기법을 사용하였다.

- 죄수와의 임상적 · 법정적 면담
- MMPI-2를 비롯한 심리검사와 성격검사(PAI)
- 사형 수감 건물 내 교정교도관과의 면담
- 감방 관찰
- 범죄자와의 두 번째 면담
- 친구, 친척, 범죄자의 전 부인, 정신적 지주와의 12~70분 정도의 전화 면담
- 수많은 법적, 건강, 군복무 및 교도소 기록에 대한 검토, 관대한 처분을 받는 데 유리할 수 있는 일기장이나 편지(p. 96)

Small과 Otto(1991)는 수감자에게 평가의 목적과 절차를 설명하고 평가 결과를 누가 받게 될 것이며, 그 결과가 어떤 영향력을 가지고 있는가에 대해 설명해 주는 것이 중요하다고 하였다. 그리고 그들은 앞서 말한 단계를 문서화하기 위해 평가 과정을 촬영할 것을 권고하는데, 이는 법원이 평가 과정 자체를 면밀히 살펴본다는 가정하에서이다. 그들에 따르면 평가의 중심은 임상 면담으로, 임상가는 반드시 수감자가 자신이 유죄를 선고받았고 사형당할 것이라는 것을 이해하고 있는지를 알아내야 한다. 최근 대법원 판결(Panetti v. Quarterman, 2007)에서 법원은 이보다 더 많은 것이 요구된다고 제안했다. 자신이 범죄를 저질렀고 사형이 집행된다는 것을 그 사람이 '아는 것'만으로는 충분하지 않으며, 자신의 행동으로 인해 사형이 집행된다는 인식도 있어야 한다. 이 경우 수감자가 착각에 빠져 있다면, 그의 착각

은 범죄와 사형 사이의 연관성을 이해하는 데 방해가 될 수 있다(Weinstock et al., 2010). 이 중요한 문제에 대해 법원은 정신건강 전문가들에게 지침을 주려고 시도하며, 많은 전문가는 그 과정에서 개입을 단념하고자 한다.

교정시설에서의 치료와 재활

교정 체계에서 심리학자의 주요 업무는 심리치료를 제공하는 것이다. 치료는 광범위하게 이루어지고 전략, 기법, 목표를 망라한다. Boothby와 Clements(2000)는 직접적인 치료가 교정 심리학자의 업무 중 26% 정도를 차지하며, 그다음은 행정 업무라고 하였다. 심리학자는 정신질환이 있는 수감자에게 서비스를 제공하는 것 외에 약물 남용, 성범죄자, 사이코패스, 방화범, 폭력을 일삼기 쉬운 가정 폭력 가해자에게 직접 서비스를 제공한다. 또한 자신의 범죄와는 무관하게 모든 수감자는 우울증, 불안 및 스트레스(외상후 스트레스 포함)와 같은 증상의 치료를 요구할 수 있으며, 이러한 장애들은 반드시 정신장애의 모든 요건을 충족할 필요는 없다.

Morgan, Kroner, Mills와 Batastini(2014)는 치료의 목표를 정신건강의 안정화와 재활로 특징지을 수 있다고 하였다. 첫 번째 목표는 수감자들이 환경에 적응하고 효과적인 대처 능력을 개발하도록 도와준다. 아내가 이혼을 요구하거나 교도소 내에서 폭행을 당할 것에 대해 두려워 우울해하는 수감자에게는 심리적 안정화가 필요할지 모른다. 교도소에서의 높은 수준의 폭력과 수감자와의 격리를 남발하는 것은 수감자의 정신건강 문제를 증가시키는 요인이 된다. 두 번째 목표는 개인이 향후 범죄를 단념하도록 유도하는 치료를 제공하는 것과 관련이 있다. 약물 남용 치료, 분노 관리, 성범죄자 치료는 두 번째 목표에 속한다. 최근 메타분석 결과에서 이러한 치료가 제공될 때 수감자에게 효과적이라는 것이 밝혀졌다(Morgan et al., 2014).

교정기관에서 가장 많이 사용된 치료로는 인간중심치료, 인지치료, 행동치료, 집단 및 환경 치료, 교류분석, 현실치료, 책임치료 등이 있다(Kratcoski, 1994; Lester, Braswell, & Van Voorhis, 1992). 최근 몇 년 동안, 동기부여 면담의 효과에 많은 관심이 집중되고 있는데, 그 주된 목적은 "범죄자의 문제에 대해 수용과 인식을 증가시키고, 변화로 인한 이득을 강조하며, 자기효능감을 지지하면서 변화를 결정하도록 돕는 것"이다(Rosenfeld et al., 2015). 특히 분노, 공격성, 충동성을 목표로 하는 변증법적 행동치료(dialectical behavior therapy)도 주목을 받고 있다(Rosenfeld et al., 2015).

오늘날 심리치료는 앞에서 언급한 바와 같이 Andrews와 Bonta의 위험/욕구/반응성(RNR)원칙을 따르는 경우가 많은데, 이는 범죄자의 범죄 유발 욕구를 감소시키는 데 초점을 맞춘다(Andrews & Bonta, 2010; Gendreau & Goggin, 2014). 추가 연구 결과, RNR 원칙을 준수하는 치료는 준수하지 않는 치료나 치료를 하지 않는 경우에 비해 재범의 감소와 비용 효율성 면에서 효과적인 것으로 나타났다(Romani, Morgan, Gross, & McDonald, 2012).

심리학자가 이와 같은 치료를 제공하는 몇몇 전문가 집단 중 하나라는 것을 주목해야 한다. 정신과 의사, 사회복지사, 정신건강 상담사 또한 대부분의 교정시설에 개입하고 있다. 이는 매우 중요한 부분인데, 치료에서 사용하는 방법이 그들의 전문 훈련 영역과 임상가의 치료 방향에 크게 의존하기 때문이다. 예를 들어, 최근 연구가 추가적인 약물치료 접근을 개인치료와 함께 병행하여야 한다고 제안하고 있을지라도, 정신과 의사는 치료 처방의 한 부분으로 정신성 약물을 더 선호할 가능성이 높다(Heilbrun & Griffin, 1999). 사회복지사의 경우에는 수감자가 자신의 걱정, 경험, 불안을 이야기할 수 있는 집단치료적 접근을 사용할 가능성이 높으며, 일반적으로 이야기의 흐름을 통제하고 감독하려고 할 것이다. Boothby와 Clements(2000)의 연구에서 드러난 것처럼, 집단치료가 교정 심리학자 사이에서 일반적으로 사용되는 치료 방법은 아니지만, 다른 임상 전문가 사이에서는 널리 사용되고 있다. 이 연구에서 교정시설 내의 심리학자가 제공한 치료의 60%는 집단치료가 아닌 개인치료였다. 실제 전국의 유치장 및 교도소에서 정신건강 서비스에 대한 수요가 매우 높은 것을 고려하면, 개인치료가 더 널리 사용되고 있다는 것은 문제가 될 수 있다.

전문가 집단을 대표하는 162명의 전문가에 대한 또 다른 설문조사에서는 집단치료의 효과적인 활용에 대해 제시하였다(Morgan, Winterowd, & Ferrell, 1999). 이 연구에서는 응답자 중 72%가 수감자에게 집단치료를 제공하며, 그 시간을 집단치료와 개인치료에 동등하게 분배하였다. 실무자는 또한 모든 수감자의 20% 정도가 집단치료를 받았다고 추정했다. 교정시설에서 집단치료가 효과적으로 활용될 때 개인치료보다 얻는 이익이 더 클 수 있다. 집단치료는 제한된 치료가의 수와 많은 교도소 인원을 고려할 때 좀 더 실용적이다. 게다가 집단치료는 수감자에게 사회화의 기회, 집단 의사결정, 이타주의 발달, 기능적인 동료 관계 발달 등 개인치료가 제공할 수 없는 것을 제공한다(Morgan et al., 1999).

앞의 연구에서 부정적인 측면으로 언급된 것은 집단치료나 다른 치료의 효과에 대한 연구를 수행한 전문가가 거의 없다는 것이다(단지 16%). 더 놀라운 것은 집단치료 회기를 진행하는 치료사의 20%가 슈퍼비전을 받지 않았다는 것이다.

교정시설에서의 일반적인 심리치료

교정시설에서 치료를 제공하는 법정 심리학자는 다양한 치료 선택이 가능하다(Kratcoski, 1994). 치료 모델—혹은 전문가가 채택한 치료 접근법—은 심리학자의 훈련, 즉 '무엇을 해야 하는지'에 대한 인식과 시설 내에서 이용 가능한 자원 등 수많은 요소에 영향을 줄 수 있다. Boothby와 Clements(2000)의 연구에서는 응답자의 대다수(88%)가 인지 모델을 사용한다고 보고한 것과 달리 69%는 **행동 모델**, 40%는 합리적-정서적 접근을 사용한다고 보고하였다. 이 비율에서 명확해지듯이, 심리학자는 상황에 따라 다양한 모델을 사용한다.

행동 모델

1960년대에 교정시설에서 상담을 하는 심리학자는 수감자가 변화하도록 장려하는 수단으로 행동수정(behavior modification)을 광범위하게 사용하였다(Bartol, 1980). 행동수정은 시설 내에서 수감자의 '좋은 행동'에 대해서는 보상을 주고, 용인될 수 없는 행동에 대해서는 특권을 제거하는 방식이다. 예를 들어, 한 달간 어떠한 징계적인 위반도 하지 않은 수감자는 구내식당, 교도소 매점을 방문할 수 있는 기회가 늘어난다. 반면에 위반 행동은 방문 특권의 상실을 야기한다. 그러나 이들에게 이러한 강화 전략에 기초한 접근법은 효과가 거의 없다. 이러한 접근법을 반박하는 의견은 시설에서 발생하는 변화가 일단 수감자가 석방이 된 후 실생활에서는 일반화될 수 없다는 것이다. 게다가 몇몇 시설에서는 수감자에게 부과되는 처벌이 임의적이며, 수감자의 권리를 위반하는 것이라고 주장한다. 결국 치료에 있어 행동수정은 단독적인 접근법으로 적합하지 않다.

인지-행동 모델

인지 모델(cognitive model)은 개인 행동의 핵심이 되는 신념과 가정을 변화시키고자 한다. 몇몇 연구자에 따르면(예: Mandracchia, Morgan, Gross, & Garland, 2007; Walters, 1996, 2006), 범죄자 집단은 반사회적 행동을 지속하도록 부추기는 사고방식을 가지고 있거나 사고 오류를 범한다. 사회학습이론에 큰 기반을 두고 있는 인지 모델은 수감자가 그들의 신념과 가설을 탐색하고, 범죄 행동을 하게끔 한 판단의 문제를 인식하여 자기인식을 높이도록 하며, 그들의 행동에 대한 책임을 지도록 독려한다. 인지 모델 프로그램을 통해 수감자는 의사결정 전략과 사회 기술을 배우고, 필요에 따라 문제시된 행동을 친사회적 행동으로 대체할 수 있게 된다. 인지 프로그램은 종종 행동 프로그램과 비슷한 요소를 가지고 있기 때문에 인지-행동이라는 용어가 사용된다. 예를 들어, 많은 인지-행동 프로그램에서는 계약이나 토큰경제(token economy) 체계를 사용하여 수감자가 친사회적 행동을 보였을 때 개인별로 점수를 얻기도 한다.

이러한 **인지-행동적 접근**은 다양한 치료 상황에서 가장 효과가 있는 것으로 보인다(Rosenfeld et al., 2015; Wormith et al., 2007). Pearson, Lipton, Cleland와 Yee(2002)는 행동치료 및 인지행동치료의 효과성 측면에서 69개의 주요 연구에 대한 메타분석을 수행했고, 인지행동치료가 재범률 감소와 관련 있음을 발견했다. 그러나 그 효과는 행동수정 개입보다는 인지적 요소 때문인 것으로 나타났다. 즉, 문제 해결, 대인관계 기술, 역할극, 협상기술 훈련, 인지적 접근과 관련한 측면이 치료 효과와 더 관련이 있었다. 토큰경제, 우발적 사건관리, 행동계약-행동수정 개입과의 관련성은 효과가 별로 없는 것으로 밝혀졌다. 특히 인지행동치료의 가장 좋은 점은 Andrews와 Bonta(2010)의 이론과 RNR 원칙에 따라 범죄 유발 욕구를 감소시키는 것과 관련이 있다는 것이다.

Wormith 등(2007)은 인지 심리학의 원칙과 깊은 관련이 있는 긍정 심리학에 대해 다음과 같이 언급했다. 긍정 심리학은 "최적의 정신적 · 신체적 건강을 촉진하고, 정신질환과 결함 있는 사고, 감정, 행동 등에 대처하는 사상과 원칙을 촉진하는 것"(p. 886)이다. 교정시설에서 이러한 접근법을 사용하는 임상가는 수감자들이 그들의 삶에서 의미나 행복과 같은 바람직한 목표를 향해 일할 수 있도록 돕고자 노력한다. Wormith 등은 이것이 범죄적 정의의 처벌적-인과응보적(punitive-retributive) 모델과는 일치하지 않지만, 전통적 치료 형태의 대안으로 고려해 보는 것은 가치가 있다고 하였다.

특수집단에 대한 치료

일반적인 집단처럼 수감자 또한 개개인이 다양한 배경과 욕구를 가지고 있다. 치료가 이러한 차이를 인식할 만큼 개별화되어 있어야 함에도 불구하고 치료 프로그램은 종종 범죄자 집단의 일반적 욕구만을 해결하기 위해 만들어진다. 예를 들어, 교도소(그리고 더 소규모의 유치장)에서는 나이가 많고 어린 수감자, 자신을 학대하는 자를 죽인 여성 수감자, 성범죄자, 사이코패스, 부모인 재소자, 약물 중독자, 발달장애인, 사형 선고를 받은 자 등을 위해 프로그램을 제공한다. 우리가 이 모든 범주를 여기서 다 다루지는 않기 때문에 자세한 내용은 교정 심리학에 관한 광범위한 문헌을 읽어 보길 권한다(예: Becker & Johnson, 2001; Kratcoski, 1994; Morgan et al., 2014).

약물 남용 범죄자

약물 남용은 종종 정신병과 함께 발생한다. 약물 남용 문제를 가진 많은 사람이 정신장애를 가지고 있는 것은 아니지만, 정신병 수반 여부에 관계없이 교정시설에서 약물 남용 문제를 가진 재소자의 수는 늘고 있다. 최근 통계에 따르면, 주립 교도소 수감자의 1/5, 모든 연방 교도소 수감자의 절반 이상이 약물 문제로 복역하고 있다. 게다가 2004년에 주립 교도소 수감자의 53%와 연방 교도소 수감자의 45%가 약물 의존과 남용에 대한 DSM-IV의 기준을 충족하였다(Welch, 2007). 마약 복용으로 유죄 판결을 받은 사람들에 대한 형량을 줄이려는 움직임이 있지만, 마약과 관련되지 않은 범죄로 유죄 판결을 받은 사람들 중에 약물 남용의 문제는 여전히 남아 있을 것이다.

교정시설에서 약물 남용 문제가 있는 범죄자의 치료에 대한 필요성을 인식한다 하더라도, 전문적인 치료의 가능성은 제한되어 있다(Belenko & Peugh, 2005). Welch(2007)의 보고에 따르면, 약물 의존 수감자 중 거의 절반이 몇 가지 유형의 약물 남용 프로그램에 참여하고 있지만, 실제 훈련된 전문가에게 치료를 받는 인원은 전체의 15%도 되지 않는다. 이보다는 동료 상담, 자조 집단, 약물 교육 등이 더 이용되는 실정이다. 현재 수감자 치료에 관한 문헌에서는 종종 약물 남용에 대해서는 언급하지 않고(예: Morgan et al., 2014), 그 대신 심각한 정신질환자, 지적장애인, 폭력 범죄자, 성범죄자 등과 같은 특정 범죄자에 대한 치료에 초점을 맞추고 있다. 보다 전문적인 프로그램에 대한 필요성 외에도, 특정 범죄자의 요구를 파악하고 치료 프로그램 내에서의 수감자의 수행 정도를 지속적으로 확인하는 연구가 더 필요하다(Simpson & Knight, 2007 참조).

약물중독 치료에 관한 긍정적인 연구 결과가 나온 치료 접근법으로는 이 장 뒷부분에 다시 논의할 치료 공동체(therapeutic community: TC)가 있다. 이 접근법에서는 훈련받은 상담가가 치료적 관계를 형성하며 소집단의 범죄자와 상호작용하면서 그들의 약물 남용 행동을 변화시키고 자신의 행위에 대해 책임을 지는 과정에 관여한다(De Leon, Hawke, Jainchill, & Melnick, 2000). 치료 공동체를 가진 교도소는 이 프로그램을 공동체 내의 개인치료 제공자에게 맡기게 되고, 일반적으로 교도소를 나갈 준비를 하는 수감자에게 제공한다. 교도소 기반의 치료 공동체가 제 기능을 최대한 발휘하면 약물 문제가 있는 범죄자에게 매우 효과적이다. 치료 공동체에 대한 연구에 따르면, 치료가 집중적이고 행동 기반으로 이루어질 때 그리고 범죄자의 약물 사용에 초점을 둘 때 가장 효과적이다(MacKenzie, 2000). 반면, 훈련받지 않는 직원, 높은 이직률, 예산 삭감, 치료 제공자의 교체와 같은 것은 치료 공동체의 원만한 운영에 있어 방해 요인이 될 수 있다(Farabee, 2002; Saum et al., 2007). 그러나 전체적으로 "사후 치료와 관련된 교도소 기반의 치료 공동체는 재범 가능성과 약물 사용을 줄일 수 있다"(Wormith et al., 2007, p. 883).

폭력범

폭력적 행동은 고의적이고 사회적 정당성 없이 악의적으로 남에게 신체적 해를 가하는 것으로 정의되어 왔다(Blackburn, 1993). 폭력 범죄를 저지른 수감자나 폭력적 행동의 성향을 가진 수감자에 대한 심리 서비스는 많은 교정시설에서 흔하게 나타난다. 교도관은 교도소 환경 내에서 이러한 행동을 통제하는 것과 수감자 석방 시 재범률이 감소하도록 하는 것에 우선순위를 부여한다. 따라서 예산이 풍족하지 않을 때에는 수감자 집단의 폭력성을 다루는 프로그램이 우선으로 편성된다. 그러나 집단 폭력범들은 저항적인 특성을 보인다. "다른 범죄자와 비교해 보았을 때, 집단 폭행범은 치료에 대한 동기가 적고, 더 저항적이며, 순응적이지 않고, 높은 중도탈락률을 보이는 경향이 있다. 치료 기간 동안 긍정적인 행동 변화를 거의 보이지 않으며, 사후 조사에서 높은 상습적인 범행률을 보인다."(Serin & Preston, 2001, p. 254)

Serin과 Preston(2001)은 폭력 범죄자를 다룰 때 발생할 수 있는 주요 방해 요인으로 폭력적인 개인의 특성이 모두 같지 않다는 것을 인식하지 못해 폭력 집단의 정의를 혼동하는 것을 꼽았다. Serin과 Preston은 폭력 집단이 모두 같지 않기 때문에 각 집단마다 다른 치료가 필요하다는 것을 강조했지만, 이런 치료는 거의 제공되지 않고 있다. 예를 들어, 폭력범에게 제공되는 프로그램에서는 도구적 공격성을 가진 범죄자와 분노 통제 문제를 가진 범죄자를 구분하지 않는다. 도구적 공격성이란 특정한 목표를 실현하기 위한 목적에서 냉정하게 범행을 저지르는 성향이다. 그러므로 도구적 공격성을 가진 범죄자를 분노 통제 프로그램에 참여하게 하는 것은 맞지 않다. 반면에 분노 통제는 충동성이나 약물 남용 문제 또는 정신병을 가진 사람, 사회적 관계 기술이나 부모 교육이 부족한 사람을 개선하는 데 중요한 기술이 된다. 그러나 교정 환경 내에서 적절한 치료 프로그램을 제공하는 것은 쉽지 않다. 실제로 Serin과 Preston은 여러 유형의 폭력범에게 다양한 프로그램을 제공하기 위한 재정과 인력 자원을 가진 교정기관이 거의 없다는 것을 인정하고 있다. 심지어 하나 이상의 프로그램이 제공된다 할지라도 범죄자를 특정 프로그램에 배치하는 것은 도전적인 과제가 된다. 게다가 사이코패스이면서 폭력 범죄 집단인 경우에는 또 다른 전략이 필요하다.

Morgan 등(2014)은 RNR 원칙에 기초를 두고 최소 6개월 동안 치료를 지속한다면, 폭력적인 범죄자를 위한 치료 효과는 훨씬 낙관적이라고 하였다. 그들의 목표는 범죄자들이 부정적인 생활방식을 확인하고 "폭력, 책임 그리고 통제에 대한 인식을 높이기 위한"(p. 809) 기술을 제공함으로써 비폭력적인 대안을 배우도록 돕는 것이다. 이러한 프로그램의 필수적인 구성 요소들은 범죄자들이 그들 자신의 인지 왜곡을 다루고 효과적인 갈등 해결 기술을 개발하도록 장려하는 것을 포함한다.

폭력범을 위한 프로그램은 다양하나, 많은 프로그램이 일반적으로 두 가지 특징을 가진다. ① 공격성에 대한 자기조절(self-regulating aggression) 기술을 가르치는 것, ② 인지적 결핍(cognitive deficits)을 강조하는 것이다. 첫 번째 범주에서는 부적절한 공격성 및 폭력을 야기할 수 있는 각성을 줄이기 위해 이완 기술(relaxation skill)이나 '스트레스 예방접종'(stress inoculation) 기법 등을 가르친다. 두 번째 범주에서는 범죄자가 폭력을 유도하는 비이성적인 신념이나 편견에 직면하도록 한다. 적대적인 방식으로 문제를 정의하는 것이나 공격적 행동의 결과를 예상하는 것에 대한 실패가 인지적 결핍을 나타내는 예가 될 수 있다. 인지적 결핍 관련 프로그램은 범죄자를 설득함으로써 그들의 사고방식을 바꾸기 위해 노력한다. 그러나 이 접근법은 사회나 그들의 주변 환경과의 관계에서 성공적인 결과를 가져오지 못했다. 성공적인 치료를 위해서는 범죄자의 동기부여가 전제되어야 한다.

폭력범을 대상으로 한 프로그램이 어느 정도 긍정적인 치료 효과를 나타내고는 있지만, 이러한 개입이 폭력 재범률을 낮춘다는 결론을 지지해 줄 수 있는 연구는 거의 없다(Serin & Preston, 2001, p. 260). 그러나 폭력 범죄 프로그램 지지자에 따르면, 이러한 프로그램이 최소한 미래의 폭력 위험성을 줄일 수 있고, 일단 수감자가 석방되면 지역사회 감독과 치료를 따를 것이라고 주장한다. 더 나아가 연구가 긍정적인 사후 치료 효과를 입증하지 못할 때, 연구 설계 자체—제공된 치료의 문제가 아닌—는 문제가 될 수 있다. 항상 그랬듯이, 방법론적으로 타당한 연구는 효과적인 프로그램의 진보를 위해 필요하다.

흥미롭게도, 일부 연구자는 고위험 범죄자에 대한 집중적인 치료 제공을 위해서는 지역 환경보다는 통제된 교도소 환경이 더 낫다고 지적했다. 이전에 논의했듯이, 기관 환경 내에 수많은 문제가 있음에도 불구하고 임상가는 거주시설 내의 프로그램을 더 잘 통제할 수 있다. 더욱이 시설 내의 치료 공동체에서 찾아볼 수 있는 환경치료(milieu treatment)는 이것을 더 가능하게 한다. 기관 치료의 주된 단점은 통제된 환경 내에서 이루어진 치료 효과를 기관 이외의 환경에 일반화하기가 어렵다는 것이다(Quinsey, Harris, Rice, & Cormier, 1998).

폭력범을 관리하는 데 있어 약리적 접근을 사용할 수도 있는데, 이는 폭력성의 원인이 생물학적인 요인에 있는 폭력범을 위해 주로 사용된다. 약리적 접근은 뇌 손상, 조현병, 치매, 임상적 우울증, 그 밖의 질병을 가진 사람을 포함한다. 향정신성 약물은 정신증 삽화와 같은 위기 상황에서 나타날 수 있는 극심한 폭력적 행동을 통제하기 위하여 사용된다. 그럼에도 불구하고 폭력범의 대다수는 약리적 치료를 요구하지도, 또 이러한 치료를 통한 이득을 얻지도 못하며(Serin & Preston, 2001), 교정 심리학자들은 이를 옹호하지 않는다. 이러한 치료를 적용할 때는 앞에서 언급한 것처럼 심리적 개입이 수반되어야만 한다.

범죄성 사이코패스

7장에서 논의한 것처럼, 범죄성 사이코패스로 판정받은 개인은 사회뿐만 아니라 교도소 행정관에게도 어려운 과제이다. 사이코패스는 치료가 불가능하고 치료나 재활 프로그램에 대해 지속적으로 낮은 동기를 보인다는 것이 증명되어 왔다. Hare(1996)는 다음과 같이 주장한다.

> 사이코패스를 위해 알려진 치료는 없다. 이것은 결코 사이코패스의 행동 및 자기중심적이고 냉담한 태도가 미성숙하다는 것을 의미하는 것이 아니며, 방법론상으로 타당한 치료가 없고 사이코패스에게 효과적인 '재사회화' 프로그램이 없다는 것이다. 불행히도, 사법제도와 여론은 그렇지 않다고 믿는다(p. 41).

사실 Hare가 우려한 것은 집단치료와 통찰 지향적인 치료 프로그램이 실제로 사이코패스로 하여금 다른 이를 조종하고 기만하는 더 발전된 방법을 발달시키게 할 수도 있다는 것이다.

사이코패스는 종종 다양한 치료 프로그램에 자원하며, '두드러진 향상'을 보이고 그들 자신을 모범수로 지칭한다. 그들은 치료사, 상담가, 가석방 위원회에게 확신을 주는 능력이 있고 더 좋게 변화되는 것처럼 보인다. 그러나 석방 후에는 재범 가능성이 높으며, 그들의 상습적 범행률은 치료 후에도 감소하지 않는다. "치료에 참가한 많은 사이코패스는 자신이 변화한다는 것을 보여 주기 위해 '인상 관리(impression management)'를 하기 때문에, 이러한 치료 효과는 매우 피상적일 가능성이 크다."(Porter et al., 2000, p. 219) 다른 연구에서는 사이코패스는 치료를 받고자 하는 동기가 낮으며, 중도에 포기할 가능성이 높고, 치료를 받지 않은 사람들보다 재범 가능성이 높다고 결론지었다(Polaschek & Daly, 2013).

Rice, Harris와 Cormier(1992)은 최대 보안 수준 시설에서 제공한 집중적인 치료 공동체 프로그램의 효율성에 대해 조사하였다. 이 회고적 연구는 프로그램이 끝난 후 (프로그램 참가자의) 10년간의 기록과 파일을 조사했다. 연구 결과에 따르면, 치료 공동체에 참여했던 사이코패스가 참여하지 않았던 사이코패스보다 더 높은 재범률을 보였다. 사이코패스가 아닌 사람을 대상으로 한 연구에서는 정반대의 결과를 보였다. 즉, 사이코패스가 아닌 사람이 이 프로그램에 참여했을 때는 더 낮은 재범률을 보였다. Rice 등에 따르면, 그들의 연구에서 사이코패스는 범죄자 중에서도 특히 심각한 집단이며, 85%가 폭력 범죄를 저지른 과거를 가지고 있다는 것을 확인하였다. 덜 심각한 사이코패스 범죄자 집단은 이보다는 더 좋은 결과를 보여 주고 있다. 그럼에도 불구하고 연구자들은 "여러 연구 결과를 보면, 치료 공동체가 광범위한 범죄 전력을 가진 사이코패스를 위한 치료법은 아니다."(p. 408)라고 결론지었다. 하지만 Rice 등의 연구에서 보고한 치료 프로그램은 시설 내 수감자 중에서도 감정적으로 대응하는 집단(emotion-laden encounter groups)이 포함되어 있어 논란이 될 수 있는 여지가 있다는 것을 명심해야 한다. 사이코패스를 효과적으로 치료하기 어렵다는 증거로 자주 인용되지만, 이 연구 결과는 다른 보호시설 환경에 있는 사이코패스로 일반화될 수 없다. Skeem, Polaschek과 Manchak(2009)이 조사한 바에 따르면, 이러한 높은 위험성을 가진 범죄자들은 집중적이고 급진적이며, 비자발적인 치료를 받았다.

Rosenfeld, Howe, Pierson과 Foellmi(2015)는 사이코패스 치료에 대한 부정적 관점의 연구는 주로 PCL-R 척도에 의존해 왔으며, 그 결과를 재범 가능성에 사용했다는 점을 지적했다. 주로 활용되는 척도는 일부 현대적 치료법에 의해 달성될 수 있는 사이코패스의 특성에 대한 단기적 효과를 충분히 포착하지 못한다. 일부 연구에서는 사이코패스도 특정 조건하에서 치료 효과가 있는 것으로 나타났다(Skeem, Monahan, & Mulvey, 2002; Skeem, Polaschek, & Manchak, 2009). 특히 사이코패스가 전통적인 폭력 감소 프로그램을 통해 집중적인 치료를 제공받는다면 폭력성의 수준과 재범의 빈도가 감소할 수 있다. Skeem 등(2002)은 사이코패스 환자가 10주 동안 7회 이상 치료를 받으면 대략적으로 6회 이하의 치료를 받은 사이코패스 환자보다 3배 정도 덜 폭력적이라는 것을 발견했다. 이러한 결과는 Salekin(2002)의 초기 연구 결과를 지지하는데, 치료 개입의 기간이 길고 집중적일 때 사이코패스에게도 어느 정도의 치료 효과를 볼 수 있음을 확인하였다.

이와 마찬가지로, Bonta(2002)는 사이코패스가 정적인 변수가 아닌 동적인 요인으로 간주되어야 한다고 제안하였다. "반사회성 성격장애는 고정적이고 고치기 어려운 것으로 볼 필요가 없다."(p. 369) Bonta는 사이코패스와 반사회성 성격장애를 구별하지 않았으며, 이는 향후 사이코패스를 바라보는 지배적인 방법일 수도 있다. 즉, 사이코패스와 반사회성 성격장애 모두 비슷한 치료를 받을 수 있다는 것이다. 그에 따르면, 반사회성 성격의 특징—충동성, 위험 감수, 타인에 대한 냉담한 무시, 피상적 정서, 병적인 거짓말—은 현실적인 치료 목표와 연관될 수 있다. 이 모든 특성이 사이코패스의 특성이기도 하다.

성범죄자

9장에서 논의한 것처럼, 성범죄자는 매우 이질적인 집단이다. 대부분의 연구는 강간범과 아동 성범죄자라는 두 가지의 뚜렷한 집단에 초점을 맞췄다. 이 두 성범죄 집단은 가장 수감되기 쉽고 가장 다루기 어렵다. 그럼에도 불구하고 각 집단 내에서 어떤 범죄자 유형은 치료를 더 잘 받아들이기도 한다. 이러한 범죄자를 이해하려는 시도에서 발달된 유형론에 대해 논의했던 것을 상기해 보라. 그러나 유형론을 적용할 때는 매우 조심해야 하고, 유형론에 대한 경험적 타당성을 증명하는 연구가 극소수라는 것을 명심해야 한다(Heilbrun et al., 2002). 매사추세츠 치료센터(Massachusetts Treatment Center) 연구집단이 개발하고 수정한 분류 체계(9장에서 논의함)는 가장 높은 평가를 받고 있지만, 비교적 복잡하기도 하다. 부정적인 꼬리표(예: 가학적 강간범)는 개인에게 공정치 못한 결과를 가져다준다. 감옥에서는 구금에 대한 그들의 적응을 막을 수도 있고, 보안 수준에 영향을 끼칠 수도 있으며, 조기 석방의 기회에 제한을 줄 수도 있다. 게다가 많은 심리학자가 성범죄자를 위해 특별히 고안된 위험성 평가도구가 유용하다고 믿고 있지만 이러한 도구는 많은 제한점을 갖고 있다(Campbell, 2003).

2011년 말 기준으로 교정감독하에 있는 성범죄자 수는 16만 6,383명으로 전체 주 수감자의 12.4%를 차지한다(Carson & Golinelli, 2013). 2012년 7월, 연방교도국에는 2만 1,717명의 현재 또는 이전 성범죄 전력이 있는 범죄자가 수감되어 있으며, 이는 연방교도국 수감자의 약 10%에 해당된다(Cameron, 2013). 연방교도국에 수감되어 있는 수감자의 성범죄는 주로 ① 주 전역에 걸친 아동 포르노/아동학대 영상 배포 또는 생산, ② 불법 성행위(성매매), ③ 연방 관할 구역 내 발생하는 성폭력 범죄의 세 가지 범주에 포함된다.

심리학자나 다른 임상가는 성범죄자의 향후 재범을 예방하기 위한 효과적인 전략을 계속해서 찾고 있다. 성범죄자는 일탈적인 행동 패턴을 바꾸는 데 저항적이다(Bartol, 2002). 연방교도국은 관할하에 있는 성범죄자의 절반이 Static-99 점수에서 재범 위험성이 높은 것으로 평가된다고 보고했다(Cameron, 2013). 성범죄자에 대한 심리치료는—자발적인—범죄 사고 혹은 범죄 생활양식을 줄이고 정서적 자기관리와 대인관계 기술을 향상시키는 등의 기본적인 인지적 기술을 향상시키는 데 초점을 맞추고 있다. Cameron의 보고서에서는 성공률에 대한 수치는 나와 있지 않다.

이 주제에 관한 연구와 임상적 문헌의 광범위한 검토 후, Furby, Weinroth과 Blackshaw (1989)는 "아직까지 임상적 치료가 일반적으로 성범죄에서의 재범률을 낮춘다는 증거는 없고, 다른 유형의 범죄자에게도 효과적인지 평가할 수 있는 데이터가 없다."(p. 27)라고 결론을 내렸다. Furby 등은 치료적 접근의 모든 변수를 포함하여 검토하였다.

이러한 비관적인 평가가 있음에도 불구하고 다른 문헌에서는 호의적이기도 하다. 최근 성범죄자 치료 문헌에 대한 메타분석에서는 전체적으로 치료받지 않은 성범죄자보다 치료받은 성범죄자가 더 낫다는 결과를 제시하였다(예: Gallagher et al., 1999). 69개 연구를 메타분석한 결과(Schmucker & Losel, 2008), 인지치료 프로그램은 긍정적인 영향을 미친 것으로 나타났다. 인지-행동적 접근은 Laws(1995), Hanson, Bourgon, Helmus와 Hodgson(2009)에게 긍정적인 평가를 받았는데, 그들은 지역사회와 보호기관에서 제공하는 23개의 치료 프로그램에 대한 메타분석을 실시하였다. 조사에 따르면, 미국과 캐나다의 성범죄자 치료 프로그램 대다수가 인지행동 학습 및 사회학습을 활용한다고 지적했다(Oliver, Nicholaichuk, Gu, & Wong, 2012).

인지-행동적 접근은 부적응적인 성적 행동이 정상적인 성적 행동과 동일한 원칙에 따라서 학습된다고 보고, 태도와 신념의 차이에서 그러한 결과가 나타난다고 주장한다. 인지행동치료는 전통적 언어, 통찰 지향적 치료와 비교했을 때 노출증과 물품음란증(Kilmann, Sabalis, Gearing, Bukstel, & Scovern, 1982), 일부 소아기호증 형태(Marshall & Barbaree, 1990)와 성적 폭력과 공격성(Hall, 1995; Polizzi, MacKenzie, & Hickman, 1999)을 제거하는 데 단기적인 효과를 보여 주었다. 인지행동치료는 현재 동기 부여된 개인에게 일탈적인 성행동의 일시적 중지를 위한 가장 효과적인 방법을 제공한다(인지행동치료 프로그램의 일반적 특성에 대해서는 〈Focus 12-6〉 참조).

Focus 12-6 인지-행동적 접근: 주요 요소

교정시설에서 시도된 많은 치료적 개입 중에서도 인지-행동적 접근이 가장 전망이 있다. 이것은 집단 및 개인 상담과 훈련을 포함한다. 이것은 범죄자가 유죄 선고를 받을 수 있는 반사회적 행동보다 친사회적 행동을 하게 함으로써 인지적 기술을 발달시키도록 돕는다. 보편적으로 사용되는 인지행동치료 프로그램은 없다. 대신에 치료제공자는 그들이 받은 훈련을 토대로 범죄자에게 필요한 접근법을 선택한다. 다음과 같은 요소를 인지행동치료 프로그램에서 찾아볼 수 있다.

- 사회기술 발달 훈련(예: 의사소통법 배우기, 공격적이기보다는 적절하게 주장하기, 적절하게 갈등 해결하기)
- 의사결정(예: 대안에 가중치를 두는 법 배우기, 만족을 지연하는 법 배우기)
- 동일시하고 '사고 오류'—범죄를 용이하게 하는 잘못된 가설(예: 여자는 자신이 상사라는 것을 보여 주기를 원한다)—를 확인하고 피하기
- 문제해결 훈련(예: 친밀한 파트너와의 대인

관계 문제)
- 자기통제 훈련과 분노 관리(예: 적대적 귀인 피하기)
- 자존감 구축하기(예: 좋은 기질을 인식하고 자기강화를 제공하는 것)
- 인지적 기술 훈련(예: 합리적으로 생각하는 방법을 학습하기)
- 재발 방지(예: 차후 범죄를 발생시킬 수 있는 상황을 회피하는 법 배우기)
- 실용기술 훈련(예: 직업에 적용하기)

자료에 나왔듯이, 인지-행동적 접근은 프로그램이 적절하게 수행되고, 범죄자 스스로 변화하고자 하는 동기가 있을 때 성공적이다. 이 접근법은 완벽하지 않다. 그러나 다른 치료적 접근(예: 행동수정)이 범죄자 치료에 긍정적인 결과를 제시하지 못했어도(일부 예외는 제외하고), 인지행동치료는 범죄자 치료에 희망적인 결과를 가져다줄 수 있다.

토론 질문

1. 앞서 열거한 요소들이 중요하다고 가정하면, 수감자들이 이용할 수 있는 서비스와 프로그램으로는 어떤 것이 있는가?
2. 인지행동치료가 특정 범죄 집단에게 다소 효과적일 가능성이 있는가?

인지행동치료의 성공과 관련 있는 핵심 용어는 일시적 휴지(temporary cessation)와 동기화된 개인(motivated individual)이다. 현재 연구자와 임상가 사이에 성범죄자는 '치료될 수 없다'는 인식이 만연해 있다. 성범죄자를 위한 다른 치료 접근법과 마찬가지로, 인지행동치료의 문제점은 그것이 성적으로 동기화된 범죄자가 일탈적인 성적 행동을 보이지 않도록 막는 것이 아니라 시간과 상황에 따른 재발을 막는다는 것이다. 그러므로 성범죄자의 치료에서 가장 유용한 치료 접근법은 **재발방지**(relapse prevention: RP)이다. "재발방지란 재발 문제를 어떻게 예측하고 다룰지에 관한 것으로, 행동을 바꾸려고 노력하는 사람을 가르치기 위해 고안된 자기통제 프로그램이다."(George & Marlatt, 1989, p. 2) 이 프로그램에서 가장 강조하는 것은 자기관리이기 때문에 의뢰인이 문제 해결에 대한 책임을 지도록 한다.

그러나 Andrews와 Bonta(2010)가 설명한 원칙에 따라 임상가도 고위험 성범죄자의 범죄 유발 욕구를 줄이기 위해 노력해야 하며, 의뢰인의 학습 유형에 맞는 치료법을 개발해야 한다(Hanson et al., 2009). 부정적인 동료 관계, 목적 없는 시간 사용, 반사회적 생활방식, 일탈된 성적 관심 및 성범죄에 대한 관대한 태도는 범죄 유발 욕구의 예이다. 흥미롭게도, Bourke와 Hernandez(2009)는 인터넷 아동 포르노 관련 범죄로 유죄 판결을 받은 연방 교도소 수감자들이 이전에 발생한 아동 성범죄를 스스로 보고할 가능성이 높다는 것을 발견했다. 이 연구는 방법론적인 근거의 부족과 성급한 결론으로 비판을 받고 있으나, 저자들은 이 연구가 예비 연구로서의 가치 있는 연구라는 점에 주목했다.

성범죄자 치료 프로그램은 실질적으로 모든 주와 연방 교도소 체계에 존재하며, 교정 심리학자뿐만 아니라 성범죄자를 치료하고 있는 지역사회 심리학자도 관여한다. 집단치료는 폭력 범죄자나 약물 남용자와 마찬가지로 성범죄자에게도 효과 있는 일반적인 접근법이다. 대부분의 프로그램은 첫 단계로 범죄자가 자신의 범죄에 대해 책임을 지는 것이다. 사실 범죄에 대한 책임을 부인하는 것은 향후 범죄에 대한 중요한 위험 요인으로 간주된다. McKune 대 Lile 사건(2002)을 상기해 보면, 대법원은 치료 프로그램에 참여하기를 거부한 수감자를 처벌할 수 있으며, 부분적으로 기소되지 않은 범죄를 공개하기를 요구했기 때문에 이러한 범죄를 공개함으로써 기소되지 않을 것이라는 보장이 없었다. 그러나 흥미롭게도 최근 일부 연구는 이 가정을 재고해야 한다고 제안한다. 한 연구에서는 성범죄자가 범행을 부인해도 치료에 효과적으로 참여하는 것으로 나타났다(Watson, Harkins, & Palmer, 2016). 또 다른 연구에서는 책임을 부인하는 것이 특정 유형의 범죄자에 대한 재범 위험성과 크게 관련이 없는 것으로 밝혀졌다(Harkins, Howard, Barnett, Wakeling, & Miles, 2015; Harkins 박사가 이 연구에 대해 언급한 9장의 〈My Perceptive 9-1〉 참조).

성범죄 치료 프로그램은 수감자가 받는 평가의 정도, 평가 연구에서의 성공 정도 등에 따라 치료 접근법이 달라질 수 있다. 최근 메타분석(Hanson et al., 2009)은 재범을 감소시킬 가능성이 가장 높은 프로그램들의 일반적인 특징을 파악하는 데 진전을 보이고 있다. 치료 프로그램은 유치장 구금의 단기성 때문에 유치장 수감자는 이용하기 힘들다. 그러나 나중에 지역사회로 석방된 수감자는 공동체 치료 프로그램에 위탁되기도 한다.

여성 범죄자

최근 몇 년간 학자들이 여성 범죄자 수가 남성 범죄자 수를 절대 '따라잡지 못할' 것이라고 했음에도, 여성 구금률이 남성 구금률보다 더 빠르게 증가하고 있다. 1970년에는 5,600명의 여성이 수감되었고, 1980년에는 1만 2,500명, 1998년에는 7만 5,000명이 넘었다(Reichert et al., 2010). 이 장의 초반부에서도 지적했듯이, 2012년에는 총 10만 1,289명의 여성이 1년 이상의 징역형을 선고받았다(Carson & Golinelli, 2013). 대부분의 여성들은 마약(7%)이나 재산범죄(20%)로 교도소에 수감된다. 전형적인 여성 범죄자는 가난하고 교육수준이 낮으며, 비숙련된, 그리고 신체적, 성적 학대 피해자이다(Reichert et al., 2010).

현재 여성 수감자에 대한 관심은 증가 추세에 있지만, 여전히 남성 수감자에 비해 중요하게 고려되지 않는다. 최근 연구에서는 여성 범죄자의 요구에 대한 평가와 계리적 위험성 평가 도구를 입증하는 데 초점을 맞춘다(예: Folsom & Atkinson, 2007; Palmer & Hollin, 2007; Van Voorhis et al., 2010). 그러나 여성 범죄자에 대한 효과적인 치료 접근법에 대한 연구는 많이 이루어지지 않았다. 정신건강에 대한 우려는 점점 명확해지고 있다. 예를 들어 한 연구(Reichert et al., 2010)에서는 주 교도소에 수감된 여성의 60%가 PTSD나 다른 정신질환 증상을 보였다. 다른 연구에서도 유사한 통계 수치를 확인했다(Owen, 2000). 대부분의 여성 수감자는 이전에 학대 이력을 가지고 있을 가능성이 있기 때문에(60~85%), 일반적으로 그들에 대한 외상 치료가 필요하다(Messina, Grella, Burdon, & Prendergast, 2007). 또한 대부분의 여성 범죄자는 약물 남용 치료를 필요로 한다.

다시 말하지만, 수감 중인 많은 여성은 피해자였던 과거를 가지고 있다. 종종 그들은 아버지, 배우자, 위협적인 파트너에 의해 폭력의 희생양이 되기도 했다. Owen(2000)은 "정신건강 문제와 밀접한 관련이 있는 여성 범죄자의 신체적·성적·정서적 학대의 영향을 인식할 필요가 있다."(p. 196)라고 언급했다. 그들의 자신감을 높이고, 그들의 피해를 인식하면서도 그들 자신의 삶을 책임질 수 있게 하고, 생활의 기술을 가르치는 치료법은 수감된 여성들에게 최고의 희망을 가져다준다.

학자들도 여성 수감자들이 직면한 문제가 남성 수감자들이 직면한 문제와 유사하기도 하지만 다르다는 것에 동의한다. 예를 들어, 교도소에서 소수를 차지하는 여성들이 이용가능한 교정시설은 별로 없다. 그러므로 여성 수감자는 가족과 가까이 있을 수 있는 기회가 심각하게 제한되고, 수감 기간 동안 직업적·교육적·사회적 활동이 제한된다. 더 중요한 것은 이런 조건이 아이와 그들의 관계를 심각하게 방해한다는 것이고, 이는 수감자가 남성일 때보다 더욱 심하게 나타날 수 있다(MacKenzie, Robinson, & Campbell, 1989). 자녀와의 관계 박탈은 특히 장기수에게 극심하다. 그들은 부모 역할을 하지 못하기 때문에 자신의 가장 중요한 정체성을 잃을 수도 있다(Weisheit & Mahan, 1988). 이용 가능한 문헌에서는 수감된 여성에게 치료 우선순위가 보장되어야 할 것을 제안한다(Van Voorhis et al., 2010).

유치장 환경에서의 치료

유치장 환경에서의 수감자에 대한 심리치료는 교도소와는 상당히 다르다. 유치장의 감금 일수는 짧은 편이기 때문에 위기개입(crisis intervention)이 주로 시행되고, 치료 목표 역시 제한적일 수밖에 없다. 게다가 유치장에서의 치료는 안정화를 위한 약물치료를 포함하는 경향이 크다. 그럼에도 불구하고 앞에서 논의한 치료 모델은 여전히 단기 유치장 환경에서도 이용되고 있다.

특히 형을 선고받지 않은 유치장 내 구금자에게 치료 서비스를 제공하는 것은 문제가 될 수 있다. 먼저 대다수의 구금자는 예심 석방 가능성이 있기 때문에 그들이 얼마나 오랫동안 구금 상태로 있을지 예측하기가 힘들다. 일부 구금자는 내보내지기도 하고, 그들의 유죄에 대해 변호하기도 한다. 그들은 보호시설에 배치되기도 하고, 다른 교도소로 이송되기도 한다. 둘째, 구금되어 있는 동안에 개인 일정에 수많은 방해물이 있을 수 있다. 예를 들어, 법정 출두, 방문객, 변호인 상담, 인구조사, 심지어 오락적인 일까지도 예측할 수 없다. 셋째, 치료 서비스는 반드시 포괄적이어야 하고, 범죄 행동과 연관되어 있으면 안 된다. 구금자는 아직 유죄 판결을 받지 않은 상태이기 때문이다. 그러므로 성범죄자 치료나 가정 폭력범을 위한 치료는 구금자가 유죄로 입증되기 전까지 잠정적으로 무죄 상태이므로 부적절하다.

심지어 형을 선고받고 유치장에 복역하는 수감자는 그들 형기의 단기성 때문에 법정 심리학자에게 반항하기도 한다. 그러므로 치료가는 의뢰인에게 장기 목표가 더 적합할지라도 그것을 포기할 수밖에 없다. "전통적인 치료 목표를 잡은 정신건강 전문가는 치료 목표에 대한 갈등을 최소화함으로써 유치장 내에서 활동할 수 있다."(Steadman et al., 1989, p. 103) 전문가들은 수감자가 지역사회 기반의 정신건강기관과 연계될 수 있도록 석방 계획 목표를 세울 필요가 있다. 또한 전문가들은 유치장 환경 자체가 혼잡하고 시끄러우며 사생활이 없고, 수감자가 그들의 삶을 거의 통제할 수 없다는 것을 명심해야 한다. 이러한 환경은 정신병을 악화시킬 수 있다. 그러므로 "유치장 수감자를 위한 주요 치료 목표는 구금된 동안 적절한 기능 수준에서 위기를 안정화하고 유지하는 것이다"(Cox, Landsberg, & Paravati, 1989, p. 223).

이 장의 도입부에서 논의한 바와 같이, 유치장은—때론 교도소보다 훨씬 더 많이—치료를 제공하는 노력을 방해할 수 있는 여러 가지 특징을 가지고 있다. 제한된 예산과 과잉수용은 주요한 방해 요인이다(Luskin, 2013). 이러한 이유로, 특히 덜 심각한 범죄로 기소된 경우 전문 정신건강법원은 정신적인 문제를 가지고 있는 범죄자에게 좋은 선택지이다. 많은 연구자가 지적했듯이, 유치장과 교도소에서 심각한 질환을 앓고 있는 재소자들에게 정신건강 서비스를 제공하는 데 드는 비용은 엄청나다(Heilbrun et al., 2012). 심각한 정신질환을 가진 사람이 체포될 경우 정신건강법원은 그들을 효과적인 지역사회 자원으로 전환하는 것을 돕는다.

수감자 치료에 대한 장애물

교정 환경 내에서 자체적으로 발생하는 문제는 수감자에게 서비스를 제공하는 임상가에게 장애물이 되기도 한다. 이 장에서는 교정 환경 내 주요한 장애물에 대해 논의할 것이다.

기밀성

이전 장들에서 밝혔듯이, 법정 심리학자는 종종 그들이 평가하고 다룬 사람들의 모든 기밀을 보장할 수 없다는 것을 발견한다. 특히 교정시설, 유치장이나 교도소에서 일하는 심리학자에게는 더욱 그렇다. 예를 들어, 기관의 보안이 위태로운 경우, 수감자가 자살을 생각하는 경우, 제3자가 위험한 경우, 기밀은 보장될 수 없다. 수감자가 탈출 계획, 교도소 내에서 범죄를 저지르려는 의도, 불법 품목(예: 밀수품)의 반입이나 자살 및 살해 의도/사고, 법원 소환, 아동 또는 노인 학대 등을 보고할 경우 기밀을 보장하기 힘들다(Morgan et al., 1999, p. 602). 심리학자와 다른 치료 제공자는 치료 서비스나 평가를 제공하기에 앞서 기밀성의 이 같은 한계에 대해 수감자에게 공지할 것을 조언받는다(IACFP 기준). 이러한 한계로 인해, 수감자는 치료가를 교정본부의 대리인으로 인식하기도 한다. 이런 경우에 교정시설의 심리학자의 업무는 매우 힘들어진다(Milan, Chin, & Nguyen, 1999).

강압

성공적 치료의 또 다른 장애물은 강압적인 측면이다. 항상 그런 것은 아니지만 기관의 치료는 심리적 변화가 강요될 수 있다는 원칙이 적용된다. 그러나 심리치료의 전통적인 형태에서는 치료 대상자가 기꺼이 참여하고자 하는 동기를 가진 경우에만 성공적이었다. 이 기초 원칙은 수감자가 지역사회에 머물든지 혹은 압도적 권력의 힘이 미치는 기관 내에 머물든지 관계없이 적용된다. 그러므로 수감자가 치료를 거부할 권리가 있다고 해도 그들의 거부는 마지못해 치료를 수용하는 것보다 더 큰 문제를 낳는다. 예를 들어, 거부는 다른 시설로의 이송을 의미할 수도 있고, 석방의 지연, 특권의 제한 등을 의미할 수도 있다(Mckune v. Lile, 2002).

그러나 최근 몇 년 동안 몇몇 연구자는 강압(coercion)과 치료가 공존할 수 없다는 전통적인 관념에 대한 의문을 제기하기 시작했다(Farabee, 2002 참조). 중요한 것은 개인이 감금되어 있다는 사실이 아니라, 수감자가 치료에 대한 필요성을 인지하고 기꺼이 참여하고 싶게 만들어야 한다는 것이다. 게다가 어떤 연구에서는 치료에 저항하는 수감자도 결국에는 치료 프로그램에서 이득을 얻는다고 말한다(예: Burdon & Gallagher, 2002; Gendreau & Goggin, 2014; Harkins et al., 2015; Prendergast, Farabee, Cartier, & Henkin, 2002).

Morgan 등(2014)은 수감자의 치료 참여에 관한 연구를 검토하면서 수감자가 치료받기를 꺼리는 것은 큰 장애물이 될 수 있다고 지적했다. 이 경우 수감자는 도움을 거절하는 것이 아니라 오히려 요청하지 않기로 결정하는 것이다. 앞에서 언급한 기밀성에 대한 우려 외에도, 수감자는 심리적인 도움을 구해야 할 필요성을 약점으로 인식하고, 다른 수감자에게 낙인찍히는 것에 대해 두려워할 수도 있다. 게다가 어떤 경우에는 치료받는 것으로 인해 조기 석방을 위한 좋은 평가를 잃게 되거나 고립되는 것에 대해 우려한다. Morgan 등은 정신건강 전문가들이 수감자 오리엔테이션 프로그램을 통해 이용 가능한 자원과 그에 접근하는 방법에 대한 정보를 제공하고 수감자에게 지역사회에서 그들의 생활에 대한 서비스를 제공함으로써 이러한 장벽을 극복하려고 노력할 것을 권고한다.

환경

교도소 환경에서 효과적인 치료의 또 다른 장애물은 교도소 환경 자체의 특성이다. 이런 환경의 부정적인 특징으로는 과잉수용, 폭력, 다른 수감자나 직원에 의한 피해, 가족으로부터의 소외, 자신의 인생을 통제할 수 없다는 느낌에 이르기까지 다양하다.

1950년대 후반부터 1960년대까지 교정 환경에서 일하는 수많은 심리학자는 감옥 내에서 적응 문제를 겪는 수감자를 위하여 '치료 공동체'를 구성하도록 힘썼다(Toch, 1980). 앞서 논의된 것처럼, 치료 공동체는 교도소 집단에서 분리된 수감자의 특별한 거주 공간이었고, 의사결정이나 집단치료, 교도소 환경 내에서 그들만의 거처를 운영할 수 있었다. 이러한 수감자가 다른 수감자보다 재범률이 크게 나아지지는 않았음에도 불구하고(Gendreau & Ross, 1984), 수감자에게 있어서 교도소 생활은 훨씬 더 참을 만했고 직원의 직업 만족도도 향상되었다. 오늘날에는 예산 제한과 공간 제약 때문에 치료 공동체 환경을 제공하는 교도소가 거의 없다. 일반적으로 치료 공동체는 집중적이고 행동을 기반으로 하며, 범죄자의 약물 남용을 중심으로 이루어졌을 때 치료 효과가 나타난다는 것이 연구를 통해 입증되었다(MacKenzie, 2000). 계속되는 연구에서는 치료 공동체가 약물 남용 문제가 있는 수감자에게 효과가 있음을 보여 준다(Saum et al., 2007).

많은 관찰자에 따르면, 치료공동체가 처음 제시되었던 1960년대보다 오늘날의 교도소 환경이 더욱 나빠졌다. 과잉수용, 폭력, 악화된 물리적 상태가 상당수의 국가 교도소와 유치장의 특징이 되었다. 예를 들어, 20세기 말에 주 교도소는 정원을 가득 채우거나 정원의 15% 이상으로 운영되었고, 연방 교도소는 정원의 31%가 넘은 채 운영되었다(Bureau of Justice Statistics [BJS], 2001a). 유치장에서의 초과 수용 문제는 더욱 심각했다. 초과 수용은 이 장의 초반부에 언급된 것과 같이 교도소 수용인 감소를 위해 법원 명령을 촉발시킨 요인이었다(Brown v. Plata, 2011). 최근 몇 년 동안 교도소 내 수용인이 감소했지만, 그들이 안정된 상태를 유지할 것이라는 보장은 없다. 게다가 미국 법무부가 민간 교도소를 옹호한다면, 구금률은 다시 한번 높아질 수 있다. 역설적으로 민간 교도소는 공공시설보다 효과적인 심리 서비스를 제공할 가능성이 훨씬 적다(Bales et al., 2005; Shapiro, 2011).

폭력 또한 많은 교도소에서 나타나는 고질적인 문제였다. 대략 2만 5,000건의 비성적 폭행(non-sexual assaults)과 30만 건에 가까운 성폭행이 국가 유치장과 교도소에서 해마다 일어난 것으로 추정되었다(Clear & Cole, 2000). 많은 폭행 사건이 보고되지 않는 경우도 있어서 실제 수치를 알기는 불가능하다. 2003년도에 이 문제를 다루기 위해 의회는 교도소와 유치장에서 일어나는 강간 사건의 보고를 의무화하는 **교도소강간제거법**(Prison Rape Elimination Act: PREA)을 통과시켰다. 정신건강 전문가들은 교도소의 강간 문제를 연구하고 예방과 치료를 위한 프로그램을 개발할 필요성을 주장했다(Stemple & Meyer, 2014; Neal & Clements, 2010).

징계적 이유 또는 개인 보호(예: 정신장애를 가진 수감자)를 위해 독방에 있는 수감자의 생활은 심리 문제를 유발할 수 있다. 특히 몇 달 혹은 수년씩 독방에 수감되는 경우 문제가 더 심각하다. 그러나 앞에서 언급한 것처럼, 고립되는 것이 해롭다는 데 모두가 동의하지는 않는다. 왜냐하면 범죄자는 다양한 상태에 있기 때문이다. 많은 유치장과 교도소에서 독방 문제를 다루기 힘들어하고 있다고 제안하는 것이 부적절해 보일 수 있으나, 실제 교정 심리학자는 이런 상황에 자주 부딪히게 되며, 이는 수감자나 직원에게 많은 스트레스를 야기한다.

치료는 가장 인도적인 교도소 환경에서조차 매우 어렵다. 수감자가 계획된 치료 프로그램을 완료하지 못하고 중단하는 것은 효과적인 치료를 제공하는 데 큰 장애물이다(Morgan et al., 2014). 유치장 형기는 전형적으로 짧고 지속적인 치료가 이루어지기 매우 어렵다. 유치장과 교도소 내에서 수감자는 다양한 이유로 임상가와의 약속을 '잊어버린다'. 심지어 그들 스스로 치료에 참여하기를 원한다고 해도 보안이나 징계적인 이유로 금지되기도 한다. 예를 들어, 교도관이 감방 수색을 하거나 의료검사를 수행하는 동안 독방 건물은 하루간 차단된다. 분쟁에 휘말린 수감자를 징계적으로 분리시키거나 치료사의 방문을 금지할 가능성도 있다. 격리에 대한 부분에서 언급한 바와 같이, 격리 수용된 수감자에 대한 치료는 일반적으로 약물치료나 수감자의 감방을 방문하거나 가끔 일대일 진료로 구성된다(Morgan et al., 2016). 보안을 이유로 수감자는 예고도 없이 다른 시설로 이송되기도 한다. 많은 시설에서의 예산 제한은 아주 필수적인 서비스를 제외하고 모든 것을 감축하는 결과를 낳는다. 흥미롭게도, 최근 수감자들(가석방 대상자)에게 원격 심리학(telepsychology)을 도입하려는 노력이 가능한 해결책으로 제시되고 있다(Batastini & Morgan, 2016; Farabee, Calhoun, & Veliz, 2016). 원격 심리학은 수감자가 교도소 내에 있는 치료실에서 그리고 정신건강 전문가는 자신의 사무실에 앉아 멀리 떨어진 곳에서 환자를 치료하는 것이다. 원격 심리학은 비용을 줄일 뿐만 아니라 치료 회기 수를 최대화할 수 있는 효율적인 방법이 될 수 있다.

이러한 어려움에도 불구하고 심리치료가 제공되면 효과가 있다는 연구 결과가 나왔다. 메타분석(Morgan et al., 2012) 결과를 인용하면서, Morgan 등(2014)은 "감금된 범죄자에 대한 개입에 대해 종합적으로 검토한 메타분석 결과를 살펴보면 일반적인 정신건강, 대처 능력 향상 및 문제 행동 감소와 더불어 보호시설 내 적응성이 향상된 것으로 확인되었다. 이것이 유치장과 교도소의 기본적인 정신건강 서비스의 모든 목표이다."(p. 806)라고 기술했다. Martin, Dorken, Wamboldt와 Wootten(2012)에 따르면 주요 정신질환을 앓고 있는 사람들에게도 비슷한 긍정적인 반응이 나타났다. 다른 교정 심리학자들에 의한 최근 출판물(예: Gendreau & Goggin, 2014; Marshall, Boer, & Marshall, 2014; Rosenfeld et al., 2015)에서도 유치장과 교도소 내의 심리치료 효과를 지지한다.

지역사회 기반 교정

이 장의 시작에서 말했듯이, 교정감독 아래 대다수의 성인은 지역사회 안에 남는다. 그들의 가정이나 집단 거주, 캠프, 목장 혹은 그와 비슷한 시설에서 지내게 된다. 지역사회 기반 장소는 일반적으로 24시간이 채 안 되게 그들을 잡아 둔다. 그들은 일하고 학교에 가고 직업 훈련에 참여하거나 상담을 받고 치료 회기에 참여할 수 있는 기회를 얻는다. 지역사회 기반 시설은 주나 연방정부, 정부 산하에 있는 사설 조직에 의해 운영된다. 사법 문헌에서 이러한 지역사회는 보호관찰과 유치장 사이 혹은 구금과 가석방 사이의 '중간적 제재'로 언급된다. 그것은 또한 '보호관찰 플러스'나 '가석방 플러스'로 언급되기도 한다. 예를 들어, 감옥에서 석방되어 사회복귀 훈련시설에 살고 있는 범죄자는 복귀시설의 규칙과 감독이 부과되어 제한된 가석방 상태에 있는 것이다.

가택 구금이나 전자감시를 받으면서 자신의 집에 거주하는 범죄자 역시 중간적 제재에 해당된다. 그러므로 지역사회 교정감독하에 있는 범죄자에게 서비스를 제공하는 법정 심리학자는 다양한 주거 형태나 석방의 조건에 대해 금방 배울 수 있다.

일반적으로 수감자는 상담이나 치료 참여에 동의해야만 석방될 수 있다. 따라서 많은 지역사회 내 심리학자는 6장에서 논의된 외래 환자 치료 명령과는 달리 치료를 받도록 명령받은 개인을 담당하게 된다. 여기에서 치료에 의한 변화를 수감자에게 강요할 수 있는지 여부에 대한 논의를 다시 다루지는 않을 것이다. 물론 이러한 강압이 유치장이나 교도소 내만큼 심한 것은 아니다. 하지만 법정 심리학자는 범죄자가 도움을 구한다기보다, 석방 조건을 충족하지 못해 다시 감금되는 것이 두려워 치료에 참여한다는 것을 알아야 한다.

구금자와 수감자를 위해 일하는 심리학자처럼 지역사회 환경에서 일하는 심리학자도 평가와 치료 업무를 수행한다. 개인의 법정에 설 능력 혹은 다양한 사법 절차에 참여할 수 있는 능력에 대한 평가는 지역사회에서 수행되기도 한다. 게다가 지역사회의 심리학자는 성범죄자를 위한 프로그램처럼 특정한 치료 프로그램에 대한 적절성을 평가하기도 한다. 위험성 평가 또한 지역사회 내에서 그 활용이 증가하고 있다. 예를 들어, 보호관찰 대상자의 등급을 집중적 감독 프로그램(intensive supervision program: ISP)에서 '정기적인' 보호관찰로 내리기 전에, 법원이나 보호시설은 심리학자에게 보호관찰 대상자가 꾸준히 감독받을 필요가 있는지 위험성 평가를 하도록 요청한다. 평가 도구의 원칙과 이 장의 앞부분 그리고 4, 5장에서 논의한 위험성/욕구 평가는 여기서 다시 반복하지 않을 것이다.

지역사회에서 범죄자를 다룰 시에 법정 심리학자는 조심스럽게 주의를 기울여야 한다. 대부분의 적용된 원칙과 실습 기준은 심리학자가 여느 의뢰인의 치료에 적용하는 것과 크게 다르지 않다. 하지만 교정 의뢰인과 다른 의뢰인이 구분되는 몇 가지 차이점이 있다. 첫 번째로, 앞에서 언급한 바와 같이 교도소 내 치료보다 덜 강압적이라고는 해도 치료 자체가 강압적 특성을 가지고 있기 때문에 문제가 될 수 있다는 점이다. 두 번째로, 심리학자가 보호시설의 교도관처럼 '집행자'의 위치에 놓일 수 있다는 점이다. 그러므로 의뢰인이 약속을 잊는다면, 심리학자는 반드시 이러한 실수를 보호시설 교도관에게 보고할 것인지 말 것인지를 결정해야 한다. 세 번째는 다소 관련된 맥락으로, 심리학자는 특권(privileges)을 포함한 의사결정을 하도록 요청받기도 한다. 감독관이 결정해야 하는 문제는 가석방되어 치료를 받는 개인을 다른 주에서 열리는 친척의 결혼식에 참석시켜도 될 것인가와 같은 것이다. 지역사회 심리학자는 가끔씩 그들의 영역에서 벗어난다고 여겨지는 문제에 대한 의견을 내도록 요청받기도 한다. 네 번째로, 개인에게 기밀성의 한계에 대해 통보하고 그에 대해 서로 얘기를 해야 한다는 점이다. 전형적으로 이러한 상황에서 의뢰인은 범죄자가 아니라 법원이나 보호관찰/가석방 부서이기도 한 감독기관이다. 몇몇 관할 구역에서 석방 조건을 부과하는 법원은 임상가에게 진행 상태를 간헐적으로 요청하기도 한다. 게다가 보호관찰이나 가석방이 거부될 경우 심리학자의 기록이 법원 정밀조사에 사용되기도 한다. 마지막으로, 범죄자의 범행 욕구에 대해 지속적인 평가와 진술을 하도록 요청받는다.

20세기의 마지막 10년간, 지역사회 내 심리학자가 석방된 범죄자를 대상으로 수행하는 업무에 대해 기술하고 평가하는 몇몇 저서가 출판되었다. 미국, 캐나다, 네덜란드에서 좋은 평가를 받은 수많은 프로그램에 대해 설명한 Heilbrun과 Griffin(1999)은 유일한 '이상적' 프로그램은 없다고 결론지었고, 대신 프로그램을 어떻게 사용하는지가 중요하다고 하였다.

> 치료 방법은 지난 수십 년 동안 발전해 왔다. 정신 약물과 심리사회적 재활, 결손 영역 및 재발 방지를 위해 고안된 기술을 바탕으로 심리교육적 개입을 중심으로 한 치료가 적용됨으로써 치료 프로그램에 대한 반응이 향상될 것이다(p. 270).

'이상적' 프로그램이 단 하나도 없다는 사실에도 불구하고 Andrews와 동료들(예: Andrews & Bonta, 2010; Andrews et al., 1990)은 앞에서 설명한 바와 같이 잘 확립된 RNR 원칙에 근거한 프로그램은 재범 감소에 큰 성공 가능성을 가지고 있다고 주장하였다.

Heilbrun과 Griffin(1999)은 캐나다와 8개 주에서 실시하는 지역사회 기반 프로그램에 대해 기술하였다. 기술된 프로그램의 대부분은 정신장애로 인해 무죄 판결을 받은 사람, 보호관찰 대상자, 석방 조건으로 치료 프로그램에 참가하는 가석방자, 보호시설 교도관이 언급한 개인 등 다양한 정신장애 집단에게 서비스를 제공하고 있었다. 그러므로 대다수의 치료는 비자발적 토대에 있으며 프로그램은 외래 환자와 거주 재활 프로그램 및 평가와 치료를 모두 제공하는 외래 환자 진료 등도 포함한다. 약물 남용 치료를 제공하는 몇몇 진료소는 자발적인 환자를 받아들이기도 한다.

그들이 기술한 프로그램을 종합해 보면, Heilbrun과 Griffin(1999)은 모든 것이 정신병리 치료와 공격적인 행동의 관리를 강조한다고 언급하였다. "프로그램은 두 목표 모두를 충족하기 위해서 좀 더 반사회적이라고 여겨지는 위험성 높은 범죄자의 수용을 거부하기도 한다."(p. 264) 그러나 흥미롭게도 이러한 위험성 높은 범죄자야말로 집중적 치료 프로그램에서 가장 확연한 효과를 보였다고 한다.

이러한 발견은 집중적 감독으로 알려져 있는 중간적 제재에 초점을 둔 연구에서도 지속적으로 나타나고 있다. **집중적 감독 프로그램**(intensive supervision programs: ISPs)은 높은 위험성을 가진 보호관찰 대상자와 가석방자를 위한 프로그램이다(실제로 위험성이 낮은 범죄자도 이러한 프로그램을 활용한다; [Tonry, 1990]). 집중적 감독 프로그램으로 범죄자를 감독하는 보호관찰, 가석방 교도관은 담당 인원이 적다. 그들은 24시간 감독을 하고, 범죄자와 빈번한 접촉을 하며, 범죄자가 석방 조건을 충족하지 못하는 것에 대해 관대하지 않다. 알코올과 불법 약물의 사용은 공지 없이 면밀히 감시된다. 이러한 상태임에도 불구하고 집중적 감독 프로그램에 대한 지역사회 평가는 전망이 없고 비용 대비 효율성을 증명하지 못했다

(Gendreau, Paparozzi, Little, & Goddard 1993; Tonry, 1990).

Gendreau, Cullen과 Bonta(1994)는 지역사회 감독에 대한 '두 번째 세대' 접근법으로 **집중적 재활감독**(intensive rehabilitation supervison: IRS)을 제안해 왔다. "현존하는 경험적인 증거에 기초하여 수감자를 통제하고 처벌하는 집중적 감독 프로그램을 폐기하고 수감자에게 동등한 우선권을 부여하는 프로그램을 지지하는 설득력 있는 주장을 할 수 있다."(p. 74)

높은 위험성을 가진 범죄자와의 빈번한 접촉 때문에 집중적 재활감독 프로그램은 범죄자의 범행 욕구/범행 억제 욕구에 따라 그 위험 정도를 맞출 수 있다. 초기에 언급한 바와 같이 범행 욕구는 권위나 직업에 대한 개인의 태도처럼 시간이 지나면서 변할 수 있는 역동적 위험 요소인 것을 상기해 보라. "범행 욕구는 치료 목표로 사용된다. 프로그램이 성공적으로 그들의 욕구를 소멸시킬 때, 우리는 이성적으로 상습적 범행에 대한 감소를 기대해 볼 수 있다."(Gendreau et al., 1994, p. 75) 범행 억제 욕구에 초점을 맞추는 것(예: 불안, 우울, 자존감)은 재범을 줄이는 데 많은 영향을 미치지는 않는다(Andrews & Bonta, 2010).

따라서 Gendreau 등(1994)은 지역사회 교정치료를 신뢰한다. 특히 위험성이 높은 범죄자에게 집중적 치료 접근법을 사용하는 데 초점을 맞추었다면 더욱 그러하다. "집중적 감독 프로그램에 관한 실증적인 증거는 결정적이다. 재활 요소 없이 상습적 범행을 줄이는 것은 마치 사막에서 신기루를 찾는 것처럼 힘들다."(p. 77)

그러나 집중적이지 않은 치료가 위험성이 낮은 범죄자에게 효과적이지 않다는 것은 아니다. Heilbrun과 Griffin(1999)이 검토했던 연구에서처럼 약물 남용 치료와 독립적인 생활을 위해 일을 하는 데 도움을 주는 것은 위험성이 낮은 범죄자에게 이득이 될 수 있다. 강력한 지역사회가 연계된 프로그램, 문서화된 계약, 집단 모임, 직업 관련 자원, 일상생활에서의 업무 보조, 재정 관리 등은 긍정적인 연구 결과를 이끌어 낸다.

요약 및 결론

이 장에서는 기관 환경 및 지역사회 환경에서 성인 범죄자 혹은 드물게 구금자를 위해 일하는 법정 심리학자의 업무에 관해 설명했다. 우리는 심리학자와 가장 관련성 있는 유치장과 교도소의 두 범주에 초점을 맞추어 개관하였다. 예를 들어, 단기성을 이유로 유치장은 더 적은 프로그램을 제공하기 때문에 심리학자가 장기적인 치료 목표를 세우는 것이 불가능하다. 유치장은 또한 구금자의 자살 시도와 같은 위기 상황에 직면하기도 한다. 이 장에서는 심리학자의 업무에 영향을 주는 수감자의 법적 권리에 대해서도 검토했다. 치료의 권리, 치료를 거부할 권리, 잔인하고 이례적인 처벌로 고통받지 않을 권리 등이 그 예이다.

성인 교정에서 심리학자의 업무는 평가와 치료의 두 가지로 나뉘는데, 이들은 서로 중복되는 분야이기도 하다. 우리는 심리학자가 구금자나 수감자의 다양한 능력과 정신 상태를 평가하는 많은 상황에 대해 검토하였다. 최근 몇 년간 심리학은 이러한 법정 상황에서 많은 평가 도구를 발전시켰다. 그러나 심리학자는 임상 면담이나 MMPI와 같은 전통적인 평가 방식을 선호하고 있어 이러한 새롭게 발달된 도구를 널리 사용하지는 않고 있다. 수감자가 시설에 들어오면, 최소한 그들이 석방되기 전에 그리고 위기 상황에 처하기 전에 평가가 이루어져야 한다. 수감 기간 동안 지속적으로 수감자에 대한 평가가 이루어지는 것이 사실상 이상적이다.

사형을 선고받은 수감자에 대해 사형을 집행받을 능력이 있는지를 평가하는 것은 전형적인 교정 심리학자의 역할에 포함되지는 않는다. 그럼에도 불구하고 이는 상당한 논쟁의 여지가 있으며 굉장히 중요한 분야이다. 철학적으로 사형제도에 반대하는 몇몇 심리학자는 이러한 평가에 수감자가 포함되어서는 안 된다고 주장한다. 다른 이들은 심리학자가 요구받는 만큼 서비스를 제공하는 것이 전문가가 가져야 할 의무라고 믿는다. 게다가 연방법원이 사형수를 충분히 사형집행이 가능한 상태로 안정시키는 약물을 강제로 투여할 수 있는 권한을 주었기 때문에, 이 문제는 의심할 여지 없이 몇몇 임상가로 하여금 말썽에 휘말리게 하였다. 이는 심리학자가 처방권을 가지고 있는 주에서는 특히 두드러지게 나타나는 문제일 것이다. 우리는 이 장에서 자세히 다루지는 않았지만, '사형을 집행받을 능력'에 대한 평가를 수행하는 법정 심리학자의 역할과 주어진 제안에 관해 논의하였다. Atkins 대 Virginia(2002), Hall 대 Florida(2014) 그리고 Moore 대 Texas(2017) 대법원 판결과 함께 인지 능력 평가 또한 더 빈번해지고 있다.

심리학자는 개인적으로 그리고 집단적으로 수감자에게 치료를 제공하는 몇 안 되는 전문가 집단이다. 치료 모델, 치료 접근법 중에서는 다른 치료 모델도 있지만 인지-행동적 접근이 가장 선호되고 있는 경향이 있다. 가장 긍정적인 평가 결과를 받은 인지-행동적 접근은 사회학습이론에 기반을 둔다. 그들의 범죄 행동은 다른 행동과 마찬가지로 학습되고, 동기화된 수감자는 그 행동을 '배우지 않을 수 있다'고 가정한다. 결과적으로 이러한 접근법은 수감자가 자신의 사고방식, 가설, 기대를 확인해 보도록 장려하고, 스스로 피해자에 대한 자신의 행동 결과를 인식하도록 한다. 연구에 따르면, 동기화된 개인은 이러한 접근법에서 이득을 얻고, 이 접근법은 폭력범, 성범죄자, 약물 남용자를 아우르는 넓은 범위의 범죄자에게도 사용될 수 있다. 이러한 치료에 가장 동기화가 낮은 집단은 폭력범과 사이코패스이지만, 이들 모두가 그렇다고 일반화할 수는 없다. 특히 폭력범에 있어서는 더욱 그렇다.

유치장과 교도소 환경은 효율적인 치료에 많은 장애물이 될 수 있기 때문에 일부 심리학자는 접근을 꺼린다. 기밀성의 한계, 예산의 제한, 시설 내의 폭력과 혼잡함, 수감자 일정과 수감자 이송, 행정관과 교도관의 지지 부족은 교정 환경 내에서 흔한 일이다. 그러나 많은 심리학자는 이 직업에서 큰 만족감을 얻는다. 전문 조직은 지침과 지원을 제공해 왔다. 그리고 많은 연구가 다양한 상황에서 효과적인 전략과 접근법을 확인했으며 이러한 내용을 출판하였다.

이 장에서는 보호시설에 있는 범죄자를 위한 지역사회 치료 프로그램에 대한 검토로 마무리했다. 가석방, 중간적 제재 상태, 집중적 감독이 그 예이다. 최근 몇 년간 우리는 심리학 문헌 내에서 지역사회 프로그램에 대한 더 많은 서술과 평가를 봐 왔다. 지역사회 프로그램은 비록 그들만의 특별한 과제(예: 치료 시간에 나타나지 않는 범죄자)이기도 하지만 좀 더 현실적인 환경이자 기관 환경에서 보이는 많은 장애물이 보이지 않는다는 장점을 가지고 있다.

주요 개념

가석방parole
교도소 이송prison transfer
교도소prisons
교도소강간제거법Prison Rape Elimination Act: PREA
범행 억제 욕구noncriminogenic needs
범행 욕구criminogenic needs
보호관찰probation
보호시설의 교정institutional corrections
보호적 구금protective custody
사형을 집행받을 능력competency to be executed
서비스 수준/사례관리 검사Level of Service/Case Management Inventory: LS/CMI
서비스 수준검사 개정판Level of Service Inventory-Revised: LSI-R
석방 결정release decisions
수감률incarceration rate
수용소detention centers
슈퍼맥스 교도소supermax prisons
심리평가psychological assessment

연방교도국Federal Bureau of Prisons: BOP
예심 구금자pretrial detainees
위기개입crisis intervention
위험/욕구/반응성risk/needs/reponsivity: RNR
유치장jails
인지-행동적 접근cognitive-behavioral approach
재발방지relapse prevention: RP
재활rehabilitation
중간적 제재intermediate sanctions
지역사회 교정community corrections
지역사회 기반 시설community-based facilities
집중적 감독 프로그램intensive supervision programs: ISPs
집중적 재활감독intensive rehabilitation supervision: IRS
징계적 분리disciplinary segregation
치료의 권리right to treatment
행동 모델behavioral model
행정적 분리administrative segregation

단원정리

1. 보호시설 교정과 공동체 교정의 차이점을 설명하라.
2. 국제교정 및 법정심리학회(IACFP) 기준을 충족할 만한 다섯 가지 주제를 나열해 보라.
3. 교도소와 유치장의 주요 차이점을 나열해 보라.
4. 헌법상의 치료의 권리가 정신의학적/심리적 치료를 포함한다고 생각하는가?
5. 미국의 대법원 판례에 따르면, 사형을 집행받을 능력이 없는 범죄자 유형 두 가지는 무엇인가? 법정 심리학자로서의 이러한 법원 판결의 함의에 대해 논하라.
6. 수감자의 심사 및 분류를 하는 심리학자의 과제를 명시하라.
7. 다음의 특수 집단을 위한 치료 프로그램의 예를 각각 말해 보라. 폭력범, 범죄성 사이코패스, 여성 범죄자, 성범죄자, 유치장의 수감자.
8. 범죄자를 유치장이나 교도소에 수감하는 것과 반대로 지역사회에서 낮은 수준의 감독하에 두는 것의 장점에 대해 기술하라.

Chapter 13

청소년 교정

주요 학습 내용

- 청소년 사법제도와 그 역사에 대한 개관
- 청소년 권리와 보호에 관한 미국 대법원의 주요 판례 검토
- 청소년에게 사용되는 심리평가 방법과 절차
- 헌법상 청소년의 권리
- 청소년의 허위 자백
- 청소년에게 적용할 수 있는 재활시설
- 청소년 재활의 대표적 접근법
- 다중체계치료의 개념
- 폭력적인 청소년과 청소년 성범죄자 치료 모델

L. R.은 집과 학교에서 수년간 '비행'을 저지르다 13세의 나이에 그녀의 집에서 쫓겨났다. 그녀는 길거리 아이들의 모임에 가입했으며, 이 모임이 그녀를 보호해 주기도 했지만 한편으로는 마약과 매춘을 알선하기도 했다. 그녀는 15세 때 마약 소지죄로 구금되었다. 소년법원은 그녀를 도울 수 있는 방법을 찾고자 하였다.

반 친구들과 선생님에게 공격적인 태도를 보였던 15세의 O. T.는 어느 날 아침 아버지로부터 받은 군용 칼을 들고 학교로 향했다. 그는 선생님을 찌르고 또래 학생들을 폭행했다. 검사는 그를 형사 재판에 회부하지 않았다. 검사는 "우리 주에서는 아이들을 보호해야 하며, 그들을 처벌하지 않습니다."라고 말했다.

B. A.는 14세에 폭력 조직에 가담했다. 폭력 조직 입문식의 일환으로 노부부의 집을 털고, 라이벌 조직원의 8세 된 동생을 폭행했다. 소년법원은 그의 재범 가능성 여부에 대해 조사하였다.

소년사법 제도는 법정 심리학자에게 많은 기회를 제공한다. 경범죄로 기소된 청소년은 성인과는 다르게 다루어져 왔다. 청소년은 범죄에 대한 책임은 있지만, 미숙함으로 인해 성인만큼의 책임이 요구되지는 않는다. 심지어 그들의 범죄가 심각하더라도 청소년은 교정 가능성이 높은 것으로 여겨진다. 소년법원은 이러한 차이를 인식하고 청소년 범죄자의 재범 가능성을 줄일 수 있는 적절한 판결을 내리기 위해 설립되었다.

청소년 범죄에 대한 검거율 변화를 살펴보면, 상황이 그리 심각하지 않다는 것을 알 수 있지만, 오늘날 청소년은 역사상 그 어느 때보다 경찰, 법원 그리고 교정시설과 접할 가능성이 더 높다는 것이 다양한 자료를 통해 나타난다. 예를 들어, 2011년 검거 자료에 따르면, 경찰은 그 해 약 147만 명의 청소년을 구금한 것으로 나타났으며, 이는 2010년보다 11%, 2002년 이후보다 31%나 감소한 수치이다(Puzzanchera, 2013). 2015년 경찰은 18세 이하 청소년 약 64만 9,970명을 검거하였으며, 이는 전년 대비 8.4% 감소한 것이었다(FBI, 2016a). 이러한 감소는 경찰이 사소한 사건을 무시하거나 실제 청소년이 저지르는 범죄 건수가 감소하는 등 수많은 요인이 반영된 결과라 할 수 있다. 그러나 살인, 강간, 오토바이 절취 등의 범죄는 증가하였다.

또 다른 자료는 소년법원에서 처리되는 사건의 수이다. 2010년 미국의 소년법원은 약 140만 건의 범죄 사건을 처리했으며, 10세 이상의 청소년은 주로 형법상 폭력 혐의로 기소되었다(Puzzanchera & Robson, 2014). 2014년에는 청소년 범죄 사건이 97만 5,000건으로 소폭 감소하였다(Hockenberry & Puzzanchera, 2017). 대부분의 청소년이 검거되어 소년법원으로 넘겨지지만, 약 15~19%는 부모, 학교 직원, 사회기관 또는 보호관찰 부서로 위탁된다(Knoll & Sickmund, 2010; Puzzanchera, Adams, & Sickmund, 2010; Sickmund, 2004; 소년법원에 대한 추가 내용은 〈Focus 13-1〉, 구금된 청소년에 대한 자세한 내용은 뒤의 〈Focus 13-4〉 참조).

모든 주에서는 청소년이 소년법원에 출두할 수 있는 법률상 최대 연령을 16세 또는 17세(주에 따라 차이가 있음)로 설정하고 있다. 또한 모든 주에서는 그 최대 연령보다 어린 청소년을 소년법원이 아닌 형사법원에서 재판할 수 있는 다양한 법령이 제정되어 있다(Puzzanchera & Addie, 2014). 예를 들어, 10세 아동에게는 거의 없는 일이지만, 일부 주에서는 이러한 아동의 경우에도 형사 재판을 받을 수 있다. 형사법원에서 14세 아동의 재판 사례를 찾는 것은 드문 일이 아니다. 청소년은 연방법에 저촉될 경우에도 연방 사법 체계에 의해 처리되지 않는다. 2008년 연방법원에서 재판을 받은 청소년은 불과 152명이었으며, 그중 절반이 부족 청소년(tribal youths)이었다(Motivans & Snyder, 2011).

소년법원에서 한 해 동안 공식적으로 처리된 모든 범죄 사건 중 약 1%가량이 사법권을 포기한 사건이다(Puzzanchera & Addie, 2014; Puzzanchera & Robson, 2014). 사법권을 포기한 사

Focus 13-1 소년법원, 소년시설 그리고 범죄

미국의 소년법원은 2014년 거의 100만 건의 범죄사건을 처리하였으며, 이는 2005년 이래로 42%나 감소한 수치이다(Hockenberry & Puzzanchera, 2017). 또한 매년 약 3,100만 명의 청소년이 어떤 형태로든 소년법원의 관할권에 영향을 받고 있으며, 대다수는 10세에서 15세 사이의 청소년이다(Puzzanchera et al., 2010). 2013년에는 대략 60,227명의 청소년이 공공시설이나 민간에서 운영하는 청소년 시설에 구금되었다(Hockenberry, 2016). 거주지에 구금된 소년범 중 86%가 남자 청소년이었는데, 주로 흑인 남자 청소년으로 편중되어 나타났다. 이러한 자료에서는 형사법원에서 심리를 받은 청소년이나 교도소에 수감된 청소년은 포함되지 않는다. 최근 자료에 따르면 소년법원에서 처리하는 사건의 27%가 대인 범죄(폭력 범죄)이며, 34%는 재산 범죄, 13%는 마약법 위반, 26%는 공공질서 위반이었다(Hockenberry & Puzzanchera, 2017).

공공질서 위반은 공무 집행 방해, 난동 행위, 무기 사범, 주류법 위반, 음란 행위 등의 비폭력적 성범죄를 포함한다.

토론 질문

1. 전통적으로 청소년 검거와 법원 자료에 포함되는 우범 범죄(status offenses)는 더 이상 최근 통계 자료에서 보고되지 않는다. 그 이유에 대해 설명하라.
2. 앞에서 인용한 정부 보고서 중 하나를 입수하여 추가 조사 결과에 대해 논의하라.

건은 16세 이상 남자 청소년(90%)에 의한 것이 대부분이었다. 정확한 수치는 알 수 없으나 14~18세 사이의 청소년이 소년 재판보다 형사 재판에 회부되는데, 그 이유는 청소년 범죄 사건을 형사 사건으로 가지고 올 수 있는 재량권이 검사에게 있기 때문이다(Redding, 2010).

청소년 범죄에 관해 보고된 다양한 자료를 살펴보면, 1980년대 극적으로 증가한 청소년 범죄율은 현재 감소 추세에 있으며, 이는 오늘날 청소년이 심각한 범죄를 저지를 가능성이 과거에 비해 낮아졌다는 것을 시사한다. 또한 앞에서 언급한 바와 같이, 검거된 청소년의 수와 소년법원에서 처리되는 청소년 사건의 수가 감소하는 것도 이를 뒷받침한다. 그러나 일반인, 임상가 그리고 법률 및 사회복지 전문가들은 여전히 약물 남용, 폭력, 성범죄와 같은 청소년 범죄에 대해 우려를 표하고 있다.

소년법원

소년법원은 독립적으로 운영되거나 6장에서 다룬 것보다 광범위한 '가족법원' 혹은 '가정법원' 제도의 일부로 볼 수 있다. 일반적으로 형사법원과 달리 소년법원은 비공식적으로 운영되며, 다른 어휘와 용어를 사용한다(소년법원에서 사용되고 있는 용어 목록은 〈Focus 13-2〉 참조). 소년법원이 어떻게 구성되든 간에 판사, 변호사, 사회복지사는 다양한 이유로 심리학자 및 임상 전문가와 상의를 한다. 현재 많은 청소년 사건이 형사법원에서 심리를 받고 있다. 일부 연구자가 확인한 바에 따르면(예: Viljoen, McLachlan, Wingrove, & Penner, 2010), 많은 청소년 사건이 형사법원에서 처리되거나 더 엄격한 형량이 부과되는 등 청소년 사법 체계는 성인에 의한 범죄를 다루는 것과 유사하다.

FOCUS 13-2 소년법원에서 일반적으로 사용하는 용어

접수

접수(intake)는 청소년이 경찰서에 유치된 후 가장 먼저 접하게 되는 소년법원 체계이다. 이 과정에서 소송을 기각할 것인지, 비공식적으로 처리할 것인지, 또는 공식적으로 소년법원에 회부할 것인지를 결정한다. 전체 사건의 절반은 비공식적으로 처리되는데, 이는 사회복지기관으로 이송 의뢰를 하거나 비공식적인 보호관찰, 심지어는 일부 벌금형이나 자발적인 배상 등이 해당된다. 청소년 구금을 위해서는 판사의 검토가 반드시 필요하지만, 접수자(intake workers)가 48시간 이내에 청소년에 대한 구금을 결정할 수도 있다. 접수는 보호관찰관, 사회복지사, 검찰 대리인이 시행한다.

대안적 처분

대안적 처분(diversion)은 청소년을 법원에서 다루지 않고 구조화된 프로그램을 활용하는 것이다. 접수자나 검찰은 주로 청소년에게 대안적 처분을 내리게 되는데, 대부분의 프로그램은 청소년이 자신의 행동을 인정하거나 계약, 서명, 그리고 지역사회 봉사활동과 같은 조건에 동의하도록 요구한다.

비행 청원서

비행 청원서(delinquency petition)는 검사가 준비하는 공식적인 문서로 청소년에 대한 혐의와 소년법원에 해당 청소년을 비행 범죄자로 판정 내려 달라는 내용을 포함한다. 비행 청원서는 공판을 하기 전에 기각되기도 한다.

예방적 구금

청소년은 헌법상으로 보석을 보장받지 못한다. 추가 범죄를 저지르지 않도록 안전하게(예:

예방적 구금, preventive detention) 구금할 수 있다. 처음에는 접수자가 구금 결정권을 가지고 있지만, 판사나 치안판사는 반드시 구금 지속 여부에 대해 검토해야 한다. 소년법원은 주로 구금을 심리검사와 다른 검사를 수행할 수 있는 기회로 활용한다.

양도 청원서

양도 청원서(waiver petition)는 검사의 요구로 청소년 사건을 형사법원으로 이송하는 것을 의미한다. 사건 이송은 법관에 의해 이루어지거나 주의회가 통과시킨 법령에 따라 이루어질 수 있다.

비행범죄 공판

비행범죄 공판(delinquency hearing or adjudicatory hearing)은 형사재판과 동일하다. 성인과 마찬가지로 청소년도 변호인을 선임할 권리, 증인을 대면하고 반대심문을 할 수 있는 권리가 있으며, 묵비권을 행사할 수 있다. 검사는 범죄의 모든 요소를 의심할 여지 없이 입증해야 한다. 그러나 소년법원에서 청소년은 공개변론이나 배심원 재판에 대한 헌법상의 권리를 가지고 있지 않다.

처분

처분(disposition)은 형사재판에서 선고하는 것과 동일하다. 청소년 범죄에 대해 재판에서 판사는 적절한 처벌(예: 보호관찰, 가정 밖의 보호시설)을 결정한다.

결합판결

미국 주의 절반가량은 소년법원과 형사재판에서 결합판결(blended sentencing)을 활용하고 있거나 특정 청소년에게는 청소년 혹은 성인의 처벌을 부여할 수 있다(대개는 청소년의 연령에 따라 부과되는 처벌에 차이가 있음). 그러나 청소년은 같은 죄로 소년 재판과 형사 재판을 모두 받을 수는 없다. 이는 유죄가 될 가능성이 두 배가 될 수 있기 때문이다.

사후지도

사후지도(aftercare)는 성인의 가석방과 동일하다. 이것은 입소시설에서 풀려난 청소년을 관리하는 것을 의미한다.

따라서 소년법원이든 형사법원이든 변호인은 의뢰인의 전반적인 지적 기능에 대한 평가를 요구할 수 있다. 청소년이 경찰 심문 중 묵비권을 행사하거나 변호인 선임을 포기하는 등 헌법상의 권리를 포기할 경우, 판사나 피고인 측 변호인은 청소년이 이러한 권리를 포기하는 데 필요한 인지 능력을 가지고 있는지 여부를 알고자 한다. 청소년의 폭력 위험성을 평가하거나 재활에 적합한지 여부에 대해 평가하기 위해 심리적 평가가 필요할 수 있다. 그 외에도 소년법원 판사와 일부 형사법원 판사 그리고 변호인은 청소년 범죄자의 치료 비용과 그 효과와 함께 청소년 범죄자의 요구에 맞는 치료가 가능한지 여부에 대해 알고자 한다.

청소년에 대한 심리적 평가 이외에도 청소년 시설이나 지역사회에서는 심리학자에게 청소년에 대한 치료를 제공하기를 요구한다. 이 장에서는 초기 사법 체계와의 접촉에서부터 교정시설 및 지역사회 내에서의 청소년 치료에 이르기까지 각 단계에서 심리학자의 개입에 대해 논의하고자 한다. 이에 앞서, 우리는 소년법원의 간략한 역사에 대한 지식을 제공하고 법정 심리학과 관련이 있는 청소년의 법적 권리에 대해 다룰 것이다.

소년법원의 역사적 개관

최초의 소년법원은 1899년 일리노이(Illinois)주에서 시작하였다. 사회 운동가들은 일리노이주 의회에 성인에게 적용되는 법령과는 분리되는 소년들을 위한 사법제도를 확립하는 데 영향을 끼쳤다. 청소년은 보호가 필요하며, 성인보다 범죄에 대한 책임이 덜하고 일단 그들이 범죄를 저지르게 되었을 때 이후 교정 가능성이 높은 것으로 여겨진다. 또한 이러한 많은 청소년이 보호자들로부터 방치되기 때문에 국가적 개입이 필요하다고 여겨졌다. 따라서 최초 소년법원은 법 위반으로 인해 기소된 아이들뿐만 아니라 위험성이 높아 관리가 필요한 아이들의 요구를 충족시키기 위한 것이었다. 오늘날 모든 주에서는 소년법원을 운영하고 있으며 소년법원 단독으로 혹은 가정법원 시스템의 일부로 소년법원을 운영하기도 한다.

최초의 소년법원은 '**국친 사상**(parens patriae)'에 강한 기반을 두고 있다. 국친 사상 원칙(문자 그대로 '국가가 부모'라는 의미)은 국가의 개입이 아이에게 가장 유익하다고 생각하기 때문에 부모의 반대가 있더라도 국가가 아이의 삶에 개입할 수 있는 권한을 부여한다. 이 원칙은 6장에서 논의한 양육권 관련 법률을 포함하여 오늘날에도 상당수의 소년법에 강하게 남아 있다. 청소년 범죄와 관련하여, 이 법률은 원칙적으로 청소년의 법적 권리를 인정하는 데 초점을 맞추고 있다(Eve Brank 박사의 가정과 법률에 관련된 교정, 청소년 및 정책적 문제에 대한 내용은 〈My Perspective 13-1〉 참조).

소년법원이 설치되기 전에는 범법 행위를 한 청소년의 경우 사회복지 시스템(social service system)을 통해 처리되거나 형사 재판에 회부되었다. 19세기 중반에 국가 내 큰 도시에서는 **보호시설**(Houses of Refuge)을 운영했는데, 방치되거나 다루기 힘든 아이들을 교육, 양육 및 보호하기 위한 시설이었다. 가난하거나 집이 없거나 교정이 불가능한 아이들 혹은 경범죄를 저질렀거나 이러한 사항이 여러 개 중복적으로 나타난 아이들은 보호시설에 보내졌다. 예외도 있지만, 19세기의 대다수 보호시설은 정서적으로 메마른 곳으로, 수용된 아동의 육체적 노동력을 착취했다(Bernard, 1992).

MY PERSPECTIVE 13-1

변화를 두려워하지 마라

Eve Brank, J.D. Ph.D.

14세 때 나는 교도소에서 일하는 심리학자가 되고 싶다는 것을 알았다. 그 후 14년 동안, 그 직업에 대한 나의 열정은 현재 내가 있는 곳으로 이끌기 위해 세 번의 이직을 하게 했다.

범죄와 교도소에 대한 나의 관심은 1988년 가족 여행을 앞두고 책을 사거나 도서관에 방문하기에는 너무 바빴던 그때부터 시작되었다. 9학년에 접어든 나는 응원 연습과 해변 여행을 하고 친구들과 어울리며 시간을 보냈다. 부모님과 함께 2주간의 캠핑카 여행을 위해 짐을 꾸리고 있을 때 나는 책을 살 수 있는 시간이 없다는 것을 깨달았다. 1988년에는 전자책을 읽는 사람이 없었다. 고맙게도 집에는 내가 읽지 않은 책들이 책장 가득 있었다. 나는 두 책을 선택했다. Nathanial Hawthorne의 『주홍글씨(Scarler Letter)』와 Chuck Colson의 『종신형(Life Sentence)』이라는 책이었다. 내가 왜 이 두 책을 선택했는지는 기억이 나지 않는다. 아마도 부모님과 함께 2주 동안 캠핑카에 있는 것이 14세인 나에게 종신형처럼 느껴졌고, 어쩌면 Howthorne의 책 표지에 Hester Prynne의 그림이 나의 흥미를 강하게 불러일으켰는지도 모른다.

여러분은 아마도 Hester와 그녀의 딸 Pearl을 지배했던 주홍글씨와 엄격한 법령에 익숙할지도 모른다. 그 용서할 수 없는 역사적 현실은 감옥에 수감되어 석방된 사람을 위한 회복된 정의와 갱생의 이념에 초점을 맞춘 Colson의 말과 병치된다. 당시 Nixon 대통령의 최고 보좌관이었던 Colson은 워터케이트 사건과 관련하여 자신이 사법 방해 행위에 있어 유죄임을 밝혔다. 수감자들과의 생활 경험과 종교적 개종은 그가 석방되었을 때 교도소 선교회를 시작하는 계기를 만들었다. 교도소 선교회는 재소자들과 그들 가족의 회복에 대한 종교적 관점에 초점을 둔 모임이다. 나는 오래된 캠핑카를 타고 각국을 돌아다니면서 이 두 권의 책과 함께 테네시(Tennessee)의 뒷골목에서부터 라스베이거스(Las Vegas)의 스트립쇼까지 내가 보고 있는 나라의 또 다른 부분을 발견하였다. 도시의 여러 광경들, 사람들 그리고 이 책들은 나를 형사사법 제도와 관련된 일을 해야한다는 생각으로 이끌었다.

나는 대학에서 사회학과 심리학을 전공했으며, 임상 심리학자가 되고 싶었다. 이 기간 동안 나의 진로를 바꾸는 다소 사소한 두 가지 일이 일어났다. 첫 번째가 내가 학위 논문을 작성하려고 할 때 재소자와 교도관 간의 관계에 대해 연구를 하고 싶었다. 나의 지도 교수는 소년 구치소에 연락을 취했으며, 교도소 대신 소년 구치소에서 연구할 것을 제안했다. 그 프로젝트를 준비하고 구치소에서 일을 하면서 청소년과 소년사법 제도에 대해 관심을 갖게 되었으며, 성인 교도소에 대한 관심이 점차 줄어들게 되었다.

임상 심리학을 전공하기 위해 대학원을 준비할 무렵 나는 범죄개입 프로그램에서 인턴십을 할 기회를 갖게 되었다. 나의 인턴십 감독관은 나에게 개인과 집단 과정을 이끌도록 허락해 주었다. 이것이 내가 나의 진로를 바꾸게 해 준 두 번째 사건이다. 나는 청소년들과 이야기하는 것을 별로 즐기지 않았다. 청소년들이 이야기하고 있을 때 나는 '언제 말을 할 수 있을까?'라고 생각하면서 연구 논문에 대해 고민했던 것으로 기억한다. 다행스럽게도 네브래스카 대학(Nebraska University)의 법학-심리학 프로그램에 입학 허가를 받았으며, 대학원생이자 법대생인 나는 사회 심리학과 법학에 집중할 수 있었다. 또한 아동복지 제도와 소년사법 제도와 관련된 문제점에 대해 연구할 수 있었다.

대학원 교육과정 내내, 나는 교수가 되고 싶다는 생각보다 연구나 정책 수립을 할 수 있는 기관에서 일하기 위한 경력을 쌓기 위해 연구를 하였다. 여기가 나의 세 번째 근무지이다. 내가 대학원을 졸업했을 때 한 살짜리 딸이 있었으며, 남편은 의대에 입학을 했다. 우리가 거주하는 지역에는 연구기관이나 정책수립기관이 없었기 때문에 남편이 다니는 학교의 강사로 결국 취직하게 되었다. 나는 수업과 연구를 하는 것이 즐거웠다. 대학원생들과 함께 일을 하면서 내가 교수가 되고 싶어 한다는 것을 깨달았다. 나는 멘토링, 지식 교류, 견습하는 것에 무척이나 매력을 느낀다. 플로리다 대학(Florida University)과 네브래스카 대학에서 교수가 된 것은 나에게 있어 행운이었다.

보시다시피, 나는 대학 교수가 되려고 시작하지는 않았지만, 나는 나의 경력을 사랑한다. 다소 역설적이지만 최근에 교수로서의 배경 때문에 나에게 선택 사항에 불과했던 연구소의 원장이 되었다. 내가 하고 싶다고 생각한 것을 추구하는 데 있어서 너무 융통성이 없이 내 자신에게만 초점을 맞춘 것이 결국 멋진 학생과 동료들과 만족스러운 일을 하도록 하였다.

비교적 일찍 Chuck Colson을 만난 것은 행운이었다. 나는 Colson에게 "교수로서의 경력을 쌓는 데 당신이 간접적인 영향을 주었습니다."라고 말했다. 그는 나에게 직접 쓴 편지를 전달하였다. 나는 내 목표에 융통성 있게 대처하고 기회를 잡기 위한 전환이 필요할 때면 그 편지를 다시 읽었다. "내가 너에게 하는 충고는 똑같다. 네가 무엇을 하고 싶은지 알고 있다면 변화를 두려워하지 마라."

Brank박사는 링컨 네브래스카(Lincoln Nebraska) 대학교에서 아동, 가족법률센터 소장이며, 심리학과 법학과의 부교수를 맡고 있다. 그녀는 다른 사람과 대화하는 동안 뜨개질을 하고 친구들과 달리기를 하고, 가정개선프로젝트를 진행하는 것을 즐긴다. Brank박사는 그녀의 남편 Adam, 딸, 두 마리의 통통한 고양이와 링컨에서 살고 있다.

형사법원은 판결을 받은 미성년 범죄자가 문제를 다시 일으키지 않는다는 조건하에 지역사회에 남아 있는 것을 허용하였다. 이는 오늘날의 보호관찰 제도와 유사하지만, 당시에는 청소년의 행동을 감시하고 그들의 필요에 부응해 도움을 줄 보호관찰관이 부족했다. 초기의 보호관찰관은 자원봉사자이거나 특별히 이 임무에 배정된 경찰관이 담당하였다(Cromwell, Killinger, Kerper, & Walker, 1985). 미국 정부는 19세기 후반부터 보호관찰을 합법화하고, 보다 체계적인 기초에 근거하여 보호관찰관에게 자금을 지원했다. 그전까지 보호관찰은 자원봉사자나 경찰이 있는 지역에서만 가능했다. 형사법원에서 형을 선고받은 청소년은 감옥이나 소년원에 수감되게 된다. 본래 소년원은 초범자를 위한 곳으로, 이곳의 목적은 청소년 범죄자에게 새로운 기회를 주고 법을 준수하는 삶을 사는 데 필요한 교육과 훈련을 제공하는 것이었다. 그러나 보호시설과 마찬가지로 많은 소년원 역시 교육 및 사회복귀 훈련 제공이라는 본래의 목적을 충실히 이행하지 않았으며, 어린 범죄자를 학대하고 공포감을 조성한다는 이유로 비판받았다(Bernard, 1992; R. Johnson, 1996).

소년법원은 아동과 그 가족을 바꾸려고 노력하고 있으나, 노력의 효과성에 대해서는 많은 의문이 제기되고 있다. 1960년대까지 소년법원은 비공식적으로 운영되었고, 판사나 다른 법원 근무자는 청소년의 삶에 매우 광범위한 재량권을 가지고 있었다. 소년법원은 지역사회나 그들의 가정 내에서 청소년에게 도움을 주어야 한다는 입장이었다. 법적 절차는 비공식적이었고 대중에게 공개되지 않았으며, 청소년의 모든 생활이 법원에 의해 조사되는 경우가 많았다. 아동보호 클리닉에서 일하는 정신의학자와 심리학자는 인지 및 성격 검사 결과를 판사에게 보고하였고, 아동과 그 가족과의 면담을 권고하였다(Rothman, 1980).

점차적으로 소년법원은 본래의 취지에 맞지 않게 권위적이고 청소년과 그 가족, 특히 경제적으로 어려운 사람에게 비합리적인 요구를 한다는 비판을 듣게 되었다. 만일 이러한 비합리적인 요구가 충족되지 않는다면, 판사는 해당 청소년을 보안이 철저한 직업학교에 보냈다. 그러나 직업학교는 효과적인 재활을 돕기보다는 그들을 가혹하게 다루었다. 청소년을 직업학교로 보내는 판결은 일상적으로 정당한 법적 절차를 거치지 않고 이루어졌다. 대부분의 법원에서 청소년은 변호인의 도움을 받지 못했고, 목격자와 대면할 기회 및 법원 관련자에게 이의를 제기할 기회를 얻지 못했다. 또한 소년법원은 일상적으로 청소년에게 범행을 자백하라고 설득(혹은 요구)했다. 판사가 청소년이 소년법원에 적합하지 않다고 생각할 경우에는 형사법원으로 이송하였다.

대법원 판결

1960년대 미국에 있었던 두 건의 대법원 소송은 소년법원 절차를 바꾸는 계기가 되었다. 그중 하나가 Kent 대 U.S. 사건(1966)으로 판사는 청소년을 형사법원으로 보내기 전에 공판을 열 것을 요구하였다. Morris Kent 주니어는 착한 아이가 아니었다. 당시 16세였던 이 소년은 보호관찰 기간 동안 가택침입, 강도, 강간 등의 혐의로 기소되었다. 체포되자 그는 자신의 범행을 시인하였으며, 아이들을 위한 보호시설에 구금되었다. 일정한 환경만 유지된다면 Kent가 갱생할 수 있다고 주장하는 변호인의 강력한 주장에도 불구하고 소년법원은 형사법원으로 사건을 신속하게 이송하였다.

형사법원에서 Kent는 강간죄와 관련하여 정신이상으로 무죄 판결을 받았지만, 가택 침입과 강도에 대한 혐의는 유죄 판결을 받았다. 정신이상이 확인되면서 30년에서 90년형을 선고받고 정신병원으로 이송되었다. Kent의 변호인은 그의 사건을 형사법원으로 이송하라는 소년법원의 원심에 대해 항소하였다.

미 대법원은 Kent가 변호인의 조력을 받을 수 있으며 사건 이송과 관련하여 이의를 제기할 수 있는 헌법상의 권리를 가지고 있다고 만장일치로 판결하였다. 또한 법원은 판사가 사건 이송이 적절한지를 결정할 때 다음의 요소에 대해 고려할 것을 제시하였다. ① 청소년의 수준, 성숙도 및 일반적인 생활환경, ② 범죄의 심각성, ③ 범죄 방식(예: 폭력의 정도), ④ 범죄 혐의가 사람이나 재산 범죄와 관련된 것인지 여부, ⑤ 과거 범죄 전력, ⑥ 청소년 사법제도 내에서 대중으로부터 적절한 보호를 받을 수 있는지 여부와 재활 가능성, ⑦ 이 사건이 검사에게 주는 이득, ⑧ 두 명 이상의 피고인이 기소된 경우이다. 여덟 가지 요소는 이후 많은 주에서 소년법원에 적용되도록 수정 · 채택되었다. Kent 사건에 대한 대법원 판결은 당시 소년법원 체계의 폐단을 보여 주는 것이었으며, 그 후에 일어날 역사적인 사건인 In re Gault(1967)의 좋은 선례가 되었다.

Kent 대 U.S. 사건(1966) 1년 후의 청소년 사건의 지표가 될 만한 사건(In re Gault, 1967)에서, 대법원은 청소년 공판과 관련된 과정을 크게 바꾸었다. Gerald Gault는 경찰에 의해 구금되어 경찰서로 끌려갔다. 판사가 그의 비행에 대해 21세가 될 때까지 직업학교에서 교육을 받으라는 최종 판결을 내리기 전까지, 그는 2회에 걸친 공판 과정을 거쳤다. 범행 당시 Gerald의 나이는 15세였다. 그의 범죄 혐의는 이웃집에 음란전화를 건 것이었다. 그의 부모는 심문 동안 법정에 출두하기도 했지만, Gerald는 변호인을 선임할 수 없었고 그를 고소한 피해자도 증언을 위해 법정에 나타나지 않았다. 미국 소년법원의 역사를 보았을 때, 대법원은 Gerald Gault의 사건과 그에 앞선 Morris Kent의 사건을 '비정규 재판(kangaroo court)'이라고 묘사하였다. 여기서 비정규 재판이란 법을 무시하거나 그 정신을 지키지 않는 법정 소송에 사용되는 용어이다. 따라서 법원은 청소년이 비행 행동과 관련하여 법적 절차를 거칠 때 최소한의 제도적 기틀이 필요하다고 여겼다. 이는 다음과 같은 헌법상 권리로 표현된다.

- 증인을 대면하고 반대심문을 할 수 있는 권리
- 불리한 진술을 강요받지 않을 권리(종종 특권으로 언급되지만, 실제로는 권리임)
- 기소 내용에 대한 서면 통보를 받을 수 있는 권리
- 변호인의 조력을 받을 권리

법원은 청소년의 사생활 보호 차원에서 공판 과정을 공개하지 않았는데, 이후 내려진 판결(McKeiver v. Pennsylvania, 1971)에서는 배심 재판에 대한 헌법상의 권리를 청소년에게 확대하는 것을 거부했다. 소년법원에서 배심 재판을 허용하는 것은 아주 소수의 경우에만 가능하다.

비록 In re Gault 사건이 아동 권리 옹호자의 주의를 크게 끌기는 했으나, 이로 인해 소년법원의 병폐가 모두 사라지지는 않았다. Gault 소송이 있은 지 20년 후에 조사된 Barry Feld(1988)의 연구에 따르면, 절반도 안 되는 청소년만이 비행 범죄 소송 절차에서 변호인을 선임할 수 있었다. 그 이후 15개 주를 대상으로 한 다른 연구에서는 사법권마다 차이는 있지만 소송 절차에서 65~97%에 이르는 높은 변호인 선임률을 보여 주었다. 10년 전만 해도 전체 청소년의 절반도 안 되는 수만이 공판에서 변호인의 변호를 받은 것으로 나타났다(Kehoe & Tandy, 2006). 일부 국가에서는 청소년의 80%가 상담받을 권리를 포기한다(Kehoe & Tandy, 2006). 또한 법적 변호의 질적인 부분은 지역에 따라서 차이가 있으며, 질적 수준이 좋지 않은 경우도 있다(Melton, Petrila, Poythress, & Slobogin, 2007).

청소년이 변호인을 선임하지 않는 경우에는 헌법상 권리를 포기하는 것으로 간주한다. 어떤 경우에는 부모나 다른 권위적 인물이 권리를 포기하도록 권유하기도 한다. 청소년 역시 변호인의 참석하에 구류 심문을 받을 수 있는 헌법적 권리가 있으나, 대부분의 청소년은 변호인 없이 경찰에게 심문을 당한다(Grisso, 1998; Melton et al., 2007; Viljoen, Zapf, & Roesch, 2007). 따라서 권리 포기의 유효성, 즉 청소년이 그들의 권리를 포기함으로써 생기는 결과를 숙지했는지 여부는 오늘날까지 연구자들에게 흥미로운 주제이다(Eastwood, Snook, Luther, & Freedman, 2016; Rogers et al., 2010).

Kent와 Gault의 사건에 대한 법원 판결이 발표된 직후, 의회에서도 소년사법 제도를 면밀히 검토하기 시작했다. 1974년 의회는 주가 청소년 보호 측면에서 보다 신경을 쓸 수 있도록 장려하는 「**청소년사법 및 비행방지법**(Juvenile Justice and Delinquency Prevention Act: JJDPA)」을 통과시켰다. 이 법률은 청소년을 공식적인 법정 절차에서 분리시키는 것을 강력히 주장한다. 또한 이 법률은 청소년을 사법제도에서 벗어나게 하여 청소년에게 다시 한번 기회를 제공하는 것을 목적으로 전국적으로 수많은 지역사회 프로그램을 만드는 데 영향을 끼쳤다.

의회는 특히 구금되어 있는 청소년 중 두 가지 유형에 대해 우려를 표했다. 한 유형은 성인 유치장에 구금되어 성인과 교류를 하고 있는 청소년 집단이고, 다른 한 유형은 '범죄'를 저지르지는 않았지만 구금된 지위 위반자(status offenders, 우범소년) 집단으로 더 심각한 비행을 저지른 비행 청소년과 함께 구금된 청소년 집단이다. 지위 위반자는 가출, 무단결석과 같은 비행을 저지른 청소년으로, 아동 혹은 청소년이라는 지위 때문에 행동이 문제시되는 청소년을 일컫는다. 청소년 사법 및 비행방지법에 따르면, 청소년 사법 프로그램으로 예산을 받은 주는 반드시 청소년이 성인 유치장에서 머물지 않도록 해야 하며, 지위 위반자는 교정시설에서도 내보내야 한다. 후자의 지시는 **지위 위반자의 탈시설화**(deinstitutionalization of status offenders: DSO) 요구 조건으로 언급된다.

1980~1990년대에 걸쳐 의회는 청소년 사법 및 비행방지법의 수많은 개정안을 통과시켰고, 그중 일부 주에서는 주의 법령을 충족시키기 위하여 마감 기한을 연장하였다(I. M. Schwartz, 1989). 그럼에도 불구하고 **청소년 사법** 및 비행방지법은 청소년 사법체계에서 아동의 권리를 지지하는 강력한 법안으로 남아 있다. 국가 사무소인 **청소년 사법 및 비행방지국**(Office of Juvenile Justice and Delinquency Prevention: OJJDP)은 입법을 감독하고, 청소년 문제에 관한 연구에 보조금을 제공하며, 국가적인 청소년 사법 정책을 수립하는 것을 담당한다.

20세기 말까지 청소년의 권리를 인정하는 동시에 청소년에 대한 보호와 치료를 제공하는 법원의 결정과 법률이 마련되었다. 그럼에도 불구하고 많은 사람은 청소년 사법 체계가 여전히 혼란스럽다고 말한다(예: Amnesty International, 1998; Feld, 1999). 특히 소수 민족의 불균형적인 구금과 감금의 증가는 우려되는 부분이기도 하다(Leiber, 2002; Snyder & Sickmund, 1995). 이 문제는 **불균형적 소수민족 감금**(disproportionate minority confinement: DMC)으로 알려져 있다. 최근 정부 통계에 따르면, 흑인 대 백인 청소년의 구금과 가정 외 시설로 보내지는 사례는 감소하고 있는 추세지만, 앞의 〈Focus 13-1〉에서 언급한 바와 같이 이 비율은 여전히 불균형적이라는 점이 지적된다.

여성 청소년과 소수 민족의 치료는 20세기가 가까워 올 무렵부터 더 큰 관심을 끌었다. 연구자들은 우범소년을 시설에서 퇴소시키고자 하는 운동을 통해 여성 청소년들이 혜택을 받고 있음에도 불구하고 청소년 사법 체계 내에서 구금이나 치료에서 그들의 요구가 충족되지 않고 있다는 것에 주목하였다(Chesney-Lind & Shelden, 1998; Federle & Chesney-Lind, 1992). 또한 다른 연구자는 청소년 사법 체계 내에서 문화적 민감성을 지닌 프로그램이 필요하다는 것을 지적하고 있다. 이는 미국 원주민, 흑인, 라틴계 미국인, 아시아계 미국인 등의 요구를 반영하기 위함이다(Eron, Gentry, & Schlegel, 1994). 민족주의적 프로그램을 지지하는 사람은 해당 프로그램이 독자적으로 효과성을 발휘할 수 있는 것이 아니라, 긍정적인 변화를 위한 다른 원칙이 충족될 때 그 효과성을 발휘할 수 있다고 주장한다. King, Holmes, Henderson과 Latessa(2001)는 이러한 프로그램이 치료의 의미보다는 '주사기(syringe)'의 역할과 같은 의미가 더 강하다고 말한다. "주사기는 그 자체로는 사람을 치료하지 못하지만, 약물을 전달하기 위한 필수적 도구이다."(p. 501)

청소년 구금과 치료 시설의 전반적인 상태는 국가적으로 상당한 관심을 받았다(Amnesty International, 1998; Parent et al., 1994; Puritz & Scali, 1998). 그러나 이러한 변화는 더디게 일어나고 있다. 법령과 판례에 따르면, 기관에 있는 청소년은 다양한 법적 권리를 가지고 있다. 그러나 이러한 권리를 알기 위해서는 변호인이 필요하지만 그에 대한 지지가 부족하다. 그들은 다른 폭력 청소년이나 학대를 가하는 직원으로부터 보호받거나 위생적인 환경에 거주할 권리가 있으나, 연구자들은 청소년들이 성폭력 문제를 포함한 다양한 문제를 안고 있음을 확인하였다(Beck, Cantor, Hartge, & Smith, 2013; Beck, Guerino, & Harrison, 2010). 그들은 또한 과도한 고립이나 불합리한 구금은 받지 않지만, 대부분의 기관에서 필요한 경우 고립 혹은 구금이 허락된다(Snyder & Sickmund, 1995). 더욱이 청소년은 반드시 적절한 의료 관리, 정신건강 관리 및 교육을 받아야 하고 법적 상담, 가족 간 의사소통, 오락, 운동과 그 외 필요한 프로그램에 접근할 수 있어야 한다(del Carmen, Parker, & Reddington, 1998; Puritz & Scali, 1998). 이와 같은 청소년의 권리에도 불구하고 소년원, 신병 훈련소, 목장, 농장, 기타 시설의 구금 상태를 검토한 결과, 생활 공간, 건강 관리, 보안, 독방 감금, 자살 시도 행동의 통제에서 상당히 큰 문제를 보였다(American Civil Liberties Union, 2014; Parent et al., 1994).

이러한 배경을 바탕으로 우리는 소년사법 제도와 법정 심리학자와의 협의를 통해 수행되는 구체적인 과제에 대해 논하고자 한다.

소년 평가에 대한 개관

우리가 이 책에서 언급했듯이, 평가(assessment)는 법정 심리학자가 일을 하는 데 있어 필수 요소라고 언급한 바 있다. 소위 심리평가라고 불리는 평가는 개인의 과거, 현재, 미래의 심리 상태를 측정하고 평가하는 데 사용되는 모든 기법을 의미한다. 이는 "의뢰인이 가진 문제의 이유와 본질에 대한 평가를 내리는 행위"로 여겨진다(Lewis, Dana, & Blevins, 1994, p. 71). 따라서 면담, 관찰 및 기록에 대한 검토는 평가 절차의 일부분이 된다. 전형적으로 청소년을 평가할 때 심리학자는 청소년의 인지 능력, 성격 특성을 측정하기 위해 다양한 검사를 실시하며, 많은 경우 폭력 혹은 성범죄의 위험성 평가를 하기 위해 실시한다.

평가는 대체로 가족 구성원과 동료를 포함해 전화나 직접 면담으로 이루어진다. 몇몇 법정 심리학자는 가능하다면 자연적인 상황(예: 학교나 가정에서 부모와 형제들과 같이 있는 상황)에서 청소년을 관찰할 것을 추천한다. 몇몇 법정 심리학자는 넓은 범위에서의 평가를 주장하나, 다른 심리학자는 평가가 한정된 범위 안에서 이루어져야 하며 상담과 관계 있는 질문(예: 청소년이 변호인을 선임할 헌법상 권리를 포기하는 데 있어 필요한 인지적 능력을 갖추고 있는가?)만 해야 한다고 주장한다. 최근까지 평가를 하는 데 있어 임상적 요구와 법적 제지가 없기 때문에(대부분의 사법기관에서는) 세부적인 접근 방법은 전문가 개인에게 맡기는 경우가 많다. 현재 많은 주에서는 법원에 평가 결과를 제출하는 임상가에게 특정 지침이나 인증 절차를 활용하고 있다(Heilbrun & Brooks, 2010). 또한 임상가에게 제안하는 지침서나, 연구서 등의 형태의 풍부한 정보가 존재한다(예: American Psychological Association [APA], 2013b, 2013c; Grisso, 1998; Kruh & Grisso, 2009; Melton et al., 2007; Weiner & Otto, 2014).

임상 문헌에서는 만약 법정 심리학자의 평가 실습이 성인에게만 국한되어 있었다면 청소년을 평가할 때는 매우 주의해야 한다고 권고한다. "겉으로 보기에는 적절한 평가를 수행한 것으로 보일 수 있지만, 실제로는 청소년의 임상적 상태 및 비행 행동에 대한 발달적 · 가족적 맥락을 간과할 수도 있다."(Heilbrun, Marczyk, & DeMatteo, 2002, p. 187) Heilbrun 등(2002)은 평범한 청소년도 그들의 방어 경향성과 불신 때문에 차갑고 냉혹한 사람처럼 보일 수 있다고 주장하였다. 특히 사회에서 차별을 받는 소수 민족 및 인종 집단에 속한 아동은 그들을 평가하는 정신건강 전문가를 포함해 권위자를 쉽게 믿지 않는 경향을 보일 수 있다. 청소년은 그들의 변호를 돕는 것이라도 수치스러운 사건을 은폐하고 드러내지 않으려 한다. 예를 들어, 폭행으로 그들을 고소한 개인에게 성적으로 학대당해 온 경우가 그러하다. 또한 검사자는 심각한 정신질환의 가능성을 고려해야 하는데, 성인의 임상적 증상에 익숙한 임상가가 청소년을 검사하는 경우 이를 간과하기 쉽다(Heilbrun et al., 2002).

평가가 치료에서 필수 요소이기는 하지만, 치료가 평가를 항상 동반하는 것은 아니다. 우리가 앞 장에서 언급했듯이, 법정 영역뿐만 아니라 다양한 영역에서 심리학자는 평가자와 치료 제공자의 이중적 역할을 피해야 한다. 청소년의 역량을 평가하는 정신건강 전문가는 과거에 청소년을 평가한 사람이어서는 안 되며, 혹 역량이 없다고 판단될 경우 그 청소년을 역량 있는 사람으로 회복시켜 달라는 요청을 받아서도 안 된다. 그럼에도 불구하고 임상가는 치료가 가능하다고 판단되면 평가 보고서에 치료에 대한 권고를 포함할 수 있다(Grisso, 1998).

위험성 평가

이전 장들에서 언급했듯이, 위험성 평가는 법정 심리학자의 일상적인 일이다. 소년원, 법원 및 청소년 시설은 청소년이 미래에 폭력이나 다른 심각한 범죄를 저지를 가능성이 있는지에 대해 이해하는 것에 관심이 있다. 판사는 청소년을 형사법원으로 이송할 것인지(또는 그 반대), 지역사회 혹은 제도적 제재를 가할 것인지를 결정할 때 위험성 평가 내용을 고려한다. 청소년 교정 담당자는 청소년의 위험성 수준에 맞게 청소년을 적절한 환경에 배치하고 이에 적합한 프로그램을 실시하기를 원한다. 특히 청소년을 위한 많은 위험성 평가 도구가 개발되어 있으며, 가장 유명한 평가 도구로는 청소년 폭력위험에 대한 구조화된 평가(Structured Assessment of Violence Risk in Youth: SAVRY; Borum, BarteL & Forth, 2006)와 청소년 서비스 수준/사례관리 검사(Youth Level of Service/Case Management Inventory: YLS/CMI; Hoge & Andrews, 2002)가 있다(다양한 위험성 평가 측정 도구는 4장의 〈표 4-3〉 참조).

위험성 평가 도구는 청소년과 성인 모두를 평가하며, 법정 심리학자들이 널리 사용하고 있고 도구의 타당도와 효과를 평가하는 풍부한 문헌 또한 존재한다. 도구에 대한 해설과 전문적인 기준을 통해 정신건강 실무자들이 사용하는 도구를 매우 신중하게 선택하게 하고 적절한 사례에 적합한 도구를 활용하도록 도와준다. SAVRY와 YLS/CMI는 둘 다 호평을 받고 있으며 좋은 예측 타당성을 보여 주고 있다(예: Olver, Stockdale, & Wormith, 2014). 그러나 최근의 기사에서 Viljoen, Shaffer, Gray와 Douglas(2017)는 청소년 발달의 엄청난 변화와 그 결과로 나타나는 위험성 수준의 변화 가능성을 고려해야 한다고 강조했다. 청소년 보호관찰관들을 대상으로 한 연구에서, Viljoen 등은 SAVRY와 YLS/CMI는 둘 다 단기적 변화만을 측정할 수는 있는 도구라고 하였다. 물론 각 도구는 여전히 지속적으로 활용될 것이다.

미란다 원칙을 포기할 수 있는 능력에 대한 평가

많은 성인과 마찬가지로 많은 청소년이 헌법상의 권리를 제대로 이해하지 못한다는 좋은 증거가 있다(Grisso & Schwartz, 2000; Rogers et al., 2010). 청소년을 평가하는 심리학자는 법률뿐만 아니라 청소년 발달과 의사결정 능력에 대해서도 정통해야 한다(Grisso, 1998; Heilbrun et al., 2002). 성인처럼 청소년은 재판을 받는 동안 불리한 진술을 강요받지 않을 권리가 있고, 구류 중 경찰관이 하는 질문에 반드시 대답해야 할 의무는 없다(Fare v. Michael C., 1979; Miranda v. Arizona, 1966). 이에 더해 그들은 범행 조사 진행 중에 증언석에 앉지 않아도 되며 증인과 대면하여 반대신문을 할 권리가 있다(In re Gault, 1967). 이러한 내용은 청소년이 변호인의 참석하에 구류 심문을 받을 권리가 있고 범죄 소송 중 변호인의 도움을 받을 수 있음을 보여 준다(청소년 관련 대법원 판례 요약은 〈표 13-1〉 참조).

사실상 대부분의 청소년은 성인과 마찬가지로 이와 같은 헌법상의 권리를 포기한다. 경찰이 구류된 청소년에게 질문을 할 때, 대부분 변호인보다는 부모나 법적 후견인이 함께 있을 가능성이 높다. 하지만 중죄를 다룰 경우에는 변호인이 있을 가능성이 더 높다. 한 연구

표 13-1 청소년 관련 미국 대법원 주요 판례

사건명(연도)	주요 판결 내용
Kent v. United States(1966)	청소년은 그들의 사건을 형사법원으로 이송하기 전 심리를 받을 권리가 있다
In re Gault(1967)	청소년은 사건 진행 절차에서 성인과 유사한(그러나 동일하지는 않은) 헌법상의 권리를 가지고 있다
Breed v. Jones(1975)	청소년은 이중 위험으로부터 보호받아야 한다. 소년법원에서 범죄에 대한 선고를 받은 후 같은 죄로 형사재판에서 기소될 수 없다
McKeiver v. Pennsylvania(1978)	청소년은 사건 진행 절차에 있어서 헌법상 배심제에 의한 재판을 받을 수 없다
Fare v. Michael C.(1979) J. D. B. v. North Carolina(2011)	청소년은 심문 단계에서 자신의 유죄 혐의에 대해서 반론할 권리가 있다. 청소년의 권리 포기 연령이 고려되어야 할 중요한 요인이다
Roper v. Simmons(2005)	청소년에 대한 사형은 금한다.
Graham v. Florida(2010)	청소년이 살인 이외의 범죄로 유죄 판결을 받을 경우 가석방이 없는 종신형을 금한다.
Miller v. Alabama(2012) Jackson v. Hobbs(2012)	살인죄로 유죄 판결을 받은 청소년에게 가석방 없는 종신형은 금한다.
Montgomery v. Louisiana(2016)	Miller 이전에 가석방 없이 종신형을 선고받은 사람들은 그 사건에 비추어 그들의 형량을 재고해야 한다.

는 구류된 청소년의 부모나 법적 후견인이 해당 청소년으로 하여금 범죄를 자백하게 하거나 수사에 성실히 협조하고 질문에 잘 응답하도록 격려한다고 주장하였다. "실제 아동이 체포되었을 때, 경찰 앞에서 부모는 불안과 공포를 느끼며, 매우 혼란스러워하게 된다. 또 다른 부모는 아동에게 화를 내거나 심문의 강압적 분위기를 더 고조시키기도 한다."(Grisso, 1998, p. 44)

법적 권리 포기는 자발적으로, 심사숙고 후에 이루어졌을 때 유효하다. 평범한 청소년의 경우 어느 정도의 연령이 되었을 때 이 기준을 충족할 수 있을까? 더 나아가 평범한 청소년이 이 기준을 충족하였을지라도 압박적인 환경에서 경찰과 대면했을 때 과연 어떠할까? Fare 대 Michael 재판(1979)에서 대법원은 청소년이 구류되어 경찰에게 구금 심문(custodial interrogation)을 받기 전 변호인 선임에 대한 권리 포기가 문제시될 경우 그에 대한 철저한 검토가 필요하다고 말한다(이 문제에 대한 보다 최근의 사례는 〈Focus 13-3〉 참조). 따라서 피고 측 변호인이 권리 포기에 대해 이의를 제기하거나 판사가 그 유효성에 대해 의문을 제기

Focus 13-3 심문과 구금에 대한 사례

미국 연방 대법원 사건인 Fare 대 Michael (1979) 사건은 경찰 심문 중 한 소년이 변호인 조력을 받을 권리를 포기한 것과 관련이 있다. Michael은 16세에 살인 혐의로 기소되었다. 체포 후 경찰서에서 변호인을 접견할 권리가 있음을 고지하였음에도 미란다 원칙을 경찰의 속임수라고 생각하였다. 흥분해서 제정신이 아니며 제대로 된 교육을 받지 못한 Michael은 변호인 대신 보호관찰관의 접견을 거듭 요청하였다. 그는 경찰의 질문에 대답한 후에야 보호관찰관에게 연락을 취할 것이라는 말을 들었다. 변호인을 만나기를 원하느냐고 다시 물었을 때 그는 그렇지 않다고 말했다.

미국 대법원은 청소년이 자신에게 주어진 상황을 충분히 이해할 수 있는 능력이 있는지에 대해 우려를 나타냈고, 연령, 교육, 지능, 청소년의 배경 등 심문의 사회적 상황 등을 고려하라고 권고했으나, 판결 결과는 5 대 4로 Michael의 손을 들어 주지 않았다. 또한 법원은 보호관찰관과의 접견 요청은 변호인 접견 요청과 동등한 것으로 간주될 수 없으며, 경찰이 Michael의 보호관찰관과의 접견 요청을 거절한 것에 대해 잘못이 없다는 결론을 내렸다.

약 30년이 지난 후 또 하나의 사건으로 13세의 7학년 J.D.B는 교실에서 경찰관에게 끌려 나와 회의실로 가서 디지털 카메라 도난 사건과 관련된 질문을 받았다. 두 명의 경찰관(한 명은 학교전담 경찰관)과 두 명의 학교 행정 대표가 회의실에 들어와 문을 닫았다. 법적 보호자였던 J.D.B의 할머니는 연락이 되지 않았다. 어른들은 45분간 그와 대화를 했고 그들은 J.D.B에게 알고 있는 것에 대해 경찰에게 말하도록 부추겼다. 그는 절도 사실을 인정한 후에야 더 이상 말을 계속할 필요가 없으며, 원한다면 이 방을 나갈 수 있다는 말을 들었다. 이후 J.D.B의 변호인은 그가 구금되어 있었고, 미란다 원칙을 충분히 고지받지 못했으며, 따라서 그의 자백은 타당하지 않다고 주장했다.

하급법원은 그가 심문을 받을 때 구금되어 있지 않았다고 판단했고, 따라서 미란다 원칙도 요구되지 않는다고 판결했다. 대법원은 청소년 발달에 대한 심리학적 연구 내용을 인용하면서 J.D.B의 연령대에서 스스로 회의실을 자유롭게 떠날 수 있다고 생각했는지에 대한 내용이 판결에 포함되어야 한다고 했다. 대법원은 하급법원에서 연령을 충분히 고려하지 않았기 때문에 심문을 둘러싼 상황을 좀 더 검토하기 위해 이 사건을 주법원으로 돌려보냈다.

토론 질문

1. 이 두 청소년이 기소된 범죄는 매우 다르다. 각 사건에서 무엇이 중요한지에 대해 논하라.
2. 왜 Michael은 변호인보다 보호관찰관을 만나고자 했을까? 그의 요구대로 보호관찰관의 접견을 허용했어야 하는지에 대해 논의하라.
3. 당신은 J.D.B.가 회의실을 나가는 것이 자유로웠는지를 결정할 때 어떤 요소들을 고려할 필요가 있는지 논의하라.

할 때, 법정 심리학자는 청소년이 인지적 발달과 권리를 포기하는 것의 의미를 이해하고 있는지에 대해 평가하게 된다. 심리학자는 또한 청소년의 발달에 관한 전문가 증인으로서의 증언을 요청받을 수 있다.

심리학자 Thomas Grisso는 청소년 발달, 청소년의 법적 권리, 다양한 법적 평가에서 주목받는 전문가이다. Grisso(1981)가 실시한 조사에 따르면, 14세 혹은 그 이하의 청소년은 미란다 원칙을 이해하지 못하며, 권리 포기의 의미를 알지 못한다. 15~16세 청소년의 경우에도 평균 이하의 지능을 가진다면 비슷한 어려움을 겪는다. 앞서 언급했듯이, 최근 연구(예: Eastwood et al., 2016; Goldstein et al., 2013; Redlich, Silverman, & Steiner, 2003)에서는 연령과 피암시성이 개인의 법적 권리를 이해하는 강력한 예측 요인이 된다고 주장하였다.

Grisso(1998)는 임상가가 미란다 원칙에 대한 이해도 평가를 수행하기 위해 세 가지 표준화된 도구를 사용할 것을 추천하였다. 그중 첫 번째는 미란다 원칙의 이해(Comprehension of Miranda Rights: CMR)와 관련된 부수물[미란다 원칙의 이해-재인(Comprehension of Miranda Rights-Recognition: CMR-R), 미란다 단어의 이해(Comprehension of Miranda Vocabulary: CMV), 심문에서 권리의 기능(Function of Rights in Interrogation: FRI)]이다. 두 번째 표준화된 도구의 유형은 인지적 기능에 대한 표준화된 검사가 해당된다. 세 번째는 성격검사이다. Grisso는 학교 기록, 정신건강, 청소년 법정 기록 검토와 가능하다면 부모나 보호자와의 면담을 추천한다. 다시 말해, Grisso는 구금 심문 중 청소년이 권리를 포기하는 것이 유효한가에 대해 매우 확장된 평가를 수행할 것을 추천하였다.

심리학자인 Richard Rogers와 동료들(예: Rogers et al., 2009; Rogers et al., 2010)은 소년범을 대상으로 미란다 권리의 이해에 대한 광범위한 연구를 수행했다. 그들은 경찰이 사용하는 기본적인 용어에 대한 이해를 평가하기 위해 미란다 어휘척도(Miranda Vocabulary Scale: MVS)를 개발하여 그 타당성을 검증했다. Rogers(2011)는 청소년이 어린 나이와 성숙도 부족, 제한된 교육으로 인해 미란다 원칙을 이해하는 데 만만치 않은 어려움을 겪고 있다고 지적했다. 이용 가능한 자료에 따르면, Rogers는 150만의 체포된 청소년 중에 31만 1,000명가량이 미란다 권리를 이해하기 어려워한다고 추정했다(Rogers, 2011).

허위 자백

자신의 헌법상 권리를 이해하지 못한다는 증거에 더해, 청소년은 때때로 저지르지도 않은 죄를 자백하기도 한다. 3장에서 논의한 바와 같이 허위 자백은 다양한 이유로 일어날 수 있으며, 그중 일부는 경찰에서 사용하는 심리적 전략과 관련이 있다(예: Kassin, 1997; Kassin et al., 2010). 예를 들어, 경찰은 실제로 가지고 있지 않은 증거를 가지고 있다고 속이거나, 경찰이 해당 청소년에게 자유를 줄 수 있는 유일한 사람이라고 믿게 만듦으로써 그들을 속일 수 있다. 집에 가기를 원하는 청소년이나 가족 및 친구를 보호하고자 하는 청소년은 경찰이 듣고자 하는 자백을 할 가능성이 높다. 매우 널리 알려진 센트럴 파크(Central Park) 조거(jogger) 사건은 문서화된 많은 유사 사건의 한 예에 불과하다. 평가를 담당하는 임상가는 허위 자백의 가능성에 대해 주의를 기울여야 한다.

용의자의 연령에 상관없이 허위 자백은 주의를 기울여야 한다. 특히 청소년이 허위 자백을 할 가능성이 높다는 것은 놀랄 일이 아니다. Redlich와 Goodman(2003)은 실제 허위 자백 상황과 유사한 실험 환경을 조성한 후 세 연령 집단(12~13세, 15~16세, 18~26세)의 허위 자백 가능성에 대해 조사하였다(예: Kassin, 1997). 참가자들은 컴퓨터로 업무를 하면서 특정 키를 누르지 말라고 지시받았다. 참가자들이 실제로 그 키를 누르지 않았음에도 불구하고 실험자는 그 키를 눌렀다고 얘기하였다. 몇몇 실험 상황에서 실험자는 참가자들이 키를 눌렀다는 거짓된 증거를 제공했다. 연구자는 '허위 자백'의 횟수를 도표로 만들어 실제로 그들이 하지 않았는데도 했다고 인정하는 참가자들의 연령을 확인하고자 하였다.

Redlich와 Goodman(2003)은 ① 구드욘슨 피암시성 척도(Gudjonsson Suggestibility Scale: GSS)에서의 점수와 ② 거짓 증거의 제시가 허위 자백을 이끌어 내는지에 대해 조사했다. GSS는 개인이 타인의 영향을 받는 피암시성을 측정하기 위한 도구로 만들어졌다. 결과를 보면 69%의 참가자들이 허위 자백을 하거나 그에 순응하였고, 39%가 거짓 증거를 내면화했고(그들이 숨겨진 키를 눌렀다고 믿음), 4%는 이야기를 만들어 냈다(연구 중 그들의 행동에 대해 세부 사항을 만들어 냄). 연령에 따라서도 결과에 차이가 나타났다. 중간 연령 집단(15~16세)의 경우에는 거짓 증거가 제시되었을 때 가장 많은 허위 자백이 발생했다. 가장 나이가 어린 집단은 거짓 증거가 제시되었을 때나 제시되지 않았을 때 둘 다 허위 자백을 하는 비율이 높았다. 또한 일반적으로 어린 두 연령 집단은 성년 초기의 사람들보다 그들이 무엇인가 잘못했다고 보고하였다. 개인차를 고려해 보았을 때, GSS 점수는 범행을 인정하는 정도를 예측하지만, 내면화나 이야기 만들기에 대해서는 예측하지 못하는 것으로 나타났다.

판결을 받을 수 있는 능력의 평가

형사법원에 서게 되는 청소년들도 성인과 마찬가지로 법정에 설 능력을 갖춰야 한다. 능력이 없는 피고인을 재판하는 것은 공정한 재판을 받을 수 있는 권리에 대한 침해이다 (Drope v. Missouri, 1975; Dusky v. United States, 1960). 형사법원에 청소년 사건이 회부될 때, Dusky 기준에 따라 법정에 설 능력을 평가받게 된다. 법정에 설 능력은 재판 절차에 대해 합리적·사실적으로 이해할 수 있는 능력으로, 관련 기준은 변호인과 상담한다. 많은 주가 청소년에게 적용 가능한 다른 기준을 설정하고 있지는 않지만, Dusky 기준은 청소년의 의사결정 능력에 대해 더 세심한 주의를 기울여야 한다는 입장을 표명한다(Oberlander, Goldstein, & Ho, 2001).

이는 좋은 지적으로, 많은 발달 심리학자와 아동에 대한 법적 지지자 역시 청소년과 성인의 판결을 받을 수 있는 능력은 동일하지 않다고 주장한다. 청소년이 변호인의 역할을 인지하고 있고, 고소 내용에 대해 이해하고 있다 하더라도, 그들은 실제 법 집행에서 효과적인 참여자가 되지 못할 수도 있다. Bonnie(1992)는 효과적인 참여자는 결정을 내릴 수 있는 능력을 갖추고 있고, 대안책에 대해 심사숙고하며, 결과를 이해하는 참여자라고 보았다. 이러한 능력을 '의사결정 능력(decisional competency)'이라고 부른다.

의사결정 능력에 있어서는 청소년이 특히 불이익을 받기 쉽다. 사실 성인 또한 법정에 설 능력이 결여되어 있을 수 있지만, 발달 단계상 청소년의 의사결정 능력이 결여되어 있을 확률이 더 높다. 이는 청소년의 유죄 판결 위험성을 높일 수 있다. 이에 더해 소년법원에 출두하는 청소년은 다른 청소년에 비해 정신적으로 미숙하거나 정신이상을 가지고 있거나, 감정적으로 혹은 정서적으로 미성숙한 경우가 많다. 청소년이 형사법원으로 옮겨진다고 해도 이러한 문제는 해결되지 않는다. 오히려 이러한 문제가 더 커질 수도 있는데, 기본적으로 형사법원의 판사는 성인 피고인의 능력에 대한 법적 질문을 주로 다루기 때문에 청소년의 요구에 부응하지 못할 가능성이 있기 때문이다.

1990년대 초부터 소년법원에서는 사건 처리와 관련하여 청소년이 법정에 설 능력—판결을 받을 수 있는 능력—을 갖추고 있는지 여부가 이슈로 대두되었다(Larson & Grisso, 2012). 그 후 이 분야에 대한 연구가 폭발적으로 진행되고 있다(Fogel, Schiffman, Mumley, Tillbrook, & Grisso, 2013). 이 시점에서 주 법령이나 판례에서는 청소년이 소년법원에서 판결을 받을 수 있는 능력이 있는지에 대해 조사할 것을 요구하기 시작했다. 나머지 주에서는 판결을 받을 수 있는 능력에 대한 조사가 사례별로 제시되기도 한다. 청소년의 능력에 대해서는 MacArthur에 의해 연구가 수행되어 왔으며, 앞 장에서 언급한 바와 같이 Steinberg와 동료들에 의해 청소년의 인지 발달, 의사결정에 관한 광범위한 연구가 이루어졌다(예: Steinberg, 2010a; Steinberg & Cauffman, 1996).

맥아더 청소년 능력 연구

청소년의 능력을 조명하기 위한 노력의 일환으로 맥아더 연구 네트워크(MacArthur Research Network)는 1999년 청소년의 판결을 받을 수 있는 능력에 대한 다면적인 연구를 위해 자료를 수집하기 시작했다. 이 연구에서 다룬 내용은 다음과 같다(맥아더 청소년 능력 연구 홈페이지 www.mac-adoldev-juvjustice.org 참조).

- 형사법원 체계 내에서의 성인과 비교해 볼 때, 소년법원 체계 내에서의 청소년은 판결을 받을 수 있는 능력이 확연하게 부족한가?
- 만약 그렇다면 이러한 차이가 어떠한 능력에서 드러나며, 그 능력은 발달과 어떠한 관계를 갖는가?
- 어떠한 유형의 청소년이 발달상 미성숙으로 인해 판결을 받을 수 있는 능력이 부족한 것으로 평가되는가? 발달상 미성숙이 정신이상에 영향을 미쳐 판결을 받을 수 있는 능력의 결손을 불러일으키는가? 판결을 받을 수 있는 능력이 없다고 추정되는 특정 나이가 존재하는가?
- 임상가와 법원에서 판결을 받을 수 있는 능력에 심각한 결손을 보이는 청소년을 진단하기 위해 어떠한 도구를 사용하는가?

앞의 첫 번째 연구와 관련하여, Grisso 등(2003)은 필라델피아(Philadelphia), 로스앤젤레스(Los Angeles), 버지니아(Virginia)주의 동부와 북부 그리고 플로리다(Florida) 북부의 소년원, 지역사회 시설에 수감된 927명의 청소년과 감옥에 수감된 466명의 초기 성인(18~24세)을 대상으로 해당 능력을 비교하였다. 이를 위해 표준화된 종합검사와 삽화에 대한 반응을 측정하였고, 추가로 맥아더 능력평가도구-범죄판결(MacArthur Competence Assessment Tool-Criminal Adjudication: MacCAT-CA)과 새 버전의 맥아더 판단평가(MacArthur Judgment Evaluation)를 이용한 검사가 수행되었다. 그 결과, 연령이 가장 어린 청소년 집단(11~13세와 14~15세 집단)은 초기 성인 집단보다 각각 3배, 2배 정도의 능력 차이가 있었지만 16세와 17세의 청소년은 초기 성인과 차이를 보이지 않았다.

연령과 더불어 지능 또한 낮은 수행을 예측할 수 있는 변수였다. 하지만 성, 민족성, 사회·경제적 배경, 법원 체계의 사전 경험 그리고 정신건강 문제는 예측 변수가 아니었다(몇몇은 심각한 정신건강 문제가 있었으며 표본에 포함되었다). 청소년은 권위에 순응하는 선택을 보이며 심리적 미성숙을 나타내기도 한다. Grisso 등(2003)은 청소년의 미성숙 또한 법정에설 능력에 영향을 미칠 수 있는 잠재적 요인이므로, 법적 기준으로 인정해야 한다고 권고하였다. 그들은 13세 혹은 그보다 어린 청소년은 판결을 받을 수 있는 능력이 현저하게 부족하므로 형사법원에 소환하는 것에 대해 고려해 볼 것을 주장하였다(절반 이상이 평균 이하의 지능을 나타냈다).

재활에 대한 청소년의 수용성

청소년이 재활 서비스로부터 이익을 얻을 수 있는지 여부 및 어떤 종류의 서비스가 가장 좋은지에 대한 결정은 청소년 사법 처리 중 여러 지점에서 이루어질 수 있다. 또한 **재활 수용성**(amenability to rehabilitation)을 통해 청소년의 현재 치료 필요성을 고려한다. 법원이 이러한 평가를 요청하는 두 가지 맥락은 재판 양도 결정과 처분 결정이다.

양도 결정

형사법원과 소년법원에서는 종종 청소년의 관할 이전이나 다른 법정으로의 양도(waiver)를 결정 내리게 된다. 대부분의 **사법적 양도**는 청소년을 다른 법정에서 기소하기를 원하는 검사에 의해 이루어진다. 이송 결정을 내리는 데 있어 판사는 미국 대법원의 판결인 Kent 대 U.S. 사건(1996)에서 언급된 요인을 고려한다.

판사의 이송 결정은 몇 가지 가능한 양도의 형태 중 하나이다. 많은 청소년이 **법령에 의한 제외**(statutory exclusion)나 **법적 양도**(waiver by statute)라고 하는 **입법적 양도**(legislative waiver)에 의해 형사법원에 소환된다. 입법부는 특정 연령층에 해당하는 청소년이 특정 범죄를 저질러 소년법원에 기소되었을 때, 소년범을 형사법원으로 관할 이전할 수 있도록 규정했다. 예를 들어, 대부분의 주에서는 15세 청소년이 살인으로 기소될 경우 자동으로 형사법원으로 이송된다(형사법원 판사는 소송 사건을 소년법원으로 관할 이전할 수 있으나, 실제로 소송 사건이 소년법원으로 이전되는 경우는 거의 없다). 하지만 **검사 권한에 의한 양도**(prosecutorial waiver)에 따르면, 검사는 특정 소년 사건이 형사법원에서 처리될지 혹은 소년법원에서 처리될지를 결정할 수 있는 권한을 갖는다. 소년범의 연령, 범죄의 심각성에 따라 대부분의 주는 양도 절차를 병행하는 것을 허용한다.

청소년 양도와 관련하여 중요한 정책적 논쟁이 일어났다. 청소년 사건을 형사법원에서 심리해야 하는가, 아니면 소년법원에서 심리해야 하는가? 소년법원에서 심리하기를 원하는 사람들(이 장 서두의 일화에서 언급된 검사와 같이)은 수많은 청소년이 명분 없이 갱생보다는 처벌에 더 중점을 둔 형사법원으로 이송된다고 주장한다(Bishop, 2000). 또한 청소년 범죄자를 형사법원으로 이송하는 것은 재범률을 높이고 인생에서의 범죄성을 조장한다는 연구 결과도 있다. 게다가 그들의 사건을 형사법원에서 심리하는 것이 청소년 범죄자들에게 있어서 범죄를 저지르는 행위를 단념시키지 못한다(Redding, 2010).

소년범이 형사법원으로 이송되어도 재활 수용성 평가를 요구할 수 있다. 예를 들어, 피고인 측 변호인은 유죄협상(plea negotiation) 과정이나 형을 선고받을 경우 도움이 될 만한 평가를 요청할 수 있다. 일부 청소년 사건에 대해 형사법원에서 심리를 해야 한다고 주장하는 사람들은 특히 나이든 청소년에 대해 보다 처벌 지향적인 판결을 하는 것이 필요하다고 믿는다. 이들은 성폭력이나 살인 등과 같이 범죄가 중대할 때 가해자가 소년시설에서 몇 년의 처벌을 받은 후 풀려날 수 있다면 피해자나 생존자에게 공평하지 않다고 주장한다.

청소년이 형사법원에서 재판을 받는 것에 대해서는 아직도 많은 논란이 있다. 네브래스카주와 컬럼비아 특별구(District of Columbia)를 제외한 모든 주는 1992년부터 1999년까지 이송 조항(transfer provision)을 제정하거나 확장하였다. 2010년 소년법원의 판사들은 주로 16세 또는 17세 남자 청소년 약 6,000명에 대한 재판권을 포기했다(Puzzanchera & Addie, 2014; Puzzanchera & Robson, 2014). 2014년 소년법원은 약 5,200명의 재판권을 포기했는데, 이는 포기권이 가장 높았던 2006년의 청소년 수에 비해 42% 감소한 것이다. 이러한 자료는 가정 밖의 시설에 지나치게 의존하지 않고 청소년을 위해 지역사회를 기반으로 한 대안책이 전국적 추세임을 시사한다(Cruise, Morin, & Affleck, 2016, p. 611). 이러한 경향은 청소년 사법체계와 외부 기관 환경에서 청소년에 대한 증거 기반 치료(evidence-based treatment)의 효과가 높아진 것을 반영한다. Steinberg의 청소년 뇌 발달에 대해 논의했던 7장의 자료를 상기해 보자. 청소년이 형사법원에서 재판을 받는 것을 반대하는 사람들은 청소년의 정서적 미숙함으로 인해 자신의 행동에 대한 결과를 이해하지 못하기 때문에 성숙한 성인과는 다른 대우를 받아야 한다고 주장한다.

형사법원으로 이송된 청소년은 잃을 것이 많다. 형사법원에서는 재판을 공개적으로 진행하게 되며 혹 유죄가 입증될 경우 전과 기록이 남게 되는 것뿐만 아니라 성인 교도소에 수감될 가능성이 있다. 청소년 사법제도 내에서 재활 가능성이 낮은 것으로 평가된 청소년의 경우 성인 교도소로 옮기게 되면 재활 서비스를 받을 가능성이 없다. 한 연구에서는 형사법원에서 중범죄로 기소된 청소년과 소년법원에서 재산 범죄로 기소된 청소년 모두 가혹한 처분을 받았다고 설명한다(Podkopacz & Feld, 1996). 그러나 형사법원에서 형이 선고된 청소년은 일반적으로 유사 범죄에 대해 소년법원에 있는 청소년보다 더 긴 형을 받는다(Redding, 2010).

가석방 없는 종신형

미국 대법원이 최근 내린 Graham 대 Florida 사건(2010)에 대한 사법부 결정은 재활수용성의 중요성을 강조한다. 보호관찰 중이던 Graham은 노부부의 가택에 침입하는 범죄에 가담했다. 그는 형사법원에서 재판을 받았는데, 사회가 그를 포기하지 않았으며 재활할 가능성이 있다는 주장을 할 기회도 없이 가석방 없는 종신형(life without parole: LWOP)을 선고받았다(자세한 정보와 기타 LWOP 사건은 〈Focus 13-4〉 참조).

21세기 초, 범행 당시 소년이었던 약 2,500명의 재소자가 가석방 없는 종신형을 선고받았다. Graham의 경우 미국 대법원은 가석방 없는 종신형이 적어도 살인죄로 유죄가 선고되지 않은 청소년에게는 잔인하고 이례적인 처벌이라고 판결했다. 이후 두 건의 유사한 사건에서 대법원은 살인 사건의 경우에도 가석방 없는 종신형은 위헌이라고 판결했다(Jackson v. Hobbs, 2012; Miller v. Alabama, 2012). 주 법에서는 살인죄로 유죄 판결을 받은 청소년에게 종신형을 선고하도록 규정하고 있다. 법원 판사들이 청소년의 연령, 범죄의 성격, 감경 요인 등을 고려하여 중하지 않는 형을 선고할 수 있는 재량권을 가져야 한다고 판결했다. 그 후 대법원은 Jackson과 Miller의 사건을 선고하기 전에 가석방 없는 종신형을 받은 재소자들의 경우 그들의 형량을 재고할 수 있다고 판결했다(Montgomery v. Louisiana, 2016). 그러나 일부 판사는 가석방 없는 형이 필요하지 않았다. 그들은 청소년 범죄자를 평생 효과적으로 감금시킬 수 있는 길고 장기적인 형량을 부과했다. 예를 들어, 캘리포니아의 한 판사는 16세 소년에게 110년의 형을 선고했는데, 이는 그가 가석방 자격을 가질 수는 있지만 100년 동안은 불가능한 것이다(People v. Caballero, 2012).

Focus 13-4 가석방 없는 종신형을 선고받은 청소년

Terrance Jamar Graham은 코카인에 중독된 부모 밑에서 성장하면서 주의력결핍 과잉행동장애(ADHD) 진단 등 불행한 환경에서 살아왔다. 그가 식당에 강도미수 및 무장강도 혐의로 체포되어 기소된 나이는 16세였다. Graham의 사건은 형사재판에서 심리를 하였고 그는 유죄판결을 받아 보호관찰에 처해졌다. 그는 보호관찰 기간 중 혐의를 부인하기는 하였으나 가택 침입에 가담하였다. 그는 범죄를 함께 저지른 공범과 관련이 있으며, 현장에서 도망친 사실을 인정하였다. 그는 보호관찰 조건을 위반했기 때문에 그가 원래 저지른 범죄인 무장강도, 강도미수, 보호관찰 위반 등 범죄 행위가 병합되어 다시 법정에 서게 되었으며 가석방 없는 종신형을 선고받았다. Graham은 아무도 죽이지 않았다.

미국 대법원은 Graham 대 Florida 사건(2010)

에서 살인을 저지르지 않은 소년범에 대해 가석방 없는 종신형을 처하는 것이 미국 수정헌법 제8조를 위반한 잔인하고 이례적인 형벌이라고 판결했다. 만약 소년이 살인죄로 선고받을 경우에도 법원이 같은 방식으로 판결을 내릴지 의문이었다. 2년 후 법원은 이러한 의문에 대해 답하였다.

Miller 대 Alabama 사건과 Jackson 대 Hobbs 사건(2012) 모두 살인죄로 유죄판결을 받았고 가석방 없는 종신형을 선고받았으며, 두 범죄자는 남은 여생을 교도소에서 보내게 되었다. 두 사건에서 판사는 가벼운 형을 선고할 재량권이 없었다. 대법원은 이러한 판결에 대해 위헌 판결을 내렸다. 그러나 여전히 판사들은 개별적 상황이 형을 부과하기에 정당하다면, 그러한 형을 부과할 수 있다고 주장하였다. 본문에서 언급한 바와 같이 최근 Montgomery 대 Louisiana 사건은 청소년으로서 가석방 없이 종신형을 선고받은 재소자들에게 Miller와 Jackson 판례를 소급 적용하고 있다.

다른 전문기관(미국정신의학회, 미국노동자협회, 정신건강국)과 함께 미국심리학회는 위의 각 사례에서 종신형에 대해 반대하는 의견서(amicus curiae brief)를 제출했다.

발달 심리학 및 신경과학에 대한 광범위한 연구를 인용하면서, 보고서에서는 다음과 같이 기술했다.

- 성인에 비해 청소년은 성숙한 판단 능력이 떨어진다.
- 청소년은 성인보다 부정적인 외부 영향에 더 취약하다.
- 청소년의 미완성된 정체성은 그들의 범죄행위가 고정된 나쁜 특성이라기보다는 교화 가능성을 더 높아지게 하는 것이다.
- 그들의 정신적, 사회적 미숙함은 뇌 발달에 관한 새로운 연구 결과와 일치한다.
- 그들에게 교화할 기회도 없이 종신형을 선고하는 것은 불균형한 처벌이다.

토론 질문

1. Miller와 Jackson 사건에 대한 대법원 판결에서는 가석방 없는 종신형이 심지어 살인죄로 유죄판결을 받은 청소년에 대해서도 위헌이라는 것을 보여 준다. 그러나 판사에게 가석방 없는 종신형 판결을 내릴 가능성에 대해서는 열어 두었다. 법원은 청소년기에 범죄를 저지른 모든 사람에게 가석방 없는 종신형을 전면 금지해야 하는가?
2. 미국심리학회와 같은 전문단체들이 항소법원에 의견서(amicus brief)를 제출하면 어떠한 이점이 있는가?

처분

처분(disposition)이라는 것은 성인에게 구형을 선고하는 것과 같은 것이다. 청소년이 범죄 사건 공판에서 그에 대한 판결을 받고 나면, 판사는 지역사회 봉사에서 소년원 구금에 이르기까지 다양한 대안적 처분을 선택한다. 그러나 대부분의 재판에서 소년법원 판사는 다양한 사회적 대안을 고려하지 않는다. 판사는 청소년 각자에게 맞는 최선의 프로그램을 결정할 수 있도록 청소년을 청소년 사법기관(예: 청소년 교정기관이나 사회복지부)에 구금한다. 하지만 청소년을 소년원에 구금할 것인지 여부는 소년법원에서 결정해야 한다. 어느 경우에나 심리평가는 소년법원과 협의하기보다 처리 과정 중 가장 나중에 이루어진다. 청소년 교정 당국자는 특정 청소년을 위한 프로그램을 결정하는 데 도움을 원할 수 있다. 예를 들어, 소년 보호관찰관은 자신이 담당하는 소년에게 지역사회에서 운영하는 약물 남용 프로그램이 좋은지에 대해 궁금해할 것이다.

심리학자가 소년법원과 재활 수용성 평가에 대해 어느 정도의 상담을 하는지는 사법권에 따라 다르다. 재활 수용성 평가는 Graham 대 Florida와 Miller 대 Alabama 판결 이후 형사법원에서 더 많이 이루어지지만, 이는 처분 전보다는 사법적 양도 절차 전에 더 많이 이용되는 것으로 보인다. Podkopacz와 Feld(1996)에 따르면, 미네소타(Minnesota)주에서는 법정 심리학자가 이송 절차 전에 청소년의 46%를 평가했으며, 후년에도 증가 추세는 유지되었다(1991년에는 61%, 1992년에는 57%). 이에 비해 Hecker와 Steinberg(2002)는 그들이 연구한 관할 구역 내 소년 사건 중 2~3%만이 처분 전 심리평가를 받은 것으로 확인되었다. 전체 평가와는 달리, 선별을 위한 평가는 약간 더 높은 비율(10~15%)로 나타났다(그러나 심리평가를 받지 않은 청소년은 재판 초기에 이미 검사를 받았을 가능성도 있다). 앞에서 언급된 연구처럼 심리학자의 의견은 판사에게 큰 영향력을 행사한다.

평가 수행

처분 결정과 이송과 관련된 심리평가를 수행하는 심리학자는 많은 지침과 의견을 구할 수 있다(예: Grisso, 1998; Melton et al., 1997, 2007). Hecker와 Steinberg(2002)에 따르면, "소년범의 성향을 평가할 때 경험적으로 검증된 '절대 기준(gold standard)'은 찾기 어렵다"(p. 300). 보통 심리학자는 학교, 사회복지 기구, 소년법원의 기록을 포함한 청소년의 기록을 검토할 것을 권장한다. 또한 가정사, 약물 사용 및 남용에 관한 정보를 입수하고 지적 · 학문적 · 성격적 · 직업적 기능에 대한 평가에서도 가능한 평가 도구를 사용할 것을 권고한다. 게다가 대부분의 청소년 범죄자는 정서적으로 심각한 문제가 있는 것은 아니지만, 정신건강 관리에 대한 필요성은 공통적으로 나타난다(예: Grisso, 2008). 한 예로, 실제 교정시설 내에 있는 상당수의 청소년이 품행장애, 주요우울증, 자살 경향성 등과 같은 정신건강상의 문제를 가지고 있으며 치료를 필요로 하고 있다(LeCroy, Stevenson, & MacNeil, 2001). 발달장애와 인지장애는 소년원에 구금되거나 지역사회의 관리를 받는 소년범에게 큰 어려움이 될 수 있다

(Day & Berney, 2001). 또한 다수의 소년범은 약물 남용자로 심각한 약물 의존 증세가 있거나 성범죄자인 경우도 많다. 청소년 성범죄 및 폭력 범죄자의 평가를 위한 도구(예: J-SOAP, ERASOR, Static-99, Static-2002)를 개발하고 검증하는 것은 최근 몇 년 동안 활발히 이루어져 왔다. 따라서 심리학자는 청소년을 평가할 때 지역사회와 보호시설에서 시행할 수 있는 치료와 갱생의 종류에 대해 알고 있어야 한다.

많은 심리학자는 청소년을 평가하는 것이 부정적인 영향을 야기할 것이라는 우려를 표한다. 특히 낙인과 같은 부정적인 영향을 염려한다. 최근 몇 년 동안 청소년 사이코패스에 관한 연구는 상당한 관심을 받고 있으며, Hare의 사이코패스 검사 도구(Psychopathy Checklist)를 수정하여 청소년을 위한 사이코패스 검사 도구 청소년판(Psychopathy Checklist: Youth Version(PCL-YV; Forth, Kosson, & Hare, 1997)이 개발되었다. 7장에서 일부 연구자는 청소년의 경우 성장하면서 사이코패스적인 특성이 바뀔 수도 있기 때문에 청소년에게 비관적인 평가를 하는 것은 이르다고 주장한다(Edens, Skeem, Cruise, & Caufftnan, 2001; Edens & Vincent, 2008; Seagrave & Grisso, 2002). Edens, Skeem, Cruis와 Cauffman(2001)은 청소년을 부정적으로 판단하는 것은 두 가지 윤리 원칙, 즉 사회적 책임 원칙과 다른 사람에게 피해를 주어서는 안 된다는 원칙을 위반하는 것이라고 지적했다. 또한 청소년에게 사이코패스라는 낙인을 찍는 것은 다양한 법적 절차에서 피해를 당하게 할 수 있음을 우려했다(Viljoen, MacDougall, Gagnon, & Douglas, 2010). 예를 들어, 재활 수용성을 평가하는 데 있어서 사이코패스라고 낙인찍힌 청소년은 형사법원으로 이송될 가능성이 확실시되기도 한다. 이와 같은 논쟁에 대해 많은 연구자는 청소년 사이코패스라는 용어보다 사이코패스 성향(예: 냉담함)을 가진 청소년이라고 언급되는 것을 선호한다. 또한 그러한 청소년의 확인과 치료에 관한 연구는 급속하게 확장되고 있으며(Salekin, Leistico, Trobst, Schrum, & Lochman, 2005), 이는 사이코패스의 발병 가능성을 감소시킬 수 있는 예방 요인에 대한 연구와 더불어 빠르게 확대되고 있다(Salekin, & Lochman, 2008).

문제가 될 수 있는 또 다른 비관적인 낙인은 7장에서 다룬 Moffitt(1993a)의 두 가지 범죄자 유형인 청소년기 한정형 범죄자(Adolescent-Limited offender: AL)와 생애지속형 범죄자(life-course-persistent offender: LCP)에 대한 것으로 이 중 생애지속형 범죄자의 경우 문제가 될 수 있다. DSM-5의 일부 진단 기준(예: ADHD, 품행장애)에 대해 심리학자가 진단의 의미와 한계를 이해하지 못하면 문제가 될 수 있다. 소년원이나 지역사회 프로그램에 속한 청소년에 대한 낙인은 보통 학교에서 청소년에게 낙인을 찍는 것만큼이나 부정적 영향을 줄 수 있다.

Hecker와 Steinberg(2002)는 처분 전에 제출되는 심리평가 결과 보고서 내용이 판사의 의사결정에 미치는 영향에 대해 평가하였다. 그들은 1992년과 1996년 사이에 펜실베이니아

(Pennsylvania)주에서 면허를 받은 심리학자 4명이 필라델피아(Philadelphia) 소년법원에 제출한 성향 보고서 172건을 검토하였다. 그 결과는 다음과 같다.

- 대부분의 평가는 표준화된 지능검사를 포함한다. 하지만 표준화된 성격검사를 포함한 경우는 흔치 않고, 대신 투사검사를 사용하였다.
- 통계적으로 판사가 보고서를 수용/거부하는 데 개인적인 편차는 없었으며, 보고서의 수용/거부에 있어서도 심리학자 간의 편차는 없었다.
- 심리학자의 보고서는 매우 높은 비율로 수용되었고 172건 중 8건만이 거부되었다.
- 여러 보고서에서 상습 범죄와 관련되어 있다고 여겨지는 청소년의 정신건강, 전과, 약물 남용 기록에 대한 정보가 부족했다.
- 판사들은 정보의 질과는 상관없이 청소년의 정신건강에 대한 정보가 포함된다면 보고서를 받아들일 가능성이 높았다. 이는 앞에서 언급한 바와 같이 보고서에 충분한 세부사항이 포함되어 있지 않는 것에 대해서는 문제점으로 파악된다.

Hecker와 Steinberg(2002)는 연구의 표본 수가 적기 때문에 연구 결과가 다른 사법권을 대표할 수는 없다고 강조한다. 하지만 그들은 심리학자들의 성향 보고서가 판사의 결정과 다른 사법권에 미치는 영향을 평가할 수 있는 유용한 데이터 코딩 분류기준(coding schema)을 제시하였다.

요약하면, 청소년의 가정환경, 발달, 인지, 정서 기능에 대한 종합평가가 필요하며 청소년에게 적합한 치료를 찾는 것이 중요하다. 평가자는 낙인을 피하고 청소년에게 희망이 있음을 상기시켜 줘야 한다. Grisso(1998)는 재활치료 직원이 희망을 잃었을 경우, 부정적인 보고서가 곧 자기충족적 예언(self-fulfilling prophecy)으로 작용할 수 있음을 언급한다. 따라서 "변화 전망에 대해 직원에게 전할 때는 항상 전망이 좋아질 것이라는 말을 같이 언급해 줘야 한다"(p. 192).

가정 밖 시설 위탁

이 장의 초반부에 지적한 바와 같이, 소년법원이 취급하는 사건은 최근 몇 년 사이에 줄어들었으며 이는 가정 밖 시설로의 위탁(out-of-home-placements) 감소로 이어진다. 보호관찰은 청소년에 대한 양형적 처분이지만, 2015년에는 약 1,852명의 청소년이 가정 밖 시설로 위탁되었다. 이러한 시설에는 훈련학교, 치료시설, 황야캠프, 공동생활 가정이 포함된다(위탁 수용시설의 현황은 〈표 13-2〉 참조).

청소년 범죄자를 수용하는 시설은 크기, 구조의 복잡성, 배치 면에서 매우 다양하다(Sedlak & McPherson, 2010a). 이 시설은 1개 또는 2개의 단순한 건물 구조에서부터 여러 개의 건물로 이루어진 복잡한 시설에 이르기까지 다양하다. 일부 시설은 규모가 작아 10명의 청소년이 생활을 하지만 가장 큰 시설은 수백 명이 생활할 수 있다.

시설에서 생활하는 청소년 중 약 12%가 범죄자와 비범죄자를 모두 수용하는 시설에서 생활하고 있다는 것은 놀라운 일이다(Sedlak & McPherson, 2010a). 소년법원은 청소년 보호에 목적을 두고 있기 때문에 일부 청소년 시설에는 구금 중인 청소년들이 함께 수용된다(Sedlak & McPherson, 2010a). 예를 들어 이들은 부모로부터 학대 혹은 방치되거나 부모나 보호자가 없을 수도 있다. 어떤 경우에는 가족이 자발적으로 정신병이나 약물 남용 치료를 위해 개인시설에 수용했을 수도 있다. 이러한 시설들은 높은 수준의 보안이 이루어지지는 않지만 여전히 매우 제한적인 장소로 여겨진다.

청소년은 성인과 마찬가지로 중간 제재 조치를 받을 수 있는데, 중간 제재 조치는 주거형 시설보다는 덜 제한적이지만, 자신의 거주지에서 머무르는 일반적인 보호관찰보다는 더 제한적이다. 중간 제재시설에는 주간 신고센터와 집중감독 프로그램이 속한다. 집중감독 프로그램에서는 보호관찰관이 담당하는 사건의 수가 적으며 청소년을 관리하면서 집중적인 상담과 기타 서비스를 제공한다.

청소년 교정과 성인 교정의 주요한 차이점은 이용 가능한 개인시설의 수에 있는데, 이전 장에서 언급한 바와 같이 성인 재소자를 위한 개인 교도소 산업은 증가하고 있다. 그러나 청소년 시설은 많은 수의 청소년을 수용하지 않으며(전체 청소년 범죄자의 31%에 불과하다), 주로 공영보다 민영에서 운영되는 경우가 더 많다(Bayer & Pozen, 2003; Hockenberry, 2013; Snyder & Sickmund, 2006). 민간시설은 비영리 단체나 영리 법인 혹은 단체에 의해 운영된다. 이러한 시설에서 일하는 사람들은 민간 법인이나 단체의 직원이다. 민간시설은 그 단체에서 도울 수 있는 청소년의 수를 제한할 수 있다는 장점은 있으나 이것이 반드시 청소년을 위한 최선의 선택은 아니며, 관리·감독의 부족으로 어려움을 겪을 수도 있다. 그럼에도 불구하고 일부 혁신적인 치료 프로그램은 민간시설에서 시도되어 왔다.

청소년 구금

〈표 13-2〉에서 알 수 있듯이, 소년 교정에 포함되는 것이 **청소년 구금**인데, 이는 재판 계

표 13-2 미국 내 청소년 위탁 수용시설 현황(수감 및 구금 청소년 포함)

	전체	소년원	쉼터	안내/진단 센터	공동 주거 가정	야외캠프	훈련소	입주치료 센터
시설	1,852	664	143	61	360	37	176	726
모든 시설	100%	100%	100%	100%	100%	100%	100%	100%
공공시설	54	92	38	72	19	76	91	33
주	21	21	3	56	7	22	68	19
지역	33	71	35	16	12	54	24	14
민간시설	46	8	62	28	81	24	9	67

출처: Hockenberry et al.(2016)에서 수정.

류 중 또는 재판 절차 중 최종 처분까지 한시적으로 안전하거나 혹은 안전하지 않는 장소에 배치되는 것을 의미한다. 일부 청소년은 체포 후 구금이 이루어진다. 청소년은 그들의 범죄 행위에 대한 재판을 통해 그들에게 보호관찰 처분을 내릴지, 주거형 치료를 지시할지, 아니면 둘 중 어느 것도 하지 않을지에 대해 결정할 때까지 구금된다. 구금이라는 용어가 어떤 시점에서든 장소와 관련이 되어 있어 널리 활용되지만, 엄밀히 따지면 이와 같이 제한된 의미에서 사용되어야 한다.

청소년도 성인과 마찬가지로 유죄가 입증되기 전까지는 무죄로 추정된다. 청소년에 비해 성인은 다음 법정 출두에 앞서 가석방되는 경우가 훨씬 많다. 성인의 경우 만약 중죄를 지었거나 위험성이 입증되면 보석이 허가되지 않으며, 예방구금 상태(사실상의 무기징역)에 놓이게 된다(United States v. Salerno, 1987). 청소년의 경우 보호가 필요하거나 혹은 다음 법정 출두까지 범죄를 저지를 심각한 위험성이 보이면 바로 예방구금 상태에 놓인다(Schall v. Martin, 1984). 대부분의 청소년은 구금되지 않지만, 소년법원 판사는 청소년을 구금하는 것과 관련해 폭넓은 재량권을 가진다. 1985년부터 2007년까지 구금과 관련된 범죄 사건 건수는 48%로 증가했지만(Puzzanchera et al., 2010), 2007년부터 2010년 사이에는 17% 감소했다(Hockenberry, 2013).

여성 청소년 범죄자(14%)보다 남성 청소년 범죄자(86%)가 주거형 시설에 더 많이 수용된다(Hockenberry, 2016). 또한 소수 인종은 백인 청소년보다 평균적으로 폭력 위험성이 낮음에도 불구하고 구금된 청소년은 소수 인종으로 편중되어 있다(Desari, Falzer, Chapman, & Borum, 2012). 최근 통계에 따르면, 백인 청소년의 6배에 달하는 비율로 흑인 청소년을 구금한 것으로 나타났다(Hockenberry, 2016). 구금 중인 청소년은 판결이 내려지지 않았기 때문에 재활 프로그램에 배치될 수 없다. 예를 들어, 성폭력 혐의로 기소된 청소년은 그 범죄로 유죄가 인정되지 않았기 때문에 성범죄자를 위한 치료 프로그램에 배치되어서는 안 된다. 많은 공공 청소년 시설은 구금 및 치료 시설을 갖추고 있으며, 범죄 사건으로 선고를 받은 청소년을 위한 치료시설이 존재한다. 한편, 구금 중인 청소년은 주거형 시설의 청소년과 유사하게 약물 남용 치료, 성교육, 교정 교육 및 기타 서비스를 제공받을 수 있다([사진 13-1] 참조).

사진 13-1 교정시설 내 청소년의 모습
출처: Mikael Karlsson/Alamy Stock Photo.

구치소는 과수용 및 소수 인종 청소년에 대한 편중된 구금 때문에 정밀 조사를 받았다. 최근 주거형 시설에 있는 청소년을 대상으로 한 조사에서 소수 인종의 청소년이 68%를 차지했으며, 흑인 남자 청소년이 주를 이루었다(Hockenberry, 2016). 앞에서 언급한 바와 같이 흑인 청소년의 구금률은 백인 청소년에 비해 6배에 가까우며, 그들의 수감률은 백인 청소년보다 4배나 높았다. 다시 말하자면, 흑인 청소년은 다른 어떤 인종보다 훨씬 더 가정 밖 시설에 구금되거나 수감될 가능성이 높다는 것이다. 일반적으로 '구금'이든 '재활'이든 간에 수많은 문제가 청소년 구금에서 발생한다(〈Focus 13-5〉 참조). 그러나 여기서 중요한 것은 구금의 '순수'한 의미를 유지해야 한다는 것이다. 이 단어가 사용될 때마다 독자는 임시 장소를 지칭하는 것이며, 이러한 조건의 청소년은 판사의 처분을 기다리고 있거나 혹은 아직 범죄 유무가 결정되지 않았다는 것을 깨달아야 한다.

Focus 13-5 청소년 구금

2010년과 2013년, 미국 법무부는 언론에서 상당히 주목할 만한 보고서(Beck et al., 2010; Beck et al., 2013)를 발표했다. 주정부 및 민간에서 운영하는 청소년 구금시설 내 청소년을 대상으로 한 성폭력 피해 조사에 따르면, 1차 조사의 약 12%, 2차 조사의 9.5%가 지난 1년 동안 1건 이상의 성폭력 피해를 경험한 것으로 나타났다. 그 시설에서는 주정부 운영 및 민간에서 운영하는 주거형 시설이 포함되어 있다. 직원의 피해를 포함한 사건이 청소년과 관련된 사건보다 더 많지만, 전체 피해의 감소는 직원 피해율의 감소에서 비롯되었다(2010년 보고서에서는 약 11.2%에서 2차 보고에서는 약 8.7%로 감소). 두 조사에서 약 2.5%의 청소년이 다른 청소년과 사건에 연루된 것으로 보고했다. 이러한 사건의 대부분이 폭력이나 위협에 의한 것이며, 약 1/4은 호의나 보호의 제안으로 일어나기도 했다. 나머지 피해자는 성행위를 위한 마약이나 술을 제공받았다.

이와는 별도로 뉴스를 통해 주정부 시설에 있던 청소년이 그들의 좋은 행동에 대한 보상으로 외부에서 여자 친구들과 매춘부를 초대할 수 있는 파티를 열어 줬다는 사실이 알려지면서 가족 및 아동 서비스 사무실의 국장이 그 자리에서 물러나게 되었다. 이 파티에서는 마약 사용과 성행위가 이루어졌다고 알려졌다.

또 다른 뉴스 보도에서는 청소년 구금시설과 치료 시설이 수용자에 대한 신체적 학대와 정신건강상의 요구를 소홀히 한 이유로 폐쇄 조치되었다. 이러한 이야기는 청소년 보호 단체 근무자에게는 전혀 놀랄 일이 아니며, 그들 중 대다수는 청소년이 안전하게 구금되어야 한다고 강력하게 주장하였다.

최근 몇 년 동안 주거형 시설의 청소년 수는 성인 교도소의 수용자 수와 마찬가지로 감소했고, 현재는 1997년 이후 최저 수준이다(Hockenberry, 2016). 전국 자료에서는 대부분의 시설이 청소년에게 여러 가지 서비스를 제공하고 있는 것으로 나타났다. 최근 보고서(Hockenberry, Wachter, & Stadky, 2016, p. 1)에서는 "거의 모든 시설(87%)의 거주자는 어떤 형태로든 학교에 다녔다."라고 보고했다. 응답한 대부분의 시설에서는 거주자에게 약물 남용(74%), 정신건강상의 요구(58%), 자살 위험성(90%) 등을 평가했다고 밝혔다.

토론 질문

1. 적어도 일부 청소년은 안전한 기관에 구금되거나 가정 밖 시설에 구금해야 한다는 것을 고려할 때 이를 이루기 위한 가장 '이상적인' 방법에 대해 논의하라.
2. 주거형 시설에서 구금된 청소년에게 제공되는 서비스와 이와 관련된 앞의 인용 통계에 대해 논의하라.
3. 다음 집단 중 어느 집단이 안전한 구금을 위해 적절한가? 소녀, 정신질환이 있는 청소년, 자살 경향이 있는 청소년, 약물 남용 청소년, 청소년 성범죄자, 청소년 범죄 조직원. 그리고 청소년을 구금할 것인지를 결정할 때 이러한 부분을 어느 정도까지 고려해야 하는가?

청소년 교정시설 내 심리치료

수많은 연구에서 청소년의 정신건강에 대한 요구 사항에 대해 기록하고 있다. 일부 연구에서는 청소년 구금시설 내의 남성 2/3와 여성 3/4 정도가 하나 또는 그 이상의 정신질환 진단 기준을 충족하는 것으로 나타났다(Abram et al., 2013; Grisso, 2008). 또한 청소년기의 정신질환 증상으로 청소년이 두 가지 혹은 그 이상의 정신질환을 가지고 있을 때 충동적이며 공격적이고 폭력적인 행동으로 나타나는 경우가 많다고 알려져 있다. 미국 전역의 주거형 시설에 있는 청소년의 약 60%는 쉽게, 빨리 그리고 자주 화를 내는 것으로 보고되고 있다(Sedlak & McPherson, 2010b). 그러나 이러한 특성이 반드시 정신질환과 관련된 것은 아니다. Grisso(2008)는 사법 환경 내에서 다양한 형태의 우울증이 약 10~25%가량 발견된다고 보고하였다.

Sedlak와 McPherson(2010b)의 전국 조사에서도 청소년 범죄자의 약 절반이 '우울하다'고 보고하였다. Fazel, Doll과 Långström(2008)도 비슷한 결과를 확인했는데, 구금이나 교정 시설에 있는 여학생이 남학생보다 심한 우울증 진단을 받을 확률이 3배나 높은 것으로 나타났다. 가용한 자료(예: Sedlak & McPherson, 2010b)에서는 구금된 소녀들이 소년들보다 더 많은 정신건강 문제와 약물 사용 문제를 가지고 있으며, 더 광범위한 학대 경험이 있는 것으로 나타났다(Blum, Ireland, & Blum, 2003; Hubbard & Pratt, 2002; Teplin, Abram, McLelland, Dulcan, & Mericle, 2002).

Grisso(2008)에 따르면 슬픈 감정으로 인해 사회로부터의 철수를 특징으로 하는 성인 우울증과는 달리 청소년 우울증은 남자든 여자든 짜증을 잘 내며 침울하고 적대적인 모습을 관찰할 수 있다. 청소년의 짜증스러운 기분은 그들의 또래들을 포함하여 그들이 속한 사회환경으로부터 분노의 감정을 일으킬 가능성을 높인다. 이러한 분노의 반응은 신체적 공격과 잠재적인 폭력으로 확대되는데, 분노와 공격성 사이의 연관성은 일부 사례에서 머리를 박는 행위나 손목을 긋는 행위와 같은 자해 행위로 이어질 수 있다.

또한 Fazel 등(2008)은 구금시설과 교정시설에 있는 청소년이 일반 청소년보다 정신질환(심각한 정신장애)을 가질 확률이 10배 정도 높다는 사실을 밝혀냈다. 이 수치는 소년과 소녀 모두에게 포함되는 것이며, 또한 이 연구에서는 청소년의 정신질환이 자살 행위와 관련이 있는 것으로 나타났다(Wasserman, McReynolds, Schwalbe, Keating, & Jones, 2010).

앞서 논의한 내용과 관련하여 Sedlak과 McPherson(2010a)은 비행 청소년 시설에서 제공하는 정신건강 서비스에 대해 조사를 실시하였다. 그들의 광범위한 조사를 통해 지속적 치료 또는 상담 형태의 정신건강 서비스가 거의 보편화된 것으로 확인되었다. 그러나 최근 주거형 시설에 대한 조사(Hockenberry et al., 2016)에서는 60% 미만의 사람만 정신건강 서비스에 대해 평가했다는 점을 주목해야 한다. 게다가 Sedlak과 McPherson은 많은 정신건강 담당자가 제대로 된 훈련을 받지 않았거나 시설에 수용되어 있는 청소년의 요구를 충족시킬 수 없다는 것을 확인하였다. 이에 대해 Lipsey(2009)는 필수적인 요소로 간주되는 프로그램의 질 저하를 지적하였다. 예를 들어, 조사에 참여한 청소년의 절반만이 정신건강에 대한 평가를 제공하는 시설에 있었으며, 주거형 시설에 배치된 청소년 중 자살 위험성이 상대적으로 높음에도 불구하고 자살 위험성에 대한 평가가 이루어지지 않은 것으로 나타났다. 최근 조사(Hockenberry et al., 2016)에서는 청소년의 약 90%가 자살 위험성에 대한 평가가 이루어지는 것으로 나타났다. 그러나 Sedlak과 McPherson이 지적한 우려를 고려해 볼 때, 적절한 직원의 훈련이 우선적으로 보장되어야 한다. 그들은 다음과 같이 결론을 지었다.

> 전반적으로 현재 구금되어 있는 청소년에 대한 자살 위험성 평가와 다른 정신건강 관련 평가는 적절하게 훈련된 직원들에 의해 관리되어야 하나 이는 여전히 권고 사항에 지나지 않는다(Sedlak & McPherson, 2010b, p. 3).

물론 정신질환에 대한 치료는 제도적 환경에서 청소년에게만 필요한 것은 아니다. 교육적 요구 이외에도 물질남용 치료, 자기효능감, 폭력에 대한 대안, 영양, 기타 건강 정보 그리고 다른 사람과의 관계에서 사회적 기술 향상 등의 교육이 유익할 수 있다. 그러나 연구에서는 보호시설에서 생활하는 혹은 보호관찰을 받고 있는 많은 소년 범죄자에게 유익한 양질의 개입이 제공되지 않는 것으로 나타났다(Haqanee, Peterson-Badali, & Skilling, 2015; Peterson-Badali, Skilling, & Haqanee, 2015).

발달장애와 인지장애는 보호시설에 있는 청소년과 지역사회 감독하에 있는 사람들을 힘들게 한다(Day & Berney, 2001). 많은 청소년 범죄자는 물질 남용자로서 심각한 약물 의존 문제를 가지고 있다. 예를 들어, Loeber, Burke와 Lahey(2002)는 범죄를 저지르지 않는 청소년의 경우 물질남용장애가 15%에 불과한데 비행 청소년은 40~50%나 가지고 있는 것을 확인하였다. 청소년 재활시설에서 알코올 남용과 자살 시도를 하는 우울한 청소년 성범죄자를 보는 것은 드문 일이 아니다.

Grisso(2008)는 일부 청소년은 상당 기간 동안 정신질환을 앓는 반면, 다른 청소년은 짧은 기간 동안만 정신질환 증상을 보인다는 것을 확인하였다. 반면에 일부 청소년 범죄자는 정신병이나 발달장애, 물질남용 문제가 없다. 오히려 이들은 폭력 행위나 만성적 재산 범죄자를 다루는 치료 프로그램에 참여하는 것으로 효과를 얻을 수 있다. 게다가 상당수의 청소년 범죄자가 성폭력을 포함한 폭력의 피해자들이었으며, 많은 청소년이 가정 내 폭력을 목격한 경험이 있었다. 또 다른 청소년의 경우 부모의 격렬한 갈등이나 쓰라린 별거나 이혼을 경험하기도 했다. Sedlak과 McPherson(2010b)의 조사에 응답한 일부 청소년은 신체적 또는 성적 학대를 포함한 어떤 형태의 외상을 경험했다고 보고했다. 결과적으로 청소년 범죄자 치료에 초점을 맞춘 프로그램들은 종종 청소년의 피해에 대한 영향을 다룬다. 예를 들어,

치료 프로그램은 사회적 기술을 발달시키기 위한 전략과 수년에 걸친 물질남용으로 무너진 자기개념을 향상하기 위한 전략을 제공한다. 또한 청소년을 위한 상당수의 프로그램은 개인 및 집단 치료와 함께 가족치료도 포함한다.

20세기 후반, 보호시설 내에서 청소년에게 제공되는 치료의 효율성에 대하여 수많은 의문이 지속적으로 제기되었다. 청소년 치료 프로그램에 대한 메타분석(Whitehead & Lab, 1989)은 치료의 효율성에 대해 부정적인 결과를 보여 주었다. 연구자의 분석에 따르면, 1975~1984년에 학술지에 보고된 청소년 교정치료 평가에서 보호시설 내 청소년 치료는 상습적 범행에 대한 긍정적 효과를 거의 찾아볼 수 없는 것으로 나타났다. 오히려 많은 프로그램이 실제로는 상습적 범행을 악화시키는 것으로 나타났다. 또한 연구자들은 다른 방식에 비해 행동적 개입이 우월하다는 증거를 찾지 못했다. 그러나 청소년에게 정식 법정 절차 체계를 따르게 하지 않고 다른 방법을 권고하는 전환적 접근은 긍정적인 결과를 보였다. 그 후 수많은 연구자가 청소년을 가능한 한 지역사회 환경에 남겨 둘 것을 강조했다(예: Grisso, 2008; Lambie & Randell, 2013).

모든 연구가 Whitehead와 Lab(1989)의 메타분석 결과처럼 비관적인 것은 아니다. 성인 교정을 소개한 장에서 언급했듯이, 많은 학자들과 연구자들은 재활을 포기하지 않고 개인을 위한 프로그램의 효과성을 검증하고자 하였다. 심리학자는 심지어 보호시설 내에서 효과적인 치료와 관련된 많은 원칙을 밝혀냈다. 예를 들어, 인지-행동적 접근과 집단, 개인 및 가족 치료를 가능한 범위까지 통합한 '다중 모델 접근'은 긍정적인 평가를 받았다. 최근 메타분석 결과에서 Lipsey(2009)는 프로그램 효과와 관련된 세 가지 요인을 확인하였다. ① 치료적 개입 철학, ② 고위험 범죄자 서비스, ③ 프로그램의 질(즉, 치료가에 대한 세심한 교육 및 감독과 프로그램의 질이 약해질 때 이 부분을 빠르게 시정해야 하는 것)이 그것이다. 흥미롭게도, Lipsey의 메타분석은 또한 청소년 사법 감독 수준(예: 집중적인 감독, 보호관찰, 안전한 구금)이 치료의 성공과 관련이 없다는 것을 밝혀내었는데, 이는 "효과적인 치료는 상황에 크게 의존하지 않는다."(p. 143)는 것을 제안한다.

재활에 대한 접근

한때는 청소년 범죄자의 치료는 아무런 효과가 없다는 통념이 널리 퍼져 있었지만, 최근에는 더 나은 치료가 가능하게 되면서 눈에 띄는 변화가 나타났다(Heilbrun et al., 2016). 이러한 변화는 청소년의 인지, 감정, 행동 및 신경학의 발달에 대한 이해와 병행한다(Heilbrun et al., 2016, p. 14). 치료 효과에 대해 평가하는 연구 또한 중요한 것이다. 효과적인 치료와 재활은 불법적이고 반사회적인 행동을 줄이고 청소년의 개인적 욕구를 충족시킬 수 있다. 청소년 범죄자를 위한 많은 치료 프로그램이 그러한 효과를 보여 주기 시작했기 때문에 긍정적이라고 볼 수 있다(Baldwin, Christian, Berkeljion, & Shadish, 2012; Cruise et al., 2010; Van der Stouwe, Ascher, Starns, Dekovic; & Van der Laan, 2014). 이러한 긍정적인 효과는 특히 지역사회로의 배치에서 뚜렷하게 나타나며, 이들 중 다수는 반드시 가정 밖에서 이루어지는 것은 아니다. 이 절에서는 가정 밖 시설에서 활용되는 일반적인 치료 형태에 대해 검토하고자 한다.

그룹홈 모델

많은 청소년은 다양한 이유로 그들의 집에 머무르지 못한다. 그렇다고 해서 그들이 교정치료 시설에 있을 필요는 없다. 그룹홈은 청소년이 지역사회에 머물면서 학교에 다닐 수 있도록 허용하고, 지역사회 내에서 외래치료(예: 상담, 치료, 물질남용 방지 프로그램)에 기초한 서비스를 제공하는 일반적 대안 중 하나이다. 최소한의 제약이 있는 곳에 배치하는 것이 청소년 사법에서 중요한 원칙이지만, 실제 장면에서는 이 원칙이 제대로 지켜지지 않고 있다고 비판받는다.

그룹홈 환경 내에서 청소년 치료의 가장 흔한 모델은 **교육-가족 모델**(teaching-family model)이다. 이 모델은 1967년 캔자스의 성취공간(Achievement Place) 홈에서 개발되었다. 21세기로 바뀔 무렵 미국은 비행 청소년, 약물을 남용하거나 방임되는 아동, 자폐 혹은 발달장애 아동과 청소년을 위해 성취공간과 유사한 약 134개의 그룹홈이 존재했다(Bernfeld, 2001). 전형적인 교육-가족 홈(teaching-family home)에서 교육을 제공하는 부모는 전문적인 교육과정을 거쳤고, 대부분 사회복지 석사학위를 갖고 있다. 그들은 7명의 청소년과 함께 가족처럼 지내며 일상생활을 보조해 준다. 또한 상담가는 감독자의 역할을 하며, 치료와 훈련 및 필요한 전문 서비스를 통합하여 제공하는 역할을 수행한다. "대부분의 상담가는 실습생으로 시작해서 상담가가 되기 위해 추가 훈련을 받는다."(Fixsen, Blasé, Timbers, & Wolf, 2001, p. 163)

Fixsen, Blasé, Timbers와 Wolf(2001)는 교육-가족 모델의 발달상의 어려움에 관해 솔직하게 논평했다. 성취공간의 성공에도 불구하고 초기 시도는 낙담할 만한 결과를 낳았다. 1978년, 교육-가족협회(Teaching-Family Association)의 첫 회의 개최 이후, 협회는 오늘날까지 목적 확인과 윤리적 기준을 제공하며 훈련과 개인이 이 모델에 개입될 수 있도록 돕는 다른 서비스의 제공을 계속하고 있다(Teaching-Family Association, 1993, 1994). 게다가 이 모델은 연구를 통해서도 긍정적인 평가를 이끌어 냈다(American Psychological Association, 2003a Fixsen, Blasé, Timbers, & Wolf, 2007).

초기 교육-가족 홈은 1960년대와 1970년대에 보호시설 내에서 심리학적으로 매우 각광받던 행동수정 접근법인 토큰경제 모델(token-economy model)로 운영되었다. 거주자는 모범적인 행동의 대가로 토큰이나 점수를 부여받았고, 이는 더 긴 오락 시간 혹은 더 매력적인 업무 할당과 같은 특권으로 교환할 수 있었다. 반면에 '비모범적인' 행동은 토큰의 손실을 야기했고 결과적으로 특권을 잃게 했다. 토큰경제를 그룹홈과 같은 자연스러운 환경에 적용하는 것은 좀 더 모험적인 일이었다(Reppucci & Saunders, 1974; Wolf, Kirigin, Fixsen, Blasé, & Braukmann, 1995). 모범적인 행동을 위한 강화와 특권의 체계는 교육-가족 홈의 중요한 측면으로 유지하면서 추가적인 치료 서비스도 제공하였다. 그러나 이러한 개념은 심각한 정신병이 있거나 심각한 범죄를 저지른 것으로 판명되어 그에 대한 책임을 져야 하는 청소년에게는 추천되지 않는다.

교육-가족 홈은 심각하지 않은 비행을 저질러 일시적으로 자신의 집에서 머무를 수 없게 된 청소년에게 도움이 될 수 있는 여러 긍정적 측면을 가지고 있다. 따뜻하고 연민 어린 교육을 하는 부모, 자연스러운 가족과 공동체 사이의 유대감 유지, 친사회적 행동을 배울 수 있는 기회 제공이 그에 해당한다. 그럼에도 불구하고 연구는 교육-가족 홈에 있을 때 얻게 되는 약물 사용의 감소와 친사회적 행동 증가와 같은 행동적인 이득이 일반적으로 그들이 그곳을 떠날 경우 더 이상 유지되지 않는다고 보고한다(Mulvey, Arthur, & Reppucci, 1993).

최근 몇 년간, 많은 사람은 그룹홈이 청소년 개인의 특정한 문화적 요구와 문화적 다양성에 좀 더 주의를 기울여야 한다고 주장했다(예: Eron et al., 1994). 예를 들어, 흑인, 라틴계 미국인, 아시아계 미국인 청소년은 그룹홈을 통해 그들의 문화적 유산을 인식하고 배우며 그에 대해 격려받을 수 있다. 문화적으로 민감한 프로그램은 청소년의 상습적 범행 비율을 낮추고 자기효능감을 증진시키는 것으로 평가된다(Eron et al., 1994; King et al., 2001). 이와 같은 프로그램 중 하나인 필라델피아(Philadelphia)의 우모자의 집(House of Umoja) 프로그램은 위기 상태에 있는 15~18세 흑인 남자 청소년에게 교육, 문화적 치료, 상담, 물질남용 치료를 제공한다.

마찬가지로 성과 관련된 프로그램 또한 중요하다. 여자 비행 청소년은 남자 비행 청소년과 매우 다른 요구를 가진다. 여자 비행 청소년은 남자 비행 청소년에 비해 아동기 성학대와 가정 폭력의 피해자인 경우가 많기 때문에 자존감이 결여되어 있기 쉽다(Budnick & Shields-Fletcher, 1998; Sedlak & McPerson, 2010b; Sorensen & Bowie, 1994). 소녀는 또한 소년에 비해 폭력 범죄에 연루되는 경향이 적다(Snyder & Sickmund, 1999). 여자 청소년은 남자 청소년보다 우울증과 같은 정신질환에 시달리는 경우가 더 많다(Sedlack & McPherson, 2010b; Teplin et al., 2002). 더욱이 소녀는 소년에 비해 우울증 증상을 스스로 보고할 가능성이 더 높다. 그룹홈을 선택할 수 있는 권리가 소녀들을 위해 보장된 것처럼 보이지만, 비행을 저지른 소년들보다 훨씬 복잡한 가족 배경을 가진 소녀들이 이곳을 찾기도 한다.

가족보존 모델

많은 아동 옹호자는 아동이 가능하다면 자신의 부모 혹은 가까운 친척의 집에서 양육되어야 한다고 주장한다(예: Gordon, 2002; Henggeler, 1996). 이들은 가족에 대해 다양한 지원 서비스를 제공하는 것, 심지어 매우 결함 있는 가정일지라도 해당 가족의 구성원인 아동과 청소년을 위해 가장 이익이 될 것이라고 생각했다. 그러나 모든 청소년과 아동에게 가족 보존(home preservation)이 최선은 아니라는 것을 인지해야 한다. 가족 보존에 대한 긍정적 평가와 성공 사례에도 불구하고, 일부 청소년에게는 가족 상황이 그들을 위해 최선의 노력을 기울여 줄 만큼 좋은 상태가 아닐 수 있다. 이는 특히 그 가정 내에서 부모나 보모, 형제에 의해 피해를 입은 아동이나 청소년일 경우에 그러하다. Chesney-Lind와 Shelden(1998)은 다음과 같이 제시한다.

> 청소년 사법 체계에서 보고된 일부 소녀에게 가해진 극단적인 신체적 · 성적 폭력의 측면에서 볼 때, 가족 구성원의 유지를 기저에 두는 가족 상담은 비판적으로 검토되어야 한다. 어떤 경우에는 피해 소녀 혹은 소년을 부모에게서 반드시 분리시켜야 할 때도 있다(p. 219).

이와 같이 가족 보존에 대한 부정적인 입장도 있지만, 다음에 제시할 내용에서는 가족 보존에 대한 긍정적 측면에 대해 논의를 시작할 것이다.

홈빌더

가장 주목받고 있는 가족 보존 접근법 중 하나인 **홈빌더 모델**(Homebuilders model)은 반사회적 행동으로 인해 집에서 쫓겨날 위험이 있는 한 명 혹은 그 이상의 청소년이 속한 가정을 위한 모범적인 프로그램이다(Haapala & Kinney, 1988; Whittaker, Kinney, Tracy, & Booth, 1990). 이 프로그램은 미국에서 가장 오래된 집중적인 가족 보존 서비스이다. 홈빌더 모델은 한 명 혹은 두 명의 사례관리자(보통 석사학위를 받은 사회복지사)가 단기간 동안 집중적으로 가족과 함께 일한다. 그들은 24시간 가족과 붙어 있으면서 매우 주도적으로 가족이 필요한 서비스를 얻을 수 있게 돕는다. 집중적인 현장 개입을 통해 아이들을 가정 밖 시설로의 배치를 막고, 가족에게 새로운 문제 해결 기술을 교육시키는 것을 목표로 한다. 이러한 서비스의 범위는 매우 넓다. 예를 들어, 한 가족 구성원에 대한 직업 알선, 교통수단 제공, 개인지도, 가족치료, 방과 후 프로그램, 혹은 젊은 청소년을 위한 멘토와 같은 서비스를 포함한다. Haapala와 Kinney의 홈빌더 프로그램은 참여 청소년의 87%가 1년 이내에 집에서 쫓겨나지 않았다는 것을 비롯해 매우 긍정적인 결과를 나타냈다. 상담가로서 법정 심리학자는 평가나 공동체 치료 서비스로서의 홈빌더 프로그램을 접하는 경우가 많다. 해당 프로그램에 참여한 청소년은 심각한 비행 문제를 가진 이들이 아니다.

다중체계치료

가족 보존 접근법 중 하나로 많은 관심을 받고있는 또 다른 프로그램은 사회 심리학자인 Scott Henggeler가 지지한 **다중체계치료**(multisystemic therapy: MST)이다. 이것은 특별히 폭력 범죄와 연관이 있는 심각한 청소년 범죄자에게 적용하기 위해 만들어졌다. 다중체계치료는 심리학자 Bronfenbrenner(1979)가 개발한 체계 이론에 기초를 두고 있다. 이 관점에 따르면, 행동은 복합적으로 결정되고 사회환경과의 상호작용으로부터 큰 영향을 받는다. 아동과 청소년은 가족, 또래 집단, 학교, 이웃과 같은 다양한 사회 체계 속에 살고 있다. 효과적인 개입으로는 아동 혹은 청소년과 더불어 그들의 사회 체계를 함께 고려하는 것이다. 따라서 다중체계치료는 청소년의 자연스러운 환경 내에서 행동 변화의 촉진을 시도하고, 각각의 다양한 사회 체계 내에 있는 강점을 이용하여 변화를 일으킨다.

시설로 수용되는 청소년의 수를 제한하려는 노력에도 불구하고, 미국은 청소년 수용이 다른 선진국에 비해 압도적이다(Henggeler, 2016). Henggeler(1996, 2016; Henggeler & Borduin, 1990)는 심각한 범죄자는 다른 심각한 범죄자와 함께 생활할 때 반사회적 행동이 더욱 강화되기 때문에 가능하다면 교정시설을 피해야 한다고 주장하였다. 그러므로 청소년을 집에 머무르게 하는 것 외에 다중체계치료의 또 다른 목표는 친사회적 동료와 유대를 쌓고 반사회적 동료와는 유대를 깨도록 하는 것이다. Henggeler는 이것이 성취하기에 가장 어려운 목표임을 시사했다.

다중체계치료도 홈빌더처럼 치료 제공자로 구성된 소규모 팀을 만드는데, 이 경우 치료가는 가족과 24시간 붙어 있으며 다양한 범위의 서비스를 이용할 수 있도록 돕는다. 대부분의 치료 제공자는 정신건강 전문가로 석사학위를 받고 다중체계 접근에 관한 훈련을 받은 사람이다. 임상 혹은 법정 심리학자는 치료자를 감독하고, 필요하다면 집중치료를 제공한다. 치료가는 자연스러운 환경(예: 학교, 집, 인근 공원)에서 청소년을 만나고 모든 사회 체계를 고려하여 청소년의 삶의 위험 요인과 회복 요인에 대해 확인한다. 예를 들어, 청소년이 범죄 수행을 결심할 정도로 괴롭혀 왔던 학교 선배는 학교 내 위험 요인이 될 수 있다. 학교 내 회복 요인은 청소년이 좋아하는 미술이나 역사 시간일 수 있다. 마찬가지로 형제 사이의 진실한 애정은 가족 내에서의 회복 요인으로 작용하고 아버지에게 임박한 해고는 위험 요인으로 작용한다. 따라서 치료가는 위험 요인을 다루고 회복 요인을 활용하는 것을 전략으로 삼아 치료를 제공한다.

다중체계치료는 집중적 개인 상담을 포함할 수도 있는데, 홈빌더와 다른 **가족보존 모델**(family preservation model)과 차별화할 수 있는 요소로는 행동 문제가 덜 심각한 청소년을 대상으로 삼는다는 것이다. 다중체계치료 치료자는 다방면에 걸쳐 지식이 많은 사람이다. "각 가족의 다양한 요구로 인해 실증에 기초한 광범위한 치료적 접근이 가능해야 하고…… 각 가족의 독특한 요구와 강점에 맞춰 개입해야 한다."(Brown, Borduin, & Henggeler, 2001, p. 458) 다중체계치료는 물질남용부터 악질적인 폭행까지 다양한 범죄로 판결을 받은 후 보호관찰 상태에 있는 청소년을 다룬다. 그러나 다중체계치료는 다양한 문화적 · 윤리적 배경을 가진 청소년이나 범죄를 저지르지 않은 아동에게도 사용된다(Brown et al., 2001; Edwards, Schoenwald, Henggeler, & Strother, 2001). 지금까지 이 모델은 호의적인 연구 논평을 받아 왔다(예: Burns, Schoenwald, Burchard, Faw, & Santos, 2000; Henggeler, 2001; Tate & Redding, 2005).

예를 들어, Borduin, Schaeffer와 Heiblum(2009)은 소년법원에서 의무화한 통상적인 지역사회 내 사회봉사(usual community services: UCS)와 비교하여 다중체계치료에 대한 평가를 실시하였다. 이 연구에 참여한 모든 청소년과 그들의 가족은 소년법원의 직원에 의해 추천되었다. 청소년의 체포 이력은 그들이 심각한 범죄에 연루되었음을 증명한다. 평균 연령 14세인 청소년들 중 이전에 성범죄와 성범죄와는 관련 없는 중범죄로 체포된 경우는 평균 4.33명이었다. 청소년의 95%가 남자였으며, 대부분(73%)이 백인이었다.

청소년들과 그 가족들은 평균 31주 동안 다중체계치료를 받는 반면, 사회봉사(UCS)집단은 같은 기간 동안에 인지행동치료를 받았다. 연구자들은 치료를 처음 시작한 지 9년 만에 치료 효과를 측정했다. 그들은 모든 청소년에 대해 성인 시기의 체포 자료를 받을 수 있는 정도의 충분히 긴 후속 기간을 선택했다.

전체적으로 다중체계치료는 가족 관계(응집력 및 적응력 증가), 또래 관계(정서적 결속력 및 사회 성숙도 증가와 공격성 감소)에 대해 호평을 받았으며, 학업 성취도 개선되었다. 게다가 다중체계치료는 청소년 범죄 행동과 구금에 있어서 장단기적인 변화를 만들어 냈다. "다중

체계치료로 치료를 받은 청소년은 효과 측정 검사에서 대인 및 재산 범죄가 감소하였으며, 사회봉사(UCS)를 받은 청소년보다 8~9년 후속 기간 내에 성범죄와 비성범죄로 인한 재범률이 낮은 것으로 보고했다."(Borduin et al., 2009, p. 35)

뉴질랜드에서는 Curtis, Ronan, Heiblum과 Crellin(2009) 및 테네시(Tennessee) 동부 애팔래치아 지역의 Glisson 등(2010)도 이와 유사한 긍정적인 결과를 보고했다. Schwalbe, Gearing, MacKenzie, Brewer와 Ibrahim(2012)은 다중체계치료가 제공하는 것과 같은 집중적인 가족 기반 치료 프로그램이 지역사회 환경에서 치료받는 청소년에게 긍정적인 결과를 주었다고 밝혔다.

다중체계치료 프로그램은 일반적으로 심각한 정신질환을 앓고 있는 청소년을 다루지 않으며, 수감된 청소년을 위한 프로그램도 제공하지 않는다는 사실이 중요하다. 다중체계치료는 기본적으로 지역사회 환경에서 제공되는 프로그램이다.

기능적 가족치료

기능적 가족치료(functional family therapy: FFT)는 다중체계치료와 비슷한 프로그램으로, 1970년대에 행동상 장애가 있으며 부모가 통제할 수 없는 청소년을 대상으로 개발된 것이다. Sexton과 Turner(2010)에 따르면, "기능적 가족치료는 청소년 폭력, 약물 남용, 기타 비행과 관련된 행동 등 다양한 청소년 관련 문제로 그 효과를 입증한 연구 결과를 가지고 있다"(p. 339). 게다가 이 치료의 효과에 대한 5년 후 추적 연구에서도 긍정적인 결과가 나타났으며, 대상 청소년의 형제자매들에게도 긍정적인 영향을 미치는 것으로 나타났다. 특히 약물 남용을 줄이는 데 효과적인 것으로 보인다(Alexander, Waldron, Robbins, & Neeb, 2013; Waldron & Turner, 2008).

이 프로그램은 사회학습 이론, 인지행동 이론, 대인관계 이론, 가족체계 이론 등을 결합한 것이다(Gordon, 2002). 인지-행동적 접근은 개인의 기대와 평가에 초점을 맞춘다. 그들의 태도와 믿음이 현재 상황에 어떻게 영향을 미쳤는지에 대해 평가하도록 장려한다. 또한 개인의 행동 변화를 위한 전략을 확인하기 위해 치료가와 함께한다. 기능적 가족치료에서는 치료가가 가족 내에서 함께 일하면서 가족 구성원 사이에 문제시되는 가족 역동성의 특성을 확인한다. 이러한 접근법은 청소년 자체가 문제의 근원이 아니며, 가족은 하나의 체계로서 한 구성원이 다른 이의 행동에 영향을 끼칠 수 있음을 보여 준다. 참여자는 의사소통과 문제 해결 기술을 배우고 회기 중간에 과제를 부여받는다. 다중체계치료처럼 기능적 가족치료 또한 범죄 소년 및 그 외 다양한 맥락에서 적용 가능하다.

기능적 가족치료는 소년법원에서 판결을 받은 청소년을 포함한 다양한 비행 청소년을 다루는 데 있어 성공적이었지만(Gordon, 2002), 심각한 비행 청소년을 다루는 데 있어서는 다중체계치료보다는 덜 적합하였다. 다중체계치료는 특히 심각한 비행을 다루기 위해 만들어졌고, 집중적 개인치료뿐만 아니라 가족 집단 내부와 외부에서 사회 체계를 강화하는 것을 상당히 강조하였다. 반면에 기능적 가족치료는 다중체계치료보다 자활 집단으로서 효과적으로 기능할 수 있도록 모든 가족 구성원에게 기술과 전략을 제공하는 데 중점을 둔다. 그럼에도 Brown, Borduin과 Henggeler(2001)에 따르면, 행동적 부모훈련 접근(behavioral parent training approaches)은 비행 청소년 가정에서 흔하게 발생하는 다중적인 위험 요인(예: 부부생활의 스트레스, 사회경제적 불이익, 부모의 우울증)으로 인해 심각한 비행 청소년에게 적용하였을 때는 그 효과성이 증명되지 않았다. 비록 기능적 가족치료가 부모 훈련에만 초점을 맞추는 것은 아니지만, 이 모델과 상당히 유사하다. 그러나 Schwalbe 등 (2012)은 부모 훈련이 재범 위험성을 줄이는 데 긍정적인 영향을 미친다는 것을 발견했으며, 따라서 부모 훈련 프로그램의 효과를 완전히 평가 절하해서는 안 된다.

다중체계치료(MST)와 기능적 가족치료(FFT)를 모델로 한 또 다른 효과적인 프로그램은 아동복지 시스템에서 상습 청소년 범죄자와 함께 일하도록 고안된 **다차원 치료위탁보호**(Multidimensional Treatment Foster Care: MTFC)를 들 수 있다(Chamberlain, 2003; Chamberlain, Leve, & DeGarmo, 2007). MST의 원칙을 따르기는 하지만, MTFC의 주요 목표는 일탈 청소년과의 유대를 최소화하고, 긍정적이며 고무적이고 유능한 성인(특별히 훈련된 위탁 부모)들과 함께하는 환경을 만드는 것이다.

다중체계치료, 기능적 가족치료 및 다차원 치료위탁보호는 프로그램의 완전성을 보장하기 위해 서비스를 제공하는 사람에게 방대한 훈련을 요구하지만, 해당 분야에서 받을 수 있는 최종 학위를 바라지는 않는다. 석사 혹은 그보다 낮은 수준이라도 임상 심리학자로서의 훈련을 잘 받는다면 치료를 제공할 수 있다. Sexton과 Turner(2010)도 FFT를 임상적으로 구체적이고 정밀한 방법으로 전달해야만 긍정적인 결과를 얻을 수 있다고 지적했다. 즉, 치료사는 원하는 효과를 얻기 전에는 잘 훈련되고 지도를 받아야 한다. Edwards, Schoenwald, Henggeler와 Strother(2001), Gordon(2002)은 지역사회에 이러한 접근을 이행하는 것과 관련된 도전을 요약했다. 두 접근법의 지지자는 프로그램 개발자와 서비스 제공자의 지속적인 의사소통을 강조하였다. 뿐만 아니라 광범위한 훈련과 초기의 감독은 효과적인 치료를 가능하게 한다고 설명한다.

MST, FFT 그리고 MTFC에 관한 수많은 연구는 매우 고무적인 결과를 제시하였다. Henggeler(2016)는 이 세 가지 프로그램에 대한 문헌 연구에서 "모든 연구에서 의미 있는 치료 효과가 관찰되지는 않았지만, 대다수의 연구에서 치료 후 여러 해 동안의 연구를 통해 재범 가능성과 구속 여부에 있어서 의미 있는 감소를 보였다."(p. 588)라고 진술했다. 또한 이 연구들은 청소년의 기능 향상, 문제 행동 감소, 비행 청소년과의 유대 감소, 학교 내 수행 능력 향상 등의 긍정적 결과를 보여 주었다.

인지행동치료

사실상 오늘날 모든 청소년 재활 센터에서는 인지행동치료(cognitive-behavioral treatment: CBT)를 운영하고 있으며, 이는 12장에서 언급한 바와 같이 성인 범죄자들에게도 그 효과가 입증된 심리치료 접근법이다. CBT는 일반적으로 약물남용 치료 프로그램이나 성범죄자 치료 프로그램과 같은 다른 형태의 치료 프로그램과 함께 사용된다. CBT는 앞에서 설명한 치료적 접근법과 함께 활용될 수 있다. 〈Focus 13-6〉은 소년 교정시설에서 사용되는 심각한 소년 범죄자에 대한 인지행동적 접근의 사례를 제시하였다.

Focus 13-6 청소년을 대상으로 한 인지행동치료

인지행동치료(cognitive-behavioral therapy; CBT)는 많은 정신건강 실무자에 의해 청소년 및 성인 범죄자 모두에게 가장 효과적인 심리치료의 형태로 간주되며, 보호시설과 지역사회 프로그램 전반에 걸쳐 여러 가지 다른 형태로 나타난다. 다양한 형태의 CBT는 많은 요인 중에서도 피해자의 충격, 사고 오류 또는 인지 왜곡, 행동수정, 긍정적인 사고를 강조한다. 또한 CBT는 개별적으로 또는 집단 상황에서 사용할 수 있다. 여기에서는 한 가지 사례를 제시하겠다.

청소년 인지개입 프로그램(Juvenile Cognitive Intervention Program: JCIP)은 위스콘신주의 비행청소년을 구금한 소년 교정시설 세 곳에서 두 명의 남자 청소년과 한 명의 여자 청소년에게 실시되었다. 연구자들은 프로그램의 전제에 대해 이렇게 설명하였다. "만약 우리가 누군가의 생각을 바꿀 수 있다면, 우리는 그들의 행동을 바꿀 수 있다."(McGlynn, Hahn, & Hagan, 2012, p. 1111) 치료 제공자—일반적으로 훈련된 사회복지사—는 청소년의 인지 왜곡을 인식하도록 하고, 사고의 방식을 변화시키며, 청소년이 보호시설 내에서나 출소 후에 그들이 직면할 수 있는 문제들을 다룰 수 있는 기술을 연습하도록 돕는다. 인지 왜곡의 예는 다음과 같다.

- 다른 사람 탓으로 돌림
- 다른 사람들이 자신에게 해를 끼칠 수 있다는 적대적 귀인 편향
- 자신의 반사회적 행동의 심각성을 최소화함
- 자기 자신의 관점과 요구가 다른 사람의 관점보다 더 중요하다는 생각

위스콘신 프로그램에서는 청소년의 치료 전후의 인지 왜곡 정도를 측정하기 위해 설문지

를 사용한다(HIT[How I Think] Questionnaire; Barriga & Gibbs, 1996). 설문지는 자기보고식으로 점수가 높을수록 왜곡된 사고의 정도가 큰 것으로 해석한다. McGlynn, Hahn과 Hagan(2012)은 12~18세 사이의 남성 431명, 여성 103명을 대상으로 청소년 인지개입 프로그램(JCIP)의 효과를 평가했다. 모두 유죄판결을 받은 청소년이었고, 대부분은 여러 차례 치료 프로그램에 참여했으며 폭력적인 비행 행동을 저지른 전력이 있었다.

전반적으로 이 프로그램의 참가자들은 HIT 점수가 감소하였는데, 이는 치료법이 긍정적인 방향으로 인지적 사고의 변화를 가져왔음을 나타낸다. 치료 전 남성은 여성보다 높은 점수를 받았지만, 치료 결과 남성과 여성 모두 점수가 낮아졌다. 흥미롭게도, 연령은 이 연구에서 중요한 요소로 작용하였다. 어린 소년범의 경우 점수가 높은 것으로 나타났다. 연구자들은—대개 젊은 범죄자는 보호시설 환경에서 벗어나려고 노력하기 때문에—수감된 사람들이 가장 심각한 행동 문제를 가진 것으로 평가될 가능성이 높다고 지적했다.

McGlynn 등(2012)의 연구는 저자들도 인정하듯이 한계가 존재한다. 그럼에도 그들은 이 연구가 청소년 범죄자를 위한 JCIP 사용을 지지한다는 것을 확인하였다.

토론 질문

1. 프로그램에 대한 앞의 대략적인 설명을 근거로, 그 효과성을 평가하려면 어떤 의문 사항이 남는가? 다시 말해, 심각한 비행을 저지른 청소년에게 가치 있는 프로그램인지를 결정하기 전에 무엇을 알고 싶은가?
2. CBT 접근이 효과적이라는 것을 감안할 때, 수감된 청소년에게 무엇을 더 할 수 있으며 무엇을 더 해야 하는가?
3. 다른 사람의 생각을 바꾸는 것이 가능한가? 당신의 생각을 기술하라.

물질남용 모델

성인 범죄자처럼 청소년 범죄자도 과거의 범죄와 수반하여 물질남용 문제를 겪고 있으며, 이는 장차 비행을 저지르는 전조가 된다(Puzzanchera, 2013; Snyder & Sickmund, 1999; Weekes, Moser, & Langevin, 1999). 그러나 청소년 범죄자의 경우 신체적 · 심리적 · 사회문화적 발달을 고려하여 치료를 제공해야 한다(McNeece, Springer, & Arnold, 2001). 즉, 치료 제공자는 청소년의 감정적 혼란을 고려하여 그들의 정체성을 찾고, 청소년 시기의 특성을 수용해야 한다. 논의된 다른 치료 프로그램처럼 개인, 집단 및 가족 치료를 제공하는 프로그램—다중모델 접근—은 물질남용을 치료하는 데 가장 효과적으로 보인다.

우리는 이 장에서 여태까지 논의한 각각의 접근법이 물질남용 치료를 포함하고 있을 수도 있다는 점에 주목해야 한다. 예를 들어, 그룹홈과 가족보존 모델은 물질남용 치료에 자주 적용된다([사진 13-2] 참조). 예를 들어, 앞에서 언급한 바와 같이 기능적 가족치료(FFT)는 청소년의 물질남용 문제를 치료하는 데 특히 적합해 보인다. 이러한 치료는 사실상 공공 지원 청소년 재활 센터의 구성 요소이기도 하다. 부모가 자녀의 물질남용 치료를 위해 사설기관에 입원시키는 경우도 흔히 발생한다. 청소년 사법 및 비행방지국(OJSDP)의 수장이었던 Ira Schwartz(1989)는 이러한 사설기관이 남용되고 정당하지 않게 사용되는 것을 지적하며, 이를 일컬어 중산층 자녀를 위한 새로운 감옥이라 하였다. 또한 대다수의 청소년 물질 남용자 치료를 위해 외래치료보다 입원치료가 지지된다는 증거는 거의 없다(McNeece et al., 2001).

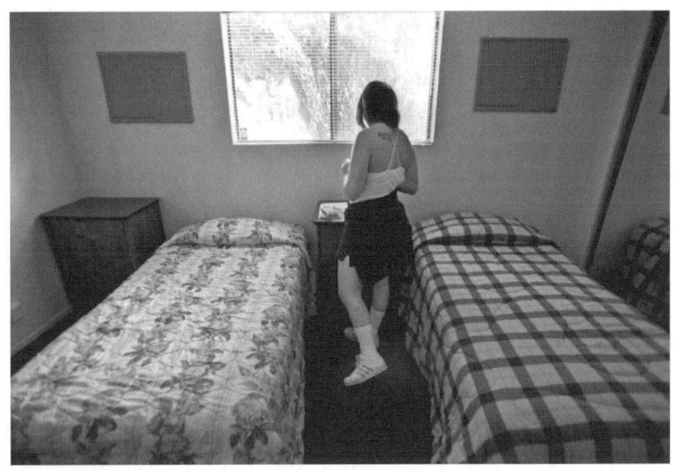

사진 13-2 물질남용 치료 센터에 있는 한 소녀의 모습.
출처: Anne Cusack/Los Angeles Times via Getty Images.

McNeece, Springer와 Arnold(2001)는 성인과 청소년 물질 남용자에게 사용 가능한 다양한 프로그램을 검토하였다. 이 프로그램은 개인 · 집단 · 가족치료, 자조 프로그램, 심리 교육적 접근법, 약물 병리치료(예: 안타부스, 메타돈, 날트렉손), 침술, 사례 관리, 입원 및 외래 환자 프로그램을 포함하였다. 연구자들은 몇 개의 주에서 물질남용 문제를 가진 청소년을 위한 특정 평가 기법과 수용 센터를 개발하고 있다는 점에 주목하였다. 이 센터는 소년법원이나 지역 약물법원에 부속되거나 혹은 독립적으로 운영된다. 이와 같이 평가와 치료 센터가 적절한 조치를 할지라도 후속 서비스 또한 절대적으로 필요하다. 6개의 평가 센터에 대한 연구에서 McNeece 등(1997)은 해당 센터가 단기적으로는 안정을 줄 수 있지만 자원과 직원의 부족으로 연장치료에 대한 권고가 부족하다는 점을 중요하게 생각했다. 후속 서비스의 중요성은 또한 다른 많은 청소년 프로그램의 평가 연구에서도 입증되었다.

여러 전문 문헌에서는 성인 및 청소년 범죄자를 위한 물질남용 치료 프로그램에 대해 다양하게 평가 · 서술하고 있다. 우리는 입원 환자와 외래 환자의 치료를 대표하는 두 가지 프로그램에 대해 논의할 것이다.

폭력예방 프로그램

폭력은 흔히 타인에게 상처, 고통, 불쾌감을 주거나 학대를 위한 목적으로 가해지는 신체적 힘으로 정의된다. 일부 정의에서는 재산의 피해나 파괴를 포함하기도 한다. 따라서 청소년 범죄 통계에서 종종 보이는 범죄 반달리즘(vandalism)도 포함되어야 한다. 폭력의 예방과 통제를 목표로 하는 청소년 프로그램은 주로 타인에게 신체적 위해를 가한 것에 초점이 맞춰진다. 폭력 범죄를 저지르는 청소년은 그들의 행동을 축소할 수 있고, 종종 적대적 귀인 편향을 보이기 때문에 인지-행동적 개입의 좋은 사례라 할 수 있다. 그들은 청소년 성범죄자들처럼 자신의 행동에 대해 다른 사람을 비난할 수 있다. 성폭력은 폭력 범죄이지만 일반적으로 별도의(혹은 추가적인) 치료 프로그램으로 접근한다. 우리는 이에 대해 간략하게 논의할 것이다.

폭력은 아동기 초기에 발생하며 주로 아동이 부모, 보모, 또래 혹은 미디어 속의 남자 주인공과 같이 사회적 네트워크에서 중요한 개인을 모델링한 결과로 발생한다. 8장에서 논의한 것처럼, 최근 몇 년간 폭력적인 비디오 게임이 잔인한 행동에 둔감해지게 만들고 일상생활에서도 폭력과 관련된 전략을 사용하도록 부추긴다는 점에서 많은 관심을 받아 왔다. 또한 생물적 · 유전적 혹은 신경심리학적 요소가 공격성에 상당한 기여를 한다는 일부 연구자의 주장과 함께 **생물학적/신경학적 관점**에 대한 관심이 증가하고 있다(예: Fishbein, 2000; Moffitt, 1993a; Raine, 1993). 이들은 이런 요소가 폭력 범죄 혹은 비행을 야기한다고 주장하지는 않았지만, 일부 개인의 경우 이를 바탕으로 폭력 행동을 저지를 성향을 지닐 수 있다고 보았다. 결론적으로 그들은 위험성을 지닌 개인의 조기 판별과 개입의 필요성을 주장하였다.

폭력적인 행동은 청소년기에 갑작스럽게 나타나기도 하는데, 학교에 총을 가지고 가 교장을 살해한 14세 소년이나 아버지를 찔러 죽인 15세 소년을 그 예로 들 수 있다. 그러나 이러한 일회성 폭력은 매우 이례적이다. 전형적으로는 아동의 발달 과정에 따라 초기의 공격적인 행동이 더욱 공격적인 행동으로 진행된다. 심리학자 Goldstein(2002a)은 이러한 관점에 빗대어 폭력 행동은 "심해지기 전에 빨리 잡아야 한다."라고 말하였다. 이는 낮은 수준의 공격성이라도 싹을 잘라 내지 않는다면 훗날 더욱 심각한 행동으로 바뀔 수 있음을 암시한다. 그는 다음과 같이 이야기하였다.

> 경험적 연구를 살펴보면, 우리 사회는 낮은 공격성이 발현될 때 나타나는 다양한 징후를 무시하고 있다는 것을 알 수 있다. 이는 통제가 불가능한 수준의 높은 공격성으로 발전될 가능성이 높다는 것을 명심해야 한다(p. 169).

그는 또한 저주, 위협, 모욕, 무례, 반달리즘, 따돌림 및 괴롭힘이 모두 심각한 공격성의 징조라고 언급했다. 따라서 친구를 괴롭히고 물거나 때리는 6~7세 아동의 행동은 더 심해질 경우 청소년기에 심각한 폭력 행동으로 전환될 수 있다. 강화는 내부적 또는 외부적인 보상의 형태이다. 친구 사이에서 권력을 획득하거나 자신을 두려워하게 만드는 것은 어른에게 처벌을 받는다 하더라도 충분히 강화될 수 있다.

비행 청원으로 소년법원에 간 대부분의 청소년은 12~17세 사이의 10세 이상이지만 체포된 청소년의 대략 9%가 14세 이하이다. 최근 소년법원 통계에서는 대인 범죄(예: 폭행, 강간, 강도, 성폭력)를 포함하는 비행 범죄 사건 비율의 24%가 14세 이하 집단에서 주로 저질러지는 것으로 나타나고 있다(Knoll & Sickmund, 2010). 청소년기에 접어들면, 자신의 폭력적인 행동이 어떠한 결과를 가져올지에 대해 이미 '학습'하고 있다고 볼 수 있다. 그러므로 폭력 행동의 치료에서는 지금까지 학습되어 왔던 행동을 '소거'하는 전략이 포함되어 있다.

대부분의 폭력예방 프로그램은 청소년에게 인지-행동적 관점이나 사회학습 관점을 적용한다. "인지적 개입은 개인의 기대와 판단을 통해 분노나 공격성을 중재시킬 수 있으며, 이로 인해 폭력의 가능성이 증가하거나 감소될 수 있다고 가정한다."(Tate, Reppucci, & Mulvey, 1995, p. 778) 폭력적인 청소년은 주로 타인이 의도하지 않은 부분에서 적대감을 느낀다. 그러므로 그들에게 타인이 자신에게 위협적인 존재라고 추측하는 것에 대해 다시 생각해 볼 것을 권한다. 어떤 프로그램에서는 이러한 인지적 왜곡이 Yochelson과 Samenow(1976)가 제안한 개념인 '사고 오류(thinking errors)'라고 설명한다. 인지치료에서 청소년은 생각나는 대로 자신의 생각이나 감정을 써 보기도 한다. 집단치료 회기에서 그들은 자신이 적은 것을 공개하고, 집단과 치료사는 사고 오류를 확인하고 대안적 사고를 제안한다.

피해자의 입장을 공감하는 것 또한 치료의 일부이다. 예를 들어, 청소년은 피해자가 어떤 고통을 받았는지 인식하기 위해 때때로 역할극 활동을 통해 피해자 입장에서 보도록 권장된다. 10장에서 논의한 회복적 정의는 피해를 경험한 후 피해자를 이해하는 데 초점을 둔다. 이 접근법은 범죄자가 청소년일 때 효과적인 결과를 보여 주었다(Bergseth & Bouffard, 2012; Schwalbe, Gearing, MacKenzie, Brewer, & Ibrahim, 2012). 즉, 연령, 성별, 인종, 범죄 전과, 범죄에 연루된 많은 청소년 범죄자는 피해자들에게 공감을 나타내고 그들의 범죄 행위의 결과를 제대로 인식하게 된다.

일반적으로 폭력예방 프로그램은 청소년에게 잠재적인 폭력 상황이 발생할 때 사용할 수 있는 의사결정 기술을 가르치는 등 폭력 행동의 대안을 제공한다. 또한 그들이 불안한 상황을 피할 수 있도록 한다. 예를 들어, 알코올성 물질은 폭력 행동을 촉진하는 것으로 알려져 있다. 따라서 물질남용을 예방하는 것은 폭력예방 프로그램의 중요한 요소가 될 수 있다.

Goldstein과 Glick(1987, 2001)은 지역사회와 거주 치료 프로그램을 포함하여 비행 청소년의 공격대처 훈련(aggression replacement training: ART)—다양한 환경의 청소년과 아동에게 사용되는 접근법—에 대해 서술했다. 그들은 심한 공격적인 행동을 보이는 청소년의 경우 대개 자신의 감정을 확인하고 모욕과 분노에 적절하게 대처하는 것과 같은 사회적으로 바람직한 행동이 부적절하게 나타나거나 결핍되어 있다고 보았다. 공격대처 훈련의 교육과정은 ① 넓은 범위의 친사회적 행동 교육, ② 분노조절 훈련, ③ 도덕적 추론으로 구성된다. 소집단에서는 만성적으로 공격적인 청소년에게 허락 요청하기, 대화하기, 칭찬하기, 당황함에 대처하기와 같은 기술을 가르친다. 그들은 또한 자신의 공격성을 유발하는 요인을 찾아내고, 분노 수준을 낮출 수 있는 방법(예: 거꾸로 세기, 평화로운 장면 상상하기)을 배운다. 또한 청소년에게 도덕적 딜레마를 제시하여 공정하고 정의로운 해결책을 찾도록 장려한다. 공격대처 훈련의 교육과정은 다양한 거주 및 지역사회 시설뿐만 아니라 다양한 학교제도 및 학교 폭력 예방 프로그램에서 실행된다(개관은 Goldstein & Glick, 2001 참조). 공격대처 훈련이 폭력적인 청소년에게 인지-행동적 변화를 만들어 냈지만, 아직까지는 교정시설에서 석방된 후의 청소년의 폭력적인 행동을 경감시켰다는 사실은 입증하지 못했다(Tate et al., 1995). Goldstein과 Glick은 청소년이 퇴소한 후에도 계속 분노를 통제하게 하는 것은 어렵다고 보았다. 그럼에도 불구하고 그들은 통제된 환경에서 보이는 것만큼 강력하지는 않지만 프로그램의 긍정적인 효과가 사후에도 지속된다고 주장하였다.

Guerra, Tolan과 Hammond(1994)는 사회적 상호작용 기술의 발달이 청소년 폭력의 치료 효율성과 관련된 요소라고 하였다. "향상된 사회적 기술은 동료와의 갈등 상황을 개인이 해결하도록 도울 뿐만 아니라 그들로 하여금 다양한 사회적 상황에서 어울릴 수 있도록 한다."(p. 397)

청소년 사법 체계에서 심각한 폭력범을 위한 프로그램은 일반적으로 청소년에게 안전한 상황인 보호시설 안에서 운영된다. 치료적 관점에서 청소년이 범죄를 일으킬 영향력이 있는 원래의 환경에서 벗어나 통제된 환경에 있을 때 개입하는 것은 명백한 이점이 있다. 또한 집단과 개인 모델을 모두 사용함으로써 집중적인 치료가 가능하다. 하지만 보호시설 치료에 대한 평가는 혼재된 결과를 보이고 있다. 청소년이 자신을 다스린다는 것 자체가 매우 어려운 일이기 때문에, 이러한 결과는 그리 놀랄 만한 것은 아니다. 보호시설 치료에 대한 또 다른 비판은 보안이 엄격하게 이루어지는 시설 속에서 청소년끼리 서로 동조하고 서로의 일탈 행동을 강화할 수 있다는 것이다(Henggeler, 1996). 흥미롭게도, Jackson과 Springer(1997)는 이런 동조 경향성의 이점을 취하도록 권고했다. 그들은 수감되어 있는 청소년과 관리자에게 청소년 갱의 긍정적인 측면을 반영하는 '치료적 갱(therapeutic gang)'의 형태로 치료할 것을 장려하였다. '치료적 갱'은 부정적인 태도와 가치를 확인하기 위해 함께 치료하고 긍정적인 대안책을 찾는 것이다.

청소년 성범죄자 치료 프로그램

청소년 성범죄자의 상당수가 이전에 성적 피해 경험이 있는 것으로 여겨진다. Gray, Pithers, Busconi와 Houchens(1997)는 심각한 청소년 범죄자의 86%가 어린 시절에 성적 학대를 당했다는 것을 발견했다. 성폭행을 당한 아동이 전형적으로 학대자가 되는 것은 아니다. 대신에 충격적인 성폭행의 영향으로 그들은 아동・청소년기와 성인기에 우울증, 자기파괴적 행동, 불안, 낮은 자존감 등과 같은 적응상의 어려움을 드러내거나 내면화한다(Browne & Finkelhor, 1986). 가해자가 된 과거의 피해자 역시 다양한 적응 문제로 고통받는다. 아동기 성학대에 관한 문헌에서 입증된 결과를 고려한다면, 청소년 성범죄자에게는 미래의 범죄를 예방하기 위한 치료 프로그램뿐 아니라 자신이 경험한 정서적 외상에 대해 인식하고 다루는 것 또한 필요하다.

치료가 되지 않는 청소년 성범죄자는 성인기가 되어서도 범죄를 지속할 가능성이 매우 크다. 성인 성범죄자의 47~58%가 청소년기에 초범을 하는 것으로 추정된다(Cellini, Schwartz, & Readio, 1993). Becker와 Johnson(2001)의 연구에서는 아동 성범죄가 사춘기 이전 시기에 증가하는 것으로 나타났는데, 이런 범죄의 대부분이 초기 청소년기에 시작된다는 사실이 발견되었다. 그러나 최근 소년법원 자료에 따르면, 성범죄 비율이 다소 감소한 것을 볼 수 있다(Puzzanchera, 2013). 예를 들어, 2002년부터 2011년까지 10년 동안 청소년들이 저지른 성범죄는 상당히 급격하게 감소했다(물리적인 강간 36%, 기타 성범죄 35%). 이러한 현저한 감소에도 불구하고 청소년 성범죄 치료는 물질남용 치료와 마찬가지로 많은 임상 장면에서 필수적 요소가 되고 있다. 성범죄자 치료는 대부분의 공공 및 민간 청소년 재활시설에서 이용가능하다.

그러나 성범죄 청소년은 판결을 받기 전 치료에 선행하여 평가가 먼저 이루어진다. 성범죄 혐의가 있거나 기소된 청소년의 경우, 소년법원이나 사회복지기관에서 평가자에게 평가를 요청한다. 이러한 상황에서 "평가자의 역할은 일탈적인 성행동이 발생했는지, 그것이 발생한 이유가 무엇인지, 그리고 중재가 필요한지 아닌지를 결정하는 것이다"(Becker & Johnson, 2001, p. 274).

청소년에 대해 판결이 내려지는 시점과 상관없이, 성범죄자에 대한 평가 자체에 대해 많은 논란이 있다. 성범죄라는 특성 때문에 법원이나 청소년 사건 관련 사법 공무원은 특히 청소년의 치료 수용성과 재범 가능성에 대해 궁금해한다. 다음과 같은 부정적 평가 이후에 청소년 성범죄 평가 도구를 개발하는 데 상당한 진전이 있었다. "재범 위험성이나 청소년의 일탈적 성적 행위에 관하여 임상적 가설을 세우기 위한 단순한 방법은 없다."(Cellini, 1995, p. 6-4 [6장, p. 4]) 앞에서 언급한 바와 같이, SAVRY와 YLS/GMI라는 평가 도구는 긍정적인 평가를 받았다. 그럼에도 불구하고 연구자들이 사용하는 평가 도구가 항상 청소년 발달의 단기적 변화를 측정할 수 있는 것은 아니라는 점에 주목해야 하며, 이러한 평가에는 매우 주의를 기울여야 한다(Viljoen et al., 2017).

활동 중인 법정 심리학자와 연구자들은 청소년 성범죄자를 평가하는 데 있어 다양한 배경 정보와 임상적 정보를 수집할 것을 추천한다. Becker와 Johnson(2001)에 따르면, 평가를 수행하는 심리학자는 다음에 제시된 정보를 반드시 수집해야 한다.

- 가족력, 사회력, 병력 및 정신병력
- 영유아 시절 기질에 대한 정보를 포함한 청소년의 발달력
- 학교 정보
- 폭력적 행동 내력
- 알코올과 다른 물질남용 내력
- 세부적인 성적 과거 이력
- 정신 상태에 대한 정보

Becker와 Johnson(2001)은 "청소년의 지식과 지능뿐만 아니라 통찰력과 판단력도 평가해야 한다."(p. 276)라고 지적하였다.

개인 및 집단 치료, 가족 상담, 심리 교육을 비롯하여 다양한 범위의 치료 양식이 청소년 성범죄자에게 적용될 수 있다. Worling과 Langton(2012)은 많은 성범죄자 치료 프로그램의 공통적인 치료 목표를 요약했다. 여기에는 피해자에게 미치는 영향에 대한 인식과 책임감 강화, 건전한 성적 호기심과 친사회적 성적 태도 촉진, 미래의 범죄 가능성을 예방하기 위한 계획 수립, 그리고 가능하다면 부모와 보모를 치료 계획에 참여하는 것이 포함된다. 그러나 다른 많은 연구자와 마찬가지로, Worling과 Langton은 수감 상황이 효과적인 치료의 장애물이라고 지적한다.

Cellini(1995)에 따르면, "또래집단 프로그램은 청소년의 98%가 선호하는 치료 방법으로서 현재는 성인 성범죄자를 대상으로 제공되고 있다"(p. 6). 또래집단 프로그램은 인지-행

동적 접근을 기반으로 이루어지며, 성범죄자는 임상가의 지도하에 자신의 가해 행동과 그것이 피해자에게 미친 영향에 대해 논의하게 된다. 성교육은 성범죄자 치료에 있어 매우 중요한 요소로서, 이를 통해 청소년 성범죄자는 성에 관한 실제적 정보를 얻게 되며, 일탈적인 성적 행동을 지양하게 된다. 그들은 자신의 범죄나 피해자에 관한 사고의 오류를 확인하고 앞으로의 범죄를 피하기 위한 전략을 개발한다. 사회적 기술과 적극성 훈련도 많은 성범죄자 치료 프로그램에서 매우 중요하게 다루어지는 요소이다. 또래집단 치료가 지배적이지만, 문헌은 개인 및 가족 치료 역시 강하게 지지하고 있다(Becker & Johnson, 2001). 폭력범에 대한 프로그램과 마찬가지로 다양한 접근과 집단, 개인 및 가족 치료가 함께 강조되는 것이 가장 효과적인 치료일 것이다.

성범죄자는 완벽한 치료가 어렵고 재범 가능성이 매우 크다고 알려져 있다(Cellini, 1995; Pithers et al., 1995). 따라서 성범죄자 치료에서 재범방지 프로그램은 매우 중요하며, 이를 통해 과거 범죄를 저질렀던 상황을 인식하게 하고, 특정 자극(지인 방문, 아동 공원, 폭력적인 음란물 시청 등)을 피하기 위한 전략을 가르친다.

성범죄자 치료에 관한 문헌들은 서술이 긴 반면 그에 대한 신중한 평가는 짧다고 말한다(Becker & Johnson, 2001; Worling & Langton, 2012). 사용된 치료 방법을 제시하는 많은 논문이 출판되었지만 효과성을 위한 통제된 연구는 거의 없다. 또한 여성 성범죄자나 사춘기 이전 아동에 관해 쓴 문헌은 거의 없고, 주로 남성 청소년의 성범죄를 논의한다. 그러나 이러한 추세는 점차 바뀌고 있으며, 더 많은 연구자가 여성 성범죄 역시 주의를 끌 만한 주제가 되고 있음을 깨닫고 있다(Becker et al., 2001).

보호시설에서의 치료 요약

우리가 보호시설이라는 환경 내에서 청소년의 치료에 대한 몇 가지 접근법을 논의했지만, 심리학자들이 만만치 않은 과제에 당면해 있다는 것은 분명하다. 성인 범죄자에 비해 앞 장에서 설명한 많은 치료의 장애물 중 상당수는 청소년 기관에도 존재한다. 게다가 보호시설 내 프로그램들은 청소년이 자주 돌아오는 환경인 가족과 함께하는 것에 중점을 둘 수 없다. 다중체계치료는 폭력적인 청소년에게 있어서 지역사회와 그들 자신의 가정환경 내에서 머물 수 있는 좋은 치료법이라 할 수 있다. 또한 시설에 더 오래 머문다고 해서 재범 가능성이 줄어들지 않는다는 증거도 존재한다(Mulvey, 2011). Mulvey와 다른 연구자들(예: Henggeler, 2016)이 지적했듯이, 지역사회 기반 관리 및 치료는 심각한 범죄를 저지른 청소년의 재범 가능성을 줄이는 데 더 효과적이다. 그러나 위험할 정도의 폭력적인 소수의 청소년에게 수감은 사회 보호를 위해 필요한 대안이다. 이러한 경우 집중적 치료가 제공되어야 한다.

많은 이전 연구자와 마찬가지로 Lambie와 Randell(2013)은 청소년이 성인과 항상 분리 수감되어 있지는 않지만, 청소년 시설 및 성인 교도소에 청소년이 수감될 때 발생하는 수많은 부정적인 영향을 기록하였다. 16세, 17세 소년들이 성인과 함께 수감되는 것은 드문 일이 아니다. 성인과 함께 수감되어 있든, 다른 청소년과 함께 수감되어 있든 간에 부정적 영향에는 직원 및 다른 재소자에 의한 피해, 정신건강에 대한 관리 부재, 자살 행위, 성인에 의한 지도 및 또래 집단 간의 친사회적 관계 결여, 신체건강의 손상, 학업 부진, 출소 후 지역사회 적응의 어려움 등이 포함된다. Lambie와 Randell은 시설 내에서 증거 기반 치료가 제공되더라도 가족 간의 응집성 혹은 또래 집단과의 관계와 같은 요소들이 개선되지 않으면 치료의 긍정적인 효과는 크지 않을 수 있다는 것을 강조한다. 청소년은 출소 후 여전히 문제가 되는 가족 상황으로 되돌아가게 되고 반사회적 또래 집단과 소통하고 있는 자신을 발견하게 된다.

요약 및 결론

1899년 최초의 소년법원 설립을 그 시작으로 보았을 때, 21세기가 열리면서 청소년 사법 체계는 100번째 기념일을 맞이하였다. 기대된 바와 같이, 오늘날 청소년 사법 절차는 20세기 초반 50년 동안의 사법 절차와는 전혀 다르다고 볼 수 있다. 초기의 소년법원은 비형식적이고, 온정주의적이며, 매우 비판적이었다. 또한 아동의 경우 변호인이 맡아 변호한 적이 거의 없고, 주로 정신과 의사나 심리학자가 청소년의 정서적 · 인지적 · 정신적 상태와 그들의 사회적 능력에 대한 평가를 광범위하게 제공하였다. 법원은 아동을 가난에서 구제하기 위해 기관에 위탁하였지만, 대부분의 기관은 아동에게 필요한 신체적 · 정서적 돌봄을 제공하지 못했고, 교육 및 양육에도 실패하였다. 1960년대에 대법원은 이 같은 청소년 사법 체계 문제를 인식했고, 아동에게 법적 지위와 정당한 권리를 제공함으로써 문제를 바로잡고자 하였다. 1970년대에 의회는 「청소년 사법 및 비행방지법」을 통과시켰고, 이는 여러 사항 중에서도 청소년 시설을 강조하기 시작했다는 측면에서 의의가 있다.

청소년 사법 체계에서 일하는 법정 심리학자가 청소년 사법 체계의 역사에 대해 알고 있는 것은 매우 중요하다. 오늘날 청소년에 대한 많은 걱정은 예전과 유사한 문제가 다시 일어나거나 아직 없어지지 않은 것에 대한 우려에서 비롯된다. 이 장에서 우리는 구금되거나 비행 범죄로 판결받은 후의 청소년과 관련된 문제에 초점을 맞추었다.

최근 연구는 미란다 권리와 재판 능력을 포기하는 청소년의 능력을 평가하는 데 초점을 맞추고 있다. 또한 허위 자백을 하기 쉬운지, 심지어 변호인을 신뢰하는지에 대한 질문도 언급한다. 결과적으로 다양한 재판 상황에 직면해 있는 청소년을 평가할 때, 법정 심리학자들은 이러한 요소들에 특별히 주의를 기울여야 한다. 또한 청소년의 정신건강에 대한 평가 요구도 근거로 활용해야 한다. 연구에서는 구금시설과 치료시설 내에 있는 많은 청소년이 물질 오남용을 동반하는 정신장애를 앓고 있다는 것을 보여 준다.

많은 안전시설의 구금 상태가 형편없고, 특히 구금시설 내 소수 민족 청소년이 지나치게 많다는 점이 문제시되고 있다. 여자 청소년의 요구는 간과되었고, 윤리적 · 인종적 또는 성적 지향 소수자인 청소년의 요구도 무시당했다. 보호시설 내 청소년에 대한 조사 결과로 가정이나 그룹홈에서 제공되는 집중적인 서비스와 같은 지역사회 기반 접근법의 활용을 더 옹호하게 되었다. 성인의 치료 프로그램에서 밝혀진 것과 마찬가지로, 성공적인 프로그램은 몇 가지 공통적인 특징을 가진다. 예를 들어, 인지-행동 모델을 바탕으로 한 프로그램은 긍정적인 평가를 받았고, 집단, 개인 및 가족 치료의 통합을 시도했던 다중모델 프로그램 또한 긍정적인 결과를 보여 주었다. 고위험성과 높은 요구를 지닌 범죄자를 대상으로 한 프로그램은 해당 특성을 지닌 범죄자에게 큰 효과가 있었고, 사후 관리 또한 좋게 평가되었다. 특히 청소년은 반사회적 행동을 촉진시키는 환경으로 되돌아갈 가능성이 높기 때문에 사후 관리가 매우 중요하다. 이것이 청소년의 다양한 사회 체계(예: 개인, 가족, 학교, 지역사회, 고용 장면)에서 그들의 강점과 약점이 강조되도록 시도하는 지역사회 기반의 다중체계 이론에 장래성이 있다고 볼 수 있는 이유일 것이다.

주요 개념

가족보존 모델family preservation model
검사 권한에 의한 양도prosecutorial waiver
결합판결blended sentencing
공격대처 훈련aggression replacement training: ART
교육-가족 모델teaching-family model
국친 사상parens patriae
기능적 가족치료functional family therapy: FFT
다중체계치료multisystemic therapy: MST
다차원 치료위탁보호Multidimensional Treatment Foster Care: MTFC
대안적 처분diversion
맥아더 청소년 능력 연구MacArthur junenile competence study
법령에 의한 제외statutory exclusion
법적 양도waiver by statute
보호시설Houses of Refuge
불균형적 소수민족 감금disproportionate minority confinement: DMC
비행 청원서delinquency petition
비행범죄 공판delinquency hearing or adjudicatory hearing
사법적 양도judicial waivers
사후지도aftercare
생물학적/신경학적 관점biological/neurological perspective
양도 청원서waiver petition
예방적 구금preventive detention
의사결정 능력decisional competency
입법적 양도legislative waiver
재활 수용성amenability to rehabilitation
접수intake
지위 위반자의 탈시설화(우범소년)deinstitutionalization of status offenders: DSO
처분disposition
청소년 구금juvenile detention
청소년 사법 및 비행방지국Office of Juvenile Justice and Delinquency Prevention: OJJDP
청소년 사법 및 비행방지법Juvenile Justice and Delinquency Prevention Act: JJDPA
홈빌더 모델Homebuilders model

단원 정리

1. 구금과 치료/재활을 구별하는 것은 왜 중요한가?
2. 청소년 사법 환경에서 법정 심리학자의 평가 역할에 대해 간략히 기술하라.
3. 범죄 혐의로 기소된 Kent 대 United States 및 In re Gault 대법원 판례의 의미에 대해 논하라.
4. 청소년이 헌법상 권리를 포기하고 허위 자백을 하는 데 특히 취약한 이유에 대해 논하라.
5. 교육–가족 접근의 강점과 약점은 무엇인가?
6. 수행 집단, 치료 접근, 평가 연구와 같은 요소에 근거하여 홈빌더, 기능적 가족치료(FFT), 다중체계치료(MST)를 비교 · 대조하라.
7. 공격대처 훈련(ART)이 무엇이며, 그 교육 과정에 대해 간단히 요약하라.
8. 인지행동치료(CBT)가 무엇이며, 성범죄를 저지른 것으로 밝혀진 소년범에게 어떻게 활용될 수 있는지 설명하라.

참조 판례

Addington v. Texas, 99 S.Ct. 1804 (1979).

Ake v. Oklahoma, 470 U.S. 68 (1985).

Argersinger v. Hamlin, 407 U.S. 25 (1972).

Atkins v. Virginia, 536 U.S. 304 (2002).

Barefoot v. Estelle, 463 U.S. 880 (1983).

Batson v. Kentucky 476 U.S. 79 (1986).

Bell v. Wolfish, 441 U.S. 520 (1979).

Borawick v. Shay, 68 F.3d 597 (2d Cir. 1995), cert. denied, 517 U.S. 1229.

Brady v. Maryland, 373 U.S. 83 (1963).

Breed v. Jones, 421 U.S. 519 (1975).

Brown v. Board of Education, 347 U.S. 483 (1954).

Brown v. Entertainment Merchants Association, 564 U.S. ___ (2011).

Brown v. Plata, 131 S.Ct. 1910 (2011).

Clark v. Arizona, 126 S.Ct. 2709 (2006).

Coker v. Georgia, 433 U.S. 584 (1977).

Cone v. Bell, 129 S.Ct. 1769 (2009).

Cooper v. Oklahoma, 116 S. Ct. 1373 (1996).

Correctional Services Corporation v. Malesko (00-860) 534 U.S. 61 (2001)

Cruzan v. Director, Missouri Department of Health, 497 U.S. 261 (1990).

Daubert v. Merrell Dow Pharmaceuticals, Inc., 509 U.S. 579 (1993).

Delling v. Idaho, cert. denied 133 S.Ct 504 (2012).

District of Columbia v. Heller, 554 U.S. 570 (2008).

Drope v. Missouri, 420 U.S. 162 (1975).

Durham v. United States, 214 F.2d 862 (D. C. Cir. 1954).

Dusky v. United States, 362 U.S. 402 (1960).

Elonis v. U.S. 575 U.S. ___ (2015).

Estelle v. Gamble, 429 U.S. 97 (1976).

Ewing v. Goldstein, 5 Cal.Rptr.3d 864 (2004), 120 Cal. App.4th 807 (2004).

Fare v. Michael C., 442 U.S. 707 (1979).

Faretta v. California, 422 U.S. 806 (1975).

Farmer v. Brennan, 511 U.S. 725 (1994).

Finger v. State, 27 P.3d 66 (Nev. 2001).

Ford v. Wainwright, 477 U.S. 399 (1986).

Foster v. Chatman, 578 U.S. ___(2016).

Foucha v. Louisiana, 504 U.S. 71 (1992).

Franco-Gonzalez v. Holder, No. CV 10-02211 DMG (DTBx), 2013 WL 3674492 (C. D. Cal. Apr. 23, 2013).

Frye v. United States, 54 app. D.C., 46, 47; 293 F 1013, 1014 (1923).

Furman v. Georgia, 408 U.S. 238 (1972).

General Electric Co. v. Joiner 522 U.S. 136 (1997).

Gideon v. Wainwright, 372 U.S. 335 (1963).

Glossip v. Gross, 576 U.S. ___(2015).

Godinez v. Moran, 113 S.Ct. 2680 (1993).

Graham v. Florida, 130 S. Ct. 2011 (2010).

Gruber v. Gruber, 583 A.2d 434 (Pa. Super. 1990).

Hall v. Florida, 572 U.S. ___ (2014).

Harris v. Forklift Systems, Inc., 510 U.S. 17 (1993).

Heller v. Doe, 509 U.S. 312 (1993).

Hollingsworth v. Perry, 570 U.S. ___ (2013).

Hudson v. Palmer 468 U.S. 517 (1984).

In re Gault, 387 U.S. 1 (1967).

In re M-A-M, 251. & N. Dec. 474 (2011).

In re Quinlan, 70 N.J. 10, 355 A.2d. 647, cert. denied sub nom. (1976).

Indiana v. Edwards, 554 U.S. 164 (2008).

Jackson v. Indiana, 406 U.S. 715 (1972).

Jaffe v. Redmond, 116 S. Ct. 1923 (1996).

J.D.B. v. North Carolina, 564 U.S. 261 (2011).

Jenkins v. United States 307 F.2d 637 (1962).

John Doe 76C, v. Archdiocese of Saint Paul and Minneapolis, No. A10-1951 (July 25, 2012).

Kansas v. Crane, 534 U.S. 407 (2002).

Kansas v. Hendricks, 521 U.S., 117 S.Ct. 2072 (1997).

Kennedy v. Louisiana, 554 U.S., 128 S.Ct. 2072 (2008).

Kent v. United States, 383 U.S. 541 (1966).

Kumho Tire Co. v. Carmichael 526 U.S. 137 (1999).

Lockett v. Ohio, 438 U.S. 586 (1978).

Madrid v. Gomez, 889 F. Supp. 1149 (N.D. Cal. 1995).

Maryland v. Craig, 497 U.S. 836 (1987).

McKeiver v. Pennsylvania, 403 U.S. 528 (1971).

McKune v. Lile, 536 U.S. 24 (2002).

McWilliams v. Dunn, ___ U.S. ___(2017).

Miller v. Alabama and Jackson v. Hobbs, 132 S.Ct. 2455 (2012).

Minneci v. Pollard 607 F. 3d 583 and 629 F. 3d 843, reversed (2012).

Miranda v. Arizona, 384 U.S. 436 (1966).

Montgomery v. Louisiana, 577 U.S. ___ (2016).

Moore v. Texas, 581 U.S. ___ (2017).

North Dakota ex rel. Schuetzle v. Vogel 557 N.W.2d 358 (N.D. 1995).

Obergefell v. Hodges, 576 U.S. ___ (2015).

Oncale v. Sundowner Offshore Services, 523 U.S. 75 (1998).

Packingham v. North Carolina 582 US ___ (2017).

Panetti v. Quarterman, 127 S. Ct. 852 (06-6407) (2007).

Paroline v. United States, 572 U.S. ___ (2014).

Payne v. Commonwealth of Virginia, Court of Appeals of Virginia, Record No. 151524, Decided December 29, 2016.

Payne v. Tennessee 501 U.S. 808 (1991).

Pena-Rodriguez v. Colorado, 580 U.S. ___ (2017).

People v. Caballero, 55 Cal 4th 262 (2012).

People v. Hickey, 86 Ill. App. 20 (1889).

Perri v. Coughlin, WL 395374 (N.D.N.Y. 1999).

Perry v. New Hampshire, 132 S.Ct. 716 (2012).

Peruta v. California, Petition for certiorari denied on June 26, 2017

Regina v. M'Naughten, 8 Eng. Rep. 718 (1843).

Riggins v. Nevada, 504 U.S. 127 (1992).

Riley v. California, 573 U.S. 783 (2014).

Ring v. Arizona, 536 U.S. 584 (2002).

Roper v. Simmons, 543 U.S. 551 (2005).

Schall v. Martin, 467 U.S. 253 (1984).

Sell v. United States 539 U.S. 166 (2003).

Shannon v. U.S. 512 U.S. 573 (1994).

Stogner v. California 539 U.S. 607 93 Cal. App. 4th 1229, 114 Cal. Rptr. 2d 37, reversed (2003).

Stovall v. Denno, 388 U.S. 293 (1967).

Tarasoff v. Regents of the University of California, 17 Cal. 3d 425, 551 P.2d 334, 131 Cal. Rptr. 14 (Cal. 1976).

Thompson v. Oklahoma, 487 U.S. 815 (1988).

Thor v. Superior Court, 855 P.2d 375 (Cal. 1993).

Troxel v. Granville, 530 U.S. 57 (2000).

United States v. Alexander, 526 F. 2d 161. 168 (1975 [8th Cir.]).

United States v. Brawner 471 F.2d 969,153 U.S. App. D.C. 1; 1972 U.S. App. (1972).

United States v. Comstock, 560 U.S. 130 S.Ct. 1949 (2010).

United States v. Salerno, 481 U.S. 739 (1987).

United States v. Windsor, 570 U.S.___ (2013).

U.S. v. Jones, 132 S.Ct. 945 (2012).

Vitek v. Jones, 445 U.S. 480 (1980).

Volk v. DeMeerleer, 2016 386 P.3d 254 (2016).

Washington v. Harper 494 U.S. 210 (1990).

Zinermon v. Burch, 110 S.Ct. 975 (1990).

참고문헌

Aamodt, M. G. (2008). Reducing misconceptions and false beliefs in police and criminal psychology. *Criminal Justice and Behavior, 35,* 1231-1240.

Aamodt, M. G., & Stalnaker, H. (2001). Police officer suicide: Frequency and officer profiles. In D. C. Sheehan & J. I. Warren (Eds.), *Suicide and law enforcement* (pp. 383-398). Washington, DC: FBI Academy.

Aamodt, M. G., Stalnaker, H., & Smith, M. (2015, October). *Law enforcement suicide: Updated profiles and the quest for accurate suicide rate.* Paper presented at the Annual Meeting of the Society for Police and Criminal Psychology, Atlanta, GA.

Abbey, A., Zawacki, T., Buck, P. O., Clinton, A. M., & McAuslan, P. (2004). Sexual assault and alcohol consumption: What do we know about their relationship and what types of research are still needed? *Aggression and Violent Behavior, 9,* 271-305.

Abbey, A., Zawacki, T., & McAuslan, P. (2000). Alcohol' s effects on sexual perception. *Journal of Studies on Alcohol, 61*, 688-697.

Abel, G. G., Lawry, S. S., Karlstrom, E., Osborn, C. A., & Gillespie, C. E. (1994). Screening tests for pedophilia. *Criminal Justice and Behavior, 21*, 115-131.

Abram, K. M., Teplin, L. A., King, D. C., Longworth, S. L., Emanuel, K. M., Romero, E. G., . . . & Olson, N. D. (2013, June). *PTSD, trauma, and comorbid psychiatric disorders in detained youth.* Washington, DC: U.S. Department of Justice, Office of Juvenile Justice and Delinquency Prevention.

Abrams, D. E. (2013). A primer on criminal child abuse and neglect law. *Juvenile and Family Court, 64,* 1-27.

Abrams, K. M., & Robinson, G. E. (2002). Occupational effects of stalking. *Canadian Journal of Psychiatry, 47,* 468-472.

Acierno, R. H., Hernandez, M. A., Arnstadter, A. B., Resnick, H. S., Steve, K., Muzzy, W., & Kilpatrick, D. G. (2010). Prevalence and correlates of emotional, physical, sexual, and financial abuse and potential neglect in the United States: The National Elder Mistreatment Study. *American Journal of Public Health, 100,* 292-297.

Acierno, R. H., Resnick, H., & Kilpatrick, D. G. (1997, Summer). Health impact of interpersonal violence 1: Prevalence rates, case identification, and risk factors for sexual assault, physical assault, and domestic violence in men and women. *Behavioral Medicine, 23,* 53-67.

Ackerman, M. J., & Ackerman, M. C. (1997). Custody evaluation practices: A survey of experienced professionals (revisited). *Professional Psychology: Research and Practice, 28*, 137-145.

Ackerman, M. J., & Gould, J. W. (2015). Child custody and access. In B. L. Cutler & P. A. Zapf (Eds.), *APA handbook of forensic psychology, Vol. 1. Individual and situational influences in criminal and civil courts* (pp. 425-469). Washington, DC: American Psychological Association.

Ackerman, M. J., & Pritzl, T. B. (2011). Child custody evaluation practices: A 20-year follow up. *Family Court Review, 49,* 618-628.

Adam, K. S., & Brady, S. N. (2013). Fifty years of judging family law: The Cleavers have left the building. *Family Court Review, 51,* 28-33.

Adams, G. A., & Buck, J. (2010). Social stressors and strain among police officers: It's not just the bad guys. *Criminal Justice and Behavior, 37,* 1030-1040.

Adams, J. H. (1997). Sexual harassment and Black women: A historical perspective. In W. O'Donahue (Ed.), *Sexual harassment: Theory, research, and treatment* (pp. 213-224). Boston, MA: Allyn & Bacon.

Adams, K., Alpert, G. P., Dunham, R. G., Garner, J. H., Greenfield, L. A., Henriquez, M. A., . . . & Smith, S. K. (1999, October). *Use of force by police: Overview of national and local data series: Research report*. Washington, DC: National Institute of Justice and Bureau of Justice Statistics.

Adams, W., Owens, C., & Small, K. (2010). *Effects of federal legislation on the commercial sexual exploitation of children*. Washington, DC: U.S. Department of Justice, Office of Juvenile Justice and Delinquency Prevention.

Adler, R., Nunn, R., Northam, E., Lebnan, V., & Ross, R. (1994). Secondary prevention of childhood firesetting. *Journal of the American Academy of Child and Adolescent Psychiatry, 33*, 1194-1202.

Administration on Aging. (1998, September). *The National Elder Abuse Incidence Study: Final report*. Washington, DC: U.S. Department of Health and Human Services, Administration on Aging.

Adolphs, R. (2009). The social brain: Neural basis of social knowledge. *Annual Review of Psychology, 60*, 693-716.

Agopian, M. W. (1984). The impact on children of abduction by parents. *Child Welfare, 63*, 511-519.

Ahlers, C. J., Schaefer, G. S., Mundt, I. A., Roll, S., Englert, H., Willich, S. N., & Beier, K. M. (2011). How unusual are the contents of paraphilias? Paraphilia-associated sexual arousal patterns in a community-based sample of men. *Journal of Sexual Medicine, 8*, 1362-1370.

Alexander, J. F., Waldron, H. B., Robbins, M. S., & Neeb, A. A. (2013). *Functional family therapy for adolescent behavior problems*. Washington, DC: American Psychological Association.

Alexander, M. A. (1999). Sexual offender treatment efficacy revisited. *Sexual Abuse: A Journal of Research and Treatment, 11*, 101-116.

Alexander, R. A., Smith, W., & Stevenson, R. (1990). Serial Munchausen syndrome by proxy. *Pediatrics, 8*, 581-585.

Alison, L. J., Bennell, C., Ormerod, D., & Mokros, A. (2002). The personality paradox in offender profiling: A theoretical review of the processes involved in deriving background characteristics from crime scene actions. *Psychology, Public Policy, and Law, 8*, 115-135.

Alison, L. J., & Canter, D. V. (1999). Professional, legal and ethical issues in offender profiling. In D. V. Canter & L. J. Alison (Eds.), *Profiling in policy and practice* (pp. 21-54). Aldershot, England: Ashgate.

Alison, L. J., Kebbell, M., & Lewis, P. (2006). Considerations for experts in assessing the credibility of recovered memories of child sexual abuse: The importance of maintaining a case-specific focus. *Psychology, Public Policy, and Law, 4*, 419-441.

Alison, L. J., Smith, M. D., Eastman, O., & Rainbow, L. (2003). Toulmin's philosophy of argument and its relevance to offender profiling. *Psychology, Crime & Law, 9*, 173-183.

Alison, L. J., Smith, M. D., & Morgan, K. (2003). Interpreting the accuracy of offender profiles. *Psychology, Crime & Law, 9*, 185-195.

Allen, R. S., & Shuster, J. L. (2002). The role of proxies in treatment decisions: Evaluating functional capacity to consent to end-of-life treatments within a family context. *Behavioral Sciences & the Law, 20*, 235-252.

Alpert, J., Brown, L. S., & Courtois, C. A. (1998). Symptomatic clients and memories of childhood abuse: What the trauma and sexual abuse literature tells us. *Psychology, Public Policy, and Law, 4*, 941-945.

Althouse, R. (2010). Standards for psychology services in jails, prisons, correctional facilities, and agencies. *Criminal Justice and Behavior, 37*, 749-808.

Amato, P. R. (2000). The consequences of divorce for adults and children. *Journal of Marriage and the Family, 62*, 1269-1287.

Amato, P. R. (2001). Children of divorce in the 1990s: An update of the Amato and Keith (1991) meta-analysis. *Journal of Family Psychology, 15*, 355-370.

Amato, P. R. (2010). Research on divorce: Continuing trends and new developments. *Journal of Marriage and the Family, 72*, 650-666.

American Bar Association (2009). Due process for people with mental disabilities in immigration removal proceedings. *Mental and Physical Disability Law Reporter, 33*, 882-900.

American Civil Liberties Union. (2014). *Alone and afraid: Children held in solitary confinement and isolation in juvenile detention and correctional facilities*. New York,

NY: Author.

American Psychiatric Association. (2013). *Diagnostic and statistical manual of mental disorders* (5th ed.). Washington, DC: Author.

American Psychological Association. (1992). Ethical principles of psychologists and code of conduct. *American Psychologist, 47,* 1597-1611.

American Psychological Association. (1996). *Reducing violence: A research agenda.* Washington, DC: Author.

American Psychological Association. (1998). Guidelines for the evaluation of dementia and age-related cognitive decline. *American Psychologist, 53,* 1298-1303.

American Psychological Association. (2002). Ethical principles of psychologists and code of conduct. *American Psychologist, 57,* 1060-1073.

American Psychological Association. (2003a). *Family-like environment better for troubled children and teens.* Retrieved from http://www.apa.org/research/action/family.aspx

American Psychological Association. (2003b). Guidelines on multicultural education, training, research, practice, and organizational change for psychologists. *American Psychologist, 58,* 377-402.

American Psychological Association. (2003c). Is youth violence just another fact of life? In *APA Online: Public Interest Initiatives.* Washington, DC: Author. Retrieved from http://www.APA.org

American Psychological Association. (2010a). Amendments to the 2002 "Ethical Principles of Psychologists and Code of Conduct." *American Psychologist, 65,* 493.

American Psychological Association. (2010b). Guidelines for child custody evaluations in family law proceedings. *American Psychologist, 65,* 863-867.

American Psychological Association. (2012). Guidelines for psychological practice with lesbian, gay, and bisexual clients. *American Psychologist, 67,* 10-42.

American Psychological Association. (2013a). *Gun violence: Prediction, prevention, and policy.* APA Panel of Experts Report. Washington, DC: Author. Retrieved from http://www.apa.org/pubs/info/reports/gun-violence-prevention.aspx

American Psychological Association. (2013b). Guidelines for psychological evaluations in child protection matters. *American Psychologist, 68,* 20-31.

American Psychological Association. (2013c). Specialty guidelines for forensic psychology. *American Psychologist, 68,* 7-19.

American Psychological Association. (2014a). *Pursuing a career in forensic and public service psychology.* Washington, DC: Author. Retrieved from www.apa.org/action/science/forensic/education-training.aspx

American Psychological Association. (2014b). *2012 APA state licensing board list (unpublished special analysis).* Washington, DC: Author.

American Psychological Association. (2014c). *Report of the Task Force on Trafficking of Women and Girls.* Washington, DC: Author.

American Psychological Association. (2014d). Guidelines for psychological practice with older adults. *American Psychologist, 69,* 34-65.

American Psychological Association. (2016a). *APA practice central.org.* Retrieved from www.apapracticecenter.org/advocacy/prescriptiveauthority/retrieved 1/18/17

American Psychological Association. (2016b). *APA membership statistics.* Washington, DC: Author.

American Psychological Association Center for Workforce Studies. (2015). Retrieved from http://www.apa.org/workforce/about/index.aspx

American Psychological Association's Task Force on Television in Society. (1992). *Big world, small screen: The role of television in American society.* Lincoln: University of Nebraska Press.

Amick-McMullan, A., Kilpatrick, D. G., & Resnick, H. S. (1991). Homicide as a risk factor for PTSD among surviving family members. *Behavioral Modification, 15,* 545-559.

Amick-McMullen, A., Kilpatrick, D. G., Veronen, L. J., & Smith, S. (1989). Family survivors of homicide victims: Theoretical perspectives and an exploratory study. *Journal of Traumatic Stress, 2,* 21-35.

Amnesty International. (1998). *Betraying the young* (Special report). New York, NY: Author.

Andershed, H., Kerr, M., Stattin, H., & Levander, S. (2002). Psychopathic traits in non-referred youths: Initial test of a new assessment tool. In E. Blaauw, J. M. Philippa, K. C. M. P. Ferenschild, & B. van Lodesteijn (Eds.),

Psychopaths: Current international perspectives* (pp. 131-158). The Hague, Netherlands: Elsevier.

Anderson, C. A., & Bushman, B. J. (2001). Effects of violent video games on aggressive behavior, aggressive cognition, aggressive affect, physiological arousal, and prosocial behavior: A meta-analytic review of the scientific literature. *Psychological Science, 12,* 353-359.

Anderson, N. B. (2010). Connecting with our members. *APA Monitor, 41*, 9.

Anderson, S. D., & Hewitt, J. (2002). The effect of competency restoration training on defendants with mental retardation found not competent to proceed. *Law and Human Behavior, 26,* 343-351.

Anderson, S. L. (2016). Commentary on the special issue on the adolescent brain: Adolescence, trajectories, and the importance of prevention. *Neuroscience and Biobehavioral Review, 70*, 329-333.

Andretta, J. R., Woodland, M. H., Watkins, K. M., & Barnes, M. E., (2016). Towards the discreet identification of commercial sexual exploitation of children (CSEC) victims and individualized interventions: Science to practice. *Psychology, Public Policy, and Law*, *22*, 260-270.

Andrews, D. A., & Bonta, J. (1994). *The psychology of criminal conduct.* Cincinnati, OH: Anderson.

Andrews, D. A., & Bonta, J. (1995). *The Level of Service Inventory-Revised.* Toronto, Canada: Multi-Health Systems.

Andrews, D. A., & Bonta, J. (1998). *The psychology of criminal conduct* (2nd ed.). Cincinnati, OH: Anderson.

Andrews, D. A., & Bonta, J. (2010). *The psychology of criminal conduct* (4th ed.). New Providence, NJ: Matthew Bender.

Andrews, D. A., Bonta, J., & Hoge, P. D. (1990). Classification for effective rehabilitation: Rediscovering psychology. *Criminal Justice and Behavior, 17,* 19-52.

Andrews, D. A., Bonta, J., & Wormith, J. S. (2004a). *The Level of Service/Case Management Inventory (LS/CMI).* Toronto, Canada: Multi-Health Systems.

Andrews, D. A., Bonta, J., & Wormith, J. S. (2004b). *Manual for the Level of Service/Case Management Inventory (LS/CMI).* Toronto, Canada: Multi-Health Systems.

Andrews, D. A., Zinger, I., Hoge, R. D., Bonta, J., Gendreau, P., & Cullen, F. T. (1990). Does correctional treatment work? A psychologically informed meta-analysis. *Criminology, 28,* 369-404.

Appelbaum, P. S., & Grisso, T. (1995). The MacArthur Treatment Competence Study I: Mental illness and competence to consent to treatment. *Law and Human Behavior, 19,* 105-126.

Archer, J. (2002). Sex differences in physically aggressive acts between heterosexual partners: A meta-analytic review. *Aggression and Violence, 7,* 313-351.

Archer, R. P., Buffington-Vollum, J. K., Stredny, R. V., & Handel, R. W. (2006). A survey of psychological tests used among forensic psychologists. *Journal of Personality Assessment, 87,* 84-94.

Ardis, C. (2004). School violence from the classroom teacher's perspective. In W. L. Turk (Ed.), *School crime and policing* (pp. 131-150). Upper Saddle River, NJ: Prentice Hall.

Arkow, P. (1998). The correlations between cruelty to animals and child abuse and the implications for veterinary medicine. In R. Lockwood & F. R. Ascione (Eds.), *Cruelty to animals and interpersonal violence: Readings in research and application* (pp. 409-414). West Lafayette, IN: Purdue University Press.

Ascione, F. R. (1997). *Animal welfare and domestic violence.* Logan: Utah State University.

Asher, R. (1951). Munchausen's syndrome. *The Lancet, 1,* 339-341.

Aspinwall, L. G., Brown, T. R., & Tabery, J. (2012, August 17). The double-edged sword: Does biomechanism increase or decrease judges' sentencing. *Science, 337,* 846-849.

Atakan, Z. (2012). Cannabis, a complex plant: Different compounds and different effects on individuals. *Therapeutic Advances in Psychopharmacology, 2*, 241-254.

Atkinson, J. (2010). The law of relocation of children. *Behavioral Sciences & the Law, 28,* 563-579.

Ault, R., & Reese, J. T. (1980, March). A psychological assessment of crime profiling. *FBI Law Enforcement Bulletin, 49*, 22-25.

Aumiller, G. S., & Corey, D. (2007). Defining the field of

police psychology: Core domains and proficiencies. *Journal of Police and Criminal Psychology, 22,* 65-76.

Austin, W. G. (2008a). Relocation, research, and forensic evaluation. Part I: Effects of residential mobility on children of divorce. *Family Court Review, 46,* 136-149.

Austin, W. G. (2008b). Relocation, research, and forensic evaluation. Part II: Research support for the relocation risk assessment model. *Family Court Review, 46,* 347-365.

Aviv, R. (2013, January 14). The science of sex abuse: Is it right to imprison people for heinous crimes they have not yet committed? *The New Yorker*, 36-45.

Ax, R. K., Fagan, T. J., Magaletta, P. R., Morgan, R. D., Nussbaum, D., & White, T. W. (2007). Innovations in correctional assessment and treatment. *Criminal Justice and Behavior, 34,* 893-905.

Babchishin, K. M., Hanson, R. K., & Hermann, C. A. (2011). The characteristics of online sex offenders: A meta-analysis. *Sexual Abuse: A Journal of Research and Treatment, 23,* 92-123.

Bailey, J. M., Bernard, P. A., & Hsu, K. J. (2016). An Internet study of men sexually attracted to children: Correlates of sexual offending against children. *Journal of Abnormal Psychology, 125*, 989-1000.

Baird, K. A. (2007). A survey of clinical psychologists in Illinois regarding prescription privileges. *Professional Psychology, Research and Practice*, *38*, 196-202.

Baker, B., & Williams, C. (2017, July). *Immigration enforcement actions, 2015*. Washington, DC: Department of Homeland Security, Office of Immigration Statistics.

Bakker, A. B., & Heuven, E. (2006). Emotional dissonance, burnout, and in-role performance among nurses and police officers. *International Journal of Stress Management, 13,* 423-440.

Baldwin, S. A., Christian, S., Berkeljion, A., & Shadish, W. R. (2012). The effects of family therapies for adolescent delinquency and substance abuse: A meta-analysis. *Journal of Marital and Family Therapy, 38*, 281-304.

Bales, W. D., Bedard, L. E., Quinn, S. T., Ensley, D. T., & Holley, G. P. (2005). Recidivism of public and private state prison inmates in Florida. *Criminology and Public Policy, 4*, 57-82.

Balkin, J. (1988). Why policemen don't like policewomen. *Journal of Police Science and Administration, 16,* 29-37.

Ballie, R. (2001, December). Where are the new psychologists going? *Monitor on Psychology*, *32*, 24-25.

Banich, M. T. (2009). Executive function: The search for an integrated account. *Current Directions in Psychological Science, 18,* 89-94.

Banks, C. S., Blake, J. J., & Joslin, A. K. (2013, Fall). Stand up or stay out of it: How do parents teach their children to respond to bullying situations? *The School Psychologist,* 10-15.

Barbaree, H. E., & Marshall, W. L. (Eds.). (2006). *The juvenile sex offender* (2nd ed.). New York, NY: Guilford Press.

Barbaree, H. E., & Serin, R. C. (1993). Role of male sexual arousal during rape in various rapist subtypes. In G. C. Nagayama, G. C. N. Hall, R. Hirchman, J. R. Graham, & M. S. Zaragoza (Eds.), *Sexual aggression: Issues in etiology, assessment, and treatment* (pp. 99-106). Washington, DC: Taylor & Francis.

Barbaree, H. E., Seto, M. C., Serin, R. C., Amos, N. L., & Preston, D. L. (1994). Comparisons between sexual and nonsexual rapist subtypes: Sexual arousals to rape, offense precursors, and offense characteristics. *Criminal Justice and Behavior, 21,* 95-114.

Barber, S. J., & Wright, E. M. (2010). Predictors of completion in a batterer treatment program. *Criminal Justice and Behavior, 37,* 847-858.

Barber, T. X., Spanos, N. R., & Chaves, J. F. (1974). *Hypnosis, imagination, and human potentialities.* New York, NY: Pergamon.

Bardone, A. M., Moffitt, T. E., & Caspi, A. (1996). Adult mental health and social outcomes of adolescent girls with depression and conduct disorder. *Development and Psychopathology, 8,* 811-829.

Barkley, R. (1997). Behavioral inhibition, sustained attention, and executive functions: Constructing a unifying theory of ADHD. *Psychological Bulletin, 121,* 65-94.

Barkley, R. (1998). *Attention-deficit hyperactivity disorder* (2nd ed.). New York, NY: Guilford Press.

Barlett, C., & Coyne, S. M. (2014). A meta-analysis of sex differences in cyber-bullying behavior: The moderating role of age. *Aggressive Behavior, 40*, 474-488.

Barlett, C. P., Gentile, D. A., & Chew, C. (2016). Predicting cyberbullying from anonymity. *Psychology of Popular Media Culture, 5*, 171-180.

Barnard, G. W., Thompson, J. W., Freeman, W. C., Robbins, L., Gies, D., & Hankins, G. (1991). Competency to stand trial: Description and initial evaluation of a new computer-assisted assessment tool (CADCOMP). *Bulletin of the American Academy of Psychiatry and the Law, 19*, 367-381.

Baron, R. A., & Byrne, D. (2000). *Social psychology* (9th ed.). Boston, MA: Allyn & Bacon.

Barrick, M. R., & Mount, M. K. (1991). The Big Five personality dimensions and job performance: A meta-analysis. *Personnel Psychology, 44*, 1-26.

Barrick, M. R., & Mount, M. K. (2005). Yes, personality matters: Moving on to more important matters. *Human Performance, 18*, 359-372.

Barriga, A. Q., & Gibbs, J. C. (1996). Measuring cognitive distortion in antisocial youth: Development and preliminary evaluation of the How I Think questionnaire. *Aggressive Behavior, 22*, 333-343.

Barry, C. T., Frick, P. J., DeShazo, T. M., McCoy, M. G., Ellis, M., & Loney, B. R. (2000). The importance of callous-unemotional traits for extending the concept of psychopathy to children. *Journal of Abnormal Psychology, 109*, 335-340.

Bartol, C. R. (1980). *Criminal behavior: A psychosocial approach.* Englewood Cliffs, NJ: Prentice Hall.

Bartol, C. R. (1996). Police psychology: Then, now, and beyond. *Criminal Justice and Behavior, 23*, 70-89.

Bartol, C. R. (2002). *Criminal behavior: A psychosocial approach* (6th ed.). Upper Saddle River, NJ: Prentice Hall.

Bartol, C. R., & Bartol, A. M. (1987). History of forensic psychology. In I. B. Weiner & A. K. Hess (Eds.), *Handbook of forensic psychology* (pp. 3-21). New York, NY: Wiley.

Bartol, C. R., & Bartol, A. M. (2004). *Psychology and law: Theory, research, and application* (3rd ed.). Belmont, CA: Wadsworth/Thomson.

Bartol, C. R., & Bartol, A. M. (2011). *Criminal behavior: A psychological approach* (9th ed.). Upper Saddle River, NJ: Prentice Hall.

Bartol, C. R., & Bartol, A. M. (2013). *Criminal and behavioral profiling.* Thousand Oaks, CA: Sage.

Bartol, C. R., & Bartol, A. M. (2014). *Criminal behavior: A psychological approach* (10th ed.). Columbus, OH: Pearson.

Bartol, C. R., & Bartol, A. M. (2015). *Psychology and law: Research and practice.* Thousand Oaks, CA: Sage.

Baskin-Sommers, A. R., Baskin, D. R., Sommers, I., Casados, A. T., Crossman, M. K., & Javdani, S. (2016). The impact of psychopathology, race, and environmental context on violent offending in a male adolescent sample. *Personality Disorders: Theory, Research, and Treatment, 7*, 354-362.

Basow, S. A., & Minieri, A. (2010). "You owe me": Effects of date cost, who pays, participant gender, and rape myth beliefs on perceptions of rape. *Journal of Interpersonal Violence, 26*, 479-497.

Batastini, A. B., & Morgan, R. D. (2016). Connecting the disconnected: Preliminary results and lessons learned from a telepsychology initiative with special management inmates. *Psychological Services, 13*, 283-291.

Bauer, P. J. (1996). What do infants recall of their lives? Memories for specific events by one- to two-year-olds. *American Psychologist, 51*, 29-41.

Baum, K., Catalano, S., Rand, M., & Rose, K. (2009, January). *Stalking victimization in the United States.* Washington, DC: U.S. Department of Justice, Bureau of Justice Statistics.

Bauserman, R. (2002). Child adjustment in joint-custody versus sole-custody arrangements: A meta-analytic review. *Journal of Family Psychology, 16*, 38-53.

Bauserman, R. (2012). A meta-analysis of parental satisfaction, adjustment, and conflict in joint custody and sole custody following divorce. *Journal of Divorce & Remarriage, 53*, 464-488.

Bayer, P., & Pozen, D. E. (2003). *The effectiveness of juvenile correctional facilities: Public versus private management.* New Haven, CT: Economic Growth Center, Yale University.

Beasley, J. D., Hayne, A. S., Beyer, K., Cramer, G. L., Benson, S. B., Muirhead, Y., & Warren, J. L. (2009).

Patterns of prior offending by child abductors: A comparison of fatal and nonfatal outcomes. *International Journal of Law and Psychiatry, 32,* 273-280.

Beatty, D., Hickey, E., & Sigmon, J. (2002). Stalking. In A. Seymour, M. Murray, J. Sigmon, M. Hook, C. Edwards, M. Gaboury, & G. Coleman (Eds.), *2002 National Victim Assistance Academy textbook.* Washington, DC: U.S. Department of Justice, Office of Victims of Crime.

Beauchaine, T. P., Katkin, E. S., Strassberg, Z., & Snarr, J. (2001). Disinhibitory psychopathology in male adolescents: Discriminating conduct disorder from attention-deficit/hyperactivity disorder through concurrent assessment of multiple autonomic states. *Journal of Abnormal Psychology, 110,* 610-624.

Beck, A. J. (2015). *Use of restrictive housing in U.S. prisons and jails, 2011-2012.* Washington, DC: U.S. Department of Justice.

Beck, A. J., Cantor, D., Hartge, J., & Smith, T. (2013). *Sexual victimization in juvenile facilities reported by youth, 2012.* Washington, DC: U.S. Department of Justice, Bureau of Justice Statistics.

Beck, A. J., Guerino, P., & Harrison, P. M. (2010). *Sexual victimization in juvenile facilities reported by youth, 2008-2009.* Washington, DC: U.S. Department of Justice, Bureau of Justice Statistics.

Becker, J. V. (1990). Treating adolescent sexual offenders. *Professional Psychology: Research and Practice, 21,* 362-365.

Becker, J. V., Hall, S. R., & Stinson, J. D. (2001). Female sexual offenders: Clinical, legal and policy issues. *Journal of Forensic Psychology Practice, 1,* 29-50.

Becker, J. V., & Johnson, B. R. (2001). Treating juvenile sex offenders. In J. B. Ashford, B. D. Sales, & W. H. Reid (Eds.), *Treating adult and juvenile offenders with special needs* (pp. 273-289). Washington, DC: American Psychological Association.

Becker, K. (2014). *Importance of factors associated with competence for immigration proceedings: A survey of immigration attorneys.* Retrieved from ProQuest Dissertations and Theses Global (Order No. 3581895).

Bedi, G., & Goddard, C. (2007). Intimate partner violence: What are the impacts on children? *Australian Psychologist, 42,* 66-77.

Beech, A. R., & Craig, L. A. (2012). The current status of static and dynamic factors in sexual offender risk assessment. *Journal of Aggression, Conflict and Peace Research, 4,* 169-185.

Belenko, S., & Peugh, J. (2005). Estimating drug treatment needs among prison inmates. *Drug and Alcohol Dependence, 77,* 269-281.

Belfrage, H., Strand, S., Storey, J. E., Gibas, A. L., Kropp, P. R., & Hart, S. D. (2012). Assessment and management of risk for intimate partner violence by police officers using the Spousal Assault Risk Assessment Guide. *Law and Human Behavior, 36,* 60-67.

Bell, M. E., Goodman, L. A., & Dutton, M. A. (2007). The dynamics of staying and leaving: Implications for battered women's emotional well-being and experiences of violence at the end of a year. *Journal of Family Violence, 22,* 413-428.

Bemak, F., & Chi-Ying Chung, R. (2014). Immigrants and refugees. In F. T. L. Leong (Ed.), *APA handbook of multicultural psychology: Vol. 1. Theory and Research* (pp. 503-517). Washington, DC: American Psychological Association.

Ben-Porath, Y. S., Corey, D. M., & Tarescavage, A. M. (2017). Using the MMPI-2-RF in preemployment evaluations of police officer candidates. In C. L. Mitchell & E. H. Dorian (Eds.), *Police psychology and its growing impact on modern law enforcement* (pp. 51-78). Hershey, PA: IGI Global.

Ben-Porath, Y. S., Fico, J. M., Hibler, N. S., Inwald, R., Kruml, J., & Roberts, M. R. (2011, August). Assessing the psychological suitability of candidates for law enforcement positions. *The Police Chief, 78,* 64-70.

Ben-Porath, Y. S., & Tellegen, A. (2008). Minnesota Multiphasic Personality Inventory-2-Restructured Form: Manual for Administration, Scoring, and Interpretation. Minneapolis: University of Minnesota Press.

Ben-Shakhar, G. (2002). A critical review of the Control Question Test (CQT). In M. Kleiner (Ed.), *Handbook of polygraph testing* (pp. 103-126). San Diego, CA: Academic Press.

Ben-Shakhar, G. (2008). The case against the use of polygraph examinations to monitor post-conviction sex offenders. *Legal and Criminological Psychology, 13,*

191-207.

Benson, E. (2002, November). The perils of going solo. *Monitor on Psychology, 33,* 25.

Bergman, M. E., Walker, J. M., & Jean, V. A. (2016). A simple solution to policing problems: Women! *Industrial and Organizational Psychology, 9,* 590-597.

Bergseth, K. J., & Bouffard, J. A. (2012). Examining the effectiveness of a restorative justice program for various types of juvenile offenders. *International Journal of Offender Therapy and Comparative Criminology, 57,* 1054-1075.

Berliner, L. (1998). The use of expert testimony in child sexual abuse cases. In S. J. Ceci & H. Hembrooke (Eds.), *Expert witnesses in child abuse cases* (pp. 11-27). Washington, DC: American Psychological Association.

Bernal, G., & Sharron-Del-Rio, M. R. (2001). Are empirically supported treatments valid for ethnic minorities? Toward an alternative approach for treatment research. *Cultural Diversity and Ethnic Minority Psychology, 7,* 328-342.

Bernard, T. (1992). *The cycle of juvenile justice.* New York, NY: Oxford University Press.

Bernfeld, G. A. (2001). The struggle for treatment integrity in a "dis-integrated" service delivery system. In G. A. Bernfeld, D. P. Farrington, & A. W. Leschied (Eds.), *Offender rehabilitation in practice* (pp. 167-188). Chichester, England: Wiley.

Berson, S. B. (2010, June). Prosecuting elder abuse cases. *NIJ Journal, 265,* 8-9.

Beune, K., Giebels, E., & Taylor, P. J. (2010). Patterns of interaction in police interviews: The role of cultural dependency. *Criminal Justice and Behavior, 37,* 904-925.

Biederman, J. (2005). Attention-deficit/hyperactivity disorder: A selective overview. *Biological Psychiatry, 57,* 1215-1220.

Bingham, R. P., Porche-Burke, L., James, S., Sue, D. W., & Vasquez, M. J. T. (2002). Introduction: A report on the National Multicultural Conference and Summit II. *Cultural Diversity and Ethnic Minority Psychology, 8,* 75-87.

Bishop, D. M. (2000). Juvenile offenders in the adult criminal justice system. *Crime and Justice: A Review of Research, 27,* 81-167.

Black, H. C. (1990). *Black's law dictionary* (6th ed.). St. Paul, MN: West.

Black, J. (2000). Personality testing and police selection: Utility of the "Big Five." *New Zealand Journal of Psychology, 29,* 2-9.

Black, K. A., & McCloskey, K. A. (2013). Predicting date rape perceptions: The effects of gender, gender role attitudes, and victim resistance. *Violence Against Women, 19,* 949-967.

Black, M. C., Basile, K. C., Breiding, M. J., Smith, S. G., Walters, M. L., Merrick, M. T., . . . & Stevens, M. R. (2011). *The National Intimate Partner and Sexual Violence Survey (NISVS): 2010 summary report.* Atlanta, GA: National Center for Injury Prevention and Control, Centers for Disease Control and Prevention.

Blackburn, R. (1993). *The psychology of criminal conduct.* Chichester, England: Wiley.

Blair, J. P. (2005). What do we know about interrogation in the United States? *Journal of Police and Criminal Psychology, 20,* 44-57.

Blakemore, S. I., & Mills, K. L. (2014). Is adolescence a sensitive period for sociocultural processing? *Annual Review of Psychology, 65,* 187-207.

Blanchette, K., & Brown, S. L. (2006). *The assessment and treatment of women offenders: An integrated perspective.* Chichester, England: Wiley.

Blau, T. (1994). *Psychological services for law enforcement.* New York, NY: Wiley. Blum, J., Ireland, M., & Blum, R. W. (2003). Gender differences in juvenile violence: A report from Add Health. *Journal of Adolescent Health, 32,* 234-240.

Blumberg, M. (1997). Controlling police use of deadly force: Assessing two decades of progress. In R. G. Dunham & G. P. Alpert (Eds.), *Critical issues in policing: Contemporary readings* (3rd ed., pp. 442-464). Prospect Heights, IL: Waveland.

Bobo, L. D., & Kluegel, J. (1997). The color line, the dilemma, and the dream: Racial attitudes and relations in American at the close of the twentieth century. In J. Higham (Ed.), *Civil rights and social wrongs: Black-White relations since World War II* (pp. 31-35).

University Park: Pennsylvania State University Press.

Boccaccini, M. T. (2002). What do we really know about witness preparation? *Behavioral Sciences & the Law, 20,* 161-189.

Boccaccini, M. T., & Brodsky, S. L. (2002). Believability of expert and lay witnesses: Implications for trial consultation. *Professional Psychology: Research and Practice, 33,* 384-388.

Bockler, N., Seeger, T., Sitzer, P., & Heitmeyer, W. (2013). School shootings: Conceptual framework and international empirical trends. In N. Bockler, T. Seeger, P. Sitzer, & W. Heitmeyer (Eds.), *School shootings: International research, case studies, and concepts for prevention* (pp. 1-26). New York, NY: Springer.

Boer, D., Hart, S., Kropp, P., & Webster, C. (1997). *Manual for the Sexual Violence Risk-20 (SVR-20).* Vancouver, Canada: Family Violence Institute.

Boes, J. O., Chandler, C. J., & Timm, H. W. (2001, December). *Police integrity: Use of personality measures to identify corruption-prone officers.* Monterey, CA: Defense Personnel Security Research Center.

Bohm, R. M. (1999). *Deathquest: An introduction to the theory and practice of capital punishment in the United States.* Cincinnati, OH: Anderson.

Bohner, G., Jarvis, C. I., Eyssel, F., & Siebler, F. (2005). The causal impact of rape myth acceptance on men's rape proclivity: Comparing sexually coercive and noncoercive men. *European Journal of Social Psychology, 35,* 819-828.

Boney-McCoy, S., & Finkelhor, D. (1995). Psychosocial sequelae of violent victimization in a national youth sample. *Journal of Consulting and Clinical Psychology, 63,* 726-736.

Bonnie, R. J. (1990). Dilemmas in administering the death penalty: Conscientious abstentions, professional ethics, and the needs of the legal system. *Law and Human Behavior, 14,* 67-90.

Bonnie, R. J. (1992). The competence of criminal defendants: A theoretical reformulation. *Behavioral Sciences & the Law, 10,* 291-316.

Bonnie, R. J., & Grisso, T. (2000). Adjudicative competence and youthful offenders. In T. Grisso & R. Schwartz (Eds.), *Youth on trial: A developmental perspective on juvenile justice* (pp. 73-103). Chicago, IL: University of Chicago Press.

Bonta, J. (1996). Risk-needs assessment and treatment. In A. T. Harland (Ed.), *Choosing correctional options that work: Defining the demand and evaluating the supply* (pp. 18-32). Thousand Oaks, CA: Sage.

Bonta, J. (2002). Offender risk assessment: Guidelines for selection and use. *Criminal Justice and Behavior, 29,* 355-379.

Boothby, J. L., & Clements, C. B. (2000). A national survey of correctional psychologists. *Criminal Justice and Behavior, 27,* 716-732.

Boothby, J. L., & Clements, C. B. (2002). Job satisfaction of correctional psychologists: Implications for recruitment and retention. *Professional Psychology: Research and Practice, 33,* 310-315.

Borduin, C. M., Schaeffer, C. M., & Heiblum, N. (2009). A randomized clinical trial of multisystemic therapy with juvenile sexual offenders: Effects on youth social ecology and criminal activity. *Journal of Consulting and Clinical Psychology, 77,* 26-37.

Borum, R., Bartel, P., & Forth, A. (2006). *Manual for the Structured Assessment of Violence Risk in Youth (SAVRY).* Odessa, FL: Psychological Assessment Resources.

Borum, R., Cornell, D. G., Modzeleski, W., & Jimerson, S. R. (2010). What can be done about school shootings? A review of the evidence. *Educational Researcher, 39,* 27-37.

Borum, R., Fein, R., Vossekuil, B., & Berglund, J. (1999). Threat assessment: Defining an approach for evaluating risk of targeted violence. *Behavioral Sciences & the Law, 17,* 323-337.

Borum, R., & Fulero, S. M. (1999). Empirical research on the insanity defense and attempted reforms: Evidence toward informed policy. *Law and Human Behavior, 23,* 375-394.

Borum, R., & Grisso, T. (1995). Psychological tests used in criminal forensic evaluations. *Professional Psychology: Research and Practice, 26,* 465-473.

Borum, R., & Philpot, C. (1993). Therapy with law enforcement couples: Clinical management of the "high-risk lifestyle." *American Journal of Family Therapy, 21,*

122–135.

Borum, R., & Strentz, T. (1993, April). The borderline personality: Negotiation strategies. *FBI Law Enforcement Bulletin, 61,* 6–10.

Bosco, D., Zappala, A., & Santtila, P. (2010). The admissibility of offender profiling in the courtroom: A review of legal issues and court opinions. *International Journal of Law and Psychiatry, 33,* 184–191.

Bosenman, M. F. (1988). Serendipity and scientific discovery. *The Journal of Creative Behavior, 22,* 132–138.

Bourke, M., & Hernandez, A. E. (2009). The "Butner Study" redux: A report of the incidence of hands-on child victimization by child pornography offenders. *Journal of Family Violence, 24,* 182–191.

Bow, J. N., Gottlieb, M. C., & Gould-Saltman, D. (2011). Attorney's beliefs and opinions about child custody evaluations. *Family Court Review, 49,* 301–312.

Bow, J. N., & Quinnell, F. A. (2001). Psychologists' current practices and procedures in child custody evaluations: Five years post American Psychological Association guidelines. *Professional Psychology: Research and Practice, 32,* 261–268.

Bradshaw, J. (2008, July/August). Behavioral detectives patrol airports. *The National Psychologist,* p. 10.

Braffman, W., & Kirsch, I. (1999). Imaginative suggestibility and hypnotizability: An empirical analysis. *Journal of Personality and Social Psychology, 77,* 578–587.

Brakel, S. J. (2003). Competency to stand trial: Rationalism, "contextualism" and other modest theories. *Behavioral Sciences & the Law, 21,* 285–295.

Brandon, S. E. (2014). Towards a science of interrogation. *Applied Cognitive Psychology, 28,* 945–946.

Brent, D. A. (1989). The psychological autopsy: Methodological issues for the study of adolescent suicide. *Suicide and Life-Threatening Behavior, 19,* 43–57.

Breslau, N. (2002). Epidemiologic studies of trauma, posttraumatic stress disorder, and other psychiatric disorders. *Canadian Journal of Psychiatry, 47,* 923–929.

Bresler, S. A. (2010, Summer). The fitness for duty assessment: An evaluation well-suited for the forensic psychologist. *American Psychology- Law Society News, 30*(2), 1, 4.

Brewster, J., Stoloff, M. L., Corey, D. M., Greene, L. W., Gupton, H. M., & Roland, J. E. (2016). Education and training guidelines for the specialty of Police and Public Safety Psychology. *Training and Education in Professional Psychology, 10,* 171–178.

Bricklin, B., & Elliot, G. (1995). Postdivorce issues and relevant research. In B. Bricklin (Ed.), *The child custody evaluation handbook: Research-based solutions and applications* (pp. 27–62). New York, NY: Bruner/Mazel.

Bridge, B. J. (2006). Solving the family court puzzle: Integrating research, police, and practice. *Family Court Review, 44,* 190–199.

Briere, J., Malamuth, N., & Ceniti, J. (1981). *Self-assessed rape proclivity: Attitudinal and sexual correlates.* Paper presented at the American Psychological Association meeting, Los Angeles, CA.

Briere, J., & Runtz, M. (1989). University males' sexual interest in children: Predicting potential indices of "pedophilia" in a non-forensic sample. *Child Abuse & Neglect, 13,* 65–75.

Briggs, P., Simon, W. T., & Simonsen, S. (2011). An exploratory study of Internet-initiated sexual offenses and the chat room sex offender. Has the Internet enabled a new typology of sex offender? *Sexual Abuse: A Journal of Research and Treatment, 23,* 72–91.

Brigham, J. C. (1999). What is forensic psychology, anyway? *Law and Human Behavior, 23,* 273–298.

Briones-Robinson, R., Powers, R., & Socia, K. M. (2016). Sexual orientation bias crimes: Examination of reporting, perception of police bias, and differential police response. *Criminal Justice and Behavior, 43,* 1688–1709.

British Psychological Society. (1995). Recovered memories: The report of the Working Party of the British Psychological Society. Leicester, England: Author.

Brocki, K. C., Eninger, L., Thorell, L. B., & Bohlin, G. (2010). Interrelations between executive function and symptoms of hyperactivity/impulsivity and inattention in preschoolers: A two-year longitudinal study. *Journal of Abnormal Child Psychology, 38,* 163–171.

Brodsky, S. L. (1980). Ethical issues for psychologists in corrections. In J. Monahan (Ed.), *Who is the client? The ethics of psychological intervention in the criminal justice system* (pp. 63-92). Washington, DC: American Psychological Association.

Brodsky, S. L. (1999). *The expert expert witness: More maxims and guidelines for testifying in court*. Washington, DC: American Psychological Association.

Brodsky, S. L. (2004). *Coping with cross-examination and other pathways to effective testimony*. Washington, DC: American Psychological Association.

Brodsky, S. L. (2012). On the witness stand [Perspective essay]. In C. R. Bartol & A. M. Bartol, *Introduction to Forensic Psychology* (3rd ed., pp. 138-140). Thousand Oaks, CA: Sage.

Bronfenbrenner, U. (1979). *The ecology of human development: Experiment by nature and design*. Cambridge, MA: Harvard University Press.

Brook, M., & Kosson, D. S. (2013). Impaired cognitive empathy in criminal psychopathy: Evidence from a laboratory measure of empathic accuracy. *Journal of Abnormal Psychology, 122,* 156-166.

Brown, M. L. (1997). Dilemmas facing nurses who care for Munchausen syndrome by proxy. *Pediatric Nursing, 23,* 416-418.

Brown, P. L. (2014, January 28). A court's all-hands approach aids girls most at risk. *New York Times,* p. A11.

Brown, R., & Kulik, J. (1977). Flashbulb memories. *Cognition, 5,* 73-99.

Brown, S. L., & Forth, A. E. (1997). Psychopathy and sexual assault: Static risk factors, emotional precursors, and rapists subtypes. *Journal of Consulting and Clinical Psychology, 65,* 848-857.

Brown, T. L., Borduin, C. M., & Henggeler, S. W. (2001). Treating juvenile offenders in community settings. In J. B. Ashford, B. D. Sales, & W. H. Reid (Eds.), *Treating adult and juvenile offenders with special needs* (pp. 445-464). Washington, DC: American Psychological Association.

Browne, A., & Finkelhor, D. (1986). Impact of child sexual abuse: A review of the research. *Psychological Bulletin, 99,* 66-77.

Brucia, E., Cordova, M. J., & Ruzek, J. I. (2017). Critical incident interventions: Crisis response and debriefing. In C. L. Mitchell & E. H. Dorian (Eds.), *Police psychology and its growing impact on modern law enforcement* (pp. 119-142). Hershey, PA: IGI Global.

Bruck, M., & Ceci, S. J. (2004). Forensic developmental psychology: Unveiling four common misconceptions. *Current Directions in Psychological Science, 13,* 229-232.

Bruck, M., & Ceci, S. J. (2009). Reliability of child witnesses' reports. In J. L. Skeem, K. S. Douglas, & S. O. Lilienfeld (Eds.), *Psychological science in the courtroom: Consensus and controversy* (pp. 149-174). New York, NY: Guilford Press.

Bruck, M., & Ceci, S. J. (2012). Forensic developmental psychology in the courtroom. In D. Faust (Ed.), *Coping with psychiatric and psychological testimony* (pp. 723-737). New York, NY: Oxford University Press.

Bruck, M., Ceci, S. J., & Francoeur, E. (2000). Children's use of anatomically detailed dolls to report genital touching in a medical examination. *Journal of Experimental Psychology: Applied, 6,* 74-83.

Buckner, J. C., Mezzacappa, E., & Beardslee, W. R. (2003). Characteristics of resilient youths living in poverty: The role of self-regulatory processes. *Development and Psychopathology, 15,* 139-162.

Budd, K. S., Felix, E. D., Poindexter, L. M., Naik-Polan, A. T., & Sloss, C. F. (2002). Clinical assessment of children in child protection cases: An empirical analysis. *Professional Psychology: Research and Practice, 33,* 3-12.

Budnick, K. J., & Shields-Fletcher, E. (1998). *What about girls?* Washington, DC: U.S. Department of Justice, Office of Juvenile Justice and Delinquency Prevention.

Buh, E. S., & Ladd, G. W. (2001). Peer rejection as an antecedent of young children's school adjustment: An examination of mediating processes. *Developmental Psychology, 37,* 550-560.

Bull, R., & Milne, R. (2004). Attempts to improve the police interviewing of suspects. In D. Lassiter (Ed.), *Interrogations, confessions, and entrapment* (pp. 182-196). New York, NY: Kluwer Academic.

Bull, R., & Soukara, S. (2010). Four studies of what really happens in police interviews. In G. D. Lassiter & C. A. Meissner (Eds.), *Police interrogations and false confessions: Current research, practice, and policy recommendations* (pp. 81-95). Washington, DC: American Psychological Association.

Bumby, K. M. (1993). Reviewing the guilty but mentally ill alternative: A case of the blind "pleading" the blind. *Journal of Psychiatry and Law, 21,* 191-220.

Bumby, K. M., & Bumby, N. H. (1997). Adolescent female sexual offenders. In H. R. Cellini & B. Schwartz (Eds.), *The sex offender: New insights, treatment innovations and legal developments* (Vol. 2, pp. 10.1-10.16). Kingston, NJ: Civil Research Institute.

Burcham, A. M. (2016, June). *Sheriffs' officer personnel, 1993-2013.* Washington, DC: U.S. Department of Justice, Bureau of Justice Statistics.

Burdon, W. M., & Gallagher, C. A. (2002). Coercion and sex offenders: Controlling sex-offending behavior through incapacitation and treatment. *Criminal Justice and Behavior, 29,* 87-109.

Bureau of Justice Assistance. (2001, June). *Recruiting & retaining women: A self-assessment guide for law enforcement.* Washington, DC: U.S. Department of Justice.

Bureau of Justice Statistics. (2001a). *Prisoners in 2000.* Washington, DC: U.S. Department of Justice.

Bureau of Justice Statistics. (2015, May). *Local police departments, 2013: Personnel, policies, and practices.* Washington, DC: U.S. Department of Justice.

Bureau of Justice Statistics. (2016, November). *Publicly funded forensic crime laboratories: Quality assurance practices, 2014.* Washington, DC: U.S. Department of Justice.

Bureau of Labor Statistics. (2010, July). *Workplace shootings.* Washington, DC: U.S. Department of Labor.

Bureau of Labor Statistics. (2013, August). *National census of fatal occupational injuries in 2012.* Washington, DC: U.S. Department of Labor.

Burgess, A. W., Hartman, C. R., & Ressler, R. K. (1986). Sexual homicide: A motivational model. *Journal of Interpersonal Violence, 1,* 251-272.

Burgoon, J. K., Blair, J. P., & Strom, R. E. (2008). Cognitive biases and nonverbal cues availability in detecting deception. *Human Communication Research, 34,* 572-599.

Burl, J., Shah, S., Filone, S., Foster, E., & DeMatteo, D. (2012). A survey of graduate training programs and coursework in forensic psychology. *Teaching of Psychology, 39,* 48-53.

Burns, B. J., Schoenwald, S. K., Burchard, J. D., Faw, L., & Santos, A. B. (2000). Comprehensive community-based interventions for youth with severe emotional disorders: Multisystemic therapy and the wraparound process. *Journal of Child and Family Studies, 9,* 283-314.

Bush, S. S. (2017). Introduction. In S. S. Bush (Ed.), *APA handbook of forensic neuropsychology* (pp. xvii-xxii). Washington, DC: American Psychological Association.

Bushman, B. J., & Huesmann, L. R. (2012). Effects of violent media on aggression. In D. Singer & J. L. Singer (Eds.), *Handbook of children and the media* (2nd ed., pp. 231-248). Thousand Oaks, CA: Sage.

Butcher, J. N., Bubany, S., & Mason, S. N. (2013). Assessment of personality and psychopathology with self-report inventories. In K. F. Geisinger (Ed.), *APA handbook of testing and assessment in psychology: Vol. 2. Testing and assessment in clinical and counseling psychology* (pp. 171-192). Washington, DC: American Psychological Association.

Butcher, J. N., Hass, G. A., Greene, R. L., & Nelson, L. D. (2015). *Using the MMPI-2 in forensic assessment.* Washington, DC: American Psychological Association.

Butcher, J. N., & Miller, K. B. (1999). Personality assessment in personal injury litigation. In A. K. Hess & I. B. Weiner (Eds.), *The handbook of forensic psychology* (2nd ed., pp. 104-126). New York, NY: Wiley.

Butler, A. C. (2013). Child sexual assault: Risk factors for girls. *Child Abuse & Neglect, 37,* 643-652.

Butler, W. M., Leitenberg, H., & Fuselier, G. D. (1993). The use of mental health professional consultants to police hostage negotiation teams. *Behavioral Sciences & the Law, 11,* 213-221.

Cahill, B. S., Coolidge, F. L., Segal, D. L., Klebe, K. J., Marle, P. D., & Overmann, K. A. (2012). Prevalence of ADHD in subtypes in male and female adult prison inmates. *Behavioral Sciences & the Law, 30,* 154-166.

Caillouet, B. A., Boccaccini, M., Varela, J. G., Davis, R. D., & Rostow, C. D. (2010). Predictive validity of the MMPI-2 Psy 5 scales and facets for law enforcement employment outcomes. *Criminal Justice and Behavior, 37,* 217-238.

California Occupational Safety and Health Administration. (1995). *Guidelines for workplace security.* Sacramento, CA: Author.

Call, J. A. (2008). Psychological consultation in hostage/barricade crisis negotiation. In H. V. Hall (Ed.), *Forensic psychology and neuropsychology for criminal and civil cases* (pp. 263-288). Boca Raton, FL: CRC Press.

Callahan, L. A., & Silver, E. (1998). Factors associated with the conditional release of persons acquitted by reason of insanity: A decision tree approach. *Law and Human Behavior, 22,* 147-163.

Callahan, L. A., Steadman, H. J., McGreevy, M. A., & Robbins, P. C. (1991). The volume and characteristics of insanity defense pleas: An eight-state study. *Bulletin of Psychiatry and the Law, 19,* 331-338.

Calvert, S. L., Appelbaum, M., Dodge, K. A., Graham, S., Hall, G. C. N., Hamby, S., . . . & Hedges, L. V. (2017). The American Psychological Association task force assessment of violent video games: Science in the service of public interest. *American Psychologist, 72,* 126-158.

Cameron, B. W. (2013, March). *The Federal Bureau of Prison's sexual offender treatment and management programs.* Dallas, TX: U.S. Department of Justice, Federal Bureau of Prisons.

Camp, J. P., Skeem, J. L., Barchard, K., Lilienfeld, S. O., & Poythress, N. G. (2013). Psychopathic predators? Getting specific about the relation between psychopathy and violence. *Journal of Consulting and Clinical Psychology, 81,* 467-480.

Campbell, J. C. (1995). Prediction of homicide of and by battered women. In J. C. Campbell (Ed.), *Assessing dangerousness: Violence by sexual offenders, batterers, and child abusers* (pp. 96-113). Thousand Oaks, CA: Sage.

Campbell, R. (2008). The psychological impact of rape victims' experiences with the legal, medical, and mental health systems. *American Psychologist, 63,* 702-717.

Campbell, R., Bybee, D., Townsend, S. M., Shaw, J., Karin, N., & Makowitz, J. (2014). The impact of Sexual Assault Nurse Examiners (SANE) programs in criminal justice outcomes: A multisite replication study. *Violence Against Women, 20,* 607-625.

Campbell, T. W. (2003). Sex offenders and actuarial risk assessments: Ethical considerations. *Behavioral Sciences & the Law, 21,* 269-279.

Canter, D. V. (1999). Equivocal death. In D. Canter & L. J. Alison (Eds.), *Profiling in policy and practice* (pp. 123-156). Burlington, VT: Ashgate.

Canter, D. V., & Alison, L. (2000). Profiling property crimes. In D. V. Canter & L. J. Alison (Eds.), *Profiling property crimes* (pp. 1-30). Burlington, VT: Ashgate.

Canter, D. V. & Wentink, N. (2004). An empirical test of Holmes and Holmes' serial murder typology. *Criminal Justice and Behavior, 31,* 489-515.

Canter, D. V., & Youngs, D. (2009). *Investigative psychology: Offender profiling and the analysis of criminal action.* West Sussex, England: Wiley.

Canton-Cortes, D., Cortes, M. R., & Canton, I. (2015). Child sexual abuse, attachment style, and depression: The role of the characteristics of abuse. *Journal of Interpersonal Violence, 30,* 420-436.

Carlson, E. H., & Dutton, M. A. (2003). Assessing experiences and responses of crime victims. *Journal of Traumatic Stress, 16,* 133-148.

Carone, D. A., & Bush, S. S. (Eds.). (2013). *Mild traumatic brain injury: Symptom validity assessment and malingering.* New York, NY: Springer.

Carpentier, J., Leclerc, B., & Proulx, J. (2011). Juvenile sexual offenders: Correlates of onset, variety, and desistance of criminal behavior. *Criminal Justice and Behavior, 38,* 854-873.

Carrion, R. E., Keenan, J. P., & Sebanz, N. (2010). A truth that's told with bad intent: An ERP study of deception. *Cognition, 114,* 105-110.

Carroll, O. (2017). Challenges in modern digital investigative analysis. *U.S. Attorneys' Bulletin, 65,* 25-28.

Carson, E. A., & Golinelli, D. (2013, December). *Prisoners in 2012: Trends in admissions and releases, 1991-2012.* Washington, DC: U.S. Department of Justice, Bureau of Justice Statistics.

Casey, B. J., & Caudle, K. (2013). The teenage brain: Self-control. *Current Directions in Psychological Science, 22,*

82-87.

Casey, B. J., Getz, S., & Galvan, A. (2008). The adolescent brain. *Developmental Review, 28*, 62-77.

Catalano, S. (2012, September). *Stalking victims in the United States-revised*. Washington, DC: U.S. Department of Justice, Bureau of Justice Statistics.

Catchpole, R. E. H., & Gretton, H. M. (2003). The predictive validity of risk assessment with violent young offenders: A 1-year examination of criminal outcome. *Criminal Justice and Behavior, 30*, 688-708.

Cattaneo, L. B., & Chapman, A. R. (2011). Risk assessment with victims of intimate partner violence: Investigating the gap between research and practice. *Violence Against Women, 17*, 1286-1298.

Cattaneo, L. B., & Goodman, L. A. (2005). Risk factors for reabuse in intimate partner violence: A cross-disciplinary critical review. *Trauma, Violence, and Abuse, 6*, 141-175.

Cecchet, S. J., & Thoburn, J. (2014). The psychological experience of child and adolescent sex trafficking in the United States: Trauma and resilience in survivors. *Psychological Trauma: Theory, Research Practice, and Policy, 6*, 482-491.

Ceci, S. J., & Bruck, M. (1993). The suggestibility of the child witness: A historical review and synthesis. *Psychological Bulletin, 113*, 403-439.

Ceci, S. J., Ross, D. F., & Toglia, M. P. (1987). Suggestibility of children's memory: Psycholegal implications. *Journal of Experimental Psychology: General, 116*, 38-49.

Cellini, H. R. (1995). Assessment and treatment of the adolescent sexual offender. In B. Schwartz & H. R. Cellini (Eds.), *The sex offender: Corrections, treatment and legal practice* (Vol. 1). Kingston, NJ: Civil Research Institute.

Cellini, H. R., Schwartz, B., & Readio, S. (1993, December). *Child sexual abuse: An administrator's nightmare*. Washington, DC: National School Safety Center.

Centers for Disease Control and Prevention. (2013, August 23). *Injury prevention and control: Data and statistics (WISQARSTM)*. Retrieved from http://www.cdc.gov/injury/wisqars/index.html

Chaiken, M. R. (2000, March). *Violent neighborhoods, violent kids. Juvenile Justice Bulletin, 6-18*. Washington, DC: U.S. Department of Justice.

Chamberlain, P. (2003). *Treating chronic juvenile offenders: Advances made through the Oregon multidimensional treatment foster care model*. Washington, DC: American Psychological Association.

Chamberlain, P., Leve, L. D., & DeGarmo, D. S. (2007). Multidimensional treatment foster care for girls in the juvenile justice system: 2-year follow-up of a randomized clinical trial. *Journal of Consulting and Clinical Psychology, 66*, 624-633.

Chan, H. C., & Frie, A. (2013). Female sexual homicide offenders: An examination of an underresearched offender population. *Homicide Studies, 17*, 96-118.

Chan, H. C., Heide, K. M., & Myers, W. C. (2013). Juvenile and adult offenders arrested for sexual homicide: An analysis of victim-offender relationship and weapon used by race. *Journal of Forensic Sciences, 58*, 85-89.

Chan, H. C., Myers, W. C., & Heide, K. M. (2010). An empirical analysis of 30 years of U.S. juvenile and adult sexual homicide offender data: Race and age differences in the victim-offender relationship. *Journal of Forensic Sciences, 55*, 1282-1290.

Chapleau, K. M., & Oswald, D. L. (2010). Power, sex, and rape myth acceptance: Testing two models of rape proclivity. *Journal of Sex Research, 47*, 66-78.

Chappelle, W., & Rosengren, K. (2001). Maintaining composure and credibility as an expert witness during cross-examination. *Journal of Forensic Psychology Practice, 1*, 51-67.

Chauhan, P. (2015). There's more to it than the individual. In C. R. Bartol & A. M. Bartol, *Introduction to forensic psychology: Research and application* (4th ed., pp. 225-227). Thousand Oaks, CA: Sage.

Chen, Y.-H., Arria, A., & Anthony, J. C. (2003). Firesetting in adolescents and being aggressive, shy, and rejected by peers: New epidemiologic evidence from a national sample survey. *Journal of the American Academy of Psychiatry and Law, 31*, 44-52.

Cheng, W., Ickes, W., & Kenworthy, J. B. (2013). The phenomenon of hate crimes in the United States. *Journal of Applied Social Psychology, 43*, 761-794.

Chesney-Lind, M., & Shelden, R. G. (1998). *Girls, delinquency, and juvenile justice* (2nd ed.). Belmont,

CA: West/Wadsworth.

Chiancone, J. (2001, December). Parental abduction: Review of the literature. *Juvenile Justice Bulletin* (pp. 14-18). Washington, DC: U.S. Department of Justice, Office of Juvenile Justice and Delinquency Prevention.

Child Abuse Prevention Center. (1998). *Shaken baby syndrome fatalities in the United States.* Ogden, UT: Author.

Child Welfare Information Gateway. (2012, May). *Child abuse and neglect fatalities 2010: Statistics and interventions.* Washington, DC: Children's Bureau.

Chiroro, P., & Valentine, T. (1995). An investigation of the contact hypothesis of the own-race bias in face recognition. *Quarterly Journal of Experimental Psychology, 48A,* 979-894.

Choe, I. (2005). The debate over psychological debriefing for PTSD. *The New School Psychology Bulletin, 3,* 71-82.

Churcher, F. P., Mills, J. F., & Forth, A. E. (2016). The predictive validity of the Two-Tiered Violence Risk Estimates Scale (TTV) in a long-term follow-up of violent offenders. *Psychological Services, 13*(3), 232-245.

Cirincione, C., Steadman, H., & McGreevy, M. (1995). Rates of insanity acquittals and the factors associated with successful insanity pleas. *Bulletin of the American Academy of Psychiatry and Law, 23,* 399-409.

Clark, D. W., & White, E. K. (2017). Law officer suicide. In C. L. Mitchell & E. H. Dorian (Eds.), *Police psychology and its growing impact on modern law enforcement* (pp. 176-197). Hershey, PA: IGI Global.

Clark, D. W., White, E. K., & Violanti, J. M. (2012, May). Law enforcement suicide: Current knowledge and future directions. *The Police Chief, 79,* 48-51.

Clark, S. E. (2012). Costs and benefits of eyewitness identification reform: Psychological science and public policy. *Perspectives on Psychological Science, 7,* 238-259.

Clay, R. A. (2017, April). Islamophobia. *APA Monitor, 48,* 34.

Clear, T. R., & Cole, G. F. (2000). *American corrections* (5th ed.). Belmont, CA: West/Wadsworth.

Cleary, H. M. D. (2017). Applying the lessons of developmental psychology to the study of juvenile interrogations: New directions for research, policy, and practice. *Psychology, Public Policy, and Law, 23,* 118-130.

Cleary, H. M. D., & Warner, T. C. (2016). Police training in interviewing and interrogation methods: A comparison of techniques used with adult and juvenile suspects. *Law and Human Behavior, 40,* 270-284.

Cleckley, H. (1941). *The mask of sanity.* St. Louis, MO: C.V. Mosby.

Cochrane, R. E., Grisso, T., & Frederick, R. I. (2001). The relationship between criminal charges, diagnoses, and psycholegal opinions among federal defendants. *Behavioral Sciences & the Law, 19,* 565-582.

Cochrane, R. E., Herbel, B. L., Reardon, M. L., & Lloyd, K. P. (2013). The Sell effect: Involuntary medication treatment is a "clear and convincing" success. *Law and Human Behavior, 37.* doi 10.1037/lhb0000003.

Cochrane, R. E., Tett, R. P., & Vandecreek, L. (2003). Psychological testing and the selection of police officers: A national survey. *Criminal Justice and Behavior, 30,* 511-527.

Cohen, F. (1998). *The mentally disordered inmate and the law.* Kingston, NJ: Civic Research Institute.

Cohen, F. (2000). *The mentally disordered inmate and the law, 2000-2001 supplement.* Kingston, NJ: Civic Research Institute.

Cohen, F. (2003). *The mentally disordered inmate and the law, 2003 cumulative supplement.* Kingston, NJ: Civic Research Institute.

Cohen, F. (2008). *The mentally disordered inmate and the law* (2nd ed.). Kingston, NJ: Civic Research Institute.

Cohen, M. E., & Carr, W. J. (1975). Facial recognition and the von Restorff effect. *Bulletin of the Psychonomic Society, 6,* 383-384.

Cohen, M. L., Garafalo, R., Boucher, R., & Seghorn, T. (1971). The psychology of rapists. *Seminars in Psychiatry, 3,* 307-327.

Cohen, M. L., Seghorn, T., & Calmas, W. (1969). Sociometric study of the sex offender. *Journal of Abnormal Psychology, 74,* 249-255.

Cohen, N. J. (2001). *Language development and psychopathology in infants, children, and adolescents.*

Thousand Oaks, CA: Sage.

Cohn, Y. (1974). Crisis intervention and the victim of robbery. In I. Drapkin & E. Viano (Eds.), *Victimology: A new focus* (pp. 17-28). Lexington, MA: Lexington Books.

Coid, J. W. (2003). Formulating strategies for the primary prevention of adult antisocial behaviour: "High risk" or "population" strategies. In D. F. Farrington & J. W. Coid (Eds.), *Early prevention of adult antisocial behaviour* (pp. 32-78). Cambridge, England: Cambridge University Press.

Coie, J. D., Belding, M., & Underwood, M. (1988). Aggression and peer rejection in childhood. In B. Lahey & A. Kazdin (Eds.), *Advances in clinical child psychology* (Vol. 2, pp. 125-158). New York, NY: Plenum.

Coie, J. D., Dodge, K., & Kupersmith, J. (1990). Peer group behavior and social status. In S. R. Asher & J. D. Coie (Eds.), *Peer rejection in childhood* (pp. 17-57). Cambridge, England: Cambridge University Press.

Coie, J. D., & Miller-Johnson, S. (2001). Peer factors and interventions. In R. Loeber & D. P. Farrington (Eds.), *Child delinquents: Development, intervention, and service needs* (pp. 191-209). Thousand Oaks, CA: Sage.

Cole, G. F., & Smith, C. E. (2001). *The American system of criminal justice* (9th ed.). Belmont, CA: Wadsworth/Thompson.

Collins, W. C. (2004). *Supermax prisons and the Constitution: Liability concerns in the extended control unit*. Washington, DC: U.S. Department of Justice, National Institute of Corrections.

Colwell, L. H., & Gianesini, J. (2011). Demographic, criminogenic, and psychiatry factors that predict competency restoration. *Journal of the American Academy of Psychiatry and Law, 39*, 297-306.

Compo, N. S., Carol, R. N., Evans, J. R., Pimentel, P., Holness, H., Nichols-Lopez, K., . . . & Furton, K. G. (2017). Witness memory and alcohol: The effects of state-dependent recall. *Law and Human Behavior, 41*, 202-215.

Condie, L. O. (2014). Conducting child abuse and neglect evaluations. In I. B. Weiner & R. K. Otto (Eds.), *The handbook of forensic psychology* (4th ed., pp. 237-278). Hoboken, NJ: Wiley.

Conley, J. M. (2000). Epilogue: A legal and cultural commentary on the psychology of jury instructions. *Psychology, Public Policy, and Law, 6*, 822-831.

Conn, S. M., & Butterfield, L. D. (2013). Coping with secondary traumatic stress by general duty police officers: Practical implications. *Canadian Journal of Counselling and Psychotherapy, 47*, 272-298.

Connell, M. (2010). Parenting plan evaluation standards and guidelines for psychologists: Setting the frame. *Behavioral Sciences & the Law, 28*, 492-510.

Connor, D. F., Steeber, J., & McBurnett, K. (2010). A review of attention-deficit/hyperactivity disorder complicated by symptoms of oppositional defiant disorder or conduct disorder. *Journal of Developmental & Behavioral Pediatrics, 31*, 427-440.

Cooke, D. J., & Michie, C. (1997). An item response theory analysis of the Hare Psychopathy Checklist-Revised. *Psychological Assessment, 9*, 3-14.

Cooke, D. J., & Michie, C. (2001). Refining the construct of psychopathy: Toward a hierarchical model. *Psychological Assessment, 13*, 171-188.

Cooke, D. J., Michie, C., Hart, S. D., & Hare, R. D. (1999). Evaluation of the screening version of the Hare Psychopathy Checklist-Revised (PCL-SV): An item response theory analysis. *Psychological Assessment, 11*, 3-13.

Cooley, C. M. (2012). Criminal profiling on trial: The admissibility of criminal profiling evidence. In B. E. Turvey (Ed.), *Criminal profiling: An introduction to behavioral evidence analysis* (4th ed., pp. 627-654). Amsterdam, Netherlands: Elsevier/Academic Press.

Cooper, A., & Smith, E. L. (2011, November). *Homicide trends in the United States, 1980-2008*. Washington, DC: U.S. Department of Justice, Bureau of Justice Statistics.

Copestake, S., Gray, N. S., & Snowden, R. J. (2013). Emotional intelligence and psychopathy: A comparison of trait and ability measures. *Emotion, 13*, 691-702.

Copson, G. (1995). *Coals to Newcastle? Part I: A study of offender profiling*. London, England: Home Office, Police Research Group.

Corey, D. M. (2013, September 27). An update on specialty milestones. *Police Psychological Services Section*

Newsletter, 10, 4.

Corey, D. M. (2017). Police and public safety psychologists. In R. J. Sternberg (Ed.), *Career paths in psychology* (3rd ed., pp. 409-420). Washington, DC: American Psychological Association.

Corey, D. M., & Borum, R. (2013). Forensic assessment for high-risk occupations. In I. B. Weiner & R. K. Otto (Eds.), *Handbook of psychology. Vol. 11. Forensic psychology* (2nd ed., pp. 246-270). Hoboken, NJ: Wiley.

Corey, D. M., Cuttler, M. J., Cox, D. R., & Brower, J. (2011, August). Board certification in police psychology: What it means for public safety. *Police Chief, 78*, 100-104.

Cornell, D. G., & Allen, K. (2011). Development, evaluation, and future direction in the Virginia Student Threat Assessment Guidelines. *Journal of School Violence, 10*, 88-106.

Cornell, D. G., Gregory, A., & Fan, X. (2011). Reductions in longterm suspensions following adoption of the Virginia Student Threat Assessment Guidelines. *NASSP Bulletin, 95*, 175-194.

Cornell, D. G., Gregory, A., Huang, F., & Fan, X. (2013). Perceived prevalence of teasing and bullying predicts high school dropout rates. *Journal of Educational Psychology, 105*, 138-149.

Cornell, D. G., & Sheras, P. L. (2006). *Guidelines for responding to student threats of violence*. Dallas, TX: Sopris West Educational Services.

Correctional Services of Canada. (1990). *Forum on corrections research. 2*(1) [Entire issue]. Ottawa, Canada: Author.

Correll, J., Park, B., Judd, C. M., Wittenbrink, B., Sadler, M. S., & Keesee, T. (2007). Across the thin blue line: Police officers and racial bias in the decision to shoot. *Journal of Personality and Social Psychology, 92*, 1006-1023.

Cortina, L. M. (2001). Assessing sexual harassment among Latinas: Development of an instrument. *Cultural Diversity and Ethnic Minority Psychology, 7*, 164-181.

Cortoni, F., Hanson, R. K., & Coache, M.-E. (2009). Les delinquantes sexuelles: Prevalence et recidive [Female sexual offenders: Prevalence and recidivism]. *Revue international de criminologie et de police technique et scientifique, LXII*, 319-336.

Cortoni, F., Hanson, R. K., & Coache, M.-E. (2010). The recidivism rates of female sexual offenders are low: A meta-analysis. *Sexual Abuse: A Journal of Research and Treatment, 22*, 387-401.

Costa, P. T., & McCrae, R. R. (1992). *NEO PI-R: The Revised NEO Personality Inventory*. Odessa, FL: Psychological Assessment Resources.

Cowan, P. A., & Cowan, C. P. (2004). From family relationships to peer rejection to antisocial behavior in middle childhood. In J. B. Kupersmidt & K. A. Dodge (Eds.), *Children's peer relations: From development to intervention* (pp. 159-178). Washington, DC: American Psychological Association.

Cox, J., Clark, J. C., Edens, J. F., Smith, S. T., & Magyar, M. S. (2013). Jury panel member perceptions of interpersonal-affective traits in psychopathy predict support for execution in a capital murder trial simulation. *Behavioral Sciences & the Law, 31*, 411-428.

Cox, J. F., Landsberg, G., & Paravati, M. P. (1989). A practical guide for mental health providers in local jails. In H. J. Steadman, D. W. McCarty, & J. P. Morrissey (Eds.), *The mentally ill in jail: Planning for essential services*. New York, NY: Guilford Press.

Cox, W. T. L., Devine, P. G., Plant, E. A., & Schwartz, L. L. (2014). Toward a comprehensive understanding of officers' shooting decisions: No simple answers to this complex problem. *Basic and Applied Social Psychology, 36*, 356-364.

Cramer, R. J., Kehn, A., Pennington, C. R., Wechsler, H. J., Clark, J. W., & Nagle, J. (2013). An examination of sexual orientation- and transgender-based hate crimes in the post-Matthew Shepard era. *Psychology, Public Policy, and Law, 3*, 355-368.

Crawford, M. (2017). International sex trafficking. *Women & Therapy, 40*, 101-122.

Crawford, N. (2002, November). Science-based program curbs violence in kids. *Monitor on Psychology, 33*, 38-39.

Crespi, T. D. (1990). School psychologists in forensic psychology: Converging and diverging issues. *Professional Psychology: Research and Practice, 21*, 83-87.

Cromwell, P. F., Killinger, G. C., Kerper, H. B., & Walker,

C. (1985). *Probation and parole in the criminal justice system* (2nd ed.). St. Paul, MN: West.

Cromwell, P. F., Olson, J. F., & Avary, D. W. (1991). *Breaking and entering: An ethnographic analysis of burglary*. Newbury Park, CA: Sage.

Crozier, W. E., Strange, D., & Loftus, E. F. (2017). Memory errors in alibi generation: How an alibi can turn against us. *Behavioral Sciences & the Law, 35*, 6-17.

Cruise, K. R., Morin, S. L., & Affleck, K. (2016). Residential interventions with justice-involved youths. In K. Heilbrun (Ed.), *APA handbook of psychology and juvenile justice* (pp. 611-639). Washington, DC: American Psychological Association.

Cruise, K., & Rogers, R. (1998). An analysis of competency to stand trial: An integration of case law and clinical knowledge. *Behavioral Sciences & the Law, 16*, 35-50.

Cummings, E. M., El-Sheikh, M., Kouros, C. D., & Buckhalt, J. A. (2009). Children and violence: The role of children's regulation in the marital aggression-child adjustment link. *Clinical Child and Family Psychological Review, 12*, 3-15.

Cunningham, M. D., & Reidy, T. J. (1998). Integrating base rate data in violence risk assessments at capital sentencing. *Behavioral Sciences & the Law, 16*, 71-96.

Cunningham, M. D., & Reidy, T. J. (1999). Don't confuse me with the facts: Common errors in violence risk assessment at capital sentencing. *Criminal Justice and Behavior, 26*, 20-43.

Cunningham, M. D., Sorensen, J. R., Vigen, M. P., & Woods, S. O. (2011). Correlates and actuarial models of assaultive prison misconduct among violence-predicted capital offenders. *Criminal Justice and Behavior, 38*, 5-25.

Curtis, N. M., Ronan, K. R., Heiblum, N., & Crellin, K. (2009). Dissemination and effectiveness of multisystemic treatment in New Zealand: A benchmarking study. *Journal of Family Psychology, 23*, 119-129.

Cutler, B. (2015). Reality is more exciting than fiction [Perspective essay]. In C. R. Bartol & A. M. Bartol, *Introduction to forensic psychology: Research and application* (4th ed., pp. 127-128). Thousand Oaks, CA: Sage.

Cutler, B. L., & Penrod, S. D. (1995). *Mistaken identification: The eyewitness, psychology, and law*. New York, NY: Cambridge University Press.

Cutler, B. L., Penrod, S. D., & Dexter, H. R. (1989). The eyewitness, the expert psychologist, and the jury. *Law and Human Behavior, 13*, 311-322.

Cutler, B. L., Penrod, S. D., & Martens, T. K. (1987). Improving the reliability of eyewitness identification: Putting content with context. *Journal of Applied Psychology, 72*, 629-637.

D'Unger, A. V., Land, K. C., McCall, P. L., & Nagin, D. S. (1998). How many latent classes of delinquent/criminal careers? Results from mixed Poisson regression analysis. *American Journal of Sociology, 103*, 1593-1630.

Dahlberg, L. L., & Potter, L. B. (2001). Youth violence: Developmental pathways and prevention challenges. *American Journal of Preventive Medicine, 20*(1s), 3-14.

Daire, A. P., Carlson, R. G., Barden, S. M., & Jacobson, L. (2014). An intimate partner violence (IPV) protocol readiness model. *The Family Journal: Counseling and Therapy for Families, 22*, 170-178.

Daley, K. (2002). Restorative justice: The real story. *Punishment & Society, 4*, 55-79.

Daniels, J. A., & Bradley, M. C. (2011). *Preventing lethal school violence*. New York, NY: Springer.

Daniels, J. A., Buck, I., Croxall, S., Gruber, J., Kime, P., & Govert, H. (2007). A content analysis of news reports of averted school rampages. *Journal of School Violence, 6*, 83-99.

Daniels, J. A., & Page, J. W. (2013). Averted school shootings. In N. Bockler, T. Seeger, & P. Sitzer (Eds.), *School shootings: International research, case studies, and concepts for prevention* (pp. 421-440). New York, NY: Springer.

Daniels, J. A., Royster, T. E., Vecchi, G. M., & Pshenishny, E. E. (2010). Barricaded captive events in schools: Mitigation and response. *Journal of Family Violence, 25*, 587-594.

Dansie, E. J., & Fargo, J. D. (2009). Individual and community predictors of fear of criminal victimization: Results from a national sample of urban US citizens. *Crime Prevention and Community Safety, 11*, 124-140.

Dargis, M., & Koenigs, M. (2017). Witnessing domestic violence during childhood is associated with psychopathic traits in adult male criminal offenders. *Law and Human Behavior, 41,* 173–179.

Davies, G., Morton, J., Mollon, P., & Robertson, N. (1998). Recovered memories in theory and practice. *Psychology, Public Policy, and Law, 4,* 1079–1090.

Davis, R. D., & Rostow, C. D. (2008, December). M-PULSE: Matrixpsychological uniform law enforcement selection evaluation. *Forensic Examiner*, 19–24.

Day, A., & Casey, S. (2009). Values in forensic and correctional psychology. *Aggression and Violent Behavior, 14,* 232–238.

Day, K., & Berney, T. (2001). Treatment and care for offenders with mental retardation. In J. B. Ashford, B. D. Sales, & W. H. Reid (Eds.), *Treating adult and juvenile offenders with special needs* (pp. 199–220). Washington, DC: American Psychological Association.

De Leon, G., Hawke, J., Jainchill, N., & Melnick, G. (2000). Therapeutic communities: Enhancing retention in treatment using "senior professor" staff. *Journal of Substance Abuse Treatment, 19,* 375–382.

Dean, K. E., & Malamuth, N. M. (1997). Characteristics of men who aggress sexually and of men who imagine aggressing: Risk and moderating variables. *Journal of Personality and Social Psychology, 72,* 449–455.

Deault, L. C. (2010). A systematic review of parenting in relation to the development of comorbidities and functional impairments in children with attention-deficit/hyperactivity disorder (ADHD). *Child Psychiatry and Human Development, 41,* 168–192.

DeClue, G., & Rogers, C. (2012). Interrogations 2013: Safeguarding against false confessions. *The Police Chief, 79,* 42–46.

DeGloria, P. (2015, March 5). Recognizing sexual abuse in animals. *VINS News Service*.

del Carmen, R. V., Parker, M., & Reddington, F. P. (1998). *Briefs of leading cases in juvenile justice*. Cincinnati, OH: Anderson.

Delprino, R. P., & Bahn, C. (1988). National survey of the extent and nature of psychological services in police departments. *Professional Psychology: Research and Practice, 19,* 421–425.

Demakis, G. J. (2012). Introduction to basic issues in civil capacity. In G. J. Demakis (Ed.), *Civil capacities in clinical neuropsychology: Research findings and practical applications* (pp. 1–16). New York, NY: Oxford University Press.

Demakis, G. J., & Mart, E. G. (2017). Civil capacities. In S. S. Bush (Ed.). *APA handbook of forensic neuropsychology* (pp. 309–339). Washington, DC: American Psychological Association.

DeMatteo, D. (2005a, Winter). Legal update: An expansion of *Tarasoff*'s duty to protect. *American Psychology-Law News, 25,* 2–3, 20.

DeMatteo, D. (2005b, Fall). Legal update: "Supermax" prison: Constitutional challenges and mental health concerns. *American Psychology- Law News, 25,* 8–9.

DeMatteo, D., Burl, J., Filone, S., & Heilbrun, K. (2016). *Training in forensic assessment and intervention: Implications for principle-based models. Learning forensic assessment: Research and practice* (2nd ed., pp. 3–31). New York, NY: Routledge.

DeMatteo, D., & Edens, J. F. (2006). The role and relevance of the Psychopathy Checklist-Revised in courts: A case law survey of U.S. courts (1991–2004). *Psychology, Public Policy, and Law, 12,* 214–241.

DeMatteo, D., Edens, J. F., Galloway, M., Cox, J., Smith, S. T., & Formon, D. (2014a). The role and reliability of the Psychopathy Checklist-Revised in U.S. sexually violent predator evaluations: A case law survey. *Law and Human Behavior, 38,* 248–255.

DeMatteo, D., Edens, J. F., Galloway, M., Cox, J., Smith, S. T., Koller, J. P., & Bersoff, B. (2014b). Investigating the role of the psychopathy checklist-revised in United States case law. *Psychology, Public Policy, and Law, 20,* 96–107.

DeMatteo, D., Marczyk, G., Krauss, D. A., & Burl, J. (2009). Educational and training models in forensic psychology. *Training and Education in Professional Psychology, 3,* 184–191.

Dennison, S., & Leclerc, B. (2011). Developmental factors in adolescent child sexual offenders: A comparison of nonrepeat and repeat sexual offenders. *Criminal Justice and Behavior, 38,* 1089–1102.

Dern, H., Dern, C., Horn, A., & Horn, U. (2009). The fire behind the smoke: A reply to Snook and colleagues. *Criminal Justice and Behavior, 36,* 1085–1090.

Desari, R. A., Falzer, P. R., Chapman, J., & Borum, R. (2012). Mental illness, violence risk, and race in juvenile detention: Implications for disproportionate minority contact. *American Journal of Orthopsychiatry, 82*, 32-40.

Detrick, P., & Chibnall, J. T. (2006). NEO PI-R personality characteristics of high-performance entry-level police officers. *Psychological Services, 3*, 274-285.

Detrick, P., & Chibnall, J. T. (2013). Revised NEO personality inventory normative data for police officer selection. *Psychological Services, 10*, 372-377.

Detrick, P., & Chibnall, J. T. (2017). A five-factor model inventory for use in screening police officer applicants: The Revised NEO Personality Inventory (NEO PIO-R). In C. L. Mitchell & E. H. Dorian (Eds.), *Police psychology and its growing impact on modern law enforcement* (pp. 79-92). Hershey, PA: IGI-Global.

Detrick, P., Chibnall, J. T., & Luebbert, M. C. (2004). The NEO PI-R as predictor of police academy performance. *Criminal Justice and Behavior, 31*, 676-694.

Detrick, P., Chibnall, J. T., & Rosso, M. (2001). Minnesota Multiphasic Personality Inventory-2 in police officer selection: Normative data and relation to the Inwald Personality Inventory. *Professional Psychology: Research and Practice, 32*, 481-490.

Dietz, A. S. (2000). Toward the development of a roles framework for police psychology. *Journal of Police and Criminal Psychology, 15*, 1-4.

Dinos, S., Burrowes, N., Hammond, K., & Cunliffe, C. (2015). A systematic review of juries' assessment of rape victims: Do rape myths impact juror decision-making? *International Journal of Law, Crime, and Justice, 43*, 36-49.

Dionne, G. (2005). Language development and aggressive behavior. In R. E. Tremblay, W. W. Hartup, & J. Archer (Eds.), *Developmental origins of aggression* (pp. 330-352). New York, NY: Guilford Press.

Dionne, G., Tremblay, R., Boivin, M., Laplante, D., & Perusse, D. (2003). Physical aggression and expressive vocabulary in 19-month-old twins. *Developmental Psychology, 39*, 261-273.

Dirks-Linhorst, P. A., & Kondrat, D. (2012). Tough on crime or beating the system: An evaluation of Missouri Department of Mental Health's not guilty by reason of insanity murder acquittees. *Homicide Studies, 16*, 129-150.

Dishion, T. J., & Bullock, B. M. (2002). Parenting and adolescent problem behavior: An ecological analysis of the nurturance hypothesis. In J. G. Borkowski, S. L. Ramey, & M. Bristol-Power (Eds.), *Parenting and the child's world: Influences on academic, intellectual, and social-emotional development* (pp. 231-249). Mahwah, NJ: Erlbaum.

Dixon, L., & Gill, B. (2002). Changes in the standards for admitting expert evidence in federal civil cases since the *Daubert* decision. *Psychology, Public Policy, and Law, 8*, 251-308.

Dobash, R. P., & Dobash, R. E. (2000). Feminist perspectives on victimization. In N. H. Rafter (Ed.), *Encyclopedia of women and crime* (pp. 179-205). Phoenix, AZ: Oryx.

Dobolyi, D. G., & Dodson, C. S. (2013). Eyewitness confidence in simultaneous and sequential lineups: A criterion shift account for sequential mistaken identification overconfidence. *Journal of Experimental Psychology: Applied, 19*, 345-357.

Dobson, V., & Sales, B. (2000). The science of infanticide and mental illness. *Psychology, Public Policy, and Law, 4*, 1098-1112.

Dodge, K. A. (2003). Do social information-processing patterns mediate aggressive behavior? In B. B. Lahey, T. E. Moffitt, & A. Caspi (Eds.), *Causes of conduct disorder and juvenile delinquency* (pp. 254-274). New York, NY: Guilford Press.

Dodge, K. A., & Pettit, G. S. (2003). A biopsychological model of the development of chronic conduct problems in adolescence. *Developmental Psychology, 39*, 349-371.

Domhardt, M., Munzer, A., Fegert, J. M., & Goldbeck, L. (2015). Resilience in survivors of child sexual abuse: A systematic review of literature. *Trauma, Violence, & Abuse, 16*, 476-493.

Donn, J. E., Routh, D. K., & Lunt, I. (2000). From Leipzig to Luxembourg (via Boulder and Vail): A history of clinical training in Europe and the United States. *Professional Psychology: Research and Practice, 31*, 423-428.

Donnellan, M. B., Ge, X., & Wenk, E. (2000). Cognitive abilities in adolescent-limited and life-course-persistent criminal offenders. *Journal of Abnormal Psychology, 109,* 396-402.

Dougher, M. J. (1995). Clinical assessment of sex offenders. In B. K. Schwartz & H. R. Cellini (Eds.), *The sex offender: Corrections, treatment and legal practice* (pp. 182-224). Kingston, NJ: Civic Research Institute.

Douglas, A.-J. (2011, August). Child abductions: Known relationships are the greater danger. *FBI Law Enforcement Bulletin, 80*, 8-9.

Douglas, K. S., Hart, S. D., Groscup, J. L., & Litwack, T. R. (2014). Assessing violence risk. In I. B. Weiner & R. K. Otto (Eds.), *The handbook of forensic psychology* (4th ed., pp. 385-441). Hoboken, NJ: Wiley.

Douglas, K. S., Nikolova, N. L., Kelley, S. E., & Edens, J. E. (2015). Psychopathy. In B. L. Cutler & P. A. Zapf (Eds.), *APA handbook in forensic psychology: Vol. 1. Individual and situational influences in criminal and civil contexts* (pp. 257-323). Washington, DC: American Psychological Association.

Douglas, K. S., & Ogloff, J. R. P. (2003). The impact of confidence on the accuracy of structured professional and actuarial violence risk judgments in a sample of forensic psychiatric patients. *Law and Human Behavior, 27,* 573-587.

Dowdell, E. B., & Foster, K. L. (2000). Munchausen syndrome by proxy: Recognizing a form of child abuse. *Nursing Spectrum.* Retrieved from http://nsweb.nursingspectrum.com/ce/ce209.hum

Dowling, F. G., Moynihan, G., Genet, B., & Lewis, J. (2006). A peer-based assistance program for officers with the New York City Police Department: Report of the effects of September 11, 2001. *American Journal of Psychiatry, 163*, 151-153.

Drislane, L. E., Patrick, C. J., & Arsal, G. (2014, June). Clarifying the content coverage of differing psychopathy inventories through reference to the triarchic psychopathy measure. *Psychological Assessment, 26*, 350-362.

Drizin, S. A., & Leo, R. A. (2004). The problem of false confessions in the post-DNA world. *North Carolina Law Review, 82*, 891-1007. Drogin, E. Y., & Barrett, C. L. (2013). Civil competencies. In R. K. Otto & I. B. Weiner (Eds.), *Handbook of psychology, Vol. 11. Forensic psychology* (2nd ed., pp. 648-663). Hoboken, NJ: Wiley.

Drogin, E. Y., Hagan, L. D., Guilmette, T. J., & Piechowski, L. D. (2015). Personal injury and other tort matters. In B. L. Cutler & P. A. Zapf (Eds.), *APA handbook of forensic psychology: Vol. 1. Individual and situational influences in criminal and civil contexts* (pp. 471-509). Washington, DC: American Psychological Association.

Dubowitz, H., Christian, C. W., Hymel, K., & Kellogg, N. D. (2014). Forensic medical evaluations of child maltreatment: A proposed research agenda. *Child Abuse & Neglect, 38*, 1734-1746.

Dudycha, G. J., & Dudycha, M. M. (1941). Childhood memories: A review of the literature. *Psychological Bulletin, 38,* 668-682.

Duhaime, A., Christian, C. W., Rorke, L. B., & Zimmerman, R. A. (1998). Nonaccidental head injury in infants: The "shaken-baby syndrome." *New England Journal of Medicine, 338,* 1822-1829.

Durand, V. M., & Barlow, D. H. (2000). *Abnormal psychology: An introduction.* Belmont, CA: Wadsworth.

Durham, M. L., & La Fond, J. Q. (1990). A search for the missing premise of involuntary therapeutic commitment: Effective treatment of the mentally ill. In D. B. Wexler (Ed.), *Therapeutic jurisprudence* (pp. 133-163). Durham, NC: Carolina Academic Press.

Dutton, D., & Golant, S. K. (1995). *The batterer: A psychological profile.* New York, NY: Basic Books.

Dutton, M. A. (1992). *Empowering and healing the battered woman.* New York, NY: Springer.

Dutton, M. A. (1996, May). *Validity and use of evidence concerning battering and its effects in criminal trials: NIJ Report to Congress.* Washington, DC: U.S. Department of Justice, National Institute of Justice and U.S. Department of Health and Human Services, National Institute of Mental Health.

Duwe, G. (2000). Body-count journalism: The presentation of mass murder in the news media. *Homicide Studies, 4,* 364-399.

Eastwood, J., & Snook, B. (2010). Comprehending Canadian police cautions: Are the rights to silence and legal counsel understandable? *Behavioral Sciences & the Law, 28*, 366-377.

Eastwood, J., & Snook, B. (2012). The effect of listenability factors on the comprehension of police cautions. *Law and Human Behavior, 36*, 177-183.

Eastwood, J., Snook, B., & Au, D. (2016). Safety in numbers: A policy capturing study of the alibi assessment process. *Applied Cognitive Psychology, 30*, 260-269.

Eastwood, J., Snook, B., & Luther, K. (in preparation). Measuring the effectiveness of the sketch procedure in investigative interviews.

Eastwood, J., Snook, B., Luther, K., & Freedman, S. (2016). Engineering comprehensible youth interrogation rights. *New Criminal Law Review, 91*, 42-62.

Ebert, B. W. (1987). Guide to conducting a psychological autopsy. *Professional Psychology: Research and Practice, 18*, 52-56.

Eckstein, J. J. (2011). Reasons for staying in intimately violent relationships: Comparisons of men and women and messages communicated to self and others. *Journal of Family Violence, 26*, 21-30.

Eddy, D., & Edmunds, C. (2002). Compensation. In A. Seymour, M. Murray, J. Sigmon, M. Hook, C. Edmunds, M. Gaboury, & G. Coleman (Eds.), *National Victim Assistance Academy textbook*. Washington, DC: U.S. Department of Justice, Office of Victims of Crime.

Edens, J. F., Campbell, J., & Weir, J. (2007). Youth psychopathy and criminal recidivism: A meta-analysis of the psychopathy checklist measures. *Law and Human Behavior, 31*, 53-75.

Edens, J. F., & Cox, J. (2012). Examining the prevalence, role and impact of evidence regarding antisocial personality, sociopathy and psychopathy in capital cases: A survey of defense team members. *Behavioral Sciences & the Law, 30*, 239-255.

Edens, J. F., Davis, K. M., Fernandez Smith, K., & Guy, L. S. (2013). No sympathy for the devil: Attributing psychopathic traits to capital murderers also predicts support for executing them. *Personality Disorders: Theory, Research and Treatment, 4*, 175-181.

Edens, J. F., Petrila, J., & Buffington-Vollum, J. K. (2001). Psychopathy and the death penalty: Can the psychopathy checklist-revised identify offenders who represent "a continuing threat to society?" *Journal of Psychiatry and Law, 29*, 433-481.

Edens, J. F., Skeem, J. L., Cruise, K. R., & Cauffman, E. (2001). Assessment of "juvenile psychopathy" and its association with violence: A critical review. *Behavioral Sciences & the Law, 19*, 53-80.

Edens, J. F., & Vincent, G. M. (2008). Juvenile psychopathy: A clinical construct in need of restraint. *Journal of Forensic Psychology Practice, 8*, 186-197.

Edwards, D. L., Schoenwald, S. K., Henggeler, S. W., & Strother, K. B. (2001). A multi-level perspective on the implementation of multisystemic therapy (MST): Attempting dissemination with fidelity. In G. A. Bernfeld, D. P. Farrington, & A. W. Leschied (Eds.), *Offender rehabilitation in practice* (pp. 97-120). Chichester, England: Wiley.

Ehrlichman, H., & Halpern, J. N. (1988). Affect and memory: Effects of pleasant and unpleasant odors on retrieval of happy and unhappy memories. *Journal of Personality and Social Psychology, 55*, 769-779.

Einhorn, J. (1986). Child custody in historical perspective: A study of changing social perceptions of divorce and child custody in Anglo-American law. *Behavioral Sciences & the Law, 4*, 119-135.

Eisenberg, N., Spinrad, T. L., Fabes, R. A., Reiser, M., Cumberland, A., Shepard, S. A., . . . & Murphy, B. (2004). The relations of effortful control and impulsivity to children's resiliency and adjustment. *Child Development, 75*, 25-46.

Eke, A. W., Hilton, N. Z., Meloy, J. R., Mohandie, K., & Williams, J. (2011). Predictors of recidivism by stalkers: A nine-year follow-up of police contacts. *Behavioral Sciences & the Law, 29*, 271-283.

Ekman, P. (2009). *Telling lies: Clues to deceit in the marketplace, politics, and marriage*. New York, NY: Norton.

Elklit, A., & Christiansen, D. M. (2013). Risk factors for posttraumatic stress disorder in female help-seeking victims of sexual assault. *Violence and Victims, 28*, 552-568.

Elliott, D. S., Ageton, S. S., & Huizinga, D. (1980). *The National Youth Survey*. Boulder, CO: Behavioral

Research Institute.

Elliott, D. S., Dunford, T. W., & Huizinga, D. (1987). The identification and prediction of career offenders utilizing self-reported and official data. In J. D. Burchard & S. N. Burchard (Eds.), *Prevention of delinquent behavior.* Newbury Park, CA: Sage.

Ellis, C. A., & Lord, J. (2002). Homicide. In A. Seymour, M. Murray, J. Sigmon, M. Hook, C. Edmunds, M. Gaboury, & G. Coleman (Eds.), *National Victim Assistance Academy textbook.* Washington, DC: U.S. Department of Justice, Office of Victims of Crime.

Ellsworth, P. C., & Reifman, A. (2000). Juror comprehension and public policy: Perceived problems and proposed solutions. *Psychology, Public Policy, and Law, 6,* 788-821.

Emerson, R. M., Ferris, K. O., & Gardner, C. B. (1998). On being stalked. *Social Problems, 45,* 289-314.

Emery, R. E., & Laumann-Billings, L. (1998). An overview of the nature, causes, and consequences of abusive family relationships. *American Psychologist, 53,* 121-135.

Epperson, D. L., Kaul, J. D., Goldman, R., Huot, S., Hesselton, D., & Alexander, W. (2004). *Minnesota sex offender screening tool-revised (MnSOST-R).* St. Paul: Minnesota Department of Corrections.

Epperson, D., Ralston, C., Fowers, D., DeWitt, J., & Gore, K. (2006). Juvenile Sexual Offense Recidivism Rate Assessment Tool-II (JSORRAT-II). In D. Prescott (Ed.), *Risk assessment of youth who have sexually abused.* Oklahoma City, OK: Wood N' Barnes.

Erickson, C. D., & Al-Timini, N. R. (2001). Providing mental health services to Arab Americans: Recommendations and considerations. *Cultural Diversity and Ethnic Minority Psychology, 7,* 308-327.

Erickson, K., Crosnoe, R., & Dornbusch, S. M. (2000). A social process model of adolescent deviance: Combining social control and differential association perspectives. *Journal of Youth and Adolescence, 29,* 395-425.

Erickson, S. K., Lilienfeld, S. O., & Vitacco, M. J. (2007). A critical examination of the suitability and limitations of psychological testing in family court. *Family Court Review, 45,* 157-174.

Eron, L., Gentry, J. H., & Schlegel, P. (Eds.). (1994). *Reason to hope: A psychosocial perspective on violence and youth.* Washington, DC: American Psychological Association.

Eron, L., & Slaby, R. G. (1994). Introduction. In L. D. Eron, J. H. Gentry, & P. Schlegel (Eds.), *Reason to hope: A psychosocial perspective on violence and youth* (pp. 1-22). Washington, DC: American Psychological Association.

Erskine, H. E., Norman, R. E., Ferrar, A. J., Chan, G. C. K., Copeland, W. E. N., Whiteford, H. A., . . . & Scott, J. G. (2016). Long-term outcomes of attention-deficit/hyperactivity disorder and conduct disorder: A systematic review and data analysis. *Journal of the American Academy of Child & Adolescent Psychiatry, 55,* 602-609.

Eshelman, L., & Levendosky, A. A. (2012). Dating violence: Mental health consequences based on type of abuse. *Violence and Victims, 27,* 215-228.

Evans, G. D., & Rey, J. (2001). In the echoes of gunfire: Practicing psychologists' responses to school violence. *Professional Psychology: Research and Practice, 32,* 157-164.

Evans, J. R. Houston, K. A., Meissner, C. A., Ross, A. M., Labianca, J. R., Woestehoff, S. A., & Kleinman, S. M. (2014). An empirical evaluation of intelligence-gathering interrogation techniques from the United States Army Field Manual. *Applied Cognitive Psychology, 28,* 867-875.

Evans, J. R., Meissner, C. A., Brandon, S. E., Russano, M. B., & Kleinman, S. M. (2010). Criminal versus HUMINT interrogations: The importance of psychological science to improving interrogation practice. *Journal of Psychiatry & Law, 38,* 215-249.

Evans, J. R., Meissner, C. A., Ross, A. B., Houston, K. A., Russano, M. B., & Hogan, A. J. (2013). Obtaining guilty knowledge in human intelligence interrogations: Comparing accusatorial and informational gathering approaches with a novel experimental paradigm. *Journal of Applied Research in Memory and Cognition, 2,* 83-88.

Eve, P. M., Byrne, M. K., & Gagliardi, C. R. (2014). What is good parenting? The perspectives of different professionals. *Family Court Review, 52,* 114-127.

Everly, G., Flannery, R., Eyler, V., & Mitchell, J. (2001). Sufficiency analysis of an integrated multicomponent approach to crisis intervention. *Advances in Mind-Body Medicine, 17,* 174.

Farabee, D. (Ed.). (2002). Making people change [Special issue]. *Criminal Justice and Behavior, 29*(1).

Farabee, D., Calhoun, S., & Veliz, R. (2016). An experimental comparison of telepsychiatry and conventional psychiatry for parolees. *Psychiatric Services, 67,* 562-565.

Faravelli, C., Giugni, A., Salvatori, S., & Ricca, V. (2004). Psychopathology after rape. *American Journal of Psychiatry, 161,* 1483-1485.

Faris, R., & Felmlee, D. (2011b). Status struggles: Network centrality and gender segregation in same- and cross-gender aggression. *American Sociological Review, 76,* 48-73.

Farrington, D. P. (1991). Childhood aggression and adult violence: Early precursors and later life outcomes. In D. J. Pepler & K. H. Rubin (Eds.), *The development and treatment of childhood aggression* (pp. 5-29). Hillsdale, NJ: Erlbaum.

Farrington, D. P. (2005). The importance of child and adolescent psychopathy. *Journal of Abnormal Child Psychology, 33,* 489-497.

Farrington, D. P., Ohlin, L. E., & Wilson, J. Q. (1986). *Understanding and controlling crime*. New York, NY: Springer.

Faust, E., & Magaletta, P. R. (2010). Factors predicting levels of female inmates' use of psychological services. *Psychological Services, 7,* 1-10.

Fay, J. (2015). Police officer to police and public safety psychologist: A valuable journey. In C. R. Bartol & A. M. Bartol, *Introduction to Forensic Psychology* (4th ed., pp. 37-38). Thousand Oaks, CA: Sage.

Fazel, S., Doll, H., & Langstrom, N. (2008). Mental disorders among adolescents in juvenile detention and correctional facilities: A systematic review and metaregression analysis of 25 surveys. *Journal of American Academy of Child and Adolescent Psychiatry, 47,* 1010-1019.

Federal Bureau of Investigation. (2008). *Expanded homicide data-Crime in the United States, 2007.* Washington, DC: U.S. Department of Justice.

Federal Bureau of Investigation. (2010). *Crime in the United States-2009.* Washington, DC: U.S. Department of Justice.

Federal Bureau of Investigation. (2013a). *Crime in the United States-2013.* Washington, DC: U.S. Department of Justice.

Federal Bureau of Investigation. (2013b). *Hate crime statistics, 2012.* Washington, DC: U.S. Department of Justice.

Federal Bureau of Investigation. (2016a). *Crime in the United States-2015.* Washington, DC: U.S. Department of Justice.

Federal Bureau of Investigation. (2016b). *Hate crime statistics, 2015.* Washington, DC: U.S. Department of Justice.

Federal Bureau of Investigation. (2016c, October 18). *FBI releases 2015 on law enforcement officers killed and assaulted.* Washington, DC: FBI National Press Office.

Federle, K. H., & Chesney-Lind, M. (1992). Special issues in juvenile justice: Gender, race and ethnicity. In I. M. Schwartz (Ed.), *Juvenile justice and public policy: Toward a national agenda* (pp. 165-195). New York, NY: Maxwell-Macmillan.

Fehrenbach, P. A., & Monasterky, C. (1988). Characteristics of female sexual offenders. *American Journal of Orthopsychiatry, 58,* 148-151.

Feindler, E. L., Rathus, J. H., & Silver, L. B. (2003). *Assessment of family violence: A handbook for researchers and practitioners.* Washington, DC: American Psychological Association.

Feld, B. C. (1988). In re Gault revisited: A cross-state comparison of the right to counsel in juvenile court. *Crime & Delinquency, 34,* 393-424.

Feld, B. C. (Ed.). (1999). *Readings in juvenile justice administration.* New York, NY: Oxford University Press.

Feld, B. C. (2013). *Kids, cops, and confessions: Inside the interrogation room*. New York, NY: New York University Press.

Felson, R. B. (2002). *Violence and gender reexamined.* Washington, DC: American Psychological Association.

Ferrara, P., Vitelli, O., Bottaro, G., Gatto, A., Liberatore, P., Binetti, P., . . . & Stabile, A. (2013). Factitious disorders and Munchausen syndrome: The tip of the iceberg. *Journal of Child Health Care, 17,* 366-374.

Filone, S., & King, C. M. (2015). The emerging standard of competence in immigration removal proceedings: A review for forensic mental health professionals. *Psychology, Public Policy, and Law, 21,* 60-71.

Final conclusions of the American Psychological Association Working Group on Investigation of Memories of Childhood Abuse. (1998). *Psychology, Public Policy, and Law, 4,* 931-940.

Fineran, S., & Gruber, J. E. (2009). Youth at work: Adolescent employment and sexual harassment. *Child Abuse & Neglect, 33,* 550-559.

Finkelhor, D. (2011). Prevalence of child victimization, abuse, crime, and violence exposure. In J. W. White, M. P. Koss, & A. E. Kazdin (Eds.), *Violence against women and children, Vol. 1. Mapping the terrain* (pp. 9-29). Washington, DC: American Psychological Association.

Finkelhor, D., Hotaling, G., & Sedlak, A. (1990). *Missing, abducted, runaway, and thrownaway children in America: First report.* Washington, DC: Juvenile Justice Clearinghouse.

Finkelhor, D., & Jones, L. (2012, November). *Have sexual abuse and physical abuse declined since the 1990s?* Durham: University of New Hampshire, Crimes Against Children Research Center.

Finkelhor, D., & Ormrod, R. (2000, June). *Kidnapping of juveniles: Patterns from NIBRS.* Washington, DC: U.S. Department of Justice, Office of Juvenile Justice and Delinquency Prevention.

Finkelhor, D., & Ormrod, R. (2001a, September). *Crimes against children by babysitters.* Washington, DC: U.S. Department of Justice, Office of Juvenile Justice and Delinquency Prevention.

Finkelhor, D., & Ormrod, R. (2001b, October). *Homicides of children and youth.* Washington, DC: U.S. Department of Justice, Office of Juvenile Justice and Delinquency Prevention.

Finkelhor, D., Shattuck, A., Turner, H. A., & Hamby, S. L. (2014). The lifetime prevalence of child sexual abuse and sexual assault in late adolescence. *Journal of Adolescent Health, 55,* 329-333.

Finkelhor, D., Turner, H., & Hamby, S. (2011). *National Survey of Children's Exposure to Violence: Questions and answers about the National Survey of Children's Exposure to Violence.* Washington, DC: U.S. Department of Justice, Office of Justice Programs.

Finkelhor, D., Turner, H., Hamby, S., & Ormrod, R. (2011, October). *Polyvictimization: Children's exposure to multiple types of violence, crime, and abuse.* Washington, DC: U.S. Department of Justice, Office of Juvenile Justice and Delinquency Prevention.

Finkelhor, D., Turner, H., Ormrod, R., Hamby, S., & Kracke, K. (2009, October). *Children's exposure to violence: A comprehensive survey.* Washington, DC: U.S. Department of Justice, Office of Juvenile Justice and Delinquency Prevention.

Finkelman, J. M. (2010). Litigation consulting: Expanding beyond jury selection to trial strategy and tactics. *Consulting Psychology Journal: Practice and Research, 62,* 12-20.

Finn, P., & Tomz, J. E. (1997, March). *Developing a law enforcement stress program for officers and their families.* Washington, DC: U.S. Department of Justice.

Fishbein, D. (2000). Neuropsychological function, drug abuse, and violence: A conceptual framework. *Criminal Justice and Behavior, 27,* 139-159.

Fisher, B. S., Cullen, F. T., & Turner, M. G. (2000). *Sexual victimization of college women.* Washington, DC: U.S. Department of Justice, National Institute of Justice.

Fisher, J. C. (1997). *Killer among us: Public reactions to serial murder.* Westport, CT: Praeger.

Fisher, R. P., & Geiselman, R. E. (1992). *Memory-Enhancing techniques for investigative interviewing: The cognitive interview* (NCJ 140158). Washington, DC: U.S. Department of Justice, National Criminal Justice Reference Service.

Fisher, R. P., & Geiselman, R. E. (2010). The cognitive interview method of conducting police interviews: Eliciting extensive information and promoting therapeutic jurisprudence. *International Journal of Law and Psychiatry, 33,* 321-328.

Fitzgerald, L. F., Magley, V. J., Drasgow, F., & Waldo, C. R. (1999). Measuring sexual harassment in the military: The sexual experiences questionnaire (SEQ-DoD). *Military Psychology, 11,* 243-263.

Fitzgerald, L. F., & Shullman, S. L. (1985). *Sexual experiences questionnaire*. Kent, OH: Kent State University.

Fixsen, D. L., Blase, K. A., Timbers, G. D., & Wolf, M. M. (2001). In search of program implementation: 792 replications of the teachingfamily model. In G. A. Bernfeld, D. P. Farrington, & A. W. Leschied (Eds.), *Offender rehabilitation in practice* (pp. 149-166). Chichester, England: Wiley.

Fixsen, D. L., Blase, K. A., Timbers, G. D., & Wolf, M. M. (2007). In search of program implementation: 792 replications of the teachingfamily model. *The Behavior Analyst Today, 8*, 96-110.

Flory, K., Milich, R., Lynam, D. R., Leukefeld, C., & Clayton, R. (2003). Relation between childhood disruptive behavior disorders and substance use and dependence symptoms in young adulthood: Individuals with symptoms of attention-deficit/hyperactivity disorder and conduct disorder are uniquely at risk. *Psychology of Addictive Behaviors, 17*, 151-158.

Foa, E. B., Cashman, L., Jaycox, L., & Perry, K. (1997). The validation of a self-report measure of posttraumatic stress disorder: The Posttraumatic Diagnostic Scale. *Psychological Assessment, 9*, 445-451.

Foa, E. B., Riggs, D. S., Dancu, C. V., & Rothbaum, B. O. (1993). Reliability and validity of a brief instrument for assessing posttraumatic stress disorder. *Journal of Traumatic Stress, 6*, 459-474.

Foa, E. B., Rothbaum, B. O., Riggs, D. S., & Murdock, T. B. (1991). Treatment of posttraumatic stress disorder in rape victims: A comparison between cognitive-behavioral procedures and counseling. *Journal of Consulting and Clinical Psychology, 59*, 715-723.

Fogel, M. H., Schiffman, W., Mumley, D., Tillbrook, C., & Grisso, T. (2013). Ten year research update (2001-2010): Evaluations for competence to stand trial (Adjudicative competence). *Behavioral Sciences & the Law*, *31*, 165-191.

Folsom, J., & Atkinson, J. L. (2007). The generalizability of the LSI-R and the CAT to the prediction of recidivism in women offenders. *Criminal Justice and Behavior, 34*, 1044-1056.

Fontaine, N., Carbonneau, R., Vitaro, F., Barker, E. D., & Tremblay, R. E. (2009). Research review: A critical review of studies on the

developmental trajectories of antisocial behavior in females. *Journal of Child Psychology and Psychiatry, 50*, 363-385.

Foote, W. E. (2013). Forensic evaluations in Americans with Disabilities Act cases. In R. K. Otto & I. B. Weiner (Eds.), *Handbook of psychology: Vol. 11. Forensic psychology* (2nd ed., pp. 271-294). Hoboken, NJ: Wiley.

Foote, W. E. (2016). Evaluations of individuals for disability in insurance and social security contexts. In R. Jackson & R. Roesch (Eds.), *Learning forensic assessment: Research and practice* (2nd ed., pp. 413-433). New York, NY: Routledge.

Foote, W. E., & Lareau, C. R. (2013). Psychological evaluation of emotional damages in tort cases. In R. K. Otto & I. B. Weiner (Eds.), *Handbook of psychology: Vol. 11. Forensic psychology* (2nd ed., pp. 172-200). Hoboken, NJ: Wiley.

Forehand, R., Wierson, M., Frame, C. L., Kempton, T., & Armistead, L. (1991). Juvenile firesetting: A unique syndrome or an advanced level of antisocial behavior? *Behavioral Research and Therapy, 29*, 125-128.

Forsman, M., Lichtenstein, P., Andershed, H., & Larsson, H. (2010). A longitudinal twin study of the direction of effects between psychopathic personality and antisocial behavior. *Journal of Child Psychology and Psychiatry, 51*, 39-47.

Forth, A. E., Kosson, D. S., & Hare, R. D. (1997). *Hare Psychopathy Checklist: Youth Version*. Toronto, Canada: Multi-Health Systems.

Fournier, L. R. (2016). The *Daubert* guidelines: Usefulness, utilization, and suggestions for improving quality control. *Journal of Applied Research in Memory and Cognition*, *5*, 308-313.

Fox, J. A., & Levin, J. (1998). Multiple homicide: Patterns of serial and mass murder. In M. Tonry (Ed.), *Crime and justice: A review of research* (Vol. 23, pp. 407-455). Chicago, IL: University of Chicago Press.

Fox, J. A., & Levin, J. (2003). Mass murder: An analysis of extreme violence. *Journal of Applied Psychoanalytic Studies, 5*, 47-64.

Fox, J. A., & Zawitz, M. A. (2001). *Homicide trends in the United States*. Washington, DC: U.S. Department of Justice, Bureau of Justice Statistics.

Francis, A. (2012, December 8). *In distress: The DSM's impact on mental health practice and research*. Retrieved from http://www.psychologytoday.com.blog/dsm5-in-distress/201212/misleading-medical-illness-mental disorder

Francis, A. (2013). *DSM-5 is guide not bible-ignore its ten worst changes*. Retrieved from http://www.psychologytoday.com/blog/dsm5-in-distress/201212

Franklin, C. L., Sheeran, T., & Zimmerman, M. (2002). Screening for trauma histories, posttraumatic stress disorder (PTSD), and subthreshold PTSD in psychiatric outpatients. *Psychological Assessment, 14*, 467-471.

Freedman, S., Eastwood, J., Snook, B., & Luther, K. (2014). Safeguarding youth interrogation rights: The effect of grade level and reading complexity of youth waiver forms on the comprehension of legal rights. *Applied Cognitive Psychology, 28*, 427-431.

Freeman, N., & Sandler, J. (2009). Female sex offender recidivism: A large-scale empirical analysis. *Sexual Abuse: Journal of Research and Treatment, 21*, 455-473.

Frenda, S. J., Nichols, R. M., & Loftus, E. F. (2011). Current issues and advances in misinformation research. *Current Directions in Psychological Science, 20*, 20-23.

Freud, S. (1957). Repression. In J. Strachey (Ed. & Trans.), *The standard edition of the complete psychological works of Sigmund Freud* (Vol. 14, pp. 147-156). London, England: Hogarth. (Original work published 1915)

Frick, P. J., Barry, C. T., & Bodin, S. D. (2000). Applying the concept of psychopathy in children: Implications for the assessment of antisocial youth. In C. B. Gacono (Ed.), *The clinical and forensic assessment of psychopathy* (pp. 3-24). Mahwah, NJ: Erlbaum.

Frick, P. J., Bodin, S. D., & Barry, C. T. (2000). Psychopathic traits and conduct problems in community and clinic-referred samples of children: Further development of the psychopathy screening device. *Psychological Assessment, 12*, 382-393.

Frick, P. J., Cornell, A. H., Bodin, S. D., Dane, H. E., Barry, C. T., & Loney, B. R. (2003). Callous-unemotional traits and developmental pathways to severe conduct problems. *Developmental Psychology, 39*, 246-260.

Frick, P. J., O'Brien, B. S., Wootton, J., & McBurnett, K. (1994). Psychopathy and conduct problems in children. *Journal of Abnormal Psychology, 103*, 700-707.

Frick, P. J., Ray, J. V., Thornton, L. C., & Kahn, R. E. (2014). Can callous-unemotional traits enhance the understanding, diagnosis, and treatment of serious conduct problems in children and adolescents? A comprehensive review. *Psychological Bulletin, 140*, 1-57.

Frick, P. J., & Viding, E. M. (2009). Antisocial behavior from a developmental psychopathology perspective. *Development and Psychopathology, 21*, 1111-1131.

Friedman, T. L. (2016). *Thank you for being late: An optimist's guide to thriving in the age of accelerations*. New York, NY: Farrar, Straus, and Giroux.

Furby, L., Weinroth, M. R., & Blackshaw, L. (1989). Sex offender recidivism: A review. *Psychological Bulletin, 105*, 3-30.

Fuselier, G. D. (1988). Hostage negotiation consultant: Emerging role for the clinical psychologist. *Professional Psychology: Research and Practice, 19*, 175-179.

Fuselier, G. D., & Noesner, G. W. (1990, July). Confronting the terrorist hostage taker. *FBI Law Enforcement Bulletin*, pp. 9-12.

Fyfe, J. J. (1988). Police use of deadly force: Research and reform. *Justice Quarterly, 5*, 165-205.

Gaboury, M., & Edmunds, C. (2002). Civil remedies. In A. Seymour, M. Murray, J. Sigmon, M. Hook, C. Edwards, M. Gaboury, & G. Coleman. (Eds.), *National Victim Assistance Academy textbook*. Washington, DC: U.S. Department of Justice, Office of Victims of Crime.

Gacono, C. B., Nieberding, R. J., Owen, A., Rubel, J., & Bodholdt, R. (2001). Treating conduct disorder, antisocial, and psychopathic personalities. In J. B. Ashford, B. D. Sales, & W. H. Reid (Eds.), *Treating adult and juvenile offenders with special needs* (pp. 99-129). Washington, DC: American Psychological Association.

Gallagher, R. W., Somwaru, D. P., & Ben-Porath, Y. S. (1999). Current usage of psychological tests in state correctional settings. *Corrections Compendium, 24*, 1-3, 20.

Galler, J. R., Bryce, C. P., Aber, D. P., Hock, R. S., Harrison, R., Eaglesfield, G. D., & Fitzmaurice, G. (2012). Infant malnutrition predicts conduct problems in adolescents. *Nutritional Neuroscience, 15*, 186-192.

Gallo, F. J., & Halgin, R. P. (2011). A guide for establishing a practice in police preemployment postoffer psychological evaluations. *Professional Practice: Research and Practice, 42*, 269-275.

Gannon, T. A., & Pina, A. (2010). Firesetting: Psychopathology, theory and treatment. *Aggression and Violent Behavior, 15*, 224-238.

Gannon, T. A., & Rose, M. R. (2008). Female child sexual offenders: Toward integrating theory and practice. *Aggression and Violent Behavior, 13*, 442-461.

Garcia-Moreno, C., Guedes, A., & Knerr, W. (2012). *Sexual violence*. Geneva, Switzerland: World Health Organization.

Gardner, B. O., Boccaccini, M. T., Bitting, B. S., & Edens, J. F. (2015). Personality Assessment Inventory scores as predictors of misconduct, recidivism, and violence: A meta-analytic review. *Psychological Assessment, 27*, 534-544.

Gardner, H. (1983). *Frames of mind: The theory of multiple intelligences*. New York, NY: Basic Books.

Gardner, H. (1998). Are there additional intelligences? The case for naturalist, spiritual, and existential intelligence. In K. Kane (Ed.), *Education, information, and transformation* (pp. 111-131). Englewood Cliffs, NJ: Prentice Hall.

Gardner, H. (2000). *Intelligence reframed: Multiple intelligences for the 21st century*. New York, NY: Basic Books.

Gardner, M., & Brooks-Gunn, J. (2009). Adolescents' exposure to community violence: Are neighborhood youth organizations protective? *Journal of Community Psychology, 37*, 505-525.

Gardner, M., & Steinberg, L. (2005). Peer influence on risk taking, risk preference, and risky decision making in adolescence and adulthood: An experimental study. *Developmental Psychology, 41*, 625-635.

Garland, B. E., McCarty, W. P., & Zhao, R. (2009). Job satisfaction and organizational commitment in prisons: An examination of psychological staff, teachers, and unit management staff. *Criminal Justice and Behavior, 36*, 163-183.

Garrett, B. L. (2011). *Convicting the innocent: Where criminal prosecutors go wrong*. Cambridge, MA: Harvard University Press.

Garthe, R. C., Sullivan, T. N., & McDaniel, M. A. (2017). A metaanalytic review of peer risk factors and adolescent dating violence. *Psychology of Violence, 7*, 45-57.

Gates, M. A., Holowka, D. W., Vasterling, J. J., Keane, T. M., Marx, B. P., & Rosen, R. C. (2012). Posttraumatic stress disorder in veterans and military personnel: Epidemiology, screening, and case recognition. *Psychological Services, 9*, 361-382.

Gay, J. G., Vitacco, M. J., & Ragatz, L. (2017, March 1). Mental health symptoms predict competency to stand trial and competency restoration success. *Legal and Criminological Psychology*. Advance online publication. doi:10.1111/lcrp.12100

Gaynor, J. (1996). Firesetting. In M. Lewis (Ed.), *Child and adolescent psychiatry: A comprehensive textbook* (pp. 591-603). Baltimore, MD: Williams & Wilkins.

Gelles, M. G., & Palarea, R. (2011). Ethics in crisis negotiation: A law enforcement and public safety perspective. In C. H. Kennedy & T. J. Williams (Eds.), *Ethical practice in operational psychology: Military and national intelligence operations* (pp. 107-123). Washington, DC: American Psychological Association.

Gelles, R. J., & Cavanaugh, M. M. (2005). Violence, abuse, and neglect in families and intimate relationships. In P. C. McHenry & S. J. Price (Eds.), *Families & change: Coping with stressful events and transitions* (3rd ed., pp. 129-154). Thousand Oaks, CA: Sage.

Gendreau, P., Cullen, F. T., & Bonta, J. (1994). Intensive rehabilitation supervision: The next generation in community corrections? *Federal Probation, 58*, 72-78.

Gendreau, P., & Goggin, C. (2014). Practicing psychology in correctional settings. In I. B. Weiner & R. K. Otto (Eds.), *Handbook of forensic psychology* (4th ed., pp. 759-793). Hoboken, NJ: Wiley.

Gendreau, P., Little, T., & Goggin, C. (1996). A meta-analysis of the predictors of adult recidivism: What works! *Criminology, 34*, 401-433.

Gendreau, P., Paparozzi, M., Little, T., & Goddard, M.

(1993). Punishing smarter: The effectiveness of the new generation of alternative sanctions. *Forum on Correctional Research, 5,* 31-34.

Gendreau, P., & Ross, R. R. (1984). Correctional treatment: Some recommendations for effective intervention. *Juvenile and Family Court Journal, 34,* 31-39.

Gentile, S. R., Asamen, J. K., Harmell, P. H., & Weathers, R. (2002). The stalking of psychologists by their clients. *Professional Psychology: Research and Practice, 33,* 490-494.

George, J. A. (2008). Offender profiling and expert testimony: Scientifically valid or glorified results? *Vanderbilt Law Review, 61,* 221-260.

George, M. J., & Odgers, C. L. (2015). Seven fears and the science of how mobile technologies may be influencing adolescents in the digital age. *Perspectives in Psychological Science, 10,* 821-851.

George, W. H., & Marlatt, G. A. (1989). Introduction. In D. R. Laws (Ed.), *Relapse prevention with sex offenders* (pp. 1-31). New York, NY: Guilford Press.

Gershon, R. R. M., Lin, S., & Li, X. (2002). Work stress in aging police officers. *Journal of Occupational and Environmental Medicine, 44,* 160-167.

Giebels, E., & Noelanders, S. (2004). *Crisis negotiations: A multiparty perspective.* Veenendall, Netherlands: Universal Press.

Giebels, E., & Taylor, P. J. (2009). Interaction patterns in crisis negotiations: Persuasive arguments and cultural differences. *Journal of Applied Psychology, 94,* 5-19.

Gill, C. J., Kewman, D. G., & Brannon, R. W. (2003). Transforming psychological practice and society: Policies that reflect the new paradigm. *American Psychologist, 58,* 305-312.

Gillis, J. W. (2001). *First response to victims of crime 2001.* Washington, DC: U.S. Department of Justice, Office for Victims of Crime.

Glaze, L. E., & Herberman, E. J. (2013, December). *Correctional populations in the United States, 2012.* Washington, DC: U.S. Department of Justice, Bureau of Justice Statistics.

Glew, G. M., Fan, M.-Y., Katon, W., & Rivara, F. P. (2008). Bullying and school safety. *Journal of Pediatrics, 152,* 123-128.

Glisson, C., Schoenwald, S. K., Hemmelgarn, A., Green, P., Dukes, D., Armstrong, K. S., . . . & Chapman, J. E. (2010). Randomized trial of MST and ARC in a two-level evidence-based treatment implementation strategy. *Journal of Consulting and Clinical Psychology, 78,* 537-550.

Goddard, C., & Bedi, G. (2010). Intimate partner violence and child abuse: A child-centered perspective. *Child Abuse Review, 19,* 5-20.

Goff, P. A., Jackson, M. C., DiLeone, B. A., Culotta, M. C., & DiTomasso, N. D. (2014). The essence of innocence: Consequences of dehumanizing black children. *Journal of Personality and Social Psychology, 106,* 526-545.

Goff, P. A., & Kahn, K. B. (2012). Racial bias in policing: Why we know less than we should. *Social Issues and Policy Review, 6,* 177-210.

Golding, S. L. (1993). *Interdisciplinary Fitness Interview-Revised: A training manual.* Salt Lake City: University of Utah, Department of Psychology.

Golding, S. L. (2016). Learning forensic examinations of adjudicative competency. In R. Jackson & R. Roesch (Eds.), *Learning forensic assessment: Research and practice* (2nd ed., pp. 65-96). New York, NY: Routledge.

Golding, S. L., & Roesch, R. (1987). The assessment of criminal responsibility: A historical approach to a current controversy. In I. B. Weiner & A. K. Hess (Eds.), *Handbook of forensic psychology* (pp. 395-436). New York, NY: Wiley.

Golding, S. L., Skeem, J. L., Roesch, R., & Zapf, P. A. (1999). The assessment of criminal responsibility: Current controversies. In A. K.

Hess & I. B. Weiner (Eds.), *The handbook of forensic psychology* (2nd ed., pp. 379-408). New York, NY: Wiley.

Goldkamp, J. S., & Irons-Guynn, C. (2000). *Emerging judicial strategies for the mentally ill in the criminal caseload: Mental health courts in Fort Lauderdale, Seattle, San Bernardino, and Anchorage.* Washington, DC: U.S. Department of Justice, Bureau of Justice Statistics.

Goldstein, A. M. (2002a). Low-level aggression: Definition, escalation, intervention. In J. McGuire (Ed.), *Offender rehabilitation and treatment* (pp. 169-192). Chichester, England: Wiley.

Goldstein, A. M., Morse, S. J., & Packer, I. K. (2013). Evaluation of criminal responsibility. In I. B. Weiner (Ed.), *Handbook of psychology* (2nd ed., pp. 440-472). Hoboken, NJ: Wiley.

Goldstein, A. P., & Glick, B. (1987). *Aggression replacement training*. Champaign, IL: Research Press.

Goldstein, A. P., & Glick, B. (2001). Aggression replacement training: Application and evaluation management. In G. A. Bernfeld, D. P. Farrington, & A. W. Leschied (Eds.), *Offender rehabilitation in practice* (pp. 121-148). Chichester, England: Wiley.

Goldstein, N. E. S., Goldstein, A. M., Zelle, H., & Condie, L. O. (2013). Capacity to waive Miranda rights and the assessment of susceptibility to police coercion. In R. K. Otto & I. B. Weiner (Eds.), *Handbook of psychology: Forensic psychology, Vol. 11*, (2nd ed., pp. 381-411). Hoboken, NJ: Wiley.

Gongola, J., Scurich, N., & Quas, J. A. (2017). Detecting deception in children: A meta-analysis. *Law and Human Behavior, 41*, 44-54.

Good, G.E., Heppner, M.J., Hillenbrand-Gunn, T.L., & Wang, L.F. (1995). Sexual and psychological violence: An exploratory study of predictors in college men. *The Journal of Men's Studies, 4*(1), 59-71.

Goodman-Delahunty, J. (2000). Psychological impairment under the Americans with Disabilities Act: Legal guidelines. *Professional Psychology: Research and Practice, 31*, 197-205.

Goodwill, A. M., Alison, L. J., & Beech, A. R. (2009). What works in offender profiling? A comparison of typological, thematic, and multivariate models. *Behavioral Sciences & the Law, 27*, 507-529.

Goodwill, A. M., Lehmann, R. J. B., Beauregard, E., & Andrei, A. (2016). An action phase approach to offender profiling. *Legal and Criminological Psychology, 21*, 229-250.

Gordon, D. A. (2002). Intervening with families of troubled youth: Functional family therapy and parenting wisely. In J. McGuire (Ed.), *Offender rehabilitation and treatment* (pp. 193-220). Chichester, England: Wiley.

Gorman, W. (2001). Refugee survivors of torture: Trauma and treatment. *Professional Psychology: Research and Practice, 32*, 443-451.

Gospodarevskaya, E. (2013). Post-traumatic stress disorder and quality of life in sexually abused Australian children. *Journal of Child Sexual Abuse, 22*, 277-296.

Gothard, S., Rogers, R., & Sewell, K. W. (1995). Feigning incompetency to stand trial: An investigation of the Georgia Court Competency Test. *Law and Human Behavior, 19*, 363-373.

Gough, H. G. (1987). *California Psychological Inventory administrator's guide*. Palo Alto, CA: Consulting Psychologists Press.

Gould, J. W., & Martindale, D. A. (2013). Child custody evaluations: Current literature and practical applications. In R. K. Otto & I. B. Weiner (Eds.), *Handbook of Psychology, Vol. 11. Forensic psychology* (2nd ed., pp. 101-138). Hoboken, NJ: Wiley.

Gowensmith, W. N., Frost, L. E., Speelman, D. W., & Therson, D. E. (2016). Lookin' for beds in all the wrong places: Outpatient competency restoration as a promising approach to modern challenges. *Psychology, Public Policy, and Law, 22*, 293-305.

Gowensmith, W. N., Murrie, D. C., & Boccaccini, M. T. (2012). Field reliability of competence to stand trial opinions: How often do evaluators agree, and what do judges decide when evaluators disagree? *Law and Human Behavior, 36*, 130-139.

Gowensmith, W. N., Murrie, D. C., & Boccaccini, M. T. (2013). How reliable are forensic evaluations of legal sanity? *Law and Human Behavior, 37*, 98-106.

Gragg, F., Petta, I., Bernstein, H., Eisen, K., & Quinn, L. (2007). *New York prevalence study of commercially exploited children*. Renssaelaer: New York State Office of Children and Family Services.

Grandey, A. A. (2000). Emotion regulation in the workplace: A new way to conceptualize emotional labor. *Journal of Occupational Health Psychology, 5*, 95-110.

Granhag, P. A., & Stromwall, L. A. (2002). Repeated interrogations: Verbal and nonverbal cues to deception. *Applied Cognitive Psychology, 16*, 243-257.

Granhag, P. A., Vrij, A., & Meissner, C. A. (2014). Information gathering in law enforcement and intelligence settings: Advancing theory and practice. *Applied Cognitive Psychology, 28*, 815-816.

Grassian, S., (1983). Psychopathological effects of solitary confinement. *American Journal of Psychiatry*, 140, 1450-1454.

Gray, A. S., Pithers, W., Busconi, A. J., & Houchens, P. (1997).Children with sexual behavior problems: An empirically derived taxonomy. *Association for the Treatment of Sexual Abusers, 3,* 10-11.

Greenberg, S. A., Otto, R. K., & Long, A. C. (2003). The utility of psychological testing in assessing emotional damages in personal injury litigation. *Assessment, 10,* 411-419.

Greenburg, M. M. (2011). *The mad bomber of New York: The extraordinary true story of the manhunt that paralyzed a city*. New York, NY: Union Square Press.

Greenfeld, L. A. (1997). *Sex offenses and offenders: An analysis of data on rape and sexual assault.* Washington, DC: U.S. Department of Justice, Bureau of Justice Statistics.

Gregorie, T. (2000). *Cyberstalking: Dangers on the information highway.* Arlington, VA: National Center for Victims of Crime.

Gregorie, T., & Wallace, H. (2000). Workplace violence. In A. Seymour, M. Murray, J. Sigmon, M. Hook, C. Edmonds, M. Gaboury, & G. Coleman. (Eds.), *National Victim Assistance Academy textbook.* Washington, DC: U.S. Department of Justice, Office for Victims of Crime.

Gregory, N. (2005). Offender profiling: A review of the literature. *British Journal of Forensic Practice, 7,* 29-34.

Greif, G. L., & Hegar, R. L. (1993). *When parents kidnap: The families behind the headlines.* New York, NY: Free Press.

Gretton, H. M., McBride, M., Hare, R. D., O'Shaughnessy, R., & Kumka, G. (2001). Psychopathy and recidivism in adolescent sex offenders. *Criminal Justice and Behavior, 28,* 427-449.

Griffin, H. L., Beech, A., Print, B., Bradshaw, H., & Quayle, J. (2008). The development and initial testing of the AIM2 framework to assess risk and strengths in young people who sexually offend. *Journal of Sexual Aggression, 14,* 211-225.

Griffin, P. (2011, Winter). Presidential column. *AP-LS News, 31*, 2.

Griffith, J. D., Hart, C. L., Kessler, J., & Goodling, M. M. (2007). Trial consultants: Perceptions of eligible jurors. *Consulting Psychology Journal: Practice and Research, 59,* 148-153.

Grisso, T. (1981). *Juveniles' waiver of rights: Legal and psychological competence*. New York, NY: Plenum.

Grisso, T. (1986). *Evaluating competencies: Forensic assessments and instruments*. New York, NY: Plenum.

Grisso, T. (1988). *Competency to stand trial evaluations: A manual for practice.* Sarasota, FL: Professional Resource Exchange.

Grisso, T. (1998). *Forensic evaluation of juveniles.* Sarasota, FL: Professional Resource Press.

Grisso, T. (2003). *Evaluating competencies: Forensic assessments and instruments* (2nd ed.). New York, NY: Kluwer/Plenum.

Grisso, T. (2008). Adolescent offenders with mental disorders. *The Future of Children, 18,* 143-164.

Grisso, T., Appelbaum, P., Mulvey, E., & Fletcher, K. (1995). The MacArthur treatment competence study: II. Measures of abilities related to competence to consent to treatment. *Law and Human Behavior, 19,* 127-148.

Grisso, T., & Schwartz, R. G. (Eds.). (2000). *Youth on trial: A developmental perspective on juvenile justice.* Chicago, IL: University of Chicago Press.

Grisso, T., Steinberg, L., Woolard, J., Cauffman, E., Scott, E., Graham, S., . . . & Schwarz, R. (2003). Juveniles' competence to stand trial: A comparison of adolescents' and adults' capacities as trial defendants. *Law and Human Behavior, 27,* 333-364.

Gross, A. M., Bennett, T., Sloan, L., Marx, B. P., & Jurgens, J. (2001). The impact of alcohol and alcohol expectancies on male perceptions of female sexual arousal in a date rape analog. *Experimental and Clinical Psychopharmacology, 9,* 380-388.

Gross, A. M., Winslett, A., Roberts, M., & Gohm, C. L. (2006). An examination of sexual violence against women. *Violence Against Women, 12,* 288-300.

Grossman, N. S., & Okun, B. F. (2003). Family psychology and family law: Introduction to the special issue. *Journal of Family Psychology, 17,* 163-168.

Groth, A. N. (1979). *Men who rape: The psychology of the*

offender. New York, NY: Plenum.

Groth, A. N., & Burgess, A. W. (1977). Motivational intent in the sexual assault of children. *Criminal Justice and Behavior, 4,* 253-271.

Groth, A. N., Burgess, A. W., & Holmstrom, L. (1977). Rape: Power, anger, and sexuality. *American Journal of Psychiatry, 134,* 1239-1243.

Grubb, A. (2010). Modern day hostage (crisis) negotiation: The evolution of an art form within the policing arena. *Aggression and Violent Behavior, 15,* 341-348.

Grubin, D. (2002). The potential use of polygraph in forensic psychiatry. *Criminal Behaviour and Mental Health, 12,* 45-55.

Grubin, D. (2008). The case for polygraph testing of sex offenders. *Legal and Criminological Psychology, 13,* 177-189.

Gudjonsson, G. H. (1992). *The psychology of interrogations, confessions and testimony*. London, England: Wiley.

Gudjonsson, G. H. (2003). *The science of interrogations and confessions: A handbook*. Chichester, England: Wiley.

Guerette, R. T. (2002). Geographical profiling. In D. Levinson (Ed.), *Encyclopedia of crime and punishment* (Vol. 2, pp. 780-784). Thousand Oaks, CA: Sage.

Guerra, N. G., Tolan, P. H., & Hammond, W. R. (1994). Prevention and treatment of adolescent violence. In L. D. Eron, J. H. Gentry, & P. Schlegel (Eds.), *Reason to hope: A psychosocial perspective on violence and youth* (pp. 383-403). Washington, DC: American Psychological Association.

Guilmette, T. J. (2013). The role of clinical judgement in symptom validity assessment. In D. A. Carone & S. S. Bush (Eds.), *Mild traumatic brain injury: Symptom validity assessment and malingering* (pp. 31-43). New York, NY: Springer.

Gunnoe, M. L., & Braver, S. L. (2001). The effects of joint legal custody on mothers, fathers, and children: Controlling for factors that predispose a sole maternal versus joint legal award. *Law and Human Behavior, 25,* 25-43.

Gur, R. E., & Gur, R. C. (2016). Sex differences in brain and behavior in adolescence: Findings from the Philadelphia neurodevelopmental cohort. *Neuroscience and Biobehavioral Reviews, 70,* 159-170.

Haapala, D. A., & Kinney, J. M. (1988). Avoiding out-of-home placement of high-risk status offenders through the use of intensive home-based family preservation services. *Criminal Justice and Behavior, 15,* 334-348.

Haber, R. N., & Haber, L. (2000). Experiencing, remembering, and reporting events. *Psychology, Public Policy, and Law, 6,* 1057-1097.

Hall, C. I. (1997). Cultural malpractice: The growing obsolescence of psychology with the changing U.S. population. *American Psychologist, 52,* 642-651.

Hall, N. G. C. (1995). Sexual offender recidivism revisited: A metaanalysis of recent treatment studies. *Journal of Consulting and Clinical Psychology, 63,* 802-809.

Halligan, S. L., Michael, T., Clark, D. M., & Ehlers, A. (2003). Posttraumatic stress disorder following assault: The role of cognitive processing, trauma memory, and appraisals. *Journal of Consulting and Clinical Psychology, 71,* 410-431.

Hammer, H., Finkelhor, D., Ormrod, R., Sedlak, A. J., & Bruce, C. (2008, August). Caretaker satisfaction with law enforcement response to missing children. (NCJ217090). *National Incidence Studies of Missing, Abducted, Runaway, and Thrownaway Children*. Washington, DC: U.S. Department of Justice, Office of Juvenile Justice and Delinquency Prevention.

Hammer, H., Finkelhor, D., & Sedlak, A. J. (2002, October). Runaway/throwaway children: National estimates and characteristics. In *National Incidence Studies of Missing, Abducted, Runaway, and Throwaway Children (NISMART)* (pp. 1-12). Washington, DC: U.S. Department of Justice, Office of Juvenile Justice and Delinquency Prevention.

Hancock, K. J., & Rhodes, G. (2008). Contact, configural coding, and the other-race effect in face recognition. *British Journal of Psychology, 99,* 45-56.

Haney, C. (2008). A culture of harm: Taming the dynamics of cruelty in supermax prisons. *Criminal Justice and Behavior, 35,* 956-984.

Hanson, R. K. (2001). *Age and sexual recidivism: A comparison of rapists and child molesters*. Ottawa, Canada: Department of Solicitor General Canada.

Hanson, R. K. (2005). Twenty years of progress in violence risk assessment. *Journal of Interpersonal Violence, 20,* 212-217.

Hanson, R. K. (2009). The psychological assessment of risk for crime and violence. *Canadian Psychology, 50,* 172-182.

Hanson, R. K., Babchishin, K. M., Helmus, L., & Thornton, D. (2012). Quantifying the relative risk of sex offenders: Risk ratios for Static-99R. *Sexual Abuse: A Journal of Research and Treatment, 25,* 482-515.

Hanson, R. K., Bourgon, G., Helmus, L., & Hodgson, S. (2009). *A meta-analysis of the effectiveness of treatment for sexual offenders: Risk, need, and responsivity.* (User Report 2009-01). Ottawa, Canada: Public Safety Canada.

Hanson, R. K., & Bussiere, M. T. (1998). Predicting relapse: A meta-analysis of sexual offender recidivism studies. *Journal of Consulting and Clinical Psychology, 66,* 348-362.

Hanson, R. K., & Harris, A. J. R. (2000). Where should we intervene? Dynamic predictors of sexual offense recidivism. *Criminal Justice and Behavior, 27,* 6-35.

Hanson, R. K., Helmus, L., & Thornton, D. (2010). Predicting recidivism amongst sexual offenders: A multi-site study of Static-2002. *Law and Human Behavior, 34,* 198-211.

Hanson, R. K., & Morton-Bourgon, K. E. (2004). *Predictors of sexual recidivism: An updated meta-analysis* (User Report 2004-02). Ottawa, Canada: Public Safety and Emergency Preparedness Canada.

Hanson, R. K., & Morton-Bourgon, K. E. (2005). The characteristics of persistent sexual offenders: A meta-analysis of recidivism studies. *Journal of Consulting and Clinical Psychology, 73,* 1154-1163.

Hanson, R. K., & Morton-Bourgon, K. E. (2009). The accuracy of recidivism risk assessment for sexual offenders: A meta-analysis of 118 prediction studies. *Psychological Assessment, 21,* 1-21.

Hanson, R. K., & Thornton, D. (1999). *Static-99: Improving actuarial risk assessments for sex offenders.* User Report 99-02. Ottawa, Canada: Department of the Solicitor General.

Hanson, R. K., & Thornton, D. (2000). Improving risk assessment for sex offenders: A comparison of three actuarial scales. *Law and Human Behavior, 24,* 119-136.

Hanson, R. K., & Thornton, D. (2003). *Notes on the development of Static-2002.* (Corrections Research User Report No. 2003-01). Ottawa, Canada: Department of the Solicitor General of Canada.

Haqanee, Z., Peterson-Badali, M., & Skilling, T. (2015). Making "what works" work: Examining probation officers' experiences addressing the criminogenic needs of juvenile offenders. *Journal of Offender Rehabilitation, 54*(1), 37-59.

Hare, R. D. (1965). A conflict and learning theory analysis of psychopathic behavior. *Journal of Research in Crime and Delinquency, 2,* 12-19.

Hare, R. D. (1970). *Psychopathy: Theory and research.* New York, NY: Wiley.

Hare, R. D. (1991). *The Hare Psychopathy Checklist-Revised.* Toronto, Canada: Multi-Health Systems.

Hare, R. D. (1996). Psychopathy: A clinical construct whose time has come. *Criminal Justice and Behavior, 23,* 25-54.

Hare, R. D. (1998). Psychopathy, affect, and behavior. In D. Cooke, A. Forth, & R. Hare (Eds.), *Psychopathy: Theory, research, and implications for society* (pp. 105-137). Dordrecht, Netherlands: Kluwer.

Hare, R. D. (2003). *The Hare Psychopathy Checklist-Revised (PCL-R).* Toronto, Canada: Multi-Health Systems.

Hare, R. D., Clark, D., Grann, M., & Thornton, D. (2000). Psychopathy and the predictive validity of the PCL-R: An international perspective. *Behavioral Sciences & the Law, 18,* 623-645.

Hare, R. D., Forth, A. E., & Strachan, K. E. (1992). Psychopathy and crime across the life span. In R. D. Peters, R. J. McMahon, & V. L. Quinsey (Eds.), *Aggression and violence throughout the life span* (pp. 285-300). Newbury Park, CA: Sage.

Hare, R. D., Hart, S. D., & Harpur, T. J. (1991). Psychopathy and the DSM-IV criteria for antisocial personality disorder. *Journal of Abnormal Psychology, 100,* 391-398.

Hare, R. D., & Neumann, C. S. (2008). Psychopathy as a clinical and empirical construct. *Annual Review of Clinical Psychology, 4,* 217-246.

Harkins, L., Howard, P., Barnett, G., Wakeling, H., & Miles, C. (2015, January). Relationships between denial, risk, and recidivism in sexual offenders. *Archives of Sexual Behavior, 44*, 157-166.

Harley, K., & Reese, E. (1999). Origins of autobiographical memory. *Developmental Psychology, 35*, 1338-1348.

Harpur, T. J., Hakstian, A., & Hare, R. D. (1988). Factor structure of the Psychopathy Checklist. *Journal of Consulting and Clinical Psychology, 56*, 741-747.

Harrell, E. (2011, March). *Workplace violence, 1993-2009.* Washington, DC: U.S. Department of Justice, Bureau of Justice Statistics.

Harrell, E. (2012a, December). *Crime against persons with disabilities, 2009-2011□statistical tables.* Washington, DC: U.S. Department of Justice, Bureau of Justice Statistics.

Harris, A. J., Fisher, W., Veysey, B. M., Ragusa, L. M., & Lurigio, A. J. (2010). Sex offending and serious mental illness: Directions for policy and research. *Criminal Justice and Behavior, 37*, 596-612.

Harris, A. J., Lobanov-Rostovsky, C., & Levenson, J. S. (2010). Widening the net: The effects of transitioning to the Adam Walsh Act's federally mandated sex offender classification system. *Criminal Justice and Behavior, 37*, 503-519.

Harris, A. J., & Lurigio, A. J. (2010). Special Issue: Sex offenses and offenders: Toward evidence-based public policy. *Criminal Justice and Behavior, 37*, 477-481.

Harris, D. A. (2013). Review of clinical work with traumatized young children. *Infant Mental Health Journal, 34*, 173-174.

Harris, G. T., Rice, M. E., & Quinsey, V. L. (1993). Violent recidivism of mentally disordered offenders: The development of a statistical prediction instrument. *Criminal Justice and Behavior, 20*, 315-325.

Harris, G. T., Rice, M. E., & Quinsey, V. L. (1994). Psychopathy as a taxon: Evidence that psychopaths are a discrete class. *Journal of Consulting and Clinical Psychology, 62*, 387-397.

Harrison, M. A., Murphy, E. A., Ho, L. Y., Bowers, T. G., & Flaherty, C. V. (2015). Female serial killers in the United States: Means, motives, and makings. *The Journal of Forensic Psychiatry & Psychology, 26*, 383-406).

Hart, S. D., Boer, D. P., Otto, R. K., & Douglas, K. S. (2010). Structured professional judgement guidelines for sexual violence risk assessment: The Sexual Violence Risk-20 (SVR-20) and Risk For Sexual Violence Protocol (RSVP). In R. K. Otto & K. S. Douglas (Eds.), *Handbook of violence risk assessment: International perspectives on forensic mental health* (pp. 269-294). New York, NY: Routledge/Taylor & Francis.

Hart, S. D., Cox, D. N., & Hare, R. D. (1995). *The Hare Psychopathy Checklist: Screening Version.* Toronto, Canada: Multi-Health Systems.

Hart, S. D., & Dempster, R. J. (1997). Impulsivity and psychopathy. In C. D. Webster & M. A. Jackson (Eds.), *Impulsivity: Theory, assessment, and treatment.* New York, NY: Guilford Press.

Hart, S. D., Hare, R. D., & Forth, A. E. (1993). Psychopathy as a risk marker for violence: Development and validation of a screening version of the Revised Psychopathy Checklist. In J. Monahan & H. Steadman (Eds.), *Violence and mental disorder: Developments in risk assessment* (pp. 81-98). Chicago, IL: University of Chicago Press.

Hart, S. D., Watt, K. A., & Vincent, G. M. (2002). Commentary on Seagrave and Grisso: Impressions of the state of the art. *Law and Human Behavior, 26*, 241-245.

Hartup, W. W. (2005). The development of aggression: Where do you stand? In R. E. Tremblay, W. W. Hartup, & J. Archer (Eds.), *Developmental origins of aggression* (pp. 3-24). New York, NY: Guilford Press.

Hasselbrack, A. M. (2001). Opting in to mental health courts. *Corrections Compendium*, Sample Issue, 4-5.

Hatcher, C., Mohandie, K., Turner, J., & Gelles, M. G. (1998). The role of the psychologist in crisis/hostage negotiations. *Behavioral Sciences & the Law, 16*, 455-472.

Haugaard, J. J., & Reppucci, N. D. (1988). *The sexual abuse of children.* San Francisco, CA: Jossey-Bass.

Haugen, P. T., Evces, M., & Weiss, D. S. (2012). Treating posttraumatic stress disorder in first responders: A systematic review. *Clinical Psychology Review, 32*, 370-380.

Hawes, S. W., Boccaccini, M. T., & Murrie, D. C. (2013). Psychopathy and the combination of psychopathy and sexual deviance as predictors of sexual recidivism: Meta-analytic findings using the Psychopathy Checklist-Revised. *Psychological Assessment, 25,* 233-243.

Hawkins, D. F. (2003). Editor's introduction. In D. F. Hawkins (Ed.), *Violent crime: Assessing race and ethnic differences* (pp. xiii-xxv). Cambridge, England: Cambridge University Press.

Hazelwood, R., & Burgess, A. (1987). *Practical aspects of rape investigation: A multidisciplinary approach*. New York, NY: Elsevier.

Hébert, M., Langevin, R., & Bernier, M. J. (2013). Self-reported symptoms and parents' evaluation of behavior problems in preschoolers disclosing sexual abuse. *International Journal of Child, Youth, and Family Studies, 4,* 467-483.

Hecker, T., & Steinberg, L. (2002). Psychological evaluation at juvenile court disposition. *Professional Psychology: Research and Practice, 33,* 300-306.

Heilbronner, R. L., Sweet, J. J., Morgan, J. E., Larrabee, G. J., & Millis, S. (2009). American Academy of Clinical Neuropsychology consensus conference statement on the neuropsychological assessment of effort, response bias, and malingering. *Clinical Neuropsychologist, 23,* 1093-1129.

Heilbrun, K. (1987). The assessment of competency for execution: An overview. *Behavioral Sciences & the Law, 5,* 383-396.

Heilbrun, K. (2001). *Principles of forensic mental health assessment*. New York, NY: Kluwer Academic/Plenum.

Heilbrun, K., & Brooks, S. (2010). Forensic psychology and forensic sciences: A proposed agenda for the next decade. *Psychology, Public Policy, and Law, 16,* 219-253.

Heilbrun, K., DeMatteo, D., & Goldstein, N. E. S. (Eds.). (2016). *APA handbook of juvenile justice*. Washington, DC: American Psychological Association.

Heilbrun, K., DeMatteo, D., Goldstein, N. E. S., Locklair, B., Murphy, M., & Giallella, C. (2016). Psychology and juvenile justice: Human development, law, science, and practice. In K. Heilbrun (Ed.), *APA handbook of psychology and juvenile justice* (pp. 3-20). Washington, DC: American Psychology Association.

Heilbrun, K., DeMatteo, D., Yashuhara, K., Brooks-Holliday, S., Shah, S., King, C., . . . & Laduke, C. (2012). Community-based alternatives for justice-involved individuals with severe mental illness: Review of the relevant research. *Criminal Justice and Behavior, 39,* 351-419.

Heilbrun, K., & Griffin, P. (1999). Forensic treatment: A review of programs and research. In R. Roesch, S. D. Hart, & J. R. P. Ogloff (Eds.), *Psychology and law: The state of the discipline* (pp. 241-274). New York, NY: Kluwer Academic/Plenum.

Heilbrun, K., Grisso, T., & Goldstein, A. M. (2009). *Foundations of forensic mental health assessment*. New York, NY: Oxford University Press.

Heilbrun, K., Marczyk, G. R., & DeMatteo, D. (2002). *Forensic mental health assessment: A casebook*. New York, NY: Oxford University Press.

Hellemans, S., Loeys, T., Buysse, A., Dewaele, A., & DeSmet, O. (2015). Intimate partner violence victimization among non-heterosexuals: Prevalence and associations with mental and sexual well-being. *Journal of Family Violence, 30,* 71-88.

Hellkamp, D. T., & Lewis, J. E. (1995). The consulting psychologist as an expert witness in sexual harassment and retaliation cases. *Consulting Psychology Journal: Practice and Research, 47,* 150-159.

Helmus, L., Babchishin, K. M., Camilleri, I. A., & Olver, M. E. (2011). Forensic psychology opportunities in Canadian graduate programs: An update of Simourd and Wormith's (1995) survey. *Canadian Psychology, 52,* 122-127.

Helmus, L., & Bourgon, G. (2011). Taking stock of 15 years of research on Spousal Assault Risk Assessment Guide: A critical review. *International Journal of Forensic Mental Health, 10,* 64-75.

Henderson, N. D. (1979). Criterion-related validity of personality and aptitude scales. In C. D. Spielberger (Ed.), *Police selection and evaluation: Issues and techniques* (pp. 36-44). Washington, DC: Hemisphere.

Henggeler, S. W. (1996). Treatment of violent juvenile offenders-we have the knowledge. *Journal of Family Psychology, 10,* 137-141.

Henggeler, S. W. (2001). Multisystemic therapy. *Residential Treatment for Children and Youth, 18,* 75-85.

Henggeler, S. W. (2016). Community-based intervention for juvenile offenders. In K. Heilbrun (Ed.), *APA handbook of psychology and juvenile justice* (pp. 575-595). Washington, DC: American Psychology Association.

Henggeler, S. W., & Borduin, C. M. (1990). *Family therapy and beyond: A multisystemic approach to treating the behavior problems of children and adolescents*. Pacific Grove, CA: Brooks/Cole.

Henker, B., & Whalen, C. K. (1989). Hyperactivity and attention deficits. *American Psychologist, 44,* 216-244.

Henry, M., & Greenfield, B. J. (2009). Therapeutic effects of psychological autopsies: The impact of investigating suicides on interviewees. *Crisis, 30,* 20-24.

Herman, J. L. (1992). Complex PTSD: A syndrome in survivors of prolonged and repeated trauma. *Journal of Traumatic Stress, 5,* 377-391.

Herndon, J. S. (2001). Law enforcement suicide: Psychological autopsies and psychometric traces. In D. C. Sheehan & J. I. Warren (Eds.), *Suicide and law enforcement* (pp. 223-234). Washington, DC: FBI Academy.

Herpers, P. C. M., Rommelse, N. N. J., Bons, D. M. A., Buitelaar, J. K., & Scheepers, F. E. (2012). Callous-unemotional traits as a crossdisorders construct. *Social Psychiatry and Psychiatric Epidemiology, 47,* 2045-2064.

Hess, A. K. (2006). Serving as an expert witness. In I. B. Weiner & A. K. Hess (Eds.), *The handbook of forensic psychology* (3rd ed., pp. 652-700). Hoboken, NJ: Wiley.

Hess, K. D. (2006). Understanding child domestic law issues: Custody, adoption, and abuse. In I. B. Weinter & A. K. Hess (Eds.), *The handbook of forensic psychology* (3rd ed., pp. 98-123). Hoboken, NJ: Wiley.

Heuven, E., & Bakker, A. B. (2003). Emotional dissonance and burnout among cabin attendants. *European Journal of Work and Organizational Psychology, 12,* 81-100.

Hickey, E. W. (1997). *Serial murderers and their victims.* Belmont, CA: Wadsworth.

Hickey, E. W. (2010). *Serial murderers and their victims* (5th ed.). Belmont, CA: Thomson/Wadsworth.

Hickle, K. E., & Roe-Sepowitz, D. E. (2010). Female juvenile arsonists: An exploratory look at characteristics and solo and group arson offences. *Legal and Criminological Psychology, 15,* 385-399.

Hickman, M. J. (2006, June). *Citizen complaints about police use of force.* Washington, DC: U.S. Department of Justice, Office of Justice Programs.

Hicks, B. M., Carlson, M. D., Blonigen, D. M., Patrick, C. J., Iacono, W. G., & MGue, M. (2012). Psychopathic personality traits and environmental contexts: Differential correlates, gender differences, and genetic mediation. *Personality Disorders: Theory, Research, and Treatment, 3,* 209-227.

Hiday, V. A. (2003). Outpatient commitment: The state of empirical research on its outcomes. *Psychology, Public Policy, and Law, 9,* 8-32.

Hilgard, E. R. (1986). *Divided consciousness: Multiple controls in human thought and action* (Expanded ed.). New York, NY: Wiley.

Hill, A., Haberman, N., Klussman, D., Berner, W., & Briken, P. (2008). Criminal recidivism in sexual homicide perpetrators. *International Journal of Offender Therapy and Comparative Criminology, 52,* 5-20.

Hill, J. (2000). The effects of sexual orientation in the courtroom: A double standard. *Journal of Homosexuality, 39,* 93-111.

Hill, M. S., & Fischer, A. R. (2001). Does entitlement mediate the link between masculinity and rape-related variables? *Journal of Counseling Psychology, 48,* 39-50.

Hillberg, T., Hamilton-Giachrisis, C., & Dixon, L. (2011). Review of meta-analysis on the association between child sexual abuse and adult mental health difficulties: A systematic approach. *Trauma, Violence, & Abuse, 12,* 38-49.

Hillbrand, M. (2001). Homicide-suicide and other forms of co-occurring aggression against self and against others. *Professional Psychology: Research and Practice, 32,* 626-635.

Hiller, M., Belenko, S., Taxman, F., Young, D., Perdoni, M., & Saum, C. (2010). Measuring drug court structure and operations: Key components and beyond. *Criminal Justice and Behavior, 37,* 933-950.

Hilton, N. Z., & Eke, A. W. (2016). Non-specialization of criminal careers among intimate partner violence offenders. *Criminal Justice and Behavior, 43,* 1347-1363.

Hilton, N. Z., Harris, G. T., & Rice, M. E. (2010a). Assessing the risk of future violent behavior. In N. Z. Hilton, G. T. Harris, & M. E. Rice (Eds.). *Risk assessment for domestically violent men: Tools for criminal justice, offender intervention, and victim services* (pp. 25-45).

Washington, DC: American Psychological Association.
Hilton, N. Z., Harris, G. T., & Rice, M. E. (2010b). In-depth risk assessment and theoretical explanation. In N. Z. Hilton, G. T. Harris, & M. E. Rice (Eds.), *Risk assessment for domestically violent men: Tools for criminal justice, offender intervention, and victim services* (pp. 67-88). Washington, DC: American Psychological Association.

Hilton, N. Z., Harris, G. T., Rice, M. E., Houghton, R. E., & Eke, A. W. (2008). An in-depth actuarial assessment for wife assault recidivism: The Domestic Violence Risk Appraisal Guide. *Law and Human Behavior, 32,* 150-163.

Hilton, N. Z., Harris, G. T., Rice, M. E., Lang, C., Cormier, C. A., & Lines, K. J. (2004). A brief actuarial assessment for the prediction of wife assault recidivism: The Ontario Domestic Assault Risk Assessment. *Psychological Assessment, 16,* 267-275.

Hinduja, S., & Patchin, J. W. (2009). *Bullying beyond the schoolyard: Preventing and responding to cyberbullying*. Thousand Oaks, CA: Corwin Press.

Hinduja, S., & Patchin, J. W. (2016a). *2016 Cyberbullying Data*. Retrieved from https://cyberbullying.org/2016-cyberbullying-data

Hinduja, S., & Patchin, J. W. (2016b, January). *State cyberbullying laws*. Cyberbullying Research Center.

Hockenberry, S. (2013, June). *Juveniles in residential placement, 2010.* Washington, DC: U.S. Department of Justice, Office of Juvenile Justice and Delinquency Prevention.

Hockenberry, S. (2016). *Juveniles in residential placement, 2013*. Washington, DC: U.S. Department of Justice, Office of Juvenile Justice and Delinquency Prevention.

Hockenberry, S., & Puzzanchera, C. (2017). *Juvenile court statistics 2014*. Pittsburgh, PA: National Center for Juvenile Justice.

Hockenberry, S., Wachter, A., & Stadky, A. (2016). *Juvenile residential facility census, 2014: Selected findings*. Washington, DC: U.S. Department of Justice, Office of Juvenile Justice and Delinquency Prevention.

Hoge, R. D., & Andrews, D. A. (2002). *The Youth Level of Service/Case Management Inventory manual and scoring key*. Toronto, Canada: Multi-Health Systems.

Hoge, S. (2010). Commentary: Resistance to Jackson v. Indiana-Civil commitment of defendants who cannot be restored to competence. *Journal of the American Academy of Psychiatry and the Law, 38*, 359-364.

Hoge, S. K., Bonnie, R. G., Poythress, N., & Monahan, J. (1992). Attorney-client decision-making in criminal cases: Client competence and participation as perceived by their attorneys. *Behavioral Sciences & the Law, 10*, 385-394.

Hoge, S. K., Bonnie, R. G., Poythress, N., Monahan, J., Eisenberg, M., & Feucht-Haviar, T. (1997). The MacArthur Adjudicative Competence Study: Development and validation of a research instrument. *Law and Human Behavior, 21,* 141-179.

Hollin, C. R., Palmer, E. J., & Clark, D. (2003). Level of Service Inventory-Revised profile of English prisoners: A needs analysis. *Criminal Justice and Behavior, 30,* 422-440.

Holmes, R. M., & DeBurger, J. (1985). Profiles in terror: The serial murderer. *Federal Probation, 39,* 29-34.

Holmes, R. M., & DeBurger, J. (1988). *Serial murder*. Newbury Park, CA: Sage.

Holmes, R. M., & Holmes, S. T. (1998). *Serial murder* (2nd ed.). Thousand Oaks, CA: Sage.

Holmes, S. T., Hickey, E., & Holmes, R. M. (1991). Female serial murderesses: Constructing differentiating typologies. *Contemporary Journal of Criminal Justice, 7,* 245-256.

Holmes, S. T., & Holmes, R. M. (2002). *Sex crimes: Patterns and behavior* (2nd ed.). Thousand Oaks, CA: Sage.

Holtzworth-Munroe, A., & Stuart, G. L. (1994). Typologies of male batterers: Three subtypes and the differences among them. *Psychological Bulletin, 116,* 476-497.

Homant, R. J., & Kennedy, D. B. (1998). Psychological aspects of crime scene profiling: Validity research. *Criminal Justice and Behavior, 25*, 319-343.

Hopper, E. K. (2017). Trauma-informed psychological assessment of human trafficking survivors. *Women &*

Therapy, 40, 12-30.

Horry, R., Memon, A., Wright, D. B., & Milne, R. (2012). Predictors of eyewitness identification decisions from video lineups in England: A field study. *Law and Human Behavior, 36*, 257-265.

Horvath, L. S., Logan, T. K., & Walker, R. (2002). Child custody cases: A content analysis of evaluations in practice. *Professional Psychology: Research and Practice, 33*, 557-565.

Howard, A. M., Landau, S., & Pryor, J. B. (2014). Peer bystanders to bullying: Who wants to play with the victim? *Journal of Abnormal Child Psychology, 42*, 265-276.

Howe, M. L., & Courage, M. L. (1997). The emergence and early development of autobiographical memory. *Psychological Review, 104*, 499-523.

Hubbard, D. J., & Pratt, T. C. (2002). A meta-analysis of the predictors of delinquency among girls. *Journal of Offender Rehabilitation, 34*, 1-13.

Hubbs-Tait, L., Nation, J. R., & Krebs, N. F., & Bellinger, D. C. (2005). Neurotoxins, micronutrients, and social environments. *Psychological Science in the Public Interest, 6*, 57-121.

Huesmann, L. R., Moise-Titus, J., Podolski, C. L., & Eron, L. D. (2003). Longitudinal relations between children' s exposure to TV violence and their aggressive and violent behavior in young adulthood: 1977-1992. *Developmental Psychology, 39*, 201-221.

Hugenberg, K., Young, S. G., Bernstein, M. J., & Sacco, D. F. (2010). The categorization-individuation model: An integrative account of the other-race recognition deficit. *Psychological Review, 117*, 1168-1187.

Hume, D. L., & Sidun, N. M. (2017). Human trafficking of women and girls: Characteristics, commonalities, and complexities. *Women & Therapy, 40*, 7-11.

Hunt, J. W. (2010). *Admissibility of expert testimony in state courts*. Minneapolis, MN: Aircraft Builders Council.

Hunter, J. A., & Becker, J. V. (1999). Motivators of adolescent sex offenders and treatment perspectives. In J. Shaw (Ed.), *Sexual aggression* (pp. 211-234). Washington, DC: American Psychiatric Press.

Hunter, J. A., & Figueredo, A. J. (2000). The influence of personality and history of sexual victimization in the prediction of juvenile perpetrated child molestation. *Behavior Modification, 24*, 241-263.

Hyland, S., Langton, L., & Davis, E. (2015, November). *Police use of nonfatal force, 2002-11*. Washington, DC: U.S. Department of Justice, Bureau of Justice Statistics.

Iacono, W. G. (2008). Effective policing: Understanding how polygraph tests work and are used. *Criminal Justice and Behavior, 35*, 1295-1308.

Iacono, W. G. (2009). Psychophysiological detection of deception and guilty knowledge. In J. L. Skeem, K. S. Douglas, & S. O. Lilienfeld (Eds.), *Psychological science in the courtroom: Consensus and controversy* (pp. 224-241). New York, NY: Guilford Press.

Iacono, W. G., & Patrick, C. J. (1999). Polygraph ("lie detector") testing: The state of the art. In A. K. Hess & I. B. Weiner (Eds.), *The handbook of forensic psychology* (2nd ed., pp. 440-473). New York, NY: Wiley.

Iacono, W. G., & Patrick, C. J. (2014). Employing polygraph assessment. In I. B Weiner & R. K. Otto (Eds.), *Handbook of forensic psychology* (4th ed., pp. 613-658). New York, NY: Wiley.

IACP Police Psychological Services Section. (2010, February 5). FFDE guidelines adopted by IACP Board in January, 2010. *Police Psychological Services Section Newsletter, 9*, 1.

Icove, D. J., & Estepp, M. H. (1987, April). Motive-based offender profiles of arson and fire-related crime. *FBI Law Enforcement Bulletin*, 17-23.

Immarigeon, R. (Ed.). (2011). *Women and girls in the criminal justice system Policy issues and practice strategies*. Kingston, NJ: Civic Research Institute.

In re M-A-M-, 25 I. & N. Dec. 474 (2011).

Inbau, F. E., Reid, J. E., Buckley, J. P., & Jayne, B. C. (2004). *Criminal interrogation and confessions* (4th ed.). Boston, MA: Jones & Bartlett.

Inbau, F. E., Reid, J. E., Buckley, J. P., & Jayne, B. C. (2013). *Criminal interrogation and confessions* (5th ed.). Burlington, MA: Jones & Bartlett Learning.

Innocence Project. (2010, December 14). *Fact sheet: Eyewitness identification reform*. Retrieved from www.innocenceproject.org

Innocence Project. (2014, January 8). *Home page*. Retrieved from http://www.innocenceproject.org

Institute of Medicine & National Research Council. (2013). *Confronting commercial sexual exploitation and sex trafficking of minors in the United States*. Washington, DC: National Academic Press.

International Association of Chiefs of Police (IACP). (2002). *Fitness for duty evaluation guidelines*. Alexandria, VA: Author.

Inwald, R. E. (1992). *Inwald Personality Inventory technical manual* (Rev. ed.). Kew Gardens, NY: Hilson Research.

Inwald, R. E., & Brobst, K. E. (1988). *Hilson Personnel Profile/Success Quotient manual*. Kew Gardens, NY: Hilson Research.

Jackson, H. F., Glass, C., & Hope, S. (1987). A functional analysis of recidivistic arson. *British Journal of Clinical Psychology, 26,* 175-185.

Jackson, J. L., van Koppen, P. J., & Herbrink, J. C. M. (1993). Does the service meet the needs? An evaluation of consumer satisfaction profile analysis and investigative advice offered by the Scientific Research Advisory Unit of the National Criminal Intelligence Division (CRI)-The Netherlands (NISCALE Report NSCR, 93-05). Leiden, Netherlands: Netherlands Institute for the Study of Criminality and Law Enforcement.

Jackson, M. S., & Springer, D. W. (1997). Social work practice with African-American juvenile gangs: Professional challenge. In C. A. McNeece & A. R. Roberts (Eds.), *Policy and practice in the justice system* (pp. 231-248). Chicago, IL: Nelson-Hall.

Jackson, T. L., Petretic-Jackson, P. A., & Witte, T. H. (2002). Mental health assessment tools and techniques for working with battered women. In A. R. Roberts (Ed.), *Handbook of domestic violence intervention strategies* (pp. 278-297). New York, NY: Oxford University Press.

Jaffe, P. G., Johnston, J. R., Crooks, C. V., & Bala, N. (2008). Custody disputes involving allegations of domestic violence: The need for differentiated approaches to parenting plans. *Family Court Review, 46*, 500-522.

James, D. J., & Glaze, L. E. (2006). *Mental health problems in prison and jail inmates*. Washington, DC: U.S. Department of Justice.

Janus, E. S. (2000). Sexual predator commitment laws: Lessons for law and the behavioral sciences. *Behavioral Sciences & the Law, 18,* 5-21.

Janus, E. S., & Meehl, P. E. (1997). Assessing the legal standard for predictions of dangerousness in sex offender commitment proceedings. *Psychology, Public Policy, and Law, 3*, 33-64.

Janus, E. S., & Walbek, N. H. (2000). Sex offender commitments in Minnesota: A descriptive study of second-generation commitments. *Behavioral Sciences & the Law, 18,* 343-374.

Javdani, S., Sadeh, N., & Verona, E. (2011). Expanding our lens: Female pathways to antisocial behavior in adolescence and adulthood. *Clinical Psychology Review, 31,* 1324-1348.

Jenkins, P. (1988). Serial murder in England, 1940-1985. *Journal of Criminal Justice, 16,* 1-15.

Jenkins, P. (1993). Chance or choice: The selection of serial murder victims. In A. V. Wilson (Ed.), *Homicide: The victim/offender connection* (pp. 461-477). Cincinnati, OH: Anderson.

Johnson, C. C., & Chanhatasilpa, C. (2003). The race/ethnicity and poverty nexus of violent crime: Reconciling differences in Chicago's community area homicide rates. In D. F. Hawkins (Ed.), *Violent crime: Assessing race and ethnic differences*. Cambridge, England: Cambridge University Press.

Johnson, L. B., Todd, M., & Subramanian, G. (2005). Violence in police families: Work-family spillover. *Journal of Family Violence, 20,* 3-12.

Johnson, L. G., & Beech, A. (2017, May). Rape myth acceptance in convicted rapists: A systematic review of the literature. *Aggression and Violent Behavior, 34*, 20-34.

Johnson, M. P. (2006). Conflict and control: Gender symmetry and asymmetry in domestic violence. *Violence Against Women, 12,* 1003-1018.

Johnson, R. (1996). *Hard time: Understanding and reforming the prison* (2nd ed.). Belmont, CA: Wadsworth.

Johnston, J. R. (1995). Research update: Children's adjustment in sole custody compared to joint custody families and principles for custody decision making. *Family and Conciliation Courts Review, 33,* 415-425.

Johnston, J. R., & Girdner, L. K. (2001, January). Family abductors:Descriptive profiles and prevention interventions. *Juvenile Justice Bulletin*. Washington, DC: U.S. Department of Justice, Office of Juvenile Justice and Delinquency.

Jones, L., Hughes, M., & Unterstaller, U. (2001). Post-traumatic stress disorder (PTSD) in victims of domestic violence: A review of the research. *Trauma, Violence, & Abuse, 2,* 99-119.

Jouriles, E. N., McDonald, R., Norwood, W. D., Ware, H. S., Spiller, L. C., & Swank, P. R. (1998). Knives, guns, and interparent violence:Relations with child behavior problems. *Journal of Family Psychology, 12,* 178-194.

Kabat-Farr, D., & Cortina, L. M. (2014). Sex-based harassment in employment: New insights into gender and context. *Law and Human Behavior, 38,* 58-72.

Kaeble, D., & Glaze, L. (2016). *Correctional populations in the United States*, 2015. Washington, DC: U.S. Department of Justice, Bureau of Justice Statistics.

Kafrey, D. (1980). Playing with matches: Children and fire. In D. Canter (Ed.), *Fires and human behaviour* (pp. 47-62). Chichester, England: Wiley.

Kahn, K. B., & McMahon, J. M. (2015). Shooting deaths of unarmed racial minorities: Understanding the role of racial stereotypes on decisions to shoot. *Translational Issues in Psychological Science, 1,* 310-320.

Kahn, K. B., Steele, J. S., McMahon, J. M., & Stewart, G. (2017). How suspect race affects police use of force in an interaction over time. *Law and Human Behavior, 41,* 117-126.

Kahn, R. E., Frick, P. J., Youngstrom, E., Findling, R. L., & Youngstrom, J. K. (2012). The effects of including a callous-unemotional specifier for the diagnosis of conduct disorder. *Journal of Child Psychology and Psychiatry, 53,* 271-282.

Kamena, M. D., Gentz, D., Hays, V., Bohl-Penrod, N., & Greene, L. W. (2011). Peer support teams fill an emotional void in law enforcement agencies. *Police Chief, 78,* 80-84.

Kapp, M. B., & Mossman, D. (1996). Measuring decisional capacity:Cautions on the construction of a "Capacimeter." *Psychology, Public Policy, and Law, 2,* 45-95.

Karmen, A. (2001). *Crime victims: An introduction to victimology* (4th ed.). Belmont, CA: Wadsworth.

Karmen, A. (2009). *Crime victims: An introduction to victimology* (7th ed.). Florence, KY: Cengage Learning.

Karmen, A. (2013). *Crime victims: An introduction to victimology* (8th ed.). Belmont, CA: Wadsworth/Cengage Learning.

Karon, B. P., & Widener, A. J. (1999). Repressed memories: Just the facts. *Professional Psychology: Research and Practice, 30,* 625-626.

Kassin, S. M. (1997). The psychology of confession evidence. *American Psychologist, 52,* 221-233.

Kassin, S. M. (2008). Confession evidence: Commonsense myths and misconceptions. *Criminal Justice and Behavior, 35,* 1309-1322.

Kassin, S. M., Drizin, S., Grisso, T., Gudjonsson, G. H., Leo, R. A., & Redlich, A. D. (2010). Police-induced confessions: Risk factors and recommendations. *Law and Human Behavior, 34,* 3-38.

Kassin, S. M., Goldstein, C. G., & Savitsky, K. (2003). Behavior confirmation in the interrogation room: On the dangers of presuming guilt. *Law and Human Behavior, 27,* 187-203.

Kassin, S. M., & Gudjonsson, G. H. (2004). The psychology of confessions: A review of the literature and issues. *Psychological Science in the Public Interest, 5,* 33-67.

Kassin, S. M., & Kiechel, K. L. (1996). The social psychology of false confessions: Compliance, internalization, and confabulation. *Psychological Science, 7,* 125-128.

Kassin, S. M., Leo, R. A., Meissner, C. A., Richman, K. D., Colwell, L. H., Leach, A.-M., . . . & Fon, D. L. (2007). Police interviewing and interrogation: A self-report survey of police practices and beliefs. *Law and Human Behavior, 31,* 381-400.

Kassin, S. M., Perillo, J. T., Appleby, S. C., & Kukucka, J. (2015). Confessions. In B. L. Cutler & P. A. Zapf (Eds.), *APA handbook of forensic psychology: Vol. 2. Criminal investigation, adjudication, and sentencing outcomes* (pp. 245-270). Washington, DC: American Psychological Association.

Kassin, S. M., & Wrightsman, L. S. (1985). Confession evidence. In S. M. Kassin & L. S. Wrightsman (Eds.),

The psychology of evidence and trial procedure (pp. 67-94). Beverly Hills, CA: Sage.

Katz, L. S., Cojucar, G., Beheshti, S., Nakamura, E., & Murray, M. (2012). Military sexual trauma during deployment to Iraq and Afghanistan: Prevalence, readjustment, and gender differences. *Violence and Victims, 27,* 487-499.

Kaufer, S., & Mattman, J. W. (2002). *Workplace violence: An employer's guide.* Palm Springs, CA: Workplace Violence Research Institute.

Kaufman, R. L. (2011). Forensic mental health consulting in family law: Where have we come from? Where are we going? *Journal of Child Custody, 8,* 5-31.

Kebbell, M. R., & Wagstaff, G. G. (1998). Hypnotic interviewing: The best way to interview eyewitnesses. *Behavioral Sciences & the Law, 16,* 115-129.

Keelan, C. M., & Fremouw, W. J. (2013). Child versus peer/adult offenders: A critical review of the juvenile sex offender literature. *Aggression and Violent Behavior, 18,* 732-744.

Keenan, K., & Shaw, D. (2003). Starting at the beginning: Exploring the etiology of antisocial behavior in the first years of life. In B. B. Lahey, T. E. Moffitt, & A. Caspi (Eds.), *Causes of conduct disorder and juvenile delinquency* (pp. 153-181). New York, NY: Guilford Press.

Kehoe, E. G., & Tandy, K. B. (2006, April). *An assessment of access to counsel and quality of representation in delinquency proceedings.* Washington, DC: National Juvenile Defender Center.

Keilin, W. G., & Bloom, L. J. (1986). Child custody evaluation practices: A survey of experienced professionals. *Professional Psychology: Research and Practice, 17,* 338-346.

Keita, G. P. (2014, September 9). *Testimony on militarization of police forces* [Transcript]. Presented at the U.S. Senate Committee on Homeland Security and Governmental Affairs, Washington, DC. Retrieved from http://www.apa.org/about/gr/pi/news/2014/militarization-testimony.aspx

Kelly, C. E., Miller, J. C., Redlich, A. D., & Kleinman, S. M. (2013). A taxonomy of interrogation methods. *Psychology, Public Policy, and Law, 19,* 165-178.

Kelly, J. B., & Johnson, M. P. (2008). Differentiation among types of intimate partner violence: Research update and implications for interventions. *Family Court Review, 46,* 476-499.

Kelly, J. B., & Lamb, M. E. (2003). Developmental issues in relocation cases involving young children: When, whether, and how? *Journal of Family Psychology, 17,* 193-205.

Kelman, H. (1958). Compliance, identification, and internalization. *Journal of Conflict Resolution, 2,* 51-60.

Kendall, P. C., & Hammen, C. (1995). *Abnormal psychology.* Boston, MA: Houghton Mifflin.

Kessler, R. C., Berglund, P., Demler, O., Jin, R., Merikangas, K. R., & Walter, E. E. (2005). Lifetime prevalence and age-of-onset distributions of DSM-IV disorders in the National Comorbidity Survey Replication. *Archives of General Psychiatry, 62,* 593-602.

Kessler, R. C., Sonnega, A., Bromet, E., Hughes, M., & Nelson, C. B. (1995). Posttraumatic stress disorder in the National Comorbidity Survey. *Archives of General Psychiatry, 52,* 1048-1060.

Kihlstrom, J. F. (2001). Martin T. Orne (1927-2000). *American Psychologist, 56,* 754-755.

Kilford, E. J., Garrett, E., & Blakemore, S. J. (2016). The development of social cognition in adolescence: An integrated perspective. *Neuroscience and Biobehavioral Reviews, 70,* 106-120.

Kilmann, P. R., Sabalis, R. F., Gearing, M. L., Bukstel, L. H., & Scovern, A. W. (1982). The treatment of sexual paraphilias: A review of the outcome research. *Journal of Sex Research, 18,* 193-252.

Kilpatrick, D. G., Edmunds, C., & Seymour, A. (1992). *Rape in America: A report to the nation.* Arlington, VA: National Center for Victims of Crime.

Kilpatrick, D. G., Resnick, H. S., Ruggerio, K., Conoscent, L. M., & McCauley, J. (2007, February). *Drug-facilitated, incapacitated, and forcible rape: A national study.* Charlestown: Medical University of South Carolina.

Kilpatrick, D. G., & Saunders, B. E. (1997, November). *Prevalence and consequences of child victimization: Results from the National Survey of Adolescents: Final report.* Washington, DC: U.S. Department of Justice, National Institute of Justice.

Kilpatrick, D. G., Saunders, B. E., Veronen, L. J., Best, C. L., & Von, J. M. (1987). Criminal victimization: Lifetime prevalence, reporting to police, and psychological impact. *Crime and Delinquency, 33,* 479-489.

Kilpatrick, D. G., Whalley, A., & Edmunds, C. (2002). Sexual assault. In A. Seymour, M. Murray, J. Sigmon, M. Hook, C. Edwards, M. Gaboury, & G. Coleman. (Eds.), *National Victim Assistance Academy textbook.* Washington, DC: U.S. Department of Justice, Office for Victims of Crime.

Kim, H. S. (2011). Consequences of parental divorce for child development. *American Sociological Review, 76,* 487-511.

Kim, S., Pendergrass, T., & Zelon, H. (2012). *Boxed in: The true cost of extreme isolation in New York's prisons.* New York: New York Civil Liberties Union.

King, L., & Snook, B. (2009). Peering inside a Canadian interrogation room: An examination of the Reid model of interrogation, influence tactics, and coercive strategies. *Criminal Justice and Behavior, 36,* 674-694.

King, R., & Norgard, K. (1999). What about families? Using the impact on death row defendants' family members as a mitigating factor in death penalty sentencing hearing. *Florida State University Law Review, 26,* 1119-1176.

King, W. R., Holmes, S. T., Henderson, M. L., & Latessa, E. J. (2001). The community corrections partnership: Examining the long-term effects of youth participation in an Afrocentric diversion program. *Crime & Delinquency, 47,* 558-572.

Kinports, K. (2002). Sex offenses. In K. L. Hall (Ed.), *The Oxford companion to American law* (pp. 736-738). New York, NY: Oxford University Press.

Kirby, R., Shakespeare-Finch, J., & Palk, G. (2011). Adaptive and maladaptive coping strategies predict post-trauma outcomes in ambulance personnel. *Traumatology, 17,* 25-34.

Kircher, J. C., & Raskin, D. C. (2002). Computer methods for the psychophysiological detection of deception. In M. Kleiner (Ed.), *Handbook of polygraph testing* (pp. 287-326). San Diego, CA: Academic Press.

Kirk, T., & Bersoff, D. N. (1996). How many procedural safeguards does it take to get a psychiatrist to leave the light bulb unchanged? A due process analysis of the MacArthur Treatment Competence Study. *Psychology, Public Policy, and Law, 2,* 45-72.

Kirkland, K., & Kirkland, K. (2001). Frequency of child custody evaluation complaints and related disciplinary action: A survey of the association of state and provincial psychology boards. *Professional Psychology: Research and Practice, 32,* 171-174.

Kirschman, E. (2007). *I love a cop: What police families need to know* (Rev. ed.). New York, NY: Guilford Press.

Kitaeff, J. (2011). *Handbook of police psychology.* New York, NY: Routledge/Taylor & Francis.

Kleim, B., & Westphal, M. (2011). Mental health in first responders:A review and recommendation for prevention and intervention strategies. *Traumatology, 17,* 17-24.

Kliewer, W., Lepore, S. J., Oskin, D., & Johnson, P. D. (1998). The role of social and cognitive processes in children's adjustment to community violence. *Journal of Consulting and Clinical Psychology, 66,* 199-209.

Kloess, J. A., Beech, A. R., & Harkins, L. (2014). Online child sexual exploitation: Prevalence, Process, Offender Characteristics. *Trauma, Violence & Abuse, 15,* 126-139.

Knapp, S., & VandeCreek, L. (2000). Recovered memories of child abuse: Is there an underlying professional consensus? *Professional Psychology: Research and Practice, 31,* 365-371.

Knight, K., & Simpson, D. D. (2007, September). Special issue: Offender needs and functioning assessments from a national cooperative research program. *Criminal Justice and Behavior, 34,* 1105-1112.

Knight, R. A. (1989). An assessment of the concurrent validity of a child molester typology. *Journal of Interpersonal Violence, 4,* 131-150.

Knight, R. A. (2010). Typologies for rapists-the generation of a new standard model. In A. Schlank (Ed.), *The sexual predator: Legal issues of assessment treatment: Vol. IV* (pp. 17.2-17.24). Kingston, NJ: Civic Research Center.

Knight, R. A., Carter, D. L., & Prentky, R. A. (1989). A system for the classification of child molesters: Reliability and application. *Journal of Interpersonal Violence, 4*(1), 3-23.

Knight, R. A., & King, M. W. (2012). Typologies for child molesters: The generation of a new structured model. In B. K. Schwartz (Ed.), *The sexual offender: Vol. 7* (pp. 5.2-5.7). Kingston, NJ: Civil Research Institute.

Knight, R. A., & Prentky, R. A. (1987). The developmental antecedents and adult adaptations of rapist subtypes. *Criminal Justice and Behavior, 14,* 403-426.

Knight, R. A., & Prentky, R. A. (1990). Classifying sexual offenders: The development and corroboration of taxonomic models. In W. L. Marshall, D. R. Laws, & H. E. Barbaree (Eds.), *The handbook of sexual assault: Issues, theories, and treatment of the offender* (pp. 23-52). New York, NY: Plenum.

Knight, R. A., & Prentky, R. A. (1993). Exploring characteristics for classifying juvenile offenders. In H. E. Barbaree, W. L. Marshall, & S. M. Hudson (Eds.), *The juvenile sex offender* (pp. 45-78). New York, NY: Guilford Press.

Knight, R. A., Rosenberg, R., & Schneider, B. A. (1985). Classification of sexual offenders: Perspectives, methods, and validation. In A. W. Burgess (Ed.), *Rape and sexual assault* (pp. 222-293). New York, NY: Garland.

Knight, R. A., Warren, J. I., Reboussin, R., & Soley, B. J. (1998). Predicting rapist type from crime-scene variables. *Criminal Justice and Behavior, 25,* 46-80.

Knoll, C., & Sickmund, M. (2010, June). *Cases in juvenile court, 2007*. Washington, DC: U.S. Department of Justice, Office of Juvenile Justice and Delinquency Prevention.

Knoll, C., & Sickmund, M. (2012, October). *Cases in juvenile court, 2009.* Washington, DC: U.S. Department of Justice, Office of Juvenile Justice and Delinquency Prevention.

Knoll, J. L. (2008). The psychological autopsy, Part I: Applications and methods. *Journal of Psychiatric Practice, 14,* 393-397.

Knutson, J. F., Lawrence, E., Taber, S. M., Bank, L., & DeGarmo, D. S. (2009). Assessing children's exposure to intimate partner violence. *Clinical Child and Family Psychology Review, 12,* 157-173.

Kochanska, G., Murray, K., & Coy, K. (1997). Inhibitory control as a contributor to conscience in childhood: From toddler to early school age. *Child Development, 68,* 263-277.

Kocsis, R. N. (2009). Criminal profiling: Facts, fictions, and courtroom admissibility. In J. L. Skeem, K. S. Douglas, &

S. O. Lilienfeld (Eds.), *Psychological science in the courtroom: Consensus and controversy* (pp. 245-262). New York, NY: Guilford Press.

Kohout, J., & Wicherski, M. (2010). *2011 graduate study in psychology snapshot: Applications, acceptances, enrollments, and degrees awarded to master's- and doctoral-level students in U.S. and Canadian graduate departments of psychology: 2009-1010*. Washington, DC: Center for Workforce Studies, American Psychological Association.

Kois, L., Wellbeloved-Stone, Chauhan, P., & Warren, J. I. (2017). Combined evaluations of competency to stand trial and mental state at the time of the offense: An overlooked methodological consideration? *Law and Human Behavior, 41,* 217-229.

Kolko, D. (Ed). (2002). *Handbook on firesetting in children and youth.* Boston, MA: Academic Press.

Kolko, D. J., & Kazdin, A. E. (1989). The children's firesetting interview with psychiatrically referred and nonreferred children. *Journal of Abnormal Child Psychology, 17,* 609-624.

Koocher, G. P., Goodman, G. S., White, C. S., Friedrich, W. N. Sivan, A. B., & Reynolds, C. R. (1995). Psychological science and the use of anatomically detailed dolls in child-sexual assessments. *Psychological Bulletin, 118,* 199-222.

Koss, M. P., & Dinero, T. E. (1988). Predictors of sexual aggression among a national sample of male college students. In R. A. Prentky & V. L. Quinsey (Eds.), *Human sexual aggression: Current perspectives* (pp. 133-147). New York, NY: New York Academy of Sciences.

Kosson, D. S., Cyterski, T. D. Steuerwald, B. L., Neumann, C. S., & Walker-Matthews, S. (2002). The reliability and validity of the Psychopathy Checklist: Youth Version in non-incarcerated adolescent males. *Psychological Assessment, 14,* 97-109.

Kosson, D. S., Neumann, C. S., Forth, A. E., Salekin, R. T., Hare, R. D., Krischer, M. K., . . . & Sevecke, K. (2013).

Factor structure of the Hare Psychopathy Checklist: Youth Version (PCL: YV) in adolescent females. *Psychological Assessment, 25,* 71-83.

Kosson, D. S., Smith, S. S., & Newman, J. P. (1990). Evaluating the construct validity of psychopathy in Black and White male inmates: Three preliminary studies. *Journal of Abnormal Psychology, 99,* 250-259.

Kostelnik, J. O., & Reppucci, N. D. (2009). Reid training and sensitivity to developmental maturity in interrogation: Results from a national survey of police. *Behavioral Sciences and the Law, 27,* 361-379.

Kourlis, R. L. (2012). It is just good business: The case for supporting reform in the divorce court. *Family Court Review, 50,* 549-557.

Kovera, M. B., & Cass, S. A. (2002). Compelled mental health examinations, liability decisions, and damage awards in sexual harassment cases: Issues for jury research. *Psychology, Public Policy, and Law, 8,* 96-114.

Kovera, M. B., Russano, M. B., & McAuliff, B. D. (2002). Assessment of the commonsense psychology underlying *Daubert:* Legal decision makers' abilities to evaluate expert evidence in hostile work environment cases. *Psychology, Public Policy, and Law, 8,* 180-200.

Kowalski, R. W., Giumetti, G. W., Schroeder, A. N., & Lattanner, M. R. (2014). Bullying in the digital age: A critical review and metaanalysis of cyberbullying research among youth. *Psychological Bulletin, 140,* 1073-1137.

Kowalski, R. W., & Limber, S. P. (2007). Electronic bullying among middle school students. *Journal of Adolescent Health, 41,* s22-s30.

Kozu, J. (1999). Domestic violence in Japan. *American Psychologist, 54,* 50-54.

Krapohl, D. J. (2002). The polygraph in personnel selection. In M. Kleiner (Ed.), *Handbook of polygraph testing* (pp. 217-236). San Diego, CA: Academic Press.

Kratcoski, P. C. (1994). *Correctional counseling and treatment* (3rd ed.). Prospect Heights, IL: Waveland.

Krauss, D. A., & Sales, B. D. (2000). Legal standards, expertise, and experts in the resolution of contested child custody cases. *Psychology, Public Policy, and Law, 6,* 843-879.

Krauss, D. A., & Sales, B. D. (2001). The effects of clinical and scientific expert testimony on juror decision making in capital sentencing. *Psychology, Public Police, and Law, 7,* 267-310.

Krauss, D. A., & Sales, B. D. (2014). Training in forensic psychology. In I. B. Weiner & R. K. Otto (Eds.), *The handbook of forensic psychology* (4th ed., pp. 111-134). New York, NY: Wiley.

Kreeger, J. L. (2003). Family psychology and family law-a family court judge's perspective: Comment on the special issue. *Journal of Family Psychology, 17,* 260-262.

Kreis, M. K. F., & Cooke, D. J. (2011). Capturing the psychopathic female: A prototypicality analysis of the assessment of psychopathic personality (CAPP) across gender. *Behavioral Sciences & the Law, 29,* 634-648.

Krogstad, J. M. (2016, September 8). *Key facts about how the U.S. Hispanic population is changing*. Pew Research Center. Retrieved from www.pewresearch.org

Kropp, P. R. (2004). Some questions regarding spousal assault risk assessment. *Violence Against Women, 10,* 676-697.

Kropp, P. R., Hart, S. D., Webster, C. E., & Eaves, D. (1998). *Spousal Assault Risk Assessment: User's guide.* Toronto, Canada: Multi-Health Systems.

Kruh, I., & Grisso, T. (2009). *Evaluation of juveniles' competence to stand trial.* New York, NY: Oxford University Press.

Kubany, E. S., Haynes, S. N., Leisen, M. B., Ownes, J. A., Kaplan, A. S., Watson, S. B., . . . & Burns, K. (2000). Development and preliminary validation of a brief broad-spectrum measure of trauma exposure: the Traumatic Life Events Questionnaire. *Psychological Assessment, 12,* 200-224.

Kubany, E. S., Leisen, M. B., Kaplan, A. S., & Kelly, M. P. (2000). Validation of a brief measure of posttraumatic stress disorder: The Distressing Event Questionnaire (DEQ). *Psychological Assessment, 12,* 197-209.

Kurke, M. I., & Scrivner, E. M. (Eds.). (1995). *Police psychology into the 21st century*. Hillsdale, NJ: Erlbaum.

Kurt, J. L. (1995). Stalking as a variant of domestic violence. *Bulletin of the American Academy of Psychiatry and Law, 23,* 219-230.

Kuther, T. L., & Morgan, R. D. (2013). *Careers in psychology: Opportunities in a changing world* (4th ed.). Belmont, CA: Wadsworth/Cengage Learning.

La Fon, D. S. (2008). The psychological autopsy. In B. E. Turvey (Ed.), *Criminal profiling: An introduction to behavioral evidence analysis* (pp. 419-430). London, England: Academic Press.

La Fond, J. Q. (2000). The future of involuntary civil commitment in the U.S.A. after *Kansas v. Hendricks. Behavioral Sciences & the Law, 18,* 153-167.

La Fond, J. Q. (2002). Criminal law principles. In K. L. Hall (Ed.), *The Oxford companion to American law.* New York, NY: Oxford University Press.

La Fond, J. Q. (2003). Outpatient commitment's next frontier: Sexual predators. *Psychology, Public Policy, and Law, 9,* 159-182. LaFortune, K. A., & Carpenter, B. N. (1998). Custody evaluations: A survey of mental health professionals. *Behavioral Sciences & the Law, 16,* 207-224.

Lahey, B. B., Loeber, R., Hart, E. L., Frick, P. J., Applegate, B., Zhang, Q., . . . & Russo M. F. (1995). Four-year longitudinal study of conduct disorder in boys: Patterns and predictors of persistence. *Journal of Abnormal Psychology, 104,* 83-93.

Laird, R. D., Jordan, K., Dodge, K. A., Pettit, G. S., & Bates, J. E. (2001). Peer rejection in childhood, involvement with antisocial peers in early adolescence, and the development of externalizing problems. *Development and Psychopathology, 13,* 337-354.

Lamb, H. R., Weinberger, I. E., & Gross, B. H. (2004). Mentally ill persons in the criminal justice system: Some perspectives. *Psychiatric Quarterly, 75,* 107-126.

Lamb, M. E. (2016). Difficulties translating research on forensic interview practices and practitioners: Finding water, leading horses, but can we get them to drink? *American Psychologist, 71,* 710-718.

Lamb, M. E., & Malloy, L. C. (2013). Child development and the law. In R. M. Lerner, M. A. Easterbrook, J. Mistry, & I. B. Weiner (Eds.), *Handbook of psychology: Vol. 6. Developmental psychology* (2nd ed., pp. 571-593). Hoboken, NJ: Wiley.

Lambert, S. F., & Lawson, G. (2013). Resilience of professional counselors following Hurricanes Katrina and Rita. *Journal of Counseling and Development, 91,* 261-268.

Lambie, I., Ioane, J., Randell, I., & Seymour, F. (2013). Offending behaviours of child and adolescent firesetters over a 10-year follow-up. *Journal of Child Psychology and Psychiatry, 54,* 1295-1307.

Lambie, I., McCardle, S., & Coleman, R. (2002). Where there's smoke there's fire: Firesetting behaviour in children and adolescents. *New Zealand Journal of Psychology, 31,* 73-79.

Lambie, I., & Randell, I. (2011). Creating a firestorm: A review of children who deliberately light fires. *Clinical Psychology Review, 31,* 307-327.

Lambie, I., & Randell, I. (2013). The impact of incarceration on juvenile offenders. *Clinical Psychology Review, 33,* 448-459.

Lancaster, G. L. J., Vrij, A., Hope, L., & Waller, B. (2013). Sorting the liars from the truth tellers: The benefits of asking unanticipated questions on lie detection. *Applied Cognitive Psychology, 27,* 107-114.

Langan, P. A., & Levin, D. J. (2002, June). *Recidivism of prisoners released in 1994.* Washington, DC: U.S. Department of Justice, Bureau of Justice Statistics.

Langevin, R. (1983). *Sexual strands.* Hillsdale, NJ: Erlbaum.

Langevin, R., Hebert, M., & Cossette, L. (2015). Emotion regulation as a mediator of the relation between sexual abuse and behavior problems in children. *Child Abuse and Neglect, 46,* 16-26.

Langhinrichsen-Rohling, J. (2005). Top 10 greatest "hits": Important findings and future directions for intimate violence research. *Journal of Interpersonal Violence, 20,* 108-118.

Langman, P. (2013). Thirty-five rampage school shooters: Trends, patterns, and typology. In N. Bockler, T. Seeger, & P. Sitzer (Eds.), *School shootings: International research, case studies, and concepts for prevention* (pp. 131-158). New York, NY: Springer.

Langton, L. (2010, June). *Women in law enforcement, 1987-2008.* Washington, DC: U.S. Department of Justice, Bureau of Justice Statistics.

Langton, L., Berzofsky, M., Krebs, C., & Smiley-McDonald, H. (2012, August). *Victimizations not reported to the police, 2006-2010.* Washington, DC: U.S. Department of Justice, Bureau of Justice Statistics.

Lanyon, R. I. (1986). Theory and treatment in child molestation. *Journal of Consulting and Clinical Psychology, 54,* 176-182.

Lara, C., Fayyad, J., de Graaf, R., Kessler, R. C., Aguilar-Gaxiola, S., Angermeyer, M., . . . & Sampson, N. (2009). Childhood predictors of adult attention-deficit/hyperactivity disorder: Results from the World Health Organization World Mental Health Survey initiative. *Biological Psychiatry, 65,* 46-54.

Lareau, C. R. (2013). Civil commitment and involuntary hospitalization of the mentally ill. In R. K. Otto & I. B. Weiner (Eds.), *Handbook of psychology: Vol. 11. Forensic psychology* (2nd ed., pp. 308-331). Hoboken, NJ: Wiley.

Larkin, R. W. (2007). *Comprehending Columbine.* Philadelphia, PA: Temple University Press.

Larson, K., & Grisso, T. (2012, Summer). Juvenile competence to stand trial: Issues in research, policy, and practice. *American Psychology-Law Society Newsletter,* 18-20.

Lassiter, G. D., & Meissner, C. A. (Eds.). (2010). *Police interrogation and false confessions: Current research, practice, and policy recommendations.* Washington, DC: American Psychological Association.

Lavigne, J. E., McCarthy, M., Chapman, R., Petrilla, A., & Knox, K. L. (2012). Exposure to prescription drugs labeled for risk of adverse effects of suicidal behavior or ideation among 100 Air Force personnel who died by suicide, 2006-2009. *Suicide and Life-Threatening Behavior, 42,* 561-566.

Laws, D. R. (1995). Central elements in relapse prevention procedures with sex offenders. *Psychology, Crime, and Law, 2,* 41-53.

LeBlanc, M. M., & Kelloway, K. E. (2002). Predictors and outcomes of workplace violence and aggression. *Journal of Applied Psychology, 87,* 444-453.

LeCroy, C. W., Stevenson, P., & MacNeil, G. (2001). Systems considerations in treating juvenile offenders with mental disorders. In J. B. Ashford, B. D. Sales, & W. H. Reid (Eds.), *Treating adult and juvenile offenders with special needs* (pp. 403-418). Washington, DC: American Psychological Association.

Lee, H., & Vaughn, M. S. (2010). Organizational factors that contribute to police deadly force liability. *Journal of Criminal Justice, 38,* 193-206.

Lee, M. (2002). Asian battered women: Assessment and treatment. In A. R. Roberts (Ed.), *Handbook of domestic violence: Intervention strategies* (pp. 472-482). New York, NY: Oxford University Press.

Lee, S. M., & Nachlis, L. S. (2011). Consulting with attorneys: An alternative hybrid model. *Journal of Child Custody, 8,* 84-102.

Leech, S. L., Day, N. L., Richardson, G. A., & Goldschmidt, L. (2003). Predictors of self-reported delinquent behavior in a sample of young adolescents. *Journal of Early Adolescence, 23,* 78-106.

Lehrmann, D. H. (2010). Advancing children's rights to be heard and protected: The model representation of Children in Abuse, Neglect, and Custody Proceedings Act. *Behavioral Sciences & the Law, 28,* 463-479.

Leiber, M. J. (2002). Disproportionate minority confinement (DMC) of youth: An analysis of state and federal efforts to address the issue. *Crime & Delinquency, 48,* 3-45.

Leistico, A., Salekin, R., DeCoster, J., & Rogers, R. (2008). A large-scale meta-analysis relating the Hare measures of psychopathy to antisocial conduct. *Law and Human Behavior, 32,* 28-45.

Leitenberg, H., & Henning, K. (1995). Sexual fantasy. *Psychological Bulletin, 117,* 469-496.

Lemley, E. C. (2001). Designing restorative justice policy: An analytical perspective. *Criminal Justice Policy Review, 12,* 43-65.

Lenhart, A. (2015). *Teens, social media and technology overview, 2015.* Washington, DC: The Pew Center Internet & American Life Project.

Lenhart, A., Kahne, J., Middaugh, E., Macquill, A. R., Evans, C., & Vitak, J. (2008). *Teens, video games and civics* (Report No. 202-415-4500). Washington, DC: Pew Internet and American Life Project.

Lenhart, A., Ling, R., Campbell, S., & Purcell, K. (2010). *Teens and mobile phones.* Washington, DC: University of Michigan Department of Communication Studies; The Pew Center Internet & American Life Project.

Lenton, A. P. (2007). Matters of life and death: Justice in judgments of wrongful death. *Journal of Applied Social*

Psychology, 37, 1191-1218.

Leo, R. A. (1996). *Miranda*'s revenge: Police interrogation as a confidence game. *Law & Society Review, 30,* 259-288.

Leo, R. A., & Ofshe, R. J. (1998). The consequences of false confessions: Deprivations of liberty and miscarriages of justice in the age of psychological interrogation. *Journal of Criminal Law & Criminology, 88,* 429-440.

Leonard, E. L. (2015). Forensic neuropsychology and expert witness testimony: An overview of forensic practice. *International Journal of Law and Psychiatry, 42-43,* 177-182.

Leskinen, E. A., Cortina, L. M., & Kabat, D. B. (2011). Gender harassment: Broadening our understanding of sex-based harassment at work. *Law and Human Behavior, 35,* 25-39.

Lesser, G. E., & Batalova, J. (2017, April 5). Central American immigrants in the United States. *Migration Policy Institute.* Retrieved from www.migrationpolicy.org

Lester, D., Braswell, M., & Van Voorhis, P. (1992). *Correctional counseling* (2nd ed.). Cincinnati, OH: Anderson.

Levensky, E. R., & Fruzzetti, A. E. (2004). Partner violence: Assessment, prediction, and intervention. In W. T. O'Donohue & E. R. Levensky (Eds.), *Handbook of forensic psychology: Resource for mental health and legal professionals* (pp. 714-743). Amsterdam, Netherlands: Elsevier.

Levesque, R. J. R. (2001). *Culture and family violence: Fostering change through human rights law.* Washington, DC: American Psychological Association.

Levitt, L., Hoffer, T. A., & Loper, A. E. (2016). Criminal histories of a subsample of animal cruelty offenders. *Aggression and Violent Behavior, 30,* 48-59.

Lewinsohn, P. M., & Rosenbaum, M. (1987). Recall of parental behavior by acute depressives, remitted depressives, and nondepressives. *Journal of Personality and Social Psychology, 52,* 611-619.

Lewis, J. A., Dana, R. Q., & Blevins, G. A. (1994). *Substance abuse counseling: An individualized approach* (2nd ed.). Pacific Grove, CA: Brooks/Cole.

Li, Q. (2006). Cyberbullying in schools: A research on gender differences. *School Psychology International, 27,* 157-170.

Li, Q. (2010). Cyberbullying in high schools: A study of students' behaviors and beliefs about the new phenomenon. *Journal of Aggression, Maltreatment & Trauma, 19,* 372-292.

Lichtblau, E. (2016, September 7). Hate crimes against American Muslims most since post-9/11 era. Retrieved from https://www.nytimes.com/2016/09/18/us/politics/hate-crimes-american-muslims-rise.html

Lichtenberg, P. A., Qualls, S. H., & Smyer, M. A. (2015). Competency and decision-making capacity: Negotiating health and financial decision making. In P. A. Lichtenberg & P. T. Mast (Eds.), *APA handbook of clinical geropsychology: Vol. 2. Assessment, treatment, and issues of later life* (pp. 553-578). Washington, DC: American Psychological Association.

Lieberman, J. D. (2011). The utility of scientific jury selection. Still murky after 30 years. *Current Directions in Psychological Science, 20,* 48-52.

Lilienfeld, S. O., & Andrews, B. P. (1996). Development and preliminary validation of a self-report measure of psychopathic personality traits in noncriminal population. *Journal of Personality Assessment, 66,* 488-524.

Lilienfeld, S. O., & Loftus, E. F. (1998). Repressed memories and World War II: Some cautionary notes. *Professional Psychology: Research and Practice, 29,* 471-475.

Lilienfeld, S. O., Patrick, C. J., Benning, S. D., Berg, J., Sellbom, M., & Edens, J. F. (2012). The role of fearless dominance in psychopathy: Confusions, controversies, and clarifications. *Personality Disorders: Theory, Research, and Treatment, 3,* 327-340.

Lilienfeld, S. O., Smith, S. F., Savigne, K. C., Patrick, C. J., Drislane, L. E., Latzman, R. D., . . . & Krueger, R. F. (2016). Is boldness relevant to psychopathic personality? Meta-analytic relations with nonpsychopathy checklist-based measures of psychopathy. *Psychological Assessment, 28,* 1172-1185.

Lilienfeld, S. O., Smith, S. F., & Watts, A. L. (2016). The perils of unitary models of the etiology of mental disorders: The response modulation hypothesis of psychopathy as a case example. Rejoinder to Newman and Baskin-Sommers (2016). *Psychological Bulletin*, *142*, 1394-1403.

Lilienfeld, S. O., Watts, A. L., & Smith, S. F. (2015). Successful psychopathy: A scientific status report. *Current Directions in Psychological Science, 24*, 298-303.

Lilienfeld, S. O., & Widows, M. R. (2005). *Psychopathic Personality Inventory-Revised: Professional manual.* Lutz, FL: Psychological Assessment Resources.

Limm, H., Gundel, H., Heinmuller, M., Martin-Mittage, B., Nater, U., Siegrist, J., . . . & Angerer, P. (2011). Stress management interventions in the workplace to improve stress reactivity: A randomized controlled trial. *Occupational and Environmental Medicine, 68,* 126-133.

Lipsey, M. W. (2009). The primary factors that characterize interventions with juvenile offenders: A meta-analytic overview. *Victims and Offenders, 4,* 124-147.

Lipsitt, P. D., Lelos, D., & McGarry, A. L. (1971). Competency for trial: A screening instrument. *The American Journal of Psychiatry, 128*, 105-109.

Lipton, D. N., McDonel, E. C., & McFall, R. M. (1987). Heterosexual perceptions in rapists. *Journal of Consulting and Clinical Psychology, 55,* 17-21.

Loeber, R. (1990). Development and risk factors of juvenile antisocial behavior and delinquency. *Clinical Psychological Review, 10,* 1-41.

Loeber, R., Burke, J., & Lahey, B. (2002). What are adolescent antecedents to an antisocial personality disorder? *Criminal Behaviour and Mental Health, 12,* 24-36.

Loftus, E. F. (1979). *Eyewitness testimony.* Cambridge, MA: Harvard University Press.

Loftus, E. F. (2004). The devil in confessions. *Psychological Science in the Public Interest, 5,* i-ii.

Loftus, E. F. (2005). Planting misinformation in the human mind: A 30-year investigation of the malleability of memory. *Learning and Memory*, *12*, 361-366.

Loftus, E. F. (2013). 25 years of eyewitness science . . . finally pays off. *Perspectives on Psychological Science, 8,* 556-557.

Logue, M., Book, A. S., Frosina, P., Huizinga, T., & Amos, S. (2015). Using reality monitoring to improve deception detection in the context of the cognitive interview for suspects. *Law and Human Behavior, 39*, 360-367.

Loh, W. D. (1981). Perspectives on psychology and law. *Journal of Applied Social Psychology*, *11*, 314-355.

Lonsway, K. A., & Archambault, J. (2012). The "justice gap" for sexual assault cases: Future directions for research and reform. *Violence Against Women, 18*, 145-168.

Lonsway, K. A., & Fitzgerald, L. F. (1994). Rape myths: In review. *Psychology of Women Quarterly, 18,* 133-164.

Lonsway, K. A., & Fitzgerald, L. F. (1995). Attitudinal antecedents of rape myth acceptance: A theoretical and empirical reexamination. *Journal of Personality and Social Psychology, 68,* 704-711.

Lord, J. (1997). *Death notification: Breaking the bad news with concern for the professional and compassion for the survivor*. Washington, DC: U.S. Department of Justice, Office for Victims of Crime.

Lord, J. (2001). Death notification training of trainers seminars. *OVC Bulletin*. Washington, DC: U.S. Department of Justice, Office for Victims of Crime.

Lord, W. D., Boudreaux, M. C., & Lanning, K. (2001, April). Investigating potential child abduction cases: A developmental perspective. *FBI Law Enforcement Bulletin,* 1-10.

Luke, T., Crozier, W. E., & Strange, D. (2017, March 23). Memory errors in police interviews: The bait question as a source of misinformation. *Journal of Applied Research in Memory and Cognition*. Advance online publication. doi:10.1016/j.jarmac.2017.01.011

Luna, B., & Wright, C. (2016). Adolescent brain development: Implications for the juvenile criminal justice system. In K. Heilbrun (Ed.), *APA handbook of psychology and juvenile justice* (pp. 91-114). Washington, DC: American Psychological Association.

Luskin, M. L. (2013). More of the same? Treatment in mental health courts. *Law and Human Behavior, 37,* 255-266.

Lykken, D. T. (1957). A study of anxiety in the sociopathic personality. *Journal of Abnormal and Social Psychology*, *55*, 6-10.

Lykken, D. T. (1959). The GSR in the detection of guilt. *Journal of Applied Psychology*, *43*, 385-388.

Lynam, D. R. (1997). Pursuing the psychopath: Capturing the fledgling psychopath in a nomological net. *Journal* of Abnormal Psychology, 106, 425-438.

Lynam, D. R., & Miller, J. D. (2012). Fearless dominance and psychopathy: A response to Lilienfeld et al. *Personality Disorders: Theory, Research, and Treatment, 3,* 341-353.

Lynn, S. J., Boycheva, E., Deming, A., Lilienfeld, S. O., & Hallquist, M. N. (2009). Forensic hypnosis: The state of the science. In J. L. Skeem, K. S. Douglas, & S. O. Lilienfeld (Eds.), *Psychological science in the courtroom: Consensus and controversy* (pp. 80-99). New York, NY: Guilford Press.

Maccoby, E., Buchanan, C., Mnookin, R., & Dornsbusch, S. (1993). Postdivorce roles of mother and father in the lives of their children. *Journal of Family Psychology, 1,* 24-38.

MacKain, S. J., Myers, B., Ostapiej, L., & Newman, R. A. (2010). Job satisfaction among psychologists working in state prisons: The relative impact of facets assessing economics, management, relationships, and perceived organizational support. *Criminal Justice and Behavior, 37,* 306-318.

MacKain, S. J., Tedeschi, R. G., Durham, T. W., & Goldman, V. J. (2002). So what are master's level psychology practitioners doing? Surveys of employers and recent graduates in North Carolina. *Professional Psychology: Research and Practice, 33,* 408-412.

MacKay, S., Paglia-Boak, A., Henderson, J., Marton, P., & Adlaf, E. (2009). Epidemiology of firesetting in adolescents: Mental health and substance abuse correlates. *Journal of Child Psychology and Psychiatry, 50,* 1282-1290.

MacKenzie, D. L. (2000). Evidence-based corrections: Identifying what works. *Crime & Delinquency, 46,* 457-471.

MacKenzie, D. L., Robinson, J. W., & Campbell, C. S. (1989). Long-term incarceration of female offenders: Prison adjustment and coping. *Criminal Justice and Behavior, 16,* 223-238.

MacLin, O. H., MacLin, M. K., & Malpass, R. S. (2001). Race, arousal, attention, exposure, and delay: An examination of factors moderating face recognition. *Psychology, Public Policy, and Law, 7,* 134-152.

MacLin, O. H., & Malpass, R. S. (2001). Racial categorization of faces: The ambiguous race face effect. *Psychology, Public Policy, and Law, 7,* 98-118.

Madfis, E., & Levin, J. (2013). School rampage in international perspective: The salience of cumulative strain theory. In N. Bockler, T. Seeger, & P. Sitzer (Eds.), *School shootings: International research, case studies, and concepts for prevention* (pp. 79-104). New York, NY: Springer.

Magaletta, P. R., Diamond, P. M., Faust, E., Daggett, D., & Camp, S. D. (2009). Estimating the mental illness component of service need in corrections: Results from the Mental Health Prevalence Project. *Criminal Justice and Behavior, 36,* 229-244.

Magaletta, P. R., Dietz, E. F., & Diamond, P. M. (2005). *The prevalence of behavioral and psychological disorders among an admissions cohort of federal inmates* (Bureau of Prisons, Research Review Board 01-038). Washington, DC: U.S. Department of Justice.

Magaletta, P. R., Patry, M. W., Cermak, J., & McLearen, A. M. (2017). Inside the world of corrections practica: Findings from a national survey. *Training and Education in Professional Psychology, 11,* 10-17.

Magaletta, P. R., Patry, M. W., & Norcross, J. C. (2012). Who is training behind the wall? Twenty-five years of psychology interns in corrections. *Criminal Justice and Behavior, 39,* 1405-1420.

Magaletta, P. R., Patry, M. W., Patterson, K. L., Gross, N. R., Morgan, R. D., & Norcross, J. C. (2013). Training opportunities for corrections practice: A national survey of doctoral psychology programs. *Training and Education in Professional Psychology, 7,* 291-299.

Magnussen, S., & Melinder, A. (2012). What psychologists know and believe about memory: A survey of practitioners. *Applied Cognitive Psychology, 26,* 54-60.

Malamuth, N. M. (1981). Rape proclivity among males. *Journal of Social Issues, 37,* 138-157.

Malamuth, N. M., & Brown, L. M. (1994). Sexually aggressive men's perceptions of women's communications: Testing three explanations. *Journal of Personality and Social Psychology, 67,* 699-712.

Malamuth, N. M., Heavey, C. L., & Linz, D. (1993). Predicting men's antisocial behavior against women: The "interaction model" of sexual aggression. In N. G.

Hall & R. Hirschman (Eds.), *Sexual aggression: Issues in etiology and assessment treatment and policy*. New York, NY: Hemisphere.

Malamuth, N. M., Linz, D., Heavey, C. L., Barnes, G., & Acker, M. (1995). Using the confluence model of sexual aggression to predict men's conflict with women: A 10-year follow-up study. *Journal of Personality and Social Psychology, 69,* 353-369.

Malamuth, N. M., Sockloskie, R., Koss, M., & Tanaka, J. (1991). The characteristics of aggressors against women: Testing a model using a national sample of college students. *Journal of Consulting and Clinical Psychology, 59,* 670-681.

Maldonado, S. (2017). Bias in the family: Race, ethnicity, and culture in custody disputes. *Family Court Review, 55,* 213-242.

Malesky, L. A., Jr. (2007). Predatory online behavior: Modus operandi of convicted sex offenders in identifying potential victims and contacting minors over the Internet. *Journal of Child Sexual Abuse: Research, Treatment & Program Innovations for Victims, Survivors, & Offenders, 16,* 23-32.

Malloy, L. C., Shulman, E. P., & Cauffman, E. (2014). Interrogations, confessions, and guilty pleas among serious adolescent offenders. *Law and Human Behavior, 38,* 181-193.

Mandler, J. M. (1988) How to build a baby: On the development of an accessible representational system. *Cognitive Development, 3,* 113-136.

Mandler, J. M. (1990). Recall of events by preverbal children. In A. Diamond (Ed.), *The development and neural bases of higher cognitive functions* (pp. 485-516) . New York, NY: New York Academy of Science.

Mandracchia, J. T., Morgan, R. D., Gross, S., & Garland, J. T. (2007). Inmate thinking patterns: An empirical investigation. *Criminal Justice and Behavior, 34,* 1029-1043.

Manguno-Mire, G. M., Thompson, J. W., Shore, J. H., Croy, C. D., Artecona, J. F., & Pickering, J. W. (2007). The use of telemedicine to evaluate competence to stand trial: A preliminary randomized controlled study. *Journal of the American Academy of Psychiatry and the Law, 35,* 481-489.

Mann, S., Ewens, S., Shaw, D., Vrij, A., Leal, S., & Hillman, J. (2013). Lying eyes: Why liars seek deliberate eye contact. *Psychiatry, Psychology and Law, 20,* 452-461.

Manning, P. K. (1995). The police occupational culture in Anglo-American societies. In W. Bailey (Ed.), *The encyclopedia of police science*. New York, NY: Garland Publishing.

Mannuzza, S., Klein, R. G., Bessler, A., Malloy, P., & LaPadula, M. (1998). Adult psychiatric status of hyperactive boys grown up. *American Journal of Psychiatry, 155,* 493-498.

Margolin, G., Vickerman, K. A., Ramos, M. C., Serrano, S. D., Gordis, E. B., Iturralde, M. C., . . . & Spies, L. A. (2009). Youth exposed to violence: Stability, co-occurrence, and context. *Clinical Child and Family Psychology Review, 12,* 39-54.

Markel, H. (2014, September 29). *How the Tylenol murders of 1982 changed the way we consume medication*. Retrieved from http://www.pbs.org/newshour/updates/tylenol-murders-1982

Markesteyn, T. (1992). *The psychological impact of nonsexual criminal offenses on victims*. Ottawa, Canada: Ministry of the Solicitor General of Canada, Corrections Branch.

Marsee, M. A., Silverthorn, P., & Frick, P. J. (2005). The association of psychopathic traits with aggression and delinquency in non-referred boys and girls. *Behavioral Sciences & the Law, 23,* 803-817.

Marshall, C. E., Benton, D., & Brazier, J. M. (2000). Elder abuse: Using clinical tools to identify clues of mistreatment. *Geriatrics, 55,* 42-53.

Marshall, G. N., & Schell, T. L. (2002). Reappraising the link between peritraumatic dissociation and PTSD symptom severity: Evidence from a longitudinal study of community violence survivors. *Journal of Abnormal Psychology, 111,* 626-636.

Marshall, W. B. (1996). Assessment, treatment, and theorizing about sex offenders. *Criminal Justice and Behavior, 23,* 162-199.

Marshall, W. L. (1998). Diagnosing and treating sexual offenders. In A. K. Hess & I. B. Weiner (Eds.), *The handbook of forensic psychology* (2nd ed., pp. 640-670). New York, NY: Wiley.

Marshall, W. L., & Barbaree, H. (1990). Outcome of comprehensive cognitive-behavioral treatment programs. In W. L. Marshall & H. E. Barbaree (Eds.), *Handbook of sexual assault: Issues, theories, and treatment of offenders* (pp. 363-385). New York, NY: Plenum.

Marshall, W. L., Boer, D., & Marshall, L. E. (2014). Assessing and treating sex offenders. In I. B. Weiner & R. K. Otto (Eds.), *The handbook of forensic psychology* (4th ed., pp. 839-866). Hoboken, NJ: Wiley.

Martin, M. S., Dorken, S. K., Wamboldt, A. D., & Wootten, S. E. (2012). Stopping the revolving door: A meta-analysis on the effectiveness of interventions for criminally involved individuals with major mental disorders. *Law and Human Behavior, 36,* 1-12.

Martin, S. E. (1989). Women on the move? A report on the status of women in policing. *Women and Criminal Justice, 1,* 21-40.

Martin, S. E. (1992). The effectiveness of affirmative action: The case of women in policing. *Justice Quarterly, 8,* 489-504.

Mason, C. (2012). *Too good to be true: Private prisons in America.* (NCJ 240782). Washington, DC: Sentencing Project.

Mason, M. A., & Quirk, A. (1997). Are mothers losing custody? Read my lips: Trends in judicial decision-making in custody disputes-1920, 1960, 1990, and 1995. *Family Law Quarterly, 31,* 215-236.

Mathews, J. K., Hunter, J. A., & Vuz, J. (1997). Juvenile female sexual offenders: Clinical characteristics and treatment issues. *Sexual Abuse: A Journal of Research and Treatment, 9,* 187-199.

Matsumoto, D. (Ed.). (2010). *APA Handbook of interpersonal communication.* Washington, DC: American Psychological Association.

Mayer, M. J., & Corey, D. M. (2015). Current issues in psychological fitness-for-duty evaluations of law enforcement officers: Legal and practice implications. In C. L. Mitchell & E. H. Dorian, *Police psychology and its growing impact on modern law enforcement* (pp. 93-118). Hershey, PA: IGI Global.

Mayfield, M. G., & Widom, C. S. (1996). The cycle of violence. *Archives of Pediatric and Adolescent Medicine, 150,* 390-395.

McAuliff. B. D., & Groscup, J. L. (2009). *Daubert* and psychological science in court: Judging validity from the bench, bar, and jury box. In J. L. Skeem, K. S. Douglas, & S. O. Lilienfeld (Eds.), *Psychological science in the courtroom: Consensus and controversy* (pp. 26-52). New York, NY: Guilford Press.

McCann, J. T. (1998). A conceptual framework for identifying various types of confessions. *Behavioral Sciences & the Law, 16,* 441-453.

McCormick, E. J. (1979). *Job analysis: Methods and applications.* New York, NY: Amacom.

McDonald, R., Jouriles, E. N., Ramisetty-Mikler, S., Caetano, R., & Green, C. E. (2006). Estimating the number of American children living in partner-violence families. *Journal of Family Psychology, 20,* 137-142.

McElvain, J. P., & Kposowa, A. J. (2008). Police officer characteristics and the likelihood of using deadly force. *Criminal Justice and Behavior, 35,* 505-521.

McEwan, T. E., Mullen, P. E., MacKenzie, R. D., & Ogloff, J. R. P. (2009). Violence in stalking situations. *Psychological Medicine, 39,* 1469-1478.

McEwan, T. E., Mullen, P. E., & Purcell, R. (2007). Identifying risk factors in stalking: A review of current research. *International Journal of Law and Psychiatry, 30,* 1-9.

McEwan, T. E., Pathe, M., & Ogloff, J. R. P. (2011). Advances in stalking risk assessment. *Behavioral Sciences & the Law, 29,* 180-201.

McGee, C. (2000). *Childhood experiences of domestic violence.* London, England: Jessica Kingsley.

McGee, J., & DeBernardo, C. (1999). The classroom avenger: A behavioral profile of school-based shootings. *Forensic Examiner, 8,* 16-18.

McGlynn, A. H., Hahn, P., & Hagan, M. P. (2012). The effect of a cognitive treatment program for male and female juvenile offenders. *International Journal of Offender Therapy and Comparative Criminology, 57,* 1107-1119.

McGowan, M. R., Horn, R. A., & Mellott, R. N. (2011). The predictive validity of the Structured Assessment of Violence Risk in youth in secondary educational settings. *Psychological Assessment, 23,* 478-486.

McGrath, A., & Thompson, A. P. (2012). The relative predictive validity of the static and dynamic domain scores in risk-need assessment of juvenile offenders. *Criminal Justice and Behavior, 39,* 250-263.

McGrath, R. J., Cumming, G. F., & Burchard, B. L. (2003). *Current practices and trends in sexual abuser management: The Safer Society 2002 Nationwide Survey*. Brandon, VT: Safe Society Press.

McIntyre, B. L. (2014). More than just rescue: Thinking beyond exploitation to creating assessment strategies for child survivors of commercial sexual exploitation. *International Social Work, 57,* 39-63.

McKenzie, J. (2013, May). *Postdoctoral psychology internship 2014-2015.* Rochester, MN: U.S. Bureau of Prisons, Federal Medical Center.

McLawsen, J. E., Scalora, M. J., & Darrow, C. (2012). Civilly committed sex offenders: A description and interstate comparison of populations. *Psychology, Public Policy, and Law, 18,* 453-476.

McMahon, M. (1999). Battered women and bad science: The limited validity and utility of battered women syndrome. *Psychiatry, Psychology, and Law, 6,* 23-49.

McMains, M. J., & Mullins, W. C. (2013). *Crisis negotiations: Managing critical incidents and hostage situations in law enforcement and corrections* (5th ed.). Waltham, MA: Anderson.

McNally, R. J., Bryant, R. A., & Ehlers, A. (2003). Does early psychological intervention promote recovery from posttraumatic stress? *American Psychological Society, 4,* 45-70.

McNally, R. J., & Geraerts, E. (2009). A new solution to the recovered memory debate. *Perspectives on Psychological Science, 4,* 126-134.

McNally, R. J., Perlman, C. A., Ristuccia, C. S., & Clancy, S. A. (2008). Clinical characteristics of adults reporting repressed, recovered, or continuous memories of childhood sexual abuse. *Journal of Consulting and Clinical Psychology, 74,* 237-242.

McNeece, C. A., Springer, D. W., & Arnold, E. M. (2001). Treating substance abuse disorders. In J. B. Ashford, B. D. Sales, & W. H. Reid (Eds.), *Treating adult and juvenile offenders with special needs* (pp. 131-170). Washington, DC: American Psychological Association.

McNeece, C. A., Springer, D. W., Shader, M. A., Malone, R., Smith, M. A., Touchton-Cashwell, S., et al. (1997). *An evaluation of juvenile assessment centers in Florida.* Tallahassee: Florida State University, Institute for Health and Human Services Research.

McWhirter, P. T. (1999). La violencia privada: Domestic violence in Chile. *American Psychologist, 54,* 37-40.

McWilliams, K. (2016, Spring). Best practice guidelines for child forensic interviewing: What we know and where we are going. *Section on Child Maltreatment Insider, 21,* 2-3.

Meehl, P. E. (1954). *Clinical versus statistical prediction: A theoretical analysis and a review of the evidence.* Minneapolis: University of Minnesota Press.

Meesig, R., & Horvath, F. (1995). A national survey of practices, policies and evaluative comments on the use of pre-employment polygraph screening in police agencies in the United States. *Polygraph, 24,* 57-136.

Mehari, K. R., Farrell, A. D., & Le, A.-T. (2014). Cyberbullying among adolescents: Measures in search of a construct. *Psychology of Violence, 4,* 399-415.

Meissner, C. A., & Brigham, J. C. (2001). Thirty years of investigating the own-race bias in memory for faces: A meta-analytic review. *Psychology, Public Policy, and Law, 7,* 3-35.

Meissner, C. A., Hartwig, M., & Russano, M. B. (2010). The need for a positive psychological approach and collaborative effort for improving practice in the interrogation room. *Law & Human Behavior, 34,* 43-45.

Meissner, C. A., & Lassiter, G. D. (2010). Conclusion: What have we learned? Implications for practice, policy, and future research. In G. D. Lassiter & C. A. Meissner (Eds.), *Police interrogations and false confessions: Current research, practice, and policy recommendations* (pp. 225-230). Washington, DC: American Psychological Association.

Meissner, C. A., Redlich, A. D., Bhatt, S., & Brandon, S. E. (2012). Interview and interrogation methods and their effects on true and false confessions. *Campbell Systematic Reviews, 13,* 1-53.

Meissner, C. A., Russano, M. B., & Narchet, F. M. (2010). The importance of a laboratory science for improving the diagnostic value of confession evidence. In G. D.

Lassiter & C. A. Meissner (Eds.), *Police interrogations and false confessions: Current research, practice, and policy recommendations* (pp. 111-126). Washington, DC: American Psychological Association.

Meloy, J. R., & Gothard, S. (1995). Demographic and clinical comparison of obsessional followers and offenders with mental disorders. *American Journal of Psychiatry, 152*, 258-263.

Meloy, J. R., & Hoffmann, J. (Eds.). (2013). *The international handbook of threat assessment.* New York, NY: Oxford University Press.

Meloy, M., & Mohandie, K. (2008). Two case studies of corporatecelebrity male victims: The stalking of Steven Spielberg and Stephen Wynn. In J. R. Meloy, L. Sheridan, & J. Hoffman (Eds.), *Stalking, threatening, and attacking public figures: A psychological and behavioral analysis* (pp. 245-270). New York, NY: Oxford University Press.

Meloy, M., Mohandie, K., & Green McGowan, M. (2008). A forensic investigation of those who stalk celebrities. In J. R. Meloy, L. Sheridan, & J. Hoffman (Eds.), *Stalking, threatening, and attacking public figures: A psychological and behavioral analysis* (pp. 37-54). New York, NY: Oxford University Press.

Melton, G. B., Petrila, J., Poythress, N. G., & Slobogin, C. (1997). *Psychological evaluations for the courts: A handbook for mental health professionals and lawyers* (2nd ed.). New York, NY: Guilford Press.

Melton, G. B., Petrila, J., Poythress, N. G., & Slobogin, C. (Eds.). (2007). *Psychological evaluations for the courts: A handbook for mental health professionals and lawyers* (3rd ed.). New York, NY: Guilford Press.

Memon, A., Meissner, C. A., & Fraser, J. (2010). The cognitive interview: A meta-analytic review and study space analysis of the past 25 years. *Psychology, Public Policy, and Law, 16*, 340-372.

Menard, K. S., Anderson, A. L., & Godboldt, S. M. (2009). Gender differences in intimate partner recidivism: A 5-year follow-up. *Criminal Justice and Behavior, 36*, 61-76.

Mental Health Court Showing Gains. (March/April 2017). *The National Psychologist, 26*, 10.

Mercado, C. C., Jeglic, E., Markus, K., Hanson, R. K., & Levenson, J. (2011, January). *Sex offender management, treatment, and civil commitment: An evidence base analysis aimed at reducing sexual violence.* Washington, DC: U.S. Department of Justice, National Institute of Justice.

Merrill, G. S., & Wolfe, V. A. (2000). Battered gay men: An exploration of abuse, help-seeking, and why they stay. *Journal of Homosexuality, 39,* 1-30.

Merry, S., & Harsent, L. (2000). Intruders, pilferers, raiders, and invaders: The interpersonal dimension of burglary. In D. Canter & L. Alison (Eds.), *Profiling property crimes.* Dartmouth, England: Ashgate.

Merz-Perez, L., Heide, K. M., & Silverman, I. J. (2001). Childhood cruelty to animals and subsequent violence against humans. *International Journal of Offender Therapy and Comparative Criminology, 45*, 556-573.

Messina, N., Grella, C., Burdon, W., & Prendergast, M. (2007). Childhood adverse events and current traumatic distress: A comparison of men and women drug-dependent prisoners. *Criminal Justice and Behavior, 34,* 1385-1401.

Messinger, A. M. (2011). Invisible victims: Same-sex IPV in the National Violence Against Women Survey. *Journal of Interpersonal Violence, 26*, 2228-2243.

Metzner, J. L., & O'Keefe, M. L. (2011). Psychological effects of administrative segregation: The Colorado Study. *Corrections Mental Health Report, 13,* 1-2, 13-14.

Meuer, T., Seymour, A., & Wallace, H. (2002, June). Domestic violence. In A. Seymour, M. Murray, J. Sigmon, M. Hook, C. Edwards,M. Gaboury, & G. Coleman (Eds.), *National Victim Assistance Academy textbook.* Washington, DC: U.S. Department of Justice, Office for Victims of Crime.

Meyer, J. R., & Reppucci, N. D. (2007). Police practices and perceptions regarding juvenile interrogation and interrogative suggestibility. *Behavioral Sciences & the Law, 25*, 757-780.

Mez, J., Daneshvar, D. H., Kierman, P. T., Abdolmohammadi, B., Alarez, V. E., Huber, B. R., . . . & McKee, A. C. (2017). Clinicopathological evaluation of traumatic encephalopathy in players of American football. *JAMA, 318*, 360-370.

Miccio-Fonseca, L. C. (2006). *Multiplex Empirically Guarded Inventory of Ecological Aggregates for assessing sexually abusive youth (ages 19 and under) (MEGA)*. San Diego, CA: Author.

Michalski, D., Kohout, J., Wicherski, M., & Hart, B. (2011). *2009 Doctorate Employment Survey*. Washington, DC: American Psychological Association, Center for Workplace Studies.

Mickes, L., Flowe, H. D., & Wixted, J. T. (2012). Receiver operating characteristics analysis of eyewitness memory: Comparing the diagnostic accuracy of simultaneous vs. sequential lineups. *Journal of Experimental Psychology: Applied, 18*, 361-376.

Milan, M. A., Chin, C. E., & Nguyen, Q. X. (1999). Practicing psychology in correctional settings: Assessment, treatment, and substance abuse programs. In A. K. Hess & I. B. Weiner (Eds.), *Handbook of forensic psychology* (2nd ed., pp. 580-602). New York, NY: Wiley.

Miller, A. (2014). Threat assessment in action. *Monitor on Psychology, 45*(2), 37-38, 40.

Miller, G. (2012, August 17). In mock cases, biological evidence reduces sentences. *Science, 337*, 788.

Miller, L. (1995). Tough guys: Psychotherapeutic strategies with law enforcement and emergency services personnel. *Psychotherapy, 32*, 592-600.

Miller, L. (2008). Death notification for families of homicide victims: Healing dimensions of a complex process. *Omega: Journal of Death and Dying, 57*, 367-380.

Miller, L. (2014). Serial killers: I. Subtypes, patterns, and motives. *Aggression and Violent Behavior, 19*, 1-11.

Miller, L. (2015). Why cops kill: The psychology of police deadly force encounters. *Aggression and Violent Behavior, 22*, 97-111.

Miller, L. S., & Lindbergh, C. A. (2017). Neuroimaging techniques in the courtroom. In S. S. Bush (Ed.), *APA handbook of forensic neuropsychology* (pp. 111-144). Washington, DC: American Psychological Association.

Miller, M., & Hinshaw, S. F. (2010). Does childhood executive function predict adolescent functional outcomes in girls with ADHD? *Journal of Abnormal Child Psychology, 38*, 315-326.

Miller, R. D. (2003). Hospitalization of criminal defendants for evaluation of competence to stand trial or for restoration of competence: Clinical and legal issues. *Behavioral Sciences & the Law, 21*, 369-391.

Miller-Perrin, C., & Wurtele, S. K. (2017). Sex trafficking and the commercial sexual exploitation of children. *Women & Therapy, 40*, 123-151.

Millon, T. (1994). *MCMI-III: Manual*. Minneapolis, MN: National Computer Systems.

Miner, M. H., Day, D. M., & Nafpaktitis, M. K. (1989). Assessment of coping skills: Development of situational competency test. In D. R. Laws (Eds.), *Relapse prevention with sex offenders* (pp. 127-136). New York, NY: Guilford Press.

Mischel, W. (1968). *Personality and assessment*. New York, NY: Wiley. Mischel, W., & Peake, P. K. (1982). Beyond deja vu in the search for cross-situational consistency. *Psychological Review, 89*, 730-755.

Mitchell, C. L. (2017). Preemployment psychological screening of police officer applicants: Basic considerations and recent advances. In C. L. Mitchell & E. H. Dorian (Eds.), *Police psychology and its growing impact on modern law enforcement* (pp. 28-50). Hershey, PA: IGI Global.

Mitchell, K., Finkelhor, D., & Wolak, J. (2007). Youth Internet users at risk for the most serious online sexual solicitations. *American Journal of Preventive Medicine, 32*, 532-537.

Mitchell, K., Jones, L. M., Finkelhor, D., & Wolak, J. (2011). Internetfacilitated commercial sexual exploitation of children: Findings from a nationally representative sample of law enforcement agencies in the United States. *Sexual Abuse: A Journal of Research and Treatment, 23*, 43-71.

Mitchell, K., Wolak, J., & Finkelhor, D. (2005). Police posing as juveniles online to catch sex offenders: Is it working? *Sexual Abuse: A Journal of Research and Treatment, 17*, 241-267.

Moffitt, T. E. (1990). The neuropsychology of delinquency: A critical review of theory and research. In M. Tonry & N. Morris (Eds.), *Crime and Justice* (vol. 12, p. 99-169). Chicago, IL: University of Chicago Press.

Moffitt, T. E. (1993a). Adolescent-limited and the life-course persistent antisocial behavior: A developmental taxonomy. *Psychological Review, 100,* 674-701.

Moffitt, T. E. (1993b). The neuropsychology of conduct disorder. *Development and Psychopathology, 5,* 135-151.

Moffitt, T. E., Arseneault, L., Jaffee, S. R., Kim-Cohen, J., Koenen, K. C., Odgers, C. L., . . . & Viding, E. (2008). Research review: DSM-V conduct disorder: Research needs for an evidence base. *Journal of Child Psychology and Psychiatry, 49,* 3-33.

Moffitt, T. E., & Caspi, A. (2001). Childhood predictors differentiate life-course persistent and adolescence limited antisocial pathways among males and females. *Development and Psychopathology, 13,* 355-375.

Moffitt, T. E., Caspi, A., Dickson, N., Silva, P., & Stanton, W. (1996). Childhood-onset versus adolescent-onset antisocial conduct problems in males: Natural history from ages 3 to 18. *Development and Psychopathology, 8,* 399-324.

Mohandie, K., Meloy, J. R., Green McGowan, M., & Williams, J. (2006). The RECON typology of stalking: Reliability and validity based upon a large sample of North American stalkers. *Journal of Forensic Sciences, 51,* 147-155.

Molina, B. S. G., Bukstein, O. G., & Lynch, K. G. (2002). Attentiondeficit/hyperactivity disorder and conduct disorder symptomatology in adolescents with alcohol use disorder. *Psychology of Addictive Behaviors, 16,* 161-164.

Monahan, J. (1996). Violence prediction: The past twenty years and the next twenty years. *Criminal Justice and Behavior, 23,* 107-120.

Monahan, J., Steadman, H., Appelbaum, P., Grisso, T., Mulvey, E., Roth, L., . . . & Silver, E. (2005). *The classification of violence risk.* Lutz, FL: Psychological Assessment Resources.

Monahan, J., Steadman, H. J., Silver, E., Appelbaum, P. S., Robbins, P.C., Mulvey, E. P., . . . & Banks, S. M. (2001). *Rethinking risk assessment: The MacArthur Study of Mental Disorder and Violence.* New York, NY: Oxford University Press.

Monahan, K. C., Steinberg, L., & Cauffman, E. (2009). Affiliation with antisocial peers, susceptibility to peer influence, and antisocial behavior during the transition to adulthood. *Developmental Psychology, 45,* 1520-1530.

Morawetz, T. H. (2002). Homicide. In K. L. Hall (Ed.), *The Oxford companion to American law.* (pp. 398-400). New York, NY: Oxford University Press.

Moreland, M. B., & Clark, S. E. (2016). Eyewitness identification: Research, reform, and reversal. *Journal of Applied Research in Memory and Cognition, 5,* 277-283.

Morey, L. C. (1991). *The Personality Assessment Inventory: Professional manual.* Odessa, FL: Psychological Assessment Resources.

Morey, L. C. (2007). *The Personality Assessment Inventory professional manual.* Lutz, FL: Psychological Assessment Resources.

Morgan, A. B., & Lilienfeld, S. O. (2000). A meta-analytic review of the relation between antisocial behavior and neuropsychological measures of executive functions. *Clinical Psychology Review, 20,* 113-136.

Morgan, E., Johnson, I., & Sigler, R. (2006). Public definitions and endorsement of the criminalization of elder abuse. *Journal of Criminal Justice, 34,* 275-283.

Morgan, R. D., Flora, D. B., Kroner, D. C., Mills, J. F., Varghese, F., & Steffan, J. S. (2012). Treating offenders with mental illness: A research synthesis. *Law and Human Behavior, 36,* 37-50.

Morgan, R. D., Gendreau, P., Smith, P., Gray, A. L., Labrecque, R. M., MacLean, N., . . . & Mills, J. F. (2016). Quantitative syntheses of the effects of administrative segregation on inmates' well-being. *Psychology, Public Policy, and Law, 22,* 439-461.

Morgan, R. D., Kroner, D. G., Mills, J. F., & Batastini, A. B. (2014). Treating criminal offenders. In I. B. Weiner & R. K. Otto (Eds.), *The handbook of forensic psychology* (4th ed., pp. 795-837). Hoboken, NJ: Wiley.

Morgan, R. D., Kuther, T. L., & Habben, C. (2005). *Life after graduate school: Insider's advice from new psychologists.* New York, NY: Psychology Press.

Morgan, R. D., Mitchell, S. M., Thoen, M. A., Campion, K., Bolanos, A. D., Sustaita, A. D., & Henderson, S. (2016). Specialty courts: Who's in and are they working? *Psychological Services, 13,* 246-253.

Morgan, R. D., Winterowd, C. L., & Ferrell, S. W. (1999). A national survey of group psychotherapy services in correctional facilities. *Professional Psychology: Research and Practice, 30,* 600-606.

Morris, A. (1996). Gender and ethnic differences in social constraints among a sample of New York City police officers. *Journal of Occupational Health Psychology, 1,* 224-235.

Morris, R. (2000). *Forensic handwriting identification: Fundamental concepts and principles*. San Diego, CA: Academic Press.

Morry, M. M., & Winkler, E. (2001). Student acceptance and expectation of sexual assault. *Canadian Journal of Behavioural Science, 33,* 188-192.

Morse, S. J. (2003). Involuntary competence. *Behavioral Sciences & the Law, 21,* 311-328.

Mosher, D. L., & Anderson, R. D. (1986). Macho personality, sexual aggression, and reactions to guided imagery of realistic rape. *Journal of Research in Personality, 20,* 77-94.

Mossman, D. (1987). Assessing and restoring competency to be executed: Should psychologists participate? *Behavioral Sciences & the Law, 5,* 397-409.

Mossman, D. (2003). *Daubert,* cognitive malingering, and test accuracy. *Law and Human Behavior, 27,* 229-249.

Mossman, D. (2007). Predicting restorability of incompetent criminal defendants. *Journal of the American Academy of Psychiatry and the Law, 35,* 34-43.

Mossman, D., & Farrell, H. M. (2015). Civil competencies. In B. L. Cutler & P. A. Zapf (Eds.), *APA handbook of forensic psychology: Vol. 1. Individual and situational influences in criminal and civil contexts* (pp. 533-558). Washington, DC: American Psychological Association.

Motivans, M., & Snyder, H. (2011). *Summary: Tribal youth in the federal justice system*. Washington, DC: U.S. Department of Justice, Bureau of Justice Statistics.

Mulder, R., T., Wells, J. E., Joyce, P. R., & Bushnell, J. A. (1994). Antisocial women. *Journal of Personality Disorders, 8,* 279-287.

Mullen, P. E., Pathe, M., & Purcell, R. (2001). Stalking: New constructions of human behaviour. *Australian and New Zealand Journal of Psychiatry, 35,* 9-16.

Mulvey, E. P. (2011). *Highlights from pathways to desistance: A longitudinal study of serious adolescent offenders*. Washington, DC: U.S. Department of Justice, Office of Juvenile Justice and Delinquency Prevention.

Mulvey, E. P., Arthur, M. W., & Reppucci, N. D. (1993). The prevention and treatment of juvenile delinquency: A review of the research. *Clinical Psychology Review, 13,* 133-167.

Mumcuoglu, K. Y., Gallili, N., Reshef, A., Brauner, P., & Grant, H. (2004). Use of human lice in forensic entomology. *Journal of Medical Entomology, 41,* 803-806.

Mumley, D. L., Tillbrook, C. E., & Grisso, T. (2003). Five-year research update (1996-2000): Evaluations for competence to stand trial (adjudicative competence). *Behavioral Sciences & the Law, 21,* 329-350.

Munoz, L. C., Frick, P. J., Kimonis, E. R., & Aucoin, K. J. (2008). Verbal ability and delinquency: Testing the moderating role of psychopathic traits. *Journal of Child Psychology and Psychiatry, 49,* 414-421.

Munsch, C. L., & Willer, R. (2012). The role of gender identity threat in perceptions of date rape and sexual coercion. *Violence Against Women, 18,* 1125-1146.

Muraya, D. N., & Fry, D. (2016). Aftercare services for child victims of sex trafficking: A systematic review of policy and practice. *Trauma, Violence, & Abuse, 17,* 204-220.

Murphy, S. A., Braun, T., Tillery, L., Cain, K. C., Johnson, L. C., & Beaton, R. D. (1999). PTSD among bereaved parents following the violent deaths of their 12- to 28-year-old children: A longitudinal prospective analysis. *Journal of Traumatic Stress, 12,* 273-291.

Murphy, B., Lilienfeld, S., Skeem, J., & Edens, J. F. (2016). Are fearless dominance traits superfluous in operationalizing psychopathy? Incremental validity and sex differences. *Psychological Assessment, 28,* 1597-1607.

Murphy, K. R., & Davidshofer, C. O. (1998). *Psychological testing: Principles and applications* (4th ed.). Upper Saddle River, NJ: Prentice Hall.

Murphy, S. A., Johnson, L. C., & Lohan, J. (2002). The aftermath of the violent death of a child: An integration of the assessments of parents' mental distress and PTSD during first 5 years of bereavement. *Journal of Loss and Trauma, 7,* 202-222.

Murphy, W. D., Coleman, E. M., & Haynes, M. R. (1986). Factors related to coercive sexual behavior in a nonclinical sample of males. *Violence and Victims, 1,* 255-278.

Murray, J. B. (1997). Munchausen syndrome/Munchausen syndrome by proxy. *Journal of Psychology, 131,* 343-350.

Murray, M., & O'Ran, S. (2002). Restitution. In A. Seymour, M. Murray, J. Sigmon, M. Hook, C. Edwards, M. Gaboury, & G. Coleman (Eds.), *National Victim Assistance Academy textbook.* Washington, DC: U.S. Department of Justice, Office of Victims of Crime.

Murrie, D. C., & Boccaccini, M. T. (2015). Adversarial allegiance among expert witnesses. *Annual Review of Law and Social Science, 11,* 37-55.

Murrie, D. C., Boccaccini, M. T., Guarnera, L. A., & Rufino, K. A. (2013). Are forensic experts biased by the side that retained them? *Psychological Science, 24,* 1889-1897.

Murrie, D. C., & Cornell, D. G. (2002). Psychopathy screening of incarcerated juveniles: A comparison of measures. *Psychological Assessment, 14,* 390-396.

Murrie, D. C., & Zelle, H. (2015). Criminal competencies. In B. L. Cutler & P. A. Zapf (Eds.), *APA handbook of forensic psychology: Vol. 1. Individual and situational influences in criminal and civil courts* (pp. 115-157). Washington, DC: American Psychological Association.

Musliner, K. L., & Singer, J. B. (2014). Emotional support and adult depression in survivors of childhood sexual abuse. *Child Abuse & Neglect, 38,* 1331-1340.

Myers, B., & Arena, M. P. (2001). Trial consultation: A new direction in applied psychology. *Professional Psychology: Research and Practice, 32,* 386-391.

Myers, B., Latter, R., & Abdollahi-Arena, M. K. (2006). The court of public opinion: Lay perceptions of polygraph testing. *Law and Human Behavior, 30,* 509-523.

Myers, J. E. B. (1991). Psychologists' involvement in cases of child maltreatment: Limits of role and expertise. *American Psychologist, 46,* 81-82.

Nadal, K., Davidoff, K. C., Davis, L. S., Wong, Y., Marshall, D., & McKenzie, U. (2015). A qualitative approach to intersectional microaggression: Understanding influences of race, ethnicity, gender, sexuality, and religion. *Qualitative Psychology, 2,* 147-163.

Nagayama-Hall, G. (1992, November/December). Inside the mind of the rapist. *Psychology Today, 25,* 12.

Nagin, D. S., Farrington, D. P., & Moffitt, T. (1995). Life-course trajectories of different types of offenders. *Criminology, 33,* 111-139.

Nagin, D. S., & Land, K. C. (1993). Age, criminal careers, and population heterogeneity: Specification and estimation of a nonparametric mixed Poisson model. *Criminology, 31,* 163-189.

Narag, R. E., Pizarro, J., & Gibbs, C. (2009). Lead exposure and its implications for criminological theory. *Criminal Justice and Behavior, 36,* 954-973.

National Center for Victims of Crime. (1999). *The NCVC does not support the current language of the proposed crime victims' rights constitutional amendment.* Arlington, VA: Author.

National Center on Elder Abuse. (1999). *Types of elder abuse in domestic settings.* Washington, DC: Author.

National Center for Women & Policing. (2002). *Equality denied: The status of women in policing: 2001.* Los Angeles: Author.

National Center on Elder Abuse. (2013). *Statistics/data.* Washington, DC: Author.

National College of Probate Judges. (2013). *National Probate Court Standards.* Williamsburg, VA: National Center for State Courts.

National Commission on Correctional Health Care. (2008). *Standards for health services in prisons.* Chicago, IL: Author.

National Council of Juvenile and Family Court Judges. (1993). The revised report from the National Task Force on Juvenile Sexual Offending. *Juvenile and Family Court Journal, 44,* 1-120.

National Council on Crime and Delinquency (2013). *What is restorative justice?* Retrieved from http://www.nnndglobal.org/what-we-do/restorative-justice-project

National Institutes of Mental Health. (1982). *Television and behavior: Ten years of scientific progress and implications for the eighties. Summary report.* Washington, DC: U.S. Government Printing Office.

National Organization for Victim Assistance. (1998). *Community crisis response team training manual* (2nd ed.). Washington, DC: Author.

National Psychologist. (2017, March/April). Little change after Pennsylvania mental health ruling. *The National*

Psychologist, 26, 20.

National Research Council. (2003). *The polygraph and lie detection*. Washington, DC: The National Academies Press.

National Resource Center on Child Sexual Abuse (NRC). (1996, March/April). *NRCCSA News*. Huntsville, AL: Author.

National Tactical Officers Association. (2015a). *Tactical response and operations standard in law enforcement agencies*. Doylestown, PA: Author.

National Tactical Officers Association & International Association of Police Chiefs. (2015b). *National special weapons and tactics (SWAT) study: A national assessment of critical trends and issues from 2009 to 2013*. Doylestown, PA: Authors.

Neal, T. M. S., & Brodsky, S. L. (2016). Forensic psychologists' perceptions of bias and potential correction strategies in forensic mental health evaluations. *Psychology, Public Policy, and Law, 22*, 58–76.

Neal, T. M. S., & Clements, C. B. (2010). Prison rape and psychological sequelae: A call for research. *Psychology, Public Policy, and Law, 16*, 284–299.

Neff, J. L., Patterson, M. M., & Johnson, S. (2012). Meeting the training needs of those who meet the needs of victims: Assessing service providers. *Violence and Victims, 27*, 609–631.

Neimeyer, R. A. (2000). Searching the meaning of meaning: Grief therapy and the process of reconstruction. *Death Studies, 24*, 541–558.

Neimeyer, R. A., Prigerson, H. G., & Davies, B. (2002). Mourning and meaning. *American Behavioral Scientist, 46*, 235–251.

Nekvasil, E. K., & Cornell, D. G. (2012). Student reports of peer threats of violence: Prevalence and outcomes. *Journal of School Violence, 11*, 357–375.

Nekvasil, E. K., & Cornell, D. G. (2015). Student threat assessment associated with safety in middle schools. *Journal of Threat Assessment and Management, 2*, 98–113.

Nesca, M., & Dalby, J. T. (2011). Maternal neonaticide following traumatic childbirth: A case study. *International Journal of Offender Therapy and Comparative Criminology, 55*, 1166–1178.

Neubauer, D. W. (1997). *Judicial process* (2nd ed.). Fort Worth, TX: Harcourt Brace.

Neubauer, D. W. (2002). *America's courts and the criminal justice system* (7th ed.). Belmont, CA: Wadsworth.

Neumann, C. S., Schmitt, D. S., Carter, R., Embley, I., & Hare, R. D. (2012). Psychopathic traits in females and males across the globe. *Behavioral Sciences & the Law, 30*, 557–574.

Newirth, K. A. (2016). An eye for the science: Evolving judicial treatment of eyewitness identification evidence. *Journal of Applied Research in Memory and Cognition, 5*, 314–317.

Newman, G. (1979). *Understanding violence*. New York, NY: J. B. Lippincott.

Newman, J. P., Curtin, J. J., Bertsch, J. D., & Baskin-Sommers, A. R. (2010). Attention moderates the fearlessness of psychopathic offenders. *Biological Psychiatry, 67*, 66–70.

Newman, K., Fox, C., Harding, D., Mehta, J., & Roth, W. (2004). *Rampage: The social roots of school shootings*. New York, NY: Basic Books.

Nicholls, T. L., Cruise, K. R., Greig, D., & Hinz, H. (2015). Female offenders. In B. L. Cutler & P. A. Zapf (Eds.), *APA handbook of forensic psychology: Vol. 2. Criminal investigation, adjudication, and sentencing outcomes* (pp. 79–123). Washington, DC: American Psychological Association.

Nicholls, T. L., & Petrila, J. (2005). Gender and psychopathy: An overview of important issues and introduction to the special issue. *Behavioral Sciences & the Law, 23*, 729–741.

Nicholson, R. (1999). Forensic assessment. In R. Roesch, S. D. Hart, & J. R. P. (Eds.), *Psychology and law: The state of the discipline*. New York, NY: Kluwer Academic/Plenum.

Nicholson, R., & Norwood, S. (2000). The quality of forensic psychological assessments, reports, and testimony: Acknowledging the gap between promise and practice. *Law and Human Behavior, 24*, 9–44.

Niederhoffer, A., & Niederhoffer, E. (1977). *The police family: From station house to ranch house*. Lexington, MA: Heath.

Nielsen, L. (2017). Re-examining the research on parental conflict, coparenting, and custody arrangements. *Psychology, Public Policy, and Law*, *23*, 211-231.

Nietzel, M. T., McCarthy, D. M., & Kerr, M. J. (1999). Juries: The current state of the empirical literature. In R. Roesch, S. D. Hart, & J. R. P. Ogloff (Eds.), *Psychology and law: The state of the discipline* (pp. 23-52). New York, NY: Kluwer Academic.

Nigg, J. T. (2000). On inhibition/disinhibition in developmental psychopathology: Views from cognitive and personality psychology and a working inhibition taxonomy. *Psychological Bulletin, 126,* 220-246.

Nigg, J. T., Butler, K. M., Huang-Pollock, C. L., & Henderson, J. M. (2002). Inhibitory processes in adults with persistent childhood onset ADHD. *Journal of Consulting and Clinical Psychology, 70,* 153-157.

Nigg, J. T., & Huang-Pollock, C. L. (2003). An early-onset model of the role of executive functions and intelligence in conduct disorder/delinquency. In B. B. Lahey, T. E. Moffitt, & A. Caspi (Eds.), *Causes of conduct disorder and juvenile delinquency* (pp. 227-253). New York, NY: Guilford Press.

Nigg, J. T., John, O. P., Blaskey, L. G., Huang-Pollock, C., Willcutt, E. G., Hinshaw, S. P., . . . & Pennington, B. (2002). Big Five dimensions and ADHD symptoms: Links between personality traits and clinical symptoms. *Journal of Personality and Social Psychology, 83,* 451-469.

Nigg, J. T., Quamma, J. P., Greenberg, M. T., & Kusche, C. A. (1999). A two-year longitudinal study of neuropsychological and cognitive performance in relation to behavioral problems and competencies in elementary school children. *Journal of Abnormal Child Psychology, 27,* 51-63.

Norko, M. A., Wasser, T., Magro, H., Leavitt-Smith, E., Morton, F. J., & Hollis, T. (2016). Assessing insanity acquittee recidivism in Connecticut. *Behavioral Sciences & the Law*, *34*, 423-443.

Norris, F. H., & Kaniasty, K. (1994). Psychological distress following criminal victimization in the general population: Cross-sectional, longitudinal, and prospective analysis. *Journal of Consulting and Clinical Psychology, 62,* 111-123.

Norris, F. H., Kaniasty, K., & Scheer, D. A. (1990). Use of mental health services among victims of crime: Frequency, correlates, and subsequent recovery. *Journal of Consulting and Clinical Psychology, 58,* 538-547.

Norris, R. J., & Redlich, A. (2010, Summer). Actual innocence research: Researching compensation policies and other reforms. *American Psychology-Law Society News, 30*, 6-7.

Novosad, D., Banfe, S., Britton, J., & Bloom, J. D. (2016). Conditional release placements of insanity acquittees in Oregon: 2012-2014. *Behavioral Sciences & the Law*, *34*, 366-377.

Nunes, K. L., & Jung, S. (2012). Are cognitive distortions associated

with denial and minimization among sex offenders? *Sexual Abuse: A Journal of Research and Treatment, 25,* 166-188.

Oberlander, L. B., Goldstein, N. E. S., & Ho, C. N. (2001). Pre-adolescent adjudicative competence: Methodological considerations and recommendations for standard practice standards. *Behavioral Sciences & the Law, 19,* 545-563.

Ochoa, K. C., Pleasants, G. L., Penn, J. V., & Stone, D. C. (2010). Disparities in justice and care: Persons with severe mental illnesses in the U.S. immigration detention system. *The Journal of the American Academy of Psychiatry and the Law*, *38*, 392-399.

O'Connell, P., Pepler, D., & Craig, W. (1999). Peer involvement in bullying: Insights and challenges for intervention. *Journal of Adolescence, 22,* 437-452.

O'Connor, T. P., & Maher, T. M. (2009, October). False confessions. *The Police Chief, 76,* 26-29.

Odgers, C. L., Caspi, A., Russell, M. A., Sampson, R. J., Arseneault, L., & Moffitt, T. E. (2012). Supportive parenting mediates neighborhood socioeconomic disparities in children's antisocial behavior from ages 5 to 12. *Development and Psychopathology, 24,* 705-721.

Odgers, C. L., Moffitt, T. E., Broadbent, J. M., Dickson, N., Hancox, R. J., Harrington, H., . . . & Caspi, A. (2008). Female and male antisocial trajectories: From childhood origins to adult outcomes. *Development and Psychopathology, 20,* 673-716.

Office for Victims of Crime. (2009). *Victims with disabilities:*

Collaborative, multidisciplinary first response. Washington, DC: U.S. Author.

Offord, D. R., Boyle, M. C., & Racine, Y. A. (1991). The epidemiology of antisocial behavior in childhood and adolescence. In D. J. Pepler & H. Rubin (Eds.), *The development and treatment of childhood aggression* (pp. 31-54). Hillsdale, NJ: Erlbaum.

Ogawa, B., & Belle, A. S. (2002). Respecting diversity: Responding to underserved victims of crime. In A. Seymour, M. Murray, J. Sigmon, M. Hook, C. Edwards, M. Gaboury, & G. Coleman (Eds.), *National Victim Assistance Academy textbook*. Washington, DC: U.S. Department of Justice, Office of Victims of Crime.

Ogden, D. (2017, January). Mobile device forensics: Beyond call logs and text messages. *U.S. Attorneys' Bulletin, 65*, 11-14.

Ogle, R. S. (2000). Battered women and self-defense, USA. In N. H. Rafter (Ed.), *Encyclopedia of women and crime*. Phoenix, AZ: Oryx.

Ogloff, J. R. P. (1999). Ethical and legal contours of forensic psychology. In R. Roesch, S. D. Hart, & J. R. P. Ogloff (Eds.), *Psychology and law: The state of the discipline* (pp. 405-422). New York, NY: Kluwer Academic.

Ogloff, J. R. P., & Douglas, K. S. (2013). Forensic psychological assessments. In J. R. Graham, J. A. Naglieri, & I. B. Weiner (Eds.), *Handbook of psychology: Vol. 10. Assessment psychology* (2nd ed., pp. 373-393). Hoboken, NJ: Wiley.

O'Hara, A. F., & Violanti, J. (2009). Police suicide-A comprehensive study of 2008 national data. *International Journal of Emergency of Mental Health, 11*, 17-23.

O'Hara, A. F., Violanti, J. M., Levenson, R. L., & Clark, R. G. (2013). National police suicide estimates: Web surveillance study III. *International Journal of Emergency Mental Health and Human Resilience, 15*, 31-38.

O'Keefe, M. L., Klebe, K. J., Stucker, A., Sturm, K., & Leggett, W. (2010). *One year longitudinal study of the psychological effects of administrative segregation*. Colorado Springs: Colorado Department of Corrections.

Olaya, B., Ezpeleta, L., de la Osa, N., Granero, R., & Domenech, J. M. (2010). Mental health needs of children exposed to intimate partner violence seeking help from mental health services. *Children and Youth Services Review, 32*, 1004-1011.

Oliver, M. E., Nicholaichuk, T. P., Gu, D., & Wong, S. C. P. (2012). Sex offender treatment outcome, actuarial risk, and the aging sex offender in Canadian corrections: A long-term follow-up. *Sexual Abuse: A Journal of Research and Treatment, 25*(4), 396-422.

Olkin, R., & Pledger, C. (2003). Can disability studies and psychology join hands? *American Psychologist, 58*, 296-304.

Olver, M. E., Lewis, K., & Wong, S. C. P. (2013). Risk reduction of high-risk psychopathic offender: The relationship of psychopathy and treatment change to violent recidivism. *Personal Disorder, 4*, 160-167.

Olver, M. E., Preston, D. L., Camilleri, J. A., Helmus, L., & Starzomski, A. (2011). A survey of clinical psychology training in Canadian federal corrections: Implications for psychologist recruitment and retention. *Canadian Psychology, 52*, 310-320.

Olver, M. E., Stockdale, K. C., & Wormith, J. S. (2014). Thirty years of research on the level of service sales: A meta-analytic examination of predictive accuracy and sources of variability. *Psychological Assessment, 26*, 156-176.

Olver, M. E., & Wong, S. C. P. (2009). Therapeutic response of psychopathic sexual offenders: Treatment attrition, therapeutic change, and long term recidivism. *Journal of Consulting and Clinical Psychology, 77*, 328-336.

Omestad, T. (1994, Summer). Psychology and the CIA: Leaders on the couch. *Foreign Policy, 94*, 104-122.

Orne, M. T. (1970). Hypnosis, motivation and the ecological validity of the psychological experiment. In W. J. Arnold & M. M. Page (Eds.), *Nebraska Symposium on Motivation*. Lincoln: University of Nebraska Press.

Orne, M. T., Dinges, D. F., & Orne, E. C. (1984). On the differential diagnosis of multiple personality in the forensic context. *International Journal of Clinical and Experimental Hypnosis, 32*, 118-169.

Orne, M. T., Whitehouse, W. G., Dinges, D. F., & Orne, E. C. (1988). Reconstructing memory through hypnosis: Forensic and clinical implications. In H. M. Pettinati (Ed.), *Hypnosis and memory* (pp. 21-63). New York,

NY: Guilford Press.

Ornstein, P. A., Ceci, S. J., & Loftus, E. F. (1998a). Adult recollections of childhood abuse: Cognitive and developmental perspectives. *Psychology, Public Policy, and Law, 4,* 1025–1051.

Ornstein, P. A., Ceci, S. J., & Loftus, E. F. (1998b). Comment on Alpert, Brown, and Courtois (1998): The science of memory and the practice of psychotherapy. *Psychology, Public Policy, and Law, 4,* 996–1010.

Ortega, R., Elipe, P., Mora-Merchan, I. A., Genta, M. L., Bright, A., Tippet, N., . . & Tippett, N. (2012). The emotional impact of bullying and cyberbullying on victims: A European cross-national study. *Aggressive Behavior, 38,* 342–356.

Orth, U., Cahill, S. P., Foa, E. B., & Maercker, A. (2008). Anger and posttraumatic stress disorder symptoms in crime victims: A longitudinal analysis. *Journal of Consulting and Clinical Psychology, 76,* 208–218.

Otero, T. M., Podell, K., DeFina, P., & Goldberg, E. (2013). Assessment of neuropsychological functioning. In J. R. Graham, J. A. Naglier, & I. B. Weiner (Eds.), *Handbook of psychology: Vol. 10. Assessment psychology* (2nd ed., pp. 503–533). Hoboken, NJ: Wiley.

O'Toole, M. E. (2000). *The school shooter: A threat assessment perspective.* Quantico, VA: National Center for the Analysis of Violent Crime, Criminal Incident Response Group.

O'Toole, M. E. (2013). Jeffrey Weise and the shooting at Red Lake Minnesota High School: A behavioral perspective. In N. Bockler, P. Sitzer, & W. Heitmeyer (Eds.), *School shootings: International research, case studies, and concepts for prevention* (pp. 177–188). New York, NY: Springer.

Otto, R. K., & Heilbrun, K. (2002). The practice of forensic psychology: A look toward the future in light of the past. *American Psychologist, 57,* 5–18.

Otto, R. K., Kay, S. L., & Hess, A. K. (2014). Testifying in court. In I. B. Weiner & R. K. Otto (Eds.), *The handbook of forensic psychology* (4th ed., pp. 733–756). Hoboken, NJ: Wiley.

Otto, R. K., & Ogloff, J. R. P. (2014). Defining forensic psychology. In I. B. Weiner & R. K. Otto (Eds.), *The handbook of forensic psychology* (4th ed., pp. 35–55). Hoboken, NJ: Wiley.

Otto, R. K., Poythress, N. G., Nicholson, R. A., Edens, J. F., Monahan, J., . . . & Bonnie, R. I. (1998). Psychometric properties of the MacArthur Competence Assessment Tool-Criminal Adjudication. *Psychological Assessment, 10,* 435–443.

Owen, B. (2000). Prison security. In N. H. Rafter (Ed.), *Encyclopedia of women and crime.* Phoenix, AZ: Oryx.

Owens, J. N., Eakin, J. D., Hoffer, T., Muirhead, Y., & Shelton, J. E. (2016). Investigative aspects of crossover offending from a sample of FBI online child sexual exploitation cases. *Aggression and Violent Behavior, 30,* 3–14.

Owhe, J. (2013). Indicated reports of child abuse or maltreatment: When suspects become victims. *Family Court Review, 51,* 316–329.

Ozer, E. J., Best, S. R., Lipsey, T. L., & Weiss, D. S. (2003). Predictors of posttraumatic stress disorder and symptoms in adults: A meta-analysis. *Psychological Bulletin, 129,* 52–73.

Packer, I. K. (2009). *Evaluation of criminal responsibility.* New York, NY: Oxford University Press.

Packer, I. K., & Borum, R. (2013). Forensic training and practice. In R. K. Otto & I. B. Weiner (Eds.), *Handbook of psychology: Vol. 11. Forensic psychology* (2nd ed., pp. 16–36). Hoboken, NJ: Wiley.

Padela, A. I., & Heisler, M. (2010). The association of perceived abuse and discrimination after September 11, 2001, with psychological distress, level of happiness, and health status among Arab Americans. *American Journal of Public Health, 100,* 284–291.

Page, K. S., & Jacobs, S. C. (2011). Surviving the shift: Rural police stress and counseling services. *Psychological Services, 8,* 12–22.

Palarea, R. E., Gelles, M. G., & Rowe, K. L. (2012). Crisis and hostage negotiation. In C. H. Kennedy & E. A. Sillmer (Eds.), *Military psychology: Clinical and operational applications* (2nd ed., pp. 281–305). New York, NY: Guilford Press.

Palarea, R. E., Zona, M. A., Lane, J. C., & Langhinrichsen-Rohling, J. (1999). The dangerous nature of intimate relationship stalking: Threats, violence, and associated risk factors. *Behavioral Sciences & the Law, 17,* 269–283.

Palfrey, J. G., & Gasser, U. (2008). *Born digital: Understanding the first generation of digit natives*. New York, NY: Basic Books.

Palmer, E. J., & Hollin, C. R. (2007). The Level of Service Inventory-Revised with English women prisoners: A needs and reconviction analysis. *Criminal Justice and Behavior, 34*, 91-98.

Palmer, J. W., & Palmer, S. E. (1999). *Constitutional rights of prisoners* (6th ed.). Cincinnati, OH: Anderson.

Paoline, E. A., III. (2003). Taking stock: Toward a richer understanding of police culture. *Journal of Criminal Justice, 31*, 199-214.

Pardini, D., & Byrd, A. L. (2012). Perceptions of aggressive conflicts and other's distress in children with callous-unemotional traits: "I'll show you who's boss, even if you suffer and I get into trouble." *Journal of Child Psychology and Psychiatry, 53*, 283-291.

Parent, D. G., Leiter, V., Kennedy, S., Livens, L., Wentworth, D., & Wilcox, S. (1994). *Conditions of confinement: Juvenile detention and corrections facilities*. Washington, DC: U.S. Department of Justice, Office of Juvenile Justice and Delinquency Prevention.

Parkinson, P., & Cashmore, J. (2008). *The voice of a child in family law disputes*. Oxford, England: Oxford University Press.

Parry, J., & Drogan, E. Y. (2000). *Criminal law handbook on psychiatric and psychological evidence and testimony*. Washington, DC: American Bar Association.

Partlett, D. F., & Nurcombe, B. (1998). Recovered memories of child sexual abuse and liability: Society, science, and the law in a comparative setting. *Psychology, Public Policy, and Law, 4*, 1253-1306.

Patihis, L., Ho, L. Y., Tingern, I. W., Lilienfeld, S. O., & Loftus, E. F. (2014). Are the "memory wars" over? A scientist-practitioner gap in beliefs about repressed memory. *Psychological Science, 25*, 519-530.

Paton, D. (2006). Critical incident stress risk in police officers: Managing resilience and vulnerability. *Traumatology, 12*, 198-206.

Patrick, C. J., Drislane, L. E., & Strickland, C. D. (2012). Conceptualizing psychopathy in triarchic terms: Implications for treatment. *International Journal of Forensic Mental Health, 11*, 253-266.

Patrick, C. J., Fowles, D. C., & Krueger, R. F. (2009). Triarchic conceptualization of psychopathy: Developmental origins of disinhibition, boldness, and meanness. *Development and Psychopathology, 21*, 913-938.

Patterson, D. (2011). The linkage between secondary victimization by law enforcement and rape case outcomes. *Journal of Interpersonal Violence, 26*, 328-347.

Patterson, G. R. (1982). *Coercive family processes*. Eugene, OR: Castalia Press.

Payne, B. K. (2008). Elder physical abuse and failure to report cases: Similarities and differences in case type and the justice system's response. *Crime & Delinquency, 59*, 697-717.

Payscale.com. (2016, October 28).

Pearl, P. T. (1995). Identifying and responding to Munchausen syndrome by proxy. *Early Child Development and Care, 106*, 177-185.

Pearson, F. S., Lipton, D. S., Cleland, C. M., & Yee, D. S. (2002). The effects of behavior/cognitive-behavioral programs on recidivism. *Crime & Delinquency, 48*, 476-496.

Pease, T., & Frantz, B. (1994). *Your safety . . . your rights & personal safety and abuse prevention education program to empower adults with disabilities and train service providers*. Doylestown, PA: Network of Victim Assistance.

Pemment, J. (2013). Psychopathy versus sociopathy: Why the distinction has become crucial. *Aggression and Violent Behavior, 18*, 458-461.

Penrod, S., & Cutler, B. L. (1995). Witness confidence and witness accuracy: Assessing their forensic relation. *Psychology, Public Policy, and Law, 1*, 817-845.

Pepler, D. J., Byrd, W., & King, G. (1991). A social-cognitively based social skills training program for aggressive children. In D. J. Pepler & K. H. Rubin (Eds.), *The development and treatment of childhood aggression* (pp. 361-379). Hillsdale, NJ: Erlbaum.

Perez, S., Johnson, D. M., & Wright, C. V. (2012). The attenuating effect of empowerment of IPV-related PTSD symptoms in battered women in domestic violence shelters. *Violence Against Women, 18*, 102-117.

Perez-Fuentes, G., Olfson, M., Villegas, L., Morcillo, C., Wang, S., & Blanco, C. (2013). Prevalence and correlates of child sexual abuse: A national study. *Comprehensive Psychiatry, 54,* 16-27.

Perlin, M. L. (1991). Power imbalances in therapeutic and forensic relationships. *Behavioral Sciences & the Law, 9,* 111-128.

Perlin, M. L. (1994). *The jurisprudence of the insanity defense.* Durham, NC: Carolina Academic Press.

Perlin, M. L. (1996). "Dignity was the first to leave": *Godinez v. Moran,* Colin Ferguson, and the trial of mentally disabled criminal defendants. *Behavioral Sciences & the Law, 14,* 61-81.

Perlin, M. L. (2003). Beyond *Dusky* and *Godinez*: Competency before and after trial. *Behavioral Sciences & the Law, 21,* 297-310.

Perlin, M. L., & Dorfman, D. A. (1996). Is it more than "dodging lions and wastin' time"? Adequacy of counsel, questions of competence, and the judicial process in individual right to refuse treatment cases. *Psychology, Public Policy, and Law, 2,* 114-136.

Petersen, I. T., Bates, J. E., D'Onofrio, B. M., Coyne, C. A., Lansford, J. E., Dodge, K. A., . . . &Van Hulle, C. A. (2013). Language ability predicts the development of behavior problems in children. *Journal of Abnormal Psychology, 122,* 542-557.

Peterson, C., Morris, G., Baker-Ward, L., & Flynn, S. (2014). Predicting which childhood memories persist: Contributions of memory characteristics. *Developmental Psychology, 50,* 439-448.

Peterson, D. R. (1968). The doctor of psychology program at the University of Illinois. *American Psychologist, 23,* 511-516.

Peterson-Badali, M., Skilling, T., & Haqanee, Z. (2015). Examining implementation of risk assessment in case management for youth in the justice system. *Criminal Justice and Behavior, 42,* 304-320.

Petretic-Jackson, P. A., Witte, T. H., & Jackson, T. L. (2002). Battered women: Treatment goals and treatment planning. In A. R. Roberts (Ed.), *Handbook of domestic violence intervention strategies: Policies, programs, and legal remedies.* (pp. 298-320) New York, NY: Oxford University Press.

Petrila, J. P. (2009). Finding common ground between scientific psychology and the law. In J. L. Skeem, K. S. Douglas, & S. O. Lilienfeld (Eds.), *Psychological science in the courtroom* (pp. 387-407). New York, NY: Guilford Press.

Pfeffer, A. (2008). Note: "Imminent danger" and inconsistency: The need for national reform of the "imminent danger" standard for involuntary civil commitment in the wake of the Virginia Tech tragedy. *Cardozo Law Review, 30,* 277-318.

Pfiffner, L. J., McBurnett, K., Lahey, B. B., Loeber, R., Green, S., Frick, P. J., . . . & Rathouz, P. J. (1999). Association of parental psychopathology to the comorbid disorders of boys with attention deficit-hyperactivity disorder. *Journal of Consulting and Clinical Psychology, 67,* 881-893.

Phenix, A., & Jackson, R. L. (2016). Evaluations for sexual offender civil commitment. In R. Jackson & R. Roesch (Eds.), *Learning forensic assessment: Research and Practice* (2nd ed., pp. 162-201). New York, NY: Routledge.

Piechowski, L. D. (2011). *Best practices in forensic mental health assessment: Evaluation of workplace disability.* New York, NY: Oxford University Press.

Piechowski, L. D., & Drukteinis, A. M. (2011). Fitness for duty. In E. Drogin, F. Dattilio, R. Sadoff, & T. Gutheil (Eds.), *Handbook of forensic assessment* (pp. 571-592). Hoboken, NJ: Wiley.

Pillemer, K., & Finkelhor, D. (1988). The prevalence of elder abuse: A random sample survey. *Gerontologist, 28,* 51-57.

Pinizzotto, A. J. (1984). Forensic psychology: Criminal personality profiling. *Journal of Police Science and Administration, 12,* 32-40.

Pinizzotto, A. J., & Finkel, N. J. (1990). Criminal personality profiling: An outcome and process study. *Law and Human Behavior, 14,* 215-234.

Piquero, N. L., Piquero, A. R., Craig, J. M., & Clipper, S. J. (2013). Assessing research on workplace violence, 2000-2012. *Aggression and Violent Behavior, 18,* 383-394.

Pirelli, G., Gottdiener, W. H., & Zapf, P. A. (2011). A meta-analytic review of competency to stand trial research.

Psychology, Public Policy, and Law, 17, 1-53.

Pithers, W. D., Becker, J. V., Kafka, M., Morenz, B., Schlank, A., & Leombruno, P. (1995). Children with sexual behavior problems, adolescent sexual abusers, and adult sexual offenders: Assessment and treatment. *American Psychiatric Press Review of Psychiatry, 14,* 779-819.

Planty, M., Langton, L., Krebs, C., Berzofsky, M., & Smiley-McDonald, H. (2013, March). *Female victims of sexual assault, 1994-2010*. Washington, DC: Department of Justice, Bureau of Justice Statistics.

Planty, M., & Truman, J. L. (2013, May). *Firearm violence, 1993-2011. Special report*. Washington: U.S. Department of Justice, Bureau of Justice Statistics.

Podkopacz, M. R., & Feld, B. C. (1996). The end of the line: An empirical study of judicial waiver. *Journal of Criminal Law and Criminology, 86,* 449-492.

Polanczyk, G., Lima, M. S., Horta, B. L., Biederman, J., & Rohde, L. A. (2007). The worldwide prevalence of ADHD: A systematic review and meta-regression analyses. *American Journal of Psychiatry, 164,* 942-948.

Polaschek, D. L. L., & Daly, T. E (2013). Treatment and psychopathy in forensic settings. *Aggression and Violent Behavior, 18,* 592-603.

Police Executive Research Forum (PERF). (2013). *A national survey of eyewitness identification procedures in law enforcement agencies*. Washington, DC: Author.

Polizzi, D. M., MacKenzie, D. L., & Hickman, L. J. (1999). What works in adult sex offender treatment: A review of prison- and nonprison- based treatment programs. *International Journal of Offender Therapy and Comparative Criminology, 43,* 357-374.

Polusny, M., & Follette, V. (1996). Remembering childhood sexual abuse: A national survey of psychologists' clinical practices, beliefs, and personal experiences. *Professional Psychology: Research and Practice, 27,* 41-52.

Pope, K. S. (2012). Psychological evaluation of torture survivors: Essential steps, avoidable errors, and helpful resources. *International Journal of Law and Psychiatry, 35,* 418-426.

Pornari, C. D., & Wood, J. (2010). Peer and cyber aggression in secondary school students: The role of moral disengagement, hostile attribution bias, and outcome expectancies. *Aggressive Behavior, 36,* 81-94.

Porter, S., Fairweather, D., Drugge, J., Herve, H., Birt, A., & Boer, D. P. (2000). Profiles of psychopathy in incarcerated sexual offenders. *Criminal Justice and Behavior, 27,* 216-233.

Porter, T., & Gavin, H. (2010). Infanticide and neonaticide: A review of 40 years of research literature on incidence and causes. *Trauma, Violence, & Abuse, 11,* 99-112.

Porter, S., Yuille, J. C., & Lehman, D. R. (1999). The nature of real, implanted, and fabricated memories for emotional childhood events: Implications for the recovered memory debate. *Law and Human Behavior, 23,* 517-537.

Portzky, G., Audenaert, K., & van Heeringen, K. (2009). Psychological and psychiatric factors associated with adolescent suicide: A case-control psychological autopsy study. *Journal of Adolescence, 32,* 849-862.

Post, L. A., Biroscak, B. J., & Barboza, G. (2011). Prevalence of sexual assault. In J. W. White, M. P. Koss, & A. F. Kazdin (Eds.), *Violence against women and children: Vol I. Mapping the terrain* (pp. 101-123). Washington, DC: American Psychological Association.

Potoczniak, M. J., Mourot, J. E., Crosbie-Burnett, M., & Potoczniak, D. J. (2003). Legal and psychological perspectives on same-sex domestic violence: A multisystematic approach. *Journal of Family Violence, 17,* 252-259.

Powers, R. A., & Kaukinen, C. E. (2012). Trends in intimate partner violence: 1980-2008. *Journal of Interpersonal Violence, 27,* 3072-3080.

Poythress, N. G., Otto, R. K., Darnes, J., & Starr, L. (1993). APA's expert panel in congressional review of the *USS Iowa* incident. *American Psychologist, 48,* 8-15.

Poythress, N. G., & Zapf, P. A. (2009). Controversies in evaluating competence to stand trial. In J. L. Skeem, K. S. Douglas, & S. O. Lilienfeld (Eds.), *Psychological science in the courtroom: Consensus and controversy* (pp. 309-329). New York, NY: Guilford Press.

Prendergast, M. L., Farabee, D., Cartier, J., & Henkin, S. (2002). Involuntary treatment within a prison setting. *Criminal Justice and Behavior, 29,* 5-26.

Prentky, R. A., Burgess, A. W., & Carter, D. L. (1986).

Victim responses by rapist type: An empirical and clinical analysis. *Journal of Interpersonal Violence, 1,* 73-98.

Prentky, R. A., Burgess, A. W., Rokous, F., Lee, A., Hartman, C., Ressler, R., . . . & Douglas, J. (1989). The presumptive role of fantasy in serial sexual homicide. *American Journal of Psychiatry, 146,* 887-891.

Prentky, R. A., Harris, B., Frizzell, K., & Righthand, S. (2000). An actuarial procedure of assessing risk in juvenile sex offenders. *Sexual Abuse: A Journal of Research and Treatment, 12,* 71-93.

Prentky, R. A., & Knight, R. A. (1986). Impulsivity in the lifestyle and criminal behavior of sexual offenders. *Criminal Justice and Behavior, 13,* 141-164.

Prentky, R. A., & Knight, R. A. (1991). Identifying critical dimensions for discriminating among rapists. *Journal of Consulting and Clinical Psychology, 59,* 643-661.

Prentky, R. A., Knight, R. A., & Lee, A. F. S. (1997, June). *Child sexual molestation: Research issues.* Washington, DC: U.S. Department of Justice, Office of Justice Programs.

Prentky, R. A., & Righthand, S. (2003). *Juvenile Sex Offender Assessment Protocol-II (J-SOAP-II).* Washington, DC: U.S. Department of Justice, Office of Juvenile Justice and Delinquency Prevention.

Presser, L., & Van Voorhis, P. (2002). Values and evaluation: Assessing processes and outcomes of restorative justice programs. *Crime & Delinquency, 48,* 162-188.

Preston, J. (2017, July 30). Migrants in surge fare worse in immigration court than other groups. *The Washington Post.* Retrieved from https://www.washingtonpost.com/national/migrants-in-surge-fare-worse-inimmigration-court-than-other-groups/2017/07/30/e29eeacc-6e51-11e7-9c15-177740635e83_story.html?utm_term=.30738cef8abf

Pridham, K., Francombe Pridham, M., Berntson, A., Simpson, A. I. F., Law, S. F., Stergiopoulos, V., & Nakhost, A. (2016). Perception of coercion among patients with a psychiatric community treatment order: A literature review. *Psychiatric Services, 67*(1), 16-28.

ProCon.org. (2017). *29 Legal medical marijuana states and DC.* Retrieved from http://medicalmarijuana.procon.org/view.resource.php?resourceID=000881

Purcell, R., Moller, B., Flower, T., & Mullen, P. E. (2009). Stalking among juveniles. *British Journal of Psychiatry,* 194, 451-455.

Puritz, P., & Scali, M. A. (1998). *Beyond the walls: Improving conditions of confinement for youth in custody.* Washington, DC: U.S. Department of Justice, Office of Juvenile Justice and Delinquency Prevention.

Putnam, C. T., & Kirkpatrick, J. T. (2005, May). Juvenile firesetting: A research overview. *Juvenile Justice Bulletin* (NCJ 207606). Washington, DC: U.S. Department of Justice, Office of Juvenile Justice and Delinquency Prevention.

Puzzanchera, C. M. (2009, April). *Juvenile arrests 2007.* Washington, DC: U. S. Department of Justice, Office of Juvenile Justice and Delinquency Prevention.

Puzzanchera, C. M. (2013, December). *Juvenile arrests 2011.* Washington, DC: U.S. Department of Justice, Office of Juvenile Justice and Delinquency Prevention.

Puzzanchera, C. M., Adams, B., & Sickmund, M. (2010, March). *Juvenile court statistics, 2006-2007.* Pittsburgh, PA: National Center for Juvenile Justice.

Puzzanchera, C. M., & Addie, S. (2014, February). *Delinquency cases waived to criminal court, 2010.* Washington, DC: U.S. Department of Justice, Office of Juvenile Justice and Delinquency Prevention.

Puzzanchera, C. M., & Robson, C. (2014, February). *Delinquency cases in juvenile court, 2010.* Washington, DC: U.S. Department of Justice, Office of Juvenile Justice and Delinquency Prevention.

Quay, H. C. (1965). Psychopathic personality: Pathological stimulation- seeking. *American Journal of Psychiatry, 122,* 180-183.

Quickel, E. J. W., & Demakis, G. J. (2013). The Independent Living Scales in civil competency evaluation: Initial findings and prediction in competency adjudication. *Law and Human Behavior, 37,* 155-162.

Quickel, E. J. W., & Demakis, G. J. (2017). Forensic neuropsychology and the legal consumer. In S. S. Bush (Ed.), *APA handbook of forensic neuropsychology* (pp. 445-459). Washington, DC: American Psychological Association.

Quinsey, V. L. (1986). Men who have sex with children.

In D. N. Weisstub (Ed.), *Law and mental health: International perspectives* (Vol. 2, pp. 140-172). New York, NY: Pergamon.

Quinsey, V. L., Harris, G. T., Rice, M. E., & Cormier, C. A. (1998). *Violent offenders: Appraising and managing risk*. Washington, DC: American Psychological Association

Quinsey, V. L., Harris, G. T., Rice, M. E., & Cormier, C. A. (2006). *Violent offenders: Appraising and managing risk* (2nd ed.). Washington, DC: American Psychological Association.

Quinsey, V. L., Rice, M. E., & Harris, G. T. (1995). Actuarial prediction of sexual recidivism. *Journal of Interpersonal Violence, 10,* 85-105.

Rabe-Hemp, C. E., & Schuck, A. M. (2007). Violence against police officers: Are female officers at greater risk? *Police Quarterly, 10,* 411-428.

Rafferty, Y. (2013). Child trafficking and commercial sexual exploitation: A review of promising prevention policies and programs. *American Journal of Orthopsychiatry, 83,* 559-575.

Rafferty, Y. (2017, April 10). Mental health services as a vital component of psychosocial recovery for victims of child trafficking for commercial sexual exploitation. *American Journal of Orthopsychiatry*. Advance online publication. doi:10.1037/ort0000268

Rainbow, L., & Gregory, A. (2011). What behavioral investigative advisers actually do. In L. Alison & L. Rainbow (Eds.), *Professionalizing offender profiling* (pp. 35-50). London, England: Routledge.

Raine, A. (1993). *The psychopathology of crime: Criminal behavior as a clinical disorder*. San Diego, CA: Academic Press.

Raine, A. (2013). *The anatomy of violence: The biological roots of crime*. New York, NY: Vintage Books.

Ramchand, R., Schell, T. L., Karney, B. R., Osilla, K. C., Burns, R. M., & Caldarone, L. B. (2010). Disparate prevalence estimates of PTSD among service members who served in Iraq and Afghanistan: Possible explanations. *Journal of Traumatic Stress, 23,* 59-68.

Ramirez, D., McDevitt, J., & Farrell, A. (2000, November). *A resource guide on racial profiling data collection systems: Promising practices and lessons learned*. Boston, MA: Northeastern University Press.

Ramos-Gonzalez, N. N., Weiss, R. A., Schweizer, J., & Rosinski, A. (2016). Fitness to stand trial evaluations in immigration proceedings. *Canadian Psychology, 57,* 284-290.

Ramsay, J. R. (2017). The relevance of cognitive distortions in the psychosocial treatment of adult ADHD. *Professional Psychology: Research and Practice, 48,* 62-69.

Rand, M. R. (2009, September). *Criminal victimization, 2008*. Washington, DC: U.S. Department of Justice, Office of Justice Programs.

Rand, M. R., & Harrell, E. (2009, October). *Crime against people with disabilities, 2007*. Washington, DC: U. S. Department of Justice, Office of Justice Programs.

Raney, R. F. (2017, April). Unseen victims of sex trafficking. *APA Monitor, 48,* 32.

Raspe, R. E. (1944). *The surprising adventures of Baron Munchausen*. New York, NY: Peter Pauper.

Reaves, B. A. (2012a). *Federal law enforcement officers, 2008*. Washington, DC: U.S. Department of Justice, Bureau of Justice Statistics.

Reaves, B. A. (2012b, October). *Hiring and retention of state and local law enforcement officers, 2008*. Washington, DC: U.S. Department of Justice, Bureau of Justice Statistics.

Reaves, B. A. (2015, January). *Campus law enforcement, 2011-2012*. Washington, DC: U.S. Department of Justice, Bureau of Justice Statistics.

Redding, R. E. (2010, June). *Juvenile transfer laws: An effective deterrent to delinquency?* Washington, DC: U.S. Department of Justice, Office of Juvenile Justice and Delinquency Prevention.

Redding, R. E., Floyd, M. Y., & Hawk, G. L. (2001). What judges and lawyers think about the testimony of mental health experts: A survey of the courts and bar. *Behavioral Sciences & the Law, 19,* 583-594.

Redlich, A. D. (2010). False confessions, false guilty pleas: Similarities and differences. In G. D. Lassiter & C. A. Meissner (Eds.), *Police interrogation and false confessions: Current research, practice, and policy recommendations* (pp. 49-66). Washington, DC: American Psychological Association.

Redlich, A. D., Bibas, S., Edkins, V. A., & Madon, S. (2017).

The psychology of defendant pleas decision making. *American Psychologist, 72*, 339-352.

Redlich, A. D., & Goodman, G. S. (2003). Taking responsibility for an act not committed: The influence of age and suggestibility. *Law and Human Behavior, 27*, 141-156.

Redlich, A. D., Kulich, R., & Steadman, H. J. (2011). Comparing true and false confessions among persons with serious mental illness. *Psychology, Public Policy, and Law, 17*, 394-418.

Redlich, A. D., Silverman, M., & Steiner, H. (2003). Pre-adjudicative and adjudicative competence in juveniles and young adults. *Behavioral Sciences & the Law, 21*, 393-410.

Redlich, A. D., Summers, A., & Hoover, S. (2010). Self-reported false confessions and false guilty pleas among offenders with mental illness. *Law and Human Behavior, 34*, 79-90.

Reed, G. M., Levant, R. F., Stout, C. E., Murphy, M. J., & Phelps, R. (2001). Psychology in the current mental health marketplace. *Professional Psychology: Research and Practice, 32*, 65-70.

Reese, J. T. (1986). Foreword. In J. T. Reese & H. Goldstein (Eds.), *Psychological services for law enforcement*. Washington, DC: U.S. Government Printing Office.

Reese, J. T. (1987). *A history of police psychological services*. Washington, DC: U.S. Government Printing Office.

Regan, W. M., & Gordon, S. M. (1997). Assessing testamentary capacity in elderly people. *Southern Medical Journal, 90*, 13-15.

Reichert, J., Adams, S., & Bostwick, L. (2010, April). *Victimization and help-seeking behaviors among female prisoners in Illinois*. Chicago, IL: Illinois Criminal Justice Information Authority.

Reid, J. A. (2012). Exploratory review of route-specific, gendered, and age-graded dynamics of exploitation: Applying life course theory to victimization in sex trafficking in North America. *Aggression and Violent Behavior, 17*, 257-271.

Reid, J. B. (1993). Prevention of conduct disorders before and after school entry: Relating interventions to developmental findings. *Development and Psychopathology, 5*, 243-262.

Reidy, T. J., Sorensen, J. R., & Davidson, M. (2016). Testing the predictive validity of the Personality Assessment Inventory (PAI) in relation to inmate misconduct and violence. *Psychological Assessment, 28*, 871-884.

Reijntjes, A., Vermande, M., Olthof, T., Goossens, F. A., van de Schoot, R., Aleva, L., & vander Meulen, M. (2013). Costs and benefits of bullying in the context of the peer group: A three wave longitudinal analysis. *Journal of Abnormal Child Psychology, 41*, 1217-1229.

Reinert, J. A. (2006, Summer). Guardianship reform in Vermont. *Vermont Bar Journal*, 40-43.

Reiser, M. (1982). *Police psychology: Collected papers*. Los Angeles, CA: LEHI.

Reisner, R., Slobogin, C., & Rai, A. (2004). *Law and the mental health system: Civil and criminal aspects* (4th ed.). St. Paul, MN: West.

Reitzel, L. R. (2003, January). Sexual offender update: Juvenile sexual offender recidivism and treatment effectiveness. *Correctional Psychologist, 35*, 3-4.

Rennison, C. (2001, March). *Violent victimization and race, 1993-1998*. Washington, DC: U.S. Department of Justice, Bureau of Justice Statistics.

Rennison, C. M. (2002b, August). *Rape and sexual assault: Reporting to police and medical attention, 1992-2000*. Washington, DC: U.S. Department of Justice, Bureau of Justice Statistics.

Reno, J. (1999). Message from the attorney general. In Technical Working Group for Eyewitness Evidence (Ed.), *Eyewitness evidence: A guide for law enforcement*. Washington, DC: National Institute of Justice.

Renzetti, C. M. (1992). *Violent betrayal: Partner abuse in lesbian relationships*. Newbury Park, CA: Sage.

Reppucci, N. D., Meyer, J., & Kostelnik, J. (2010). Custodial interrogation of juveniles: Results of a national survey of police. In G. D. Lassiter & C. A. Meissner (Eds.), *Police interrogations and false confessions: Current research, practice, and police recommendations* (pp. 67-80). Washington, DC: American Psychological Association.

Reppucci, N. D., & Saunders, J. T. (1974). Social psychology of behavior modification: Problems of implementation in natural settings. *American*

Psychologist, 29, 649-660.

Ressler, R. K., Burgess, A., & Douglas, J. E. (1988). *Sexual homicide: Patterns and motives*. Lexington, MA: Lexington Books.

Rice, M. E., & Harris, G. T. (2002). Men who molest their sexually immature daughters: Is a special explanation required? *Journal of Abnormal Psychology, 111*, 329-339.

Rice, M. E., Harris, G. T., & Cormier, C. A. (1992). An evaluation of a maximum security therapeutic community for psychopaths and other mentally disordered offenders. *Law and Human Behavior, 16*, 399-412.

Ricks, E. P., Louden, J. E., & Kennealy, P. J. (2016). Probation officer role emphases and use of risk assessment information before and after training. *Behavioral Sciences & the Law, 34*(2/3), 337-351.

Righthand, S., & Welch, C. (2001, March). *Juveniles who have sexually offended: A review of the professional literature*. Washington, DC: U.S. Department of Justice, Office of Juvenile Justice and Delinquency Prevention.

Riser, R. E., & Kosson, D. S. (2013). Criminal behavior and cognitive processing in male offenders with antisocial personality disorder with and without comorbid psychopathy. *Personality Disorders: Theory, Research, and Treatment, 4*, 332-340.

Risinger, D. M., & Loop, J. L. (2002). Three card monte, Monty Hall, modus operandi, and "offender profiling": Some lessons of modern cognitive science for the law of evidence. *Cardozo Law Review, 24*, 193-285.

Ritchie, E. C., & Gelles, M. G. (2002). Psychological autopsies: The current Department of Defense effort to standardize training and quality assurance. *Journal of Forensic Science, 47*, 1370-1372.

Ritvo, E., Shanok, S. S., & Lewis, D. O. (1983). Firesetting and nonfiresetting delinquents. *Child Psychiatry and Human Development, 13*, 259-267.

Rivard, J. R., Fisher, R. P., Robertson, B., & Mueller, D. H. (2014). Testing the cognitive interview with professional interviewers: Enhancing recall of specific details of recurring events. *Applied Cognitive Psychology, 28*, 917-925.

Robbennolt, J. K., Groscup, J. L., & Penrod, S. (2014). Evaluating and assisting jury competence in civil cases. In I. B. Weiner & R. K. Otto (Eds.), *The handbook of forensic psychology* (4th ed., pp. 469-512). Hoboken, NJ: Wiley.

Robbins, E., & Robbins, L. (1964). Arson with special reference to pyromania. *New York State Journal of Medicine, 2*, 795-798.

Robers, S., Zhang, J., Truman, J., & Snyder, T. (2012). *Indicators of school crime and safety: 2011*. Washington, DC: U.S. Department of Education, National Center for Educational Statistics.

Robins, P. M., & Sesan, R. (1991). Munchausen syndrome by proxy: Another women's disorder. *Professional Psychology: Research and Practice, 22*, 285-290.

Robinson, R., & Acklin, M. W. (2010). Fitness in paradise: Quality of forensic reports submitted to the Hawaii judiciary. *International Journal of Law and Psychiatry, 33*, 131-137.

Rodriguez, N. (2007). Restorative justice at work: Examining the impact of restorative justice resolutions on juvenile recidivism. *Crime & Delinquency, 33*, 355-379.

Roediger, H. L. (2016). Varieties of fame in psychology. *Perspectives on Psychological Science, 11*, 882-887.

Roediger, H. L., & Bergman, E. T. (1998). The controversy over recovered memories. *Psychology, Public Policy, and Law, 4*, 1091-1109.

Roesch, R., Zapf, P. A., & Eaves, D. (2006). *Fitness Interview Test: A structured interview for assessing competency to stand trial*. Sarasota, FL: Professional Resource Press.

Roesch, R., Zapf, P. A., Golding, S. L., & Skeem, J. L. (1999). Defining and assessing competency to stand trial. In A. K. Hess & I. B. Weiner (Eds.), *The handbook of forensic psychology* (2nd ed., pp. 327-349). New York, NY: Wiley.

Rogers, R. (1984). *Rogers Criminal Responsibility Assessment Scales (R-CRAS) and test manual*. Odessa, FL: Psychological Assessment Resources.

Rogers, R. (1992). *Structured Interview of Reported Symptoms*. Odessa, FL: Psychological Assessment Resources.

Rogers, R. (1997). *Clinical assessment of malingering and deception* (2nd ed.). New York, NY: Guilford Press.

Rogers, R. (2011). Getting it wrong about *Miranda* rights: False beliefs, impaired reasoning, and professional neglect. *American Psychologist, 66,* 728-736.

Rogers, R. (Ed.). (2012). *Clinical assessment of malingering and deception* (3rd ed.). New York, NY: Guilford Press.

Rogers, R. (2016). An introduction to insanity evaluation. In R. Jackson & R. Roesch (Eds.), *Learning forensic assessment: Research and Practice* (2nd ed., pp. 97-115). New York, NY: Routledge.

Rogers, R., & Ewing, C. P. (1989). Ultimate issue proscriptions: A cosmetic fix and plea for empiricism. *Law and Human Behavior, 13,* 357-374.

Rogers, R., & Ewing, C. P. (2003). The prohibition of ultimate opinions: A misguided enterprise. *Journal of Forensic Psychology Practice, 3,* 65-75.

Rogers, R., Harrison, K. S., Shuman, D. W., Sewell, K. W., & Hazelwood, L. L. (2007). An analysis of *Miranda* warning and waivers: Comprehension and coverage. *Law and Human Behavior, 31,* 177-192,

Rogers, R., Hazelwood, L. L., Sewell, K. W., Blackwood, H. L., Rogstad, J. E., & Harrison, K. S. (2009). Development and initial validation of the Miranda Vocabulary Scale. *Law and Human Behavior, 33,* 381-392.

Rogers, R., Rogstad, J. E., Gillard, N. D., Drogin, E. Y., Blackwood, H. L., & Shuman, D. W. (2010). "Everyone knows their Miranda rights"; Implicit assumptions and countervailing evidence. *Psychology, Public Policy, and Law, 16,* 300-318.

Rogers, R., & Sewell, K. W. (1999). The R-CRAS and insanity evaluations: A re-examination of construct validity. *Behavioral Sciences & the Law, 17,* 181-194.

Rogers, R., & Shuman, D. W. (1999). *Conducting insanity evaluations* (2nd ed.). New York, NY: Guilford Press.

Rogers, R., Tillbrook, C. E., & Sewell, K. W. (2004). *Evaluation of Competency to Stand Trial-Revised (ECST-R) and professional manual.* Odessa, FL: Psychological Assessment Resources.

Rohde, L. A., Barbosa, G., Polanczyk, G., Eizirik, M., Rasmussen, R. R., Neuman, R. J., . . . & Todd, R. D. (2001). Factor and latent class analysis of DSM-IV ADHD symptoms in a school sample of Brazilian adolescents. *Journal of the American Academy of Child and Adolescent Psychiatry, 40,* 711-718.

Romani, C. J., Morgan, R. D., Gross, N. R., & McDonald B. R. (2012). Treating criminal behavior: Is the bang worth the buck? *Psychology, Public Policy, and Law, 18,* 144-165.

Romans, J. S. C., Hays, J. R., & White, T. K. (1996). Stalking and related behaviors experienced by counseling center staff members from current and former clients. *Professional Psychology: Research and Practice, 27,* 595-599.

Root, C., MacKay, S., Henderson, J., Del Bove, G., & Warling, D. (2008). The link between maltreatment and juvenile firesetting: Correlates and underlying mechanisms. *Child Abuse & Neglect, 32,* 161-176.

Root, R. W., & Resnick, R. J. (2003). An update on the diagnosis and treatment of attention deficit/hyperactivity disorder in children. *Professional Psychology: Research and Practice, 34,* 34-41.

Rosenfeld, B., & Harmon, R. (2002). Factors associated with violence in stalking and obsessional harassment cases. *Criminal Justice and Behavior, 29,* 671-691.

Rosenfeld, B., Howe, J., Pierson, A., & Foellmi, M. (2015). Mental health treatment of criminal offenders. In B. L. Cutler & P. A. Zapf, *APA handbook of forensic psychology: Vol. 1. Individual and situational influences in criminal and civil contexts* (pp. 159-190). Washington, DC: American Psychological Association.

Rosin, H. (2014, April 29). *When men are raped.* NPR's Doublex. Retrieved from www. Slate.com

Rossmo, D. K. (1997). Geographical profiling. In J. T. Jackson & D. A. Bekerain (Eds.), *Offender profiling: Theory, research and practice* (pp. 159-176). Chichester, England: Wiley.

Rothman, D. (1980). *Conscience and convenience.* Boston, MA: Little, Brown.

Rozalski, M., Katsiyannis, A., Ryan, J., Collins, T., & Stewart, A. (2010). Americans with Disabilities Act Amendments of 2008. *Journal of Disability Policy Studies, 21,* 22-28.

Rubin, K. H., Bukowski, W., & Parker, J. G. (1998). Peer interactions, relationships, and groups. In N. Eisenberg (Ed.), *Handbook of child psychology: Vol. 3. Social, emotional, and personality development* (5th ed., pp.

619-700). New York, NY: Wiley.

Rubinstein, M., Yeager, C. A., Goodstein, C., & Lewis, D. O. (1993). Sexually assaultive male juveniles: A follow-up. *American Journal of Psychiatry, 150,* 262-265.

Ruiz, M. A., Cox, J., Magyar, M. S., & Edens, J. F. (2014). Predictive validity of the Personality Assessment Inventory (PAI) for identifying criminal reoffending following completion of an in-jail addiction treatment program. *Psychological Assessment, 26,* 673-678.

Russano, M. B., Narchet, F. M., & Kleinmann, S. M. (2014). Analysts, interpreters, and intelligence interrogations: Perceptions and insights. *Applied Cognitive Psychology, 28,* 829-846.

Russell, B. S. (2010). Revisiting the measurement of shaken baby syndrome awareness. *Child Abuse & Neglect, 34,* 671-676.

Sadeh, N., Javdani, S., & Verona, E. (2013). Analysis of monoaminergic genes, childhood abuse, and dimensions of psychopathy. *Journal of Abnormal Psychology, 122,* 167-179.

Saks, M. J. (1993). Improving APA science translation amicus briefs. *Law and Human Behavior, 17,* 235-247.

Salekin, R. T. (2002). Psychopathy and therapeutic pessimism: Clinical lore or clinical reality? *Clinical Psychology Review, 22,* 79-112.

Salekin, R. T., Brannen, D. N., Zalot, A. A., Leistico, A.-M., & Neumann, C. S. (2006). Factor structure of psychopathy in youth: Testing the applicability of the new four-factor model. *Criminal Justice and Behavior, 33,* 135-157.

Salekin, R. T., Lee, Z., Schrum Dillard, C. L., & Kubak, F. A. (2010). Child psychopathy and protective factors: IQ and motivation to change. *Psychology, Public Policy, and Law, 16,* 158-176.

Salekin, R. T., Leistico, A.-M. R., Trobst, K. K., Schrum, C. L., & Lochman, J. E. (2005). Adolescent psychopathy and personality theory-the interpersonal circumplex: Expanding evidence of a nomological net. *Journal of Abnormal Child Psychology, 33,* 445-460.

Salekin, R. T., & Lochman, J. (Eds.). (2008). Child and adolescent psychopathy: The search for protective factors [Special issue]. *Criminal Justice and Behavior, 35,* 159-172.

Salekin, R. T., Rogers, R., & Sewell, K. W. (1997). Construct validity of psychopathy in a female offender sample: A multitrait-multimethod evaluation. *Journal of Abnormal Psychology, 106,* 576-585.

Salekin, R. T., Rogers, R., Ustad, K. L., & Sewell, K. W. (1998). Psychopathy and recidivism among female inmates. *Law and Human Behavior, 22,* 109-128.

Salekin, R. T., Rosenbaum, J., & Lee, Z. (2008). Child and adolescent psychopathy: Stability and change. *Psychiatry, Psychology, and Law, 15,* 224-236.

Salisbury, E. J., Dabney, J. D., Russell, K. (2015). Diverting victims of commercial sexual exploitation from juvenile detention: Development of the InterCSECt Screening Protocol. *Journal of Interpersonal Violence, 30*(7), 1247-1276.

Salmivalli, C., Voeten, M., & Poskiparta, E. (2011). Bystanders matter: Association between reinforcing, defending, and the frequency of bullying behavior in classrooms. *Journal of Clinical Child & Adolescent Psychology, 40,* 668-676.

Salter, D., McMillan, D., Richards, M., Talbot, T., Hodges, J., Arnon, B., . . . & Skuse, D. (2003). Development of sexually abusive behavior in sexually victimised males: A longitudinal study. *The Lancet, 361,* 108-115.

Sammons, M. T., Gorny, S. W., Zinner, E. S., & Allen, R. P. (2000). Prescriptive authority of psychologists: A consensus of support. *Professional Psychology: Research and Practice, 31,* 604-609.

Sanders, M. J., & Bursch, B. (2002). Forensic assessment of illness falsification, Munchausen by proxy, and factitious disorder, NOS. *Child Maltreatment, 7,* 112-124.

Sandler, J. C., & Freeman, N. J. (2007). Typology of female sex offenders: A test of Vandiver and Kercher. *Sexual Abuse: Journal of Research and Treatment, 19,* 73-89.

Sandler, J., C., Letourneau, E. J., Vandiver, D. M., Shields, R. T., & Chaffin, M. (2017). Juvenile sexual crime reporting rates are not influenced by juvenile sex offender registration policies. *Psychology, Public Policy, and Law, 23,* 131-140.

Sangrigoli, S., Pallier, C., Argenti, A.-M., Ventureyra, V. A. G., & de Schonen, S. (2005). Reversibility of the other-race effect in face recognition during childhood. *Psychological Science, 16,* 440-444.

Saum, C. A., O'Connell, D. J., Martin, S. S., Hiller, M. L., Bacon, G. ., & Simpson, D. W. (2007). Tempest in a TC: Changing treatment providers for in-prison therapeutic communities. *Criminal Justice and Behavior, 34,* 1168-1178.

Saunders, B. E., Arata, C., & Kilpatrick, D. (1990). Development of a crime-related posttraumatic stress disorder scale for women within the Symptom Checklist-90-Revised. *Journal of Traumatic Stress, 3,* 439-448.

Schafer, J. A., Huebner, B. M., & Bynum, T. S. (2006). Fear of crime and criminal victimization: Gender-based contrasts. *Journal of Criminal Justice, 34,* 285-301.

Scheflin, A. W. (2014). Applying hypnosis in forensic contexts. In I. B. Weiner & R. K. Otto (Eds.), *Handbook of forensic psychology* (4th ed., pp. 659-708). New York, NY: Wiley.

Scheflin, A. W., Spiegel, H., & Spiegel, D. (1999). Forensic uses of hypnosis. In A. K. Hess & I. B. Weiner (Eds.), *The handbook of forensic psychology* (2nd ed., pp. 474-500). New York, NY: Wiley.

Schmidt, A. F., Mokros, A., & Banse, R. (2013). Is pedophilic sexual preference continuous? A taxometric analysis based on direct and indirect measures. *Psychological Assessment, 25,* 1146-1153.

Schmucker, M., & Losel, F. (2008). Does sexual offender treatment work? A systematic review of outcome evaluations. *Psichotherma, 20,* 10-19.

Schopp, R. F. (2003). Outpatient civil commitment: A dangerous charade or a component of a comprehensive institution of civil commitment? *Psychology, Public Policy, and Law, 9,* 33-69.

Schramke, C. J., & Bauer, R. M. (1997). State-dependent learning in older and younger adults. *Psychology and Aging, 12,* 255-262.

Schreier, H. (2004). Munchausen by proxy. *Current Problems in Pediatric and Adolescent Health Care, 34,* 126-143.

Schwalbe, C. S., Gearing, R. E., MacKenzie, M. J., Brewer, K. B., & Ibrahim, R. (2012). A meta-analysis of experimental studies of diversion programs for juvenile offenders. *Clinical Psychology Review, 32,* 26-33.

Schwartz, B. K. (1995). Characteristics and typologies of sex offenders. In B. K. Schwartz & H. R. Cellini (Eds.), *The sex offender: Corrections, treatment and legal practice* (Vol. 1, pp. 3-1-3-36). Kingston, NJ: Civic Research Institute.

Schwartz, I. M. (1989). *Justice for juveniles: Rethinking the best interests of the child.* Lexington, MA: Lexington Books.

Scott, E. S., Reppucci, N. D., & Woolard, J. L. (1995). Evaluating adolescent decision-making in legal contexts. *Law and Human Behavior, 19,* 221-244.

Scott, E. S., & Steinberg, L. (2008). Adolescent development and regulation of youth crime. *The Future of Children, 18,* 15-33.

Scrivner, E. M. (1994, April). *The role of police psychology in controlling excessive force.* Washington, DC: National Institute of Justice.

Scrivner, E. M., Corey, D. M., & Greene, L. W. (2014). Psychology and law enforcement. In I. B. Weiner & R. K. Otto (Eds.), *The handbook of forensic psychology* (4th ed., pp. 443-468). Hoboken, NJ: Wiley.

Seagrave, D., & Grisso, T. (2002). Adolescent development and measurement of juvenile psychopathy. *Law and Human Behavior, 26,* 219-239.

Sedlak, A. J., & McPherson, K. S. (2010a, May). *Conditions of confinement: Findings from the survey of youth in residential placement.* Washington, DC: U.S. Department of Justice, Office of Juvenile Justice and Delinquency Prevention.

Sedlak, A. J., & McPherson, K. S. (2010b, April). *Youth's needs and services: Findings from the survey of youth in residential placement.* Washington, DC: U.S. Department of Justice, Office of Juvenile Justice and Delinquency Prevention.

Seguin, J. R., & Zelazo, P. D. (2005). Executive function in early physical aggression. In R. E. Tremblay, W. W. Hartup, & J. Archer (Eds.), *Developmental origins of aggression* (pp. 307-329). New York, NY: Guilford Press.

Seklecki, R., & Paynich, R. (2007). A national survey of female police officers: An overview of findings. *Police Practice and Research, 8,* 17-30.

Seligman, M. E. (1975). *Helplessness: On depression, development, and death.* San Francisco, CA: W. H.

Freeman.

Selkie, E. M., Fales, J. L., & Moreno, M. A. (2016). Cyberbullying prevalence among United States middle and high school aged adolescents: A systematic review and quality assessment. *Journal of Adolescent Health, 58*, 125-133.

Selkin, J. (1975). Rape. *Psychology Today, 8*, 70-73.

Selkin, J. (1987). *Psychological autopsy in the courtroom*. Denver, CO: Author.

Sellbom, M., Fischler, G. L., & Ben-Porath, Y. S. (2007). Identifying MMPI-2 predictors of police officer integrity and misconduct. *Criminal Justice and Behavior, 34*, 985-1004.

Semmler, C., Brewer, N., & Douglass, A. B. (2012). Jurors believe eyewitnesses. In B. L. Cutler (Ed.), *Conviction of the innocent: Lessons from psychological research* (pp. 185-209). Washington, DC: American Psychological Association.

Senter, A., Morgan, R. D., Serna-McDonald, C., & Bewley, M. (2010). Correctional psychologist burnout, job satisfaction, and life satisfaction. *Psychological Services, 7*, 190-201.

Serin, R. C., & Amos, N. L. (1995). The role of psychopathy in the assessment of dangerousness. *International Journal of Law & Psychiatry, 18*, 231-238.

Serin, R. C., Peters, R. D., & Barbaree, H. E. (1990). Predictors of psychopathy and release outcome in a criminal population. *Psychological Assessment, 2*, 419-422.

Serin, R. C., & Preston, D. L. (2001). Managing and treating violent offenders. In J. B. Ashford, B. D. Sales, & W. H. Reid (Eds.), *Treating adult and juvenile offenders with special needs* (pp. 249-271). Washington, DC: American Psychological Association.

Seto, M. C., Hanson, R. K., & Babchishin, K. M. (2011). Contact sexual offending with online sexual offenses. *Sexual Abuse: A Journal of Research and Treatment, 23*, 124-145.

Sevecke, K., Kosson, D. S., & Krischer, M. K. (2009). The relationship between attention deficit hyperactivity disorder, conduct disorder, and psychopathy in adolescent male and female detainees. *Behavioral Sciences & the Law, 27*, 577-598.

Sexton, T., & Turner, C. W. (2010). The effectiveness of functional family therapy for youth with behavior problems in a community practice setting. *Journal of Family Psychology, 24*, 339-348.

Shahinfar, A., Kupersmidt, J. B., & Matza, L. S. (2001). The relation between exposure to violence and social information processing among incarcerated adolescents. *Journal of Abnormal Psychology, 110*, 136-141.

Shannon, L. M., Jones, A. J., Perkins, E., Newell, J., & Neal, C. (2016). Examining individual factors and during-program performance to understand drug court completion. *Journal of Offender Rehabilitation, 55*, 271-292.

Shapiro, D. (2011). *Banking on bondage: Private prisons and mass incarceration* (American Civil Liberties Union Report). Retrieved from https://www.aclu.org/files/assets/bankingonbondage_20111102.pdf

Shapiro, D. L. (1999). *Criminal responsibility evaluations: A manual for practice*. Sarasota, FL: Professional Resource Press.

Sharif, I. (2004). Munchausen syndrome by proxy. *Pediatrics in Review, 25*, 215-216.

Shaw, J., Campbell, R., Cain, D., & Feeney, H. (2016, August). Beyond surveys and scales: How rape myths manifest in sexual assault police records. *Psychology of Violence*. Advance online publication. doi: 10.1037/vio0000072

Shaw, T., Dooley, J. J., Cross, D., Zubrick, S. R., & Waters, S. (2013). The Forms of Bullying Scale (FBS): Validity and reliability estimates for a measure of bullying victimization and perpetration in adolescence. *Psychological Assessment, 25*, 1045-1057.

Shelton, J., Eakin, J., Hoffer, T., Muirhead, Y., & Owens, J. (2016). Online child sexual exploitation: An investigative analysis of offender characteristics and offending behavior. *Aggression and Violent Behavior, 30*, 15-23.

Shelton, J., Hilts, M., & MacKizer, M. (2016). An exploratory study of residential child abduction: An examination of offender, victim and offense characteristics. *Aggression and Violent Behavior, 30*, 24-31.

Shepherd, J. W., & Ellis, H. D. (1973). The effect of attractiveness on recognition memory for faces. *American Journal of Psychology, 86*, 627-633.

Sheridan, L. P., North, A., & Scott, A. J. (2015). Experiences of stalking in same-sex and opposite-sex contexts. In R. D. Mairuo (Ed.), *Perspectives on stalking: Victims, perpetrators, and cyberstalking* (pp.105-119). New York, NY: Springer.

Sheridan, M. S. (2003). The deceit continues: An updated literature review of Munchausen syndrome by proxy. *Child Abuse & Neglect, 27,* 431-451.

Shihadeh, E. S., & Barranco, R. E. (2010). Latino immigration, economic deprivation, and violence: Regional differences in the effect of linguistic isolation. *Homicide Studies, 14,* 336-355.

Shirtcliff, E. A., Vitacco, M. J., Gostisha, A. J., Merz, J. L., & Zahn-Waxler, C. (2009). Neurobiology of empathy and callousness: Implications for the development of antisocial behavior. *Behavioral Sciences & the Law, 27,* 137-171.

Shneidman, E. S. (1981). The psychological autopsy. *Suicide and Life-Threatening Behavior, 11,* 325-340.

Shneidman, E. S. (1994). The psychological autopsy. *American Psychologist, 49,* 75-76.

Showers, J. (1997). *Executive summary: The National Conference on Shaken Baby Syndrome.* Alexandria, VA: National Association of Children's Hospitals and Related Institutions.

Showers, J. (1999). *Never never never shake a baby: The challenges of shaken baby syndrome.* Alexandria, VA: National Association of Children's Hospitals and Related Institutions.

Shulman, K. I., Cohen, C. A., & Hull, I. (2005). Psychiatric issues in retrospective challenges of testamentary capacity. *International Journal of Geriatric Psychiatry, 20,* 63-69.

Shuman, D. W., & Sales, B. D. (2001). *Daubert's* wager. *Journal of Forensic Psychology Practice, 1,* 69-77.

Sickmund, M. (2003, June). *Juveniles in court (Juvenile Offenders and Victims National Report Series)* (NCJ 195420). Washington, DC: U.S. Department of Justice, Office of Juvenile Justice and Delinquency Prevention.

Sickmund, M. (2004, June). *Juveniles in corrections.* (NCJ 202885). Washington, DC: U.S. Department of Justice, Office of Juvenile Justice and Delinquency Prevention.

Siegel, A. M., & Elwork, A. (1990). Treating incompetence to stand trial. *Law and Human Behavior, 14,* 57-65.

Siegel, L., & Lane, I. M. (1987). *Personnel and organizational psychology* (2nd ed.). Homewood, IL: Irwin.

Silke, M. (2012). Why women stay: A theoretical examination of rational choice and moral reasoning in the context of intimate partner violence. *Australian and New Zealand Journal of Criminology, 45,* 179-193.

Sim, J. J., Correll, J., & Sadler, M. S. (2013). Understanding police and expert performance: When training attenuates (vs. exacerbates) stereotypic bias in the decision to shoot. *Personality and Social Psychology Bulletin, 39,* 291-304.

Simon, T., Mercy, J., & Perkins, C. (2001, June). *Injuries from violent crime, 1992-1998.* Washington, DC: U.S. Department of Justice, Bureau of Justice Statistics.

Simons, D. J., & Chabris, C. F. (2011). What people believe about how memory works: A representative survey of the U.S. population. *PLos One, 6,* e22757.

Simons, D. J., & Chabris, C. F. (2012). Common (mis) beliefs about memory: A replication and comparison of telephone and mechanical Turk survey methods. *PloS One, 7,* e51876.

Simourd, D. J., & Hoge, R. D. (2000). Criminal psychopathy: A risk- and-need perspective. *Criminal Justice and Behavior, 27,* 256-272.

Simourd, D. J., & Malcolm, P. B. (1998). Reliability and validity of the Level of Service Inventory-Revised among federally incarcerated offenders. *Journal of Interpersonal Violence, 13,* 261-274.

Simpson, D. W., & Knight, K. (Eds.). (2007). Offender needs and functioning assessments from a national cooperative research program. *Criminal Justice and Behavior, 34,* 1105-1112.

Sinclair, J. J., Pettit, G. S., Harrist, A. W., & Bates, J. E. (1994). Encounters with aggressive peers in early childhood: Frequency, age differences, and correlates of risk for behaviour problems. *International Journal of Behavioural Development, 17,* 675-696.

Singer, M. T., & Nievod, A. (1987). Consulting and testifying in court. In I. B. Weiner & A. K. Hess (Eds.), *Handbook of forensic psychology* (pp. 529-556). New York, NY: Wiley.

Sinozich, S., & Langton, L. (2014, December). *Rape and sexual assault victimization among college-age females, 1995-2013*. Washington, DC: U.S. Department of Justice, Bureau of Justice Statistics.

Sipe, R., Jensen, E. L., & Everett, R. S. (1998). Adolescent sexual offenders grown up: Recidivism in young adulthood. *Criminal Justice and Behavior, 25,* 109-124.

Skeem, J. L., Edens, J. F., & Colwell, L. H. (2003, April). *Are there racial differences in levels of psychopathy? A meta-analysis*. Paper presented at the third annual conference of the International Association of Forensic Mental Health Services, Miami, FL.

Skeem, J. L., Edens, J. F., Sanford, G. M., & Colwell, L. H. (2003). Psychopathic personality and racial/ethnic differences reconsidered: A reply to Lynn (2002). *Personality and Individual Differences, 34,* 1-24.

Skeem, J. L., Eno Louden, J., & Evans, J. (2004). Venireperson's attitudes toward the insanity defense: Developing, refining, and validating a scale. *Law and Human Behavior, 28,* 623-648.

Skeem, J. L., Golding, S. L., Berge, G., & Cohn, N. B. (1998). Logic and reliability of evaluations of competence to stand trial. *Law and Human Behavior, 22,* 519-547.

Skeem, J. L., & Monahan, J. (2011). Current directions in violence risk assessment. *Current Directions in Psychological Science, 20,* 38-42.

Skeem, J. L., Monahan, J., & Mulvey, E. P. (2002). Psychopathy, treatment involvement, and subsequent violence among civil psychiatric patients. *Law and Human Behavior, 26,* 577-603.

Skeem, J. L., Polaschek, D. L. L., & Manchak, S. (2009). Appropriate treatment works, but how? Rehabilitating general, psychopathic, and high-risk offenders. In J. L. Skeem, K. S. Douglas, & S. O. Lilienfeld, (Eds.), *Psychological science in the courtroom* (pp. 358-384). New York, NY: Guilford Press.

Skeem, J. L., Polaschek, D. L. L., Patrick, C. J., & Lilienfeld, S. O. (2011). Psychopathic personality: Bridging the gap between scientific evidence and public policy. *Psychological Science in the Public Interest, 12,* 95-162.

Skeem, J. L., Poythress, N., Edens, J., Lilienfeld, S., & Cale, E. (2003). Psychopathic personality or personalities? Exploring potential variants of psychopathy and their implications for risk assessment. *Aggression and Violent Behavior, 8,* 513-546.

Skilling, T. A., Quinsey, V. L., & Craig, W. M. (2001). Evidence of a taxon underlying serious antisocial behavior in boys. *Criminal Justice and Behavior, 28,* 450-470.

Skrapec, C. A. (1996). The sexual component of serial murder. In T. O'Reilly-Fleming (Ed.), *Serial and mass murder: Theory, research and policy* (pp. 155-179). Toronto, Canada: Canadian Scholars' Press.

Skrapec, C. A. (2001). Phenomenology and serial murder: Asking different questions. *Homicide Studies, 5,* 46-63.

Slavkin, M. L. (2001). Enuresis, firesetting, and cruelty to animals: Does the ego triad show predictive validity? *Adolescence, 36,* 461-467.

Slobogin, C. (1999). The admissibility of behavioral science information in criminal trials: From primitivism to *Daubert* to voice. *Psychology, Public Policy, and Law, 5,* 100-119.

Slobogin, C., & Mashburn, A. (2000). The criminal defense lawyer's fiduciary duty to clients with mental disability. *Fordham Law Review, 68,* 1581-1642.

Slobogin, C., Melton, G. B., & Showalter, C. C. (1984). The feasibility of a brief evaluation of mental state at the time of the offense. *Law and Human Behavior, 8,* 305-320.

Slot, L. A. B., & Colpaert, F. C. (1999). Recall rendered dependent on an opiate state. *Behavioral Neuroscience, 113,* 337-344.

Slovenko, R. (1999). Civil competency. In A. K. Hess & I. B. Weiner (Eds.), *Handbook of forensic psychology* (2nd ed., pp. 151-167). New York, NY: Wiley.

Small, M. H., & Otto, R. K. (1991). Evaluations of competency to be executed: Legal contours and implication for assessment. *Criminal Justice and Behavior, 18,* 146-158.

Smith, D. (2002, June). Where are recent grads getting jobs? *Monitor on Psychology, 33,* 28-29.

Smith, E. L., & Cooper, A. (2013, December). *Homicide in the U.S. known to law enforcement, 2011.* Washington, DC: U.S. Department of Justice, Bureau of Justice Statistics.

Smith, M., Wilkes, N., & Bouffard, L. A. (2016). Rape myth

adherence among campus law enforcement officers. *Criminal Justice and Behavior, 43*, 539-556.

Smith, S. F., Watts, A. L., & Lilienfeld, S. O. (2014). On the trail of the elusive successful psychopath. *The Psychologist, 15*, 340-350.

Smithey, M. (1998). Infant homicide: Victim-offender relationship and causes of death. *Journal of Family Violence, 13*, 285-287.

Snider, J. F., Hane, S., & Berman, A. L. (2006). Standardizing the psychological autopsy: Addressing the *Daubert* standard. *Suicide and Life-Threatening Behavior, 36*, 511-518.

Snook, B., Cullen, R. M., Bennell, C., Taylor, P. J., & Gendreau, P. (2008). The criminal profiling illusion: What's behind the smoke and mirrors? *Criminal Justice and Behavior, 35*, 1257-1276.

Snyder, H. N. (2000, June). *Sexual assault of young children as reported to law enforcement: Victim, incident, and offender characteristics*. Washington, DC: U.S. Department of Justice, Bureau of Justice Statistics.

Snyder, H. N. (2008, August). *Juvenile arrests 2005*. Washington, DC: U.S. Department of Justice, Office of Juvenile Justice and Delinquency Prevention.

Snyder, H. N., & Sickmund, M. (1995). *Juvenile offenders and victims: A national report*. Washington, DC: Office of Juvenile Justice and Delinquency Prevention.

Snyder, H. N., & Sickmund, M. (1999). *Juvenile offenders and victims: 1999 national report*. Washington, DC: Office of Juvenile Justice and Delinquency Prevention.

Snyder, H. N., & Sickmund, M. (2006, March). *Juvenile offenders and victims: 2006 national report*. Pittsburgh, PA: National Center for Juvenile Justice.

Sorensen, S. B., & Bowie, P. (1994). Girls and young women. In L. D. Eron, J. H. Gentry, & P. Schlegel (Eds.), *Reason to hope: A psychosocial perspective on violence and youth* (pp. 167-176). Washington, DC: American Psychological Association.

Spaccarelli, S., Bowden, B., Coatsworth, J. D., & Kim, S. (1997). Psychosocial correlates of male sexual aggression in a chronic delinquent sample. *Criminal Justice and Behavior, 24*, 71-95.

Spiegel, D., & Spiegel, H. (1987). Forensic uses of hypnosis. In I. B. Weiner & A. K. Hess (Eds.), *Handbook of forensic psychology* (pp. 490-510). New York, NY: Wiley.

Spielberger, C. D. (Ed.). (1979). *Police selection and evaluation*. Washington, DC: Hemisphere.

Spielberger, C. D., Ward, J. C., & Spaulding, H. C. (1979). A model for the selection of law enforcement officers. In C. D. Spielberger (Ed.), *Police selection and evaluation: Issues and techniques* (pp. 11-29). Washington, DC: Hemisphere.

Sporer, S. L. (2001). The cross-race effect: Beyond recognition of faces in the laboratory. *Psychology, Public Policy, and Law, 7*, 170-200.

Sprang, M. V., McNeil, J. S., & Wright, R. (1989). Psychological changes after the murder of a significant other. *Social Casework: The Journal of Contemporary Social Work, 70*, 159-164.

Stahl, P. M. (2010). *Conducting child custody evaluations: From basic to complex issues*. Thousand Oaks, CA: Sage.

Stahl, P. M. (2014). Conducting child custody and parenting evaluations. In I. B. Weiner & R. K. Otto (Eds.), *The handbook of forensic psychology* (4th ed., pp. 137-169). Hoboken, NJ: Wiley.

Standards Committee, American Association for Correctional Psychology. (2000). Standards for psychology services in jails, prisons, correctional facilities, and agencies. *Criminal Justice and Behavior, 27*, 433-494.

Stark, E. (2002). Preparing for expert testimony in domestic violence cases. In A. R. Roberts (Ed.), *Handbook of domestic violence intervention strategies: Policies, programs, and legal remedies* (pp. 216-252). New York, NY: Oxford University Press.

Starr, D. (2013, December 9). The interview: Do police interrogation techniques produce false confessions? *The New Yorker*, 42-49.

Stattin, H., & Klackenberg-Larsson, I. (1993). Early language and intelligence development and their relationship to future criminal behavior. *Journal of Abnormal Psychology, 102*, 369-378.

Steadman, H. J., Davidson, S., & Brown, C. (2001). Mental health courts: Their promise and unanswered questions. *Psychiatric Services, 54*, 457-458.

Steadman, H. J., Gounis, K., & Dennis, D. (2001). Assessing

the New York City involuntary outpatient commitment pilot program. *Psychiatric Services, 52,* 330-336.

Steadman, H. J., McCarty, D. W., & Morrissey, J. P. (1989). *The mentally ill in jail: Planning for essential services.* New York, NY: Guilford Press.

Steadman, H. J., Osher, F. C., Robbins, P. C., Case, B., & Samuels, S. (2009). Prevalence of serious mental illness among jail inmates. *Psychiatric Services, 60,* 761-765.

Steadman, H. J., & Veysey, B. M. (1997). *Providing services for jail inmates with mental disorders.* Washington, DC: U.S. Department of Justice, National Institute of Justice.

Steblay, N. K., Dietrich, H. L., Ryan, S. L., Raczynski, J. L., & James, K. A. (2011). Sequential lineup laps and eyewitness accuracy. *Law and Human Behavior, 35,* 262-274.

Steblay, N. K., Dysart, J. E., & Wells, G. L. (2011). Seventy-two test of the sequential lineup superiority effect: A meta-analysis and policy discussion. *Psychology, Public Policy, and Law, 17,* 99-139.

Stehlin, I. B. (1995, July/August). FDA's forensic center: Speedy, sophisticated sleuthing. *FDA Consumer Magazine,* 17-28.

Stein, B. D., Jaycox, L. H., Kataoka, S., Rhodes, H. J., & Vestal, K. D. (2003). Prevalence of child and adolescent exposure to community violence. *Clinical Child and Family Psychology Review, 6,* 247-264.

Steinberg, L. (2007). Risk taking in adolescence: New perspectives from brain and behavioral science. *Current Directions in Psychological Science, 16,* 55-59.

Steinberg, L. (2008). A social neuroscience perspective on adolescent risk taking. *Developmental Review, 28,* 78-106.

Steinberg, L. (2010a). A behavioral scientist looks at the science of adolescent brain development. *Brain and Cognition, 72,* 160-164.

Steinberg, L. (2010b). A dual systems model of adolescent risk-taking. *Developmental Psychobiology,* 216-224.

Steinberg, L. (2014a). *Age of opportunity: Lessons from the new science of adolescence.* New York, NY: Houghton Mifflin Harcourt.

Steinberg, L. (2014b). *Adolescence* (10th ed.). New York, NY: McGraw-Hill Higher Education.

Steinberg, L. (2016). Commentary on special issue on the adolescent brain: Redefining adolescence. *Neuroscience and Biobehavioral Reviews, 70,* 343-346.

Steinberg, L., Albert, D., Cauffman, E., Banich, M., Graham, S., & Woolard, J. (2008). Age differences in sensation seeking and impulsivity as indexed by behaviour and self-report: Evidence for a dual systems model. *Developmental Psychology, 44,* 1764-1778.

Steinberg, L., & Cauffman, E. (1996). Maturity of judgment in adolescence: Psychosocial factors in adolescent decision making. *Law and Human Behavior, 20,* 249-272.

Steinberg, L., Cauffman, E., Woolard, J., Graham, S., & Banich, M. (2009). Are adolescents less mature than adults? Minors' access to abortion, the juvenile death penalty, and the alleged APA "flip-flop." *American Psychologist, 64,* 583-594.

Steinberg, L., Graham, S., O'Brien, L., Woolard, J., Cauffman, E., & Banich, M. (2009). Age differences in future orientation and delay discounting. *Child Development, 80,* 28-44.

Steinberg, L., & Monahan, K. (2007). Age differences in resistance to peer influence. *Developmental Psychology, 43,* 1531-1543.

Steiner, C. (2017, January/February). Pre-employment evaluation for police and public safety. *The National Psychologist, 26,* 10.

Stemple, L., & Meyer, I. H. (2014, June). The sexual victimization of men in America: New data challenge old assumptions. *American Journal of Public Health, 104,* e19-e26.

Stewart, A. E., Lord, J. H., & Mercer, D. L. (2001). Death notification education: A needs assessment study. *Journal of Traumatic Stress, 14,* 221-227.

Stickle, T., & Blechman, E. (2002). Aggression and fire: Antisocial behavior in firesetting and nonfiresetting juvenile offenders. *Journal of Psychopathology and Behavioral Assessment, 24,* 177-193.

Stockdale, M. S., Logan, T. K., & Weston, R. (2009). Sexual harassment and posttraumatic stress disorder: Damages beyond prior abuse. *Law and Human Behavior, 33,* 405-418.

Stockdale, M. S., Sliter, K. A., & Ashburn-Nardo, L. (2015). Employment discrimination. In B. L. Cutler & P. A. Zapf

(Eds.), *APA handbook of forensic psychology: Vol. 1. Individual and situational influences in criminal and civil contexts* (pp. 511-532). Washington, DC: American Psychological Association.

Stone, A. V. (1995). Law enforcement psychological fitness for duty: Clinical issues. In M. Kurke & E. Scrivner (Eds.), *Police psychology into the 21st century* (pp. 109-131). Hillsdale, NJ: Erlbaum.

Stone, M. H. (1998). Sadistic personality in murders. In T. Millon, E. Simonsen, M. Burket-Smith, & R. Davis (Eds.), *Psychopathy: Antisocial, criminal, and violent behavior.* New York, NY: Guilford Press. Stotzer, R. L. (2010). Sexual orientation-based hate crimes on campus: The impact of policy on reporting rates. *Sexuality Research and Social Policy*, 7, 147-154.

Stowe, R. M., Arnold, D. H., & Ortiz, C. (2000). Gender differences in the relationship of language development to disruptive behavior and peer relationships in preschoolers. *Journal of Applied Developmental Psychology, 20*, 521-536.

Strange, D., & Takarangi, M. K. T. (2012). False memories for missing aspects of traumatic events. *Acta Psychologica*, *141*, 322-326.

Strange, D., & Takarangi, M. K. T. (2015). Investigating the variability of memory distortion for an analogue trauma. *Memory*, *23*, 991-1000.

Straus, M. A. (1979). Measuring intra family conflict and violence: The Conflict Tactics Scale. *Journal of Marriage and the Family, 41,* 75-88.

Straus, M. A., & Gelles, R. (1990). *Physical violence in American families.* New Brunswick, NJ: Transaction Press.

Stredny, R. V., Parker, A. L. S., & Dibble, A. E. (2012). Evaluator agreement in placement recommendations for insanity acquittees. *Behavioral Sciences & the Law*, *30*, 297-307.

Strier, F. (1999). Whither trial consulting? Issues and projections. *Law and Human Behavior, 23,* 93-115.

Strom, K. J. (2001, September). *Hate crimes reported in NIBRS, 1997-1999.* Washington, DC: U.S. Department of Justice, Bureau of Justice Statistics.

Sue, D. W., Bingham, R. P., Porche-Burke, L., & Vasquez, M. (1999). The diversification of psychology: A multicultural revolution. *American Psychologist, 54,* 1061-1069.

Sullivan, M. L., & Guerette, R. T. (2003). The copycat factor: Mental illness, guns, and the shooting incident at Heritage High School, Rockdale County, Georgia. In H. M. Moore, C. V. Petrie, A. A. Braga, & B. L. McLaughlin (Eds.), *Deadly lessons: Understanding lethal school violence* (pp. 25-69). Washington, DC: National Academies Press.

Sullivan, T. N., Helms, S. W., Bettencourt, A. F., Sutherland, K., Lotze, G. M., Mays, S., . . . & Farrell, A. D. (2012). A qualitative study of individual and peer factors related to effective nonviolent versus aggressive responses in problem situations among adolescents with high incident disabilities. *Behavioral Disorders, 37,* 163-178.

Summit, R. C. (1983). The child sexual abuse accommodation syndrome. *Child Abuse & Neglect, 7,* 177-193.

Super, J. T. (1999). Forensic psychology and law enforcement. In A. K. Hess & I. B. Weiner (Eds.), *The handbook of forensic psychology* (2nd ed., pp. 409-439). New York, NY: Wiley.

Surgeon General's Scientific Advisory Committee on Television and Social Behavior. (1972). *Television and growing up: The impact of television violence.* Washington, DC: U.S. Government Printing Office.

Sutton, J. (2011). Influences on memory. *Memory Studies, 4*, 355-359.

Swanner, J. K., Meissner, C. A., Atkinson, D. J., & Dianiska, R. E. (2016). Developing diagnostic, evidence-based approaches to interrogation. *Journal of Applied Research in Memory and Cognition, 5*, 295-301.

Swanson, J. W., Van Dorn, R. A., Swartz, M. S., Robbins, P. C., Steadman, H. J., McGuire, T. G., . . . & Monahan, J. (2013, July). The cost of assisted outpatient treatment: Can it save states money? *American Journal of Psychiatry.* doi:10.1176/appi.ajp.2013.12091152

Swartz, M. S., Swanson, J. W., & Hiday, V. A. (2001). Randomized controlled trial of outpatient commitment in North Carolina. *Psychiatric Services, 52,* 325-329.

Swartz, M. S., Swanson, J. W., Steadman, H. J., Robbins, P. C., & Monahan, J. (2009). *New York State Assisted*

Outpatient Treatment Program evaluation. Durham, NC: Duke University School of Medicine.

Swearer, S. M., Espelage, D. L., Vaillancourt, T., & Hymel, S. (2010). What can be done about school bullying? Linking research to educational practice. *Educational Researcher, 39,* 38-47.

Symons, D. K. (2013). A review of the practice and science of child custody and access assessment in the United States and Canada. *Professional Psychology: Research and Practice, 41,* 267-273.

Taft, C. T., Resick, P. A., Watkins, L. E., & Panuzio, J. (2009). An investigation of posttraumatic stress disorder and depressive symptomatology among female victims of interpersonal trauma. *Journal of Family Violence, 24,* 407-415.

Takarangi, M. K. T., Strange, D., & Lindsay, D. S. (2014). Self-report underestimates trauma intrusions. *Consciousness & Cognition, 27,* 297-305.

Tanaka, J. W., & Pierce, L. J. (2009). The neural plasticity of otherrace face recognition. *Cognitive, Affective, and Behavioral Neuroscience, 9,* 122-131.

Tappan, P. W. (1947). Who is criminal? *American Sociological Review, 12,* 100-110.

Tarescavage, A. M., Corey, D. M., Ben-Porath, Y. F. (2015). Minnesota Multiphasic Personality-2-Restructured Form (MMPI-2-RF) predictors of police officer problem behavior. *Assessment, 22,* 116-132.

Tarescavage, A. M., Corey, D. M., & Ben-Porath, Y. F. (2016). A prorating method for estimating MMPI-2-RF scores from MMPI responses: Examination of score fidelity and illustration of empirical utility in the PERSEREC police integrity study sample. *Assessment, 23,* 173-190.

Tate, D. C., & Redding, R. E. (2005). Mental health and rehabilitative services in juvenile justice: System reforms and innovative approaches. In K. Heilbrun, N. E. S. Goldstein, & R. E. Reddings (Eds.), *Juvenile delinquency: Prevention, assessment, and intervention* (pp. 134-160). New York, NY: Oxford University Press.

Tate, D. C., Reppucci, N. D., & Mulvey, E. P. (1995). Violent juvenile delinquents: Treatment effectiveness and implications for future directions. *American Psychologist, 50,* 777-781.

Taylor, E. A., & Sonuga-Barke, E. J. S. (2008). Disorders of attention and activity. In M. Rutter, D. Bishop, D. Pine, S. Scott, J. S. Stevenson, E. A. Taylor, . . . & A. Thapar (Eds.), *Rutter's child and adolescent psychiatry* (5th ed., pp. 521-542). Oxford, England: Wiley-Blackwell.

Taylor, P. J., Snook, B., Bennell, C., & Porter, L. (2015). Investigative psychology. In B. L. Cutler & P. A. Zapf (Eds.), *Handbook of forensic psychology: Vol. 2. Criminal investigation, adjudication, and sentencing outcomes* (pp. 165-186). Washington, DC: American Psychological Association.

Teaching-Family Association. (1993). *Standards of ethical conduct of the Teaching-Family Association.* Asheville, NC: Author.

Teaching-Family Association. (1994). *Elements of the teaching-family model.* Asheville, NC: Author.

Teplin, L. A., Abram, K. M., McLelland, G. M., Dulcan, M. K., & Mericle, A. A. (2002). Psychiatric disorders in youth in juvenile detention. *Archives of General Psychiatry, 59,* 1133-1143.

Terestre, D. J. (2005, August 1). How to start a crisis negotiation team. *Police: The Law Enforcement Magazine,* 8-10.

Terr, L. (1991). Childhood traumas: An outline and overview. *American Journal of Psychiatry, 148,* 10-20.

Terr, L. (1994). *Unchained memories.* New York, NY: Basic Books.

Terrill, W., & Reisig, M. D. (2003). Neighborhood context and police use of force. *Journal of Research in Crime and Delinquency, 40,* 291-321.

Tiesman, H. M., Gurka, K. K., Konda, S., Coben, J. H., & Amandus, H. E. (2012). Workplace homicides in U.S. women: The role of intimate partner violence. *Annals of Epidemiology, 22,* 277-284.

Till, F. (1980). *Sexual harassment: A report on the sexual harassment of students.* Washington, DC: National Advisory Council on Women's Educational Programs.

Tippins, T. M., & Wittmann, J. P. (2005). Empirical and ethical problems with custody recommendation: A call for clinical humility and judicial vigilance. *Family Court Review, 43,* 193-222.

Tjaden, P. (1997, November). The crime of stalking: How big is the problem? *NIJ Research Preview.* Washington,

DC: U.S. Department of Justice.

Tjaden, P., & Thoennes, N. (1998a, November). *Prevalence, incidence, and consequences of violence against women: Findings from the National Violence Against Women Survey* (Research in brief). Washington, DC: U.S. Department of Justice, National Institute of Justice.

Tjaden, P., & Thoennes, N. (1998b). *Stalking in America: Findings from the National Violence Against Women Survey* (NCJ 169592). Washington, DC: U.S. Department of Justice.

Tjaden, P., & Thoennes, N. (2006, January). *Extent, nature, and consequences of rape victimization: Findings from the National Violence Against Women Survey.* Washington, DC: U.S. Department of Justice, National Institute of Justice.

Toch, H. (Ed.). (1980). *Therapeutic communities in corrections.* New York, NY: Praeger.

Toch, H. (Ed.). (1992). *Mosaic of despair: Human breakdown in prisons.* Washington, DC: American Psychological Association.

Toch, H. (2002). *Stress in policing.* Washington, DC: American Psychological Association.

Toch, H. (Ed.). (2008). Special issue: The disturbed offender in confinement. *Criminal Justice and Behavior, 35,* 1-3.

Toch, H. (2012). *COP WATCH: Spectators, social media, and police reform.* Washington, DC: American Psychological Association.

Toch, H., & Adams, K. (2002). *Acting out: Maladaptive behavior in confinement.* Washington, DC: American Psychological Association.

Tombaugh, T. N. (1997). *TOMM: Test of Memory Malingering manual.* Toronto, Canada: Multi-Health Systems.

Tonry, M. (1990). Stated and latent functions of ISP. *Crime & Delinquency, 36,* 174-190.

Topp, B. W., & Kardash, C. A. (1986). Personality, achievement, and attrition: Validation in a multiple-jurisdiction police academy. *Journal of Police Science and Administration, 14,* 234-241.

Topp-Manriquez, L. D., McQuiston, D., & Malpass, R. S. (2016). Facial composites and the misinformation effect: How composites distort memory. *Legal and Criminological Psychology, 21,* 372-389.

Torres, A. N., Boccaccini, M. T., & Miller, H. A. (2006). Perceptions of the validity and utility of criminal profiling among forensic psychologists and psychiatrists. *Professional Psychology: Research and Practice, 37,* 51-58.

Traube, D. E., Chasse, K. T., McKay, M. M., Bhorade, A. M., Paikoff, R., & Young, S. (2007). Urban African American pre-adolescent social problem solving skills. *Social Work in Mental Health, 5,* 101-119.

Tremblay, R. E. (2003). Why socialization fails: The case of chronic physical aggression. In B. B. Lahey, T. E. Moffitt, & A. Caspi (Eds.), *Causes of conduct disorder and juvenile delinquency* (pp. 182-226). New York, NY: Guilford Press.

Tremblay, R. E., Boulerice, B., Harden, P. W., McDuff, P., Perusse, D., Pihl, R. O., . . . & Japel, C. (1996). Do children in Canada become more aggressive as they approach adolescence? In Human Resources Development Canada and Statistics Canada (Eds.), *Growing up in Canada: National Longitudinal Survey of Children and Youth.* Ottawa: Statistics Canada.

Tremblay, R. E., & Nagin, D. S. (2005). The developmental origins of physical aggression in humans. In R. E. Tremblay, W. W. Hartup, & J. Archer (Eds.), *Developmental origins of aggression* (pp. 83-106). New York, NY: Guilford Press.

Trompetter, P. S. (2011, August). Police psychologists: Roles and responsibilities in a law enforcement agency. *The Police Chief, 78,* 52.

Trompetter, P. S. (2017). A history of police psychology. In C. L. Mitchell & E. H. Dorian (Eds.), *Police psychology and its growing impact on modern law enforcement* (pp. 1-27). Hershey, PA: IGI Global.

Trompetter, P. S., Corey, D. M., Schmidt, W. W., & Tracy, D. (2011, January). Psychological factors after officer-involved shootings: Addressing officer needs and agency responsibilities. *The Police Chief, 78,* 28-33.

Troup-Leasure, K., & Snyder, H. N. (2005, August). *Statutory rape known to law enforcement.* Washington, DC: U.S. Department of Justice, Office of Juvenile Justice and Delinquency Prevention.

Truman, D. M., Tokar, D. M., & Fischer, A. R. (1996).

Dimensions of masculinity: Relations to date-rape supportive attitudes and sexual aggression in dating situations. *Journal of Counseling and Development, 74,* 555-562.

Truman, J. L., & Morgan, R. E. (2016, October). *Criminal victimization, 2015*. Washington, DC: U.S. Department of Justice, Bureau of Justice Statistics.

Truman, J. L., & Planty, M. (2012, October). *Criminal victimization, 2011.* Washington, DC: U.S. Department of Justice, Bureau of Justice Statistics.

Ttofi, M. M., & Farrington, D. P. (2011). Effectiveness of schoolbased programs to reduce bullying: A systematic and meta-analytic review. *Journal of Experimental Criminology, 7,* 27-56.

Tucillo, J. A., DeFilippis, N. A., Denny, R. L., & Dsurney, J. (2002). Licensure requirements for interjurisdictional forensic evaluations. *Professional Psychology: Research and Practice, 33,* 377-383.

Tucker, H. S. (2002). Some seek attention by making pets sick. *Archives of Disease in Childhood, 87,* 263.

Turrell, S. C. (2000). A descriptive analysis of same-sex relationship violence for a diverse sample. *Journal of Family Violence, 15,* 281-293.

Turtle, J., & Want, S. C. (2008). Logic and research versus intuition and past practice as guides to gathering and evaluating eyewitness evidence. *Criminal Justice and Behavior, 35,* 1241-1256.

Turvey, B. (2002). *Criminal profiling: An introduction to behavioral evidence analysis* (2nd ed.). San Diego, CA: Academic Press.

Tyiska, C. G. (1998). *Working with victims of crime with disabilities*. Washington, DC: U.S. Department of Justice, Office of Victims of Crime.

Tyler, N., & Gannon, T. A. (2012). Explanations of firesetting in mentally disordered offenders: A review of the literature. *Psychiatry, 75,* 150-166.

Tyner, E. (2013, June). *Psychology internship program: United States Medical Center for Federal Prisoners, 2014-2015*. Springfield, MO: Federal Bureau of Prisons.

Ullman, S. E. (2007a). Mental health services seeking in sexual assault victims. *Women & Therapy, 30,* 61-84.

Ullman, S. E. (2007b). A 10-year update of "Review and critique of empirical studies of rape avoidance." *Criminal Justice and Behavior, 34,* 411-429.

Ullman, S. E., Filipas, H. H., Townsend, S. M., & Starzynski, L. L. (2006). The role of victim-offender relationship in women's sexual assault experiences. *Journal of Interpersonal Violence, 21,* 798-819.

Ullman, S. E., Karabatsos, G., & Koss, M. P. (1999). Risk recognition and trauma related symptoms among sexually re-victimized women. *Journal of Consulting and Clinical Psychology, 67,* 705-710.

Underwood, M. K., & Ehrenreich, S. E. (2017). The power and pain of adolescents' digit communication: Cyber victimization and the perils of lurking. *American Psychologist, 72,* 144-158.

United Nations Office on Drugs and Crime. (2012). *Global Report on Trafficking in Persons*. Retrieved from http://www.unodc.org/documents/data-and-analysis/glotip/Trafficking_in_Persons_2012_web.pdf

Unnever, J. D., & Cullen, F. T. (2012). White perceptions of whether African Americans and Hispanics are prone to violence and support for the death penalty. *Journal of Research in Crime and Delinquency, 49,* 519-544.

Uphold-Carrier, H., & Utz, R. (2012). Parental divorce among young and adult children: A long-term quantitative analysis of mental health and family solidarity. *Journal of Divorce & Remarriage, 53,* 247-266.

U.S. Advisory Board on Child Abuse and Neglect. (1995). *A national shame: Fatal child abuse and neglect in the U.S.* (5th report). Washington, DC: Government Printing Office.

U.S. Census Bureau. (2011a). *Statistical Abstract of the United States, 2010* (129th ed.) Washington, DC: Author.

U.S. Census Bureau. (2011b, December). *Custodial mothers and fathers and their child support: 2009.* Washington, DC: Author.

U.S. Census Bureau. (2016, June 23). *The Hispanic population*. Washington, DC: Author.

U.S. Department of Health and Human Services. (2010). *Child maltreatment 2008*. Washington, DC: Author, Administration for Children and Family, Childrens' Bureau. Retrieved from http://www.acf.hhs.gov/programs/cb/stats_research/index.htm#can

U.S. Department of Health and Human Services. (2012,

March 22). *First marriages in the United States: Data from the 2006-2010 National Survey of Family Growth*. Washington, DC: Author.

U.S. Department of Health and Human Services. (2017). *Administration for Children and Families*. Retrieved from https://www.acf.hhs.gov/media/press/2017/child-abuse-neglect-data-released

U.S. Department of Justice, Civil Rights Division. (2011, October). *Confronting discrimination in the post-9/11 era: Challenges and opportunities ten years later: A report of the Civil Rights Division's Post-9/11 Civil Rights Summit*. Washington, DC: Author.

U.S. Department of Justice. (2010, May). *The crime of family abduction: A child's and parent's perspective*. Washington, DC: Author. U.S. Department of State. (2010). *Trafficking in persons report* (Annual No. 10). Retrieved from http://www.state.gov/documents/organization/142979.pdf

U.S. Equal Employment Opportunity Commission. (2017, May). *Sexual harassment*. Washington, DC: Author.

U.S. Secret Service. (2002). *Safe School Initiative: An interim report on the prevention of targeted violence in schools*. Washington, DC: National Threat Assessment Center.

Vaillancourt, T. (2005). Indirect aggression among humans: Social construct or evolutionary adaptation? In R. E. Tremblay, W. W. Hartup, & J. Archer (Eds.), *Developmental origins of aggression* (pp. 158-177). New York, NY: Guilford Press.

Vaisman-Tzachor, R. (2012). Psychological evaluations in federal immigration courts: Fifteen years in the making-lessons learned. *Forensic Examiner*, *21*, 42-53.

Van der Kolk, B. A., & Fisler, R. E. (1994). Childhood abuse & neglect and loss of self-regulation. *Bulletin of Menninger Clinic*, *58*, 145-168.

Van der Kolk, B. A., & Fisler, R. E. (1995). Dissociation and the fragmentary nature of traumatic memories: Overview and exploratory study. *Journal of Traumatic Stress, 8,* 505-525.

van der Stouwe, T., Asscher, J. J., Stams, G. J., Dekovic', M., & van der Laan, P. H. (2014). The effectiveness of multisystemic therapy (MST): A meta-analysis. *Clinical Psychology Review, 34*, 468-481.

Van Hasselt, V. B., Flood, J. J., Romano, S. J., Vecchi, G. M., de Fabrique, N., & Dalfonzo, V. A. (2005). Hostage-taking in the context of domestic violence: Some case examples. *Journal of Family Violence, 20,* 21-27.

van Koppen, P. J. (2012). Deception detection in police interrogations: Closing in on the context of criminal investigation. *Journal of Applied Research in Memory and Cognition, 1,* 124-125.

Van Maanen, J. (1975). Police socialization: A longitudinal examination of job attitudes in an urban police department. *Administrative Science Quarterly, 20,* 207-228.

Van Voorhis, P., Wright, E. M., Salisbury, E., & Bauman, A. (2010). Women's risk factors and their contributions to existing risk/needs assessment: The current status of a gender-responsive supplement. *Criminal Justice and Behavior, 37,* 261-288.

VandenBos, G. R. (2007). *APA dictionary of psychology*. Washington, DC: American Psychological Association.

Vanderbilt, D., & Augustyn, M. (2010). The effects of bullying. *Pediatrics and Child Health, 20,* 315-320.

Vandiver, D. M., & Kercher, F. (2004). Offender and victim characteristics of registered female sexual offenders in Texas: A proposed typology of female sexual offenders. *Sexual Abuse: Journal of Research and Treatment, 16,* 121-137.

Varela, J. G., Boccaccini, M. T., Scogin, F., Stump, J., & Caputo, A. (2004). Personality testing in law enforcement settings: A meta-analytic review. *Criminal Justice and Behavior, 31,* 649-675.

Vecchi, G. M., Van Hasselt, V. B., & Romano, S. J. (2005). Crisis (hostage) negotiation: Current strategies and issues in high-risk conflict resolution. *Aggression and Violent Behavior, 10,* 533-551.

Vermeiren, R. (2003). Psychopathology and delinquency in adolescents: A descriptive and developmental perspective. *Clinical Psychology Review, 23,* 277-318.

Vermeiren, R., De Clippele, A., Schwab-Stone, M., Ruchkin, V., & Deboutte, D. (2002). Neuropsychological characteristics of three subgroups of Flemish delinquent adolescents. *Neuropsychology, 16,* 49-55.

Vermont Humane Federation. (2017). Retrieved from

http://www.vermonthumane.org

Verona, E., Bresin, K., & Patrick, C. J. (2013). Revisiting psychopathy in women: Cleckley/Hare conceptions and affective response. *Journal of Abnormal Psychology, 122,* 1088-1093.

Viding, E., & Larsson, H. (2010).Genetics of childhood and adolescent psychopathy. In A. T. Salekin & O. R. Lyman (Eds.), *Handbook of childhood and adolescent psychopathy* (pp. 113-134). New York, NY: Guilford Press.

Vila, B., & Kenney, D. J. (2002). Tired cops: The prevalence and potential consequences of police fatigue. *National Institute of Justice Journal, 248,* 16-21.

Viljoen, J. L., MacDougall, E. A. M., Gagnon, N. C., & Douglas, K. S. (2010). Psychopathy evidence in legal proceedings involving adolescent offenders. *Psychology, Public Policy, and Law, 16,* 254-283.

Viljoen, J. L., McLachlan, K., Wingrove, T., & Penner, E. (2010). Defense attorneys' concerns about the competence of adolescent defendants. *Behavioral Science & the Law, 28,* 630-646.

Viljoen, J. I., Shaffer, C. S., Gray, A. L., & Douglas, K. S. (2017). Are adolescent risk assessment tools sensitive to change? A framework and examination of the SAVRY and the YLS/CMI. *Law and Human Behavior, 41*, 244-257.

Viljoen, J. L., Zapf, P., & Roesch, R. (2007). Adjudicative competence and comprehension of *Miranda* rights in adolescent defendants: A comparison of legal standards. *Behavioral Sciences & the Law*, *25*, 1-19.

Violanti, J. M. (1996). *Police suicide: Epidemic in blue.* Springfield, IL: Charles C Thomas.

Violanti, J. M., Fekedulegn, D., Charles, L. E., Andrew, M. E., Hartley, T. A., Mnatsakanova, A., . . . & Burchfiel, C. M. (2009). Suicide in police work: Exploring potential contributing influences. *American Journal of Criminal Justice, 34,* 41-53.

Vitacco, M. J., Erickson, S. K., Kurus, S., & Apple, B. N. (2012). The role of the Violence Risk Appraisal Guide and Historical, Clinical, Risk-20 in U.S. courts: A case law survey. *Psychology, Public Policy, and Law, 18,* 361-391.

Vitacco, M. J., Neumann, C. S., & Jackson, R. I. (2005). Testing a four-factor model of psychopathy and its association with ethnicity, gender, intelligence, and violence. *Journal of Consulting and Clinical Psychology, 73,* 466-476.

Vitale, J. E., Smith, S. S., Brinkley, C. A., & Newman, J. P. (2002). The reliability and validity of the Psychopathy Checklist-Revised in a sample of female offenders. *Criminal Justice and Behavior, 29,* 202-231.

Voltz, A. G. (1995). Nursing interventions in Munchausen syndrome by proxy. *Journal of Psychosocial Nursing, 10,* 93-97.

von Polier, G. G., Vloet, T. D., & Herpertz-Dahlmann, B. (2012). ADHD and delinquency-a developmental perspective. *Behavioral Sciences & the Law, 30,* 121-139.

Vossekuil, B., Fein, R. A., Reddy, M., Borum, R., & Mozeleski, W. (2002, May). *The final report and findings of the Safe School Initiative.* Washington, DC: U.S. Secret Service and the U.S. Department of Education.

Vrij, A. (2008). Nonverbal dominance versus verbal accuracy in lie detection: A plea to change police practice. *Criminal Justice and Behavior, 35,* 1323-1335.

Vrij, A., Akehurst, L., & Knight, S. (2006). Police officers', social workers', teachers' and the general public's beliefs about deception in children, adolescents, and adults. *Legal and Criminological Psychology, 11,* 297-312.

Vrij, A., & Fisher, R. P. (2016). Which lie detection tools are ready for use in the criminal justice system? *Journal of Applied Research in Memory and Cognition, 5,* 302-307.

Vrij, A., Fisher, R. P., & Blank, H. (2017). A cognitive approach to lie detection: A meta-analysis. *Legal and Criminological Psychology, 22*, 1-21.

Vrij, A., & Granhag, P. A. (2007). Interviewing to detect deception. In S. A. Christianson (Ed.), *Offenders' memories of violent crimes* (pp. 279-304). Chichester, England: Wiley.

Vrij, A., & Granhag, P. A. (2012). Eliciting cues to deception and truth: What matters are the questions asked. *Journal of Applied Research in Memory and Cognition, 1,* 110-117.

Vrij, A., & Granhag, P. A. (2014). Eliciting information and detecting lies in intelligence interviewing: An overview of recent research. *Applied Cognitive Psychology, 28,*

936-944.

Vrij, A., Granhag, P. A., & Mann, S. (2010). Good liars. *Journal of Psychiatry & Law, 38,* 77-98.

Vrij, A., Granhag, P. A., Mann, S., & Leal, S. (2011). Outsmarting the liars: Toward a cognitive lie detection approach. *Current Directions in Psychological Science, 20,* 28-32.

Vrij, A., Mann, S. A., Fisher, R. P., Leal, S., Milne, R., & Bull, R. (2008). Increasing cognitive load to facilitate lie detection: The benefit of recalling an event in reverse order. *Law and Human Behavior, 32,* 253-265.

Vrij, A., Mann, S., Jundi, S., Hillman, J., & Hope, L. (2014). Detection of concealment in an information-gathering interview. *Applied Cognitive Psychology, 28,* 860-866.

Waasdorp, T. E., & Bradshaw, C. P. (2015). The overlap between cyberbullying and traditional bullying. *Journal of Adolescent Health, 56,* 483-488.

Waber, D. R., Bryce, C. P., Fitzmaurice, G. M., Zichlin, M. L., McGaughy, J., Girard, J. M., . . . & Galler, J. R. (2014). Neuropsychological outcomes at midlife following moderate to severe malnutrition in infancy. *Neuropsychology, 28,* 530-540.

Waschbusch, D. A. (2002). A meta-analytic examination of comorbid hyperactive-impulsive-attention problems and conduct problems. *Psychological Bulletin, 128,* 118-150.

Wagstaff, G. F. (2008). Hypnosis and the law: Examining the stereotypes. *Criminal Justice and Behavior, 35,* 1277-1294.

Waldron, H. B., & Turner, C. W. (2008). Evidence-based psychosocial treatments for adolescent substance abuse. *Journal of Clinical Child & Adolescent Psychology, 37,* 238-261.

Walker, L. E. (1979). *The battered woman.* New York, NY: Harper Colophone Books.

Walker, L. E. (1984). *The battered woman syndrome.* New York, NY: Springer.

Walker, L. E. (1989). *Terrifying love: Why battered women kill and how society responds.* New York, NY: HarperCollins.

Walker, L. E. (1999). Psychology and domestic violence around the world. *American Psychologist, 54,* 21-29.

Walker, L. E. (2009). *The battered woman syndrome* (3rd ed.). New York, NY: Springer.

Walker, S. D., & Kilpatrick, D. G. (2002). Scope of crime/historical review of the victims' rights discipline. In A. Seymour, M. Murray, J. Sigmon, M. Hook, C. Edwards, M. Gaboury, & G. Coleman. (Eds.), *National Victim Assistance Academy textbook.* Washington, DC: U.S. Department of Justice, Office of Victims of Crime.

Walker, S., Alpert, G. P., & Kenney, D. J. (2001, July). *Early warning systems: Responding to the problem police officer.* Washington, DC: U.S. Department of Justice, National Institute of Justice.

Wallerstein, J. S. (1989, January 23). Children after divorce: Wounds that don't heal. *New York Times Magazine,* pp. 19-21, 41-44.

Walsh, A. C., Brown, B., Kaye, K., & Grigsby, J. (1994). *Mental capacity: Legal and medical aspects of assessment and treatment.* Colorado Springs, CO: Shepard's/McGraw-Hill.

Walsh, T., & Walsh, Z. (2006). The evidentiary introduction of Psychopathy Checklist-Revised assessed psychopathy in U.S. courts: Extent and appropriateness. *Law and Human Behavior, 30,* 493-507.

Walters, G. D. (1996). The Psychological Inventory of Criminal Thinking Styles. Part III: Predictive validity. *International Journal of Offender Therapy and Comparative Criminology, 40,* 105-122.

Walters, G. D. (2006). *The Psychological Inventory of Criminal Thinking Styles (PICTS) professional manual.* Allentown, PA: Center for Lifestyles Studies.

Walters, G. D. (2014, March). Predicting self-reported total, aggressive, and income offending with the youth version of the Psychopathy Checklist: Gender- and factor-level interactions. *Psychological Assessment, 26,* 288-296,

Walters, G. D., & Heilbrun, K. (2010). Violence risk assessment and Facet 4 of the Psychopathy Checklist: Predicting institutional and community aggression in two forensic samples. *Assessment, 17,* 259-268.

Waltz, J., Babcock, J. C., Jacobson, N. S., & Gottman, J. M. (2000). Testing a typology of batterers. *Journal of Consulting and Clinical Psychology, 68,* 658-669.

Ward, T., & Birgden, A. (2009). Accountability and dignity: Ethical issues in forensic and correctional practice. *Aggression and Violent Behavior, 14,* 227-231.

Warr, M. (2002). *Companions in crime: The social aspects of criminal conduct*. New York, NY: Cambridge University Press.

Warren, J. I., Fitch, W. L., Dietz, P. E., & Rosenfeld, B. D. (1991). Criminal offense, psychiatric diagnosis, and psycholegal opinion: An analysis of 894 pretrial referrals. *Bulletin of the American Academy of Psychiatry and Law, 19*, 63–69.

Warren, J. I., Hazelwood, R. R., & Reboussin, R. (1991). Serial rape: The offender and his rape career. In A. Burgess (Ed.), *Rape and sexual assault III*. New York, NY: Garland.

Warren, J. I., Reboussin, R., Hazelwood, R. R., & Wright, J. A. (1989). Serial rape: Correlates of increased aggression and relationship of offender pleasure to victim resistance. *Journal of Interpersonal Violence, 4*, 65–78.

Warren, J. I., Wellbeloved-Stone, J. M., Hilts, M. A., Donaldson, W. H., Muirhead, Y. E., Craun, S. W., . . . & Millspaugh, S. B. (2016). An investigative analysis of 463 incidents of simple-victim child abduction identified through federal law enforcement. *Aggression and Violent Behavior, 30*, 59–67.

Wasserman, G. A., McReynolds, L. S., Schwalbe, C. S., Keating, J. M., & Jones, S. A. (2010). Psychiatric disorder, comorbidity, and suicidal behavior in juveniles justice youth. *Criminal Justice and Behavior, 37*, 1361–1376.

Watson, S., Harkins, L., & Palmer, M. (2016). The experience of deniers on a community sex offender group program. *Journal of Forensic Psychology Practice, 16*(5), 374–392.

Webster, C. D., Douglas, K. S., Eaves, D., & Hart, S. D. (1997). *The HCR-20 scheme: The assessment of dangerousness and risk (Version 2)*. Burnaby, BC, Canada: Mental Health, Law, and Policy Institute, Simon Fraser University.

Webster, W. C., & Hammond, D. C. (2011). Solving crimes with hypnosis. *American Journal of Clinical Hypnosis, 53*(4), 255–269.

Weekes, J. R., Moser, A. E., & Langevin, C. M. (1999). Assessing substance-abusing offenders for treatment. In E. J. Latessa (Ed.), *Strategic solutions*. Lanham, MD: American Correctional Association.

Weiner, I. B., & Hess, A. K. (2014). Practicing ethical forensic psychology. In I. B. Weiner & R. K. Otto (Eds.), *The handbook of forensic psychology* (4th ed., pp. 85–110). Hoboken, NJ: Wiley.

Weiner, I. B., & Otto, R. (Eds.). (2014). *Handbook of forensic psychology* (4th ed.). Hoboken, NJ: Wiley.

Weingartner, H. J., Putnam, F., George, D. T., & Ragan, P. (1995). Drug state-dependent autobiographical knowledge. *Experimental and Clinical Psychopharmacology, 3*, 304–307.

Weinstock, R., Leong, G. B., & Silva, J. A. (2010). Competence to be executed: An ethical analysis post Panetti. *Behavioral Sciences & the Law, 28*, 690–706.

Weisheit, R., & Mahan, S. (1988). *Women, crime, and criminal justice*. Cincinnati, OH: Anderson.

Weiss, D. S., Marmar, C. R., Schlenger, W. E., Fairbank, J. A., Jordan, B. K., Hough, R. L., . . . & Kulka, R. A. (1992). The prevalence of lifetime and partial post-traumatic stress disorder in Vietnam theater veterans. *Journal of Traumatic Stress, 5*, 365–376.

Weiss, P. A., Vivian, J. E., Weiss, W. U., Davis, R. D., & Rostow, C. D. (2013). The MMPI-2 L scale, reporting uncommon virtue, and predicting police performance. *Psychological Services, 10*, 123–130.

Wells, G. L. (1993). What do we know about eyewitness identification? *American Psychologist, 48*, 553–571.

Wells, G. L. (2001). Police lineups: Data, theory, and policy. *Psychology, Public Policy, and Law, 1*, 791–801.

Wells, G. L., & Loftus, E. F. (2013). Eyewitness memory for people and events. In I. B. Weiner & R. K. Otto (Eds.), *Handbook of psychology. Vol. 11. Forensic psychology* (2nd ed., pp. 617–629). Hoboken, NJ: Wiley.

Wells, G. L., Small, M., Penrod, S., Malpass, R. S., Fulero, S. M., & Brimacombe, C. A. E. (1998). Eyewitness identification procedures: Recommendations for lineups and photospreads. *Law and Human Behavior, 22*, 603–647.

Welsh, W. (2007). A multisite evaluation of prison-based therapeutic community drug treatment. *Criminal Justice and Behavior, 34*, 1481–1498.

Werth, J. L., Benjamin, G. A. H., & Farrenkopf, T. (2000). Requests for physician-assisted death: Guidelines for assessing mental capacity and impaired judgment.

Psychology, Public Policy, and Law, 6, 348-372.

Wessler, S., & Moss, M. (2001, October). *Hate crimes on campus: The problem and efforts to confront it.* Washington, DC: U.S. Department of Justice, Office of Justice Programs.

West, C. M. (1998). Leaving a second closet: Outing partner violence in same-sex couples. In J. L. Jasinski & L. M. Williams (Eds.), *Partner violence: A comprehensive review of 20 years of research* (pp. 163-183). Thousand Oaks, CA: Sage.

Weyandt, L. L., Oster, D. R., Gudmundsdottir, B. G., DuPaul, G. J., & Anastopoulos, A. D. (2017). Neuropsychological functioning in college students with and without ADHD. *Neuropsychology, 31*, 160-172.

Wherry, J. W., Baldwin, S., Junco, K., & Floyd, B. (2013). Suicidal thoughts/behaviors in sexually abused children. *Journal of Child Sexual Abuse, 26*, 534-551.

Whitcomb, D., Hook, M., & Alexander, E. (2002). Child victimization. In A. Seymour, M. Murray, J. Sigmon, M. Hook, C. Edwards, M. Gaboury, & G. Coleman (Eds.), *National Victim Assistance Academy textbook.* Washington, DC: U.S. Department of Justice, Office for Victims of Crime.

White, H. R., Bates, M. E., & Buyske, S. (2001). Adolescence-limited versus persistent delinquency: Extending Moffitt's hypothesis into adulthood. *Journal of Abnormal Psychology, 110*, 600-609.

White, N., & Lauritsen, J. L. (2012). *Violent crime against youth, 1994-2010.* Washington, DC: U.S. Department of Justice, Bureau of Justice Statistics.

Whitehead, J. T., & Lab, S. P. (1989). A meta-analysis of juvenile correctional treatment. *Journal of Research in Crime & Delinquency, 26*, 276-295.

Whittaker, J. K., Kinney, J., Tracy, E. N., & Booth, C. (1990). *Reaching high-risk families: Intensive family preservation in human services.* New York, NY: Aldine de Gruyter.

Wijkman, M. N., Bijleveld, C., & Hendriks, J. (2010). Women don't do such things! Characteristics of female sex offenders and offender types. *Sexual Abuse: A Journal of Research and Treatment, 22*, 135-156.

Williamson, S., Hare, R. D., & Wong, S. (1987). Violence: Criminal psychopaths and their victims. *Canadian Journal of Behavioral Science, 19*, 454-462.

Willoughby, T., Adachi, P. J. C., & Good, M. (2012). A longitudinal study of association between violent video game play and aggression among adolescents. *Developmental Psychology, 48*, 1044-1057.

Wills, T. A., & Stoolmiller, M. (2002). The role of self-control in early escalation of substance abuse: A time-varying analysis. *Journal of Consulting and Clinical Psychology, 70*, 986-997.

Wills, T. A., Walker, C., Mendoza, D., & Ainette, M. G. (2006). Behavioral and emotional self-control: Relations to substance use in samples of middle and high school students. *Psychology of Addictive Behaviors, 20*, 265-278.

Wilson, A., Prokop, N. H., & Robins, S. (2015). Addressing all heads of the hydra: Reframing safeguards for mentally impaired detainees in immigration removal proceedings. *NYU Review of Law and Social Change, 39*, 313-368.

Wilson, B., & Butler, L. D. (2014). Running a gauntlet: A review of victimization and violence in the pre-entry, post-entry, and peri-/post-exit periods of commercial sexual exploitation. *Psychological Trauma: Theory, Research, Practice, and Policy, 6*, 494-504.

Wilson, C. M., Nicholls, T. L., Charette, Y., Seto, M. C., & Crocker, A. G. (2016). Factors associated with review board dispositions following re-hospitalization among discharged persons found not criminally responsible. *Behavioral Sciences & The Law*, 34, 278-294.

Wilson, J. J. (2001, January). From the administrator. In J. R. Johnson & L. K. Girdner (Eds.), *Family abductors: Descriptive profiles and preventive interventions.* Washington, DC: U.S. Department of Justice, Office of Juvenile Justice and Delinquency.

Wilson, J. K., Brodsky, S. L., Neal, T. M. S., & Cramer, R. J. (2011). Prosecutor pretrial attitudes and plea-bargaining behavior toward veterans with posttraumatic stress disorder. *Psychological Services, 8*, 319-331.

Wilson, M. M. (2014, February). *Hate crime victimization, 2004-2012 statistical tables.* Washington, DC: U.S. Department of Justice, Bureau of Justice Statistics.

Wilson, M., & Daly, M. (1993). Spousal homicide risk and estrangement. *Violence and Victims, 8*, 3-16.

Winick, B. J. (1996). The MacArthur Treatment Competence

Study: Legal and therapeutic implications. *Psychology, Public Policy, and Law, 2,* 137-166.

Winick, B. J. (2003). Outpatient commitment: A therapeutic jurisprudence analysis. *Psychology, Public Policy, and Law, 9,* 107-144.

Winick, B. J., & Kress, K. (2003a). Foreword: A symposium on outpatient commitment dedicated to Bruce Ennis, Alexander Brooks, and Stanley Herr. *Psychology, Public Policy, and Law, 9,* 3-7.

Winick, B. J., & Kress, K. (Eds.). (2003b). Preventive outpatient commitment for persons with serious mental illness [Special issue]. *Psychology, Public Policy, and Law, 9.*

Winters, G. M., Kaylor, L. E., & Jeglic, E. L. (2017). Sexual offenders contacting children online: An examination of transcripts of sexual grooming. *Journal of Sexual Aggression, 23,* 62-76.

Wise, R. A., Pawlenko, N. B., Meyer, D., & Safer, M. A. (2007). A survey of defense attorneys' knowledge and beliefs about eyewitness testimony. *The Champion, 33,* 18-27.

Wise, R. A., Pawlenko, N. B., Safer, M. A., & Meyer, D. (2009). What U.S. prosecutors and defense attorneys know and believe about eyewitness testimony. *Applied Cognitive Psychology, 23,* 1266-1281.

Wise, R. A., & Safer, M. A. (2010). A comparison of what U.S. judges and students know and believe about eyewitness testimony. *Journal of Applied Social Psychology, 40,* 1400-1422.

Wolak, J., Finkelhor, D., & Mitchell, K. J. (2004). Internet-initiated sex crimes against minors: Implications for prevention based on findings from a national sample. *Journal of Adolescent Health, 35,* 424. e11-424.e20.

Wolak, J., Finkelhor, D., Mitchell, K. J., & Ybarra, M. L. (2008). Online "predators" and their victims. *American Psychologist, 63,* 111-128.

Wolak, J., Mitchell, K. J., & Finkelhor, D. (2003). *Internet sex crimes against minors: The response of law enforcement* (NCMEC 10-03-022). Alexandria, VA: National Center for Missing & Exploited Children.

Wolf, M. M., Kirigin, K. A., Fixsen, D. L., Blase, K. A., & Braukmann, C. J. (1995). The teaching-family model: A case study in data-based program development and refinement (and dragon wrestling). *Journal of Organizational Behavior Management, 15,* 11-68.

Wolfe, S. E., & Nix, J. (2016). The alleged "Ferguson effect" and police willingness to engage in community partnership. *Law and Human Behavior, 40,* 1-10.

Wong, S. (2000). Psychopathic offenders. In S. Hodgins & R. Muller-Isberner (Eds.), *Violence, crime and mentally disordered offenders: Concepts and methods for effective treatment and prevention* (pp. 87-112). New York, NY: Wiley.

Wong, S., & Hare, R. D. (2005). *Guidelines for a psychopathy treatment program.* Toronto, Canada: Multi-Health Systems.

Wood, R. M., Grossman, L. S., & Fichtner, C. G. (2000). Psychological assessment, treatment, and outcome with sex offenders. *Behavioral Sciences & the Law, 18,* 23-41.

Woodhams, J., Bull, R., & Hollin, C. R. (2010). Case linkage: Identifying crime committed by the same offender. In R. N. Kocsis (Ed.), *Criminal profiling: International theory, research, and practice* (pp. 177-133). Totowa, NJ: Humana Press.

Woodworth, M., & Porter, S. (2002). In cold blood: Characteristics of criminal homicides as a function of psychopathy. *Journal of Abnormal Psychology, 111,* 436-445.

Woody, R. H. (2005). The police culture: Research implications for psychological services. *Professional Psychology: Research and Practice, 36,* 525-529.

Worden, A. P. (1993). The attitudes of women and men in policing: Testing conventional and contemporary wisdom. *Criminology, 31,* 203-242.

Worling, J. R., & Curwen, T. (2001). Estimate of Risk of Adolescent Sexual Offense Recidivism (ERASOR), Version 2.0. In M. C. Calder (Ed.), *Juveniles and children who sexually abuse: Frameworks for assessment.* Lyme Regis, Dorset, England: Russell House.

Worling, J. R., & Langton, C. M. (2012). Assessment and treatment of adolescents who sexually offend: Clinical issues and implications for secure settings. *Criminal Justice and Behavior, 39,* 814-841.

Wormith, J. S., Althouse, R., Simpson, M., Reitzel, L. R.,

Fagan, T. J., & Morgan, R. D. (2007). The rehabilitation and reintegration of offenders: The current landscape and some future directions for correctional psychology. *Criminal Justice and Behavior, 34*, 879-892.

Wormith, J. S., & Luong, D. (2007). Legal and psychological contributions to the development of corrections in Canada. In R. K. Ax & T. J. Fagan (Eds.), *Corrections, mental health, and social policy: International perspectives* (pp. 129-173). Springfield, IL: Charles C Thomas.

Wurtele, S. K., Simons, D. A., & Moreno, T. (2014). Sexual interest in children among an online sample of men and women: Prevalence and correlates. *Sexual Abuse: A Journal of Research and Treatment, 26*, 546-548.

Yarmey, A. D. (1979). *The psychology of eyewitness testimony*. New York, NY: Free Press.

Yates, G., & Bass, C. (2017). The perpetrators of medical child abuse (Munchausen Syndrome by Proxy)-A systematic review of 796 cases. *Child Abuse & Neglect, 72*, 45-53.

Ybarra, M. L. E., & Mitchell, K. J. (2007). Prevalence and frequency of Internet harassment instigation: Implications for adolescent health. *Journal of Adolescent Health, 41*, 189-195.

Yeater, E. A., Treat, T. A., Viken, R. J., & McFall, R. M. (2010). Cognitive processes underlying women's risk judgments: Associations with sexual victimization history and rape myth acceptance. *Journal of Consulting and Clinical Psychology, 78*, 375-386.

Yochelson, S., & Samenow, S. E. (1976). *The criminal personality* (Vol. 1). New York, NY: Jason Aronson.

Young, A. T. (2016). Police hostage (crisis) negotiators in the U.S.: A national survey. *Journal of Police and Criminal Psychology, 31*, 310-321.

Young, A. T., Fuller, J., & Riley, B. (2008). On-scene mental health counseling provided through police departments. *Journal of Mental Health Counseling, 30*, 345-361.

Young, S., Gudjonsson, G., Misch, P., Collins, P., Carter, P., Redfern, J., . . . & Goodwin, E. (2010). Prevalence of ADHD symptoms among youth in a secure facility: The consistency and accuracy of self- and informant-report ratings. *Journal of Forensic Psychiatry & Psychology, 21*, 238-246.

Young, T. J. (1992). Procedures and problems in conducting a psychological autopsy. *International Journal of Offender Therapy and Comparative Criminology, 36*, 43-52.

Zajac, R., Dickson, J., Munn, R., & O'Neill, S. (2016). Trussht me, I know what I sshaw: The acceptance of misinformation from an apparently unreliable co-witness. *Legal and Criminological Psychology, 21*, 127-140.

Zapf, P. A. (2015). Competency for execution. In R. Jackson & R. Roesch (Eds.), *Learning forensic assessment: Research and practice* (2nd ed., pp. 229-243). New York, NY: Routledge.

Zapf, P. A., Golding, S. L., & Roesch, R. (2006). Criminal responsibility and the insanity defense. In I. B. Weiner & A. K. Hess (Eds.), *The handbook of forensic psychology* (3rd ed., pp. 332-363). Hoboken, NJ: Wiley.

Zapf, P. A., Golding, S. L., Roesch, R., & Pirelli, G. (2014). Assessing criminal responsibility. In I. B. Weiner & R. K. Otto (Eds.), *The handbook of forensic psychology* (4th ed., pp. 315-351). Hoboken, NJ: Wiley.

Zapf, P. A., Hubbard, K. L., Galloway, V. A., Cox, M., & Ronan, K. A. (2002). *An investigation of discrepancies between forensic examiners and the courts in decisions about competency*. Manuscript submitted for publication.

Zapf, P. A., & Roesch, R. (2006). Competency to stand trial: A guide for evaluators. In I. B. Weiner & A. K. Hess (Eds.), *The handbook of forensic psychology* (3rd ed., pp. 305-331). Hoboken, NJ: Wiley.

Zapf, P. A., & Roesch, R. (2011). Future directions in the restoration of competency to stand trial. *Current Directions in Psychological Science, 20*, 43-47.

Zapf, P. A., Roesch, R., & Pirelli, G. (2014). Assessing competency to stand trial. In I. B. Weiner & R. K. Otto (Eds.), *The handbook of forensic psychology* (4th ed., pp. 281-314). Hoboken, NJ: Wiley.

Zapf, P. A., & Viljoen, J. L. (2003). Issues and considerations regarding the use of assessment instruments in the evaluation of competency to stand trial. *Behavioral Sciences & the Law, 21*, 351-367.

Zeier, J. D., Baskin-Sommers, A. R., Racer, K. D. H.,

& Newman, J. P. (2012). Cognitive control deficits associated with antisocial personality disorder and psychopathy. *Personality Disorders: Theory, Research, and Treatment, 3,* 283–293.

Zelazo, P. D., Carter, A., Reznick, J. S., & Frye, D. (1997). Early development of executive functions: A problem-solving framework. *Review of General Psychology, 1,* 198–226.

Zervopoulos, J. A. (2010). Drafting the parenting evaluation court order: A conceptual and practical approach. *Behavioral Sciences & the Law, 28,* 480–491.

Zhang, K., Frumkin, L. A., Stedmon, A., & Lawson, G. (2013). Deception in context: Coding nonverbal cues, situational variables and risk of detection. *Journal of Police and Criminal Psychology, 28,* 150–161.

Zibbell, R. A., & Fuhrmann, G. (2016). Child custody evaluations. In R. Jackson & R. Roesch (Eds.), *Learning forensic assessment: Research and practice* (2nd ed., pp. 391–412). New York, NY: Routledge.

Zimring, F. (1998). *American youth violence.* New York, NY: Oxford University Press.

Zipper, P., & Wilcox, D. K. (2005, April). The importance of early intervention. *FBI Law Enforcement Bulletin, 74,* 3–9.

Zona, M. A., Sharma, K. K., & Lane, J. A. (1993). A comparative study of erotomanic and obsessional subjects in a forensic sample. *Journal of Forensic Sciences, 38,* 894–903.

찾아보기

저자 소개

Curt R. Bartol

1972년 노던 일리노이 대학교(Northern Illinois University)에서 성격 및 사회심리학 박사 학위를 취득하고, 미국 국립인문학 연구소(National Institute for the Humanities: NIH) 후원으로 위스콘신-매디슨 대학교(University of Wisconsin-Madison)에서 정치학과 법학을 공부했다. 30년 넘게 대학교수로 재직하면서 학부와 대학원에서 생물심리학, 범죄 행동, 청소년 비행, 법정 심리학 개론, 사회심리학, 프로파일링, 법 심리학 강의를 진행했다. 캐슬턴 주립대학(Castleton State College) 법정 심리학 대학원 과정 개설에 기여했으며, 6년간 학과장을 지냈다. 임상 심리학자 자격 인증을 취득한 후 경찰 심리학자로서 30년 이상 미국 연방, 주정부 및 지역 법집행 기관들을 대상으로 자문활동을 수행했다. 이 책 외에도 『범죄 행동: 심리사회적 접근』(현재 11판), 『청소년 비행과 반사회적 행동: 발달적 접근』(3판), 『범죄 및 행동 프로파일링』과 『심리학과 법: 이론, 연구 및 응용』(3판) 등을 공동 집필했다. 17년간 SAGE 출판사에서 발행하는 『형사 정책과 행동』 국제 학술지 편집자로 활동하고 있다. 또한 『법정 심리학과 범죄 행동의 최신 관점』(3판)의 공동 편집을 진행했다.

Anne M. Bartol

뉴욕 주립대학교 알바니 캠퍼스(State University of New York at Albany)에서 형사정책 석사, 박사 학위를, 위스콘신-매디슨 대학교에서 언론학 석사학위를 취득했다. 대학에서 20년 이상 형사정책, 사회학, 언론학 과정 강의를 진행했으며, 아동 및 청소년 보호 서비스 분야에서 사회사업가, 저널리스트 등으로 활동했다. 이 책 외에도 『청소년 비행: 체계적 접근』『비행과 정책: 심리사회적 접근』『심리학과 법: 이론, 연구 및 응용』『범죄 행동』『범죄와 행동 프로파일링』 등을 공동 집필했다. 『최신 관점들』을 공동 편집했으며, 『형사 정책과 행동』 편집자로 활동 중이다. 여성과 형사 정책, 지역 법원, 법정 심리학의 역사 등을 주제로 다수의 논문을 발표했다.

역자 소개

신상화(Shin, Sang-hwa)
경북대학교 심리학 박사 수료
경찰청 범죄분석 전문수사관 마스터
전 경찰청 프로파일러
중앙대학교 심리서비스 대학원 겸임교수
중앙경찰학교 형사학과 교수
현 경찰대학 치안정책연구소 과학기술연구부 연구관
서울디지털대학교 경찰학과 객원교수

박희정(Park, Hee-jung)
일본 오사카대학교 사회심리학 박사
경찰청 범죄분석/폴리그래프 전문수사관
현 대구지방경찰청 프로파일러, 폴리그래프 검사관
대구가톨릭대학교 심리학과 강사
영남대학교 경찰행정학과 강사

윤상연(Yoon, Sang-yeon)
고려대학교 문화 및 사회심리학 박사
한국심리학회 범죄심리사 전문가
전 경찰대학 치안정책연구소 범죄통계분석센터장
경찰대학 치안대학원 범죄학과 강사
현 경찰대학 치안정책연구소 범죄수사연구실 연구관
경찰청 과학수사 자문위원
한국심리학회 범죄심리사 자격관리위원장

이장한(Lee, Jang-han)
중앙대학교 임상심리학 박사
임상심리전문가, 건강심리전문가, 정신보건임상심리사 1급
현 중앙대학교 심리학과 교수
검찰청, 경찰청 과학수사 자문위원

법정 및 범죄 심리학 입문 (원서 5판)
Introduction to Forensic Psychology (5th ed.)
Research and Application

2021년 2월 10일 1판 1쇄 발행
2022년 8월 10일 1판 2쇄 발행

지은이 • Curt R. Bartol · Anne M. Bartol
옮긴이 • 신상화 · 박희정 · 윤상연 · 이장한
펴낸이 • 김진환
펴낸곳 • ㈜학지사
04031 서울특별시 마포구 양화로 15길 20 마인드월드빌딩
대표전화 • 02-330-5114 팩스 • 02-324-2345
등록번호 • 제313-2006-000265호

홈페이지 • http://www.hakjisa.co.kr
페이스북 • https://www.facebook.com/hakjisabook

ISBN 978-89-997-2249-3 93180

정가 32,000원